U0459016

中华人民共和国地方志

福建省志

社会科学志（1992—2005）

（上册）

福建省地方志编纂委员会 编

社会科学文献出版社

图书在版编目(CIP)数据

福建省志. 社会科学志：1992～2005：全 2 册/福建省地方志编纂委员会编.
—北京：社会科学文献出版社，2014.12
（福建省志）
ISBN 978－7－5097－6412－1

Ⅰ.①福…　Ⅱ.①福…　Ⅲ.①福建省－地方志 ②社会科学－工作概况－
福建省－1992～2005　Ⅳ.①K295.7

中国版本图书馆 CIP 数据核字（2014）第 193795 号

· 福建省志 ·

福建省志·社会科学志（1992—2005）（上、下册）

编　　者 / 福建省地方志编纂委员会

出 版 人 / 谢寿光
项目统筹 / 王　菲　陈　颖
责任编辑 / 陈　颖

出　　版 / 社会科学文献出版社·皮书出版分社（010）59367127
　　　　　　地址：北京市北三环中路甲 29 号院华龙大厦　邮编：100029
　　　　　　网址：www. ssap. com. cn
发　　行 / 市场营销中心（010）59367081　59367090
　　　　　　读者服务中心（010）59367028
印　　装 / 福州力人彩印有限公司

规　　格 / 开　本：889 mm × 1194 mm　1/16
　　　　　　印　张：67.5　插　页：0.75　字　数：1362 千字
版　　次 / 2014 年 12 月第 1 版　2014 年 12 月第 1 次印刷
书　　号 / ISBN 978－7－5097－6412－1
定　　价 / 580.00 元

本书如有破损、缺页、装订错误，请与本社读者服务中心联系更换

△ 版权所有 翻印必究

2001年9月，福建省社科联召开第五次代表大会

1998年11月，福建省社科联召开地（市）社科联工作会议

2003年4月，福建省社科联召开学会党建工作座谈会。

2003年10月，福建省社科联在省税务学会召开创建标准化学会学习观摩座谈会

2004年12月，福建省社科联组织学会党工组成员到长汀、瑞金等地接受革命传统教育

1996年8月，福建省政协、省社科联领导参加在京召开的林则徐禁毒思想与当代中国肃毒问题研讨会

1998年，福建省海上丝绸之路研究会召开学术研讨会

2000年，福建省社科联与中国民族学学会联办汉民族研究学术会议

2001年，福建省客家研究会举办闽西客家学研讨会

2004年1月，福建师范大学举办国际传统音乐学会第37届年会

2005年9月，厦门大学举办科举制和科举学国际学术研讨会

福建省社科联定期举办学者之夜"学术沙龙"。（2002年8月摄）

2003年，福建省社科联举办第二届东南论坛

2005年11月，福建省社科联主办第二届学术年会

2001年4月，福建省社科联开展"纪念中国共产党成立80周年百名社科专家老区行"活动

2001年4月，专家组在闽北老区基点村调研

2003年5月，福建省全面建设小康社会（晋江）调研基地揭碑仪式

2004年12月，福建省社科联召开百家民营企业调研成果交流会

1999年10月，福建省社科联召开在京闽籍社科专家座谈会

2005年10月，福建省社科联召开海峡西岸和谐社会构建社科季谈会

1992年，福建省社科联组织
各学会开展社科宣传普及活动

福建省税务学会举办咨询
活动（1995年10月摄）

1998年12月，福建省社科
联举办福建省社会科学二十年
成就展

2000年9月，福建省社科联
举办"社会科学在你身边"科普
咨询活动

2005年8月，福建省社科联
和省图书馆联办东南周末讲坛

2005年10月，福建省社科联
和省图书馆联办东南周末讲坛

2002年，在福建省社科联五届三次全委会上表彰青年社科专家

1992—2005年福建省社科研究部分成果

福建省地方志编纂委员会成员名单

主　　任：冯志农（专职）

副 主 任：陈祥健　陈书侨　李　强　陈　澍　方　清（专职）
　　　　　俞　杰（专职）

委　　员：陈　安　石建平　翁　卡　杨丽卿　黄　玲　林　真
　　　　　林双先　林锡能　胡渡南　王永礼　陈志强　蒋达德
　　　　　黎　昕　晏露蓉

《福建省志·社会科学志（1992—2005）》
编纂委员会及作者名单

主　　任：冯潮华

委　　员：谢孝荣　林兵武　郑又贤　徐梦秋　李建建　庄宗明
　　　　　陈振明　徐崇利　刘海峰　汪文顶　马重奇　陈支平
　　　　　林国平　赵麟斌　方宝川　吴能远　刘传标　张华荣

主　　编：冯潮华

编纂工作办公室主任：林兵武

副 主 任：林其华　孙骏炜

统　　稿：凌厚锋

目录英译：潘林锋

作　　者：（按章节顺序排列）

陈嘉明　许丽平　邓翠华　郭红军　张铃枣　陈道远
卢红飚　赵清城　张艳涛　张爱华　谢晓东　曹剑波
黄朝阳　何存秀　李永根　郭永健　欧阳锋　刘泽亮
黄茂兴　李建建　蔡秀玲　林　卿　陈少晖　黄梅波
郑建军　童锦治　杜朝运　桑士俊　朱建平　陈建宝
杨　权　邵宜航　李艳霞　李　学　赵　颖　黄新华
聂安详　夏　路　吴　茜　吴旭阳　周刚志　朱泉鹰
游　钰　郑金火　王海浪　陆而启　邹　雄　谢作栩
陈兴德　张亚群　王　璞　吴　薇　徐　岚　连进军
朱　宇　覃红霞　张　彤　杨　莉　刘小新　陈庆元
汪文顶　辜也平　朱立立　葛桂录　王汉民　林　婷
颜纯钧　陈新凤　郑俊晖　李豫闽　李　莉　李永新
梅学味　林志强　王进安　陈　芳　马重奇　祝敏青
陈　鸿　陈伟达　王树瑛　龚雪梅　赵建群　周雪香
佳宏伟　晏爱红　卢增夫　庄婉婷　林晓君　俞黎媛
毛晓阳　宋馥香　林秀玉　赵麟斌　谭华孚　谭雪芳
陈　融　江向东　孟雪梅　陈旭东　樊如霞　吴能远
刘凌斌　翁芝光　潘林锋　陈　萍　叶世明　刘传标
黄建铭　陈元勇　陈晓玲　叶祖淼

《福建省志·社会科学志 (1992—2005)》
审 稿 人 员

俞 杰　王碧秀　吕秋心　杨健民　林贻瑞　张国珍　孙众超

《福建省志·社会科学志 (1992—2005)》
验 收 小 组

冯志农　方 清　俞 杰

《福建省志》凡例

本志按国务院颁布的《地方志工作条例》和中国地方志指导小组制定的《地方志书质量规定》要求进行编纂。

一、以马克思列宁主义、毛泽东思想、邓小平理论和"三个代表"重要思想为指导，贯彻科学发展观，坚持辩证唯物主义和历史唯物主义的立场、观点和方法。

二、以福建省现行行政区划（未含金门、马祖）为记述的区域范围。

三、使用规范的现代语体文记述，行文除引文外，用第三人称记述。

四、1949年10月1日以前的纪年，标示朝代、年号、年份，括注公元纪年；1949年10月1日起，用公元纪年。

五、各个时期的政权机构、职务、党派、地名，均以当时名称或通用之简称记述。古地名均括注今地名，乡（镇）、村地名前冠以市、县（市、区）名。

六、除引文外的人名，直书姓名，不在姓名后加身份词；必须说明身份的，在其姓名前说明。

七、各种机构、会议、文件等专有名称使用全称，如多次出现需用简称的，在第一次出现时括注简称。

八、凡外国的国名、地名、人名、党派、政府机构、报刊等译名，均以新华社译名为准。新华社没有译名的，首次使用译名时括注外文全称，全书保持中文译名一致。

九、数字、量和单位、标点符号的使用，执行国家有关部门颁布的标准规定。书中同一名称、事实、数据、时间、度量衡、术语的表述，前后一致。

十、图、照、表突出存史价值，样式统一。

十一、采用国家统计部门公布的统计数据和业务主管部门的统计数据；如使用其他数据，则说明其来源。

十二、采用资料一般不注明出处；引文、辅文和需要注释的专用名词、特定事物加页末注释，注释形式全书统一。

编 辑 说 明

一、本志记述时限为 1992—2005 年。社会科学研究机构、学术社团、学术期刊、学科建设、社会科学管理以及其他事项，在首部《福建省志·社会科学志》中未作记述或遗漏的，本志追溯到 1992 年以前。

二、因有些学科之间的研究内容、领域，客观上存在交叉和重叠，本志在全书统稿时，以各有侧重为原则，进行调整和归并，做到交叉但不重复，即主要成果简介不重复，学术会议记述不重复。

三、对高校内设的实体性（即有正式建制、正式编制、实际科研任务）的科研院、所，作较详细介绍；其他松散型（只挂牌或两块牌子一套人员）的研究所、研究中心等，则只列名称。

四、对主要学术刊物作详细介绍，其他刊物只记刊名、主办单位、创刊时间和刊号等。

五、关于作者：同一节中首次出现的作者，在其姓名前冠以所在单位，再出现则略；列表记述的"其他成果"，只记作者姓名；联名、合作成果，一般只记主编或第一作者姓名。

六、党政部门、高校、科研机构、党派团体、领导职务等，以当时名称或通用简称记述。

目　　录

上　　册

下　　册

Contents

Volume 1

Volume 2

概　　述

　　20 世纪 90 年代后,福建省哲学社会科学取得长足发展。1992—2005 年,全省哲学社会科学研究成果之丰硕、学科建设之健全、学术队伍发展之快、经费投入力度之大,都是前所未有的。

一

(一) 党和政府更加重视哲学社会科学发展

　　这一时期,党和政府将哲学社会科学的地位和作用摆到与自然科学同样重要的位置。2004 年,中共中央首次印发《关于进一步繁荣发展哲学社会科学的意见》,提出繁荣发展哲学社会科学的方针、政策和具体措施。福建省委、省政府贯彻中央精神,通过多种措施促进社会科学发展。一是加强社会科学研究规划工作,省规划课题资助经费从 1992 年的 17 万元,逐年增至 2005 年的 110 万元;每年课题立项数也从 1992 年的不到 20 项,增至 2005 年的 180 项。二是社会科学优秀成果和优秀青年社科专家评选工作更加制度化,进一步激励社会科学工作者的积极性和创造性。省政府于 1998 年首次颁布了《福建省社会科学优秀成果奖励办法》,2004 年作了修订,评奖周期从每三年一次缩短为每两年一次,并逐届加大了奖励力度。从 1999 年起,省委宣传部、省人事厅、省社科联每两年组织一次优秀青年社会科学专家评选活动,至 2005 年,共组织三届评选活动,评出优秀青年专家 30 名,这些青年专家相继成长为各个学科学术带头人。三是支持省社科联充分发挥桥梁和纽带作用,为社会科学工作者搭建学术交流、调查研究、科普宣传、咨政服务等平台。四是加大力度支持高校文科院系建设,不断改善社科研究单位软硬环境,科研经费逐年递增,为社会科学教学和研究创造更好条件。

(二) 坚持正确政治方向,把研究宣传党的基本理论作为首要任务

　　福建省社会科学工作者始终把研究宣传邓小平理论、"三个代表"重要思想和科学发展观作为首要任务,以高度的政治使命感和历史责任感,落实党中央提出的理论武装任务。一是省委宣传部于 1994 年,在厦门大学、福建师范大学、省委党校、福建社科院、

省委讲师团成立建设有中国特色社会主义理论研究基地，至 2005 年，研究基地共接受申报研究课题 2150 多项，立项 630 项，出版成果汇编 5 部。省社会科学规划也设立相关课题 100 多项，一大批专家学者参与研究，并取得丰硕成果。二是积极参与中宣部"五个一工程"理论文章的撰写，《外商投资企业党组织建设的实践与思考》、《社会主义市场经济条件下应当而且能够践行为人民服务原则——漳州 110 实践的重要启示》、《十五大报告对邓小平经济理论的运用与发展》、《江泽民对邓小平特区理论的新贡献》、《积极探索效益优良的公有制实现形式》、《江泽民对国有企业改革和发展理论的新贡献》、《和平统一的十大好处》、《厚殖民生之本—按照"三个代表"要求实施"春风行动"就业战略》等论文获奖。三是省委宣传部、省社科联、高校、学会举办了多次较大规模的有关中国特色社会主义理论研讨会。从 2002 年开始，省委宣传部和省社科联每年举办"百场社会科学专题报告会"，组织专家学者深入机关单位、工矿企业、市（县）基层，宣传普及中国特色社会主义理论，深受广大干部群众的欢迎。

（三）坚持理论联系实际，努力为改革开放和经济建设服务

1992—2005 年，正值我国建立和完善社会主义市场经济时期。改革和建设的伟大实践为社会科学研究提供丰厚的土壤，为社会科学工作者拓展了广阔的舞台。理论源于实践，实践呼唤理论。改革建设中出现的热点、难点、矛盾问题亟需社会科学工作者深入研究，给予回答。一是省社科联先后组织一系列专题调研，如开展加快闽东南进一步开放开发调研、闽台农业交流与合作调研、农村奔小康调研，组织百名专家老区行、百家民营企业调研、百乡镇社会建设调研、海峡两岸和谐文化百项调研等，不仅取得一大批理论成果，而且提出许多可供决策参考的意见和建议。二是省社科联先后召开了 28 次社会科学季谈会，与会专家学者就改革开放、经济建设中的重大理论和实践问题同省委省政府领导交流探讨，献计献策；省社科联还于 1999 年、2001 年、2002 年在京召开四次闽籍专家座谈会，就福建新世纪发展战略、经济结构调整、文化强省、人才培养等问题听取专家建言。一批专家学者被选聘为各级党政部门的顾问。三是组织厦门大学、福建师范大学、福建农林大学、省委党校、漳州师范学院等高校在邵武、晋江、上杭、漳浦等县（市）建立全面建设小康社会调研基地，为社会科学工作者理论联系实际创造条件。这一时期，福建社会科学工作者关注现实，调查研究自觉性明显增强，出版一批理论联系实际的优秀论著，成为这一时期科研成果的一大亮点。

（四）社会科学学科建设进一步完善和拓展

1992—2005 年，厦门大学、福建师范大学在原有基础上，进一步加大学科建设力度，新建了数十个学科专业。这一时期，我省相继成立了集美大学、闽江学院、泉州师范学院、莆田学院、龙岩学院、三明学院、武夷学院等本科院校，并均设置人文社科类专业。原以理工科为主的福州大学、福建农林大学、华侨大学也陆续新建了一批社会科学院、

系，并开展各具特色的学术研究。社会科学研究力量由原来集中在厦门大学、福建师范大学、福建社科院等两三个单位，逐渐向全省各高校拓展。各高校成立社会科学研究院、所、中心共 145 个，省直机关社会科学研究机构 4 个，民办社会科学研究机构 7 个，福建社科院除原有 10 个研究所外，还设立 22 个各种学科或领域的研究中心。全省新成立社科类学会、研究会共 43 个，至 2005 年，共有学会、研究会 149 个，覆盖了社会科学各个学科和领域。这一时期，福建省基本形成了比较完整的社会科学学科体系。

二

1992—2005 年，福建省社会科学学科建设和学术研究呈现如下特色。

（一）传统优势学科持续发展

1992—2005 年，经济学学科，包括理论经济学与应用经济学，得到了持续的发展，该学科群共获批 4 个国家重点学科，2 个"教育部人文社会科学重点研究基地"，1 个国家经济学基础人才培养基地，继续保持国内领先优势和人才培养和科学研究的"学术重镇"作用。政治经济学是福建省一个有着长期历史积淀的学科。福建师范大学的政治经济学学科于 1993 年获批博士学位授予权，成为当时全国省属高校以及全国高等师范院校第一个政治经济学博士点，并在 1998 年经教育部批准建立国家经济学基础人才培养基地，成为国内高等师范院校唯一的国家经济学人才培养基地。2000 年，厦门大学以"政治经济学"和"世界经济"牵头的"理论经济学"被国务院学位委员会批准为一级学科博士学位授予点；政治经济学在 2001 年被评为国家重点学科。2005 年，同属理论经济学学科的"厦门大学宏观经济研究中心"，经国家教育部批准为普通高等学校人文社会科学重点研究基地。同年 6 月，以该重点基地为基础、依托于"985 工程"二期项目的厦门大学王亚南经济研究院成立。该重点研究基地的获批与研究院的成立，成为厦门大学理论经济学研究的国家级平台。

在应用经济学方面，会计学、财政学、统计学和金融学在省内拥有雄厚的学术基础。1995 年，厦门大学会计学系创办会计研究所，并在此基础上建立会计发展研究中心。2000 年该中心被教育部批准为教育部人文社会科学重点研究基地。2004 年会计学系还创建 985 平台——财务与会计研究院。厦门大学会计学科已成为国内会计学研究的重要基地。该校公共财政研究中心、资产评估研究中心、财政基础理论、税收理论与政策、公共经济与管理等方面已形成了研究特色和优势。计划统计学科连续三次被国家教委和教育部评为国家级重点学科。设有统计学、国民经济学、数量经济学和经济信息管理学四个博士点。厦门大学国民经济与核算研究所是国内最早建立的国民核算专门研究机构。金融专业是东南沿海和经济特区唯一一所国家级重点金融学科。在 2001 年教育部对金融学国家重点学科的评估中，该校金融学科名列第三，在 2002 年教育部"211 工程"一期验收中，该校金融工程实验室被评为标志性建设成果。

在人文学科方面，中国历史研究，包括古代史与专门史研究，是福建省具有悠久历史和学术积累的学科。中国古代史研究的主要力量集中在厦门大学、福建师范大学和福建社会科学院。1981 年厦门大学中国古代史和专门史（中国古代经济史、中外关系史）获批为第一批博士、硕士学位授予单位；明清社会经济史，海洋海疆史和近代海关史等专门史亦在 1988 年入选第一批国家级"高等学校重点学科"。1995 年，福建师范大学中国语言文学学科成为首批国家文科基础学科科学研究与人才培养基地。

高等教育研究也是福建省的优势学科之一。1988 年厦门大学高等教育学科被列为全国首批 5 个教育学国家重点学科点之一，2000 年 1 月，厦门大学高等教育发展研究中心成立，并于 2000 年 9 月被批准为教育部人文社会科学重点研究基地。2002 年，厦门大学高等教育学科又以优异的成绩继续被评为国家重点学科，再次成为全国唯一的高等教育学国家重点学科。2004 年底，厦门大学教育研究院建立了"985 工程"——"中国特色高等教育体系"哲学社会科学创新 I 类基地，成为全国唯一的高等教育研究的国家"985 工程"创新基地。基地围绕国家科教发展战略，针对学科前沿和社会经济发展中的重大理论与实践问题，组建新型科研组织、，形成了一个位居全国前列的高等教育研究平台。

（二）新建和新兴学科方兴未艾

厦门大学法学院国际经济法研究后来居上，科研实力位居国内前列，1986 年即获得国际经济法专业博士学位授予权。1994 年 3 月，国家教委批准中国国际经济法学会挂靠厦门大学。1997 年国务院学位委员会修订学科目录，厦门大学的国际经济法专业博士学位点调整为国际法专业博士学位点。该专业在 2002 年进入"国家重点学科"的行列。

上世纪 90 年代福州大学法学院环境与资源保护法学科开始创建，2000 年成立环境法研究所，2001 年获得硕士学位授予权，形成了环境法学基本理论、可持续发展法、环境侵权法、国际环境法、比较环境法等研究方向，作为福建省环境与资源保护法学研究的重要基地，在国内环境与资源保护法学研究领域占有一席之地。

2005 年，福建师范大学获批马克思主义理论一级学科硕士点，下设"马克思主义发展史"二级学科硕士点；同时在已有"马克思主义基本原理"和"思想政治教育"两个博士点的基础上，又获批"马克思主义中国化研究"博士点。

管理学科方面，厦门大学于 2002 年获得行政管理博士学位授予权；2003 年成立公共事务学院，公共管理学科也列入学校"211 工程"三期以及"985 工程"的重点学科建设项目；2005 年获得公共管理一级学科博士授予权，随后设立公共管理博士后流动站。福建师大管理学院是一个多学科、多层次、教学与科研并重的学院。华侨大学公共管理学院具备从本科教育到博士教育的完整人才培养体系。福州大学公共管理学院侧重于软科学研究和公务员培训，拥有1个一级学科博士学位点和4个二级学科博士学位点，其"管理科学与工程"为福建省重点学科。

新闻传播学是福建省新建学科，其学科建设坚持应用研究和基础研究相结合，得到较快较好发展。1994年，厦门大学新闻传播系获得新闻学硕士学位授予权，实现了福建省新闻学硕士点零的突破；2004年在教育部学位与研究生教学发展中心的评估中，该校新闻传播学取得在全国本学科排名第5位的成绩。2005年，又获得传播学二级学科博士学位授予权。福建师范大学在原文学院传播学系的基础上，整合原音乐学院播音与主持专业，成立新闻传播学院，下设广播电视新闻学、播音与主持艺术、广告学等3个本科专业，并设有影视艺术与传播硕士点。

福建师范大学体育学研究在全国具有相当地位，1996年该校获得体育教育训练学硕士学位授予权，2000年获得博士学位授予权。2005年，福建师范大学体育教育训练学成为省级重点学科。

（三）特色学科优势凸显

"南洋研究"是福建省历史悠久的特色学科。2004年，厦门大学南洋研究院入选国家"985工程"哲学社会科学创新基地。该院作为世界华人研究学会的中国分部，承担着全国华侨华人研究的学术组织和协调工作。2000年厦门大学东南亚研究中心在南洋研究院的基础上组建，该中心被教育部批准为人文社会科学重点研究基地。

福建省是全国著名侨乡，在华侨华人研究领域具有天然的资源优势。厦门大学南洋研究院、福建师范大学、华侨大学以及福建省侨联、侨办等单位长期从各自的层面和角度开展华侨华人研究，取得丰硕成果，使福建逐渐成为全国乃至世界这一领域的一个研究重镇，其学术成果无论数量和质量都名列全国前茅。

"台湾研究"是福建省开展较早，且具有区位优势的领域。2000年1月以厦门大学台湾研究所为母体的厦门大学台湾研究中心成立，并于2001年入选"教育部人文社会科学重点研究基地"。2004年2月厦门大学台湾研究所升格为台湾研究院，同年11月入选"985"工程二期哲学社会科学创新基地。福建省社科院、福建农科院以及福建师范大学等单位均有台湾研究机构。这些研究机构已形成比较完整的台湾研究的专业结构体系，覆盖包括台湾的政治、经济、文化以及两岸关系等领域的研究，尤其在台湾政治和两岸政治关系研究方面取得的学术成果，在大陆的学术界具有较高地位，并在海外以及台湾岛内的学术界和舆论界产生较大影响。

20世纪90年代以来，福建省音乐学研究坚持发挥闽台区域特色，突出重点，以音乐学、舞蹈学为主攻方向，形成闽台地区传统音乐、音乐史学、音乐教育学等主要研究领域。福建师范大学音乐学院于 1992 年获准设立音乐学硕士点，1994 年获批福建省重点学科，1995 年获得音乐学博士学位授予权，2002 年获批为国家体育与艺术师资培养培训基地。

三

　　1992—2005 年，福建省社会科学队伍结构进一步优化，科研能力显著提升，涌现一大批高质量学术成果。

　　据统计，至 2005 年，全省社科类学会、研究会会员达到 5 万人。各高校的研究人员也成倍增长，厦门大学、福建师范大学等主要高校陆续成立了社科处，加强科研队伍和科研工作的服务和管理。这一时期，八十年代培养的一批硕士、博士，绝大部分成长为各学科的学术骨干和学科带头人。与此同时，各高校、科研机构从全国各地及国外陆续引进了一批有造诣的学者、专家，发展壮大并优化了福建省社会科学教学、科研队伍，主要学科逐步形成了老中青结合、可持续发展的学术梯队。

　　随着科研队伍的发展壮大和队伍结构的不断优化，社会科学研究能力显著提升。期间，福建省获得国家社科基金立项数逐年增加，立项数达 316 项，资助经费 1627 万元；还获教育部、财政部、国台办等国家各部委资助项目 326 项，国际资助项目 25 项，在各省、市、区中排位靠前。省社会科学规划项目共立项 1151 项，共资助经费 1272 万元。获得国家社科基金、各部委资助项目和省社会科学基金立项的单位逐步增多，由前期集中在厦门大学、福建师范大学、福建社科院，向全省其他各高校扩展；项目获得者从原先集中于老专家，逐步向中、青年专家拓展。

　　这一时期，福建省社会科学工作者发表和出版论著数以万计，仅收入本志的就达12000 多项，成果学科领域覆盖面广，学术质量普遍提高，共有 1600 多项成果在省部级以上社会科学优秀成果评选中获奖。在首次国家社科基金项目评奖中，《国民经济核算通论》、《中国近代海关史（晚清部分）》、《国家学说史》、《市场经济下会计基本理论与方法研究》、《外商投资的经济社会效益评价——理论与方法》、《戏剧思维》、《马克思主义哲学史》（第四卷）等成果获奖，获奖数居全国各省、区、市第二位。在教育部全国高校人文社科优秀成果评奖中，获一、二等奖的成果共 28 项。还有一些成果在中央党校、财政部、国台办等部委评奖中获奖。这些成果，有的充实和完善了学科理论体系，有的填补了某些领域空白，有的开辟了新的研究领域，有的具有独到的学术见解，有的是某一学术流派代表，有的在研究方法、研究工具上有所创新，有的发现和挖掘了新的研究资料。

第一章　马克思主义理论研究

第一节　马克思主义经典著作和马克思主义发展史研究

一、学科建设与学术研究

（一）学科建设

福建省马克思主义经典著作和马克思主义发展史研究的骨干力量，主要集中在厦门大学、福建师范大学、省委党校、福建社会科学院、华侨大学、福州大学等单位。

2005年，福建师范大学获批为马克思主义理论一级学科硕士点，下设"马克思主义发展史"二级学科硕士点；同时在已有马克思主义基本原理和思想政治教育两个博士点的基础上，又获批为马克思主义中国化研究博士点。

（二）学术研究

1992—2005年，福建省在马克思主义经典著作文本研究、马克思主义基本观点阐释、马克思主义经典著作理论与当代以及马克思主义发展史研究方面取得新进展，先后获得5项国家社会科学基金项目：社会主义民主理论与实践的历史考察——列宁时期党内民主研究（厦门市委党校尹彦，2001）、马克思分工和经济组织理论研究（厦门大学林金忠，2005）、从推动二十世纪两次逆向经济体制转型的实践透视马克思经济学与西方经济学的科学价值（厦门大学靳涛，2005）、劳动价值论创新与发展问题研究（厦门大学陈永志，2005）、《资本论》经济行为理论研究（泉州师范学院陈俊明，2005）。

这一时期，福建省在马克思主义经典著作和马克思主义发展史研究方面，发表或出版一批论著。获福建省社会科学优秀成果奖11项：《马克思主义国家学说概论》（第二届一等奖，厦门大学邹永贤）、《反杜林论研究》（第二届二等奖，厦门大学罗郁聪、苏振富）、《关于马克思1844年巴黎手稿文本的研究》（第二届二等奖，福建师范大学李建平）、《马克思主义发展史》（一、二章）（第二届二等奖，福建省委党校蔡金发）、《列宁晚年思想研究》（第二届二等奖，福建师范大学余泽清）、《列宁全集》第十五卷第二版（译文校订）（第二届二等奖，福建师范大学许崇信）、《挑战与发展——马克思主义与现代科学技术》

（第二届三等奖，福建师范大学林可济、陈紫明）、《〈资本论〉在社会主义市场经济中的运用和发展》（第四届一等奖，福建师范大学陈征、李建平、郭铁民）、《马克思对人的存在的探解及其现实方法论意义——对马克思哲学思想的一种解读》（第四届二等奖，福建省委党校关家麟）、《马克思企业理论与国有企业改革》（第五届二等奖，福建行政学院安增军）、《新技术革命与马克思生产劳动理论》（第五届二等奖，陈永志）。

（三）学术会议

2001年10月，厦门大学、福建省社会科学界联合会和全国综合性大学《资本论》研究会联办的纪念王亚南诞辰100周年学术研讨会在厦门大学召开。会议围绕王亚南学术思想与《资本论》研究中的相关问题展开讨论。与会代表有王亚南先生亲属、生前好友、同事、学生，以及全国综合性大学《资本论》研究会理事和知名学者共120人，提交论文80余篇。中共中央委员、中国社会科学院副院长王洛林，著名经济学家于光远、卫兴华，中共福建省委常委、厦门市委书记洪永世等出席研讨会。

2003年12月，全国哲学学会年会在华侨大学举行。与会80多名学者围绕"三个代表"重要思想与马克思主义哲学中国化、马克思主义哲学前沿问题研究、马克思生活哲学思想和马克思主义理论创新展开讨论。

2005年9月，中国历史唯物主义学会和福建师范大学、福建省历史唯物主义研究会联办的科学发展观与历史唯物主义全国学术研讨会在福州举行。北京大学、中国社会科学院、中国人民大学、武汉大学、厦门大学、福建师范大学、福州大学等70多个单位的130多位专家学者与会，就科学发展观的内涵、历史唯物主义基本理论的创新、构建社会主义和谐社会等问题进行探讨。与会者认为，科学发展观的确立是中国共产党在如何解放和发展生产力、如何建设社会主义这两个问题上，坚持和发展马克思主义唯物史观和科学社会主义理论的一个划时代的里程碑。

二、主要学术成果

（一）马克思经典著作中的基本观点研究

《马克思对人的存在的探解及其现实方法论意义——对马克思哲学思想的一种解读》（福建省委党校关家麟，《哲学研究》1999：10）该文认为，马克思超越旧哲学本体论的主要点就在于它不是停留于传统的自然本体论，而是以"人的存在"为本体，并由此展开新哲学的一系列的基本观点。"人的存在"是马克思哲学的一个最基本的范畴，对"人的存在"的探解构成马克思哲学的最基本的内容。马克思的哲学本质上是对人的存在之谜的唯物史观解答，从而揭示人类历史的发展规律，探索人类解放的道路。

《马克思实践学说的价值论意蕴》（福建省委党校高飞乐，《东南学术》2000：2）该文强调，传统哲学教科书把马克思的实践学说归入认识论范畴，这是对马克思哲学思想的误解。实际上马克思的哲学思想已经超越认识论哲学范式，达到价值论哲学范式的高度。从这一视域观照马克思的实践学说，可以发现其中深厚的价值论意蕴。马克思的实践学说阐明：实践是价值关系得以确立的基础，是价值需求得以产生的根源，是创造价值的活动和实现价值的过程，也是对人自身价值的确证。

《对马克思社会经济形态演变理论的深层思考》〔厦门大学曾芬钰，《厦门大学学报》（哲学社会科学版）2001：4〕该文指出，马克思从生产力与生产关系的辩证关系方面，论证社会经济形态演变的规律，说明社会主义取代资本主义的必然性、一般性和特殊性。当前，资本主义社会在生产力、生产关系、经济运行机制、上层建筑、资本国际化等方面出现新的变化，但这并没有改变资本主义的本质。经济全球化是社会发展的趋势，符合马克思揭示的社会经济形态发展规律。中国应积极应对资本主义发达国家主导的经济全球化。

《论马克思解放理论的伦理旨趣》（华侨大学杨楹，《哲学研究》2005：8）该文认为，人的自由与解放是马克思伦理精神的主旨。在对资本主义生存情境的批判、解构中，马克思把实现人的解放的价值目标置于对生活世界整体解放的诉求之中，从而为实现这一解放目标寻求到一条真正可靠的、现实的路径。

表1—1　　**1992—2005 年马克思经典著作中的基本观点研究其他成果**

成果名称	作　者	发表刊物（出版社）及时间
马克思历史观的价值取向初探	高飞乐	《理论学习月刊》1993：6
马克思晚年的探索:人类社会发展规律与各国历史发展道路问题	高飞乐	《福建省委党校学报》1999：1
马克思对历史过程的三种解释——兼论马克思历史理论研究中的一个基本问题	关家麟	《马克思主义与现实》1999：6
马克思社会形态演进理论的逻辑结构探析	高飞乐	《福建论坛》（文史哲版）1999：6
试论马克思的商品销售理论	陈永志	《厦门大学学报》（哲学社会科学版）2000：4
马克思的"合作工厂"理论及其实践意义	丁长发	《当代经济研究》2000：8
马克思的公平分配观	林致远	《当代经济研究》2001：1
马克思研究企业制度理论的独特视角	安增军	《当代经济研究》2001：8
马克思劳动价值论的历史性	陈俊明	《福建省委党校学报》2002：2
马克思经济学说的历史命运	胡培兆	《当代经济研究》2002：6
马克思的国际价值论及其意义	庄宗明	《当代经济研究》2003：3
正确理解马克思的劳动二重性理论	陈振羽	《经济经纬》2003：4
马克思的需求理论:第二含义社会必要劳动时间	杨继国	《当代经济研究》2003：11

续表1—1

成果名称	作　者	发表刊物（出版社）及时间
马克思文化学思想探微	叶志坚	《科学社会主义》2004：5
论非道德主义的政治伦理——马克思对政治现代性的批判与超越	杨　楹	《哲学动态》2005：2
马克思的"资本"概念及其哲学解读	张有奎	《西南师范大学学报》（人文社会科学版）2005：4
马克思生存论辨正	张有奎	《理论探讨》2005：4
马克思研究前资本主义社会形态的思想历程探析	高飞乐	《马克思主义与现实》2005：5
马克思实践观的一个"矛盾"	李文阁	《哲学研究》2005：5
马克思经济学"辩证均衡"理论体系初探	杨继国	《当代经济研究》2005：7
马克思的生存论与意识哲学批判	张有奎	《光明日报》（理论版）2005.12.6

（二）恩格斯、列宁经典著作中的基本观点研究

《恩格斯的认识主体性思想论纲》［厦门大学徐梦秋，《北京大学学报（哲学社会科学版）》1995：6］该文第一部分将恩格斯论述主体性问题的一个纲要性文献，同马克思《关于费尔巴哈的提纲》的第一条加以比较，论证二者要点的相互对应，并揭示恩格斯认识主体性思想的理论渊源。第二部分从对象的选择与建构、对象本质揭示主体的理性与非理性因素对认识过程的作用等方面，阐发恩格斯的认识主体性思想。

《恩格斯对马克思劳动价值论发展的当代意义》［厦门大学罗郁聪、蒋绍进，《厦门大学学报》（哲学社会科学版）2002：5］该文强调，恩格斯坚持和发展马克思的劳动价值论，为当前深化对劳动价值论的认识提供启示。马克思的劳动价值论是一个完整严密的科学体系，深化对劳动价值的认识，坚持历史唯物主义的世界观和方法论是前提。劳动价值论并非只是一个说明简单实物交换比例决定的法则，而是普遍适用于一切商品经济的。

《恩格斯经商生涯的历史考订》（福建省委党校蔡金发，《马克思主义研究》2003：3）该文认为，马克思主义和国际共产主义运动的创始人之一的恩格斯，先是迫于父亲的压力，后是为了实现他和马克思共同事业的需要，不得不在商场上度过24个春秋。对于恩格斯这一段不寻常的经商生涯，有许多不同的看法，从而也就对恩格斯的身份有着不同的认定。该文根据历史事实对许多不同的看法进行考核订正，否定恩格斯曾是资本家、过着资产阶级生活方式的说法。

《实践与"运用概念的艺术"——略论恩格斯的自然科学认识论思想》（华侨大学马拥

军，《自然辩证法研究》2005：12）该文指出，恩格斯的自然科学认识论既不同于近代经验论、唯理论、先验论，也不同于反映论，而是属于实践论。恩格斯认为运用概念的艺术既"不是天生的，也不是和普通的日常意识一起得来的"。概念的形成是与人的认识能力发展同步的。"意识"、"思维"既是实践活动的产物，又"不同自然界的其他联系相矛盾，而是相适应的"。

表1—2　　**1992—2005年恩格斯、列宁经典著作中的基本观点研究其他成果**

成果名称	作　者	发表刊物（出版社）及时间
恩格斯与特卡乔夫在俄国社会发展问题上的论战	高飞乐	《理论学习月刊》1992：3
列宁的国家资本主义理论及其在我国的发展	黄少安	《东南学术》1993：3
对恩格斯关于数学公理证明的论断不可曲解	徐梦秋	《争鸣》1994：2
试论列宁对现实认识对象的考察和规定	吴开明	《东南学术》1994：5
恩格斯晚年论俄国社会发展道路问题	高飞乐	《马克思主义来源研究论丛》（第十七辑）1995
没有公有制便没有社会主义——纪念恩格斯逝世100周年	蔡金发	《福建省委党校学报》1995：7
从列宁到斯大林探索社会主义建设的经验与教训	蔡金发	《理论学习月刊》1996：10
列宁"反映"概念的三种界定和真实意义	王玉琼	《福建省委党校学报》1997：1
恩格斯发展马克思主义的当代意义——对两种不同类型社会主义建设道路的探索	罗郁聪 苏振富	《当代经济研究》2002：3
列宁对自体监督机制的设计	尹　彦	《福建省委党校学报》2003：12
恩格斯晚年对马克思主义唯物史观的坚持与发展	任　力	《理论与改革》2004：4

（三）马克思主义经典著作的文本考证与研究

《〈资本论〉在社会主义市场经济中的运用和发展》（福建师范大学陈征、李建平、郭铁民，福建教育出版社，1998：10）该书运用《资本论》的立场、观点和方法来研究社会主义市场经济问题。该书研究《资本论》中关于市场经济的一般原理和规律，着重研究社会主义市场经济的新问题和新情况。

《掌握〈资本论〉方法，正确理解劳动价值论》（李建平，《当代经济研究》2002：1）

该文认为，深化对劳动和劳动价值论的认识，有两个方面的工作必须做好：一是要完整地、准确地理解，不能断章取义，随意曲解；二是要结合新的实际，对劳动价值论加以发展。其中，前一个方面的工作是前提，要做好这个前提工作，就应当了解和掌握《资本论》所应用的方法。

《社会：人与自然相互生成意义上的统一体——对马克思〈1844 年经济学哲学手稿〉之"社会"理论的解读》（福州大学许斗斗，《学术研究》2004：7）该文通过对马克思《1844 年经济学哲学手稿》之社会理论的解读，阐述马克思在批判资本主义社会异化劳动的基础上，提出社会的本质就是自然主义和人道主义相统一，就是人与自然之间不可分割的依赖性和相互生成意义上的统一体的思想，从而展示马克思的社会与人的本质观所具有的极为丰富的内在联系及其深刻的理论意蕴和实际意义。

表 1—3　　　**1992—2005 年马克思主义经典著作的文本考证与研究其他成果**

成果名称	作　者	发表刊物（出版社）及时间
论马克思对"感性"范畴的研究	綦正芳	《理论学习月刊》1992：9
马克思社会形态演进理论的逻辑结构探析	高飞乐	《福建论坛》（文史哲版）1999：6
一桩未了结的学术公案——关于马克思《评阿·瓦格纳的〈政治经济学教科书〉》中一段话的解读	高飞乐	《东南学术》2000：5
应如何理解《资本论》第一卷第一版序言中的生产方式	邱泰如	《当代经济研究》2001：1
中国特色社会主义与马克思文本	李鸿烈	《福建论坛》（人文社会科学版）2004：2
从历史中解读《资本论》——《〈资本论〉历史典据注释》评介	李建建	《当代经济研究》2005：10

（四）马克思主义经典著作理论与当代研究

《新技术革命与马克思生产劳动理论》（厦门大学陈永志，《经济评论》2002：3）该文认为新技术革命引发资本主义国家一般劳动过程的某些新变化，如劳动过程与生产过程的更加分离，生产过程的分工协作关系和生产经营管理的不断发展。同时也引发劳动与资本关系发生相应的变化，如劳动与资本变换的范围的不断扩大，劳动对资本的隶属关系更加强化，资本对劳动的剥削继续深化。指出马克思的生产劳动理论并未过时，因为整个物质生产过程的根本性质没有变，生产过程中人与自然的关系、人与人的关系也没有发生质变，资本主义生产劳动的实质依然是生产剩余价值的劳动。

《马克思企业理论与国有企业改革》（福建行政学院安增军，福建人民出版社，2003）

该书发掘马克思、恩格斯完整的企业制度理论，结合当代的企业制度理论，推演出企业制度的新形式——社会所有制，并对这种新企业形式进行研究。探讨国有企业战略性调整问题，指出战略性调整有市场和政府两种不同方式。

表 1-4　　**1992—2005 年马克思主义经典著作理论与当代研究其他成果**

成果名称	作　者	发表刊物（出版社）及时间
马克思主义经济思想史的启示——我的经济改革观	罗郁聪	《厦门大学学报》（哲学社会科学版）1995:1
跨越资本主义制度的卡夫丁峡谷与中国的社会主义——恩格斯《"论俄国的社会问题"跋》的启示	洪成得	《东南学术》1995:5
必须大力弘扬马克思主义学风——真理标准问题的启示	关家麟	《理论学习月刊》1998:5
马克思和新制度经济学企业观差异的根源分析	施皓明	《财经研究》2000:7
马克思的增长理论与现代增长理论比较研究	杨继国	《南开经济研究》2001:4
知识价值与马克思理论的当代性	许斗斗	《教学与研究》2001:11
对扩大再生产模型的"扩展"研究——从马克思主义经济学视角看宏观经济均衡增长条件	杨继国	《厦门大学学报》（哲学社会科学版）2002:2
市场失灵及其制度矫正:马克思主义经济学与西方新制度经济学的不同理论分析	周小亮	《学术月刊》2002:4
发展劳动价值论:马克思和麦克库洛赫	姚　挺	《福建省委党校学报》2002:10
《共产党宣言》与全球化	魏筱雨	《甘肃社会科学》2003:4
消费现象的社会批判——对马克思与波德里亚之消费理论的比较分析	许斗斗	《马克思主义与现实》2004:6
马克思的供求理论与新古典供求理论之比较	林自新	《生产力研究》2004:11
《资本论》功能的"二重性"与社会主义理论经济学的重构	杨继国	《经济学家》2005:6

（五）马克思主义发展史研究

《论东方社会革命与发展道路——马克思、恩格斯"东方社会理论"探源》（蔡金发，《东南学术》2003：6）该文认为，马克思、恩格斯的东方社会理论是相对于西方社会理论而言的，而在马克思、恩格斯的理论体系中，西方理论是东方理论的源头。马克思、恩格斯的东方理论和西方理论一样，在本质上都是社会革命与发展道路的理论。它们不同之处在于，西方理论揭示的是"同时发生"的无产阶级革命的理论，而东方理论所揭示的则是落后国家民族解放和民主革命的理论。马克思是用社会革命的链条把东西方连接起来，从而架起一座从西方社会到东方社会、从东方社会到西方社会互相沟通的理论桥梁。"卡夫丁峡谷"就是这座理论桥梁下面的一道沟壑，能否跨越这道沟壑正是马克思的西方理论和东方理论的交汇点。

表 1—5　　　　　　**1992—2005 年马克思主义发展史研究其他成果**

成果名称	作　者	发表刊物（出版社）及时间
马克思对资本主义积累历史趋势进行辩证思考的表述——"重新建立个人所有制"三辨	罗郁聪	《中国经济问题》1992：2
学习马克思主义要突出"两个中心"和"三个着眼点"	郑又贤	《理论学习月刊》1997：9
论马克思恩格斯的过渡所有制理论	方建国	《福建省委党校学报》2001：4
正确理解马克思恩格斯的科学社会主义理论	安增军 罗郁聪	《东南学术》2001：6
对马克思主义国家学说中几个问题的再认识	邹永贤	《马克思主义与现实》2002：1
是"历史的空缺"还是"空缺的历史"？——对马克思恩格斯关于向社会主义过渡思想的经济辩说	方建国	《理论学刊》2002：2
论马克思、恩格斯的刑法思想	王海英	《福建省委党校学报》2002：7
马克思主义国家学说的创新	陈炳辉	《集美大学学报》（哲学社会科学版）2004：3
历史之谜的文化求解——晚年马克思思想论析	叶志坚	《福建省委党校学报》2004：9
马克思主义伦理价值观在社会主义政治经济学中的演进	方建国	《理论学刊》2004：12

第二节　马克思主义基本原理及其教育研究

一、学科建设与学术研究

（一）学科建设

福建省马克思主义基本原理学科既有哲学、政治经济学和科学社会主义各个学科领域的专家，也有各个高校承担马克思主义理论课的教师，形成涵盖福建省各个高校、福建社会科学院、各级党校的老、中、青相结合的学术梯队和学术网络。

2005 年以前，该学科建设主要以马克思主义基本原理的三个组成部分，即马克思主义哲学、政治经济学和科学社会主义分别设点完成。1997 年，福建师范大学获得马克思主义理论教育、马克思主义基本原理硕士点。2003 年福建师范大学获得马克思主义理论与思想政治教育专业博士点，2005 年把马克思主义理论与思想政治教育专业博士点拆分为马克思主义基本原理和思想政治教育两个博士点，并新增马克思主义中国化研究博士点。1995 年福建师范大学政治经济学被评为省"211 工程"重点学科，2003 年福建师范大学政治经济学、马克思主义理论与思想政治教育学科被评为省重点学科。2000 年挂牌成立福建省马克思主义理论课教学与研究培训基地，2004 年获批成立福建省重点学科建设高校创新平台、马克思主义理论与思想政治教育研究中心、马克思主义理论与福建省"三个文明"协调发展基地。

（二）学术研究

福建省马克思主义基本原理及其教育研究，主要以马克思主义基础理论、马克思主义理论与现实、马克思主义理论教育等为研究重点。对马克思主义基本原理的研究经历从分门别类的研究逐步发展到把马克思主义当做一个整体来研究的过程。

1992—2005 年，福建省马克思主义基本原理及其教育研究共获得国家社会科学基金 3 项，分别是：我国青年知识分子的群体特征和演变（福州大学雷德森，1993）、马克思主义产权理论与西方产权理论比较研究（厦门大学吴宣恭，1996）、经济增长方式转变中的中国区域经济可持续发展理论与模式评估研究（厦门大学米红，2000）。另外，福建师范大学还获得教育部特别委托项目——新时期、新阶段高校"两课"教学管理体系研究（郑又贤，2002）。

这一时期，该学科获得福建省社会科学优秀成果奖 17 项：《马克思主义产权理论与西方产权理论比较研究》（第四届一等奖，吴宣恭）、《关于政治经济学研究的几点看法》（第四届二等奖，厦门大学胡培兆）、《马克思主义与时代科学精神》（第四届二等奖，福建师范大学王之波）、《"自然辩证法"（恩格斯著）研究》专著（第四届三等奖，福建师范大学林可济）、《从"大跃进"看经济体制变动的负效应》（第四届三等奖，福建省委党校高伯文）、《"可持续发展"系列研究》系列论文（第四届三等奖，华侨大学赵建军）、《当代劳动的新特点》等系列论文（第五届一等奖，福建师范大学陈征）、《大学生邓小平理论教育难点研究》（第五届一等奖，郑又贤）、《划分和研究两种形态的劳动价值论》（第五届一等奖，福建师范大学李建平）、《历史、规律与唯物史观》（第五届三等奖，集美大学杨贵华）、《生命的张力——人类双重价值追求论略》（第五届三等奖，福建政法管理干部学院王永年）、《"资本论"劳动价值论的具体化》（第五届三等奖，泉州师范大学陈俊明）、《马克思与企业理论》（第五届三等奖，福州大学陈躬林、陈罡、陈晓芸）、《对劳动和劳动价值论几点新思考》（第五届三等奖，福建省委党校王宜新）、《论马克思主义哲学创新之精神》（第六届二等奖，华侨大学杨楹）、《生态生产力是先进的生产力》（第六届三等奖，福建师范大学廖福霖）、《资本转型论——"资本论"资本理论的具体化》（第六届三等奖，陈俊明）。

（三）学术会议

1998年4月，中国《资本论》研究会、中国社会科学院经济研究所和福建师范大学联办的中国《资本论》研究会第九届学术研讨会在福州召开。全国各高校、社会科学院（所）、党校，以及政策研究、翻译和新闻出版等部门的82位代表参加会议。会议共收到论文、论著80篇（部）。会议围绕《资本论》的教学和研究进行讨论。

二、主要学术成果

（一）马克思主义基础理论研究

《关于政治经济学研究的几点看法》（厦门大学胡培兆，《光明日报》2002.7.30）该文从马克思主义的唯物史观出发，对经济学立论的基础与目标、生产资料社会化的两种所有制形式、二重价值论的回归以及按要素分配和剥削的界限四个问题进行研究，进而相应地提出四个观点：政治经济学立论要以生产力水平为基础、以生产力发展要求为目标，强调物质、根本、基础的原发作用；解决生产力社会化和私人占有之间的矛盾，使生产资料占有社会化；马克思的劳动价值理论是使用价值和价值同时创造的二重劳动价值理论；按生产要素贡献分配是正确的。

《划分和研究两种形态的劳动价值论》（福建师范大学李建平，《人民日报》2002.8.8）该文提出要完整、准确地理解马克思劳动价值论。劳动价值论具有两种形态：第一种形态是抽象形态，其内容主要体现在《政治经济学批判》第一分册和《资本论》第一卷第一篇中；第二种形态为具体形态，其内容主要体现在《资本论》第一卷第二篇至第三卷第七篇中。两种形态的关系是：抽象形态是劳动价值论的核心和基础，具体形态是抽象形态的逻辑推演、逐步展开和具体化，两者构成相互联系、不可分割的劳动价值论的整体。劳动价值论"两种形态说"的现实意义是：深化对劳动价值论的认识，特别是发展抽象形态的劳动价值论要十分严谨；当前要结合新的历史条件，在深化劳动价值论具体形态的研究上下功夫，包括研究目的和内容、经济范畴、研究方法等方面。

表 1—6　　　　　**1992—2005 年马克思主义基础理论研究其他成果**

成果名称	作　者	发表刊物（出版社）及时间
历史唯物主义和人与自然的关系	陈墀成	《厦门大学学报》（哲学社会科学版）1993:4
也谈马克思哲学本体论思路历程——与俞吾金同志商榷	綦正芳	《学术月刊》1993:5
论历史唯物主义动力观的辩证性质	杨章欣	《福州大学学报》（哲学社会科学版）1995:3
恩格斯的认识主体性思想论纲	徐梦秋	《北京大学学报》（哲学社会科学版）1995:6
《资本论》中的经济效益理论探略	李建平	《当代经济研究》1997:2
《资本论》方法之我见	李建平	《东南学术》1998:6
《德意志意识形态》中"交往形式"理论新释——析"交往形式"即"生产关系"的观点	许斗斗	《东南学术》1999:2
马克思主义哲学向何处去？——兼谈所谓的"哲学贫困"	商英伟	《东南学术》2000:2
正确理解物质与世界物质统一性	王之波	《教学与研究》2001:3
掌握《资本论》方法，正确理解劳动价值论	李建平	《当代经济研究》2002:1
论劳动价值理论的两种形态	李建平	《学术月刊》2002:9
主观真理与真理内容的客观性	王之波	《教学与研究》2002:10
发展劳动价值论的关键所在——四论现代科学劳动	陈　征	《当代经济研究》2002:11
论共产主义运动的现实性和过程性	许斗斗	《哲学研究》2004:1

续表1—6

成果名称	作　者	发表刊物（出版社）及时间
毛泽东同列宁的国家资本主义理论与实践的异同分析	陈爱玉	《当代世界与社会主义》2004:3
客观性与科技的价值性	许斗斗	《自然辩证法研究》2004:5
生活哲学视野中的"马克思主义中国化"	杨　楹	《哲学研究》2004:11
后马克思主义与马克思主义	陈炳辉	《教学与研究》2005:3
论马克思哲学生活观的理论支点	王福民	《哲学研究》2005:12

（二）马克思主义理论与现实研究

《论马克思主义哲学创新之精神》（华侨大学杨楹，《教学与研究》2003:3）该文以中国马克思主义哲学研究"范式"为切入点，提出马克思主义哲学的本质是"生活哲学"的观点，从生活哲学与思维的视角分析马克思主义生活哲学与思维对费尔巴哈"生活哲学"观点的超越，并在此基础上梳理马克思主义生活哲学的内在逻辑体系。该文提出，马克思主义哲学必须根植于中国的现实生活，并根据现实生活的变迁来推进马克思主义的发展及其在当代中国的指导作用。

《马克思主义与时代科学精神》（福建师范大学王之波，四川民族出版社，2004）该书阐述了新中国成立以来发生过的几次迷信泛滥的事件及其生成原因，呼吁从多方面创造各种条件弘扬科学精神，将伪科学与迷信的影响减少到最低限度。阐明哲学是科学精神的最高层次，马克思主义哲学是科学的世界观和方法论，学习马克思主义哲学是培养科学精神的关键。

表1—7　　**1992—2005年马克思主义理论与现实研究其他成果**

成果名称	作　者	发表刊物（出版社）及时间
论社会科学转化为直接生产力的条件和机制	潘叔明	《哲学研究》1992:1
生产力的科学涵义及其运行机制新论	李鸿烈	《福建论坛》（文史哲版）1993:1
略论马克思恩格斯的文明论及其现实意义	李鸿烈	《东南学术》1995:2
社会主义市场经济与人的塑造	邓翠华	《福州大学学报》（哲学社会科学版）1995:3
社会主义市场经济下一些思想观念的变化及其导向	黄星榕	《福州大学学报》（哲学社会科学版）1995:3

续表 1-7

成果名称	作　者	发表刊物(出版社)及时间
发展市场经济必须树立正确的价值观	吴玫玲	《福州大学学报》(哲学社会科学版)1995;3
马克思的市场理论及其现实意义	陈甬军	《厦门大学学报》(哲学社会科学版)1996;1
中国现代化进程中的"日常生活"论析	郑　镇	《求是学刊》1997;1
论我国改革开放历程中的三次思想大解放	洪成得	《东南学术》1998;6
环境危机的实质与我国环境问题的理性选择	郑　镇	《现代哲学》1999;3
关于扩大消费需求的几点认识	李建平	《当代经济研究》1999;6
论人性及人性的价值导向和制度规约	庄　穆	《现代哲学》2000;3
《资本论》的市场经济原理与邓小平的市场经济理论	郑传芳	《理论学习》2000;5
拓宽知识经济研究的视域——1999年知识经济研究的状况、问题及思考	许斗斗	《哲学研究》2000;6
马克思再生产理论的扩展研究	杨继国	《厦门大学学报》(哲学社会科学版)2002;2
恩格斯发展马克思主义的当代意义——对两种不同类型社会主义建设道路的探索	罗郁聪	《当代经济研究》2002;3
恩格斯对马克思劳动价值论发展的当代意义	罗郁聪	《厦门大学学报》(哲学社会科学版)2002;5
略论实践性是邓小平理论的本质特征	郑又贤	《东南学术》2002;6
科学认识与时俱进是马克思主义的理论品质	郑又贤	《思想理论导刊》2002;10
"三个代表"重要思想对马克思主义价值观的贡献	王之波	《教学与研究》2002;11
论劳动价值论在当代的运用和发展	陈　征	《经济评论》2003;4
推进人的全面发展的重要意义和现实根据	张爱华	《高校理论战线》2003;7
"冲击—反应论"与马克思的中国观	曾亚雄	《江汉论坛》2003;9
新型工业化道路与发展先进生产力	赖小琼	《科学社会主义》2003;12
生产要素按贡献参与分配及收入差距问题	陈永志	《中国经济问题》2004;2
生态环境危机之根源分析	庄　穆	《马克思主义与现实》2004;2
生态环境哲学:哲学当代创新之域	庄　穆	《自然辩证法研究》2004;2
生态环境哲学之思:趋向、性质与意义	庄　穆	《哲学动态》2004;5
论当代中国社会转型的分析框架	林默彪	《马克思主义与现实》2005;5
技术、生态与人类生存困境	庄　穆	《哲学研究》2005;8

（三）马克思主义理论教育研究

《〈资本论〉解说》第三版（福建师范大学陈征，福建人民出版社，1999 年再版，新版《解说》共三册）该书对《资本论》基本原理作出系统、通俗的阐述；结合经济学说史解说《资本论》的基本原理；结合学习中的疑难问题进行阐述；结合学术界争论的问题，根据《资本论》的内容，提出独立见解；始终重视对《资本论》方法论的阐述和研究，并坚持运用马克思主义的方法来研究现实经济问题。

《大学生邓小平理论教育难点研究》（郑又贤，长春出版社，2003）该书指出，实践性是邓小平理论的本质特征，学习和运用邓小平理论要坚持理论联系实际的学风，坚持"精与管用"相结合的原则，注重把握邓小平理论的精神实质，坚持具体观点和全面观点、历史观点和发展观点的统一。大学生邓小平理论教育必须循序渐进，由浅入深，形成相互衔接的"一条龙"教育过程。

表 1—8 **1992—2005 年马克思主义理论教育研究其他成果**

成果名称	作 者	发表刊物（出版社）及时间
正确认识和处理新时期的社会利益矛盾	凌厚锋	《当代中国马克思主义研究巡礼》人民出版社,1995
试论青年学生正确人生观形成的示范环境	林 藩	《福州大学学报》（哲学社会科学版）1995:3
用建设有中国特色社会主义理论指导高校马克思主义理论课的教学改革	林可济	《东南学术》1995:5
思想政治工作要潜移默化	郑又贤	《求是》1995:6
研究《资本论》和市场经济的基本教材《〈资本论〉解说》第三版读后	陈朝阳	《当代经济研究》1998:6
反思与超越——跨世纪"两课"教学新探	郑又贤	四川民族出版社,1999
社会主义市场经济条件下大学生道德建设研究	陈沙麦	《福州大学学报》（哲学社会科学版）2000:2
立足素质教育提高思想政治教育成效	陈沙麦	《理论前沿的思考》2000:3
发挥优势,突出特色,提高"两课"教学与研究水平	郑又贤	《思想理论导刊》2000:3
关于"两课"试行挂牌教学的几点认识	杨章钦 郑又贤	《思想理论导刊》2000:7
充分发挥"两课"在大学生思想政治教育中的作用	苏 劲	《高校理论战线》2000:10
马克思主义理论教育"一条龙"规范研究	郑又贤	《思想教育研究》2001:5

续表1—8

成果名称	作　者	发表刊物(出版社)及时间
"两课"教学"挂牌上岗"教改试验分析	张爱华	《高校理论战线》2001:6
新时期人生观教育的几点思考	徐雅芬	《高校理论战线》2001:6
用科学精神繁荣哲学社会科学——当前高校理论教育科学化浅议	陈桂蓉	《思想理论教育导刊》2002:11
论"两课"课堂教学主导信息的优化整合	俞歌春	《中国高教研究》2002:8
关于"两课"教学改革的几点思考	谢丽华	《高等教育研究学报》2004:3
"两课"长短课程教学改革尝试	何其颖	《高校理论战线》2004:3
新时期高校道德建设的四大矛盾及其破解	郑又贤	《福州大学学报》(哲学社会科学版)2004:4
《资本论》教学改革探讨	李建建	《教学与研究》2004:7
关于当前高校网络道德建设的几点思考	郑又贤	《思想理论教育导刊》2005:7
论"以人为本"的思想道德教育	潘玉腾	《思想教育研究》2005:11

第三节　马克思主义中国化研究

一、学科建设与学术研究

(一)学科建设

福建省马克思主义中国化研究的力量主要分布在福建师范大学、厦门大学、华侨大学、福建省委党校、福建省委党史研究室、福建省社会科学院、福建省社会主义学院等单位。

2000年，福建师范大学获批马克思主义理论一级学科硕士点，同时开设马克思主义中国化二级学科硕士点。2003年，该校获得马克思主义理论与思想政治教育专业博士学位授予权。2005年，获得马克思主义中国化研究博士学位授予权。2005年福建农林大学获批马克思主义中国化研究硕士学位点。

(二)学术研究

福建省马克思主义中国化研究重点突出，自20世纪90年代之后，形成以毛泽东思想研究、邓小平理论研究、"三个代表"重要思想研究、科学发展观研究以及融上述内容为一体的马克思主义中国化研究等具有明显特色和优势的研究领域。1992—2005 年，福建省专家学者在马克思主义中国化研究方面获得 7 项国家社会科学基金项目：中国特区社会主义意识形态建设（福建省委党校翁世盛，重点项目，1992），毛泽东的思想发展及其民族文化渊源（厦门大学汪澍白，1993），邓小平建设有中国特色社会主义理论的哲学基础（福建省特色研究会苏昌培，1996），邓小平的"一国两制"构想和最终解决台湾问题的研究（福建社会科学院潘叔明，1998），大学生邓小平理论教育问题研究（福建师范大学郑又贤，2000），党的领导、人民当家做主和依法治国的有机统一：论我国社会主义政治文明建设的特殊规律（华侨大学庄锡福，2004），邓小平"两个飞跃"思想与实践对列宁合作制理论的继承和发展研究（福州大学陈爱玉，2005）。

这一时期，福建省在马克思主义中国化研究领域共推出在学术界有影响的论著 40 余部，发表学术论文 130 余篇。其中一批成果被《新华文摘》、《中国社会科学文摘》、《高等学校文科学术文摘》、《中国人民大学书报复印资料》等全文或部分转载，有的成果在相关书刊杂志上作了介绍。获得中国高校人文社会科学研究优秀成果奖 1 项：《毛泽东思想与中国文化传统》（第一届二等奖，汪澍白）；获全国"五个一工程"论文奖 2 项：《江泽民对邓小平特区理论的新贡献》（第七届，福建社会科学院林其屏）、《江泽民对国有企业改革与发展理论的新贡献》（第八届，林其屏）；获福建省社会科学优秀成果奖 32 项，分别是：《毛泽东思想的中国基因》（第二届一等奖，汪澍白）、《"一国两制"与福建》（第二届一等奖，"'一国两制'与福建"课题组）、《关于马克思主义在福建传播的几个问题》（第二届三等奖，福建师范大学王大同）、《毛泽东早年心路历程》（第三届二等奖，汪澍白）、《邓小平"一国两制"科学构想是对马克思主义国家理论的卓越贡献》（第三届二等奖，潘叔明）、《论利益格局的变化与调适》（第三届二等奖，福建省委党校凌厚锋、蔡彦士）、《学习毛泽东、邓小平、江泽民论农业、农村、农民问题》（第四届二等奖，福建农林大学郑金贵）、《论党的三代领导核心在学风问题上的贡献》（第四届二等奖，凌厚锋）、《一个国家　两种制度》（第四届二等奖，潘叔明）、《"三个代表"是对马克思主义的创新和发展》（第四届二等奖，福建省委党校萨德金）、《毛泽东的思维方式》（第四届三等奖，华侨大学蔡灿津）、《"可持续发展"系列研究》（第四届三等奖，华侨大学赵建军）、《邓小平理论概论》（第四届三等奖，福建省教育委员会朱永康主编）、《试论邓小平对外开放理论的思想来源》（第四届三等奖，厦门大学陈永志）、《论江泽民的历史观》（第五届一等奖，福建师范大学汪征鲁）、《与时俱进的历史总结》（第五届二等奖，潘叔明）、《坚持创新才能代表中国先进文化的前进方向》（第五届二等奖，凌厚锋）、《邓小平历史观研究——关于中国历史、现实与未来的思考》（第五届三等奖，福建中医学院陈佳）、《真理的旗帜——学习江泽民同志"七一"重要讲话》（第五届三等奖，福建农林大学王豫生）、《世纪之交邓小平"两个大局"思想的丰富和发展》（第五届三等奖，福建省委党校高伯文）、《机遇、挑战、对策——关于"入世"后加强思想道德建设的前瞻性思考》（第五届三等奖，郑又贤）、《论始终坚持"三个代表"对中国共产党执政的意义》（第六届一等奖，福建教育学院郑传芳）、《"一国两制"与台湾问题》（第六届二等奖，潘叔明）、《关于"三个代表"重要思想形成和发展的几点新思考》（第六届二等奖，郑又贤）、《邓小平理论和"三个代表"重要思想概论》（第六届二等奖，郑传芳、朱清等）、《"三个代表"重要思想与执政能力建设》（第六届二等奖，福建省社科联课题组）、《"三个代表"重要思想是实现中华民族伟大复兴的旗帜》（第六届三等奖，凌厚锋）、《农民收入提高的主要障碍与对策》（第六届三等奖，厦门大学叶文振）、《福建走新型工业化道路系列研究》（第六届三等奖，福建农林大学郑庆昌、陈冬）、《马克思主义中国化释义——一种解释学的视界》（第六届三等奖，福建省委党校林默彪）、《江泽民对我国对外开放理论的新贡献》（第六届三等奖，林其屏）、《历史与逻辑的演绎：马克思主义中国化研究》（第六届三等奖，闽江学院赵麟斌等）。

（三）学术会议

1993 年 11 月，中国现代史学会主办的纪念毛泽东诞辰 100 周年暨学习《邓小平文选》第三卷学术讨论会在永定县召开。中国现代史学会会长董谦、常务副会长王桧林、龙岩地委书记黄小晶和各省、自治区、直辖市以及解放军的代表共 83 人参加会议，收到学术论文 70 多篇。与会者围绕会议的中心议题——毛泽东、邓小平与中国革命和建设的道路问题展开讨论。

1998 年 10 月，中国毛泽东思想理论与实践研究会、中国社会科学院马列所、中央党校党建教研部、厦门市委党史研究室和厦门市中共党史学会联办的纪念十一届三中全会 20 周年理论研讨会在厦门召开。来自全国各地的 80 多位专家、学者参加研讨会。与会人员探讨中国改革开放 20 年的历程、成就及其基本经验。

2005 年 9 月，中国历史唯物主义学会主办，福建师范大学、福建历史唯物主义学会等单位承办的中国历史唯物主义学会学术年会在福州市召开。中国社会科学院、北京大学、中国人民大学、国防大学、武汉大学、中国科技大学、首都师范大学、天津师范大学、厦门大学、福建师范大学、福州大学等 70 多个单位的 130 多位专家学者出席研讨会。与会者围绕科学发展观的内涵、历史唯物主义基础理论及其创新、社会主义和谐社会建构、科学发展观与历史唯物主义的互动作用和内在联系、"以人为本"与时代发展等问题进行研讨。

二、主要学术成果

（一）毛泽东思想研究

《毛泽东早年心路历程》（厦门大学汪澍白，中央文献出版社，1993）全书分为三篇，

第一篇：少年意气（1893—1912）；第二篇：早期心影（1913—1918）；第三篇：思想转变（1918—1921），下分十五章五十二节，按时间顺序与文化分层对毛泽东早年的思想与性格进行分析，展现毛泽东早年的心路历程。该书从哲学、伦理、美学、历史、政治、教育诸层面深入探索毛泽东早期思想的民族文化渊源，指出，毛泽东早期思想构架中丰富的思想内容对他后来创建中国化马克思主义的宏伟工程是不容忽视的根基。

《毛泽东与中国农民问题》（福建省委党史研究室林强，《中共党史研究》1993：3）该文认为，农民问题，是中国革命和建设的一个基本问题。正是在这一问题上，毛泽东成功地将马克思主义同中国实际相结合，解决不同时期的农民问题。认真研究毛泽东关于农民问题的理论与实践，特别是在农民问题上怎样发展马克思主义，对于了解中国国情，正确认识当代农民问题，无疑具有重大的理论和现实意义。

《民主党派与中国共产党的"逼蒋抗日"方针》（福建省委党校林祥庚，《中共党史研究》1996：3）该文认为，中国共产党倡导建立的抗日民族统一战线，是中国抗日战争取得胜利的重要保证，它"对于打倒日本帝国主义发生决定的作用"。中国共产党的"逼蒋抗日"方针的制定和实施，是抗日民族统一战线建立过程中的重要一环，对抗日民族统一战线的最终形成起了重要作用。本文试图阐述党在提出、贯彻、实施"逼蒋抗日"方针的各个历史环节中，民主党派所发挥的特殊作用，借以阐明民主党派对建立抗日民族统一战线做出重要历史贡献。

《毛泽东的非常之路》（福建省委党校蒋伯英，人民出版社，2001）该书叙述毛泽东在大革命失败前夕与陈独秀关于中国革命道路问题的观点分歧，由此探索中国革命的道路。经过秋收起义，创立井冈山革命根据地，开创赣南、闽西新局面，与李立三"左"倾盲动错误和王明"左"倾教条主义路线做斗争，最终找到农村包围城市、工农割据、武装夺取政权的中国新民主主义革命道路，从而在中国革命最危急的关头拯救了党、拯救了红军和中国革命。该文通过对毛泽东思想脉络和实践活动发展演变的叙述，再现毛泽东在这段的光辉历程。

《新中国头七年民主法制建设进程中的民主政治参与》（福建师范大学俞歌春，《中共党史研究》2001：5）该文指出，新中国头七年的民主法制建设确立社会主义有序民主政治参与的框架。这个框架既有制度层面的民意代表结构、政治协商结构和民意表达基本结构，也有用法律和政策将全面动员中的民主政治参与引向有序的实际运作层面，体现社会主义民主政治的实质，显现新型民主政体的蓬勃活力。新中国头七年也存在民主非法制化、民主政治参与非民主化、无序化现象，淡漠的法律意识、滞后的立法，这些不仅使动员型民主政治参与过程的法律控制能力弱化，也造成依法行使自主型民主政治参与权利受阻。反思新中国头七年民主法制建设进程中的政治参与，对新世纪中国发展现代化，实现社会全面进步很有裨益。

《生活哲学视野中的毛泽东思想》（华侨大学彭立群，《哲学研究》2004：11）该文提出，自鸦片战争以来，中国这个古老的东方国家被动地纳入了全球化的进程，面对三千年未有之变局，嬗变中的中国社会见证了我们民族的抗争与复兴。毛泽东思想作为马克思主义中国化的标志性成果，无疑承载着时代的精神诉求。从反映和指导实践到与实践脱节，毛泽东时代的马克思主义呈现出曲折的发展轨迹。为应对世界历史的召唤与挑战，需要对那个打上毛泽东思想烙印的时代进行认真梳理与反思。

表1-9　　　　　　　**1992—2005 年毛泽东思想研究其他成果**

成果名称	作　者	发表刊物（出版社）及时间
毛泽东重视意识形态领域斗争的思想	高伯文	《福建师范大学学报》（哲学社会科学版）1992：2
从漳州战役的胜利看毛泽东早期的军事思想	巩玉闽	《中共党史研究》1992：4
青年毛泽东政治理论取向的转变	汪澍白	《厦门大学学报》（哲学社会科学版）1993：3
毛泽东与古代兵家韬略	汪澍白	《湘潭大学学报》（哲学社会科学版）1993：4
必须继续坚持人民民主专政	林俊德	《科学社会主义》1993：4
"赵五贞事件"与青年毛泽东的婚恋观	潘玉腾等	《青年研究》1993：9
毛泽东理财思想初探	林涛舟	《经济纵横》1993：12
毛泽东对多党合作的伟大理论贡献	林祥庚	《福建省社会主义学院学报》1994：1
关于秋收起义纲领的一场争论	蒋伯英	《党史研究与教学》1994：6
心之本体与"我"的自觉——毛泽东早期思想与阳明心学	郭若平	《毛泽东思想论坛》1995：2
试论陕甘宁边区的历史地位及其作用	林健成	《民国档案》1997：3
"为人民服务"最早出处的考证	缪慈潮	《中国党政干部论坛》1997：6
论文艺在社会主义精神文明建设中的重要作用	游小波	《毛泽东文艺思想研究》（第十二辑暨全国毛泽东文艺思想研究会 1998 年会论文集）
毛泽东的思维方式	蔡灿津	新疆人民出版社，1998
学习毛泽东关于"农业、农村、农民"问题	郑金贵	《福建省委党校学报》1998：3
毛泽东农民观透视	郑以灵	厦门大学出版社，1999
中国社会主义改造的目标模式	陈朝响	《马克思主义研究》1999：1
毛泽东的"五四"观及其评论模式的形成	郭若平	《福建省委党校学报》1999：5

续表1—9

成果名称	作　者	发表刊物（出版社）及时间
五十春秋风雨路——谭震林与毛泽东交往轶事	黄肇嵩	《福建党史月刊》1999:9
毛泽东思想概论	刘育钢	中国文史出版社,2001
毛泽东对开辟中国革命新道路的历史性贡献	徐进功	《思想理论教育导刊》2001:9
浅谈《毛泽东思想概论》课教学指导思想的认识问题	陈少牧	《中国高教研究》2001:10
讲好毛泽东,才能上好"毛泽东思想概论"课	何其颖	《思想理论教育导刊》2002:10
李庆霖上书毛泽东与知青政策调整	蔡天新	《中共党史研究》2003:4
新民主主义理论的学理探源——对"中国社会性质问题论战"有益成果的吸收	郭若平	《中共党史研究》2003:4
毛泽东新民主主义文艺观形成的思想资源——以"文艺大众化"和"民族形式"的论争为中心	郭若平	《毛泽东思想研究》2003:5
民主革命时期毛泽东在农民问题上的成功实践及其启示	纪能文	《思想理论教育导刊》2003:8
毛泽东思想概论教学指导	徐　刚	中国科技大学出版社,2004
论社会主义改造与发展非公有制经济的历史必然性	黄金家等	《中央党校学报》2004:1
毛泽东"思想建党"理论在建国前后的作用评析	彭丽花	《理论前沿》2004:11

（二）邓小平理论研究

《邓小平"一国两制"科学构想是对马克思主义国家理论的卓越贡献》（福建社会科学院潘叔明，人民出版社，1994）该文指出，在马克思主义国家学说中，国家是一个历史范畴，是一个阶级范畴，并具有社会属性和民族属性。在这些范畴和属性中，"一国两制"从实际出发，科学地处理国家制度和社会制度的关系、国家主权与治权的关系、两种国家结构基本形式关系、国家社会属性和民族属性的关系以及国家继承和政府继承的关系等，以阶级范畴涵涉历史范畴，以民族属性蕴含社会属性，构成"一国两制"国家理论的独特形态。该文入选1994年全国学习《邓小平文选》和建设有中国特色社会主义理论研讨会，并收入由人民出版社出版的研讨会文集，2004年被收入由冷溶、杨耕主编，北京师范大学出版社出版的学术论文集《从邓小平理论到"三个代表"重要思想》。

《开设"邓小平理论"课要处理好的几个关系》（郑又贤，《高校社会科学研究和理论教学》1998：5）该文指出，开设"邓小平理论"课要取得理想的效果，一定要处理好几个方面的关系。该文明确提出，在邓小平理论同马列主义、毛泽东思想的关系上，最重要的就是要确立两个观点：（1）邓小平理论从总体上说坚持了马列主义、毛泽东思想的本质方面，即寓于其中的科学的世界观和方法论、基本立场、基本原理和基本观点。邓小平理论和毛泽东思想是一脉相承的，都是从国内外实际、特别是中国的具体实践出发，都是以马列主义基本理论为依据的。所以，任何把邓小平理论同马列主义、毛泽东思想对立起来的观点，都是错误的。（2）邓小平理论在新的历史条件下，坚持解放思想，实事求是，开拓了马克思主义的新境界。

《时代挑战和社会主义观念的更新》（福建省委党校关家麟，《当代世界与社会主义》1999：1）该文指出，当代社会主义面临时代提出的两大课题：一是如何总结由苏联20世纪30年代所开始的传统的社会主义模式？二是如何应对由当代新技术革命所引发的社会结构的深刻变动？对20世纪社会主义实践的总结以及对未来社会主义的展望都可以归结为这两个根本性的问题。邓小平理论作为当代中国的马克思主义归根到底就是从中国实际出发对这两个根本问题的解答。"什么是社会主义，怎样建设社会主义"是邓小平理论的基本问题，也是邓小平理论对时代课题的解答。在这个基本问题上，邓小平更新传统社会主义观念，并在改革实践中，开拓社会主义创新之路。从这一角度出发，也许可以在更高的视野、更深的层次上理解邓小平理论的深刻内涵和时代意义。

《世纪之交邓小平"两个大局"思想的丰富和发展》（高伯文，《中共党史研究》2000：6）该文叙述以江泽民为核心的第三代中央领导集体不仅从理论上深刻阐发邓小平"两个大局"思想，为西部大开发战略的提出和实施奠定理论基础；同时又对党的区域经济发展战略重点从"第一个大局"向"第二个大局"的转变问题进行思考，不失时机地做出西部大开发战略决策及一系列缩小地区差距的方针政策，并提出区域战略重点转移到"第二个大局"的东西部联动与合作的新思路，从而丰富和发展邓小平"两个大局"思想。

《"一国两制"与台湾问题》（潘叔明，人民出版社，2003）该书阐述祖国统一的历史任务、"一国两制"是统一祖国的伟大构想、祖国统一的历史进程、继续解决台湾问题、坚持"和平统一、一国两制"方针、贯彻八项主张，最终解决台湾问题的预期等内容，认为在包括两岸同胞和海外侨胞在内的全中国人民努力下，中国的完全统一一定能够实现。

《邓小平理论和"三个代表"重要思想概论》（郑传芳、朱清，福建人民出版社，2003）该书作为福建省高校"两课"教材，向大学生介绍马克思主义中国化的最新理论成果，邓小平理论和"三个代表"重要思想产生的时代背景、科学内涵、理论精粹、重要地位及其影响，以及建设中国特色社会主义的思想路线、根本任务、发展战略等内容，围绕中国特色社会主义的政治、经济、文化、军事、党建做深入浅出的介绍，以推动邓小平理论和"三个代表"重要思想进教材、进课堂、进学生头脑。

《邓小平社会主义本质论的人本取向》（华侨大学薛秀军，《科学社会主义》2004：4）该文提出，从"以人为本"的新视角重新审视邓小平的社会主义本质论，其中所蕴含的价值尺度、价值原则、价值目标、价值归宿都是以"现实的人"为轴心的，从而彰显社会主义制度对"人"的地位与价值的确认，为人的独立、尊严与人格的维护、尊重，人的现实权利关系的建立，人的发展需要的满足等提供可靠的现实基础，体现出社会主义"以人为本"的内在价值取向。

《邓小平思维方式研究》（三明市委党校涂大杭，中共中央党校出版社，2004）该书认为，邓小平思维方式的产生有四个方面的历史因素：一是国际因素，时代主题从"战争与革命"开始转换为"和平与发展"；二是国内因素，国情从"文化大革命"造成的深重灾难开始走向复兴繁荣；三是党内因素，党情从思想上、政治上、组织上的"乱"转为拨乱反正、恢复和发扬党的优良传统；四是个人因素，邓小平1977年7月重新参加工作后，迅速成为中共第二代领导集体的核心。作者对邓小平思维方式的渊源、邓小平思维方式的形成、实事求是与解放思想相结合的思维方式、群众路线与人民利益相结合的思维方式、邓小平思维方式的鲜明特色等进行探讨。

表 1—10　　　　　　　**1992—2005 年邓小平理论研究其他成果**

成果名称	作　者	发表刊物（出版社）及时间
特色论	苏昌培	社会科学文献出版社，1992
中国特色社会主义	李青藻	厦门大学出版社，1992
邓小平同志对毛泽东多党合作理论的重大发展	林祥庚	《中央社会主义学院学报》1994：4
邓小平科学技术理论的文化学思考	林兆荣	《毛泽东邓小平理论研究》1994：4
当代中国的社会发展理论	肖文涛	《科学社会主义》1994：6
当代中国的马克思主义哲学	王之波等	海峡文艺出版社，1995
论邓小平"一国两制"的科学构想	潘叔明	《毛泽东邓小平理论研究》1995：2
简论邓小平对社会主义本质的概括	余泽清	《社会主义研究》1995：4
邓小平建设有中国特色社会主义理论的时代性探析	潘叔明	《毛泽东邓小平理论研究》1995：4
科技革命与当代社会主义的发展	何贻纶	《科学社会主义》1995：4
马克思主义与中国特色社会主义	蔡金发	《马克思主义与现实》1995：6
坚持和完善人民代表大会制度	林俊德	《科学社会主义》1995：6

续表 1—10

成果名称	作　者	发表刊物（出版社）及时间
论在社会主义认识上的三个偏离和三层含义	林俊德等	《马克思主义研究》1995:6
香港新政制架构的形成及其"一国两制"的特色	林浣芬等	《中共党史研究》1997:3
大胆探索与坚持社会主义方向——我国改革的两项根本要求	林俊德	《马克思主义研究》1997:3
试论邓小平的统一战线策略	杨雪燕	《中央社会主义学院学报》1997:5
邓小平关于发展我国高科技的战略思想	何贻纶	《科学社会主义》1997:6
论科学社会主义与中国特色社会主义	蔡金发	福建人民出版社,1998
历史新跨越:邓小平理论在泉州的成功实践	何立峰等	厦门大学出版社,1998
"一国两制"理论与实践	严正等	福建人民出版社,1998
正确处理社会主义市场经济的两个辩证关系	习近平	《内部文稿》1998:11
邓小平理论的逻辑起点和内在逻辑联系论纲	李鸿烈	《哲学动态》1998:12
邓小平社会发展观的特点	黎　昕	《理论前沿》1998:12
邓小平理论学习指南	苏玉泰	福建教育出版社,1999
一个国家两种制度:学习邓小平关于祖国统一的理论	潘叔明	学习出版社,1999
中国特色社会主义思想文化建设研究	凌厚锋 蔡彦士 主　编	福建人民出版社,1999
邓小平多党合作思想的实事求是原则	杨雪燕	《中央社会主义学院学报》1999:1
简论邓小平现代化思维的协调发展原则	陈遵沂	《社会主义研究》1999:3
一场马克思主义理论的自我教育——邓小平有关"三讲"论述的解读	蔡金发	《东南学术》1999:3
我国多党合作制度是对苏联一党制模式的突破	林祥庚	《科学社会主义》1999:4
邓小平理论教学中若干问题之管见	郑又贤	《思想理论教育导刊》1999:4
对邓小平"三步走"经济发展战略步骤的若干认识	郑传芳	《中国党政干部论坛》1999:6
对邓小平精神文明建设理论的若干认识	郑传芳	《思想理论教育导刊》1999:12

续表 1—10

成果名称	作　者	发表刊物（出版社）及时间
社会主义观念的深化和更新——学习邓小平的有关论述	关家麟	《内部文稿》1999:22
百年大计　战略重点——邓小平教育理论的丰富与发展	郑传芳	《理论前沿》1999:23
我国教育事业改革与发展的指针——学习邓小平教育理论的体会	郑传芳	《内部文稿》1999:23
邓小平理论教学研究	郑又贤 主　编	民族出版社,2000
邓小平理论论纲	何贻纶等	长征出版社,2000
科教兴国战略研究	黄国雄	海风出版社,2000
邓小平哲学专题研究	杨章钦	福建人民出版社,2000
对十一届三中全会伟大历史意义的再认识	郑传芳	《中国思想政治工作2000年鉴》
抓好课程建设　推动邓小平理论"三进"工作	方传安	《思想理论教育导刊》2000:4
论邓小平新时期统一战线理论的创新思想	杨雪燕	《中央社会主义学院学报》2000:9
怎样正确理解邓小平建党理论是毛泽东建党思想的继承与发展	黄光泗	"中国共产党与现代中国"2001年学术讨论会论文集
邓小平理论与当代中国现实	郑又贤 主　编	四川民族出版社,2001
邓小平科技观和科教兴国研究	杨新华	四川民族出版社,2001
社会主义在中国80年理论与实践的艰辛探索	侯西安	中国文联出版公司,2001
简析社会主义初级阶段理论的理论来源	彭　进	《思想理论教育导刊》2001:3
邓小平理论与厦门经济特区建设	刘正英	《当代中国史研究》2001:6
关于时代主题的几点思考	黄晓辉	《思想理论教育导刊》2001:10
大学生邓小平理论教育难点研究	郑又贤	长春出版社,2002
邓小平理论概论	朱永康 主　编	福建人民出版社,2002
邓小平理论与中国现代化建设	张春霞等	哈尔滨工程大学出版社,2002
论邓小平新时期统一战线理论的哲学基础	叶飞霞	《中央社会主义学院学报》2002:1
中国共产党区域经济思想研究	高伯文	中共党史出版社,2004

续表 1-10

成果名称	作　者	发表刊物(出版社)及时间
中国建设的成功之路	陈朝响	福建人民出版社,2004
论邓小平的党内监督思想及其现实意义	赵清城	全国党建研究会纪念邓小平同志诞辰100周年论文集,2004
邓小平民族问题理论思维方式	雷弯山等	中国民族理论学会第七次全国民族理论研讨会会议论文集,2004
邓小平经济特区思想在中国改革开放中的历史作用	蔡天新	《党的文献》2004:4
邓小平的发展阶段思想及其丰富与发展	高伯文	《中国特色社会主义研究》2004:4
南方谈话与中国共产党的理论创新	陈瑞泉	《马克思主义与现实》2004:5
邓小平的富民思想与社会公平目标	李红等	《社会主义研究》2004:5
解构与超越:邓小平建构社会主义的独特方式	王福民	《社会主义研究》2004:6
论邓小平"一国两制"思想及其理论贡献	潘叔明	《福建论坛》(人文社会科学版)2004:7
国外邓小平生平传记评介	周国忠	《中国图书评论》2004:10
生活哲学视野中的邓小平理论	张禹东	《哲学研究》2004:11
邓小平理论和"三个代表"重要思想概论学生学习辅导用书	郑传芳	高等教育出版社,2005

(三)"三个代表"重要思想研究

《第三代领导人在社会主义所有制问题上对邓小平理论的继承与发展》(厦门大学林金忠,《社会主义研究》2002:5)该文提出,以江泽民为核心的党的第三代领导人继承和发展邓小平理论,在社会主义所有制问题上有许多重大突破:将多种所有制经济共同发展提升到社会主义初级阶段的基本经济制度这一理论高度,区分公有制形式与公有制实现形式,对公有制主体地位与国有经济主导作用的区分,以及对国有经济主导作用的创造性阐释等方面。

《科学认识与时俱进是马克思主义的理论品质》(郑又贤,《思想理论教育导刊》2002:10)该文认为,在"邓小平理论概论"课教学中,必须科学说明邓小平理论产生和发展的历史必然性。与时俱进是马克思主义的理论品质,这是由马克思主义的特点决定的。邓小平理论的产生,体现实践或实际的发展和马克思主义与时俱进的理论品质的有机统一。"三个代表"重要思想,则是邓小平理论与时俱进的科学结晶。

《"三个代表"重要思想是实现中华民族伟大复兴的旗帜》(福建省委党校凌厚锋,学习出版社，2003）全文共分为三个部分，即"三个代表"重要思想作为马克思主义中国化的最新成果，为中华民族伟大复兴新的历史进程提供强大的理论武器；"三个代表"重要思想通过对"三个规律"的深刻揭示，为中华民族伟大复兴新的历史进程指明前进的方向；全面贯彻"三个代表"重要思想，努力实现全面建设小康社会的宏伟目标，全面推进中华民族伟大复兴新的历史进程。该文入选2003年7月全国"三个代表"重要思想理论研讨会，并收入由学习出版社出版的研讨会文集，2004年被收入由冷溶、杨耕主编，北京师范大学出版社出版的学术论文集《从邓小平理论到"三个代表"重要思想》。

《论始终坚持"三个代表"对中国共产党执政的意义》（福建教育学院郑传芳，《思想理论教育导刊》2003：6）该文认为，始终坚持"三个代表"展现中国共产党执政的本质要求、特殊条件和主要特点，反映中国共产党执政的努力方向和价值取向，能够为中国共产党执政奠定牢固基础并使其充满创造力、凝聚力和战斗力，是中国共产党区别于其他政党执政的显著标志和鲜明特征。

《人的全面发展与全面建设小康的辩证关系》（福建省委党校陈喜荣，《社会主义研究》2004：4）该文认为，人的全面发展是全面建设小康社会的本质内涵和最终目的，也是其重要的前提和基础；而人的全面发展又有赖于社会的全面发展和进步，并蕴含于社会发展和进步的过程之中。二者相互作用，彼此促进，形成耦合互动的辩证关系。

《"三个代表"重要思想的科学体系》[潘叔明，《福建农林大学学报》（哲学社会科学版）2004：7]该文论述"三个代表"重要思想同马克思列宁主义、毛泽东思想、邓小平理论是一脉相承而又与时俱进的科学体系，具体体现在："三个代表"重要思想坚持历史唯物主义和辩证唯物主义世界观、方法论，强调理论联系实际以指导实践；继承马克思主义要实现共产主义的奋斗目标；继承马克思主义关于人民是历史的创造者的基本原理；继承马克思主义解放思想、实事求是、与时俱进的理论品质。

表1—11　　　　**1992—2005年"三个代表"重要思想研究其他成果**

成果名称	作　者	发表刊物（出版社）及时间
"三讲"教育·群众观点·群众路线	林兆枢	《中央党校学报》1999：1
论综合创新文化观的历史发展——从毛泽东、邓小平到江泽民	凌厚锋	《福建省委党校学报》1999：10
中央第三代领导集体在解决台湾问题上的继承与发展	史习培	《中央社会主义学院学报》2000：11
"三个代表"是对新时期坚持党的领导的根本任务的科学规定	郑传芳	《理论前沿》2000：14

续表 1—11

成果名称	作　者	发表刊物(出版社)及时间
新形势下坚持党的领导的战略思想——学习江泽民同志关于"三个代表"的重要思想	郑传芳	《思想理论教育导刊》2001:3
"三个代表"是二十一世纪党的建设的行动指南	林慧冬	浙江省暨华东六省一市党史系统纪念建党八十周年学术讨论会论文集,2001
论江泽民的历史观	汪征鲁	《东南学术》2001:4
"三个代表"是对马克思主义的创新和发展	萨德金	《党史研究与教学》2001:5
认真学习研究江泽民"七一"讲话的新思想新观点	蔡金发	《党史研究与教学》2001:5
纪念中国共产党成立80周年理论研讨会发言摘要	郑传芳等	《思想理论教育导刊》2001:7
学习"七一"重要讲话应注意澄清的几种模糊认识	游炎灿	《内部文稿》2001:16
精神文明概论	涂大杭	厦门大学出版社,2002
真理的旗帜:认真学习江泽民同志"七一"重要讲话	王豫生主　编	福建教育出版社,2002
立足现实　高于现实——江泽民创新思想研究	赵建群	《当代中国史研究》2002:2
党的三代领导人的科技战略思想	高　峻	《当代中国史研究》2002:3
中国共产党对马克思主义人民观的丰富和发展	杨小冬	《科学社会主义》2002:4
如何理解"三个代表"重要思想体现了党的性质	庄锡福	《思想理论教育导刊》2002:4
论新时期两代主要领导人的忧患意识——从邓小平南方谈话到江泽民"七一"讲话	蔡炳水等	《社会主义研究》2002:4
与时俱进和执政兴国	叶双瑜	《科学社会主义》2002:5
"三个代表"重要思想的进一步阐述——学习贯彻江泽民同志"5·31"讲话精神	郑传芳	《思想理论教育导刊》2002:9
正确认识中国特色社会主义民主政治的重要优势	俞歌春	《思想理论教育导刊》2002:11
"三个代表"重要思想对马克思主义价值观的贡献	王之波	《思想理论教育导刊》2002:11

续表 1—11

成果名称	作　者	发表刊物（出版社）及时间
南方谈话十年来民主政治参与的有序发展与社会政治稳定	俞歌春	《中共党史研究》2003:2
"三个代表"重要思想与执政能力建设	福建省社会科学界联合会课题组	《东南学术》2003:3
江泽民对我国对外开放理论的新贡献	福建社会科学院课题组	《福建日报》2003.3.14
东西部关系与发展思路的创新——学习江泽民关于西部大开发的论述	高伯文	《党的文献》2003:4
"三个代表"重要思想与泉州的现代化之路	施永康	《马克思主义与现实》2003:4
论"三个代表"重要思想的理论体系及其新贡献	郑又贤	《东南学术》2003:5
"三个代表"重要思想与马克思主义中国化	凌厚锋	《东南学术》2003:5
实践"三个代表"重要思想　始终保持共产党员先进性	袁荣祥	《党建研究》2003:6
以"三个代表"重要思想为指导努力推进政治文明建设	张秋炯	《科学社会主义》2003:6
论党的思想路线的丰富和发展	杨立英	《思想理论教育导刊》2003:8
始终保持党同人民群众的密切联系——论江泽民同志对党群关系的理论贡献	林　强	《党建研究》2003:9
"三个代表"与科学实践观	林晓峰	《理论前沿》2003:16
"三个面向"：中国文化繁荣发展的根本指针	凌厚锋	传统文化与先进文化构建论坛论文集,2004
从温饱到小康——中国二十年扶贫开发述论	王盛泽	《中共党史研究》2004:3
"三个代表"重要思想对马克思主义中国化的历史贡献及其启示	凌厚锋	《福建省委党校学报》2004:6
关于"三个代表"重要思想主题的几点新思考	郑又贤	《福建农林大学学报》(哲学社会科学版)2004:7

续表 1—11

成果名称	作　者	发表刊物(出版社)及时间
地方党委如何抓好"第一要务"	叶继革	《求是》2004:11
社会主义国家的权力制约	曾行伟	《科学社会主义》2005:1
中国马克思主义以人为本价值观的崛起——兼论中国共产党价值观的三次转换	汪征鲁	《福建师范大学学报》(哲学社会科学版)2005:2
社会主义政治文明发展的人文制约	刘新宜	《科学社会主义》2005:2
保持党的先进性的历史经验	郑传芳	《科学社会主义》2005:6

（四）科学发展观研究

《党的执政能力建设之我见》（福建省委党校李新生，《党建研究》2004：1）该文认为，中国共产党以"三个代表"重要思想为指导，在推进党的建设征途中，在加强党的思想建设、组织建设、作风建设和制度建设的同时，突出党的执政能力建设，具有很强的针对性和现实意义。执政能力建设是马克思主义执政党建设中的新课题，十三届四中全会以来，以江泽民为主要代表的当代中国共产党人，在推进中国特色社会主义的实践中，不断加强党的建设，党的十六大又明确提出要加强党的执政能力建设。执政能力建设是马克思主义执政党建设的一个新课题。加强执政能力建设是共产党长期执政经验教训的科学总结。

《执政党建设的创新与发展》（福建省委党校游龙波，《科学社会主义》2004：3）该文提出，在时代发生巨大而深刻变化的条件下，必须以与时俱进的精神推进党的建设。要从执政的高度认识和把握党面临的新情况和新问题，自觉遵循政党执政规律开展党的建设，并根据长期执政的要求研究解决党的建设如何改革创新的问题。

《树立正确的发展理念》（福建省委党校肖文涛，《红旗文稿》2004：21）该文认为，全面建设小康社会，是十六大为 21 世纪头二十年我国经济社会发展所制定的宏伟蓝图。要使这一蓝图成为现实，有赖于对我国经济社会等重大问题的清醒认识和正确把握。至关重要的是，必须深刻理解发展的时代内涵和思想意蕴，以现代的发展理念来推进各项事业的发展。

《中国实施"人才强国"战略的重要性》（华侨大学丁秀荣，《科学社会主义》2005：3）该文认为，知识经济社会的主要特点是知识的原始性创新及运用。在 21 世纪，谁拥有更多世界顶级研究型创新拔尖人才，谁就能占据世界经济与科技发展制高点，培养和引进一批世界级的学术大师，是"人才强国"的重中之重。

《和谐发展的哲学思考》（三明学院曾令超，《教学与研究》2005：8）该文提出，和谐发展问题是当代中国发展哲学的基本问题。它以强调人的主体性、承认差异性、注重系统性、把握动态性和协调性为基本特征。它的实现程度取决于人的发展与社会发展的互动程度、社会各要素间相互作用的合力大小、风险释放制度的设计完善与否、国内环境与国际环境的稳定状况等因素。

表1—12　　　　　　　**1992—2005年科学发展观研究其他成果**

成果名称	作　者	发表刊物（出版社）及时间
德治论	徐朝旭	厦门大学出版社,2003
中国共产党区域经济思想研究	高伯文	中共党史出版社,2004
中国共产党执政规律探索	彭丽花	《科学社会主义》2004:3
提高领导班子和领导干部执政能力的基本途径	福建省党建研究会	《党建研究》2004:4
法治精神:当代中国政治文明的灵魂	王福民	《科学社会主义》2004:6
地方人大发展创新若干问题探讨	张君良	《科学社会主义》2004:6
对科学发展观的新解读——第十届福建省研究生自然辩证法演讲赛综述	徐　刚	《自然辩证法研究》2004:11
社会主义国家职能与和谐社会	林修果等	"科学发展观与历史唯物主义"全国学术研讨会论文集,2005
在动态中求和谐	陈永森	"科学发展观与历史唯物主义"全国学术研讨会论文集,2005
正确处理人民内部矛盾对构建和谐社会的意义	王之波	"科学发展观与历史唯物主义"全国学术研讨会论文集,2005
扶助弱势群体构建和谐社会	范佐来	"科学发展观与历史唯物主义"全国学术研讨会论文集,2005
《共产党宣言》与和谐社会构建	叶志坚	"科学发展观与历史唯物主义"全国学术研讨会论文集,2005
领导者在构建和谐社会中应具有的能力和观念	刘明辉	《科学社会主义》2005:5
构建社会主义和谐社会的理论思考	林　强	《党建研究》2005:9
提高领导能力是落实科学发展观的必然要求	林述舜	《领导文萃》2005:12

（五）马克思主义中国化其他领域研究

《马克思主义与中国特色社会主义》（福建省委党校蔡金发,《马克思主义与现实》1995：4）该文认为,十几年来,全世界关心中国和社会主义事业的人们都在谈论中国特色社会主义的理论与实践,并提出需要深入研究和澄清的问题。如,中国特色社会主义与马克思主义的关系如何?又如,中国特色社会主义同传统社会主义相比较,有什么新的重大理论突破等等。

《历史与逻辑的演绎:马克思主义中国化研究》(闽江学院赵麟斌,吉林人民出版社,2004)该书对马克思主义中国化意蕴进行探讨,通过对中国传统文化的剖析,再现马克思主义中国化的背景和历史进程,描述马克思主义中国化的三大理论成果,揭示其内在逻辑,彰显马克思主义中国化命题的理论价值。

《生活哲学视野中的"马克思主义中国化"》(华侨大学杨楹,《哲学研究》2004:11)该文认为,近年来,马克思主义哲学研究在"学术性"诉求的强力刺激下发生许多变化。在许多论著之中,人们见到最多的与其说是关于马克思主义哲学的阐释,不如说是关于西方哲学的某种评价。以西方哲学阐释马克思主义哲学并不仅仅是研究手段的变化,它所揭示的问题的尖锐性在于:中国的马克思主义哲学应当是中国实践的理论形态还是西方哲学的一个样态?从生活哲学的角度看,总结马克思主义哲学中国化的经验和教训,是马克思主义哲学研究无法回避的问题。

表 1-13 **1992—2005 年马克思主义中国化其他领域研究其他成果**

成果名称	作 者	发表刊物(出版社)及时间
厦门特区市场经济与精神文明研究	李鸿烈	厦门大学出版社,1995
现代社会主义论:社会主义建设道路之中国特色	罗郁聪	山西经济出版社,1998
发挥优势 突出特色 提高"两课"教学与研究水平	郑又贤	《思想理论教育导刊》2000:3
关于"两课"试行挂牌教学的几点认识	杨章钦等	《思想理论教育导刊》2000:7
在继承、借鉴中探索思想政治教育的创新之路	杨立英	《思想理论教育导刊》2000:7
科学现实多模式:社会主义发展的三次飞跃	黄晓辉	四川民族出版社,2001
论高校思想政治工作创新中的几个关系	徐朝旭	《思想理论教育导刊》2001:2
马克思主义中国化的关系过程和形态	林默彪	《党史研究与教学》2002:5
福建省高校马列主义理论与思想品德课教学研究会学术研讨会综述	李湘敏	《教学与研究》2002:8
论"两课"课堂教学主导信息的优化整合	俞歌春	《中国高教研究》2002:8
用科学精神繁荣哲学社会科学——当前高校理论教育科学化浅议	陈桂蓉	《思想理论教育导刊》2002:11
强化高校德育工作的几点思考	马国防	《思想理论教育导刊》2002:12

续表 1—13

成果名称	作　者	发表刊物(出版社)及时间
用发展着的马克思主义指导新的实践	王福民	中国国际共运史学会 2004 年年会暨"社会主义基本理论与当今社会主义实践"学术讨论会论文集
"两课"长短课程教学改革尝试	何其颖	《高校理论战线》2004:3
我国社会转型期主流意识形态建设问题	孟浩明	《科学社会主义》2005:4
关于现阶段我国意识形态建设问题的战略思考	孟浩明	《马克思主义研究》2005:5
加强和改进高校教师思想政治工作对策分析	刘桂荣	《中国高教研究》2005:7

第四节　社会主义精神文明研究

一、学科建设与学术研究

（一）学科建设

福建省社会主义精神文明研究的力量主要集中在福建师范大学、厦门大学、福建省委党校、福建社会科学院、华侨大学等高校与科研机构。

1992—2005 年，精神文明建设主要研究领域有：精神文明建设指导思想方面研究；精神文明建设可持续发展方面的研究；精神文明建设途径的研究；思想政治教育基本理论与实践问题的研究；高校思想政治教育方面的研究；网络化时代与思想政治教育研究。

（二）学术研究

1992—2005 年，在社会主义精神文明建设研究领域获得国家社会科学基金重点项目 1 项：社会主义市场经济条件下沿海地区精神文明建设研究（福建师范大学郑又贤，1996）。获得国家社会科学基金项目 1 项：我国现代化进程中社会主义意识形态建设研究（福建师范大学杨立英，2003）。获得福建省社会科学规划项目 15 项。

这一时期，研究成果获"五个一工程"奖 2 项：《雷锋精神在福建》（图书类，中共福建省委宣传部，海峡文艺出版社，1994）、《社会主义市场经济条件下应当而且能够践行为人民服务的原则——关于漳州"110"实践的重要启示》（理论文章类，郑又贤，1997）。获福建省社会科学优秀成果奖 14 项：《健康道德》（第二届二等奖，福建省卫生防疫站侯连远等）、《企业文化导论》（第二届二等奖，福建师范大学苏振芳）、《论社会主义市场经济条件下领导干部价值观建设》（第三届二等奖，福建社会科学院董承耕、林庄）、《努力探索市场经济与精神文明有机结合的成功之路——关于厦门经济特区社会主义精神文明建设实践的思考》（第三届二等奖，福建日报社薛东、福建社会科学院潘叔明、福建省委党校凌厚锋、福建省委宣传部余作尧执笔）、《厦门特区高校学生思想政治工作的观察与思考》（第三届三等奖，厦门大学王豪杰、林志成）、《功在千秋——沿海地区精神文明建设可持续发展》（第四届二等奖，郑又贤）、《大学生邓小平理论教育难点研究》（第五届一等奖，郑又贤）、《机遇·挑战·对策——关于"入世"后加强思想道德建设的前瞻性思考》（第五届三等奖，郑又贤）、《论现代思想政治教育的管理价值》（第五届三等奖，福建师范大学曾盛聪）、《中国伦理文化和社会发展》（第五届三等奖，福建师范大学王岗峰、张铃枣）、《中国传统道德概论》（第五届三等奖，福建师范大学陈桂蓉）、《网络思想政治教育论》（第六届一等奖，福建师范大学杨立英）、《德治论》（第六届二等奖，厦门大学徐朝旭）、《网络伦理文化》（第六届三等奖，福建师范大学朱银端）。

（三）学术会议

1995年10—11月，华东地区高校思想政治教育研究会年会在武夷山市召开。华东六省一市的代表70多人参会，其中有高校党委书记、宣传部和学生工作部领导，德育室、团委书记以及高教研究所的教育科研人员，递交学术论文70余篇。会议讨论的主要问题有：思政工作的地位和作用问题；思政工作的体制问题；思政教师队伍建设问题；两课建设问题；爱国主义教育问题；德育经费的投入问题；关于德育研究的方法论问题。

1996年11月，全国建设系统高等学校思想政治教育研究会年会在福建建筑高等专科学校召开。全国20个省、市24所高校62名代表参加会议。会议收到论文50多篇。这次年会的主要任务是学习十四届六中全会精神，总结交流研究成果和各会员学校改革发展及思想政治工作的经验，研讨新时期高校思想政治工作面临的新形势、新问题、新课题，加强思想道德和文化建设。

1998年12月，全国高等学校思想政治教育研究会第五次代表大会在厦门大学召开。全国28个省、市的153名代表出席会议。这次会议的主题是：以邓小平理论为指导，贯彻解放思想、实事求是的精神，为开创高校德育新局面做贡献，重点是总结高校德育实践新经验，探讨高校德育规律新特点；探索解决高校德育面临难题的新思路、新方法。会议总结第四届理事会工作；表彰第三次全国高校思想政治教育优秀论文、专著获奖单位及个人；修改研究会章程；选举产生第五届理事会；制定研究会"1999—2002年科研选题指南"。会议共收到论文65篇。探讨的主题是：知识经济与德育走向、面向21世纪的德育模式前瞻、改革开放以来德育工作的基本经验、邓小平理论教育、学生道德教育。

二、主要学术成果

（一）社会主义精神文明建设研究

《加强社会公德、职业道德和家庭美德的培育是精神文明建设的重要任务》（福建省委党校翁世盛，《理论学习月刊》1995：6）该文分析在社会公德、职业道德和家庭道德领域中出现问题的原因，指出加强社会公德、职业道德和家庭道德的培养具有重要的意义，它是发扬中华民族传统美德和新中国新道德传统的基础工程，也是提高全民族道德素质和政治素质的必要条件，是精神文明的基本建设。加强社会公德、职业道德和家庭美德的培养和提高，必须持之以恒，坚持不懈，不但要重视道德观念和道德良知的培养和提倡，而且要把道德教育和管理结合起来。各级领导、干部和知识阶层，应该走在道德建设的前列，处处为人表率，事事作出典范。

《论社会主义市场经济条件下领导干部价值观建设》［福建社会科学院董承耕、林庄，《福建论坛》（经济社会版），1996：1］该文认为，必须以邓小平建设中国特色社会主义理论、尤其是邓小平的领导干部理论和价值理论为指导，大力加强社会主义市场经济条件下领导干部价值观建设。在思想认识上，必须明确领导干部正确价值观的基本内容，坚决反对和克服把全心全意为人民服务视为"过时论"、"吃亏论"和"高调论"等错误观点；必须坚持"五个结合"——即学习与改造、加强教育与制度建设、讲党性与讲政策、行使权力与履行责任、选拔人才与培育人才相结合，促进各级领导干部的价值观建设。

《迈向现代文明的沿海侨乡新城——福建省石狮市两个文明协调发展报告》（福建省委党校林述舜、肖文涛、林红，《科学社会主义》1998：3）该文认为，石狮形成物质文明建设和精神文明建设相互促进、协调发展的良好势头，关键在于构建一套促进两个文明协调发展的运行机制。其主要启迪是：一是确立现代发展观，把握正确的指导思想和大政方针，推进社会全面、健康、协调发展。二是从本地区实际出发，大胆试验，闯出一条具有自身特色的、能够保持两个文明协调发展的新路。三是构建一套行之有效的工作运行机制，切实保证两个文明建设步入良性循环、协调发展的轨道。四是以人为本，推进人的现代化建设，着力改善构筑现代文明的主体素质。

《功在千秋——沿海地区精神文明建设可持续发展》（福建师范大学郑又贤，福建人民出版社，1999）该书在沿海地区精神文明建设与可持续发展战略的交汇点上探讨社会主义精神文明建设，既重视对实践的全面了解，又重视研究成果在实践中的充分应用，对沿海地区精神文明建设提出对策建议。作者认为，可持续发展是一种注重发展质量，使当代人在彼此之间及其同自然界之间真正做到平等、互利、协调共生，能为后代人保持甚至开创更加强盛的发展态势提供必要保障的发展。

　　《对邓小平精神文明建设理论的若干认识》（福建师范大学郑传芳，《思想理论教育导刊》，1999：12）该文分析邓小平精神文明建设理论的形成过程，指出邓小平精神文明建设理论的时代特色：是坚持拨乱反正，恢复和发扬党的优良传统和作风的理论；是促进改革开放，为社会主义现代化建设事业提供坚强思想保障的理论。这是培育社会主义"四有"新人，保证党的基本路线一百年不动摇的理论。

表1—14　　**1992—2005年社会主义精神文明建设研究其他成果**

成果名称	作　者	发表刊物（出版社）及时间
略论马克思恩格斯的文明论及其现实意义	李鸿烈	《东南学术》1995：2
关于新时期加强精神文明建设的几个理论问题	李鸿烈	《福建论坛》（经济社会版）1995：2
新时期精神文明建设的基本思路	黎　昕	《新视野》1995：2
坚持"两手抓，两手都要硬"的基本方针	洪永生	《福建省委党校学报》1995：3
理论建设——精神文明建设的核心工程	傅家栋	《福建省委党校学报》1995：9
论突出精神文明地位需要弄通的几个理论问题	李鸿烈	《福建论坛》（经济社会版）1996：1
试论增创特区新优势	姚立新	《东南学术》1996：2
试论群众文明与领导文明	黄　强 王玉明	《鹭江职业大学学报》1996：4
论精神文明建设的战略地位	陈紫明	《福州大学学报》（社会科学版）1996：4
法制文明是精神文明建设的内在要求和重要保证	徐慧萍	《东南学术》1996：5
领导干部与精神文明建设	王玉明	《社会科学论坛》1996：5
精神文明建设要突出抓好科学价值观的培育	翁世盛	《东南学术》1996：5
瞿秋白的"两个文明"观论析	李国庭	《福建省委党校学报》1996：6
讲政治：新时期精神文明建设的强大支柱	林　庄	《福建论坛》（经济社会版）1996：7
科学与精神文明建设	林可济	《福建省委党校学报》1996：11
精神文明建设也要坚持解放思想实事求是	马　鸣	《福建省委党校学报》1996：11
经济特区应当成为社会主义精神文明建设的排头兵	洪成得	《东南学术》1997：1
精神文明建设的核心是提高人的素质	马　鸣	《福建理论学习》1997：1
试论领导文明建设	王玉明	《理论探讨》1997：1
社会主义精神文明建设的根本指针——学习邓小平同志精神文明建设理论	凌厚锋	《福建理论学习》1997：2

续表1—14

成果名称	作 者	发表刊物（出版社）及时间
论邓小平关于精神文明建设客观必然性的思想	凌厚锋	《福建省委党校学报》1997:2
发挥档案功能　服务精神文明建设	邓达宏	《福建论坛》（经济社会版）1997:3
建国头七年社会主义精神文明的初步建立	林浣芬 林鲁文	《党史研究与教学》1997:3
试论大学生道德文明建设	蔡志强 林　莉	《福建师范大学学报》（哲学社会科学版）1997:4
试论社会主义精神文明建设的效益原则	郑又贤	《福建农林大学学报》（哲学社会科学版）1998:1
论文艺的精神文明效应	游小波	《福建师范大学学报》（哲学社会科学版）1998:4
社会主义精神文明建设与可持续发展	董承耕	《福建论坛》（经济社会版）1998:5
试论建立社会主义精神文明建设指标体系	郑又贤	《福建省委党校学报》1998:11
社会主义义利观的三个问题	陈宣明	《道德与文明》1999:2
社会主义精神文明建设亟须解决的几个基本问题	林　庄	《福建论坛》（经济社会版）1999:2
必须重视精神文明建设在可持续发展战略中的地位与作用	高飞乐	《吉首大学学报》（社会科学版）1999:3
农村社会结构变迁与精神文明建设——石狮市精神文明建设的实践与启示	黎　昕	《福建论坛》（经济社会版）1999:4
从福建看沿海开放区如何加强精神文明建设	包恒新	《福建论坛》（经济社会版）1999:4
析"福州经验"对城市精神文明建设的启示	董承耕 袁和平	《福建论坛》（经济社会版）2000:7
坚持先进文化的前进方向与社会主义精神文明建设	董承耕	《福建论坛》（经济社会版）2000:12
论毛泽东、邓小平、江泽民文化观的历史发展——兼论20世纪与时俱进的中国先进文化	凌厚锋	《东南学术》2002:5
努力弘扬和培育民族精神	蔡彦士	《福建省委党校学报》2003:3
社会文明系统中的政治文明及其建设	林　庄	《福建论坛》（经济社会版）2003:4
促进"三个文明"协调发展　全面建设小康社会	李　源	《福建省委党校学报》2003:12

（二）思想政治与道德建设基本理论与实践问题研究

《改进高校德育工作的两个问题——〈社会主义市场经济与高等学校德育建设〉序》（厦门大学潘懋元，《高等教育研究》1996：2）该文认为，在市场经济体制下，学校如何做好学生的思想政治、道德品质教育工作，是当前各级学校，尤其是以接触社会实际较多、具有一定的独立思考能力的青年为培养对象的高等学校教育工作中所面临的一个重要问题，也是高等教育改革中一个无法回避的难题。高校德育工作存在两个问题，首先是认识上的困惑，其次是有效方法不多或虽有而得不到推广应用。认识上的困惑包括三个层次：第一层次是，在市场经济体制下什么是正确的道德观；第二层次是，在实际上而不是在文字上如何确立高等学校的德育目标；第三层次是，在德育实践上如何理直气壮地解释或解决实际问题。德育方法上的问题主要是形式化、简单化而不甚讲求实效。作者认为，市场经济对高校德育具有积极、消极的"双重效应"，教育者要冷静思考如何主动适应市场经济的积极面，而不要陷于被动地适应其消极面；要采取有效的方法与经验，如情理相融、自我修养、社会实践、心理咨询等。

《邓小平德育思想初探》（厦门大学徐雅芬，《高校理论战线》1996：7）该文认为，邓小平从中国目前尚处于社会主义初级阶段的实际出发，论述其德育思想。第一，关于德育的地位和作用，邓小平明确要求一定要把思想政治工作放在非常重要的地位，切实认真做好，不能放松，并把加强思想政治工作看成是改善党的领导的关键。第二，关于德育的目标和任务，"四有新人"中"有理想、有道德、有纪律"是新时期思想道德建设即德育的根本目标和任务。第三，关于德育的基本内容，主要包括政治观教育、世界观和人生观教育以及道德观教育这三大内容。第四，关于德育的基本原则和方法，要遵循理论和实际相结合的原则、从实际出发，有的放矢的原则以及德育与物质利益相结合的原则。

《在继承、借鉴中探索思想政治教育的创新之路》（福建师范大学杨立英，《思想理论教育导刊》2000：7）该文认为，继承是思想政治工作的客观要求，只有在保持历史的优良传统的前提下，才有可能创新并使思想政治教育工作持续有效地展开。借鉴是思想政治工作面向世界的桥梁，要积极地学习和借鉴包括资本主义发达国家在内的人类社会的一切文明成果，以改进和充实、丰富思想政治工作。作者指出，新时期思想政治工作的创新，是在继承基础上的创新，是在吸取和借鉴中创新，其主要内容包括思想观念的创新、内容体系的创新、方式方法的创新以及队伍建设的创新。

《充分发挥"两课"在大学生思想政治教育中的作用》（厦门大学苏劲，《高校理论战线》2000：10）该文认为，发挥"两课"在促进大学生思想政治素质的提高的主阵地、主渠道的作用，努力把"两课"教育落到实处；以邓小平理论"三进"为中心开展"两课"教学；加强师资队伍建设，引入竞争上岗机制。

《机遇·挑战·对策——关于"入世"后加强思想道德建设的前瞻性思考》（福建师范大学郑又贤，《东南学术》2001：2）该文提出，既要充分估计中国加入世界贸易组织（简称"入世"）对思想道德建设的积极效应，也要切实正视其可能带来的严峻挑战，充分认识到挑战将更甚于机遇。要在四个方面加强思想道德建设：一是在全社会开展积极应对"入世"挑战的宣传和教育，坚持思想和行动相呼应，为"入世"做好充分的准备；二是增强思想道德教育的针对性，努力营造健康、向上的思想道德氛围，不断提高人们识别、处理和吸收各类思想道德信息的能力；三是加强对"WTO"（世界贸易组织）规则的研究，从道德和法律的有机结合上规范人们的经济行为；四是重视信息网络化的应用性开发，拓展思想政治工作的途径和渠道，充分发挥信息网络化在思想道德建设中的重要作用。

《增强"思想道德修养"课教学效果的几点思考》（厦门大学徐雅芬，《教学与研究》2002：10）该文认为，要增强思想道德修养课教学的育人效果，就要在坚持理论性的基础上，增强教学的针对性；要融思想性于知识性之中；要以课堂教学为主，多种教学形式相结合；要在进行正面教育的同时，注重培养大学生的自我教育能力。

《用科学精神繁荣哲学社会科学——当前高校理论教育科学化浅议》（福建师范大学陈桂蓉，《思想理论教育导刊》2002：11）该文认为，当前中国高校思想理论教育存在教育功能发挥不力，教育的实际效果不佳的重要原因是缺乏科学的态度和科学的方法。就科学态度而言，高校思想理论教育的主客体均在一定程度上存在着认识上的偏差。就科学方法而言，高校在对哲学社会科学理论的教育上存在着某种程度的理论脱离实际的现象。要走出这一困境，必须处理好两种关系：一是理论教育与政治教育的关系；二是意识形态的主导性与多样性的关系。此外，现代西方哲学社会科学所开辟的新领域、新论题以及所采取的新视角、新方法，在很多方面也可以为高校思想理论教育提供有益的启示和借鉴。

《"两课"应成为高校坚持先进文化前进方向的主阵地》（厦门大学徐朝旭，《高校理论战线》2003：8）该文认为，"两课"教学是高校坚持马克思主义指导地位的重要阵地，肩负着帮助高校学生树立正确的世界观、人生观和价值观，使学生坚定对马克思主义的信仰和社会主义的信念的历史使命，应成为高校坚持先进文化前进方向的主阵地。为此，要提高"两课"教师素质，使之成为发展先进文化的生力军；"两课"教学要坚持社会主义文化的主旋律；改革"两课"教学模式，用有效的形式传播先进文化；改革高校德育管理体制，为先进文化建设提供体制保障。

《新时期高校学生思想政治工作的几点认识》（闽江学院赵麟斌，《思想理论教育导刊》2003：9）该文认为，新世纪、新阶段贯彻"三个代表"重要思想，要求高校学生思想政治工作坚持与时俱进、开拓创新；突出以科学的理论武装人，不断深化"三个代表"重要思想的学习；以维护学校稳定为重心，紧紧围绕高校改革发展的中心工作和育人的根本任务；改进工作作风，以思想道德建设为中心内容，引导学生树立正确的世界观、人生观和价值观，倡导爱国主义、集体主义、社会主义思想。

《论网络思想政治教育的主客体关系特性与教育创新》（福建师范大学杨立英，《思想理论教育导刊》2005：11）该文认为，网络思想政治教育的主客体关系特性表现为：一是教育主体"去主体化"；二是教育客体"主体化"；三是主客体关系的相对性与地位的平等性。网络思想政治教育在理念与方法论层面，具有其独特性和创新要求：第一，必须以最大限度开掘和提升人的主体性为价值目标，尊重教育客体的"主体性"与自主权，实现一般的网络受众向真实的"教育客体"转化。第二，网络思想政治教育在理论构建与实践推进过程中，必须遵循"主客体双中心"模式。第三，应遵循"合规律性"与"合目的性"有机统一的原则。第四，在方法论层面上，必须遵照主体性人格教育的目标导向。

表 1—15　　　　**1992—2005 年思想政治与道德建设基本理论**

与实践问题研究其他成果

成果名称	作　者	发表刊物（出版社）及时间
儒家伦理是社会主义道德伦理体系的必要补充	庄　穆	《岭南学刊》1994：5
陈云思想政治教育辩证法初探	潘玉腾	《理论探讨》1995：5
大学生"三观"现状及其影响因素的调查分析	庄　穆	《东南学术》1997：1
大学生思想政治观现状与分析	林榕华	《东南学术》1997：1
福建大学生思想道德建设现状的调查与思考	陈沙麦 庄　穆	《东南学术》1998：1
市场经济条件下大学生思想品德发展的特点与高校德育改革	林嘉声	《东南学术》1998：1
略论新时期高校党的思想政治工作	欧水妹 王　昊	《福州大学学报》（哲学社会科学版）1998：3
略论思想政治教育与法制建设	商光美	《福建论坛》（经济社会版）1999：3
加强大学生法律素质的培养	潘玉腾	《福建师范大学学报》（哲学社会科学版）2000：2
"网络社会"对大学生思想政治素质的负面影响及其教育对策	魏爱棠 郭锦星	《理论与改革》2000：3
略论新时期思想政治工作的创新和改进	郑又贤	《福建省委党校学报》2000：12

续表 1—15

成果名称	作　者	发表刊物（出版社）及时间
网络时代的思想政治工作	苏振芳	《福建师范大学学报》（哲学社会科学版）2001:1
高校思想政治教育对网络经济的回应及其对策	杨立英	《福建师范大学学报》（哲学社会科学版）2001:3
思想政治工作中的"冲突"及处理原则	杨建义	《思想教育研究》2001:6
加入 WTO:高校思想政治工作的机遇与挑战	杨云良 廖志丹	《高等工程教育研究》2002:1
互联网条件下的高校思想政治工作浅析	张金城	《福州大学学报》（哲学社会科学版）2002:2
高校思想政治工作的创新研究	曾忠毅	《福州大学学报》（哲学社会科学版）2002:4
高校思想政治工作要注意情、理、法的统一	眭明泉	《高教论坛》2002:5
哲学社会科学与"两课"教学改革	张艳辉	《现代大学教育》2002:5
试论现代思想政治教育的管理价值	曾盛聪	《思想教育研究》2002:7
网络社会思想政治教育的创新	杨立英	《发展论坛》2002:10
新世纪思政教育必须坚持"五个统一"	廖志诚	《思想教育研究》2002:11
现代思想政治教育应大力弘扬民族精神	刘　明	《理论与改革》2003:1
网络思想政治工作的保障机制	杨立英 叶祖淼	《党政干部论坛》2003:2
论思想政治工作中的信息管理	杨建义	《思想教育研究》2003:5
网络化境遇与思想政治教育创新	杨立英	《思想教育研究》2003:11
21世纪初中国高等教育改革与发展思想的核心理念	张　彤	《扬州大学学报》（高教研究版）2004:3
新时期加强大学生民族精神教育的思考	杨建义	《东北农业大学学报》（社会科学版）2004:4
高校思想政治教育的国际化趋势及对策	吴辉庭 张莹莹	《河北科技师范学院学报》（社会科学版）2005:1
校园内部网:高校思想政治教育的新平台	谢巧生	《甘肃行政学院学报》2005:1
对网络虚拟群体思想政治教育的再思考	杨建义	《思想教育研究》2005:1
论在高等学校本科生思想政治教育中实行导师制	章舜钦	《福建医科大学学报》（社会科学版）2005:2

续表 1—15

成果名称	作　者	发表刊物(出版社)及时间
论突发性群体矛盾的思想政治教育引导	廖志诚	《福建师范大学学报》(哲学社会科学版)2005:2
"大学生全面发展"目标及其实现——兼论思想政治教育、素质教育与高等教育的关系	黄建顺	《福州大学学报》(哲学社会科学版)2005:4
试论当前高校教职工思想政治教育的重点群体	叶志雄	《扬州大学学报》(高教研究版)2005:4
浅谈新时期增强思想政治教育的亲和力	范丽娟	《思想政治教育研究》2005:5
马克思主义人学视角下传统思政教育的偏差及其矫正	廖志诚	《思想教育研究》2005:5
浅论加强未成年人思想道德建设的重点和规律	翁世盛	《福建省委党校学报》2005:5
从内化机制层面论如何加强思想政治修养	叶德诚	《福建省委党校学报》2005:9
把握学生思想脉络　提高教学实效性——福建省高校思想政治教育理论课教学调查	吴宏洛 俞歌春	《思想教育研究》2005:9
民办高校学生思想政治教育的十年回顾与思考	刘新玲	《思想教育研究》2005:9
新时期高校研究生思想政治工作面临的挑战及其对策	俞建群	《福建省委党校学报》2005:12

第五节　国外马克思主义研究

一、学科建设与学术研究

(一) 学科建设

福建省国外马克思主义研究力量主要集中在厦门大学、福建师范大学、华侨大学、福州大学、福建省委党校、福建社会科学院等科研与教学单位，早期主要依托马克思主义哲学、西方哲学（外国哲学）、科学社会主义与国际共产主义运动等硕士学位授权点或研究方向，开展国外马克思主义研究。厦门大学公共事务学院政治学系有科学社会主义硕士学位授予点，侧重西方马克思主义研究。福建师范大学侧重苏联、东欧社会主义国家剧变的原因和教训研究。

1985 年，厦门大学获得西方哲学（外国哲学）专业硕士学位授予权。1994 年，华侨大学马克思主义哲学学科获得硕士学位授予权。2003 年，厦门大学获得外国哲学博士学位授予权，设四个研究方向，其中有西方马克思主义的国家理论研究；2005 年，厦门大学获得哲学博士学位授予权，其中有西方马克思主义研究。

（二）学术研究

1992—2005 年，福建省国外马克思主义研究以历史唯物主义重建、阶级意识理论、辩证法、生态文明、科学技术哲学、消费社会、现代社会、价值判断、社会主义理论、国家理论、民主理论、批评性话语分析、审美理论等为主要研究方向。

这一时期，福建省国外马克思主义研究者承担国家社会科学基金项目 3 项："西方马克思主义"的社会主义观（厦门大学陈振明，1993）、"后马克思主义"的研究（厦门大学陈炳辉，2004）、当代西方"新政治经济学"研究（青年项目，厦门大学黄新华，2004）。承担教育部"八五"规划项目 1 项：马克思主义科学技术政治学研究（陈振明）；教育部"十五"规划项目 1 项：西方马克思主义的国家理论（陈炳辉）。

1992—2005 年，福建省国外马克思主义研究者获得国家及省部级奖的情况如下：获第十三届中国图书奖 1 项：《当代国外社会主义派流》（陈振明　第三完成人，2002）；获教育部人文社会科学优秀成果奖 1 项：《西方马克思主义的国家理论》（第四届三等奖，陈炳辉）；获福建省社会科学优秀成果奖 5 项：《"西方马克思主义"政治理论研究》系列论文 12 篇（第三届二等奖，陈振明）、《西方马克思主义社会政治理论》（第四届一等奖，陈振明）、《20 世纪西方民主理论的演化》（第四届三等奖，陈炳辉）、《哈贝马斯的民主理论》（第五届三等奖，陈炳辉）、《西方马克思主义的国家理论》（第六届一等奖，陈炳辉）。

二、主要学术成果

（一）政治理论研究

《"新马克思主义"——从卢卡奇、科尔施到法兰克福学派》（陈振明，厦门大学出版社，1992）该书介绍"新马克思主义"思潮的总体概况，讨论"新马克思主义"的形成、发展及其基本特征，着重研究卢卡奇、科尔施和法兰克福学派的理论观点，评论卢卡奇和法兰克福学派对工具理性（形式理性）、实证主义、科学技术本身的批判，以及在此基础上形成的辩证理性观或批判理性观、"批判的科学哲学"、科学社会学理论及"新马克思主义"自然观，并运用马克思主义的观点、方法对这些理论的实质进行分析和评论。

《**阿尔都塞的"意识形态国家机器"理论述评**》［陈炳辉，《厦门大学学报》（哲学社会科学版）1994：4］该文认为，在西方马克思主义关于国家理论的问题上，阿尔都塞提出"意识形态国家机器"的理论。1970年，他在法共机关刊物《思想》杂志上发表题为《意识形态和意识形态国家机器》的论文，提出了"意识形态国家机器"的理论。这一理论一经提出，就引起很大的反响，由此也奠定了阿尔都塞在西方马克思主义国家学说研究领域的一席之地。

《**"西方马克思主义"的意识形态概念**》（陈振明，《思想理论教育导刊》1995：10）该文认为，意识形态问题自20世纪20年代以来一直成为马克思主义研究以及一般的哲学社会科学研究的热点，在这方面，"西方马克思主义"的观点特别引人注目。几乎所有的"西方马克思主义者"，包括卢卡奇、科尔施、葛兰西、法兰克福学派、"弗洛伊德主义的马克思主义者"、"存在主义的马克思主义者"和"结构主义的马克思主义者"等，都对意识形态问题发表各自的看法，形成独特的理论。他们的理论在当代马克思主义和一般西方思想史上具有重要的地位。

《**"西方马克思主义"的社会政治理论**》（陈振明、陈炳辉、骆沙舟，中国人民大学出版社，1997）该书由绪论、十章和附条所组成。它对"西方马克思主义的社会政治理论"的各个主要专题，包括危机理论、科技社会学、国家理论、异化理论、意识形态理论、社会心理理论、苏联模式批判、第三条道路和社会主义观进行分析评价。

《**"西方马克思主义"的当代资本主义社会变革理论**》（陈振明，《福建学刊》1998：1）该文论述"西方马克思主义"的代表人物的观念，即形成于自由资本主义时代的马克思主义无产阶级革命理论在当代资本主义社会中已经失效，作为俄国特殊历史条件产物的列宁主义的革命理论也不适应于当代西方的社会主义变革；认为必须立足于当代西方社会的发展变化，去探索一条适应于社会现实的新的革命道路，并重建马克思主义的革命理论；关于当代西方社会变革的动因、主体、途径、战略及策略的新观点。

《**西方马克思主义的国家理论**》（陈炳辉，中央编译出版社，2004）该书选择12位西方马克思主义理论的重要代表人物的国家理论进行专门研究，主要包括意大利的葛兰西、德拉·沃尔佩，法国的阿尔都塞、普朗查斯、福柯、列菲弗尔，德国的马尔库塞、哈贝马斯、奥菲以及英国的密利本德、墨菲、吉登斯的国家理论。作者认为，西方马克思国家理论并不是系统地探讨国家的起源、概念和本质等一般的理论问题，也不是系统地探讨历史上各种不同类型的国家，而是集中对现代资本主义国家的分析和批判。西方马克思主义理论最具价值的是它的批判精神，正是在这一点上，西方马克思主义继承了马克思主义的传统。

表 1—16　　　　　　　**1992—2005 年政治理论研究其他成果**

成果名称	作者	发表刊物（出版社）及时间
略论列菲弗尔对马克思国家学说的"恢复"和"革新"	方贻岩	《厦门大学学报》（哲学社会科学版）1992:3
现代西方国家学说	邹永贤 俞可平 骆沙舟 陈炳辉	福建人民出版社,1993
"西方马克思主义"的当代资本主义社会理论的形成与主题	陈振明	《厦门大学学报》（哲学社会科学版）1995:2
"西方马克思主义"眼中的苏联模式	陈振明	《马克思主义研究》1996:6
世纪之交的国外马克思主义和社会主义研究——苏东剧变之后的研究现状与前景	陈振明	《思想理论教育导刊》1996:7
世纪之交的国外马克思主义和社会主义研究——苏东剧变之后的研究现状与前景（续）	陈振明	《思想理论教育导刊》1996:8
当代资本主义的再认识——"西方马克思主义"对发达资本主义社会的批判	陈振明	《福建省委党校学报》1997:5
"西方马克思主义"的当代资本主义社会变革理论	陈振明	《东南学术》1998:1
列菲弗尔对马克思主义国家学说的"重建"	陈炳辉	《马克思主义与现实》1998:1
普朗查斯的新的社会主义战略模式	陈炳辉	《社会主义研究》1998:3
E.P. 汤普森阶级意识理论评述	王立端 陈永正	《福建师范大学学报》（哲学社会科学版）2002:3
社会主义民主与资本主义民主——评[意]德拉·沃尔佩的一种表述	陈炳辉	《社会主义研究》2003:2
论青年卢卡奇的阶级意识理论	王立端	《三明高等专科学校学报》2004:1
马克思主义国家学说的创新	陈炳辉	《集美大学学报》（哲学社会科学版）2004:1

（二）异化理论研究

《**法兰克福学派与科学技术哲学**》（陈振明，中国人民大学出版社，1992）该书从新的视角透视法兰克福学派，着重研究该学派的科学技术哲学理论，指出它对马克思主义哲学是批判的"重建"，并对该学派几个专题——理性观、"批判的科学哲学"、科学技术社会学——以及其"新马克思主义"的自然观和历史观进行评析。

《**"西方马克思主义"劳动异化论评析**》（骆沙舟，《福建省委党校学报》1996：2）该文认为，"西方马克思主义"是根据马克思《1844年经济学哲学手稿》的劳动异化思想来展开其劳动异化理论的。"西方马克思主义"认为，虽然在当代资本主义社会，工人的劳动与马克思生活时代的工人劳动相比，具有许多新特点，但在"仍然是一种异化劳动"这一点上却是一致的，只是其具体表现形式，以及对工人阶级在肉体上和精神上所造成的恶果有所不同而已。所以他们认为，马克思的"劳动异化"范畴仍适用于当代资本主义社会，但必须根据当代资本主义社会的新发展，加以"修正"和"发挥"。

《**异化理论与"西方马克思主义"的社会政治学说**》［骆沙舟，《厦门大学学报》（哲学社会科学版）1997：1］该文认为，异化理论既是"西方马克思主义"者批判资本主义的主要思想武器，又是其思考社会革命问题的基本依据和建构"新社会主义"理论体系的基础。"西方马克思主义"将其社会政治学说建立在异化理论基础上，表明它的非马克思主义性质。在"西方马克思主义"那里，异化主要是一个政治学和社会学范畴，是贯穿于"西方马克思主义"社会政治理论的一条红线。"西方马克思主义"异化批判的出发点不是"经济事实"。

《**评"西方马克思主义"的当代资本主义异化论**》（骆沙舟，《马克思主义与现实》1997：2）该文认为，异化理论是"西方马克思主义"社会政治学说的一个重要组成部分，是其批判当代资本主义社会的最重要的思想武器。"西方马克思主义"正是通过对当代资本主义异化现象的揭露和对异化新特点的分析，得出当代资本主义是一个不合理的、畸形的、病态的社会的结论，"西方马克思主义"的代表人物都从各自不同的角度探讨了异化产生的原因。论文评价了"西方马克思主义"异化理论，指出"西方马克思主义"对当代资本主义社会异化现象分析的正确性和局限性。

《**走向一种科学技术政治学理论——评"西方马克思主义"关于科学技术政治效应的观点**》（陈振明，《自然辩证法通讯》1997：2）该文评述了"西方马克思主义"关于科学技术的政治效应理论特别是法兰克福学派关于当代科学技术是一种新控制形式的观点。指出，尽管"西方马克思主义"的这种理论存在种种不足，但是他们较深入地探讨当代科学技术与政治之间的相互关系问题，提出一种独特的科学技术政治学的理论，这对于人们全面认识当代科学技术与政治的关系，充分发挥科学技术的正面政治作用，具有一定的参考价值。

表1—17   **1992—2005 年异化理论研究其他成果**

成果名称	作　者	发表刊物（出版社）及时间
评"西方马克思主义"关于科学技术与生产关系相互作用的理论	陈振明	《学术论坛》1995：5
工具理性批判——从韦伯、卢卡奇到法兰克福学派	陈振明	《求是学刊》1996：4
浅析哈贝马斯的重建性的合法性理论	陈炳辉	《政治学研究》1998：1
哈贝马斯的科学技术意识形态论述评	黄新华	《马克思主义研究》1999：1
诺夫"可行的社会主义经济模式"探析	黄新华	《马克思主义研究》2000：1
科学技术与意识形态——马尔库塞与哈贝马斯的一致与分歧	吴瑞财	《兰州学刊》2003：3
马克思技术异化思想及其当代反响	郑元景	《福建农林大学学报》（哲学社会科学版）2003：4
民主与法制：哈贝马斯的启示	马拥军	《马克思主义研究》2003：10
哈贝马斯对技术解放潜力的阐释	吴开明	《自然辩证法研究》2004：11

（三）现代社会理论研究

《技术、生态与人的需求——评"西方马克思主义"的生态危机理论》（陈振明，《学术月刊》1995：10）该文认为，马尔库塞是法兰克福学派中对生态危机及人与自然关系问题论述得最多和最充分的人物之一。马尔库塞探索了克服资本主义社会中人与自然异化及生态危机的途径，考察了自然的解放与人的解放的关系问题。70 年代产生的"生态学马克思主义"沿着法兰克福学派尤其是马尔库塞的理论传统，直接将生态危机及人与自然关系问题作为中心研究主题，形成较系统的"生态危机理论"。

《当代资本主义社会变化了的文化模式——法兰克福学派对大众文化的批判》（陈振明，《哲学研究》1995：11）该文认为，大众文化或文化工业批判是法兰克福学派社会批判理论的一个中心主题，它是"西方马克思主义"对当代资本主义社会及其文化批判的一个重要组成部分。法兰克福学派的批判导源于他们对现代资本主义国家特别是法西斯主义国家利用大众传播媒介操纵大众心理和意识的痛切感受，是该学派对当代科技发展、对文化手段尤其是大众传媒影响的评估，以及对当代资本主义社会中变迁着的文化模式的反思。法兰克福学派的批判虽是片面性和有缺陷的，却有现实的启发和借鉴意义。

《西方启蒙社会的价值危机与批判——析霍克海默对启蒙运动以来西方社会的价值批判》（福州大学许斗斗，《广东社会科学》2004：6）该文认为，启蒙运动曾是西方社会崛起的基础，对人类文明进步起到极大的促进作用。但是，启蒙运动也有许多致命的局限性，霍克海默对启蒙精神中知识的工具理性和技术理性给予了深刻的批判，揭示其最终后果在于对人的存在价值的否定。对如何走出由启蒙所招致的世界灾难，作者认为，杜维明的观点超越启蒙心态，秉持儒学的"做人"之道，走向天、地、人三者的和谐统一是很有启发性的；该文指出启蒙的实质在于批判，在于超越，在于实现人类社会之科学精神与人文精神的统一。

《启蒙、现代性与现代风险社会——对康德、福柯、吉登斯之思想的内在性寻思》（许斗斗，《东南学术》2005：3）该文认为，康德的启蒙思想包含着应用理性来反思和批判的精神，福柯阐述现代性与启蒙问题的内在联系，主张现代性的根本也是具有批判性的，是对人类历史有限性的反思。当然，现代性也具有其反面性，这就是吉登斯所说的现代风险社会。因此，时代仍然需要启蒙，需要保持对现代社会的反思和警惕。

表 1-18　　　　　　　**1992—2005 年现代社会理论研究其他成果**

成果名称	作　者	发表刊物(出版社)及时间
原南斯拉夫关于市场经济的理论与实践	何贻纶	《当代世界与社会主义》1993：1
卢梭自由观与萨特自由观比较	陈永森	《福建师范大学学报》(哲学社会科学版)1994：3
"西方马克思主义"消费异化论评析	骆沙舟	《厦门大学学报》(哲学社会科学版)1995：4
现代性哲学基础的反思——哈贝马斯对意识哲学范式的拒斥	吴开明	《厦门大学学报》(哲学社会科学版)2001：3
批评性话语分析:理论与方法	纪玉华	《厦门大学学报》(哲学社会科学版)2001：3
论阿多诺与康德美学之关系	刘小新	《华侨大学学报》(哲学社会科学版)2002：2
当代资本主义社会的三大文化思潮	陈炳辉	《集美大学学报》(哲学社会科学版)2002：4
福柯与法兰克福学派审美功能观比较	李晓林	《厦门大学学报》(哲学社会科学版)2003：3
消费社会之休闲异化批判——波德里亚的休闲观评析	许斗斗	《东南学术》2003:4
哈贝马斯论现代性	吴苑华	《实事求是》2004：1
技术知识与风险社会	许斗斗	《福建省委党校学报》2005：9

（四）西方马克思主义与马克思主义的关系理论研究

《一种具有世界性影响的当代社会思潮——"西方马克思主义"的由来、发展与特征》（陈振明，《福建省委党校学报》1996：4）该文认为，作为一种自称以马克思主义研究为方向的思潮，"西方马克思主义"的理论视野宽阔，几乎涉及当代人文、社会科学的各个主要领域。它不仅关心哲学问题，而且更关注社会政治理论问题。"西方马克思主义"最初是20世纪20年代初期由于匈牙利、德国、意大利等国的共产党人对马列主义的某些观点及苏联和共产国际的政策及策略提出批评而兴起，继而在20年代中期以后，由西方学者加以理论上的展开而逐步成长为一种广泛的世界性思潮。

《"西方马克思主义"的马克思主义归属问题》［陈振明，《南京社会科学》（文史哲版）1997：12］该文认为，国内外学术界对"西方马克思主义"的马克思主义归属问题有很不相同的看法或评价，有三种主要观点：苏联、西方、我国的一些学者的看法。"西方马克思主义"从总体上看是非马克思主义的，但包含着马克思主义的思想因素。

表1—19　　　　　　**1992—2005年西方马克思主义与马克思主义的**

关系理论研究其他成果

成果名称	作　者	发表刊物（出版社）及时间
"新马克思主义"——从卢卡奇、科尔施到法兰克福学派	陈振明	厦门大学出版社，1992
青年卢卡奇的阶级意识理论——评《历史和阶级意识》的中心论题	陈振明	《社会主义研究》1992：5
青年卢卡奇对马克思主义哲学的解释和重建——《历史和阶级意识》新评	陈振明	《中国人民大学学报》1993：5
评西方马克思主义者对"苏联马克思主义"的批判	陈振明	《教学与研究》1997：6
是从乌托邦到科学，还是从科学到乌托邦——评"西方马克思主义"的现代乌托邦理论	陈振明	《东南学术》1999：4
从《资本的年代》看霍布斯鲍姆的总体史思想	王立端	《塔里木农垦大学学报》2001：3
走近马克思	陈学明 马拥军	东方出版社，2002
墨菲的后马克思主义理论	陈炳辉	《马克思主义与现实》2003：2
马克思主义——社会批判理论还是社会发展理论	马拥军	《探索》2004：3
后马克思主义与马克思主义	陈炳辉	《教学与研究》2005：3

续表 1—19

成果名称	作 者	发表刊物（出版社）及时间
重建语境中的历史唯物主义（上）	吴苑华	《华侨大学学报》（哲学社会科学版）2005:3
重建语境中的历史唯物主义（下）	吴苑华	《华侨大学学报》（哲学社会科学版）2005:4
社会历史解释的新模式——论 E. P. 汤普森对历史唯物主义的解读	王立端	《福建师范大学学报》（哲学社会科学版）2005:6

第六节　中共党史研究

一、学科建设与学术研究

（一）学科建设

福建省中共党史研究力量主要集中在福建省委党史研究室、各地（市）委党史研究室、福建师范大学、福建省委党校、地（市）级党校等科研与教学机构。1990 年，福建师范大学获得马克思主义理论教育（中国革命史）硕士授予权。2003 年，厦门大学获得马克思主义基本原理和中共党史硕士学位授予权。2005 年 12 月，福建师范大学获批中共党史专业硕士点，专业的主要研究方向是：中国共产党与当代中国民主政治建设；新时期中国共产党执政规律理论和实践。省委党校与福建各高校学科共建，设有马克思主义基本原理、中共党史专业硕士点。此外，省内还有中共党史研究的学术刊物——《党史研究与教学》、《福建党史月刊》等。

（二）学术研究

1992—2005 年，福建的中共党史研究人员继续在历史资料研究、人物研究以及革命史研究方面取得新进展。其间，获得国家社会科学基金 8 项，分别是：中国革命根据地经济史（厦门大学孔永松，1996）、中央苏区扶贫开发战略与对策研究（福建农业大学金茂霞，1999）、通向中国现代化的必由之路——论中共领导的人民革命（华侨大学吴贤辉，2000）、中央苏区历史研究（福建省委党校蒋伯英，2000）、中国共产党执政 50 年党的理论建设研究（福建省委党校陈世奎，2003）、新中国成立以来中国共产党探索工业化道路的理论发展与创新研究（福建省委党校高伯文，2003）、党领导治水事业的历史考察和经验研究（福建师范大学高峻，2004）、翁泽生传（漳州市委党校何池，2004）。

这一时期，该学科获福建省社会科学优秀成果奖41项：《闽西苏区的肃清"社会民主党"事件评述》（第一届三等奖，蒋伯英）、《不息的浪涛——厦门大学解放前革命斗争风貌》（第一届三等奖，厦门大学郑文贞）、《国共合作简史》（第一届三等奖，厦门大学李淑媖、肖学信）、《西安事变一个使人难忘的结尾——评张学良陪蒋回宁》（第一届三等奖，漳州市委党校郭溪土）、《试论建国初期新民主主义经济政策》（第一届三等奖，福建师范大学戴泉源）、《如何理解我党从新民主主义向社会主义转变的战略》（第二届二等奖，福建师范大学李思）、《福建革命史》（上、下册）（第二届二等奖，蒋伯英）、《羊枣事件》（第二届三等奖，中共永安市委党史研究室）、《张澜》（第二届三等奖，福建师范大学陈伯强、林浣芬）、《中国共产党与人民民主传统的形成》（第二届三等奖，福建师范大学孙礼明）、《中国革命史》（第二届三等奖，戴泉源主编）、《闽北革命史》（第二届三等奖，南平地委党史研究室）、《多党合作的历史道路》（第二届三等奖，福建省委党校林祥庚、刘贯康）、《论解放战争时期中间路线破产》（第二届三等奖，福建省委宣传部黄迪问）、《闽南革命史》（第二届三等奖，漳州市委宣传部杨锦和等）、《走出困境的毛泽东——土地革命战争的历史报告》（第三届一等奖，蒋伯英）、《中共福建地方史（新民主主义革命时期）》（第三届二等奖，福建省委党史研究室林强）、《中共闽浙赣边区史》（第三届三等奖，福建师范大学郑锦华、陈天绶）、《张鼎丞传》（第三届三等奖，福建省委党史研究室连尹、胡大新、王盛泽）、《中央苏区历史研究》（系列丛书）（第四届一等奖，孔永松、蒋伯英、厦门大学马先富）、《福建省志·共产党志》（第四届二等奖，中共福建省委党史研究室）、《瞿秋白与五四新文化运动》（第四届三等奖，厦门大学洪峻峰）、《周恩来在"文革"期间的经济指导思想》（第四届三等奖，漳州市委党史研究室巩玉闽）、《解放战争时期南方蒋管区游击战争的历史考察》（第四届三等奖，福建省委党史研究室吴明刚）、《八闽健儿抗日征程史——新四军福建子弟兵的历史足迹》（第四届三等奖，福建省委党史研究室郑复龙）、《中共闽粤赣边区史》（第四届三等奖，闽粤赣边区党史办林天乙主编）、《开国上将刘亚楼》（第四届三等奖，青年佳作奖，福建省委党史研究室钟兆云）、《中共闽中地方史》（第四届三等奖，基层佳作奖，莆田市委党史研究室蒋维锬主编）、《范式人传》（第五届一等奖，福州市委党校缪慈潮、福建省外经贸研究所顾铭）、《邓小平历史观研究——关于中国历史、现实与未来的思考》（第五届三等奖，福建中医学院陈佳）、《闽西人民革命史》（第五届三等奖，龙岩市委党史研究室）、《黄桥战役与皖南事变历史反差之探因》（第五届三等奖，郑复龙）、《福建改革开放的历程》（第五届三等奖，福建省委党校曹敏华、欧阳小松）、《福安人民革命史》（第五届佳作奖，福安市委宣传部缪小宁）、《邓子恢与中国农村变革》（第六届二等奖，蒋伯英）、《中国共产党区域经济思想研究》（第六届三等奖，福建省委党校高伯文)、《中国共产党学术史：中共文化史研究的新视野》(第六届三等奖，厦门大学黄顺力、李方祥)、《执政时期中国共产党理论建设研究》(第六届三等奖，陈世奎)、《中国共产党学术史：中共文化史研究的新视野》(第六届三等奖，黄顺力、福建师范大学李方祥)、《翁泽生传》(第六届基层佳作奖，何池)、《中国共产党与民族文化传统研究》(第六届青年佳作奖，福建省委党校李方祥)。

(三)学术会议

1995 年 5 月，福建省炎黄文化研究会与福建省中共党史学会联办的纪念抗日战争胜利 50 周年学术讨论会在福建省委党校召开。70 多人参加会议，就抗战胜利问题展开深入讨论。

1996 年 8 月，福建省中共党史学会与龙岩市委、龙岩地委党史研究室联办的纪念邓子恢诞辰 100 周年学术研讨会在龙岩召开。与会代表探讨了邓子恢在各个历史时期的革命活动，对邓子恢在中共党史、中国革命和建设史上的历史地位和作用作出评价。

1997 年 4 月，福建省中共党史学会、中国毛泽东思想理论与实践研究会、中央党校党建教研部、中国社会科学院马列所、中共南平市委、中共武夷山市委等 7 家单位联合召开纪念毛泽东《关于正确处理人民内部矛盾的问题》发表 40 周年理论研讨会。研讨会的主题是"研究和揭示社会主义社会矛盾现状，正确处理人民内部矛盾，调动一切积极因素，建设有中国特色的社会主义"。40 余名专家、学者出席会议。

1998 年 2 月，福建省委宣传部、福建省委党史研究室、福建省中共党史学会联合举办的福建纪念周恩来诞辰 100 周年暨学术研讨会在福州召开。会议共收到论文 59 篇。与会学者分别就周恩来的生平、奋斗历程和贡献等进行讨论。

1998 年 11 月，福建省党校系统纪念党的十一届三中全会召开 20 周年理论研讨会在省委党校召开，全省党校系统的有关领导和理论工作者 100 余人参会。与会者就十一届三中全会的历史地位和伟大意义、邓小平理论的形成与发展及旗帜问题的至关重要性、社会主义现代化建设中的若干重大问题等进行讨论。

2000 年 8 月，福建省中共党史学会主办的华东七省市党史学会年会在厦门召开，参加会议的代表共 70 人，收到论文近 50 篇。与会人员围绕中国共产党与中国现代化这一主题展开学术研讨。

2001 年 6 月，福建省委宣传部、福建省社会科学界联合会、福建社会科学院、福建省委党校、福建省委党史研究室等 8 家单位联办的福建省纪念中国共产党成立 80 周年理论研讨会在福州召开。与会者回顾中国共产党 80 年奋斗的光辉历程，总结党的历史经验，同时就如何以"三个代表"重要思想为指导、全面加强党的建设进行探讨。

2002 年 4 月，福建省委党校、福建省中共党史学会和中国中共党史学会、中国现代史学会、中共中央党校中共党史教研部联合主办的中共十一届三中全会以来中共党史研究的新进展学术研讨会在福州召开。40余位与会专家、学者围绕党史理论和研究、党史的历史分期、党史的重要事件和重大人物的认识与考证、党史资料档案的收集和鉴别、党史成果的形式和作用以及其他方面取得的新进展等方面展开讨论，对20年来党史研究发展状况进行回顾、检视与评估。

二、主要学术成果

（一）中国共产党历史资料研究

《六十年代国民经济调整（福建卷）——中国共产党历史资料丛书》（福建省委党史研究室，中共党史出版社，1998）该书通过展示20世纪60年代福建国民经济调整的历史及取得的成就，总结福建省社会主义建设的经验，探讨其历史价值和现实意义。

《拨乱反正（福建卷）——中国共产党历史资料丛书》（福建省委党史研究室，中共党史出版社，2000）该书主要由文献资料、专题资料、大事记三部分构成，书中撷取和记述1976年粉碎江青反革命集团至1982年党的十二大召开这段时间，福建省拨乱反正的进程。

《"大跃进"运动（福建卷）》（福建省委党史研究室，中共党史出版社，2001）该书以毛泽东思想、邓小平理论为指导，以《关于建国以来党的若干历史问题的决议》为准绳，力求实事求是地反映福建省"大跃进"运动的历史进程。

《中国共产党区域经济思想研究》（高伯文，中共党史出版社，2004）该书通过对中国共产党在不同历史时期的区域经济发展战略、区域经济布局政策、区际关系指导思想等演变的历史考察和理论分析，阐述中国特色区域经济思想的发展及其体系内容和特点，探讨中国社会主义经济建设规律和中国共产党执政规律，认为中国共产党区域经济思想发展演进呈现以下几个特点：从偏重于军事、政治向以现代化建设为中心转变；从封闭、半封闭向全开放式的战略转变；从单一计划机制向以市场为导向转变；从区域倾斜向区域互动协调发展；从区域经济发展向区域经济与社会统筹发展转变。

表1—20　　　　　**1992—2005年中国共产党历史资料研究其他成果**

成果名称	作　者	发表刊物(出版社)及时间
福州工人运动大事记(1840—1988)	福州市总工会编	福建人民出版社,1992
中国共产党福建省组织史资料(1926年2月—1987年12月)	福建省委组织部 福建省委党史研究室 福建省档案馆合编	福建人民出版社,1992

续表 1—20

成果名称	作　者	发表刊物(出版社)及时间
如何理解我党从新民主主义向社会主义转变的战略	李　思	中共党史出版社,1992
关于第一次国共合作破裂后莆田中共党员延期退出国民党问题	吴国钧	《党史研究与教学》1993:3
建国前福建各地党组织党员人数问题	胡　岚	《党史研究与教学》1993:3
福建抗美援朝运动回顾	欧阳小松	《党史研究与教学》1994:4
论福建事变中国共产党与生产人民党合作的问题	张秋炯	《党史研究与教学》1995:5
中共福建地方组织在抗日战争中的地位与作用	陈于勤	《福建省委党校学报》1995:6
解放战争时期福州党组织领导的学生运动	宋建新	《党史研究与教学》1997:1
八闽健儿抗日征程史——新四军福建子弟兵的历史足迹	郑复龙	福建人民出版社,1998
第一次国共合作的福建省政府的机构改革	黄国荡	《党史研究与教学》1998:4
福建省志·共产党志	福建省志·共产党志编撰委员会	中国社会科学出版社,1999
五十年五十事——1949—1999年福建大事实录	福建省委党史研究室编	中央文献出版社,1999
风雨征程——城工部厦门地下党的史料与回忆	厦门市委党史研究室编	海峡文艺出版社,1999
关于中共党史学学科建设的若干问题	陈振文	《党史研究与教学》2000:6
闽西人民革命史:1919—1949	龙岩市委党史研究室	中央文献出版社,2001
中国共产党福建省福州市组织史资料(1988—1995)	福州市委组织部编	福建人民出版社,2002
福建改革开放的历程	曹敏华 欧阳小松	厦门大学出版社,2002
执政时期中国共产党理论建设研究	陈世奎	厦门大学出版社,2003
钢铁的一群——厦门青少年抗日群体的回忆与史料	中共厦门市委中共党史研究室编	中共党史出版社,2004
中国共产党学术史:中共文化史研究的新视野	黄顺力 李方祥	《厦门大学学报》(哲学社会科学版)2004:4

（二）中共党史人物研究

《走出困境的毛泽东：土地革命战争的历史报告》（蒋伯英，福建人民出版社，1995）该书通过对土地革命战争时期毛泽东不断陷入困境而又不断走出困境的历程，以及土地革命战争时期毛泽东思想的初步形成过程的考察，指出土地革命战争的 10 年，是毛泽东个人由不成熟到成熟，毛泽东的思想在中共内由非主流到主流，毛泽东在党内的地位由受贬斥到被尊奉为全党最高领导者的复杂转变过程的十年，在这十年中毛泽东对中共和红军产生越来越重要的影响，也表明中共由幼稚走向成熟，中共在国内的地位由非法到合法，并且实际上成为推动全国抗日的主导力量。

《邓子恢画传》（福建省委党史研究室，中央文献出版社，2001）该书清晰地描述了邓子恢艰辛革命的一生，如实反映中国共产党领导农民进行革命和建设的有关思想和政策变迁的历史；探讨邓子恢在各个不同历史时期的思想轨迹和实践历程。

《张鼎丞传》（福建省委党史研究室，中央文献出版社，2001）该书记述张鼎丞作为无产阶级革命家光辉的一生，反映他对党的忠诚和坚持执政为民的高尚品质；具体记叙张鼎丞为建立新中国、进行社会主义革命与建设所走过的曲折历程和所作出的重要贡献。

《范式人传》（缪慈潮、顾铭，中共党史出版社，2002）该书记述范式人从一个山城小知识分子成长为一个无产阶级革命家的光辉而又曲折的一生，反映了他对党忠诚、执政为民的高尚品质；从一个侧面弘扬中国共产党人在民主革命时期和社会主义革命、建设和改革过程中表现出的不屈不挠、艰苦奋斗、开拓进取的革命精神。

表 1-21　　　　　　　　**1992—2005 年中共党史人物研究其他成果**

成果名称	作　者	发表刊物（出版社）及时间
厦门革命人物传	厦门市委党史研究室编	厦门大学出版社，1993
百战将星:刘亚楼	钟兆云	解放军文艺出版社，1996
厦门烈士	厦门市委党史研究室编	中央文献出版社，1999
缅怀项南	福建省委党史研究室编	中央文献出版社，2000
中共福建党史人物（社会主义时期）	福建省委党史研究室编	中央文献出版社，2001
毛泽东的非常之路	蒋伯英	人民出版社，2001

续表 1—21

成果名称	作　者	发表刊物(出版社)及时间
中共厦门党史人物辞典(社会主义时期)	厦门市委党史研究室编	中央文献出版社,2003
翁泽生传	何　池	海风出版社,2004
陈嘉庚之路	陈天绶　蔡春龙	湖北人民出版社,2005

(三) 福建革命历史研究

《中共福建地方史 (新民主主义革命时期)》(福建省委党史研究室林强,中央文献出版社,1993)该书记叙新民主主义革命时期中共福建地方党组织和福建各革命根据地建立、发展、壮大的过程;论述中共福建地方党组织在党中央领导下,在各个历史阶段的革命斗争及其在中国共产党历史上的地位和作用,探讨和总结中共福建地方党组织进行革命斗争的经验和教训。

《中央苏区历史研究》(孔永松、蒋伯英、马先富,厦门大学出版社,1999)该书记述中央苏区在党的建设和政权建设、土地革命的兴起与演进、财政经济状况与运行机制、军事斗争与红色武装的建设、文化教育事业的创立与拓展等诸方面的历史,并总结了经验与教训。

《中央苏区文化教育史》(集美大学王予霞、蔡佳伍,福建省革命历史博物馆汤加庆,厦门大学出版社,1999)该书记叙中央苏区文化教育事业的发展,包括革命文化教育的开创、苏区文化教育的初步发展、中央苏区艺术事业的发展、苏区文学运动的兴起、中央苏区文化教育的全面兴起、苏区文化教育与社会变革和苏区文化教育的历史贡献等。认为中央苏区文化是新民主主义文化的一个重要历史发展阶段和组成部分,是在中国共产党领导下,以共产主义思想为指导,以革命知识分子及知识分子干部为骨干,以广大苏区群众为基础的人民大众的反帝反封建的文化。

《中国共产党与民族文化传统研究》(李方祥,当代中国出版社,2004)该书分析中国共产党与民族文化传统之间的关联性,涉及早期马克思主义者与五四运动前后的批孔思潮、农民传统与 20 世纪 20 年代的马克思主义中国化、中国共产党与三四十年代的中西文化论争等问题,认为新中国成立前中国共产党与传统文化的关系大致可以分为三个阶段,第一阶段是新文化运动前后,这一时期中国共产党与民族传统文化的关系主要体现为以反传统为主;第二阶段是 20 年代中期到 30 年代中期,这一时期中国共产党与民族传统文化的关系主要体现为党与农民传统之间的关系；第三阶段是 30 年代中期到 40 年代，中国共产党开始自觉处理与民族传统的关系。

表 1-22   **1992—2005 年革命历史研究其他成果**

成果名称	作　者	发表刊物（出版社）及时间
闽北革命史	南平地委党史研究室	人民出版社，1992
百年抗争史略	罗耀九 黄顺力 邱建华	福建教育出版社，1993
永安抗战进步文化活动	福建省委党史研究室 三明市委中共党 史研究室合编	海峡文艺出版社 1994
毛泽东与中共闽西"一大"	黄国荡	《党史研究与教学》1995：3
抗战时期福建党组织保持闽浙赣边区战略支点的探索	林子波	《福建师范大学学报》（哲学社会科学版）1995：3
略论福建抗日民族统一战线的建立	黄典文	《理论学习月刊》1995：9
"八大"前后我党对区域经济发展战略的探索及其意义	钟键英	《党史研究与教学》1996：5
中央苏区时期，张闻天摆脱"左"倾樊篱的心路历程	郭若平	《福建学刊》1997：5
"中央苏区政权建设史"导言	郭若平	《党史研究与教学》1998：1
"中央苏区军事史"导言	曹敏华	《党史研究与教学》1998：3
"中央苏区党的建设史"导言	陈世奎	《党史研究与教学》1998：8
中共闽粤赣边区史	闽粤赣边区中共党 史编审领导小组	中共党史出版社，1999
福安人民革命史	缪小宁	中共党史出版社，2001
福州革命老区	福州市革命老根据地 建设委员会办公室编	海潮摄影艺术出版社，2001
中共厦门地方史专题研究——社会主义时期	厦门市委党史 研究室编纂	中共党史出版社，2002

（四）中国革命史研究

《建国前后新民主主义社会理论的发展及其意义》（高伯文，《党史研究与教学》1999：1）该文指出，中国共产党在建构新民主主义理论体系的历程中，延安时期和新中国成立前后是两个重要的阶段，前一阶段比较系统地创立新民主主义革命理论，后一阶段则主要是系统地丰富和拓展延安时期初步提出的新民主主义社会理论。该文认为，新中国成立前后的探索，是党为促进新民主主义建设的全面展开而进行的一次总体设计和规划，它为过渡时期总路线的提出奠定重要的理论依据。

《从"大跃进"看经济体制变动的负效应》（高伯文，《中国经济史研究》1999：1）该文认为 1958 年开始的"大跃进"是以探索中国自己的经济建设道路发端的，结果却造成新中国成立以来最大的经济波动和损失。文章从"大跃进"时期中央与地方关系的变化、国家与农民关系的调整以及干部激励机制的改变三个方面入手，分析体制变革的失误与"大跃进"灾难的相关关系，说明经济体制变革是一柄双刃剑，既要有正确的方向，也要有适当的时机和措施。

《新民主主义理论的学理探源——对"中国社会性质问题论战"有益成果的吸收》（福建省委党校郭若平，《中共党史研究》2003：4）该文指出，新民主主义理论的起源有其必要的前提，这个前提大体上可分为三个层面：其一，马克思列宁主义理论所提供的基本原则；其二，中国革命所提供的实践经验；其三，对 20 世纪 20—30 年代的"中国社会性质问题论战"有益成果的吸收。作者认为，探究新民主主义理论起源，"论战"是不应绕过去的，因为"论战"有关中国社会性质问题的争论在基本理论分析、理论研究方法、最终争论结果等方面，都为新民主主义理论的最后形成提供宝贵的学理资源。

《邓子恢与中国农村变革》（蒋伯英，福建人民出版社，2004）该书以邓子恢关于中国农村变革的思想理论和实践探索为视角，论述邓子恢艰辛革命的一生，反映中国共产党领导农民进行革命和建设的有关思想和政策变迁的历史和近现代中国农村变革的历史。

表 1－23　　　　　**1992—2005 年中国革命史研究其他成果**

成果名称	作　者	发表刊物(出版社)及时间
抗战时期党对石友三斗争策略论析	俞歌春	《福建师范大学学报》(哲学社会科学版)1992:1
试述抗战时期共产党与民主党派合作关系的发展	张秋炯	《党史研究与教学》1992:1
论福建省委在抗战时期的群众路线	黄国雄	《福建师范大学学报》(哲学社会科学版)1993:2
试论解放战争时期党的思想政治工作	史习培	《党史研究与教学》1994:2
中共福建地方党组织在社会主义革命和建设时期的思想建设	王子韩	《党史研究与教学》1994:5

续表1—23

成果名称	作　者	发表刊物（出版社）及时间
试析抗战时期共产国际、苏联和中国共产党的关系	缪慈潮	《福州市委党校学报》1995:2
毛泽东与中共闽西"一大"	黄国荡	《党史研究与教学》1995:3
毛泽东与邓子恢关于农业合作化思想的分歧及其原因探析	高　峻	《中国社会经济史研究》1995:3
国统区抗战文化运动述论	曹敏华	《党史研究与教学》1995:5
论福建事变中国共产党与生产人民党合作的问题	张秋炯	《党史研究与教学》1995:5
中共在抗战时期精神文明建设的理论与实践	缪慈潮	《党史研究与教学》1997:3
抗日战争时期党的思想理论建设探析	陈世奎	《党史研究与教学》1997:6
中国共产党对社会主义发展阶段理论的探索与发展	杨小冬	《理论学习月刊》1998:11
中央苏区土地改革史	李小平	厦门大学出版社,1999
中共苏区财政经济史	张　侃　徐长春	厦门大学出版社,1999
中共苏区党的建设史	杨小冬等	厦门大学出版社,1999
中共苏区文化教育史	王予霞等	厦门大学出版社,1999
中共苏区政权建设史	蒋伯英　郭若平	厦门大学出版社,1999
中共苏区军事史	曹敏华等	厦门大学出版社,1999
从"大跃进"看经济体制变动的负效应	高伯文	《中国经济史研究》1999:1
瞿秋白与五四新文化运动	洪峻峰	《东南学术》1999:2
社会主义时期我党处理重大突发性事件的经验和教训	郑　镇	《福建省委党校学报》1999:10
略论抗日战争时期的中日空战	李湘敏	《福建师范大学学报》（哲学社会科学版）2001:4
试论毛泽东建军思想与历史经验的关系	黄国荡	《党史研究与教学》2001:5
新中国头七年民主法制建设进程中的民主政治参与	俞歌春	《中共党史研究》2001:5
王稼祥在中国革命的几次重要关头	李湘敏	《福建党史月刊》2001:12

续表 1—23

成果名称	作 者	发表刊物（出版社）及时间
论中央苏区军事法制建设及其历史作用	曹敏华	《福建省委党校学报》2002：1
中国共产党对马克思主义人民观的丰富和发展	杨小冬	《科学社会主义》2002：4
抗日战争时期陕甘宁边区军事工业述评	曹敏华	《福建省委党校学报》2003：1
试论执政时期中国共产党理论建设的基本经验	陈世奎	《福建省委党校学报》2003：3
十一届三中全会以来中共党史学的学科建设	陈振文	《集美大学学报》（哲学社会科学版）2003：4
党的第三代领导集体探索反腐倡廉方略的历史轨迹	高 绵	《党史研究与教学》2003：6
论民主革命时期中国共产党领导的群众运动	叶 青	《福州大学学报》（哲学社会科学版）2004：4
毛泽东思想建党理论在建国前后的作用评析	彭丽花	《理论前沿》2004：11
评《中层理论》兼论对中共党史研究的启迪作用	郭若平	《中共党史研究》2005：2
中国共产党执政历史上拒腐防变抵御风险的成功典范	陈炳源	《福建省委党校学报》2005：4
论陈云关于党的先进性的思想	李湘敏	《党史研究与教学》2005：4

第七节　中共党建研究

一、学科建设与学术研究

（一）学科建设

1992—2005 年，福建省中共党建理论研究取得发展。省、市、县三级党校都设立中共党建教研室。全省各级党委都设立专门研究结构，开展党建理论研究。福建省委办公厅系统侧重于党建整体研究，纪律检查系统侧重于作风建设和反腐倡廉建设研究，组织部系统侧重于组织建设和选人用人研究。省内高等院校开设中共党建课程。厦门大学、福建师范大学、福建农林大学、福州大学等高校一些学者积极开展党建理论研究，成为中共党建理论研究的重要力量。

福建省委党建办主办《福建党建》刊物。福建省中共党建学会 2000 年创办会刊——《福建党建学会通讯》，刊登学会会员撰写的党建论文、调研报告，报道党建学会及其分会的活动情况。截至 2005 年，省监察学会已发展会员 1100 名，发展团体会员单位 400 多个。该学会创办了会刊《福建党风廉政研究》，交流会员研究成果。

（二）学术研究

福建党建理论研究涉及的领域和问题有党的建设学说史、党的建设原理、党的学说与思想理论、新时期党的建设理论与实践、党的干部与人才建设、党风廉政建设与反腐败问题、党的基层组织建设、党的先进性建设、党的执政能力建设。注重研究改革开放和社会主义市场经济下党的建设新情况、新问题。

1992—2005 年，全省党建研究人员共承担 8 项国家社会科学基金项目，分别是：新时期农村基层党组织先进典型研究（福建省委党校曾国雄、梁奕川、游龙波等，1996）、十一届三中全会以来党内监督理论与实践研究（福建省委党校赵清城，1998）、列宁时期的党内民主（厦门市委党校尹彦，2000）、健全干部选拔任用机制研究（福建省委党校李烈满，2001）、加强台资企业党建与推进两岸关系发展研究（厦门市委党校施风堂，2001）、农村党组织建设问题研究（龙岩地委党校林炳玉，2003）、我国社会阶层结构的变迁与党的执政基础研究（福建省委党校游龙波，2005）、社会阶层分化与党的执政基础（厦门市委党校彭心安，2005）。承担多项省社会科学规划项目，组织省委、省纪委、省委组织部和全国中共党建研究会、全国监察学会的调研课题。

全省党建理论研究者共出版论著 10 余部，发表论文 200 多篇，一些论文入选全国性理论研讨会或被中国人民大学书报资料中心 D2《中国共产党》和 D4《中国政治》全文转载。获福建省社会科学优秀成果奖 6 项，分别是：《国有企业领导体制与企业党建问题——对近百名国企书记的调查》（第四届二等奖，李烈满）、《实践与探索——十一届三中全会以来党内监督理论与实践研究》（第五届二等奖，赵清城）、《邓小平党建理论研究》（第五届二等奖，曾国雄）、《论始终坚持"三个代表"对中国共产党执政的意义》（第六届一等奖，福建农林大学郑传芳）、《健全干部选拔任用机制问题研究》（第六届二等奖，李烈满）、《论党的执政思维的六大转变》（第六届三等奖，华侨大学庄锡福、连朝毅）。

（三）学术会议

1995 年 3 月，福建省党建学会举办的第三届理事会暨党的建设理论研讨会在三明市召开。入选论文 28 篇，有 50 多位理论和党务工作者，与会人员就当前党的建设热点、难点问题进行研讨。

2001 年 6 月，福建省党建学会主办的纪念中国共产党成立 80 周年理论研讨会在厦门召开。提交论文 40 多篇，党的建设理论工作者和党务工作者 60 多人参加。

2003 年 5 月，省监察学会主办的用"三个代表"重要思想指导纪检监察工作的新实践理论研讨会在漳州召开。与会人员围绕改革开放和社会主义市场经济条件下党风廉政建设和反腐败斗争的实践开展理论研究，并组织全省纪检监察干部参加中央一级报刊征文活动，共收到论文 400 多篇，经筛选向中央纪委报送 28 篇，其中 8 篇获奖。

2004 年 2 月，全国党建研究会三届四次理事会暨党的执政规律理论研讨会和省中共党建学会第六次会员代表大会，分别在厦门和福州召开。参加研讨会的有全国党建研究会理事和理论工作者 80 多人。与会同志交流研究成果。

2005 年 1 月，福建省党建学会主办的加强党的执政能力建设理论研讨会在福州召开，就如何加强党的执政能力建设进行研讨，部分党建学会理事和入选论文作者 60 多人参加。

二、主要学术成果

（一）党的学说与思想理论研究

《邓小平党建理论研究》（福建省委党校曾国雄，厦门大学出版社，2000）该书论述邓小平党建理论对马克思主义党建理论的继承和发展及其历史地位与科学体系，对邓小平党建理论的各个方面进行研究。其主要内容是：邓小平党建理论是马克思主义党建理论发展的新阶段，邓小平党建理论的历史地位、科学体系、突出特点和重大创新，学习邓小平党建理论的重要意义和基本方法。

《执政时期中国共产党理论建设研究》（福建省委党校陈世奎，厦门大学出版社，2003）该书探讨执政前 28 年党的理论建设的主要成就；执政时期党的理论建设的简要历程；理论建设的地位和作用、指导思想、基本方针；执政时期中国共产党理论建设的基本经验等。

《列宁时期的党内民主》（厦门市委党校尹彦，厦门大学出版社，2003）该书论述列宁时期的党内民主、列宁时期党内"民主的"集中制、检查与监察制度的演变、有关列宁遗嘱的分歧与斗争等，并分析《最后书信和文章》的得失利弊。

表 1—24　　　　　**1992—2005 年党的学说与思想理论研究其他成果**

成果名称	作　者	发表刊物（出版社）及时间
要把学习邓小平党建理论作为学习建设有中国特色社会主义理论的重点	曾国雄	《福建学刊》1995：4
学习邓小平建党思想建设新的伟大工程	曾国雄	《福建省委党校学报》1995：9
高举伟大旗帜　维护中央权威	曾国雄	《福建党建》1997：5
唯物史观：邓小平理论的主线	游龙波	《福建省委党校学报》1999：1

续表 1—24

成果名称	作　者	发表刊物（出版社）及时间
论邓小平的干部教育思想	陈世奎	《福建省委党校学报》2000：1
学习江泽民"七一"讲话笔谈	赵清城 游龙波等	《福建省委党校学报》2001：8
坚持以研究实际问题为中心	陈世奎	《福建省委党校学报》2002：6
列宁时期的党内民主	尹　彦	《当代世界与社会主义》2003：3
"三个代表"重要思想是加强和改进党的建设的强大理论武器	林炳玉	《党政干部论坛》2004：2
邓小平的"解放思想，实事求是"与党的建设	李贵荣	《福建省委党校学报》2004：2
略论邓小平理论创立的历史条件和重大意义	曾国雄	《党史研究与教学》2004：6
毛泽东"思想建党理论"在建国前后的作用评析	彭丽花	《理论前沿》2004：11
论邓小平的党内监督思想及其现实意义	赵清城	入选全国党的建设研究会"纪念邓小平同志诞辰100周年理论研讨会"，载《学习邓小平党建理论　加强党的执政能力建设》，党建读物出版社，2005
论陈云的群众工作思想及其现实意义	赵清城	入选全国党的建设研究会"纪念陈云同志诞辰100周年理论研讨会"，载《陈云党建思想探讨》，上海交通大学出版社，2005
邓小平与建构当代中国先进文化	李贵荣	《福建省委党校学报》2005：2
我国社会转型期主流意识形态建设问题	孟浩明	《科学社会主义》2005：4
关于现阶段我国意识形态建设问题	孟浩明	《马克思主义研究》2005：5

（二）新时期党建理论与实践研究

《新时期党建理论与实践》（游龙波，福建人民出版社，1998）该书阐述邓小平新时期执政党建设的基本理论，对改革开放和市场经济条件下党的建设面临的新情况和新问题，从理论和实际的结合上论述新形势下党的建设的基本思想和基本经验。主要内容是：马克思主义党的学说及其在中国的发展、坚定不移地用邓小平理论武装全党、坚持和健全党的民主集中制、切实以完备的制度推进党的建设、加强党内监督和党的纪律、努力提高领导干部素质、加强共产党员的党性修养、保持和发展党同人民群众的密切联系、加强和改进党的思想政治工作等。

《应对新挑战——当前党的建设重大问题研究》（三明市委党校李贵荣，红旗出版社，2003）该书指出，为应对新世纪党的建设面临的新形势和新挑战，必须全面贯彻"三个代表"重要思想，永葆党的先进性，加强执政能力建设，紧紧抓住发展这个执政兴国的第一要务，加强党的思想理论建设、组织建设、作风建设，总结共产党执政规律，不断深化对这一规律的认识。

《中国共产党执政规律探索》（泉州市委党校彭丽花，《科学社会主义》2004：3）该文认为，"三个代表"重要思想是认识中国共产党执政规律认识的重要理论成果，作者从执政目的、执政任务、执政职能、执政方式、执政环境、执政能力等方面进行揭示和阐述。

《保持党的先进性的历史经验》（福建农林大学郑传芳，《科学社会主义》2005：6）该文认为，以纠错保持先进性、以反腐保持先进性、以教育保持先进性、以服务保持先进性、以建设保持先进性、以创新保持先进性、以发展保持先进性，是中国共产党保持先进性的七大历史经验。

表 1—25   **1992—2005 年新时期党建理论与实践研究其他成果**

成果名称	作　者	发表刊物（出版社）及时间
新时期党建工作调查与思考	施　文	厦门大学出版社，1995
坚持党的基本路线，加强党的政治建设	曾国雄	《福建省委党校学报》1997：6
坚持群众路线必须狠抓三个关键	曾国雄	《福建省委党校学报》1999：6
完善民主集中制若干机制的思考	游龙波	《福建省委党校学报》2000：10
社会主义民主化进程的曲折与经验	彭心安	《厦门特区党校学报》2001：2
新中国的民主政治建设与中国共产党探索社会主义民主制有效的实现形式	林炳玉	《党史研究与教学》2001：2
80 年党员队伍发展的回顾与思考	李烈满	《党建研究》2001：4
影响党的建设活力的十大要素	郑传芳	《福建理论学习》2001：6
以"三个代表"重要思想为指导全面推进新世纪党的建设	游龙波	《福建省委党校学报》2002：12
新形势下增强党组织活力的几点思考	游龙波	《福建省委党校学报》2003：4
执政党建设的创新与发展	游龙波	《科学社会主义》2003：4
党的执政能力之我见	李新生	《党建研究》2004：1
关于共产党执政规律研究的几点思考	彭丽花	《马克思主义与现实》2004：1
健全完善执政体制	李新生	《东南学术》2004：1
增强乡镇党委执政能力的五大措施	李新生	《发展研究》2004：9

续表 1—25

成果名称	作　者	发表刊物（出版社）及时间
以提高执政能力建设为重点推进新世纪党的建设	游龙波	《福建省委党校学报》2004：10
党群关系面临的新情况新问题对提高党的执政能力的新要求	中共福建省委组织部课题组	《新时期党建工作热点难点问题调查报告》中央编译出版社，2005
中国共产党执政能力的再思考	李新生	《福建省委党校学报》2005：2
古田会议精神对当前开展先进性教育活动的启示	林炳玉 蓝光喜	《南昌大学学报》2005：3
向先进看齐	李烈满	《党建研究》2005：5

（三）干部与人才队伍建设研究

《中介人员队伍开发与管理》（福建省委组织部李宏，福建教育出版社，2002）该书第一篇是总论，包括中介人员概述、中介人员的产生和发展、中介人员的社会与经济角色。第二篇是管理，论述中介人员的管理及管理模式。第三篇是开发，即关于中介人员的开发、培训、职业道德教育和提高职业成功率的4个理论。第四篇是行业，对注册会计师、律师、职业介绍、经纪人、评估师、管理咨询和人才中介等7种中介结构和中介人员的管理进行专题讨论。

《健全干部选拔任用机制问题研究》（福建省委党校李烈满，中国社会科学出版社，2004）该书运用理论联系实际、调查研究、比较分析等方法，从机制视角就构建干部选拔任用机制相关问题进行探讨。认为健全干部选拔任用机制，必须以干部选拔任用的现实为出发点、以干部选拔任用工作的历史经验为借鉴；以合理的干部分类为基础、以干部管理体制为依托，从宏观、中观、微观三个层次对干部进行分类与管理；必须以科学设计和安排选拔任用制度为核心，根据不同类别的干部设计和安排功能相宜的选拔任用模式；必须以建立健全干部考察评价机制和干部选拔任用的保障机制为内在要求和保证。通过体制创新、制度创新和功能创新实现干部选拔任用机制的创新。

表 1—26　　**1992—2005 年干部与人才队伍建设研究其他成果**

成果名称	作　者	发表刊物（出版社）及时间
大力培养和选拔德才兼备的领导干部	曾国雄	《福建省委党校学报》1994：10
适应市场经济需要　培养和选拔各级领导干部	赵清城	《福建论坛》（经济社会版）1995：3
适应新形势加强领导班子自身建设的调查与思考	陈世奎	《理论学习月刊》1997：8

续表1—26

成果名称	作　者	发表刊物（出版社）及时间
关于国有企业领导人员激励与约束问题的思考	李烈满	《福建省委党校学报》1997;12
健全用人机制是推进干部制度改革的关键	游龙波	《理论学习月刊》1998;5
对我国公务员范围与分类问题的思考	李烈满	《福建省委党校学报》2002;1
关于干部选拔任用机制问题的思考	李烈满	《福建省委党校学报》2002;7
论公务员选拔任用的四大保障	李烈满	《中国行政管理》2002;3
试论党管干部原则与市场经济的有机结合	李烈满	《福建省委党校学报》2003;11
努力探索加强领导班子自身建设的规律	李烈满	《理论视野》2003;5
从制度上习惯上风气上做到能上能下	李烈满	《中国党政干部论坛》2003;8
毛泽东"数荐不纳"与干部制度改革	曾国雄	《福建省委党校学报》2004;2
实施人才强国战略　加快人才资源开发	孟浩明	《理论前沿》2004;2

（四）反腐倡廉与党内监督问题研究

《实践与探索——十一届三中全会以来党内监督理论与实践研究》（福建省委党校赵清城，厦门大学出版社，2000）该书论述邓小平、江泽民关于党内监督的思想，总结中共十一届三中全会以来党内监督理论与实践的新发展和新成就，分析党内监督存在的问题，研究加强党内监督的思路和措施。作者从党内监督的现实意义、内容、重点、主体、制度和形式等方面提出新观点、新措施。指出越是改革开放，越要加强和健全党内监督，强化监督意识，加强对领导干部监督，加强选人用人监督、决策监督、制度监督、党员监督、组织监督和专门监督机关的监督，拓宽民主监督渠道，发挥监督整体效能。

表1—27　　**1992—2005年反腐倡廉与党内监督问题研究其他成果**

成果名称	作　者	出版刊物（出版社）及时间
加强社会主义市场经济条件下道德教育	曾国雄	《中国党政干部论坛》1994;4
浅谈加强机关的党内监督	赵清城	《党建研究》1994;8
制度监督是权力制约的重要武器	赵清城	《理论学习月刊》1996;12
避免决策失误必须加强决策监督	赵清城	《领导科学》1997;3
拓宽民主监督渠道	赵清城	《福建省委党校学报》1999;3
思想教育是反腐斗争的第一道防线	孟浩明	《福建省委党校学报》2000;1
切实加强对领导干部的日常管理和监督	赵清城	《福建省委党校学报》2001;7
推进作风建设制度化、规范化	赵清城	《福建省委党校学报》2002;5
论加强党的学风建设	李贵荣	《理论界》2003;2
党的基层组织纪检工作	赵清城	人民日报出版社,2003;4

续表1—27

成果名称	作　者	发表刊物（出版社）及时间
做好新形势下党的群众工作	赵清城	《福建省委党校学报》2003：7
"阳光工程"实践对建立健全惩治和预防腐败体系的积极意义	陈　伦	《构建建立健全教育、制度、监督并重的惩治和预防腐败体系的理论与实践》中国方正出版社，2004
加强对"一把手"监督的若干思考	李贵荣	《四川行政学院学报》2004：2
加强民主制度建设　切断权力腐败源头	郑又贤	《福建师范大学学报》（哲学社会科学版）2005：2
理论与实践的重大创新——学习《建立健全教育、制度、监督并重的惩治和预防腐败体系实施纲要》的若干体会	张大共	《福建理论学习》2005：3
从科学执政角度看惩治和预防腐败体系纲要	赵清城	《福建省委党校学报》2005：11
加强反腐倡廉教育的调查与思考	赵清城	《调研文稿》2005：12

（五）基层党组织建设研究

《新时期农村基层党组织先进典型研究》（福建省委党校曾国雄、梁奕川、游龙波，厦门大学出版社，1999）该书总结农村乡镇党委先进典型的共同特点和成功之路，揭示了村党支部先进典型各具特点的成功经验和成长的共同规律。主要内容包括：先进典型的重要地位和特殊作用、先进典型的基本任务和中心工作、培育先进典型的目标体系和领导体制、发挥先进典型的先导作用、乡镇党委先进典型的共同特点、乡镇党委先进典型的"龙头"作用、山区农村党支部先进典型的成长规律、沿海农村党支部先进典型的成功经验、城郊农村党支部先进典型的成功之路、新时期农村党支部先进典型成长的共同规律等。

《农村社会阶层分化与村党组织建设》（龙岩市委党校林炳玉，《马克思主义与现实》2005：3）该文认为，农村社会阶层分化使村党组织建设面临许多新的问题，主要体现为党组织的领导能力、村干部队伍的素质、农村党员队伍现状、巩固党的阶级基础和党的群众基础的要求适应不了社会阶层分化的客观形势。解决问题的主要措施是：把代表好农村最广大农民群众的根本利益作为村党组织一切工作的出发点，不断巩固党在农村的组织基础、阶级基础、群众基础，提升村党组织的发展能力，改进村党组织的领导方式和工作方式，大力营造村党组织建设的良好体制环境。

表 1—28　　　　　**1992—2005 年基层党组织建设研究其他成果**

成果名称	作　者	发表刊物（出版社）及时间
企业发展党员应处理好三个关系	赵清城	《福建省委党校学报》1995:12
支部应是基层工作的中心——陈云关于支部建设的论述及其现实意义	赵清城	入选全国"陈云生平与思想"研讨会，1996
发展集体经济实现共同富裕——"苏南三市"经济发展调查	曾国雄	《中国特色社会主义研究》1996:3
县属国有企业改革和发展	游龙波	《福建省委党校学报》1997:1
沿海开放地区农村先进基层党组织建设的调查成功经验	林述舜 梁奕川 游龙波等	《福建省委党校学报》1997:5
对股份制企业思想政治工作的几点思考	孟浩明	《学习研究参考》1998:1
外商投资企业党的建设调查与思考	赵清城 张诺夫	《理论学习月刊》1998:1
股份制企业党建工作的成功探索——实达集团党建工作的调查与思考	游龙波	《福建省委党校学报》1998:2
马塘村是怎样走向共同富裕的	施凤堂 叶建筑	《科学社会主义》1998:3
建国以来国有企业领导体制沿革与党的建设的回顾与思考	李烈满	《党史教学与研究》1998:5
致富奔小康靠什么？——福建省部分农村先进党支部的调查	游龙波 张诺夫	《党建研究》1998:10
论国企党组织在企业脱困中的作用	施凤堂	《科学社会主义》1999:4
新时期福建沿海农村先进党支部建设的成功经验	游龙波	《福建省委党校学报》1999:7
国有企业改革和发展的根本保证	游龙波	《福建省委党校学报》1999:11
国有企业领导体制与企业党建问题	李烈满	《福建省委党校学报》2000:5
关于加强非公有制企业党建工作的几个认识问题	陈世奎	《福建省委党校学报》2000:6
农村先进基层党组织建设与社会矛盾控制	彭心安	《厦门特区党校学报》2001:2

续表 1—28

成果名称	作　者	发表刊物（出版社）及时间
从宗族到国家：中国共产党早期的基层政权建设——以 1929—1934 年的闽西赣南为中心	张　侃	《福建论坛》（文史哲版）2002:5
国有中小型企业党组织应在参与重大决策中发挥政治核心作用	李烈满	《福建省委党校学报》2003:7
关于在私营企业主先进分子中发展党员的调查与思考	游龙波	《福建省委党校学报》2003:7
关于开展"三级联创"活动,推进机关党的先进性建设	中共福建省委省直机关工委研究室课题组	《党的先进性建设与机关党的建设》中共中央国家机关工作委员会研究室编,中共中央党校出版社,2005
紧紧扭住单位党委（党组）"第一责任人"这个关键,推动机关党建工作上新水平	中共厦门市委市直机关工作委员会课题组	《党的先进性建设与机关党的建设》中共中央国家机关工作委员会研究室编,中共中央党校出版社,2005
关于创建"机关党建工作先进单位"活动的调查与思考	中共福建省泉州市直机关工委课题组	《党的先进性建设与机关党的建设》中共中央国家机关工作委员会研究室编,中共中央党校出版社,2005

第二章　哲学研究

第一节　马克思主义哲学研究

一、学科建设与学术研究

（一）学科建设

福建省马克思主义哲学研究的力量主要在厦门大学、福建师范大学、福建省委党校、华侨大学、福州大学、福建社会科学院等单位。1983 年，厦门大学哲学系开始招收马克思主义哲学专业的硕士生，1986 年获得马克思主义哲学硕士学位授予权，2005 年获得马克思主义哲学博士学位授予权。随后建立马克思主义哲学博士后流动站。2005 年，福建省高校人文社会科学研究基地厦门大学"哲学与当代社会"研究中心成立，"马克思主义哲学与西方马克思主义"是其中的四个研究方向之一。1987 年，福建师范大学开始招收马克思主义哲学专业硕士研究生，2001 年获得马克思主义哲学硕士学位授予权。1994 年，华侨大学获得马克思主义哲学硕士学位授予权，2005 年获得博士学位授予权，并分别于 2002 年和 2005 年被评为国务院侨办和福建省的重点学科。

（二）学术研究

1992—2005 年，福建省马克思主义哲学研究取得了较突出的成果，形成自己的研究特色和比较优势。福建省马克思主义哲学研究在马克思主义哲学基本理论、基本观点、马克思主义哲学史、马克思主义哲学与当代社会发展以及马克思主义哲学的教材和教学等方面都取得新进展，获得新成果。获得国家社会科学基金项目 7 项：马克思主义辩证法与现时代（厦门大学徐梦秋，国家"八五"规划重点项目，1992）、结构主义与马克思主义的比较研究（厦门大学王善钧，1992）、马克思主义经典作家的主体性思想研究（厦门大学商英伟，1992）、马克思主义经济哲学基本原理研究（华侨大学蔡灿津，1998）、规范论：规范的发生学研究和合理性研究（徐梦秋，2001）、生活维度：马克思主义哲学研究的新视角（华侨大学杨楹，2005）、《唯物史观与中国历史研究》（福建师范大学汪征鲁，2005）。

这一时期，福建省有一批马克思主义哲学研究成果获奖，其中，获第一届国家社会科学基金项目优秀著作一等奖1项：《马克思主义哲学史》（八卷本）第四卷（商英伟）；教育部人文社会科学优秀成果奖3项：《毛泽东思想与中国文化传统》（第一届三等奖，厦门大学汪澍白）、《公平的类别与公平中的比例》（第四届三等奖，徐梦秋）、《唯物史观的历史命运：关于马克思主义文本解读的思考》（第六届一等奖，汪征鲁）；获福建省社会科学优秀成果奖19项：《马克思主义国家学说概论》（第二届一等奖，厦门大学邹永贤）、《毛泽东思想的中国基因》（第二届一等奖，汪澍白）、《关于实践唯物主义的几个问题》（第二届二等奖，福建师范大学郑又贤）、《关于马克思1844年巴黎手稿文本的研究》（第二届二等奖，福建师范大学李建平）、《马克思社会历史进程理论考评》（第二届三等奖，福建省委党校郑镇）、《列宁全集第十五卷第二版》（译文校订）（第二届二等奖，福建师范大学许崇信译）、《主体论：从马克思到毛泽东》（第三届一等奖，商英伟、徐梦秋）、《思维之光》（第三届三等奖，福建省委党校雷弯山）、《世界文明和中国现代化道路》（第三届三等奖，郑镇）、《追求与超越——从毛泽东到邓小平哲学》（第三届三等奖，福建省委党校蔡彦士、凌厚锋）、《"西方马克思主义"的社会政治理论》（第四届一等奖，厦门大学陈振明、陈炳辉、骆沙舟）、《德意志意识形态中"交往形式"理论新释》（第四届三等奖，福州大学许斗斗）、《马克思的哲学视角研究》（系列论文）（第四届青年佳作奖，华侨大学马拥军）、《公平的类别与公平中的比例》（第五届一等奖，徐梦秋）、《科学精神：人类理性的灵魂》（第五届三等奖，福建师范大学王之波）、《精神的脉络：思维方式的历史研究》（第五届三等奖，杨楹）、《生活哲学的对象和方法》等系列论文（第六届二等奖，马拥军）。

（三）学术会议

2003年12月，中国马克思主义哲学史研究会、华侨大学、中共中央党校和省委党校共同主办、华侨大学承办的中国马克思主义哲学史学会2003年年会在泉州召开。与会人员围绕"三个代表"重要思想与马克思主义哲学的新发展、马克思主义哲学前沿问题研究、马克思生活哲学思想与马克思主义哲学理论创新等问题进行交流讨论。

二、主要学术成果

（一）马克思主义哲学史和西方马克思主义哲学研究

《毛泽东思想的双重渊源》（汪澍白，厦门大学出版社，1993）该书以毛泽东思想与马列哲学传统的关系以及毛泽东思想与中国文化传统的关系为重点，围绕毛泽东思想的理论来源进行深入研究，揭示毛泽东思想的双重渊源。

《马克思主义哲学在俄国的传播和发展》（《马克思主义哲学史》第四卷，北京大学黄楠森，厦门大学商英伟、苏振富，人民出版社，1994）该书主要阐述自19世纪80年代到

1917 年俄国十月革命期间马克思主义哲学在俄国的传播和发展以及俄国马克思主义者同民粹派、合法马克思主义者、经济学派、孟什维克派、马赫主义者、第二国际修正主义者之间在哲学上的斗争。该书较全面地介绍普列汉诺夫的哲学贡献，特别是对普列汉诺夫的某些有争议的哲学观点作了评价，阐明列宁在《唯物主义和经验批判主义》中的贡献，重新分析和评价列宁的帝国主义理论和社会革命理论。

《主体论：从马克思到毛泽东》（商英伟、徐梦秋，厦门大学出版社，1995）该书共分四编：第一编探讨马克思的主体性思想；第二编和第三编分别研究恩格斯和列宁的主体性思想；第四编对毛泽东的主体性思想进行系统阐释。作者通过对恩格斯和列宁的主体性思想的研究，回应西方马克思学断言恩格斯和列宁对机械唯物论者的种种批评。

《传统下的毛泽东》（汪澍白，中国青年出版社，1996）该书在掌握充分材料的基础上，力图探索毛泽东的文化心理结构、思想体系和理想模式的特色及其民族文化渊源。同时，通过具体的历史考察，研究毛泽东如何将马克思主义中国化，如何对传统文化进行比较、批判、融化于创新，从中总结经验，作为当代和未来的镜鉴。

《唯物史观的历史命运：关于马克思主义文本解读的思考》（汪征鲁，《历史研究》2003：2）该文认为，一个多世纪以来，马克思主义的传承和演化，都有其内在"文本"的原因与外在"解读"的动力。唯物史观所具有的真理性与合理性，根源于其最高原则与精神，即物质的统一性、发展演化的辩证性、人的主体性。它关于人类社会发展演化的模式彻底贯彻上述原则，且具有基本概念上的合理抽象性与架构上的立体性、兼容性与张力。同时，唯物史观又是一个开放的理论系统。

《论马克思哲学的理论立场》（杨楹，《哲学研究》2003：8）该文认为，马克思哲学体系中所蕴含的思维方式与价值原则构成其独特的理论立场，即生活的立场、历史的立场、现实的立场、未来性立场、主体的立场和阶级性立场。这些立场综合起来看主要是"生活的"立场，是生活立场的现实展开。主体立场是其出发点，历史立场、现实立场、未来立场是其过程，无产阶级立场是其目的和结果。马克思哲学不仅仅是关注人的生活的哲学，而且是植根于人的生活世界的哲学，是对现实生活进行批判的哲学。

表 2-1　**1992—2005 年马克思主义哲学史和西方马克思主义哲学研究其他成果**

成果名称	作　者	发表刊物（出版社）及时间
探索探索者的历史足迹：评梅林对唯物史观形成史的探究	苏振富	《学术界》1993：1
唯物史观的一个根本问题	池超波	《福建论坛》1993：10
追求与超越：从毛泽东到邓小平的哲学	蔡彦士 凌厚锋编著	厦门大学出版社，1994

续表 2—1

成果名称	作　者	发表刊物（出版社）及时间
是从乌托邦到科学,还是从科学到乌托邦:评"西方马克思主义"的现代乌托邦理论	陈振明	《东南学术》1994:4
主体性范畴论纲	徐梦秋	《文史哲》1995:2
借助辩证法确定唯物史观的逻辑起点	李培庆 池超波	《福建论坛》（人文社会科学版）1995:3
论青年马克思的否定的否定思想	池超波	《厦门大学学报》（哲学社会科学版）1995:4
工具理性批判:从韦伯、卢卡奇到法兰克福学派	陈振明	《求是学刊》1996:4
"西方马克思主义"的社会政治理论	陈振明等	中国人民大学出版社,1997
德国古典哲学的终结:恩格斯费尔巴哈论、马克思关于费尔巴哈的提纲讲解与研究	张小金	厦门大学出版社,1997
评"西方马克思主义"的当代资本主义异化论	骆沙舟	《马克思主义与现实》1997:2
评西方马克思主义者对"苏联马克思主义"的批判	陈振明	《教学与研究》1997:6
"西方马克思主义"的马克思主义归属问题	陈振明	《南京社会科学》1997:12
整体地理解马克思哲学的本质	陈铁民	《厦门大学学报》（哲学社会科学版）2003:6
马克思主义哲学的批判范式研究	彭立群	《东南学术》2004:5
唯物史观:社会历史观还是一般世界观?	马拥军 彭立群	《广西大学学报》（哲学社会科学版）2005:1
马克思研究前资本主义社会形态的思想历程探析	高飞乐	《马克思主义与现实》2005:5

（二）认识论研究

《现代认识论研究》（厦门大学陈铁民,厦门大学出版社,1993）该书分三篇,即认识系统、认识的本质及其辩证性、现代科学技术与认识论的关系。作者认为,把认识主体作为系统来考察并充分发挥其功能,是现代社会经济、文化和科学技术发展对认识提出的新要求,它要求人们变革思维方式,重视认识方法的研究;辩证理性认识是思维对感性认识材料进行加工制作,由现象到本质,揭示事物的规律性的理性认识,间接性、抽象性是其特点;必须弄清感性认识与经验认识、理性认识与理论认识的区别和联系;思维的本质是矛盾,必须在对立统一中加以把握。

《马克思主义认识论的本质是实践创新论》（福建省委党校翁世盛,《省委党校学报》2002:7）该文认为,马克思主义认识论的本质是实践创新论,能动反映中的创新是认识的本质，并提出和阐述"人类认识包含感性认识、理性认识和创新认识三个阶段"的观点。

《资本论与科学研究方法》（厦门大学张小金，社会科学文献出版社，2005）该书以论证《资本论》是科学方法的百科全书为起点，阐释《资本论》中对哲学方法、辩证逻辑方法、形象思维方法和自然科学方法的应用。该书提出《资本论》方法系统的概念，其主要内涵是：第一，《资本论》的方法不是单独的、孤立的一个方法，而是一个方法群；第二，《资本论》中的各个方法不是相互独立或孤立、互不相关、相互割裂的，而是相互联系、相互依赖，为完成共同的目标而组成的有机整体。

表2－2　　　　　　　　　　　**1992—2005 年认识论研究其他成果**

成果名称	作　者	发表刊物（出版社）及时间
关于"客观真理"的新思考	郑又贤	《福建师范大学学报》（哲学社会科学版）1992：2
不能把主客体的关系作为哲学基本问题	池超波	《福建论坛》（人文社会科学版）1992：4
试论列宁关于范畴的认识功能的思想：对康德的批判与超越	吴开明	《厦门大学学报》（哲学社会科学版）1994：1
离开辩证法,就没有科学的实践观：兼论马克思主义哲学的本质	陈铁民	《东南学术》1994：4
"解剖麻雀"的内蕴和意义	徐梦秋	《高校理论战线》1994：5
积淀与中介	徐梦秋	《学术月刊》1994：7
关于"分析命题"和"综合命题"的区分的历史考察	周春水 徐梦秋	《厦门大学学报》（哲学社会科学版）1995：4
逼近真理	蔡灿津	《福建论坛》（文史哲版）1995：12
符号在认识中的作用	王岗峰	《福建学刊》1996：2
认识论研究二十年综览	徐梦秋 薛孝斌	《厦门大学学报》（哲学社会科学版）1996：3
邓小平与真理标准的讨论	邹永贤	《鹭江大学学报》1998：2
真理全面性的真谛何在？	蔡灿津	《福建论坛》（文史哲版）1998：4
关于真理标准问题讨论的若干重要启迪	郑又贤	《理论学习月刊》1998：6
主观真理与真理内容的客观性	王之波	《教学与研究》2002：10

（三）　自由论研究

《自由的结构性分析》［徐梦秋，《厦门大学学报》（哲学社会科学版）1992：2］该文提出，自由是主客体的双重双向统一。第一重统一是主体统一于客体，即主体对规律的认识和顺应，也就是知的"合规律性"与行的"合规律性"；第二重统一是客体统一于主体，即主体根据一定的目的去改造客体，以满足自己的需要，也就是实践活动的"合目的性"和实践成果的"合目的性"。自由就是合规律性与合目的性的统一。

《自由论》（商英伟、白锡能主编，福建人民出版社，1993）该书论述马克思主义自由观，分为：自由的实质和自由在马克思主义体系中的地位、自由观的历史考察、自由一般的哲学探讨、自然领域和社会领域中的自由、人类实现自由的历史过程五部分。

表2—3 **1992—2005 年自由论研究其他成果**

成果名称	作　者	发表刊物（出版社）及时间
自由与真善美	徐梦秋	《福建论坛》（人文社会科学版）1992：5
推进人的全面发展的重要意义和现实根据	张爱华	《高校理论战线》2003：7
论共产主义运动的现实性和过程性	许斗斗	《哲学研究》2004：1
"人是手段"和"人是目的"	张爱华	《光明日报》（理论版）2004.4.27

（四）规范问题与公平问题研究

《规范论的对象和性质》（徐梦秋，《哲学动态》2000：11）、**《规范何以可能》**（徐梦秋，《学术月刊》2002：7）、**《规范的基础和自由的中介》**（徐梦秋《哲学研究》2001：7）该系列文章阐述规范论的对象、方法、性质和基本问题，界定规范的内涵和外延，阐述规范形成的充分必要条件，阐明规范与自由的关系、规范与规律的关系、规范与利益或价值的关系问题。

《公平的类别与公平中的比例》（徐梦秋，《中国社会科学》2001：1）该文从不同角度对社会生活中的公平问题做定性和定量研究。作者从各类公平中选择两个序列，即机会的公平、起点的公平、结果的公平，以及原则的公平、操作的公平、结果的公平，分别阐述它们各自的内涵和特征，以及每个系列中的三种公平关系，进而对公平做定量分析，揭示各类公平中都存在的比例相等的关系，阐明比例相等是达到公平的必要条件而非充分条件。

（五）马克思主义哲学的新阐释

《社会俗世化与马克思的发展哲学》（厦门大学陈嘉明，《学术月刊》1996：12）该文揭示当今哲学危机的根本原因是社会俗世化。俗世化的基本特征是社会生活的商业化、意识形态色彩的淡化和话语的多样化。作者指出马克思的哲学是促进社会健康发展、克服社会俗世化的消极影响的哲学，它揭示的人的自由发展和社会平等的基本价值，是人类社会发展的基本目标。因此，应当按照"发展哲学"这一方式来理解马克思的哲学。

《人韵：一种对马克思的读解》（福建社会科学院黄克剑，东方出版社，1996）该书指出，人的异化问题是马克思关注的核心问题，马克思历史观具有浓厚的"人"的意蕴，其学说是以人为核心的。在马克思的历史观中，生产力、生产关系、家庭、国家、意识等构成一个范畴的系列，但这些范畴只是现实的人通过自己的生命活动在诸种对象性关系中自我实现、自我生成的一种抽象，无论人作为自然存在物、社会存在物，还是历史存在物，马克思的旨趣就在于"改变世界"。

《马克思主义哲学向何处去？兼谈所谓的"哲学贫困"》（商英伟，《东南学术》2000：2）该文认为，马克思主义哲学要摆脱"困境"继续发展，出路在于改革和创新。在新的时代条件下，需要的是既遵循人类哲学思维的共同规律，又具备深厚浓烈的民族哲学思维特征的中国化、国际化的新形态的马克思主义哲学。哲学工作者要改变长期以来的思维定势；要参与"全球性问题"的探讨，参加全球性的哲学的"百家争鸣"，从交流中汲取有益成分，以充实和发展新形态的理论。

《生活哲学：探究中的马克思主义哲学》（杨楹、张禹东，社会科学文献出版社，2004）该书从"生活哲学"的视角，对马克思主义哲学的"原生形态"进行理论探析，提出马克思主义哲学本质上是"生活哲学"这一命题。在此基础上，作者多维度展开对"马克思主义哲学中国化"的辩证思考，试图构建马克思主义哲学研究的新范式。

《现代性的哲学批判：从马克思生存论角度的分析》（厦门大学张有奎，社会科学文献出版社，2005）该书立足马克思的生存论的哲学范式，提供理解现代性的新视角。作者认为，现代性是一个具有内在矛盾冲突的结构。现代性的形而上学本质内在关联于意识哲学。马克思对现代性的批判，就其哲学实质而言，正是对意识哲学的批判和超越。马克思批判现代性的原则高度可以标示为生存论。从马克思生存论的角度出发，揭穿基督教神学和国民经济学的形而上学基础之后，逻辑的结论是"历史终结论"的破产。也就是说，共产主义——私有财产之否定的现实运动意味着现代性之终结。

表2—4　　　**1992—2005 年马克思主义哲学的新阐释其他成果**

成果名称	作　者	发表刊物（出版社）及时间
必须坚持马克思主义哲学的党性原则	池超波	《福建学刊》1992：4
差异协同律发展了对立统一规律吗？——与乌杰同志商榷	陈铁民	《哲学研究》1994：7
中国现代化进程中的"日常生活"论析	郑　镇	《求是学刊》1997：1
德意志意识形态中"交往形式"理论新释	许斗斗	《东南学术》1999：2
生活的意蕴与生活方式的嬗变	蔡灿津	《实事求是》1999：4
现代性批判的两种传统：哈贝马斯的考察与回应	吴开明	《厦门大学学报》（哲学社会科学版）2000：1

续表 2—4

成果名称	作 者	发表刊物（出版社）及时间
马克思:生活与哲学	马拥军	《华侨大学学报》（哲学社会科学版）2003:4
马克思的生活哲学与"生活世界"理论的对话	彭立群	《华侨大学学报》（哲学社会科学版）2003:4
人的全面发展:"以人为本"的新的价值取向	邓翠华	《福建省委党校学报》2004:4
论当代中国生活视野中的马克思主义哲学	杨 楹 张禹东	《东南学术》2004:5
生活哲学的对象和方法	马拥军	《哲学研究》2004:5
论生活哲学视野中的"马克思主义中国化"	杨 楹	《哲学研究》2004:11
哲学的生活归宿:对"发展与繁荣哲学"的反思与追问	杨 楹 张禹东	《人文杂志》2005:1
马克思的实践概念及其存在论意蕴	张有奎	《江淮论坛》2005:1
论非道德主义政治伦理:马克思对政治现代性的批判与超越	杨 楹	《哲学动态》2005:2
形而上学:马克思主义哲学不可缺少的维度	彭立群	《华侨大学学报》（哲学社会科学版）2005:2
马克思主义哲学的人学解读	李德栓	《漳州师范学院学报》（哲学社会科学版）2005:3
马克思的"资本"概念及其哲学解读	张有奎	《西南师范大学学报》（人文社会科学版）2005:4
马克思生存论辨正	张有奎	《理论探讨》2005:4
透视现代性:马克思现代性思想的独特视角	郑元景 徐梦秋	《西南师范大学学报》（人文社会科学版）2005:11
论马克思哲学生活观的理论支点	王福民	《哲学研究》2005:12

（六）马克思主义政治哲学研究

《对马克思主义国家学说中几个问题的再认识》（邹永贤，《马克思主义与现实》1992:1）该文对马克思主义国家学说中关于国家的本质、职能、社会主义国家、社会主义民主等问题进行探讨，指出马克思主义不是教条，马克思主义国家学说的发展需要自由研究的学术空气。

《国家学说史》（中卷第九、十、十一章）（邹永贤，福建人民出版社，1999年修订版）该书中卷第九、十、十一章从理论上梳理从空想社会主义的国家学说，到马克思主义国家学说，再到列宁、斯大林、毛泽东、邓小平对马克思主义的国家学说的发展历程，基本上反映马克思主义国家学说的主要思想。该书为中国政治学理论特别是政治哲学的研究提供了学术参考。

表 2—5　**1992—2005 年马克思主义政治哲学研究其他成果**

成果名称	作　者	发表刊物（出版社）及时间
百年来西方国家学说的回顾与前瞻	邹永贤	《厦门大学学报》（哲学社会科学版）1993:1
从治党治国的高度认识德治的战略地位	邹永贤	《马克思主义与现实》2001:3
德治的必要性、作用和内涵	张爱华 徐梦秋	《高校理论战线》2002:7
伦理视野中的政府权力观	杨　楹	《哲学动态》2002:9

（七）关于实践和实践唯物主义的研究

《实践概念与物质概念的关系三议：兼评实践本体论》［厦门大学张爱华、夏林，《厦门大学学报》（哲学社会科学版）2001:3］该文揭示实践的客观性和能动性源于物质的客观性和辩证性，实践的受动性和受制约性源于物质的客观性和规律性，实践本体论颠倒了二者的关系。由此必然导致唯我论。马克思主义哲学的创立有研究和表述两方面。从研究即发生学的角度看，唯物史观在先，因而实践范畴在先；从表述的逻辑看，则是物质范畴在先，实践范畴在后。自然界在时间上和物质范畴在逻辑上的先在性，并不会否定实践的重要性和实践范畴的核心地位。

《论马克思的实践观》（厦门大学池超波，《马克思主义与现实》2002:3）该文指出，实践是马克思主义哲学的最基本范畴，它不仅是认识论的基本范畴，也是唯物辩证法和唯物史观的基本范畴。马克思的实践观是整个马克思主义哲学的理论基础。该文揭示马克思从主体和客体的关系出发对实践作了科学的规定，提出实践是主体的对象性活动。因此不能把人类的一切活动同哲学意义上的"实践"混为一谈，在哲学意义上，实践只能是主体的对象性活动。

表 2—6　**1992—2005 年关于实践和实践唯物主义的研究其他成果**

成果名称	作　者	发表刊物（出版社）及时间
解放思想、实事求是是现代化建设时代精神的精华	翁世盛	《福建学刊》1996:3
试析思维和存在关系问题的完整内涵	郑又贤	《福建师范大学学报》（哲学社会科学版）1998:2
正确理解物质与世界物质统一性	王之波	《教学与研究》2001:3
试论实践性是邓小平理论的本质特征	郑又贤	《东南学术》2002:6
略论物质、物质性、实践的关系	王之波	《思想理论教育导刊》2004:3

（八）马克思主义哲学与当代社会发展研究

《发展生产力与社会主义》［厦门大学洪成得，《厦门大学学报》（哲学社会科学版）1994：4］该文认为，发展生产力是真正坚持马克思主义的基本原则，真正抓住科学社会主义的关键。邓小平抓住发展生产力这一中心环节，把握社会主义的本质，鉴别、理解社会主义的基本特征，这实际上是社会主义发展史上的一次拨乱反正，对于恢复马克思主义、社会主义的本来面目和权威，对于继承和弘扬社会主义的伟大传统，是一个伟大的贡献。

《略论马克思恩格斯文明论及其现实意义》（福建社会科学院李鸿烈，《福建学刊》1995：2）该文指出，在马克思、恩格斯那里，文明具有多义性：作为历史分期标准的文明概念；作为生产的同义词，蕴含着阶级剥削和压迫内容的文明概念；作为生产力和社会高度发展的产物、人类终极价值、真正人类自由标志的文明概念。商品经济的充分发展是建设高度文明的必然阶梯。物质文明是精神文明的基础，精神生产随着物质生产的进步而发展。

《论当代中国社会转型的分析框架》（福建省委党校林默彪，《马克思主义与现实》2005：5）该文认为，当代中国社会正处于由传统向现代的社会转型进程中。马克思的社会历史哲学理论和社会学的现代化理论是认识和把握这一进程的两个基本的分析框架。对这种分析框架的分析，正是一种哲学的理性自觉。当代中国社会转型既具有社会转型的一般性特征，又具有自身的特殊性质和表现形态。马克思主义的社会历史哲学理论必须吸取现代化理论中的合理成分，在深入研究当代中国社会转型的实践中得到创新和发展。

《略论构建和谐社会的利益均势协调机制》（郑又贤，《东南学术》2005：6）该文提出，构建社会主义和谐社会，首先要建立健全利益均势协调机制。建立健全利益均势协调机制的前提是切实疏通各阶层、各群体、各方面的利益诉求渠道。其基本任务，一是完善物质利益均势协调机制，充分发挥国家和地方政策、部门或单位分配、社会保障体系在协调物质利益中的调适作用；二是建立政治利益均势协调机制，从宏观上努力形成各种群体性主体政治利益的均势，从微观上努力形成各种个体性主体政治利益的均势；三是健全文化利益均势协调机制，努力协调和解决文化教育权利、文化生活条件、文化交往关系、文化知识价值和知识产权保护等问题。

表2—7　　**1992—2005年马克思主义哲学与当代社会发展研究其他成果**

成果名称	作　者	发表刊物（出版社）及时间
要充分肯定社会科学对生产力发展的作用	郑又贤	《福建学刊》1992：1
实事求是研究新情况解决新问题的典范：学习邓小平南巡重要谈话	洪成得	《东南学术》1992：5

续表 2-7

成果名称	作 者	发表刊物(出版社)及时间
改革:解放生产力的主要形式	李鸿烈	《湖北社会科学》1992:8
马克思主义中国化的探索与实践	商英伟 徐梦秋等 主 编	厦门大学出版社,1994
马克思主义哲学与当代	林兆荣 薛守琼主编	厦门大学出版社,1995
社会主义市场经济与人的塑造	邓翠华	《福州大学学报》(哲学社会科学版)1995:3
试论加强沿海城市的马克思主义人权观宣传和教育	郑又贤	《福建论坛》(经济社会版)1996:1
论当代中国的马克思主义	蔡金发	《福建学刊》1996:2
解放思想、实事求是是现代化建设时代精神的精华	翁世盛	《福建学刊》1996:3
论科技生产力和物质生产力的相互作用	徐朝旭	《厦门大学学报》(哲学社会科学版)1997:4
可持续发展与类意识的觉醒	王岗峰	《福建论坛》(经济社会版)1997:10
马克思主义哲学中国化现代化途径初探	苏振富	《厦门大学学报》(哲学社会科学版)1998:2
解放思想的武器 校准航向的指南:重新学习邓小平 1992 年《南方谈话》	洪成得	《厦门大学学报》(哲学社会科学版)1998:4
邓小平"中国式现代化"理论的世界历史意义	陈铁民	《厦门大学学报》(哲学社会科学版)1998:4
论我国改革开放历程中的三次思想大解放	洪成得	《东南学术》1998:6
论可持续发展战略对世界观的挑战和启迪	郑又贤	《福建师范大学学报》(哲学社会科学版)1999:1
简论邓小平现代化思维的协调发展原则	陈遵沂	《社会主义研究》1999:3
邓小平主体性建设思想初探	黄智英	《东南学术》1999:6
马克思主义哲学与中国的社会主义道路	马 鸣	《福建省委党校学报》1999:11
理论创新与实践创新	马 鸣	《福建省委党校学报》2001:10
从亚细亚生产方式看儒家文化的特质与命运	周勇胜	《厦门大学学报》(哲学社会科学版)2003:2
中国特色社会主义与马克思文本	李鸿烈	《福建论坛》(人文社会科学版)2004:2
邓小平人才思想精神实质探微	邓翠华 李祖辉	《集美大学学报》(哲学社会科学版)2005:2
马克思现代性理论的双向维度	郑元景 余章宝	《北方论丛》2005:3

（九）马克思主义哲学的教学研究与教材建设

《"两课"教学"挂牌上岗"教改试验分析》（厦门大学张爱华，《高校理论战线》2001：6）该文指出，"挂牌上岗"有利有弊。其利在于：在教师"挂牌上岗"而且操作规范的情况下，这一措施能够有力地促进"两课"教学质量的提高。弊端在于：大部分学生选课的标准不正确；有些教师采取不正当手段拉学生；教师在"挂牌上岗"期间，尤其是第一学期，不能有效地控制教学秩序；在"挂牌上岗"的情况下，教师之间的关系由原来的互助合作关系，变为互相竞争，甚至互相争夺的关系。针对这些弊端该文提出相应的改进措施。

《融贯形上形下二界　以道御学御术御器御万殊——再谈哲学专业人才培养模式》（徐梦秋，《哲学研究》2004：5）该文提出，哲学教育不仅要向学生传授中外哲学家的思想和智慧，而且要着重培养他们从生活、实践中汲取智慧又把它运用于生活、实践的能力，即形而上升华和形而下应用这两种能力。哲学教师既要引导学生体验、概括生命和生活的精髓与真谛，反思自然科学、人文社会科学、文学艺术、宗教生活，提炼生活经验、实证知识和情感体验为哲学智慧，又要引导、训练学生把哲学与政治、哲学与科学、哲学与文学艺术等各种媒介结合起来，并通过这些媒介去干预生活、影响社会。形上升华和形下应用，有如加法和减法，二者互为"逆运算"，不能只知其一，不知其二。所以，在教学实践中，应该把研究型人才的培养和应用型人才的培养有机地统一起来，要求学生两种能力都要掌握，但可以有所侧重。

表2-8　**1992—2005年马克思主义哲学的教学研究与教材建设其他成果**

成果名称	作　者	发表刊物（出版社）及时间
马克思主义哲学	翁世盛	福建人民出版社,1992
马克思主义哲学概论	姚安泽等	鹭江出版社,1992
马克思主义哲学基本原理	黄　强 骆沙舟 陈振明	厦门大学出版社,1993
马克思主义哲学著作选读教程	林兆荣	厦门大学出版社,1999
马克思主义哲学概论	商英伟 苏振富 白锡能 徐梦秋	厦门大学出版社,2000
关于哲学专业面向21世纪人才培养模式的设想	徐梦秋	《哲学研究》2000:7

续表 2—8

成果名称	作 者	发表刊物(出版社)及时间
"两课"教学如何理论联系实际	徐朝旭	《高校理论战线》2001:11
马克思主义哲学原理	张爱华	厦门大学出版社,2002
马克思主义哲学基础	薛守琼	厦门大学出版社,2002
辩证唯物主义历史唯物主义原理	吴 凌	厦门大学出版社,2004

第二节 中国哲学研究

一、学科建设与学术研究

(一)学科建设

福建省中国哲学研究的力量主要集中在厦门大学、华侨大学、福建师范大学和武夷学院。福建行政学院、福建社会科学院和泉州师范学院的一些学者,在中国哲学的一些领域也有建树。1993 年,厦门大学哲学系取得中国哲学硕士学位授予权;2005 年,华侨大学取得福建省第二个中国哲学硕士学位授予权。2003 年 8 月,厦门大学哲学系获得中国哲学博士学位授予权。2004 年 11 月,省教育厅批准厦门大学中国哲学学科为重点学科。2005 年成立福建省高校人文社会科学研究基地"厦门大学哲学与当代社会研究中心","中国哲学"列为四个研究方向之一。

1988 年 6 月,武夷山朱熹研究中心成立,1994 年创办并出版《朱子研究》(季刊)。截至 2005 年,该中心已经先后召开大型朱子学国际研讨会 6 次。2003 年 5 月,厦门大学道学与传统文化研究中心成立。2003 年 7 月,厦门大学佛学研究中心成立。2005 年 10 月,宋明理学研究中心在朱熹故里武夷山成立。该中心由中国社会科学院哲学所与福建社会科学院合作创办,由福建社会科学院主管,院址(秘书处)设在武夷学院。

(二)学术研究

20 世纪 90 年代后,福建省中国哲学研究较有特色,以闽学、儒学、易学、佛道哲学等为主要方向。先后获得国家社会科学基金项目 2 项,分别是:道教符号学与神秘主义研究(福建师范大学詹石窗,1996)、中国道教伦理思想史(厦门大学乐爱国,2005)。获得 2 项教育部人文社会科学基金研究课题,分别是:道教与中国养生文化(詹石窗,2001)、道教生态学研究(乐爱国,2001)。获得 13 项福建省社会科学规划项目。

这一时期，共出版论著 40 余部，发表论文 400 多篇。获第四届退溪学国际学术奖 1 项：《李退溪与东方文化》（厦门大学高令印）。获福建省社会科学优秀成果奖 14 项：《〈福乐智慧〉哲学思想初探》（第二届二等奖，华侨大学蔡灿津）、《明末清初中西文化冲突》（第四届二等奖，厦门大学林仁川、福建社会科学院徐晓望）、《道教艺术的符号象征》（第四届二等奖，詹石窗）、《道教医学》（第五届一等奖，厦门大学盖建民）、《朱熹自然哲学思想论纲》（第五届二等奖，福建行政学院徐刚）、《洁净精微之玄思：周易学说启示录》（第五届二等奖，福建师范大学张善文）、《周易学说》（第五届二等奖，马振彪遗著，张善文整理）、《简明中国哲学通史》（第五届三等奖，高令印）、《〈白虎通义〉与汉代社会思潮》（第五届三等奖，华侨大学王四达）、《道教科技与文化养生》（第六届一等奖，厦门大学詹石窗）、《儒家文化哲学何以可能》（第六届三等奖，福建师范大学朱人求）、《朱熹新探》（第六届三等奖，泉州师范学院林振礼）、《朱熹自然哲学思想逻辑结果之解析》（第六届三等奖，徐刚）、《中国禅学通史》（第六届三等奖，高令印）。

（三）学术会议

1993 年 11 月，武夷山朱熹研究中心与厦门大学、福建社会科学院、福建省社会科学界联合会联办的纪念武夷精舍创建 810 周年暨朱子学术思想研讨会在武夷山召开。北京、上海、江苏、江西、湖南、安徽、河南、广西、福建、台湾、香港及韩国、美国等国家和地区的学者、专家，海内外朱子后裔代表 100 余人参加研讨。学术讨论主题是：紫阳书院（武夷精舍）的历史地位、朱熹教育思想的内涵、朱子思想及其当今价值。

1995 年 10 月，武夷山朱熹研究中心、福建省社会科学界联合会等联办的海峡两岸纪念朱熹诞辰 865 周年暨朱熹对中国文化贡献学术会议在武夷山召开。海峡两岸 80 多名学者参加会议。两年后，由厦门大学出版社出版武夷山朱熹研究中心编辑的会议论文集《海峡两岸论朱熹》。

2000 年 10 月，纪念朱熹诞辰 870 周年和逝世 800 周年朱子学与 21 世纪国际学术研讨会在武夷山召开，来自海内外的 100 余位学者与会。次年，由武夷山朱熹研究中心编辑的《朱子学与 21 世纪国际学术研讨会论文集》于三秦出版社出版。

2003 年 6 月，福建省闽学研究会、武夷山朱熹研究中心主办，武夷山风景名胜区管理委员会承办的朱熹与武夷山学术研讨会在武夷山召开。研讨会的主题是朱熹与武夷山、朱熹理学思想与中国传统文化。有 70 位学者出席研讨会。

2005 年 4 月，国际道学与思想文化学术研讨会在武夷山召开。会议由厦门大学人文学院、《东南学术》杂志社主办，厦门大学哲学系、厦门大学道学与传统文化研究中心承办，日本、韩国、新加坡和中国大陆、香港、台湾学者近 100 人与会。

2005 年 10 月，为纪念朱熹诞辰 875 周年，宋明理学研究中心举办主题为朱子学与和谐社会的首届高峰论坛，来自国内外的专家、学者 80 余人参加论坛。

二、主要学术成果

（一）闽学研究

《闽学源流》（福建社会科学院刘树勋，福建教育出版社，1993）该书是继《福建朱子学》之后，对闽学予以全面考察的一部著作。该书以朱子为中心，分析闽学产生的历史背景及其学术思想渊源，集中考察闽学的典型代表人物朱熹的生平、思想发展过程和思想体系，探讨以朱子为中心的考亭学派以及朱子学的历史命运。本书既具有宏观的视野，也能在微观层面展现朱子思想的精微之处。

《李退溪与东方文化》（高令印，厦门大学出版社，2002）该书是在继《朱熹事迹考》和《福建朱子学》等著述之后，作者在朱子学研究领域的又一部作品。全书从东方文化的视角再现退溪思想，凸显退溪学在东亚文化发展历程上的特殊性，拓展退溪学研究的境界。该书曾被译成韩文出版。

《朱熹新探》（泉州师范学院林振礼，中国广播电视出版社，2004）该书除了考察朱熹思想形成的地域特点、社会原因和历史意义外，还涉足一般哲学研究者所不大关注的一些领域，比如朱熹的风水观、朱熹与摩尼教、朱熹在传说以及笔记小说中的形象、朱熹与泉州教育等。作者通过结合经典文化与民俗文化的史实考证与理论分析，探寻朱熹的生活世界与心灵世界，对其人生和思想进行微观研究。

表 2—9　　　　　　**1992—2005 年闽学研究其他成果**

成果名称	作　者	发表刊物（出版社）及时间
李退溪在理气关系上对朱熹的继承和发展	高令印	《厦门大学学报》（哲学社会科学版）1992:2
论闽学对佛学思想的扬弃	黎　昕	《福建论坛》（人文社会科学版）1993:5
《黄帝内经》与朱熹自然哲学	徐　刚	《自然辩证法研究》1993:7
论杨时在思想文化史上的地位	刘树勋 陈遵沂	《福建论坛》（人文社会科学版）1994:2
论李侗的"理一分殊"思想	何乃川 陈进国	《厦门大学学报》（哲学社会科学版）1994:3
朱熹刻书事迹考	方彦寿	《东南学术》1995:1
朱熹、新儒学与东亚现代化模式	高令印	《福建论坛》（人文社会科学版）1995:6
朱子社仓法的社会保障功能	张品端	《福建论坛》（人文社会科学版）1995:6
建本对闽学发展的贡献	方彦寿	《福建论坛》（人文社会科学版）1995:6
邵雍自然哲学思想对朱熹的影响	徐　刚	《孔子研究》1997:3

续表 2—9

成果名称	作 者	发表刊物（出版社）及时间
王廷相评传	高令印 乐爱国	南京大学出版社，1998
莱布尼茨与朱熹自然哲学	徐 刚	《自然辩证法通讯》1998：5
李约瑟对朱熹自然哲学的评判	徐 刚	《华东师范大学学报》（哲学社会科学版）1999：3
朱熹书院门人考	方彦寿	华东师范大学出版社，2000
朱熹谱序发微	林振礼	《中国哲学史》2001：1
《大学》、《中庸》与朱熹自然哲学	徐 刚	《华东师范大学学报》（哲学社会科学版）2001：3
朱熹与泉州文化	林振礼	福建人民出版社，2002
游酢评传	高令印	中国翰林出版公司，2002
朱熹：一位被遗忘的天文学家	乐爱国	《东南学术》2002：6
朱熹的身心健康思想	詹石窗 于国庆	《东南学术》2002：6
本体与存在：浅析朱熹的哲学本体论	傅小凡 王日根	《东南学术》2002：6
从《五经》到《四书》：儒学典据嬗变及其意义——兼论朱子对禅佛思想挑战的回应	刘泽亮	《东南学术》2002：6
朱熹反君主专制言行初考	汪 希	《湖南师范大学学报》2002：3
试论朱熹的哲学本体论	徐 刚	《哲学研究》2002：10
南冥学是韩国性理学之正宗	高令印	《厦门大学学报》（哲学社会科学版）2003：3
《朱子语类》中两条重要语录辩证	谢晓东	《中国哲学史》2004：1
朱子理学对法国启蒙思想家的影响	张品端	《东南学术》2004：2
朱熹考亭书院源流考	方彦寿	中国文史出版社，2005
朱熹哲学的生命意识	朱人求	《东南学术》2005：2
寻求真理：朱熹对道心人心问题的探索	谢晓东	《河北大学学报》（哲学社会科学版）2005：3
朱熹理学文化养生及其现代意义	詹石窗 陈文水	《厦门大学学报》（哲学社会科学版）2005：4
朱熹的理学诠释学原则初探	谢晓东	《福建论坛》（人文社会科学版）2005：11

（二）儒学研究

《试论孔子和儒家的教育理念》（福建师范大学柯远扬，《哲学研究》1997：2）该文探讨儒家教育理念的意义。作者认为，孔子和儒家的教育理念就主观方面而言，属于"为己之学"，即实现古人所谓成圣成贤的学问，完成个人的人格教育；就客观方面而言，属于"知人之学"，是从个人往外推，从而治国平天下。该文认为，儒家教育理念具有如下三个特色：第一，"教人成人"；第二，"德智并重、以德为先"；第三，"中庸"。

《儒家文化与中国古代科技》（乐爱国，中华书局，2002）该书从科技与文化相互作用的视角，论述儒家文化与古代科技的相互作用，具体分析不同时期儒家文化对于科技发展的积极作用，揭示儒家文化中包含的科技因素以及中国古代科技的儒学化特征。该书的主要特点在于，说明儒家文化与古代科技的密切关系，从而纠正以往研究者以为儒家"重道轻艺"、鄙视科技的偏见。此外，该书还解释中国科技在明代中叶以后衰落的原因。作者提出，从儒家文化中孕育和发展起来的中国古代科技可能发展成为近代科技的萌芽。

《孟子的道德选择理论：效果论？》（厦门大学王云萍，《哲学研究》2002：8）该文反对把孟子和儒家的道德选择理论看作效果论。在西方当代道德哲学中，形成义务论和目的论的基本区分。在作者看来，儒家伦理学不具有道义论理论的基本特征，儒家伦理学谈论的不是善的层级次序，而是人按其品性而定的层级次序，因而儒学的善的性质是一种特殊的价值理论。儒家与亚里士多德的德性伦理学是同一种类型，而与效果论则有明确差别。

《董仲舒的元始阴阳观》（厦门大学何乃川，《中国哲学史》2004：3）该文认为，董仲舒把《周易》的阴阳系统和《尚书》的五行系统纳入到一个"元"（天）的总系统。该文指出，董仲舒的宇宙生成学说自成体系，颇能自圆其说；其学说是对孟子"尽心、知性、知天"的天人合一观的继承和发展；其学说也具有社会性，是时代的产物。作者对董仲舒的宇宙生成学说评价很高，认为它是中国哲学的一大发展，对于后世哲学尤其是两宋哲学，具有深远影响。故而，董仲舒的元始阴阳观，是中国古代理论思维发展的新阶段。

《宋明道学新论——本体论建构与主体性转向》（厦门大学傅小凡，社会科学文献出版社，2005）该书认为，中国古代哲学曾经发生过从本体论到认识论的转向，而这个转向出现的大致时间是在晚明。基于此，该书对宋明道学进行整体研究。作者认为，以朱熹为代表的理学凸显宋明道学中的本体论建构。而心学，尤其是以王阳明为代表的心学则拒斥这种理路，转向以主体心性的探求为中心。心学所引发的主体性转向表现在知、情、意三个方面。

表2—10　　　　　　　　　**1992—2005年儒学研究其他成果**

成果名称	作　者	发表刊物（出版社）及时间
闽台学者与孔子研究	柯远扬	《教育评论》1992：6
论李退溪的道德心性思想	高令印	《齐鲁学刊》1993：4
儒家的道德伦理与其实践程序和工夫	高令印	《福建论坛》（人文社会科学版）1994：5

续表 2—10

成果名称	作　者	发表刊物（出版社）及时间
孟子"不动心"探析	萧仕平	《齐鲁学刊》1995：3
试论孔子的和合思想	柯远扬	《中国哲学史》1998：2
论刘宗周的自我观	傅小凡	《厦门大学学报》（哲学社会科学版）2000：2
宋明理学的鬼神生死思想探析	张文彪	《福建论坛》（人文社会科学版）2000：6
晚明自我观研究	傅小凡	巴蜀书社，2001
论孔子德治思想的方法论视角及现实意义	徐朝旭	《厦门大学学报》（哲学社会科学版）2001：4
儒家文化哲学何以可能	朱人求	《福建师范大学学报》（哲学社会科学版）2003：4
论孔子的对话德育模式	徐朝旭	《教育研究》2003：8
全球化背景下的儒家文化自觉	朱人求	《福建师范大学学报》（哲学社会科学版）2004：5
德感生活：儒家生活哲学内在构造解析	蒋海怒	《哲学研究》2005：11
孟荀新论	陈　强	《社会科学》2005：12

（三）易学研究

《象数与义理》（张善文，辽宁教育出版社，1993）该书涵盖易学中的两大流派：象数派和义理派，以历史的发展为序，展开全书扼要分析。具体内容有：《周易》其书、象数的象数内涵、周易的义理内涵、先秦易筮中的象数义理色彩、易学流派综观、汉代象数学的深沉内蕴、王弼扫象阐理的非凡建树、义理学的拓展、汉易象数学的余绪、"河图"、"洛书"的精蕴、太极图式的奥秘、先后天图的理趣、宋代义理学的理性思考、象数学与义理学发展的历史趋势、象数与义理定评。

《易学与道教思想关系研究》（詹石窗，厦门大学出版社，2001）该书的结构分为三部分：易学与道教思想关系之基础、易学与道教思想关系之建立、易学与道教思想关系之衍扩。作者从跨学科角度研究易学和道教，借鉴一些西方的研究方法。比如，运用符号学的方法重新诠释《周易》卦象以及道教体系中的各种符号，揭示其深层隐义。在论述《周易》里八卦起源的问题时，则使用文化人类学的方法，从人的"自我意识"方面加以分析，超越前人从"物"的方面去寻找原因的做法。

《尚氏易学存稿校理》（尚秉和遗稿，张善文校理，中国大百科全书出版社，2005）该书包括尚氏遗存的书稿五种：《周易古筮考》十卷、《焦氏易诂》十一卷、《焦氏易林注》十六卷、《周易尚氏学》二十卷、《易说评议》十二卷，凡六十九卷（书后附录吴承仕《检斋读易提要》一卷、黄寿祺《易学群书平议》七卷，合此二种计之，则共有七十七卷）。

全书校理，以作者所遗各书稿本为主校本，参取诸类初刻本、续补本、后印本、抄写本以及其他有关文献资料，互为勘订，使前后一体，条例明晰，卷次贯畅。该书将尚氏最具创意的易学著述集中整理出版，校订精密严谨，给研究者以很大的方便。

表 2-11　　　　　　　　　　**1992—2005 年易学研究其他成果**

成果名称	作 者	发表刊物（出版社）及时间
周易辞典	张善文	上海古籍出版社,1992
陈第《伏羲图赞》评要	张善文 黄黎星	《福建论坛》（人文社会科学版）1992:4
论易学义理派对道教的影响	詹石窗	《中国哲学史》1993:2
《周易·序卦传》爻象变化规律之试释	刘蕙孙	《周易研究》1994:1
论王弼《易》学的"得意忘象"说	张善文	《中国哲学史》1994:4
易学与道教文化	詹石窗 连镇标	福建人民出版社,1995
周易:玄妙的天书	张善文	中华书局香港有限公司,1996
易经初阶	张善文	台湾顶渊文化事业有限公司,1996
周易与文学	张善文	福建教育出版社,1997
历代易家与易学要籍	张善文	福建人民出版社,1998
刘熙载《艺概》中的援《易》立说	黄黎星	《周易研究》1999:3
刚强劲健的中国龙——周易乾卦六龙发微	张善文	《东南学术》2000:1
易学与道教符号揭秘:玄通之秘	詹石窗	中国书店出版社,2001
以象解筮的探索——论尚秉和先生对《左传》《国语》筮例的阐解	黄黎星	《周易研究》2002:5
洁净精微之玄思:周易学说启示录	张善文	上海远东出版社、上海三联书店,2003
易相与禅说	刘泽亮	《厦门大学学报》（哲学社会科学版）2003:6
论陆九渊《易》说	黄黎星	《中国哲学史》2004:4

（四）佛道哲学研究

《道教艺术的符号象征》（詹石窗，《中国社会科学》1997：5）该文从符号学的角度对道教艺术予以探讨，指出道教艺术本身就是一个符号象征系统。作者区分道教艺术的自然符号与人工符号之特性和功能，考察具象符号与抽象符号在道教艺术中的不同表现及其象征蕴含。在此基础上，从道教艺术的审美功能上发掘隐含于道教艺术中的人的精神，说明道教的生命意识在很大程度上就是通过符号象征来体现的。道教艺术之所以充满生命的气息和律动，正在于关注生命之精神的作用；也正因为此，这种艺术形式才闪烁着独具魅力的美的灵光。

《易相与禅说》［厦门大学刘泽亮，《厦门大学学报》（哲学社会科学版）2003：6］该文分析禅宗借易说禅的两种理路，即南岳怀让一系以圆相、阴阳说禅，青原行思一系以五位、圆相说禅。探讨禅宗借易说禅的哲学意义，认为禅宗以易的阴阳变化与图像思维巧妙地创造禅宗新的言说方式，是禅易会通的杰作，导致禅的易化与易的禅化；同时，其所构建的禅宗易学，丰富禅宗和易学的思想宝库，在禅易思想史上具有重要意义。

《道教科技与文化养生》（詹石窗，科学出版社，2004）该书注重概念分析，首先分析"道教科技"概念，指出道教养生科技是道教科技的主体部分；然后分析"文化养生"概念，并把它区分为"伦理养生"和"符号养生"两个子概念。这四个基本概念构成全书的基本架构。该书具体结构是：上编研究道教科技与伦理养生的关系，下编研究道教科技与符号养生的关系。

表 2—12　　　　　　　**1992—2005 年佛道哲学研究其他成果**

成果名称	作　者	发表刊物（出版社）及时间
易学与道教文化的融通关系略论	詹石窗	《哲学研究》1992：8
《传心法要》的逻辑结构	刘泽亮	《世界宗教研究》1995：4
老子"名"、"无名"的自然逻辑理论	陈进坤	《哲学研究》1996：10
道家政治思想及其现代意义漫议	王四达	《华侨大学学报》（人文社会科学版）1997：1
曹山本寂禅师出家地考	王荣国	《世界宗教研究》1997：3
道教科技哲学与现代化	詹石窗	《中国哲学史》1999：1
僧肇对玄佛体用论点扬弃	蒋海怒	《人文杂志》1999：4
黄檗禅学的道禅品格	刘泽亮	《世界宗教研究》2000：3
明堂思想考论	詹石窗	《中国哲学史》2000：4
缘起论的基本问题	吴　洲	佛光山文教基金会，2001
魏晋玄学中的本体与境界	蒋海怒	《南京化工大学学报》（哲学社会科学版）2001：4
道家与中国思想史论	杨胜良	厦门大学出版社，2002
儒道德治精神与圣功法门	詹石窗 王日根	《厦门大学学报》（哲学社会科学版）2002：1
道教与传统医学融通关系论析	盖建民	《哲学研究》2002：4
道教文化十五讲	詹石窗	北京大学出版社，2003
道教生命伦理与现代社会	詹石窗	《中国哲学史》2003：2
中国禅学通史	高令印	宗教文化出版社，2004
道教与戏剧	詹石窗	厦门大学出版社，2004

续表2—12

成果名称	作　者	发表刊物(出版社)及时间
试论道教"三清信仰"的宗教内涵及其历史演变	黄海德	《世界宗教研究》2004:2
论魏晋士人立足于此岸的超越	马良怀	《哲学研究》2004:10
道教生态学	乐爱国	社会科学文献出版社,2005
《楞伽经》人间佛教义趣论要	刘泽亮	《世界宗教研究》2005:2
《道藏》中的谱考释	林国平	《福建论坛》(人文社会科学版)2005:12

(五) 中国哲学其他领域研究

《〈福乐智慧〉哲学思想初探》(华侨大学蔡灿津,东方出版社,1992)该书从哲学思想方面对11世纪维吾尔族学者优素甫·哈斯·哈吉甫所撰的哲理性长诗——《福乐智慧》一书予以探讨。分析《福乐智慧》中体现出的古朴的思维方式、巴依伯克式的社会观念、人生哲理、伦理思想体系、知识人才观以及对世界观的二重观点等。

《明末清初中西文化冲突》(厦门大学林仁川、福建社会科学院徐晓望,华东师范大学出版社,1999)该书选择明末清初这个特殊的时间段,从文化冲突的角度来研究中西文化。全书共分为八章。前四章从历史的角度分析基督教东传中国的概貌,其中第一章概述明以前的基督教文化传播,第二章考察明中叶以来基督教的再次东传状况,第三章与第四章则交代明末基督教文化的传播与冲突。从第五章开始,作者用四章的篇幅,分别从价值观、伦理观、宗教观与政治观的角度探究中西文化的冲突。

表2—13　　　　　**1992—2005年中国哲学其他领域研究其他成果**

成果名称	作　者	发表刊物(出版社)及时间
船山哲学认识论的主客体范畴系	张加才	《厦门大学学报》(哲学社会科学版)1994:2
《管子》的精气说辩证	乐爱国	《管子学刊》1996:1
从神本到君本——论析古代"人文"精神的渊源流变及其本质	王四达	《哲学研究》1999:9
"和"的哲学与全球化问题	张文彪	《福建省委党校学报》2000:2
五十年来中国大陆《白虎通义》的研究状况述评	王四达	《华侨大学学报》(人文社会科学版)2001:1
中国近代哲学历史观与认识论的成就与不足	傅小凡	《厦门大学学报》(哲学社会科学版)2002:3
简明中国哲学通史	高令印	厦门大学出版社,2002
《白虎通义》与汉代社会思潮	王四达	南方出版社,2002
新编中国哲学史	詹石窗主编	中国书店,2002
从礼玄之辩看魏晋名士的伦理困境	蒋海怒	《孔子研究》2004:3
新世纪初中国哲学研究现状及其动向	谢清果	《中国哲学史》2005:4

第三节　外国哲学研究

一、学科建设与学术研究

（一）学科建设

福建省外国哲学研究的力量主要集中在厦门大学。2003 年 8 月，厦门大学哲学系获得外国哲学博士学位授予权。2004 年 11 月，福建省教育厅批准厦门大学外国哲学学科为重点学科。2005 年福建省高校人文社会科学研究基地"厦门大学哲学与当代社会研究中心"成立，"西方哲学与现代性"列为四个研究方向之一。华侨大学、福建师范大学、省委党校、福建社会科学院的一些学者，在西方哲学的某些领域也都有建树。

（二）学术研究

福建省外国哲学研究以德国古典哲学研究、西方现代性研究、当代西方知识论、实用主义、奥斯汀哲学、历史哲学等为重点，1992—2005 年，福建省外国哲学研究先后承担 3 项国际课题和 3 项国家社会科学基金课题，分别是：后期维特根斯坦哲学研究（厦门大学陈嘉明，英国科学院王宽诚基金，1995—1996）、欧洲统一的政治哲学（陈嘉明，中国—欧盟高等教育合作项目，1998）、当代美国知识论研究（陈嘉明，美国富布莱特基金，2001—2002）、西方哲学关于"现代性"理论及其论争（国家社会科学基金项目，陈嘉明，1998）、实用主义与马克思主义的比较研究（国家社会科学基金项目，厦门大学陈亚军，1999）、当代知识论前沿问题研究（国家社会科学基金项目，陈嘉明，2002）。获得 12 项福建省社会科学规划项目。

福建省学者出版外国哲学论著 13 部，发表论文 130 多篇。其中有 20 多篇被《新华文摘》、《中国社会科学文摘》、《高等学校文科学术文摘》、《中国人民大学书报资料中心（B6 外国哲学）》全文转载或摘转，或者为《哲学年鉴》所介绍。

获福建省社会科学优秀成果奖 9 项：《建构与范导：康德哲学的方法论》（第二届二等奖，陈嘉明）、《终极关怀与西方哲学史的基本精神》（第三届三等奖，厦门大学白锡能）、《实用主义：从皮尔士到普特南》（第四届一等奖，陈亚军）、《维特根斯坦的"确定性"与"生活形式"》（第四届二等奖，陈嘉明）、《超越绝对主义与相对主义——普特南哲学的终极命意》（第五届二等奖，陈亚军）、《现代性与后现代性》（第五届二等奖，陈嘉明等著）、《历史认识的客观性问题反思》（第五届三等奖，厦门大学周建漳）、《"现代性"与"现代化"》（第六届二等奖，陈嘉明）、《知识与确证——当代知识论引论》（第六届二等奖，陈嘉明）；获全国高校人文社会科学优秀成果三等奖 1 项：《实用主义：从皮尔士到普特南》（陈亚军，2002）。

（三）学术会议

2000 年 11 月，中国社会科学杂志社、《厦门大学学报》（哲学社会科学版）编辑部、厦门大学政治学与行政学系联办的全国现代性与社会、文化转型研讨会在厦门大学召开。厦门大学、武汉大学、北京大学、中山大学、上海交通大学、中国社会科学院、四川大学等地的专家学者 30 多人参加。与会者就"现代性"的内涵、作为现代性核心的理性、中国现代性等问题进行讨论。

2003 年 11 月，厦门大学人文学院哲学系与中华全国外国哲学史学会、中国现代外国哲学学会联办的全国性西方知识论学术研讨会在厦门大学召开。北京大学、清华大学、复旦大学、中国人民大学、南开大学、厦门大学、武汉大学、中山大学、吉林大学等近 30 所高校，中国社会科学院、人民出版社、商务印书馆、上海人民出版社、译文出版社等科研和出版机构的 70 多位专家学者参加。与会者围绕近现代西方知识论的主要流派与理论、当代西方知识论的现状与发展趋向、知识论的基本问题展开讨论。

二、主要学术成果

（一）德国古典哲学研究

《建构与范导：康德哲学的方法论》（陈嘉明，社会科学文献出版社，1992）该书把"建构"和"范导"作为把握康德哲学的两个关键概念，从方法论的角度解读康德的整个哲学体系及其对当代哲学思潮的影响。内容包括"经验与建构"、"建构方法的结构学分析"、"建构与综合"、"对象建构：康德的现象学"、"建构方法的符号学分析"、"理论理性的范导方法"、"目的论的范导方法"、"道德目的论：自由意志"、"道德法则与范导"、"行为规范体系"、"'至善'对象的建构"等，并对康德哲学的主题、思想旨趣、理论归宿进行分析。

《康德哲学辨正：兼论哲学的价值课题》（福建社会科学院黄克剑，《哲学研究》1994：4）该文以康德哲学为例，对哲学的价值问题进行探讨。作者认为，《纯粹理性批判》并没有否弃上帝，而只是否弃思辨理性的僭妄；《实践理性批判》中的"至善"不只是"矛盾"的"暴露"，而是有着更深长的意味，可看作"积极的"《实践理性批判》的"终极目的"，"至善"这种永远当有的"应然"目标为可能出现于历史中的经验的"实然"世界提供终极性的价值标准；《判断力批判》的主题不在于"美"，而在于"人"，所做的工作就是把认知理性、把自然概念的领域置于"人是目的"的价值之光的照耀下，使那自身不发生价值判断的东西由人赋予它们以价值。其结论是"哲学不能没有它的价值命意"，"康德哲学的魅力或者主要不在于它的'批判'的逻辑格度，而在于'批判'中的智慧启示"。

《论黑格尔逻辑学"概念论"的立意》〔白锡能，《厦门大学学报》（哲学社会科学版）2001：4〕该文指出，概念论是黑格尔逻辑学的旨趣和根本观点的明白确立。在本体论层面上，它旨在把终极存在归结为概念，从概念的特殊化和客观化所展开的概念和客体的关系的推演来论证概念是存在的本质和唯一全体，是现实世界必然进程的内在根据和实体性力量，消解主客的二元分裂；在认识论层面上，它旨在从概念由潜在到自为自在的发展的必然性的推演来建构世界的逻辑结构，确立概念和概念的运动所展开的主客体的辩证法为世界的终极解释的原则和模式；在价值论层面上，它旨在确立概念的辩证进展所指向的善和自由，为客观世界必然进程的内在目的和理性所追求的终极价值。

《西方近代哲学的终结：读黑格尔〈精神现象学〉》（厦门大学张澄清，社会科学文献出版社，2005）该书从西方近代哲学终结这一视角，把黑格尔的《精神现象学》分为10个专题论述：哲学和体系、实体即主体、自我意识、理性、劳动、异化、宗教、否定性原则、思维和存在、自由等。这10个专题相互联系，贯穿其中的是从西方近代哲学的终结这一角度论述黑格尔通过辩证法的否定原则，充分发挥主体、人的主观能动作用，达到思维和存在的和解、主体和客体的同一，以获得人类的最高理想自由和丰硕哲学思想，阐明黑格尔《精神现象学》在西方哲学思想发展中承前启后的重大历史和现实意义。

表2—14　　　　　　　　**1992—2005年德国古典哲学研究其他成果**

成果名称	作　者	发表刊物（出版社）及时间
论休谟哲学是康德哲学的出发点	白锡能	《厦门大学学报》（哲学社会科学版）1992：1
《黑格尔〈小逻辑〉讲解》（修订版）	马　鸣	厦门大学出版社，1993
自由·目的·价值——对康德真、善、美哲学体系的思考	张澄清	《厦门大学学报》（哲学社会科学版）1995：1
黑格尔的普遍性与"理性的颠倒"	章忠民	《福建师范大学学报》（哲学社会科学版）1998：3
黑格尔对理性自我超越性的解读及意义	章忠民	《安徽师范大学学报》（人文社会科学版）1999：1
黑格尔"目的理性"的确定及其意义	章忠民	《福建师范大学学报》（哲学社会科学版）1999：2
精神的本性与命运——从黑格尔的自我意识的确定性谈起	章忠民	《华中理工大学学报》（社会科学版）1999：3

续表 2—14

成果名称	作　者	发表刊物(出版社)及时间
从知性到理性的超越——谈黑格尔对知性的批判及其得失	章忠民	《福建论坛》(文史哲版)2000:3
黑格尔的"世界历史"及其价值趋向评析	许斗斗	《福州大学学报》(哲学社会科学版)2001:3
黑格尔的概念论思维方式新探	白锡能	《福建论坛》(人文社会科学版)2002:5
康德哲学的人类学归宿	杨　楹 卢　坤	《广西大学学报》(哲学社会科学版)2004:5

(二)　西方现代性研究

《现代性批判的两种传统——哈贝马斯的考察与回应》〔厦门大学吴开明,《厦门大学学报》(哲学社会科学版)2000:1〕该文研究哈贝马斯对现代性的批判。指出,哈贝马斯在考察现代性批判的历史的基础上,提出黑格尔和尼采代表着现代性批判的两种不同传统,黑格尔代表理性批判的传统,尼采代表非理性批判的传统;后现代理论继承尼采非理性批判的传统,对现代性作了不符合实际的全盘否定。结论是:"通过历史考察,把握现代性批判不同传统的基本倾向,进而重建现代性批判的理性传统,是哈贝马斯的选择。"

《后现代语境下的阿多诺的现代性哲学》〔福建省委党校杨玉成,《厦门大学学报》(哲学社会科学版)2000:3〕该文从后现代语境探讨阿多诺的现代性哲学。作者认为,阿多诺主张现代性的困境主要源于启蒙理性对自然和人性的工具性控制,以及同一性思维对偶然的、特殊的东西的压制。他的否定的辩证法,通过对概念思维的不适当性的不断自我反思,来抵制内在于一切概念思维中的同一化的强制力;而他对艺术现代性的探讨,则是寻求新的非压制性的思维和认知模式的尝试。他对启蒙理性和工具理性的批判,引起后现代论者的共鸣,而他对新的理性和认知模型的寻求,又有助于人们避免后现代论者某些理论上的失误。结论是,阿多诺"是现代性的批判者,但不是后现代论者"。

《现代性与后现代性》(陈嘉明等,人民出版社,2001)该书研究西方哲学现代性与后现代性方面的问题,内容包括:"康德哲学:'现代性态度的纲领'"、"黑格尔的理性与自由的现代性"、"韦伯对现代性特征和命运的分析"、"海德格尔的现代性批判与拯救"、"本雅明的艺术现代性分析和现代性社会理论"、"后现代语境下的阿多诺的现代性哲学"、"福柯:在后现代的视野中"、"利奥塔的现代合法性模式的解构与重建"、"哈贝马斯的现代性辩护与理性基础重构"等。

《"现代性"与"现代化"》〔陈嘉明,《厦门大学学报》(哲学社会科学版)2003:5〕该文以概念分析的方法对什么是"现代性",它正确的内涵是什么,与"现代化"概念有什么区别作了说明。指出，"现代性"与"现代化"概念的区别在于：首先，现代化主要是一个在经济学与社会学层面上谈论的范畴，现代性则主要是一个哲学范畴；其次，现代性乃是现代化的结晶，是现代化过程与结果所形成的属性。现代性具有三个特征：首先，它标志着从传统到现代的转变，表现为与某些传统的断裂；其次，自由构成现代性的核心，人的各种权利的保障构成现代性的前提；最后，现代性表现为建立起竞争机制与合理的规范，即竞争的理性化过程。

表 2—15　　　　　**1992—2005 年西方现代性研究其他成果**

成果名称	作　者	发表刊物（出版社）及时间
"现代性"与后现代主义哲学	陈嘉明	《厦门大学学报》（哲学社会科学版）1999：3
本雅明论艺术现代性及其现代性社会理论之建构	杨玉成 王春燕	《山西大学师范学院学报》2000：2
现代性哲学基础的反思——哈贝马斯对意识哲学范式的拒斥	吴开明	《厦门大学学报》（哲学社会科学版）2001：3
康德的现代性哲学	陈嘉明	《光明日报》（理论版）2004.5.25
从对象性思维的起源和发展看现代性的本质特征	段新明	《兰州学刊》2004：6
理性与现代性：简论当代中国现代性的建构	陈嘉明	《厦门大学学报》（哲学社会科学版）2004：5

（三）当代西方知识论研究

《知识与确证：当代知识论引论》（陈嘉明，上海人民出版社，2003）该书论述什么是"知识论"、当代知识论的主要问题和特征、知识的概念、确证与怀疑主义、内在主义与外在主义等。作者主要应用考鉴源流的历史方法和语言与逻辑分析的方法，在阐述知识论的主要方向和研究领域时，对其理论形态的逐渐完善及其理论所赖以产生的历史背景，给予描述与评介。

《葛梯尔反例意义的诘难》［厦门大学曹剑波，《复旦学报》（社会科学版）2004：5］该文认为，一方面由于葛梯尔反例的意义是有限的，因为 JTB 定义不是全部知识的定义，也不是知识的重要定义，此外，葛梯尔反例也没有普遍的意义；另一方面由于葛梯尔反例产生的根源在于一个武断、二个混淆、三个错误的假设以及对 JTB 定义错误的理解。因此，其结论是"对葛梯尔反例意义的高度评价，是言过其实的夸大"。针对一些学者对葛梯尔反例众口一词的赞赏，进行反驳。

《论罗蒂对基础主义的拒绝》［吴开明，《厦门大学学报》（哲学社会科学版）2005：1］该文全面论述罗蒂的反基础主义的观点，认为拒绝基础主义是罗蒂哲学的一个主要特征。

罗蒂把实用主义和作为西方传统主流哲学的基础主义看作两种不同的研究范式，坚持并希望扩展实用主义的思想和观点。罗蒂认为，当代西方哲学发展和演变的趋势，是向实用主义的思想和观点靠近。这在学理上证明基础主义是站不住的。实用主义在哲学取向上以政治问题替代认识论问题，实现哲学研究范式的转换；它拒绝寻求基础，包含着对于社会民主政治与哲学思考之间关系的认识。其结论是："罗蒂对基础主义的拒绝，也是与他的政治信念相关的。"

《论邦久的确证的内在主义》〔厦门理工学院陈英涛，《厦门大学学报》（哲学社会科学版）2005：1〕该文系统梳理了邦久的确证的内在主义。作者认为，重建知识论是邦久哲学的终极命意，而如何理解确证的本质是重建知识论的关键所在。邦久的确证理论经历前期和后期截然不同的重大变化，在批判基础主义与外在主义的基础上，前期的邦久形成有着重大影响的内在主义的一致主义，但由于内在主义的一致主义逐渐显露出严重的理论困难，邦久最终放弃这一理论，重新回到内在主义的基础主义之路上来。

《认识论问题域的现代转向》（福建省委党校林默彪，《哲学研究》2005：8）该文探讨现代认识论对传统认识论的三种超越。首先，现代认识论超越了传统认识论的主客二分的思维框架，深入到连接主客体关系的中介、工具环节，主体和客体自身的历史文化的丰富规定性以及主客体之间多向度、多层次的关系，拓展认识论问题域，克服传统认识论的机械性和直观性。其次，现代认识论深入到以人的社会生活、交往、实践为内容与方式的存在领域、历史与价值领域来讨论认识论问题，克服传统认识论的单纯性、抽象性和思辨性，开拓了认识论的新视界。最后，现代认识论放弃传统认识论对认识的绝对基础、绝对本质、绝对来源、绝对可靠的标准的追求，转向寻求认识的相对性、或然性以及在主体间性层面上认识的公共性、可公度性。

表 2—16　　　　**1992—2005 年当代西方知识论研究其他成果**

成果名称	作　者	发表刊物（出版社）及时间
对皮亚杰发生认识论图式的争论的思考	李　林	《东南学术》1995：4
西方的知识论研究概况（上、下）	陈嘉明	《哲学动态》1997：6—7
不可知论和人类认识的发展	张华荣	《福建师范大学学报》（哲学社会科学版）1998：1
当代西方知识论的"基础主义"	陈嘉明	《复旦学报》1998：6
当代西方知识论的外在主义	陈嘉明	《哲学动态》1998：10
葛梯尔问题与知识的条件（上、下）	陈嘉明	《哲学动态》2000：12，2001：1
真理效用论及其与符合论的关系	周建漳 洪　燕	《中州学刊》2001：3

续表 2—16

成果名称	作　者	发表刊物（出版社）及时间
实用主义真理观平议	周建漳	《厦门大学学报》（哲学社会科学版）2002：4
信念与知识	陈嘉明	《厦门大学学报》（哲学社会科学版）2002：6
社会知识论（上、下）	陈嘉明	《哲学动态》2003：1—2
当代知识论中知识的确证问题	陈嘉明	《复旦学报》2003：2
从建构到对话中的建构——认识本质的重新审视	徐朝旭	《厦门大学学报》（哲学社会科学版）2003：4
当代知识论：概念、背景与现状	陈嘉明	《哲学研究》2003：5
知识论中的"信念论"问题	陈嘉明	《光明日报》（理论版）2003.5.20
康德哲学的基础主义	陈嘉明	《南京大学学报》2004：3
论作为西方知识论主流性观念的基础主义	陈嘉明	《文史哲》2004：4
闭合论不是重言式：当代西方知识论对怀疑主义的重要论证方式的批判	曹剑波	《厦门大学学报》（哲学社会科学版）2004：6
论戈德曼的确证的信赖主义	陈英涛	《自然辩证法研究》2004：7
女性主义知识论	曹剑波 陈英涛	《哲学动态》2004：11
知识观与现代性：一种基于康德、黑格尔哲学的探讨	陈嘉明	《吉林大学社会科学学报》2005：2
确证的困境与超越的可能	吕旭龙	《山西师范大学学报》（社会科学版）2005：2
阿尔斯顿的混合主义确证理论评析	陈英涛	《哲学动态》2005：7
怀疑主义难题的解答	曹剑波	《哲学动态》2005：8

（四）实用主义与奥斯汀研究

《实用主义：从皮尔士到普特南》（陈亚军，湖南教育出版社，1999）该书根据实用主义在美国的发展历史，以最有代表性的六位实用主义大家即皮尔士、詹姆斯、杜威、奎因、罗蒂、普特南为对象，较为系统、全面、客观地分析评价他们的观点，揭示实用主义在 20 世纪 70 年代后发生的与逻辑经验主义等分析哲学传统逐渐融合的趋势，阐述实用主义到新实用主义的演变与发展。

《从分析哲学走向实用主义：普特南哲学研究》（陈亚军，东方出版社，2002）该书指出，在普特南身上既折射出美国分析哲学的演变，同时也反映出实用主义的最新发展是处于两大哲学思想交流点上的人物。阐述了普特南的哲学的基本内容及其发展，包括改造语义学、创立功能主义、瓦解形而上学实在论、真理与合理性、反功能主义、没有基础的实在论等。

　　《奥斯汀：语言现象学与哲学》（杨玉成，商务印书馆，2002，中文繁体版 2003 年由台湾商务印书馆股份有限公司出版）该书介绍英国著名的分析哲学家、牛津派普通语言哲学的领袖人物奥斯汀的哲学思想和学术成就，内容包括："'语言现象学'作为一种哲学方法"、"语言和世界"、"语言与行为"、"语言探究和知觉问题"、"语言探究和真理问题"、"语言探究和知识问题"、"语言探究和伦理问题"、"奥斯汀哲学的影响及其研究价值"等。

表 2—17　　　　　　　　　　　**1992—2005 年实用主义与奥斯汀研究其他成果**

成果名称	作　者	发表刊物（出版社）及时间
哲学的改造:从实用主义到新实用主义	陈亚军	中国社会科学出版社,1998
奥斯汀的"世界"概念	杨玉成	《现代哲学》1999:3
论普特南科学实在论立场的转变	陈亚军	《哲学研究》2000:2
哲学分析的典范:奥斯汀驳感觉材料理论	杨玉成	《福州大学学报》(哲学社会科学版)2000:3
论普特南对事实/价值;科学/伦理学二元分割的否定	陈亚军	《学术月刊》2000:12
论普特南后期由内在实在论向自然实在论的转变	陈亚军	《哲学研究》2001:2
超越绝对主义与相对主义:普特南哲学的终极命意	陈亚军	《厦门大学学报》(哲学社会科学版)2002:1
奥斯汀的约定真理符合论及其意义	杨玉成	《华中科技大学学报》(社会科学版)2003:5

（五）历史哲学研究

　　《评现代西方史学主体认识论》（厦门大学林璧属，《学术月刊》1996:7）该文评述现代西方史学主体认识论思想。阐述现代西方史学主体认识论的四个流派:强调主体在历史认识中通过价值和文化意义等方法论手段而起作用的新康德主义;强调史学认识主体对认识客体的决定性作用的新黑格尔主义;片面强调史学认识主体作用的以相对主义史学为典型的历史认识论;强调历史认识是认识主体与认识客体之间双向建构的现代西方历史认识论;揭示这些学说各自的成就和缺陷:突出历史认识的主体性，强调历史与现实的紧密联系，正确地看到历史认识的相对性;但片面地把历史发展归结为人的精神、思想的发展，否认历史本体的存在;大多否认人类历史发展规律的存在;不合理地缩小历史认识的范围。

　　《历史认识的客观性问题反思：关于史学中认识一致性问题的哲学分析》（厦门大学周建漳，《哲学研究》2000:11）该文探讨两个问题:当下一致性意义上的历史认识的客观性是否可能? 这种一致性是否构成史学之为严格学术的必要条件? 作者在界定"历史客观性"概念的前提下，阐述关于这一问题各种观点分歧，进而认为一致性是难以实现的并给出自己的论证。对后一问题，该文也持否认态度。

《历史认识的客观性、真理性与合理性》（林璧属，《哲学研究》2000：11）该文探讨历史认识是否具有客观真理性问题。其焦点在于：（1）历史研究在少不了历史学家的积极参与和认识主体介入的情境下，能否保证认识过程的客观性；（2）在不可避免认识主体介入的前提下，历史认识的结果能否达到客观真理性。作者认为，历史研究可区分为考实性认识、抽象性认识和评价性认识。它们具有不同层次的客观性要求：在考实性的历史认识层次上实现客观性，在探究具有抽象性、规律性的抽象性认识层次上追求真理性，在历史评价与价值判断的评价性认识上寻求科学合理性。

《历史及其理解和解释》（周建漳，社会科学文献出版社，2005）该书从第一、二手外文资料直接追踪国外学术发展动态，其论题涉及现当代历史哲学的主要问题，包括"历史解释"、"历史认识的客观性"、"历史叙述"和"历史评价"。在关于历史的本体言说、历史认识的客观性与主体性及历史叙述与意义建构的关系等方面提出自己的见解："历史的本体性论说在历史哲学理论中有不可或缺的地位"；"作为非实践性学科，一致性之缺失无碍史学作为严肃学术的地位，历史应内在包含客观性与主体性双重维度"；"较之科学对具体因果关系的揭示，叙述实际上在人类认识中具有元话语的地位"等。

表 2—18　　　　　　　　**1992—2005 年历史哲学研究其他成果**

成果名称	作　者	发表刊物（出版社）及时间
论韦伯的历史哲学	林璧属	《史学理论研究》1992：4
当代西方哲学关于历史解释的方法论思考	周建漳	《厦门大学学报》（哲学社会科学版）1994：2
历史与假设	周建漳	《史学理论研究》1994：3
检验历史认识真理性的标准问题	林璧属	《江汉论坛》1995：6
历史认识的主体性与客观真理性	林璧属	《史学理论研究》1997：3
20 世纪西方历史哲学概观	周建漳	《厦门大学学报》（哲学社会科学版）1999：2
历史认识性质辨析	林璧属	《史学理论研究》2000：3
历史认识论中的主体	苏　民	《福建师范大学学报（哲学社会科学版）》2003：1
历史与故事	周建漳	《史学理论研究》2004：2
历史与解释——沃尔什与伽达默尔之比较	仲　霞	《江汉大学学报》（人文科学版）2005：5

（六）外国哲学其他领域研究

《柏拉图"理念论"辨正：再论哲学的价值课题》（黄克剑，《哲学研究》1995：5）该文通过对柏拉图"理念论"的重新解释，探讨哲学的价值问题。作者认为，近代西方的

"社会契约论"，以"自然法"或"理性"的名义为政治注入赋有普遍、永恒意味的"公正"或"正义"价值，这种虚灵的、理念式的"公正"或"正义"为现实政治指示一种应然祈向，而这种应然又深深植根于政治所以为政治之本然内涵中。该文的结论是：无论是洛克，还是卢梭，"社会契约论"在它的经典阐释者那里还不存在"普遍正义"与"个人自由"何者为价值重心的问题。

《维特根斯坦的"确定性"与"生活形式"》（陈嘉明，《哲学研究》1997：1）该文探讨维特根斯坦关于"确定性"与"生活形式"的关系的思想。作者认为，维特根斯坦开创性地从知识的性质入手，从怀疑与确定性的关系的角度，分析"确定性"概念。作者指出，维特根斯坦把"常识命题"作为确定的"先决命题"，作为认识的基本框架以及判定经验命题真假的根据，是难以成立的。该文提出，我们在知识论上需要的，毋宁是客观的确定性与逻辑的确定性。前者属于在经验领域得到确证的命题，后者则是在逻辑上得到确证的。

《终极关怀与西方哲学史的基本精神》［白锡能，《厦门大学学报》（哲学社会科学版）1997：3］该文指出，西方传统哲学对终极价值的探求表现为一个从宇宙的必然性引申出作为宇宙最高目的的善的观念，再到从改造世界的实践的本体性活动及精神的自由本质来确立人类自身的终极价值的过程；追求终极价值在西方哲学史中所具有的根本性意义；终极存在和终极解释在人类理性及其实践的基础上达到的与终极价值的内在统一，表明对自由的追求和论证，是整个西方哲学史的根本目标和深刻底蕴，它构成整个西方哲学史最内在、最核心的内容，表明哲学史是人类探索自由的认识史。

《实在、心灵与信念：当代美国哲学概论》（陈嘉明，人民出版社，2005）该书从分析哲学、新实用主义、实在论、心灵哲学、知识论、道德与政治哲学、美国的马克思主义哲学等七个方面对当代美国哲学的现状、发展趋势进行一种追踪式的研究，旨在把握其主要领域的发展线索；探讨"美国哲学的新实用主义转向"、"自然主义的复兴"、"葛梯尔问题与知识的条件"、"社群主义的挑战与自由主义的回应"、"后工业化的马克思主义语境"等前沿性理论问题。

表2—19　　　　**1992—2005年外国哲学其他领域研究其他成果**

成果名称	作者	发表刊物（出版社）及时间
波普对康德哲学的利用和修正	吴开明	《厦门大学学报》（哲学社会科学版）1992：3
由"结构"走向"解构"：当代法国结构主义与后结构主义	王善钧主编	厦门大学出版社，1994
胡塞尔的主体建构论	陈嘉明	《厦门大学学报》（哲学社会科学版）1994：1
试论中西天人观的差异及其社会历史根源	高飞乐	《东南学术》1994：3
哲学观念的性质及判定方式	陈嘉明	《哲学研究》1994：4

续表 2—19

成果名称	作　者	发表刊物（出版社）及时间
休谟哲学的初始目标及其最终的怀疑主义取向	杨玉成	《厦门大学学报》（哲学社会科学版）1996:1
析海德格尔对传统真理论的疑思及其现代意义	许斗斗	《福州大学学报》（哲学社会科学版）1996:2
从"命运"到"境界"：苏格拉底前后古希腊哲学命意辨正	黄克剑	《哲学研究》1996:2
尼采没有死	许斗斗	《国外社会科学文摘》1996:10
试论海德格尔的后期思想	许斗斗	《福州大学学报》（哲学社会科学版）1997:2
"社会契约论"辨正	黄克剑	《哲学研究》1997:3
本体论证明的意义和演变——谈理性的和解功能	章忠民	《安徽师范大学学报》（人文社会科学版）1998:1
莱布尼茨与朱熹自然哲学	徐　刚	《自然辩证法通讯》1998:5
现代西方哲学的"语言转向"探析	许斗斗	《福州大学学报》（社会科学版）2000:1
"人是理性的动物"辨析	吴　萍	《福建师范大学学报》（哲学社会科学版）2000:3
哲学史是被把握在思想史中的人类史	白锡能	《哲学研究》2000:3
后现代语境下的阿多诺的现代性哲学	杨玉成	《厦门大学学报》（哲学社会科学版）2000:3
古希腊哲学中理性观念的提出及其演绎	章忠民	《福建师范大学学报》（哲学社会科学版）2000:4
析海德格尔的反"价值"特质及其理论基础	许斗斗	《福建论坛》（人文社会科学版）2000:6
西方经济学中的"范式"和"研究纲领"	杨玉成	《自然辩证法研究》2001:12
古希腊哲学"始基"观念辨略	连宝辉	《浙江社会科学》2002:6
"善"的两个维度：存在境界与礼俗要求	周建漳	《哲学研究》2002:6
维特根斯坦的悖论与反讽	刘云卿	《哲学研究》2002:12
试论因果：还是从休谟说起	薛孝斌	《福建论坛》（人文社会科学版）2003:1
休谟"道德不可理证"说的人伦向度与现实启迪	曾盛聪	《福建师范大学学报》（哲学社会科学版）2003:2
拉卡托斯的"研究纲领"和经济学方法论	杨玉成	《自然辩证法研究》2003:2
波普尔的证伪主义和经济学方法论	杨玉成	《厦门大学学报》（哲学社会科学版）2003:4
对海德格尔存在本体论与审美观的解读——张世英著《哲学导论》简评	江　琼	《福建论坛》（人文社会科学版）2003:5
经济学中的实在论问题	杨玉成	《自然辩证法研究》2003:8

续表 2—19

成果名称	作 者	发表刊物（出版社）及时间
皮尔斯与索绪尔符号观比较	李巧兰	《福建师范大学学报》（哲学社会科学版）2004:1
托马斯·阿奎那基督教哲学	刘素民 傅乐安	《哲学与文化》（台湾）2004:3
浅析柏拉图"迷狂说"的理性主义本质	陈红玉 崔 敏	《河南科技大学学报》（社会科学版）2004:3
论古希腊怀疑主义者对民主的正面影响	杨 楹	《福建论坛》（人文社会科学版）2004:3
时间的起源与谱系——试论海德格尔对胡塞尔的内在时间意识学说的批评和改造	朱耀平	《求是学刊》2004:4
"先天"概念的源始意义的澄清——现象学的一个重要发现	朱耀平	《现代哲学》2004:4
匿名的克尔恺郭尔	刘云卿	《哲学研究》2004:9
后现代主义思潮在当代社会的影响	石剑文 周国文	《广西社会科学》2004:11
论普特南非唯标准的合理性	吴彩强	《广西社会科学》2004:12
经济学的理解与解释	余章宝 杨玉成	社会科学文献出版社,2005
阿奎那自然法对神圣与世俗的有机共构	刘素民	《教学与研究》2005:6
神圣与世俗二重变奏中的西方哲学	彭立群	《教学与研究》2005:6
追问"存在",还是追问"存在者"?——从海德格尔的哲学视角梳理西方哲学史	林可济	《福建论坛》（人文社会科学版）2005:9
论中西不同的哲学创设对主体性思想孕育的影响	周洪军	《理论学刊》2005:11

第四节　逻辑学研究

一、学科建设与学术研究

（一）学科建设

福建省逻辑学研究力量主要集中在厦门大学、福建师范大学、福建公安专科学校等高校。1992年以来，厦门大学在原有辩证逻辑研究方向基础上，先后增设科学逻辑、中国逻辑史、逻辑哲学和法律逻辑4个研究方向。2001年，厦门大学开始在科学哲学专业招收科学逻辑博士生。2005年，厦门大学哲学系获得哲学一级学科博士学位授予权，相应地，逻辑学专业也获得博士学位授予权，增设人工智能与认知逻辑方向，招收和培养逻辑学博士研究生。

（二）学术研究

1992—2005年，福建省逻辑学研究人员主要从事传统逻辑、逻辑哲学、科学逻辑、辩证逻辑、法律逻辑和中国逻辑史等方向的研究工作。出版3部著作，2部教材，发表论文50余篇。获福建省社会科学优秀成果奖1项：《个案与逻辑认知》（第五届二等奖，福建公安专科学校张成敏）。

（三）学术会议

2000年10月，中国逻辑学会科学逻辑专业委员会与厦门大学哲学系联办的第四次全国科学逻辑讨论会在厦门大学召开，会议主题为"科学逻辑与社会发展"。北京大学、中国人民大学、南开大学、浙江大学、武汉大学、中山大学、厦门大学等近30所高校的40多位知名学者出席会议，提交论文20余篇。与会代表深入探讨当代科学逻辑的发展趋势，提出中国科学逻辑研究在新世纪的发展纲领："逐步实现由经验自然科学方法论向经验社会科学乃至人文科学方法论的扩张，以在科学主义与人文主义之间维持必要张力的精神继续新的探索，开辟科学逻辑发展新路径，并在应对后现代思潮的冲击方面发挥独特的作用。"会议选举厦门大学潘世墨为第三届科学逻辑专业委员会主任委员。

二、主要研究成果

《关于演绎推理定义的若干思考》［华侨大学王建士，《华侨大学学报》（哲学社会科学版）1992：1］该文就传统逻辑的演绎推理提出新见解。它同意传统逻辑演绎推理的客观基础在于事物共性和个性的辩证统一的观点，力主演绎推理应定义为"从一般到个别的推理"，同时又认为传统逻辑兼容"前提蕴涵结论"的演绎推理（现代逻辑的演绎推理观）。在这一"广义的"演绎推理观的支持下，传统逻辑得以接纳含复合判断（复合命题）的推理。作者既反对主张传统逻辑的演绎推理仅仅是"从一般到个别的推理"的旧说，也不苟同以现代逻辑的演绎推理观完全取代旧说的新见。

《论黑格尔逻辑学与本体论的合流——兼评"辩证逻辑和唯物辩证法是一个东西"的观点》（厦门大学朱耀垠，《江西社会科学》1992：1）该文对辩证逻辑与辩证法关系问题提出独立见解。认为辩证逻辑和辩证法自黑格尔以来长期被误认为是同一个东西，人们对此习焉不察。作者通过考察黑格尔对康德哲学、传统逻辑的批判及其"思有同一"的客观唯心主义原则，阐述二者在黑格尔理论体系中开始合流的真正原因，并从马克思主义的

"哲学原则和逻辑观"（"实践的唯物主义的能动反映论"）立场出发，反思黑格尔的上述思想，得出作为方法论的辩证逻辑学和作为本体论的唯物辩证法有不同的研究对象，应当分流发展的结论。

《论马克思的从抽象上升到具体的方法》（朱耀垠，《福建学刊》1992：6）该文讨论由黑格尔首创、经马克思改造的由抽象上升到具体的这一重要的辩证思维方法，力图纠正学界以往将之视为"从简单范畴向复杂范畴外在进展的知性方法"的误解。进而提出四个观点："唯物主义反映论和历史辩证法相统一的世界观"是这一方法的根本出发点；"逻辑起点和逻辑终点的辩证统一"是它对范畴体系的基本要求；"从开端出发的前进运动和向开端靠近的回归运动的双向过程"是其基本操作规范；"范畴推演的逻辑行程与对象史和认识史的一致性和不一致性的统一"是其对范畴体系的目的和范畴推演的顺序的基本要求。

《塔斯基真理论的意义》〔厦门大学汪希，《厦门大学学报》（哲学社会科学版）1993：2〕该文介绍塔斯基对真理的新定义："语句是真的如果它被所有对象所满足，语句是假的如果情况相反"，指出它的逻辑学意义在于开创现代逻辑语义学，而其哲学意义则是发现一种真理论，并为当代分析哲学的相关主题提供了一套全新的分析方法。

《休谟问题的实践派解》〔厦门大学徐梦秋，《厦门大学学报》（哲学社会科学版）1994：3〕该文首先回顾康德、黑格尔、逻辑实证主义者、波普尔对休谟问题的解答及其得失，之后考察马克思主义经典作家的最佳解决方案，概括出四大要点：把人类实践的范围内的"相对必然性"而非"绝对的普遍必然性"设定为阶段性的认识目标；"揭示把握普遍必然性的辩证方法"，即基于"个别与一般"、"相对与绝对"、"有限与无限"的辩证关系的典型分析法；"必然性的证明必须诉诸实践"；"必然性的证明是一个历史过程"。

《关于"分析命题"和"综合命题"的区分的历史考察》〔厦门大学周春水、徐梦秋，《厦门大学学报》（哲学社会科学版）1995：4〕该文考察逻辑实证主义者关于两种重要命题，即分析命题和综合命题的区分及其有关思想发展的历史过程，涉及此前西方哲学史上多位著名哲学家如笛卡尔、洛克、莱布尼茨、休谟、康德的观点，介绍蒯因对该区分的重要批判以及克里普克所谓"先验必然命题"和"后验必然命题"的新划分，讨论辩证逻辑学派对分析命题和综合命题关系问题的解答，指出从其立场上看任何命题都是分析和综合的辩证统一。

《辩证逻辑史论纲》（华侨大学蔡灿津，暨南大学出版社，1996）该书认为辩证逻辑作为一门成熟的科学至今尚未最后建成。作者把世界（包括中国）辩证逻辑思想发展史划分成孕育、创建和形成三个阶段。马克思主义哲学诞生之前的划归第一阶段，该书介绍了希腊古代和中国古代思想家们的辩证逻辑思想，也介绍了康德的"先验逻辑"和黑格尔"思辨逻辑"。马克思主义哲学诞生之后100多年间属于第二个阶段，考察了经典作家马克思、恩格斯、列宁，以及狄慈根、拉法格、普列汉诺夫和布哈林的辩证逻辑思想。20世纪苏联50年代、中国70年代末以来是辩证逻辑思想史的第三个阶段，探讨毛泽东以及部分学者的相关思想。

《墨家对物类关系的认识与〈墨辩〉逻辑的特点》［华侨大学黄朝阳，《华侨大学学报》（哲学社会科学版）1996：3］该文比较墨家和亚里士多德两家逻辑产生所依赖的不同的自然科学背景，论述墨家对物类关系的认识如何影响其逻辑理论的建构，指出墨家意义分析法区别于亚氏形式证明的根源在于其强调从内涵方面、而非外延方面把握概念，认为借此方法有时可以作出正确论断，有时则不能。

《科学假说》（杭州商学院吴寅华、厦门大学潘世墨，浙江科学技术出版社，1997）该书将科学假说标举为全书主题，引用科学史上典型事例，分章讨论假说的形成、假说的检验、假说的改进与发展、假说的对立与竞争一系列具体问题，阐述"助发现的一系列方法"，如溯因法、类比法、除错法和逼近法等，对假说的构建、检验、发展和选择给出各不相同的生效条件。

《科学逻辑学初探》［福州大学陈紫明，《福州大学学报》（哲学社会科学版）1997：10］该文持大逻辑观（含辩证逻辑），探讨科学逻辑的若干主要哲学问题：科学逻辑的历史沿革、研究对象、研究内容和发展前景。作者认为科学逻辑，①从历史沿革看是"现代自然科学技术发展的产物"，②从研究对象看是"研究自然科学理论和科学认识、科学方法中的逻辑规律问题"，③从研究内容看是"对科学系统的要素和规律进行逻辑分析"。

《逻辑的"虚概念"新解》［潘世墨，《厦门大学学报》（哲学社会科学版）1998：3］该文将传统逻辑的虚概念重新界定为"仅用于表达命题的逻辑形式而没有其所指的对象物的概念"，使各种逻辑常项（如真值联结词、模态词、量词）成为其下位概念，从而克服以往认识的缺陷，为逻辑常项确立其在概念分类中的应有地位。作者对概念的新划分是：根据概念是否具有所反映的对象物划分为实概念和虚概念，再根据反映对象存在于客观世界领域还是主观思维领域，将实概念划分为真概念和假概念。

《逻辑的"否定"概念简析》（潘世墨，《哲学研究》1998：7）该文先辨析"否定"一词在传统逻辑、（黑格尔的）辩证逻辑里有不同含义和适用条件，重点考察它在突破传统二值逻辑局限的现代非经典逻辑，即三值逻辑里发生的多种含义和争论，详细论及多位现代逻辑学家如卢卡西维茨、克林尼、海廷、古德斯坦、波契瓦尔、格特玛诺娃和莱欣巴赫有关否定的思想。

《悖论与人类对无限的认识》［王宗烘，《厦门大学学报》（哲学社会科学版）2001：3］该文考察悖论与人类对无限的认识之间存在的密切关系：一方面对无限认识的不足导致许多悖论陆续产生，另一方面对无限认识的深化又促使这些悖论不断消解，指出悖论对探索科学未知领域具有积极的方法论意义。

《案史：西方经典与逻辑》（福建公安高等专科学校张成敏，中国检察出版社，2002）该书结合国际刑侦史上若干经典个案，阐明西方个案认知的"C－H－D模式"（"推断—假说—推证"模式），揭示逻辑工具在刑事侦查工作中的重要性。阐明"推断"和"推证"两个概念的不同含义及其所适用的刑侦工作的不同阶段，指出前者涉及逻辑归纳法和直觉、顿悟、想象等非逻辑因素，后者则是逻辑演绎法。

《个案与逻辑认知》（张成敏，《法学研究》2002：4）该文从个案认知存在形式问题和价值问题的实际出发，提出一些形式概念，如"事实Ⅲ"、推断、推证、怀疑的科学、证明的科学、确证、确证偏见等，以"显示探究个案有特殊的认识论和方法论"。

《论公安逻辑的实用性要求》（福建公安高等专科学校游云福，《江苏警官学院学报》2002：9）该文提出，公安逻辑强调实用性，无须现代数理逻辑介入。它以传统逻辑为主干内容，又具有应用逻辑特色：在概念上，涉及"专业概念（警用概念）和法律法规概念"；在判断上，注意研究"规范判断"（法律法规判断）、"选言判断"和"假言判断"的特殊性；在推理上，重点研究"执法（审判）三段论、选言推理、假言推理（主要是回溯推理）和不完全归纳推理（主要是科学归纳推理）"。

《法律中的逻辑与经验——对霍姆斯的一个命题的解读》［福建师范大学张芝梅，《福建师范大学学报》（哲学社会科学版）2004：1］该文指出，19世纪末美国法学家霍姆斯提出的著名命题"法律的生命不在于逻辑，而在于经验"，这"在一定程度上使人们曲解法律中逻辑和经验的关系，认为霍姆斯反对在法律中使用逻辑……"。作者考察霍姆斯时代美国法律的理论和实践的历史背景，分析霍姆斯关于法律和逻辑关系的有关思想，指出霍姆斯仅仅是反对当时流行的过分夸大逻辑作用的"形式主义倾向"，并不是简单地否定逻辑在法律中的作用。

《墨子的譬——逻辑学意义的类比》（黄朝阳，《学术研究》2004：7）该文澄清部分读者对其旧文《譬——中国古代思维方法》［华侨大学黄朝阳，《华侨大学学报》（哲学社会科学版）1998：2］在"譬"的性质问题上将类比和比喻混为一谈的模糊、错误的观点，也纠正部分学者将"譬"和比喻、将"譬"和类比等同视之的另两种流行谬见，指出中国古代其实存在两种"譬"——逻辑学意义的类比和修辞学意义的比喻，并从墨子的"譬"与"类"、"故"的关系阐发"譬"的逻辑学意义。

《从哥德尔定理看禅宗的元逻辑思想》［厦门大学周昌乐，《重庆大学学报》（社会科学版）2005：4］该文指出，事物本质上除真假二元对立外，还具有"真假同显的'不可证性'"，用哥德尔不完全性定理阐释中国禅宗"双遣双非证悟方法论思想"，提出凭借后者隐含的元逻辑思想足可反思当代逻辑学，乃至科学方法论面临的困境。

表 2—20   **1992—2005 年逻辑学研究其他成果**

成果名称	作 者	发表刊物（出版社）及时间
《墨辩》逻辑的产生和内容特征	黄朝阳	《华侨大学学报》（哲学社会科学版）1993：2
《墨辩》逻辑的历史命运	黄朝阳	《逻辑与语言学习》1993：3
浅议邓析的"两可"思想	林 颖	《宁德师范高等专科学校学报》（哲学社会科学版）1994：3
胡塞尔对心理主义的批判	汪 希	《厦门大学学报》（哲学社会科学版）1998：4
死刑悖论	张成敏	《四川公安管理干部学院学报》1999：2
逻辑规律的要求及其客观基础	林 颖	《宁德师范高等专科学校学报》（哲学社会科学版）2000：2
作为假说的警方观点	张成敏	《江南社会学院学报》2000：12
浅议《论语》中的逻辑确定性思想	林 颖	《宁德师范高等专科学校学报》（哲学社会科学版）2001：1
浅议"拿来主义"与逻辑论证	林 颖	《宁德师范高等专科学校学报》（哲学社会科学版）2001：3
论无罪推定的逻辑基础	张成敏	《中山大学学报》（社会科学版）2003 增刊
试论统计推理的概念界定及认知基础	王宗烘	《中山大学学报》（社会科学版）2003 增刊

第五节　伦理学研究

一、学科建设与学术研究

（一）学科建设

福建省伦理学研究的主要力量集中在厦门大学、福州大学、福建师范大学、华侨大学等高校。从 1987 年开始，厦门大学先后在马克思主义哲学专业和中国哲学专业名下招收伦理学方向的硕士研究生。1994 年福建师范大学在思想政治教育学科下招收"传统道德文化与现代思想道德发展"方向的研究生。2005 年，厦门大学哲学系伦理学专业获得博士学位授予权。2005 年华侨大学哲学专业开始招收伦理学方向的硕士研究生。2005 年福州大学在思想政治教育硕士点招收"道德伦理与社会发展"方向的研究生。

（二）学术研究

1992—2005 年，福建省伦理学研究重点为中国传统伦理思想研究、应用伦理学研究等。获得 2 项国家社会科学基金项目，分别是：中国特色的公共行政伦理体系构建（厦门大学王云萍，2004），中国道教伦理思想史（厦门大学乐爱国，2005）。获得省部级立项课题 20 项。其间，共出版相关伦理学研究著作 8 部，发表论文 140 多篇。

获福建省社会科学优秀成果奖 7 项：《中外学校道德教育比较研究》（第四届三等奖，福建省教育委员会朱永康、福建师范大学苏振芳）、《规则和信用：市场经济两大基石的缺损与重构》（第五届二等奖，福建社会科学院林其屏）、《中国传统道德概论》（第五届三等奖，福建师范大学陈桂蓉）、《中国伦理文化和社会发展》（第五届三等奖，福建师范大学王岗峰、张铃枣）、《政治制度伦理研究》（系列论文）（第五届三等奖，华侨大学杨楹）、《信用本质上是一个经济问题》（系列论文）（第六届一等奖，福建师范大学李建平、石淑华、孙智英）、《德治论》（第六届二等奖，厦门大学徐朝旭）。

二、主要学术成果

（一）公平、德治等伦理学基本问题的研究

《德治论》（厦门大学徐朝旭，厦门大学出版社，2003）该书从儒家德治思想的追溯入手，进而考察德治思想对中国古代政治哲学的影响，分析德治思想的方法论特征及其现实意义，开拓儒家政治哲学研究的学术视野。全书分为七章，第一至第三章，主要探讨以德治国的理论问题，包括儒家德治思想的理论渊源、历史成因、发展脉络、主要内容、方法论特征、历史局限性及其对中国古代政治的影响；马克思主义德治思想的形成过程，实施以德治国方略的现实意义、现代德治与古代德治的关系，德治与法治的关系等。第四章至第五章主要研究以德治国的主要内容，包括经济领域的道德建设、政德建设和执政党建设等。第六章至第七章研究以德治国的途径与方法，包括道德教育与道德修养等。

《公平竞争的要件与形式》（厦门大学徐梦秋，《哲学研究》2005：10）该文运用比较的方法和从个别到一般的方法，概括出构成公平竞争特征的几个要件：一是公平的竞争都是有规则的；二是竞争规则必须是所有竞争方，至少是多数竞争方或他们的代表共同商定或认同的，不能偏袒任何一方；三是所有的竞争者都必须遵守规则，不能有任何例外。并且指出，只有三个要件齐备，竞争才是公平的。作者还探讨一种新的关于公平竞争的分类，即根据竞争者在竞争过程中的互动形态，把公平竞争分为三类：平行式竞争、搏击式竞争、对弈式竞争，并揭示它们各自的特征。

表 2—21　　**1992—2005 年公平、德治等伦理学基本问题的研究其他成果**

成果名称	作　者	发表刊物（出版社）及时间
伦理学原理	张善城 徐梦秋	厦门大学出版社，1994
着眼道德生活的基础领地——略论底线伦理	陈桂蓉	《福建论坛》（文史哲版）2000：5
"集体主义过时论"辨析	叶良茂	《道德与文明》2002：5
善的两个维度：存在境界与礼俗要求	周建漳	《哲学研究》2002：6
平等与功利：现代公民道德的基本原则	叶钦地	《云南社会科学》2002：6
德治的必要性、作用和内涵	张爱华 徐梦秋	《高校理论战线》2002：7
试论道德实现的良性化态势	吴沁芳 郝翠荣	《齐鲁学刊》2003：1
依法治国和以德治国的关系和实践论	关今华	《福建论坛》（经济社会版）2003：2
奥斯汀的语言探究和伦理问题	杨玉成	《道德与文明》2003：3
关于集体主义问题的思考	卢　坤 孙利萍	《探索》2004：6
马克思主义伦理价值观在社会主义政治经济学中的演进	方建国	《理论学刊》2004：12
宽容：他者在场——从包容他者的道德视域出发	吴苑华	《哲学动态》2005：11

（二）中国传统伦理思想研究

《朱熹环境伦理思想简论》（福建行政学院徐刚，《自然辩证法研究》1999：6）该文指出，在朱熹以前的许多儒家代表人物那里，有不少尊重自然、爱护万物的环境伦理思想，这些见解深刻影响朱熹，他以"太极"为核心的机体主义自然观思想、"理一分殊"论题的环境伦理内涵、"明天理，灭人欲"等人与自然协调发展的一系列观点，无一不呈现其对前人成果的吸收。作者认为，朱熹的这些思想，虽然有其历史局限性，但是对当代人建立一种尊重自然规律、人与自然平等的新的道德观，使传统道德经过改造创新而转化为一种与现实社会可持续发展相应的道德观，有着积极意义。

《中国传统道德概论》（福建师范大学陈桂蓉，长征出版社，2000）该书力图通过对传统道德文化的发掘和整理，为当前社会主义市场经济条件下新的道德体系的构建，提供某些有益的借鉴，使这一新的道德体系更加具有中华民族的特色。作者以批判继承的态度介绍和分析中国传统道德的理论观点和行为规范，着重展示中国传统道德的精华部分。全书分三个部分。第一部分涉及传统道德理论中关于道德的一些基本的、带有普遍意义的问题，如"道德的起源与人的本质"、"道德的职能与社会作用"；第二部分则以具体的道德规范体系为线索，展示"道德的基本原则和价值导向"、"道德的基本规范"、"道德的若干范畴"等内容；第三部分则是从道德主体的角度反映道德认识与践履的问题，包括"人生价值"、"道德认识与道德实践"、"道德教育与道德修养"等。

《社会转型与道德重建——先秦诸子对"道德何以可能"问题的哲学思考》（厦门大学傅小凡，中华书局，2004：8）该书根据对道德哲学的本体论问题的理解，考察和梳理中国古代社会转型期儒家、道家、墨家、法家、兵家等各派伦理思想，指出许多思想家虽然没有建立自己完整的道德哲学体系，但是对"道德何以可能"这个问题都有所思考，比如《管子》主要从经济利益的角度考察道德可能性问题，《易传》更多将道德的可能性建立在对生命的热爱和对吉凶祸福的关注上；先秦各派对"道德何以可能"问题的思考，为建立统一的道德体系奠定基础，对于中国和世界在道德重建过程中的工作也具有启发意义。

《道教生态伦理：以生命为中心》〔厦门大学乐爱国，《厦门大学学报》（哲学社会科学版）2004：5〕该文指出，道教建立"道"化生天地万物的宇宙，强调天地自然万物与人同源、同根，并在此基础上提出"有形皆含道性"，从而建构作为道教生态伦理基础的普遍的生命平等观。道教还提出了"好生恶杀"的生态伦理规范，并以宗教的积善成仙与善恶报应的观念作为落实这一规范的基本保证。更重要的是，道教将生态伦理诉诸人的道德情感，要求人像孝敬父母那样尊重天地自然，以普遍的慈悲和怜悯之心善待动物和植物。这样，就形成以生命为中心的道教生态伦理。

表 2-22 **1992—2005 年中国传统伦理思想研究其他成果**

成果名称	作 者	发表刊物（出版社）及时间
儒家伦理是社会主义道德伦理体系的必要补充	庄 穆	《岭南学刊》1994：5
弘扬中华传统美德,提高民族道德素质	张善城	《道德与文明》1998：1
论孔子人生理念的现代意义	陈桂蓉	《福建论坛》（人文社会科学版）1998：1
朱熹的科技伦理思想	乐爱国 高令印	《孔子研究》1998：3
从义利分离到义利统一——谈传统文化中的义利之争与社会主义义利观	李淑贞	《福建师范大学学报》（哲学社会科学版）1999：2
儒学恕道的现代价值探微	陈桂蓉	《福建师范大学学报》（哲学社会科学版）1999：3
浅议儒家伦理与市场经济——兼与章建刚同志商榷	陈桂蓉	《福州大学学报》（哲学社会科学版）2001：2
论孔子德治思想的方法论视角及现实意义	徐朝旭	《厦门大学学报》（哲学社会科学版）2001：4
关于儒家"礼"思想的几对范畴	黄 圣	《广西民族学院学报》2001：12

续表 2—22

成果名称	作　者	发表刊物（出版社）及时间
中国伦理文化和社会发展	王岗峰 张铃枣	海风出版社,2002
儒家的道德人格是自律的吗？——一种比较分析的视角	王云萍	《孔子研究》2002：1
儒道德治精神与圣功法门	詹石窗 王日根	《厦门大学学报》（哲学社会科学版）2002：1
中国传统道德教育思想管窥	叶青春	《青海师范大学学报》2002：2
道德心理学：儒家与基督教之比较分析	王云萍	《道德与文明》2002：3
儒家伦理的群体本位与我国市场经济的演进效率	阮爱莺	《福建省委党校学报》2002：5
太平经的生态思想初探	乐爱国	《宗教学研究》2003：2
论孔子的对话德育模式	徐朝旭	《教育研究》2003：8
儒家生态思想初探	乐爱国	《自然辩证法研究》2003：12
试析道教劝善书中的生态伦理思想	乐爱国	《伦理学研究》2004：1
道教生命伦理观的现代思考	陈水德	《中国宗教》2004：3
早期儒家品德伦理学与"孝"德	王云萍	《孔子研究》2004：4
从道德泛化到道德虚无的异变逻辑	纪　真	《福建论坛》（人文社会科学版）2004：12
从中国战争小说看中华民族政治伦理观的演进（上）	陈　颖	《福建师范大学学报》（哲学社会科学版）2005：1
从中国战争小说看中华民族政治伦理观的演进（下）	陈　颖	《福建师范大学学报》（哲学社会科学版）2005：2
试论中国传统护"生"伦理	杨胜良	《江汉论坛》2005：2
超越血缘亲情，建立道德感情——对传统道德感情的反思	叶青春	《甘肃社会科学》2005：3

（三）应用伦理学研究

1. 经济伦理研究

《规则和信用：市场经济两大基石的缺损与重构》〔福建社会科学院林其屏，《福建论坛》（经济社会版）2002：1〕该文指出，市场经济是法制经济，也是信用经济。规则和信用是管束市场行为的一系列规定和约束，包括政府规定的正式制度和社会认可的非正式制度。规则和信用共同作用，互相促进，共同保证市场的有效运作。规则是市场经济的法制基石，信用是市场经济的道德基石。作者认为，虽然中国已基本上形成市场经济框架，但是规则和信用还是十分薄弱的环节，出现缺损，造成市场秩序的混乱。因此，在整顿和规范市场经济秩序中，应该重构规则管理和信用管理。要破除只重经济效益而轻规则和信用的思想，完善法规建设，健全监督制约机制，从多方面建立一套规则和信用体系；要建立一套系统、完善的企业信用管理制度，建立网上企业资信数据；还要加强规则和信用管理的理论教育。

《信用本质上是一个经济问题——兼论经济信用、法律信用和道德信用的关系》（福建师范大学李建平、石淑华，《当代经济研究》2003：5）该文指出，信用到底是道德问题、法律问题还是经济问题，实践迫切要求对此作出回答。在市场经济条件下信用本质上是经济问题，信用范畴实质上是一个经济范畴。这不仅是因为理论上对信用问题的考察更多地侧重于经济角度，而且实践中信用问题的凸现与经济发展相联系。只有这样理解，才能抓住信用的真谛，才能解决现实中的各种经济失信问题，才能促进经济、道德和法律等各项事业协调发展和共同进步。

《试析"诚信"与"信用"的联系与区别——再论信用本质上是一个经济问题》（李建平、石淑华，《东南学术》2004：1）该文指出，学术界不少论者将"诚信"与"信用"混用，实际上这是两个在内涵、历史形成、表现形式、建立和维护机制、惩罚机制上都有着严格区别的概念。信用本质上是一个经济范畴，它反映的是一种经济关系，并体现为规章制度，具有规范性和强制性；而诚信则是道德范畴，体现的是人的道德品质，是经济信用的道德基础和前提，它不具有外在的制度约束力。明确二者之间的联系和区别，无论是对社会主义市场经济的道德建设，还是对社会主义市场经济的信用建设，都具有重大的理论意义和实践意义。

表 2—23　　　　　　　　**1992—2005 年经济伦理研究其他成果**

成果名称	作　者	发表刊物（出版社）及时间
略论市场经济正负效应与道德关系	徐羽中	《福建论坛》（经济社会版）1994：8
市场经济条件下的道德重建	曲鸿亮	《福建论坛》（经济社会版）1994：8
试论华人企业的伦理化管理	罗海成	《人文杂志》1995：5
市场经济的伦理困境与超越	陈一放	《福建论坛》（经济社会版）1996：4
界定市场作用范围，净化道德环境	李国庭	《福建论坛》（经济社会版）1997：5
试论社会主义市场经济对道德进步的推动作用	张铃枣	《福建论坛》（经济社会版）1998：4
关于营销伦理学若干问题的探讨	徐　刚	《福建论坛》（经济社会版）1998：6
商业活动中的道德原则及其制度基础	吕庆华	《山西财经大学学报》1999：1

续表 2—23

成果名称	作　者	发表刊物（出版社）及时间
当今世界最大的道德挑战——关于贫富差距问题的道德思考	包恒新	《福建论坛》（经济社会版）2002：7
金融机构的行为伦理和金融市场效率	赵向琴	《厦门大学学报》（哲学社会科学版）2003：5
伦理管理的价值论证	徐维群	《理论探索》2005：4
企业伦理与会计职业道德	陈汉文 徐梦秋 宋培林	经济科学出版社，2005

2. 政治与行政伦理研究

《非道德主义的政治伦理——马克思对政治现代性的批判与超越》（华侨大学杨楹，《哲学动态》2005：2）该文研究马克思的政治伦理思想，指出马克思对政治伦理的判断，首先扬弃道德主义传统，强调政治伦理评断尺度上的主体性、历史性、现实性与未来性相统一的内质，从动态的政治变迁，从变化着的历史现实之未来视角，反观与定位不同历史阶段的政治品质，批判政治伦理思维的静态逻辑，突出政治伦理的历史性、超越性，实现审视政治伦理的思维方式与方法论革命。在马克思批判现代政治，关于未来政治及其伦理的理论建构中，人们可以看到一条十分清晰的线索，即马克思一直追求的、实现"人的自由与全面发展"这一根本主旨。马克思超越"物的尺度"，确立以"人的尺度"来批判现代政治、建构未来社会政治伦理的价值标准，从而成为新型政治伦理成长与完善的关键。

《论马克思解放理论的伦理旨趣》（杨楹，《哲学研究》2005：8）该文对马克思解放理论的伦理旨趣作了探讨，回顾马克思"解放"伦理的前史，分析马克思"解放"伦理的逻辑构架，指出人的自由与解放是马克思伦理精神的主旨。马克思关于人的解放的伦理之思，并非诉诸"彼岸世界"的价值悬设，而是立足现实生活语境上，从而建构一种崭新的"解放"伦理范式。对马克思主义的"解放"伦理范式的解读，就是为马克思主义的当代性展现出有生命力的、真实而合理的精神内涵。

表 2—24　　　　**1992—2005 年政治与行政伦理研究其他成果**

成果名称	作　者	发表刊物（出版社）及时间
库柏对公民品德的研究及其启示	王云萍	《厦门大学学报》（哲学社会科学版）2002：3
论道德政治功能的恰当定位	庄锡福	《理论与改革》2002：4
伦理视野中的政府权力观	杨　楹	《哲学动态》2002：9
论政治制度伦理——从腐败谈起	杨　楹	《哲学研究》2002：10
论转型期政府信用建设的政治伦理功能	陈桂蓉	《北京科技大学学报》2004：3

续表 2—24

成果名称	作　者	发表刊物(出版社)及时间
道德动机与政府的伦理责任	叶青春	《社会主义研究》2004:3
权力伦理——政治制度建设的价值指向	杨　楹	《中国特色社会主义研究》2004:4
伦理事业中的政府权力观	杨　楹	《哲学动态》2004:9
执政能力建设的伦理取向——兼论执政合法性	杨　楹	《中共浙江省委党校学报》2005:1
当代中国政府的伦理责任	叶青春	《社会科学研究》2005:4
伦理理论的整合与公共利益的伦理学论证	王云萍	《安徽大学学报》2005:5
宽容:现代政治的伦理内蕴	杨　楹	《哲学动态》2005:11

3. 科技与生态伦理等研究

《建构生态伦理体系初探》[福建师范大学郑又贤,《福建论坛》(经济社会版)1999:4]该文指出,实施可持续发展战略,必然要求建立健全生态伦理规范,进而创建生态伦理体系。作者指出:一、要强化生态伦理意识;二、要把握生态伦理的基本原则。即人类社会发展与自然界发展的平衡互动原则,人类改造和利用自然界的自我节制原则,以及人类对自然资源开发和利用的平等互利原则;三、要建立健全生态伦理的监督和保障机制,这包括建立生态伦理规范,加强生态伦理规范的宣传与教育,健全和完善生态伦理规范的监督和奖惩机制,辅之以严格的管理和必要的法制。

《网络伦理文化》(华侨大学朱银端,社会科学文献出版社,2004)该书是一本以伦理文化为视角和切入点,研究网络伦理的学术著作。作者采取理论和实践一体化的视角,以网络伦理制度与人文精神为轴心来审视网络文化,通过对网络伦理文化的历史性探究,阐述网络伦理文化的实质、类型、影响,指出整个网络文化发展的根本缺陷在于自我放弃伦理向度。为救治这一根本缺陷,作者从网络伦理的制度、程序和行为等方面提出伦理学的方案,特别是提出在网络社会生存领域中适应知识权力,重塑更加文明和先进的社会关系和结构的设想。

表 2—25　　　**1992—2005 年科技与生态伦理等研究其他成果**

成果名称	作　者	发表刊物(出版社)及时间
论社会可持续发展与道德资源配置	廖志诚	《重庆社会科学》2001:2
论严复科技伦理思想	叶祖森	《福建师范大学学报》(哲学社会科学版)2002:3
科技与道德的互动	黄建新	《江西社会科学》2002:9

续表 2—25

成果名称	作　者	发表刊物（出版社）及时间
论科技行为的伦理约束	王建华	《福建师范大学学报》（哲学社会科学版）2003：2
网络社会的伦理道德	王　岑	《福建省委党校学报》2003：4
网络伦理中的问题、原因与对策	朱银端	《教学与研究》2004：11
谈谈生态伦理与企业的环保责任	曾武英 陈雪琼	《商业研究》2004：21

（四）道德教育与道德建设等研究

《中外学校道德教育比较研究》（福建省教委朱永康、福建师范大学苏振芳，福建教育出版社，1998）该书共分八章，对中外学校道德教育比较研究作了概述性的介绍，阐述学校道德教育比较研究的对象、特点、范围、方法及意义等；介绍中外道德教育的理论基础，包括马克思、恩格斯、列宁、毛泽东、邓小平、江泽民有关道德教育的思想，以及西方教育家、主要的道德教育流派有关道德教育的观点；对中外学校道德教育的主客体、道德教育的目标、道德教育的内容、道德教育的方法等方面的异同加以比较与分析；总结中外学校道德教育的经验，对跨世纪全球学校道德教育的走向作了展望，提出面向 21 世纪中国学校道德教育的改革思路。

《中外学校道德教育方式的共性与异性》〔福建师范大学郑传芳、潘玉腾，《福建师范大学学报》（哲学社会科学版）1999：4〕该文指出，学校道德教育方式的选择会极大地影响道德教育目标、任务、内容的落实。为此，各国学校都重视道德教育方式的改革。作者对中外学校道德教育方式的共性与差异作了分析。着重比较课堂教学形式的道德教育和非课堂教学形式的道德教育、直接灌输式教育和间接渗透式教育两个方面的差异性。认为批判地吸收和借鉴一些国家和地区成功的做法，可以为中国学校道德教育改革，开拓一些有价值的思路。

《新经济态势下道德建设的增长点初探》（陈桂蓉、陈敏，《东南学术》2000：5）该文指出，从中国当前的道德实践来看，作为以信息技术为主导的知识密集型经济，新经济作为一种潜流开始渗入人们的道德生活，并将产生越来越大的影响。作为一把双刃剑，它既给道德的发展提供新的机遇、新的前景，又给道德建设提出新的问题、新的挑战。在这样的态势下，中国的道德建设正在孕育着如下几个新增长点：1. 关注全球道德的共性问题；2. 提高青年知识分子的道德素质；3. 实现道德教育手段的网络化。

《新时期高校道德建设的四大矛盾及其破解》〔郑又贤，《福州大学学报》（哲学社会科学版）2004：4〕该文认为，当今高校的道德建设中主要存在着四大矛盾：一是高校德育工作首位性与现实道德建设严重虚化的矛盾；二是道德建设要求创新性与教育观念方式过于陈旧的矛盾；三是道德建设导向一元性与师生价值取向复杂多样的矛盾；四是信息网络建设普及性与网络道德教育相对滞后的矛盾。作者提出解决矛盾的措施：给德育建设"正位"，肯定道德建设的"实在性"，并提供必要的物质条件；教育者要增强自身的道德素质，熟悉被教育者，注意换位思考；要认真探索道德导向一元性和价值取向多样性的统一的途径和手段；要建设一支网络道德建设队伍，加强校园网络管理，健全网络道德规范等。

表2—26　　　　**1992—2005年道德教育与道德建设等研究其他成果**

成果名称	作　者	发表刊物（出版社）及时间
休谟问题的实践派解	徐梦秋	《厦门大学学报》（哲学社会科学版）1994：3
试论中小学生道德思维发展的阶段性与道德教育	林斯坦	《教育研究》1995：4
新加坡推行儒家伦理道德教育的社会学思考	苏振芳	《福建论坛》（经济社会版）1996：3
论新形势下医学生的道德教育	陈亨泰 池志伟	《教育评论》1997：1
当前道德建设中的文化难题与理性前瞻	王平文	《发展研究》1997：5
当前思想道德建设的若干思考	蒋金辉	《福建论坛》（经济社会版）1997：6
邓小平新时期道德建设原则探析	廖志诚	《福建论坛》（经济社会版）1997：10
道德教育若干问题探讨	江声树	《道德与文明》1998：1
我国社会主义初级阶段道德建设的五个重要问题	谢孝荣 林建华	《福建论坛》（经济社会版）1998：2
刍议思想道德建设的统一战线	陈桂蓉	《福建论坛》（经济社会版）1998：12
21世纪全球学校道德教育的走向与跨世纪中国学校道德教育的思考	苏振芳	《福建师范大学学报》（哲学社会科学版）1999：1
试论加强文化伦理规范	郑又贤	《福建省委党校学报》1999：4
加强会计职业道德教育	刘宝慧	《道德与文明》1999：5
略论制度的伦理作用	章锦德	《福建论坛》（经济社会版）1999：11
新世纪改革学校思想道德教育的十大思路	陈　志	《福建论坛》（经济社会版）2000：1
孔子与毛泽东道德教育思想研究	方传安	《毛泽东思想研究》2000：6
道德建设的思路选择	袁和平	《福建论坛》（经济社会版）2000：11
德育教育的新内容——网络道德	娄　慧	《福建论坛》（经济社会版）2001：6
中西道德观念的比较分析——兼论市场经济条件下我国道德观的走向	阮爱莺	《福建省委党校学报》2001：9

续表 2—26

成果名称	作　者	发表刊物（出版社）及时间
中国传统文化与社会主义道德建设	周道华	《求实》2001:11
大学生思想道德现状分析与思考	徐雅芳	《思想理论教育导刊》2001:12
道德问题的现实检视与制度安排	林默彪	《福建省委党校学报》2001:12
加强道德建设,推进以德治国	何树全 陈春明	《广西民族学院学报》2001:12
现代思想道德教育要发展人的主体性	潘玉腾	《福建师范大学学报》（哲学社会科学版）2002:1
严复的"新民德"学说与近代公民道德教育	黄仁贤	《教育评论》2002:5
全球化、网络化的冲击与青少年公民道德教育面临的挑战	陈　志 鲍展斌	《求实》2002:6
关于道德教育现代化的思考	徐志怀	《教育探索》2003:1
伦理精神现代性:实然趋向与应然抉择	曾盛聪	《理论与改革》2003:2
论大学生诚信的缺失及其治理	廖志诚 林似非	《福建师范大学学报》（哲学社会科学版）2003:6
诚信的内涵和机制的建立	徐雅芳	《思想理论教育导刊》2003:8
现代社会婚姻稳定家庭幸福的道德要素	王秀华	《福建论坛》（经济社会版）2003:10
价值选择与法律、道德规范的协调统一	危玉妹	《福建省委党校学报》2003:11
环境道德教育的紧迫性、艰巨性和对策思考	李晓菊	《福建论坛》（人文社会科学版）2004:2
试论道德变迁及其矛盾过程	曾广乐	《福建省委党校学报》2004:4
论诚信社会的形成	许文兴	《福建论坛》（人文社会科学版）2004:12
伦理的嬗变——十年伦理变迁的轨迹	曾盛聪 林　滨 葛桦等	人民出版社,2005
论中国现代化进程中的公民伦理	曾盛聪	《社会科学》2005:2
会计职业道德教育——会计学历教育中的职业道德教育	邱吉福 高绍福	《当代财经》2005:4
关于当前高校网络道德建设的几点思考	郑又贤	《思想理论教育导刊》2005:7
我国台湾地区中小学道德教育的嬗变	洪　明	《教育发展研究》2005:9
论道德的生成及对当前道德精神困惑现象的透视	胡承槐	《教学与研究》2005:10
试论当代社会道德变迁的基本趋势	曾广乐	《西南民族大学学报》2005:10
政治变革:当代中国社会转型期道德变迁的推动力	曾广乐	《福建省委党校学报》2005:11

第六节 美学研究

一、学科建设和学术研究

(一)学科建设

福建省美学研究力量主要集中在厦门大学。福建师范大学、华侨大学、福建社会科学院的一些学者，在美学研究方面也有建树。1993年，厦门大学哲学系获中国哲学专业硕士授予权，并在中国哲学名下开始招收美学硕士研究生。1998年，厦门大学获得艺术学硕士学位授予权。2005年，厦门大学获得哲学一级学科博士学位授予权，美学是其八个博士点之一，这是福建省第一个美学博士点。

(二)学术研究

1992—2005年，福建美学研究领域集中在美学原理、文艺美学、艺术学，以及美学的其他分支如旅游美学、文艺心理学、新媒体艺术美学等方面。有些研究如接受修辞学、艺术人类学、新媒体艺术美学等在国内处于领先地位。进入21世纪之后，在美学原理方面，以"新实践美学"和"后实践美学"为代表的福建美学，一度为全国美学界关注。

这一时期，福建省美学研究者先后承担国家社会科学基金项目1项：朱光潜与宗白华美学比较研究（厦门大学肖湛，2005）；教育部人文社会科学研究项目4项：主体间性与文学理论现代性问题（厦门大学杨春时，2001）、美学（杨春时，2002）、因特网与艺术发展（厦门大学黄鸣奋，2003）、浪漫主义思潮在中国的接受与分化（厦门大学俞兆平，2005）。福建省社会科学规划项目6项。

出版美学专著20余部，发表美学论文90余篇。一批美学著作和论文获奖，其中，获教育部人文社会科学优秀成果奖2项：《艺术人类学》（第一届二等奖，厦门大学易中天）、《黄与蓝的交响——中西美学比较论》（第三届三等奖，易中天）；获福建省社会科学优秀成果奖12项：《象征文艺学导论》（第三届二等奖，厦门大学林兴宅）、《文学理论：从主体性到主体间性》（第三届三等奖，杨春时）、《书画语言与审美效应》（第三届三等奖，厦门大学钟家骥）、《电脑艺术学》（第四届二等奖，黄鸣奋）、《文化的交响——中国电影比较研究》（第四届二等奖，福建师范大学颜纯钧）、《变文讲唱与华梵宗教艺术》（第四届三等奖，福建师范大学李小荣）、《书法审美表现论》（第四届三等奖，福建师范大学朱以撒）、《超文本诗学》（第五届一等奖，黄鸣奋）、《写实与浪漫——科学主义视野中的五四文学思潮》（第五届二等奖，俞兆平）、《美学》（第六届二等奖，杨春时）、《美学浪漫主义与政治学的浪漫主义》（第六届二等奖，俞兆平）、《数码艺术学》（第六届二等奖，黄鸣奋）。

（三）学术会议

2005年6月，福建省美学学会成立大会暨首届学术研讨会在泉州师范学院召开。会议表决通过学会章程，选举产生第一届理事会及领导机构，与会者就"美学研究与教学的体会和收获"、"美学的现状与未来"以及"学会工作的思路与希望"等议题进行讨论。

二、主要学术成果

（一）旅游美学研究

《山水美与旅游》（厦门大学卢善庆，厦门大学出版社，1992）该书指出，旅游审美文化是民族文化的构成部分，不可能背离本民族文化传统。中国山水"受到中国文化传统的支配与影响"，其文化底蕴则是儒、道、佛。儒家强调山水景观的人情化和亲切感；道家强调山水景物的单一化与超脱感；佛家揭示山水景物的赏心性与空灵感。儒、道、佛的影响，产生中国山水的独特的东方韵味。作者还阐述由于儒、道、佛对山水景物观的支配与影响，造成中国山水景物迥异于西方的风格。如，中国风景区具有可行、可游、可望、可居的多种功能，洋溢着温情脉脉的人情味；中国风景区多有历史胜迹，富有历史文化的厚重感；中国风景区在景物的设置上，注重曲折深藏渐入佳境，即"曲径通幽"，这是中国传统文化注重柔美的表现。

《构建旅游美学交叉学科体系之我见》（卢善庆，《学术月刊》1997：2）该文认为，旅游美学作为交叉学科是建立在旅游学与美学互含互补的基础之上的。该文构想旅游美学的学科体系，揭示旅游美学的研究对象、内容、方法，归纳旅游美学的三个主题：旅游美学的审美对象——自然景观与人文景观；旅游美学的审美主体——游客；沟通景观与游客旅游美学的审美中介——导游。

表2-27　　　　　　　**1992—2005 年旅游美学研究其他成果**

成果名称	作　者	发表刊物（出版社）及时间
旅游美学	卢善庆主编 许共城副主编	海潮摄影艺术出版社，1996
徐霞客旅游美学思想历史定位和评价	卢善庆	《福建学刊》1996：4
中国古代旅游美学的总体特色	卢善庆	《上海艺术家》1997：2

（二）文艺美学

《接受修辞学》（福建师范大学谭学纯、唐跃、朱玲，安徽大学出版社，1992）该书借鉴接受美学的研究视角，将接受美学运用于修辞学研究，提出将长期偏重修辞表达的单向度研究，转到"修辞表达－修辞接受"双向互动的系统研究上来，建立"接受修辞学"这一接受美学的分支学科（或修辞学的分支学科），以实现打通语言学－文艺学－美学的跨学科研究特色。

《文学创作论》（福建师范大学孙绍振，海峡文艺出版社，2000）该书又名《审美形象的创造》，作者把文艺美学的问题集中于"形象"，使用大量文学作品的实例，追究文学形象魅力的来源，比较艺术形象与现实物象的差距，探讨文学艺术形象产生的内在机制。作者认为，文学形象是由主观情绪、客观生活和艺术形成的三维构成的。

《审美价值结构与情感逻辑》（孙绍振，华中师范大学出版社，2000）该书是一部文艺美学论文集，建立了文艺美学和幽默美学理论的"错位说"，提出"审智"的概念作为康德美学传统"审美"概念的补充。

《美学的浪漫主义与政治学的浪漫主义》（俞兆平，《学术月刊》2004：4）该文提出，20世纪中国文艺理论体系中的浪漫主义主要有，以卢梭为代表的"美学的浪漫主义"和以高尔基为代表的"政治学的浪漫主义"两大派别。前者侧重于对人类文明及科技理性发展所带来的负面价值的忧虑与抗衡；后者则把浪漫主义隶属于"社会主义的现实主义"，使之成为政治意识形态的工具。作者首次提出"政治学的浪漫主义"概念，并对浪漫主义概念和思潮进行溯源和重新界定，探讨它在中国接受语境中的变异。

表 2-28　　　　　　　　**1992—2005 年文艺美学研究其他成果**

成果名称	作　者	发表刊物（出版社）及时间
文艺美学研究	卢善庆	东北师大出版社，1992
小说语言美学	谭学纯 唐　跃	安徽教育出版社，1992
真善美的错位	孙绍振	《名作欣赏》1998：1
论审美价值结构及其升值和贬值运动	孙绍振	《文艺理论研究》1998：2-3
实用价值和审美价值的距离	孙绍振	《名作欣赏》1999：1
西方文论的引进和我国文学经典的解读	孙绍振	《文学评论》1999：5
文艺美学构想论	戴冠青	作家出版社，2000
审智散文的审美突破	孙绍振	《当代作家评论》2000：3
写实与浪漫	俞兆平	上海三联书店，2001
现代性与五四文学思潮	俞兆平	厦门大学出版社，2001
从西方议论独白到中西议论对话	孙绍振	《文学评论》2001：1
审智散文——迟到的文学流派	孙绍振	《福建文学》2001：4
修辞：审美与文化	谭学纯	福建人民出版社，2002
"言意之论"的审美内涵	李建东	《黎明职业大学学报》2002：2
20世纪中西比较诗学	赖干坚	百花洲文艺出版社，2003

（三）艺术美学研究

《艺术人类学》（易中天，上海文艺出版社，1992）该书结合一批史前艺术材料，思辨与实证双管齐下，将国内的艺术起源研究提升到一个新的层次，即现象学和哲学人类学的层次，并试图实现艺术本质的人类学还原，提出了艺术是人的确证的艺术原理命题。

《艺术与游戏》（厦门大学许共城，厦门大学出版社，1998）该书梳理艺术与游戏之间的关系，对美学史上关于艺术的"游戏说"进行批判性的考察。

《艺术学的学科体系》（易中天，《厦门大学学报》1999：1）该文界定艺术学的学科定位、学科性质与研究方法，并划分艺术学学科体系的三大群落，即艺术论、艺术史和艺术学边缘学科群。

《数码艺术学》（黄鸣奋，学林出版社，2004）该书从艺术主体虚拟化、艺术对象智能化、艺术内容数据化、艺术方式随机化、艺术机制现代化五个方面，探讨数字技术对当代艺术造成的翻天覆地的影响。从而提出在艺术的形式发生天翻地覆变化的今天，人们应当如何重新认识和评价传统美学，从而创造出一种可以解释新媒体艺术现象的美学。

表 2—29　　　　　　　　**1992—2005 年艺术美学研究其他成果**

成果名称	作　者	发表刊物（出版社）及时间
中国书画的通融性及其美学品格	周　旻	《中国社会科学》1992：4
艺术分类新说	易中天	《武汉大学学报》1993：1
电脑艺术学刍议	黄鸣奋	《厦门大学学报》（哲学社会科学版）1997：4
中国艺术精神的美学构成	易中天	《厦门大学学报》（哲学社会科学版）1998：1
古代美学思想在徽州民居开井空间的积淀	罗　林 周建中	《中外建筑》1999：2
网络媒体与艺术发展	黄鸣奋	厦门大学出版社，2000
网络艺术：世纪之交的学术热点	黄鸣奋	《福建日报》2000.4.14
人的确证：人类学艺术原理	易中天	上海文艺出版社，2001
试分析赝品的美学价值	余庆辉 曹正伟	《集美大学学报》（哲学社会科学版）2001：1
论艺术标准	易中天	《厦门大学学报》（哲学社会科学版）2001：4
超文本美学巡礼	黄鸣奋	《文艺理论研究》2002：2

续表 2—29

成果名称	作 者	发表刊物(出版社)及时间
从前艺术到后艺术	易中天	《厦门大学学报》(哲学社会科学版)2003:4
建筑营造中的材质美学	蔡沪军	《新建筑》2004:3
论审美的发生	易中天	《厦门大学学报》(哲学社会科学版)2004:4
对"舞蹈是流动的雕塑"的质疑	郭勇健	《厦门大学学报》(哲学社会科学版)2004:4

(四) 马克思主义美学研究

《魅力、困惑与深层解读——艺术生产与物质生产发展的不平衡关系再探索》[俞兆平,《厦门大学学报》(哲学社会科学版)1998:3]该文强调,马克思主义美学区别于其他美学的特征在于,隶属于上层建筑的意识形态受制于经济基础。同时对马克思艺术的繁荣时期绝不同社会的一般发展成比例,因而也不与物质基础的发展成比例的观点,围绕"一般表述与特殊性的确定"、"希腊人是正常儿童"等方面进行解答,指出马克思是从属于一切时代、作为人类族类整体的一般性来看待希腊艺术和史诗的,这已超越具体的、阶段性的、特殊的社会形态范畴。

《创造社与马克思主义美学》[俞兆平,《厦门大学学报》(哲学社会科学版)2000:4]该文指出,20世纪20年代的日本与中国的历史语境,影响、引导创造社主要成员趋向于马克思主义美学;他们关于经济基础与意识形态的关系、文艺的本质与功用、创作主体的社会性、资本主义与艺术的关系、艺术发展不平衡性等问题的论述,均受启示于马克思主义美学。

《美学推进与哲学语境的转换》(俞兆平,《学术月刊》2002:9)该文指出,在美学研究与讨论中,各种美学流派之间虽有多次的学术论争,但在哲学基点上都没有脱离形而上学的主体与客体二元对立的思维方式;哲学语境的转换,在马克思、恩格斯的论著中已稍露萌端;对二元对立范畴的消解,是马克思主义新哲学体系最重要的任务之一,把其仅仅局限于形而上学的认识论的范畴内,是远远不够的。

(五) 美学原理研究

《美学基本理论》(卢善庆,厦门大学出版社,1996)该书在内容上,吸收借鉴中国20世纪以来的美学原理著作的诸多成果,并增添90年代以来美学研究的最新成果。在体例上,全书把美学划分为三大块,即美的哲学、审美心理学、艺术(美)的创造和欣赏。在美学与其他学科的关系上,作者比较美学与哲学、文艺理论、心理学、生物学、人类学诸多学科,力求在互相对比中彰显美学本身的特点。在论述过程中,使用具体文艺作品例证,使该书具有较强的可读性。

《美学》(杨春时,高等教育出版社,2004)该书是"后实践美学"的代表作。作者主张"美学"应为"审美学"，美学研究对象应为"审美现象"，并积极吸纳现代西方美学的最新研究成果，致力于建构一个中国现代美学的新体系。

表2—30　　　　　**1992—2005年美学原理研究其他成果**

成果名称	作　者	发表刊物（出版社）及时间
走向后实践美学	杨春时	《学术月刊》1994：5
走向"后实践美学"，还是走向"新实践美学"？——与杨春时先生商榷	易中天	《学术月刊》2002：1
中华美学的古典主题间性	杨春时	《社会科学战线》2004：1
世俗的美学与超越的美学	杨春时	《学术月刊》2004：8

（六）美学与现代性研究

《近现代中西美学会冲与结合的焦点》（卢善庆，《哲学研究》1997：1）该文指出，引进西方美学的过程同时也是中西美学的会冲、结合的过程。20世纪20年代以前是对西方美学的摸索和开始吸收的时期；20年代是较广泛地汲取并力图进行评判的时期；30年代是引进的黄金时期，多方位地大量引进，并进行评判、比较、融和，力图重建，并开始将马克思主义美学进行中国化的尝试。中西美学会冲的矛盾焦点主要有：功利与愉悦，形象与思想，表现与再现。

《现代性视野中的文学与美学》（杨春时，黑龙江教育出版社，2002）该书以现代性的视野，重新评估20世纪中国美学，站在"实践美学"的批判者的位置上，把实践美学之间的中国美学归于古典美学的范畴，并论证后实践美学区别于实践美学的现代性。

表2—31　　　　　**1992—2005年美学与现代性研究其他成果**

成果名称	作　者	发表刊物（出版社）及时间
论儒家美学思想的特征和演变	许共城	《厦门大学学报》（哲学社会科学版）1995：3
庄子与海德格尔美学思想比较	戴冠青	《华侨大学学报》2000：1
论马尔库塞的审美功能观	李晓林	《山东大学学报》2000：6
美学要回应现代性的挑战	杨春时	《广西师范大学学报》2001：1
生存—超越美学的现代性	杨春时	《郑州大学学报》2003：3
关于中国美学方法论的现代转型问题	杨春时	《吉林大学学报》（哲学社会科学版）2003：4
论宗白华美学的现代意蕴	肖　湛	《厦门大学学报》（哲学社会科学版）2003：4
福柯的"生存美学"	李晓林	《文史哲》2003：5
略论科学美学信念	陈圣宾	《山东商业职业技术学院学报》2004：2
审美主义：从尼采到福柯	李晓林	《厦门大学学报》（哲学社会科学版）2005：1
庄子的生态美学思想及其现实意义	刘华军	《兰州学刊》2005：5

第七节　科学技术哲学和自然辩证法研究

一、学科建设与学术研究

（一）学科建设

福建省科学技术哲学和自然辩证法的研究力量主要集中在厦门大学、福建师范大学、福州大学等高校。1981 年，厦门大学自然辩证法研究室获得自然辩证法硕士学位授予权，是全国第一批获得自然辩证法硕士学位授予权的单位之一。2000 年厦门大学哲学系获科学技术哲学博士学位授予权。2001 年 11 月，福州大学科学技术与社会研究所获批科学技术哲学硕士学位授予权。2004 年 11 月，福建省教育厅批准厦门大学科学技术哲学学科为重点学科。2005 年福建省高校人文社会科学研究基地"厦门大学哲学与当代社会研究中心"成立，"科学技术与当代社会"为 4 个主要方向之一。

（二）学术研究

1992—2005 年，福建的科学技术哲学和自然辩证法研究的领域主要在科技思想史、科学哲学、科技与社会、科学与文化、生态哲学与可持续发展等方面。

期间，福建省科学技术哲学界共完成两项国家自然科学基金课题：高技术产业化道路探索（福州大学雷德森）、海峡两岸科技人才资源的状况比较研究（厦门大学官鸣）；福建省社会科学规划项目 6 项。

获福建省社会科学优秀成果奖 7 项，分别为：《法兰克福学派与科学技术哲学》（第二届一等奖，厦门大学陈振明）、《信息社会理论辩析》（第二届二等奖，福建师范大学林可济）、《高技术产业化道路探索》（第三届二等奖，福州大学雷德森、黄敬前）、《现代社会中的科学》（第三届三等奖，厦门大学潘世墨、陈振明）、《科学创新论》（第五届二等奖，郭金彬）、《朱熹自然哲学思想论纲》（第五届二等奖，福建行政学院徐刚）、《中国科技思想研究文库》（第六届一等奖，厦门大学郭金彬、徐梦秋）。

（三）学术会议

1998 年 10 月，中国自然辩证法研究会、福建省自然辩证法研究会、厦门自然辩证法研究会、厦门市体制改革研究会和厦门市经济协作办公室共同举办的全国可持续发展理论与实践研讨会在厦门大学召开。全国各地的专家学者及厦门市委、市政府有关领导 80 余人出席会议，共收到论文 100 余篇。与会者就可持续发展的思想渊源、可持续发展的理论问题、可持续发展的实践问题、可持续发展与科技发展的关系问题、区域可持续发展问题等进行研讨。

2003年4月，厦门大学哲学系、山西大学科学技术哲学研究中心、南京大学哲学系、华南师范大学政法学院、大连理工大学人文社会科学院、沈阳师范大学政治经济系与福建省自然辩证法研究会联合发起和举办的中国科技思想与传统哲学暨科学史基础理论学术研讨会在厦门大学召开。中国科学院研究生院、清华大学、国防科学技术大学等高校的50余名专家学者出席会议，共收到论文48篇。与会者就中国科技思想与传统哲学文化的关系、科学史的研究方法及其基础理论、科学与文化的关系等理论问题进行研讨。

二、主要学术成果

（一）中国科技思想研究

《儒家文化与中国古代科技》（厦门大学乐爱国，中华书局，2002）该书是一部论述儒家文化与中国古代科技关系的学术专著。作者从科技与文化相互作用的角度，以翔实的史料论述儒家文化与中国古代科技的相互关系，具体分析了各个历史时期儒家文化对于科技发展的影响，揭示了儒家文化所包含的科技因素，以及作为中国传统文化主流的儒家文化背景下中国古代科技的儒学化的特征，对儒家文化促进中国古代科技发展的积极作用给予充分的肯定，纠正了以往所谓儒家"重道轻艺"、鄙视科技的观点。

《朱熹自然哲学思想论纲》（徐刚，福建教育出版社，2002）该书介绍朱熹自然哲学思想的历史渊源、北宋诸子与朱熹自然哲学的关系、朱熹自然哲学思想对元明清自然哲学思想的影响等内容，对朱熹自然哲学与西方自然哲学加以比较，揭示朱熹自然哲学的性质、内涵和方法。

《中国科技思想研究文库》（郭金彬、徐梦秋，科学出版社，2004）该文库，已出版《中国传统数学思想史》、《中国技术思想史论》、《道教科技与文化养生》、《中国现代科学思潮》、《先秦名辨学及其科学思想》、《管子的科技思想》、《性别视角中的中国古代科技》。其中，《中国传统数学思想史》（郭金彬、孔国平著）是国内第一部论述中国传统数学思想的学术专著，它集中展示中国传统数学思想的主要特色和发展脉络、理论价值和科学意义。

表2—32　　　　**1992—2005年中国科技思想研究其他成果**

成果名称	作　者	发表刊物（出版社）及时间
中国近代科学的转折	林庆光 郭金彬	鹭江出版社，1992
中国传统科学思想史论	郭金彬	鹭江出版社，1992
苏颂的科学活动与学术思想探究	刘青泉	《厦门大学学报》（哲学社会科学版）1992:1
论沈括的科学创新精神	乐爱国	《厦门大学学报》（哲学社会科学版）1992:4

续表 2—32

成果名称	作者	发表刊物（出版社）及时间
试论徐寿的科学思想	周　济	《科学技术与辩证法》1993:3
《管子》与古代数学	乐爱国	《自然辩证法通讯》1994:2
研究中国传统科学思想	郭金彬	《科学技术与辩证法》1994:5
中国传统科学思想的现代价值	郭金彬	《自然辩证法研究》1996:1
林则徐的科学思想	周　济	《自然辩证法通讯》1997:1
朱熹格物致知论的科学精神及其历史作用	乐爱国 高令印	《厦门大学学报》（哲学社会科学版）1997:1
严复的天演思想对社会转型的催酶作用	罗耀九	《厦门大学学报》（哲学社会科学版）1997:1
齐国科技史	乐爱国	齐鲁书社,1997:6
李约瑟的《管子》思想研究	乐爱国 戴吾三	《自然辩证法研究》1997:12
鲁迅的早期科学技术观研究	刘青泉	《厦门大学学报》（哲学社会科学版）1998:1
严复的科教治国思想	周　济	《自然辩证法研究》1998:6
试论陈嘉庚的科学教育思想	施若谷	《科学技术与辩证法》1999:2
李约瑟评朱熹的科学思想及其现代意义	乐爱国	《自然辩证法研究》1999:3
倡导自然科学与社会科学汇流的先驱——纪念严复逝世80周年	周　济	《科学技术与辩证法》2001:5
儒家文化与中国古代科技	乐爱国	中华书局,2002
刘徽的自然哲学思想及其现代价值	郭金彬	《自然辩证法研究》2002:9
从儒家文化的角度看"西学中源"说的形成	乐爱国	《自然辩证法研究》2002:10
朱熹自然哲学论纲	徐　刚	《自然辩证法研究》2002:11
"算经十书"的数学思想简论	郭金彬	《厦门大学学报》（哲学社会科学版）2003:1
丁拱辰及其《演石骏图说辑要》	郭金彬	《自然辩证法通讯》2003:3
管子的科技思想	乐爱国	科学出版社,2004
刘徽"术"中求术的方法和技巧	郭金彬	《自然辩证法通讯》2004:3
朱载堉新法密率的自然意蕴研究	吴鸿雅	《自然辩证法研究》2005:12

（二）科学技术哲学研究

《法兰克福学派与科学技术哲学》（厦门大学陈振明，中国人民大学出版社，1992）该书着重研究法兰克福学派的科学技术哲学理论，考察其对马克思主义哲学的批判性"重建"，对其理性观、"批评的科学哲学"、"新马克思主义"的自然观和历史观等作了评析。

《理解与科学解释——解释学视野中的科学解释研究》（厦门大学曹志平，社会科学文献出版社，2005）该书在科学解释的哲学研究中，批评性地引入哲学解释的思想和方法，将理解与解释的关系看成是人类科学活动的基本关系，从理解与解释的本体论、认识论和方法论的关系中阐述科学解释，阐明自然科学与人文社会科学解释的辩证关系。

《科学思想的升华——科技创新思维范畴上升论》（郭金彬等，科学出版社，2005）该书对科技创新思维作深层次的理论阐述，建立关于科技创新思维范畴流动、转化的理论。作者对发散与收敛、还原与生成、怀疑与确证、有序与无序、顺向与逆向、循规与越轨、实在与虚拟、建构与解构、兼容与扔弃、简单与复杂、模糊与精确、渐变与突变、线性与非线性、对称与非对称、偶然性与必然性和连续性与间断性这 16 对范畴进行探讨，着重讨论它们之间的联系。

表 2—33　　　　　　　**1992—2005 年科学技术哲学研究其他成果**

成果名称	作 者	发表刊物（出版社）及时间
试论科学方法的移植与渗透的关系	王宗烘	《厦门大学学报》（哲学社会科学版）1992:2
波普对康德哲学的利用和修正	吴开明	《厦门大学学报》（哲学社会科学版）1992:3
化学模拟生物固氮方法论	王 侠	《自然辩证法研究》1992:4
卢卡奇的"批判的科学哲学"理论	陈振明	《科学技术与辩证法》1992:4
论交叉科学发展的相关衍生规律	官 鸣	《科学技术与辩证法》1993:3
量子力学解释群的逻辑与哲学分析	曹志平	《自然辩证法研究》1993:12
论方法上的淘汰与科学发现	盖建民	《科学技术与辩证法》1994:1
走向一种科学技术政治学理论——评"西方马克思主义"关于科学技术政治效应的观点	陈振明	《自然辩证法通讯》1997:2
从现代科学的发展看模式更换的意义及基本途径	盖建民	《科学技术与辩证法》1997:3
弓、箭、矛、盾之喻和自然哲学	刘青泉	《自然辩证法研究》1998:8
"道气"自然哲学思想的辩证发展及现代意义	刘青泉	《自然辩证法研究》1998:10
"模型化"思维论析	盖建民	《科学技术与辩证法》2001:1
试论知识创新信息运动	陈喜乐 廖志丹	《自然辩证法研究》2001:3
论定律解释	曹志平	《科学技术与辩证法》2002:2
技术的哲学理解与哲学意义	周建漳	《自然辩证法研究》2002:6
生物学哲学:科学哲学的新视野	周建漳	《自然辩证法研究》2003:4
论西方科学解释理论的困境及出路	曹志平	《自然辩证法研究》2003:5
论科学事实的解释性	曹志平	《自然辩证法研究》2003:11
信息不对称:筛选、组织、创新	陈墀成	《自然辩证法研究》2003:11

续表 2—33

成果名称	作　者	发表刊物（出版社）及时间
怎么对问题作数学说明	郭金彬	《自然辩证法研究》2003：12
论科学创新思维范畴的上升	郭金彬	《厦门大学学报》（哲学社会科学版）2004：3
客观性与科技的价值性	许斗斗	《自然辩证法研究》2004：5
论失败的科学革命	张玉英	《自然辩证法研究》2004：9
爱因斯坦与数学	刘华秋 郭金彬	《自然辩证法通讯》，2005：3
论科学中的数学观念的革命	陈　玲	《自然辩证法研究》2005：4
论人文、社会科学中的定律解释	曹志平 陈其荣	《自然辩证法研究》2005：5
科学创新思想中实在和虚拟范畴	刘秋华	《自然辩证法研究》2005：5

（三）科技社会与科技文化研究

《信息社会理论辨析》（福建师范大学林可济，福建教育出版社，1992）该书分析"信息社会"理论提出的时代背景、科学技术前提和思想理论渊源，从社会发展阶段的划分、资本主义社会的内在矛盾、资本主义社会的未来等几个方面，对信息社会理论进行分析和解剖。

《现代社会中的科学》（潘世墨、陈振明，浙江科学技术出版社，1994）该书探讨科学的社会本质、科学技术是第一生产力的原理、科学与生产的关系，有独到的历史考察，能直面现代社会中科学发展的新情况、新问题。

《高技术产业化道路探索》（雷德森、黄敬前，人民出版社，1995）该书从理论与实际相结合的角度，考察高技术及其产业化的历史和现状，特别是以沿海地区为重点，阐述沿海地区高技术产业化的机制和模式，研究高技术产业与传统产业的关系，预测高技术产业的发展趋势及其对经济社会的影响，提出高技术产业化的战略设想和对策措施。

《海峡两岸科技资源研究》（官鸣、陈喜乐等，中国社会科学出版社，2000）该书通过对海峡两岸科技财力资源、科技人力资源、科技信息资源、科技发展的社会环境资源及一些重要产业部门的科技资源进行比较研究，阐述两岸科技发展资源的互补性，揭示21世纪两岸间交际与合作的客观基础。

《科学创新论》（郭金彬，安徽教育出版社，2001）该书从考察科学发展的历史出发，论述科学选择与科学创新作理论并探讨实际应用。向读者展示科学渐进与科学突破的酝酿、科学突破与科学创新的图景，阐述了科学选择及其主要方式——科学淘汰与科学汲取，探讨科学创新的方法、途径和科学创新机制。

《**科学规范的内涵、类别、功能、结构和形式**》（徐梦秋，《**自然辩证法通讯**》2004：3）该文应用规范论的一般理论对科学规范的内涵、类别、功能、结构和形式进行系统的阐释，为科学规范论的深入研究提供基础框架。

表 2—34　　　　**1992—2005 年科技社会与科技文化研究其他成果**

成果名称	作　者	发表刊物（出版社）及时间
科学研究中的协同效应	雷德森	《自然辩证法研究》1992：10
狄德罗的科学思想	施若谷	《科学技术与辩证法》1993：2
论社会主义市场经济与科技进步	陈喜乐	《自然辩证法研究》1993：6
近代科学技术与市场经济相关发展的历史考察	周　济 欧阳锋	《厦门大学学报》（哲学社会科学版）1994：2
论科技生产力与物质生产力的相互作用	徐朝旭	《厦门大学学报》（哲学社会科学版）1997：3
试论我国科技政策管理体制的完善	徐　辉	《厦门大学学报》（哲学社会科学版）1998：4
科学技术现代化的伟大思想	周　济	《科学技术与辩证法》1998：6
关于我国科技政策制定工作的思考	徐　辉	《自然辩证法研究》1998：7
海峡两岸科技人才资源的状况比较及优化配置对策探讨（上）	官　鸣 徐治立	《自然辩证法研究》1998：9
海峡两岸科技人才资源的状况比较及优化配置对策探讨（下）	官　鸣 徐治立	《自然辩证法研究》1998：10
科学、技术、社会	徐辉等	北京师范大学出版社，1999
论 21 世纪高校对科技和社会发展的贡献	官　鸣	《厦门大学学报》（哲学社会科学版）1999：1
试论"三家联盟"	刘青泉	《自然辩证法研究》1999：4
中小企业技术创新与风险投资	曹志平 梅其君	《自然辩证法研究》2000：12
论自然科学研究活动中的理性精神	刘德华 施若谷	《自然辩证法研究》2000：12
五四科学精神价值的再认识	徐　辉	《科学技术与辩证法》2001：2
试论科技组织的柔性结构	陈喜乐 邵全辉	《自然辩证法研究》2001：9
论科学活动中越轨行为的界定和分类	盛华根	《自然辩证法研究》2001：10
休闲与 21 世纪人的素质的提高	陈喜乐 盛华根	《自然辩证法研究》2002：6

续表 2—34

成果名称	作　者	发表刊物(出版社)及时间
科学与宗教关系的三个层次	曹志平	《自然辩证法研究》2002：10
科学、价值和规范——从瓦托夫斯基的科学哲学思想谈起	郭金彬	《科学技术与辩证法》2003：1
试论信息时代的科技组织创新	陈喜乐 邵金辉	《科学技术与辩证法》2003：4
无私利性规范的内涵、合理性和适用范围	欧阳锋 徐梦秋	《自然辩证法研究》2004：6
论科学规范的层次结构	盛华根	《科学技术与辩证法》2005：6

（四）生态哲学和可持续发展研究

《可持续发展理论与实践》（厦门大学周济，厦门大学出版社，1999）该书从比较和历史的视角探讨可持续发展的理论内涵、思想渊源、可持续发展与科技的关系、区域的可持续发展等问题，就可持续发展战略实施的保障措施提出建议与对策。

《道教生态学》（乐爱国，社会科学文献出版社，2005）该书是一部全面论述道教生态思想、试图建立"道教生态学"体系的学术专著。作者认为，道教的天地万物与人同源、同构以及同具有道性的本质是道教生态学的自然哲学基础；道教提出的"天人合一"、"天父地母"、"道法自然"是道教生态学的基本理论要素；道教提出"慈心于物"的道德认知，倡导"仙道贵生"的道德情怀，建立"守道而行"的道德准则，构成以生命为中心的道教生态伦理。

《全球生态环境问题的哲学反思》（厦门大学陈墀城，中华书局，2005）该书从世界观、价值观和方法论的角度，考察社会与自然的辩证关系及其历史发展；分析、比较国内外生态环境与社会发展问题研究的进展、特点和成果；探讨解决当代发展与环境的矛盾的途径，并力图建构生态文明的价值追求和理论标准，引导公众广泛参与生态环境保护。

表 2—35　　　　**1992—2005 年生态哲学和可持续发展研究其他成果**

成果名称	作　者	发表刊物(出版社)及时间
论科学技术的生态功能	陈墀成	《厦门大学学报》(哲学社会科学版)1995：4
可持续发展：中国走向未来的必由之路	欧阳锋 周　济	《科学技术与辩证法》1996：4
可持续发展的内涵与思想渊源	欧阳锋 周　济	《厦门大学学报》(哲学社会科学版)1998：2
朱熹环境伦理思想简论	徐　刚	《自然辩证法研究》1999：6

续表 2—35

成果名称	作　者	发表刊物（出版社）及时间
人类中心论的理性重构	陈墀成	《厦门大学学报》（哲学社会科学版）2000：3
关于可持续发展的伦理思考	欧阳锋	《高校理论战线》2000：11
儒家生态思想初探	乐爱国	《自然辩证法研究》2003：12
道教生态伦理：以生命为中心	乐爱国	《厦门大学学报》（哲学社会科学版）2004：5
文化技术语境中的道教养生哲学	谢清果	《自然辩证法研究》2004：11

第八节　宗教学研究

一、学科建设与学术研究

（一）学科建设

福建省宗教学研究的主要力量集中在厦门大学、福建师范大学、华侨大学、福建广播电视大学、福建社会科学院。此外，福建省宗教研究所作为福建省民族与宗教事务厅的直属机构，开展宗教历史与文化、宗教政策法规等研究。1993 年 11 月，福建宗教管理部门干部、各宗教团体代表、宗教研究学者在福州成立福建省宗教研究会，为福建省宗教学科建设提供交流的平台。1996 年，福建师范大学成立宗教文化研究所。1999 年福建师范大学招收福建省首届宗教学硕士研究生。1999 年，厦门大学成立宗教学研究所，主要研究方向是中国道教文化、中国佛教文化、中国民间宗教、宗教学基本理论与当代宗教研究。2001 年，华侨大学成立宗教文化研究所，任继愈应邀担任名誉所长，主要研究方向有华侨华人宗教文化研究、道教与中国文化研究、闽台民间信仰研究、儒教文化研究、佛教文化研究等。2003 年 5 月，厦门大学道学与传统文化研究中心成立，7 月，厦门大学哲学系、闽南佛学院联合组建"厦门大学佛学研究中心"。2005 年，厦门大学哲学系获得宗教学博士学位授予权。

（二）学术研究

1992—2005 年，福建省的宗教学研究以道教研究、佛教研究、闽台宗教与民间信仰研究、海外华人宗教信仰研究、宗教学理论研究等为主要研究方向。1997 年 1 月，福建省民族与宗教事务厅主办的《福建宗教》创刊，为福建省宗教学术研究者提供一个发表研究成果的媒介。同年 8 月，由厦门大学宗教学研究所主办的道教文化研究学术辑刊《道韵》第一辑出版，截至 2003 年共出版 12 辑。2003 年 6 月《道韵》获国际刊号 ISSN1728－7642，更名为《道学研究》半年刊，由厦门大学宗教学研究所、道学与传统文化研究中心、香港蓬瀛仙馆联合主办，福建省道教协会协办。

这一时期，福建省宗教学研究者先后获得 11 项国家社会科学基金项目，分别是：道教符号学与神秘主义研究（福建师范大学詹石窗，1996）、闽台宗教壁画研究（福建师范大学林国平，1999）、闽台宗教的世俗化和非世俗化（厦门大学李文睿，2001）、全球化时代的文化冲突与宗教文化对话（集美大学高长江，2002）、妈祖信仰的文化认同功能研究（福建师范大学陈宜安，2003）、中国宗教思想的历史发展研究（厦门大学詹石窗，2004）、道教金丹派南宗研究（厦门大学盖建民，2004）、福建民间信仰的历史、现状、特点、作用与对策研究（福建省委党校刘大可，2004）、中国道教伦理思想史（厦门大学乐爱国，2005）、海外华人宗教信仰研究：东南亚华人民间宗教之建构与现状（厦门大学曾玲，2005）、海外华人宗教信仰研究：当代东南亚华人基督教与民间信仰的比较（福建师范大学朱峰，2005）。获得 4 项教育部人文社会科学基金项目，分别是：闽南民间信仰问题研究（厦门大学颜亚玉，1996）、道教与中国养生文化（詹石窗，2001）、道教生态学研究（乐爱国，2001）、台湾宗教信仰对台湾政策的影响与对策（林国平，2001）。获得 11 项福建省社会科学规划项目。

这一时期，共出版论著 33 部，在公开刊物发表论文 200 余篇。一批成果获奖，其中获第一届中国高校人文社会科学研究优秀成果奖二等奖 1 项：《林兆恩与三一教》（林国平，福建人民出版社，1992）；获福建省社会科学优秀成果奖 12 项，分别是：《汉唐佛教社会史论》（第二届二等奖，福建省委党校谢重光）、《林兆恩与三一教》（第二届二等奖，林国平）、《福建民间信仰源流》（第三届一等奖，福建社会科学院徐晓望）、《道教文化新典（上、下）》（第三届二等奖，詹石窗）、《利马窦与中国》（第三届二等奖，福建师范大学林金水）、《中国教会学校史》（第三届二等奖，福建师范大学高时良）、《福建民间信仰》（第三届三等奖，林国平、彭文宇）、《道教艺术的符号象征》（第四届二等奖，詹石窗）、《道教医学》（第五届一等奖，盖建民）、《"庚子教难"初探》（第五届二等奖，林金水、谢必震）、《"五四"作家与佛教文化》（第五届二等奖，福建师范大学哈迎飞）。

（三）学术会议

1993 年 11 月，省宗教研究会主办首届年会，收到论文 36 篇，并从中遴选 33 篇于 1995 年结集出版。

1994 年 5 月，中国武夷佛教医药研究所发起并主持召开的首届中国武夷佛教医药学术暨传统医药文化学术研讨会在武夷山举行，国内 14 个省市和新加坡代表共 93 人与会，征集论文 110 多篇，参与会议交流 75 篇，在回顾佛教医药文化发展历史的基础上，着重从文献、思想诸层面论证佛教医药学是中国传统医药学的重要组成部分。

1997 年 6 月，省政协民族宗教委员会和省宗教研究会主办的纪念中共中央中发〔1982〕19 号文件（《关于我国社会主义时期宗教问题的基本观点和基本政策》）下达 15 周年研讨会暨省宗教研究会一届三次理事会在福州召开。会议收到论文 43 篇，并选出 38 篇结集出版。

1999 年 8 月，厦门大学宗教学研究所和武夷山道文化开发研究中心等单位共同举办的'99 武夷山道文化学术研讨会在武夷山召开。四川大学、厦门大学、中国社会科学院、北京大学、福建师范大学等国内 10 多家科研院所高校，日本、比利时等国家和地区的 60 多位专家学者参加，道教研究专家卿希泰教授、中国道教协会张继禹副会长等与会，收到论文 50 多篇，会议围绕道教金丹派南宗、武夷山道文化在中国道教史上的影响与地位等问题进行讨论。

2004 年 11 月，厦门大学佛学研究中心与中国佛教协会、中国佛教文化研究所、闽南佛学院、厦门大学哲学系联办的佛学研究方法与佛教文化建设学术研讨会在厦门大学和闽南佛学院召开。中国社会科学院世界宗教研究所、北京大学、中国人民大学、南京大学、"台湾中华佛教研究所"、国立政治大学等单位的专家共 80 余人参与会议，与会代表围绕"佛学研究方法论"、"佛教与佛学"和"佛教教育与佛教诠释学"三个主题进行探讨。

2005 年 4 月，厦门大学人文学院、《东南学术》杂志社主办，厦门大学哲学系、厦门大学道学研究中心承办的国际道学与思想文化学术研讨会在武夷山召开。日本、韩国、新加坡与中国香港、台湾和大陆专家学者近百人参加。研讨会从文史哲以及医学养生、天文历算等多学科角度探讨传统"道学"的内涵和现代价值。

二、主要学术成果

（一）道教研究

《论道教拟兆》（詹石窗，《世界宗教研究》1996：2）该文认为，中国古代，对于"拟兆"问题一向颇为重视，先民力图通过征兆预测来事的吉凶，由最初的自然物象到后来的人工符号作为征兆；后来则对自然物象进行模拟或抽取，并以人工符号作为其代表，这种人工符号具有拟兆的意义。在道教典籍中，这种拟兆的资料很多。作者从文学作品《鼓掌绝尘》所反映的道教文字拟兆——签诗入手，进而搜罗《道藏》中的大量拟兆，分析其原型与思想内容、艺术特征，认为从其社会功能看，道教文字拟兆的设立对社会的安定具有积极意义。

《道教艺术的符号象征》（詹石窗，《中国社会科学》1997：5）该文运用文化符号学的方法，指出道教艺术本身就是一个符号象征系统。该文区分道教艺术的自然符号与人工符号之特性和功能，考察具象符号与抽象符号在道教艺术中的不同表现及其象征蕴含。在此基础上，从道教艺术的审美功能上发掘隐含于道教艺术中的人的精神，说明道教的生命意识在很大程度上就是通过符号象征来体现的。道教艺术之所以充满生命的气息和律动，正在于关注生命的精神的作用，也正因为此，这种艺术形式才闪烁着独具魅力的美的灵光。

《易学与道教思想关系研究》（詹石窗，厦门大学出版社，2001）该书是当代将易学与道教思想两者联系起来进行系统研究的代表性成果。全书分为三编：易学与道教思想关系之基础、易学与道教思想关系之建立、易学与道教思想关系之衍扩。作者运用符号学的方法对《周易》卦象以及道教体系中的各种符号进行重新解释，弄通其深层的隐义，揭开其神秘的面纱。在论述《周易》体系中八卦起源的问题时，则使用文化人类学的方法，从人的"自我意识"方面加以分析，超越前人从"物"的方面去寻找原因的简单做法。

《道教医学》（盖建民，宗教文化出版社，2001）该书运用史料稽考和统计分析相结合的研究方法，具体考察道教医学流派产生的渊源及其演变发展的历史轨迹；分析道教医学的概念内涵、宗教神学色彩、独特医学模式以及符咒治病术的医学底蕴等方面都作了深入的理性分析，并提出见解；探讨道教与中国传统医学发生关联的内在逻辑，阐明道教尚医的原因及道教医学形成的宗教哲学基础，并对传统医学思想、思维模式在道教义理、修仙方法论的建构的发展中的作用进行研究。

《试论道教"三清"信仰的宗教内涵及其历史演变》（华侨大学黄海德，《世界宗教研究》2004：2）该文就道教"三清"信仰在不同历史阶段的演变过程及其宗教内涵进行探讨。作者认为，从宗教文化与历史的角度来看，道教的"三清"信仰并非是自道教创始就有的，而是从汉魏至唐宋，经历漫长的历史过程才衍变成型的。广义的"三清"信仰包括"三清仙境"信仰、"三宝神君"信仰、"三洞真经"信仰和"三清尊神"信仰等几种不同的形态。这些信仰的内容与形态在历史上既有联系、又有区别，先后相续，几经演变，最后才定型成为"三清"信仰，成为宋明以来道教各派奉祀的最高尊神。

表 2—36　　　　　　　**1992—2005 年道教研究其他成果**

成果名称	作者	发表刊物（出版社）及时间
易学与道教文化的融通关系略论	詹石窗	《哲学研究》1992：8
《道教文化新典》（上、下）	詹石窗主编	上海文艺出版社，1999
道教符咒治病术的理性批判	盖建民	《世界宗教研究》1999：4
南宋金元道教文学研究	詹石窗	上海文化出版社，2001

续表 2—36

成果名称	作　者	发表刊物（出版社）及时间
闵一得与道教"医世"思想	盖建民	《世界宗教研究》2002：1
道教与传统医学融通关系论析	盖建民	《哲学研究》2002：4
《〈道枢〉及其养生思想考析》	黄永锋	《自然辩证法通讯》2004：6
道教科学思想发凡	盖建民	社会科学文献出版社，2005
道教生态学	乐爱国	社会科学文献出版社，2005

（二）佛教研究

《福建佛教史》（厦门大学王荣国，厦门大学出版社，1997）该书从佛教史料和福建地方史料出发，运用历史学的方法，清理、追寻出福建佛教自身发展的轨迹，比较系统地反映历史上福建佛教的基本面貌，基本厘清佛教天台宗、慈恩宗、华严宗、净土宗、禅宗和密宗等宗派在福建传布的情形，其中，在探讨禅宗在福建的传布时，采取分派别、支系阐述其师资承传的方法，同时尽可能以佛教史籍记载与地方史籍相印证、补充，通过坐实的考证，确定某位禅师在闽传法的确切地点和大致年代，有不少史料属首次披露，订正佛教史籍或地方史籍记载中的一些疏忽。

《黄檗禅哲学思想研究》（厦门大学刘泽亮，湖北人民出版社，1999）该书从中唐社会转型、文化异动的广阔背景来阐释黄檗希运思想的产生及其时代特征，从黄檗希运及其禅学思想出现的社会历史背景，阐述其历史过渡性；从分析黄檗希运的禅思想渊源出发，依据其与牛头、老庄的关系，探讨它的老庄化特色及道禅品格；从黄檗希运禅学与洪州禅学、临济禅学相关联的视角，探讨其历史定位；根据《传心法要》和《宛陵录》，分别探讨黄檗希运禅学卓越的整体智慧、禅悟智慧、传释智慧和解脱智慧，探讨其思辨结构；通过对黄檗希运与宰相裴休、唐宣宗李忱关系的分析，阐释黄檗希运禅学与官僚士大夫的互动性及其历史影响；以现代西方生存哲学为参照系，审视黄檗希运禅学的现代意义。

《唐代福建佛教流派及其对外交流》（徐晓望，《福建省委党校学报》2002：6）该文考察唐代福建的佛教流派，包括律宗、法相宗、华严宗、净土宗，指出唐末五代在福建流行的佛教流派中以禅宗南宗最为繁盛。福建与广东、江西等地成为禅宗传播的中心，也是当时海内外佛教交流的一个中心区域，在福建文化史和中国佛教史上都具有不可忽略的崇高地位。

《易相与禅说》（厦门大学刘泽亮，《厦门大学学报》2003：6）该文首先探讨禅宗借易说禅的两个系统，即南岳怀让一系以圆相、阴阳说禅，青原行思一系以五位、圆相说禅；其次，分析禅宗借易说禅的哲学意义，认为禅宗以易的阴阳变化与图像思维巧妙地创造禅宗新的言说方式，是禅易会通的杰作，导致禅的易化与易的禅化；同时，其所构建的禅宗易学，丰富禅宗和易学的思想宝库，在禅易思想史上具有一定意义。

表 2-37　　　　　　　　　1992—2005 年佛教研究其他成果

成果名称	作　者	发表刊物（出版社）及时间
《传心法要》的逻辑结构	刘泽亮	《世界宗教研究》1995；4
缘起论的基本问题	吴　洲	佛光山文教基金会，2001
"五四"作者与佛教文化	哈迎飞	上海三联书店，2002
敦煌密教文献论稿	李小荣	人民文学出版社，2003
佛经字词考释	曾　良	《语言科学》2004；3
佛教妇女境遇和佛教妇女运动	白玉国	《世界宗教文化》2005；4

（三）闽台宗教与民间信仰研究

《林兆恩与三一教》（林国平，福建人民出版社，1992）该书以从民间搜集的数十种三一教文献为基础，考察林兆恩弃名学道，于明嘉靖三十年（1552）创立三一教，并终身倡导、传布三一教的生平事迹，基本厘清三一教兴衰嬗变及其在东南亚的影响。指出林兆恩所创立的三一教是以三教合一、宗孔归儒为宗旨的民间宗教，并对林兆恩的三教合一思想体系和"九序心法"的来源、修持方法和特点作分析。该书后有附录"林兆恩生平事迹年表（1517—1598）"和"国内现存三一教著作一览表"。

《福建民间信仰》（林国平、彭文宇，福建人民出版社，1992）该书探讨福建民间信仰的产生、发展与演变，介绍福建的自然崇拜、祖先与祖师崇拜、女神崇拜、道教俗神崇拜、佛教俗神崇拜以及福建民间信仰对福建文化的影响及其在台湾和东南亚的传播与影响。作者认为福建民间信仰源远流长，早在 4000 年以前就产生了原始宗教。福建特定的自然地理条件和社会历史条件在不同时期对福建民间信仰的产生和发展起到制约和影响。指出福建民间信仰有功能性与实用功利性、多神教与融合性、区域性与宗族性等主要特征。

《福建民间信仰源流》（徐晓望，福建教育出版社，1993）该书内容涵括福建古代图腾崇拜溯源、福建古代精灵崇拜溯源、秦汉六朝闽中人格神信仰的起源、福建与全国民间信仰的交流，涉及自然崇拜、祖先崇拜、行业崇拜、俗神崇拜等闽台民间信仰的诸种类型。作者对各种民间崇拜的方式及相关的仪式规则做了剖析与比较，专门阐述其与民间歌舞戏剧、宫庙壁画的互相作用、互相影响。不仅探究闽台两地民间信仰的传承演变，并对其背景、特征及社会历史意义进行分析。

《福建宗教史》（厦门大学陈支平，福建教育出版社，1996）该书是一部福建宗教演变史著作。全书共分五编，包括：道教在福建的传播与发展、三一教的形成与演变、自晋代至民国福建佛教的传播与发展、摩尼教与伊斯兰教在福建的传播、鸦片战争以前至近代基督教在福建的传播与发展。分析福建宗教与福建社会文化结构、福建宗教的信仰层次与发展趋向等。作者认为，福建作为中国晚开发的地区，汉晋以来随着士民的不断南迁，佛、道等宗教也随之广为传播；同时，福建地处东南沿海，得对外交通之利，外来宗教的传入和中国宗教的对外交流也较为频繁，使福建宗教带上福建文化的显著标志。

《晚唐至宋福建地区的造神高潮》（厦门大学颜章炮，《世界宗教研究》1998：3）该文指出，从晚唐到宋代，福建地区出现一个造神高潮。这一时期是福建民间信仰的整合时期，造神高潮是整合过程的必然。而晚唐至宋代封建统治者的佞佛、崇道、信巫，对地方造神活动则起了推波助澜的作用。同时，这一高潮的出现还与当时福建的自然地理条件及社会经济活动有着密切关系。

《客家民俗佛教定光佛信仰研究》（谢重光，《佛学研究》2000）该文首先考察定光大师活动的时代和区域，认为其生于五代闽国龙启二年（934），卒于宋大中祥符八年，其活动路线与客家先民的南迁活动完全相同。定光大师确有其人，后来逐渐被神化；作者在考察了五代宋初闽粤赣边的社会状况和主流信仰基础上，认为定光佛信仰是在取代当时闽粤赣边尚鬼信巫恶俗的背景下逐步形成和传播的；通过考察了定光佛信仰的形成和传播，认为定光佛信仰于北宋初年起源于闽西客家，大体上与闽西大量接受外来移民的时间相一致，它是客家民系酝酿形成时期选择的主要意识形态，后来经由闽西客家的对外移民和对外交往传播至各客家住区，成为客家人最主要的信仰。

《试论艾儒略对福建民间信仰的态度其及影响》（厦门大学张先清，《世界宗教研究》2002：1）该文选取明末在福建长期活动的意大利籍耶稣会士艾儒略作为研究个案，作者认为，艾儒略等耶稣会士的"辟邪"言论，客观上迎合晚明以降东南正统知识界崇正黜邪、打击民间通俗文化的要求，对明末天主教在华传播及其后"礼仪之争"产生程度不同的影响。

《台湾基督教史》（福建师范大学林金水主编，九州出版社，2003）该书记录台湾基督教近380年从"手术刀"到"出头天"历史，反映祖国大陆与台湾不可分割的历史渊源与民族情感。主要分为以下几个部分：荷据时期（1624—1662）、清朝统治时期（1858—1895）、日据时期（1895—1945）、战后时期（1945—2001），以及作为附录部分的台湾基督教大事记等相关内容。

《福建原始宗教的文化内涵——以昙石山文化为例》（厦门大学钟礼强，《厦门大学学报》2004：2）该文指出，宗教是一种特殊的社会意识形态。在原始时代，人们往往把自然现象超自然化，迷信万物有灵，崇拜自然万物，并且支配着人们的各种活动。远古时代昙石山文化的拔牙、割体葬仪、原始巫术与图腾崇拜的内涵，透露出福建史前原始宗教的基本特点。

表 2—38　　　　**1992—2005 年闽台宗教与民间信仰研究其他成果**

成果名称	作　者	发表刊物（出版社）及时间
基督教与福建民间社会	陈支平 李少明	厦门大学出版社,1992
吴真人与道教文化	厦门吴真人 研究会	厦门大学出版社,1993
福建三一教现状的调查研究	林国平	《中国研究月报》（日本）1993:3
中国教会学校史	高时良	湖南教育出版社,1994
试论艾儒略传播基督教的策略与方法	林金水	《世界宗教研究》1995:1
神庙祭典与社区发展模式——莆田江口平原的例证	郑振满	《史林》1995:1
闽台宗教祭祀与地方戏剧	林国平	《福建师范大学学报》（哲学社会科学版）1995:2
利玛窦与福建士大夫	林金水	《文史知识》1995:4
闽台宗教祭祀对地方戏剧的影响	林国平	《文史知识》1995:4
三山国王信仰考略	谢重光	《世界宗教研究》1996:2
关于福建民间信仰问题的思考	徐晓望	《东南学术》1997:1
厦门宗教	高令印等	鹭江出版社,1999
福州市宗教志	姚午生	福建人民出版社,2000
福建佛教与民间信仰	徐晓望	《法音》2000:1
福建民间信仰	林国平 彭文宇	福建人民出版社,2001
传统宗教与民间信仰在海峡两岸交流中的作用	詹石窗	《世界宗教研究》2001:4
佛教的外衣,道教的内容:福建民俗佛教论略	谢重光	《福建省委党校学报》2001:5
从文化层面透视福建民间信仰	麻健敏	《福建论坛》2001:6
论闽台民间信仰的社会历史作用	林国平	《福建师范大学学报》（哲学社会科学版）2002:2
闽台民间信仰的由来及发展	林国平	《台湾研究》2002:2
闽台宫庙间的分灵、进香巡游及其文化意义	范正义 林国平	《世界宗教研究》2002:3
海洋神灵——中国海神信仰与社会经济	王荣国	江西高校出版社,2003
台湾基督教史述论	林金水	《福建师范大学学报》（哲学社会科学版）2003:3
闽台民间信仰与两岸关系的互动	林国平	《江西师范大学学报》2003:4

续表 2—38

成果名称	作　者	发表刊物（出版社）及时间
近代福建基督教的两大重要地位	李少明	《世界宗教研究》2003：4
福建宗教文化	何绵山	天津社会科学院出版社，2004
福建民间信仰的现状、特点和发展趋势	林国平	《东南学术》2004：1
福建原始宗教的文化内涵——以昙石山文化为例	钟礼强	《厦门大学学报》（哲学社会科学版）2004：2
张圣君信仰与两宋福建民间造神运动	俞黎媛	《福建师范大学学报》（哲学社会科学版）2005：1
美国公理会传教士卢公明与晚清福州民间信仰	林立强	《世界宗教研究》2005：2
现代福建基督教的历史总结(1949—1964)	李少明	《世界宗教研究》2005：4
清代御赐天后宫匾额及其历史背景	蒋维锬	《莆田学院学报》2005：4
论瑜伽教与《西游记》的众神世界	徐晓望	《东南学术》2005：5
台湾宫庙壁画源流	林国平	《中华文化画报》2005：10

（四）妈祖信仰与妈祖文化研究

《闽西客家地区的妈祖信仰》（谢重光，《世界宗教研究》1994：3）该文提出闽西客家妈祖信仰具有两种形态，一种分布在水道沿岸，仍以保护航运的平安顺利为目的，其本质与沿海地区作为海神奉祀的妈祖信仰是相通的。另一种形态是与河流水路无关，随意建在村中，甚至建在高山上，此一形态对妈祖信仰的性质作了根本改造，按照客家山区人民的生活风貌和现实愿望来重塑妈祖形象，使之成为客家山乡守护神。此外，本文考证出妈祖信仰传入闽西的时间大约在南宋绍定年间或稍早，传入路线则是经由汀江至韩江航运路线的沟通，由潮州传至汀州的。

《妈祖信仰与儒、释、道三教的交融》（谢重光，《汕头大学学报》1997：5）该文论证妈祖信仰在发展演变过程中，儒、释、道三教都竞相对妈祖信仰渗透和施加影响，体现宋代以降三教与闽江学院互相融合的趋势。

《澳门的商业经济与妈祖信仰》（厦门大学陈衍德，《世界宗教研究》1998：1）该文探讨澳门的商业经济与妈祖信仰的关系。认为妈祖信仰在澳门流行是随着福建人移民此地并从事贸易而出现的，海上保护神妈祖因而兼具财神的性质。妈祖作为商业守护神，在澳门的渔商关系中扮演信用担保者的角色，反映出这一民间信仰与传统经济模式的互为适应关系。妈祖信仰还通过对各种中国传统宗教信仰的广泛吸取与渗透来间接地与澳门商业经济产生互动。妈祖信仰逐渐被澳门中外人士所普遍认同，成为一种商业进取精神。

《从澳门民俗看当地居民的妈祖信仰——兼与中外各地妈祖崇拜的比较》（陈衍德，《世界宗教研究》1999：4）该文以实地调查和量化分析为依据，论述澳门居民的妈祖崇拜具有的民俗与民间信仰的双重性质。这种崇拜既构成澳门渔民生活方式的一个要素，又成为澳门陆上居民生活习俗的一个组成部分。在与中外各地进行的比较中，可以看出崇拜妈祖的民俗活动在澳门具有集中和一致的特点。而妈祖崇拜与各宗教信仰的融会贯通，在澳门则具有兼备东、西方两个不同文化向度的特点。

《妈祖文化的人文价值及其遗产保护》（福建师范大学人类学研究所妈祖文化保护研究中心，陈宜安等执笔，《光明日报》2003.11.18）该文认为，妈祖信仰作为一种民间文化已有上千年的历史，在中国沿海地区拥有众多的信众，不仅从福建传播到台湾，并随着华人足迹传播到世界各地，成为联系世界华人民族精神的重要内容。妈祖信仰含有丰富的人文价值：妈祖形象成为人们心目中善良、智慧和正义的化身；妈祖文化反映了一种世界大同的崇高理想和深切的人文关怀；妈祖信仰的文化活态性和群众性，使其成为中华民族的文化纽带，尤其是海峡两岸文化交流的桥梁和精神纽带。在充分发挥妈祖信仰的文化纽带作用的同时，要大力保护和研究妈祖文化这份珍贵的历史遗产和文化资源。

表 2—39　**1992—2005 年妈祖信仰与妈祖文化研究其他成果**

成果名称	作　者	发表刊物（出版社）及时间
海内外学人论妈祖	林文豪主编	中国社会科学出版社，1992
妈祖的传说	王武龙主编	海峡文艺出版社，1992
妈祖世谱考论	谢重光	《东南文化》1992：1
试论华侨华人妈祖信仰的文化特征及其发展趋势	李天锡	《华侨华人历史研究》1992：3
福建商人与妈祖信仰	张桂林 罗庆四	《福建师范大学学报》（哲学社会科学版）1992：3
莆田妈祖文化旅游［摄影集］	妈祖文化旅游节组委会编	外文出版社，1994
霞浦松山天后宫	陈国强 林华章主编	海峡文艺出版社，1997
论妈祖民间传说、民间信仰之形成	汪梅田	《民间文学论坛》1996：1
闽南粤东妈祖信仰与经济文化的互动：历史和现状的考察	陈衍德	《中国社会经济史研究》1996：2
澳门的渔业经济与妈祖信仰	陈衍德	《中国社会经济史研究》1997：1
有关妈祖信仰研究的几点思考	朱天顺	《台湾研究集刊》1997：3
论妈祖与中国海洋文化精神	徐晓望	《东南学术》1997：6

续表 2—39

成果名称	作　者	发表刊物(出版社)及时间
福建人与澳门妈祖文化渊源——兼与谭世宝先生商榷	徐晓望	《学术研究》1997:7
福建省漳浦、东山二县的妈祖信仰	谢重光	《妈祖信仰国际学术研讨会论文集》,财团法人北港朝天宫董事会、台湾省文献委员会编印,1997:9
澳门的商业经济与妈祖信仰	陈衍德	《世界宗教研究》1998:1
妈祖研究	许在全主编	厦门大学出版社,1999
妈祖传奇故事	柳　滨	海峡文艺出版社,2000
浅谈泉州与妈祖封神	王　耕	《世界宗教研究》2000:4
海神妈祖	吴玉贤主编	外文出版社,2001
试论妈祖信仰的社会功能	谢重光	《福建省委党校学报》2002:1
施琅与妈祖信仰的传播	徐　斌	《施琅研究》2002:6
妈祖真迹	林庆昌	中山大学出版社,2003
妈祖文化	黄国华	福建人民出版社,2003
妈祖传奇	柳　滨	海潮摄影艺术出版社,2003
从妈祖祭典仪式看两岸文化关系	陈宜安	《中国宗教》2003:1
试论妈祖信仰的文化纽带作用	陈宜安	《世界宗教研究》2003:3
试论闽台地区妈祖信仰文化旅游资源开发	胡荔香	《亚太经济》2003:3
"天后"、"天上圣母"称号溯源	蒋维锬	《莆田学院学报》2004:1
妈祖文化:建构东亚共同体的重要精神资源	谢重光	《福建省委党校学报》2004:2
"妈祖"名称的来源	郭志超	《世界宗教文化》2004:2
妈祖研究资料目录索引	蒋维锬 郑丽航主编	海风出版社,2005
历代妈祖诗咏辑注	莆田学院妈祖文化研究所汉语言文学系合编	中国文史出版社,2005
中国传统人物画系列——妈祖	周秀廷绘	福建美术出版社,2005
天妃附会碧霞元君封号考	郑丽航	《莆田学院学报》2005:6

（五）海外华人宗教信仰研究

《试论菲华社会的宗教融合》（陈衍德，《世界宗教研究》1995：1）该文对菲律宾华人的宗教融合进行探讨。作者认为，在西班牙和美国分别殖民统治菲律宾时期，华侨在信仰佛、道二教的同时，也逐渐接受天主教和基督教，为日后菲华社会的宗教融合提供历史依据。当代菲律宾华人社会的宗教融合，表现为华人家庭内部各种宗教信仰的并存与交融，以及社会上各种宗教信仰相互渗透与融合。这种宗教融合的思想基础，一是功利主义的信教动机，二是对各种宗教均教人行善这一共同点的认识。菲律宾华人社会的宗教融合是文化融合的一种表现，但从未来趋势看，容纳中华文化的进程仍将继续。

表 2—40　　　　　**1992—2005 年海外华人宗教信仰研究其他成果**

成果名称	作　者	发表刊物(出版社)及时间
试析菲律宾华人宗教信仰的经济动机	陈衍德	《南洋问题研究》1994:1
菲华道教与文化传播	陈衍德	《中国文化研究》1995:1
从澳门民俗看当地居民的妈祖信仰——兼与中外各地妈祖崇拜的比较	陈衍德	《世界宗教研究》1999:4
从澳门庙宇看澳门华人文化特色	徐晓望	《福建论坛》(经济社会版)2002:5
华侨华人传统宗教的世俗化与非世俗化——以东南亚华侨华人为例的研究	张禹东	《宗教学研究》2004:4

（六）宗教学其他领域研究

《宗教现象的文化学研究》（华侨大学张禹东，海峡文艺出版社，1999）该书从文化学的视角对宗教现象进行分析。该书分为宗教，一种文化现象；宗教文化的发生机制；宗教文化的基本历史形态——原始宗教文化、民族宗教文化、世界宗教文化；宗教文化的基本要素；宗教文化的系统结构；宗教文化的系统功能；宗教文化的基本特征；宗教文化与现代化等十章。该书既有知识的叙说，又有理论的阐释；既有历史的反思，又有现实的映射。通过从纵向与横向、历史与现实的交错上，从雅、俗二层面的协调与统一上，对宗教文化的发生、发展历程进行描述，对宗教文化的基本要素、结构、功能与特征进行分析与概括。

《宗教伦理与世俗道德》（厦门大学刘泽亮，《道德与文明》1999：2）该文指出，宗教伦理与世俗道德的关联，从共时态而言，它们相互依赖、相互渗透、相互转化；从历时态而言，则经历一个由合到分、由同一到冲突、又由分到合的曲折过程。宗教伦理调整人与人、人与自身关系部分的道德规范，对世俗道德具有直接的借鉴作用，而调整人与神关系部分的道德规范，在一定意义上也对世俗的人伦关系产生影响，尤其是在现代宗教世俗化运动中，宗教伦理对世俗道德产生愈来愈大的渗透力。作者认为，在充分发挥宗教伦理在道德建设中积极作用的同时，充分尊重人的自由意志和张扬人的个性，是当下道德建设面临的紧迫任务。

《**中国宗教学概论**》（厦门大学吴洲，台北中华道统出版社，2001）该书是在台湾出版的一本中国宗教学方面的概论性著作。该书在叙述有关史实的大体脉络的基础上，试图为读者提供分析宗教现象特别是中国宗教现象的一个理论参考框架。共分为宗教学的基本问题；中国宗教的派别源流；中国宗教的本质与特征；中国宗教的基本要素和中国宗教的存在基础与基本功能等五个部分。该书的重要特点在于，作者将中国宗教的本质与传统的农业文明结合起来讨论，并把中国宗教的基本特征概括为现世性、中和性、宗法性与包容性，并分析中国所处的农业生态环境特点，以及人口、移民和战争等中国宗教的基本面貌、历史走势和思维方式的影响。

《**现代普世伦理吁求与多元宗教对话**》（张禹东，《宗教学研究》2003：2）该文从现代普世伦理吁求具有深刻的宗教背景和宗教基础、普世伦理并非宗教伦理而是人类社会基本的道德共识和普遍的道德诉求、在多元宗教对话中寻求普世伦理的建构等三个方面进行分析，认为在多元宗教对话中寻求普世伦理建构问题实际上涉及普世伦理的宗教文化间性问题，即多元宗教文化传统之间的交际、沟通和对话问题，宗教多元化已经成为当今人类社会生存的一种现实，应该本着不带成见、消除褊狭、和而不同的原则寻求不同宗教文化传统之间的对话和交往，以期顺应现代普世伦理建构的需求。

表2—41　　　　　　　**1992—2005年宗教学其他领域研究其他成果**

成果名称	作　者	发表刊物（出版社）及时间
马列主义关于无产阶级政党对待宗教基本政策和理论的一个重大发展——学习中央19号与6号文件的体会	林金水	《福建省社会主义学院学报》1994：1
市场经济与中国宗教走向探索	林兆荣	《世界宗教研究》1994：2
基督教教育与中国社会变迁	黄新宪	福建教育出版社，2000
宗教：世纪之交的多视角思维	福建省宗教研究会编	厦门大学出版社，2000
宗教裁判所——异端之锤	何开松译	辽宁教育出版社，2001
科学与宗教关系的三个层次	曹志平	《自然辩证法研究》2002：10
全球化格局中的东南亚穆斯林	陈衍德	《当代亚太》2005：3
书写和口传：中国宗教的两种类型	蒋海怒高长江	《学海》2005：4

第三章 理论经济学研究

第一节 政治经济学研究

一、学科建设与学术研究

（一）学科建设

福建政治经济学学科建设和研究力量，主要集中在厦门大学和福建师范大学。此外，福建社会科学院、福建省委党校、华侨大学、泉州师范学院等研究机构和高校也聚集一批相关研究领域的学者。

厦门大学1981年开始招收政治经济学硕士研究生；1986年获得硕士学位授予权；同年获得政治经济学博士点；1998年获批国家经济学基础人才培养基地；1999年，理论经济学博士后科研流动站获准设立，同年，政治经济学成为福建省重点学科；2000年，以"政治经济学"和"世界经济"牵头的"理论经济学"被国务院学位委员会批准为一级学科博士学位授予点；2001年，政治经济学被评为国家重点学科。

福建师范大学1986年获得政治经济学硕士点，1992年获批省级重点学科；1993年获批博士学位授予点，成为当时全国省属高校以及全国高等师范院校第一个政治经济学博士点；1994年开始获准招收政治经济学专业单招研究生；1995年成为省"211工程"重点学科；1998年经教育部批准建立国家经济学基础人才培养基地，这是我国高等师范院校唯一的国家经济学人才培养基地；1999年建立了理论经济学博士后科研流动站；2000年和2005年政治经济学均被评为省级重点学科，2005年经省教育厅批准成为福建省高等学校人文社会科学研究基地。

（二）学术研究

福建省政治经济学研究，相对集中在马克思主义政治经济学理论发展与创新、社会主义市场经济理论、社会主义经济体制改革等领域。1992—2005年，福建省政治经济学研究获得14项国家社会科学基金，分别是：我国经济特区发展研究（厦门大学郭哲民，

1992）、社会主义产权经济学研究（厦门大学吴宣恭，1993）、国有资产存量的结构调整与优化配置问题研究（厦门大学李文溥，1994）、市场经济条件下宏观调控模式研究（厦门大学陈浪南，1994）、中国市场经济过渡模式的理论分析与国际比较（厦门大学陈甬军，1996）、国有资产实行资本化经营的理论研究（厦门大学胡培兆，1997）、股份合作制经济问题研究（福建师范大学郭铁民，1998）、国有经济战略调整和国有企业改组问题研究（吴宣恭，2000）、走中国特色的城镇化道路问题研究（陈甬军，2003）、深化体制改革中的利益兼容问题研究（福州大学周小亮，2003）、农村土地适度规模经营及相关问题研究（福建师范大学林善浪，2004）、当代西方"新政治经济学"研究（厦门大学黄新华，2004）、从推动20世纪两次逆向经济体制转型的实践透视马克思经济学与西方经济学的科学价值（厦门大学靳涛，2005）、马克思分工和经济组织理论研究（厦门大学林金忠，2005）。获得了4项教育部人文社会科学研究项目，分别是：社会主义现代企业制度的理论与实践（胡培兆，"九五"规划项目）、中国企业产权交易市场构造与运行机制研究（陈甬军，"九五"规划项目）、论有效供给（胡培兆，"十五"规划项目）、社会主义市场经济秩序理论研究（陈甬军，"十五"规划项目）。

1992—2005年，福建政治经济学学科领域在国家级核心期刊上共发表200多篇学术论文，出版60余本著作和教材。获教育部人文社会科学优秀成果奖4项：《社会主义城市地租研究》（第二届二等奖，福建师范大学陈征）、《中国地区间市场封锁问题研究》（第二届三等奖，陈甬军）、《社会主义国有资本论》（第三届三等奖，胡培兆）、《产权理论比较——马克思主义与西方现代产权学派》（第三届三等奖，吴宣恭）；获中共中央宣传部"五个一工程"优秀理论文章奖1项：《十五大报告对邓小平经济理论的运用与发展》（1999年优秀理论文章奖，陈征、李建平、郭铁民）；获福建省社会科学优秀成果奖49项：《马克思农村经济理论与中国的实践》（第二届二等奖，厦门大学许经勇）、《论中国地区市场封锁问题》（第二届二等奖，陈甬军）、《马克思生产劳动理论与当代现实》（第二届二等奖，陈甬军）、《股份合作经济：九十年代城镇集体经济改革的主题》（第二届二等奖，福建师范大学"城镇股份合作经济"联合调研组）、《试论社会主义市场经济与国有企业的股份制改革》（第二届二等奖，厦门大学余绪缨）、《马克思农村经济理论与中国实践》（第二届二等奖，许经勇）、《改革开放中的困惑与出路：论体制性膨胀及不平衡的发展策略》（第二届三等奖，福建社会科学院连好宝）、《承包经营责任制的产权关系和深化改革的方向》（第二届三等奖，吴宣恭）、《计划与市场——亚太若干国家和地区实例比较及启示》（第二届三等奖，福建省计委卢增荣）、《市场经济与社会主义》（第二届三等奖，胡培兆）、《关于计划与市场有机结合的综合思考》（福建省计委欣士敏）、《横向经济联合和经济改革发展》（第二届三等奖，福建师范大学骆焉铭、吴维嵩）、《马克思生产劳动理论与当代现实》（第二届三等奖，厦门大学陈永志）、《遵循商品经济原则加速培育生产资料市场》（第二届三等奖，吴维嵩）、《股份公司的产权关系、运行机制和作用》（第三届一等奖，吴宣恭）、《我国现代企业制度逆向生长的障碍》（第三届二等奖，胡培兆）、《社会主义市场经济宏观调控理论》（第三届二等奖，厦门大学罗季荣、李文溥）、《社会主义市场通论》（第三届二等奖，陈甬军）、《股份合作经济研究》（第三届二等奖，郭铁民、林善浪）、《国有经济主导作用实现形式探讨》（第三届二等奖，李文溥）、《社会主义所有制结构改革》（第三届三等奖，吴宣恭、崔之一）、《中国当代私营经济——理论与实践的透视》（专著）（第三届三等奖，陈永志）、《论社会主义市场经济体制》（第三届三等奖，福州大学张炳光）、《社会主义劳动力市场导论》（第三届三等奖，福建省委党校胡炳麟）、《试论"社会主义市场经济"的理论内涵》（第三届三等奖，厦门大学陈其林）、《户籍制度改革与创新：农民与市场的呼唤》（第三届三等奖，福建农林大学林国先）、《共同富裕在福建农村的实践》（第三届三等奖，福建省委党校林述舜）、《分配改革的回眸与思考》（系列论文）（第四届二等奖，李建平）、《〈资本论〉第一卷逻辑体系与社会主义市场经济》（第四届三等奖，福建省委党校姚挺）、《社会主义国有资本论》（第四届三等奖，胡培兆）、《从计划到市场：中国经济体制改革道路选择》（第四届三等奖，陈甬军）、《国有企业劳动就业体制研究》（第四届三等奖，福建师范大学陈少晖）、《中国农村土地制度与效率研究》（第四届三等奖，林善浪）、《当代劳动的新特点》等8篇（系列论文）（第五届一等奖，陈征）、《解决农民收入问题要有新的视野》等6篇（系列论文）（第五届二等奖，郭铁民）、《经济理论的突破与创新》（第五届二等奖，福建社会科学院林其屏）、《精神劳动与精神生产论》（第五届三等奖，福建师范大学张华荣）、《国企与监督机制》（系列论文）（第五届三等奖，福建行政学院安增军）、《中国城乡结构调整研究》（第五届三等奖，福建师范大学张国）、《有效供给论》（第六届一等奖，胡培兆）、《现代科学劳动探索》（系列论文）（第六届一等奖，陈征）、《信用本质是一个经济问题》（系列论文）（第六届一等奖，李建平、石淑华、孙智英）、《新体系政治经济学》（第六版）（第六届三等奖，张炳光）、《从计划就业到市场就业——国有企业劳动就业制度的变迁与重建》（第六届三等奖，陈少晖）、《全面建设小康社会进程的一个比较研究》（第六届三等奖，李文溥、杨灿）、《中国入世：体制改革与政策调整》（第六届三等奖，福建社会科学院全毅）。

（三）学术会议

1998年4月，中国《资本论》研究会、中国社会科学院经济研究所和福建师范大学共同举办的中国《资本论》研究会第九次学术讨论会在福州召开。会议以《资本论》和建设有中国特色社会主义经济为中心议题，主要探讨坚持和完善以公有制为主体，多种所有制经济共同发展的基本经济制度；关于国有企业改革；以按劳分配为主体，多种分配方式并存；建立和完善社会主义市场经济体制，发挥市场对资源配置的基础性作用；保证国民经济持续、快速、健康发展；马克思主义经济学的教学和研究等问题。全国高校、科研院所和新闻出版等单位的80多位代表参加参议，会上收到论文、论著80多篇（部）。

2000年9月，福建师范大学经济法律学院承办的全国高校社会主义经济理论与实践研讨会第14次会议在福建师范大学召开。与会人员讨论深化国有企业改革、中国西部大开发战略、经济全球化和扩大开放、经济增长转型与产业结构调整等四个方面的问题。全国48所高校的140多名经济学专家学者参加会议。

2003年10月，厦门大学经济学院经济系承办的全国高校社会主义经济理论与实践研讨会第17次会议在厦门大学召开。会议围绕中国经济增长与可持续发展、工业化与信息化、按生产要素贡献分配与缩小收入差距等三个主题展开讨论。全国50多所高校的100多名经济学专家学者、30名学生代表参加此次会议。

2005年5月，中国社会科学院经济研究所主办、福建师范大学经济学院承办的全国"经济人假说"专题研讨会在福建师范大学召开。中国社会科学院经济研究所、中国人民大学、南京大学、浙江大学、厦门大学、南京师范大学等十余所高校的专家、学者参加会议，会议代表们围绕"经济人假说"的内涵拓展、"经济人假说"面临的困惑和挑战，以及"经济人假说"的运用与发展等问题展开讨论。

2005年10月，厦门大学经济学系与中国社会科学院经济研究所联合举办的马克思主义理论研究与建设工程国际价值论学术研讨会在厦门大学召开。会议邀请来自德国特利尔大学、日本神户大学和福冈大学的国外专家，中国社会科学院经济研究所、国内高等院校和党政部门部分学者参加研讨。与会代表分别探讨马克思主义政治经济学国际价值理论的地位、前提、核心内容、实证方法、理论与现实意义等问题。

二、主要学术成果

（一）马克思主义政治经济学理论的发展与创新研究

《现代社会主义论：社会主义建设道路之中国特色》（厦门大学罗郁聪，山西经济出版社，1998）该书联系马克思、恩格斯的基本理论构想，列宁、毛泽东的探索实践，把邓小平对中国特色社会主义建设道路的开辟，表述为："始于马恩，继于列毛，成于邓"，旨在推动人们从更广阔、更深层的理论背景上，理解邓小平理论与马克思列宁主义、毛泽东思想一脉相承的继承发展关系。

《十五大报告对邓小平经济理论的运用与发展》（陈征、李建平、郭铁民，《福建论坛》1998：2）该文阐述邓小平经济理论与十五大报告的新突破，对许多理论上有争议的难点问题提出见解，进行分析，诸如区别"公有制与社会主义初级阶段基本经济制度"、"公有制经济与混合所有制经济”、“公有制实现形式与社会制度属性”等概念，概括了邓小平经济理论的主要内容和十五大的新发展。

《社会主义国有资本论》（胡培兆，经济科学出版社，1999）该书对社会主义国有资本存在的客观性与合理性作出说明，强调国有资本可以有多种实现形式，但实现的含义只有一个，即价值增值或实现利润的最大化，国有企业作为国有资本的载体，只有切实建立起现代企业制度，才能适应国有资本不断增值的要求，作者还对如何为国有资本的发育成长提供良好的宏观环境问题作了探索，提出若干值得思考的建议。

《新技术革命与马克思生产劳动理论》（陈永志，《经济评论》2002：3）该文分析二战后新技术革命所引发的资本主义国家一般劳动过程以及劳资关系的新变化。作者认为，由于整个物质生产过程的根本性质并没有改变，生产过程中人与自然的关系、人与人的关系也没有发生根本的质变，新技术革命条件下资本主义生产劳动的实质仍然是生产剩余价值的劳动。

《信用本质是一个经济问题》（系列论文）（李建平等，《当代经济研究》2003：5，《东南学术》2004：1）该系列论文从理论和实践两方面对信用进行研究，认为信用首先应从经济方面理解，其次从法律方面理解，最后才是道德方面来解决。在市场经济条件下，信用本质上是一个经济范畴。在政府、企业、个人三大信用主体中，政府作用至关重要。

表3—1　**1992—2005年马克思主义政治经济学理论发展与创新研究其他成果**

成果名称	作　者	发表刊物(出版社)及时间
社会再生产理论	罗季荣 李文溥	武汉大学出版社，1992
公有制产权与有计划商品经济	吴宣恭	《学术月刊》1992：1
商品经济与按劳分配问题	陈谋箴	《中国经济问题》1992：1
生产价格新探	石景云	《中国社会科学》1992：2
政治经济学——资本主义部分	陈　征	高等教育出版社，1993
政治经济学辅导与题解——资本主义部分	陈　征	高等教育出版社，1993
政治经济学	陈　征 黄家骅	高等教育出版社，1994
政治经济学教程(资本主义部分)	许经勇 副主编	四川人民出版社，1994
政治经济学原理	刘熙钧 李秉浚	厦门大学出版社，1994
股份公司的产权关系、运行机制和作用	吴宣恭	《中国社会科学》1994：2

续表 3—1

成果名称	作　者	发表刊物（出版社）及时间
价值是历史范畴	陈振羽	《中国经济问题》1994：3
我国经济理论界在改革中开拓前进	胡培兆	《求是》1994：20
论法人财产权	吴宣恭	《中国社会科学》1995：2
所有制理论的新突破——学习江泽民同志十五大报告的体会	陈　征	《经济学动态》1995：12
Stock Companies：Property Rights Relationships，Operational Mechanisms，and Functions（股份公司：产权关系，运行机制与作用）	吴宣恭	《中国社会科学》（英文版）1996：1
论邓小平对马克思主义对外开放理论的发展	陈永志	《厦门大学学报》（哲学社会科学版）1996：1
四项基本原则就是马克思主义原则	蒋绍进	《厦门大学学报》（哲学社会科学版）1996：4
两个转变关键是体制转变	胡培兆	《理论前沿》1996：10
政治经济学（资本主义部分）修订本	刘连支	厦门大学出版社，1997
中国社会主义商品经济思想研究	胡培兆 胡　刚 王　挺 张玉珍	经济科学出版社，1997
转变经济增长方式的辩证思考	李建平	《福建师范大学学报》（哲学社会科学版）1997：3
努力实现转变经济增长方式的任务	吴宣恭	《经济评论》1997：4
国有资本营运与国有资产的保值增值	陈少晖	《当代经济研究》1997：5
"以公有制为主体"如何定位	胡培兆	《经济学动态》1997：8
试论邓小平对外开放理论的思想来源	陈永志	《当代经济研究》1997：11
现代社会主义论——社会主义建设道路之中国特色	罗郁聪	山西经济出版社，1998
立足国情构建有特色的中国经济学	周小亮	《经济学动态》1998：2
研究我国社会主义经济问题必须从初级阶段的实际出发	陈　征	《东南学术》1998：6
社会主义初级阶段的基本经济制度	陈　征	《经济学动态》1999：7
马克思主义的新发展——学习江泽民同志有关社会主义初级阶段基本经济制度论述的体会	陈　征	《当代经济研究》1999：12
政治经济学（社会主义部分）（第二版）	许经勇 徐东林 赖小琼 徐楚炫	厦门大学出版社，2000

续表 3—1

成果名称	作　者	发表刊物(出版社)及时间
政治经济学(资本主义部分)(第三版)	刘熙钧主编 李秉濬副主编	厦门大学出版社,2000
当代资本主义	陈少晖	当代中国出版社,2000
社会主义初级阶段经济纲领研究	陈　征 李建平 郭铁民	经济科学出版社,2000
市场占有论	黄　瑾	经济科学出版社,2000
试论马克思的商品销售理论	陈永志	《厦门大学学报》(哲学社会科学版)2000:4
社会主义初级阶段经济纲领初探	陈　征	《东南学术》2000:6
马克思"合作工厂"理论及实践意义	丁长发	《当代经济研究》2000:8
马克思主义经济学	李秉濬主编 赖小琼副主编	中国财政经济出版社,2001
政治经济学	陈　征 李建平 郭铁民	高等教育出版社,2001
经济理论的突破与创新	林其屏	红旗出版社,2001
价值创造与价值分配	陈　征	《福建论坛》2001:10
论占有与所有关系:对传统所有制理论的思考	陈其林	《学术月刊》2002:11
对外开放理论的突破与创新	林其屏	红旗出版社,2003
社会主义本质在发展中的双重转型	陈俊明	《中国特色社会主义研究》2003:4
关于"生产资料按贡献分配"的理论	吴宣恭	《当代经济研究》2003:6
当前社会主义经济理论中的一些难点问题	庄宗明	《理论动态》2003:11
共同富裕与良性两极分化	胡培兆	《理论前沿》2003:23
政治经济学:社会主义部分	许经勇 赖小琼 林民书	厦门大学出版社,2004
改革理论的突破与创新	林其屏	红旗出版社,2004
论生产要素按贡献参与分配与居民收入差距	陈永志	《经济评论》2004:4
科学发展观体现六大原则	林其屏	《经济问题》2004:6
马克思主义以人为本	胡培兆	《理论前沿》2004:19
马克思主义经济学说的运用与异化	胡培兆	《经济学家》2005:1
体制改革与利益协调:马克思主义经济学的理论演进分析	周小亮	《当代经济研究》2005:3

续表 3-1

成果名称	作　者	发表刊物（出版社）及时间
必须正确理解利润率平均化规律——"利润率非平均化"质疑	陈俊明	《当代经济研究》2005:5
政治经济学本质论	胡培兆	《中国经济问题》2005:6
"企业契约论"对企业本质的歪曲	吴宣恭	《高校理论战线》2005:11
加强对马克思主义著作的全面系统学习	吴宣恭	《光明日报》（理论版）2005.12.27

（二）社会主义市场经济理论研究

《论中国地区市场封锁问题》（陈甫军，《经济学家》1992：4）该文分析地区分割和市场封锁产生的原因及其生成机制，为解决这一问题提出理论分析框架，指出该领域的研究和实践活动不仅是丰富社会主义理论特别是地区经济理论和流动理论的需要，而且是在实践中建立适应有计划商品经济发展的、计划经济与市场调节相结合的经济运行机制和管理机制，实现中国经济持续、稳定、协调发展目标的需要。

《中国当代私营经济——理论和实践的透视》（陈永志，厦门大学出版社，1994）该书从理论和实践两个角度介绍中国私营经济的产生与发展以及私营经济的性质和特征，论述私营经济的雇佣劳动关系和特征，并从私营企业的生产经营和运行机制出发，提出国家对私营经济的宏观调控与管理。

《社会主义市场经济宏观调控理论》（厦门大学罗季荣、李文溥，中国计划出版社，1995）该书以社会主义市场经济中的政府经济管理为研究对象，着重从宏观角度研究市场经济中的政府经济调控管理的理论与方法，提出社会主义市场经济宏观调控理论的新的系统框架。作者以经济政策理论与政策调控实践为主线进行分析，探讨政府宏观经济调控管理的各个主要方面或问题，引进委托代理理论等国外现代经济学的最新成果，分析中国社会主义市场经济实践。

《社会主义市场通论》（陈甫军，人民出版社，1996）该书以社会主义的发展要求，实现从传统计划经济体制向市场经济体制的转变为时空背景，展开对主题市场经济和市场流通的分析，阐发有关社会主义市场的一系列重要理论和实践问题，从公有制市场理论模型、社会主义市场机制作用的特点、社会主义从计划到市场过渡时期中改革、发展与稳定的关系、市场运行中流通的地位与作用、市场体系的培育和管理等方面，有机地构造具有内在联系的社会主义市场理论体系。

《国有经济优化配置论》（李文溥，经济科学出版社，1999）该书以个人发展主义的利益结构论为理论分析前提，探讨国有经济在社会主义市场经济中的定位、国有经济的计划经济型配置与市场经济型配置、国有经济优化配置的选择空间、国有经济优化配置途径等问题。旨在使人们对国有经济配置结构战略性调整有深刻的认识。

《科技进步与经济增长：全面建设小康社会进程中福建科技发展的理论与实践》（李建平、张华荣等，中国经济出版社，2005）该书运用经济增长、可持续发展、全面建设小康社会基本理论，分析福建科技发展和产业科技发展的过程与现状，并对全面建设小康社会进程中福建省科技进步与经济增长其他有关方面以及区域经济协调发展等问题进行重点研究。

表 3-2　　　　　　**1992—2005 年社会主义市场经济理论研究其他成果**

成果名称	作　者	发表刊物（出版社）及时间
正确对待我国现阶段的私营经济	陈永志	《经济体制改革》1992：1
充分发挥公有制的优越性是搞好国营大中型企业的关键	蒋绍进	《北京社会科学》1992：3
浅议市场经济的由来、发展及在我国的命运	郭铁民 林善浪	《江淮论坛》1992：6
市场经济与社会主义	胡培兆	《经济研究》1992：11
建立社会主义市场经济体制的理论与实践	胡培兆	《社会科学研究》1993：4
市场经济中的公有制与按劳分配	胡培兆	《经济研究》1993：4
农产品与工业产品市场封锁的生成机制研究	陈甬军	《经济研究》1993：10
关于建立我国社会主义市场经济竞争秩序问题	郭铁民	《经济纵横》1994：2
发展市场经济先要发展市场货源——对当前一些突出经济问题的分析	胡培兆	《高校理论战线》1995：1
对市场经济特征的不同认识	李绪蔼	《中国工商管理研究》1995：1
个体私营经济作用新说	陈永志	《当代经济研究》1995：3
论个体私营经济生存与发展的长期性	陈永志	《中国工商研究》1995：9
垄断性企业也要走向市场	张炳光	《技术经济与管理研究》1996：1
国有经济主导作用实现形式探讨	李文溥	《经济学家》1996：6
供给行为的市场效应	胡培兆	《学术月刊》1998：6
论市场经济运行中政府与居民的关系	黄家骅	《财贸经济》1999：2
论有效供给	胡培兆	《经济学家》1999：3
正确审视当前我国失业的成因	陈永志	《当代经济研究》1999：9
买方市场与乡镇企业的发展	陈永志	《河南社会科学》1999：12
中国城乡居民可支配收入相对差距及市场合理性研究	张　国	《中国农村观察》2000：5

续表 3—2

成果名称	作　者	发表刊物（出版社）及时间
解决农民收入问题要有新的视野	郭铁民	《经济学动态》2000：12
谁将扛起中国主流资本的大旗——论中国现代民族资本的崛起	吴有根	福建人民出版社，2001
中小企业的生存及其发展问题	林民书	中国国际出版社，2002
社会主义市场经济新生态	胡培兆	《中国经济问题》2002：1
城镇化建设之路也是农业现代化之路	胡培兆	《宏观经济研究》2003：2
现代民族资本的历史使命与自律	吴有根	《东南学术》2003：6
民营企业建立现代企业制度相关问题分析	林民书	《财经问题研究》2003：8
古典政治经济学中的制度分析与完善社会主义市场经济体制的七点思考	周小亮	《当代经济研究》2003：11
二元经济结构条件下农村剩余劳动力的形成与转移	赖小琼	《财政研究》2004：1
市场配置资源条件下公有制主体地位问题研究	林民书	《当代经济研究》2004：1
建设全面小康社会进程的一个比较研究	李文溥	《中国人口科学》2004：4
规则和信用的建设：我国市场经济发展的新阶段	林其屏	《江西社会科学》2005：4
现代市场经济的新特点	胡培兆	《人民日报》（理论版）2005.7.25

（三）社会主义市场经济体制改革问题研究

《股份合作经济：九十年代城镇集体经济改革的主题》（福建师范大学"城镇股份合作经济"联合调研组，《福建体改研究》1992：9）该报告通过七个部分阐述城镇股份合作经济的类型，演变历程、性质和作用，引导和规范的方向等，以福建的南平、诏安和江苏盐城等地股份合作经济模式为例，着重分析股份合作企业的产权关系、分配关系、组织机构以及深化改革的难点和措施。

《股份合作经济研究》（郭铁民、林善浪，福建地图出版社，1993）该书通过比较分析，提出股份合作制的实质是合作经济，股份合作制是私人所有、集体占有的一种新的公有制实现形式，并分析乡村企业型、社区型、农业、城镇集体等四种股份合作经济改革的不同形式。

《我国现代企业制度逆向生长的障碍》（胡培兆，《经济研究》1994：7）该文提出，建立以股份制为具体形式的现代企业制度不能急于求成，必须分两步走：第一步，凡需改制的大中型国有企业，先改制为股份制企业，盈利好的，可以溢价发行股票，盈利差甚至亏损的，可以平价发行股票；第二步，按《公司法》审批进入二级市场的股份制企业，盈利特别好的企业才能挂牌上市。同时，发行股票必须坚持三公（公开、公正、公平）三同（同股、同权、同利），尊重普通股民利益。

《二十年分配改革的回眸与思考》（李建平，《经济学动态》1998：6）该文着重研究党的十一届三中全会以后的20年，在分配领域所进行的一系列创造性改革的成功经验和未来分配改革走向，论述邓小平分配改革思想的重要贡献、主要内容和历史发展过程。作者把20年分配改革的历程区分为四个阶段，对分配理论在各个不同阶段的重大突破和分配改革实践的新发展，特别是中共十五大报告对分配方式的重大创新，作了探讨，并回答学术界和社会上的一些疑虑问题。

《从计划到市场：中国经济体制改革的选择》（陈甫军，福建人民出版社，1999）该书剖析从计划经济体制向社会主义市场经济体制转变过程中，中国经济体制改革的道路的选择模式，以及如何选择等问题。该书所表达的一些研究结论，如关于中国渐进式改革不是主观随意的"技术性选择"，而是有着深刻制度性背景等，对中国改革的成就和改革的方向作出合乎逻辑的新解释。

《公有制实现形式探索：福建省国有企业改革与发展研究》（福建社科院严正，鹭江出版社，1999）该书探讨公有制实现形式多样化的理论依据和对策措施，分析福建国有企业的现状，国有企业公司制改革的经验、问题与对策，上市公司的改制成效及发展，同时分析发展规模经济、国有资产优化重组和科技进步的现状与对策。

表3—3　　　**1992—2005年社会主义市场经济体制改革问题研究其他成果**

成果名称	作者	发表刊物（出版社）及时间
利用承包制的特点实现计划经济与市场调节相结合	吴宣恭	《经济学家》1992：2
深化全民所有制的改革　充分调动劳动者的积极性	吴宣恭	《高校理论战线》1992：3
全民所有制实现形式的比较研究	吴宣恭 李文溥	《经济理论与经济管理》1992：6
社会主义所有制结构改革	吴宣恭主编	浙江人民出版社，1994
论农村股份合作经济的产生和发展	郭铁民	《当代经济研究》1995：3
对国有企业加强科学管理的两个关键性问题	陈　征	《福建论坛》1995：8
企业法人代理所有权与企业持有制	张炳光	《经济学家》1996：2
关于我国国有企业科学管理的几个问题	郭铁民	《福建师范大学学报》（哲学社会科学版）1996：2

续表 3—3

成果名称	作　者	发表刊物（出版社）及时间
国有产权制度改革必须适应全民所有制的本性	吴宣恭	《中国人民大学学报》1996:3
中国合作经济发展史（上下册）	郭铁民 林善浪	当代中国出版社,1998
国有企业劳动就业体制研究	陈少晖	中国经济出版社,1998
"三三制"是中小型国有企业股份制改造的较佳选择	王开明	《发展研究》1998:3
关于我国国有企业科学管理的几个问题	李建平	《福建论坛》1998:4
关于国有土地资本运营的思考	李建建	《当代经济研究》1998:5
论农地股份合作制与农地产权问题	林子华	《东南学术》1998:5
中国农村土地制度与效率研究	林善浪	经济科学出版社,1999
国有资本经营范围决定于经营成功率	胡培兆	《经济学动态》1999:8
国企战略性改组中的进与退	张炳光	《财经科学》2000:1
有关战略上调整国有经济布局的几个问题	陈　征	《东南学术》2000:3
国有企业改革理论和实践上的新发展	陈　征	《理论前沿》2000:7
面向新世纪的中国经济	陈　征 李建平 郭铁民	经济科学出版社,2001
现代民族资本在金融业的推进	吴有根	《当代经济研究》2001:9
国有中小企业效率低下的体制原因及其道路分析	林民书	《求是学刊》2002:1
过渡经济学的本质与中国经济改革的基本性质	陈甬军	《改革》2002:4
经济结构调整与中小企业的发展	林民书	《中央财经大学学报》2002:4
试论网络经济中的虚拟企业	林子华	《当代经济研究》2002:4
我国征地制度改革与农地征购市场的构建	李建建	《当代经济研究》2002:10
从计划就业到市场就业:国有企业劳动就业制度的变迁与重建	陈少晖	中国财政经济出版社,2003
私企改革:反思与建议	王开明	《福建论坛》（人文社会科学版)2003:4
股份制成为公有制主要实现形式刍议	陈永志	《当代经济研究》2004:8
经济体制转型中的演进与理性:二十世纪两次逆向经济体制转型比较研究及理念反思	靳　涛	厦门大学出版社,2005
国有资产流失与"国退民进"	王开明	《福建论坛》（人文社会科学版)2005:2

第二节　经济思想史研究

一、学科建设与学术研究

（一）学科建设

福建的经济思想史学科建设主要集中在厦门大学经济系与福建师范大学经济学院。厦门大学经济系于 1993 年获"马克思主义经济思想史"专业博士学位授权点，1994 年培养出第一批"马克思主义经济思想史"专业博士生；1998 年本专业更名为"经济思想史"专业，扩大学科的教学与研究范围；在 2000 年前后，该专业与政治经济学、世界经济等博士点共同申请，建立"理论经济学"一级学科和"理论经济学"博士后流动站；2005 年，本专业成为福建省重点学科，2007 年，该专业与政治经济学、世界经济等学科共同申请，建立"理论经济学"国家级重点学科。

福建师范大学经济学院于 2003 年获"经济思想史"二级学科博士点，形成三个特色鲜明的研究方向：一是政治经济学方法论发展史研究，二是当代中国经济思想史研究，三是马克思主义经济思想发展史研究。

（二）学术研究

1992—2005 年，福建理论界对经济思想史的研究不仅注重对经典作家的经济思想的挖掘和梳理，而且注重发挥马克思主义经济学原理对中国社会主义现代化建设实践的指导作用。主要围绕着劳动价值论、地租理论、产权理论等马克思主义经济思想展开探讨；同时运用马克思主义经济思想的基本原理，结合中国经济体制改革实践进行专题研究，在城市地租、企业制度、现代劳动等方面取得了成果。

这一时期，福建相关专家学者在经济思想史学科领域共发表 200 多篇学术论文，出版 50 余本著作和教材，获得 4 项国家社会科学基金项目，分别是：社会主义商品经济思想研究（厦门大学胡培兆，1992）、邓小平关于中国经济改革总体设计思想与科学社会主义理论（厦门大学蒋绍进，1992）、劳动价值论创新与发展问题研究（厦门大学陈永志，2005）、《资本论》经济行为理论研究（泉州师范学院陈俊明，2005）；获福建省社会科学优秀成果奖 15 项：《〈资本论〉终篇系列研究》（系列论文）（第二届二等奖，陈俊明、何志成）、《论资本公式的矛盾及其平均利润公式的关系》（第二届三等奖，厦门大学李秉濬）、《社会主义城市地租研究》（第三届一等奖，陈征）、《〈资本论〉在社会主义市场经济中的运用与发展》（第三届一等奖，福建师范大学陈征、李建平、郭铁民）、《马克思主义产权理论与西方现代产权理论比较》（第四届一等奖，厦门大学吴宣恭）、《中国合作经济发展史》（第四届三等奖，福建师范大学郭铁民、林善浪）、《划分和研究两种形态的劳动价值论》等（系列论文）（第五届一等奖，李建平）、《新技术革命与马克思生产劳动理论》（第五届二等奖，厦门大学庄宗明）、《马克思企业理论与国有企业改革》（第五届二等奖，福建行政学院安增军）、《〈资本论〉劳动价值论的具体化》（第五届三等奖，陈俊明）、《对劳动和劳动价值理论几点新思考》（第五届三等奖，福建省委党校王宜新）、《中国城市土地市场结构研究》（第六届二等奖，福建师范大学李建建）、《中国共产党区域经济思想研究》（第六届三等奖，福建省委党校高伯文）、《资本转型论——〈资本论〉资本理论的具体化》（第六届三等奖，陈俊明）、《价值运行论纲》（专著）（第六届三等奖，厦门大学杨继国）。

（三）学术会议

2000 年 3 月，中国社会科学院经济研究所、《经济研究》编辑部、厦门大学经济学院联办的"走向 21 世纪的中国经济学：回顾与展望理论研讨会"在厦门大学召开。中国社会科学院、北京大学、清华大学、人民大学、复旦大学、南开大学、厦门大学、浙江大学、武汉大学、南京大学、中山大学、山东大学等高校和科研机构及香港地区的 60 余名经济学者围绕中国经济学的学科定位、中国经济理论发展的现状、如何推进中国的经济学建设、"经济学数学化"问题等展开讨论。

2001 年 10 月，厦门大学、福建省社会科学界联合会、全国综合大学《资本论》研究会联办的纪念王亚南诞辰 100 周年学术研讨会在厦门大学召开。与会代表有王亚南亲属、生前好友、同事、学生，以及全国综合大学《资本论》研究会理事和知名学者共 120 人，提交论文 80 余篇。与会者围绕王亚南与中国经济学的创建和发展、新的历史条件下对马克思劳动价值理论的认识、资本主义的新变化与当代社会主义以及当前中国经济发展的主要问题等方面展开讨论。

2005 年 12 月，全国马克思列宁主义经济学说史学会第十次学术研讨会在泉州举行，会议的主题是从经济学角度探讨和谐社会的构建问题。中国人民大学、武汉大学、南京大学、中央民族大学、厦门大学、福建师范大学等国内 35 所高校和研究机构的 69 位与会代表从经济学的角度对"构建社会主义和谐社会的理论"、"中国经济建设和发展与构建和谐社会"和"经济思想史上构建和谐社会的认识"三个问题进行研讨。

二、主要学术成果

（一）劳动价值论研究

《价值创造和马克思主义的劳动价值论》（吴宣恭，《学术月刊》1995：9）该文对 1994

年一些经济学者提出的生产资料也能创造价值的各种观点进行批驳，提出必须坚持马克思主义的一元劳动价值论才能建立起科学的社会主义理论。

《价值创造与按要素分配》（厦门大学钱伯海，《经济学动态》1998：4）该文认为把物化劳动等同于资本加以批判以及把剩余价值、剩余产品完全归功于活劳动，是劳动价值论研究上两个不同而具有内在联系的理论扭曲，认为相对剩余价值与超额剩余价值主要来源于物化劳动。科学技术通过物化劳动创造剩余价值，从而充分发挥出科学技术是第一生产力的巨大功能和作用。

《当代劳动的新特点》（陈征，《光明日报》2001.7.17）该文认为，要根据中国社会主义初级阶段的历史条件，研究社会主义市场经济和改革开放实践中出现的新情况、新特点、新问题、新经验，坚持马克思劳动价值论还要加以运用和发展；运用和发展马克思的劳动价值论，必须建立在对当代劳动认识的基础上；深化对劳动的认识，是深化对劳动价值理论认识的前提和基础；着重研究当代劳动的新特点，为深入研究劳动价值论提供基础性的前提条件。

《论深化劳动价值认识的根本关卡》（钱伯海，《经济学动态》2001：9）该文认为，在深化劳动价值认识上都会遇到"物化劳动只能转移价值，不能创造价值"的关卡，这个关卡源于长期存在的理论扭曲。

《精神劳动与精神生产论》（福建师范大学张华荣，经济科学出版社，2002）该书根据马克思主义政治经济学的基本原理，研究精神生产问题的理论和实践意义，阐述精神生产问题研究的基本内容，分析精神生产的内涵与特征，阐释精神劳动创造价值的基本原理。

《论劳动价值理论的两种形态》（李建平，《学术月刊》2002：9）该文认为马克思的劳动价值理论具有抽象的和具体的两种形态，这一划分在理论上可回答长期以来国内外一些论者对《资本论》的诘难，并对深化劳动价值理论的认识和研究提供一个新的视角。

《论劳动结构的变化与劳动价值理论》（厦门大学郭其友，《财贸研究》2003：5）该文认为，现代社会生产力的巨变引起劳动结构的深刻变化，劳动结构的变化既影响着商品价值的形成又影响着财富的生产。尽管分配制度涉及所有制、生产力状况等方面，但劳动内容、方式的变化对价值形成的意义可在一定程度上指导分配制度的改革。

《现代科学劳动探索》（陈征，《经济学家》2004：2）该文在研究科学劳动基本原理的基础上，提出由科学劳动发展为现代科学劳动的新概念，分析现代科学劳动一系列基本原理，指出它是当代劳动价值论的本质范畴和核心理论，是"对事实的全部理解的基础"，像劳动二重性那样，成为发展劳动价值论的重要内容。

表 3—4   **1992—2005 年劳动价值论研究其他成果**

成果名称	作　者	发表刊物（出版社）及时间
社会劳动创造价值之我见	钱伯海	《经济学家》1994：2
劳动价值理论与三次产业	钱伯海	《经济学家》1995：3
论物化劳动的二重性	钱伯海	《学术月刊》1995：7
重温劳动价值论的几点体会兼评"社会劳动创造价值"	蒋绍进	《当代经济研究》1996：1
马克思劳动价值论是二元综合论吗——兼与胡义成同志商榷	华学忠	《福建论坛》(经济社会版)1996：1
"劳动价值论"应上升为"生产力价值论"	华学忠	《福建论坛》(经济社会版)1996：7
劳动价值论与"论社会劳动创造价值"	蒋绍进	《当代经济研究》1998：2
《资本论》劳动价值论的具体化	陈俊明	中国青年出版社,2000
劳动价值论是关于商品经济发展的理论	陈俊明	《福建省委党校学报》2001：3
深化对劳动和劳动价值理论的认识	陈　征	《高校理论战线》2001：10
对劳动和劳动价值理论的几点新思考	王宜新	《福建省委党校学报》2002：1
掌握《资本论》方法,正确理解劳动价值论	李建平	《当代经济研究》2002：1
重视现代科学劳动在社会主义经济中的重要作用是深化认识劳动价值论的关键	陈　征	《福建论坛》(人文社会科学版)2002：1
一夫当关,万夫莫开——对深化劳动价值理论的思考	钱伯海	《学术月刊》2002：1
科学技术与价值创造	陈永志	《当代经济研究》2002：2
以历史唯物主义观点深化对劳动价值论的认识	庄宗明 陈　琛	《厦门大学学报》(哲学社会科学版)2002：5
恩格斯对马克思劳动价值论发展的当代意义	罗郁聪	《厦门大学学报》(哲学社会科学版)2002：5
再论深化劳动价值认识的根本关卡	钱伯海	《当代财经》2002：8
劳动价值论与"生产要素价值论"——与晏智杰同志商榷	蒋绍进 罗郁聪	《当代经济研究》2002：10
发展劳动价值论的关键所在——四论现代科学劳动	陈　征	《当代经济研究》2002：11
劳动价值论研究的新开拓	李建平	《福建师范大学学报》(哲学社会科学版)2003：1
论劳动价值论在当代的运用和发展	陈　征	《经济评论》2003：4
论现代服务劳动	陈　征	《当代经济研究》2003：10
价值运行论纲	杨继国	厦门大学出版社,2004
再论剥削——从二重劳动价值理论的分化与回归来论述	胡培兆	《中国经济问题》2004：1
劳动和劳动价值论的运用与发展	陈　征	高等教育出版社,2005

（二）马克思主义产权理论研究

《马克思主义产权理论与西方现代产权理论比较》（吴宣恭，《经济学动态》1999：1）
该文对马克思主义产权理论和西方现代产权理论的研究目的、对象、研究方法、理论基础
等方面做了分析和对比。指出必须以马克思主义产权理论作为中国产权制度改革的基本指
导思想，西方现代产权理论虽然对西方经济学的发展做出很大贡献，但带着资产阶级理论
的许多固有缺陷，因此在中国实践运作中不能照搬照抄。

《产权理论比较：马克思主义与西方现代产权学派》（吴宣恭，经济科学出版社，
2000）该书从理论和实践的几个主要方面，对马克思主义产权理论与西方现代产权理
论进行分析和比较。先从方法论和理论体系对两种产权理论进行总体比较，进而对组成
这两种产权理论基本构架的主要问题，包括企业性质和企业产权结构、产权关系的社会
性质、产权与效率和公平的关系、产权在社会变迁过程中的作用等展开具体的分析和
比较。

表 3—5　　　　　　　**1992—2005 年马克思主义产权理论研究其他成果**

成果名称	作　者	发表刊物（出版社）及时间
西方现代产权理论的影响和社会实践：从与马克思主义产权理论的比较看	吴宣恭	《学术月刊》2000：2
西方现代产权学派对产权关系社会性质的认识——与马克思主义产权理论比较	吴宣恭	《福建论坛》（经济社会版）2000：9
产权、价值与分配的关系	吴宣恭	《高校理论战线》2002：2
按产权关系的特征认识所有制的性质	吴宣恭	《高校理论战线》2004：5

（三）城市地租理论研究

《社会主义城市地租研究》（陈征，山东人民出版社，1996）该书在深入研究马克思地
租理论的基础上，结合中国改革开放和社会主义市场经济发展的实际，对中国社会主义城
市地租进行研究。

《土地资本试探》［李建建，《福建师范大学学报》（哲学社会科学版）1997：3］该文
根据马克思《资本论》中关于土地资本的有关论述，探讨土地资本的含义及其运动特征，
从理论上认识土地资本及其作用，探索土地资本补偿规律，为实现土地资本投入和产出的
良性循环、提高土地资源的利用效率提供理论指导。

《中国城市土地市场结构研究》（李建建，经济科学出版社，2004）该书以城市土地市
场结构与市场运行为主线，研究内容涉及城市土地市场配置的理论基础、城市土地市场的
形成与特征、城市土地市场结构体系、农地征购市场的构建与运行机制、城市土地初级市

场的运行模式与运行机制及城市土地次级市场的运行等几部分，并就如何建立既适合中国具体国情又与现代产权制度、现代企业制度相吻合的城市土地市场体系的基本框架与运行机制，提出具体见解。

表3—6　　　　　　**1992—2005年城市地租理论研究其他成果**

成果名称	作　者	发表刊物（出版社）及时间
有关绝对地租的几个争论问题	陈　征	《福建师范大学学报》（哲学社会科学版）1993:1
论城市地租的特性	陈　征	《当代经济研究》1995:1
论社会主义城市垄断地租	陈　征	《经济学家》1995:3
试析土地构成的二元性	李建建	《福建论坛》（经济社会版）1997:5
城市绝对地租探讨	李建建	《当代经济研究》2000:11
土地价值论	陈　征	《福建论坛》（人文社会科学版）2005:2

（四）马克思主义企业理论研究

《马克思与企业理论》（福州大学陈躬林、陈罡，《东南学术》2000：6）该文从企业的存在与边界是由什么决定的、企业内部要素所有者之间是否存在着权威以及这个权威即企业控制权与剩余收益权的分配是由什么决定的三个方面论述马克思与现代企业理论的关系。指出企业理论的一个重要内容是讨论企业内部要素所有者的权力与利益安排，是回答为什么是资本雇佣劳动而不是劳动雇佣资本，而马克思经济学就是揭示资本与劳动的雇佣关系。

《马克思企业理论与国有企业改革》（福建行政学院安增军，福建人民出版社，2003）该书重点发掘马克思、恩格斯完整的企业制度理论并结合当代的企业制度理论，推演出企业制度的新形式——社会所有制，并探讨这种新企业形式。

表3—7　　　　　**1992—2005年马克思主义企业理论研究其他成果**

成果名称	作　者	发表刊物（出版社）及时间
马克思研究企业制度理论的独特视角	安增军	《当代经济研究》2001:8
社会所有制——未来企业制度模式探索	安增军	《科学社会主义》2003:6
建立国有企业的立论依据何在	安增军	《生产力研究》2004:4

（五）经济思想史其他领域研究

《建设有中国特色社会主义理论科学体系试探——再论马克思主义经济思想史的启示》[厦门大学罗郁聪，《厦门大学学报》（哲学社会科学版）1996：1]该文提出，必须从马克思主义三个组成部分的内在联系去理解科学社会主义的本质，认为社会主义经济制度的特征，是社会主义本质的体现，本质和特征是一致的，"特色"指的是，根据不同国情和历史环境去探寻社会主义建设的不同道路。中国的社会主义初级阶段，以社会主义公有制为主体、全民所有制为主导、发展多种经济成分的体制模式，统称为社会主义市场经济。

《现代社会主义与建设有中国特色社会主义——三论马克思主义经济思想史的启示》[罗郁聪，《厦门大学学报》（哲学社会科学版）1997：2]该文提出，邓小平设计的有中国特色的社会主义道路，是对马、恩、列、毛关于不发达国家社会主义建设道路思想的坚持和发展。

《〈资本论〉在社会主义市场经济中的运用与发展》（陈征、李建平、郭铁民，福建教育出版社，1998）该书在系统地概括《资本论》基本原理的基础上，着重运用《资本论》的立场、观点和方法来研究社会主义市场经济问题。分析在现代市场经济条件下，劳动价值论、货币理论、资本理论、工资理论、积累理论、资本循环和周转理论、再生产理论、商业资本和生息资本理论等《资本论》基本原理在社会主义市场经济中的运用和发展。

《"经济人假说"：争论与超越——兼论中国经济学的创建》（庄宗明，《学术月刊》2001：2）该文指出，在创建中国经济学的过程中，需要对"经济人假说"作出选择，从理论建设的角度看，当前尚不具备构建中国经济学理论体系的条件，最要紧的还是多做基础性的准备工作，以期为中国经济学塑造出坚实的理论基础。

《新技术革命与马克思生产劳动理论》（庄宗明，《经济评论》2002：3）该文指出，新技术革命引发资本主义国家一般劳动过程的某些新变化，劳动过程与生产过程进一步分离，生产过程的分工协作关系和生产经营管理进一步发展。新技术革命也引发劳动与资本关系发生相应的变化；劳动与资本变换的范围更加扩大；劳动对资本的隶属关系不断强化；资本对劳动的剥削更为深化。然而马克思的生产劳动理论并没有过时，因为整个物质生产过程的根本性质没有变，生产过程中人与自然的关系、人与人的关系也没有发生根本的质变，资本主义生产劳动的实质依然是生产剩余价值的劳动。

《关于"生产要素按贡献分配"的理论》（吴宣恭，《当代经济研究》2003：11）该文对生产要素按贡献分配的基本观点，特别是所谓边际产品等于生产要素贡献，要素贡献决定要素收入份额的论断，进行剖析，并且对比马克思的分配理论，从而揭示其谬误。作者联系中国实际，提出按劳分配存在多种实现形式，论证社会主义初级阶段实行多种分配制度的必然性，不赞成将"按要素贡献分配"作为唯一分配方式的观点。

表 3-8 **1992—2005 年经济思想史其他领域研究其他成果**

成果名称	作者	发表刊物（出版社）及时间
《资本论》结构	蒋绍进 王锦涛	山东人民出版社,1992
《资本论》方法论的历史演变	李建平	《当代经济研究》1992:1
马克思对资本主义积累历史趋势进行辩证思考的表述	罗郁聪	《中国经济问题》1992:2
深圳的新股抽签表与马克思的劳动价值论	胡培兆	《中国经济问题》1992:6
产品社会运动的轨道与动力——《〈政治经济学批判〉导言》的社会主义运用	罗郁聪	《当代经济研究》1993:2
马克思关于流通的理论与市场经济问题	李绪蔼	《福建论坛》（经济社会版）1994:5
西方经济学和社会主义市场经济理论	王宜新	《理论学习月刊》1996:2
《资本论》方法之我见	李建平	《东南学术》1998:6
《资本论》第一卷逻辑体系与社会主义市场经济	姚挺	中国经济出版社,1999
马克思工资理论探讨	郭铁民	《当代经济研究》1999:1
论两只看不见的手	钱伯海	《经济学家》1999:3
《资本论》选读	陈永志等	厦门大学出版社,2000
《资本论》选读	蒋绍进 王锦涛 陈永志	厦门大学出版社,2000
试论马克思的商品销售理论	陈永志	《厦门大学学报》（哲学社会科学版）2000:4
马克思利息理论与我国利息问题研究	刘义圣	《当代经济研究》2000:12
论邓小平对外开放思想及其指导意义	王宜新	《福建省委党校学报》2000:12
《资本论》选读讲座（上册）	罗郁聪 蒋绍进 陈永志	中国财经出版社,2001
《资本论》选读讲座（下册）	罗郁聪 蒋绍进 陈永志	中国财经出版社,2001
《资本论》选读课教材（第三卷）	李建建 黎元生	经济科学出版社,2001
马克思的增长理论与现代增长理论比较研究	杨继国	《南开经济研究》2001:4
正确理解马克思恩格斯的科学社会主义理论	安增军	《东南学术》2001:6
社会主义社会的劳动和劳动价值理论	胡培兆	《学术月刊》2001:11

续表 3—8

成果名称	作 者	发表刊物(出版社)及时间
原始积累辨伪	胡培兆	《理论前沿》2001:21
对扩大再生产模型的"扩展"研究——从马克思主义经济学视角看宏观经济均衡增长条件	杨继国	《厦门大学学报》(哲学社会科学版)2002:2
论价值创造与价值分配的根据	李绪蔼	《经济与管理研究》2002:5
马克思信用理论与我国信用制度探讨	郭铁民	《福建论坛》(经济社会版)2002:6
马克思经济学说的历史命运	胡培兆	《当代经济研究》2002:6
用现代方法破解市场价值决定的难题——对所谓"供求价值论"之我见	杨继国	《财经研究》2003:4
马克思经济学说近日观	胡培兆	《中国经济问题》2003:4
现代资本与资本市场研究	李建建	《东南学术》2003:6
马克思的需求理论:第二含义社会必要劳动时间	杨继国	《当代经济研究》2003:11
资本转型论:《资本论》资本理论的具体化	陈俊明	社会科学文献出版社,2004
《资本论》和中国特色社会主义经济研究	陈 征	山西经济出版社,2005
马克思主义经济学说的运用与异化	胡培兆	《经济学家》2005:1
必须正确理解利润率平均化规律——"利润率非平均化"质疑	陈俊明	《当代经济研究》2005:5
《资本论》功能的"二重性"与社会主义理论经济学的重构	杨继国	《经济学家》2005:6
马克思经济学"辩证均衡"理论体系初探	杨继国	《当代经济研究》2005:7
从历史中解读《资本论》——《〈资本论〉历史典据注释》评介	李建建	《当代经济研究》2005:10

第三节　西方经济学研究

一、学科建设与学术研究

（一）学科建设

福建省西方经济学学科建设与研究力量主要集中在厦门大学、福州大学、福建师范大学、华侨大学、福建社会科学院、福建农林大学、集美大学和福建省委党校等研究机构和高校。

厦门大学于1998年获批为国家经济学基础人才培养基地；2000年获得西方经济学硕士学位授予权；同年，以"政治经济学"和"世界经济"牵头的"理论经济学"被国务院学位委员会批准为一级学科博士学位授予点，2001年西方经济学博士点设立；同年，以厦门大学经济学科为基础构建的具有综合研究性质的实体性研究机构宏观经济研究中心成立；2004年12月，以该中心为依托的"宏观经济分析与预测"研究院被教育部正式批准为"985工程"二期哲学社会科学创新基地；2005年2月宏观经济研究中心被教育部批准为普通高等学校人文社会科学重点研究基地；2005年6月，以该研究基地为基础、依托于"985工程"二期项目的厦门大学王亚南经济研究院（以下简称"研究院"，或用英文首字母缩略"WISE"）成立。同年，省教育厅批准厦门大学西方经济学为省重点学科。

福建师范大学于1998年经教育部批准建立国家经济学基础人才培养基地；1999年建立理论经济学博士后科研流动站；2003年福建师范大学经济学院获西方经济学硕士学位授予权。

20世纪90年代福州大学管理学院管理系组建西方经济学课程组。2001年，福州大学管理学院获得西方经济学硕士学位授予权。

（二）学术研究

福建省西方经济学研究主要集中在宏观经济理论与运用、制度经济学、经济增长理论、区域经济和产业经济理论、西方经济学流派等领域。1992—2005年，福建省西方经济学研究者先后获得国家自然科学基金项目1项：我国区域系统发展冲突与协调的博弈仿真及激励制度研究（华侨大学叶民强，2003）；国家社会科学基金项目6项，分别是：我国利用外资与对外投资的规模和结构研究（华侨大学胡日东，1998）、我国开放区域可持续发展博弈分析与生态安全预警研究（叶民强，2001）、居民经济学研究（福建师范大学黄家骅，2000）、我国境外投资实证分析与战略研究（胡日东，2001）、深化体制改革中的利益兼容问题研究（福州大学周小亮，2004）、利息理论的深度比较与我国应用研究（福建社会科学院刘义圣，2005）；中欧高等教育合作研究项目1项：欧洲市场一体化进程中的国有化经济变革（厦门大学李文溥，1998）；教育部人文社会科学"十五"规划重大项目1项：经济全球化下我国财政改革与提高产业竞争力研究（李文溥）。

1992—2005年，福建省西方经济学学科领域共出版论著20余部，并在《改革》、《经济学动态》、《当代经济研究》、《数量经济技术经济研究》等权威、核心刊物上发表论文500多篇，部分论文被《新华文摘》、《中国人民大学复印资料》等国内外权威经济学刊物转载或摘转。其中，获教育部人文社会科学优秀成果奖1项：《中国地区间市场封锁问题研究》（第二届三等奖，厦门大学陈甫军）；获中共中央宣传部"五个一工程"优秀理论文章奖 1 项：《江泽民对国有企业的改革和发展理论的新贡献》（福建社会科学院林其屏，2001）；获孙冶方经济科学奖 1 项：《外商投资的经济社会效益评价》（厦门大学庄宗明、李文溥、陈其林，1994）；获国家图书奖（提名奖）1 项：《中国地区间市场封锁问题研究》（第二届三等奖，陈甫军）；获福建省社会科学优秀成果奖 9 项：《宏观经济调控分析》（第二届二等奖，厦门大学罗季荣）、《项目评价多因素敏感性分析与动态指标模型研究》（第二届二等奖，叶民强）、《当前我国反周期调控"政策搭配"探析》（第四届二等奖，刘义圣）、《从有效增长潜力看增长率确定》（第四届二等奖，李文溥）、《经济理论的突破与创新》（第五届二等奖，林其屏）、《双赢策略与制度激励——区域可持续发展评价与博弈分析》（第五届二等奖，叶民强）、《混合经济增长模型中的最优财政政策》（第六届二等奖，厦门大学邵宜航）、《不完全合约理论的逻辑悖论与企业理论的创新》（系列论文）（第六届二等奖，厦门大学杨继国、郭其友等）、《反垄断与管制经济学》（译著）（第六届二等奖，陈甫军）。

（三）学术会议

2003 年 11 月，福州大学举办中华外国经济学说研究会第 11 次学术年会。中国社会科学院、北京大学、复旦大学、中国人民大学、厦门大学等科研机构及高校的 100 余名专家学者参加会议，会议围绕现代企业理论与公司治理研究、经济全球化条件下的宏观经济问题研究、新自由主义经济学的新发展与社会影响 3 个议题展开讨论。

2005 年 12 月，厦门大学王亚南经济研究院和厦门大学财政系、金融系联合召开财政政策、货币政策与经济增长国际研讨会。美国、加拿大、英国、日本、新加坡和中国等国家的学者围绕最优税收、资本市场及政府管理等经济问题，以及经济增长、货币政策、财政政策及社会保险和劳动经济等主题，进行学术研讨。

二、主要学术成果

（一）宏观经济理论与运用研究

《结合购买力平价的外汇期权定价模型》（胡日东，《数量经济技术经济研究》1997：4）该文认为，在国际金融研究领域中，汇率风险的防范一直是个极为重要的核心问题之一，因为汇率的特殊性表现在：作为两国货币交换的比率，客观上使一国货币的价值通过另一国货币表现出来。作为一种价格指标，它对经济活动中的其他价格变量具有特殊的影响力。该文利用随机过程理论探讨并建立结合购买力平价的外汇期权的定价模型。

《改革 20 年来中国居民对经济增长的要素贡献透析》（黄家骅，《当代经济研究》1999：4）该文认为，居民的要素供给能力和市场参与度不断增强居民提供的生产要素成为经济增长的驱动装置，解决中国增长过程的"瓶颈"约束问题。但基于居民在经济增长过程中的重要位置，该文认为，正视居民作为要素市场的供给方，同样必然正视解决居民作为要素供给方的制度性障碍，及其他们在要素市场乃至我国社会主义市场经济的资源配置机制的创新；市场化的居民要素供给改变企业要素投入的机制；产权化的居民要素供给刺激市场组织的绩效，从而降低要素市场的交易费用；社会化的居民要素供给理顺政府与企业、政府与居民之间的经济关系。

《利率市场化的宏观风险与"安全模式"初探》（刘义圣，《经济学动态》2001：6）该文认为，利率实现市场化后，政府与其他经济主体之间的"命令和服从"关系将转变为经济主体之间的平等的市场交易，可以自行化解由利率管制导致的货币市场与商品市场难以同时均衡的矛盾，不易产生"储蓄居高不下"或"投资饥渴症"等极端现象，还有助于金融效率的提高，社会经济的良性发展。但是，利率市场化在一定条件下也可能导致一些阻碍经济增长、冲击经济稳定的问题。对此，该文指出，审视利率市场化所带来的宏观风险的同时，应立足于使改革风险最小化的"安全模式"。

《城乡贫困问题的深层原因与治理路径选择》（郭其友，《科学社会主义》2003：4）该文认为，现阶段中国贫困问题还没有得到完全的消除，其根本原因不在于社会基本经济制度，而在于现实的生产力水平以及社会基本保障制度等的不完善。因此，治理贫困的基本路径是大力发展生产力与保障制度的创新。并且，在未来的贫困问题中，贫困者缺乏能力和缺乏动机的因素可能上升为更加重要的致贫原因，所以能力赋予式的扶贫将是治理贫困的重要策略。

表 3—9　　　　　**1992—2005 年宏观经济理论与运用研究其他成果**

成果名称	作　者	发表刊物（出版社）及时间
社会主义市场经济宏观调控理论	罗季英 李文溥	中国计划出版社,1995
"国民待遇"原则在我国利用外资工作中的应用	蔡秀玲	《亚太经济》1996：2
布朗运动在股票期权定价模型中的应用	胡日东	《华侨大学学报》（哲学社会科学版）1996：3
居民投资：经济增长的重要推动力	黄家骅	《光明日报》1996.12.12
中国居民投资行为研究	黄家骅	中国财政经济出版社,1997
非均衡市场中的居民金融投资	黄家骅	《中国人民大学学报》1997：4
结合购买力平价的外汇期权定价模型	胡日东	《数量经济技术经济研究》1997：4
居民投资——实现两个转变的重要机制	黄家骅	《财贸经济》1997：5
"投资"新探	黄家骅	《投资研究》1997：8
关于亚式股票期权及其定价方法的研究	胡日东	《数量经济技术经济研究》1998：2

续表 3—9

成果名称	作　者	发表刊物（出版社）及时间
下岗既要有序又要公平	周小亮	《光明日报》1998.5.4
试析西方经济学中的居民投资研究	黄家骅	《经济学动态》1998:9
国有经济优化配置论	李文溥	经济科学出版社,1999
宏观消费函数模型及其现实政策含义	刘义圣	《数量经济技术经济研究》1999:1
改革 20 年来中国居民对经济增长的要素贡献透析	黄家骅	《当代经济研究》1999:4
中国经济学亟须进行"学业结构"调整	林其屏	《经济问题》1999:7
扩大居民需求:启动内需的可行途径	黄家骅	《教学与研究》1999:9
两种利息理论与中国利率体制改革	刘义圣	《福建论坛》（经济社会版)2000:2
国有企业如何进	周小亮	《光明日报》2000.3.7
寡占厂商产量决策模型比较	胡日东	《运筹与管理》2000:3
货币贬值对成本依赖汇率企业决策的影响	胡日东	《运筹与管理》2000:4
中国经济大调整:特点、重点、着力点	林其屏	《经济体制改革》2000:5
福建扩大内需政策应进行有效组合	林其屏	《福建论坛》（经济社会版)2000:9
从居民经济到居民经济学	黄家骅	《经济学动态》2000:10
中美两国利率政策效应的比较分析及启示	刘义圣	《亚太经济》2001:1
亚洲国家和地区利率市场化的范例及其启示	刘义圣	《福建论坛》（经济社会版)2001:1
中国为什么在 50 年代选择了计划经济体制	陈甬军	《厦门大学学报》（哲学社会科学版)2001:2
从宏观和历史的视野把握中国改革的性质与走向	陈甬军	《福建日报》2001.3.28
利率市场化要与国企改革并行并重	刘义圣	《当代经济研究》2001:8
On the Neutrality of Exchange Rate Policy in Singapore（论新加坡中性汇率政策）	王瑞芳	ASEAN Economic Bulletin, 2001. ASEAN Economic Bulletin,2001:12 （《东盟经济通报》,2001:12）
中国利率市场化改革论纲	刘义圣	北京大学出版社,2002
经济全球化中的超国家干预与中国对策选择	刘义圣	《福建论坛》（经济社会版)2002:1
我国利率市场化改革问题探要	刘义圣	《当代经济研究》2002:4
收入分配差距、消费需求与转移支付的实证研究	胡日东	《数量经济技术经济研究》2002:4
中国对外贸易政策取向新探	刘义圣	《东南学术》2002:6
Is Price in Hong Kong That Flexible? Evidence form the Export Sector（香港出口价格弹性的实证分析）	王瑞芳	Asian Economic Journal,June 2002 （《亚洲经济》2002:6）

续表 3—9

成果名称	作 者	发表刊物（出版社）及时间
China's Exports Expansion：Determinants and Pattern Shifts During 1985 — 2000，submitted to WTO（中国 1985—2000 年出口扩张的决定因素及模式转变）	王瑞芳	China and the Asian Economies－International Conference，HongKong，2002：11（"中国及亚洲经济"国际研讨会，香港，2002：11）
我国资本市场的运行问题与相机治理	刘义圣	《经济问题》2002：12
中国应实行有管理的贸易自由化	刘义圣	《人民文摘》2003：2
城乡贫困问题的深层原因与治理路径选择	郭其友	《科学社会主义》2003：4
Monetary Sterilization of Capital Inflows through Compulsory Saving in Singapore（新加坡货币冲销政策——通过强制储蓄应对资本流入）	王瑞芳	Review of Pacific Basin Financial Market and Policies，2003：6（《亚太金融市场与政策》2003：6）
中国资本市场的制度缺陷与制度创新	刘义圣	《社会科学研究》2003：6
我国资本市场发展的系统方略探研	刘义圣	《东南学术》2003：6
关键是把农民变成市民	李文溥	《福建日报》2003.8.3
论供给约束对物价水平的冲击	黄家骅 陈 晋	《商贸经济》（中国人大复印资料）2003：9
建设全面小康社会进程的一个比较研究	李文溥	《中国人口科学》2004：4
谁在为投资过热买单？	李文溥	《福建日报》2004.6.7
中国资本市场功能变迁与制度完善	刘义圣	《当代经济研究》2004：7
我国对资本市场功能认识的几个阶段	刘义圣	《经济研究参考》2004：7
资本市场的功能演进与系统性产权约束	刘义圣	《社会科学研究》2005：6
Quantity Discount Pricing Policies for Heterogeneous Retailers with Price Sensitive Demand（基于需求价格敏感的异质零售商的数量折扣定价策略）	王瑞芳	Naval Research Logistics，2005.10（《海军物流研究》2005：10）
关于福建可持续增长方式的思考	刘义圣	《福建论坛》（经济社会版）2005：10
创建现代科学劳动理论的一部力作——解读陈征教授的《劳动和劳动价值论的运用与发展》	刘义圣	《当代经济研究》2005：11
我国商业银行信贷风险成因探析	胡日东	《商业时代》2005：36

（二）制度经济学研究

《遵循产权制度变革规律推进国有企业改革》（周小亮，《经济学动态》1997：12）该文强调产权制度的改革与现代化是国有经济改革的基础与前提。国有经济产权制度改革的主要内容是，在坚持公有制为主体的前提下，通过产权商品化与社会化，改变部分中小型国有企业的所有制性质，通过股份制改造等途径使企业由单一所有转化为以公有制为主体的多元所有，通过规范的公司制改革，分解国有资产产权权能，明确各种权能主体的责、权、利关系，做到产权配置合理。而要完成国有经济产权制度改革，其中非常重要的措施是实现产权流动。

《过渡市场论——中国产权交易市场研究》（陈甬军等，经济科学出版社，2001）该书论述中国产权交易市场发展宏观背景及基本性质；产权与产权交易的理论溯源；中国产权交易的历史与现状；开展产权交易的必要性；产权交易市场的形式及类型；产权交易市场的运行机制；产权市场的交易方式；产权市场的组织设计；产权交易市场管理及配套条件；全国主要产权交易市场介绍。

《区域可持续发展的技术创新与制度创新机制研究》（叶民强、吴承业，《数量经济技术经济研究》2001：3）该文认为，区域创新是促使区域实现可持续发展的激励因素与推动力，区域发展的技术创新与制度创新是两种主要的区域创新活动，对推动区域实现可持续发展将起着重要作用。该文立足于区域可持续发展及其创新决策过程，提出区域可持续发展的技术创新与制度创新概念并探讨其内涵。研究技术创新和制度创新机制并分析其推动区域复合系（ESREn）协调运行的两种激励：水平激励与增级激励。

《GHM 模型的理论演化及其发展趋势》（杨建国、郭其友，《经济学动态》2004：9）该文从考察现代企业理论发展历史及其规律入手，以"资本产权"为线索，分析交易成本理论、不完全合约理论和以 GHM 模型为代表的产权理论的不足及企业理论发展方向。

表 3—10　　　　　　　**1992—2005 年制度经济学研究其他成果**

成果名称	作　者	发表刊物（出版社）及时间
非均衡市场的货币传导机制	黄家骅	《上海经济研究》1992：6
市场均衡与非均衡分析	黄家骅	福建教育出版社，1993
产权与"产权明晰关键论"质疑	周小亮	《经济评论》1996：4
香港推行"公屋"政策的经验与我国公有住房制度的改革	蔡秀玲	《亚太经济》1996：4
居民投资与制度安排	黄家骅	《教学与研究》1997：5
国有企业剩余索取权安排探索	周小亮	《福州大学学报》（哲学社会科学版）1998：1
新世纪的角逐——寻找知识经济的制度结构	周小亮	广东旅游出版社，1999
有效需求不足的体制障碍分析	陈躬林	《财经研究》1999：12
产权理论比较：马克思主义与西方现代产权学派	吴宣恭 黄少安	经济科学出版社，2000

续表 3—10

成果名称	作　者	发表刊物（出版社）及时间
居民产权论	黄家骅	《学术月刊》2000:3
产权竞争、协调配置与企业绩效	周小亮	《经济评论》2000:3
经济全球化与市场管理的规范化	林其屏	《江西社会科学》2000:10
经济学:实验的科学	林其屏	《经济问题》2000:11
论企业制度的演进	陈躬林	《求是学刊》2001:6
市场失灵及其制度矫正的不同经济理论分析	周小亮	《当代经济研究》2002:2
论外在制度创新的多样性与差异性	周小亮	《经济评论》2002:3
过渡经济的本质与中国经济改革的基本性质	陈甬军	《改革》2002:4
市场失灵及其制度矫正:马克思主义经济学与西方新制度经济学的不同理论分析	周小亮	《学术月刊》2002:4
从依靠管制转向依靠市场——自然垄断行业引入竞争机制的趋势分析	李文溥	《东南学术》2002:4
试论居民交换行为及交易费用	黄家骅	《当代经济研究》2002:12
农业小规模经营与交易成本初探	蔡秀玲	《当代经济研究》2003:1
不完全合约理论的逻辑悖论与企业理论的创新	杨继国	《中国工业经济》2003:3
古典政治经济学框架内的制度分析与完善社会主义市场经济体制的七点思考	周小亮	《当代经济研究》2003:11
产业组织经济学手册(第一卷、第二卷)(译著)	李文溥	经济科学出版社,2004
反垄断与管制经济学	陈甬军	机械工业出版社,2004
当代制度经济学的两条发展主线与其新自由主义本质剖析	周小亮	《学术月刊》2004:1
企业理论的演进逻辑及其发展方向	杨建国 安增军	《中国工业经济》2004:7
论居民财产权	黄家骅	《河南社会科学》2005:1
体制改革与利益协调:马克思主义经济学的理论演进分析	周小亮	《当代经济研究》2005:2
艺术商品、市场与政府——经济学视角的一曲乱弹	李文溥	《经济学家茶座》2005:2
基于产权分析的中国机械产业绩效研究	王继平 李文溥	《产业经济研究》2005:2

（三）经济增长理论研究

《中国工业经济与环境协调发展的经济计量分析》（华侨大学吴承业、袁达，《数量经济技术经济研究》2000：10）该文通过分析中国工业经济与环境协调发展中存在的问题，提出新的环境库兹涅茨数理模型，并结合经济计量工具对中国的工业经济与环境的协调发展情况进行评价。针对当前中国工业经济与环境是不协调发展的现状，该文提出实现工业经济的可持续发展应充分发挥市场机制作用，建立和健全我国的环境资源配置体系；在改善进出口产品结构的同时，促进工业增长方式从劳动资源密集型向资本技术密集型转变；增加环保治理投入，不断加强环境管理。

《关于科技进步的新思考》（华侨大学龚德恩、徐小飞，《预测》2001：2）该文通过数理分析，对索洛余值进行分解，不仅推导出索洛余值的表达式，给出索洛余值的经济内涵，解决长期以来索洛余值经济内涵不明确的难题，并区分了索洛余值和全要素生产变化率。而且，在衡量全要素生产率变化率即科技进步对经济增长率的贡献时，考虑非规模收益不变的情况，从而为衡量经济增长方式的转变、评价经济增长质量和进行宏观决策提供科学的理论依据和现实参考。

《新古典方程与结构主义方程的经济增长因素分析——以福建为例的比较研究》（李文溥，《中国经济问题》2002：3）该文以 1978—1999 年的福建经济增长为对象，分别运用新古典方程和结构主义方程进行计算，比较分析对同一增长过程的不同计量解释。该文指出，按照索洛余值法测定的"技术进步对经济增长的贡献率"，不是经济学含义上的技术进步对 GDP 增长的贡献比重，而是一个不能被劳动和资本两大因素解释的剩余量。这说明将资本和劳动这两大因素不能解释的经济增长部分都归因技术进步是不恰当的。相比较而言，结构主义方程的计算结果更接近现实。

《混合经济增长模型中的最优财政政策》（厦门大学邵宜航，《系统工程理论与实践》2004：8）该文在已有人力资本内生经济增长理论模型的基础上，提出一般化的混合经济内生增长模型。认为该模型适用于从理论上考察适应我国社会主义市场经济发展的最优宏观政策。全文从增长动态分析的视角，探讨当人力资本存在外溢效应时，政府可否通过适当的财政政策引导经济达到社会性的最优增长状态，导出关于征税和财政补贴的最优性条件并探讨他们的政策含义。

表 3—11　　　　　**1992—2005 年经济增长理论研究其他成果**

成果名称	作　者	发表刊物（出版社）及时间
企业盈亏平衡分析的扩展模型	叶民强	《数量经济技术经济研究》1995：11
关于矩阵方程 X＝AXB＋C 和 AX＝XB＋C 的唯一解	龚德恩	《系统工程理论与实践》1996：12
On Optimality Conditions for Trilevel Dynamic Optimization Problems（三层动态优化问题的最优性条件）	邵宜航	Bulletin of Informatics and Cybernetics，Vol. 31，No. 2.（1999）《信息论与控制论》1999：2

续表 3—11

成果名称	作 者	发表刊物（出版社）及时间
非均衡蛛网模型价格调节的稳定性分析（Ⅰ）	龚德恩	华侨大学学报（自然科学版）1999:3
关于离散线性系统能决定性的判别	龚德恩	《控制理论与应用》1999:4
On Proper—Efficiency for Nonsmooth Multiobjective Optimal Control Problems（关于非光滑多目标优化控制的有效性研究）	邵宜航	Bulletin of Informatics and Cybernetics, Vol. 32, No. 2. (2000)（《信息论与控制论》2000:2）
经济学家的资源配置与中国的市场化程度	李文溥	《经济学家茶座》2001:6
新古典方程与结构主义方程的经济增长因素分析——以福建为例的比较研究	李文溥	《中国经济问题》2002:3
货币经济增长模型中稳态状态的存在性	邵宜航	《三田学会杂志》（日本庆应大学经济学季刊）2003:1
关于货币经济增长模型中的稳定状态分析（日文）	邵宜航	《三田学会杂志》（日本庆应大学经济学季刊）2003:4
项目、投资与经济增长	李文溥	《福建日报》2003.6.1
电力行业技术效率和全要素生产率增长的国际比较	孙建国 李文溥	《中国经济问题》2003:6
关于"Econometrics"学术译名的统一问题	吴承业	《数量经济技术经济研究》2004:12
混合经济的最优增长分析	邵宜航	《厦门大学学报》（哲学社会科学版）2005:1
福建省最终消费和经济增长关系研究	吴承业	《消费经济》2005:1
On the Optimal Taxation in a Growth Model of the Mixed Economy（混合经济增长模型的最优税收研究）	邵宜航	Journal of Public Economic Theory, Vol. 7 Issue 4. (2005).（《公共经济理论研究》2005:4）
经济增长与宏观政策选择——基于含人力资本增长模型的动态优化分析	邵宜航	《数量经济技术经济研究》2005:10
要素流动、生产效率与地区差距——基于含人力资本增长模型的理论探讨	邵宜航 刘雅南	《经济学动态》2005:12

（四）西方经济学流派研究

《新凯恩斯主义和非均衡经济理论》［黄家骅，《福建师范大学学报》（哲学社会科学版）1992：2］该文认为，新凯恩斯主义的非均衡经济学说同其理论渊源的创始人凯恩斯、新古典综合学派一样，没有研究资本主义生产关系的内部联系，忽视制度或体制因素对经济运行的影响，因而掩盖了造成失业与生产过剩的根源在于资本主义制度的内在矛盾。并且，新凯恩斯主义在对数量约束与配额限制的分析时往往回到瓦尔拉斯完善市场的均衡窠臼中去，表明他们所提出的非均衡理论仍然处于不成熟的发展阶段。当然，也应该看到新凯恩斯主义的非均衡理论毕竟比西方传统的均衡理论更符合经济运行的实际，应有针对性地运用和借鉴西方非均衡学说来研究中国的市场非均衡逻辑。

《关于发达国家与发展中国家金融自由化之比较研究》（郭其友，《经济评论》1999：5）该文在比较分析发达国家与发展中国家的经济背景、措施方式的基础上认为，国际金融正朝着自由化、国际化、一体化、全球化发展，但金融自由化是一把"双刃剑"。因此，就发达国家而言，加强金融管理是对金融自由化产生了潜在的危害下的另一种金融管理体制的重构，目的是为了减少金融体系的系统风险。就发展中国家的实际情况看，健全金融监管机构，提高金融管理能力应是实施金融自由化的前提条件。

《被"殖民化"的"经济学帝国主义"》（李文溥，《经济学家茶座》2003：4）该文针对近数十年来经济学在社会科学诸学科中发展迅猛，不仅其概念、范畴和方法常为其他社会科学引用，而且一些经济学家跨出传统的学科领域，用经济分析方法分析非经济问题，由此被一些经济学人称为"经济学帝国主义"的现象进行批驳。该文以哲学与经济学、伦理学与经济学等几个学科之间的知识交融情况，剖析学科之间谁是"帝国主义"，谁是"殖民地"的隶属关系其实只是一笔算不清的糊涂账，由此也告诫经济学人不必沾沾自喜于本就虚无缥缈的"经济学帝国主义"。

表 3—12　　　　　1992—2005 年西方经济学流派研究其他成果

成果名称	作　者	发表刊物（出版社）及时间
当代西方经济学均衡论与非均衡论之争及实质	郭其友	《厦门大学学报》（哲学社会科学版）1997：11
产权理论比较:马克思主义与西方现代产权学派	郭其友	经济科学出版社,2000
20 世纪西方宏观经济学的演变与发展趋势	郭其友 黄志贤	《厦门大学学报》（哲学社会科学版）2000：2
2001 年诺乔治·阿克洛夫经济思想述评	郭其友	《新华文摘》2002：3
罗伯特·奥曼的博弈论及其经济理论述评	郭其友	《国外社会科学》2002：5
斯蒂·罗斯的金融与经济学理论贡献	郭其友	《经济学动态》2003：5

（五）区域经济和产业经济研究

《开放经济的出口竞争力产业间转移与产业结构演进——以福建为例》（厦门大学张明志、李文溥，《中国经济问题》2001：2）该文以福建省为例，研究经济全球化条件下开放经济地区出口竞争力产业间转移与产业结构演进轨迹。作者认为，20 世纪 90 年代中期以来沿海开放地区出口竞争力从杂项产品为主向机电产品为主的转移，从传统的产业结构理论角度看，不具有完整的产业结构升级意义，仅仅是出口竞争力从低技能劳动密集型加工环节向一定技能型劳动密集型加工环节转移。低技能型及一定技能型劳动密集型产业仍然是现阶段沿海开放地区最有国际竞争力的产业。

《经济全球化下的产业结构演进趋势与政策》（李文溥，《经济学家》2003：1）该文提出近20年来中国产业结构演进的U型轨迹假说，并予以验证。基于此，论文比较U型轨迹与同期政府产业结构政策的关系，指出中国近20年来产业结构的演变与各相应时期的政府产业结构政策之间，不存在密切的因果关系，相反，开放市场经济中的全球化市场力量具有更大的影响，在经济全球化尤其是中国加入WTO大背景下，产业结构政策是一种无效的经济政策。与此同时，产业结构则继续根据经济发展的内在规律而不断演进。

《中国银行业改革绩效与管制次序分析》（陈甫军、晏宗新，《中国经济问题》2003：6）该文着重从银行自身、银行业和宏观经济中金融市场化程度三个方面对中国银行业的金融深化绩效进行分析。作者认为，中国银行业应遵循"国有银行的产权改革；适度竞争下民营银行的发展；注重金融结构的发展；在现有制度框架下加强跨业合作，探索金融业混业经营"的管制次序。

《试析政府在营造企业集群区域创新环境中的职能定位》（福建师范大学蔡秀玲，《当代经济研究》，2004：6）该文认为，改革开放以来，中国出现许多企业集群区，这些集群区总体上是凭借廉价要素、政府的优惠政策以及规模经济所形成的低成本优势参与市场竞争。随着经济全球化的发展，竞争的加剧，竞争优势的源泉正在由低成本和政策优势转向对市场需求变化的迅速反应能力，即创新能力上，创新越来越成为决定竞争力的关键因素。以低成本为基础发展起来的企业集群，要想继续保持竞争优势，就必须着力构建集群区域的创新环境。而政府在营造"创新型"集群区域创新环境中正确的职能定位，对提升集群区域竞争力意义重大。

表3—13　　　　**1992—2005年区域经济和产业经济研究其他成果**

成果名称	作　者	发表刊物（出版社）及时间
对台湾实施金融"国际化"的原因及存在问题的探讨	胡日东	《经济研究参考》1997：32
闽东南地区可持续发展的系统分析与评价研究	叶民强 金式容	《数量经济技术经济研究》1998：2
两岸三地经济趋势的连接模型分析及政策建议	吴承业	《预测》1999：2
民族整合：应对全球化的必然选择	林其屏	《社会科学研究》2000：6
建立全球化的利益与负担的合理分配机制	李文溥	《福建日报》2001.1.3

续表 3—13

成果名称	作　者	发表刊物（出版社）及时间
海峡两岸加入 WTO 与闽台农业结构调整	蔡秀玲	《亚太经济》2001:1
福建发展对外直接投资的基础条件分析	李文溥	《厦门大学学报》（哲学社会科学版）2001:3
中国人口城市化水平与结构偏差	李文溥	《中国人口科学》2001:5
我省高技术产业化环境的建设与台湾高科技产业"西移"	林其屏	《亚太经济》2001:6
中国城市化道路的新探索——中国城市化国际研讨会综述	陈甬军	《中国经济问题》2001:6
区域企业集团可持续发展的评价和调控系统研究	叶民强	《数量经济技术经济研究》2002:2
"1.5 产业"：加入 WTO 后小城镇产业发展的主要选择	蔡秀玲	《当代经济研究》2002:6
论中国自然垄断行业的改革方向	陈甬军	《产业经济评论》2003:2
产业集聚的稳定性与演变机制研究	陈甬军	《东南学术》2003:5
工业化是城市化的基础	李文溥	《福建日报》2003.8.24
招商引资，优势先行	李文溥	《大公报》2003.9.7
新型工业化与农业现代化	郭其友	《光明日报》（理论版）2003.9.24
论簇群式城市化发展路径	黄家骅	《城市经济、区域经济》2003:11
海峡西岸的崛起	黄家骅	福建省海风出版社，2004
论农村的新型工业化道路	黄家骅	《当代经济研究》2004:1
产业集聚形成机理的理论研究	陈甬军	《产业经济评论》2004:3
海峡西岸经济区的繁荣之路	黄家骅	《福建日报》（求是版）2004.4.20
海峡西岸经济区的崛起之路	黄家骅	《福建日报》（求是版）2004.5.25
"硅谷"与"新竹"区域创新环境形成机制比较与启示	蔡秀玲	《亚太经济》2004:6
城镇化与产业区域转移	陈甬军	《当代经济研究》2004:12
民营经济的崛起与发展——福建百家民营企业调查（王碧秀主编《福建百家民营企业总调查报告》第 1—183 页）	李文溥　龚　敏	福建人民出版社，2005

第四节　人口、资源与环境经济学研究

一、学科建设与学术研究

（一）学科建设

厦门大学经济学院在理论经济学一级学科下建立人口、资源与环境经济学的二级学科，1999年通过硕士点审批，2000年招收第一届硕士生，2002年招收首届博士生。

1999年，福建农林大学经济与管理学院获批人口、资源与环境经济学二级学科硕士学位授予点。此外，对福建人口、资源与环境经济学研究有重要推动、促进作用的省级科研机构有：福建省林业科学研究院和福建省农业科学院；相关高校院系有：厦门大学信息科学与技术学院、福建农林大学资源与环境学院、林学院，福建师范大学地理科学学院、经济学院，福州大学环境与资源学院等。

（二）学术研究

福建人口、资源与环境经济学研究以人口经济学、资源经济学、环境经济学、可持续发展、生态经济和绿色经济等为主要研究方向。

1992—2005年，福建人口、资源和环境经济学研究者获得2项国家社会科学基金项目，分别是：孩子的成本效益分析与人口控制的利益导向（厦门大学叶文振，1996）、世贸组织框架下闽台农业资源整合与优化配置（福建农林大学林卿，2002）。这一时期共出版论著20余部，发表论文100多篇。其中，获国家计划生育委员会和中国人口学会颁发的中国人口科学优秀成果奖2项：《当代中国婚姻问题的经济学思考》（第二届一等奖，叶文振）、《孩子需求论：中国孩子的成本和效用》（第三届二等奖，叶文振）。获教育部人文社会科学优秀成果奖1项：《南方集体林区林业深化改革研究》（第一届二等奖，福建林学院张春霞等）。获福建省社会科学优秀成果奖20项：《南方集体林区生态林业模式初探》（第二届二等奖，福建林学院张建国）、《闽西社会林业发展研究》（第三届一等奖，张春霞、杨汉章等）、《持续发展：福建山区开发的必由之路》（第三届二等奖，张建国、余建辉）、《弱发展地区可持续发展动态仿真模型研究》（第三届三等奖，福建省社科院李崇阳、陈昭扬等）、《中国社会林业发展道路研究》（系列论文）（第四届二等奖，张春霞、许文兴等）、《福建人口、资源、环境和经济发展的动因——状况——反应分析》（第四届三等奖，福建师范大学郑达贤）、《福建农业可持续发展研究》（第四届三等奖，林卿、张鼎华等）、《影响杉木人工林可持续经营因素探讨》（第四届三等奖，福建林学院杨玉盛、邱仁辉等）、

《绿色经济发展研究》（第五届一等奖，张春霞）、《现代林业系列研究》（第五届二等奖，张建国）、《农地制度与农业可持续发展》（第五届三等奖，林卿）、《毛竹林生态系统能量动态及经济阈值研究》（系列论文）（第五届三等奖，福建农林大学何东进、洪伟等）、《生态文明建设理论与实践》（第五届三等奖，南平师范高等专科学校廖福霖）、《超越城乡二分法：对中国城乡人口划分的若干思考》（第五届三等奖，福建师范大学朱宇）、《中国城市土地市场结构研究》（第六届二等奖，福建师范大学李建建）、《世贸组织框架下闽台农业资源整合与优化配置》（第六届二等奖，林卿）、《发展循环经济，实现社会生产力与生态生产力相互融合》（系列论文）（第六届三等奖，张春霞、苏时鹏）、《闽江流域森林生态与经济社会协调发展研究》（第六届三等奖，张春霞、杨玉盛等）、《农地利用问题研究》（第六届三等奖，林卿）、《福建耕地优化利用》（第六届三等奖，福建师范大学张文开、朱鹤健）。

（三）学术会议

2003 年 3 月，厦门大学参加上海复旦大学人口所和中国人民大学人口与发展研究中心在上海联合召开的第二届高校人口、资源与环境经济学学科建设研讨会。20 多所高校的本专业博士点、硕士点单位代表在会上交流了招生、宣传、培养方案、教材建设、科学研究等学科建设方面的经验和进展，表达加强交流与合作的热切愿望。会议一致同意建立"人口、资源与环境经济学学科点联席会议"，并由复旦大学、南开大学、中国人民大学、武汉大学四家首批博士点单位组成组委会。

二、主要学术成果

（一）人口经济学研究

《我国养老社会保障的重点在农村》（叶文振，《东南学术》1997：6）该文认为，中国养老社会保障改革的重点应该在广大农村。为了更好地实现中国社保改革重点的转移，要继续进行农村的全面改革；调整国家在社保方面城乡支出的结构，适当增加对农村的社保资金的投入；对农村社会保障基金的投放要和农村的计划生育工作结合起来，逐步在农民中实现养老行为和生育行为的分离。

《人口老龄化对我国产业结构调整与优化的影响》（厦门大学林擎国、王伟，《学术研究》2001：2）该文提出产业结构调整与优化需要完成两个基本任务：一是加快发展第三产业，增强其吸纳劳动力就业的力度，促使农业剩余劳动力的产业转移，调整国民经济的产业结构；二是调整第三产业的内部结构，提高其劳动生产率，从而优化第三产业和整个国民经济的产业结构，提升国民经济发展的总体效益水平。而人口老龄化是经济社会发展不可逆转的大趋势，正对中国产业结构的调整与优化产生深刻的影响。它推动第三产业发展，促使劳动力的产业转移，直接促进产业结构调整与优化第一个任务的完成，但不利于其第二个任务的完成。促进产业结构调整与优化两个基本任务顺利完成，需要消除人口分布不合理和劳动力素质不高的双重制约。

《福建省流动人口状况分析》〔福建师范大学李晓、朱宇，《福建师范大学学报》（哲学社会科学版）2004：5〕该文在充分利用第五次人口普查的基础资料和实地抽样调查数据的基础上，以福建省为对象进行实证研究，凭借数据全面分析福建流动人口的分布特征和来源地，流动人口的结构特征以及社会经济特征，从积极与消极两方面探讨流动人口对福建社会经济的影响，提出应加快户籍制度改革的步伐，把流动人口纳入城镇社会经济发展规划和管理中，加强有计划宏观调控，减少流动人口的盲目无序流动，不断提高流动人口的整体素质和劳动技能，将流动人口管理纳入社区管理体制等政策建议。以更好地发挥流动人口的积极作用，抑制其消极影响，更好地促进福建社会经济的发展。

《1990年代上海市人口和就业变化的空间格局和国际对比》（朱宇，《经济地理》2004：6）该文将上海市划分为核心区、内圈、外圈三个部分，对其1990年代人口和就业结构的变化及其空间差异进行分析并与若干东南亚特大城市对比。指出1990年代上海经历前所未有的人口和产业从核心区向外围的扩散。但与东南亚特大城市相比，这种扩散的空间范围有限，其郊区化和产业结构向高级服务业转变的过程仍处于起始阶段。

表3—14　　　　　　　　1992—2005年人口经济学研究其他成果

成果名称	作　者	发表刊物（出版社）及时间
孩子的成本效用与生育控制的社会经济对策	朱　宇	《福建论坛》（社会科学教育版）1992：9
我国家庭关系模式演变及其现代化的研究	叶文振 林擎国	《厦门大学学报》（哲学社会科学版）1995：3
香港的新市镇建设与人口再分布	朱　宇	《城市规划》1996：1
中国人口经济增长效应分析	毛志锋 米　红	《西北人口》1996：1
中国经济发展与人口控制协同探析	毛志锋 米　红	《人口与经济》1996：4
论人口增长与经济发展的协同机制	毛志锋 米　红	《系统工程理论与实践》1996：8
论市场经济对婚姻关系的影响和对策	叶文振	《人口研究》1997：3
当代中国婚姻问题的经济学思考	叶文振	《人口研究》1997：6
厦门未来住宅市场与人口变动关系研究	米　红 徐明生	《市场与人口分析》1998：3

续表 3—14

成果名称	作　者	发表刊物（出版社）及时间
中国厦门经济特区孩子抚养费用的研究	叶文振 丁　煜	《人口与经济》1998：6
厦门与澳门两地人口与经济社会发展水平的比较研究	米　红 杨瑞兰	《人口与经济》1999：2
市场经济和中国妇女的自我养老意识	叶文振	《人口学刊》1999：2
人口老龄化对我国产业结构调整与优化的影响	林擎国	《学术研究》2001：2
超越城乡二分法：对中国城乡人口划分的若干思考	朱　宇	《中国人口科学》2002：4
流动妇女的职业发展及其影响因素——以厦门市流动人口为例	叶文振	《人口研究》2005：1

（二）资源经济学研究

《南方集体林区林业深化改革研究》（张建国，中国林业出版社，1992）该书在分析南方林区发展现状与发展思路的基础上，提出南方集体林区必须走生态与经济相结合的生态林业发展模式，并论证了建设生态林业是我国林业发展方向，必须以生态经济效益为经营目标，按照生态经济原则经营、利用森林；重点探讨集体林地经营方式选择问题，作者认为主要考虑三方面的基本因素，一是各利益主体的偏好；二是林业经营本身的特点；三是林农经营能力及收入水平。据此，提出工业人工林经营应实行股份林场制度，山地森林（兼顾用材和生态需求）应实行股份合作制，而社会林业应实行承包经营方式。

《闽西社会林业发展研究》（张春霞，中国林业出版社，1996）该书在概述世界各国社会林业的实践与发展趋势的基础上，结合闽西的区情、林情提出把社会林业作为闽西区域经济发展的战略选择的构想；指出闽西发展社会林业，必须以体制改革为基础，以强化林权为主要内容和方向。全文在对闽西社会林业实践经验进行科学总结的基础上，提出"中国的社会林业"命题，探索区别于国外的"中国式"的社会林业的内涵及发展道路。

《中国社会林业发展道路研究》系列论文（张春霞、许文兴，《林业经济问题》1997：1、6，1998：1、2、3，1999：4）该系列论文通过回顾中国社会林业的发展历程及组织形式，认为社会林业的发展是一个制度变迁的过程，其中又以产权制度改革为社会林业制度创新的突破口。在以中国南方集体林区为研究对象的分析中，提出在市场经济体制改革背景下，中国社会林业制度变迁的方式应是诱致型制度变迁方式，而政府在诱致型社会林业制度变迁中只能扮演配角角色。社会林业的产生和发展一般要经过居民自发型、政府主导型和居民主导型几个阶段，不同国家由于发展林业所选择的道路和制度各不相同，可以根据林业发展的实际水平、当地居民素质的情况和发展林业的客观条件选择不同类型的社会林业发展模式。

《非耕农地资源的利用与保护》（厦门大学郭其友，《中国土地》1998：3）该文认为长期以来人们对非耕地农地的开发与保护没有引起足够的重视，不管是在土地制度的建设与规范，还是开发利用上，都存在不同程度的问题。尤其是不合理甚至是掠夺性的经营，如片面追求垦殖数量、放牧数量和过度采伐林木等，导致北方土地荒漠化和其他地区水土流失、土地肥力下降及水体污染等问题日趋严重，极大影响中国农业生产的发展，也同目前所推行的可持续发展战略相悖。为了有效利用和保护非耕农地资源，要加快非耕地农地制度创新步伐，调整土地利用结构与布局，因地制宜开发利用非耕地农地资源。

《农地制度与农业可持续发展》（林卿，中国环境科学出版社，2000）该书在阐述可持续发展、环境问题、外部性理论及经济制度等理论的基础上，探究农地制度在实现农业可持续发展中的重要作用。鉴于可持续发展准则的规范，提出股份所有租赁使用的农地制度创新目标。在制度经济学的理论基础上提出股份所有租赁使用农地制度安排，这一制度安排的创新意义在于通过将"均田"转为"均权"，既维护农民对土地的均分权利，满足公平性与共同富裕的可持续发展准则，又明晰所有权，这是一种能使农地资源的配置实现帕累托改进的制度创新。

《农地利用问题研究》（林卿，中国农业出版社，2003）该书将农地利用的基本理论与我国农地利用的实践相结合，紧紧围绕着资源、政策与管理对农地利用影响这一中心展开分析，描述1949年后中国农地资源利用情况及农地资源变化情况，分析农地利用政策与农地利用管理模式的演变如何深刻地影响着我国农地资源的配置效率。在此基础上，以福建为实例，对其农地资源利用情况展开分析，以揭示资源、政策与管理如何具体影响到某一区域的农地资源配置效率。

《世贸组织框架下闽台农业资源整合与优化配置》（林卿，中国农业出版社，2004）该书通过比较1949年后闽台农业资源配置模式及农业四大资源要素禀赋与配置效率优势差异的基础，结合分析闽台农产品贸易现状，深入探讨闽台农业的依存性。通过大量实证分析，论证闽台农业合作的成效、闽台农业合作对福建农业与台湾农业发展的影响、闽台农业合作产生双赢效果等相关问题，揭示出双赢的经济利益是闽台双方选择农业合作的根本动力。概括闽台农业合作模式，并且剖析深化闽台农业合作值得思考与深入研究的问题。

表 3—15　　　　**1992—2005 年资源经济学研究其他成果**

成果名称	作　者	发表刊物（出版社）及时间
福建林业产业发展模式与实施对策研究	张春霞	中国林业出版社,1993
南方集体林区林业深化改革研究	杨建洲	中国林业出版社,1993
福建森林综合效益计量与评价	张建国	《生态经济》1994:5—6
福建外向型林业经济发展的基本思路	陈秋华等	《林业经济问题》1995:3
林业经济体制转变研究	张春霞	中国林业出版社,1996
持续发展与自然资源持续利用	朱鹤健	《东南学术》1996:3
影响杉木人工林可持续经营因素探讨	杨玉盛等	《自然资源学报》1998:1
提高自然资源转化率问题的研究	林擎国等	《中国经济问题》1998:3
发展林产业投资基金初探	余建辉	《林业经济》1998:5
论政府主导型乡村林业	许文兴	《林业经济》1999:4
林业可持续发展途径的探索	张建国	《中国农村经济》1999:11
土地资源与利用规划	邢世和	厦门大学出版社,2000
福建社会林业经营形式的调查与研究	张春霞	《林业经济》2000:2
论天然林保护工程的实施与社会林业的发展	许文兴	《林业经济》2000:2
区域森林资源宏观决策支持系统框架设计	杨建洲	《北京林业大学学报》2000:3
关于林业技术创新的经济学思考	许文兴	《林业经济》2000:4
我国林地保护制度的政策构建	杨建洲	《生态经济》2000:10
森林资源可持续性的内在动力机制及其模型	杨建洲	《北京林业大学学报》2001:3
农业资源开发中的耦合效应	朱鹤健	《自然资源学报》2001:5
城市化与城市林业的发展	张春霞	《林业经济》2001:7
森林资源可持续经营的基本途径	杨建洲	《林业经济》2001:9
中国能源需求的经济计量分析	林伯强	《统计研究》2001:10
我国森林限额采伐管理政策失灵分析	杨建洲	《生态经济》2001:10
现代林业论	张建国	中国林业出版社,2002
森林资源可持续性宏观调控系统研究	杨建洲	中国气象出版社,2002
林资源可持续性机制探讨	杨建洲	《中国生态农业学报》2002:1
建立现代森林旅游业生态经济管理机制的思考	陈秋华	《林业经济》2002:4
非农产业发达地区弃耕现象与农地适度规模经营探讨——以福建省泉州市为例	唐南奇	《福建农林大学学报》（哲学社会科学版）2002:5
福建耕地优化利用	张开文 朱鹤健	中国农业出版社,2003

续表 3—15

成果名称	作　者	发表刊物（出版社）及时间
福建耕地资源	邢世和	厦门大学出版社,2003
城市化进程进入加速期的人地矛盾问题探讨	郭其友	《东南学术》2003:4
福建省科技人力资源状况和发展对策探讨	张良强 雷德森	《中国科技论坛》2003:5
福州市城市生活垃圾管理体制与政策措施探讨	刘常青 陈健飞	《中国人口·资源与环境》2003:13
福建特色农业研究	朱鹤健等	中国农业出版社,2004
电力短缺、短期措施与长期战略	林伯强	《经济研究》2004:3

（三）环境经济学研究

《资源和环境保护与经济社会发展》（林擎国，《中国经济问题》1993：4）该文指出，社会经济发展造成资源和环境状况日益恶化，对社会经济发展的严重制约作用日见明显。只要高度重视资源和环境保护的极端重要性，依靠科学技术的力量，采取行之有效的措施和手段，迅速改变过去那种传统的、浪费的、不顾及后果的发展社会经济的思维方式和行为，就能够保证社会经济的持续发展。

《试论农地产权制度与生态环境》（林卿，《中国土地科学》1996：2）该文论证土地产权制度在很大程度上决定着土地的生产力和生态环境的质量变化。而我国目前农地产权不明确、不稳定，导致农民经营土地的短期行为与土地利用上的严重侵权行为。土地分配使用中的均分性和固定性，导致农业生产中的低效率，阻碍资源的优化配置和技术进步。农地制度权能组合的单一性，也不能满足由于农业生产对象生物特性的多样性而形成的对丰富制度的特殊要求。在借助市场机制改革与完善现有农地制度过程中，必须重视农地制度与生态环境的关系，以期建立一种符合国情，有利于生态与经济协调发展的农地制度。

《论生态省建设》（福建省政府发展研究中心蔡德奇、王开明，福建人民出版社，2003）该书介绍可持续发展理论、循环经济等理论，并且根据这些理论，借鉴海南、黑龙江、吉林三省的经验，在阐述福建省生态环境现状和生态省建设条件的基础上，提出符合省情特点，便于考核操作的福建建设生态省的目标、任务和主要政策措施，对福建生态省的功能建设的三个自然生态圈、海洋自然生态圈以及生态农业、生态效益型工业、生态旅游业等产业发展目标、重点、布局提出规划设想。

《闽江流域森林生态与经济社会协调发展研究》（张春霞，中国林业出版社，2004）该书在立足于闽江流域实际情况、充分调查和定位研究的基础上提出构建闽江流域生态网络体系及其与经济社会协调发展的总体框架，系统论述闽江流域森林生态网络体系建设与经济社会协调发展的战略目标、基本内涵、基本原则及具体措施，重点分析闽江流域森林资源状况，评价森林可持续经营情况，从发展绿色经济和生态生产力的角度分析森林资源与环境之间的相互关系，及其在区域经济和社会可持续协调发展中的重要作用。

表3—16　　　　　　　　　**1992—2005 年环境经济学研究其他成果**

成果名称	作　者	发表刊物(出版社)及时间
论景观生态保护区	郑达贤	《地理科学》1997:1
试论沿海城市"森林城"建设的可行性	廖福霖	《福建论坛》1999:10
城市森林生态网络工程建设中的几个理论和技术问题	廖福霖	《福建农业大学学报》2000:2
论环境资源林投资的补偿机制	石德金 余建辉	《生态经济》2001:3
全球化与环境问题	林其屏	江西人民出版社,2002
论福建生态省建设	林　卿	福建人民出版社,2003
绿色科技创新与生态省建设	余建辉	东北林业大学出版社,2004
以生态经济规划为导向　促进福建山区自然保护与可持续发展	李小伟 余建辉等	《福建论坛》(人文社会科学版)2004:11
福建生态环境	曾从盛	中国环境科学出版社,2005
福建生态省建设对策的思考	余建辉	《福建论坛》(人文社会科学版)2005:7

（四）其他领域研究

《确保我国农业持续发展的途径选择》（林擎国，《中国经济问题》1994：4）该文认为，对于中国这样一个正在发展中的人口大国而言，要确保农业的持续发展，必须在发展途径上作新的选择。这种选择的基调是努力实现技术转变，即逐步从依赖各种资源消耗、容易造成污染的技术向更多地依靠科学和信息、有利于环境保护的新一代技术转变，以传统的农业技术同高新技术的结合为手段，以更节约、更有效的农业投入，获得更多"优质低耗"的农产品。

《生态文明建设理论与实践》（南平师范高等专科学校廖福霖，中国林业出版社，2001）该书在论述生态文明观的基础上，着重阐述城市、乡村、江河流域的生态建设和森林生态建设，环境的治理与保护，发展绿色科技，控制人口数量，提高人口质量，发展生态文化、生态旅游和绿色化教育，建设生态道德等生态文明建设的重要实践问题。

《绿色经济发展研究》（张春霞，中国林业出版社，2002）该书以绿色经济的发展为切入点，以可持续发展理论为指导，提出应把人与自然的关系纳入经济学研究范围之内的观点；并从理论与实践的结合上，从绿色生产、消费、营销和市场等方面分别阐述绿色经济的现状、运行机理、约束因素和应对策略；运用系统论、协同论的方法把绿色经济看成是一个由点、片、线，组成的复杂的网络体系，分析这一网络体系的发展趋势及演进规律；应用发展经济与制度经济学的原理，对绿色经济发展的支撑与保障体系进行理论探讨，并突出绿色文化对绿色经济发展的重要作用。

《**生态生产力是先进生产力**》（廖福霖，《生产力研究》2004：10）该文从三维角度考察生产力，即水平维、力量维和价值维。生产力的水平维是一种状态特征，力量维是一种做功过程，价值维则是生产力作用的结果。先进生产力不但要求生产力具有发达的水平维和强大的力量维，而且要求水平维和力量维作用于社会—经济—自然这个复合体后产生正效果和正价值。而决定价值维的是生产力发展的文明取向。发达生产力由前沿、领先地位的水平维和强大的力量维组成，而先进生产力则由发达生产力加上先进的文明取向构成。生态文明是比工业文明更加先进的文明取向，生态生产力具备先进生产力的主要特征，是一种先进的生产力。

表 3—17　　**1992—2005 年人口、资源与环境经济学其他领域研究其他成果**

成果名称	作　者	发表刊物（出版社）及时间
生态农业若干理论问题思考	林　卿	《生态经济》1992：3
生态畜牧业初探	余建辉	《生态经济》1993：1
建设具有福建特色的生态农业——兼谈发展福建绿色产品问题	林　卿	《生态经济》1995：3
建设与现代企业制度相适应的生态经济管理体制	林　卿	《生态经济》1995：6
生态经济管理	陈秋华	经济科学出版社，1996
高消费问题与可持续发展战略	林擎国	《中国经济问题》1996：3
人口、资源、环境与可持续发展	徐　辉	《求实》1997：2
可持续农业与农业经济研究者的任务	林　卿	《福建论坛》1998：2
对可持续发展问题的研究不能离开对制度的思考	林　卿	《福建农业大学学报（社会科学版）》1999：1
可持续发展观对经济学外部性理论的拓展	林　卿	《生态经济》1999：5
中国县级区域人口、资源、环境与经济协调发展的可持续发展系统理论与评估方法	米　红 吉国力	《人口与经济》1999：6
大力发展生态农业，迎接加入 WTO 的挑战	林文雄	《生态农业研究》2000：4

续表 3—17

成果名称	作 者	发表刊物(出版社)及时间
福建人口、资源、环境与经济、社会协调发展的若干问题研究	米　红	《发展研究》2000:4
发展生态旅游是保护和利用红树林资源的最佳途径	张春霞	《生态经济》2000:7
绿色壁垒与可持续农业	林　卿	《亚太经济》2001:3
绿色经济:经济发展模式的根本性转变	张春霞	《福建农林大学学报》(哲学社会科学版)2001:4
发展现代生态农业,促进福建农业与农村的持续发展	林文雄	《福建农林大学学报》(社会科学版)2001:4
绿色经济:可持续发展的微观基础和现实形式	廖福霖	《林业经济》2001:5
可持续发展与福建省情	姚颂恩	湖南人民出版社,2002
可持续农业经济发展论	林　卿	中国环境科学出版社,2002
闽东南特色农业生态模式研究	朱鹤健	《自然资源学报》2002:3
知识经济是可持续发展的经济	林　卿	《生态经济学报》2003:1
和谐社会建设中人与自然的协调发展	林　卿	民族出版社,2004
新型工业化与我国环保产业发展	林　卿	民族出版社,2004
可持续发展的生态足迹测度:以合肥为例	叶文振	《财贸研究》2004:3
福建发展循环农业的战略规划思路与模式选择	郭铁民	《福建论坛》(人文社会科学版)2004:11
从系统论角度认识绿色经济的发展	张春霞	《中国生态农业学报》2005:1
knowledge Economy——The Sustainable Development Economy,Ecological Economy(知识经济——可持续发展的经济)	林　卿	《生态经济(英文版)》2005:3

第五节　经济体制改革与发展研究

一、学科建设与学术研究

(一) 学科建设

1992—2005 年，福建省有关高校紧密结合社会主义市场经济建设的需要，不断创设并健全经济体制改革与发展所相关的学科体系。1992年，华侨大学开始建设数量经济学科，1993年，成为全国12个数量经济学硕士点之一，2000年该学科博士点成立。

1993年，福建师范大学获得政治经济学博士学位授予权，成为当时全国省属高校以及全国高等师范院校的第一个政治经济学博士点。1998年，经教育部批准福建师范大学建立国家经济学基础人才培养基地。2003年经济思想史二级学科博士点成立。

1998年，经教育部批准，厦门大学建立国家经济学基础人才培养基地。2004年，厦门大学成立"宏观经济分析与预测"国家人文社会科学创新基地。2004年，厦门大学世界经济研究中心成立。2005年，厦门大学宏观经济研究中心，经国家教育部批准为普通高等学校人文社会科学重点研究基地。2005年6月，以教育部人文社会科学重点基地为基础、依托于"985工程"二期项目的厦门大学王亚南经济研究院成立。2005年，厦门大学中国能源经济研究中心（英文简称"CCEER"）成立。

（二）学术研究

1992—2005年，福建学者围绕经济体制改革与发展的各个方面展开研究，共获得29项国家社会科学基金项目。分别是：社会主义产权经济学研究（厦门大学吴宣恭，1994）、市场经济和"复关"条件下的企业竞争（福州大学张炳光，1994）、农产品价格风险与期货市场（厦门大学许经勇，1995）、经济转轨过程中最适货币量的预测与实现（厦门大学邱崇明，1997）、国有资产存量的结构调整与优化配置问题研究（厦门大学李文溥，1997）、投资体制改革研究——中外投资理论与政策比较研究（厦门大学邱华炳，1997）、马克思主义产权理论与西方产权理论比较研究（吴宣恭，1998）、现代企业制度的基本形式和选择标准（厦门大学翁君奕，1998）、中国市场经济过渡模式的理论分析与国际比较（厦门大学陈甬军，1998）、国有资产实行资本化经营的理论研究（厦门大学胡培兆，1999）、整饬金融秩序：我国"地下金融"治理研究（厦门大学江曙霞，1999）、股份合作制经济问题研究（福建师范大学郭铁民，1999）、居民经济学研究（福建师范大学黄家骅，2000）、博弈论在国际贸易学中的应用研究（厦门大学姚立新，2000）、信息革命与中小企业经营发展战略研究——中外比较分析（华侨大学郭东强，2001）、产业升级外向推动与利用外资结构调整（福建社会科学院陈明森，2001）、优化出口退税的理论与运用（厦门大学陈红伟，2001）、国有经济战略调整和国有企业改组问题研究（吴宣恭，2002）、经济增长方式转变中的中国区域经济可持续发展理论与模式评估研究（厦门大学米红，2002）、中央银行与政府的关系模型（厦门大学元惠萍，2003）、我国实施"走出去"战略研究（福建社会科学院全毅，2003）、世贸组织框架下闽台农业资源的整合与优化配置（福建师范大学林卿，2003）、海峡两岸航运与贸易互动效应和对区域经济的影响及其对策（集美大学黄建设，2002）、抗衡绿色壁垒的对策研究（福州大学黄克安，2004）、我国东南沿海地区"洗钱"活动特点及其遏制机制的研究（福建经济管理干部学校林升铿，2004）、深化体制改革中的利益兼容问题研究（福州大学周小亮，2003）、农村土地适度规模经营及相关问题研究（福建师范大学林善浪，2005）、农村金融体制改革整体思路及路径选择研究（福建农林大学张文棋，2005）、利息理论的深度比较与我国应用研究（福建社会科学院刘义圣，2005）。

这一时期，福建省专家、学者在经济体制改革领域共发表学术论文300多篇，出版著作和教材70余本，获得省部级以上奖励21项。其中，获中共中央宣传部"五个一工程"优秀理论文章奖2项：《积极探索效益优良的公有制实现形式》（第七届，吴宣恭）、《江泽民对国有企业改革和发展理论的新贡献》（第八届，福建社会科学院林其屏）。获福建省社会科学优秀成果奖20项：《福建经济综合开发论》（第二届二等奖，福建社科院唐兴夏）、《各国对外投资与利用外资的经验》（第二届二等奖，福建社科院金泓汎）、《优化产业结构》（第二届二等奖，福建社科院施修霖）、《股份公司的产权关系、运行机制和作用》（第三届一等奖，吴宣恭）、《国有经济主导作用实现形式探讨》（第三届二等奖，李文溥）、《论租税分流——资源税的改革方向》（第三届三等奖，厦门大学杨斌、雷根强）、《转型时期福建经济结构调整》（第四届一等奖，福建省政府发展研究中心蔡忠义、杨益生主编）、《分配改革的回眸与思考》（系列论文）（第四届二等奖，福建师范大学李建平）、《中国农村微观经济体制改革的回顾与展望》（第三届三等奖，许经勇）、《从计划到市场：中国经济体制改革道路选择》（第三届三等奖，陈甬军）、《中国农村经济改革研究》（第五届一等奖，许经勇）、《市场进入退出与企业竞争战略》（第五届一等奖，陈明森）、《中国利率市场化改革论纲》（第五届一等奖，刘义圣）、《中国企业跨国经营》（第五届一等奖，福建师范大学郭铁民、王永龙、俞姗）、《关于加快福建市场化进程的研究——福建市场化测评分析总报告》（研究报告）（第五届二等奖，福建省政府发展研究中心蔡德奇）、《论小城镇建设至要素聚集与制度创新》（第五届三等奖，福建师范大学蔡秀玲）、《经济体制转轨时期中国产业集群研究》（系列论文）（第五届三等奖，福建师范大学郑胜利）、《产业升级外向推动与利用外资战略调整》（第六届二等奖，陈明森）、《信息化带动工业化的一个视角：浅谈我国应推进企业虚拟化运营》（系列论文）（第六届三等奖，福建师范大学林子华、李建建）、《从计划就业到市场就业——国有企业就业制度的变迁与重建》（第六届三等奖，福建师范大学陈少晖）。

（三）学术会议

1994年12月，中国会计学会会计理论与会计准则研究组、厦门大学主办的中国企业会计准则研讨会在厦门召开。政府部门、科研机构、高等院校等部门的领导、专家和学者围绕财政部印发的"应收账款等七个具体会计准则的征求意见稿"展开讨论，并探讨其他企业会计的相关议题。

1997年1月，中国商业经济学会、全国供销合作社等部门举办的全国商品流通会议在福州举行。政府部门、科研机构、高等院校等各单位的领导、专家和学者围绕商品流通体制改革、市场机制建设等问题展开讨论。

1998年11月，中国自然资源学会、中国地理学会、福建省自然资源学会和福建省地理学会联合主办的中国东南沿海地区资源互补、经济合作与可持续发展学术研讨会在福州举行。全国13个省、市、自治区、33个高等院校的80多位学者参加会议。

1998年12月，福建省经济体制改革委员会主办的纪念改革二十周年暨增创福建体制新优势研讨会在福州举行。北京和省内高校、研究机构的专家学者、企业界代表、省直有关部门的领导共120人就"福建20年改革经验，如何进一步深化福建体制改革"展开讨论。会议主要探讨国有企业改革、非公有制经济发展、扩大内需、科技体制等领域的相关问题。

2001年12月，中国社会科学院经济研究所、福建省社会科学界联合会、福州大学、《经济动态》杂志社及中国经济期刊联合会联合主办的海峡两岸经济合作与中国经济发展研讨会在福州召开。全国部分高校科研机构、新闻出版单位以及企业界的60多位专家、学者参加会议。研讨会就经济全球化、"入世"应对措施、体制比较与国别经济、制度创新等问题展开讨论。

2005年5月，中国社会科学院经济研究所、国家发展和改革委员会国土开发与地区经济研究所、福建社会科学院、福建省社会科学界联合会、福建师范大学、厦门大学海峡两岸发展研究院主办，《经济学动态》杂志社、中共晋江市委、晋江市政府和中华文化交流与合作促进会协办的海峡经济区发展论坛在福州市举行。北京、上海、广东、江西、浙江、福建及台湾地区的100多位专家学者就海峡经济区的内涵与范围，海峡经济区形成的必然性，海峡经济区的功能定位，海峡经济区与长三角、珠三角和环渤海的比较分析，海峡经济区的发展前景等问题展开研讨。

二、主要学术成果

（一）市场经济体制改革研究

《谈谈实践中的计划与市场》（漳州师范学院郑秀萍，《经济问题探索》1992：2）该文指出，计划经济和市场调节相结合的重点，应该从经济发展的角度进行考察，并依据中国经济发展的现实水平，将推动经济发展作为计划和市场的结合部。

《规则和信用：市场经济两大基石的缺损与重构》［林其屏，《福建论坛》（经济社会版）2002：1］该文指出，市场经济实质上是法治与德治相统一的经济，规则是市场经济的法制基石，信用是市场经济的道德基石。作者认为：我国已基本上形成市场经济框架，但是，规则和信用还是十分薄弱的环节，在整顿和规范市场经济秩序中，应该重构规则管理和信用管理。

《中国社会主义现代化与市场化有机耦合的历史分析》（福建省委党校高伯文，《当代中国史研究》2002：6）该文认为中国社会主义市场经济模式的创新，不仅在于社会主义基本制度与市场经济的结合，而且还在于社会主义现代化与市场经济的有机耦合，这一结合是通过两者的互动逐步实现的。

表 3—18　　　　　　1992—2005 年市场经济体制改革研究其他成果

成果名称	作　者	发表刊物（出版社）及时间
市场经济中的公有制与按劳分配	胡培兆	《经济研究》1993:4
没有公有制便没有社会主义	蔡金发	《科学社会主义》1995:5
经济增长方式的几个认识问题	张亚东 胡培兆	《财经研究》1997:12
产权与市场双重约束:构建企业行为市场化微观机制	陈明森	《东南学术》1999:3
赶超型工业化战略与传统经济体制的形成	陈少晖	《福建师范大学学报》（哲学社会科学版）2000:2
寻求更有效的宏观对策——中国宏观经济走势、成因及其对策分析	王仪祥 陈惠新	《世界经济文汇》2001:1
社会主义市场经济的初生态——纪念实行社会主义市场经济十年有感	胡培兆	《中国经济问题》2002:1
试论社会主义初级阶段劳动者个人所有制的实现	陈少晖	《东南学术》2002:6

（二）收入与消费制度改革研究

《税收支出与宏观调控》（厦门大学胡笑辉，《学术研究》1995：5）该文指出，税收作为国家依据政治权力对社会产品所进行的强制、无偿分配，具有为国家取得财政收入的功能即聚财功能。另外，在参与国民收入分配的同时，税收不可避免地会引起国家与社会成员以及不同的社会成员之间在国民收入占有关系上的变化，即税收天然具有调节经济生活的能力。而且，随着商品经济的不断发展，税收的这种调节经济功能不断得以强化，特别是在市场经济高度发达的西方国家中税收的宏观调控功能日益得以加强和重视。

《合理调控收入差距增强有效消费拉力》（厦门大学林擎国、郑敏，《统计研究》1999：

12) 该文指出，中国城乡消费水平和收入水平的差距及其扩大幅度比较的情况存在相反态势，有两方面特殊原因：一是中国农村居民还要从不太多的纯收入中分配一部分作为生产经营费用支出，真正用于消费的份额又少了一些；二是农民收入的不确定性比较大，预期消费意愿比较容易制约即期消费意愿。由此建议：坚决执行"一部分人先富起来"的政策；弘扬诚实劳动和合法经营致富精神；确立社会主义效率加公平的运行机制和道德标准；从中国实际情况出发，强化税收杠杆对国民收入分配的调控、平抑和监督作用。

表 3—19　　　　**1992—2005 年收入与消费制度改革研究其他成果**

成果名称	作　者	发表刊物（出版社）及时间
学习十五大关于分配方式新论述的思考	李建平	《经济学动态》1998：6
二十年分配改革的回眸与思考	李建平	《福建论坛》（经济社会版）1998：11
新经济形势下收入分配统计问题研究	陈珍珍	《统计研究》1999：3
改革 20 年来中国居民对经济增长的要素贡献的透析	黄家骅	《当代经济研究》1999：4
关于扩大消费需求的几点认识	李建平	《当代经济研究》1999：6
扩大边际消费倾向推动经济快速增长	赵应宗	《财贸经济》2001：4
我国现阶段个人收入差距性质的判断	杨　强	《当代经济研究》2004：1
生产要素按贡献分配及收入差距问题探讨	陈永志	《中国经济问题》2004：2
收入分配与地下经济的相关关系分析	林伟林	《商业研究》2004：24

（三）财税体制改革研究

《双元财政论评述》（厦门大学张馨，《中国经济问题》1999：1）该文指出，社会主义市场经济条件下由相对独立的公共财政和国有资产财政组成的有机统一体，是与单元（结构）财政相对立的社会主义财政模式。文中还针对"关于双元财政论的争议"而强调，"国有资本"一词只涉及盈利性国有资产，因而应当使用的是"国有资本财政"。

《WTO 下的中国税制：寻求中性与非中性结合的新形势》〔厦门大学邓力平，《福建论坛》（人文社会科学版）2001：1〕该文用近年来强调的中性与非中性相结合的辩证思想来分析 WTO 下中国税制改革的思路，特别是结合对税收优惠、出口退税等在内的政策使用提出自己的观点。

《建立国有资本经营预算的思考》（厦门大学邓子基，《中国财政》2005：12）该文指出，随着中国实行社会主义市场经济和政资两种职能的逐渐分离，政府作为国有资产所有者，必须建立起独立于公共预算之外的国有资本经营预算来全面掌握经营性国有资本的收入、支出、资产和负债情况，以确保国有资本保值、增值和再投资的有计划进行。

表 3—20   **1992—2005 年财税体制改革研究其他成果**

成果名称	作者	发表刊物(出版社)及时间
香港和新加坡公司税制的比较分析	常榕生 唐　向	《涉外税务》1992:11
地方税结构的国际研究及借鉴	唐腾翔 唐　向 郭秀亮	《税务研究》1997:2
论政府预算的法治性	张　馨	《财经问题研究》1998:11
治税的效率和公平——宏观税收管理理论与方法的研究	杨　斌	经济科学出版社,1999
非对称型分税制:我国分税制的改革方向	杨　斌	《中国经济问题》1999:2
论选择税收征管模式的原则	杨　斌	《税务与经济》1999:4
转型期我国税收制度公平目标的定位及其实现	王志强	《财经研究》2000:6
正确认识"国家财政"与"公共财政"	邓子基	《福建论坛》(经济社会版)2000:10
公共化:20 年财政改革的基本趋势	张　馨	《中国财政》2000:2
部门预算改革研究——中国政府　预算制度改革剖析	张　馨	经济科学出版社,2001
集中国家财力强化财政职能——学习和领会江泽民同志的理财思想	邓子基	《厦门大学学报》(哲学社会科学版)2001:1
对公共产品与税收内在联系的分析	罗昌财	《涉外税务》2001:3
法治化:政府行为·财政行为·预算行为	张　馨	《厦门大学学报》(哲学社会科学版)2001:4
我国宏观税负的国际背景研究	邓力平 陈　涛	《亚太经济》2001:4
部门预算改革与公共财政基本框架的构建	张　馨	《中国财政》2001:5
国家分配论就是国家财政论	邓子基	《福建论坛》(人文社会科学版)2001:5
我国个人所得税运行情况的分析及改革设想	张阿芬	《税务研究》2001:6
论对附加福利的课税——我国个人所得税完善的一个重要方向	宋生瑛 罗昌财	《涉外税务》2001:10
我国财政职能观评述	张　馨	《财经问题研究》2001:11
论部门预算改革	张　馨	《经济学家》2002:2
"以收定支"还是"以支定收"	邓子基	《乡镇财经》2002:8
实行消费型增值税必须强化征管	刘广洋 蒋晓惠	《涉外税务》2002:9
谈谈财政监督问题	邓子基	《中国财政》2002:11

续表 3—20

成果名称	作　者	发表刊物（出版社）及时间
国有资本财政:社会主义市场经济的必然选择	陈少晖	《国有资产管理》2002:11
在整合中发展国家分配论	邓子基	《厦门大学学报》(哲学社会科学版)2003:1
维护国家权威　在整合中发展国家分配论	邓子基	《福建论坛》(人文社会科学版)2003:3
论财政监督	张　馨	《财政监察》2003:5
税收国际协调与会计准则全球趋同关系之辨析	邓力平 曲晓辉	《会计研究》2003:9
我国税收优惠政策的特殊性及其控制策略	杨　斌	《中国财政》2003:9
财政体制改革的有益探索——评《分级财政体制研究》	邓子基	《福建论坛》(经济社会版)2003:10
我国个人所得税纳税状况实证研究	罗昌财	《税务研究》2003:10
税务会计的国际比较与借鉴	蒋晓惠 刘广洋	《涉外税务》2003:11
公共财政与财政体制改革——学习《中共中央关于完善社会主义市场经济体制若干问题的决定》	张　馨	《人民论坛》2003:12
财政公共化改革:理论创新·制度变革·理念更新	张　馨	中国财政经济出版社,2004
我国体育经济活动中费税问题研究	翁　飚 高松龄 诸　斌	《中国体育科技》2004:1
关于国有资产监管体制改革的几个认识问题	邓子基	《福建论坛》(人文社会科学版)2004:2
出口退税管理:税企博弈分析与制度优化	林高星 陈宝熙	《税务与经济》2004:4
深化财税体制改革　确保农民收入增长	许经勇	《经济经纬》2004:6
财政监督应转到外部约束为主上来	张　馨	《财政监督》2004:6
关于财政支农问题的若干理论思考	邓子基	《福建论坛》(人文社会科学版)2004:7
探寻新形势下财政监督工作新模式——评点"全国部分地方财政监督工作座谈会"	张　馨	《财政监督》2004:8
邓小平财政全局观与财政体制创新	陈少晖	《福建论坛》2004:8
降低税收成本　提高收入质量	黄衍电	《中国财政》2004:11
关于用西方最优税收理论指导税制改革的论辩	杨　斌	《厦门大学学报》(哲学社会科学版)2005:4

续表 3—20

成果名称	作者	发表刊物(出版社)及时间
出口退税管理面临的新问题与对策	黄衍电	《涉外税务》2005:4
我国应及时开征遗产税和赠与税	蒋晓蕙 张京萍	《税务研究》2005:5
公共财政与和谐社会	邓子基	《厦门大学学报》(哲学社会科学版)2005:6
对新一轮税制改革的几点看法	邓子基	《经济研究参考》2005:23

(四)金融体制改革研究

《MIGA 与中国：多边投资担保机构述评》（厦门大学陈安，福建人民出版社，1995）该专著对于 MIGA（多边投资担保机构）这一重要国际经济组织进行全面剖析，并对中国加入 MIGA 的利弊得失做了探讨和论证；对 1997 年以后 MIGA 将相继适用于香港、澳门、台湾的具体问题，也进行探讨，提出相应的建议。

《金融衍生产品的风险管理与控制》（厦门大学李晓峰、法国里昂信贷银行厦门分行陈光，《浙江金融》1999：1）该文指出如何加强对衍生金融产品风险的管理与控制已成为国际金融界和各国政府的共识，对衍生金融产品的风险管理主要包括建立完善的风险管理系统、制定正确的经营原则与方针、科学地度量各种风险等。

《我国股票市场风险考察和政策构想》（厦门大学张亦春、许文彬，《河南金融管理干部学院学报》2001：4）该文对中国股票市场中蕴含的金融风险作了考察，分析其成因和必然性，针对现状提出若干政策构想：一是国有股份流通即发行优先股和可转换性企业馈券，为社会保障基金（特别是寿险基金）入市创造条件，发展场外交易市场，允许部分上市公司国有股进行柜台交易，为国有股流通拓宽渠道；二是资本市场建设，实现各类股票市场的并轨，构建一个统一市场。

《中国利率市场化改革论纲》（刘义圣，北京大学出版社，2002）该书涵盖利率市场化改革的各个方面和各个层面的问题，其内容包括支撑理论、中国利率体制改革、外国利率体制比较、利率市场化与商业银行、利率市场化的配套改革等内容，并通过中国利率市场化改革问题的研究分析，提出促进利率市场化改革的政策思维和对策建议。

《外资银行进入影响与国有银行制度创新》（厦门大学江曙霞，《中国经济问题》2004：3）该文指出，具有政府干预型融资制度下的信用替代和多重委托代理制度下的激励相容约束缺乏内外两大制度缺陷的中国国有银行，在与外资银行进行的市场进入博弈中处于明显的弱势地位。因此，必须通过税收、呆账准备、组织、管理等方面的制度创新和国家财政注资，尽快提高其应对冲击的能力。

表 3—21   **1992—2005 年金融体制改革研究其他成果**

成果名称	作 者	发表刊物（出版社）及时间
中国股票市场发育中的困境与出路	陈明森	《财贸经济》1992:7
居民投资:实现两个转变的重要机制	黄家骅	《财贸经济》1997:5
香港股票市场发展的特点及其前景展望	朱孟楠	《河北经贸大学学报》1997:6
亚洲互换市场的发展及特点	李晓峰	《世界经济研究》1998:2
国有商业银行风险控制问题研究	张亦春 王灵敏	《投资研究》1998:2
货币危机预警系统:理论与实证分析	郑振龙	《数量经济技术经济研究》1998:9
自由还是管制:论国际金融的发展方向	张亦春 许文彬	《中国经济问题》1999:3
新兴商场经济国家法定存款准备金制度比较	郑振龙	《城市金融论坛》2000:6
我国建立最后贷款人制度初探	郑振龙 江孔亮	《城市金融论坛》2000:7
利率市场化的宏观风险与"安全模式"初探	刘义圣	《经济学动态》2001:6
风险投资运营机制的比较研究	梁新潮 丁少群 云 青	《宏观经济研究》2001:8
我国私募基金存在的六大问题及规范化建议	何孝星	《经济理论与经济管理》2001:10
现代金融市场学	张亦春主编	中国金融出版社,2002:1
论金融控股公司的建立模式与风险监管	郑 鸣	《厦门大学学报》(哲学社会科学版)2002:2
中国利率市场化问题研究	郑 鸣	《中国经济问题》2002:3
各国衍生金融市场监管比较研究	郑振龙 张雯著	中国金融出版社,2003
美国的股票期权与相关税收制度	蒋晓蕙	《涉外税务》2003:1
开放经济条件下中国金融安全问题	郑 鸣	《统计与预测》2003:2
中国市场利率期限结构的静态估计	郑振龙 林 海	《武汉金融》2003:3
我国银行体系的脆弱性与市场化改革	郑 鸣	《中国经济问题》2003:3
中国证券市场自律性监管:理论阐释与措施探讨	张亦春 许文彬	《东南学术》2003:6
走出对风险投资的认识误区	杨行健	《科技进步与对策》2003:7
我国银行业非现场监管存在的问题及改进建议	朱孟楠 郭春松	《上海金融》2003:9

续表 3—21

成果名称	作　者	发表刊物(出版社)及时间
我国契约型基金治理结构的优化	何孝星	《经济理论与经济管理》2003:11
中国利率期限结构:理论与实践	林　海 郑振龙	中国财政经济出版社,2004
卖空约束对股票市场的影响——兼论中国能否引入卖空机制	郑振龙 俞琳等	《河北经贸大学学报》2004:6
西方私人权益资本市场的发展及其对我国的启示	张亦春 蔡庆丰	《上海金融》2004:8
银行业问题贷款的动态解决方法	郑　鸣	《投资研究》2004:9
上市银行效率的比较分析	郑　鸣	《中国经济问题》2005:1
资本帐户开放过程中的银行稳定性问题研究	李晓峰 王慧卿等	《投资研究》2005:3
中国银行业管制效率:评价原则与检验	刘有鹏 晏宗新 周闽军	《财贸研究》2005:5
国外信用评级制度与对我国的启示	张亦春 郑燕洪等	《河南金融管理干部学院学报》2005:5
资本市场的功能演进与系统性产权约束	刘义圣	《社会科学研究》2005:6
我国可转债转股价调整条款设计存在的问题与修正建议	康朝锋 郑振龙	《商业经济与管理》2005:6
信息不对称、道德风险与市场纪律——国际金融监管新趋势的模型解析	张亦春 雷连鸣	《福建论坛》(人文社会科学版)2005:9

（五）涉外体制改革研究

《人民币经常项目可兑换与我国外贸发展》（邓力平,《中国经济问题》1997:2）该文认为当前迫切需要解决的是，在人民币经常项目可兑换与中国外贸发展的关系问题上，如何趋利去弊，使得汇兑自由化与贸易自由化协调并进。

《产业升级外向推动与利用外资战略调整》（福建省委党校陈明森，科学出版社，2004）该书侧重揭示外商直接投资与产业升级的内在关系，实证分析跨国资本进入对中国产业结构增量变化和存量调整的影响，作者不仅从宏观角度总体把握利用外资与产业升级传导机制，而且从微观层面透视跨国公司市场行为和地方政府引资行为及其动因。

《"中元区"的构建：现实可行性及前景展望》〔厦门大学朱孟楠、陈硕，《厦门大学学报》（哲学社会科学版）2004：4]该文指出，所谓"中元区"，是指以"中元"为单一货币的货币运作区域或范围。构筑"中元区"，推动中国大陆、香港、澳门、台湾的货币一体化，有利于稳定两岸的金融市场，减少两岸的交易成本，增强国际竞争力，增强民族凝聚力，方便两岸民众的往来。从建立统一货币区的经济和非经济因素来看，目前两岸建立"中元区"有一定的基础，但还不具备充分的条件。因此，只能分阶段分层次地进行货币合作，最终建立统一的货币区。

表3-22　　　　　　　　**1992—2005 年涉外体制改革研究其他成果**

成果名称	作　者	发表刊物（出版社）及时间
论发展变化中的跨国公司及其与东道国的交互影响	陈亚温	《世界经济》1992：1
论世界经济特区及其对外贸易	杜　强	《国际贸易》1992：10
区域性国际经济一体化的效应及构成要素	施本植	《对外经贸实务》1996：8
东南亚国家改善投资环境的做法及其借鉴意义	李鸿阶	《世界经济》1997：4
关于改善我国出口商品结构问题的探讨	曾卫锋	《财贸经济》1998：6
目前的国际经济形势与我国的出口贸易	许经勇	《学术研究》1999：5
我国开放型经济发展战略的理论思考	庄宗明	《厦门大学学报》（哲学社会科学版）2000：1
试论如何发挥我国现阶段的比较优势	曾卫锋	《财贸经济》2000：3
贸易结合度分析出口战略选择	邓力平 郑甘澍	《东南学术》2000：5
西部开发中利用外资方式的比较与选择	云　青	《国际金融研究》2000：8
转轨经济国家资本外逃问题的比较研究及其启示	李晓峰	《世界经济文汇》2001：2
最优货币区理论及东亚单一货币区的构想	朱孟楠 陈森鑫	《亚太经济》2001：6
建立国际经济新秩序路径的思考	孔　瑞	《亚太经济》2002：1
世贸组织与特殊经济区——兼论中国入世后特殊经济区的发展	邓力平 唐永红	《国际贸易论坛》2002：5
东亚货币合作的意义、难点与对策	朱孟楠 傅俊霖	《厦门大学学报》（哲学社会科学版）2002：5
IPO 发售机制的国际融合和中国考察	陈　蓉	《证券市场导报》2002：7
WTO 与中国企业市场营销	林媛媛	《商业时代》2003：3

（六）企业经营机制改革研究

《试论社会主义市场经济与国有企业的股份制改革》（厦门大学余绪缨，《中国经济问题》1992：6）该文认为以社会主义市场经济理论为指导，进行国有企业的股份制改革，可以创造出一种全新的同现代市场经济相适应的社会主义企业体系。在当前的历史条件下，进行国有企业的股份制改革，是深化企业改革的基本方向。

《股份公司的产权关系、运行机制和作用》（吴宣恭，《中国社会科学》1994：3）该文从剖析股份公司产权关系的特点入手，分析各类主体的责任、权力、利益结构和行为，探讨公司的运行机制和不同方面的作用。指出中国在建立现代企业制度的改革中，既要充分认识股份公司制度的长处，继续扩大股份制改革，又要如实地看到它的短处和问题，加以改进和完善，做到兴其利而除其弊。

《国有经济主导作用实现形式探讨》（李文溥，《经济学家》1996：6）该文指出，国有经济在国民经济中的作用必须以相应的配置结构、制度设计为依托。国有经济在社会主义市场经济中实现其主导作用，主要体现为从事外在性经济活动，引导国民经济健康、稳定、迅速发展。文章还探讨国有经济改革的深层次理论问题。

《国有企业改革的回顾与反思》（许经勇，《学术研究》1998：11）该文表明，经过近20年的努力和探索，虽然国有企业在面向市场组织生产、加强内部管理等方面具有优势，但总体上讲，国有经济部门的改革与发展，未能取得令人满意的突破性进展。主要原因在于没有很好解决国有经济作为一个整体所面临的根本性问题，特别是国有经济布局结构的不合理。因此强调让优势企业率先进入资本市场实施资产重组，达到优化资源配置和提高经济效益的目的。

《试论国家在国有企业改革中的作用——从新制度经济学的国家理论看国有企业改革》（厦门大学黄新华，《贵州财经学院学报》2002：1）该文从新制度经济学的国家理论出发，探讨国家在国有企业改革中的作用。指出不论是顺利实现国有企业改革和发展的总目标，还是构建国有企业新的产权制度，抑或是降低国有企业制度变迁的成本，为国有企业改革提供意识形态上的支持等方面，国家都可以发挥其积极作用。

《怎样理解国有企业的进退问题》［邓子基，《福建论坛》（人文社会科学版）2002：4］该文指出必须按市场经济中政府职能界定的前提，兼顾国有企业现在基础，从战略调整国有经济布局出发，结合产业结构的优化升级和所有制的调整完善，坚持"有进有退"、"有所为有所不为"原则，确保国有企业在国民经济命脉的重要行业和关键领域中发挥控制力、影响力和竞争力。

《国有企业改革 20 年的问题思考》（胡培兆，《中国经济问题》2004：5）该文指出：对某些国有企业来说，改革过程是破公立私过程，合理的部分私有化是客观需要的；要反对的是全盘私有化和将国有资产"零成本"地微分与积分。

表 3—23　　　　　　　　**1992—2005 年企业经营机制改革研究其他成果**

成果名称	作　者	发表刊物（出版社）及时间
我国现代企业制度逆向生长的障碍	胡培兆	《经济研究》1994：7
股份合作经济比较研究	郭铁民 林善浪	《中国人民大学学报》1995：1
国有资本营运中的国有资产流失原因及其防治	陈少晖	《经济管理与研究》1997：1
国有资本营运与国有资产保值增值	陈少晖	《当代经济研究》1997：5
国有企业劳动就业体制研究	陈少晖	中国经济出版社，1998
深化我国国有制经济改革的战略思考	王宜新	《理论学习月刊》1998：9
概论国有企业实行资本化经营之要义	胡培兆	《中国经济问题》1999：4
深化国有企业改革的思路	许经勇	《学术论坛》1999：5
我国国有企业改革的深层思考	许经勇	《云南财贸学院学报》1999：5
国有企业的困难和国有资本经营范围的确定	胡培兆	《国内外经济管理》1999：8
国有企业改革攻坚必须重点解决的几个问题	许经勇	《求索》2000：1
试论国有企业改革进展缓慢的原因	窦祥胜	《云南财贸学院学报》2000：1
实现国有企业改革目标应着力解决的重点问题	许经勇	《厦门大学学报》(哲学社会科学版)2000：1
国有企业劳动力产权与剩余收益分享	陈少晖	《理论与改革》2000：1
我国国有企业产权改革中的几个理论问题	张明志	《上海财经大学学报》2000：3
我国企业集团规模经济分析及发展思路	丁　青 程　明	《科技进步与对策》2000：5
论国有企业改革的不彻底性	林金忠	《山西财经大学学报》2001：1
现代管理方法对管理会计的影响	王凤洲 孔　丰	《经济管理》2001：12
实现国有企业改革目标的症结何在	许经勇	《厦门大学学报》(哲学社会科学版)2002：4
产权改革探讨与私人产权保护	滕保兵 江文生	《商业研究》2002：6
企业家任用机制与国有企业改革	朱平辉 袁加军	《厦门大学学报》(哲学社会科学版)2002：6
国有林业企业股份制改造探索	谢志忠 杨建洲	《林业经济问题》2002：6
实现国有企业改革目标的条件未具备	许经勇 黄焕文	《经济纵横》2002：7

续表 3—23

成果名称	作 者	发表刊物(出版社)及时间
建立公共财政与推进国有企业改革	林致远	《中国财政》2002:8
股权投资管理研究	曲晓辉	中国财政经济出版社,2003
马克思企业理论与国有企业改革	安增军	福建人民出版社,2003
从计划就业到市场就业——国有企业就业制度的变迁与重建	陈少晖	中国财政经济出版社,2003
共同治理机制:国有公司制企业治理结构的创新方向	陈少晖	《学习与探索》2003:2
国有资产管理体制创新:从分级管理到分级所有	陈少晖	《江淮论坛》2003:4
未来股权激励方式:分红配股制度	林媛媛	《经济管理》2004:3
新型投融资体制框架下的国有投资公司改革	陈少晖	《财政研究》2004:3
公共经济视角下的国有企业改革分析	贺忠厚	《山西财经学院学报》2004:6
设计企业集团财务管理体制应考虑的几个因素	高绍福	《财务与会计》2004:10

(七) 经济体制改革其他领域研究

《我国农村土地产权关系的深刻变革》(许经勇,《财经研究》1999:5)该文指出发端于 20 世纪 70 年代末期的中国农村经济体制改革,已经初步完成农村微观经济组织的重新构造,随之而来必然要求把深化农村经济体制改革的重点,转到如何为农民进入市场铺平道路,在农村微观经济组织的构造上,目前仍然存在着一些需要继续解决的深层次矛盾,因此,必须把产权制度的改革,上升到深化农村微观经济体制改革的突破口位置,把它改造成为产权关系明晰、产权约束硬化的新型微观主体,使其经济行为的外在化降低到最低的限度。

《我国农村的两次历史性变革——人民公社·家庭承包·城镇化》[许经勇,《厦门大学学报》(哲学社会科学版)2001:3]该文总结改革开放以来,中国农村先后经历的两次历史性大变革。第一次是从僵化的人民公社体制下解放出来,第二次是从传统二元社会结构的束缚下解放出来,前者发生在农村领域,后者则超出农村领域,中国农村只有经历这两次大变革,才有可能引导农民终于走上富裕道路。

《民间信用生成逻辑的解析及疏导原则的确立》(江曙霞、马理,《财经研究》2003:9)该文改进以往单纯从经济学角度考察民间信用的做法,从社会期望的二重性、外部环境的约束、潜在的矛盾冲突和行为校直的误区等方面深入剖析民间信用的生成逻辑，并提出在综合治理中应把握的若干原则，从而为监管者的有意识诱导提供有益的建议。

表3—24　　　　　**1992—2005 年经济体制改革其他领域研究其他成果**

成果名称	作　者	发表刊物（出版社）及时间
城市绝对地租与土地产权制度创新	陈少晖	《福建师范大学学报》（哲学社会科学版）1997:4
我国社会保障体制改革的模式选择与建构方略	陈少晖	《学习与探索》1998:4
我国农村微观经济组织的制度创新	许经勇	《河北学刊》2000:1
地方国有与地方保护主义——中国横向经济协作的制度障碍	樊　明	《当代经济研究》2001:3
城乡结构是农业结构调整的突破口	许经勇	《学术研究》2002:3
对我国农村微观经济体制变革的评价	许经勇 黄焕文	《山西财经大学学报》2002:4
农村制度创新与农民基本权利的互动关系	许经勇	《财经问题研究》2002:10
论我国农民进城方式与条件	许经勇 黄焕文	《江海学刊》2003:2
解决"三农"问题的关键:给农民国民待遇	许经勇	《厦门大学学报》（哲学社会科学版）2003:3
解决"三农"问题的途径——农村工业化与城镇化	许经勇 黄焕文	《经济纵横》2003:12
城乡户籍制度下的农村城镇化与"农民工"	许经勇	《财经研究》2003:12
论农村的新型工业化道路	黄家骅	《当代经济研究》2004:1
民间信用的演化模拟、失序控制与渐进式变革	江曙霞 马　理	《财经理论与实践》2004:4
体制转轨中的融资偏好与约束:民营经济发展的难题	吴宏洛	《科学学与科学技术管理》2004:5
制度供给:中小民营企业融资的激励与惩戒	江曙霞 刘二斌	《上海金融》2004:6
融资代建制——公共工程项目建设管理新模式	侯祥朝	《管理工程学报》2005:1
中国融资模式与 GDP 结构灰色关联的实证分析	江曙霞 刘　浏	《投资研究》2005:10

第六节　世界经济研究

一、学科建设与学术研究

（一）学科建设

福建的世界经济学研究力量主要集中在厦门大学、福建师范大学和福建社会科学院。厦门大学是教育部直属重点综合性大学中较早设立世界经济专业的高等院校之一。1972年厦门大学即成立世界经济教研室。1981年厦门大学获得世界经济硕士学位授予权，1998年获得世界经济博士学位授予权。2004年6月组建了厦门大学世界经济研究中心，同年，该中心被评为福建省高校人文社会科学研究重点建设基地。

福建师范大学依托理论经济学一级学科博士点，整合经济学院和社会历史学院等相关学院的教学力量和科研队伍，设立世界经济博士、硕士学位授权点。

福建社会科学院亚太经济研究所，主要研究亚太地区的经济发展和中国的开放型经济。该所创办了《亚太经济》杂志。

（二）学术研究

厦门大学世界经济学科的研究方向有：（1）经济全球化与国际经济关系方向。该研究方向以世界经济基础理论、经济全球化下的国际经济关系、经济全球化下的两岸经贸关系为主。（2）国际金融与区域货币合作方向。以国际货币体系改革、经济危机、经济波动及其冲击、区域货币合作的理论与实践的研究为主。（3）国际投资与跨国公司方向。该方向以国际直接投资的理论与实践、全球化下的跨国公司研究、国际商务研究为主。（4）国际贸易理论与政策。主要研究方向为国际贸易理论与实践、服务贸易研究、国际贸易与环境保护等。（5）东南亚经济方向。该研究方向突出世界经济发展中东南亚国家和地区经济。主要包括东亚经济整体与东亚经济一体化、东盟经济与中国—东盟经济关系研究、东盟主要国别经济研究（新加坡、马来西亚、印度尼西亚、菲律宾、越南）等。

福建师范大学世界经济学科主要学术研究方向包括：（1）世界产业转移的新现象、新问题；（2）中美文化产业发展比较；（3）拉美国家经济发展。多年来，立足于现实国情和省情，将经济全球化背景下世界产业转移与福建省产业发展有机结合起来，从全球化视野研究福建产业的结构升级和优化问题。同时，从产业组织演进的视角研究国际文化产业发展的新趋势。

福建社会科学院亚太经济研究所的研究领域主要为亚太地区的经济发展、中国台湾和两岸（闽台）关系、华人华侨经济等。20世纪90年代中期以后，亚太经济研究所则主要研究亚太地区的经济发展和中国的开放型经济。调整后的学术研究方向主要包括：（1）亚太地区发展模式比较。（2）外向型经济与中国对外开放。（3）WTO与技术性贸易壁垒。（4）亚太区域合作与经济一体化。

这一时期，相关单位承担一批国家社会科学基金项目。1998年厦门大学陈亚温教授获国家社会科学基金项目：欧元效应及对中欧经济的影响，该项目研究成果《欧元续论——欧元基础、运作与效应分析》2002年出版，并于2003年获第十届安子介国际贸易研究优秀著作奖。2003年福建社会科学院亚太所全毅研究员获国家社会科学基金项目：跨越技术性贸易壁垒——理论分析、经济影响与对策研究，最终成果由经济科学出版社出版，该成果获得福建社会科学优秀成果二等奖。

（三）学术会议

2004年6月，厦门大学召开经济全球化与中国经济发展国际研讨会，北京、天津、吉林、四川、河北等省市和日本的专家学者以及新闻媒体参加会议。研讨会就当前世界经济形势和中国宏观经济问题展开讨论，此外，还对东亚区域经济合作、中国的国企改革、中国资产管理公司的运作以及我国居民收入差距等问题进行探讨。

2005年10月，福建社会科学院亚太经济研究所与中国亚太学会在武夷山联合举办中国亚太学会东亚经济区域合作与安全学术年会。北京、上海、吉林、天津、武汉、成都、广州等地的100多位学者专家围绕东亚地区的区域经济一体化现状、趋势以及亚太地区的安全形势进行研讨。

二、主要学术成果

（一）世界经济与国别和地区经济研究

《亚太地区产业结构变化及外资的作用》（厦门大学赵文骝、吴崇伯，厦门大学出版社，1992）该书以日本、亚洲"四小龙"（韩国、中国台湾、中国香港、新加坡）及东盟国家在内的亚太地区为对象，研究亚太地区的产业结构变化和外国直接投资的发展，总结这些国家和地区在经济发展过程实施的政策以及经验教训，为中国经济建设和改革开放提供借鉴。

《论亚洲"四小"外贸平衡状况对其汇率的效应》（厦门大学陈亚温，《世界经济》1994：8）该文就"四小（中国台湾、韩国、新加坡、中国香港）"外贸平衡地位的变化对其本币汇率走势的影响进行分析，分析表明外贸的顺差一般可导致本币汇率的上浮，反之亦然。同时，还分析解释与上述有悖的情况在"四小"的产生及其原因，并对二者关系的作用机制异同进行比较。

《亚洲"四小"汇率制度及政策比较》（陈亚温，《世界经济》1995：9）该文对亚洲"四小"（中国台湾、韩国、新加坡、中国香港）的汇率制度进行比较分析，认为在币制与汇制上"四小"可分为有"央行"与无"央行"之别；在对美、英货币依赖性上，台、韩以盯住美元为主，而新、港以盯住英镑为主，但已出现向美元转变的趋势；在汇率制度上，除中国香港外，韩国、中国台湾、新加坡都实行不同程度的管理浮动；此外，在外汇的自由化进程、货币的稳定性方面，"四小"也有不少差异。

《中国企业跨国经营》（福建师范大学郭铁民、王永龙、俞珊，中国发展出版社，2002）该书研究经济全球化条件下，如何搞好跨国经营。阐述跨国经营的重要理论，主要战略和策略，国际规则和惯例。提供典型案例，成功经验和教训。探索中国企业如何更快、更好、更多"走出去"，融入世界经济发展。

《试析东盟自由贸易区建设对东盟区内贸易的影响》（厦门大学陈雯，《世界经济》2002：12）该文运用贸易份额法和引力模型对东盟自由贸易区建设的贸易效应进行研究，考察东盟自由贸易区建设在扩大东盟区内贸易的作用。认为东盟自由贸易区建设在一定程度上促进东盟区内贸易的发展，但其作用是有限的。虽然东盟区域内出口所占的份额是发展中国家区域经济组织中最高的，但是，东盟的自由贸易区建设在扩大区内贸易方面的作用却并不理想。

《世界经济学》（厦门大学庄宗明，科学出版社，2003）该书考察世界经济的发展过程、发展规律和发展趋势，阐述世界经济运行中的世界产业结构、国际分工、国际贸易、生产国际化和金融国际化问题；世界经济发展中的世界经济格局的演变、区域经济一体化和世界经济一体化问题；世界经济发展中的全球性问题、世界经济的协调机制和世界经济的可持续发展问题。

《中国与东盟经济关系新格局》（厦门大学王勤等，厦门大学出版社，2003）该书借鉴和运用当代国际经济关系学原理和区域经济一体化理论及其方法，对中国与东盟经济关系发展进行历史考察和综合研究。全书以中国与东盟经济关系发展的历史进程为主线，以中国入世对周边经济影响和中国—东盟建立自由贸易区为重点，探索中国与东盟经济关系的格局变化和发展趋势。

《从中美贸易看美国经济波动对中国经济的影响》（厦门大学湛柏明、庄宗明，《世界经济》2003：2）该文通过对2000年以来美国对外贸易和中美贸易的经验分析，从一种新的角度审视美国经济波动对中国经济的影响，在此基础上，提出：（1）深化中美贸易基础；（2）努力保持我国传统大宗商品在美国消费市场的份额；（3）稳步提高机械与运输设备产品的对美出口；（4）努力提高中国产品在美国消费市场的档次等。

《世界经济·国别经济》（厦门大学黄梅波，厦门大学出版社，2005）该书主要介绍世界上一些具有代表性的国家和地区国民经济的特点、宏观经济体制、对外经济关系及其在整个世界经济中的地位和作用，总结它们在发展各自经济过程中所具有的优势及其面临的问题。主要内容包括美国篇、欧洲篇、日本篇、东亚篇等，介绍各个主要国家和地区的经济情况以及其经济发展过程中所面临的一些问题。

表3—25　　　　1992—2005年世界经济与国别和地区经济研究其他成果

成果名称	作　者	发表刊物（出版社）及时间
日本的物价变动与经济发展	金泓汛	《世界经济》1992:5
越南工业的部门结构及地区布局	皮　军	《南洋问题研究》1994:2
1988年以来越南的外商投资	皮　军	《南洋问题研究》1994:3
越南经济改革及启示	皮　军	《南洋问题研究》1995:2
东南亚华人企业集团的迅速兴起	王　勤	《世界经济》1995:10
越南经济革新:向市场经济转变	皮　军	《南洋问题研究》1996:4
印度尼西亚金融自由化试析	吴崇伯	《世界经济》1996:9
香港国际金融中心及其前景	朱孟楠	《世界经济》1997:1
东南亚国家改善投资环境的做法及其借鉴意义	李鸿阶	《世界经济》1997:4
菲律宾经济持续增长的原因与前景	沈红芳	《世界经济》1997:5
东南亚国家金融动荡及其原因探析	王　勤	《世界经济》1997:11
马来西亚实现产业升级的主要做法及其启示	李鸿阶	《亚太经济》1998:1
菲律宾金融危机浅析	皮　军	《东南亚研究》1998:4
东南亚金融危机及其经济发展前景	李鸿阶	《世界经济》1998:6
日本劳动力市场的特征与发展变化	金泓汛	《亚太经济》1998:7
韩国与泰国金融危机的比较研究	全　毅	《世界经济》1998:11
东盟四国经济发展模式的形成与逆向转变	沈红芳	《亚太经济》2000:5
东北亚地区经济合作与跨国城市体系	王　旭	《史学集刊》2001:2
亚洲金融危机:东亚模式转变的催化剂——对泰国与菲律宾的案例研究	沈红芳	《世界经济》2001:10
菲律宾工业化发展进程及其政策特点	沈红芳	《亚太经济》2003:2
湄公河次区域经济合作与中国	王　勤	《亚太经济》2004:1

（二）国际金融研究

《欧元论——欧盟货币一体化始末》（陈亚温、李双，山西出版社，1998）该书出版于欧元发行之前，是国内首部论述欧元的专著，全书共分为十二章，对欧洲共同体—欧洲联盟的货币一体化进行总结，综论欧洲区域货币一体化的全过程，并专论欧元的催生及其出现的效应。

《欧元质量分析》（陈亚温，《世界经济》1999：2）该文从对影响欧元走势的因素分析入手，认为欧元启动之后使之变硬的因素占主导方面，但也潜存使欧元致软的因素。权衡积极与消极两个方面的影响，预测欧元应是一种稳中有升的货币。

《欧元续论——欧元基础、运作与效应分析》（陈亚温、林东海，中国金融出版社，2001）该书从人文基础、经济基础、货币基础、理论基础、政治基础等方面论述欧元启动及其在欧盟内外运作的坚实基础；介绍欧元运行以来的情况，包括欧洲中央银行的运行机制、欧元启动后的汇率走势、欧元的国际货币地位等；探讨欧元对欧盟经济、对国际贸易与投资、对国际金融市场以及对中欧经济关系的影响。

《论欧元的汇价变化及原因》（陈亚温，《世界经济》2001：5）该文回顾欧元启动两年来汇价变化的情形，分析欧元面世初期汇率先是狂涨之后一路走低的原因。评价和剖析国内外学界、商界对欧元长期低迷的各种解释，并在此基础上指出导致欧元长期疲软的主要因素，展望欧元汇率回升的前景，并揭示其回升潜力巨大的深层次根源。

《最优货币区理论与东亚货币合作的可能性分析》（厦门大学黄梅波，《世界经济》2001：10）该文根据最优货币区理论对东亚货币合作的可能性进行分析。作者认为，从各国经济相互依存度的角度来看，东亚地区与欧盟相比还存在差距。东亚地区在一体化道路上的主要障碍在于其经济发展水平的层次性和差异性。从政治角度来说，东亚各国也不具备组成货币区的条件，这些都使得东亚货币合作仅能在较浅的层次上进行，要达到货币一体化、组成最优货币区还任重道远。

《国际货币合作的理论与实证分析》（黄梅波，厦门大学出版社，2002）该书以国际货币合作为研究对象，以世界经济全球化、一体化，金融危机不断爆发，国际社会对国际货币体制改革的呼声日益高涨为国际背景，运用历史分析、理论分析、实证分析等方法对国际货币合作发展的历史、国际货币合作的理论与实践进行探讨，并对国际货币体制及国际货币合作的前景进行展望。全书包括国际货币合作史，霸权合作体系的理论与实证分析，七国货币合作的理论与实证分析，国际货币合作前景展望等。

《七国集团货币合作效果反思》（黄梅波，《世界经济》2002：6）该文针对在国际经济政策协调方面发挥过重要作用的七国集团货币合作在20世纪90年代进入低潮的现象，对80年代七国集团国际货币合作的三个重要领域即国际货币政策协调、外汇市场干预、危机最后贷款人合作效果进行分析，指出造成这种状况的一个重要原因是合作并没有达到政策制定者预期的效果，国际货币合作常常不是有效的，有时对各国的宏观经济还有副作用。

表 3—26   **1992—2005 年国际金融研究其他成果**

成果名称	作　者	发表刊物（出版社）及时间
有关欧洲货币市场的几个理论问题	陈浪南	《世界经济》1993：2
发展中国家银行危机的八大原因	郑振龙	《世界经济》1998：11
跨国银行的国际监管	李国安	《世界经济》1999：5
金融监管的制度结构研究	郑振龙 张　雯	《世界经济》2001：12
宏观经济政策协调的进展和成效：回顾和展望	黄梅波	《世界经济》2004：3

（三）外商直接投资与国际贸易研究

《外商投资的经济社会效益评价——理论与方法》（厦门大学王洛林、翁君奕、张小金、李文溥、陈其林、黄建忠、庄宗明、郭俊胜、朱崇实，鹭江出版社，1992）该书是中国探讨评价外商投资经济社会效应的理论与方法的专著。作者对国内外的技术经济评价理论与方法进行归纳和选用，在总结经验教训的基础上，全面考察外商在我国的投资效果。同时，该书还对当时一些分析方法难以进行评价的新问题，如外商投资的技术扩散效益、市场发育效益等，都从定性和定量分析的角度进行研究。

《论发展变化中的跨国公司及其与东道国的交互影响》（陈亚温，《世界经济》1992：1）该文按时间顺序论述跨国公司发展特点的演进以及经营战略的变化及其影响，在此基础上，论证东道国政府对跨国公司投资布局的影响，以及跨国公司在经济稳定性、技术转移、劳动力、企业联系等各方面对东道国的影响。

《宏观商业环境与企业组织形式：丰田的例子》（厦门大学林季红，《世界经济》2002：1）该文以著名的汽车制造商丰田公司为例，从日本最具特色的工业系列集团的概念入手，分析宏观商业环境对日本工业系列集团形成的影响。本文认为，垂直一体化系列集团这种企业组织形式，即相对独立的零部件生产者与特定的装配制造商有着长期持续业务交易的经营模式，是在 20 世纪 50 年代日本独特的宏观商业环境下形成的。

《跨国公司战略联盟》（林季红，经济科学出版社，2003）该书以跨国公司战略联盟为研究对象，在对战略联盟一般分析和理论分析的基础上，分别以 R&D 联盟和汽车制造业为例，对跨国公司战略联盟进行实证研究，并对跨国公司的经营战略、战略联盟的管理与控制等进行分析。全书包括关于战略联盟不同观点的介绍与评论、战略联盟的理论基础、跨国公司战略联盟的实证分析、战略联盟的管理与控制以及战略联盟的启示等。

《外国对美国直接投资的发展及其特点》（庄宗明、逄增辉，《世界经济》2004：6）该文回顾二战以后，特别是 20 世纪 80 年代以来外国对美国直接投资的迅速发展及其特点。

1980—2001 年，外国对美国的直接投资净流入额合计达 12667 亿美元，截至 2001 年末占美国吸收外国直接投资净流入总额的 95.9%。在这期间，对美国进行直接投资的主要国家、主要投资行业、投资进入方式以及资本流动的构成也发生一定的变化。

表 3—27　　**1992—2005 年外商直接投资与国际贸易研究其他成果**

成果名称	作　者	发表刊物（出版社）及时间
知识产权保护与国际投资	石景云	《世界经济》1992:1
南北贸易与建立"国际经济新秩序"	陈亚温	《世界经济文汇》1992:2
北美自由贸易区与税收一体化	邓子基 邓力平	《世界经济》1994:6
亚洲"四小"对外贸易结构的比较分析	陈亚温	《亚太经济》1995:3
国际贸易中的"技术壁垒"	张荣鼎 朱晓勤	《世界经济》1995:7
全球信息流动对国际贸易的影响	赖春萍	《世界经济》1999:4
论对外投资依存度与宏观经济均衡	徐清军	《世界经济》1999:10
全球化的挑战	庄宗明	《世界经济》2000:3
外贸乘数与经济增长关系的变因分析	赵应宗	《世界经济》2000:5
对外贸乘数理论的修正与发展——收入乘数模型分析	曾卫锋	《世界经济》2000:6
利用外资与国家经济安全	金泓汛	《亚太经济》2002:2
外商直接投资对中国经济增长影响的经验研究	陈浪南 陈景煌	《世界经济》2002:6
日本分包制的经济学分析	林季红	《世界经济》2002:7
试析东盟自由贸易区建设对东盟区内贸易的影响	陈　雯	《世界经济》2002:12
东盟自由贸易区区内贸易的产业内贸易研究	陈　雯	《世界经济研究》2003:1
从中美贸易看美国经济波动对中国经济的影响	湛柏明 庄宗明	《世界经济》2003:2
闽台经贸关系的现状与趋势分析	全　毅	《亚太经济》2003:4
宏观经济政策协调的进展和成效:回顾和展望	黄梅波	《世界经济》2004:3
外国对美国直接投资的发展及其特点	庄宗明 逄增辉	《世界经济》2004:6
东南亚服务贸易自由化的进展与趋势	王　勤	《亚太经济》2005:4

第四章　应用经济学研究

第一节　财政学研究

一、学科建设与学术研究

（一）学科建设

福建省财政学科建设以厦门大学经济学院财政系为主，2000 年成立厦门大学公共财政研究中心和厦门大学资产评估研究中心。2001 年，厦门大学财政学再度成为国家重点学科。厦门大学财政系在财政基础理论、税收理论与政策、公共经济与管理等方面已形成研究特色和优势，在全国财税理论与政策的研究中具有重要的影响。

福州大学管理学院、闽江学院公共经济学与金融学系、集美大学财经学院、厦门大学嘉庚学院国际商学院、福建师范大学经济学院、华侨大学经济与金融学院、福建农林大学经济与管理学院、厦门理工学院管理科学系、龙岩学院经济与管理学院、漳州师范学院经济学系等也开设财政专业或财政学课程，结合教学开展财政学科的研究工作。

地方科研机构和财税部门围绕市场经济体系建设、服务型政府转型、财税制度改革等重大问题，积极开展学术研究。

（二）学术研究

福建省的财政学科（含税收）研究主要围绕财政基础理论、税收政策、国际税收、公共经济、资产评估、劳动经济、法律经济、网络经济理论等方面展开。1992—2005年，共获得了 15 项国家社会科学基金和自然科学基金项目。获得国家社会科学基金项目 8 项：优化出口退税的理论与运用（厦门大学陈红伟，1999）、部门预算改革研究（厦门大学张馨，2000）、中国城镇低收入群体分析（厦门大学吴碧英，2000）、中国城镇经济弱势群体救助系统研究（吴碧英，2003）、最优公共收费标准研究（厦门大学胡学勤，2003）、社会保障的融资问题研究（厦门大学陈工，2004）、我国资本市场税收制度的系统研究（厦门大学雷根强，2004）、按照"五个统筹"要求调整中国财政支出结构问题研究（张馨，2005）等；获得国家自然科学基金项目7项：宏观税收管理研究（厦门大学杨斌，1998）、政府收费管理研究（杨斌，2001）、最优税收制度设计与运行管理（杨斌，2002）、我国地方政府债务管理研究（厦门大学樊丽明、邓子基，2002）、中国金融税收制度设计与管理研究（杨斌，2004）、我国财税政策对捐赠影响的数量分析（张馨，2005）、农业地区非对称型财政的机理分析和乡村财政制度设计（杨斌，2005）等。

这一时期，该学科领域在国家级核心期刊上共发表学术论文800多篇，出版著作和教材近200部，不少研究成果引起国内学术界和财政经济工作部门的重视，有80多项研究成果获得国家级和省部级奖励。其中，获教育部人文社会科学优秀成果奖5项：《财政、计划、市场——中西财政比较与借鉴》（1995年二等奖，张馨）、《马克思恩格斯财政思想研究》（1995年二等奖，邓子基）、《财政理论与财政改革》（1998年二等奖，邓子基）、《中国财政理论思考：借鉴公共财政论发展国家分配论》（2003年三等奖，邓子基）、《公共财政论纲》（2003年三等奖，张馨）；获教育部优秀教学成果奖4项：《教书育人，出人才出成果》（1994年二等奖，邓子基）、《财政学学科建设》（1997年二等奖，邓子基等）、《经济与管理教学实验室建设和教学手段的改革研究与实验》（2001年二等奖，杨斌、张铭洪）、《财政学专业多层次人才培养与课程体系创新》（2005年二等奖，张馨等）；获财政部、国家税务总局等部级优秀成果奖（二等奖以上）分别是：《税式支出理论与实践》（1993年国家税务总局、中国税务学会优秀成果一等奖，邓子基）、《美国加拿大税制改革比较研究》（1993年国家税务总局、中国税务学会优秀成果一等奖，邓子基）、《公债经济学——公债历史、现状与理论分析》（1993年中国财政学会优秀成果一等奖，邓子基）、《论宏观税收负担数量界限》（1993年国家税务总局全国税收科研成果一等奖，杨斌）、《公债经济学》（1995年中国财政学会第二次全国财政理论研究成果一等奖，张馨）、《社会主义税收理论若干问题》（1995年国家税务总局全国税收科研成果一等奖，杨斌）、《西方国家分税制模式的比较研究》（1998年国家税务总局、中国国际税收研究会优秀成果一等奖，杨斌）、《增值税的理论与实践》（1999年中国国际税收研究会特别奖，邓子基）、《坚持、发展"国家分配论"》（1999年中国财政学会特别奖，邓子基）、《论公共财政》（1999年中国财政学会第三次全国优秀财政理论研究成果二等奖，张馨）、《涉外税收优惠与外商直接投资》（1999年国家税务总局、中国税收学会第三次全国群众性税收学术研究优秀成果一等奖，雷根强）、《宏观税收负担总水平现状分析与策略选择》（1999年国家税务总局、中国税收学会第三次全国群众性税收学术研究优秀成果一等奖，杨斌）、《应该修改和完善中国消费税制》（1999年国家税务总局、中国财政学会优秀成果一等奖，邓子基）、《经济全球化、WTO与现代税收发展》（2000年国家税务总局、中国税收学会第三次全国群众性税收学术研究优秀成果一等奖，厦门大学邓力平）、《析中国公共财政论之特色》（2001年中国财政学会第四次全国优秀财政理论研究成果一等奖，张馨）、《试论我国遗产税制的建设》（2002年中国财政学会第四次全国优秀财政理论研究成果奖一等奖，雷根强）等。同时，《财政学》、《税收学》分别获国家精品课程，《财政学》、《税收学》、《网络经济学》教材入选"十一五"国家级规划教材。获福建省社会科学优秀成果奖13项：《财政理论研究》（上、下）（第二届一等奖，邓子基）、《投资项目经济评价》（第二届二等奖，厦门大学邱华炳）、《财政理论与财政改革》（第三届一等奖，邓子基）、《西方财政学一个重要转变——析边际效用学说对西方财政理论的影响》（第三届三等奖，张馨）、《论租税分流——资源税改革方向》（第三届三等奖，杨斌、雷根强）、《"国家分配论"与构建公共财政的基本框架》（第四届一等奖，邓子基）、《公共财政论纲》（第四届二等奖，张馨）、《中外客观投资比较研究》（第四届二等奖，邱华炳）、《治税的效率和公平》（第四届二等奖，杨斌）、《国际税收制度规则和管理方法的比较研究》（第五届一等奖，杨斌）、《财政理论与财政实践：1997—2002》（第五届一等奖，邓子基）、《当代财政与财政学主流》（第五届二等奖，张馨、杨志勇）、《以科学发展观促进向中性财政政策的转向》（第六届一等奖，邓子基）。

（三）学术会议

2003年10月，国家发展和改革委员会经济体制与管理研究所与厦门大学经济学院联合举办，厦门大学财政系、厦门大学公共财政研究中心与厦门大学财政科学研究所联合承办的国有资产监管体制与公共财政制度改革国际会议在厦门大学举行。参加会议的代表分别来自世界银行、国家发展和改革委员会、国务院发展研究中心、中国社会科学院财贸经济研究所、财政部财政科学研究所、北京大学、中国人民大学、武汉大学、中山大学、山东大学、上海财经大学、厦门大学等30多个高校和单位，以及人民日报社、中国财政经济出版社等新闻出版单位，到会代表100人。与会代表就中国国有资产监管体制与公共财政制度之间的关系、国有企业改革及国有资产监管体制改革等理论和现实问题进行讨论。

2005年1月，厦门大学经济学院与财政系共同举办的厦门大学劳动经济研究中心成立大会暨学术研讨会在厦门大学举行，参会代表60人。会议主题包括劳动经济学在中国的发展、广东劳工短缺问题和人力资源管理等。

2005年12月，厦门大学财政系、金融系及王亚南经济研究院共同举办的财政政策、货币政策与经济增长国际学术研讨会在厦门大学举行，参会代表80人。会议就中国货币政策与汇率问题、财政政策与货币政策的配合与社会经济发展的关系、中国经济强劲增长与股市长期低迷的分析、日本保险业的发展展开讨论。

二、主要学术成果

（一）财政理论与政策研究

《财政理论研究》（上、下两册）（邓子基，山东人民出版社，1992）该书研究内容包括社会主义财政基础理论、财政与经济的关系、财税改革之路、国际税收与涉外税收等。

《财政、计划、市场——中西财政比较与借鉴》（张馨，中国财政经济出版社，1993）该书通过对中西财政差异及其社会的、政治的和经济的决定性影响因素的分析，将集中剖析计划经济对我国财政、市场经济对西方财政的影响，既指出了照搬西方财政理论和实践做法的困难和错误之处，以及西方财政学中那些符合市场经济要求的可资借鉴的内容，又对我国财政的各项改革提出看法。

《现代西方财政学》（邓子基主编，中国财政经济出版社，1994）该书以西方财政学所提出的财政职能，其中尤以配置和分配职能（从另一角度看是效率与公平关系）为主线，重点介绍市场失效与财政、公共产品、社会选择等当代西方财政最基本的理论。

《财政学原理》（邓子基，经济科学出版社，1997）该书坚持"国家分配论"的观点与主张，提出"收、支、平、管"与财政范畴相结合的财政学原理新体系。密切联系实际阐述中国改革、开放的经验和新的研究成果。

《公共财政论纲》（张馨，经济科学出版社，1999）该书对"什么是市场经济下的财政模式"、"如何开展我国现实的财政活动"、"如何推进我国财政模式改革"等问题进行评析并提出自己的看法。

《"国家分配论"与构建公共财政的基本框架》（邓子基，《当代财经》1999：5）该文分析"国家分配论"与公共财政之间的关系，认为"双重结构财政"是符合社会主义市场经济要求的财政模式，并提出中国公共财政的基本框架。

《国家财政理论思考：借鉴公共财政论发展国家分配论》（邓子基，中国财政经济出版社，2000）该书从财政本质入手，论述"国家分配论"与"公共财政论"各自产生的根源及内涵，并就在社会主义市场经济新形势下，我国财政理论界应如何借鉴、吸收西方"公共财政论"，对坚持、发展"国家分配论"提出个人看法。

《当代财政与财政学主流》（张馨、杨志勇，东北财经大学出版社，2000）该书研究当代中国和西方财政实践与理论的发展变化，追踪其变动轨迹及背后的深层次体制原因，探究各种财政观点、学说的内容作用与影响，介绍当代财政实践与理论状况。

《析中国公共财政论之特色》（张馨，《财政研究》2001：7）该文分析有无"公共财政"的问题、姓"资"姓"社"的问题、价值理论与国家学说的问题、新旧财政理论的关系问题、如何构建公共财政理论等问题，并介绍了公共财政名词的来历。

《以科学发展观促进向中性财政政策的转向》（邓子基，《财政研究》2004：11）该文从财政平衡观看积极财政政策的可持续性问题，分析全面协调可持续发展、结构性宏观调控与中性财政政策之间的关系，提出应坚持以人为本，积极促进向中性财政政策转向。

表4—1　　　　　　　**1992—2005 年财政理论与政策研究其他成果**

成果名称	作　者	发表刊物（出版社）及时间
投资项目经济评价	邱华炳	厦门大学出版社，1992
西方财政学一个重要转变——析边际效用学说对西方财政理论的影响	张　馨	《财政研究》1993：11
现代财政学	邱华炳	厦门大学出版社，1994
财政理论与财政改革	邓子基	山东人民出版社，1995
比较财政学教程	张　馨	中国人民大学出版社，1997
中外宏观投资比较研究	邱华炳 孙健夫	中国金融出版社，1999
关于政府投资范围界定若干问题	邱华炳	中国财经出版社，1999
对"国家分配论"应持发展观	邓子基	《东南学术》1999：1
"国家分配论"的创立与发展	邱华炳	《东南学术》1999：1
双元财政论评述	张　馨	《中国经济问题》1999：1
应从市场经济的基点看待公共财政问题——答赵志耘、郭庆旺同志	张　馨	《财政研究》1999：1
"国家分配论"应如何发展	张　馨	《东南学术》1999：1
论提高财政收入占 GDP 比重的策略	杨　斌	《税务研究》1999：1
决策机构中的权利分布问题	吴碧英	《中国软科学》1999：2
资本市场与企业并购	邱华炳	《国有资产研究》1999：3
上市公司国有资产管理及相关问题研究	纪益成	《国有资产研究》1999：3
我国制度外财政规范化进程分析	杨志勇	《财经问题研究》1999：3
公共财政与资本市场	杨志勇	《社会科学战线》1999：4
试论公共财政支出范围的界定	陈　工	《中国经济问题》1999：4
我国"财政本质"观演变述评	张　馨	《经济学家》1999：4
关于财政政策的若干问题	张　馨	《财经论丛》1999：4
从效率与公平的角度看财政与就业的关系	邱华炳	《财政研究》1999：5
资本结构、公司治理与融资方式的选择	邱华炳	《国有资产研究》1999：5
公共财政：政府宏观经济政策的基本支撑点	张　馨	《改革》1999：5
财政的公共性与阶级性关系析疑	张　馨	《经济学动态》1999：5
欧洲国家会计审计资产评估业发展及借鉴	纪益成	《中国资产评估》1999：6

续表 4—1

成果名称	作 者	发表刊物（出版社）及时间
法治化：治理乱收费的治本之策	张 馨	《涉外税务》1999：7
投资结构优化的税收优惠政策研究	邱华炳	《税务研究》1999：7
我国开放格局下的金融效率与金融风险	邱华炳	《经济研究》1999：8
论转轨型宏观经济政策	张 馨	《财贸经济》1999：10
投资体制改革的理论探讨	邱华炳	《投资研究》1999：11
新制度经济学的兴起与公共财政论的发展	杨志勇	《财经问题研究》1999：11
借鉴"公共财政论" 发展"国家分配论"	邓子基	《财政研究》2000：1
论建立公共财政的现实意义	张 馨	《当代财经》2000：1
公益性、垄断性、收费性、竞争性——论公共基础设施投资的多元化	张 馨 袁星侯	《厦门大学学报》（哲学社会科学版）2000：1
理财精要之大成	邓子基	《财政研究》2000：1
公共化：20 年财政改革的基本趋势	张 馨	《中国财政》2000：2
把握契机 再谱新篇	邓子基	《财贸经济》2000：4
风险投资交易设计研究	邱华炳	《财经论丛》2000：5
市场残缺与政府调控	童锦治	《中国财政》2000：5
20 世纪中国财政学的发展	杨志勇	《社会科学战线》2000：5
评估的英语辨析	纪益成 许志瑜	《中国资产评估》2000：5
论我国财政投融资在当前财政政策中的地位	邱华炳	《财政研究》2000：6
从大金融发展战略的角度看资产管理公司的运作	杨志勇	《投资研究》2000：6
网络经济环境下的投资选择与管理	邱华炳	《投资研究》2000：7
财政辞典编撰：一项值得大力推荐和开展的事业	张 馨	《财政研究》2000：7
消除贫困要"注重人的发展"	吴碧英	《经济纵横》2000：8
关于《财政学》课程教学的探讨	陈 工	《厦门大学学报》（哲学社会科学版）2000：8
民营企业与中国企业债券市场的发展	邱华炳	《财经问题研究》2000：9
促进经济增长的公债效应理论	张 馨	《财政研究》2000：10
公共财政理论与公共财政体制框架构建	张 馨 杨志勇	《中国财政理论前沿》，社会科学文献出版社，2001

续表 4—1

成果名称	作　者	发表刊物（出版社）及时间
集中国家财力强化财政职能	邓子基	《厦门大学学报》（哲学社会科学版）2001：1
不对称信息和资本市场均衡：两个基本模型	黄伟彬	《世界经济》2001：1
财政公共化：当前我国改革的关键步骤	张　馨	《财政研究》2001：2
20 世纪中国财政学的发展	杨志勇	人民大学复印报刊资料《财政与税务》2001：2
经济发展演进中的政府投资范围界定与调整	邱华炳	《投资研究》2001：2
奇怪的异地交费	杨志勇	《21 世纪经济报道》2001.3.12
积极财政政策下的国债投资退出机制研究	邱华炳 苏宁华	《财政研究》2001：4
关于海峡两岸合作举办风险投资基金的探讨	邱华炳	《亚太经济》2001：4
法治化：政府行为、财政行为、预算行为	张　馨	《厦门大学学报》（哲学社会科学版）2001：4
我国实行部门预算改革面临的矛盾及化解	陈　工	《财政研究》2001：5
风险投资运作中的委托代理问题分析	张　丰 邱华炳	《中国经济问题》2001：6
关于公共财政的几点认识	邓子基	《财政研究》2001：7
析中国公共财政论之特色	张　馨	《财政研究》2001：7
加入 WTO 与中国证券市场交易秩序建设	邱华炳 庞任平	《投资研究》2001：8
我国养老金进入资本市场问题的探讨	林致远	《投资研究》2001：9
公共支出改革：建立公共财政框架的关键步骤	张　馨	《财政研究》2001：9
我国财政职能观评述	张　馨	《财经问题研究》2001：11
建立公共财政与提高产业竞争力	林致远	《财政研究》2001：11
海峡两岸风险投资业合作的可行性研究	邱华炳	《台湾研究集刊》2001：12
财政理论与财政实践：1997—2002	邓子基	中国财政经济出版社，2002
建立稳固、平衡、强大的国家财政与构建公共财政的基本框架	邓子基	《财贸经济》2002：1
王亚南对新中国经济的理论探索及启示	邓子基	《厦门大学学报》（哲学社会科学版）2002：1
扶贫应注意人力资源开发	吴碧英	《光明日报》（理论版）2002.1.8
国家分配论就是国家财政论	邓子基	《新华文摘》2002：2

续表 4—1

成果名称	作　者	发表刊物（出版社）及时间
论部门预算改革	张　馨	《经济学家》2002:2
网络外部性问题分析	张铭洪	《中国经济问题》2002:2
"以收定支"还是"以支定收"	邓子基	《财政研究》2002:3
中国金融机构跨业合作背景与政策趋势	邱华炳	《亚太经济》2002:3
提高产业竞争力的两种基本政策比较	林致远	《中国经济问题》2002:4
积极财政政策:理论、实践与政策调整	邱华炳	《财经问题研究》2002:5
简单路经依赖模型及其经济学含义分析	张铭洪	《厦门大学学报》（哲学社会科学版）2002:5
试论国有资产管理体制深化改革的新思路	邓子基	《财政研究》2003:5
关于制订中国资产评估准则的思考	纪益成	《中国资产评估》2002:5
科学认识"国家分配论",树立正确财政观	林致远	《财政研究》2002:6
网络经济下反垄断与政府管制	张铭洪	《管理世界》2002:6
西方财政幻觉假说研究述评	张铭洪	《财政研究》2002:8
风险资本组织中的代理风险控制研究	邱华炳	《投资研究》2002:8
推进农村义务教育持续发展的财政对策	纪益成	《财政研究》2002:9
关于财政在国有企业重组中的职能探讨	邱华炳	《财政研究》2002:12
在稳定中发展国家分配论	邓子基	《厦门大学学报》（哲学社会科学版）2003:1
实事求是,直面历史,敢讲真话,承认他人:财政学界亟须树立的学风	张　馨	《财政研究》2003:3
IT 基础设施供给中存在的问题与对策	潘灵娴	《中国经济问题》2003:4
合伙制:资产评估行业诚信建设的一种制度安排	纪益成	《中国资产评估》2003:8
论我国实现养老保险可持续发展的条件	陈　工	《厦门大学学报》（哲学社会科学版）2003:11
城镇贫困:成因、现状与救助	吴碧英	中国劳动社会保障出版社,2004
财政公共化改革:理论创新·制度变革·理念更新	张　馨	中国财政经济出版社,2004
财政联邦制理论的新近发展	杨志勇	《经济学动态》2004:1
我国建立农村最低生活保障制度的思考	吴碧英	《经济纵横》2004:3
"公共经济（学）"析疑	张　馨	《财贸经济》2004:4
公共基础设施投资的新模式 PFI 简析	黄大柯 王艺明	《投资研究》2004:4

续表 4-1

成果名称	作　者	发表刊物（出版社）及时间
"两岸三地"财政制度比较研究	施文泼 张　馨	《亚太经济》2004:5
从比较视角看地方财政秩序的构建	杨志勇	《亚太经济》2004:5
金融资产管理公司不良资产处置评估有关问题探析	纪益成	《中国资产评估》2004:6
增长权理论在企业战略性投资价值评估中的应用	纪益成	《中国资产评估》2004:6
以科学发展观促进向中性财政政策转向	邓子基	《财政研究》2004:11
论财政监督的公共化改革	张　馨	《财政研究》2004:12
China's Public Administration Reform: Current Status, Strategies and Practice（中国的公共管理改革：现状、策略和实践）	王艺明	Proceedings of 2005 International Conference on Public Administration 2005:10（2005 公共管理国际研讨会论文集，电子科技大学出版社，2005）
财政学	陈　工 林致远 杨志勇	武汉大学出版社,2005
网络经济下的反垄断困境：理论与政策分析	张铭洪	《中国经济问题》2005.3.20
公共经济学的前沿问题	杨志勇	《人民日报》2005.3.25
网络经济下的反垄断困境	张铭洪	《光明日报（理论版）》2005.4.13
改革的转型与突破口选择	张　馨	《改革》2005:5
公共财政与和谐社会	邓子基	《厦门大学学报》（哲学社会科学版）2005:6
中外地区间财政竞争的理论与现实的比较分析	杨志勇	《中国经济问题》2005:6
绩效预算改革探析	张　馨	《财政研究》2005:10

（二）税收理论与政策研究

《美国加拿大税制改革比较研究》（邓子基、邓力平，中国财政经济出版社，1992）该书对美国、加拿大两国税制改革的理论基础、理想税制原则、个人所得税制、商品税制等方面的改革，作了评析与比较，并对其前景进行分析。

《论宏观税收负担数量界限》（杨斌，《财贸经济》1992：2）该文提出应对税收质与量问题上的一些模糊认识予以澄清，进而才能通过统计分析，对中国宏观税负的轻重做出判断。

《税利分流研究》（邓子基，厦门大学出版社，1994）该书结合中国国情，探索处理国家与国有企业分配关系的规律性和有效模式，力求融税利分流的理论与实务于一炉，推进税利分流改革，为经济建设服务。作者分析政府职能与财政、国有企业利润分析税利分流等问题，并提出相关实施方案建议。

《坚持、发展"国家分配论"》（邓子基，《财政研究》1997：1）该文认为"国家分配论"高度概括各种社会形态国家财政的共性或"财政一般"的本质，也可涵盖特定社会形态国家的"财政特殊"。

《应该修改和完善中国消费税制》（邓子基，《经济研究》1997：2）该文介绍消费税的基本理论知识，指出现行消费税制及其存在的问题。在分析消费税立法原则后提出对消费税立法的几点建议。

《宏观税收负担总水平现状分析与策略选择》（杨斌，《经济研究》1998：8）该文分析中国近10年宏观税收负担总水平以及将政府税外收费包括在内的宏观税收负担总水平的变化趋势；计算中国现阶段受生产力发展水平制约的一般社会公共需要的必要量及其占GDP的比重；研究中国现阶段剩余产品价值的生产水平，进而对我国近10年宏观税收负担总水平作出判断，并提出今后中国宏观税收负担总水平的策略建议。

《涉外税收优惠与外商直接投资》（雷根强、黄秀萍，《财政研究》1998：9）该文分成四个部分：正确估价涉外税收优惠对吸引外商直接投资的作用；各国（地区）实施涉外税收优惠吸引外商直接投资的经验；中国现行涉外税收优惠政策对吸引外商直接投资的效果分析；完善中国涉外税收优惠以增强吸引外商直接投资的力度。

《治税的效率和公平》（杨斌，经济科学出版社，1999）该书认为摆正公平和效率的关系，是理财治税的基本目标。作者回顾斯密以来西方治税观、治税效率观的拓展，分析治税的效率和公平的理论依据，探讨治税策略和政策选择及税收制度设计和运行中的效率和公平。

《经济全球化、WTO与现代税收发展》（邓力平，中国税务出版社，2000）该书主要内容包括：经济全球化进程与现代税收发展、WTO及其对现代税收发展的影响、WTO原则与主权国家税制改革、经济全球化与WTO下各国税制发展比较研究、社会主义市场经济下中国税制改革的回顾、中国入世后税制改革的基本思路与总体构想、中国入世后主要税种改革研究、中国入世后关税与国际税收改革、寻求WTO下税收中性与非中性结合的新形式以及税制改革中的一些问题。

《国际税收制度规则与管理方法的比较研究》（杨斌，中国税务出版社，2002）该书内容包括：国际税收基本概念介绍、居民身份确认规则、常设机构确定确认规则的比较研究、投资所得的征税权分配规则、避免双重征税的办法和外国税收抵免制度、国际偷漏税和避税的防止措施、关联企业转让定价调整方法、国民待遇原则和涉外税收优惠政策等。

《试论我国遗产税制的建设》［雷根强，《厦门大学学报》（哲学社会科学版）2002：2］该文认为从实际情况来看，中国征收遗产税不仅必要，而且可行。中国应并行征收遗产税和赠与税，遗产税应采取总遗产税制模式，征收范围包括动产、不动产、有形财产和无形财产，税率应采用超额累进税率。

《西方模式个人所得税的不可行性和中国式个人所得税的制度设计》（杨斌，《管理世界》2002：7）该文分析西方模式个人所得税的主要特征及有效运行的社会经济文化基础，认为中国当前社会经济文化基础决定西方模式个人所得税的不可行性，提出中国式个人所得税的制度设计方案。

表 4—2　　　　　　　　　**1992—2005 年税收理论与政策研究其他成果**

成果名称	作　者	发表刊物（出版社）及时间
西方国家分税制的比较	杨　斌	《涉外税务》1993:4
论租税分流——资源税改革方向	杨　斌 雷根强	《财贸经济》1993:11
中国税制实务	雷根强	中国审计出版社,1994:4
论规范税收的内涵	杨　斌	《东南学术》1999:1
论 21 世纪的中国税制（上）	杨　斌	《涉外税务》1999:1
论 21 世纪的中国税制（下）	杨　斌	《涉外税务》1999:2
非对称型分税制:我国分税制的改革方向	杨　斌	《中国经济问题》1999:2
个人所得税的作用定位和制度设计	杨　斌	《现代经济》1999:2
论合理的聚财之道和当前应采取的治税策略	杨　斌	《涉外税务》1999:6
增值后管理研究	纪益成	《财政研究》1999:8
国际税务竞争与我国涉外税收政策的选择	陈　工	《涉外税务》1999:9
论个人所得税制度设计的两大核心问题	杨　斌	《税务研究》1999:10
税种结构研究	邓子基	中国税务出版社,2000
利息税:规范我国市场关系的一个步骤	张　馨	《涉外税务》2000:2
遗产赠与税的国际比较和我国相应税制建设	雷根强	《中国经济问题》2000:2
从新征管模式运行的利弊得失看我国选择税收征管模式应遵循的原则	杨　斌	《税务研究》2000:3
试论我国财产课税制度的改革与完善	雷根强	《财政研究》2000:3
论代理型常设机构的确定规则（上）	杨　斌	《涉外税务》2000:4
论代理型常设机构的确定规则（下）	杨　斌	《涉外税务》2000:5

续表 4—2

成果名称	作　者	发表刊物(出版社)及时间
关于开征遗产赠与税的思考	童锦治	《税务与经济》2000:6
一般类型常设机构确定规则的研究	杨　斌	《税务研究》2000:7
地方税体系构建的基本理论分析	杨志勇	《税务研究》2000:7
关于出口税收筹划定量分析模型的一点说明	陈红伟	《涉外税务》2000:8
我国开征遗产税的难点分析	雷根强	《涉外税务》2000:8
技术进步与国际税收秩序的变迁	杨志勇	《涉外税务》2000:10
进口设备评估中进口税项计免探讨	纪益成	《中国资产评估》2001:2
现行增值税的制度障碍、管理无效性和中国式增值税的制度设计	杨　斌	《财政研究》2001:2
存货评估中有关增值税计免问题探析	纪益成	《中国资产评估》2001:3
西方模式增值税的不可行性和中国式增值税的制度设计	杨　斌	《管理世界》2001:3
目前我国增值税的征收范围不宜扩大	童锦治	《涉外税务》2001:4
我国电子商务税收走向	邓子基 李　茜	《涉外税务》2001:4
世界税制改革的动向与趋势	邓子基	《税务研究》2001:5
"税收价格":理念更新与现实意义	张　馨	《税务研究》2001:6
论深化税收征管改革需着力处理的主要关系	杨　斌 鄢慈孙	《税务研究》2001:6
建立个人信用制度有利于加强税收管理	胡学勤	《税务研究》2001:9
关联企业转让定价及调整方法概述	杨　斌	《涉外税务》2001:10
我国提高产业竞争力的税收政策	林致远	《涉外税务》2002:1
调整转让定价的基本原则可比性分析方式——美国和 OECD 转让定价规则比较之二(上)	杨　斌	《涉外税务》2002:1
现实文化与财税制度选择	杨　斌	《涉外税务》2002:2
调整转让定价的基本原则可比性分析方式——美国和 OECD 转让定价规则比较之二(下)	杨　斌	《涉外税务》2002:2
转让定价调整的具体办法——美国和 OECD 转让定价规则比较之三	杨　斌	《涉外税务》2002:3
正常交易价格范围和附属调整——美国和 OECD 转让定价规则比较之四	杨　斌	《涉外税务》2002:4

续表 4-2

成果名称	作　者	发表刊物(出版社)及时间
OECD 关于电子商务常设机构确定规则	杨　斌	《税务研究》2002:4
完善我国合伙企业税制	雷根强	《财政研究》2002:4
欠发达地区理财治税策略论	杨　斌	《财贸经济》2002:5
后发达地区的税外收费改革和理论治税策略	杨　斌	《税务研究》2002:5
减轻农民负担:费改税还是费税全免	杨　斌	《涉外税务》2002:5
美国和 OECD 的预约定价协议程序	杨　斌	《涉外税务》2002:5
简论税收遵从成本	雷根强	《税务研究》2002:7
转轨国家税收征管的改革及启示	陈　工	《涉外税务》2002:8
"权益税"还是"交换税"	邓子基	《税务研究》2002:8
加入世贸组织与国内税收关系的九大辨析(上)	杨　斌	《涉外税务》2002:10
加入世贸组织与国内税收关系的九大辨析(下)	杨　斌	《涉外税务》2002:11
入世后保险业代理型常设机构认定规则的思考	童锦治	《涉外税务》2002:12
加入 WTO 后汽车业关税政策变化效应分析	杨　斌	《税务研究》2002:12
非对称的财税机制:财富从农村自动地转移至城市	杨　斌	《涉外税务》2002:12
税收学	杨　斌	科学出版社,2003
析"纳税人"权利	张　馨	《中国经济问题》2003:1
燃油税改革新思路——汽车使用环节和保育环节税收分立	杨　斌	《涉外税务》2003:3
税收公共化:财政公共化的起源与基点	张　馨	《涉外税务》2003:5
中西文化差异与税制改革——以增值税和个人所得税为例	杨　斌	《税务研究》2003:5
税收公共化:以"纳税人"为基点	张　馨	《涉外税务》2003:6
国内税收竞争理论:结合我国现实的分析	杨志勇	《税务研究》2003:6
防止跨国公司避税之对策的比较研究	杨　斌	《涉外税务》2003:6
税收公共化:为自己纳税	张　馨	《涉外税务》2003:7
跨国公司转让定价避税效应和政府防避税对策研究	杨　斌	《财贸经济》2003:7
跨国公司并购境内企业涉税政策探讨	陈　工	《涉外税务》2003:8
税收公共化:政府服务的公共决定	张　馨	《涉外税务》2003:8

续表 4－2

成果名称	作　者	发表刊物（出版社）及时间
合伙企业税制及其国际税收协调规则	杨　斌	《涉外税务》2003:9
国外公司并购税制的主要特点和发展动态	雷根强	《涉外税务》2003:10
论税收立法权的划分及立法体制的改革	胡学勤	《涉外税务》2003:10
自保险公司的国际避税与反避税研究	童锦治	《涉外税务》2003:11
关于出口退税问题的思考——兼评新的出口退税的政策效应	邓子基	《涉外税务》2003:12
对税收赦免问题的几点看法	邓力平	《税务研究》2004:1
所得税会计模式国际实践与我国的选择	童锦治	《税务研究》2004:1
将农民缴纳的"钱"还给农民——建立"四进一出"的财政机制解决三农问题	杨　斌	《涉外税务》2004:3
论会计准则国际协调对税收国际协调的基础作用	邓力平	《涉外税务》2004:4
电子商务引发的税收管辖权问题	陈建淼	《中国经济问题》2004:4
新一轮税制改革的策略及实施步骤	杨志勇	《税务研究》2004:5
科学发展观与新一轮税改	邓力平	《涉外税务》2004:5
国有企业改制引发的税收流失问题探讨	雷根强	《涉外税务》2004:5
税收公共化:税收原则体系的转型	张　馨	《涉外税务》2004:6
经济全球化的本质分析和治税策略选择（上）	杨　斌	《涉外税务》2004:7
中国式个人所得税制度设计	杨　斌	《财政研究》2004:7
经济全球化的本质分析和治税策略选择（下）	杨　斌	《涉外税务》2004:8
论出口退税政策的调整与中性退税制度的构建	胡学勤	《涉外税务》2004:8
现代市场经济下的税收法规与会计制度:差异与协调	邓力平	《税务研究》2004:9
卸下农民七重负担,统筹城乡发展	杨　斌	《理论前沿》2004:9
对征管法及其实施细则执行中存在问题的思考	胡学勤	《税务研究》2004:9
国际税收协定范本最新进展和差异（上）	杨　斌	《涉外税务》2004:11
国际税收协定范本最新进展和差异（下）	杨　斌	《涉外税务》2004:12
对新一轮税制改革的几点看法	邓子基	《税务研究》2005:3
我国公司并购税制存在的问题和完善对策	雷根强	《涉外税务》2005:3
关于用西方最优税收理论指导税制改革的论辩	杨　斌	《厦门大学学报》（哲学社会科学版）2005:4
从最优课题理论看物业税开征之必要	陈建淼	《中国经济问题》2005:5

续表 4—2

成果名称	作　者	发表刊物（出版社）及时间
不能用西方最优税收理论指导我国的税制改革	杨　斌	《涉外税务》2005:5
返还间接税:形成城乡统一的公共财政体制的必要步骤	杨　斌	《税务研究》2005:6
再论税基评估	纪益成	《中国资产评估》2005:7
外国直接投资税收政策与投资的相关性研究	童锦治	《投资研究》2005:8
对西方最优税收理论之实践价值的质疑	杨　斌	《管理世界》2005:8
东北地区部分行业增值税转型的效应分析	杨　斌	《税务研究》2005:8
税收公共化:费改税成功的基点	张　馨	《涉外税务》2005:9
批量评估:从价税基评估发展的新动态	纪益成	《中国资产评估》2005:11
论个人所得税工薪所得综合费用扣除的国际实践	杨　斌	《涉外税务》2005:12

第二节　金融学研究

一、学科建设与学术研究

（一）学科建设

福建省金融学研究的主要力量集中在厦门大学。2001年，在教育部对金融学国家重点学科的评估中，厦门大学金融学科名列第三，成为全国六个重点学科之一；2002年，在教育部"211工程"一期验收中，厦门大学金融系金融工程实验室被评为标志性建设成果。

2002年，福建师范大学福清校区开始招收金融专业本科生，其中经济法律系设有包含金融学在内的四个本科专业。2003年，福州大学管理学院设立金融学硕士学位点，并将其列为管理学院的重点发展学科之一。

2004年10月，华侨大学经济与金融学院成立，下设有包括金融学系在内的四个系。

（二）学术研究

福建省金融学研究的领域包括：金融理论与政策、金融市场与金融工程、国际金融与台港澳东南亚金融、银行管理、保险理论与政策等。1992—2005年，共获得9项国家社会科学基金项目：各国股票市场比较研究（厦门大学郑振龙，1992）、经济转轨过程中最适货币量的预测与实现（厦门大学邱崇明，1994）、市场经济条件下宏观调控模式研究（厦门大学陈浪南，1994）、外商直接投资的宏观经济效应和对策研究（厦门大学苏丽萍，1997）、整饬金融秩序：我国"地下金融"治理研究（厦门大学江曙霞，1997）、外资对我国二十一世纪初经济走势的影响（陈浪南，1999）、海外投资问题研究（苏丽萍，2000）、入世后金融开放对货币政策稳定价格目标的影响与对策研究（邱崇明，2003）、法律制度和金融发展：中国的经验和理论创新（厦门大学陈国进，2004）；教育部人文社会科学基金项目 1 项：不流动市场中资产定价及其与流动性市场中资产定价的比较（福州大学冯玲，2005）。

这一时期，获得教育部高等教育国家级教学成果一等奖 2 项：《金融学专业教育改革研究报告》（厦门大学张亦春，2001）、《21 世纪中国金融学专业教育教学改革与发展战略研究报告》（张亦春，2005）；获得福建省社会科学优秀成果奖（二等奖以上）21 项，分别是：《中央银行与货币政策》（第二届一等奖，张亦春、江曙霞、高路明）、《战后台湾金融》（第二届二等奖，厦门大学许心鹏）、《国际金融新论》（第二届二等奖，厦门大学黄有土、朱孟楠）、《福建省基础设施建设资金问题研究》（第三届二等奖，福建社会科学院基础设施建设研究课题组）、《银行监督管理与资本充足性管制》（第三届二等奖，江曙霞）、《证券投资理论与技巧》（第三届二等奖，张亦春、郑振龙）、《金融市场学》（第四届二等奖，张亦春）、《中外宏观投资比较研究》（第四届二等奖，厦门大学邱华炳、孙健夫）、《中国利率市场化改革论纲》（第五届一等奖，福建社会科学院刘义圣）、《规则和信用：市场经济两大基石的缺损与重构》（第五届二等奖，福建社会科学院林其屏）、《中国股票市场微观结构的研究》（第五届二等奖，厦门大学屈文洲、吴世农）、《现代金融市场学》（第五届二等奖，张亦春）、《利率市场化的宏观风险与"安全模式"初探》（第五届二等奖，刘义圣）、《现代投资银行研究》（第五届二等奖，厦门大学郑鸣、王聪）、《ESO 核心问题的金融工程解决》等三篇（第五届二等奖，福州大学黄志刚）、《我国证券投资基金业绩的实证研究与评价》（第五届二等奖，厦门大学沈维涛、黄兴孪）、《金融制度结构与经济增长》（第五届二等奖，陈国进、林辉）、《信用本质上是一个经济问题》（第六届一等奖，福建师范大学李建平等）、《中国股票市场风险研究》（第六届一等奖，吴世农等）、《股权投资管理研究》（第六届二等奖，厦门大学曲晓辉等）、《上市商业银行信息披露：变迁与改进》（第六届二等奖，厦门大学陈汉文、邓顺永）。

（三）学术会议

2003 年 11 月，厦门大学金融系、《金融研究》编辑部主办的全国金融理论高级研讨会在厦门召开。中国社会科学院金融研究所、中国人民银行金融研究所、中国人民大学、西南财经大学、中央财经大学、复旦大学、南开大学、武汉大学、中南财经政法大学以及厦门大学等几十所重点高校和科研机构的近百位知名金融专家和学者参加。研讨会就人民币升值、国有商业银行的不良资产、货币政策、资本市场等问题展开讨论。

2004 年 10 月，首届中国金融学年会组委会和厦门大学经济学院金融系联合主办的首届中国金融学年会在厦门召开。美国、日本、德国、澳大利亚、加拿大、新加坡等国及中国大陆、香港和台湾的 50 多所高校的专家学者共 170 多人参加。本届年会邀请美国金融学会前主席 Michael Brennan 教授、日本中央大学奥村宏教授作主题演讲。与会者就公司理财、资产定价、金融工程、宏观金融、国际金融、银行与保险等问题展开研讨。

二、主要学术成果

（一）金融理论与政策研究

《福建省基础设施建设资金问题研究》（福建社会科学院基础设施建设研究课题组，《福建学刊》1996：2）该文根据福建省综合部门对未来 15 年的初步规划，就福建省筹集基础建设资金应走的路子、如何广辟筹资渠道、应采取的投融资方式和筹资的对策措施等进行探讨。该文提出，福建省当务之急是要抓住机遇，明确指导思想，制定和实行有吸引力的基础设施建设筹资政策，大力推进基础设施投资体制改革，选择并拓宽适合省情的筹资途径，采取有力的筹资措施，解决今后基础设施建设资金问题。

《中外宏观投资比较研究》（邱华炳、孙健夫，中国金融出版社，1999）该书内容包括中外投资的内涵、分类及其差异，投资与资金来源，中外经济增长中的投资规模，中外投资结构与产业结构，中外投资结构与区域经济均衡发展等。该书分析中外投资概念的差异、投资概念的内涵和外延并提出自己的看法。在此基础上，对比研究中外投资资金来源、宏观投资规模、宏观投资结构、技术创新与风险投资、投资管理体制、投资宏观调控等宏观投资领域中各个重大问题。

《金融学专业教育改革研究报告》（张亦春等，高等教育出版社，2000）该研究成果是高等教育面向 21 世纪教学内容和课程体系改革系列报告之一。正文五个部分：一是金融学高等教育面临的外部环境变化与挑战；二是我国金融学高等教育发展的历史回顾与现状分析；三是金融学高等教育改革的指导思想和原则；四是中国金融学高等教育未来的发展趋势；五是中国金融学教育改革方案及实施情况。

《金融制度结构与经济增长》（陈国进、林辉，《南开经济研究》2002：3）该文在阐述银行主导型和市场主导型金融制度的形成和发展具有路径依赖性的基础上，从理论与实证的角度探讨金融制度结构与经济增长之间的关系。一国的金融制度通过降低金融交易的信息成本、加强风险管理和企业控制等金融服务促进经济增长。银行主导型金融制度在近期内将继续是中国金融制度结构的最优选择。

《国家金融安全的统计分析》（厦门大学高鸿桢，中国统计出版社，2005）该书内容包括国家安全与金融安全、金融安全因素、国际债务指标与金融安全、汇率指标与金融安全、房地产泡沫与金融安全等。该书应用多元 Logit 模型、协整模型、鞅过程、广义异方差模型、多元统计分析等方法处理所讨论的有关问题，是应用统计方法讨论金融安全问题的一个探索。

表 4－3　　　　　　**1992—2005 年金融理论与政策研究其他成果**

成果名称	作　者	发表刊物及时间
关于我国货币需求若干问题思考	邱崇明	《金融研究》1995：11
现代公司资本结构理论	翁君奕	《经济学动态》1995：11
构建我国货币政策理论框架的若干问题	林宝清	《金融研究》1996：7
论资产重组中的银行信贷风险控制	张亦春	《经济学动态》1998：5
构建金融危机预警系统	郑振龙	《金融研究》1998：8
中国股票市场：监控功能的缺陷与变革	张亦春	《管理世界》1999：1
我国开放格局下金融效率与金融风险	邱华炳	《经济研究》1999：8
货币政策调控频率	江曙霞	《金融研究》2000：5
中国资本外逃的理论与现实	李晓峰	《管理世界》2000：5
风险与金融风险的经济学再考察	张亦春 许文彬	《金融研究》2002：3
金融混业经营的条件与必然性分析及对我国的启示	何孝星	《经济学动态》2002：4
代理投资、金融危机与金融制度结构	陈国进 吴　锋	《金融研究》2002：8
金融全球化、金融安全与金融演进	张亦春 许文彬	《管理世界》2002：8
入世以后我国货币政策的外部环境变化与对策	邱崇明	《金融研究》2003：5
资本外逃对中国经济影响的实证分析	李晓峰	《金融研究》2003：12
加快推进我国经营性公用事业民营化问题研究	何孝星	《经济学动态》2003：17
21 世纪中国金融学专业教育教学改革与发展战略研究报告	张亦春	高等教育出版社，2004
货币基金市场对我国宏观政策调控的影响	何孝星 刘雅丽	《经济学动态》2004：9
双重准则规制下民间信用制度变迁的成本—收益分析	江曙霞	《金融研究》2004：1
资产替代与货币政策	邱崇明	《金融研究》2005：1

续表4—3

成果名称	作　者	发表刊物（出版社）及时间
金融学和经济学相关关系探讨	郑振龙	《经济学动态》2005：2
中小投资者法律保护与公司权益资本成本	沈艺峰 肖　珉	《经济研究》2005：6
我国货币市场和资本市场连通程度的动态分析	王一萱 屈文洲	《金融研究》2005：8

（二）金融市场与金融工程研究

《证券投资理论与技巧》（张亦春、郑振龙，厦门大学出版社，1996）该书内容包括股份制与股票市场理论、股份公司与股票、债券概述、证券的发行、证券交易市场、股票投资理论比较、证券价格及其基础分析、证券价格的图形形态分析、证券价格的技术指标分析、波浪理论、投资理念与投资策略、金融期货市场、期权市场、中国股票市场等。

《金融市场学》（张亦春，高等教育出版社，1999）该书以成熟市场经济条件下的金融市场为研究对象，涵盖货币市场、资本市场、外汇市场以及金融衍生市场的基本理论知识，阐述包括利率机制、汇率机制、风险机制在内的金融市场机制，并对各种金融工具的定价以及金融市场各主体的经济行为进行分析。

《利率市场化的宏观风险与"安全模式"初探》（福建社会科学院刘义圣，《经济学动态》2001：6）该文认为，利率市场化孕育着机遇也潜藏着挑战，利率市场化可能产生利率畸形上升、国有经济萎缩、经济发展不平衡、金融体系不稳定等风险，因此必须建立"安全模式"使改革风险最小化，具体包括在覆盖的地域上先东部后西部、在实施的步骤上先调整后改革、在具体的操作上先易行后攻坚。

《我国证券投资基金业绩的实证研究与评价》（沈维涛、黄兴孪，《经济研究》2001：9）该文应用风险调整指数法、T—M模型和H—M模型，对中国证券投资基金的业绩进行实证研究。作者认为，经过风险调整后，中国证券投资基金的业绩总体上优于市场基准组合；中国基金经理的良好业绩是通过一定的证券选择来获得的；几种不同的评价指标对10只基金业绩的排序结果非常相近，而且即使不考虑风险因素，只根据基金净资产值的涨幅大小进行排序也具有较高的参考价值。

《现代金融市场学》（张亦春，中国金融出版社，2002）该书主要论述货币市场、资本市场、外汇市场、保险市场、风险投资市场、金融衍生工具市场等。该书遵循教育部"宽口径、厚基础"和"加强素质教育"的改革要求，力求让学生全面掌握市场经济条件下现代金融市场运行的原理和规律，达到培养知识结构能适应经济全球化、金融国际化要求的人才的目的。

《中国利率市场化改革论纲》（刘义圣，北京大学出版社，2002）该书内容包括中国利率市场化改革的理论支撑和指导、中国利率体制问题的回顾与透视、利率市场化的配套改革等，涵盖利率市场化改革的各个方面和各个层面的问题，并据此提出促进利率市场化改革的政策思维和对策建议。

《中国股票市场微观结构的研究》（屈文洲、吴世农，《经济研究》2002：1）该文根据股票市场微观结构理论，运用高频数据对中国深圳股票市场的买卖报价价差的变动模式进行实证分析，同时研究股票买卖报价价差的影响因素和成因，建立和检验相应的模型，揭示中国股票市场的微观结构特征。

《ESO核心问题的金融工程解决》（黄志刚，《科研管理》2002：3）该文在现有法律和市场环境不变的条件下，运用金融工程思想，创新出"名义股票期权"工具，"盯住市场股票期权履约基金"和三种价格参数等金融技术和方法，旨在解决中国实施经理股票期权制度的关键性问题。

《股权投资管理研究》（曲晓辉等，中国财政经济出版社，2003）该书重点探讨股权投资决策管理、股权投资的计价、股权投资的会计处理、股权投资的财务揭示、资本结构优化管理等问题。

《中国股票市场风险研究》（吴世农等，中国人民大学出版社，2003）该书在借鉴国内外学者有关资本市场风险研究成果的基础上，结合中国资本市场的实践，提出构建中国证券市场风险研究的理论框架，作者将证券市场风险划分为证券投资风险和上市公司风险，一方面从证券市场投资的角度，分别研究个股和投资组合的风险及其影响因素，系统性风险的特征、估计、修正和预测；另一方面从上市公司的角度，研究上市公司财务困境的影响因素和预测。

《基于价值创造和公司治理的财务状态分析与预测模型研究》（厦门大学吴超鹏、吴世农，《经济研究》2005：11）该文根据"价值创造观"来考察"价值损害型公司"的动态变化及其影响因素，首次引入公司内外部治理变量，应用"排序因变量模型"分析财务状态变化的影响因素，采用"人工神经网络技术"，预测价值损害型企业的五种变化趋势：财务康复、财务转好、财务维持、财务转差和财务困境。

表4—4　　　　**1992—2005年金融市场与金融工程研究其他成果**

成果名称	作　者	发表刊物及时间
我国证券市场效率的分析	吴世农	《经济研究》1996：4
信息不对称与资本市场的发展	陈国进	《经济学动态》1997：3

续表4—4

成果名称	作　者	发表刊物（出版社）及时间
不对称信息企业改革和证券市场	张亦春 周颖刚	《经济研究》1997：5
股票定价理论考察和实证分析	陈国进 赵向琴	《金融研究》1997：9
上海股市投资组合规模和风险关系的实证研究	吴世农	《经济研究》1998：4
我国证券市场过度反映了吗？	沈艺峰 吴世农	《经济研究》1999：2
中国证券业重组模式及其发展趋势	何孝星	《金融研究》1999：8
风险的度量方法与资产配置模型的理论和实证研究	吴世农 陈　斌	《经济研究》1999：9
我国上市公司资本成本的定量研究	沈艺峰	《经济研究》1999：11
我国股利政策信号传递作用的实证研究	陈浪南 姚政春	《金融研究》2000：10
我国股市弱式有效吗？	张亦春	《金融研究》2001：3
公司收购与目标公司股东收益的实证分析	洪锡熙	《金融研究》2001：3
我国上市公司财务困境的预测模型研究	吴世农	《经济研究》2001：6
关于独立董事制度与监事会制度的优劣比较及其制度安排	何孝星	《经济学动态》2001：8
技术交易规则与超常收益研究	陈浪南	《经济研究》2001：12
中国股票市场微观结构的特征分析	屈文洲 吴世农	《经济研究》2002：1
关于中国证券经纪市场竞争的若干思考	何孝星 朱奇峰	《金融研究》2002：2
中国股票市场波动非对称性的实证研究	陈浪南 黄杰鲲	《金融研究》2002：5
我国证券投资基金重仓持股的市场行为研究	吴世农 吴育辉	《经济研究》2003：11
董事会特征影响公司绩效吗？	李常青 赖建清	《金融研究》2004：5
资产的理性定价模型和非理性定价模型的比较研究	吴世农 许年行	《经济研究》2004：6
银行资产负债中隐含期权的定价	郑振龙	《金融研究》2004：7

续表 4—4

成果名称	作　者	发表刊物(出版社)及时间
盈余信息度量、市场反应与投资者框架依赖偏差分析	吴世农 吴超鹏	《经济研究》2005:2
民间金融的利率期限结构及其风险分析:来自标会的检验	郑振龙	《金融研究》2005:4

(三) 国际金融与台港澳东南亚金融研究

《战后台湾金融》(许心鹏,鹭江出版社,1992)该书在介绍战后台湾金融体制状况的基础上,分析台湾金融机构三大支柱(银行、保险、信托)和三大金融市场(货币、资本、外汇市场),并对其发展趋势进行研究。

《国际金融新论》(黄有土、朱孟楠,厦门大学出版社,1992)该书内容包括国际收支及其管理、外汇与汇率、汇率制度与外汇管制、外汇交易运作、国际储备、国际资本流动、国际金融市场、国际金融组织。

表 4—5　　**1992—2005 年国际金融与台港澳东南亚金融研究其他成果**

成果名称	作　者	发表刊物及时间
面对人民币汇率持续上升应弄清的几个问题	朱孟楠	《金融研究》1995:9
泰国金融危机的教训	邱华炳	《金融研究》1997:10
发展中国家金融稳定之研究	郑振龙	《金融研究》1998:2
日本金融制度的路径依赖与金融效率	陈国进	《金融研究》2001:12

(四) 银行管理研究

《银行监督管理与资本充足性管制》(江曙霞,中国发展出版社,1994)该书内容包括银行管制的理论与实证、国际统一银行监督管理与《巴塞尔协议》、中国银行监督管理的规范化研究等。

《现代投资银行研究》(郑鸣、王聪,中国金融出版社,2002)该书对现代投资银行的基础理论、业务运作及发展前景进行研究分析。内容包括:国际投资银行业的演化及发展趋势、投资银行的企业评价方法、投资银行的组织结构与管理、投资银行的传统业务、投资银行的创新业务、投资银行的引申业务、投资银行风险管理与监管、中国投资银行业的发展探讨等。

《上市商业银行信息披露:变迁与改进》(陈汉文、邓顺永,中国财政经济出版社,2003)该书研究上市公司虚假财务报告的法律责任问题,并对中国上市公司财务报告法律责任的现状进行分析，提出修改有关法律和司法程序的建议。作者应用新观点、新方法研究财务报告法律责任主体、会计准则和独立审计准则的法律地位等问题。

表4—6　　　　　　　　　　　**1992—2005年银行管理研究其他成果**

成果名称	作　者	发表刊物及时间
专业银行转变储蓄策略的若干建议	张亦春 刘雨初	《金融研究》1993：3
制度变迁中的银行风险分析及内部控制	张亦春 佘运九	《经济研究》1998：4
银行监管的合约分析	林　海 郑振龙	《金融研究》2000：2
国有四大银行不可轻言股改	林宝清	《金融研究》2001：4
投资银行的利益冲突及其监管：实证研究的质疑	张亦春	《金融研究》2005：7

（五）保险理论与政策研究

《论西方保险监管模式变革与我国保险监管模式选择》（厦门大学林宝清、施建祥，《金融研究》2003：6）该文认为，随着以银行业、保险业为主导的金融并购浪潮席卷全球，金融混业经营日渐深入，保险市场竞争日趋激烈，西方各国的保险监管模式也发生很大变革；中国已加入WTO，保险市场将全方位对外开放，传统的严格监管模式已不适应形势发展的需要，但照搬西方松散的监管模式也不符合我国国情，所以采用以偿付能力监管为核心、兼顾市场行为监管的折中监管模式是理想选择。

《我国财产险需求收入弹性系数实证分析》（林宝清，《金融研究》2004：7）该文就中国财产险的需求收入弹性系数进行实证分析，旨在为中国及各省的财产险市场的扩容量提供一个方便易行的宏观预测手段。通过前后17年数据实证的和定量分析，发现该弹性系数值与中国GDP和人均GDP都不存在相关关系，且是一个相当稳定的值。中国的财产险保费收入增长率相对于GDP的增长率会略高于国际水平，说明中国的保险市场是一个"朝阳市场"。

《论保险功能说研究的若干逻辑起点问题》（林宝清，《金融研究》2004：9）该文以形式逻辑界定保险的属概念和保险的种概念，以保险的属概念为逻辑起点，评析保险金融说与保险非金融说、保险功能说与保险公司功能说和保险功能内源说与保险功能外源说。

表 4—7　　　　　**1992—2005 年福建保险理论与政策研究其他成果**

成果名称	作　者	发表刊物及时间
保险需求定量分析	林宝清	《金融研究》1992:7
保险供给定量分析	林宝清	《金融研究》1992:11
关于保险商品说的若干理论问题	林宝清	《金融研究》1993:4
论财政范畴中的保险压制与释放	林宝清	《金融研究》1993:10
社会医疗保险的经济学分析	郑荣鸣	《经济学动态》2004:7

第三节　会计学研究

一、学科建设与学术研究

(一) 学科建设

福建省会计学科研究力量主要集中在厦门大学。1995 年厦门大学会计学系创办会计研究所，并在此基础上建立会计发展研究中心。2000 年 12 月，会计发展研究中心被教育部批准为"教育部人文社会科学百所重点研究基地"。2004 年会计学系创建 985 平台——财务与会计研究院，机构的细化与完善为会计学的人才培养和引进提供基础。此外，福州大学、集美大学、华侨大学等，也有一批学者在会计学研究中取得一批成果，推动该学科的建设与发展。

(二) 学术研究

福建省会计学研究主要集中在会计理论、财务会计、管理会计、国际会计、审计、政府与非盈利会计、成本会计与会计信息系统等方向，多年来一直处于国内领先地位。

1992—2005 年，福建省会计学研究者出版著作与教材 260 余部，发表在《经济研究》、《会计研究》、《审计研究》、《厦门大学学报》（哲学社会科学版）等主要核心期刊上的论文 140 余篇。获得国家社会科学基金项目 13 项：大陆与港台地区比较会计审计（厦门大学黄世忠，1992）、会计准则的国际化协调（厦门大学刘峰，1993）、现代企业制度下的财务会计规范体系研究（刘峰，1996）、完善我国会计准则问题研究（厦门大学曲晓辉，1997）、企业信息化环境下的财务监控机制研究（厦门大学傅元略，2000）、防范企业会计信息舞弊的综合对策研究（厦门大学陈少华，2000）、上市公司会计信息披露及其监控研究（厦门大学吴联生，2001）、我国上市公司内部会计控制与会计信息质量研究（厦门大学唐予华，2001）、加入WTO与中国上市商业银行会计信息披露制度改革（厦门大学陈汉文，2002）、加入WTO与我国会计准则体系建设（厦门大学葛家澍，2002）、上市公司财务报告法律责任研究（曲晓辉，2003）、证券市场监管与会计舞弊甄别及防范研究（厦门国家会计学院黄世忠，2004）、企业集群协同产品成本控制及其财务协同效应的内在机制研究（傅元略，2005）。

这一时期，获教育部人文社会科学优秀成果奖5项：《市场经济下会计基本理论与方法研究》（第二届一等奖，葛家澍）、《财务会计基本理论研究》（第二届三等奖，厦门大学吴水澎）、《会计基本理论与会计准则问题研究》（第三届一等奖，葛家澍）、《上市公司盈利信息报告、股价变动和市场效率的研究》（第三届三等奖，厦门大学吴世农、黄志功）、《中国上市公司盈利成长规律实证分析》（第三届三等奖，黄志忠、陈龙）；获福建省社会科学优秀成果奖（二等奖以上）14项：《管理审计理论》（第三届一等奖，厦门大学王光远）、《财务会计基本理论研究》（第三届二等奖，厦门大学吴水澎）、《中国商务环境》（第三届二等奖，曲晓辉）、《财务会计三大难题》（第四届一等奖，厦门大学常勋）、《中级财务会计学》（第四届二等奖，葛家澍、黄世忠、刘峰、陈少华、方荣义）、《论我国会计理论研究的实践基础》（第四届二等奖，曲晓辉）、《论有中国特色会计理论体系》（系列论文）（第四届二等奖，吴水澎）、《人力资源会计及人力资源信息披露的彩色模式》（上、下）（第五届二等奖，葛家澍、杜兴强）、《会计信息的产权问题研究》（第五届二等奖，杜兴强）、《市场、政府与会计监管》（第五届二等奖，黄世忠、杜兴强、张胜芳）、《财务会计概念框架与框架准则问题研究》（第六届一等奖，葛家澍、杜兴强）、《股权投资管理研究》（第六届二等奖，曲晓辉）、《上市商业银行信息披露：变迁与改进》（第六届二等奖，陈汉文、邓顺永）、《公司治理生态与会计信息的可靠性问题研究》等六篇（第六届二等奖，杜兴强）。

（三）学术会议

2001年9月，普通高等学校人文社会科学重点研究基地厦门大学会计发展研究中心与厦门大学会计系联办的企业财务报告问题学术研讨会在厦门大学召开。全国各地的40余位专家学者参加。会议共收到学术论文50余篇。

2002年10月，厦门大学会计发展研究中心与厦门大学会计系联办的新经济环境下的会计与财务问题研讨会在厦门大学召开。全国各地的112位专家学者、实务工作者、财政界人士和出版界的人士参加。会议共收到学术论文62篇，分为"大会主题学术发言"、"学术论坛"和"分组报告与讨论"几种研讨形式。厦门大学、清华大学、香港城市大学、香港理工大学、香港浸会大学、上海财经大学、复旦大学、南开大学、中南财经政法大学、江西财经大学等29所高校的专家对新经济下会计与财务问题的继承与发展进行研讨；

中国财政经济出版社、中国金融出版社、机械工业出版社、经济科学出版社、东北财大出版社、立信会计出版社、厦门大学出版社、《会计之友》杂志社等诸多出版单位代表也参加会议。

2003年11月，厦门大学会计发展研究中心与厦门大学会计系联办的转型经济下的会计与财务问题国际学术研讨会在厦门大学召开。加拿大、澳大利亚、英国、中国台湾、香港和大陆42所高校的专家学者以及出版界人士共157位代表出席会议。会议共收到学术论文117篇，其中有51篇论文作为大会主题报告或在学术论坛及小组会上进行交流。

2004年10月，厦门大学会计发展研究中心与厦门大学会计系联办的第四届会计与财务问题国际研讨会在厦门大学举行，本次研讨会的主题是"会计教育改革与发展"。美国、印度、中国香港和大陆的30多所高等院校的教授、学者及出版界人士共70多人参加。会议共收到论文46篇，其中37篇作为大会主题报告或在学术论坛、分组研讨中进行交流。

2005年7月，厦门大学会计发展研究中心和厦门大学管理学院会计系主办的第五届财务与会计国际研讨会：当代管理会计新发展（当代管理会计新发展国际研讨会）在厦门国家会计学院召开。美国、英国、日本、新加坡等国及中国大陆、香港和台湾的代表提交论文70多篇（其中境外和国外学者论文10多篇），参会人员100多人。为期2天的会议共举行四次全体会议，5位专家作主题报告演讲，6位专家在论坛上发言，30多位学者分别在10个讨论组上报告。本次大会涉及管理会计的历史回顾与展望、战略管理会计、平衡记分卡、全面预算与成本管理创新、新环境下的管理会计创新、管理会计发展的技术观与社会文化观和高层次管理会计人才的培养等七大主题。

二、主要学术成果

（一）会计基本理论研究

《经济效益会计论》（吴水澎，西南财经大学出版社，1992）该书探讨会计与经济效益之间的关系。从会计角度论述经济效益可分为企业财务效益、企业经营效益、企业现金流动效益和企业国民经济效益四种既有联系又有区别的范畴，并分别研究各种经济效益形式的会计理论和方法；将会计讲求经济效益的过程延伸到技术经济领域内，研究技术经济效益下的会计问题；提出构建以提高经济效益为中心的会计理论与方法（综合财务会计与管理会计）体系的设想。

《以社会主义市场经济理论为指导，对几个会计理论问题的重新认识》〔厦门大学余绪缨，《厦门大学学报》（哲学社会科学版）1993：1〕该文以社会主义市场经济理论为指导，结合专业实际，提出应重新认识几个会计理论问题。例如，该文认为财务与会计应该是相互独立的两门学科；在现实经济生活中并不存在社会主义会计与资本主义会计两个相互对立的范畴；宏观会计与微观会计相互联结而趋于一体化是会计学科发展的必然趋势等。

《市场经济会计基本理论与方法研究》（葛家澍，中国财政经济出版社，1996，1999年再版）该书探讨中国也适用的市场经济下财务会计一系列基本理论，包括财务会计与报告的"概念结构"（即理论体系）、会计的对象和财务报表的要素、财务会计（财务报告）的目标与职能、会计信息的质量特征等，涵盖财务会计的理论框架和财务会计的基本组成。该书还探讨在社会主义市场经济条件下，中国财务会计所面临的几个比较重大的问题。

《财务会计基本理论研究》（吴水澎，辽宁人民出版社，1996）该书是一部比较全面、系统地探讨财务会计基本理论问题的专著。作者提出一些新观点，例如在吃透"内"、"外"两头的基础上，拓展现存的中、西财务会计理论体系，将会计理论研究方法和会计基本理论纳入其中，构建一个更为科学的会计理论体系，使中、西会计理论有机融合在一起。此外，该书可用于指导会计改革政策的制定，指导会计准则的发展与完善，规范会计行为，提高会计人员和注册会计师的理论素质，增强其解决实际问题的能力。

《关于财务会计基本假设的重新思考》（葛家澍，《会计研究》2002：1）该文因应世界范围内的新经济环境，结合国际上最新的和既往的研究成果，提出"会计基本假设应该成为财务会计概念框架的一项重要内容。联系中国经济环境的现实特点，宜将国家宏观经济调控、会计主体（现实主体与虚拟主体并存）、以货币为基本计量单位（同时发展非货币计量单位）、市场价格（或交换价格）四项作为会计基本假设，持续经营（持续经营与非持续经营、企业持续经营与分部终止经营同时存在）、会计分期（定期传递与实时传递相结合）、权责发生制等作为会计基本假定"。

《建立中国财务会计概念框架的总体设想》（葛家澍，《会计研究》2004：1）该文以中国的经济现实为依托，剖析并更新财务报告的目标、会计信息质量特征、财务报表要素及要素的确认、计量、披露等基本概念。对会计要素中最为重要的"资产"要素进行重新定义。作者认为，资产是"由于过去的交易、事项和虽未执行或还在执行中的不可更改的合同，导致一个主体控制含有未来经济利益的资源和权力"。这是对SPAC NO.6定义的合理拓展，它顺利地将各种衍生性强、完成时间长的合同在签订后即产生的权利和义务纳入资产的范畴。

表4—8　　　　　　**1992—2005年会计基本理论研究其他成果**

成果名称	作　者	发表刊物（出版社）及时间
经济效益会计论	吴水澎	西南财经大学出版社，1992
九十年代西方会计理论的一个新思潮——绿色会计理论	葛家澍 李若山	《会计研究》1992：5

续表 4—8

成果名称	作　者	发表刊物(出版社)及时间
试论会计计量——兼论统一会计问题	葛家澍 刘　峰	《当代财经》1993:4
对中国会计理论研究的若干认识	刘　峰 雷科罗	《会计研究》1993:5
略论财务会计的社会职能及其历史发展	余绪缨 林勇峰	《财务与会计》1993:7
纪念帕乔利复式簿记理论,建立我国财务会计概念框架	葛家澍 王光远	《会计研究》1994:3
从《簿记论》看帕乔利的会计思想	吴水澎 刘　峰	《会计研究》1994:3
我国会计理论研究的有关问题	吴水澎	《财会通讯》1994:11
收付实现制、现金流动制、现金流动会计	刘　峰	《会计研究》1995:2
关于市场经济条件下会计理论与方法的若干基本观点	葛家澍	《财会月刊》1995:2—7
我国会计理论的若干认识	葛家澍	《文科研究通报》1995.3.1
论当代管理会计面临新的重大突破	余绪缨	《对外经贸财会》1995:9—12
会计目标与会计职能的比较研究	刘　峰	《会计研究》1995:11
论会计理论的本质与结构——兼论中国会计理论研究的一些基本问题	吴水澎 石本仁	《财经研究》1996:7
关于会计目标的有关理论认识	吴水澎 龚光明	《四川会计》1996:11
关于会计理论研究方法的四个问题	吴水澎	《财会通讯》1996:12
论会计的不确定性	王　华 石本仁	《厦门大学学报》(哲学社会科学版) 1997:4
基本会计准则与财务会计概念框架——完善1992年《企业会计准则》的个人看法	葛家澍	《会计研究》1997:10
会计的基本概念	葛家澍	《会计年鉴》,1998
关于会计基本理论的若干观点	吴水澎 龚光明	《当代财经》1998:1
财务会计:特点、挑战、改革	葛家澍	《财会通讯》1998:2
论会计信息的模糊性与失真	姚立中 任　鹏	《厦门大学学报》(哲学社会科学版) 1998:2

续表4—8

成果名称	作 者	发表刊物（出版社）及时间
公允价值会计计量属性试探	杜兴强	《河北经贸大学学报》1998：3
论管理会计的技术观与社会文化观	余绪缨	《财会月刊》1998：7
论有中国特色会计理论体系（系列论文）	吴水澎	《财会月刊》1998：7—10
浅论会计计量属性的抉择	杜兴强	《财会月刊》1998：8
关于会计基本假设的再认识	杜兴强	《决策借鉴》1999：3
会计理论研究与财务会计概念框架研究的双逻辑起点	杜兴强	《四川会计》1999：5
权责发生制、公允市价和会计信息相关性	沈生宏 刘　峰	《会计研究》1999：6
会计准则理论、会计准则基本概念、会计基本理论——对我国会计理论研究的一些看法	吴水澎	《上海会计》1999：7
我国财务会计概念框架的逻辑起点、内容及重构——兼及对若干会计基本概念的再探讨	杜兴强	《四川会计》1999：7
会计基本假设的概念层次辨析	杜兴强	《中国农业会计》1999：8
论知识经济的社会文化观与现代管理会计	余绪缨	《财会月刊》1999：9
新中国会计理论50年回顾	葛家澍	《会计研究》1999：10
反映真实是会计的基本职能——学习《会计法》的一点体会	葛家澍 黄世忠	《会计研究》1999：12
会计基本理论与会计准则问题研究	葛家澍	中国财政经济出版社，2000
中国会计理论研究	吴水澎	中国财政经济出版社，2000
中国会计学会成立以来的我国会计理论研究	葛家澍	《会计研究》2000：4
论会计基本假设	葛家澍 刘　峰	《上海会计管理》2000：6
关于有中国特色会计理论研究的几个问题	吴水澎	《会计之友》2000：9
回眸：20世纪西方会计理论的发展与演变	葛家澍 刘　峰	《财务与会计》2000：10
什么是会计理论：规范会计理论的一种观点	葛家澍	《会计研究》2000：10
关于我国会计制度和会计准则的制定问题	葛家澍	《会计研究》2001：1
关于会计计量的新属性——公允价值	葛家澍	《上海会计》2001：1
"价值"是会计学的逻辑起点	吴水澎	《厦门大学学报》（哲学社会科学版）2001：3
财务会计理论、方法、准则探讨	葛家澍	中国财政经济出版社，2002

续表 4—8

成果名称	作　者	发表刊物(出版社)及时间
会计确认、计量与收入确认	葛家澍	《会计论坛》2002:1
会计信息的相关性问题研究	杜兴强	《财经研究》2002:12
会计理论——关于财务会计概念结构的研究	葛家澍 刘　峰	中国财政经济出版社,2003
财务会计概念框架与会计准则问题研究	葛家澍 杜兴强	中国财政经济出版社,2003
财务会计的本质、特征与边界	葛家澍	《会计研究》2003:3
制定我国财务会计概念框架若干问题的思考	杜兴强	《四川会计》2003:6
财务会计的基本概念、基本程序与基本特征	葛家澍 杜兴强	《财会通讯》2003:7—2004:4
回顾与评介:AICPA 关于财务会计概念的研究	葛家澍	《会计研究》2003:11
知识经济下财务会计理论与财务报告问题研究	葛家澍 杜兴强	中国财政经济出版社,2004
关于会计基本理论与方法问题(修订版)	葛家澍	经济科学出版社,2004
现代管理会计研究的新思维	余绪缨	《财务与会计》2004:2
知识经济条件下管理会计的新特点	余绪缨	《中国经济问题》2004:2
所有权、公司治理结构与会计信息质量——基于契约理论的现实思考	潘　琰 辛清泉	《会计研究》2004:4
论会计信息资源的配置机制——对会计信息公共物品论的反思	吴水澎 秦　勉	《会计研究》2004:5
财务会计概念框架研究的比较与综评	葛家澍	《会计研究》2004:6
公司治理生态与会计信息的可靠性问题研究	杜兴强	《会计研究》2004:7
关于会计信息的相关性和可靠性问题的思考	葛家澍 杜兴强	《财会通讯》2004:11—12
论会计信息真实性的内涵及判别标准——兼论会计界与法律界的视角差异	吴水澎 黄　彤	《当代财经》2004:12
西方财务会计理论问题探索——西方规范财务会计理论的发展及实证会计理论的基本框架	葛家澍	《财会通讯》2005:1—3

续表 4—8

成果名称	作　者	发表刊物(出版社)及时间
如何评价美国 FASB 的财务会计概念框架？	葛家澍 叶丰滢 陈秧秧 徐　跃	《会计研究》2005:4
西方财务会计理论问题探索——美国的财务会计和报告概念框架的发展	葛家澍	《财会通讯》2005:4—9
管理与管理会计理论的几点新认识	余绪缨	《中国经济问题》2005:5
西方财务会计理论问题探索——公司治理、会计信息产权与会计准则	杜兴强	《财会通讯》2005:10—11
西方财务会计理论问题探索——财务会计概念框架与会计准则的关系探讨	杜兴强	《财会通讯》2005:12

（二）财务会计研究

《制定会计准则如何借鉴国际经验》（葛家澍，《会计研究》1992：2）该文从会计准则的制定机构、制定程序和准则的具体内容等方面，分析中西方存在的差异以及西方值得我们借鉴的成功经验。该文提出，中国建立会计准则"必须有中国特色，同时又应当尽可能接近国际惯例"，中国应当"在总结我们自己在制定会计制度方面值得加以继承和发扬的传统和经验的前提下，认真借鉴和吸收国外在制定会计准则方面的经验与会计准则中的科学成分，为我所用"。

《关于会计准则与会计制度的关系等问题》（葛家澍，《会计研究》1995：1）该文对基本准则与具体准则的关系、具体准则应包括的内容、中国应制定哪些具体准则、具体准则与行业会计制度和企业会计核算规程的关系等问题，提出了个人见解。特别是关于如何处理行业会计制度与具体准则的关系，该文提出，在较长时期内两者应同时并存，但在执行中可以灵活掌握；行业会计制度对一般企业起"规范"作用，但对少数经过批准的大中型企业只起"示范"作用。

《关于高质量会计准则的几个问题》（葛家澍，《会计研究》2002：10）该文在从 20 世纪 90 年代开始的美国上市公司财务舞弊案层出不穷的背景下，对"高质量的财务报告"和"高质量的会计准则"二者之间的关系进行反思和深入探讨，从多个角度阐释一项会计准则的制定、应用和解释，从而成为经济决策最有用的准则。

《企业合并会计的经济后果分析——兼论我国会计准则体系中计量属性的整合》（黄世

忠、厦门天健会计师事务所陈箭深,《会计研究》2004:8）该文从经济后果的角度深刻分析收购兼并过程中企业利用购买法和权益结合法操纵经营业绩和财务状况的行为,指出购买法和权益法的选择不仅具有明显的会计后果,而且在企业特定因素和中国特殊融资和监管环境的作用下可能转化为严重的经济后果。

表 4－9　　　　　　　**1992—2005 年财务会计研究其他成果**

成果名称	作　者	发表刊物(出版社)及时间
我国《企业会计准则》的基本特点	葛家澍	《会计研究》1993:1
股份有限公司的几个会计问题(上、下)	葛家澍	《财会通讯》(综合版)1993:1—2
九十年代企业财务报告的发展趋势(上、下)	葛家澍	《上海会计》1993:2—3
企业会计准则的特点及其与分行业的会计制度和财务通则的关系	葛家澍	《财会通讯》(综合版)1993:3
关于我国企业会计准则的几个问题	葛家澍	《上海会计》1993:7
关于会计准则与会计制度的关系等问题	葛家澍	《会计研究》1995:1
不断完善《会计法》　认真执行《会计法》	葛家澍	《会计研究》1995:5
试论会计管制与政府行为	夏冬林 刘　峰	《会计研究》1995:5
略论金融工具创新及其对财务会计的影响	葛家澍 陈箭深	《会计研究》1995:8
浅谈我国会计准则的制定	谢德仁	《会计研究》1995:10
股份制改造中的资产评估理论与实务	黄世忠	鹭江出版社,1996
长期股权投资会计与合并会计报表	黄世忠	鹭江出版社,1996
当前财务会计的几个问题——衍生金融工具、自创商誉和不确定性	葛家澍	《会计研究》1996:1
会计信息披露和我国股票市场半强式有效性的实证分析	沈艺峰	《会计研究》1996:1
从会计准则的性质看会计准则的制订	葛家澍 刘　峰	《会计研究》1996:2
或有事项的会计处理	林　斌	《会计研究》1996:3
会计准则制订中的若干理论问题(上、中、下)	葛家澍	《上海会计》1996:5—7
关于《企业会计准则第×号——租赁(征求意见稿)》的几点认识	项有志	《会计研究》1996:9
《会计准则研究》序	葛家澍	《会计研究》1997:2

续表 4—9

成果名称	作　者	发表刊物（出版社）及时间
上市公司盈利信息报告、股价变动与股市效率的实证研究	吴世农 黄志功	《会计研究》1997：4
公允价值会计：面向 21 世纪的计量模式	黄世忠	《会计研究》1997：12
论财务报表和财务报告的区别与联系	葛家澍	《财会月刊》1998：1
论资产负债表的内含信息	葛家澍	《财会月刊》1998：2
财务会计：特点·挑战·改革	葛家澍	《财会通讯》1998：3
关于财务报表和财务报告的概念、作用及改进研究系列之三	葛家澍	《财会月刊》1998：4
关于财务报表和财务报告的概念、作用及改进研究系列之四——论现金流量表	葛家澍	《财会月刊》1998：5
纵论财务报表模式的改进	葛家澍	《财会月刊》1998：6
关于我国会计准则建设问题的问卷调查及分析	曲晓辉 陈建煌	《会计研究》1998：9
迎接廿一世纪密切关注国内外财务会计的新动向	葛家澍	《会计研究》1999：1
美国关于高质量会计准则的讨论及其对我们的启示	葛家澍	《会计研究》1999：5
权责发生制、公允市价和会计信息相关性	沈生宏 刘　峰	《会计研究》1999：6
科斯定理负商誉"悖论"　负商誉的确认与计量	杜兴强	《会计研究》1999：7
关于财务会计几个基本概念的思考——兼论商誉与衍生金融工具确认与计量	葛家澍	《财会通讯》2000：1
关于企业分部报告	桑士俊	《会计研究》2000：2
提高会计信息质量的重大举措——感悟《企业会计制度》	黄世忠 刘　维	《会计研究》2000：2
人力资源会计的理论基础及其确认与计量	杜兴强 李　文	《会计研究》2000：6
我国关联方关系及其交易披露规范研究	肖　虹	《会计研究》2000：7
论财务业绩报告的改进	葛家澍	《会计之友》2000：8
财务报告规范必要性的理论基础——基于经济学的思考	葛家澍 吕胜光	《财会通讯》2000：8

续表 4—9

成果名称	作　者	发表刊物(出版社)及时间
论财务业绩报告的改进——财务业绩报告改革的国际动态	葛家澍 程春晖	《会计之友》2000:9
论财务业绩报告的改进——财务业绩报告的发展趋势	葛家澍 程春晖	《会计之友》2000:10
关于高质量会计准则和企业财务业绩报告改进的新动向	葛家澍	《会计研究》2000:12
关于我国会计制度和会计准则的制定问题	葛家澍	《会计研究》2001:1
公司治理与对外报告	葛家澍	《厦门大学学报》(哲学社会科学版)2001:4
合并会计报表若干理论问题探讨	黄世忠 孟　平	《会计研究》2001:5
上市公司会计信息质量面临的挑战与思考	黄世忠	《会计研究》2001:10
财务报告质量评估的探讨	葛家澍 陈守德	《会计研究》2001:11
人力资源会计及人力资源信息披露的彩色模式(上、下)	葛家澍 杜兴强	《财会通讯》2001:11—12
论资不抵债子公司的报表合并问题	黄世忠	《会计研究》2002:1
安然事件的反思——对安然公司会计审计问题的剖析	葛家澍 黄世忠	《会计研究》2002:2
巨额冲销与信号发送——中美典型案例比较研究	黄世忠	《会计研究》2002:8
分部报告的分析与利用——兼论我国有关企业分部信息披露的要求	桑士俊 吕斐适	《会计研究》2002:9
财务披露管理方式的维度观	吴水澎 陈汉文 郑鑫成	《会计研究》2002:9
会计数字游戏——美国十大财务舞弊案例剖析	黄世忠	中国财政经济出版社,2003
美国上市公司财务欺诈及其对会计准则制定的可能影响	葛家澍 杜兴强	《财会通讯》(综合版)2003:1
财务会计的本质、特点及其边界	葛家澍	《会计研究》2003:3

续表 4—9

成果名称	作　者	发表刊物（出版社）及时间
财务会计的基本概念、基本特征与基本程序（一、二、三、四、五、六、七、八、九）	葛家澍　杜兴强	《财会通讯》2003:7—9、11—12　《财会通讯》（综合版）2004:1、3、5、7
当代财务会计的发展趋势	葛家澍　杜兴强	《财会通讯》2003:10
现行财务会计与报告的缺陷及改进（上、下）	葛家澍　杜兴强	《财会通讯》（综合版）2004:9、11
人力资源会计相关问题探讨（上、下）	葛家澍　杜兴强	《财会通讯》（综合版）2004:3、15
无形资产会计的相关问题:综评与探讨（上、下）	葛家澍　杜兴强	《财会通讯》（综合版）2004:17、19
资产减值准则差异比较及政策建议	黄世忠	《会计研究》2005:1
财务分析师盈利预测的投资价值:来自深沪A股市场的证据	吴东辉　薛祖云	《会计研究》2005:8

（三）管理会计研究

《简论当代管理会计的新发展——以高科技为基础、同"作业管理"紧密结合的"作业成本计算"》（余绪缨，《会计研究》1995：7）该文论述以高科技为基础的新的企业观，即把企业看做是为最终满足顾客需要而设计的一系列作业的集合体，形成一个由此及彼、由内到外的作业链。探讨使管理深入到作业水平的相关问题，主要包括"适时生产系统"和"全面质量管理"。提出作业成本计算是作业管理的核心和中介，因为作业成本计算贯穿于作业管理的始终，通过对所有作业活动追踪进行动态反映，借以更好地发挥在决策、计划和控制中的作用，以促进作业管理水平的不断提高。

《简论〈孙子兵法〉在"战略管理会计"中的应用》（余绪缨，《会计研究》1997：12）该文概述20世纪80年代作业成本法和战略管理会计的形成与发展，以及两者之间的关系。论述中国古代《孙子兵法》所隐含的管理思想与战略管理会计的相同之处，可为后者的发展提供有益的启示。该文指出，孙子思想中主要有以下四个方面可应用于现代战略管理会计：竞争优势来源于整体优势；极端重视"以智用兵，以谋制敌"；极端重视多样化信息的作用；信息是重要的，但又不是万能的。

《论知识经济的社会文化观与现代管理会计》（余绪缨，《财会月刊》1999：9）该文从知识经济问题中较少被关注的社会文化观，探讨知识经济的形成与发展将对现行管理会计体系产生重大影响。主要表现为管理会计将为"企业本位的多样化的经营目标"和"社会本位的多元化企业经营目标"服务；"决策支持系统"从为"金字塔式"的"决策系统"服务转变为同时为"倒金字塔式"和"金字塔式"的"决策系统"服务；管理会计从"财务会计"的"二维结构"向"三维结构"转变，走上自己独立发展的道路以及"知识资源"研究中的管理会计方法论的问题。

《价值管理的新方法：基于价值流的战略管理会计》（傅元略，《会计研究》2004：6）该文剖析价值链、价值流、虚拟价值链和价值网与战略管理会计的关系，试图将价值链、价值流、虚拟价值链和价值网等类似概念集成为新概念网络价值流。探讨在网络化环境下网络价值链与战略管理会计的集成，提出建立一个基于网络价值流的战略会计集成系统，也称为价值流战略管理会计系统，为应用网络价值流解决企业战略决策和战略监控问题提供一个基本框架。

表 4—10　　　　　　**1992—2005 年管理会计研究其他成果**

成果名称	作　者	发表刊物（出版社）及时间
在当代高科技蓬勃发展的新形势下会计取得的新进展	余绪缨	《当代财经》1992：1
当代会计科学发展的大趋势	余绪缨	《厦门大学学报》（哲学社会科学版）1992：1
现代管理会计的新发展	余绪缨	《财会通讯》（综合版）1992：4
企业资本结构优化分析	傅元略	《厦门大学学报》（哲学社会科学版）1993：3
以 ABM 为核心的新管理体系的基本框架	余绪缨	《当代财经》1994：4
简论《企业理财学》的创建及其与相关学科的关系	余绪缨	《当代财经》1994：11
论营运资金管理的基本原理	毛付根	《会计研究》1995：1
资本成本会计若干理论问题研究	胡玉明	《厦门大学学报》（哲学社会科学版）1996：2
试论现代公司制度、金融市场与企业理财和会计的共生性	胡玉明	《会计研究》1996：4

续表 4—10

成果名称	作 者	发表刊物（出版社）及时间
论迈向二十一世纪的中国会计与世界会计的接轨及其文化层面的特色	余绪缨	《对外经贸财会》1996：9
论增值表的编制原理及其分析利用	余绪缨	《财会通讯》1996：10
国有资产增值目标分析	傅元略	《厦门大学学报》（哲学社会科学版）1997：1
柔性管理的发展及其思想文化渊源	余绪缨	《经济学家》1998：1
技术经济一体化成本管理体系刍议	胡玉明	《厦门大学学报》（哲学社会科学版）1998：2
论知识经济与创造性人才的培养	余绪缨	《中国经济问题》1998：4
简论工业经济向知识经济转变及其对现代管理会计的冲击	余绪缨	《财会通讯》1998：4
电子商务环境下会计面临的问题	傅元略	《财会通讯》2000：1
企业智力资产效益贡献的综合评价	傅元略	《会计研究》2000：10
半个世纪以来管理会计形成与发展的历史回顾及其新世纪发展的展望	余绪缨	《财会通讯》2001：1
管理特性的转变历程与知识经济条件下管理会计的人文化趋向	余绪缨	《财会通讯》2001：10
适时财务监控机制的涵义、特性及结构	傅元略	《厦门大学学报》（哲学社会科学版）2003：2
论人文主义思潮与管理会计的发展趋势	余绪缨	《财会通讯》2003：11
现代管理会计新发展的主要特点	余绪缨	《财会通讯》（综合版）2004：5
价值管理的新方法：基于价值流的战略管理会计	傅元略	《会计研究》2004：6
论体验经济与管理及管理会计创新	余绪缨	《厦门大学学报》（哲学社会科学版）2005：4

（四）国际会计研究

《关于我国会计国际化的实证研究》（曲晓辉，《会计研究》1993：3）该文通过对中国会计国际化相关问题进行调查访问和分析评价，得出以下结论：中国会计国际化是必要的，提高会计信息的可比性是中国会计改革的核心问题，虽然采用国际通行的会计惯例是十分必要的，但所借鉴的国际会计惯例应当是符合中国国情的。

《关于我国会计准则建设问题的问卷调查及分析》（曲晓辉，《会计研究》1998：9）该文设计问卷，就有关中国会计准则建设的若干基本问题，向处于中国现代企业制度改革最前列的、在沪深股市上市的部分公司的财务负责人征询意见，选取部分上市公司就中国会计准则建设的若干基本问题，征询企业界人士的意见与建议。针对调查结果，文章从构建中的会计准则体系与现行会计制度的关系、中国具体会计准则的制定问题、中国会计准则的立足点、企业会计准则的修订或重构问题、关于具体会计准则的急需程度、关于现实需要而未列入的准则项目方面进行分析评价。

《财务会计三大难题》（常勋，立信会计出版社，1999）该书共分"合并财务报表"、"外币折算"和"物价变动（通货膨胀）会计"三部分。该书指出"从 80 年代起，'合并财务报表'、'外币折算'和'物价变动（通货膨胀）会计'就被认为是财务会计的三大难题。由于它们的国际差异与协调化趋势备受国际会计界的关注，也常称为国际会计三大难题"。基于此，全书对这几大难题的基本方法、理论依据以及尚在争论和探索的主要问题，从历史演变、现状和未来发展趋向等方面作了全面论述和剖析。

《会计准则国际发展的利益关系分析》（曲晓辉、陈瑜，《会计研究》2003：1）该文从会计准则的经济后果出发，讨论会计准则制定的政治化问题，并以此为基础对会计准则国际发展的利益关系进行了探讨。文章探讨国际会计准则委员会改组后的准则立项所涉及的利益关系，分析欧盟、美国和澳大利亚等国采纳国际会计准则的利益所在，论证会计准则的国际发展过程的政治化程序的必然性，指出建设中的国际会计准则体系将主要是发达国家利益争斗的结果。

《税收国际协调与会计准则全球趋同关系之辨析》（厦门国家会计学院邓力平、曲晓辉，《会计研究》2003：9）该文研究了经济全球化下税收国际协调与会计准则全球趋同这两大并存趋势的关系。该文指出，这两大趋势是经济全球化在国际税收和国际会计这两个相互联系领域中的反映，并从六个方面论述两者之间的内在联系以及所反映的本质内涵。该文指出，二者之间的关系是所谓"经济一体化三难"的反映；在中国参与经济全球化的过程中，应把握两者关系，注意政策的内在协调，同时考虑国际税收与会计交叉学科的发展，为实务界提供指导。

表 4—11　　　　　　　　1992—2005 年国际会计研究其他成果

成果名称	作　者	发表刊物（出版社）及时间
法国会计及其主要特征	陈少华	《会计研究》1992：1
论中国会计国际化	彼特·西科德 曲晓辉	《财务与会计》1992：8

续表4-11

成果名称	作　者	发表刊物（出版社）及时间
国际会计的协调及未来发展	李若山	《会计研究》1996:10
论建立现代企业制度与财务会计国际化	李若山	《财会月刊》1996:11
试论具体会计准则及其社会影响	曲晓辉	《财政研究》1997:2
我国会计准则建设的几个问题	曲晓辉	《中国经济问题》1998:1
国际会计准则第1号的新发展	刘宝慧 杨金忠	《会计研究》1999:1
迎接廿一世纪密切关注国内外财务会计的新动向	葛家澍	《会计研究》1999:1
美国关于高质量会计准则的讨论及其对我们的启示	葛家澍	《会计研究》1999:5
国际会计的权威新著作	常　勋	《财会通讯》2000:5
我看国际会计三大难题	常　勋	《会计之友》2001:3
国际会计准则委员会核心准则的未来——美国SEC和FASB的反应	葛家澍	《会计研究》2001:8
我国会计国际化进程刍议	曲晓辉	《会计研究》2001:9
国际会计准则改革:回顾与展望	黄世忠 李忠林 邵蓝兰	《会计研究》2002:6
会计准则全球趋同:背景、动因、现状和趋势	曲晓辉	《时代财会》2003:5
会计准则的信息含量:中国会计准则与IFRS之比较	潘　琰 陈凌云 林丽花	《会计研究》2003:7
解读国际会计协调化	常　勋	《会计研究》2003:12
IASB和FASB之间的准则协调及其对我国准则制定的启示——以权益基础薪酬准则为例	张胜芳 侯春梅	《会计研究》2004:12
会计准则全球发展的趋势与问题	曲晓辉	《会计师》2005:3

（五）审计研究

《管理审计理论》（福建省审计厅王光远，中国人民大学出版社，1996）该书提出管理审计的概念基础和研究对象，界定内向型管理审计和外向型管理审计的内涵和外延，并提出划分这两类管理审计的标志。在此基础上，提出外向型管理审计的基础目标、基本假设和基本概念、复合性评价标准和鉴证准则，从而提出一个比较完整的管理审计理论研究框架的构建。

《企业内部控制理论的发展与启示》（吴水澎、厦门大学陈汉文，《会计研究》2000：5）该文引进美国最新的内部控制理论成果COSO报告，指出该报告对构建我国企业内部控制综合框架的启发和借鉴意义。该文认为，企业经营失败、会计信息失真及不守法经营在很大程度上都可归结为企业内部控制的缺失或失效，研究企业内部控制的理论与实务就成为最紧迫的课题之一。该文从控制论原理出发，对内部控制作了多层面的理解；在研究内部控制理论的最新进展，即COSO报告出台的背景、具体内容及创新特点之后，提出该报告对构建中国企业内部控制综合框架的启发和借鉴意义体现在五个方面，即完善企业的控制环境、进行全面的风险评估、设立良好的控制活动、加强信息流动与沟通和加强企业的内部监督。

《论改进我国企业内部控制——由"亚细亚"失败引发的思考》（吴水澎、陈汉文，《会计研究》2000：9）该文运用COSO报告的标准与评价方法，从控制环境、风险评估、控制活动、信息与沟通、监督等方面对郑州亚细亚集团内部控制失败案例进行系统分析，从中引发改进中国企业内部控制的几点思考，即由权威部门制定内部控制的标准体系，并对企业内部控制的审计作出强制性的安排，做到二者并举；同时，文章对建立企业内部控制标准体系的必要性与方法，企业内部控制审计的难点、效益及审计模式作了讨论，并建议加快构建中国内部控制标准体系。

《安然事件的反思——对安然公司会计审计问题的剖析》（葛家澍、黄世忠，《会计研究》2002：2）该文介绍导致安然公司坍塌的会计审计问题，分析安然事件对美国今后会计准则的制定以及注册会计师监管模式的潜在影响，并从会计审计和公司治理的角度，总结安然事件给我们的启示。指出安然事件需要引起社会各界特别是会计界的充分关注，因为安然事件所涉及的绝不仅仅是会计信息失真的问题，也暴露出美国为确保会计信息真实性所作出的制度安排（如公司治理的独立董事制度、注册会计师的行业自律机制等）存在着严重缺陷。文章从独立审计在证券监管中的作用、民间自律、公司治理模式及独立董事制度、诚信教育、审计质量方面总结安然事件的影响和启示。

表 4—12　　　　　　　　**1992—2005 年审计研究其他成果**

成果名称	作　者	发表刊物(出版社)及时间
专业审计理论的探索	陈守文	《厦门大学学报》(哲学社会科学版)1992：1
审计大趋势：从财务鉴证到管理鉴证	王光远	《审计与经济研究》1993：4

续表 4—12

成果名称	作 者	发表刊物（出版社）及时间
论管理审计的概念	王光远	《审计研究》1994:3
管理审计鉴证的基本准则	王光远	《审计与经济研究》1994:4
民间审计发展的总趋势:从财务鉴证到管理鉴证（上）	王光远	《中国注册会计师》1994:10
民间审计发展的总趋势:从财务鉴证到管理鉴证（下）	王光远	《中国注册会计师》1994:11
关于审计营销的若干基础问题研究（上）	陈汉文 黄京菁	《新疆财经》1995:2
审计理论结构探讨	李若山	《审计研究》1995:3
关于审计营销的若干基础问题研究（下）	陈汉文 黄京菁	《新疆财经》1995:3
公共关系调查在社会审计中的应用	李若山 仓 琰	《财会月刊》1995:3
论企业审定后财务报表的法律责任问题	李若山	《厦门大学学报》（哲学社会科学版）1995:4
论经济特区的审计模式	李若山	《中国经济问题》1995:4
可疑的"股权转让"	李若山	《中国审计》1995:5
注册会计师也是管理审计的主体	王光远	《湖北审计》1995:6
《红楼梦》中的内部控制思想初探	李若山 李树华	《审计理论与实践》1995:8
应收帐款审计程序研讨	潘 琰	《审计研究》1996:2
建议设立注册会计师职业道德委员会	陈汉文 林志毅	《财会月刊》1996:11
马蒂尔公司审计案例	李若山	《中国注册会计师》1996:11
威塔克公司审计案例	李若山 陈朝晖	《中国注册会计师》1996:12
论美国公认审计准则的发展及其对政府审计准则和内部审计准则的影响	王光远	《中国内部审计》1997:1
试论民间审计人员的法律责任	陈汉文 池晓勃	《审计研究》1997:2
实证会计理论:前景与问题	陈汉文 林志毅	《四川会计》1997:2

续表 4—12

成果名称	作　者	发表刊物(出版社)及时间
关于环境审计的几个问题探讨	陈汉文 池晓勃	《中国内部审计》1997:2
美国历史上赔偿额最高的审计案例——共同基金管理股份有限公司审计案例	李若山 陈朝晖	《中国注册会计师》1997:2
关于环境审计的思考(上)	福建省审计学会课题组	《审计研究》1997:3
内部审计与现代企业制度	陈汉文	《审计理论与实践》1997:3
美国道提斯食品有限公司的审计案例	李若山 麦震海	《中国注册会计师》1997:4
对《注册会计师惩戒规则》(征求意见稿)的一些看法	李若山	《中国注册会计师》1997:4
关于环境审计的思考(下)	福建省审计学会课题组	《审计研究》1997:4
写在《管理审计理论》前面	王光远	《中国经济问题》1997:4
应重视对审计案例的研究	李若山	《江西审计与财务》1997:4
卡迪罗旅游系统公司审计案例	李若山 宋慧明	《中国注册会计师》1997:6
审计风险要素评价	陈汉文 池晓勃	《中国审计》1997:9
试论独立审计委员会制度	王光远	《中国经济问题》1998:1
注册会计师职业行为基本原则探讨	陈汉文	《审计研究》1998:2
提高审计人员计算机审计技能的策略	傅元略	《审计研究》1998:2
审计项目风险与目标管理	福建省福州市审计局课题组	《审计研究》1998:3
注册会计师保密性的例外情况研究	陈汉文 王　华	《当代财经》1998:3
浅论注册会计师相机收费规则	陈汉文 王光远	《经济评论》1998:3
对注册会计师间接财务利益关系的规范	陈汉文	《审计理论与实践》1998:4
利益冲突与独立性规则	陈汉文	《中国审计》1998:5

续表4—12

成果名称	作 者	发表刊物（出版社）及时间
关于专业胜任能力与技术规范准则的讨论	陈汉文 林志毅 李树华	《财会通讯》1998:6
论审计师在履行财务报告鉴证责任中对舞弊的侦查与防范	王光远	《财会通讯》1998:6
我国上市公司真实性审计问题探讨	陈汉文 池晓勃 姚 尧	《审计研究》1999:2
浅谈规范前后任注册会计师之间的联系	陈汉文 陈少华	《财务与会计》1999:2
国外对民间审计保密性的规范及启示	陈汉文 王光远	《审计研究》1999:4
计算机信息系统环境下的几个审计问题	傅元略	《审计研究》1999:5
论管理审计在中国发展的契机	邵贤弟	《审计研究》1999:6
二十一世纪中国会计师事务所国际协调化发展战略	肖 华 彼特·西科德	《会计研究》1999:8
论注册会计师职业行为准则之性质	陈汉文	《中国审计》1999:9
应收帐款是企业操纵利润的杠杆	陈汉文 王 桦	《审计理论与实践》1999:10
关于现代会计审计科学的若干重大问题	王光远	《审计研究》2000:1
"红光"造假行为与注册会计师过失分析	陈汉文	《审计研究》2000:2
企业内部控制理论的发展与启示	吴水澎 陈汉文 邵贤弟	《会计研究》2000:5
论改进我国企业内部控制——由"亚细亚"失败引发的思考	吴水澎 陈汉文 邵贤弟	《会计研究》2000:9
论审计期望差距的构成要素	胡继荣	《审计研究》2001:1
浅谈上市公司内部控制报告	李明辉	《审计研究》2001:3
审计独立性:一项理论研究	陈汉文 黄宗兰	《审计研究》2001:4
经济责任审计必须正确分清的几个界限	袁新文	《审计研究》2001:5

续表 4—12

成果名称	作　者	发表刊物(出版社)及时间
上市公司十大管理舞弊案分析及侦查研究	郑朝晖	《审计研究》2001:6
审计委员会与内部审计	陈汉文 张志毅	《中国注册会计师》2002:1
虚假审计报告外部成因的制度分析	潘　琰 董必荣	《审计研究》2002:2
审计委员会与注册会计师审计	陈汉文 卓传阵 邓顺永	《中国注册会计师》2002:3
注册会计师审计中的监督博弈及保险问题——安然事件的启示	杜兴强	《审计研究》2002:3
从注册会计师的鉴证职能说起	常　勋	《中国注册会计师》2002:3
审计的未来:认证服务研究	陈汉文 谭志刚	《审计研究》2002:4
注册会计师民事责任的几个基本问题	李明辉	《审计研究》2002:4
理论的作用:关于补充审计的案例分析——兼论互联网的独特角色	麻晓艳 熊秀华 刘　峰	《审计研究》2002:5
巨额冲销与信号发送——中美典型案例比较研究	黄世忠	《会计研究》2002:8
美国财务舞弊症结探究	黄世忠 陈建明	《会计研究》2002:10
内部审计在世界	王光远	《财会月刊》2003:1
论注册会计师职业道德准则性质与框架	陈汉文	《会计之友》2003:1
审计市场与监管效率——兼评"别了,行业自律的年代!"	陈汉文	《审计与理财》2003:1
公司治理下的内部控制与审计——英国的经验与启示	王光远 刘秋明	《中国注册会计师》2003:2
无效审计市场与组织改进	陈汉文	《审计与理财》2003:3
注册会计师事务所"急性品牌再造综合症"的成因与启示	杜兴强	《审计研究》2003:4
政府审计变革:一种假说	陈汉文	《审计与理财》2003:4

续表 4—12

成果名称	作　者	发表刊物（出版社）及时间
内部审计职业化：一种营销战略观	王　桦 庄江波 陈汉文	《审计研究》2003：5
论审计合约与审计质量	潘　琰 辛清泉	《审计研究》2003：5
消极防弊·积极兴利·价值增值（二）——20世纪内部审计的回顾与思考：1960—1970年	王光远	《财会月刊》2003：5
论计算机网络环境下的详细审计	庄明来	《审计研究》2003：6
美国南方保健公司财务舞弊案例剖析——萨班斯—奥克斯利法案颁布后美国司法部督办的第一要案	黄世忠 叶丰滢	《会计研究》2003：6
锦州港、毕马威与审计模式	陈汉文	《审计与理财》2003：7
欧亚农业、安达信与职业判断	陈汉文	《审计与理财》2003：8
宝钢业绩、交易创新与审计决策	陈汉文	《审计与理财》2003：9
审计委员会制度的国际变革	王光远 刘秋明	《中国注册会计师》2003：9
安然事件、审计独立性与程序公平	陈汉文	《审计与理财》2003：10
英国审计委员会制度的最新发展	陈汉文 夏文贤	《中国注册会计师》2003：10
消极防弊·积极兴利·价值增值（五）——20世纪内部审计的回顾与思考：1960—1970年	王光远	《财会月刊》2003：11
加入WTO与国家审计模式重构	沈永贵 陈汉文 林起核	《审计理论与实践》2003：11
富人嫁女与舞弊审计	陈汉文	《审计与理财》2003：12
利益冲突与独立性规则	陈汉文	《中国审计》2003：Z1
中国上市公司审计委员会的特征分布——基于2002年年报的描述性统计分析	王　桦 夏文贤 陈汉文	《中国审计》2003：Z1
现代会计审计科学的发展	王光远	《中国审计》2003：Z1
关于中国内部审计准则制定的若干问题	王光远	《中国经济问题》2004：1

续表 4－12

成果名称	作　者	发表刊物(出版社)及时间
上市公司财务监控机制的困惑?——兼谈企业信息化环境下的审计与财务监控改革	傅元略	《审计研究》2004:2
加强开展公共管理审计	王光远	《中国审计》2004:3
审计需求:传统解释与保险假说	薛祖云 陈　靖 陈汉文	《审计研究》2004:5
帕玛拉特财务舞弊事件分析及其启示	陈汉文 郑鑫成 卓传阵	《财会通讯》(综合版)2004:5
会计师事务所的营销组合设计与独立性问题	常　勋 黄京菁	《中国注册会计师》2004:8
美国联邦政府会计难点热点问题及其启示——基于联邦政府审计报告的分析	黄世忠 刘用铨 王　平	《会计研究》2004:11
从审计模式的演进看风险导向审计	常　勋 黄京菁	《财会通讯》(综合版)2004:13
萨班斯法案 404 条款:后续进展	陈汉文 吴益兵 李　荣 徐臻真	《会计研究》2005:2
内部审计外包:述评与展望	王光远 瞿　曲	《审计研究》2005:2
审计与管理咨询业务:混营抑或分拆?	叶少琴 刘　峰	《审计研究》2005:2
论现代内部审计的风险管理控制方法	徐　德	《审计研究》2005:2
注册会计师职业道德准则之变迁——基于公共合约观的描述与分析	陈汉文 韩洪灵	《审计研究》2005:3
SOA404 条款引发审计价格上升对职业界的影响分析	黄京菁 王禄河	《审计研究》2005:4
我国上市公司财务报告法律责任的问卷调查及分析	李明辉 曲晓辉	《会计研究》2005:5
大股东股权特征与审计委员会设立	夏文贤	《审计研究》2005:6

续表 4—12

成果名称	作　者	发表刊物（出版社）及时间
中国内部审计准则纲要（上）	王光远	《财会通讯》（综合版）2005：7
中国内部审计准则纲要（下）	王光远	《财会通讯》（综合版）2005：8
美国 SOA404 条款执行成本引发争议的评述	黄京菁	《会计研究》2005：9

（六）政府会计研究

《论改进我国政府会计与财务报告》（厦门大学李建发，《会计研究》2001：6）该文从1997 年财政部对于预算会计制度改革没有达到预期目标的问题出发，通过对中国政府会计与财务报告环境的分析，提出改进中国政府会计与财务报告的意见。该文提出，应该从预算会计扩展为政府会计、会计对象从预算资金运动扩展为价值运动、从预算会计模式扩展为基金会计模式、确认基础从现金制扩展为修正的现金制/应计制、报告从预算执行情况报告扩展为财务报告。

《公共财务管理与政府财务报告改革》（李建发、厦门大学肖华，《会计研究》2004：9）该文探讨公共部门财务管理与政府财务报告改革之间的关系。认为公共（部门）财务管理的信息需求，要求改革政府财务报告。该文提出了改革政府财务报告的基本思路，认为政府财务报告改革必须有相应的制度基础，例如健全的公共管理制度、一体化的公共财务制度、权责结合的政府会计基础和政府会计制度、公开透明的政府财务信息披露制度等。

表 4—13　　　　　**1992—2005 年政府会计研究其他成果**

成果名称	作者	发表刊物（出版社）及时间
从中美政府会计的差异看我国预算会计改革	李建发	《会计研究》1997：2
政府会计论	李建发	厦门大学出版社，1999
关于建立国有企业财务预警系统的探讨	肖　华 李建发	《厦门大学学报（哲学社会科学版）》1999：4
建立国库单一账户制度的一些问题研究	李建发	《中国经济问题》2001：3
国际政府会计准则及其发展评述	陈立齐 李建发	《会计研究》2003：9
市场经济环境下事业单位的财务行为规范——兼论事业单位财务制度改革	李建发	《事业财会》2004：1

续表 4—13

成果名称	作 者	发表刊物(出版社)及时间
规范民间非营利组织会计行为促进非营利事业蓬勃发展——学习《民间非营利组织会计制度》的几点体会	李建发	《会计研究》2004:11
关于"收支两条线"与事业单位预算外资金管理的问题	李建发	《教育财会研究》1999:6

(七) 会计信息系统研究

《扩展会计电算化功能的策略》(傅元略,《会计研究》1996:4)该文针对中国企业会计电算化效率低下、效果不显著的普遍现象,提出打破旧框架,将先进管理技术融合到计算机技术中,放弃以计算机技术为主的策略,主张以财会人员为会计系统扩展的主导作用,并提出与革新相配套的系统扩展的实施方法。

《论电算会计中账簿的地位与作用》(厦门大学庄明来,《会计研究》1997:4)该文认为应重新认识与评价会计账簿的地位和作用,以揭示会计凭证、账簿和财务报表在 IT 工作环境下的地位。作者论证在会计信息系统中"账户"取数的可行性,提出"变账簿取数为账户取数"的新观点。

《对电子商务环境下会计明细信息的思考》(庄明来,《会计研究》2000:7)该文章论证会计信息系统与会计数据两者的质量特征,解读会计系统、数据与信息在电子化与网络化环境下的辩证关系,率先提出决策者要主动筛选信息,必须从网上索取会计凭证等明细信息,进而提出会计系统的有效性首先体现于会计信息可靠性的观点。

表 4—14　**1992—2005 年会计信息系统研究其他成果**

成果名称	作 者	发表刊物(出版社)及时间
信息新技术对审计的影响及其对策	庄明来	《审计研究》1997:4
从财务会计电算化系统扩展成经营决策支持系统的探讨	傅元略	《会计研究》1997:12
信息技术发展与企业的实时报告系统	吴东辉	《会计研究》1998:6
计算机信息系统环境下的几个审计问题	傅元略	《审计研究》1999:5
网络财务	傅元略	立信会计出版社,2001
适时财务监控机制的涵义、特性及结构	傅元略	《厦门大学学报》(哲学社会科学版)2003:2
企业信息化下的财务监控	傅元略	中国财政经济出版社,2004

（八）成本会计研究

《成本管理会计》（余绪缨、王怡心，上海立信会计出版社，2004）该书以当代成本管理会计一系列的发展和创新为依据进行结构体系的安排，包括"基础"篇、"控制"篇、"对外深化"篇和"新发展"篇，论述成本管理会计中的基础性内容，展示在新的历史条件下，成本管理会计领域所取得的一系列进展和创新。该书的另一个特点是强调"案例"教学的重要性。

表 4—15　　　　　　　**1992—2005 年成本会计研究其他成果**

成果名称	作　者	发表刊物（出版社）及时间
成本管理新趋势	胡玉明	《会计之友》1995：5
试论相对论与成本	陈守文	《财会月刊》1995：6
论当代管理会计面临新的重大突破（下）（续）	余绪缨	《对外经贸财会》1995：12
适时制造系统对成本会计的影响	程仕军	《中国经济问题》1996：1
企业集团财务成本管理模式探讨	程安林	《财会通讯》1996：5
试论企业成本管理的企业化与市场化问题	胡玉明	《财会通讯》2000：3

第四节　统计学研究

一、学科建设与学术研究

（一）学科建设

福建省统计学科建设研究力量主要集中在福建省统计学会和厦门大学计划统计系。厦门大学计划统计系学科和专业设置包括：统计学、国民经济学、数量经济学和经济信息管理学四个博士点（均可招收博士后）与四个硕士点，以及统计学、信息管理与信息系统两个本科专业（其中，统计学专业包括经济管理统计和投资决策分析两个方向）；所属的"厦门大学国民经济与核算研究所"创办于 1983 年，是国内最早建立的国民核算专门研究机构；其统计学科分别于 1987 年、2001 年和 2007 年连续三次被评为国家级重点学科。福州大学财经学院（现更名为管理学院）统计学教研室成立于 1984 年，经过数次院系、专业调整，于 2003 年 8 月恢复统计系，设有一个统计学本科专业；统计学、国民经济学两个硕士学位点，另有"信息处理方法与应用"博士研究方向。

（二）学术研究

福建省统计科研有国民经济核算和传统统计理论方法两个主要研究领域。1992—2005年，福建省统计学研究者先后获得 16 项国家社会科学和自然科学基金项目，省部级基金项目 70 余项，其中国家社会科学基金项目分别是：社会总供需平衡及其调控机制的系统研究（厦门大学钱伯海，1992）、社会经济统计理论和方法研究（厦门大学黄良文，1992）、国民大核算体系研究（钱伯海，1992）、社会经济统计估算的理论方法和应用研究（厦门大学曾五一，1996）、环境与经济一体化核算问题研究（厦门大学戴亦一，1998）、企业家群体形成机制的研究（厦门大学高鸿桢，1998）、国民大核算体系的研究（厦门大学杨缅昆、钱争鸣，1999）、旅游业宏观决策与国家旅游卫星账户研究（厦门大学赵丽霞，2000）、人力资本核算的理论、方法和应用研究（戴亦一，2000）、统计调查体系与方法改革问题研究（曾五一，2001）、中国金融安全指标体系研究（高鸿桢，2002）、中国金融与经济周期的统计研究（厦门大学杨灿，2003）、我国旅游统计指标体系构建研究（赵丽霞，2004）、宏观经济核算的简约化及其实现（福州大学孙秋碧，2004）。国家自然科学基金项目是：实验博弈论及其应用（高鸿桢，2002）。

这一时期，共出版论著 70 余部，论文 600 多篇。一批成果获奖，其中获国家社会科学基金项目优秀成果奖 1 项：《国民经济核算通论》（1999 年二等奖，钱伯海）。获教育部人文社会科学优秀成果奖 1 项：《总供需平衡统计研究》（第二届二等奖，曾五一）。获国家统计局优秀科研成果奖 14 项：《国民经济核算通论》（第二届二等奖，钱伯海、曾五一等）、《关于大统计的理论探讨》（第三届二等奖，钱伯海）、《房地产专题研究》（第三届二等奖，黄良文）、《总供需平衡统计研究》（第三届二等奖，曾五一）、《国民经济统计学》（第四届一等奖，钱伯海）、《论我国新核算体系中有关劳务范畴的重要新规范》（第四届二等奖，戴亦一）、《失业统计：一个尚待开发的核算领域》（第四届二等奖，杨缅昆）、《我国利用外资效果的宏观分析》（第四届二等奖，曾五一）、《金融核算疑难问题辨析》（第五届二等奖，杨灿）、《统计估算的理论方法和应用研究》（第五届二等奖，曾五一）、《解析GDP 增长率》（第五届二等奖，曾五一）、《合理调控收入差距增强有效消费拉力》（第五届二等奖，厦门大学林擎国等）、《环境和经济一体化核算研究》（第五届二等奖，戴亦一）、《外商直接投资与区域经济波动》（第六届二等奖，厦门大学朱平辉）。获福建省社会科学优秀成果奖 16 项：《国民经济核算体系研究报告》（第一届一等奖，钱伯海）、《论国民经济核算的平衡原则》（第一届一等奖，钱伯海）、《国民经济学》（第二届一等奖，钱伯海）、《宏观经济调控分析》（第二届一等奖，厦门大学罗季荣）、《社会主义市场经济宏观调控理论》（第三届二等奖，罗季荣）、《社会经济统计学原理》（第三届二等奖，黄良文）、《供需平衡经济学》（第四届一等奖，钱伯海、杨缅昆、曾五一）、《关于经济统计学若干问题的思考》（系列论文）（第四届二等奖，曾五一）、《经济学新论》（第四届二等奖，钱伯海）、《国民大核算及其功能系统的研究》（第五届一等奖，钱争鸣）、《投资估价原理》（第五届二等奖，黄良文）、《对投资乘数的质疑》（第五届二等奖，钱伯海）、《生育文化与家庭制度关系》（第五届二等奖，福建江夏学院叶文振）、《绿色GDP核算的理论与方法》（第六届一等奖，戴亦一）、《实验经济学导论》（第六届二等奖，高鸿桢等）、《男女平等：一个多维的理论建构》（第六届二等奖，叶文振）。

（三）学术会议

1992年10月，福建、广东两省第五次统计科学讨论会在泉州市召开。与会代表30多人，中心议题是：（1）中国式国民经济核算体系的理论与应用；（2）工业企业经济效益评价方法。经两省统计学会筛选，推荐24篇论文在会上交流。

1998年8月，福建省统计学会承办的两个根本性转变与企业统计改革华东统计研讨会在邵武市召开，会议收到论文24篇，到会代表41人，福建省2篇论文获二等奖。

2003年11月，教育部统计学专业教学指导分委员会年会在厦门市召开，会上各方面的专家达成共识：为了促进中国统计学的学科建设和发展，有必要按授予学位的不同，分别制定指导性的教学规范，会议委托厦门大学牵头完成关于中国经济管理类统计学专业教学规范的研究。

2004年5月，由福建省统计学会举办的第十次福建省统计科学讨论会在福州召开，讨论会的主题是统计理论方法、统计实践与改革、经济社会热点问题，有54篇论文提交到会。

2005年12月，厦门大学计划统计系举办的全国高校统计学科建设与人才培养模式研讨会在厦门召开。参会的全国高校的统计学院（系）与统计科研机构代表一致同意，由全国高校的统计学院（系）与统计科研机构联合主办全国统计学界最高规格的统计学术交流会议——中国统计学年会。

二、主要学术成果

（一）国民经济统计学研究

《国民经济核算通论》（钱伯海，中国统计出版社，1992）该书分为国民经济核算总论、国民核算的主要内容、国民核算体系的开发应用和国民核算现代化等三大部分。作者以马克思的劳动价值论和社会再生产理论为指导，提出建立一个符合中国国情而又完整的国民经济核算框架体系的构想。

《总供需平衡统计研究》（曾五一，中国统计出版社，1994）该书采用定性分析与定量分析相结合、理论研究与实证研究相结合的方法进行研究，总结一套符合中国国情、既比较科学又便于操作的总供需平衡统计理论和方法，同时也为加强和改善中国的宏观经济管理提供一些有参考价值的数据和分析结论。

《宏观经济核算论》（杨灿，中国统计出版社，1996）该书回顾和总结国民经济核算的演进历史，考察国民经济核算的理论框架和概念结构，以及若干最为困难的核算原则和核算方法论问题，剖析国民经济账户体系的结构原理，比较 SNA、英国、美国和中国的国民账户的异同与特色，进而比较并探讨国民经济账户与五大核算的结合方式、部门间流量核算的基本方法论、国民经济账户与企业会计账户的特征以及国民经济核算体系的学科属性等问题。

《供需平衡经济学》（钱伯海，中国统计出版社，1997）该书在马克思主义再生产理论指导下，引进和借鉴联合国 SNA 核算体系，提出中国新国民经济核算的理论框架。

表 4—16　　　　　　**1992—2005 年国民经济统计学研究其他成果**

成果名称	作　者	发表刊物(出版社)及时间
论劳务供需平衡统计方法的特殊性	戴亦一	《统计研究》1992：2
金融业产出核算理论与方法之我见	杨缅昆	《统计研究》1993：2
我国潜在总供给的测算和分析	曾五一	《中国经济问题》1993：3
社会总供需核算方法论研究	杨缅昆	《统计研究》1993：4
社会总供需测算口径研究	曾五一	《厦门大学学报》(哲学社会科学版)1993：4
国民账户与企业账户之比较研究	杨　灿	《厦门大学学报》(哲学社会科学版)1993：4
论国民经济与国民经济核算	钱伯海	《统计研究》1993：6
潜在总供给的理论概念和测算方法研究	曾五一	《统计研究》1993：6
我国国民核算体系转轨中的若干问题	杨缅昆	《统计研究》1993：6
国民经济统计学	钱伯海	中国统计出版社，1994
总供需平衡分析的若干理论问题	曾五一	《经济学家》1994：2
新会计制度下固定资产投资财务统计指标核算的改革	陈珍珍	《厦门大学学报》(哲学社会科学版)1994：2
关于市场经济下劳务供需平衡调控若干问题的探讨	戴亦一	《厦门大学学报》(哲学社会科学版)1994：3
社会总供需平衡统计研究的回顾与展望	曾五一	《统计研究》1994：3
国民资产负债核算中的宏观与微观协调问题	陈珍珍	《统计研究》1994：4
论我国新国民经济核算体系中有关范畴的重新规范	戴亦一	《统计研究》1994：5

续表 4—16

成果名称	作　者	发表刊物（出版社）及时间
通货膨胀分配效应与持有资产损益核算	杨缅昆	《统计研究》1994:6
劳务供需平衡调控探讨	戴亦一	《高等学校文科学报文摘》1994:6
对科学推算法的一点认识	戴亦一	《统计研究》1994:6
国民经济核算与综合统计分析	钱伯海	中国财政经济出版社,1995
新国民经济核算原理	钱伯海	中国统计出版社,1995
国民经济统计学	钱伯海	中国统计出版社,1995
资金流量的微观核算向宏观核算的转换问题研究	陈珍珍	《统计研究》1995 年增刊
SNA 生产理论新发展与社会产品范畴的再认识	杨缅昆	《统计研究》1995:2
论总供需范畴体系	曾五一	《厦门大学学报》（哲学社会科学版）1995:2
我国新国民经济核算体系的理论是非	钱伯海	《统计研究》1995:3
金融核算理论问题研究	杨　灿	《统计研究》1995:3
宏观经济核算论	杨　灿	中国统计出版社,1996
国民经济核算与综合统计分析（重订版）	钱伯海	中国财经出版社,1996
对国民核算主体原则的再认识	杨　灿	《统计研究》1996:4
金融服务核算	罗乐勤	《统计研究》1996:4
SNA 与英美国民账户体系的比较研究	杨　灿	《中国经济问题》1996:5
关于地下经济核算若干理论和方法	杨缅昆	《统计研究》1996:5
供需平衡经济学	钱伯海	中国经济出版社,1997
国民经济核算与生产劳动理论	杨　灿	《SNA 的新发展与中国国民经济核算体系的改革》国家统计局,1997
国民大核算体系若干基本理论问题研究	戴亦一	中国统计出版社,1997
国民账户与五大核算之关系研究	杨　灿	《统计研究》1997 年增刊
国际收支平衡表与国外账户	罗乐勤	《统计研究》1997 年增刊
国民经济账户体系的结构原理研究	杨　灿	《厦门大学学报》（哲学社会科学版）1997:1
关于国民经济核算信息网络系统及其应用	钱争鸣	《厦门大学学报》（哲学社会科学版）1997:3
国民核算与劳动价值论	钱伯海	《理论前沿》1997:9
国民核算与宏观经济分析	钱伯海	中国统计出版社,1998

续表 4—16

成果名称	作　者	发表刊物（出版社）及时间
Study on EDP Accounting（关于 EDP 核算的研究）	戴亦一	《1998 中加大学与产业合作计划会议记录》，1998
"国内生产总值及其使用表"的优化设计	杨　灿	《统计研究》1998：3
关于可持续发展核算框架的探讨	杨　灿	《厦门大学学报》（哲学社会科学版）1998：3
研究国民核算必须坚持宏观经济思维	孙秋碧	《统计研究》1998：3
生殖健康的统计分析	林筱文 陈志强	《统计研究》1998：5
再论国民经济核算的平衡原则	钱伯海	《经济研究》1998：6
核算统计基本问题研究	杨　灿	《统计研究》1999 年增刊
金融核算疑难问题辨析	杨　灿	《统计研究》1999：3
关于期内物价变动核算的初步探讨	杨缅昆	《统计研究》1999：3
国民经济核算演进评析	孙秋碧	《统计研究》1999：4
金融产出核算理论的重新思考	杨缅昆	《统计研究》1999：6
国民经济统计学	钱伯海	中国统计出版社，2000
国民经济学	钱伯海	中国统计出版社，2000
国民大核算体系论	戴亦一	《统计研究》2000：7
绿色 GDP 核算理论问题初探	杨缅昆	《统计研究》2001：2
关于保险核算问题的思考	邱　雅	《统计研究》2001：3
可持续发展框架内的储蓄与财富核算问题	杨　灿	《统计研究》2001：3
试论旅游卫星账户在中国的可行性	赵丽霞	《厦门大学学报》（哲学社会科学版）2001：3
厦门 TSA 的实例研究（1998）	赵丽霞	Journal of System Engineering（系统工程）2001：4
中国旅游卫星账户（TSA）研究	赵丽霞	《统计研究》2001：7
中国国民经济核算体系改革的回顾与思考	杨　灿	《统计研究》2001：11
国民大核算及其功能系统的研究	钱争鸣	中国统计出版社，2002
论国民大核算信息系统的开发与应用	钱争鸣	《经济问题探索》2002：10（专刊）
国民经济核算原理	钱伯海	中国经济出版社，2003
中国国民核算体系的新进展和新问题探析	杨　灿	《中国经济问题》2003：6

续表 4—16

成果名称	作　者	发表刊物（出版社）及时间
旅游测度 & 旅游卫星账户	赵丽霞 刘　臻	中国统计出版社,2004
SNA 框架内的 GDP 与 EDP 核算疑难问题辨析	杨　灿	《统计研究》2004:7
国民核算与分析通论	杨　灿	中国统计出版社,2005
无偿服务核算研究	曾五一	《统计研究》2005:6

（二）统计理论、方法及应用研究

《社会和人口统计分析概论》（林擎国，中国统计出版社，1994）该书借助社会和人口统计基本指标和知识的介绍，着重结合社会和人口现象与问题的分析，启迪思路，开阔视野，增强人们认识和解决社会和人口现象与问题的能力。

《社会经济统计学原理》（黄良文，中国统计出版社，1996）该书将统计理论录入社会经济领域，旨在为解决当前中国经济发展问题提供有效方法。

《经济预测与决策》（厦门大学王美今，厦门大学出版社，1997）该书介绍以统计方法为"基干"的经济预测与决策方法的基本原理和应用。

《统计估算——理论、方法和应用研究》（曾五一，中国金融出版社，1999）该书从理论上就统计估算在整个统计方法体系中的地位与作用的问题进行探讨，总结国内外实际采用过的主要估算方法，研究其特点、应用的前提和局限性，并在此基础上着重研究统计估算方法的具体应用问题。

《实验经济学导论》（高鸿桢，中国统计出版社，2003）该书论述前沿学科实验经济学的内容、意义、方法和应用，是中国第一部系统论述实验经济学的著作。

《数据挖掘的统计方法及实践》（厦门大学朱建平，中国统计出版社，2005）该书对数据挖掘的统计方法及其应用展开研究，其中包括事务性数据库的压缩、数据的排序及有向聚类分析、关联规则的深入研究、针对时序稠密数据的基函数拟合与预测等内容。

表 4—17　　**1992—2005 年福建统计理论、方法及应用研究其他成果**

成果名称	作　者	发表刊物（出版社）及时间
Economic Indicators and Model for Stabilizing Economic Growth in China（中国经济稳定增长模型和经济指标）	吴世农	Annual Conference on CCMEP, Xi'an,China（CCMEP 年度会议,中国西安）,1992

续表 4—17

成果名称	作　者	发表刊物(出版社)及时间
有计划商品经济条件下的价格变动影响模型	曾五一 王美今	《统计研究》1992:2
评价人民币汇率调整效应的指标	王美今	《中国经济问题》1992:3
重新构造我国国民分配指标体系的设想	杨缅昆	《统计研究》1992:6
A Study of the Measurement of Income Inequality in China(关于中国居民收入不平等测量的研究)	高鸿桢	Pro. Of FEMES, Taipei, China(远东计量经济学会大会,中国台北), 1993
论外商投资的社会经济效益评估	李文溥	《厦门大学学报》(哲学社会科学版)1993:1
论外商投资的经济效益评估	翁君奕	《厦门大学学报》(哲学社会科学版)1993:1
秩单调回归方法及应用	颜金锐	《厦门大学学报》(哲学社会科学版)1993:3
论收入的不平等性指标	高鸿桢	《厦门大学学报》1993:4
统计学基本问题研究	杨　灿	《统计研究》1993:5
统计改革——走出困境的对策	陈珍珍	《统计研究》1993:6
抽样调查理论与方法	吴国培	厦门大学出版社,1994
应用抽样调查方法	黄良文	中国统计出版社,1994
管理统计学	吴世农	江西人民出版社,1994
企业经济统计学	钱伯海	中国统计出版社,1994
统计原理与经济统计学	黄沂木	厦门大学出版社,1994
市场统计学	戴松若(参编)	中国商业出版社,1994
社会经济统计学原理	颜金锐	厦门大学出版社,1994
论统计的继承和发展	钱伯海	《统计研究》1994:1
论社会主义市场经济的统计体系	黄良文	《统计研究》1994:1
论企业统计改革	黄沂木	《厦门大学学报》(哲学社会科学版)1994:1
经济指标横向比较指数法	陈仁恩	《厦大学学学报(哲社版)》1994:2
A New Method of Aggregation of Preferences(基于偏好的一种新的汇总方法)	高鸿桢	Mathematic Study(数学研究), 1994:2
谈谈加权算术平均数形式的区域指数	陈仁恩	《统计研究》1994:3
从汇价、平价论国际经济对比	钱争鸣	《统计研究》1994:4

续表 4—17

成果名称	作 者	发表刊物（出版社）及时间
关于 GDP 和 GNP 指标的两个问题	罗乐勤	《中国经济问题》1994:4
论强化企业资产行为短期化约束机制的统计对策	戴亦一	《统计研究》1994:5
必须重视和加强对统计推算方法的研究	曾五一	《统计研究》1994:6
The FRST:A Application of Fuzzy Set—Theoretic Approach to Security Analysis（关于模糊集在证券分析中的应用）	高鸿桢	APPOR'94,Fukuoka,Japan,July,1994（日本福冈）1994:7
企业经济统计学	钱伯海	中国统计出版社,1995
论统计估算	曾五一	《统计研究》1995 年增刊
论 GDP 的国际比较	罗乐勤	《统计研究》1995 年增刊
论统计调查体系改革的若干原则	杨 灿	《统计研究》1995 年增刊
销售指标不同场合比较的平均指数方法	陈仁恩	《中国经济问题》1995:1
应提高统计信息商品化程度	黄沂木	《中国经济问题》1995:1
我国各地区农民收入差异实证研究	高鸿桢	《厦门大学学报》（哲学社会科学版）1995:2
转型中的中国企业统计模式探讨	黄良文	《统计研究》1995:4
一级统计学科建设若干问题探讨	黄沂木	《统计研究》1995:5
The Study of Intelligent Audit Monitoring & Analysis Decision Support Systems for China's Business Enterprises（关于我国企业的智能决策分析系统的研究）	钱争鸣	Seventh Asian—Pacific Conference on International Accounting Issue, Seoul,Korea,Nov 8—11,1995（第七届亚太会议,韩国首尔）1995:11
统计中的计算机应用	钱争鸣 副主编	中国统计出版社,1996
统计学原理	陈仁恩	中央电大出版社,1996
企业经济统计学	钱伯海	中国统计出版社,1996
第 50 届国际统计大会议题综述	王美今	《经济学动态》1996:1
关于大统计的理论探讨	钱伯海	《统计研究》1996:3
上海股票市场的效率性研究	高鸿桢	《厦门大学学报》（哲学社会科学版）1996:4
洛伦茨曲线原理的统计学思考	陈仁恩	《厦门大学学报》（哲学社会科学版）1996:4
我国国际收支变动的经济效应分析	王美今	《中国经济问题》1996:5

续表 4—17

成果名称	作　者	发表刊物(出版社)及时间
指标的时间属性	陈仁恩	《中国统计》1996:6
琐论重点调查	陈仁恩	《中国统计》1996:11
An Empirical Analysis of FDI and Intra－Firm Trade(FDI 以及公司间交易的实证研究)	钱争鸣	International Conference on "Global Business in Transaction", HongKong, 14－16,Dec. 1996(全球商业国际会议,香港)1996:12
经济预测与决策	王美今	厦门大学出版社,1997
中国の経済水准をどう見ゐか(中国经济水平的测度)	曾五一	(日)《经济统计研究》1997
On International Comparison of Chinese GDP(中国 GDP 的国际比较)	曾五一	《第 6 次中日统计科学讨论会论文集》中国统计出版社,1997
关于大统计学理论问题的再思考	杨　灿	《统计研究》1997:1
体制改革以来城乡居民储蓄行为差异的实证研究	王美今	《统计研究》1997:1
从企业资产负债到国民资产负债表	陈珍珍	《中国经济问题》1997:3
我国股票市场的混沌现象与市场有效性	王美今	《数量经济技术经济研究》1997:4
从统计观点看"三资"企业的发展	张兴国	《中国经济问题》1997:5
失业统计:一个尚待开发的核算领域	杨缅昆	《统计研究》1997:5
什么是全要素生产率	罗乐勤	《经济学消息报》1997:11
经济增长方式转变的数量研究	罗乐勤	《统计研究》1998 年增刊
简析经济科学的数学化形式化	杨　灿	《光明日报理论周刊(经济论坛)》(第六版)1998.2.27
对经济指数 L 式与 P 式的质疑与分析	陈仁恩	《厦门大学学报》(哲学社会科学版)1998:2
区域指数式的选择——兼谈购买力平价也是区域指数	陈仁恩	《中国经济问题》1998:3
GDP 指数体系研究	杨　灿	《中国经济问题》1998:4
金融技术分析指标的规范化问题探讨	高鸿桢	《厦门大学学报》(哲学社会科学版)1998:4
可持续发展战略下的统计改革	陈珍珍	《统计研究》1998:5
关于消费需求统计指标的改革	罗乐勤	《统计研究》1998:5
可持续发展与评价指标体系	陈珍珍	《中国经济问题》1998:6

续表 4—17

成果名称	作者	发表刊物（出版社）及时间
统计估算理论、方法和应用研究	曾五一	中国金融出版社,1999
关于我国 GDP 的国际比较	曾五一	《厦门大学学报》（哲学社会科学版）1999:2
上海股票市场 b 系数稳定性的实证研究	高鸿桢	《中国经济问题》1999:2
固定资产加速折旧系统的数学模型	高鸿桢	《数量经济技术经济研究》1999:3
关于经济学与统计学的思辨	钱伯海	《经济经纬》1999:3
新经济形势下收入分配统计问题研究	陈珍珍	《统计研究》1999:3
经济体制转变中的企业统计改革	陈珍珍	《厦门大学学报》（哲学社会科学版）1999:3
我国工业经济效益指标体系评价与主成分分析的实证研究	钱争鸣	《统计研究》1999:7
关于经济统计学若干问题的思考	曾五一	《统计研究》1999:11
金融技术分析基本原理初探	高鸿桢	《统计研究》1999:11
对自变量为随机变量的回归模型估计方法的探讨	曾五一	《统计研究》1999:12
统计学	袁　卫 庞　皓 曾五一	高等教育出版社,2000
经济与统计理论探讨	曾五一 陈仁恩	中国统计出版社,2000
统计学原理	黄良文 曾五一	中国统计出版社,2000
计算机在会计、统计与现代管理中的应用	钱争鸣	中国统计出版社,2000
论质量指数——兼论名义物价指数的调整	杨缅昆	《统计研究》2000:1
二十年来《统计研究》有关几个专题的讨论	杨　灿	《统计研究》2000:2
中国地下经济实证研究:1979—1997	杨缅昆	《统计研究》2000:4
统计学	钱伯海 黄良文	四川人民出版社,2001
地区可持续发展指标体系研究	杨　灿	《厦门大学学报》（哲学社会科学版）2001:1
统计学要在讨论与争鸣中寻求发展	曾五一	《统计与信息论坛》2001:3
对投资乘数的质疑	钱伯海	《经济学家》2001:3

续表 4—17

成果名称	作 者	发表刊物(出版社)及时间
经济指数理论问题研究	杨 灿	《中国经济问题》2001:4
统计学	陈珍珍	厦门大学出版社,2002
投资估价原理	黄良文	科学出版社,2002
统计分析软件与案例	钱争鸣	中国财政经济出版社,2002
科研中常用的统计方法——自由分布统计检验	颜金锐	中国统计出版社,2002
试析"拉派指数"概念外延的扩大	陈仁恩	《厦门大学学报》(哲学社会科学版)2002:2
现代指数形式理论评析	杨 灿	《厦门大学学报》(哲学社会科学版)2002:3
企业经济统计学	钱伯海	中国统计出版社,2003
统计学概论	曾五一	首都经济贸易大学出版社,2003
实验经济学导论	高鸿桢	中国统计出版社,2003
投资经济学	罗乐勤	科学出版社,2003
实验经济学的理论与方法	高鸿桢	《厦门大学学报》(哲学社会科学版)2003:1
地下资产存量价值变化的因素分解	张建华 曾五一	《统计研究》2003:1
不同交易制度下 CAPM 的统计检验	陈珍珍 赵 华	《厦门大学学报》(哲学社会科学版)2003:3
数据挖掘中一种新的预测模型	朱建平	《系统工程理论与实践》2003:6
中国股市波动的周期性研究	黄继平 黄良文	《统计研究》2003:11
统计学基础	陈仁恩	中国统计出版社,2004
A universal procedure for parametric frailty models(参数模型的一个通用程序)	黄长全	Journal of Statistical Computation and Simulation(统计计算与仿真)Vol.74,No1.2004
数据挖掘中事务性数据库的压缩及其应用	朱建平	《统计研究》2004:1
数据挖掘中关联规则的提升及其应用	朱建平	《统计研究》2004:2
基于风险控制的证券投资决策	黄良文	《统计研究》2004:7
政府支出和狭义政府消费核算研究	罗乐勤	《统计研究》2004:12
统计学(第二版)	曾五一 杨灿等	高等教育出版社.2005

续表 4—17

成果名称	作　者	发表刊物（出版社）及时间
国家金融安全的统计分析	高鸿桢	中国统计出版社，2005
我国当前物价变动的状态空间数量经济模型研究	钱争鸣 郭鹏辉等	《21世纪数量经济学》2005:1
信息不对称资本市场的实验研究	高鸿桢 林嘉永	《经济研究》2005:2
数据挖掘中数据排列及其应用	朱建平	《数理统计与管理》2005:3
多目标抽样中样本容量设计研究	林才生 曾五一	《统计研究》2005:3
关于我国统计体制改革的思考	曾五一	《厦门大学学报》（哲学社会科学版）2005:4
数据挖掘中思维定性数据的粗糙集聚类	来升强 朱建平	《统计研究》2005:8
世界油价变动对我国经济影响的数量分析	钱争鸣 郭鹏辉等	《国际贸易问题》2005:8

第五节　技术与数量经济学研究

一、学科建设与学术研究

（一）学科建设

福建省技术与数量经济学的学科建设主要集中在厦门大学、华侨大学、福州大学等高校。其中，厦门大学经济学院统计系分别于1984年和2003年设立数量经济学硕士和博士专业；厦门大学管理学院于2000年设立技术经济理论与方法硕士专业、技术经济及管理硕士专业；华侨大学于1993年和2000年设立数量经济学硕士和博士专业；福州大学管理学院于1998年设立技术经济及管理硕士和博士专业，2003年设立数量经济学硕士专业。

1993年12月，华侨大学经教育部批准成为全国第五批数量经济学硕士学位授予权单位。2000年9月，成为全国第八批数量经济学博士学位授予权单位。2002年华侨大学数量经济学学科被评为国务院侨办重点学科，2005年3月被评为福建省重点学科。华侨大学的数量经济学主要有四个研究方向：（1）宏观经济模型及其应用；（2）金融计量分析及其应用；（3）经济博弈论及其应用；（4）宏观经济数理分析与调控。其覆盖面广、层次丰富，既包含理论学科的经典又代表应用研究的发展主流。

2001 年 9 月，厦门大学宏观经济研究中心成立。2005 年 2 月，经国家教育部批准为普通高等学校人文社会科学重点研究基地，是国家"985 工程"二期创新基地——"宏观经济分析与预测"项目的依托单位。中心以宏观经济理论与政策为研究主轴，重视数量化的研究方法。2005 年 6 月，以教育部人文社会科学重点基地为基础、依托于"985 工程"二期项目，厦门大学成立王亚南经济研究院（WISE）。下设包括计量经济学研究中心、现代统计学研究中心、计算与数据中心、SAS 计量经济学卓越中心等。

福州大学管理学院拥有技术经济及管理等二级学科博士点，拥有技术经济及管理、数量经济学等硕士点，拥有技术经济及管理的省级重点学科。学院还设有技术创新与产业发展研究院、创业与企业发展研究院等。

（二）学术研究

1992—2005 年，福建省技术经济学和数量经济学获得国家自然科学基金、国家社会科学基金、国家有关部委、福建省社会科学规划等项目的支持。其中，获教育部人文社会科学基金项目 1 项：非参数计量经济模型的理论研究（福州大学叶阿忠，2002）；获国家自然科学基金项目 6 项：经济增长方式转变中的区域可持续发展管理的逆系统方法（厦门大学米红，1997）、实验博弈论及其在企业决策中的应用（厦门大学高鸿桢，2002）、企业技术创新行为非线性系统的理论与方法研究（福州大学陈功玉，2003）、我国区域系统发展冲突与协调的博弈仿真及激励制度研究（华侨大学叶民强，2003）、半参数计量经济联立模型单方程估计方法的理论研究（叶阿忠，2004）、灰色理论及其在数据挖掘中的应用研究（福州大学张岐山，2005）；获国家社会科学基金及国家有关部委研究项目 22 项：外商直接投资的宏观经济效应和对策研究（厦门大学苏丽萍，1997）、博弈论在国际贸易学中的应用研究（厦门大学姚立新，1998）、我国利用外资与对外投资的规模和结构研究（华侨大学胡日东，1998）、经济增长方式转变中的中国区域经济可持续发展（米红，2000）、技术进步与福建区域经济发展研究（福州大学黄敬前，2000）、实验博弈论及其在投资决策中的应用研究（高鸿桢，2001）、效率分布和生产率增长的区域差异及成因和对策研究（厦门大学王应明，2001）、基于粗糙集理论的智能判别分析方法及预警决策技术研究（王应明，2001）、我国开放区域可持续发展博弈分析与生态安全预警研究（叶民强，2001）、我国对外投资的实证分析与战略研究（胡日东，2001）、中国金融安全指标体系研究（高鸿桢，2002）、入世对我国引进外商直接投资的影响及其政策调整研究（华侨大学林峰，2002）、经济全球化和科技进步与经济结构调整和优化的互动关系及中国对策的研究（厦门大学陈其林，2002）、西方经济学最新发展研究——实验经济学探究（厦门大学周星，

2002）、非参数计量经济模型的理论研究（叶阿忠，2003）、"十一五"期间人民币汇率和我国国际收支的宏观调控目标及其政策取向（福州大学黄志刚，2003）、我国城乡差距的状况、根源及缩小差距的实证研究（胡日东，2004）、中国季度、年度宏观经济计量模型的改进（华侨大学吴承业，2004）、长富集团信息化（华侨大学洪国彬，2004）、非平稳非线性时间序列的长期关系研究（吴承业，2005）、中国宏观季度模型与宏观预测（厦门大学陈抗、李文溥，2005）、实验博弈论（高鸿桢，2005）；获得福建省社会科学规划项目22项，另外还获其他基金赞助研究项目17项。

这一时期，福建技术与数量经济学学科领域在国家级核心期刊上共发表具有代表性的学术论文100多篇，出版著作和教材10余本，研究成果获得省部级以上奖励14项。其中，获福建省社会科学优秀成果奖10项：《管理运筹学》（第三届三等奖，高鸿桢、郑应文）、《固定资产加速折旧系统的数学模型》（第四届三等奖，高鸿桢）、《竞争、不确定性与企业间的技术创新合作》（第五届二等奖，厦门大学翁君奕）、《经济全球化与我国的技术发展战略》（第五届二等奖，福州大学陈国宏）、《技术引进与我国企业技术发展研究》（第五届二等奖，陈国宏等）、《双赢策略与制度激励——区域可持续发展评价与博弈分析》（第五届二等奖，叶民强）、《闽台协同发展高科技产业的机制与对策研究》（第五届三等奖，福州大学朱斌等）、《福建省高新技术产业发展中的融资支持战略研究》（第五届三等奖，陈国宏等）、《关于博弈学习模型的研究》（第五届三等奖，福州大学林元庆、陈加良）、《实验经济学导论》（第六届二等奖，高鸿桢）；获其他省部级人文社会科学优秀成果奖3项：《外商直接投资与区域经济波动》（2002年国家统计局二等奖，厦门大学朱平辉、王美今）、《ARCH族计量模型在金融市场研究的应用》（2002年国家统计局三等奖，厦门大学钱争鸣）、《实验经济学的理论和方法》（2004年国家统计局二等奖，高鸿桢）。

（三）学术会议

2002年5月29日，中国数量经济学会2002年年会暨诺贝尔经济学奖获得者麦克范登教授报告会在华侨大学召开。会议共收到论文100多篇，金融与资本数量分析、区域经济的数量分析、数量经济学理论与综合应用成为与会专家学者关注的主要问题。在题为"健康、财富与才智"的演讲报告中，2000年诺贝尔经济学奖获得者麦克范登教授，介绍其目前正在研究的一些问题和国际上计量经济学研究的最新成果。与会专家认为，数量经济学发展要与时俱进，要重视微观数量经济学的研究、信息经济的数量分析以及数量经济学在新经济研究中的应用等。

2005年7月，厦门大学王亚南经济研究院举办的计量经济学国际培训班在厦门国家会计学院开班，免费向全国高等院校经济、管理、数学等相关专业的300多名骨干教师、博士生和硕士生开放。此次培训邀请众多国内外知名的计量经济学家作报告，介绍计量经济学各个领域的理论体系、实际应用以及最新发展。

二、主要学术成果

（一）技术经济学研究

《我国工业利用外资与技术进步关系研究》（陈国宏，经济科学出版社，2000）该书在对中国 20 年来利用外资状况做出较全面分析的基础上，对利用外资与技术转移、技术转移与技术输入国的技术进步的内在机理进行理论研究。作者就利用外资对中国工业技术进步的作用从不同角度进行实证分析，并从微观角度就技术引进与技术创新的相关问题进行理论探讨，并在一定假设前提下，推演出有限资金在引进和学习之间进行合理分配的理论公式。

《外商直接投资技术转移效应分析》（厦门大学王美今、沈绿珠，《数量经济技术经济研究》2001：8）该文利用省区工业企业的截面数据检验外商直接投资对国有工业企业的技术溢出效应。结果表明，工业增加值率分析侧重于从效益方面衡量加工水平及技术含量，技术溢出效应检验侧重于从投入－产出角度反映由于外商直接投资企业的进入和存在对当地企业的影响，包括外商直接投资技术转移的直接和间接影响。结论是：要提高外商对华直接投资技术溢出效应，必须采取增量调整与存量调整相结合的方式，即不仅要改善投资来源国（地区）构成，提高新增外商直接投资中发达国家投资的比重，同时要进行存量调整。

《经济全球化与我国的技术发展战略》（陈国宏，经济科学出版社，2002）该书以经济全球化为背景，以技术发展为主线，将新经济、经济全球化与技术发展联系起来，从宏观和微观两个层面研究经济全球化与中国的技术发展战略问题。该书的研究内容包括新经济浪潮与经济全球化趋势、经济全球化趋势与发展中国家的技术发展、国际技术转移与技术进步关系的理论分析、中国科学技术水平现状分析等。

表 4-18　　　　　　　　　　1992—2005 年技术经济学研究其他成果

成果名称	作　者	发表刊物（出版社）及时间
固定资产加速折旧系统的数学模型	高鸿桢	《数量经济技术经济研究》1999：3
西方技术经济增长理论发展轨迹及其对我国的借鉴作用	余红胜	《经济问题》2000：4
财务管理目标和评价指标	黄文馨	《数量经济技术经济研究》2000：5
技术经济分析方法比较	黄文馨	《技术经济》2000：5
模仿创新——我国企业技术发展的有效选择跨世纪中国企业改革	陈国宏	《管理与发展会议论文集》2000：9
企业技术发展的路径选择	陈国宏	《数量经济技术经济研究》2000：12

续表 4—18

成果名称	作　者	发表刊物(出版社)及时间
我国高校科技产业兴起之谜的经济分析	翁君奕	《中国经济问题》2002:1
对技术经济静态存在问题的分析	黄文馨	《技术经济》2002:2
投资项目现金流量估计与风险度量研究	钱争鸣	《厦门大学学报》(哲学社会科学版)2002:3
投资估价的若干理论问题	黄良文	《厦门大学学报》(哲学社会科学版)2002:4
高技术产业经济研究	雷德森	武汉大学出版社,2003
福建省科技竞争力比较研究	李阳成等主编	吉林人民出版社,2003
我国工业技术发展战略选择的模拟分析	陈国宏等	《系统工程理论与实践》2003:6
电力行业技术效率和全要素生产率增长的国际比较	李文溥 孙建国	《中国经济问题》2003:6
影响创新产品选择的相关特性辨识	徐　迪 翁君奕	《系统工程理论与实践》2003:10
我国高科技风险投资综合评估指标体系设计	唐炎钊	《科技进步与对策》2003:11
IT 技术对企业生产率、企业利润和消费者剩余的影响初探	刘震宇	《工业技术经济》2004 年增刊
具有网络外部性的创新产品的兼容策略分析	徐　迪 翁君奕	《数量经济技术经济研究》2004:8
基于协同效应提升企业的竞争力	陈莉平	《技术经济》2005:3
科技创新与可持续发展——基于国家创新体系的分析	王建华	人民日报出版社,2005
科技进步与经济增长	李建平	中国经济出版社,2005
产业集群技术创新演化的 CA 模拟分析	蔡彬清等	《中国管理科学》2005:13

（二）数量经济学——经济计量学研究

《高等计量经济学》（叶阿忠，清华大学出版社，2000）该书论述模型结构非经典计量经济学、估计方法非经典计量经济学、数据类型非经典计量经济学、非线性计量经济学模型等问题。

《中国新股弱势问题研究》（王美今、张松，《经济研究》2000：9）该文借鉴西方关于IPO的研究成果，结合中国股市的实际，对新股弱势问题展开实证研究。作者采用经过风险调整的相对收益率和累计相对收益率指标，揭示以市值加权和不以市值加权的不同情况下，样本组合在新股、次新股和普通股的各个不同时期内相对于市场指数的走势特征。同时，通过构造经济计量模型揭示股票上市后长期走势的影响因素，表明对新股实际收益率影响最大的是该股票的市值，指出决定股票上市后两年内对市场指数走势强弱的因素是初始收益率及其流通股数。

《新古典方程与结构主义方程的经济增长因素分析——以福建为例的比较研究》（李文溥、高鸿桢，《中国经济问题》2002：3）该文以 1978—1999 年的福建经济增长为对象，分别运用新古典方程和结构主义方程进行计算，比较分析对同一增长过程的不同计量解释。作者认为，运用索洛余值法计算的"科技进步对经济增长的贡献率"没有现实意义和政策含义。

《非参数计量经济学》（叶阿忠，南开大学出版社，2003）该书介绍近 30 年来非参数计量经济学的主要研究成果，尤其是非参数回归模型、半参数回归模型和非参数联立方程模型的主要研究成果，以及密度函数的非参数核估计方法、一元非参数模型的核估计等内容。此外，作者还对每种估计方法都有具体的例子，并给出模型估计计算的途径。

《企业家人力资本计量模型探讨》（厦门大学杜兴强、黄良文，《中国工业经济》2003：8）该文指出，企业家人力资本是企业价值的关键驱动因素。在对传统的企业家人力资本计量模型进行综评的基础上，提出计量企业家人力资本的期权综合模型方法，即先按照期权模型计量出企业家人力资本的内在价值，再按照模糊计量来衡量企业家人力资本价值发挥的效率，按照综合评价指标体系衡量企业家人力资本的业绩调整系数——"乘数"，借以衡量企业家人力资本的实际价值。

表 4—19　　**1992—2005 年数量经济学——经济计量学研究其他成果**

成果名称	作　者	发表刊物（出版社）及时间
协整技术建模与局部调整假设	王美今	《数量经济技术经济研究》1995：12
关于 Robort Mundell 和 T. Swan 模型的修正与拓展	黄志刚	《数量经济技术经济研究》2001：11
我国宏观经济非参数联立模型的局部线性工具变量变窗宽估计	叶阿忠	《运筹与管理》2002：1
新古典方程与结构主义方程的经济增长因素分析	李文溥 高鸿桢	《中国经济问题》2002：3
非参数计量经济联立模型的局部线性两阶段最小二乘估计	叶阿忠	《运筹与管理》2002：5
非参数计量经济联立模型的局部线性工具变量估计	叶阿忠等	《清华大学学报》2002：6

续表 4—19

成果名称	作 者	发表刊物（出版社）及时间
在协整分析中如何处理截距和趋势	赵 华 潘长风	《数量经济技术经济研究》2004:1
关于"Econometrics"学术译名的统一问题	吴承业	《数量经济技术经济研究》2004:12
关于农地规模与兼业程度对土地产出率影响争议的一个解答	蔡基宏	《数量经济技术经济研究》2005:3
经济增长与宏观政策选择	邵宜航	《数量经济技术经济研究》2005:10

（三）数量经济学——运筹学研究

《管理运筹学》（高鸿桢，江西人民出版社，1995）该书是为工商管理硕士（MBA）学生而写的运筹学教材。教材论述运筹学各分支的实际背景、数学原理、建模方法和求解过程，并用实例加以说明。

《资源分配的多目标模糊优选动态规划分析法》（福州大学张琳，《运筹与管理》2000:12）该文应用多目标模糊优选动态规划分析法求解具有多个量纲不一的定量评价目标，或者既有定量目标又有定性目标的有限资源分配问题。

《数据包络分析法的研究与应用》（李美娟、陈国宏，《中国工程科学》2003:6）该文叙述数据包络分析法（DEA）的思想、模型和应用步骤，总结近20多年来DEA方法的发展、主要应用领域——DEA方法的主要研究成果，并对该领域的研究提出一些想法和展望。

表 4—20　　　　**1992—2005 年数量经济学——运筹学研究其他成果**

成果名称	作 者	发表刊物（出版社）及时间
2000 年厦门港货物吞吐量预测	黄荣坦 张杏谷	《运筹与管理》1996:4
排队系统平稳等待时间的性质	蔡南莲	《运筹与管理》2001:3
灰聚类分析结果灰性的测度	张岐山	《中国管理科学》2002:1
能源需求灰色预测方法	张岐山	《中国管理科学》2002:10
资源影子价格的一个计算案例分析	王志江 胡日东	《数量经济技术经济研究》2003:3
组合评价系统综合研究	陈国宏等	《复旦大学学报》2003:5
基于方法集的综合评价方法集化研究	陈国宏 李美娟	《中国管理科学》2004:1

续表 4－20

成果名称	作　者	发表刊物(出版社)及时间
综合评价方法分类及研究进展	陈衍泰 陈国宏 李美娟	《管理科学学报》2004:7(2)
数据挖掘技术在电信增值服务行业中的应用	黄章树	《中国管理科学》2004 年专辑
基于多目标结构评价功能的多目标决策方法	梁　娟 林元庆	《中国管理科学》2004 年专辑
竞争态势下的企业技术创新能力评价	尹晓波	《运筹与管理》2005:1
电子政务系统中面向公众的个性化信息服务模型	陈福集	《运筹与管理》2005:5
论科技进步、经济增长与就业	瞿群臻	《运筹与管理》2005:5
基于粗糙集的组合评价方法研究	李美娟等	《中国管理科学》2005:13

（四）数量经济学——博弈论与实验经济学研究

《竞争、不确定性与企业间技术创新合作》（翁君奕，《经济研究》2002：3）该文针对新古典经济学认为企业间结网合作与利己短视的理性经济人假设不相一致的问题，及现有经济理论存在的问题，提出了竞争、不确定性对企业技术创新合作的影响。该文认为，较早的博弈论无名氏定理和新近的网络形成理论都还不能反映企业所面临的不确定性和市场竞争环境对企业策略行为的影响，从而无法解释合作分享为什么会发生在硅谷那样竞争空前激烈、流动异常频繁的地方，而在另一些得到政府扶持保护的地方却难现其踪。该文以硅谷为代表的自组织创新网络为研究原型，构造一个基于企业复合实物期权创新合作行为的创新网络模型，从中得到两点重要发现：与无名氏定理的要求相反，体现竞争压力和不确定性的急切感是企业间结网合作的必要条件；能够实现最大增值的创新网络是不断更新的概率暂存网络。

《实验经济学导论》（高鸿桢，中国统计出版社，2003）该书强调利用实验经济学来解决实际问题的可能性，通过学习和借鉴国外的研究案例，使实验经济学在中国也发挥其价值。同时，该书也强调把实验经济学应用于经济学教育。在经济学课堂上，设计和组织适用于教学目的的经济学实验，让学生作为被实验者参加试验，是使学生对较为抽象的经济理论及经济模型产生兴趣和热情的一种好方法。这些做法显示实验经济学的应用价值。

《信息不对称资本市场的实验研究》（高鸿桢、林嘉永，《经济研究》2005：2）该文采用经济学实验研究方法构建信息不对称的实验室资本市场，研究信息是否可以通过市场迅速传递。实验结果表明，在信息不对称的情况下，资本市场是非有效的；市场对信息的传递和价格反应是有条件的而且也是需要时间的；资本市场中的投资者并非完全理性，而是具有认知和行为偏差的普通人，存在过度自信和过度交易的情况；信息不对称还可能引起市场操纵行为，从而导致价格泡沫的形成。

表4—21　**1992—2005年数量经济学——博弈论与实验经济学研究其他成果**

成果名称	作者	发表刊物（出版社）及时间
差异性商品市场寡头竞争的博弈模型	林元庆	《中国管理科学》2000专刊
关于博弈学习模型的研究	林元庆等	《中国管理科学》2001:9
非参数克莱因计量经济联立模型	叶阿忠	《数学的实践与认识》2002:1
我国宏观经济非参数联立模型的局部线性广义矩变窗宽估计	叶阿忠	《工业技术经济》2002:1
企业家形成过程的进化博弈分析	李少斌 高鸿桢	《厦门大学学报》（哲学社会科学版）2002:3
实验经济学的理论与方法	高鸿桢	《厦门大学学报》（哲学社会科学版）2003:1
非参数计量经济联立模型的局部线性广义矩估计	叶阿忠	《中国管理科学》2003:2
我国宏观经济非参数联立模型的局部线性广义矩估计	叶阿忠	《管理工程学报》2003:4
网络竞争中的切换成本与锁定效应的分析和模拟	易 英 刘震宇	《厦门大学学报》（哲学社会科学版）2003:6
非参数计量经济联立模型的变窗宽估计理论	叶阿忠	《管理科学学报》2004:2
交叉学科研究的典范:实验经济学和行为经济学	周 星 林清胜	《经济学家》2004:3
实验经济学发展的八大挑战	周 星 林清胜	《数量经济技术经济研究》2004:4
最大诚信原则的经济学分析	高鸿桢 程振源	《数量经济技术经济研究》2004:6
应用合作博弈确定组合评价权重系数的方法研究	陈衍泰 陈国宏 李美娟	《中国管理科学》2005:3
冲突与合作:博弈理论的扩展与应用	郭其友	《外国经济与管理》2005:11

第六节　部门经济研究

一、学科建设与学术研究

（一）学科建设

部门经济的研究机构、学科建设分别体现在农业经济研究、产业经济研究、贸易经济研究、旅游经济研究、劳动经济研究等具体学科中。

农业经济研究

农业经济研究力量主要集中在福建农林大学、福建师范大学和厦门大学等高校。福建农林大学经济与管理学院在原有农业、林业经济管理硕士学位的基础上，陆续取得各专业博士点授予权，分别是：1999 年人口、资源与环境经济学二级学科硕士点；2001 年林业经济管理二级学科博士点；2003 年农业经济管理二级学科博士点；2005 年农业经济管理一级学科硕士、博士点，旅游管理二级学科硕士点。1995 年，林业经济管理专业成为省重点学科，农业经济管理专业 2005 年成为省重点学科。

产业经济研究

厦门大学经济研究所设有产业经济学博士点，其所属的应用经济学于 1998 年获一级学科博士学位授权点；其所属的应用经济学科为一级学科国家重点学科。

厦门大学王亚南经济研究院于 2005 年成立，以教育部人文社会科学重点基地为基础、依托于"985 工程"二期项目建立，是一个实体性的教育科研机构，下设计量经济学研究中心、金融经济学研究中心、劳动经济与社会保障研究中心、政治经济学研究中心、王亚南学术思想研究中心、现代统计学研究中心、计算与数据中心、厦门大学－新加坡管理大学中国资本市场研究中心、SAS 计量经济学卓越中心、康奈尔合作中心以及高级教育培训与咨询中心。研究院全部课程使用美国一流研究型大学通用的教材，并用英语教学，且所有课程向全校师生开放。

贸易经济研究

厦门大学是国内较早建立国际经济贸易理论及应用学科的教学科研单位，1998 年，国际贸易学专业、世界经济专业获准招收博士研究生，2003 年新设服务贸易学专业硕士、博士学位授予点，2004 年新增国际经济学专业硕士、博士学位授予点。国际贸易学所属的一级学科——应用经济学为国家重点学科。国际贸易学和世界经济为福建省重点学科。在2005 年全国最新的专业学科排名中，厦门大学国际经济贸易学科处于全国同类学科前列。

福州大学国际贸易专业于 1999 年设立国际贸易学硕士点。国际贸易学科的四个研究方向为：国际贸易理论与政策、中国对外经济贸易研究、国际商务管理、国际经济一体化与区域经济组织。

旅游经济研究

厦门大学旅游系的前身是历史文化与旅游专门化。1994 年"旅游专门化"经国家教委正式批准为旅游管理专业。1999 年旅游管理专业由历史系划出，成为新成立的厦大管理学院的一个专业，2000 年经批准成立旅游系。1998 年开始招收历史文化与旅游方向的研究生。2002 年招收旅游管理专业研究生。厦门大学旅游管理所属的管理学科为一级学科国家重点学科，拥有一级学科博士学位授予权。

福建师范大学的旅游学科依托地理学科发展，1993 年正式设置旅游专业，1998 年 5 月成立旅游系和旅游研究所，2004 年学科整合成立旅游学院，挂靠福建师范大学地理科学学院。学院为福建省旅游协会旅游教育分会副会长单位，亚太地区旅游教育培训机构成员单位，全国重点建设职教师资（旅游专业）培训基地，与福建省旅游局合作成立的福建海峡旅游设计研究院挂靠学院。旅游管理专业为学校首批重点建设的品牌专业，旅游管理学科为学校重点学科。

华侨大学旅游学院成立于 2004 年，其前身华侨大学旅游系（创建于 1983 年）是我国经教育部批准成立较早的高等旅游院（系）之一，也是国内较早具有旅游管理专业硕士学位授予权的单位之一。旅游学院下设旅游管理、饭店管理、旅游规划与景区管理 3 个系，并辖有旅游科学研究所和景观规划设计中心两个科研机构及旅游学院实验中心。同时，中国旅游研究院旅游安全研究基地也设立在华侨大学旅游学院。华侨大学旅游学院与中国社会科学院、北京大学、天津大学、南开大学、北京第二外国语学院、香港中文大学、香港理工大学、澳门旅游学院、加拿大滑铁卢大学、日本长崎县立大学、韩国木浦大学等海内外相关教学科研机构建立长期合作关系。

福建农林大学 1995 年创办旅游管理本科专业，2001 年成立旅游学院（与管理学院合署）和旅游科学研究所。

劳动经济研究

厦门大学经济学院多个教学科研单位都有劳动经济方面的研究。厦门大学劳动经济研究中心成立于 2004 年，挂靠经济学院财政系。2005 年劳动经济学科被评为福建省唯一的重点学科点。主要研究方向有：劳动就业与社会保障、劳动经济理论与政策、人工资源管理与开发、社会保障理论与政策等。厦门大学经济学系设有人口、资源与环境经济学专业。王亚南经济研究院的中国劳动经济与社会保障研究中心于 2005 年成立。

1999 年 4 月，厦门大学人力资源研究所成立，该所由厦门大学与中国海峡人才市场联合共建。

福建师范大学公共管理学院自 2004 年开始招收劳动与社会保障专业本科生，是福建省第一所担负培养劳动和社会保障本科人才的高校。

（二）学术会议

1994 年 12 月，中国国际经济合作学会与中国福建国际经济技术合作公司联办的 1994 年中国国际经济合作学术年会在福州召开。重点议题：一是关于国际经济技术合作公司深化改革和转换经营机制问题；二是关于"大经贸"战略与外经国际公司发展的关系问题。有关专家、学者和企业界人士建言学术成果、交流经验，为促进我国国际经济合作事业的发展献计献策。

1995 年 12 月，中国社会学会主办，福建社会科学院、省委党校等单位协办的中国农村发展道路研讨会在晋江市召开。100 多位来自中央和各省、市的领导和理论界专家对改革开放以来晋江发生的历史性巨变进行总结和研讨。研讨会在实地考察与多种形式的学术研讨会结合中进行。

2002 年 10 月，华侨大学经济管理学院旅游系承办的中国旅游学术论坛（China Tourism Academy，简称 CTA）2002 年年会，在泉州市召开。大会主题是：中国旅游研究 20 年暨新时期旅游研究方法论，包括旅游基础理论研究、旅游经济研究、旅游企业管理研究、旅游规划研究、旅游社会文化研究等。20 多个单位的 22 名代表参加。福建省旅游院校和政府部门也派人参加会议。20 篇论文作了大会交流。

2003 年 10 月，国家发展和改革委员会经济体制与管理研究所与厦门大学经济学院联合举办，厦门大学财政系、厦门大学公共财政研究中心与厦门大学财政科学研究所联合承办的国有资产监管体制与公共财政制度改革国际会议在厦门大学召开。与会人员就中国国有资产监管体制与公共财政制度之间的关系、国有企业改革及国有资产监管体制改革等理论和现实问题进行讨论。

2004 年 10 月，中国信息经济学会和华侨大学经管学院共同主办的中国信息经济学会成立 15 周年纪念年会暨信息时代的经济学和管理学研讨会在华侨大学召开。与会的近百名中国信息经济学会代表对信息经济学学科的发展、国家信息化建设中的重大理论和政策等问题展开研讨。

2004 年 11 月，中国优选法统筹法与经济数学研究会、福州大学、中国科学院科技政策与管理科学研究所、《中国管理科学》编辑部主办，福州大学管理学院承办的第六届中国管理科学学术会议在福州大学召开。参加大会的代表近 200 名。

二、主要学术成果

（一）农业经济研究

《南方集体林区林业深化改革研究》（课题组编，中国林业出版社，1993）该书分为总体报告与专题报告两部分，总体报告包括区情分析、南方林业发展的指导思想等，专题报告包括《浙江省森林资源的承载能力》、《滥伐盗伐原因分析及其对策》等12篇文章。

《世贸组织框架下闽台农业资源要素整合与优化配置》（福建师范大学林卿，中国农业出版社，2004）该书通过实证分析，论证闽台农业合作的成效、闽台农业合作对福建农业与台湾农业发展的影响、闽台农业合作产生双赢效果等相关问题，揭示出双赢的经济利益是闽台双方选择农业合作的根本动力。

表4-22　　　　　　　　　　1992—2005年农业经济研究其他成果

成果名称	作　者	发表刊物（出版社）及时间
坚持以有计划的商品经济为取向的深化改革	张春霞	《林业经济问题》1992:2
我国农村经济体制改革的若干问题	许经勇	《经济学家》1992:2
按市场经济原则全面深化农村经济体制改革	许经勇	《经济学家》1992:6
优化资源配置方式与实现经济效益最大化	许经勇	《农业经济问题》1993:9
亚洲发展中国家的粮食生产	陈　宁	《当代亚太》1994:1
确保我国农业持续发展的途径选择	林擎国	《中国经济问题》1994:4
市场经济条件下的农业保护政策及其理论依据	许经勇	《学术月刊》1996:10
中国社会林业发展道路研究（一）	张春霞	《林业经济问题》1997:1
以体制创新改革完善农村土地制度	郑碧玲	《农业经济问题》1999:3
论发展农业技术市场的对策	刘青泉	《农业经济问题》1999:5
我国农村的两次历史性变革——人民公社·家庭承包·城镇化	许经勇	《厦门大学学报》（哲学社会科学版）2001:3
构筑符合现代市场经济要求的农业结构	许经勇	《学术月刊》2001:8
中国粮食安全问题的理性思考	许经勇	《厦门大学学报》（哲学社会科学版）2004:1
生态农业与无税农业	胡培兆	《学术月刊》2004:8

（二）产业经济研究

《国有经济优化配置论》（厦门大学李文溥，经济科学出版社，1999）该书对国有经济在社会主义市场经济中进行定位分析和效率分析。通过国有经济的计划经济型配置与市场经济型配置的比较，研究国有经济优化配置的选择空间，工业化进程中的国际经济竞争新态势与国有经济配置结构战略性调整。作者还对国有企业退出机制、股份合作制、企业集团的市场化与产权多元化、银行资产重组与国有经济配置结构的战略性调整、引进外资与国有经济配置结构的战略性调整等国有经济优化配置途径进行探讨。

《企业组织的经济学分析》（厦门大学林金忠，商务印书馆，2004）该书从社会分工这个视角探讨企业组织的经济理论问题。提出企业的组织性质并探讨企业起源问题，研究企业组织与外部社会分工系统之间的关系以及企业组织内部的分工和协调。提出经济活动的组织形式与社会分工系统之间相互依存关系这一基本命题，并由此引出企业组织的基本问题——适应性问题，阐述与此相关联的竞争行为和企业组织的市场筛选机制。

《有效供给论》（厦门大学胡培兆，经济科学出版社，2004）该书是经济学范畴的供给学派的论著，通过"文献供给、市场供给、有效供给、理论供给"四个方面，以事例与理论结合、对市场经济发展进行研究。

表 4—23　　　　　**1992—2005 年产业经济研究其他成果**

成果名称	作　者	发表刊物（出版社）及时间
信息产业的现状与展望	徐朝旭 许肖华	《中国经济问题》1995：4
国有企业改制中的资本结构重组	翁君奕	《中国工业经济》1995：11
产业政策、企业、市场与政府	陈其林	《中国经济问题》1999：3
合资企业对我国工业经济作用的实证研究	陈国宏等	《管理科学学报》1999：4
产业结构变动的基本因素	陈其林	《中国经济问题》2000：3
成熟产业中的衰退产业市场行为及产业组织对策	胡　刚	《中国经济问题》2000：6
中国工业经济市场相对过剩、结构偏差与城市化发展	陈其林	《中国工业经济》2000：8
开放经济的出口竞争力产业间转移与产业结构演进	李文溥	《中国经济问题》2001：2
我国利用外资的产业政策及其调整	陈其林	《管理世界》2001：3
论工业衰退地区创新网络的构建	徐　华	《中国经济问题》2001：4
中间性经济组织：对产业组织合理化内涵的新认识	胡　刚	《中国经济问题》2001：6
确认"三产"贵在宏观思考	钱伯海	《经济学家》2002：3
关于现代经济中价值决定的三个问题	吴宣恭	《人民日报》（理论版）2002.5.14
经济全球化进程中的产业拉动效应与结构调整	陈其林	《中国经济问题》2002：6
产业集群理论中的产业组织学内涵与制度文化基础	胡　刚	《中国经济问题》2002：6
外商投资与中国产业结构调整	陈其林	《光明日报》2002.7.9
经济全球化下的产业结构演进趋势与政策	李文溥	《经济学家》2003：1

续表 4-23

成果名称	作 者	发表刊物（出版社）及时间
企业并购的文化整合动因、障碍分析及其模式选择	廖泉文 李鸿波	《管理科学》2003：1
兼顾劳动收入和非劳动收入	吴宣恭	《人民日报》（理论版）2003.1.14
从产权角度看保护私人财产	吴宣恭	《人民日报》（理论版）2003.2.11
扩大就业与全面建设小康社会	赖小琼	《厦门大学学报》（哲学社会科学版）2003：3
关于物权法基本权利体系的几点经济学思考	吴宣恭	《中国经济问题》2003：4
管制产业中的产权制度变革	李文溥	《厦门大学学报》（哲学社会科学版）2003：6
电力行业技术效率和全要素生产率增长的国际比较	李文溥	《中国经济问题》2003：6
产业集群环境下的企业利益相关者分析	胡 刚	《中国经济问题》2003：6
企业中层管理职位的内部竞聘运作——以南方集团公司内部竞聘人力资源部经理为例	陈万思	《经济管理》2003：13
国有企业改革 20 年的问题思考	胡培兆	《中国经济问题》2004：1
成本收益视线下的农村劳动力转移——托达罗模型的反思与拓展	赖小琼	《当代经济研究》2004：2
流动妇女的职业发展及其影响因素——以厦门市流动人口为例	叶文振 葛学凤 叶 妍	《人口研究》2005：1
经济体制转型方式及其决定	靳 涛	《中国社会科学》2005：1
农民工社会养老保险：政策评估与制度创新	吴晓欢 王一峰 王丽娜 丁 煜	《人口研究》2005：4
产业革命之技术与制度层面的考察	陈其林	《中国经济问题》2005：4
"人力资本"概念悖论分析	吴宣恭	《经济学动态》2005：10

（三）贸易经济研究

《中国对外贸易概论》（厦门大学黄建忠，高等教育出版社，2003）该书介绍对外贸易与经济增长、对外贸易理论依据、加入 WTO 与对外贸易体制改革、对外贸易产业经营、对外贸易资本经营、对外贸易与利用外资、对外服务贸易、对外贸易与环境保护、对外贸易宏观调控、对外贸易发展战略等内容。

《中国贸易条件变动的理论与实证研究》（福州大学张烨，福建人民出版社，2004）该书对传统的四种贸易条件指数特点和局限性进行讨论和分析，对贸易条件指数进行修正，建立净收入贸易条件和新要素贸易条件的评价公式，并用数据对中国1980—2000年的贸易条件指数变动情况进行实证分析。

表4-24　　　　　　　　　1992—2005年贸易经济研究其他成果

成果名称	作　者	发表刊物（出版社）及时间
我国期货市场存在问题及对策研究	生柳荣	《中国经济问题》1994:5
略论我国"复关"受阻及其对策	黄建忠	《中国经济问题》1995:2
我国外贸代理制存在的问题及其出路	郭洪俊	《国际贸易问题》1996:1
多边贸易的对策模型	林　群	《中国经济问题》1996:1
我国外贸企业管理模式改革的构想	庄宗明	《中国经济问题》1996:4
调整加工贸易政策与外贸实现"两个转变"的关系	刘朝晖 杜浩洋	《国际贸易问题》1996:9
出口退税制度改革的若干问题思路	黄建忠	《中国经济问题》1997:3
《与贸易有关的投资措施协议》与我国的外资法	蔡庆辉	《国际贸易问题》1998:10
我国外贸体制改革的回顾与评价	杨美景	《新华文摘》1998:10
"新政治经济学"理论对我国外贸改革的启示	张旭菲	《国际贸易问题》1998:11
信息比较优势与国际贸易发展	邓力平 赖春萍	《国际贸易问题》1999:6
关于加工贸易若干问题的讨论	张　超	《国际贸易问题》1999:12
创建环境贸易基地的战略研究	赵应宗	《国际贸易问题》2000:2
世贸组织与中国经济增长的外贸关联机制研究	邓力平 唐永红	《国际贸易问题》2001:4
网络时代的适时财务监控与公司治理	傅元略	《南开管理评论》2003:1
我国服务企业的差异化营销	黄维梁	《经济管理》2003:3
外资零售业对我国零售产业组织的影响及政策选择	刘根荣	《中国经济问题》2003:3
《国际贸易术语解释通则》的FAS术语还有存在的意义吗？	何新明	《国际贸易问题》2003:6
中泰两国经贸关系发展空间分析及拓展路径	严美姬 张　烨	《国际贸易问题》2003:6

续表4—24

成果名称	作 者	发表刊物（出版社）及时间
关于海峡两岸自由贸易区目标模式的研究	林媛媛	《国际贸易问题》2003：8
CEPA与闽港经贸合作	黄建忠	《中国经济问题》2004：1
中国商业史的研究进展与走向——中国商业史学术讨论会侧记	钞晓鸿	《中国经济史研究》2004：2
浅析"免、抵、退"税办法对出口退税制度的优化——兼及在我国的应用与完善	黄建忠	《国际贸易问题》2004：3
国私营企业对外贸易现状、问题与对策	黄建忠	《国际贸易问题》2004：4
厦门象屿保税区向自由贸易区（自由港）转换的策略	宋福铁 金　波	《国际贸易问题》2004：5
世界自由贸易区发展模式比较	陈浪南 童汉飞 谢绵陛	《税务研究》2005：8

（四）旅游经济研究

《饭店经营决策与管理方法》（厦门大学林壁属，厦门大学出版社，1996）该书适应中国饭店业面向市场经济的现代化管理，介绍饭店管理的基本知识和基础理论，分析饭店的经营策略和决策，探讨饭店职能管理和资源管理的方法。

《旅游饭店实务管理》（林壁属，清华大学出版社，2005）该书从饭店业的生产特性出发探讨饭店的产业特征与饭店管理的基础理论，以西方饭店业的产业发展为主线探索其经营思想的演变与发展趋势，把饭店投资的投资环境、投资的可行性研究和投资程序，以及饭店建设设计和饭店投资测算与风险制作为主要的内容，为在经营决策中缺乏饭店从业经历和管理经验的管理者提供一种经营预测和决策的技术，把饭店经营战略、绩效管理和职能管理作为战略管理的三大方面来考虑，把需要丰富管理经验的饭店实务管理建立于流程设计的基础上。

表4—25　　**1992—2005年旅游经济研究其他成果**

成果名称	作者	发表刊物（出版社）及时间
中国旅游发展笔谈	马超龙等	《旅游学刊》1992：4
福建武夷山水风光及其旅游开发前景	林惠滨	《经济地理》1993：1
中国大陆入境旅游业种台湾客源市场的特征和走向	黄福才 蔡从燕	《厦门大学学报》（哲学社会科学版）1997：3

续表 4—25

成果名称	作　者	发表刊物(出版社)及时间
试论福建宗教旅游开发	袁书琪 郑耀星	《旅游学刊》1997:6
"黄金周"假日旅游发展预测	林璧属	《光明日报》2000.11.3
"入世"后旅游产业应适度保护	林璧属	《光明日报》(理论周刊)2001.1.23
对旅游社会学理论体系研究的认识——兼评国外旅游社会学研究动态(上)	肖洪根	《旅游学刊》2001:6
假日旅游信息预报的若干问题	林璧属	《光明日报》(理论周刊)2001.9.15
对旅游社会学理论体系研究的认识——兼评国外旅游社会学研究动态(下)	肖洪根	《旅游学刊》2002:1
旅游社会学研究的理论流派	黄福才 张进福	《厦门大学学报》(哲学社会科学版)2002:6
加强预测规划是办好奥运会的重要前提	林璧属	《光明日报》(理论周刊)2002.9.21
经营权出让中的景区类型与经营主体分析	张进福	《旅游学刊》2004:1
旅游地景观生态规划与设计研究	邱彭华 俞鸣同 曾从盛	《旅游学刊》2004:1
大陆旅游市场中台湾旅游者行为研究	黄福才 张进福	《经济管理》2004:17

第七节　管理经济学研究

一、学科建设与学术研究

(一) 学科建设

　　管理经济学研究主要是由厦门大学经济学院和管理学院、福州大学管理学院、福建师范大学经济学院、华侨大学经济管理学院等院校的专业教师在从事经济与管理的教学研究与学术研究中进行。1992 年之后,上述院校陆续在经济与管理相关本科专业、硕士研究生专业、管理干部培训班、MBA 教育中开设管理经济学课程。

2005 年，厦门大学经济学系在国内首次设立了管理经济学硕士研究生专业。

（二）学术研究

1992—2005 年，福建省管理经济学的相关研究获得国家社会科学基金项目和自然科学基金项目 5 项，分别是：市场经济和"复关"条件下的企业竞争（福州大学张炳光，1994）、现代企业制度的基本形式和选择标准（厦门大学翁君奕，1996）、国有资产实行资本化经营的理论研究（厦门大学胡培兆，1999）、国有资产存量的结构调整与优化配置问题研究（厦门大学李文溥，1999）、信息革命与中小企业经营发展战略研究——中外比较分析（华侨大学郭东强，2001）。获得福建省社会科学优秀成果奖 8 项，分别是：《简论企业持有制》（第二届二等奖，张炳光）、《我国现代企业制度逆向生长的障碍》（第三届二等奖，胡培兆）、《市场进入退出与企业竞争战略》（第五届一等奖，福建社会科学院陈明森）、《中国企业跨国经营》（第五届一等奖，福建师范大学郭铁民、王永龙、俞姗）、《竞争、不确定性与企业间的技术创新合作》（第五届二等奖，翁君奕）、《技术引进与我国企业技术发展研究》（第五届二等奖，福州大学陈国宏）、《不完全合约理论的逻辑悖论与企业理论的创新》（第六届二等奖，厦门大学杨继国、郭其友、安增军）、《创新新视野——企业、产业、区域系统的量化研究》（第六届一等奖，福州大学朱祖平等）。

二、主要学术成果

（一）宏观视角的企业制度与管理研究

《我国现代企业制度逆向生长的障碍》（胡培兆，《经济研究》1994：7）该文提出中国现代企业制度逆向生长会遇到的障碍和国家股的特性问题，说明建立现代企业制度是国有企业改革的最后出路。国有企业应分盈利企业和亏损企业两类分别进行改制。国家股是特权股，与一般股民的普通股本不存在同股、同权、同利的问题，若要上市，必然损害广大股民的权益。改制中任何不规范行为的负面影响，最终都将不利于现代企业制度的建立。因此，在国有企业上市过程应当重视这个负面研究，努力予以消除，为现代企业制度的建立开辟道路。

《市场经济与国有垄断性企业的竞争》（张炳光，《福建学刊》1994：3）该文认为在国有大中型企业中，垄断性企业是重要的支柱，垄断性企业要不要走向市场、能否走向市场、如何走向市场，是困扰许久的难题，而解决这些难题的关键，在于搞清楚垄断性企业是否存在竞争，存在什么样的竞争。该文从厘清市场经济的真义入手，分析垄断性企业的竞争，旨在为垄断性企业走向市场进行探讨。

《企业法人代理权与企业持有制》（张炳光，《经济学家》1996：2）该文认为企业法人财产权既不是企业"法人所有权"，也不是"经营权"，而是企业法人代理所有权。经营权不是财产权，而是经济运作权（即"事权"）。所有权与经营权分离，不属于产权分割，而属于所有权与经济运作权的分离。要把"所有权与经营权分离"发展为最终所有权与代理所有权分离（最终所有权与经营权分离），而代理所有权在企业则与经营权结合。国有企业产权体制改革应该是把事实上由地方政府和主管部门长期牢牢掌握的企业财产代理所有权返还企业，把长期实际存在的地方部门持有制变为企业持有制。

《社会主义国有资本论》（胡培兆，经济科学出版社，1999）该书对社会主义国有资本存在的客观性、合理性进行说明，试图为国有资本和企业家的经营争取伸张扩展的必要空间。作者指出资本作为能带来剩余价值的价值，是任何发达的商品经济都不可或缺的范畴。如果继续摒弃资本范畴，就等于把商品生产仅仅限制在以使用价值为目的的简单商品生产的水平上。这与社会主义市场经济体制的目标是相背离的。作者认为国有资本可以有多种实现形式，但实现的含义只有一个，即价值增值或实现利润的最大化。国有企业作为国有资本的载体，只有切实建立起现代企业制度，才能适应国有资本不断增值的要求。该书还对如何为国有资本的发育成长提供良好的宏观环境问题作了探索，提出相关政策建议。

《产权与市场双重约束：构建企业行为市场化微观机制》（陈明森，《东南学术》1999：3）该文提出企业行为是企业对外部环境变化所作出的理性反映，企业内部组织结构与外部经济运行环境决定企业行为方式。作者指出，传统短缺经济条件下，国有企业面临行政约束和资源约束的双重压力，但同时国有企业还受到行政的照顾与保护，特别是在对短缺资源争夺中具有"制度"优势。20世纪90年代中期以来随着过剩经济的到来，中国企业运行的外部环境已从资源约束转到市场约束，这要求企业加快内部组织结构的改革，从行政约束转到产权约束，通过建立产权与市场的双重约束机制，重塑企业行为市场化的微观基础。

《市场进入退出与企业竞争战略》（陈明森，中国经济出版社，2001）该书建立在现代产业组织理论的相关研究之上，对企业的市场进入与市场退出问题进行阐述，并以中国经济转轨时期与特定制度为背景，重点讨论了中国企业市场进入与退出的特殊机制与行为特征，同时对市场进入的政府扶持与管制、降低体制性退出壁垒、国有资本战略性转换以及企业进入退出竞争战略与策略性行为等问题，从宏观与微观层面提出相关见解与对策思路。

《中国企业跨国经营》（郭铁民等，中国发展出版社，2003）该书提出中国的开放经济主要面临几个问题：第一，中国企业"走出去"的相对规模较小，低于世界平均水平；第二，中国企业"走出去"的方式单一，以信件合资企业为主，以非股权安排、兼并等方式进行的直接投资企业较少；第三，"走出去"的投资区位过于集中，主要在港澳地区和主要的发达国家；第四，"走出去"的投资领域偏窄，主要集中在外贸行业。从而，与外国跨国企业、特别是跨国公司巨头相比，中国企业的国际竞争力明显不足。该书进而阐述中国入世后，在经济全球化背景下，如何进行跨国经营，并探讨中国企业如何更好、更多、更快地走出去。

表4—26　　　　1992—2005年宏观视角的企业制度与管理研究其他成果

成果名称	作　者	发表刊物（出版社）及时间
论进入壁垒与进入壁垒政策选择	陈明森	《经济研究》1993：1
"复关"紧迫,要加快国企改革	张炳光	《福州大学学报》（社会科学版）1994：6
现代企业制度的本质是企业持有制	张炳光	《福建论坛》（经济社会版）1995：5
对国有企业产权制度创新方案的探讨	林建珍	《管理世界》1996：3
重组生产系统　向集约经营转移	许秀润	《管理世界》1998：1
非市场缺陷的政治经济学分析——公共选择和政策分析学者的政府失败论	陈振明	《中国社会科学》1998：6
我国汽车工业进入壁垒与进入壁垒失效研究	许　辉	《管理世界》1999：5
从人才链到产业链——印度软件产业发展过程中的人才链因素	沈维涛	《管理世界》2004：1

（二）微观视角的企业制度与管理研究

《支薪制与分享制：现代公司组织形式的比较》（翁君奕，《经济社会体制比较》1996：5）该文认为，在产权关系上，由支薪制向分享制的现代公司组织形式的演变呈现出一个产权由清晰化向模糊化的转变过程：在激励机制上，支薪制并不能提供圆满解决前述问题的激励机制，分享制则通过把固定工资与利润分享等结合起来，做到他人施加激励与自我激励相结合；在治理结构上，支薪制公司的治理绩效通常处在次优状态上；在剩余控制上，在支薪制公司里，所有者进行剩余控制的内容包括工资成本和代理成本的控制，而在分享制公司里，所有者剩余控制的关键是最佳分享方式组合，例如奖金制与员工持股计划的搭配等的设计和工资成本、剩余分享率的控制。

《企业组织形式演进与国有企业改制的选择》（翁君奕，《中国工业经济》1996：10）该文提出，要精心设计分享激励机制和剩余控制手段，中国相当大一部分国有企业都可以改组成分享式公司，使承包制建立起来的良性激励机制得以保留，把维护和强化职工的主人翁责任感与保障出资者权益和谐地统一起来，从而大大加快建立现代企业制度的进程。

《基于信息技术的 BPR 与 ERP 关系研究》（郭东强，《当代财经》2000：6）该文强调基于信息技术的企业流程再造和企业资源计划是涉及多个学科的快速发展的新兴研究与应用领域。企业流程再造的本质特征是以作业为中心，摆脱传统组织分工理论的束缚，提倡顾客导向、组织变通、员工授权及正确运用信息技术，以达到适应快速变动的环境。因此，信息技术与企业流程再造之间存在一种强烈的互动关系，信息技术只能在革新管理流程的基础上发挥管理效能。企业流程再造是企业资源计划发生效能的必要条件，但不是充分条件。

《考虑需求函数的多产品盈亏平衡分析》（郭东强，《数量经济技术经济研究》2001：1）该文在《非特定结构下的多品种盈亏平衡分析》（张怀胜，1998）的基础上，利用需求函数建立非线性规划模型，研究多产品盈亏平衡产销额和成本额范围及产品结构。

《企业规模与 R&D 关系实证研究》（陈国宏等，《科研管理》2001：1）该文采用实证分析的方法分别考察企业规模与 R&D 活动投入产出之间的关系，研究发现企业规模与 R&D 投入之间的关系不是一两个简单的方程所能描述的，运用新的研究方法发现企业规模会影响 R&D 启动概率和投入强度，企业规模与 R&D 产出之间的关系可以用 Worley 的模型来描述。

《亚马逊网上书店经营模式改革方案探讨》（郭东强，《商业研究》2001：8）该文指出，亚马逊运作模式和经营策略被称为电子商务的标准和楷模。但是，亚马逊的运作模式隐藏着一些难以被人发现的弊病，因而，它不是电子商务最完美的典范。亚马逊要走出萧条和无奈，必须改革现有经营模式，将原有购书仓储、自建配送体系变为仅提供网上销售平台，收取中介费用，同时物流配送应结合传统图书、音像渠道解决。或改革原有购书仓储，再等待网上购物的状况，对图书、音像进行数字化处理，联合各地加盟印刷厂或音像制作公司完成物流配送。

《浅析企业技术发展的路径选择与资金配置》（陈国宏等，《系统工程理论与实践》2001：11）该文通过双重差距模型分析，认为与发达国家相比，中国企业在技术能力方面普遍存在技术水平和技术学习能力的双重差距。企业要提高总体技术能力应采取技术引进与提高学习能力并举的策略，但由于技术引进和学习都受到一定的资金限制。为在一定成本约束条件下最大限度地提高企业的技术能力，企业的最佳技术发展路径是沿着所有成本约束方程与等技术能力曲线切点的连线（即"技术扩展线"），并且不超出技术发展的上下脊线。该文根据这一结论得出：与发达国家的技术能力差距越大的企业，越应注重通过技术引进（转移）来提升技术能力；反之，越应注重通过学习和创新提高技术能力。最后，该文在一定假设前提下推导出有限资金在技术引进和提高学习能力之间进行合理分配的理论公式。

《不完全合约理论的逻辑悖论与企业理论的创新》（厦门大学杨继国等，《中国工业经济》2003：3）该文指出，主流企业理论是企业的合约理论，而合约的"不完全性"又是其逻辑前提，如委托代理理论、股东至上论、剩余控制权的"独享"或"分享"论等。该文指出，这些理论之间是存在矛盾的，而矛盾的根源在于"不完全合约"理论自身存在逻辑上的"悖论"，这一"悖论"又源于企业产权理论中的"两权分离"说。最后，该文提出"资本分裂"说以解决"两权分离"导致的矛盾，"资本分裂"说要求对企业的本质及其相关企业理论做重新解释，进行企业理论创新。

《我国工业技术发展战略选择的模拟分析》（陈国宏等，《系统工程理论与实践》2003：6）该文首先通过分析技术引进、自主研究开发与其他经济活动的相关关系，建立一个计量经济联立方程模型，在此基础上以工业研究开发投入和技术引进投入为工具变量，以国内生产总值、工业增加值、工业总产值和固定资产投资等主要经济变量为目标变量，模拟在工具变量不同投入比的情况下 2000—2010 年各目标变量的增长趋势，并进行比较分析。最后该文以上述模拟分析结果为依据，对中国工业适宜的技术发展战略选择做出判断。

《企业理论的演进逻辑及其发展方向》（杨继国等，《中国工业经济》2004：7）该文指出，现代企业理论强调资本所有权（产权）的决定作用，因而企业治理遵循"资本雇佣劳动"的逻辑。但这一逻辑越来越受到理论和实践两方面的挑战，客观上需要一个替代的企业理论。实际上一些新的资本范畴的提出预示着新的企业理论的发展方向。该文结合企业理论发展的历史提出了企业理论的发展规律：物质资本的所有权决定论——资本所有权逻辑的否定——资本所有权逻辑的回归，这是一个完整的否定之否定的过程。文中还指出，企业理论的这一发展规律从企业理论中市场与生产的关系看，理论重心经历市场交易合约到生产中的资源再到市场交易与生产结合的过程，但企业理论发展逻辑的最后一个环节尚处于萌芽之中，仍待研究。

《创新新视野——企业、产业、区域系统的量化研究》（朱祖平，经济科学出版社，2004）该书内容涉及微观和中观两个层面。基于产品是创新的载体，创新系统构建运行必须适应产品创新的基本要求这一认识，该书首先对产品创新的基本和要求进行分析，提出产品创新的基本范式。在此基础上，展开本书的企业篇，在理论和实践两个层面上对企业创新系统的内部结构、外部环境及系统功能进行全面分析。该书对创新系统的研究涉及企业、产业和区域三个层面，每个层面的创新系统都涉及多种因素，属于复杂系统研究问题。作者采用定量研究与定性研究相结合、规范研究与实证研究相结合的研究方式，对不同性质的问题分别选择不同方法进行探讨。

表 4－27　　1992—2005 年微观视角的企业制度与管理研究其他成果

成果名称	作　者	发表刊物（出版社）及时间
关于个体私营经济若干问题的思考	邓世君	《数量经济技术经济研究》1993:12
汉江航运大规模开发的可行性分析	蒙少东	《数量经济技术经济研究》1999:11
国有企业退出壁垒的案例分析——以我国纺织业为例	卢　华	《管理世界》2000:1
企业技术发展战略选择的多维结构分析简介	陈国宏等	《科研管理》2002:1
企业技术联盟分析	陈国宏等	《科学学研究》2002:2
竞争、不确定性与企业间技术创新合作	翁君奕	《经济研究》2002:3
网络经济下的反垄断与政府管制	张铭洪	《管理世界》2002:6
资源影子价格的一个计算案例分析	王志江 胡日东	《数量经济技术经济研究》2003:3
创新竞争与竞争优势	陈融生	《数量经济技术经济研究》2004:6
技术创新、制度创新与企业发展——夏新电子扭亏个案研究	纪宣明	《金融研究》2004:9
企业动态联盟的关键要素分析	缪匡华	《管理世界》2005:8

第八节　国民经济学研究

一、学科建设与学术研究

（一）学科建设

福建省国民经济学研究力量主要集中在厦门大学、集美大学、福州大学等高等院校。1995 年，厦门大学原国民经济计划与管理硕士点改为投资经济硕士点招生。1999 年，根据国务院学位办新颁发的研究生专业目录，又改为国民经济学硕士点招生。1999 年厦门大学经济学院获得应用经济学一级学科博士学位授予权，2000 年起，统计系开始招收国民经济学博士研究生。厦门大学国民经济学硕士专业方向为国民经济理论与方法、产业投资分析、金融投资分析。博士专业方向为国民经济学研究、可持续发展理论与实践等。1995 年厦门大学国民经济统计学课程还被评为福建省普通高等学校优秀课程。

（二）学术研究

厦门大学统计系主要研究方向有国民经济理论、投资经济理论、宏观经济管理。

福州大学国民经济学主要研究范围和特色是：1. 宏观经济运行分析。主要研究国民经济运行中的价格形成、劳动分工、资本、经济循环、就业、经济发展政策以及国家对外经济功能等经济运行现象和经济现实问题。2. 可持续发展与经济政策研究。主要探讨经济、社会、资源和环境保护协调发展以及政府的政策选择。3. 经济预测与决策。研究经济预警系统的建立及相关指标设置的理论及其应用，经济决策的制定及效果预期。

集美大学财经学院国民经济学主要研究方向包括：1. 宏观经济运行与调控。主要运用经济学理论基础，以国民经济总体运行为主线，分析经济运行规律，研究经济调控政策，促进实现国民经济的持续稳定协调发展。包括宏观经济理论研究、经济发展理论与政策研究。2. 金融理论与政策。主要研究和探讨金融市场运行规律及调节政策，对资本运营、金融衍生交易、债转股、开放式基金、风险投资运营机制进行比较研究。3. 国际贸易理论与政策。主要研究国际贸易的经典理论和新理论与中国的实践相结合，探讨中国的对外贸易理论与政策问题；立足于福建和厦门，研究福建、厦门与东南亚、台湾的相关贸易问题。

1992—2005年，本学科领域获得国家社会科学基金项目4项，分别是：总供需平衡调控机制的系统研究（厦门大学钱伯海，1993）、社会经济统计估算的理论方法和应用研究（厦门大学曾五一，1996）、中国金融与经济周期的《统计研究》（厦门大学杨灿，2003）、我国旅游统计指标体系构建研究（厦门大学赵丽霞，2004）。获得国家自然科学基金项目2项，分别是：国民大核算体系研究（钱伯海，1992）、旅游业宏观决策与国家旅游卫星账户研究（赵丽霞，2001）。

这一时期，该学科领域一批著作、论文获得国家、省部级奖项。获国家社会科学基金优秀成果奖1项：《国民经济核算通论》（1999年二等奖，钱伯海）。获全国统计科研优秀成果奖1项：《无偿服务核算研究》（第八届一等奖，曾五一）。获福建省社会科学优秀成果奖2项：《供需平衡经济学》（第四届一等奖，钱伯海）、《国民核算简约账户系统设计研究》（第五届三等奖，福州大学孙秋碧）。

（三）学术会议

2005年10月，由国家统计局、经济合作与发展组织、厦门大学联办的第九届国家统计局——经济合作与发展组织国民经济核算方法研讨会在厦门举行。经济合作与发展组织、国际货币基金组织、美国商务部经济分析局、国家统计局、各省市统计局及各高校80多位代表与会。会议就1993年SNA的修订、经济普查数据在美国SNA中的应用、利用普查数据计算中国的GDP并加以修正、政府部门核算等议题举行多场专题报告及研讨会。

2005年12月，第五届中国经济学年会在厦门大学召开。国内各主要高校、研究机构以及来自美国、英国、日本、德国、加拿大、新加坡等10余个国家和地区的专家学者与会。与会者主要集中讨论和分析中国宏观经济增长和波动、收入分配、通货膨胀、经济结构调整等议题。

二、主要学术成果

（一）国民经济核算

《关于我国新国民核算体系的理论是非》（钱伯海，《统计研究》1995：6）该文在1995年中国国民核算体系向新核算体系（SNA体系）全面过渡的背景下发表。基于当时理论界关于劳动价值论与新核算体系的矛盾的争论，提出社会劳动价值论的观点。该文将第一、第二、第三产业劳动的总和称为社会劳动，认为社会劳动创造价值，大分工、大协作，以物化劳动为中介，在企业表现为物、活劳动共同创造价值，旨在解决传统劳动价值论和新国民核算体系的矛盾。

《国民经济学》（钱伯海，中国经济出版社，2000）该书运用马克思主义基本理论和系统原理，介绍国民经济的基本理论和方法、国民经济的运行、国民经济的数量关系、国民经济管理和供需平衡、财政货币金融管理、对外经济管理和调节以及国民经济总体模式和发展战略等内容。

《建立适应可持续发展战略需要的国民核算新模式——关于国民大核算体系的理论思考》（戴亦一，《统计研究》2000：7）该文指出，SNA体系是为传统的片面追求经济增长的战略模式服务的，在可持续发展战略面前，明显存在偏颇和不足。因此有必要在社会人口、经济、科技、资源和环境等几大核算体系的基础上，构建国民大核算体系，为政府提供全面而科学的决策依据。在大核算的具体模式上，该文提出"一个中心、三条纽带、四个卫星"式的体系架构。"一个中心"即以国民大核算体系为中心；"三条纽带"即环境与经济一体化核算体系、社会人口与经济一体化核算体系以及科技与经济一体化核算体系；"四个卫星"即国民经济核算体系、环境核算体系、社会人口核算体系和科技核算体系。

《国民核算简约账户系统设计研究》［孙秋碧，《福州大学学报》（哲学社会科学版）2002：5］该文指出，中国现行的国民核算账户不是一种可以普遍使用的核算形式，尤其不是一种通俗直观、方便实用的核算形式。这在一定程度上降低国民核算的效用。因此需要在为专业核算研究人员提供研究框架和数据的同时，生成一套精当、简明、适用的系统，简约概括一国经济活动的基本状况，以方便各个层次对象使用。该文借鉴美国"国民收入和生产账户"，试图建立适合我国国情并和SNA接轨的简约"国内生产总值及其使用账户"，以社会再生产为考察内容，组织生产、流通、分配以及使用核算，相应设置生产及其使用、个人收支、政府收支、对外交易、总储蓄与总投资等5个账户，并用福建省1999年数据进行试算，结果认为简约账户基本可行。

《国民福利核算的理论构造——绿色 GDP 核算理论的再探讨》（厦门大学杨缅昆，《统计研究》2003：1）该文区别福利数量和福利质量，指出国民福利既表现为数量形态，又表现为质量形态，是数量形态和质量形态的统一。由于外部损害的存在，国民福利数量和质量会发生偏离，由此产生实际国民福利和名义国民福利的不同。GDP 指标可以作为名义国民福利的衡量指标，而对于实际国民福利，则需要建立一个新的指标概念——国民福利总值——来衡量。两大指标的数量关系是国民福利总值＝GDP－外部损害成本。并认为外部损害成本是指治理外部损害的预计成本投入而非实际成本投入。

表 4—28　　　　　**1992—2005 年国民经济核算研究其他成果**

成果名称	作　者	发表刊物（出版社）及时间
略论国民经济统计与国民经济核算	钱伯海 庞　皓 郑菊生	《统计研究》1993：6
金融核算理论问题研究	杨　灿	《统计研究》1995：3
劳动价值理论与三次产业	钱伯海	《经济学家》1995：3
关于中国 GDP 的国际比较	曾五一	《厦门大学学报》（哲学社会科学版）1999：2
中国应建立更为完善的宏观经济统计体系	庞　皓	《经济学家》1999：2
金融核算疑难问题辨析	杨　灿 欧延瑜	《统计研究》1999：3
新经济形势下收入分配统计问题研究	陈珍珍	《统计研究》1999：3
关于经济统计学若干问题的思考	曾五一	《统计研究》1999：11
高新技术产业统计指标体系研究	常　宁	《统计研究》2000：1
建立适应可持续发展战略需要的国民核算新模式——关于国民大核算体系的理论思考	戴亦一	《统计研究》2000：7
可持续发展框架内的储蓄与财富核算问题	杨　灿	《统计研究》2001：3
中国国民经济核算体系的改革的回顾与思考	杨　灿	《统计研究》2001：11
国民核算简约账户系统设计研究	孙秋碧	《福州大学学报》（哲学社会科学版）2002：3
国民福利核算的理论构造——绿色 GDP 核算理论的再探讨	杨缅昆	《统计研究》2003：1

（二）国民经济发展战略研究

《论经济特区的重新规范》（厦门大学朱崇实、翁君奕，《经济研究》1997：5）该文认为中国经济特区的原有规范面临新的内部约束和外部约束。内部约束主要体现在开放由局部向全方位扩展、全国区域经济发展差距拉大和改革去向转变等三个方面，外部约束主要体现在中国加入WTO后必须根据有关条约承担义务，履行最惠国待遇、国民待遇、互惠与平等的关税减让、反倾销、反补贴、透明度等原则。从内外约束条件变化的现实出发，中国应制定和实施经济特区发展新规范，实现经济特区从窗口模式向带头模式转换、优惠政策模式向动态比较优势模式转换、外向型经济模式向开放经济模式转换、经济特区与行政区合一模式向经济特区与行政区合一和分离相结合模式转换、关境内模式向关境内和关境外相结合模式转换。

《实施可持续发展战略与设计经济增长方式转变评价指标体系》（福建省委党校林建珍，《数量经济技术经济研究》1998：1）该文针对经济增长方式转变的评价指标体系提出一些构想。首先，就经济增长方式转变的基础条件是否具备的评价，该文认为只能定性与定量相结合，并以定性为主。需着重从企业、市场体系、宏观调控体系、社会保障体系、个人收入分配制度等5个环节进行评价。其次，就经济增长模式和模式的转换程度的评价，该文认为在难以对各个因素的作用进行绝对剥离计量的情况下，可以从宏观总量出发进行简化计量分析。

《我国经济发展战略的突破与创新》［福建社会科学院林其屏，《福建论坛》（人文社会科学版）2002：6］该文认为在亚洲金融危机和世界经济衰退大潮中，中国经济之所以没有受到大面积冲击，度过一次又一次考验，关键在于中国有正确的经济发展战略。其中，正确处理改革、发展、稳定的关系这一战略思想为经济的持续、快速、健康发展提供根本保障；新"三步走"战略为各个阶段经济发展提供战略目标；科教兴国和可持续发展代表经济发展战略方针的突破和创新；实现经济增长方式从粗放型向集约型的根本转变则代表经济发展战略途径的突破与创新。

《小城镇还是大城市——论中国城市化战略的选择》（福建社会科学院严正，《东南学术》2004：1）该文认为，中国20世纪80年代城镇化是乡镇企业推动小城镇快速发展，90年代中期以来，大中城市发展迅速，都市带、城市群勃起，农民进城形成庞大的民工潮，原来的乡镇企业也开始向城市和工业区集中。工业的聚集效益、公用设施的共同使用、产业的分工协作、资金周转的加速、土地的节约、第三产业和信息化的发展，都要求加快大中城市和城市群、都市带的发展。遍地开花地建设小城镇对我国来说是不经济的，世界各国城市化的经验也证明大中城市的发展优先于小城镇的发展。

表4—29　　　　　　　**1992—2005 年国民经济发展战略研究其他成果**

成果名称	作　者	发表刊物（出版社）及时间
市场经济与社会主义	胡培兆	《经济研究》1992:11
科技进步与我国可持续发展战略	郑少春	《福建论坛》（经济社会版)1997:11
国有经济布局的战略调整必须系统进行	宋小佳	《中国经济问题》1998:2
赶超型工业化战略与传统计划经济体制的形成	陈少晖	《福建师范大学学报》（哲学社会科学版)2000:1
我国开放型经济发展战略的理论思考	庄宗明	《厦门大学学报》（哲学社会科学版)2000:1
混合经济:未来中国国民经济的主体	庄培章	《华侨大学学报》（哲学社会科学版)2000:2
有关从战略上调整国有经济布局的几个问题	陈　征	《东南学术》2000:3
对国有经济战略性调整的思考	安增军	《宏观经济管理》2002:2
信息化带动工业化战略的若干思考	杨新华	《福建师范大学学报》（哲学社会科学版)2002:2
县域经济发展的战略重点:小城镇建设	蔡秀玲	《福建论坛》（人文社会科学版)2003:6
对我国城镇化战略定位的深层思考	许经勇	《福建论坛》（人文社会科学版)2004:4
全面建设小康社会战略定位问题若干思考	谢孝荣	《福建论坛》（人文社会科学版)2004:8

（三）国民经济管理研究

《中国发展轿车工业的产业政策可行性研究》（厦门大学林擎国，《经济研究》1993:9）该文认为人口、资源、环境是当代人类生存和发展的三大基本问题，中国人多地少、能源紧缺的基本国情决定中国不应遵循传统工业化国家所走过的以汽车工业为支柱产业振兴国民经济的路子，解决中国交通问题的根本出路是发展立体公共交通系统。所谓发展立体交通系统，概括地说就是争取公路运输、海河运输、航空运输和地下运输（例如地铁、管道）等子系统的综合发展；所谓发展公共交通系统，概括地说就是所有交通运输工具和手段，不论姓"公"还是姓"私"，都为社会大众提供公共服务。在"发展立体公共交通系统"方针的指导下，中国汽车工业仍然需要有较快的发展，不能让进口汽车充斥国内市场，挤垮民族工业。同时，中国汽车工业不能以生产轿车为主，而是配套生产各种为立体公共交通系统服务的车辆；生产出来的轿车主要作为出租车，参与立体公共交通系统的运行。

《宏观税收负担总水平的现状分析及策略选择》（厦门大学杨斌，《经济研究》1998:8）该文首先分析中国 1987—1996 年宏观税收负担总水平的变化情况，计算列入预算内的税收总额占 GDP 的比重，发现宏观正税负担率相当低且逐年下降。但由于政府税外收费主要是预算外政府税外收费猛增，使政府全部实际税收收入即由政府通过税收或具有税收性质和准税收性质的聚财形式支配使用的社会财富很稳定地占 GDP 的 25％。通过计算中国现阶段受生产力发展水平制约的一般社会公共需要的必要量及其占 GDP 的比重，研究中国现阶段剩余产品价值的生产水平，指出必须重建财政体系，在降低宏观税收负担总水平（从目前的 25％ 左右降到 19％ 左右）的前提下，提高预算内财政收入或税收收入占GDP 的比重。具体措施可从两个方面入手，一是缩费扩税，规范财政分配制度；二是完善税制，健全税收征管，控制偷漏税，减少税源流失。

《信贷配给与货币政策》（厦门大学江曙霞、秦国楼，《经济学动态》2000：6）该文认为，由于作为国内主要借款者的国有企业长期存在预算软约束，它们对银行贷款有一种近乎无限扩张的欲望，作为贷款者的银行只好按一定标准对近乎无限扩张的贷款申请进行筛选，即配给。银行的信贷配给对中国货币政策的影响主要表现在两个方面：其一，它影响货币供给量作为中国货币政策中间变量的有效性。其二，它制约中国经济结构的调整和国民经济的均衡发展。信贷配给的结果是信贷市场的分割，即小企业、新企业和低质企业更容易成为配给的对象，大企业、老企业和高质企业受影响较小。为防止信贷配机的消极作用，可运用选择性货币政策工具和间接信用指导工具，积极发挥信贷政策的指导作用。

表 4-30　　**1992—2005 年国民经济管理研究其他成果**

成果名称	作　者	发表刊物（出版社）及时间
论进入壁垒与进入壁垒政策选择	陈明森	《经济研究》1993：1
我国货币政策中介目标的理论分析与现实选择	陈浪南	《金融研究》1994：8
搞好宏观调控,实现国民经济持续、快速、健康发展	吴明哲	《经济学动态》1995：12
对国有企业产权制度创新方案的探讨	林建珍	《管理世界》1996：3
抑制通货膨胀与适度从紧的财政、货币政策	邓子基 杜　放	《财经问题研究》1996：9
宏观税收负担总水平的现状分析及策略选择	杨　斌	《经济研究》1998：8
论我国的国民经济增长与对外贸易	许经勇	《江西社会科学》1999：11
信贷配给与货币政策	江曙霞 秦国楼	《经济学动态》2000：6
论转轨时期的我国国民经济增长	许经勇	《学术月刊》2000：7

续表 4—30

成果名称	作　者	发表刊物（出版社）及时间
我国收入分配政策问题的分析	江秀平	《管理世界》2001：2
确认"三产"贵在宏观思考	钱伯海	《经济学家》2002：3
优化国有资本管理格局的对策分析	孔繁军	《福建论坛》（人文社会科学版）2004：1
我国城乡失衡的政策分析与破解之道	黄衍电	《福建论坛》（人文社会科学版）2005：10
我国投资与消费比例关系的研究	陈　清	《福建论坛》（人文社会科学版）2005：10

（四）国民经济运行研究

《农产品与工业品市场封锁的生成机制比较》（厦门大学陈甬军，《经济研究》1993：7）该文认为利益矛盾冲突、市场容量增长波动和流通发展滞后，分别是中国地区间市场封锁生成的基础、诱因和条件。从具体产品考察，农产品市场封锁和工业品市场封锁的表现形态和地方政府采取的措施又各有其特殊的生成机制和运动规律。农产品流通中市场封锁形成机制存在两个主要特点：一是外部性封锁和限制流出；二是地方政府对农产品区际流通的政策交替变动。工业品市场封锁则具有内部性特点。其中限制流出是基础产品市场封锁的主要特征，限制流入是日用工业品市场封锁的主要特征。

《社会主义经济周期初探》（福建省统计局冯声康，《统计研究》1996：3）该文指出，由于市场经济的基本矛盾、社会主义初级阶段的主要矛盾以及新旧体制转换的矛盾的存在，在社会主义市场经济条件下，经济周期有其客观存在必然性。社会主义经济周期的基本特征表现在三个方面，首先是周期矛盾性质的非对抗性；其次是周期扩张期明显长于收缩期；最后是周期变动态势呈波浪式前进。必须加强对周期的监测预警、在周期不同阶段采取不同对策、正确处理经济增长与价格上涨的关系、正确处理社会总供给与社会总需求的关系、正确处理财政与信贷的关系。

《论有效供给》（厦门大学胡培兆，《经济学家》1999：3）该文认为正如需求区分有效需求和无效需求那样，供给也可区分有效供给和无效供给。能创造需求适应需求的供给是有效供给，抑制需求向背需求的供给是无效供给。市场供给和需求失衡的原因是双方的，既有市场有效需求不足的问题，也有市场有效供给不足的问题。有效供给不足的问题至今未被发觉和重视，是供求理论的一大缺陷。无效供给分两类，一类是超过有效需求的过剩供给，一类是因供给自身原因不合有效需求的不良供给。中国 20 世纪 90 年代末出现的双储双增、市场疲软现象主要原因是有效供给不足，市场上大量低水平的无效供给遏制了有效需求。只有优化供给，才能扩大内需。

表 4-31 **1992—2005 年国民经济运行研究其他成果**

成果名称	作 者	发表刊物（出版社）及时间
论中国地区市场封锁问题	陈甬军	《经济学家》1992:4
我国现代企业制度逆向生长的障碍	胡培兆	《经济研究》1994:7
有宏观调控的自由流通:社会主义流通的运行方式	陈甬军	《经济学家》1996:2
关于消费倾向和投资拉动经济的分析与思考	王开明	《管理世界》1999:5
组合评估法评估区域可持续发展	金式容	《数量经济技术经济研究》1999:7
扩大内需研讨中的几种观点	陈珍珍	《人民日报》(第六版)1999.10.23
合理调控收入差距,增强有效消费拉力	林擎国	《统计研究》1999:12
加速系数的商榷	钱伯海	《经济学家》2000:6
论转轨时期的我国国民经济增长	许经勇	《学术月刊》2000:7
市场相对过剩、产业结构偏差与城市化发展	陈其林	《中国工业经济》2000:8
中国工业经济与环境协调发展的经济计量分析	吴承业	《数量经济技术经济研究》2000:10
对投资乘数的质疑	钱伯海	《经济学家》2001:3
中国经济波动的实证研究及国际比较	魏巍贤	《数量经济技术经济研究》2001:11
推进我国中小企业现代化进程及其政策构造	林民书	《数量经济技术经济研究》2002:8
论入世后引进外资促进我国经济结构调整及对策	林 峰	《数量经济技术经济研究》2003:2
我国多中心城市空间自组织过程分析——克鲁格曼模型借鉴与泉州地区城市演化例证	黄泽民	《经济研究》2005:1
当前房地产价格走势与宏观调控策略选择	许经勇	《经济学家》2005:5

第五章　政治学研究

第一节　政治学理论研究

一、学科建设与学术研究

（一）学科建设

福建省政治学理论研究的力量主要集中在厦门大学，华侨大学、福建师范大学、福建省委党校等单位也相继开设政治学理论课程，并开展相关研究。继 1986 年厦门大学政治学系复办之后，1993 年，厦门大学设立政治学研究所；1995 年厦门大学政治学系取得政治学理论硕士学位授予权，2003 年获批博士学位授予权；2005 年，政治学理论入选福建省重点学科。

（二）学术研究

20 世纪 90 年代之后，福建省政治学理论研究以政治学学科体系建设、西方政治思想研究、中国政治思想研究、政治制度设置等为主要方向。1992—2005 年，该学科先后获得国家社会科学基金项目 5 项：西方马克思主义的社会主义观（厦门大学陈振明，1993）、地方人大监督制度研究（厦门大学卓越，1998）、村民自治与农村社区的社会资本重建（厦门大学胡荣，2001）、当代西方"新政治经济学"研究（厦门大学黄新华，2004）、后马克思主义研究（厦门大学陈炳辉，2004）。此外，还获得中央马克思主义理论研究和建设工程子课题 1 项：马克思主义理论研究和建设工程"政治学概论之政治参与研究"（陈振明，2005）；中国—欧盟高等教育合作项目 2 项：欧洲统一的政治哲学（厦门大学陈嘉明，1998）、欧盟的决策程序与行政执行程序（厦门大学朱仁显，1999）；教育部人文社会科学研究基金项目 1 项，教育部留学归国人员科研资助项目 1 项，福建省社会科学规划项目 5 项。

1992—2005 年，该学科出版著作 35 部，发表论文 300 余篇。这些成果中获得国家社会科学基金优秀成果奖 1 项：《国家学说史》（首届三等奖，厦门大学邹永贤）；获得教育部人文社会科学优秀成果奖 2 项：《国家学说史》（首届二等奖，邹永贤）、《非市场缺陷的政治经济学分析》（第三届三等奖，陈振明）；获福建省社会科学优秀成果奖 12 项：《现代西方国家学说》（第三届二等奖，邹永贤、俞可平、骆沙舟、陈炳辉）、《当代资本主义社会变化的文化模式》（第三届二等奖，陈振明）、《现代社会中的科学》（第三届三等奖，陈振明）、"西方马克思主义"的政治社会理论（第四届一等奖，陈振明、陈炳辉、骆沙舟）、《〈资治通鉴〉治国思想研究》（第四届二等奖，邹永贤）、《20 世纪西方民主理论的演化》（第四届三等奖，陈炳辉）、《哈贝马斯的民主理论》（第五届三等奖，陈炳辉）、《理性选择与制度实施》（第五届三等奖，胡荣）、《西方马克思主义国家理论》（第六届一等奖，陈炳辉）、《德治论》（第六届二等奖，厦门大学徐朝旭）、《早期儒法治国思想融合的轨迹与影响》（第六届三等奖，朱仁显）、《福利国家的风险及其产生的根源》（第六届三等奖，厦门大学徐延辉）。

（三）学术会议

1996 年 11 月，厦门大学与中国华侨历史学会联办的华侨华人研究国际学术大会在厦门大学召开。英国、美国、加拿大、荷兰、意大利、日本等 19 个国家和地区的 160 多名专家学者出席。与会学者以华人华侨历史与现状为主题，围绕华侨史、华人经济、华人认同、华人政治、华人社区、华人社团、文教、移民、侨乡建设等 11 个专题展开讨论。

1998 年 10 月，福建省海外交流协会、晋江市政府和厦门大学南洋研究院主办的中国侨乡社会经济发展国际学术研讨会在晋江市召开。中国、日本、韩国、新加坡、挪威、荷兰等 16 个国家和地区的近 80 名学者参会。会议以侨乡研究为重点，兼及海外华人与中国的关系，重点讨论国际侨乡研究的趋势和华人与中国关系研究的新特点。

2001 年 9 月，厦门大学东南亚研究中心主办的二十一世纪初的东南亚经济与政治国际学术研讨会在厦门大学召开。中国大陆、台湾、香港及新加坡、菲律宾、马来西亚、日本、意大利等国家和地区的 90 多位专家学者与会，围绕 21 世纪初的东南亚经济与政治这个中心议题，分别讨论国际关系、东南亚政治、东南亚经济和东南亚华侨华人等四个方面的内容。

2004 年 10 月，福建师范大学承办的 2004 年政治学年会暨全面实施马克思主义政治学理论研究与建设工程会议在福州召开。北京大学、复旦大学、中国人民大学、南开大学、吉林大学、武汉大学、东北师范大学、厦门大学等 20 多所高校，中国社会科学院、四川社会科学院、黑龙江社会科学院等科研机构共 150 多名专家学者出席。研讨会以马克思政治学理论研究与建设工程为核心，重点探讨当代中国政治学研究的发展趋势。

2005 年 7 月，厦门大学台湾研究院主办的台湾研究的基础与前沿学术研讨会在厦门大学台湾研究院召开。海峡两岸 100 多位专家学者参加。此次会议以海峡两岸的台湾研究为核心，重点探讨海峡两岸台湾研究的历史、现状与发展趋势。

二、主要学术成果

（一）政治学学科体系建设研究

《政治学：概念、理论与方法》（陈振明、陈炳辉，中国社会科学出版社，1999）该书描述政治学学科的理论结构，涉及政治学形成的哲学本体论意义，突出它在社会实践中的作用。该书以构建政治科学体系为着力点，系统梳理近代政治学的发展历史；界定政治实践中以国家、政府、公民、利益集团、政党为核心的政治主体；阐述权力与公共权力、公共管理、公共政策、政治参与、政治沟通等政治行为；分析政治文化、意识形态、政治社会化等政治思想与理念。

《政治学前沿》（陈振明，福建人民出版社，2000）该书以政治学学科发展的新趋势、新思潮、新分支、新主题、新理论和新方法，以及当代世界及中国所面临的重大实践与理论问题为研究对象，论述政治学发展的一般趋势；世纪之交中国政治学研究应关注的重要问题与分支领域；转轨时期中国政府公共管理面临的挑战与问题；与中国行政体制改革相关的若干热门话题；政策科学与政策分析的一般理论问题；法兰克福学派辩证批判理论研究；"西方马克思主义"政治理论以及中国行政管理研究生教育的若干问题。

《政治科学中的新制度主义—当代西方新制度主义政治学述评》〔黄新华，《厦门大学学报》（哲学社会科学版）2005：3〕该文认为新制度主义政治学是对传统政治学制度研究的继承，以及对"行为主义革命"的反思而形成的一种政治学研究范式。它重新把政治制度置于社会的核心地位，认为忽视制度或者低估其作用，都不可能全面地理解政治学理论。作为当代西方政治科学的前沿，新制度主义政治学主要由历史制度主义、理性制度主义、社会学制度主义等流派组成。它触及一系列政治学中关键的理论和经验问题，提高人们对于世界政治的理解水平，有其重要的理论贡献，但也存在着一些缺陷。

表 5—1　　　　**1992—2005 年政治学学科体系建设研究其他成果**

成果名称	作　者	发表刊物（出版社）及时间
当代中国政府概论	骆沙舟	厦门大学出版社,1997
21 世纪简明百科全书（政治学）	陈炳辉	人民出版社,1999
当代西方政治学的新知识图景——学科、流派与主题	陈振明	《教学与研究》2004:1

续表 5—1

成果名称	作　者	发表刊物（出版社）及时间
政治经济学的复兴："西方新政治经济学"的兴起、主题与意义	陈振明	《厦门大学学报》（哲学社会科学版）2004：1
西方政治科学的兴起与学科分化	陈振明	《东南学术》2004：2
当代西方政治学学科视野	陈振明	《东南学术》2004：2

（二）西方政治思想研究

《国家学说史（上、中、下）》（邹永贤，福建人民出版社，1999）该书对古希腊时期、欧洲封建社会、自由资本主义时期以及空想社会主义的国家学说进行系统的梳理与分析，在此基础上对马克思主义国家学说的产生、发展的历史演进规律进行系统探讨。该书通过剖析马克思主义国家学说产生的时代背景、思想背景，对以欧美为代表的西方国家学说进行描述和评价，对马克思主义在苏联的演变及其在近代中国的传播过程进行阐述。

《文化与国家：黑格尔国家哲学新论》（陈炳辉，《政治学研究》1999：3）该文从国家与国家伦理、国家与政治情绪、国家与民族精神等方面考察黑格尔的国家哲学，认为黑格尔把国家既看做政治实体，又看作文化实体，是政治情绪、道德信念、风俗习惯、文化传统的具体体现。国家是被置于广阔的文化背景之下的政治实体。国家制度是在整个社会的文化整体的联系中存在的，受不同的民族文化的制约，是不同民族精神的产物。黑格尔的国家哲学，虽然是客观唯心主义的体现，也有着非常浓厚的欧洲中心主义，甚至是狭隘的日耳曼中心主义的取向，但黑格尔克服社会契约论将国家制度仅仅看做是人民主观同意的结果的理论缺陷，丰富了人类的国家哲学理论。

《当代意识形态研究：一个文献综述》（黄新华，《政治学研究》2003：3）该文通过对以往意识形态研究成果的总结，认为意识形态是特定社会阶级或集团对现存或构想中的社会制度进行解释、辩护或对某种社会制度进行批判、改造的理论体系。意识形态的基本特征可以归结为阶级性和利益性、实践性和理论性、独立性和继承性。意识形态具有重要的政治功能和经济功能。作为政治学的一个基本范畴，意识形态理论有其自身形成和发展的历史。当代西方社会有重要影响的意识形态理论流派包括自由主义、保守主义、民主社会主义、西方马克思主义、新制度主义、意识形态终结论等。

表 5—2 　　　　　　　　**1992—2005 年西方政治思想研究其他成果**

成果名称	作 者	发表刊物（出版社）及时间
"新马克思主义"：从卢卡奇、科尔施到法兰克福学派	陈振明	厦门大学出版社，1992
略论列菲弗尔对马克思主义国家学说的"恢复"和"革新"	方贻岩	《厦门大学学报》（哲学社会科学版）1992：3
青年卢卡奇的阶级意识理论——评《历史和阶级意识》的中心论题	陈振明	《社会主义研究》1992：5
现代西方国家学说	邹永贤 俞可平 骆沙舟	福建人民出版社，1993
西方行政思想史	方贻岩	厦门大学出版社，1993
自由论	商英伟 白锡能	福建人民出版社，1993
百年来西方国家学说的回顾与前瞻	邹永贤	《厦门大学学报》（哲学社会科学版）1993：1
青年卢卡奇对马克思主义哲学的解释和重建——《历史和阶级意识》新评	陈振明	《中国人民大学学报》1993：5
试析"国家的相对自主性"	陈炳辉	《理论学习月刊》1994：3
阿尔都塞的"意识形态国家机器"理论述评	陈炳辉	《厦门大学学报》（哲学社会科学版）1994：4
西方现代自由主义的国家观评说	黄新华	《福建学刊》1995：1
西方马克思主义的当代资本主义社会理论的形成与主题	陈振明	《厦门大学学报》（哲学社会科学版）1995：2
评"西方马克思主义"对十月革命道路的批判	陈振明	《理论学习月刊》1995：7
当代西方政治思潮评析	骆沙舟	厦门大学出版社，1996
加强对西方马克思主义社会政治理论的研究	陈振明	《马克思主义与现实》1996：1
哈贝马斯对晚期资本主义国家经济干预职能的分析	陈炳辉	《厦门大学学报》（哲学社会科学版）1996：4
工具理性批判——从韦伯、卢卡奇到法兰克福学派	陈振明	《求是学刊》1996：4
"西方马克思主义"社会主义观述评	陈振明	《福建学刊》1997：2
当代资本主义的再认识——"西方马克思主义"对发达资本主义社会的批判	陈振明	《理论学习月刊》1997：5

续表 5—2

成果名称	作　者	发表刊物(出版社)及时间
试析哈贝马斯的重建性的合法性理论——兼与胡伟同志商榷	陈炳辉	《政治学研究》1998:2
非市场经济缺陷的政治经济学——公共选择和政策分析学者的政府失败论	陈振明	《中国社会科学》1998:6
"世界国家观"考评	柴宇平	《福建论坛》(文史哲版)1999:1
20 世纪西方民主理论的演化	陈炳辉	《厦门大学学报》(哲学社会科学版)1999:3
哈贝马斯的民主理论	陈炳辉	《厦门大学学报》(哲学社会科学版)2001:2
略论当代西方国家公共行政改革及其借鉴意义	黄新华	《社会主义研究》2001:5
奥菲对当代社会主义运动的新思考	陈炳辉	《当代世界与社会主义》2001:6
国家与市民社会关系的社团视角分析	王玉琼 唐　桦	《福建省委党校学报》2001:9
库柏对公民品德的研究及其启示	王云萍	《厦门大学学报》(哲学社会科学版)2002:3
福柯的权力观	陈炳辉	《厦门大学学报》(哲学社会科学版)2002:4
当代资本主义社会的三大文化思潮	陈炳辉	《集美大学学报》(哲学社会科学版)2002:4
社会主义民主与资本主义民主——评[意]德拉·沃尔佩的一种表述	陈炳辉	《社会主义研究》2003:2
政治与经济的整合研究——公共选择理论的方法论及其启示	陈振明	《厦门大学学报》(哲学社会科学版)2003:2
解读"持有的正义"	陈炳辉	《浙江学刊》2003:5
政治经济学的复兴——西方"新政治经济学"的兴起、主题与意义	陈振明 黄新华	《厦门大学学报》(哲学社会科学版)2004:1
民主与多数的专制——解读托克维尔的民主理论	陈炳辉	《厦门大学学报》(哲学社会科学版)2004:2
国家与利益:现代西方的四种国家观	陈炳辉	《东南学术》2005:3
公民身份理论内涵探析	李艳霞	《人文杂志》2005:3

第二节　中国政治研究

一、学科建设与学术研究

（一）学科建设

福建省中国政治研究力量主要集中在厦门大学、华侨大学、福建省委党校、福建社会科学院、福建师范大学、厦门市委党校。1993年，厦门大学成立政治学与行政学研究所。2003年底，政治学与行政学系与人文学院的社会学系、经济学院的人口研究所合并成立公共事务学院，政治学与行政学系一分为二，即政治学系和公共管理系。至2005年，厦门大学公共事务学院有中国近现代政治思想、当代社会主义问题几个中国政治学的硕士点和中国近现代政治思想博士点。福建省委党校主要在关于中国共产党的领导方式和执政方式、党内民主建设和党群关系等方面开展研究。其他高校相继成立与中国政治研究相关内容的教研室并开设课程。

（二）学术研究

福建省中国政治研究主要围绕传统政治思想、政党、民主、政治制度与体制、政治文明与文化等几个方面。1992—2005年，先后获得6项国家社会科学基金项目，分别是：特区人大制度建设研究（厦门大学黄强，1992），五四时期政治、文化与科学再认识（厦门大学徐辉，1998），十一届三中全会以来党内监督理论与实践研究（福建省委党校赵清城，2000），中国共产党执政50年党的理论建设研究（福建省委党校陈世奎，2003），健全干部选拔任用机制问题研究（福建省委党校李烈满，2003），我国社会主义政治文明建设的特殊规律研究（华侨大学庄锡福，2004）。获得福建省和教育部人文社会科学研究项目和福建省社会科学规划项目22项。

这一时期，共出版专著40部，发表论文近100篇。这些成果中获福建省社会科学优秀成果奖11项：《如何理解我党从新民主主义向社会主义转变的战略》（第二届二等奖，福建师范大学李思）、《中国新民主主义政治制度史》（第二届二等奖，厦门大学黄志仁）、《从林则徐到毛泽东——中国人的百年救国路》（第三届二等奖，厦门大学黄顺力）、《人民调解制度的理论与实践》（第三届三等奖，厦门大学蒋月）、《深化改革、标本兼治，以体制创新抑制腐败》（第三届三等奖，厦门大学陈振明）、《福建省志·共产党志》（第四届二等奖，《福建省志·共产党志》编纂委员会）、《中央与地方关系50年略考：体制变迁的视角》（第四届二等奖，福建省委党校郭为桂）、《实践与探索——十一届三中全会以来党内监督理论与实践研究》（第五届二等奖，赵清城）、《政治制度伦理研究》系列论文（第五届三等奖，华侨大学杨楹）、《理性选择与制度实施》（第五届三等奖，厦门大学胡荣）、《中国监察制度史纲》（第六届二等奖，福建师范大学胡沧泽）。

（三）学术会议

2000年11月，福建省孙中山研究会主办的海峡两岸孙中山学术研讨会在福州市举行。此次研讨会是福建省孙中山研究会成立后举办的第一次大型学术会议，美国、日本等国家和中国台湾、香港及大陆学者100多人与会，提交论文80篇。与会者对孙中山先生的革命精神和伟大人格，及其为中国革命所建立的丰功伟绩进行了回顾；对孙中山先生的政治思想、哲学思想、经济思想、教育思想、实业计划等方面进行了研究和探讨。

2004年3月，福建省董仲舒杨震学术研究会举办的董仲舒思想学术研讨会在福州举行。福建省各高校以及研究机构50余名专家学者参加，提交论文32篇。与会专家、学者就董仲舒的政治思想、大一统思想与哲学思想几个主题展开交流讨论。

2005年9月，厦门大学高等教育发展研究中心、北京大学中国古代史研究中心主办，中国高等教育自学考试专业委员会、天津教育招生考试院《考试研究》编辑部、《湖北招生考试》杂志社、《厦门大学学报》（哲学社会科学版）编辑部协办的科举制与科举学国际学术研讨会在厦门大学召开。中国大陆、台湾及美国、日本、韩国、俄罗斯、越南、巴西等国家和地区代表150余人参加，提交论文125篇，对科举制与科举学展开探讨。

二、主要学术成果

（一）传统政治思想研究

《〈资治通鉴〉治国思想研究》（厦门大学邹永贤，厦门大学出版社，1998）该书从政治学、政治哲学的角度阐述《资治通鉴》和《资治通鉴》所记载的几个朝代君臣的治国理念，以及他们在国家兴亡、得失的历史记载中所体现的思想主张，重点论述《资治通鉴》中的君道思想、招贤纳才的思想、治吏的思想、礼治的思想以及经济、法、刑的思想，作者认为《资治通鉴》是中国传统文化的总汇，是一面难得而又有特色的古鉴。但也存在对经济问题忽视、因反对王安石变法的政治立场而产生偏见、重要概念界定不清的缺点。因此，在借鉴《资治通鉴》合理部分的时候要注意把握思想资料的两重性以及统治术的两重性问题。

《中国传统行政思想》（厦门大学朱仁显，福建人民出版社，2000）该书介绍中国传统行政思想的研究对象、基本特点和现代价值；先秦、秦汉、三国魏晋南北朝、隋唐、宋元、明清和晚清时期具有代表性人物的行政思想，如先秦时期的孔子、老子、韩非子，晚清时期的曾国藩、孙中山等。

《从治党治国的高度认识德治的战略地位》（邹永贤，《马克思主义与现实》2001：3）

该文认为治理好社会主义国家是人民及其领导者工人阶级的历史使命，对于共产党来说，是否善于治国就是他们是否具有必要的执政水平的标志。在中国，现代马克思主义国家学说的重点，应是研究如何治理好社会主义国家，从战略高度审视治国理论。指出法治与德治相结合是善治国家的一般规律，作者在回顾中国古代的德治思想、探讨德治在治国中的战略地位的基础上，提出以德治国就要完善社会主义道德体系。

《论晚清立宪派的议会思想》（朱仁显，《学术月刊》2002：6）该文认为，清末立宪派将开国会作为核心的政治诉求，除了应对清廷的虚与委蛇和革命思潮的动机外，与立宪派这种议会万能的思想倾向密切相关。该文在肯定议会性质、地位、效能、权力结构和实现方式等多方面的认知上超越前人，将晚清的议会理论推到了最高水平。但是由于立宪派所追求的议会是英国式的议会，加上对西方议会价值功效和生成条件的误读，最终导致立宪派与清廷的冲突、对立和决裂。该文认为虽然议会政治的理想终成泡影，立宪党人的议会梦被皇族内阁打破，被辛亥革命唤醒，但是这些政治和文化精英的理想诉求仍有不可低估的价值。

《早期儒法治国思想融合的轨迹和影响》（朱仁显，《政治学研究》2003：1）该文从先秦和秦汉政治、社会、思想文化变迁以及儒法政治思想的内在矛盾和统一中探寻这一融合的逻辑，进而从中国数千年的历史宏观背景下分析其政治影响。认为产生于春秋战国列国纷争时代的儒法治国思想虽然有诸多歧异，但是随着大一统政治格局的形成，二者相同和互补的一面受到重视，经数代人的努力，终于实现在皇权下的融合。其融合有迹可循。儒法治国理念的融合并获得统治地位，是封建统治阶级治国思想日趋成熟的表现，它不仅为此后数千年中国封建政治治理提供基本模式，使封建统治者能更好地应对治乱相循的政治现实，而且也使得封建政治走上伦常化的轨道。

表5—3　　　　　　　　**1992—2005年传统政治思想研究其他成果**

成果名称	作　者	发表刊物（出版社）及时间
章太炎、孙中山国家政权建设思想的歧异	朱仁显	《厦门大学学报》（哲学社会科学版）1992：2
人治、王权、礼治、清官期盼——论中国传统政治文化的基本特点	朱仁显	《福建学刊》1996：4
孙中山对近代中国政治发展的擘划	朱仁显	《福建论坛》1997：3
我国先秦诸子的治吏理论和《资治通鉴》的总结	邹永贤	《政治学研究》1997：4
儒家从政者理论对当代干部队伍建设的启示	林修果	《福建论坛》（经济社会版）1999：12
民本位与官本位论析	陈永森	《广东社会科学》2001：2
中国传统行政思想的特征	朱仁显	《史学集刊》2001：4

续表5-3

成果名称	作　者	发表刊物(出版社)及时间
谈谈治国思想与择吏、治吏	邹永贤	《福建理论学习》2001:5
论先秦儒家德治思想的精神资源	陈金明	《江汉论坛》2001:8
儒家德治思想再析	邹永贤	《政治学研究》2002:1
中国传统政治文明中的"官民相得"	王日根	《南通师范学院学报》2002:2
中国近现代史上的国民公德问题研究	陈永森	《江西社会科学》2002:4
论清末立宪派的议会思想	朱仁显	《学术月刊》2002:6
中国伦理文化与社会发展	王岗峰	海风出版社,2003
废除科举制与中国社会的现代转型	徐　辉	《厦门大学学报》(哲学社会科学版)2003:5
告别臣民的尝试:清末民初的公民意识与公民行为	陈永森	人民出版社,2004
明太祖重典治贪失效的省思	朱仁显	《党政论坛》2004:1
对中国"官文化"的理性批判	杨　楹	《科学社会主义》2004:1
中华传统道德中爱国主义思想的基本内核	丁秀荣	《科学社会主义》2004:2
辛亥革命时期公民权利思想的启蒙	陈永森	《福建师范大学学报》(哲学社会科学版)2004:5
在"应然"与"实然"之间:严复的开明专制思想	陈永森	《天津社会科学》2004:5
"德治"思想的历史反思与价值内化的现代思考	王四达	《理论学刊》2005:4

（二）政党研究

《第三代领导集体对多党合作制度的卓越贡献》（福建省委党校林祥庚，《当代中国史研究》2001：6）该文主要从以下几个方面论述：把多党合作、政治协商载入宪法，颁布施行社会主义政党制度纲领性文件，全方位、多层次地安排民主党派人物担任立法、行政、司法等系统的实职，促进人民政协和民主党派自身建设，发挥一党领导、多党合作优势等。作者认为以江泽民为核心的党的第三代领导集体，在新的历史时期，根据马克思主义的基本原理，结合中国社会主义初级阶段的具体实际，在总结历史经验的基础上，阐述新时期多党合作的一系列重大理论方针和政策，并卓有成效地付诸实施，从而使中国的多党合作和政治协商制度从理论与实践上都得到丰富和发展。

《变动的社会与中国共产党权威的重塑》（福建省委党校游龙波，《东南学术》2004：4）该文指出政党权威是政治体系存在和发展的基础，对于一个变动的社会而言，政党的权威更是必不可少的。政党权威的合理化，即实现从传统集权式权威向现代法理型权威的转变，是许多国家向现代化发展过程中的必然。该文肯定中国共产党传统权威的形成具有一定的历史必然性，但同时也提出存在着内在缺陷。为了改善和加强党的领导，更有效地发挥党的领导作用，这种传统权威在新的历史条件下必须由过去的传统模式向现代的法理型模式转变与重塑。指出"法治"与"德治"的治国理念和思路是党实现由传统权威向现代法理型权威转换的逻辑内涵和基本路径。党的权威的重塑只有以"法治"为基本点，"德治"为归宿点，才能达到权威重塑的最佳效果。

表5-4　　　　　　　　　**1992—2005年政党研究其他成果**

成果名称	作　者	发表刊物（出版社）及时间
政治协商会议与多党合作	林祥庚	《党史研究与教学》1992：4
"长期共存，互相监督"基本方针论析	林祥庚	《党史研究与教学》1992：6
民主党派与抗日民族统一战线的建立	林祥庚	《社会科学》1995：7
民主党派与中国共产党的"逼蒋抗日"方针	林祥庚	《中共党史研究》1996：3
民主党派参政党地位形成之历史考察	林祥庚	《探索与争鸣》1998：1
进一步完善多党合作制度的思考	林祥庚	《党史研究与教学》1998：4
民主党派与人民政协的创建	林祥庚	《党史研究与教学》1998：5
我国多党合作制度是对苏联一党制模式的突破	林祥庚	《科学社会主义》1999：4
民主：从无序走向法制化——试论当代中国民主权利观的嬗变	柴宇平	《东南学术》1999：6
民主党派在解放战争时期的军事活动	林祥庚	《探索与争鸣》1999：6
福建省志·共产党志	福建省地方志编委会	中国社会科学出版社，1999
邓小平对党派关系的理论贡献	林祥庚	《党史研究与教学》2000：6
论党的执政思维的六大转变	庄锡福 连朝毅	《中国特色社会主义研究》2003：5
论始终坚持"三个代表"对中国共产党执政的意义	郑传芳	《思想理论教育导刊》2003：6
政党与现代社会发展	石仑山 马晓燕	中国文联出版社，2004
邓小平与中国共产党执政理念的创新	侯西安	《南京大学学报》（哲学社会科学版）2004：6
抗战初期国共两党的团结合作	林祥庚	《党史研究与教学》2005：6

（三）民主研究

《民主：从无序走向法制化——试论当代中国民主权利观的嬗变》（福建师范大学柴宇平，《东南学术》1999：6）该文从初步走上法制化的轨道、否定社会主义法制的无序以及从法制的角度探讨什么是社会主义民主三个时期，论述中国民主权利观的嬗变过程，作者认为民主法制化的提出，是中国在改革开放新时期探索社会主义民主政治建设的一个重要成果。改革开放20年的历史表明，中国社会主义民主政治建设已告别过去那种无序、失范、盲目的大民主实践，开始走上稳定、有序、规范的法制化发展轨道。

《进一步发展社区居民自治的思考》（朱仁显，《科学社会主义》2003：3）该文认为居民自治是发展社会主义民主的基础性工作之一，发展社区居民自治对于强化社区功能，推进城市基层政治文明建设，促进社区协调、稳定和健康发展别具意义。但是，由于体制的约束和客观条件的限制，当前的城市社区居民自治仍存在着居民委员角色错位、居民参与不足、社区资源供给匮乏和居民自治的法制建设滞后诸多的发展瓶颈。因此，在全面建设小康社会的新形势下，应努力突破社区居民自治发展的瓶颈，着力重构政府与居委会的关系，创新自治参与制度，开发自治资源，完善自治法律制度，搞好社区居民自治。

《民主执政：当前执政能力建设的重中之重》（厦门大学刘新宜，《中国特色社会主义研究》2005：1）该文针对党的十六届四中全会提出的"科学执政，民主执政，依法执政"的目标和任务，提出在这三项之中，目前的关键环节和主要矛盾无论从学理上，还是从现实社会需要上说，无疑都是民主执政。该文认为，新中国成立以来社会主义建设的经验教训已从正、反两个方面对此做了有力佐证——什么时候党内民主发扬得好，什么时候国家各项工作进展顺利，反之，则各业受挫，甚至濒临绝境。该文认为深入研究我们目前面临的世情和国情，民主执政就显得更为迫切和重要；民主执政应当注意从操作层面入手，逐步提高民主执政能力，并借此推动党的整体执政能力的不断提高。

表5—5　　　　　　　**1992—2005年民主研究其他成果**

成果名称	作　者	发表刊物（出版社）及时间
民主与效率——学习《邓小平文选》第三卷体会	陈永森	《福州大学学报》（社会科学版）1995：3
论邓小平的民主价值观	柴宇平	《福建论坛》（经济社会版）1998：11
邓小平的民主权利观	柴宇平	《科学社会主义》1999：4
中国和谐农村的基石：乡镇政府与村民自治关系探析	赵麟斌	吉林出版社，2005
扩大社区民主、完善社区居民自治的若干对策	杨贵华	《福建论坛》（人文社会科学版）2005：2

（四）政治制度与体制研究

《地方人大监督机制研究》（厦门大学卓越，人民出版社，2002）该书采用归纳法对学术界一些基本监督理论观点进行综述，认为地方人大无论从监督的性质，或是从监督的具体内容来看，其实质都应该是一种法律监督。该书采用归纳性的综述和探索性的质疑相结合的方法，对地方人大的会议监督、调查监督、评议监督、廉政监督、经济监督和司法监督几个问题进行论述。

《论政治制度伦理——从腐败谈起》（杨楹，《哲学研究》2002：10）该文认为腐败的实质即是掌权者对权力的使用超出权力合法的范围和违背权力合理使用的规则，操纵权力，以权力为手段，谋求私利，从而使民众利益边缘化。从发生学意义上来看，它引发于权力，生成于掌权者对权力的私用，实现于对权力的管理不当、监察不力，膨胀、扩散于一切可能达及的领域。因而，在中国对腐败的追究不能仅仅停留于个别腐败分子或腐败集团，而应该深入到更深的制度层面，即制度性的腐败。该文认为腐败的原因在于，中国尚未建立起深入官员人心、相对完备的与社会主义制度相一致的法治精神和政治制度伦理或行政伦理。治理腐败必须深化政治体制改革，加强政治制度建设，从制度伦理建设与完善的高度来进行腐败治理的整体性设计，坚持"综合治理，标本兼治"。

《制度缺失与中国经济体制改革面临的三大问题》（杨楹，《财经问题研究》2003：8）该文认为经济体制改革以来，经过20多年的制度变迁，中国初步实现由高度集中的计划经济体制向社会主义市场经济体制转型。但由于制度缺失的存在，经济体制改革在取得辉煌成就的同时，也面临着严峻的经济问题，突出地表现在以下三个方面：一是日益凸显的失业问题；二是财富分配不公问题；三是国有资产流失问题。这三个问题加重改革的社会成本，危害社会公平，破坏经济效益，因此必须采取相应的治理措施。

表5—6　　　　　**1992—2005 年政治制度与体制研究其他成果**

成果名称	作　者	发表刊物（出版社）及时间
人民调解制度的理论与实践	蒋　月	群众出版社，1994
一个国家　两种制度	潘叔明	学习出版社，1999
两岸关系不稳态与制度创新	刘国深	《台湾研究集刊》2000：2
社会转型时期制度建设若干问题探讨	杨贵华	《毛泽东邓小平理论研究》2001：2
中国经济体制改革时期制度变迁的特征分析	黄新华	《财经问题研究》2002：1
试论中国经济体制改革时期制度缺失的表现	黄新华	《财贸研究》2002：3
推进中国经济体制改革制度创新的策略分析	黄新华	《未来与发展》2003：5
废除科举制与中国社会的现代转型	徐　辉	《厦门大学学报》（哲学社会科学版）2003：5

续表 5—6

成果名称	作　者	发表刊物(出版社)及时间
"一国两制"下的政治体制	田恒国	吉林文史出版社,2004
市场化改革以来中国经济制度变迁的内容探析	黄新华	《经济纵横》2004:8
邓小平"一国两制"科学构想与国家结构理论创新	叶国通	《福建论坛》(人文社会科学版)2004:10
政治科学中的新制度主义	黄新华	《厦门大学学报》(哲学社会科学版)2005:3
我国失业保险制度的演变、评估与发展	丁　煜	《中国软科学》2005:4
农民工社会养老保险:政策评估与制度创新	吴小欢 丁　煜	《人口研究》2005:4

（五）政治文明与政治学其他领域研究

《文化运动到政治运动——五四新文化运动前后期的连续性》〔徐辉,《厦门大学学报》(哲学社会科学版) 2000：4〕该文对关于五四新文化运动前后期关系的认识,不同以往的注重于前后期之间的间断性的观点,认为五四新文化运动前后期存在着明显的连续性。指出五四新文化运动有一个从前期的纯文化运动到后期的文化运动与政治运动交织的发展过程。在这个发展过程中,对民主与科学的求索和宣传贯穿于其间,五四后期发生的社会主义论战与科玄论战,便继续了五四前期对民主与科学的探索,拓展它们的含义,深化人们的认识,体现五四前期与后期之间的连续性。五四前期的思想启蒙,使民主与科学精神根植于中华文化的土壤,五四后期的政治运动,深化国人对民主与科学的认识,并推动这种认识向社会实践的转化。

《法治精神：当代中国政治文明的灵魂》（华侨大学王福民,《科学社会主义》2004：6）该文在论述法制精神作为对人治精神历史性否定的产物与成果,与人治精神是根本对立的基础上,得出民主、客观、公正相互关联而构成的法治精神是当代政治文明范畴的内在本质。只有将法治精神作为现代政治文明的本质规定,政治文明建设的实在意义方可以得到凸显。作者认为法治精神与当代中国政治文明有着内在一致性,离开法治精神,政治文明就是没有灵魂的空壳。法治精神是当代中国政治文明的基石。

《社会主义政治文明新考》（华侨大学马拥军,《实事求是》2005：3）该文指出,"社会主义政治文明"之所以可能,是由中国处于"社会主义初级阶段"的实际决定的。这种政治文明既不同于共产主义社会那种"作为非政治"的政治文明,也不同于资本主义政治文明,实际上是"社会主义初级阶段"意义上的政治文明。通过对社会主义政治文明的上限和下限的规定，就可以把"社会主义政治文明"界定为从非文明到超文明的过渡。过渡时期"社会主义政治文明"要吸收人类政治当然也包括资本主义政治文明的一切优秀成果，同时努力培育共产主义文明的萌芽因素，以便在条件成熟时，让社会主义和资本主义的政治文明都为一种崭新的、"作为非政治"的共产主义政治文明所代替。

《"礼治"与传统农村社会秩序》［厦门大学董建辉，《厦门大学学报》（哲学社会科学版）2005：4］该文指出，费孝通在《乡土中国》中将传统中国农村社会概括为"礼治社会"，体现了其深刻的学术洞察力。但是，从礼与法、基层社会与国家，以及地方习惯法与国家法等诸多层面的关系来看，所谓"礼治"并不意味着"无法"。从历史发展的实际来看，完全自立于王朝法律统治之外，单纯依靠无法之"礼"来维持公共秩序的乡土社会也是根本不存在的。把传统农村社会的一般特征由"礼治"改为"以礼治为主，礼法兼治"，也许更符合历史事实。

《和谐社会视域下的政治和谐问题探析》（福建师范大学林修果、林婷，《东南学术》2005：6）该文运用政治哲学，解读和谐社会价值层面的三个政治词语：公共的正义、政治的平等和理性的法治，并以此厘析和谐社会这一政治事实的合理性。作者认为作为政治价值的现实回应，政治和谐化需要从政治社会化、政治民主化、政治法治化三种途径加以构建，同时，政治和谐化也是实现政治文明的重要标志。该文指出，在政治和谐化的过程中，作为和谐政治社会基础的政治人的培育和塑造是其发展的不竭动力。

表5-7 **1992—2005年政治文明与政治学其他领域研究其他成果**

成果名称	作　者	发表刊物（出版社）及时间
石狮实验:我们的实践与思考	陆开锦	福建人民出版社,1994
瞿秋白与五四新文化运动	洪峻峰	《东南学术》1999:2
中国就业问题研究	吴宏洛	福建教育出版社,2001
福建改革开放的历程	曹敏华	厦门大学出版社,2002
以"三个代表"重要思想为指导努力推进政治文明建设	张秋炯	《科学社会主义》2003:6
转型中的城市社区建设	黎　昕	福建人民出版社,2004
中国城市发展问题报告:问题·现状·挑战·对策	严　正	中国发展出版社,2004
改革理论的突破与创新	林其屏	红旗出版社,2004
关于政治文明的新思考	王同新	《社会科学纵横》2004:4
构建政治文明的三个要素分析	陈振宇	《理论研究》2004:4

续表 5—7

成果名称	作　者	发表刊物（出版社）及时间
走向和谐社会	王岗峰	社会科学文献出版社，2005
社会主义政治文明发展的人文制约	刘新宜	《科学社会主义》2005:2
中国大众文化研究的理论根基与发展现状	徐　辉	《厦门大学学报》（哲学社会科学版）2005:4

第三节　比较政治研究

一、学科建设与学术研究

（一）学科建设

福建省比较政治研究的力量主要集中在厦门大学、华侨大学、福建师范大学以及福建社会科学院等单位。2005 年，厦门大学成立厦门大学公共管理与公共政策研究中心，并成为福建省高校人文社会科学研究基地，比较政府研究为其研究重点之一。

（二）学术研究

20 世纪 90 年代之后，福建省比较政治研究主要集中在比较政府、比较政治制度、比较政治文化、区域比较等方向。1992—2005 年，福建省比较政治研究获得国家社会科学基金项目 2 项：东盟国家应对经济全球化政策与策略比较研究及其对我国的启示（厦门大学沈红芳，2002）、发达国家国际移民政策文本与实务的比较研究（厦门大学李明欢，2004）；教育部社会科学人文基金项目 2 项：东亚主要发展中国家与地区发展模式比较研究（沈红芳，1999），印尼、菲律宾与泰国民主分离主义运动研究（厦门大学李一平，2005）；国务院侨办重点项目 1 项：海峡两岸侨务工作比较研究（厦门大学庄国土，2000—2001）。在此期间，福建省出版比较政治研究论著 5 部，发表论文数 10 篇。其中，获福建省社会科学优秀成果奖 4 项：《比较政府》（第四届三等奖，厦门大学卓越）、《全球化背景下的地方政府管理创新》（第六届二等奖，福建行政学院肖文涛）、《比较政府与政治》（第六届三等奖，卓越）、《二战以后东南亚华侨社会地位的变化》（第六届三等奖，庄国土）。

（三）学术会议

2001 年 9 月，厦门大学东南亚研究中心与国务院政研司联合举办马来西亚华人问题学术研讨会。中国社会科学院、北京大学、暨南大学、厦门大学以及国务院侨办政研司等研究机构的专家、学者，围绕马来西亚华人与马来人族群以及与中国大陆、台湾的关系，马来西亚华人文化教育与文化，金融危机以来马来西亚华人经济状况及其趋势分析等议题展开讨论。

2003 年 9 月，东南亚民族关系学术研讨会在厦门大学召开。出席本次学术会议的专家、学者共 80 余人，收到论文 60 余篇。会议主题有三个：东南亚华人族群、半岛地区与跨界民族、岛屿地区的民族关系。会议反映国内有关东南亚民族关系研究的新特点：华侨华人研究依然是东南亚民族关系研究的热点，从民族学的视野探讨华侨华人问题成为华人研究的一个亮点；民族问题越来越成为亚太国际关系研究的重点；多学科、多角度研究东南亚民族关系已呈趋势。

二、主要学术成果

（一）比较政府研究

《**比较政府**》（卓越，福建人民出版社，1998）该书介绍各国政府的组成机构、相互关系以及沿革等，阐释比较政府的内涵与外延、各国政府的立法机关、行政机关、司法机关以及相互监督和制衡的权利关系。全书运用规范和实证相结合的思路，在详细解析西方各国政府体制构成的同时，对其历史沿革、内部分工、权力来源、制度缺陷等进行剖析。

《**比较政府与政治**》（卓越，中国人民大学出版社，2004）该书既涉及比较政府的内容，也涉及比较政治的内容。作者以政府（狭义）作为研究的轴心，分为内、外两个研究视角，在把握政府与其他政治实体要素的关系中阐述比较政治，在把握政府的各个管理要素中阐述比较政府。书中内容尽可能反映出"比较政府与比较政治"研究的最新成果，也用整章的篇幅反映西方国家电子政府的内容，用很大的篇幅揭示政府职能转变，以及机构改革等，着力反映从传统的人事管理到人力资源管理的变迁过程。

《**全球化背景下的地方政府管理创新**》（肖文涛，《中国行政管理》2004：1）该文剖析当前地方政府管理面临的种种问题，认为必须积极推进地方政府管理的适应性创新，以期建立起一个与国际接轨、既适应世贸组织规则又符合社会主义市场经济体制需要的现代新型地方政府，实现对社会公共事务的合理、有效、规范管理。

表 5—8　　　　　　　**1992—2005 年比较政府研究其他成果**

成果名称	作者	发表刊物（出版社）及时间
政府职能转变的若干层面分析——论新一轮地方政府的机构改革	卓越	《厦门大学学报》（哲学社会科学版）1993：2
地方政府机构的结构转型——发展政府执行性机构的思考	卓越	《国家行政学院学报》2000：3

续表 5—8

成果名称	作　者	发表刊物(出版社)及时间
政府职能社会化比较	卓　越	《国家行政学院学报》2001:3
社会转型与政府行政范式转换	肖文涛	《东南学术》2001:6
论构建和谐社会的政府行政能力建设	肖文涛	《中国行政管理》2005:5

（二）比较制度研究

《当代各国政治体制：东南亚诸国》（厦门大学骆沙舟、吴崇伯，兰州大学出版社，1998）该书运用历史和比较的方法，从国别政治的比较视野出发，描述东南亚诸国的政治发展态势。该书分别概括东南亚各国的政治发展和政治制度，对各国政治制度进行比较分析，从而归纳、推断各国政治发展的基本规律和发展动向。

《权力伦理：政治制度建设的价值指向》（华侨大学杨楹，《理论研究》2004：4）该文指出，建设社会主义的政治文明，关键在于培育出社会主义政治权力之良性的伦理品质。而要达此目的，其根本之方则是加强社会主义政治制度建设。社会主义政治制度建设与其政治权力伦理的生成、维系与提升是同一过程的两个方面，二者之关系蕴涵着手段与目的的逻辑。文章通过分析邓小平关于社会主义政治制度的历史现状、建设关键，以及评价尺度的论述，阐述邓小平关于社会主义政治权利伦理的思想。

《中国经济体制改革的制度分析》（厦门大学黄新华，中国文史出版社，2005）该书应用新制度经济学的研究成果，对变动的中国经济体制改革进行系统的制度分析，以确立一个制度研究的基本理论框架，并借以对中国经济体制改革进行应用研究。该书目的不在于通过构造一个抽象的理论框架去建立一种完善和精密的政治经济学理论，而在于借助新制度经济学的理论和逻辑，对中国经济体制改革的发展和变迁作出恰当的理论说明。

表 5—9　　　　　　　　　**1992—2005 年比较制度研究其他成果**

成果名称	作　者	发表刊物(出版社)及时间
海峡两岸"白皮书"比较分析	刘国深	《台湾研究集刊》1994:4
转变中的国家公务员制度——中西方公务员制度改革与发展的趋势及其比较	陈振明	《厦门大学学报》(哲学社会科学版)2001:2
行政成本的制度分析	卓　越	《中国行政管理》2001:3
马克思主义国家学说与新制度经济学国家理论之比较分析	黄新华	《宁夏大学学报》(人文社会科学版)2002:2
美国梦：一个中国检察官眼中的美国	胡国平	中国法制出版社,2005
日韩和我国台湾地区行政指导比较	张　忠	《江南大学学报》(人文社会科学版)2005:4

（三）区域政治比较研究

《二战以后东南亚华族社会地位的变化》（庄国土，厦门大学出版社，2003）该书分析长期以来国内外学术界和民间使用"华人、华侨、华裔、华族"等概念的背景，并给这些概念重新作出理论性定义。在此基础上，提出东南亚华族形成的理论框架和发展阶段，定义"东南亚华族"是由东南亚保持华人意识的中国移民及其后裔组成的稳定群体。本书论述族群理论以及东南亚华人政治地位，并分国别研究东南亚十国华族的政治和社会地位的演变和发展趋势。

《文明冲突或社会矛盾：略论二战以后东南亚华族与当地族群的关系》［庄国土，《厦门大学学报》（哲学社会科学版）2003：3］该文通过比较东南亚和中国的关系，以及不同文化影响下的各国宗教文化习俗、各国内的共产主义运动等对东南亚各国族群关系的影响。在这个前提下，该文对这种复杂态势所导致的华人与土著民的差异，进而引发的族群冲突进行详述，认为随着东南亚各国的政治经济发展，引发冲突的因素逐渐消失，而东南亚各国的族群关系呈现出和谐发展的趋势。

表 5—10　　　　　　　**1992—2005 年区域政治比较研究其他成果**

成果名称	作　者	发表刊物（出版社）及时间
国民党派系和日本自民党派阀的结构功能比较——评"国民党派阀化"	刘国深	《台湾研究集刊》1992：4
海峡两岸"白皮书"比较分析	刘国深	《台湾研究集刊》1994：4
试论百年来"台湾认同"的异化问题	刘国深	《台湾研究集刊》1995：1
东南亚华人参政的特点和前景	庄国土	《当代亚太》2003：9
论一党独大下马来西亚多党联盟政治的发展	李一平	《当代亚太》2005：12

（四）比较政治文化以及相关理论研究

《是政策科学？还是政策分析？政策研究领域的两种基本范式》（厦门大学陈振明，《政治学研究》1996：4）该文利用比较政治学的基本范式概念，辨析政策科学和政策分析这两个词汇。该文指出，随着公共政策研究的兴起，人们容易混淆政策科学和政策分析，从拉斯韦尔和德洛尔等人对一个跨学科的、综合性的全新政策科学的界定到另一些学者对作为一门应用性社会科学学科的政策分析的强调，体现这个研究领域范式的变化。这两种范式实际上并不是根本对立的，而是相互补充的，尤其是可以将政策分析传统视为政策科学传统的有益的补充，是政策科学领域的方法及技术部分的具体化及发展。

《网络政治文化认识》［华侨大学朱银端，《华侨大学学报》（哲学社会科学版）2003：1］该文指出，网络对政治文化认识上的触动和影响，主要表现在国家观念、国家主权、政治控制与政治伦理等方面，信息时代还存在政治伦理、政治管理、政治民主等方面的不足。作者认为，要适应信息时代，国家层面要实施立法保护网络隐私和信息，同时，也要采取必要的政治行政手段，重构伦理框架下的政治体制，此外，提升政府的伦理道德行为和认知，也是当前网络政治文化认识的重要方面。

《告别臣民的尝试——清末民初的公民意识与公民行为》（福建师范大学陈永森，中国人民大学出版社，2004）该书指出，从整体性到个体性再到阶级性，这是清末民初公民意识发展的轨迹。作者指出，清末公民意识觉醒，在民族危机的历史背景下，"民"的意识被"国"的意识压倒，公民观念具有国家整体主义倾向。新文化运动张扬公民的个体性，出现真正近代意义的公民观。然而，"个性解放"和"自由主义"的呐喊难以缓解日益尖锐的阶级矛盾，难以解决下层民众的温饱问题，于是，不少知识分子转而关注"平民"，公民的阶级性随之凸显。

《论文化学学科理论之源》（福建省委党校叶志坚，《东南学术》2004：4）该文运用比较研究的方法，从历史、哲学、政治学和社会学、人类学等学科交叉比较中，综合孔德的实证方法、斯宾塞的社会进化学说，以及伏尔泰等学者的文化思想，认为文化科学需要全面系统的文化研究，并建立专门的学科，才能在文化研究中有整体性思维和发展。

表5-11　　　　**1992—2005年比较政治文化以及相关理论研究其他成果**

成果名称	作者	发表刊物（出版社）及时间
乌托邦、反乌托邦、实托邦——西方三种空想主义国家观论要	柴宇平	《福建师范大学学报》（哲学社会科学版）1993：2
卢梭自由观与萨特自由观的比较	陈永森	《福建师范大学学报》（哲学社会科学版）1994：3
利益集团在政治冲突中的角色与功能	刘国深	《学术月刊》2000：5
试论我国文化模式的转换	叶志坚	《福建省委党校学报》2000：10
文化类型探析	叶志坚	《福建省委党校学报》2001：4
文化功能论	叶志坚	《福建省委党校学报》2001：4
中西道德观念的比较分析	阮爱莺	《福建省委党校学报》2001：9
从"文化幻觉"到"文化自觉"——鸦片战争前后精英思想的嬗变及其启示	王四达	《社会科学》2002：4
从中西比较看社会发展的精神动因	王四达	《求实》2002：10
多元文化或同化：亨廷顿的族群文化观与东南亚华族	庄国土	《南洋问题研究》2003：2

续表 5—11

成果名称	作　者	发表刊物（出版社）及时间
"文化"概念界说新论	汤忠钢	《南昌大学学报》2003：2
"现代化"研究的回顾与展望	汤忠钢	《江西社会科学》2004：2
当代中国马克思主义哲学研究主要范式之比较	杨　楹	《教学与研究》2004：2
启蒙现代性与现代风险社会	许斗斗	《东南学术》2005：3

第四节　公共管理研究

一、学科建设与学术研究

（一）学科建设

福建省公共管理研究的力量主要集中在厦门大学、福建师范大学、华侨大学、福州大学。1992 年厦门大学获得行政管理硕士点授予权，2000 年获得公共管理（MPA）专业硕士学位授予权，2002 年获得行政管理博士学位授予权。2003 年厦门大学成立公共事务学院，公共管理学科列入学校"211 工程"三期以及"985 工程"的重点学科建设项目，并设立福建省高校人文社会科学重点研究基地——厦门大学公共政策与政府治理研究中心。2005 年获得公共管理一级学科博士点授予权，随后设立公共管理博士后流动站，2005 年行政管理入选福建省重点学科。

福建师范大学公共管理学院拥有政治学原理、行政管理、劳动与社会保障等二级学科硕士学位授权点和公共管理硕士（MPA）、教育硕士专业学位授权点。华侨大学公共管理学院是该校公共管理学科主要基地，具备从本科教育到博士教育的完整人才培养体系。福州大学公共管理学院于 2002 年 5 月成立，侧重于软科学研究和公务员培训，设 3 个本科专业、3 个硕士学位点、1 个一级学科博士学位点和 4 个二级学科博士学位点，其"管理科学与工程"，为福建省级重点学科。

（二）学术研究

福建省在公共政策、绩效管理、行政伦理、比较公共行政等领域的研究，位于全国前列。1992—2005 年，该学科先后获得 6 项国家社会科学基金项目，分别是：中国政府管理信息化的发展趋势与政策研究（厦门大学姚立新，2001），社会转型期非政府公共组织的培育和发展（厦门市委党校尤京文，2001），社会化、市场化背景下事业组织规制问题研究（厦门大学朱仁显，2004），中国特色的公共行政伦理体系建构（厦门大学王云萍，2004），中国农村城镇化进程中宗法秩序回潮与基层行政体制改革研究（福建师范大学林修果，2004），政府工具与政府管理方式创新的研究（厦门大学陈振明，2005）。获得国家自然科学基金项目1项：与市场经济相适应的我国行政管理微观实践模式的建构（陈振明，2000）。获得教育部人文社会科学研究项目1项：公共选择理论与当代西方政治学研究（陈振明，1998）。获得福建省社会科学规划项目23项。

这一时期，出版公共管理专著40部，发表论文120余篇。这些成果中获教育部优秀人文社会科学成果奖1项：《非市场缺陷的政治经济学分析》（第三届三等奖，陈振明）；获福建省社会科学优秀成果奖4项：《公共管理学——转轨时期我国政府管理的理论与实践》（第四届三等奖，陈振明）、《公共管理学范式的探讨》（第五届一等奖，陈振明）、《关于产学研结合的研究》（第五届三等奖，福州大学石火学）、《政府工具研究与政府管理方式》（第六届二等奖，陈振明）。

（三）学术会议

2004年11月，福建省科技厅、福建省教育厅、中国自然辩证法研究会、中国科学学与科技政策研究会及福州大学等单位共同主办，福州大学软科学研究所承办的两岸科教创新论坛在福州大学举行。创新论坛围绕从科技创新到教育创新的主题，从经济、科技全球化对两岸科教创新的影响，科技创新和教育创新对区域经济发展的推动，两岸科技教育创新的现状与发展趋势，两岸协同推进科技教育创新的可能性和制约因素及其相关政策，通过科教创新和创新人才的培育与聚集，促进海峡两岸科技和教育的发展进行研讨。

2005年5月，中国交通运输协会、中国技术经济研究会、中国物流学会、欧中学术文化交流促进会、福州大学与福州市人民政府主办的现代物流国际学术交流大会在福州市阿波罗大酒店举行。美国、日本以及中国香港、台湾和大陆26个省及大中城市的专家与业内人士出席会议，大会共征集到论文238篇，其中126篇入编《2005中国（福州）现代物流国际学术交流大会论文集》。大会以"中心城市发展与现代物流"为主题，针对世界物流产业在发展过程中存在的问题，进行广泛的交流和探讨；并以海峡两岸物流协同发展为重点，交流和商谈两岸物流合作与发展的思路与对策。

二、主要学术成果

（一）公共管理学科发展研究

《从公共行政学、新公共行政学到公共管理学——西方政府管理研究领域的"范式"变化》（陈振明，《政治学研究》1999：1）该文考察西方政府管理研究的百年演进，对公共管理学科发展的"范式"转变进行探讨，评述"公共行政学"、"新公共行政学"、"新公共管理学"等三种研究范式，形成背景、内容、基本特征和优缺点。论文提出中国公共管理研究，必须立足于国内的现实，拓展行政学的研究范围，转换研究视角、引入新的研究方法。

《新公共管理改革研究》（闽江学院赵麟斌，《福建农林大学学报》2005：1）该文在剖析传统"科层制"或"官僚制"公共行政管理模式，存在僵化、效率低下和缺乏创新等弊病原因的基础上，简要评述西方国家新公共管理运动中涌现出的各类政府管理新模式，在比较分析的基础上，指出新公共管理运动对中国行政管理体制改革的启示意义。

《公共管理学》（陈振明，中国人民大学出版社，1999年第1版、2005年第2版）该书对公共组织理论、政府改革与治理、政府作用、公共政策、绩效管理、人力资源管理、战略管理、公共管理伦理、政府工具等公共管理领域，分门别类地进行了介绍。

表5—12　　　　　**1992—2005年公共管理学科发展研究其他成果**

成果名称	作者	发表刊物（出版社）及时间
公共管理学科发展的背景和特征	陈振明	《中国行政管理》1999：12
走向一种"新公共管理"的实践模式——当代西方政府改革趋势透视	陈振明	《厦门大学学报》（哲学社会科学版）2000：2
评西方的"新公共管理"范式	陈振明	《中国社会科学》2000：6
公共管理的视野	陈振明	《中国人民大学学报》2001：1
什么是公共管理（学）——相关概念辨析	陈振明	《中国行政管理》2001：2
行政管理专业由传统的学术型向应用型转变的探索	陈振明	《中国行政管理》2001：10
公共管理前沿	陈振明	福建人民出版社，2002
美国MPA十大名校	陈振明	中国人民大学出版社，2003
公共管理（MPA）专题15讲	陈振明	中国人民大学出版社，2004
行政管理本科专业人才培养的新模式——厦门大学公共事务学院的探索与实践	陈振明 朱仁显	《东南学术》2005：2

（二）政府职能研究

《非市场缺陷的政治经济学分析——公共选择和政策分析学者的政府失败论》（陈振明，《中国社会科学》1998：6）该文运用西方国家公共选择学派的理论成果，分析作为非市场缺陷政府失败理论的基本内涵。该文指出，非市场缺陷政府失败的原因主要有：公共政策失效、公共物品供给的低效率、内部性与政府扩张、寻租和腐败。针对这些问题，提出应从立宪改革、约束政府的财政过程、改善民主的表达方式等角度，加以防范和解决。

作者认为公共选择和政策分析学者的"政府失败论"，对于中国在市场经济发展过程中，正确处理好政府与市场的关系，合理确定、发挥或转变好政府职能，完善宏观调控机制及手段，避免政府失败，提高政府工作效率均具有启发意义。

《略论政府经济管理职能》（福建省委党校黄素惠，《东南学术》1999：3）该文运用规范分析的研究方法，论述政府在经济管理过程中的作用与功能。作者在回顾传统计划经济政府管理弊病的基础上，参考西方国家市场经济条件下的政府职能定位，提出若干在市场经济条件下中国政府理应发挥的职能。认为在市场经济的条件下，政府应强化以市场经济行为为基础的宏观调控、建立计划经济与市场经济相结合的调控机制、重视国有资产管理、完善对微观经济的管理与控制、健全政府调节社会分配职能。

表 5—13　　　　　　　　　1992—2005 年政府职能研究其他成果

成果名称	作　者	发表刊物（出版社）及时间
论政府在市场经济中的角色	陈泉生	《行政与法》1995：2
宏观经济管理	江秀平	福建人民出版社，1999
外商直接投资与政府职责定位	周　青	《福建论坛》（经济社会版）2000：7
论政府对企业发展的作用	顾越利	《福建论坛》（经济社会版）2000：10
公共事业管理概论	朱仁显	中国人民大学出版社，2003
比较公共行政	卓　越	福建人民出版社，2003
中国社会保障制度研究述评	徐延辉 陈凤兰	《东南学术》2004：1
推进政府职能进一步转变的对策思路	苏建雄	《辽宁行政学院学报》2004：5
规范服务型政府建设的理性思考	卓　越	《中国行政管理》2004：11
建设服务型政府的若干思考	陈炳坤	《北京交通管理干部学院学报》2005：2
提高政府社会治理能力，构建社会主义和谐社会	陈振明	《东南学术》2005：4
农村的社会保障与农村医疗保障的完善	张新生	《改革与战略》2005：4
和谐社会视野下的政府社会管理	柳经纬	《武汉理工大学学报》（社会科学版）2005：5
构建和谐社会过程中政府角色的定位	陈瑞明	《重庆邮电学院学报》2005：6
关于地方政府提升公共物品供给能力的思考	洪荣塔	《行政论坛》2005：6
我国现代物流业发展中政府的作用	林　珊 林发彬	《福建论坛》（人文社会科学版）2005：7

（三）政府改革与治理研究

《深化地方行政管理体制改革的路径探析》（厦门大学黄新华，《攀登》2004：6）该文以地方政府的行政管理体制改革为研究对象，指出在地方行政管理体制改革的过程中，存在着政府职能转变尚未到位，不合理行政审批现象严重，机构臃肿、人浮于事现象严重等问题，指出要完善社会主义市场经济体制，关键是要改革行政管理体制，转变政府职能。针对地方行政管理体制仍未解决的一系列深层次矛盾，提出必须通过制度创新，重点解决十个突出问题。

《深化行政体制改革　构建公共服务型政府——晋江市深化行政体制改革的调研与思考》（陈振明，《中国行政管理》2004：12）该文在对晋江市行政体制改革的实践进行经验考察的基础上，对晋江市行政体制改革的具体措施和方法进行剖析，分析晋江市政府行政体制改革方案的实际影响，并对相关的配套改革进行分析。

表5—14　　　　　　　　1992—2005年政府改革与治理研究其他成果

成果名称	作　者	发表刊物（出版社）及时间
行政管理理论与实务研究	林修果	延边人民出版社，2002
当前我国在构建电子政府过程中的问题与对策	吴喜双	《甘肃行政学院学报》2003：4
浅析电子政务对信息化整合的重要性	闫铄瓒　杨　彬	《辽宁行政学院学报》2003：5
以科学发展观为指导　深化地方行政管理体制改革	黄新华	《东南学术》2004：1
当前事业单位改革的若干问题	朱仁显	《东南学术》2004：1
作为公共管理的治理理论	李德国　蔡晶晶	《理论与现代化》2004：5
社会资本、现代化政府与政府再造	吴瑞财	《理论界》2004：6
创新公共管理理论　推动政府治理变革	陈振明	《东南学术》2005：1
当代西方政府改革与治理中常用的市场化工具	陈振明	《福建行政学院福建经济管理干部学院学报》2005：2
论社区建设中的居民参与	沈君彬	《四川行政学院学报》2005：2
试论公共治理中的"政府失灵"及其规避	周　俊	《成都理工大学学报》（社会科学版）2005：3

（四）政府绩效研究

《公共部门绩效管理》（厦门大学卓越，福建人民出版社，2004）该书阐述公共部门的绩效管理进程、绩效目标、绩效信息、绩效激励、绩效合同、绩效成本、绩效申诉、绩效评估等内容。作者认为当代中国政府改革与发展，需要将借鉴国外成功经验与本土化过程有效结合。既有对新公共管理运动的梳理、概括，也有对中国政府改革与发展的全新探索。

《公共部门绩效评估》（卓越，中国人民大学出版社，2004）该书包括公共部门绩效评估的模式建构、绩效评估的信息化建设、绩效评估的组织实施、绩效评估的方法运用、绩效评估的心理调控、绩效评估的系统功能，以及美国、英国等若干发达国家公共部门的绩效评估、国内若干地区公共部门绩效评估的实践等内容。涵盖公共部门绩效评估的各个主题。作者注重实践因素的考量，重视将国外先进的公共管理理论与国内现实相结合。

《公共部门绩效评估的主体建构》（卓越，《中国行政管理》2004：5）该文指出，公共部门绩效评估主体的多元结构是保证公共部门绩效评估有效性的一个基本原则，任何一个评估主体都有其特定的角度，在拥有自身优势的同时，其自身的局限性也是无可避免的，因而，必须注重公共部门绩效评估主体的多元结构的建构，评估主体科学配比，是综合评估有效的一个关键点。为了全面、真实地衡量公共部门的实际绩效，公共部门绩效评估的主体架构至少应包括综合评估组织、直管领导、行政相对人、评估对象自身以及其他一些相关评估组织等。

《政府绩效评估的民众基础及其改善》（厦门大学孟华，《东南学术》2005：2）该文在对西方国家的政府绩效评估进行全面考察的基础上，指出深厚的民众基础以及民众的监督和支持，是西方国家政府绩效考评取得成效的基础，并指出中国政府绩效评估的民众基础相对比较薄弱，不利于绩效考评作用的反馈。增强民众监督政府的意识，不仅有助于政府形成公共责任机制，而且有利于政府绩效考评机制的有效实施。作者还提出若干增进政府绩效考评民众基础的对策建议。

《公共部门绩效评估的对象选择》（卓越，《中国行政管理》2005：11）该文指出，公共部门有着广泛的构成要素，不同类型的公共部门，其指标体系也会有所不同。在某种意义上说，公共部门绩效评估的模式建构依赖于评估对象的选择确定。在公共部门绩效评估过程中，确定评估对象是一项基础性的工作。可以按照组织的性质和组织的层级分布划分评估对象的基本类型。通用指标评估与业绩指标评估、综合指标评估与单项指标评估等一般性的类型划分，也与评估对象有密切关联。评估对象的选择既是一种程序操作，更是一种领导艺术。评估过程一定要选择试点单位，试点要有一定的代表性，特别要选择参与度较高的部门。

表 5—15　　　　　　　**1992—2005 年政府绩效研究其他成果**

成果名称	作　者	发表刊物（出版社）及时间
公共部门绩效评估初探	卓　越	《中国行政管理》2004：2
福建省县域财政绩效评价及相关政策建议	纪宣明 梁新潮 王仁渠	《福建论坛》（人文社会科学版）2004：4

续表 5—15

成果名称	作 者	发表刊物(出版社)及时间
以深化公共财政体制改革来控制政府管理成本	卓　越 陈　捷	《云南行政学院学报》2004：5
以公共部门绩效评估为基点的评估类型比较	卓　越	《湘潭大学学报》2005：3
政府绩效评估及其困境	郭聪华	《辽宁行政学院学报》2005：5

（五）公共人力资源研究

《国家公务员制度》（陈振明，福建人民出版社，2003）该书介绍西方文官制度的起源、发展与变革，中国人事制度的历史沿革，中国公务员制度的建立与发展，各国文官制度比较，公务员制度的竞争机制、激励机制、保障机制等内容。系统论述国家公务员制度的基本内涵、运作方式，以及制度建设中存在的问题。

《21世纪中国中小型城市人才资源开发与管理》（厦门市委党校林玉妹，中共中央党校出版社，2003）该书以厦门市为研究对象，探讨21世纪中小城市的人力资源开发与管理问题。从实证分析的角度，阐述人才资源开发与管理系统中的人才甄别、选拔、使用、管理、培养、激励等问题；立足于人力资源管理的基本理论，结合厦门市的人力资源开发与实践，提出若干对策建议，力图为中小城市的人力资源开发和管理，提供理论思路和治理对策。

表 5—16　　　　**1992—2005 年公共人力资源研究其他成果**

成果名称	作 者	发表刊物(出版社)及时间
公务员行政规范分析	黄　强	厦门大学出版社，1993
公共人力资源开发与管理研究	赵麟斌	延边人民出版社，2002
现代领导决策方略	林修果	团结出版社，2002
公共部门人力资源管理	陈振明	九州出版社，2002
公共人力资源管理	陈振明 孟　华	福建人民出版社，2003

（六）公共管理伦理研究

《文化视野里的当代中国行政》（华侨大学庄锡福，厦门大学出版社，2005）该书从文化的角度对当代中国行政进行观察和解读，探讨中国文化的历史渊源和形成机制，并结合社会现实，分析中国的传统文化对行政管理思维方式的影响。该书还对创建当代中国新型行政文化提出若干设想。

《公共责任与官员问责制》（厦门大学陈芳，《东南学术》2005：2）该文以西方学者对公共责任的认知为基础，综合国内关于公共责任的学术探讨，从学理上探讨公共责任的内涵，认为公开、民主、公平和效率，应是当前中国官员问责制追求的目标。该文提出中国官员的责任包含接受外部监督的责任、失职的政治责任、官僚组织内部的问责、法律的问责和自身的伦理责任，指出公共权力的行使方式正在发生多样性的变化，在建构官员问责制的过程中，应高度重视官员问责主体的多元化和问责内容的多样化。

表 5—17　　　　　　　　　**1992—2005 年公共管理伦理研究其他成果**

成果名称	作　者	发表刊物（出版社）及时间
制度反腐败与构建全方位的反腐败制度体系	曾行伟	《福建论坛》（经济社会版）2002：1
略论全球化下公共行政文化的综合创新	穆　基	《甘肃行政学院学报》2003：4
官员问责制在我国的兴起、问题与对策	阮爱莺	《东南学术》2004：1
理性化行政——官僚制的现代性危机及救治	沈春兰	《辽宁行政学院学报》2004：3
公共行政人员的个人价值观及其重要性探讨	王云萍	《浙江省委党校学报》2005：1

（七）西方公共管理研究

《评西方的"新公共管理范式"》（陈振明，《中国社会科学》2000：6）该文从质疑传统公共行政学的理论与实践入手，指出"新公共管理范式"是在对传统公共行政范式批判的基础上成长起来的。传统公共行政范式，不能适应后工业社会行政管理发展的需要，必须创新和突破，在其基础上涌现出的新公共管理范式具有八个方面的特征，在理论基础、研究视野、理论框架、实践模式等四个方面实现创新。作者指出，作为处在发展过程中的一种理论模式，其存在的问题同样非常明显，保守主义倾向、偏狭的经济学基础、管理主义导向、政治化倾向和责任的模糊性等五个问题，影响其理论价值和实践意义的发挥。国内的公共管理在密切关注和跟踪新公共管理理论进展的同时，应注意其潜在的缺陷及其在发展中演变的特点。

《政府再造：西方新公共管理运动述评》（陈振明，中国人民大学出版社，2003）该书评述当代西方政府改革（新公共管理）运动，分国别对西方国家的改革运动进行说明，重点分析美国、英国、新西兰和日本等国的政府改革的实践，介绍西方国家新公共管理改革运动的具体措施及其影响，并结合中国的实际情况进行适用性分析，对中国的行政改革实践具有借鉴意义。

《新公共服务理论视野下公共哲学的话语指向———一种对"新公共服务"的解读》（林修果、陈建平，《上海行政学院学报》2005：5）论文在对美国学者丹哈特新公共服务理论的理论基石和内涵进行阐释的基础上，分析新公共服务理论公共哲学指向的影响，提出从传统公共行政到新公共管理再到新公共服务的发展变迁中，蕴含着公共哲学话语转换的涵义，亦即公共哲学将从传统形而上高度向公共生活的经验层面转换的趋势。

表 5—18　　　　　　　**1992—2005 年西方公共管理研究其他成果**

成果名称	作　者	发表刊物（出版社）及时间
西方行政分析	卓　越	厦门大学出版社，1993
走向一种"新公共管理"的实践模式——当代西方政府改革趋势透视	陈振明	《厦门大学学报》（哲学社会科学版）2000:2
政府再造——公共部门管理改革的战略与战术	陈振明	《东南学术》2002:3
关于高薪养廉问题的一场对垒——新加坡《部长与高级公务员薪金标准白皮书》解析	卓　越	《南洋问题研究》2004:2
西方新公共管理对我国行政改革创新的启示	谭英俊	《理论界》2004:6
新公共管理改革研究	赵麟斌	《福建农林大学学报》（哲学社会科学版）2005:1

第五节　公共政策研究

一、学科建设与学术研究

（一）学科建设

福建省从事公共政策研究的力量主要集中在厦门大学、福州大学、福建师范大学和集美大学等。1990 年，厦门大学政治系为本科生开设"政策科学"主干课，为全国最早设立该课程的院系之一。1993 年底，行政学硕士点在国内率先设立政策分析专业方向。随后，"政策科学研究"课程进入硕士研究生培养层次，并在本科生和研究生中设立政策科学系列课程，包括"政策分析方法"、"中国公共政策"、"公共选择理论"和"公共政策专题研究"等课程。至 2005 年，厦门大学公共事务学院公共管理系硕士、博士研究生设有公共政策培养方向，MPA 教育中也设立公共政策分析课程。

福州大学公共管理学院公共政策系成立于 2002 年，设立"公共事业管理"本科专业和"行政管理"硕士学位点（1997 年获批），"管理科学与工程"博硕士学位点，侧重公共政策应用研究，如公共政策分析、公共事业管理体制改革、公共部门人力资源管理、社会保障与就业政策、教育经济与教育政策、国际安全政策等。

2002 年，华侨大学公共管理学院行政管理专业、福建省师范大学公共管理学院政治学与行政学专业也在本科生教学中开设公共政策研究相关课程，如决策科学、政治学、中国政治制度、当代中国政府与政治、政策分析、比较政府与政治、社会调查与统计、公共管理学、领导科学、人事行政学、公共管理伦理学、非政府组织管理等课程。

（二）学术研究

1992—2005 年，福建省公共政策研究，以学科基础理论研究，社会政策研究，经济政策研究，人口、资源与环境政策研究等为主要方向。先后承担国际课题 1 项：关于扩大中国社会养老保险覆盖面的创新研究（厦门大学米红，世界劳工组织委托项目，2004）；国家社会科学基金项目 2 项：发达国家国际移民政策文本与实务的比较研究（厦门大学李明欢，2004）、政府工具与政府管理方式创新的研究（厦门大学陈振明，2005）。其间，该学科还获福建省社会科学规划项目 6 项。

这一时期，福建省学者出版公共政策研究论著 17 部，发表论文 100 多篇。其中，获福建省社会科学优秀成果奖 7 项：《我国产业重组与产业组织政策创新》（第二届二等奖，福建师范大学陈明森）、《论进入壁垒与进入壁垒政策选择》（第三届二等奖，陈明森）、《跨世纪的中国经济特区：政策回顾与展望》（第三届二等奖，厦门大学朱崇实、陈振明、翁君奕、陈其林、李文溥）、《当前我国经济周期调控"政策搭配"探析》（第四届二等奖，福建社会科学院刘义圣）、《福建省实施"科教兴省"战略的监测与评估研究》（第五届二等奖，福州大学课题组）、《社会保障制度国别研究》（第六届二等奖，福建师范大学苏振芳）、《我省新移民问题及其对策建议》（第六届二等奖，福建社会科学院杨华基、李鸿阶等）。

（三）学术会议

1997 年 3 月，福建省经济体制改革研究会学术研讨会在福州召开，全省 80 多位专家学者、企业界人士和体改部门干部，围绕加快国有企业改革、加大改革力度的难点与对策进行讨论。

2004 年 5 月，公共政策与政府管理创新（Public Policy and Management：Reform and Innovation）国际学术研讨会在厦门大学召开。与会学者包括美国公共行政学会前会长、肯塔基大学公共政策与行政学院教授 Edward T. Jennings, Jr. 美国佛罗里达大学公共行政系刘国材教授、美国亚利桑那州立大学公共事务学院兰志勇教授、美国纽约州立大学 Edward H. Downey 教授、日本明治学院毛桂荣教授、北京科技大学文法学院院长许放教授、香港中文大学政府与公共行政系曹景钧副教授等公共政策与公共管理领域的专家、学者等。研讨会分为政府治理变革、公共服务民营化、公共部门绩效管理、公共政策的理论与实践、公共管理理论的新进展和政府工具的研究与应用六个专题展开研讨。研讨会共收到国内外专家、学者研究论文 60 篇。

二、主要学术成果

（一）公共政策学科理论研究

《政策科学原理》（陈振明，厦门大学出版社，1993）该书介绍和分析政策内容、政策系统、政策制定、政策执行、政策控制与监督、政策评估以及政策思维方法论及政策科学的兴起、对象、性质、范围和方法等。涉及公共政策的内容与实质，政策系统的构成及其划分，官方的和非官方的政策行动者以及思想库，公共决策体制的构成，中外公共决策体制的比较，现代公共决策方式，中西方政策过程的差别，中国特色的政策制定与执行的基本经验，政策分析的各种模式、方法和技术。该书还探讨市场经济条件下公共决策的科学化、民主化和法制化问题，并在附录中详细列举了西方政策科学的最新进展和中国政策科学的研究现状。

《政策科学的"研究纲领"》（陈振明，《中国社会科学》1997：4）该文以政策科学的兴起、政策科学的"范式"、中国政策科学学科的建构等主题，探讨该时期政策科学研究的主要问题。作者认为，政策科学有自己相对独立的研究领域，这是作为一个独立学科的政策科学形成和发展的基本前提。就学科性质方面来看，政策科学作为一个全新的、独立的学科，应当充分认识其理论意义和实践作用，立足于中国公共决策系统及其运行的实际，借鉴西方政策科学的理论和方法成果，尽快建立起一个具有中国特色的政策科学理论体系，以此作为中国决策科学化、民主化的主要支持学科。

《公共政策价值分析的类型、评价标准和方法》（厦门大学江秀平，《中国行政管理》2001：8）该文对公共政策研究价值分析理论展开深入的探讨。作者认为，任何公共政策都与伦理上的正当性、合理性密切相关，政策研究离不开价值分析，政策研究中的价值分析是决策者实现决策功能的前提和基础，是决策者政治人格的核心部分。价值分析的作用主要是制定和应用评判标准来评价政策价值观与政策选择，因此，价值分析的内容主要是提出并评价价值论点正确性的判断标准。价值分析的中心问题是用什么标准证明政策行为的正确、有益或公正。

《公共政策分析》（陈振明，中国人民大学出版社，2003）该书以中国政策系统、政策过程和政策实践为研究对象，阐述政策与政策系统、政策活动者、政策工具、政策制定、政策执行、政策监控等内容，分析政策系统的构成与运行，官方的政策活动者与非官方的政策活动者，公共决策体制的类型，政策工具的选择，政策议程与政策合法化，政策执行的过程与手段，政策评估的方法和模式，政策终结与周期，政策分析的步骤与方法，公共政策的经济学分析、伦理学分析与创造性思维，同时吸纳当代国外政策分析最新的研究成果，总结具有中国特色的政策实践经验。

《公共政策学：政策分析的理论、方法和技术》（陈振明，中国人民大学出版社，2004）该书阐述政策分析的基本框架，问题界定，备选方案，未来预测，方案比较与择优，政策执行与监测，结果评估，政策变迁等内容。作者通过理论与实践相结合，运用具体案例分析研究，阐述政策分析的基本理论框架、方法与技术。

表 5-19　　　　　　**1992—2005 年公共政策学科理论研究其他成果**

成果名称	作　者	发表刊物（出版社）及时间
美国政策科学的形成、演变及最新趋势	陈振明	《国外社会科学》1995：11
是政策科学，还是政策分析？——政策研究领域的两种基本范式	陈振明	《政治学研究》1996：4
政策分析的基本因素	陈振明	《福建行政学院福建经济管理干部学院学报》1997：1
论市场经济条件下作为公共决策体制及原则的民主集中制	陈振明	《岭南学刊》1997：3
市场决策与非市场决策——论市场经济条件下我国公共决策的优化	陈振明	《厦门大学学报》（哲学社会科学版）1997：4
政策分析的基本步骤	陈振明	《福建行政学院福建经济管理干部学院学报》1998：1
适应市场经济发展的需要，加强对公共决策科学化、民主化和法制化问题的研究	陈振明	《思想理论教育导刊》1998：8
政策研究中的价值分析	江秀平	《厦门大学学报》（哲学社会科学版）1999：4
21 世纪中国政策科学的研究方向	陈振明	《北京行政学院学报》2000：1
西方政策执行研究运动的兴起	陈振明	《江苏社会科学》2001：6
试论构建有效的公共政策执行机制	谭英俊	《四川行政学院学报》2004：4
高质量公共政策的制度分析	陈志华	《行政论坛》2005：1
对政策分析职业伦理的思考	杨国永 欧阳君君	《云南行政学院学报》2005：1

（二）社会政策研究

《社会保障学》（苏振芳，中国审计出版社，2001）该书就社会保险、养老保险、医疗保险、失业保险、社会救助、社会福利、社会优抚与社会安置、社会保障基金的储存与运作、社会保障法律制度等九个方面的问题，对社会保障体系中的基本理论和基本观点进行阐述，较为系统地分析社会保障分配中的平等、效率与公平，社会保障基金的筹集管理与运营，养老保险制度结构和内容，医疗保险筹资机制和费用偿付方式，失业保险制度结构和内容，最低生活保障与专项社会救助，社会福利政策和管理，社会保障法律体系的建设等若干问题。

《社会保障概论》（苏振芳，中国时代经济出版社，2001）全书从中国国情出发，在研究和借鉴国外正反两方面的经验的同时，力求反映国内外社会保障改革的新情况，吸纳社会保障理论研究的新成果，探讨社会保障水平，养老、医疗、就业保障制度，最低生活保障制度，社会保险、社会福利、社会救济制度等，作者在阐述社会保障的理论、历史、国内外的现状的基础上，从理论和实践两个方面探索如何建立有中国特色的社会主义保障制度。

《"安全网"和"减震器"：中国社会保障问题》（厦门大学朱芳芳，中国国际广播出版社，2001）该书的主要内容包括：市场经济与社会保障政策选择；银色浪潮袭来；饭碗不是铁做的；生病的困惑；乡村不应留空白；最后一道屏障等。全书通过对历史的梳理与审视，对现实的分析与讨论，借鉴国外的经验与启示，寻找一条适合中国发展的道路。

《论社会保障政策制定中的公众参与》（厦门大学徐辉、丁煜，《中国行政管理》2005：1）该文指出，建立社会保障政策制定中的公共参与机制，是中国政治、经济体制和社会保障制度改革深入发展的迫切需要，也是实现社会保障政策公平性和完备性的重要保证。由于传统公共决策系统的积弊和决策者的官僚主义习气，也由于公众方面受观念和素质的局限，导致中国社会保障政策制定中公众参与的缺失。而公众参与的缺失正是中国社会保障制度改革中出现的一些政策失误和面临困境的重要原因之一。因此，应该通过科学的民意调查、听证会、协商谈判、政府信息公开等制度建设，以及加强非营利组织的参与管理等措施，建立起完善的政策制定中的公众参与机制。

表 5—20   **1992—2005 年社会政策研究其他成果**

成果名称	作　者	发表刊物（出版社）及时间
科教兴国战略研究	黄国雄	海风出版社，2000
我国收入分配政策问题的分析	江秀平	《管理世界》2001：2
中国社会保障	冯　杰 韩树军	河南人民出版社，2002
郊区被动型城市化农民就业问题研究——厦门市禾山镇农民非农化问题实证分析	林民书 李文溥	《财经研究》2002：9

续表 5-20

成果名称	作　者	发表刊物(出版社)及时间
科技教育与文化建设	雷德森	广西人民出版社,2003
福建省实施科教兴省战略监测分析	雷德森 张良强 林共市	《中国科技论文》2003:6
发达国家的灵活就业政策及对我国的启示	李会欣	《管理科学》2003:6
群体需求与环境资源的失衡:关于民办自闭症教育生存状况的个案调查分析	魏爱棠	《中国特殊教育》2004:6
加快福建省农村剩余劳动力转移的对策研究	康文杰 余建辉	《福建论坛》(人文社会科学版)2005:4
当代美国政府社会保障政策演变探因	卓　越	《西安交通大学学报》2005:4
我国失业保险制度的演变、评估与发展	丁　煜	《中国软科学》2005:4

(三) 经济政策研究

《福建科技发展报告》 （福州大学张良强、林风、雷德森，福建科学技术出版社，2003）该书介绍福建省 2002 年的科技发展及政策状况，内容包括：福建省 2001 年科技活动的基本状况、科技人力资源投入状况、科技经费投入状况、科技产出状况、科技组织和机构状况、高新技术产业发展状况、设区市科技发展状况，以及总结与建议等八个方面。报告对涉及的数据进行多视角的纵横剖析，同时侧重分析它们在国内主要省、市的相对水平，而且还对全省各设区市的科技发展情况进行比较研究。

《非国有中小企业在不同区域的发展及其政策研究——福建、浙江、广东中小企业发展实证分析》 （厦门大学林民书，《制度经济学研究》第四辑，经济科学出版社，2004）该文指出，改革开放以来，由于各种体制原因，中国省会城市中小工业企业大量消亡。与此相反，部分交通便利的农村地区却出现非国有中小工业企业快速发展和企业的聚集。农村地区通过中小企业聚集及其相关服务业的发展，逐步实现工业化和城市化，而且，其第三产业为生产服务的特征十分明显，并与省会城市在服务业发展上形成分工。要增强中心城市辐射力，扩大城市规模，必须调整省会中心城市对非国有中小工业企业政策，降低企业进入城市的门槛。

《中国经济体制改革的制度分析》 （厦门大学黄新华，中国文史出版社，2005）该书从制度分析的视角指出，从实质上说，中国经济体制改革的历程，就是一个制度的替代、转换与交易的过程，就是制度创新和制度结构的变迁过程。改革开放 20 多年来的制度变迁进程表明，中国经济体制改革取得阶段性的巨大成就，初步实现从计划经济向市场经济的制度转型。但是迄今为止，并没有实现预期的改革目标，改革中仍然存在着不少的欠缺和问题，这些问题概括起来说，就是改革中存在明显的制度缺失。作者指出，要推进中国经济体制改革的进程，完成建立社会主义市场经济体制的目标，必须采取有效策略推进制度创新。

《科技进步与经济增长——全面建设小康社会进程中福建科技发展的理论与实践》（福建师范大学李建平，中国经济出版社，2005）该书抓住"科技进步—经济增长—经济社会可持续发展—全面建设小康社会"之间的内在联系展开分析，将经济学的科技进步与经济增长理论应用于福建省全面建设小康社会的实践中，指出科技进步是经济增长、经济社会可持续发展以及全面建设小康社会的基础，探讨福建科技发展过程与现状，福建科技发展的战略目标，福建省科技投入存在的主要问题，认为在全面建设小康社会进程中，福建省科技进步与经济增长内相关，必须采取措施推进福建科技创新与人力资本投入，这是促进全面建设小康社会的重要途径。

表 5—21　　　　　　　　　　**1992—2005 年经济政策研究其他成果**

成果名称	作　者	发表刊物（出版社）及时间
论宏观经济政策的原则	邱泰如	《福建论坛》（经济社会版）1997:2
市场推动型产业成长与政府产业政策取向	陆小辉 张建荣	《福建论坛》（经济社会版）1999:10
宏观经济政策应增强企业有效生产力	林民书	《社会科学战线》2000:2
我国产业结构调整的对策	陈　燕	《探索与争鸣》2000:4
面向新世纪的中国经济	陈　征	经济科学出版社,2001
论加入 WTO 以后中国的政策调整	全　毅	《发展研究》2001:9
中国对外贸易政策取向新探	刘义圣	《东南学术》2002:6
论财政政策货币政策在当前我国经济中的运用	赵卫红	《财政监察》2002:6
居民消费行为变迁与宏观政策选择	郭其友	《厦门大学学报》（哲学社会科学版）2003:1
区域产业科技竞争力的比较研究	杨广青等	《中国软科学》2003:3
失业压力与相关财税政策研究	黄衍电	《福建论坛》（经济社会版）2003:7
美国科技领先的制度供给	朱仁显	《自然辩证法研究》2003:9
资源的全球配置对产业政策的影响	林民书 张树全	《财经研究》2003:10

续表 5—21

成果名称	作　者	发表刊物(出版社)及时间
高科技产业集群持续创新生态体系研究	傅羿芳 朱　斌	《科学学研究》2004:1
科学发展观的宏观经济政策评价探讨	郭其有	《福建论坛》(人文社会科学版)2005:4
资本市场介入下的宏观经济政策析理	许彩玲 刘义圣	《福建省委党校学报》2005:7
加强闽台科技资源整合的思考	卢迪龙 朱　斌	《科学学与科学技术管理》2005:12

第六节　国际关系与国际政治研究

一、学科建设与学术研究

(一) 学科建设

福建省国际关系与国际政治研究的力量主要集中在厦门大学、福建师范大学、华侨大学以及福建社会科学院。厦门大学南洋研究所是我国最早设立的以东南亚各国关系为主要方向的机构之一。该所于 1956 年由中央人民政府华侨事务委员会与厦门大学共同筹建，1996 年改名为厦门大学南洋研究院。南洋研究院是世界华人研究学会中国分部，承担全国华侨华人研究的学术组织和协调工作，亦为国家"211 工程"建设子项目的机构。该研究院在国际移民与侨务政治领域，多年来培养一大批科研专业人才，研究成果丰硕。2000 年厦门大学东南亚研究中心在南洋研究院的基础上组建，该中心被教育部批准为人文社会科学重点研究基地。2004 年南洋研究院入选国家"985 工程"哲学社会科学创新基地。该院现有政治学理论、世界经济、专门史 3 个博士点，以及世界经济、国际关系、专门史 3 个硕士点。厦门大学政治学系在全球治理研究中也有较大的学术影响，该系拥有 1 个政治学理论博士学位授予点和政治学理论、科学社会主义、国际政治、中外政治制度 4 个硕士学位授予点。

福建师范大学社会历史学院也成立了华人华侨史研究中心，主要研究东南亚华人华侨史。华侨大学华人研究所拥有专门史硕士学位点。福建社会科学院华人华侨研究所主要研究东南亚华侨华人经济、政治、社会问题。

（二）学术研究

福建省是国内东南亚国际关系研究的重镇，也是侨务政治与国际移民研究的重要基地。1992—2005 年，在东南亚国际关系、国际移民与侨务政治、国际制度与全球治理研究中取得较多学术成果。福建省国际关系与国际政治研究者先后获得 15 项国家社会科学基金项目，分别是：西方国家对东南亚国家殖民地政策比较研究（厦门大学孙福生，1992）、东盟各国政治制度比较研究（厦门大学林伍珖，1992）、九十年代东南亚国家政治发展研究（厦门大学卓越 1996）、香港回归对香港与东南亚关系的影响及对策建议（厦门大学吴崇伯，1997）、东南亚国家华人与当地民族的关系（厦门大学李一平，1997）、华侨华人历史和现状及与中国的政治、经济关系（厦门大学庄国土，1997）、周边国家民族关系对我国的影响及对策研究（厦门大学彭兆荣，1998）、南海主权与国际海洋法（厦门大学李金明，1999）、经济自由化、全球化和一体化对国际经济条约的影响及中国的对策（厦门大学徐崇利，2002）、东南亚华侨华人传统宗教源流、演变及现代转化之研究（华侨大学张禹东，2002）、经济全球化进程中的东南亚民族问题研究（厦门大学陈衍德，2003）、印度尼西亚华人历史档案文献研究（厦门大学聂德宁，2003）、国际关系理论与国际法原理研究（徐崇利，2005）、海外华人宗教信仰研究：当代东南亚华人基督教与民间信仰的比较（福建师范大学朱峰，2005）、海外华人宗教信仰研究：东南亚华人民间宗教之建构与现状（厦门大学曾玲，2005）。

其间，该学科获得教育部人文社会科学重大项目 4 项，分别是：全球化下中国与东南亚经贸关系的历史、现状与趋势（聂德宁，2002）、东南亚国际关系：区域争端与合作（厦门大学陈安，2002）、当代印度尼西亚、菲律宾及其与中国关系综合研究（吴崇伯，2004）、东南亚历史及其与中国关系史研究（厦门大学廖大珂，2004）。此外，还获得 10 项教育部人文社会科学研究项目、5 项国务院侨办侨务政策研究课题项目、22 项福建省社会科学规划项目。

这一时期，该学科共出版论著 18 部，发表论文 100 余篇。部分研究成果在荷兰、新加坡、日本及中国台湾、香港等国家和地区出版或发表。

其间，该学科获得 1 项教育部人文社会科学优秀成果奖：《MIGA 与中国：多边投资担保机构述评》（第二届三等奖，陈安、徐崇利）。研究成果获福建省社会科学优秀成果奖19 项，分别为：《MIGA 与中国：多边投资担保机构述评》（第三届一等奖，陈安、徐崇利）、《南岛和解对菲政局的影响》（第三届三等奖，厦门大学朱仁显）、《关贸总协定与中国经济发展》（第三届三等奖，福州大学杨李炼、黄克安）、《当代海外华人社团研究》（第三届三等奖，厦门大学李明欢）、《国际环境与国防建设》（第四届三等奖，厦门大学"国际环境与国防建设"课题组）、《与国际惯例接轨的中国对外经贸政策和管理》（第五届一等奖，福州大学课题组）、《华侨华人与中国的关系》（第五届二等奖，庄国土）、《欧洲华侨华人史》（第五届二等奖，李明欢）、《近现代中国与东南亚经贸关系史研究》（第五届三等奖，聂德宁）、《华侨华人经济新论》（第五届三等奖，福建社会科学院李鸿阶）、《华侨华人的新发展》（第五届三等奖，福建省政府发展研究中心蔡德奇、江永良）、《华侨华人在祖籍地的作用方式研究——对融籍华侨华人创新"作用方式"的实证分析》（第五届三等奖，福建社会科学院、福建省侨务办公室课题组）、《进一步利用海外华人资本及其对策研究》（第五届三等奖，李鸿阶等）、《全球化与未来中国》（第五届三等奖，福州大学吴兴南）、《美国单边主义对抗 WTO 多边主义的第三回合》（第六届一等奖，陈安）、《全球化趋势与"跨国法学"的兴起》（第六届二等奖，徐崇利）、《国家安全观刍议》（第六届二等奖，福建师范大学何贻纶）、《南海争端与国际海洋法》（第六届三等奖，李金明）、《近 20 年福州人移民美国和对我国海外移民政策的建议》（第六届三等奖，庄国土等）。

（三）学术会议

1996 年 11 月，厦门大学与中国华侨历史学会共同主办的华侨华人研究国际学术研讨会——世纪之交的华人：回顾与展望在厦门召开。日本、澳大利亚、新西兰、新加坡、菲律宾、马来西亚及中国大陆、台湾和香港等国家和地区的 80 多名学者与会交流讨论。会议议题涉及：华侨历史、华侨政治、华侨经济、华侨宗教文化、华侨海外移民、华人认同、华人社团、当代华人、中国与华人、华商文化与侨乡。

1998 年 10 月，福建省海外交流协会、晋江市人民政府与厦门大学南洋研究院共同主办的中国侨乡社会经济发展国际学术研讨会在晋江召开。美国、法国、意大利、荷兰、挪威、日本、印度、越南、新加坡、马来西亚以及中国大陆、台湾和香港等国家和地区的 60 多名专家学者与会交流讨论。会议议题集中在三个方面：晋江华侨华人研究、金融危机与东南亚华人经济、东南亚国家的华侨华人政策。

2001 年 9 月，厦门大学东南亚研究中心主办二十一世纪初的东南亚经济与政治国际学术研讨会。新加坡、菲律宾、马来西亚、日本、意大利及中国大陆、台湾和香港等国家和地区的 50 多名专家学者参加。会议围绕国际关系、东南亚政治、东南亚经济、东南亚华人华侨等四个议题展开讨论。

2003 年 10 月，厦门大学东南亚研究中心与荷兰莱顿大学亚非拉美研究所，共同举办的近代初期东南亚的海上贸易国际学术研讨会在厦门召开。荷兰、新加坡、印度尼西亚、越南、泰国、斯里兰卡、印度、日本及中国大陆、台湾和澳门等国家和地区的 50 余位专家学者参加。会议内容涉及三个方面：战争、冲突和外交，战争的贸易关系，荷兰殖民统治下的社会状况。

2005 年 10 月，中国和平发展与海外华侨华人研讨会在厦门大学召开。国务院侨务办公室，上海市、广东省、云南省、四川省、福建省侨务办公室、中国社会科学院、中国侨联华侨华人研究所、厦门大学、中山大学、福建社会科学院等单位的 50 多名专家学者参加。会议从政治、历史、经济、社会、教育、文化六个方面的议题就当前侨务工作进行探讨。

二、主要学术成果

（一）东南亚国际关系研究

《新加坡经济发展研究》（厦门大学王勤，厦门大学出版社，1995）该书是中国学者从总的方面探讨新加坡经济成就的最早研究成果之一。该书对新加坡经济的研究主要集中在三个方面：新加坡经济的发展阶段、发展模式与宏观经济管理；新加坡产业结构的变化、企业结构的特点及人力资源开发的特色；新加坡独具特色的社会保障制度、经济发展与收入分配及其对中国的启示。

《近现代中国与东南亚经贸关系史研究》（聂德宁，厦门大学出版社，2001）该书介绍中国与新加坡、中国与英属马来西亚、中国与荷属东印度、中国与暹罗、中国与法属印度支那、中国与缅甸在近现代以来的经贸往来。本书的特色在于每一部分均从四个视角展开分析：二战前国家基本概况、华侨在该国的经济活动、近现代中国与该国的经贸往来、该国华侨与中国的经贸关系。本书重在探讨东南亚国家与中国的经济往来，以及华侨华人在中国与东南亚经贸往来中的地位与作用，展现近现代中国与东南亚经贸关系的历史长卷。

《东南亚地区史和国际关系论集》（孙福生，香港人民出版社，2005）该书汇集作者关于东南亚地区史和国际关系史研究的论文 28 篇，涉及中国与东南亚关系，苏联对东南亚的影响，东南亚各国的政治、经济发展状况，美国对东南亚的影响，关于东南亚在联合国中的地位，东南亚金融危机等。

表5—22　　　　　**1992—2005 年东南亚国际关系研究其他成果**

成果名称	作　者	发表刊物（出版社）及时间
新加坡对外投资的新格局	王　勤	《国际贸易》1992:3
东盟国家经济发展与社会经济形态	廖少廉	科学文献出版社,1993
近代中国与新加坡的经贸关系概述	聂德宁	《南洋问题研究》1994:1
当代新加坡	王　勤	四川人民出版社,1995
印度尼西亚	孙福生 李一平	广西人民出版社,1995
日本在东盟国家的直接投资及其影响	王　勤	《当代亚太》1995:3
菲律宾经济现状、问题及其前景预测	沈红芳	《世界经济与政治》1995:10

续表 5—22

成果名称	作 者	发表刊物(出版社)及时间
新加坡研究	李一平 周 宁	国际文化出版公司,1996
东盟对亚太经合组织的政策	廖少廉	《当代亚太》1996:5
独具特色的新加坡社会保障制度	王 勤	《世界经济与政治》1996:5
印度尼西亚的金融自由化试析	吴崇伯	《世界经济》1996:9
中国与新加坡的早期贸易往来	聂德宁	《近代史研究》1997:1
菲律宾拉莫斯政府的经济改革及其成效	沈红芳	《世界经济与政治》1997:1
菲律宾经济持续增长的原因及其发展趋势	沈红芳	《世界经济》1997:3
菲律宾新中央银行在抑制经济衰退中的作用	沈红芳	《当代亚太》1999:5
东盟经济发展趋势及面临的制约因素	廖少廉	《南洋问题研究》2000:1
当代国际关系史	王坚德	民族出版社,2001
从历史与国际海洋法看黄岩岛的主权归属	李金明	《中国边疆史地研究》2001:4
东亚金融危机:东亚模式转化的催化剂?——对泰国菲律宾案例研究	沈红芳	《世界经济》2001:10
东亚经济发展模式比较研究	沈红芳	厦门大学出版社,2002
东盟经济的重组及其前景	王 勤	《当代亚太》2002:5
中国与东盟经济关系新格局	王 勤	厦门大学出版社,2003
东盟区域经济合作研究	廖少廉	中国对外经济贸易出版社,2003
南海争端与国际海洋法	李金明	海洋出版社,2003
对抗、适应与融合——东南亚的民族主义与族际关系	陈衍德	岳麓书社,2004
新加坡经济的波动与重组	王 勤	《当代亚太》2004:4
冷战以来东南亚国际关系的研究述评	庄国土	《世界历史》2004:5
海洋法公约与南海领土争议	李金明	《南洋问题研究》2005:2
中马关系及其前景:建构主义视角下的思考	赵海立	《南洋问题研究》2005:3

(二) 国际移民与侨务政治研究

《当代海外华人社团研究》(李明欢,厦门大学出版社,1995)该书从宏观角度,运用社会学、人类学、经济学、政治学、文化学等多学科的原理方法,把当代海外华人社团置于战后不断发展变化的时代大背景下,对海外华人社团的历史溯源、组建动因、组织形态、经济机制、社会功能等方面进行考察,从而揭示战后世界大环境与战前的不同之处及其对海外华人社团所产生的影响。

We Need Two Worlds：Chinese Immigrant Associations in a Western Society（《我们需要两个世界：活跃在一个西方社会中的华人移民社团》）（李明欢，荷兰阿姆斯特丹大学出版社，1999）该书以荷兰华人移民为个案，从多个角度分析荷兰华人移民的历史与现状，探讨荷兰华人社团的组建动因、组织结构与社会功能，论证华人移民身处"两个世界"的社会形态，阐述华人移民为改变其不利地位做出的努力，并对华人社团今后的发展趋势作了展望。该书强调华人移民是国际移民活动中的"正常"现象，在华人移民活动中出现的问题在其他发展中国家的移民活动中都有不同程度的体现。

《华侨华人与中国关系》（庄国土，广东高等教育出版社，2001）该书有四个特色：第一，将华侨华人与中国的关系作为历史上乃至现今中国对外关系的重要内容来考察分析；第二，以个案研究方法来揭示海外华人与中国经济合作的各个层面，注重侨乡田野调查、宏观综合研究与微观个案；第三，对20世纪70年代以来华人新移民的定位、分布、来源、特点及其与中国的关系进行考察；第四，对台湾当局侨务政策的得失及其海外台胞政治经济资源的利用做出分析。

《论华族——从世界史与民族史的角度所作的探讨》[陈衍德，《厦门大学学报》（哲学社会科学版）2001：2]该文从世界史和民族史的角度重新定义"华族"，认为所有生活在中国（含大陆及台、港、澳）以外的具有中华民族血统和中国文化特征的人，就是"华族"，并指出，"华族"应包括仍保持中国国籍的"华侨"、已取得外国国籍的原华侨及其后裔所构成的"华人"，以及泛指华侨、华人的后裔的"华裔"。论文以19世纪中叶以来一批批中国人移居海外的历史，论证华族的形成与发展。作者认为，血统成分与文化传统乃是华族的本质特征。

《华侨华人经济新论》（李鸿阶，福建人民出版社，2002）该书介绍华侨华人资本的形成、发展与变化，华侨华人资本的性质，华侨华人的经济实力，华人资本企业集团的地位和作用，华侨华人企业集团跨国投资及其行为特征，金融危机对华侨华人经济发展的影响，华侨华人经济的发展趋势等内容，勾勒出华侨华人经济的过去、现在与未来轮廓，反映华侨华人经济在各个不同时期、特别是在世纪之交的发展与变化。

《论东南亚华族》（庄国土，《世界民族》2002：3）该文指出，东南亚的华人族群是20世纪50年代以后逐渐形成的东南亚当地族群之一，是东南亚各当地国家民族的组成部分。东南亚华族的前身是作为中华民族组成部分的东南亚华侨社会。从华侨社会到华人族群，东南亚华人经历从侨民社会到落地生根族群的蜕变过程，其根本标志是从全面认同中国到全面认同当地社会。东南亚华族并非统一的族群，而是对分散于东南亚各国的华族的统称。东南亚各国华族生存和发展的环境各不相同，其华族意识和凝聚力的强弱程度也大相径庭。总体而言，东南亚华族的发展趋势是逐渐与当地主体族群融合，塑造共同的国家民族。

《从移民到选民：1965 年以来美国华人社会的发展变化》（庄国土，《世界民族》2004：2）该文指出，1965 年是美国华人发展历史的分水岭，美国政府于该年修改移民法，承认种族移民机会平等。此后华人移民源源不断涌入美国，成为美国增长速度最快的移民群体。随着华人社会规模迅速扩大以及经济和专业实力的激增，美国华人开始积极参政，争取与其社会地位相当的政治权利。从移民到选民，是美国华人落地生根、苗壮成长的过程。假以时日，随着华人移民数量的激增，华人选民的政治影响力将有望接近美国犹太裔选民。

《东南亚华人传统宗教的构成、特性与发展趋势》（张禹东，《世界宗教研究》2005：1）该文通过宗教的视角对东南亚华人进行深入研究。作者指出，传统宗教是海外华人传承民族文化、加强民族认同、增强民族凝聚力的重要形式，对华人社会生活有着深远、广泛的影响。根据东南亚华人传统宗教的特定内涵与构成，作者分析华人传统宗教具有中华性和当地性的二重特性及其表现，并从内在和外在两个角度对影响华人传统宗教生存发展质量的因素进行分析，从而探究东南亚华人传统宗教的发展趋势。

表 5—23　　　　　**1992—2005 年国际移民与侨务政治研究其他成果**

成果名称	作　者	发表刊物（出版社）及时间
荷兰华人的社会地位	（荷）彭轲著 庄国土译	台湾"中央研究院"，1992
海外华侨与民初捍卫共和的斗争	李国梁	《南洋问题研究》1992：3
华侨华人与中国革命和建设	林金枝 主　编	福建人民出版社，1993
华侨华人与中国革命和建设	李国梁	福建人民出版社，1993
明末清初中国帆船与荷兰东印度公司的贸易关系	聂德宁	《南洋问题研究》1994：3
福建沿海非法移民潮的原因分析	叶文振	《华侨华人历史研究》1995：1
对近 20 年来华人国际移民活动的几点思考	庄国土	《华侨华人历史研究》1997：2
世纪之交的海外华人	庄国土等	福建人民出版社，1998
改革开放以来福建与华侨华人	庄国土	厦门大学出版社，1999
关于华人文化的内涵及与族群认同的关系	庄国土	《南洋问题研究》1999：3
中国侨乡研究	庄国土	厦门大学出版社，2000

续表 5—23

成果名称	作　者	发表刊物（出版社）及时间
论 15—19 世纪初海外华商经贸网络的发展	庄国土	《厦门大学学报》（哲学社会科学版）2000:2
欧洲福建籍华人地缘性社团的个案研究	陈衍德	《华侨华人历史研究》2000:3
从民族主义到爱国主义:1911—1941 年间南洋华侨对中国认同的变化	庄国土	《中山大学学报》2000:4
20 世纪西方国际移民理论	李明欢	《厦门大学学报》（哲学社会科学版）2000:4
改革开放以来福清侨乡的新移民——兼谈非法移民问题	施雪琴	《华侨华人历史研究》2000:4
华侨华人与中国的关系	庄国土	广东高等教育出版社,2001
群体效应、社会资本与跨国网络:"欧华联会"的运作与功能	李明欢	《社会学研究》2001:2
欧盟国家移民政策与中国新移民	李明欢	《厦门大学学报》（哲学社会科学版）2001:4
福建省新移民问题剖析及相关政策初探	朱美荣	《人口研究》2001:5
侨乡族谱与华侨华人历史研究	郑山玉	周南京主编《华侨华人百科全书·总论卷》,中国华侨出版社,2002
欧洲华侨华人史	李明欢	中国华侨出版社,2002
福建海外交通史	廖大珂	福建人民出版社,2002
族谱和海外华人移民研究	纪宝昆等	新加坡华裔馆,2002
海外华人地域分布变化特征及原因	蔡德奇 江永良	《华侨华人历史研究》2002:1
福建新移民问题初探	王付兵	《南洋问题研究》2002:4
非法移民:一个世界性的难题	林　胜	《人口与经济》2002:6
非法移民产生机制的研究——以福建个案调查为例	林　胜	《青年研究》2002:10
从跳船者到东百老汇大街的"主人":近 20 年来福州人移民美国研究	庄国土	《华侨华人历史研究》2003:3
"共和模式"的困境——法国移民政策研究	李明欢	《欧洲研究》2003:4
福建新移民在美国——20 世纪 90 年代以来福州地区非法移民个案研究	沈燕清	《世界民族》2004:1

续表 5—23

成果名称	作者	发表刊物(出版社)及时间
80年代中期以来中国人向马来西亚的人口迁移	王付兵	《南洋问题研究》2004:4
偷渡路上的福建女——对福建沿海地区女性非法移民的社会学考察	孙琼如	《青年研究》2004:8
经济全球化下的中国新移民	郭玉聪	《当代亚太》2004:9
东南沿海人口迁移的新变化研究	陈美招	《青年研究》2004:9
当代华商网络与华人移民:起源、兴起与发展	庄国土	台湾稻香出版社,2005
福建侨乡调查:侨乡认同、侨乡网络与侨乡文化	李明欢	厦门大学出版社,2005
福建移民史	林国平 邱季端	方志出版社,2005
侨乡研究与华侨华人学建构	李国梁	《华侨与华人》2005:1
国际移民学研究:范畴、框架及意义	李明欢	《厦门大学学报》(哲学社会科学版)2005:3(《新华文摘》2005:16转载)
全球化与近30年的中国海外移民	庄国土	《国际文化研究(日本)》2005:3
"中国的全球化"与"跨国的福建人"	李明欢	《读书》2005:8

（三）　国际制度与全球治理研究

《关贸总协定与中国经济发展》（福州大学杨李炼、黄克安、骆念蓓，福建教育出版社，1994）该书包括三大部分：第一部分论述关贸总协定产生的历史背景、基本原则、例外条例、组织机构和多边贸易谈判，并考察发展中国家与关贸总协定的关系；第二部分详细分析中国恢复关贸总协定的国内外经济环境；第三部分概述乌拉圭回合谈判的意义和内容，并对乌拉圭回合中的服务贸易、知识产权、与贸易有关的投资措施等新议题展开具体分析。

《MIGA与中国：多边投资担保机构述评》（陈安、徐崇利，福建人民出版社，1995）该书是国内关于MIGA（世界银行集团之多边投资担保机构）的第一本专著，作者在掌握大量第一手资料的基础上，对MIGA体制中的许多问题作了探讨。全书涉及四大基本观点与理论创新：第一，MIGA体制源于OPIC体制（美国海外私人投资公司的保险机构），又远高于OPIC体制；第二，MIGA的投资担保与投资促进两大业务之间是一种互补互动的关系；第三，中国制定有关《多边投资担保机构公约》实施条例，不仅有利于中国利用MIGA机制吸引外资和促进海外投资，而且有助于中国的整体法制建设；第四，分析

MIGA 对香港的适用性及其对台商大陆投资的保障。作者正对 MIGA 这一国际经济组织进行剖析，并对中国加入 MIGA 的利弊得失进行探讨和论证。

《国际货币基金组织贷款条件的利益分析与法律性质》（徐崇利，《中国法学》1999：5）该文从利益与法律的双重视角分析国际货币基金组织的贷款条件，及其在日趋严格的总态势下所呈现出的新特点。该文提出为了维持与成员国间的合作关系和保证贷款条件本身的合理性，基金组织需要对其贷款条件进行"软化"处理，其主要方式是通过确定"法律性质"来实现。该文指出对于一些西方国家滥用基金组织贷款条件的倾向和做法，中国应坚决予以反对。

《全球化与未来中国》（吴兴南、林善炜，中国社会科学出版社，2002）该书从纵向层面较为全面的介绍全球化的历史进程、本质特征、积极作用、消极影响、发展趋势及应对方式；从横向层面关注全球化的多维度特性，对贸易全球化、生产全球化、金融全球化、信息全球化、文化全球化等多个领域进行阐述；关注全球化与区域化、全球化与国家的互动，对全球化形势下的利弊权衡和协调机制也提出见解与对策。

《国家安全研究》（何贻纶，人民出版社，2005）该书对国家安全概念提出一个新的分析框架——安全主体、安全威胁行为体、客观安全行为、威胁安全的主观故意。从宏观与微观两个方面分析国家安全的应对机制。作者在应对方面以中国所面临的安全威胁作为研究的出发点，从理论层面对国家安全疑问做出解释，对中国的国家安全问题进行对策性分析。

表 5—24　　　　　**1992—2005 年国际制度与全球治理研究其他成果**

成果名称	作　者	发表刊物（出版社）及时间
中国对外经济贸易	黄克安	厦门大学出版社,1998
中国入世:体制改革与政策调整	全　毅	经济科学出版社,2001
世界贸易组织争端解决机构的管辖权制度评述	徐崇利	《当代法律评论》2001:3
全球化与环境问题	林其屏	江西人民出版社,2002
"建构主义"国际关系理论与国际法	徐崇利	《中国国际法年刊》2002/2003
战后东南亚民族分离主义运动评述	施雪琴	《世界历史》2002:6
当代东南亚政治研究指南	〔英〕迈克尔·利弗著 薛学了等译	厦门大学东南亚研究中心、香港城市大学东南亚研究中心,2003
当代世界经济与政治	陈宪光	福建教育出版社,2003
《世贸组织协定》的解释制度评析	徐崇利	《中外法学》2003:2
试论当代国际关系理论中国际法的角色定位	刘志云	《现代国际关系》2003:2

续表 5—24

成果名称	作 者	发表刊物(出版社)及时间
从民族解放运动到民族分离浪潮——20 世纪东南亚民族主义的角色转换	陈衍德	《东南学术》2003:5
对外开放理论的突破与创新	林其屏	红旗出版社,2004
多民族共存与民族歧视——当代东南亚族际关系的两个侧面	陈衍德	《南洋问题研究》2004:1
16 世纪天主教会对西班牙海外管辖权的争论——兼论菲律宾群岛"和平征服"	施雪琴	《厦门大学学报》(哲学社会科学版)2004:1
亨廷顿的族群文化观及其对国际关系的解读	庄国土	《世界民族》2004:2
冷战后中国对东南亚国际政治行为的基本特征	赵海立	《南洋问题研究》2004:4
国际机制理论与国际法的发展	刘志云	《现代国际关系》2004:10
国际关系理论中的博弈理论与国际经济法的发展	刘志云	《外交学院学报》2005:1

第七节 科学社会主义与国际共产主义运动研究

一、学科建设与学术研究

(一) 学科建设

福建省科学社会主义与国际共产主义运动研究的力量主要集中在厦门大学、福建师范大学、华侨大学以及省委党校等院校。1985 年厦门大学获得科学社会主义与国际共产主义运动研究硕士学位授予权。1990 年华侨大学公共管理学院获得科学社会主义与国际共产主义运动史硕士学位授予权。此期间,福建师范大学、福建省委党校等也相继开设专业,开展科学社会主义与国际共产主义运动史的教学和研究。

(二) 学术研究

1992—2005 年,该学科研究包括科学社会主义理论及其发展史、国际共产主义运动史、当代国际共产主义运动、国外社会主义思潮、当代世界社会主义、中国特色社会主义等领域。先后获得国家社会科学基金项目 4 项:社会主义制度与资本主义制度比较研究(福建社会科学院潘叔明,1992)、通向中国现代化的必由之路——论中共领导的人民革命

（华侨大学吴贤辉，1999）、社会主义民主理论与实践的历史考察——列宁时期党内民主研究（厦门市委党校尹彦，2001）、建国以来中国共产党探索工业化道路的理论发展与创新研究（福建省委党校高伯文，2003）。

这一时期，该学科获得福建省社会科学优秀成果奖共11项：《巴黎公社原则与社会主义实践》（第二届三等奖，福建师范大学余泽清、林修果）、《当代资本主义社会变化了的文化模式》系列论文（第三届二等奖，厦门大学陈振明）、《努力探索市场经济与精神文明有机结合的成功之路》（第三届二等奖，潘叔明）、《试论"社会主义市场经济"的理论内涵》（第三届三等奖，厦门大学陈其林）、《论三种标准的历史意义及其内在统一》（第四届二等奖，潘叔明）、《中国社会主义现代化与市场化有机耦合的历史分析》（第五届二等奖，高伯文）、《经济全球化与21世纪社会主义发展若干问题探要》（第五届三等奖，福建师范大学何贻纶）、《奥菲对当代社会主义运动的新思考》（第五届三等奖，厦门大学陈炳辉）、《共产主义运动的现实性和过程性——兼与张奎良先生商榷》（第六届三等奖，福州大学许斗斗）、《建设全面小康社会进程的一个比较研究》（第六届三等奖，厦门大学李文溥、杨灿）。

（三）学术会议

2002年10月，中共中央编译局世界所与泉州师范学院共同主办的中国国际共运史学会2002年年会暨学术研讨会在泉州举行。中共中央编译局、中共中央对外联络部、中共中央党校、中国社会科学院、《求是》杂志社等科研、出版单位以及北京大学、中国人民大学、华东师范大学等高校的120多名专家学者出席会议。与会者围绕"时代的新特点与社会主义理论和实践的新探索"这个主题，对时代、时代特征和时代主题，和平与发展问题以及"三个代表"重要思想的意义展开研讨。

2003年9月，中国科学社会主义学会、福建省委党校和福建省科学社会主义暨国际共产主义运动史学会联合主办，华侨大学、厦门市委党校协办的"三个代表"重要思想与中国特色社会主义理论研讨会暨中国科学社会主义学会成立20周年大会在福建省委党校召开。中国科学社会主义学会会长赵曜、副会长林炎志，福建省委组织部部长李宏，中央党校副校长李君如以及全国社会科学界专家、教授120多人出席会议。与会者围绕"三个代表"重要思想的时代背景、实践基础、科学内涵、精神实质及其历史地位进行学术探讨。

2004年10月，福建省科学社会主义暨国际共产主义运动史学会第八次代表大会在泉州师范学院举行。福建省各高校、党校系统的会员代表、专家学者60多人参加。会议围绕加强党的执政能力建设，长期执政的新形势和新任务，执政能力建设的科学内涵，科学执政、民主执政、依法执政，发展党内民主带动人民民主等问题展开讨论。

2005年11月，福建省社会科学界第二届学术年会构建和谐社会与科学社会主义理论和实践论坛在莆田市委党校召开。福建省各高校、党校系统从事科社和国际共运史教学和研究的 60 多位学者，以及莆田学院的 100 多名师生参加会议。会议贯彻党的十六届五中全会精神，围绕构建社会主义和谐社会的能力、马克思主义的精神实质与构建社会主义和谐社会的内在关联、经济和谐发展对构建和谐社会的作用、"构建和谐社会"是统摄全局的执政理念以及中国的和平崛起与构建和谐世界几个方面问题展开交流和讨论。

二、主要学术成果

（一）科学社会主义理论及其发展史研究

《从列宁到斯大林探索社会主义建设的经验与教训》（福建省委党校蔡金发，《理论学习月刊》1996：10）该文研究从列宁到斯大林探索建设社会主义的经验与教训。该文指出，把握和比较他们的基本思路，并从当时的历史条件出发，弄清他们思想变化的缘由和实践的得失，对于加深理解中国改革开放的历史必然性，坚定走建设有中国特色社会主义道路，具有重要的理论和现实意义。

《实事求是：科学社会主义的理论基石——论马列主义、毛泽东思想、邓小平理论的共同本质》（厦门大学王玉琼，《鹭江大学学报》1998：1）该文从逻辑与历史相统一的高度探讨作为科学社会主义理论基石的实事求是的时代精神、基本内涵和发展态势，指出尊重人民群众的首创精神、在现实中探寻理论与实践的切合点、把实事求是与思想解放统一起来，既是科学社会主义理论发展的内在要求，也是社会主义现代化建设发展的迫切需要。

《试论马克思主义工业化理论的实践与发展》（高伯文等，《马克思主义研究》2003：4）该文按照历史和逻辑的顺序，论述马克思、恩格斯通过对工业化与资本主义生产关系矛盾的分析，推导出工业化必然导致资本主义被社会主义所替代的结论；斯大林提出以优先发展重工业、工业化以及建立单一公有制和计划经济为保障等特征的社会主义工业化理论；新中国成立后毛泽东、邓小平和江泽民对社会主义工业化道路的探索历程。

《论共产主义运动的现实性和过程性——兼与张奎良先生商榷》（许斗斗，《哲学研究》2004：1）该文认为，共产主义理论不应该仅仅被理解为一种纯粹的理想，而应该把它看作是一个现实运动过程。作者指出，马克思从人的存在论意义上把共产主义看作是对人的自我异化的扬弃运动，其目的是使人展现和复归其自由自觉的活动本质；马克思、恩格斯认为，共产主义是建立在生产力的巨大增长和人们的普遍交往的基础上。没有这两个条件，共产主义就只能作为地域性的形式而存在，失去它"世界历史"意义的本质特性。共产主义学说就是无产阶级解放的学说，无产阶级不应该仅仅被理解为一个政治学意义上的阶级概念，而是人这一"类"的象征，因此无产阶级的解放才是人类的解放。在现实中，共产主义运动可以分为社会主义和共产主义两个不同阶段，但它们却是统一在整个过程中，只有这样才能更好地阐述共产主义信念。

表5—25　　　　**1992—2005 年科学社会主义理论及其发展史研究其他成果**

成果名称	作　者	发表刊物（出版社）及时间
从苏联模式到中国自己的建设道路	何其颖	《福建学刊》1994：3
关于跨越资本主义制度的卡夫丁峡谷与中国的社会主义——恩格斯《"论俄国的社会问题"跋》的启示	洪成得	《东南学术》1995：5
《共产党宣言》"两个决裂"论探讨——兼论现阶段国有企业改革问题	王玉琼	《鹭江大学学报》1995：6
科学社会主义理论的继承和重大创新——纪念《共产党宣言》发表 150 周年	李建平	《福建师范大学学报》（哲学社会科学版）1998：2
新世纪科学社会主义面临的重大课题	蔡金发	《福建省委党校学报》2000：4
略论社会主义苏联解体的深刻教训	郑又贤	《福建农林大学学报》（哲学社会科学版）2002：4
马克思主义中国化释义——一种解释学的视界	林默彪	《东南学术》2003：1
论东方社会革命与发展道路——马克思、恩格斯"东方社会理论"探源	蔡金发	《东南学术》2003：6
历史与逻辑的演绎：马克思主义中国化研究	赵麟斌	吉林人民出版社，2004 年
列宁之后由谁接班——比较研究列宁时期的托洛茨基、斯大林	尹　彦	《东南学术》2004：6
对科学社会主义和民主社会主义关系的反思	林怀艺 庄锡福	《山东科技大学学报》（社会科学版）2004：6

（二）国外马克思主义与社会主义思潮研究

《世纪之交的国外马克思主义与社会主义研究——苏东剧变之后的研究现状与前景》（陈振明，《思想理论教育导刊》1996：4）该文将 20 世纪国外马克思主义和社会主义的研究分为"苏联马克思主义"、"西方马克思主义"或"新马克思主义"、"第三世界的马克思主义"或"第三世界的社会主义"三大流派或三大思潮，侧重分析苏东剧变后国外马克思主义研究出现的新情况、新特点：一是更加侧重于从学术的角度对马克思主义和社会主义进行研究；二是更加注重对现实问题的研究；三是出现跨学科、整体研究的趋向。该文还归纳目前西方马克思主义研究的学派：分析学派的马克思主义、解构的马克思主义、文化马克思主义、社会运动的马克思主义、女权主义的马克思主义、马克思主义解放神学、乌托邦的马克思主义、市场马克思主义、世界体系的资本主义和管理学派的马克思主义。

《"西方马克思主义"眼中的苏联模式》（陈振明，《马克思主义研究》1996：6）该文指出，"西方马克思主义"的代表人物将苏联社会称为"国家社会主义"、"极权社会主义"、"官僚社会主义"、"国家资本主义"等。他们将苏联的社会现实与马克思的社会主义理想加以比较，还将苏联与西方社会以及法西斯主义国家加以比较，批判苏联高度集权的政治、经济和文化体制，揭露这种体制下的官僚主义、政治异化、缺乏民主、没有人权、排斥市场机制等弊端，并寻求一条既不同于当代资本主义，又不同于现存社会主义的"第三条道路"或"新社会主义"。

《奥菲对当代社会主义运动的新思考》（陈炳辉，《当代世界与社会主义》2001：6）该文论述奥菲通过对晚期资本主义国家矛盾的分析，对当代社会主义运动进行的新的思考。奥菲认为传统社会主义运动中的国家主义战略是与无产阶级解放目标背道而驰的，在当代资本主义国家的客观条件下也是行不通的。他提出当代社会主义运动的非国家主义战略问题。同时，奥菲根据当代资本主义社会的实际变化，将新社会运动看做是当代社会主义运动的重要组成部分，并对新社会运动的基础和特征进行深入的剖析。

表5—26　　　**1992—2005年国外马克思主义与社会主义思潮研究其他成果**

成果名称	作　者	发表刊物（出版社）及时间
是从乌托邦到科学还是从科学到乌托邦——评"西方马克思主义"的现代乌托邦理论	陈振明	《东南学术》1994：4
当代资本主义社会及其合法化危机——评哈贝马斯的"晚期资本主义理论"	陈振明	《岭南学刊》1996：2
"西方马克思主义"对社会主义理论的探索	陈振明	《岭南学刊》1996：3
"西方马克思主义"社会主义观述评	陈振明	《福建学刊》1997：2
普朗查斯的新的社会主义战略模式	陈炳辉	《社会主义研究》1998：4
哈贝马斯的民主理论	陈炳辉	《厦门大学学报》（哲学社会科学版）2001：2
社会主义民主与资本主义民主	陈炳辉	《社会主义研究》2003：1

（三）中国特色社会主义理论和实践研究

《试论邓小平对外开放理论的思想来源》（厦门大学陈永志，《当代经济研究》1997：1）该文指出，邓小平对外开放理论的形成既有深刻的历史渊源和时代背景，又有坚实的马克思主义思想基础：一是来自对中国社会发展的历史反思；二是来自对当今世界经济发展趋势的敏锐观察；三是来自对外国经济快速发展的经验概括；四是来自对社会主义经济建设规律的科学总结；五是继承和吸收了马克思主义发展对外经济关系的思想。该文评价邓小平对外开放理论在中国改革开放事业中的重大理论意义及其产生的空前实践效应。

《论三种标准的历史意义及其内在统一》（潘叔明，《人民日报》1998.12.17）该文提出，邓小平理论深刻地内含着三种标准，即作为真理尺度的实践标准、作为唯物史观最终尺度的生产力标准以及作为价值尺度的"三个有利于"标准，它们逻辑地展现于十一届三中全会以来的建设有中国特色社会主义的伟大历史进程中。对于社会主义初级阶段、社会主义市场经济、社会主义本质、社会主义公有制实现形式等问题，让实践发言，成功地走出一条新道路；生产力标准的提出，解决"什么是社会主义、怎样建设社会主义"这一根本问题；"三个有利于"标准，则从价值主体和价值目标上指引人们去区分制度与体制、制度性范畴与非制度性范畴、制度性范畴与客体效用，利用改革开放大力推进中国特色社会主义事业的伟大进程。

《江泽民对国有企业改革与发展理论的新贡献》（福建社会科学院林其屏，《福建日报》2001.3.7）该文较全面地概括20世纪90年代以来，江泽民关于国有企业改革和发展的主要思想，认为江总书记关于公有制与市场经济相结合等论述，及时正确地指导国有企业的改革和发展，为国有企业基本实现三年脱困的目标取得阶段性胜利做出新的贡献。

《中国社会主义现代化与市场化有机耦合的历史分析》（高伯文，《当代中国史研究》2002：6）该文指出，中国社会主义市场经济模式的创新，不仅在于社会主义基本制度与市场经济的结合，而且还在于社会主义现代化与市场经济的有机耦合，这一结合是通过两者的互动逐步实现的。决定这一互动演变过程的主要因素是由世界新科技革命引起的中国现代化双重使命与传统计划经济体制的矛盾和冲突的发展，而世界新科技革命引发的当代中国先进生产力的发展要求，则是中国社会主义现代化与市场化日益有机耦合的最深刻的根源和纽带。这两者的有机结合，使中国终于找到一条既符合本国国情又顺应世界潮流的现代化建设道路。

《邓小平如何确定中国社会主义的历史方位》（华侨大学刘新宜，《当代世界与社会主义》2003：4）该文指出，对新生的社会主义社会定位过高是社会主义国家出现失误的重要原因之一，其主要表现：在内部纵向对比上，把发展程度估得过高；在外部横向对比上，把成熟程度拔得太高。对此，邓小平拨乱反正，作过很多精辟论述。该文指出，邓小平的论述在内部纵向对比问题上现已达成广泛社会共识，但在外部横向对比问题上却远未取得相同社会效果。

表 5—27　　　**1992—2005 年中国特色社会主义理论和实践研究其他成果**

成果名称	作　者	发表刊物(出版社)及时间
试论"社会主义市场经济"的理论内涵	陈其林	《学习与探索》1993:6
邓小平"一国两制"科学构想是对马克思主义国家理论的卓越贡献	潘叔明	《福建论坛》(人文社会科学版)1994:6
论社会主义市场经济体制	张炳光	《福建省委党校学报》1994:11
在建立社会主义市场经济新体制进程中必须正确把握的若干问题	林述舜	《发展研究》1994:12
社会主义市场经济论	林述舜	福建人民出版社,1995
科学社会主义与中国特色社会主义	蔡金发	福建人民出版社,1998
江泽民对邓小平特区理论的新贡献	林其屏	《福建日报》1998.12.28
论只有社会主义才能救中国和发展中国——毛泽东、邓小平、江泽民有关论述的解读	蔡金发	《福建省委党校学报》1999:1
江泽民对邓小平东西部共富构想的深化和拓展	高伯文	《党史研究与教学》1999:3
为建设有中国特色的社会主义市场经济保驾护航	林述舜	《人民政坛》1999:6
东西部关系与发展思路的创新	高伯文	《党的文献》2003:2
建设全面小康社会进程的一个比较研究——以福建省为基点	李文溥　杨　灿	《中国人口科学》2004:4

第六章　法学研究

第一节　法学理论研究

一、学科建设与学术研究

（一）学科建设

法学理论研究主要包括法理学和法律史研究。福建省首个法理学硕士学位点设立于厦门大学法学院。该硕士学位点从 2004 年开始招生，是 1992—2005 年福建省高等院校唯一的法理学硕士点。此外，福州大学、华侨大学、福建师范大学、福建政法管理干部学院等院校以及福建社会科学院等研究机构均有法理学的研究力量。

法律史学科方面，20 世纪 80 年代，厦门大学法律系在民法学专业内培养外国法制史（外国法律史）硕士研究生。1999 年以后，厦门大学法学院民商法专业开始先后招收罗马法以及西方私法史领域（外国法律史）的硕士生和博士生。同时，厦门大学法学院也设有中国法律史、刑法史等硕士生课程。此外，福州大学、华侨大学、福建师范大学、福建政法管理干部学院等院校均有教师从事法律史教学与研究。

（二）学术研究

1992—2005 年，福建省在法理学和法律史研究方面取得进展。学者们还在立法学、罗马法和比较法等特色领域进行研究，取得相应成果。

其间，获得教育部人文社会科学研究项目 1 项：立法权的配置与运作研究（厦门大学宋方青，2002）。获得司法部法治建设与法学理论研究部级科研项目 1 项：立法与立法权的理论与实证研究（宋方青，2002）。获得福建省社会科学规划项目 2 项。此外，承担"日本学术振兴会"课题 1 项：东亚的法与习惯——死刑研究（厦门大学周东平，2004）。

这一时期，两个学科（含交叉学科领域）在 CSSCI 等法学核心期刊上发表学术论文 80 余篇，出版代表性著作 10 部，主办以书代刊的集刊 1 种：《罗马法与现代民法》。研究成果获得福建省社会科学优秀成果奖 5 项：《论言论自由与人身权的权利冲突、制衡和均衡》（第四届三等奖，福建社会科学院关今华）、《个案与逻辑认知》（第五届二等奖，福建公安高等专科学校张成敏）、《法治成本分析》（第六届一等奖，福建省人大常委会法制工作委员会游劝荣）、《共和晚期希腊哲学对罗马法之技术和内容的影响》（第六届一等奖，厦门大学徐国栋）、《法律的道路及其影响》（第六届三等奖，福建师范大学张芝梅、陈绪刚）；获得司法部法学教材和法学科研优秀成果奖 1 项：《客观诚信与主观诚信的对立统一问题——以罗马法为中心》（2002，徐国栋）。

（三）学术会议

2001 年 11 月，中国法律史学会暨儒学与法律文化研究会 2001 年学术年会在厦门大学举行。全国高校的 80 多名学者出席会议，正式提交论文 56 篇。会议围绕"中国传统法文化的价值评析及新世纪对其提出的要求"、"法治与德治的论争"、"中国法律近代化"、"中国法律史在法学教育中的地位"、"中国法律史生命力的思考"以及"中国法制史研究方法"等展开研讨。

2002 年 2 月，省法学会举办司法体制改革座谈会。参加会议的有福建公安高等专科学校、福建省政法管理干部学院以及福建省法学会的部分学者，还有福建省人大常委会、司法厅、监狱局、劳改局以及政法委等单位的专家。与会专家学者指出，经过二十多年的改革开放，中国社会经济结构出现巨大改变，司法体制需要进行改革以适应新形势。他们就中国现行司法体制及其改进进行讨论，对司法独立、法院改革、警察权和检察权的改革等问题提出诸多意见和建议。

2005 年 9 月，吉林大学理论法学研究中心主办，厦门大学法学院承办的法理学教材研究与编写学术研讨会在厦门举行。中国社会科学院、清华大学、武汉大学、浙江大学、中山大学、南京大学、厦门大学等院校的数十名学者以及高等教育出版社的编辑与会。会议的主题包括"关于新时期教材的指导性原则"以及"关于新时期教材的内容"等。

二、主要学术成果

（一）法学基础理论研究

《权利冲突的制约、均衡和言论自由优先配置质疑——也论〈秋菊打官司〉案、邱氏鼠药案和言论自由》（关今华，《法学研究》2000：3）该文对北京大学苏力教授发表在《法学研究》（1996：3）上的文章的观点提出质疑，认为言论自由与人身权是两种同等重要的法律权利，不存在主次之分和何者优先的问题，言论自由优先配置不符合中国国情。作者论证自己的观点，即法院在处理难办案件和弱者案件时，应认真注意适用宪法，或者进行违宪审查，同时兼顾事实和法律，维护法律面前人人平等的原则，正确处理个案公平和一般公平的关系，对言论自由和人身权这两种权利之间的冲突，应运用权力制约机制进行权利均衡，并侧重对弱者的保护，不宜多用权利通约的手段解决纠纷。

《个案与逻辑认知》（张成敏，《法学研究》2002：4）该文对法律逻辑学中的个案与逻辑认知问题进行研究，运用逻辑学、认识论、科技哲学、证据学、司法程序、心理学等多学科知识进行综合分析。在对"事实III"和"推断与推证"问题研究的基础上，以"（C）案情发现→（H）侦查假说→（D）案情论证"模式为基本解释模式，对怀疑的科学与证明的科学、悬疑与推定、非逻辑空间与心证、确证与确证偏见等具体问题进行探讨。该文对法学方法论的研究做出基本性梳理。

《法的确定性及其相对性——从人类生活的基本事实出发》（厦门大学李琦，《法学研究》2002：5）该文对法的重要特征——"确定性"进行辩证分析。从稀缺性的角度论证法的确定性的基础地位。区分法的内在确定性和外在确定性；从权力和规则的角度论证法的外在确定性；并从明确性、普遍性和强制性三个要素，以及人类的行为等角度论证法的内在确定性。此外，该文也探讨法的确定性的相对性，并提出对法的确定性所致缺陷的补救。指出法的确定性问题在法律理论中的"元问题"地位。

《从竞争看引证——对当代中国法学论文引证外部学科知识的调查分析》（厦门大学成凡，《中国社会科学》2005：2）该文通过近十年来中国法学研究过程中对其他学科的引证，提出学科知识之间的互相引证问题，从而揭示出法学知识在整个社会科学知识体系中的相对独立性，以及具有更多的"自我封闭性"。指出国际法和民商法作为中国法学中最为专业、传统最深厚的学科，恰恰是对法学外部知识引证最少的学科，这表明法学学科知识的自我循环性质，也表明法学知识的日益专业化。该文预测，随着新的法学交叉学科如法律经济学的兴起，中国"法学的专业化与法学知识的不断更新甚至非专业化"之情形可能会在下一个十年发生改变。

《法学关于法律是什么的分歧》（李琦，《法学研究》2005：6）"法律是什么？"，是法学的一个基础性话题，不同学派的观点各有不同。该文指出，各个学派从各自角度解释法律的不同"面相"，均有一定的道理。指出，智识的有限性使得人们在长期历史过程中对法律的总体认识也仅仅是有限的智识，这其实是正常的，符合人类认识和知识的总体状况。而各种对法律的有限智识，恰恰像"瞎子摸象"，既体现"智"，也是一种"盲"。

《法治成本分析》（游劝荣，法律出版社，2005）该书从经济学的视角对法治成本进行分析，以反传统的形而上的哲理分析论证模式，以理性、科学的方式对法治进行全新的考察。该书将法治成本分成"静态"和"动态"两种模式；指出立法、守法、执法、违法、司法和宣传等均属于"静态"成本。而在此之外，该书还认为存在着从"非法治社会"向"法治社会"演进，从不完善到完善，从低级到高级等"动态"历程中的各种社会成本。

以此分析为基础，该书对法治进程中的"速胜论"和"悲观论"进行剖析，提出应走一条理性、科学的法治之路。

表 6-1　　　　　**1992—2005 年法学基础理论研究其他成果**

成果名称	作　者	发表刊物（出版社）及时间
人大监督的非制度性因素探讨	游劝荣	《现代法学》1993:2
法律效力:合法行为发生法律上效果之保证力——兼与陈世荣商榷	李　琦	《法学研究》1995:2
关于"依法治理"若干问题的讨论	宋方青	《法学》1997:4
论法律效力——关于法律上的力的一般原理	李　琦	《中外法学》1998:4
论依法治国的本质蕴含与特色蕴含	陈祥健	《福建论坛》(经济社会版)1998:9
也论对依法治国内涵的理解——兼与郭宇昭教授商榷	陈祥健	《法学杂志》1999:1
法制现代化探析	饶玉琳	《现代法学》1999:1
作为法律行为的判决——判决的法理学分析之一	李　琦 郭振忠	《法律科学》1999:1
职权:宪法学与法理学考察	李　琦	《中外法学》1999:3
论契约正义及其理论基础	刘志云	《华东政法学院学报》1999:5
浅谈人大对司法机关的个案监督权	林　微	《当代法学》2001:1
在规范与价值之间——评《从宪法规范到规范宪法——规范宪法学的一种前言》	李　琦	《法学家》2002:2
依法治国和以德治国的关系和实践论	关今华	《福建论坛》(经济社会版)2003:2
法学本科素质教育中的问题与改革	廖益新	《法学家》2003:6
英语世界中的诚信原则	徐国栋	《环球法律评论》2004:3
是不是正在发生? 外部学科知识对当代中国法学的影响,一个经验调查	成　凡	《中外法学》2004:5
法律方法之基础:司法能动性	陈朝阳	《华东政法学院学报》2004:5
法学知识的现状偏差——以麻风病作为切入点	成　凡	《法制与社会发展》2004:6
法律的道路及其影响	张芝梅 陈绪刚译	北京大学出版社,2005
从引证看法学——法学引证研究的三个基本方面	成　凡	《法商研究》2005:1
法学研究范式变革之我见	陈泉生 郑艺群	《当代法学》2005:1
冲突解决的理想性状和目标——对司法正义的一种理解	李　琦	《法律科学》2005:1

（二）立法学研究

《从厦门取得立法权谈特别授权地方立法》（厦门经济特区建设发展公司廖延豹，《政治与法律》1994：5）该文对厦门、深圳、海南等地的特别立法授权进行分析和总结，并且回顾特区立法的历程。在对厦门和深圳的立法授权进行比较分析中，指出二者的五个相同点以及三个不同点。该文对特别立法授权背后的社会结构转变的五个基础因素进行探讨，并在此基础上讨论三个方面的问题：特区立法建设的发展趋势、特区在全国立法建设中的实验区作用以及特区立法建设存在的问题。

《关于行政机关依职权立法问题》（厦门大学陈章干，《法学评论》1999：6）该文提出，长期以来，中国学界对行政机关依职权立法的含义多有误解，影响这一概念的科学表述。该文列举和分析中国学界对职权立法的三种主要误解。提出并论证该概念的应有含义，即职权立法应指行政机关依据其"固有"职权，根据法律和其他上位法的规定精神，制定执行性行政法规或规章的一种立法行为。该文指出，从现代国家法制建设和中国立法体制上看，职权立法是必要的，也是可行的，而且可与授权立法并行不悖。

《论中国经济特区立法的新格局——兼评〈立法法〉有关经济特区立法的规定》（宋方青，《现代法学》2000：6）该文结合历史与新法的规定，以及历史遗留的制度问题，围绕《立法法》，对特区立法问题的解决展开了综合讨论。在此基础上，对经济特区立法权限、经济特区法的形式的效力以及经济特区立法的监督等问题进行多角度的分析。该文还从一些具体的细微法律技术切入，揭示新《立法法》下经济特区立法权存在的诸多冲突与空白。

表6-2   **1992—2005年立法学研究其他成果**

成果名称	作　者	发表刊物（出版社）及时间
社会主义初级阶段立法原则的哲学分析	林晨峰	《法学杂志》1996:2
简析行政立法的"根据"问题	陈章干	《法商研究》1999:5
关于行政立法"根据"的次序问题	陈章干	《法学评论》1999:6
关于明确行政立法权限范围的思考	陈章干	《中国行政管理》1999:7
论地方立法的合法性——二十年地方立法的法理回顾与批评	周　军	《求实》1999:8
中国经济特区授权立法中法规冲突现象之评析	宋方青	《法学》2000:1
论可持续发展与我国立法体系的重新架构	陈泉生	《现代法学》2000:5
我国《立法法》关于权限规定的缺陷分析	杨利敏	《法学》2000:6
中国授权立法新规制之评析	宋方青	《政治与法律》2001:4
拓展立法空间:经济特区授权立法若干关系思考	宋方青	《当代法学》2004:6

（三）外国法和比较法研究

《**论信托法的源流**》（厦门大学胡大展，《法学家》2001：4）该文将信托法的历史起源前溯至罗马法，而非学界通常所认为的中世纪，并对罗马法中的"遗产信托"做了剖析。该文还介绍信托制在美国和大陆法系国家的传播过程，指出大陆法系在引进信托制度的过程中，传统的"一物一权"私法理论获得突破，从而间接地引入英美法系的"双重所有权"理论，以及由此引发的"物权说"和"债权说"等学术争议，从中揭示此类问题在法理层面的特殊意义。

《**客观诚信与主观诚信的对立统一问题——以罗马法为中心**》（徐国栋，《中国社会科学》2001：6）该文从西方现代私法和古代罗马法两个方面入手，结合当代中国的民法学说进行分析，提出中国学者认为的"现代的诚信原则起源于罗马法中的诚信契约和诚信诉讼的提法"值得推敲，因为把这些社会关系概括为契约关系是不确切的。作者从哲学和政治哲学的角度，依据社会契约论和斯多亚学派理论，推导出"客观诚信"和"主观诚信"的对立统一性。中国主流学界由于尚未意识到这种对立统一性，所以追随德国、瑞士等国将其分别定义为"诚信"和"善意"。该文还揭示诚信所具有的便利当事人诉讼、方便法院办案、降低诉讼成本的功能，并基于主客观诚信统一的立场，就设计未来中国民法典中的诚信条款提出建议。

《**共和晚期希腊哲学对罗马法之技术和内容的影响**》（徐国栋，《中国社会科学》2003：5）该文回顾希腊哲学对罗马社会的影响历程，从逻辑学角度揭示希腊哲学对罗马法的影响，并从罗马法的概念、规则的寻找、分类以及因果理论等多方面进行论证。作者从柏拉图、卢克莱修、伊壁鸠鲁以及普罗泰哥拉等希腊哲学家的学说中提炼出社会契约学说的萌芽，并结合西塞罗的学说在希腊罗马间的沟通作用，揭示古希腊的政治哲学对于罗马法哲学的深刻影响。

表6—3 **1992—2005 年外国法和比较法研究其他成果**

成果名称	作 者	发表刊物（出版社）及时间
谈谈英美干涉合同法	王建源	《法学杂志》1992：5
论西方各国涉外经济管制立法的域外适用冲突问题	徐崇利	《外国法译评》1993：3
论香港法律渊源的未来走向	陈 东	《政治与法律》1997：6
法律委员会——一个致力于英格兰与威尔士法律改革的机构	宋方青	《政法论坛》2001：3
美国与德国法院体制之比较	朱福惠 邵自红	《现代法学》2001：6

续表6—3

成果名称	作者	发表刊物（出版社）及时间
埃塞俄比亚民法典：两股改革热情碰撞的结晶	徐国栋	《法律科学》2002：2
扩大法院权限，保证司法独立——略论俄罗斯司法改革实践	黄永鹏 蔡善强	《当代法学》2002：4
德国破产法撤销权制度述评	谢芝玲	《比较法研究》2003：3
《法国民法典》模式的传播与变形小史	徐国栋	《法学家》2004：2
我对亚洲的法律史的发现以及西洋人对亚洲的发现——《亚洲国家民法典编纂史》序言	徐国栋	《华东政法学院学报》2004：2
英国法律职业人才培养模式对我国的启示	廖益新 舒细麟	《现代法学》2004：5
中世纪法学家对诚信问题的研究	徐国栋	《法学》2004：6
罗马共和宪政的回光返照——西塞罗案件评析	徐国栋	《中外法学》2005：1
《魁北克民法典》的世界	徐国栋	《中外法学》2005：3
西方陪审制度随笔	胡大展	《比较法研究》2005：6

（四）中国法律史研究

《传世文献中所见唐式辑存》［厦门大学韩国磐，《厦门大学学报》（哲学社会科学版）1994：1］该文针对唐代的格与式散佚而未有辑存者之现状，指出除遗存于敦煌石室文书所保存之唐代格、式若干残卷（分别为五件和四件）外，就唐代式的断章残句，随手摘录，辑佚计有二十一篇四十余条，是为唐式二十卷三十三篇的一鳞半爪，亦可与敦煌吐鲁番发现的唐式，互相补充，对于讨论唐史，或者不无裨益。该文还探讨唐式之所以是三十三篇而非三十四篇的根据，以及令和式之间的关系密切。至于唐式"三十三篇为大的篇名，其下又有小篇名"的意见，则有待于进一步的核实。该文是当代学者首次比较系统地对传世文献中保存最少的、被称为百官"常守之法"的唐式进行的初步收集整理。

《"灋"意考辨——兼论"判决"是法的一种起源形式》（胡大展，《比较法研究》2003：6）该文对"灋"（"法"）字进行历史性考证，一反当时主流观点所认为的"灋"字本意是"公平如水"或"神兽判案"等观点；提出"灋"的最本源意义是"判决"。该文指出，"灋"是中国远古时代"神判的一种速写记录"，是神兽"逼人抱器进入流水，去接受神明（流水）的考验"。此后，"灋"由"判决"发展出"法"，进而借用为"刑"。该文引用多种中国古代文献，并借助政治哲学理论进行论证。此外，还引用西方远古时代法律文明的相关资料进行中西比较研究。

《晚清各级审判厅研究》（厦门大学李启成，北京大学出版社，2004）该书依据大量第一手资料，再现晚清各级审判厅——同时又是中国最早的地方法院——成立和运作的全过程，从程序和实体两个方面分析晚清各级审判厅对传统司法审判制度的突破，多角度分析晚清各级审判厅在运作过程中所面临的困境。最后指出，晚清各级审判厅的筹设是中国司法审判史上的大事，是司法独立思想在地方的首次实施，将"四级三审制"落到实处。其中，法官独立审理案件、对程序的重视、民刑案件分别审理和以专业化考试选拔法官等成果为民国所继承和发展，并对新中国成立后的司法审判制度间接产生影响。

《隋〈开皇律〉十恶渊源新探》（周东平，《法学研究》2005：4）该文从新的角度对中国古代罪行代表的"十恶"进行渊源上的探讨，认为由北齐的"重罪十条"演变为隋朝《开皇律》中的"十恶"，其实是文化演进的一种表现，是佛学对中国文化的一大影响。"十恶"本为佛学术语，在隋朝之前已经广为社会所接受，统治者将其借用为法律罪名的最重要者，其实既体现法律受佛学的影响，还体现统治者力图"借此告诫人们要止恶行善"，暗含有"引导、预防的功能"，而不是"一味强调事后打击"。该文还参照当时也受到佛教影响的吐蕃王朝的相关法律文献。

表 6-4　　　　　　　　**1992—2005 年中国法律史研究其他成果**

成果名称	作　者	发表刊物(出版社)及时间
中国古代法制史研究	韩国磐	人民出版社,1993
人权法律的历史发展	盛辛民　宋方青	《厦门大学学报》(哲学社会科学科学版)1993：1
论唐代惩治官吏赃罪的特点	周东平	《厦门大学学报》(哲学社会科学科学版)1994：1
孙中山对西方近代宪政文化之扬弃	李　琦	《法学评论》1994：3
浅论中国古代工商法令的基本倾向及其影响	谢天长	《法商研究》1994：4
《尚书·吕刑》中的"五过"新解	周学军	《现代法学》1996：1
中国近代法律教育探析	宋方青	《中国法学》2001：5
中国法律史学会暨儒学与法律文化研究会2001 年学术年会综述	周东平	《中国法学》2002：1
律令格式与律令制度、律令国家——二十世纪中日学者唐代法制史总体研究一瞥	周东平	《法制与社会发展》2002：2

第二节 宪法学与行政法学研究

一、学科建设与学术研究

（一）学科建设

福建省各高校法律院系、福建社会科学院，以及福建省各级人民法院等实务部门，都开展宪法学与行政法学、行政诉讼法学等领域的研究。2001年厦门大学法学院取得宪法学与行政法学硕士学位授予权，是为福建省设置本学科硕士学位点之始。该硕士学位点于2002年正式招生，2005年被福建省教育厅确定为福建省重点学科。

（二）学术研究

福建省宪法学与行政法学学者的研究领域涉及社会主义宪政、宪法哲学、环境宪法、财政宪法、公民基本权利和行政法基本理论、行政组织法、行政行为法、行政复议法，以及行政诉讼受案范围、行政赔偿、司法改革、行政强制执行等问题。

1992—2005年，本学科获得司法部科研项目1项：中国社会主义宪政建设（厦门大学朱福惠，2003）；还获得福建省社会科学规划项目1项。

在此期间，本学科在CSSCI等核心刊物上发表学术论文共计80篇，含宪法学论文36篇，行政法学论文32篇，行政诉讼法学论文12篇；出版代表性著作4部。获福建省社会科学优秀成果奖2项：《宪法的生态化（宪法与行政法的生态化之上篇）》（第五届一等奖，福州大学陈泉生等）、《论宪政秩序》（第六届三等奖，朱福惠）。

（三）学术会议

1996年7月，省法学会行政执法与行政诉讼实务研讨会在莆田市召开。省高级人民法院、省法学会有关领导，省法学会行政法学研究会理事会成员，部分行政执法机关干部、中级人民法院和基层人民法院行政审判人员与会。会议主要讨论政府法治方面存在的问题、限制人身自由的行政强制措施的司法救济问题、听证程序问题和劳动教养问题等。

2002年6月，中国宪法学研究会与厦门大学法学院联办的公民基本权利保护学术研讨会在厦门召开。北京大学、武汉大学、中国人民大学、首都师范大学、中国政法大学、中南政法学院和福建师范大学等10多所高校，数十位学者与会。学者们围绕中国公民基本权利保护的理论与实践等问题展开交流。

2005年5月，中国法学会宪法学研究会、厦门大学法学院、福建师范大学法学院联办的吴家麟教授 80 华诞暨宪法学思想研讨会在福州召开。全国各地 80 多位专家学者参加。在研讨会上，吴家麟教授作了学术演讲。与会代表回顾吴家麟教授宪法学思想的发展历程，评价其对中国宪法学所作出的贡献，同时讨论今后中国宪法学发展趋势与未来研究的课题。

二、主要学术成果

（一）宪法学研究

《市场经济条件下公民权利及其保障几个问题探讨》（福建省法学会游劝荣，《法律科学》1994：3）该文指出，在市场经济条件下应当加强对公民权利的保障：应把人权确立为宪法的基本原则，更重要的是要在社会管理活动，特别是行政执法和司法实践中明确将"保障人权"作为一项指导性原则；现行宪法只是将保护财产权利作为公民基本权利之一。该文建议，应当明确把"公民私有财产不可侵犯"上升为一项宪法基本原则；不应将罢工权"政治化"，而是更多地只把罢工当做一种社会经济权利，从而在宪法中恢复公民的这项权利；应从宪法立法和宪政实践的双重角度界定政治权利的概念，避免非政治权利政治化、政治权利被隐匿性流失以及政治权利与非政治权利混同等现象。

《宪法和行政法的生态化》（上篇）（陈泉生等，法律出版社，2001）该书由上、下两篇构成，上篇"宪法的生态化"由福州大学陈泉生完成。作者认为，近代宪法的法理基础是个人主义，而现代宪法的法理基础是团体主义，生态危机的爆发使人类进入环境时代，而在环境时代，宪法的法理基础是生态主义，宪法的重心是保障环境权；此外，宪法还须尊重其他生命物种权利。而后，通过对传统宪法价值取向在环境时代所表现出种种局限的反思，提出环境时代宪法的价值取向是当代人与后代人、人与自然的平等。最后，作者认为宪法将在权利社会化的基础上向权利生态化扩展，并围绕"人类和生态共同利益"之保护而精心构建。该书以生态主义的视角解读宪法的法理基础，提出宪法学上值得关注的新课题。

《论法律上的防卫权——人权角度的观察》（厦门大学李琦，《中国社会科学》2002：1）该文将"法律上的防卫权"界定为"通过法律实现防卫的权利"与"在法律上进行防卫的权利"，它由"获得公正、公开、及时审判的权利"、"对席辩论权"和"程序抗辩权"、"获得法律帮助权"、"获得国家赔偿权构成"组成。该文指出，中国公民在实现法律上防卫权过程中还存在诸多困难，而此种困境正是中国法治化进程困境的缩影。该文比较细致地诠释法律上防卫权的学理内涵及体系构成，而且试图以此种分析视角揭示"人权"所针对者包括"国家"与"他人"，进而提出西方国家理论界将"权利"区分为"积极权利"与"消极权利"的不同的传统分类方法。

《公民基本权利宪法保护观解析》（朱福惠，《中国法学》2002：6）该文指出，中国现行宪法的制宪观存在严重不足，主要体现在"弱化权利的防御功能"、"淡化国家义务"、"模糊司法保护"等几个方面。该文指出，时代赋予我们的责任在于通过检讨制宪者的宪法观推动宪法观念的创新。该文从公民基本权保障的视角检讨现行宪法的制宪观，意在以宪政高度重新诠释宪法观念创新的重要意义。

《五四宪法与苏联1936年宪法之比较》（朱福惠，《法学研究》2004：6）该文指出，政治权力决定宪法作用的宪法即"政治引导型宪法"，中国1954年宪法和苏联1936年宪法均属于这一类型的宪法。五四宪法作为"政治引导型宪法"虽然不具备"法治型宪法"的全部因素，但是在中国构建社会主义法制的过程中发挥重要作用，其固有缺陷在于容许政治权力的最高性，不能将政治权力纳入宪法限制的范围。该文尝试对宪法进行新的类型化研究，并以此为基础，客观、公允地评价中国的五四宪法。

《宪法学原理》（朱福惠主编，中信出版社，2005）该书共分"总论"、"政府"、"公民的基本权利"及"宪法的实施"等四编，以公民权利与政府权力相互关系的原理建构宪法学教材体系，在内容、结构上均体现"规范与控制政府权力、维护与保障公民基本权利"等宪政价值取向。

《论公共财政与宪政国家——作为财政宪法学的一种理论前言》（厦门大学周刚志，北京大学出版社，2005）该书采取跨学科研究的方法，分别探讨公共财政与立宪主义的"历史"、"价值"、"制度"、"原则"及"中国宪政之道"之间的关系。

表6—5   **1992—2005年宪法学研究其他成果**

成果名称	作　者	发表刊物（出版社）及时间名称
宪法和组织法是规章授权的根本依据	陈章干	《厦门大学学报》（哲学社会科学版）1997:4
改革·立法·合宪性——"良性违宪论"的法理分析	张　帆	《福建师范大学学报》（哲学社会科学版）1998:3
职权:宪法学与法理学考察	李　琦	《中外法学》1999:3
环境时代与宪法环境权的创设	陈泉生	《福州大学学报》（哲学社会科学版）2001:4
香港特别行政区高度自治权刍议——对外事务实践的视角	曾华群	《比较法研究》2002:1
论生态危机对传统宪法的挑战	陈泉生	《法制与社会发展》2002:2
宪法价值与功能的法理学分析	朱福惠	《现代法学》2002:3

续表 6—5

成果名称	作 者	发表刊物(出版社)及时间名称
特别行政区基本法之性质:宪法的特别法	李 琦	《厦门大学学报》(哲学社会科学版)2002:5
论环境时代可持续发展宪法地位的确立	陈泉生	《亚太经济》2003:1
环境时代宪法的权利生态化特征	陈泉生	《现代法学》2003:2
私人财产的理论视阈	潘叔明	《福建论坛》(人文社会科学版)2003:4
作为人权的联合行动权	李 琦	《法商研究》2003:5
艰难的一跃——美国宪法的诞生和我们的反思	易中天	山东画报出版社,2004、2005
对公民私有财产征收征用若干法律问题的分析——以新宪法第十三条为基础	陈明添	《东南学术》2004:4
论县级以上地方人大监督权的有效行使	朱福惠	《法律科学》2004:5
环境时代宪法对环境资源公平享用的确认	陈泉生	《现代法学》2004:6
1954 年宪法的观念体系	朱福惠	《当代法学》2004:6
我国政党制度法制化问题研究综述	林怀艺	《法学》2004:9
勇敢地维护自己的基本人权——评关今华教授《基本人权保护与法律实践》	黄晓辉 方金华 袁俊韬	《福建师范大学学报》(哲学社会科学版)2005:1
我国国内人权机构之局限及完善对策分析——兼论我国国内专职人权机构之构建	黄晓辉 陈 诚	《学术界》2005:2
财政宪法学初论	周刚志	《厦门大学法学院》(哲学社会科学版)2005:2
关于公民权利问题研究重点的思考	游劝荣	《福建论坛》(人文社会科学版)2005:3
宪法哲学:追问宪法的正当性	李 琦	《厦门大学学报》(哲学社会科学版)2005:3
财政立宪:我国宪政建设之路径选择	陈必福	《亚太经济》2005:6
论我国宪法部门和国际法的冲突与协调	张德瑞	《郑州大学学报》(哲学社会科学版)2005:6
"吴家麟宪法学思想暨宪法学发展研讨会"纪要	朱福惠 徐振东等	《法学》2005:8

（二）行政法学研究

《论行政机关对民事纠纷的主管》（福州市中级人民法院游振辉，《中国法学》1992：4）该文在系统考察当前中国行政机关主管民事纠纷的案件类型、处理方式、处理程序及当事人的选择权等制度现状的基础上，提出行政机关主管与行政管理职权相关的民事纠纷确有必要，而且此种做法有逐渐扩大的趋势；行政机关的行为属于具体行政行为，当事人不服提起诉讼，当以民事附带行政诉讼案件处理。该文认为，法律可以规定行政机关对于民事纠纷的专属管辖权，法规仅仅可以设立选择管辖权，而其他规范性文件则不得授权行政机关对于民事纠纷的管辖权。该文以法官的视角对行政机关处理民事纠纷的做法作了理论评析，提出若干立法建议。

《行政法的基本问题》（陈泉生，中国社会科学出版社，2001）该书涵括近代行政法的产生、现代行政法的胚变及当代行政法的发展趋势，中国行政法的产生、发展，行政法学基础理论及授权立法、行政自由裁量权、行政命令与行政合同、行政指导、行政许可、行政损害赔偿与补偿、行政诉讼与行政复议等内容，较为全面地展现当代中国行政法学体系。

《"行政法"案例精解》（朱福惠、宁德市中级人民法院何鸣主编，厦门大学出版社，2004）全书分"行政主体与行政相对人"、"行政行为"、"行政诉讼"与"行政赔偿"等四章，每节分"案情"、"裁判"与"评析"等三个部分，介绍和评析55个典型的行政案件。该书作为学者与法官的合作作品，既有紧贴司法审判实务的实践品格，又具有法学理论分析的学术品位。

表6—6　　　　　　**1992—2005 年行政法学研究其他成果**

成果名称	作　者	发表刊物（出版社）及时间名称
谈谈治安管理中的当场处罚	张　俊	《政治与法律》1993：2
《行政复议条例》关于案件管辖的规定亟待修改	董振兴	《行政法学研究》1994：3
推行罚款与收缴罚款分离制度综述	林　荫	《行政法学研究》1995：2
论现代行政法学的理论基础	陈泉生	《法制与社会发展》1995：5
贯彻《行政处罚法》亟待解决的若干税务问题	林　雄	《税务研究》1996：9
经济体制改革与行政法制建设	张仁松	《行政法学研究》1997：1
论行政法的演变和发展趋势	陈泉生	《亚太经济》1997：2—3
论制定行政法规的根据	陈章干	《现代法学》1998：5
关于行政立法主体补白	陈章干	《武汉大学学报》（哲学社会科学版）1998：6

续表 6—6

成果名称	作　者	发表刊物(出版社)及时间名称
论行政立法的"根据"	陈章干	《行政法学研究》1999:2
论行政规章的效力及其立法完善	邹　雄	《福州大学学报》(哲学社会科学版)1999:2
职权立法是行政立法的基本类型	陈章干	《中国行政管理》1999:9
论我国当前实现依法行政的必要举措	汤黎虹	《当代法学》2001:7
行政职务行为探析	梁三利	《当代法学》2002:2
对我国行政许可制度的法律思考	陈沈慧	《江西社会科学》2003:4
论学校处分权的法律监督	应祖国	《教育评论》2003:5
中小学教师资格法规特色探略	涂怀京	《教育评论》2004:1
试论在国家赔偿法中全面贯彻为人民服务思想	洪跃雄	《中国农业大学学报》(社会科学版)2004:2
行政行为服务理念刍议	孙丽岩	《山西大学学报》(哲学社会科学版)2004:3
构建诚信社会中的政府责任	赵许明 刘清生	《求是》2004:4
论拆迁补偿安置房屋优先权	陈业业	《亚太经济》2004:6
终身教育法规的社会作用和个体价值	王豫生 涂怀京	《教育评价》2004:6
抽象行政行为的法律规制	肖辉煌 陈燕华	《学术探索》2004:12
授益行政行为性质辨析	孙丽岩	《当代法学》2005:1
论建立具有中国特色的行政法理论及其根据	汤黎虹	《福州大学学报》(哲学社会科学版)2005:2
论公立高校学生身份权的司法救济	郑　萍	《福建师范大学学报》(哲学社会科学版)2005:5
政府市场信息服务法律制度初探	卢炯星 黄　伟	《法学家》2005:6
许可收费制度的人本理念探析	邢　颖	《中国行政管理》2005:10

（三）行政诉讼法学研究

《行政机关参与行政诉讼若干问题探讨》（游劝荣，《政法论坛》1992：5）该文认为，行政机关的应诉宗旨与《行政诉讼法》的立法宗旨都是走向法治，应该提高应诉的自觉性。在参与行政诉讼的过程中，行政机关可以对具体行政行为的合法性进行再检讨，进而矫正行政违法行为，行政机关还应该反思抽象行政行为，并对行政立法原则进行再认识。该文还探讨行政诉讼过程中行政权与司法权的冲突及其调适，行政机关与行政管理相对人的矛盾及行政执法环境的优化等问题。该文发表于《行政诉讼法》实施初期，对于如何消除行政机关对于行政诉讼活动的抵触心理，理性、自觉地参与行政诉讼活动等诸方面，分别进行阐述。

《试析行政程序违法的损害赔偿问题》（福建省政法管理干部学院饶玉琳，《法学》1995：10）该文大量列举行政执法实务中行政机关程序违法的案例，对行政程序违法的几种形态，如"违反行政行为的法定步骤"、"违反法定期限"等是否应该由行政机关承担赔偿责任的问题作具体的分析。

表6—7　　　　　　　**1992—2005年行政诉讼法学研究其他成果**

成果名称	作　者	发表刊物（出版社）及时间名称
非诉讼行政执行案件的几个问题	林世畅	《法学》1994：7
对合法性审查原则的几点思考	于宁杰	《行政法学研究》1996：3
行政合同纠纷纳入行政诉讼问题探讨	郑京水 余辛文	《行政法学研究》1996：4
行政合同诉讼探析	吴登龙	《行政法学研究》1997：2
关于非正常撤诉行政案件的法律思考	李海亮 罗文岚	《行政法学研究》1997：4
论行政判决书的改革	许永东	《行政法学研究》1999：1
我国行政审判中调解制度的改革与完善	朱福惠 刘伟光	《现代法学》2002：5
略论检察机关行政公益诉权之建构	郑　萍	《福建论坛》（人文社会科学版）2004：10
检察机关行政公益诉权之探析	郑　萍	《甘肃社会科学》2005：4

第三节　民商法学研究

一、学科建设与学术研究

（一）学科建设

福建省民商法学研究的力量主要集中在厦门大学、华侨大学、福建师范大学和福建社会科学院。省人大常委会、人民法院等实务部门的专家在各自的研究领域也取得一些成果。2003 年，厦门大学法学院获得民商法学博士学位授予权，并于 2004 年起开始招生。2005 年，厦门大学民商法学科被评为福建省重点学科。与此同时，福建省的其他高等院校在民商法学科建设上也有较大进展。2003 年，华侨大学法学院获得民商法学专业硕士学位授予权，2005 年，福建师范大学法学院获准设立民商法学硕士学位点。

（二）学术研究

福建省民商法学研究涉及民法学、商法学、知识产权法学、劳动法学、社会保障法学，既有理论研究，也有实践应用问题分析。

1992—2005 年，该学科先后获得国家社会科学基金项目 1 项：农民工劳动权利保护问题研究（厦门大学蒋月，2004）；教育部人文社会科学研究项目 3 项：所有权一般理论与国营企业财产权研究（厦门大学黄健雄，1992）、虚假验资法律责任研究（福建师范大学林旭霞，2003）、应对美国 337 调查的知识产权战略研究（厦门大学丁丽瑛，2005）；获得司法部法治建设与法学理论研究部级科研项目 2 项：无单放货法律问题研究（厦门大学何丽新，2003）、传统知识的地方管理和知识产权保护（丁丽瑛，2004）；获得国家知识产权局资助项目 1 项：厦门在生物技术领域加强专利管理与保护研究（丁丽瑛，1999）。

这一时期，该学科共在 CSSCI 等核心刊物上发表学术论文 200 多篇，出版著作 89 部。科研成果获得教育部人文社会科学研究优秀成果奖 1 项：《民法典草案的基本结构——以民法的调整对象理论为中心》（第三届二等奖，厦门大学徐国栋）；福建省社会科学优秀成果奖 16 项：《台湾民法研究》（第三届三等奖，厦门大学胡大展）、《海峡两岸债与合同制度比较》（第三届三等奖，福建社会科学院王克衷）、《论国有独资公司》（第三届三等奖，厦门大学柳经纬）、《商法概论》（第三届三等奖，柳经纬、厦门大学齐树洁）、《关于将在建物作为贷款抵押物的立法建议》（第三届三等奖，华侨大学张少鹏）、《对中国外商投资企业劳动法律制度的探讨》（第三届三等奖，林旭霞）、《论我国海事赔偿责任限制对船舶优先权的影响——兼论〈海商法〉第 30 条的适用》（第三届三等奖，厦门大学陈海波）、《关于制定民法典的条件是否成熟的几个问题》（第四届三等奖，柳经纬、厦门大学吴克友）、《社会保障法概论》（第四届三等奖，蒋月）、《关于空间权的性质与立法体例的探讨》（第五届二等奖，福建社会科学院陈祥健）、《医患关系法论》（第五届三等奖，柳经纬、厦门大学李茂年）、《董事越权代表公司法律问题研究》（第五届三等奖，福州市中级人民法院张学文）、《担保物权研究》（第六届二等奖，陈祥健）、《地缘标记研究——以地理标志为中心》（第六届三等奖，厦门大学朱崇实、孟筠）和《我国物权法立法选择的经济分析》（第六届三等奖，林旭霞）；司法部法学教材和法学科研优秀成果奖 1 项：《民法典草案的基本结构——以民法调整对象理论为中心》（第五届二等奖，徐国栋）。

（三）学术会议

1996 年 4 月，福建省法学会民法学研究会与福州市中级人民法院民事审判庭联办的新类型民事案件理论与实践研讨会在福州召开。参加会议的主要有福建省人大法制委、福建省高级人民法院、福建省法学会有关领导，福建省法学会民法学研究会干事会成员，福州市中级人民法院和部分区（县）基层人民法院民事审判工作分管领导及审判人员。会议就如何正确认识和处理当时审判实践中出现的新类型民事案件进行研讨，对处理新类型民事案件具有一定的指导意义。

1999 年 8 月，福建省法学会主办的《中华人民共和国合同法》研讨会在福州召开。福建省人大常委会法制委、福建省社会科学院、福建省部分法律院校、检察院、法院、律师事务所人员参加。与会代表就《合同法》的有关问题进行讨论。会议认为，《合同法》的颁布对规范市场交易原则，促进市场经济有序、高效运作具有重要意义；全社会都应加强学习与宣传，使之得到正确的贯彻实施。

2000 年 6 月，福建省法学会主办的涉台婚姻法律问题座谈会在福州市召开。福建省高级人民法院、福建省政法委、福建省民政厅、福建省妇联、福建省法制局、福建省律师协会、福建省司法厅公证管理处、福州市民政局、部分在福州的院校、福建省法学会民法学台湾法学专业委员会的代表参加。会议就福建省当前涉台婚姻的状况、涉台婚姻登记、涉台婚姻纠纷等问题及对策进行探讨。

2003 年 12 月，福建省文化经济交流中心、福建省台湾法研究中心、厦门大学法学院、福建省律师协会和福建省台湾法律研究所共同主办的第一届海峡法学论坛在福州市举行，论坛的主题是"物权法学与海峡两岸经贸环境"，大陆、香港、台湾三地 100 余位物权法专家学者参加，共提交论文 35 篇。论坛就物权法学的若干理论问题展开讨论，并对中国物权立法提出建议。

二、主要学术成果

（一）民法学研究

《关于房地产抵押法律制度若干问题的研究》（华侨大学张少鹏，《中国法学》1997：3）该文就房地产抵押权与租赁权的关系、房地产抵押合同的生效、房地产抵押人可否就债权减少部分再设定抵押、房地产抵押权的救济、抵押房地产拍卖的法律效力、房地产抵押当事人对无效抵押的责任承担以及最高额房地产抵押贷款七个问题进行研究探讨。

《关于制定民法典的条件是否成熟的几个问题》（柳经纬、吴克友，《中国法学》1998：4）该文提出，中国制定民法典的时机是否成熟，在理论界历来颇有争议。该文从社会经济制度、法制条件、理论准备和法律意识等四个方面分析中国当前的情况，从而提出我们有理由、有条件制定出一部 21 世纪的中国民法典。此外，该文还就如何看待制定民法典的"条件成熟"问题提出个人见解。

《夫妻财产制若干重大问题思考》（蒋月，《现代法学》2000：6）该文以对中国内地居民夫妻财产关系调整数据为依据，论证生产力发展水平、所有制度、家庭职能和传统文化是影响夫妻财产制立法的四大因素，提出应赋予法定财产制与约定财产制以同样的法律地位。该文的一个重要特点是以大量的实证分析支持研究结论。

《民法基本原则解释——成文法局限性之克服》（徐国栋，中国政法大学出版社，2001，2004 年增删版）该书是以法哲学方法研究民法问题的一次尝试。全书以民法基本原则为显微点，力图揭示出这一制度蕴含的丰富的政治、经济、哲学和文化的信息。研究中心主要在于对民法的"帝王条款"——诚信原则的研究，展示其历史、在各个法系的流变以及法哲学和权力配置原因，外加其在司法实践中的运用。结论是，民法基本原则问题就是立法权与司法权的界限问题、立法者对人性的基本看法问题以及立法者对自己的认识能力的估价问题。

《精神损害赔偿数额的确定与评算》（福建师范大学关今华，人民法院出版社，2002）在精神损害赔偿的诸多法律问题中，如何评定数额，既是重点，又是难点。对此，中国学界长期存在着理解不一致，适用法律不统一的现象。该书在比较中外对精神损害赔偿的立法和实务经验的基础上，就中国精神损害赔偿的范围，确定精神损害赔偿数额的原则、立法和标准等问题，进行研究，阐述精神损害赔偿数额评定的类型化、标准化和主客观影响因素。

《诚实信用原则二题》（徐国栋，《法学研究》2002：4）该文指出，诚信可分解为客观诚信与主观诚信。客观诚信是一种课加给主体的行为义务，这一义务具有明显的道德内容；主观诚信则是主体对其行为符合法律或具有合道德内容的个人确信。二者可以统一于一般诚信。主观诚信与客观诚信的分离是随着社会的发展，通过把规制对象从第一占有人转换到第二占有人而逐渐完成的。中国学界把诚信局限于客观诚信的理论存在缺陷，应吸收国外先进的研究成果加以再造。

《关于空间权的性质与立法体例的探讨》（陈祥健，《中国法学》2002：5）该文指出，以立体方式利用土地，已成为世界范围的普遍趋势。由此，空间权制度得以在各国法律上相继建立。中国在制定物权法过程中，应借鉴各国的立法例，对空间权制度作出规定。该文主张，空间权并不是一项单独的用益物权，而是对一定空间上所设定的各种空间权利类型的抽象概括，其具体性质如何，依其设立目的的不同而定。为此，应将其置入与其设立目的相同的用益物权中一并规定。

《绿色民法典草案》（徐国栋，社会科学文献出版社，2004）该书展示一种新的编排民法材料的体系，采用的是法学阶梯体系，没有总则，分为序编、自然人法、法人法、婚姻家庭法、继承法、物权法、知识产权法、债法总则、国际私法，共5267条；民法的所有材料，包括知识产权法都纳入草案，体现出拉丁法族和德国法族的综合，是一部力图调整中国社会生活中已有的民事关系，并对尽可能预料可能发生的民事关系做出调整的法律草案。

《物权制度与效率研究》（林旭霞，人民法院出版社，2005）该书以经济学和法学交叉的方法来分析物权法律制度的效率问题，包括物权法与财产法的立法选择、物权客体的价值化发展、物权法定原则、取得时效制度、农村土地物权制度与效率等方面的研究。作者从经济学和法学结合的角度展开分析，将物权法作为市场机制的有机延伸，试图勾画出既能保障物的所有、利用，又能保障物的使用过程的利益平衡，使这些物权制度为物质资料所有、利用、交换过程中的利益关系的调整提供有效机制。

表6—8　　　　　　　　　**1992—2005年民法学研究其他成果**

成果名称	作　者	发表刊物（出版社）及时间
析"代理权之授与"——海峡两岸债的发生原因相异之点释疑	王克衷	《福建论坛》（社会科学教育版）1993:4
菲律宾共和国的继承制度	齐树洁	《法学杂志》1994:3
论干预他人合同及其法律责任	朱泉鹰	《现代法学》1994:6
关于土地使用权转让的几个问题	关今华	《福建论坛》（经济社会版）1994:12
论侵权民事责任中推定的运用	丁丽瑛	《厦门大学学报》（哲学社会科学版）1995:1
关于将在建物作为贷款抵押物的立法建议	张少鹏	《华侨大学学报》（哲学社会科学版）1995:2
试论我国诉讼时效分类的缺陷与完善	施信贵	《厦门大学学报》（哲学社会科学版）1996:3
试论我国房地产登记法律制度的完善	黄健雄	《厦门大学学报》（哲学社会科学版）1997:1
企业财产权"物权说"评析	柳经纬	《现代法学》1997:6
我国应建立离婚后扶养费给付制度	蒋　月 庄丽梅	《中国法学》1998:3
情事变更原则：统一合同法面临的立法与司法问题	刘　桥	《现代法学》1999:4
违反先契约义务责任探讨	邹　雄	《现代法学》1999:5

续表 6—8

成果名称	作　者	发表刊物(出版社)及时间
夫妻财产制与民事交易安全若干问题研究	蒋　月	《法学》1999:5
论自然人签章的民法意义	汪传才	《现代法学》1999:6
民法典草案的基本结构——以民法的调整对象理论为中心	徐国栋	《法学研究》2000:1
精神损害赔偿的类型化评定与法官自由裁量	关今华	《东南学术》2000:3
论欺诈、胁迫之民事救济——兼评《合同法》之二元规定	柳经纬	《现代法学》2000:6
夫妻的权利与义务	蒋　月	法律出版社,2001
中国民法典起草思路论战	徐国栋	中国政法大学出版社,2001
借贷合同的基本原理与风险防范	陈祥健　孟　旭	中国政法大学出版社,2001
物权变动中第三人保护的基本规则	罗大钧　杨　峰	《求是学刊》2001:2
建设工程款优先受偿权与抵押权冲突研究	赵许明	《华侨大学学报》(哲学社会科学版)2001:4
精神损害赔偿数额评定问题五论	关今华	《中国法学》2001:5
《农村土地承包法》草案若干问题的思考	陈祥健	《法学》2001:9
诚实信用原则研究	徐国栋	中国人民大学出版社,2002
医患关系法论	柳经纬　李茂年	中信出版社,2002
再论人身关系——兼评民法典总则编条文建议稿第 3 条	徐国栋	《中国法学》2002:4
论实质履行原则	杨垠红	《法律科学》2002:4
电子商务法论:电子合同研究	叶知年	福建教育出版社,2003
建立我国空间建设用地使用权制度若干问题的探讨	陈祥健	《政法论坛》2003:1
非依法律行为之不动产物权变动	张学文	《法学研究》2003:1
认真地反思第四次民法典起草的组织方法	徐国栋	《法律科学》2003:5

续表 6—8

成果名称	作　者	发表刊物（出版社）及时间
我国证券侵权民事责任归责分析——原则：立法与司法的冲突与协调	陈朝阳	《西南政法大学学报》2003：5
担保物权研究	陈祥健	中国检察出版社，2004
认真地对待民法典	徐国栋	中国人民大学出版社，2004
人身关系对民法调整对象的定位和价值——兼论未来中国民法典应当坚持"以人为本"的立法宗旨	关今华	《东南学术》2005：1
论网络游戏中虚拟财产权利的法律属性	林旭霞	《中国法学》2005：2
让与担保法律构成再论析	陈祥健	《东南学术》2005：2

（二）商法学研究

《论国有独资公司》（柳经纬，《法学研究》1996：5）该文指出，国有独资公司是中国建立社会主义市场经济体制过程中为国有企业实行公司制改造而设计的一种特殊的公司形式。该文把国有独资公司同一般有限责任公司、西方国家的一人公司及国有企业进行比较，进而对国有企业改组为国有独资公司中的若干问题提出建议，涉及国有独资公司的组织机构、适用范围和国家股东代表等问题。

《董事越权代表公司法律问题研究》（张学文，《中国法学》2000：3）该文分析董事越权代表公司的原因，认为法律对董事长代表权的限制可以对抗任意第三人，而公司章程和公司内部决议、规定对董事长代表权的限制却不能对抗善意第三人。董事越权代表行为因其效力不同，可产生表见代表和无权代表两种不同的法律后果，进而使得越权董事对公司及第三人承担不同的法律责任。

《上市公司关联交易的法律问题研究》（柳经纬，厦门大学出版社，2001）该书指出，作为关联各方实现利润追求的手段，关联交易具有促进企业规模经营、降低成本、提高企业市场竞争力等功能。然而，由于关联方之间存在的特定利益关系，关联交易不可避免地产生交易上的不公平，以致给其他利益主体（如中小投资者、债权人）造成损害，因而受到法律的严格限制。该书提出，既允许关联交易的合理存在，又要强化对关联交易的规制，这是对关联交易进行法律规范的出发点和立足点。而对上市公司关联交易进行法律规范，涉及公司法、证券法、会计法、公平交易法等法律领域。

《信托法律关系探析》（华侨大学罗大均，《政法论坛》2001：2）该文指出，信托法律关系在本质上表现为一种新型动态的财产权关系，是财产权内部各种权利形式及其各自所包含的权能相互间运动和转换的形态。该文对司法实践中信托法律关系进行辨析，并就信托立法的两个难点问题"关于信托法在中国法律体系中的地位问题"和"关于信托法自身体系的和谐一致问题"提出对策，阐明市场经济不仅不能缺少信托制度，而且更亟待通过健全信托立法来完善中国的信托立法。

表 6-9 **1992—2005 年商法学研究其他成果**

成果名称	作 者	发表刊物(出版社)及时间
关于商号的几个法律问题	高子才 王长勇	《法学》1992:9
追缴条款在处理无效经济合同中的适用	高子才	《法学》1993:10
中港公司法律实务	曾华群 李曙峰	香港商务印书馆,1994
各国公司法	朱崇实 李 抗	贵州人民出版社,1995
《公司法》实施中存在的问题和解决对策	林秀芹	《厦门大学学报》(哲学社会科学版)1996:1
国有企业改革与公司法律问题研究	陈 华 柳经纬主编	厦门大学出版社,1997
中国商事争端解决	林 忠	香港三联出版社,1998
英国公司法上的董事"受信义务"——兼与王保树、孔祥俊、梅慎实等诸位先生商榷	陈 东	《比较法研究》1998:2
电子商务合同成立的法律问题	朱遂斌 陈源源	《政法论坛》1999:4
公司势力利用人责任的立法考察	汤玉枢	《现代法学》2000:6
票据法比较研究	林艳琴 丁清光	中国人民公安大学出版社,2004
论有限责任公司股东优先购买权的权利界定	周国君 汤玉枢	《学术探索》2004:10
票据法实务研究	高子才 刘永光	中国法制出版社,2005
股东投票代理权征集制度的效用——法经济学分析	陈明添 张学文	《东南学术》2005:2
有限责任公司中现物出资不实的法律责任探析——关于《公司法》第28条规定的解读	朱炎生	《厦门大学学报》(哲学社会科学版)2005:5

（三）知识产权法学研究

《我国商标注册时间法律制度探讨》（福州大学汪威毅，《山西财经大学学报》2002:4）该文指出，中国的商标注册虽然已经有法可依，并且还曾作过重大修改，但是商标注册时间的法律制度还存在着较大的缺陷，特别是对商标主管机关的注册管理行政行为的时间缺乏应有的制度约束。这种法律约束制度的缺位，不仅严重制约中国商标注册工作的进展，给商标注册行政机关滥用权力留下很大的空间，也与世界贸易组织有关知识产权保护制度的要求产生很大的摩擦。为此，应从社会监督、机关内部监督与制约和司法审查制度三个方面来完善中国的商标注册时间制度。

《专利当地实施要求的法律思考》（厦门大学林秀芹，《法学研究》2003：5）该文指出，各国专利法中的"当地实施要求"条款与世界贸易组织的 TRIPS 协定是否存在冲突，发达国家与发展中国家各执一词。但从立法史上来看，《巴黎公约》对其最初予以确认，其后历次大会经剧烈争论后仍将其保留，说明其具有历史的合理性；从条约解释学上看，根据《维也纳条约法公约》，TRIPS 协定第 27 条并不能构成禁止"当地实施要求"的绝对条款，该协定对此问题没有明确规定意味着应该适用《巴黎公约》的有关规定和该协定中"平衡发明者与使用者之间的权利和义务"的立法宗旨。因此，"当地实施要求"并不违反TRIPS 协定的规定，具有合法性，这构成发展中国家对自己的合理保护。

《追续权的理论基础和制度构建》（丁丽瑛，《法律科学》2005：3）该文提出，追续权保护是为了适应艺术品市场的发展需要并平衡和艺术商之间的利益冲突而创设的一项著作权法律制度。它以民法中的非常损失规则为理论依据，符合公平、效益的法律价值，体现对著作权权利穷竭原则适用的限制。该文提出，追续权制度在中国著作权立法中的缺失势必产生诸多的现实缺陷，因而应当在中国未来的著作权法修订中增设追续权条款。

《实用艺术品著作权的保护》（丁丽瑛，《政法论坛》2005：3）该文主张实用艺术品应当列入著作权保护对象的美术作品类。实用艺术作品作为著作权的保护对象，兼具艺术性和实用性，但艺术性必须同实用性相分离独立存在。独立完成和个性体现是判断独创性的一般标准，实用艺术品独创性的标准应适度低于纯美术作品的独创性标准，且有利于以著作权法鼓励产品创新和市场公平竞争。作品创作差异的必然性与作品表达近似的可能性存在辩证统一关系。接触之合理可能性、实质性相似以及独立创作抗辩是判断侵权是否成立的重要因素。

表 6—10　　　　　　　　　**1992—2005 年知识产权法学研究其他成果**

成果名称	作　者	发表刊物(出版社)及时间
论知识产权国际保护的新体制	丁丽瑛	《厦门大学学报》(哲学社会科学版)1998:1
TRIPS 与海峡两岸专利制度	彭　莉	《台湾研究集刊》1999:2
商业秘密的法律保护与立法完善	吕庆华	《经济问题》1999:10

续表 6—10

成果名称	作　者	发表刊物（出版社）及时间
论互联网域名的法律保护	张冬梅	《福建师范大学学报》（哲学社会科学版）2000：3
试论专利侵权诉讼中的起诉权	刘　宁	《福州大学学报》（哲学社会科学版）2000：4
知识产权保护的灰色地带	郑秉秀	《福州大学学报》（哲学社会科学版）2000：4
"土楼"纪念章版权纠纷引发的著作权思考	刘　宁	《福州大学学报》（哲学社会科学版）2001：1
试论商标反向假冒行为的违法性	刘　宁	《电子知识产权》2003：2
地缘标记研究——以地理标志为中心	朱崇实 孟　筠	《厦门大学法律评论》2003：2
网络远程教育中的著作权保护问题	张冬梅	《福建师范大学学报》（哲学社会科学版）2003：3
背景音乐收费制度与著作权法利益平衡精神	杨志军 钟瑞栋	《山西大学学报》（哲学社会科学版）2003：3
数据库的法律保护及思考	颜晓玉	《图书情报知识》2003：4
从法律经济学的角度看专利制度的利弊——兼谈我国《专利法》的修订	林秀芹	《现代法学》2004：4
数字图书馆实体信息资源建设的版权问题分析	江向东	《中国图书馆学报》2004：5
数据库法律保护及其对数字图书馆数据库的影响	阮延生	《福建师范大学学报》（哲学社会科学版）2004：5
实用艺术品纳入著作权对象的原则	丁丽瑛	《厦门大学学报》（哲学社会科学版）2004：6
运用知识产权战略，实现企业跨越式发展的模式研究	孙国瑞 魏衍亮 罗大钧	《知识产权》2005：2
略论实用艺术品独创性的认定	丁丽瑛	《法学评论》2005：3
从"沪科案"看商业秘密保护中雇主与离职雇员间的利益平衡	黄　洵	《电子知识产权》2005：9
商业秘密保护中的价值冲突与权利冲突研究	付慧姝	《河北法学》2005：12

（四）劳动与社会保障法学研究

《社会保障法概论》（蒋月，法律出版社，1999）该书对中国现阶段社会变革过程产生的社会问题及其解决办法，从法学角度作了探索。在考证社会保障法由来和发展的基础上，提出建设中国社会保障法律体系应有的基本原则，阐述该法律体系应包含社会救助法、社会保险法和社会福利法三大部分内容，并对有关具体法律制度进行阐述和探讨。该书评析中国社会保障制度改革及其成果，对其发展前景进行预测，主张中国应分阶段逐步制定社会保障制度分项目的单行法，以期尽快建立起完整的社会保障法律体系。

《关于完善劳动合同立法的若干问题思考》（林旭霞，《福建论坛》2000：12）该文指出，《劳动法》的大多数条款比较原则、抽象，不能满足劳动关系调整的现实需要。该文对劳动合同实践中解决的劳动合同缔约过失责任问题，劳动合同若干特殊条款问题，劳动合同终止、解除的界定及其法律后果问题进行探讨。

表6—11　　　　　**1992—2005年劳动与社会保障法学研究其他成果**

成果名称	作　者	发表刊物（出版社）及时间
对我国外商投资企业劳动法律制度的探讨	林旭霞	《福建师范大学学报》（哲学社会科学版）1995：1
论香港特别行政区与国际劳工组织的关系	齐树洁 于　军	《现代法学》1997：4
论我国劳动争议处理制度之立法完善	林旭霞	《福建论坛》（经济社会版）1999：3
世界第一部劳动法——英国工厂法的借鉴作用	姚　挺	《东南学术》1999：6
构建有中国特色的养老保险体系	杨　泉	《福建劳动和社会保障》2002：8
发展社会保险基金有利于完善我国金融体系建设	杨　泉	《福建劳动和社会保障》2002：10
解析劳动合同的适用	林少东 张显伟	《福建劳动和社会保障》2002：12
社会保障法	蒋　月	厦门大学出版社，2004
劳动法案例精解	卢炯星 洪志坚主编	厦门大学出版社，2004
我国《公司法》的完善与职工权益的保护	李炳安	《福建论坛》（经济社会版）2005：4

续表 6—11

成果名称	作　者	发表刊物(出版社)及时间
社会责任标准 SA8000 与中国劳动标准立法的完善	郑启福	《内蒙古大学学报》(汉文版)2005:5
社会保障法的公平价值及其实现	杨雅华	《福建论坛》(经济社会版)2005:9

第四节　经济法学研究

一、学科建设与学术研究

(一) 学科建设

厦门大学法学院、华侨大学法学院、福州大学法学院、福建师范大学法学院等是福建省主要的经济法教学和研究机构。1993 年，华侨大学法律系获批设立福建省第一个经济法学硕士学位点。厦门大学法律系和福州大学法学院分别于 1996 年、2003 年获得经济法学硕士学位授予权。2004 年 7 月，厦门大学经济法研究中心成立。该中心以厦门大学法学院经济法学科为依托，吸收厦门大学经济学等学科的学者以及北京大学等其他院校的学者参加，是一个跨学科、跨院校的研究机构。2005 年，厦门大学法学院的经济法学科被确定为福建省重点学科。2005 年，厦门大学财政系设立法律经济学博士点。

(二) 学术研究

福建省经济法学的主要研究成果集中在经济法基础理论、宏观调控法基本理论、金融法、税法、竞争法等领域。这一时期，厦门大学法学院关于经济法调整对象、金融法、宏观经济法的研究，华侨大学法学院关于经济法责任的研究，都在国内学术界产生一定的影响。

1992—2005 年，该学科获得国家社会科学基金项目 2 项：21 世纪中国宏观经济法理论及宏观经济调控立法研究（厦门大学卢炯星，2001）、促进我国拥有自主知识产权的技术开发创新法律机制研究（厦门大学林秀芹，2005）；获得省部级科研项目 3 项，其中教育部人文社会科学研究项目 2 项：资产证券化的法律保障研究（厦门大学朱崇实，2001）、电子商务的税收法律问题（厦门大学廖益新，2001）；司法部法治建设与法学理论研究部级科研项目 1 项：中国金融监管法律基础理论与新兴问题研究（朱崇实，2002）；获得福建省社会科学规划项目 4 项。

其间，该学科在 CSSCI 等核心刊物上发表学术论文 44 篇，出版著作 9 部。研究成果获得司法部法学教材和法学科研优秀成果奖 1 项：《论电子商务交易的流转税法律属性问题》（2005 年优秀奖，廖益新）；福建省社会科学优秀成果奖 4 项：《中国消费者权益保护法研究》（第二届二等奖，厦门大学李景禧、柳经纬）、《跨世纪的中国经济特区：政策回顾与展望》（第三届二等奖，厦门大学朱崇实、陈振明、翁君奕、陈其林、李文溥）、《论我国宏观经济法的理论及体系》（第五届三等奖，卢炯星）、《经济法：政府经济管理体制的法律形式》（第五届三等奖，福州大学汤黎虹）。

（三）学术会议

1997 年 10 月，中国法学会民法学经济法学研究会年会在厦门大学召开，140 多位代表参加，提交论文近百篇。会议涉及经济法的议题主要是反垄断法律制度的建立以及金融法的理论与实践。这是全国经济法学界的学者、专家首次汇聚福建研讨经济法问题。

2001 年 11 月，第九届全国经济法理论研讨会在厦门大学召开，全国 70 多个高校、科研机构、实务部门的 180 多位代表参加。会议回顾和总结中国经济法学 20 年的发展历程，展望中国经济法学的发展趋势，并就经济法的定性、体系、实施和主体，宏观调控法的理论与实践，竞争法等市场秩序法律规范，世界贸易组织与中国经济法学以及经济法的研究方法展开讨论。

2005 年 8 月，福建省文化经济交流中心、福建省台湾法研究中心、厦门大学法学院、福建省法学会、福建省律师协会、福建省政法管理干部学院、福建社会科学院法学所、中国文化大学法学院、台湾华冈法学基金会、香港律师协会、福建师范大学法学院、福耀玻璃工业集团股份有限公司共同举办的第三届海峡法学论坛在福州市举行。论坛的主题是"反垄断法的理论与实务"，海峡两岸四地以及美国的法学研究者、实务工作者共同探讨反垄断法问题，并围绕当时正在起草中的中国反垄断法提出对策建议，会议收到论文近百篇。会议论文经遴选后结集出版。

二、主要学术成果

（一）经济法基础理论研究

《对经济法调整对象的再思考》（朱崇实，《现代法学》1998：2）该文指出，经济法所调整的社会关系具有两个基本特点，即这些关系以国家为一方主体以及这些社会关系是经济关系，具体包括国家在调整市场主体行为，维护公平竞争的过程中；国家在实行宏观经济调控，促进经济协调发展的过程中；国家作为公共物品的供给者，在完成公共收入和支出的过程中；国家作为国有资产的所有者，在国有资产管理的过程中；以及国家作为社会公平的维护者，在实施二次分配和建立社会保障制度的过程中，所形成的社会经济关系。该文的理论贡献主要在于，以经济法所调整的社会关系的主体特点为基础，对社会关系进行分类，并揭示经济法调整对象的特点。

《经济法责任论》（华侨大学陈婉玲等，中国法制出版社，2005）该书指出，经济法是社会本位法，具有经济性和直接性的特点。经济法对经济性社会整体利益的维护必须依赖于最能够体现经济法特质的法律责任形式，而不能依靠传统的民事责任、行政责任和刑事责任。该书主张，应当抛弃传统的法律责任归责原则的束缚，创建以保护弱者、维护社会整体利益为宗旨的定责与定量有机结合的"天平归责原则"。该书以有别于传统法律责任理论的思路来探索经济法责任问题，从理论上设计一套与经济法特质相契合的经济法责任制度。

表 6—12　　　　　**1992—2005 年经济法基础理论研究其他成果**

成果名称	作　者	发表刊物（出版社）及时间
试论我国市场经济条件下的经济立法	柳经纬 张东平	《厦门大学学报》（哲学社会科学版）1994:4
中国法学会民法学经济法学研究会 1997 年年会综述	柳经纬 林秀芹 吴克友 林兴登	《中国法学》1997:6
中国经济法理论问题	朱遂斌编	警官教育出版社，1999
对经济法基本问题的认识	张照东 刘东平	《甘肃政法学院学报》1999:3
经济法——政府经济管理体制的法律形式	汤黎虹	吉林人民出版社，2002
第九届全国经济法理论研讨会综述	朱崇实 卢炯星	《中国法学》2002:1
经济法与科学发展	朱遂斌 主　编	兵器工业出版社，2004
《道路交通法》第 76 条之法律经济分析	朱崇实 陈　丕 杨晓莉 林文琴 袁　敏	《厦门大学学报》（哲学社会科学版）2005:5

（二）宏观调控法研究

《证券法的公平与效率及其均衡与整合——兼论我国证券法之立法连续性不足》（华侨大学钟付和，《法律科学》2000：6）该文指出，证券法的公平体现分配正义，证券法的效率为一种制度效率。在中国的时代背景下，证券法中公平与效率的关系理论上应该是公平促进效率，效率体现公平。在立法与法的实施等实践过程中，中国现阶段应通过法律关系主体的合理界定、信息披露的规范、归责制度的均衡协调，着重对公平与效率这两个价值取向进行均衡和整合。该文基于不同价值的平衡提出完善证券法的建议。

《论创立和完善我国宏观经济法的法律体系》（卢炯星，《政法论坛》2001：2）该文指出，经济法包括宏观经济调控法和市场管理法两大体系。中国应当从宏观经济学与经济法相结合的角度，创立和完善宏观经济法的法律体系。这一体系包括国民经济和社会发展计划法、统计法、财政法、税收法、金融调控法、投资法、产业政策法、价格法、国际收支平衡法、审计法、经济审判法等。该文借鉴经济学的研究成果，提出按照两分法对经济法这一部门法进行体系分类的中心观点，并阐述宏观经济法的概念。

《加入世贸组织后我国金融法制的完善》〔朱崇实、郭俊秀，《厦门大学学报》（哲学社会科学版）2002：6〕该文提出，金融法制是中国市场经济法律体系的重要组成部分，渐进有序地开放金融市场，既是中国政府在加入世界贸易组织时所作的承诺，也是金融国际化、市场化发展规律的内在要求。该文对开放金融市场过程中中国所出现的利率市场化、金融机构国际化、金融市场一体化、金融业务创新化以及金融服务电子化的发展趋势及其法律对策进行分析和论证，提出了完善中国相关金融法制的建议。

《论宏观经济法中产业调节法理论及体系的完善》（卢炯星，《政法论坛》2004：1）该文指出，中国产业政策存在法律化程度低等问题，需要完善中国的产业调节法体系。提出中国应当从综合性产业调节法和产业调节专门法两个方面来完善产业调节法体系，综合性产业调节法是各种具体产业政策和法律的指导和依据，产业调节专门法则包括产业结构法、产业组织法、产业技术法、产业布局法、增强产业国际竞争力法和产业环境保护法等。

《契约精神与中国税法的现代化》（厦门大学李刚，《法学评论》2004：4）该文指出，中国传统税法学理论与实践所存在的根本问题在于过分强调税收与税法的"义务性"与"无偿性"特征，而"契约精神"则是西方以"社会契约论"为基础的税收本质学说的合理因素。"契约精神"要求在调整纳税人与征税机关、国家之间的关系时必须贯彻和体现公平价值以及平等原则。中国应当以"契约精神"为支点与核心构建现代税法学的基本理论。该文引入契约理念来研究传统上被认为公法领域的税法问题，提出以"契约精神"来指导中国税法和税法学现代化的观点。

表 6—13　　　　　　**1992—2005 年宏观调控法研究其他成果**

成果名称	作　者	发表刊物(出版社)及时间
搞活国营大中型企业的法律思考	杨振新	《法学》1992:9
对建立我国税务代理制度若干法律问题的探讨	王国璋 林　雄	《税务研究》1994:1
企业收益课税制度法制化的重要标志	林　雄 林品章	《税务研究》1994:6
起草税收基本法总则的若干问题	林　雄	《税务研究》1996:4
证券市场管理体制的法律问题研究	林秀芹	《现代法学》1998:2
商业银行股份化过程中的若干法律问题——兼论海南发展银行的关闭原因	朱崇实 贺绍奇	《厦门大学学报》(哲学社会科学版)1999:3
论我国中小企业存在的问题及立法对策	卢炯星	《现代法学》2000:3
刍议金融业混业经营的经济法律条件	钟付和	《北京社会科学》2000:4
亟待修改的若干税收征管法律问题	林　雄	《涉外税务》2000:4
证券化的若干基本问题	朱崇实 赖继红	《现代法学》2001:5
新《税收征管法》中的有关问题亟待解决	林　雄	《税务研究》2002:6
刍议金融调控法体系	刘志云 郑鲁英	《法学杂志》2002:6
两岸四地开展所得税税务合作的法律思考	朱炎生	《涉外税务》2003:1
税法与私法关系探源——对(私人)财产权的确认和保障	李　刚 丛中笑	《法制与社会发展》2003:6
税法经济调控功能的国际化	李　刚 张冬云	《华东政法学院学报》2004:2
改善征与纳税收法律关系的途径	刘孟全	《涉外税务》2004:6
中国税法学的现代化:标志、体系和差距	李　刚	《法学家》2004:6
规范征税人与纳税人之间的法律关系	刘孟全	《税务研究》2004:12
纳税人权利及其保护体系的探讨	陈宝熙 林高星	《涉外税务》2005:2
从两起案件看委托代征的法律适用	兰延灼	《涉外税务》2005:3
金融调控法与金融监管法关系论	刘志云 卢炯星	《西南政法大学学报》2005:4
试论隐名投资活动中纳税人的认定	朱炎生	《涉外税务》2005:8

续表 6—13

成果名称	作　者	发表刊物（出版社）及时间
从新《征管法》看如何完善现行《预算法》	林　雄	《涉外税务》2005：8
对一起税务机关败诉案件的分析	赵州生 兰权昌	《涉外税务》2005：9
行政执法中引入程序瑕疵的税案分析	张阿蓉	《涉外税务》2005：9

（三）市场规制法研究

《中国消费者权益保护法研究》（李景禧、柳经纬，江西人民出版社，1992）该书指出，在消费者保护法调整的社会关系中，消费者与生产经营者之间的关系是核心，在现代商品经济社会，消费者处于"弱者"地位，消费者保护法的主要任务就是谋求"消费者与生产经营者之间实质的平等"。该书提出，中国必须制定消费者保护基本法，构建由基本法和配套的单行法构成的完整的消费者法体系。

《附赠式有奖销售的法律思考》（华侨大学汪传才，《政法论坛》1999：6）该文分析附赠式有奖销售和抽奖式有奖销售、搭售、商业贿赂等相关概念之间的区别，对有关国家和地区的立法模式进行比较，该文指出，附赠式有奖销售具体表现形式多样，利弊共存，在中国经济条件下，更多的是有利，因此，对于附赠式有奖销售不应一概禁止，而应有条件的允许。中国在现有《反不正当竞争法》基础上由国家工商管理局出台具有可操作性的相应规章，虽然简单易行，但缺乏权威性，因此，这并非最好的模式。该文提出，中国应当制定单独的《限制赠品法》，同时对该法框架进行设计。

《论反垄断法对掠夺性定价的规制》（厦门大学游钰，《法学评论》2004：6）该文分析掠夺性定价的基本构成要件和国外的相关实践，认为定价与成本关系问题是掠夺性定价规制的核心问题。该文指出，中国的掠夺性定价集中发生于供需矛盾突出、生产能力过剩的行业，参与主体具有多样性，持续时间具有短期性，解决方式具有特殊性。基于此，中国应该采取包括加强政策引导调整相关行业市场结构，完善立法明确规制标准，设立专门执法机关，完善私人诉讼机制等综合方法对掠夺性定价加以规制。

表 6—14　　　**1992—2005 年市场规制法研究其他成果**

成果名称	作　者	发表刊物（出版社）及时间
《民法通则》与保护消费者权益	李景禧 柳经纬	《福建学刊》1992：2
试论有奖销售的法律问题	陈祥健	《社会科学》1992：5

续表 6—14

成果名称	作　者	发表刊物（出版社）及时间
保护消费者权益是工商行政管理机关的首要任务	柳经纬	《甘肃社会科学》1994:1
企业兼并的若干经济法律问题探研	林秀芹	《中国经济问题》1996:3
论对消费者的法律保护（上、下）	王克衷	《华侨大学学报》（哲学社会科学版）1997:2、3
论建立我国企业购并的法律体系	钟瑞栋 杨文森	《山西财经大学学报》2000:4
经济全球化与国际反垄断法——在建立新的国际经济秩序中发展中国家面临的新挑战	朱崇实 贺绍奇	《厦门大学学报》（哲学社会科学版）2001:2
论价格卡特尔的界定	游　钰	《法学评论》2001:4
注册会计师虚假验资的民事责任研究	林旭霞 张东梅	《东南学术》2003:3
欧共体竞争法实施机制改革中的委员会:功能主义的视角	蔡从燕	《欧洲研究》2003:6
略论我国"消费者保护法"的完善	应祖国	《福建论坛》（人文社会科学版）2004:12
竞业禁止协议的效力研究	郑启福	《湖北社会科学》2005:8

第五节　刑法学研究

一、学科建设与学术研究

（一）学科建设

1992—2005 年，厦门大学法学院、华侨大学法学院、福州大学法学院、福建师范大学法学院以及福建省政法管理干部学院、福建公安高等专科学校等法律院校均拥有刑法学教学与科研的师资队伍。与此同时，福建省的各级人民法院、人民检察院和律师界等实务部门，也对中国刑法实践中出现的各种实务和理论问题展开研究。

2000 年，经教育部批准，厦门大学法学院设立刑法学硕士学位点。

（二）学术研究

1992—2005 年，福建省刑法学的学术研究大多在规范刑法学的范畴内进行，侧重于围绕 1979 年《刑法》及 1997 修订的《刑法》实施中的各种法律问题进行理论探讨，着重对刑法规范本身进行学理阐释，并且从理论的高度关注刑法规范的完善及提出相应的立法建议。研究范围既广泛涉及刑法总论的问题，也涉及刑法分论的一些具体问题。其中，在刑法总论方面，研究、探讨犯罪概念、犯罪客体、不纯正不作为犯、行为犯、犯罪故意等概念，复合罪过、监督过失、数罪并罚等法律问题；在刑法分论方面，分析、讨论恐怖活动犯罪、公司法与刑法的接轨、商业秘密及其刑法保护、证券犯罪、侵占罪等法律问题。部分学者的研究范围还涉及犯罪学的课题，包括犯罪学的基础理论和具体问题。

这一时期，该学科在 CSSCI 等核心刊物上发表刑法学学术论文 38 篇，犯罪学论文 9 篇；出版刑法学著作 10 余部、犯罪学著作 7 部。获得福建省社会科学优秀成果奖 1 项：《无形之手——现代化与犯罪潮》（第三届二等奖，福建公安高等专科学校肖剑鸣）。

（三）学术会议

1993 年 11 月，中国法学会刑法学研究会学术年会在福州市举行。与会代表 102 人，会议收到论文 59 篇。会议以社会主义市场经济与刑法的适用和发展为中心议题，所提交的论文围绕市场经济与刑法观念转变、刑法适用和刑法完善展开研讨。会后，所收到的学术论文汇编为《市场经济与刑法》，由人民法院出版社出版。

1995 年 11 月，福建省法学会主办的刑法修改与刑事诉讼制度改革学术研讨会在莆田市召开。福建省各地的法学理论工作者和实务工作者 30 余人参加。会议就量刑科学化、少年犯的刑事立法、建立刑事判例制度、反腐败与刑事立法等中国现行刑法的修改和完善问题展开讨论。

1997 年 10 月，福建省法学会主办的刑法、刑事诉讼法的贯彻与实施学术研讨会在福清市召开。参加人员主要有省人大法制委、福建省高级人民法院、福建省法学会有关领导，福建省法学会刑法学、诉讼法学研究会有关学者，以及福建省部分基层公、检、法、司机关的干警。会议围绕刑法与公民权利、缓刑运用、罚金刑适用、罪名确立、受贿罪等展开讨论。

二、主要学术成果

（一）刑法总论研究

《公司法与刑法接轨的法律思考》（福建省政法管理干部学院张光宇，《政法论坛》1997：1）该文指出，《公司法》及《关于惩治违反公司法的犯罪的决定》与现行刑法接轨时，还存在诸多障碍，故应寻找对策。该文建议采取在附属刑法规范中直接规定罪行并详细列出量刑标准的方式，来解决公司法与刑法的接轨问题。

《关于进一步完善刑法典的几点思考》（华侨大学张少鹏，《法学》1997：8）该文对完善刑法典的若干问题阐述一些具体建议，包括罪刑法定原则与"未预见新罪"的及时立法、罪刑法定原则与犯罪行为的认定、对正当防卫应予必要限制、经济犯罪中数额与法定刑的确定以及对修订后《刑法》第399条第1款的修正等方面。

《中国刑法（总论）》和《中国刑法（分论）》（厦门大学陈立、黄永盛主编，厦门大学出版社，2000年初版。2002年改为《刑法总论》和《刑法分论》作为该书的第2版；2005年出版第3版，主编为陈立、陈晓明）这两部书在总结1997年《刑法》修订后的教学与实践经验的基础上，研究、介绍刑法学（包括"刑法总论"和"刑法分论"）的基本知识和基本理论。这是福建省内刑法学者撰写、出版的第一部刑法学教材。

《论不纯正不作为犯的等价性》（厦门大学李晓龙，《法律科学》2002：2）该文指出，不纯正不作为犯可罚性的关键在于等价性问题。等价性的目的和实质在于，通过对客观上的作为行为和不作为行为在规范上的等价值来限制对不纯正不作为犯的处罚范围。等价性的媒介是作为义务，所以等价性要求就是通过对作为义务层级程度和违反程度的限定来实现作为和不作为的等价值。该文从"等价性"这一概念入手，探讨不纯正不作为犯的理论问题。

《犯罪概念的梳理与评价》（厦门大学郑金火，《中国刑事法杂志》2004：5）该文分别对犯罪概念的形式定义与实质定义进行梳理，并在此基础上对它们重新作出评价，认为犯罪的形式定义与实质定义都包含着刑事违法性和社会危害性的内容，它们之间并不是绝对对立的；界定和评价犯罪（即解决犯罪概念/罪与非罪/定罪问题）时，应该优先选择刑事违法性标准而非社会危害性标准。

《犯罪客体研究——违法性的中国语境分析》（华侨大学童伟华，武汉大学出版社，2005）该书指出犯罪客体是否为犯罪构成的要件之一，是刑法理论中的一大争议问题。晚近，我国学者有的认为犯罪客体实质上就是刑法上的法益，有的则力图将犯罪客体改造成为类似于大陆法系三阶层犯罪论体系中的违法性要件。该书持后一种学术主张。该书还对刑法学中犯罪客体理论渊源，犯罪客体含义、地位，在犯罪构成中的序位、关系和机能等重要问题进行研究。

《再议"合一论"与"复合罪过说"》（厦门大学李兰英，《现代法学》2005：4）该文对刑法理论中关于罪过学说"合一论"的主张及立法例进行分析，评说其利弊；同时探讨"复合罪过"（也称"第三种罪过形式"）的含义，并对这种学说的立法和司法价值提出质疑。该文指出，德国关于间接故意与有认识过失的"合一论"的主张与中国学者所提出的"复合罪过"的概念各有特定含义，"合一论"的罪过形式的出现有其特定的类型划分和观念为前提。"复合罪过"现象的原始含义不同于"合一论"。应该结合中国《刑法》分则的具体罪名来进行真正"复合罪过"形式的研究。

《探问"意欲"为何——对故意概念中希望和放任的新诠释》（李兰英，《法律科学》2005：5）该文对作为故意概念中的要素"意欲"的含义、表现形式以及对主观恶性大小的影响进行诠释。认为，意欲是故意概念中的要素，但其含义却在国内外刑法理论界引发争议，并因此影响间接故意概念在立法中的确定。意欲要素不等于意志因素，它是由情绪因素和意志因素共同构成的一种动态的、综合心理状态，中国刑法之故意概念中的"希望"和"放任"都是意欲的表现形式，并且情绪要素可以成为量刑的酌定情节。

《数罪并罚成立范围之立法检讨》（陈立、厦门大学林俊辉，《法学》2005：10）该文对有关数罪并罚成立范围的立法例进行分析。认为，中国《刑法》规定数罪并罚的成立范围过于宽泛，从而导致数罪并罚的规定与累犯的规定互相矛盾，造成罪刑不相适应的局面，还对并无错误的原判的既判力产生冲击。关于数罪并罚的范围，中国应当采裁判确定主义，相应地，累犯的成立也应当采裁判确定主义。犯罪人在刑罚执行期间再犯新罪的，应当以累犯从重处罚，并在此基础上将其与前罪的余刑合并执行，同时对最终执行的刑罚进行适当的限制。

表 6—15　　　　　　　　　**1992—2005 年刑法总论研究其他成果**

成果名称	作　者	发表刊物（出版社）及时间
简论正当防卫的时间条件	张　帆	《中国刑事法杂志》1995：4
试论新刑法的几个主要特色	张少鹏	《福建学刊》1997：4
共同危险行为探讨	叶知年	《法学杂志》1997：6
论罪刑法定主义的对立统一性	张昌荣	《福建论坛》（文史哲版）1997：6
《刑法》第 100 条之我见	刘方权 张森锋	《河北法学》2001：4
论行为犯的构造	童伟华 李希慧	《法律科学》2002：6
单位犯罪主体若干问题探讨	郭敏锋	《人民检察》2002：8
刑法案例精解（上）	陈晓明 廖惠敏	厦门大学出版社，2004
外国刑法专论	陈　立 陈晓明	厦门大学出版社，2004
间接故意概念及其定位的新理念	李兰英	《法学评论》2004：4

续表 6-15

成果名称	作　者	发表刊物(出版社)及时间
基本人权保障的刑事公正与刑事法律更新	关今华	《福建论坛》(人文社会科学版) 2005:1
论我国刑法衔接的完善	向本阳	《福建省委党校学报》2005:1
"犯罪客体不要说"之检讨——从比较法的视角考察	童伟华 李希慧	《法商研究》2005:3
犯罪的规范属性分析	童伟华 李希慧	《吉林大学社会科学学报》2005:3
监督过失的提倡及其司法认定	李兰英 马　文	《中国刑事法杂志》2005:5
论体育运动中的正当行为——以大陆法系刑法为文本	吴情树 陈慰星 王方玉	《天津体育学院学报》2005:5

(二) 刑法分论研究

《关于我国刑法中增设侵占罪的设想》[郑金火,《厦门大学学报》(哲学社会科学版) 1992:4] 该文指出,中国 1979 年制定的《刑法》只设立贪污罪和盗窃罪,而对现实生活中屡见不鲜且具有严重社会危害性的各种非法侵占公私财物的行为缺乏治罪规定。作者针对《刑法》的这种缺陷,提出中国刑法应当增设侵占罪的建议,并就该罪的立法必要性、构成要件进行分析探讨,还就侵占罪的条文设计以及与贪污罪、盗窃罪的界限等进行论证。

《商业秘密及其刑法保护》(陈立,《法学杂志》1994:3) 该文阐述商业秘密的概念及特征、侵犯商业秘密行为的实际定性,提出并论证增设保护商业秘密刑事条款的必要性和重要性。该文主张,立法机关应当适时地在刑法分则或通过特别刑事法规的形式增设有关侵犯商业秘密的犯罪罪名,以利于更为明确而有力地打击那些情节严重的侵犯商业秘密的犯罪行为。

《资助恐怖活动罪的法源与特征分析》(福建师范大学史振郭、江钦辉,《中国刑事法杂志》2004:1) 该文从联合国对资助恐怖活动犯罪的立法回顾入手,依据中国《刑法修正案(三)》对恐怖活动犯罪的规定,从刑法理论上分析资助恐怖活动犯罪的概念、特征、认定及其适用范围,指出立法及司法解释应当完善的相关内容。

《论我国网络犯罪的界定——兼议我国网络犯罪的立法现状》(福建公安高等专科学校张

淑平，《中国人民公安大学学报》2004：2）该文认为，网络犯罪与计算机犯罪在概念的内涵和外延上是一致的。网络犯罪仅指以网络为侵害对象实施的犯罪行为，《刑法》第287条规定的利用计算机实施的诈骗罪、贪污罪、盗窃罪等传统罪名应排除在网络犯罪之外。该文还指出，当前中国关于网络犯罪的立法在以下方面有待完善：网络犯罪立法保护范围过于狭窄，网络犯罪量刑偏低，网络犯罪的主体仅为自然人，以及网络犯罪的刑罚没有资格刑等。

表6—16　　　　　　　　　**1992—2005年刑法分论研究其他成果**

成果名称	作　者	发表刊物（出版社）及时间
环境侵害的刑事救济	陈泉生	《现代法学》1992：5
西方证券犯罪立法与实务及其借鉴意义	陈　立	《比较法研究》1994：3、4
证券犯罪探析	郑金火	《中国刑事法杂志》1995：2
经济犯罪理论与实务	陈　立	厦门大学出版社，1996
非法占有遗忘物行为问题新论	陈　立	《法学杂志》2001：4
论可持续发展与刑法的调整	陈泉生	《法学杂志》2002：1
试论洗钱罪及其立法完善	林文清	《福州大学学报》（哲学社会科学版）2002：2
论恐怖活动犯罪的认定及其处罚	史振郭	《中国刑事法杂志》2002：6
洗钱罪构成要件研究	林占发	《当代法学》2003：5
网络犯罪刑事立法探析	史振郭	《东南学术》2003：5
刑法疑难案例评析	陈　立	厦门大学出版社，2003
财产、经济犯罪专论	陈　立	厦门大学出版社，2004
刑法案例精解（下）	陈　立　廖惠敏	厦门大学出版社，2004
刑法生态化的立法原则	梅　宏	《华东政法学院学报》2004：2
增设贷款诈骗罪单位主体的必要性	王　涛	《中国刑事法杂志》2004：4
刑法第399条第4款的理解与适用——兼论法规竞合与想象竞合犯、牵连犯、吸收犯的界限	黄奇中	《中国刑事法杂志》2004：4
非法占有目的的法律地位探究	吴贵森	《中国刑事法杂志》2005：6

（三）犯罪学研究

《经济与文化对犯罪的二维交合作用研究——新世纪犯罪学跨学科研究的一个重大课题》（肖剑鸣，《政法论坛》2000：6）该文认为，在社会有机体中对于犯罪形态演化起支配、制约作用的诸多因素中，文化与经济是一种"脑"与"手"的关系，它们共同对犯罪产生一种"二维交合作用"。其中文化对于犯罪具有某种"基因性"终极作用。为此，应当就文化与经济对犯罪的"二维交合作用"进行实证研究、思辨研究和各学科的边缘交叉综合研究，这不仅对揭示犯罪原理有理论意义，而且对遏制和降低犯罪率有实际指导意义。

《就情境犯罪预防策略论对盗窃犯罪的预防》（厦门大学陈晓明，《法学》2001：8）该文提出，盗窃犯罪一向是中国的主要犯罪类型，也是在防治犯罪上最棘手的问题之一。情境犯罪预防策略突破传统的犯罪预防思路，不是从铲除犯罪根源或对罪犯进行法律威慑入手，而是把预防犯罪的着眼点放在改变和利用环境，减少或消除犯罪机会上。因此，该文主张，对盗窃犯罪预防的研究应该开拓新的方向，情境犯罪预防策略是最可行、最实用的发展方向之一。

《犯罪学新论》（厦门大学周东平，厦门大学出版社，2004）该书内容分三大部分。第一部分为导论，概述犯罪学基础知识，包括犯罪及犯罪学的概念、犯罪统计、犯罪暗数及其调查方法等。第二部分阐述犯罪学理论，包括犯罪学的诞生、发展，犯罪社会学的各种理论，犯罪学研究的最新动向等。第三部分为附论，分两章介绍被害人学和被害人犯罪的新理论、新知识。该书的一个特点是，除了对基本知识的概括外，还融入有关犯罪学的一些新知识和新理论。

《犯罪演化论：入世后犯罪形态演化的机制及其调控》（肖剑鸣，北京大学出版社，2005）该书试图将犯罪演化过程具体展示为"形态论"—"机制论"—"调控论"三个部分所构成的整体来进行纵向解剖式分析论证。形态论主要论证中国加入世界贸易组织背景下暴力犯罪的恐怖化、犯罪的高科技网络化、环境犯罪现代化的总体演化趋势性特征；机制论部分则与形态论相对应，分别探析国际恐怖主义犯罪、网络犯罪、环境犯罪这三类犯罪形态演化的成因机制；调控论除对国际恐怖主义、网络犯罪、环境犯罪分别作了针对性的系统论述外，还就职务犯罪的制度性调控问题展开专门探讨。此外，该书还就构建和谐社会所必须实施的新型社区治安综合治理系统工程提出了构想，并就相应的防控对策进行探讨。

表 6—17　　　　　　　　**1992—2005 年犯罪学研究其他成果**

成果名称	作　者	发表刊物(出版社)及时间
犯罪学引论	肖剑鸣 皮艺军 主　编	警官教育出版社,1992
论人类社会产生犯罪现象的根源	肖剑鸣	《中国人民公安大学学报》(社会科学版)1993:1
论我国都市化进程中的人口流与犯罪潮及其控制	肖剑鸣	《中国人民公安大学学报》(社会科学版)1994:1

续表 6—17

成果名称	作　者	发表刊物（出版社）及时间
无形之手——现代化与犯罪潮	肖剑鸣	重庆出版社,1996
犯罪学研究论衡	肖剑鸣	中国检察出版社,1996
浅谈残缺足迹的检验	严丽华	《中国人民公安大学学报》(社会科学版)1999:3
罪之鉴:世纪之交的中国犯罪学基础理论研究(上、下)	肖剑鸣 皮艺军	群众出版社,2000
论犯罪学的当代学术前沿	肖剑鸣	《中国人民公安大学学报》(社会科学版)2000:5
女性犯罪的社会预防和控制	郑金福 陈沙麦	《福建省委党校学报》2003:9
论受害人未觉察的犯罪——以白领犯罪为中心	周东平	《法令月刊》(台湾)2003:11
中国犯罪矫正制度的反思与重构	陈晓明	《法令月刊》(台湾)2004:9
全球化·"生态"安全·未来犯罪	肖剑鸣	《东南学术》2004:12
环境犯罪论	肖剑鸣 翁京才 翁连金	《山东社会科学》2005:6

第六节　国际法学研究

一、学科建设与学术研究

（一）学科建设

福建省国际法学的研究力量主要集中在厦门大学。厦门大学法学院是国内最早开展国际经济法教学和科研的单位之一。1986 年获得国际经济法专业博士学位授予权，1997 年国务院学位委员会修订学科目录，厦门大学的国际经济法专业博士学位点调整为国际法专业博士学位点，由此，招收博士研究生的范围扩大到国际公法、国际私法和国际经济法三个研究方向。1995 年 6 月，国家教委批准厦门大学"国际经济法及台港澳法研究"为全国高校"211"工程第一期重点建设项目。1998 年厦门大学国际法学科创办以书代刊学术集刊——《国际经济法论丛》，2005 年改名为《国际经济法学刊》。2002 年 1 月，厦门大学国际法学专业被教育部评定为国家重点学科。2002 年 10 月，厦门大学"国际经济法与海洋法"再次被教育部确定为全国高校"211"工程第二期重点建设项目。

2002 年 1 月，厦门大学海洋法律研究中心正式成立于厦门大学法学院，2003 年 11 月，改名为厦门大学海洋政策与法律中心。该中心主要研究海洋经济与科技发展战略、海洋管理策略、海洋公法以及海商私法等。

2005 年 4 月，厦门大学成立厦门国际法高等研究院。这是亚太地区唯一的国际法专门高等研究机构，其第一届董事会由 19 位海内外国际法专家组成，董事会主席由时任国际法院院长史久镛大法官担任。

2001 年，福州大学获得环境与资源保护法硕士学位授予权，国际环境法是其研究方向之一。

（二）学术研究

1992—2005 年，福建省国际法学科研究在国际海洋法、国际环境法、国际关系与国际法及海峡两岸国际私法比较等方面取得成果。与此同时，厦门大学国际法学科还与商务部条法司等对外事务管理部门建立密切的合作关系，向它们提供决策咨询意见和建议。

这一时期，该学科共承担国家社会科学基金项目 6 项：国际避免双重征税协定的法律问题研究（厦门大学廖益新，1992），在全方位对外开放与向社会主义市场经济转型过程中，我国外资立法面临的新挑战以及新对策（厦门大学陈安，1993），美国域外适用本国经济立法的实践与理论以及中国的对策（厦门大学徐崇利，1997），经济自由化、全球化和一体化对国际经济条约的影响及中国的对策（徐崇利，2002），经济全球化进程中税收国际协调法律问题研究（廖益新，2003），国际关系理论与国际法原理研究（徐崇利，2005）。该学科先后承担部级科研项目 17 项，其中，教育部人文社会科学研究项目 11 项：新时期我国外资立法政策的调整及若干待解决重大法律问题（陈安，1996）、国际商业贷款及其担保的法律问题研究（徐崇利，1996）、国际税务合作的法律问题研究（廖益新，1997）、我国外资立法面临的新问题及对策研究（厦门大学卢炯星，1998）、外商投资待遇与市场准入的法律问题研究（厦门大学单文华，1998）、涉台检验检疫之立法研究（厦门大学陈动，1999）、国际融资担保制度的创新与借鉴（厦门大学李国安，2001）、经济全球化对国际经济立法体制的影响及中国的对策（徐崇利，2001）、发展中国家与 WTO 法律制度研究（厦门大学朱晓勤，2001）、"入世"后的中国外资法体系和内容研究（厦门大学曾华群，2002）、海峡两岸法律冲突问题研究（厦门大学于飞，2002）；司法部法治建设与法学研究部级科研项目 6 项：世界经济自由化趋势与我国国家经济安全的法律保障制度研究（徐崇利，2001）、WTO 与我国对外贸易法律制度的改革（曾华群，2002）、反倾销税与反倾销补贴：我国反倾销法律制度研究（厦门大学邓力平，2002）、国际税收协定适用问题研究（廖益新，2004）、TRIPS 协议框架下的传统知识保护研究（厦门大学古祖雪，2003）、当代自由贸易协定中投资制度发展的最新动向与我国的对策（厦门大学陈辉萍，2005）。

1992—2005 年，该学科在 CSSCI 等核心刊物上共发表学术论文近 300 篇，其中 27 篇发表于《中国社会科学》、《法学研究》、《中国法学》等刊物，另有 40 多篇学术论文发表于国外各类刊物，出版著作 40 余部。

科研成果获得省部级奖励 45 项，其中教育部人文社会科学优秀成果奖 3 项：《中外合资企业法律的理论与实务》（第一届二等奖，曾华群）、《MIGA 与中国：多边投资担保机构述评》（第二届三等奖，陈安、徐崇利等）、《论中国涉外仲裁的监督机制及其与国际惯例的接轨》（第三届一等奖，陈安）；司法部法学教材和法学科研优秀成果奖 4 项：《国际投资争端仲裁——"解决投资争端国际中心机制"研究》（2002，一等奖，陈安等）、《国际税法学》（2002，三等奖，廖益新）、《国际投资法学》（2002，优秀奖，曾华群）、《美国单边主义对抗 WTO 多边主义的第三回合——"201 条款"争端之法理探源和展望》（2005，一等奖，陈安）；安子介国际贸易研究奖 2 项：《中国"入世"后海峡两岸经贸问题"政治化"之防治》（2003，十一届三等奖，陈安）、The Three Big Rounds of U. S. Unilateralism versus WTO Multilateralism during the Last Decade（《十年来美国单边主义与 WTO 多边主义交锋的三大回合》）（2004，十二届一等奖，陈安）；福建省社会科学优秀成果奖 35 项：《"解决投资争端国际中心"述评》（第二届一等奖，陈安等）、《中外合资企业法律的理论与实务》（第二届二等奖，曾华群）、《关于我国参加〈华盛顿公约〉若干问题的意见》（第二届三等奖，徐崇利、厦门大学赵德铭）、《中外合营企业承包经营的法律问题》（第二届三等奖，福建省高级人民法院高子才）、《对台商投资争端司法保护的探讨及立法建议》（第二届三等奖，厦门大学陈华、福建省高级人民法院陈明）、《MIGA 与中国：多边投资担保机构述评》（第三届一等奖，陈安、徐崇利等）、《国际经济法学》（第三届二等奖，陈安等）、《中国涉外仲裁监督机制评析》（第三届二等奖，陈安）、《我国外资国民待遇制度的发展与完善》（第三届三等奖，单文华）、《论完善外商投资法律制度》（第三届三等奖，卢炯星）、《香港经贸法》（第三届三等奖，曾华群）、《国际经济法导论》（第四届二等奖，曾华群）、《论中国涉外仲裁的监督机制及其与国际惯例的接轨》（第四届二等奖，陈安）、《国际经济法》（第四届三等奖，陈安等）、《国际货币金融法学》（第四届三等奖，李国安等）、《国际海事法学》（第四届三等奖，赵德铭等）、《国际投资法学》（第四届三等奖，曾华群等）、《国际融资租赁法律问题研究》（第四届三等奖，李国安）、《外商直接投资的法律待遇与我国外资法的转型》（第四届三等奖，厦门大学李万强）、《外资国民待遇及其实施条件》（第四届三等奖，单文华）、《国际经济法学专论》（第五届二等奖，陈安等）、《"美国 1994 年主权大辩论及其后续影响"等论文》（第五届二等奖，陈安）、OECD's Multilateral Agreement on Investment：A Chinese Perspective（经合组织的《多边投资协定》：从一个中国人的视角来看）（第五届二等奖，陈辉萍）、《伦敦海事仲裁制度研究》（第五届三等奖，华侨大学邓杰）、《冲突规则的回归——美国冲突法理论与实践的一大发展趋势》（第五届三等奖，徐崇利）、《自由与公平的历史纠葛——世界贸易组织主流价值形态流源论》（第五届三等奖，华侨大学钟付和）、《美国单边主义对抗 WTO 多边主义的第三回合——"201 条款"争端之法理探源和展望》（第六届一等奖，陈安）、《全球化趋势与"跨国法学"的兴起》等（第六届二等奖，徐崇利）、《海洋法专题研究》（第六届二等奖，厦门大学傅崐成）、《论"特殊与差别待遇"条款的发展及其法理基础》（第六届二等奖，曾华群）、《国际经济法学》（第三版）（第六届三等奖，陈安主编）、《基本人权保护与法律实践》（第六届三等奖，福建师范大学关今华主编）、《"服务贸易总协定"的例外及其限制》（第六届三等奖，李国安）、《国际经济法学案例教程》（第六届三等奖，厦门大学肖伟主编）、《中欧贸易壁垒调查立法比较研究》（第六届优秀成果佳作奖，厦门大学蔡从燕）。

（三）学术会议

1992 年 10 月，中国国际经济法研究会与厦门大学法律系、厦门大学国际经济法研究所、厦门市国际经济贸易学会在厦门大学联办中国国际经济法学术研讨会，全国各地经贸部门、司法部门、高等院校和科研机构的近 70 名专家学者出席会议。会议共收到论文 38 篇。

2002 年 8 月，为纪念 1982 年《联合国海洋法公约》签署 20 周年，厦门大学和中国海洋法学会主办的纪念《联合国海洋法公约》公约签署 20 周年学术研讨会在厦门大学召开。会议对国际海洋法的发展和国内海洋法的实践进行学术研讨和交流。

2004 年 5 月，中国国际经济法学会与中国法学会世界贸易组织法研究会、厦门大学国际经济法研究所在厦门联合举办坎昆会议后 WTO 法制的走向和中国的对策专家研讨会，国内有关高校、科研机构、政府主管部门及美国、中国香港地区的 20 多位专家学者出席。会议共收到论文 21 篇。与会代表围绕坎昆会议后 WTO 法制的宏观走向、国际经济秩序的演进、WTO 争端解决机制的完善以及中国的对策等议题展开研讨。

2004 年 6 月，厦门大学海洋政策与法律中心与海南南海研究中心共同举办的历史性水域与群岛水域和水下文化遗产保护研讨会在厦门大学召开。在"历史性水域与群岛水域"小组会上，与会学者作了关于历史性水域的报告以及群岛水域的报告；"水下文化遗产保护"小组会的研讨主题是中国水下文化遗产保护的现状与问题、南海水下文物保护与合作、中国海域以外发现的与中国有关的沉船文物以及《水下文物保护条例》修订等问题。

2004 年 11 月，中国国际经济法学会与厦门大学法学院、厦门大学国际经济法研究所联办的国际经济法与经济转型期的中国国际学术研讨会在厦门召开。中国、美国、荷兰、韩国、马来西亚及世界银行多边投资担保机构的 30 名中外知名专家学者应邀出席会议，分别就国际经济法与发展、国际经济法与国内法、国际贸易法与中国、国际商事仲裁与中国、WTO 法在中国的实施、WTO 争端解决机制与中国以及中国法律的发展等议题进行研讨。会议共收到英文论文 22 篇，会后，参会论文汇编成集，于 2007 年由美国 William S. Hein & Co.，Inc（威廉·S. 海因公司）出版社出版。

2004 年 11 月，中国国际经济法学会和厦门大学法学院联办的 2004 年中国国际经济法学会年会暨学术研讨会在厦门召开。国内外专家学者以及联合国官员共 100 多人与会。会议共收到论文 137 篇，研讨围绕中国"和平崛起"与新国际经济秩序、中国"入世"承诺的履行与对策、多边投资法制的新发展、中国参与区域经济一体化的法律实践、新欧盟与中欧经贸法律的新发展以及国际经济法的其他理论和实务问题等展开讨论。

2005 年 3 月，厦门大学海洋政策与法律研究中心和美国弗吉尼亚大学法学院海洋法律与政策中心联办的海洋法的新发展与中国国际学术研讨会在厦门大学召开，中国、美国、英国、冰岛、瑞典、澳大利亚和日本等 10 多个国家的 100 多名专家、学者出席会议。研讨会讨论海洋法的最新发展、海岸带综合治理、南海油气资源开发与环境保护、东亚渔业管理与发展、海上执法、全球海洋科研发展、商业海运和水下文化遗产保护八项议题。

2005 年 6 月，韩国网络通讯学会、韩国仁荷大学与厦门大学共同组织召开东亚数字内容与媒体管理国际学术研讨会。中国和韩国的 20 余位学者参加研讨会，讨论数字内容及其社会和商业影响、数字内容的法律与政策问题以及数字内容市场的国际观察等三个方面的主题。

2005 年 10 月，中国海商法协会主办，中国最高人民法院、交通部、中国国际贸易促进委员会、中华全国律师协会等单位协办，厦门大学法学院和厦门京闽东线目的地管理有限公司承办的第六届海商法国际研讨会在厦门国际会展中心举行。中国、比利时、瑞典、英国、德国、法国、希腊、西班牙、日本、朝鲜、新加坡、南非以及中国香港和台湾等 20 多个国家和地区的 50 多位外宾和近 200 多位国内代表出席会议。会议议题涉及海上货物运输、油污责任及海上安全、海上保险、物流、海事诉讼与仲裁等方面的问题。

二、主要学术成果

（一）国际公法学研究
《论适用国际惯例与有法必依的统一》（陈安，《中国社会科学》1994：4）该文从理论和实践两个层面就中国在对外经贸往来中适用国际惯例的问题进行探讨。该文在回顾与辨析关于国际惯例诸般学说的基础上，提炼和概括出关于这一问题的几个理论要点，并由此出发，以近年来土地开发与房地产经营中出现的混乱现象为例，指出不应将适用国际惯例凌驾于有法必依之上，而应将二者统一起来，并就如何理解与实现这种统一提出个人见解。

《中国有关国际惯例的立法评析——兼论国际惯例的适用》（单文华，《中国法学》1997：3）该文指出，中国有关国内立法中的"国际惯例"当仅指实体意义上的国际惯例；"国际惯例"或"惯例"在中国不能算作国际法或国内法的正式渊源，而只具有解释与补充合同，或补充有关法律漏洞的功能与意义；国际惯例在中国适用的前提是，以中国法作为准据法，而中国国内法与有关国际条约未作规定，且当事人对其适用未予明示排除等。该文进而指出，中国现行有关国际惯例的国内立法无须作根本性的修改，但有必要对其含义、性质、适用条件等诸项进行更明确的法律解释。该文意在明确中国对待国际惯例应该采取的态度和对相关法条应有的解释。

《全球化趋势与"跨国法学"的兴起》（徐崇利，《法商研究》2003：4）该文主要探讨"跨国法学"在全球化时代的形成。该文指出，随着全球化时代的到来，已出现越来越多的跨国社会关系以及与之相对应的跨国法律规范。这些跨国法律规范虽不可能组装成一个独立于"国际法"和"国内法"法律部门之外的"跨国法"法律体系，但以它们在调整跨国社会关系时所产生的"跨国法律问题"为特定研究对象，可以形成综合性、边缘性的"跨国法学"学科体系。该文的特点在于运用国际法与国际关系跨学科研究的方法，主张区别法学学科意义上的"跨国法学"与法律体系意义上的"跨国法"之概念。

《海洋法专题研究》（傅崐成，厦门大学出版社，2004）该书论述在中国这样一个海洋地理相对不利，四周海域几乎全被邻国所包围，很难延伸到大洋水域的国家的海洋法问题。该书收集研究海洋法相关问题的部分资料，内容涉及以下四个领域：海洋环保与水下文化遗产的保护、海洋渔业管理、海洋边界与海洋争端解决和台湾海峡与两岸合作。该书对中国面临的现行和潜在的严峻海洋法律问题作出分析，提出相应的对策。

《基本人权保护与法律实践》（关今华，厦门大学出版社，2004）该书主张，尊重和保障基本人权不仅是国际范围内所有国家和所有人民努力实现的共同标准，而且应该成为以法治国和建设现代文明的核心内容。该书指出，当务之急是要将尊重和保障基本人权置于"实现新的国际秩序、多元化发展和维护和平"的优先地位，并作为实现民主和人类大同，维护正义、平等、自由、幸福、和谐的新世界必经之路。该书对基本人权及其法律实践和变革问题进行探索，以期对更多层次的人权问题打开一条继续研讨的通路。

《经济全球化与国际法中"社会立法"的勃兴》（徐崇利，《中国法学》2004：1）该文指出，近代，国际法从"战争"的国际法发端。现代，和平与发展成为人类的共同主题；相应地，"经济"的国际法部分开始勃兴。进入20世纪90年代之后，在经济全球化的影响下，全球社会矛盾日益显现，国际法中的"社会立法"方兴未艾，出现国际法"社会化"的倾向，人类似乎又迎来社会领域国际法繁荣的时代。该文运用国际关系与国际法交叉学科的方法，论证晚近国际法中"社会立法"大量出现的原因和机理。

《全球化背景下的国家主权原则》（华侨大学邹立刚，《东南学术》2004：1）该文指出，全球化趋势使得国家主权的内涵与外延发生演变，因此，应确立具有世界视野的国家安全观，认清当代经济全球化、世界政治多极化和国家政治生活法治化和民主化的基本潮流，并且主动参与和适应全球化的发展趋势。作者认为不应墨守成规，应采取灵活务实的方式维护国家的主权和利益。

表6—18　　　　　　　　　　**1992—2005年国际公法学研究其他成果**

成果名称	作　者	发表刊物（出版社）及时间
略论香港特别行政区的高度对外自治权	曾华群	《厦门大学学报》（哲学社会科学版）1998：1
欧共体明示与隐含缔约权力浅析	曾华群	《厦门大学学报》（哲学社会科学版）2000：1
南海"9条继续线"及相关问题研究	李金明	《中国边疆史地研究》2001：2
从历史与国际海洋法看黄岩岛的主权归属	李金明	《中国边疆史地研究》2001：4
非自愿移民：世界银行移民安置政策及其启示	陈祥健	《理论月刊》2001：12
"建构主义"国际关系理论与国际法	徐崇利	《中国国际法年刊》2002/2003年合刊
法律全球化新论——从辩证与历史唯物主义的视觉	刘志云	《西南政法大学学报》2002：4
海洋管理的法律问题	傅崐成	（台）文笙书局，2003
A Chinese Perspective on the UNESCO Convention on the Protection of the Underwater Cultural Heritage（从一个中国人的视角看联合国教科文组织《保护水下文化遗产公约》）	傅崐成	The International Journal of Marine and Coastal Law（《国际海洋和海岸法期刊》）2003：1
试论当代国际关系理论中的国际法角色定位	刘志云	《现代国际关系》2003：2
条约在国内适用的若干问题探讨	朱志晟　张　亮	《现代法学》2003：4

续表 6—18

成果名称	作 者	发表刊物(出版社)及时间
国家主权的特征分析与全球化背景下主权理论的创新	刘志云	《世界政治与经济》2003:8
Delimitating the Chinese Continental Shelves:Ways and Issues(中国大陆架划界的方法以及问题)	傅崐成	Myron H. Nordquist(密朗·H.诺德奎斯特)等主编:Legal and Scientific Aspects of Continental Shelf Limits(《大陆架界限的法律和科学》),Martinus Nijhoff Publishers(马蒂纳斯·奈霍夫出版社),2004
现实主义状态下国际法"规范功能"刍议	江海平	《现代国际关系》2004:1
法律全球化与世界人权保护	关今华 陈 诚	《东南学术》2004:1
从伊拉克战争看国际法面临的冲击与命运	古祖雪	《法律科学》2004:3
欧盟理事会轮值主席制度研究	葛勇平	《比较法研究》2004:5
《开罗宣言》及其拘束力——写在《开罗宣言》签订 60 周年	葛勇平	《河北法学》2004:6
关于国际刑事法院管辖权的几个具体问题——兼评中国政府的立场	许楚敬	《比较法研究》2004:6
国际反腐败法律机制中的资产追回制度	陈 雷	《法学》2004:8
国际机制理论与国际法的发展	刘志云	《现代国际关系》2004:10
试论国家权力对国际立法的影响	江海平	《现代国际关系》2004:12
海洋法相关公约及中英文索引	傅崐成	厦门大学出版社,2005
论国际法的理念	古祖雪	《法学评论》2005:1
海洋法公约与南海领土争议	李金明	《南洋问题研究》2005:2
冲突与制衡:经济全球化背景下的世界人权保护	林永鹏 林金贵 郑君芳	《安徽大学学报》(哲学社会科学版)2005:3

(二) 国际经济法学研究

《中外合营企业承包经营的法律问题》（高子才,《法学》1992:2）该文指出,中国的法律、法规对中外合营企业承包经营问题未作明确规定,同时由于所签订的承包经营合同未能详尽规范承包双方当事人的行为等原因,以致这类企业承包经营的纠纷开始出现并呈上升趋势。该文结合实例提出解决有关中外合营企业承包经营法律问题的具体方案。

《国际投资法中的重大争议问题与我国的对策》（徐崇利，《中国社会科学》1994：1）该文指出，在国际投资法领域，中国政府一贯原则上支持发展中国家的基本主张。但是，中国在与外国签订的双边投资保护协定中，就外国投资者的待遇、外资的国有化、特许权协议的法律性质以及国际投资争端的解决等问题向发达国家作出不同程度的妥协。从建立国际经济新秩序的历史进程和发展中国家的具体实践来看，在和平与发展的背景下，立足于中国国情，在国际经济事务中采取灵活的策略，对发达国家做出此等妥协，是必要的。

《国际融资租赁法律问题研究》（李国安，《国际经济法论丛》1998：1）该文指出，近年来融资租赁呈现出国际化发展趋势，并形成几种较为普遍的交易模式。《国际融资租赁公约》正是融资租赁迅速发展的产物。鉴于中国国际融资租赁案件频频发生，对国际融资租赁中涉及的各种法律问题作深入的研究和探讨是有必要的。

《外资国民待遇及其实施条件》（单文华，《中国社会科学》1998：5）该文指出，外资国民待遇是指一国给予外国人以与其本国国民同等的待遇，但在国际立法实践中，东道国往往还可以维持一些特殊的外资国民待遇例外与限制。由于实行国民待遇原则必须建立在市场经济体制之上，并且要求一国总体经济实力的充分发展壮大。因此，该文指出，中国对外资实行国民待遇，不仅仅意味着外资政策与法律的调整，同时还意味着内资企业与民族工业发展路向的调整，意味着社会主义市场经济体制改革向纵深发展以及中国综合国力的不断增强。

《国际经济法学系列专著》（陈安总编，含《国际贸易法学》、《国际投资法学》、《国际货币金融法学》、《国际税法学》和《国际海事法学》，北京大学出版社，1999—2001）该系列专著由厦门大学法学院国际经济法科研团队合力撰写，集成该团队成员晚近在国际经济法各自研究领域的学术成果，比较系统地展现国际经济法学科的晚近发展状况。

《我国 BOT 特许权协议法律性质分析》（华侨大学朱遂斌、林伟明，《中国法学》1999：4）在中国学界，对于 BOT 项目特许权协议的法律性质存在着两方面的争议：一方面是其为一种国际契约，还是一种国内契约之争；另一方面是其为一种私法契约，还是一种公法契约之争。该文指出，BOT 项目特许权协议应该是一种国内契约和公法契约，并就该定性所推衍出来的有关问题，结合中国的相关立法，提出自己的对策建议

《美国 1994 年"主权大辩论"及其后续影响》（陈安，《中国社会科学》2001：5）该文集中探讨美国 1994 年加入 WTO 时的"主权大辩论"及其在"301 条款"争端案中的表现和后续影响，最后提出对发展中国家的启示：在经济霸权主义仍然存在的当今世界，发展中国家显然应当保持清醒，决不可贸然附和或接受经济主权的"弱化"论、"淡化"论或"废弃"论。

《国际经济法学专论》（上篇"总论"和下篇"分论"）（陈安，高等教育出版社，2002）该书介绍国际经济法总论、国际贸易法、国际投资法、国际货币金融法、国际税法和国际海事法等各国际经济法分支学科的内容，首先概述基本知识和基本原理，然后分专题阐述和探讨各重点、难点和热点问题。

OECD's Multilateral Agreement on Investment：A Chinese Perspective（经合组织的《多边投资协定》：从一个中国人的视角来看）［陈辉萍，Kluwer Law International（威科法律国际出版社），2002］该书对 MAI（多边投资协定）的来龙去脉和各谈判条款进行全面和深入的分析，清晰地揭示 MAI 的本质，并就中国和其他发展中国家如何对待 MAI 的基本立场和具体对策阐述自己的观点。这是中国学者在国际著名出版社出版的为数不多的国际经济法学术专著之一。

《自由与公平的历史纠葛——世界贸易组织主流价值形态流源论》（钟付和，《比较法研究》2002：2）该文指出，世界贸易组织体制中中国的影响，最重要的将不在于制度规则的表象对接，而在于其价值形态对中国政治经济法律所产生的渐进式的、广泛而又深刻的影响。该文指出，对掩盖在制度文本背后的法律价值形态及其演变进行分析尤为必要，非如此，很难把握其历史的实相、未来之演进路径。

《中欧贸易壁垒调查立法比较研究》（蔡从燕，《中国法学》2003：6）该文指出欧共体，《贸易壁垒条例》是实施"市场进入战略"贸易政策的重要工具。中国《对外贸易壁垒调查暂行规则》的发布，为消除国外贸易壁垒对中国出口贸易的影响，促进对外贸易的正常发展提供重要法律依据，有助于维护贸易参与人的正当利益，开拓国际市场，但在实体与程序规则两方面，该法仍然存在诸多不足。

《论"特殊与差别待遇"条款的发展及其法理基础》［曾华群，《厦门大学学报》（哲学社会科学版）2003：6］该文指出，传统 GATT 体制下有关特殊与差别待遇的"承担义务的非互惠模式"已被 WTO 体制所限制、淡化或转化为"履行义务的非互惠模式"。该文强调，这是值得重视的趋向。由于发达成员与发展中成员在今后相当长的历史时期内经济实力仍将迥异，因此，WTO 体制的特殊与差别待遇条款并非权宜之计，也不宜仅表述为WTO 体制非歧视待遇原则的例外，发展中国家应坚持此类条款的法理基础是公平互利原则。

《美国单边主义对抗 WTO 多边主义的第三回合——"201 条款"争端之法理探源和展望》（陈安，《中国法学》2004：2）该文概述 WTO "201 条款"争端案的内容、进程和结局，并回溯到 1994 年美国加入 WTO 时的"主权大辩论"以及"301 条款"争端案，通过综合考察，指出"201 条款"争端案实质上是晚近十年来美国单边主义与 WTO 多边主义大交锋的第三回合，是此前两次大交锋的继续和发展。三次交锋的实质都是美国经济霸权与各国经济主权之间限制与反限制的争斗；都是植根于美国长久推行以来既定的单边主义政策，以维护和扩大其既得的经济霸权。对于美国对待 WTO 的立场，该文以若干典型案例为证，鲜明地表达批判性的观点。

《略论 WTO 体制的"一国四席"》 ［曾华群，《厦门大学学报》（哲学社会科学版）2004：6〕该文针对 WTO 体制中同时出现中国大陆、台湾地区、香港地区和澳门地区的"一国四席"现象进行研究。在探讨 WTO 有关成员资格规定的基础上，该文对四个关税区加入 WTO 的历程进行历史回溯，还对四个关税区之间的关系展开探讨，并由此指出该现象的重要意义：推动国际法理论的进步；强化国际社会对"一个中国"的认同；加强两岸的经贸关系。

《国际经济法学刍言》（陈安，北京大学出版社，2005）该书收录陈安教授 2005 年之前的国际经济法代表性学术成果，记录 20 余年来的主要学术观点。全书分列八编，即国际经济法基本理论、国际投资法、国际贸易法、涉台经济法、国际法教育、英文版论文以及相关报道、书评和函件等。该书探索建立国际经济新秩序的规律和路径；论证当代国际经济法的基本原则；探讨中国对外经济交往史及其法理原则；研究国际投资条约以及相关体制；评议中国涉外仲裁监督机制立法；研析涉外经贸争端仲裁典型案例；澄清和批驳外国媒体对中国的误解和非难等，体现作者一贯坚持和倡导的站在中国和国际弱势群体即发展中国家共同立场来研究国际经济法的学术理念和学术追求。

《国际经济法律自由化原理研究》（厦门大学刘志云，厦门大学出版社，2005）该书旨在比较系统地解释国际经济法律自由化的成因、趋势、国家参与动机以及未来取向等几个根本性问题，包括从经济学的角度揭示晚近国际经济法律自由化为什么是以"自由化"，而不是"反自由化"为主旋律；从国际关系理论的角度解释不同类型的国家之间为什么能够从原先的"对抗"到晚近"合作"的态度转变；从经济主权变迁的角度揭示各国参与国际经济法律自由化的内在动机；从政治哲学的角度在为追求形式上的"程序正义"立法倾向的同时，却陷入"社会正义"缺失的困境的国际经济法律自由化寻找今后正确的发展途径。

《论电子商务交易的流转税法律属性问题》（廖益新，《法律科学》2005：3）该文主张，在中国现行流转税体制未进行结构性改革调整的情况下，在线交易的数据化产品提供，不宜视为增值税意义上的销售货物行为，而应该区别具体情况，分别确定为营业税意义上的提供服务或转让无形财产交易。这样可在更大程度上体现税收中性原则和实现课税公平，也有利于中国对电子商务课征流转税的制度与未来可能形成的电子商务流转税国际规则的接轨。

表 6－19　**1992—2005 年国际经济法学研究其他成果**

成果名称	作　者	发表刊物（出版社）及时间
外商投资开发经营成片土地的法律思考	高子才 陈　洁	《法学》1992:12
论完善引导外资投向的法律措施	黄　玲 林少琴	《福建学刊》1993:4
涉外经济合同的理论与实务	陈　安 主　编	中国政法大学出版社,1994
香港与外国民航协定刍议	曾华群	《厦门大学学报》（哲学社会科学版）1994:2
国际经济法学	陈　安 主　编	北京大学出版社,1994 年 1 版、2001 年 2 版、2004 年 3 版
市场经济与我国涉外经济立法导论	徐崇利	《法学研究》1994:6
国际投资法概论	曾华群	厦门大学出版社,1995
论外商投资的第三次高潮与我国的外资立法	朱崇实 赵俊荣	《厦门大学学报》（哲学社会科学版）1995:3
析"港荷投资协定"的特征	曾华群	《比较法研究》1995:3
我国外资国民待遇制度的发展与完善	单文华	《法学研究》1995:6
论国民待遇原则与中国外资法的完善	朱崇实 赵俊荣	《金融研究》1995:7
避免双重征税协定与国内税法的关系	廖益新	《涉外税务》1995:11
"九七"之后国际投资条约继续适用于香港特别行政区问题的争议	徐崇利 赵德铭	*Journal of & Comparative Law*（《中国法和比较法学刊》）1996:1
世界贸易组织协定中的国际投资规范评析	单文华	《法学研究》1996:2
论完善外国投资法律制度	卢炯星	《中国法学》1996:3
外资准入的晚近发展趋势与我国的立法实践	徐崇利	《中国法学》1996:5
"九七"之后国际经济条约如何继续适用于香港	徐崇利	《中外法学》1997:1
BOT 特许协议若干法律问题的研究	林德木	《福建学刊》1997:1
浅析我国有关外资保护的若干法律问题	张　莉	《华侨大学学报》（哲学社会科学版）1997:3
重构我国外资税收优惠体系的若干思考	任宗堂	《福建学刊》1997:6
中国外资法	徐崇利 林　忠	法律出版社,1998

续表 6—19

成果名称	作　者	发表刊物（出版社）及时间
浅议 BOT 投资方式	徐兆基	《现代法学》1998：1
论 WTO 争端解决机制对 GATT 的发展	钟付和 林　琳	《华侨大学学报》（哲学社会科学版）1998：2
我国外贸间接代理若干法律问题研究	朱崇实 邓德雄	《厦门大学学报》（哲学社会科学版）1998：3
中国国际经济法学的创立和发展	曾华群 单文华	《中国法学》1998：5
中国加入 GATS 面对的法律问题及对策	毛凌彦	《东南学术》1998：6
国际经济法	陈　安 主　编	法律出版社，1999
《联合国国际货物销售合同公约》与我国《合同法》比较	蔡庆辉	《国际贸易问题》1999：1
评对中国国际经济法学科发展现状的几种误解	陈　安	《东南学术》1999：2
政府介入 BOT 特许协议专项立法初探	谢　岚	《法学评论》1999：4
评《合同法》与《联合国货物销售合同公约》合同形式的冲突与协调	项　剑	《现代法学》1999：4
国际反倾销法中的行政复审机制探析	戴仲川	《华侨大学学报》（哲学社会科学版）1999 年 4
国际货币基金组织贷款条件的利益分析和法律性质	徐崇利	《中国法学》1999：5
中韩反倾销法若干问题比较研究	戴仲川	《东南学术》1999：6
论 WTO 争端解决机制及对我国的意义	丁晓华	《政治与法律》2000：1
经济全球化与国际经济法学	廖益新	《厦门大学学报》（哲学社会科学版）2000：3
中国外资法律制度面临的挑战与变革	张　莉	《福建师范大学学报》（哲学社会科学版）2000：3
跨国电子商务的国际税收法律问题及中国的对策	廖益新	《东南学术》2000：3
论国际投资法实体规范的生成	李万强	《厦门大学学报》（哲学社会科学版）2000：4

续表 6—19

成果名称	作　者	发表刊物(出版社)及时间
加入 WTO 与我国外商投资法面临的挑战及其对策	卢炯星	《中国法学》2000:4
从中外合营企业到中外合资公司:内部组织机构体制的多样化	徐崇利	《政法论坛》2000:5
论我国外资立法体系的重构——兼议外国投资法典的编纂问题	蔡　奕	《法学》2000:5
中外双边投资条约中经济主权问题研究	刘志云	《现代法学》2000:5
BOT 投资方式的若干法律问题探析	蔡　奕	《现代法学》2000:6
建立我国反倾销司法审查制度的探讨	房　东	《社会科学》2000:12
国际投资争端仲裁——"解决投资争端国际中心机制"研究	陈　安主　编	复旦大学出版社,2001
Comments on the MAI's General Principles for the Treatment of Foreign Investors and Their Investments:A Chinese Scholar's Perspective(对《多边投资协定》中外国投资者及其投资待遇一般原则的评论:从一个中国学者的视角来看)	陈辉萍	E. C. Nieuwenhuys　and　M. M. T. A. Brus(E. C. 利文霍和 M. M. T. A. 布鲁斯)主编, *Multilateral Regulation of Investment*(对外资的多边管理),Kluwer Law International (威科法律国际出版社),2001
国际投资争端案例精选	陈　安主　编	复旦大学出版社,2001
发展权概念探析	朱炎生	《政治学研究》2001:3
试论欧盟企业合并控制法中有关合营企业的法律实践	蔡从燕	《欧洲》2001:3
世纪之交围绕经济主权的新"攻防战"——从美国的"主权大辩论"及其后续影响看当代"主权淡化"论之不可取	陈　安	《国际经济法论丛》2001:4
我国对外资实行国民待遇原则的法律实践	曾华群	《厦门大学学报》(哲学社会科学版)2001:4
谈新版《国际贸易术语解释通则》的变化	何新明	《国际贸易问题》2001:4
调整中欧经济关系的双边法律框架初探	曾华群	《欧洲》2001:4
WTO 架构下祖国大陆涉台经贸立法的调整——兼谈入世后福建再创涉台经贸立法新优势问题	彭　莉	《台湾研究集刊》2001:4

续表 6—19

成果名称	作　者	发表刊物（出版社）及时间
《世界贸易组织协定》中的特殊和差别待遇	蔡连增	《厦门大学学报》（哲学社会科学版）2001:6
WTO框架下国际投资法体系的重大突破与前景	张　莉	《福建论坛》（人文社会科学版）2001:10
国际知识产权法	古祖雪	法律出版社,2002
中国"入世"后海峡两岸经贸问题"政治化"之防治	陈　安	《中国法学》2002:2
中国"入世"后海峡两岸经贸法律新问题研讨会综述	李国安	《中国法学》2002:3
入世对中国保险服务贸易的影响及法律应对	蔡　奕	《国际贸易问题》2002:3
试论WTO争端解决机制的准司法性质	黄肇伟	《东南学术》2002:4
全球金融服务自由化与金融监管法律问题研究	李国安	《法商研究》2002:4
加入WTO对两岸经贸立法的影响	彭　莉	《台湾研究集刊》2002:4
论"入世"后海峡两岸的经贸争端及其法律调整	蔡善强	《政治与法律》2002:5
论内地与香港CEPA之性质	曾华群	《厦门大学学报》（哲学社会科学版）2002:5
经济一体化与当代国际经济法的发展	徐崇利	《法律科学》2002:5
从规则到判例:世贸组织法律体制的定位	徐崇利	《厦门大学学报》（哲学社会科学版）2002:5
中国外资法研究:在WTO背景下的思考	朱崇实　主　编	厦门大学出版社,2003
加入WTO后的国际税收协定	陈良银	《税务研究》2003:2
The Three Big Rounds of U.S. Unilateralism versus WTO Multilateralism during the Last Decade: A Combined Analysis of the Great 1994 Sovereignty Debate, Section 301 Disputes (1998—2000) and Section 201 Disputes (2002—2003) [晚近十年来美国单边主义对抗WTO多边主义的三大回合——综合剖析美国"主权大辩论"(1994)、"301条款争端"(1998—2000)以及"201条款争端"(2002—2003)]	陈　安	*Temple International and Comparative Law Journal*（《天普大学国际法与比较法学刊》）2003:2

续表 6—19

成果名称	作 者	发表刊物（出版社）及时间
《世贸组织协定》的解释制度评析	徐崇利	《中外法学》2003:2
国际税收协定中非独立劳务所得征税协调规则的适用问题	廖益新	《涉外税务》2003:4
欧盟反倾销法中的公共利益问题研究	甘 瑛	《政治与法律》2003:4
论"针对倾销的特定行动"	朱志晟 张 亮	《政治与法律》2003:4
新自由制度主义与国际经济法的发展	刘志云	《现代国际关系》2003:10
加入世界贸易组织对台湾地区经贸立法的影响及其走向	彭 莉	《国际贸易问题》2003:11
电子商务跨国所得的定性问题探究——兼析《〈OECD税收协定范本〉评论修订建议》	蔡庆辉	《法律科学》2004:2
国际经济法学要研究新问题	曾华群	《法学研究》2004:2
Promoting a New Bilateral Legal Framework for China-EU Economic Relations（促进中国—欧盟经济关系的新双边法律框架）	曾华群	Chinese Journal of International Law（《中国国际法学刊》）2004:3(1)
中外合作经营企业外方先行回收投资的法律性质新探	徐崇利	《现代法学》2004:3
论中国外贸管理法的范式转换——全球治理与公共行政的视角	蔡从燕	《现代法学》2004:4
WTO多边投资协定议题与中国的基本策略分析	徐崇利	《法律科学》2004:4
中国外资管理立法的转型	徐崇利	《法学家》2004:4
从彩电反倾销案所应得到的启示	孔 瑞	《东南学术》2004:5
跨国电子商务与营业税——中国的选择	陈红彦	《法律科学》2004:5
论内地与香港CEPA之性质	曾华群	《厦门大学学报》（哲学社会科学版）2004:6
服务贸易总协定的例外及其限制	李国安	《国际经济法学刊》2004:9
对中国涉外税法的再认识	李 刚	《涉外税务》2004:11
WTO农产品贸易法律制度研究	龚 宇	厦门大学出版社,2005
国际融资担保的创新与借鉴	李国安 主 编	北京大学出版社,2005

续表 6—19

成果名称	作者	发表刊物(出版社)及时间
国际反倾销法律与实务(欧共体卷)、(美国卷)	肖 伟 主 编	知识产权出版社,2005
《美国——"1974 年贸易法"第 301—310 节案》	曾华群 主 编	上海人民出版社,2005
国际关系理论中的博弈论与国际经济法的发展	刘志云	《外交学院学报》2005:1
独立担保欺诈例外法律问题研究	李国安	《现代法学》2005:2
国际反倾销制度的实质不公平及我国的对策	王丽华	《厦门大学学报》(哲学社会科学版)2005:2
我国税收协定谈判工作文本第 5 条的修改、解释与适用	朱炎生	《涉外税务》2005:2
法理结构的改变与台湾当局的两岸经贸立法	彭 莉	《厦门大学学报》(哲学社会科学版)2005:3
自由贸易区的法律思考:模式、依据及框架	彭 莉	《政法论坛》2005:3
走出误区的"第三条道路":"跨国经济法"范式	徐崇利	《政法论坛》2005:4
全球化背景下国际经济法律自由化探析	刘志云	《厦门大学学报》(哲学社会科学版)2005:4
寻找 WTO 法中的比例原则	韩秀丽	《现代法学》2005:4
电子商务跨国特许权使用费所得征税与协调	蔡庆辉	《厦门大学学报》(哲学社会科学版)2005:4
从国际法的视角看我国当前人民币汇率政策的合法性	陈斌彬	《法律科学》2005:5
WTO 规则与中国—东盟自由贸易区的发展	曾华群	《厦门大学学报》(哲学社会科学版)2005:6
欧洲法院在反倾销案件中对比例原则的适用	韩秀丽	《欧洲研究》2005:6
国际经济法律秩序与中国的"和平崛起"战略——以国际关系理论分析的视角	徐崇利	《比较法研究》2005:6
跨国并购中国际重复征税问题研究	林德木	《福建论坛》(人文社会科学版)2005:12

（三）国际私法学研究

《中国涉外仲裁监督机制评析》（陈安，《中国社会科学》1995：4）该文指出，中国

《仲裁法》关于仲裁监督机制的具体规定存在着较为明显的缺失。它规定国内仲裁监督与涉外仲裁监督实行"分轨制",对于涉外仲裁裁决,只允许审查和监督其程序运作,不允许审查和监督其实体内容。这种做法并不符合中国国情——不利于反腐倡廉,不利于维护法律的尊严。另外,这种做法也不符合中国参加的有关国际条约的规定,不符合当代各国仲裁立法的先进通例。因此,有必要对《仲裁法》进行修订,将国内仲裁监督与涉外仲裁监督完全并轨,同时加强涉外仲裁领导机构的建设。

《中国涉外仲裁监督机制申论》(陈安,《中国社会科学》1998:2)该文针对国内部分学者反对中国国内仲裁监督机制与涉外仲裁监督机制应当并轨的观点,对各国立法和国际立法相关规定进行考证和分析,对反对意见的观点和论据逐一加以反驳,指出国内仲裁监督与涉外仲裁监督"分轨"不是国际社会的普遍做法;英国的仲裁监督并未实行"分轨制",其涉外仲裁监督并非"只管程序运作,不管实体内容";终局而不公、终局而违法的裁决不是受害一方当事人最主要的期望;以及"无权监督、无计可施"的担心不是多余的。

《冲突规则的回归——美国现代冲突法理论与实践的一大发展趋向》(徐崇利,《法学评论》2000:5)该文试图修正国内学界一般认为美国现代冲突法趋向于采取灵活法律选择方法的观点,指出其中一种相反的发展趋势,即20世纪80年代之后"美国冲突规则现代意义上的回归",具体表现为,传统的硬性冲突规则与现代灵活的法律选择方法的有机结合以及在现代灵活的法律选择方法的框架内发展定型化的冲突规则。这种发展趋势实际上代表美国现代冲突法试图将法律选择之实体正义与冲突正义加以统合的一种反思理性,对中国国际私法立法有着重要的启示意义。

《伦敦海事仲裁制度研究》(邓杰,法律出版社,2002)该书以英国伦敦仲裁法及伦敦海事仲裁员协会仲裁规则为主线,运用历史的、比较的方法,从理论、实务、立法、判例等多个角度对伦敦海事仲裁制度进行研究,并结合中国海事仲裁制度的发展现状,就伦敦海事仲裁制度可供中国海事仲裁制度借鉴的几个主要方面进行分析和探讨,提出自己的意见和建议。该书的特点是选取世界上最重要的海事仲裁中心即伦敦海事仲裁制度加以专门研究,可使研究细化,并为中国相关法律与实践的完善提供先进制度的比较对象。

《中国国际私法理论与立法》(于飞,中国法制出版社,2004)该书立足于中国国际私法理论与立法实际,从中国国际私法的理论与立法发展、国际私法的一般原理与制度、具体领域的法律适用、国际私法的程序法以及网络环境下国际私法的价值取向等方面阐释国际私法基本理论问题,对中国不同形式的国际私法立法进行探析。该书力求集中反映中国国际私法的新理论、新观点及立法的新动向。

表 6—20   **1992—2005 年国际私法学研究其他成果**

成果名称	作 者	发表刊物（出版社）及时间
全面运用最密切联系原则——完善我国冲突法立法的一大抉择	徐崇利	《法学》1993：2
论涉外经济合同管制立法的适用问题	徐崇利	《比较法研究》1993：4
中外民事管辖权冲突的产生及解决方法	徐崇利	《政治与法律》1993：5
On the Supervision Mechanism of Chinese Foreign-related Arbitration and Its Tally with International Practices（论中国涉外仲裁的监督机制及其与国际惯例的接轨）	陈 安	*Journal of International Arbitration*《国际仲裁学刊》1997：3
英、美、德、法等国涉外仲裁监督机制辨析——与肖永平先生商榷	陈 安	《法学评论》1998：5
证券跨国发行与交易的法律适用问题初探	邱永红	《福建论坛》(经济社会版)1998：9
再论中国涉外仲裁的监督机制及其与国际惯例的接轨	陈 安	《民商法论丛》1998：10
香港特区首例认可台湾地区法院破产令判例评析	王建源	《台湾研究集刊》2000：3
完善我国涉外仲裁监督机制的类比研究	李万强	《政法论坛》2000：4
被告财产所在地涉外民事管辖规则的适用问题	徐崇利	《法律科学》2000：4
最密切联系原则与我国涉外合同法律选择立法的完善	杜惟毅	《国际贸易问题》2000：9
规则与方法——欧美国际私法立法政策的比较及其对我国的启示	徐崇利	《法商研究》2001：2
论知识产权的法律冲突与法律适用	黄道雄	《福州大学学报》(哲学社会科学版)2001：2
反致制度反思与展望	于 飞	《政法论坛》2001：5
入世与中国国际私法的立法完善	王中美	《中州学刊》2002：2
Internet 环境下国际私法的价值取向	于 飞	《兰州大学学报》(社会科学版)2002：6
承认和执行外国法院判决的博弈论分析	徐崇利	《中国国际私法与比较法年刊》2003：6

续表 6—20

成果名称	作　者	发表刊物(出版社)及时间
国际私法总论	邓　杰	知识产权出版社,2004
创设我国涉外知识产权法律适用制度刍议	杨德明	《亚太经济》2004:6
国际私法分论	邓　杰	知识产权出版社,2005
法律行为方式的法律适用原则新发展	邓　杰	《武汉大学学报》(哲学社会科学版)2005:3

第七节　诉讼法学研究

一、学科建设与学术研究

(一) 学科建设

2000 年,厦门大学获批设立诉讼法学硕士学位点。2004 年,厦门大学诉讼法专业挂靠民商法博士点招收民事程序法研究方向博士生。福建省的其他院校、科研机构和立法、司法等实务部门均有开展诉讼法学研究,其中人民法院和人民检察院等实际工作部门主要针对诉讼法法律制定、修改以及相关司法解释出台后在司法实践中遇到的问题开展调查研究。

(二) 学术研究

1992—2005 年,福建省诉讼法学研究突出理论联系实际,关注司法实践操作的细节问题;关注司法改革中出现的一些整体性和全局性的重大理论问题。

在刑事诉讼法学研究领域,1996 年《刑事诉讼法》修改前讨论的问题主要集中在收容审查制度、律师权利保障、直接言辞原则等。1996 年该法修改后,讨论的问题主要有:公检法机关的职权、相互关系和程序结构问题;有关证据和证明制度、刑事诉讼法的实施和具体操作问题,并进一步上升到刑事诉讼原则、公正与效率价值以及劳动教养、刑罚执行等有关人权保障目的等问题。

在民事诉讼法学研究领域,主要围绕着审判方式改革、2002 年最高人民法院《关于民事诉讼证据的若干规定》的出台、多元化纠纷机制建设、司法为民、执行难申诉难问题的解决等民事诉讼立法完善等方面的问题开展研究。

福建省诉讼法理论界和实务界还注重对台湾诉讼法律制度、涉台诉讼问题和两岸司法协作制度的研究。

这一时期，该学科承担省部级以及对外合作科研项目7项，其中教育部人文社会科学研究项目1项：英国民事司法改革研究（厦门大学齐树洁，2001）；国务院台湾事务办公室涉台法律问题研究项目2项：涉台民事审判管辖问题研究（齐树洁，1992）、维护大陆居民在台湾的正当权益（齐树洁，1998）；司法部法治建设与法学研究部级科研项目3项：仲裁制度研究与仲裁法的修改（齐树洁，2002）、公证制度研究与破产制度的完善（齐树洁，2004）、司法能动性与司法解释的规制（厦门大学张榕，2005）；以及中欧合作研究项目1项：英国、德国民事司法制度比较研究及其对中国的借鉴（齐树洁，1999）。

该学科共在CSSCI等核心期刊上发表学术论文100余篇；出版著作20余部。研究成果获福建省社会科学优秀成果奖5项：《涉台民事审判管辖的若干问题》（第二届三等奖，齐树洁）、《人民调解制度的理论与实践》（第三届三等奖，厦门大学蒋月）、《无控诉审判程序探讨》（第三届三等奖，宁化县人民法院吴登龙）、《英国证据法》（第五届三等奖，齐树洁）和《英国民事司法改革》（第六届三等奖，齐树洁）。同期还获中国优秀法律图书奖2项：《民事程序法》（2002—2003年度首届，齐树洁）、《英国证据法》（2002—2003年度首届，齐树洁）。

（三）学术会议

1995年11月，福建省检察学会、中国法学会诉讼法学研究会联合举办的1995年学术年会在厦门召开，中心议题是讨论全国人大法工委起草的《刑事诉讼法修改草案（征求意见稿）》。全国人大法工委主任顾昂然、副主任胡康生等人到会听取代表的意见。与会代表就该修改草案的11个中心问题以及相关问题，如取保候审和监视居住、逮捕条件、人民检察院自侦案件范围、自诉案件的范围、免予起诉、被害人的诉讼地位和诉讼权利、律师和其他辩护人参与诉讼的时间、办案期限、检察机关的侦查手段、庭审方式、死刑复核等展开讨论，并提交90多篇论文。

1995年11月和1997年10月，福建省法学会主办的刑法修改与刑事诉讼制度改革和刑法、刑事诉讼法的贯彻与实施学术研讨会分别在莆田市和福清市召开。研讨会涉及刑事诉讼法的议题主要有刑诉法与人权保障、无罪推定、废除收容审查制度、刑讯逼供、免予起诉、律师在侦查阶段介入刑事诉讼、强制措施、证据采信及证人出庭等问题。

2002年5月，福建省法学会与福建公安高等专科学校、福建八闽律师事务所联办的诉讼制度改革和公民权利保障学术研讨会在福州召开。福建省公、检、法系统，律师事务所和法律院校，法学研究单位的80多位代表参加研讨。会议共收到论文150多篇。研讨范围涵盖刑事诉讼法、民事诉讼法和行政诉讼法领域，主要议题分别为刑事诉讼程序改革、刑事强制措施、沉默权问题；民事诉讼体制、调解制度、当庭认证问题；以及行政诉讼体制改革、劳动教养制度改革、违法行政行为问题。

2003 年 10 月，福建省法学会、福建省律师协会省直分会、福建公安高等专科学校、福建省法官协会、福建省监狱学会联办的刑事司法与公正学术研讨会在福州召开。福建省法律实务和法学理论界的 60 多位代表与会。会议共收到论文 80 多篇。会议议题包括刑事司法公正的理念、检察院与法院的关系和刑事执行权配置模式、沉默权、诉辩交易、刑事证据规则、律师辩护权、刑事强制措施、刑事赔偿以及涉及财产的刑事判决执行等问题。

二、主要学术成果

（一）刑事诉讼法学研究

《无控诉审判程序探讨》（吴登龙，《法学研究》1996：1）该文指出，严重扰乱法庭秩序这种侵害司法尊严的犯罪行为，主要是以非刑法中的刑法规定的形式出现在诉讼程序法中，其性质是一种司法保障措施和特别的刑事审判程序，其特征是适用对象特定、"无控诉"、适用审判组织特定、审判程序简单以及对被追究刑事责任人的诉讼权利有所限制等。

《试论隐形诉讼》（厦门市人民检察院郭有评，《中国刑事法杂志》2000：1）该文指出，从基本结构来看，"三方组合"诉讼是一套规范化的法定程序，应按法律设定的程序运行。然而，现实中这种理念化的诉讼模式在运作中却常常发生扭曲、异化。该文将法律与关系并重的所谓"立体诉论理论"划分为显形诉讼和隐形诉讼，并对其中隐形诉讼的表现形式和特征、产生的原因、存在的利弊以及需要通过司法改革加以铲除等问题进行探讨。该文注意到隐形诉讼具有非制度化的、条件性的权利维护作用和制度创新功能。

《沉默权：借鉴还是移植》（福建省政法管理干部学院郭敏锋、最高人民检察院胡健泼，《政法论坛》2002：4）该文指出，沉默权在反对封建司法专横、刑讯恣肆中发挥着一定的积极作用，但也存在两个方面的局限性：保障人权有余，保护社会不足，影响社会正义的实现；过分强调程序公正，损害实体公正和诉讼效率。因此，在引入沉默权时，应当注意保证和推进个人自由和社会秩序、人权保障与社会保护之间的协调与平衡，在惩罚犯罪与保障人权之间找准切入点，既要有前瞻性，又要考虑中国的国情，合理借鉴国外沉默权制度的有益成分。

表 6－21　　　　**1992—2005 年刑事诉讼法学研究其他成果**

成果名称	作　者	发表刊物（出版社）及时间
劳动教养制度的改革	林小春	《法学研究》1997：5
劳动教养制度的弊端与改革	林　方 吴长乐	《现代法学》1999：6
论审判独立的公正与效率价值	王铁玲 陆而启	《新疆大学学报》（哲学社会科学版）2001：4

续表6—21

成果名称	作　者	发表刊物（出版社）及时间
两类案件立案失衡现象探析	陈有芳	《中国人民公安大学学报》（社会科学版）2002：6
论刑讯逼供的危害、成因及其对策	林　榕	《福建省委党校学报》2003：5
试论犯罪被害人诉讼地位及其完善	陈巧燕	《福建省委党校学报》2003：6
略论检察机关行政公益诉权之建构	郑　萍	《福建论坛》（社会科学教育版）2004：10
刑事诉讼法治的困境与出路——一个皮格马利翁效应的神话	陆而启	《法学家》2005：3
概念与特征：监狱行刑社会化探析——以观念与制度递演为主线	王　嘉　陆而启	《中国社会科学院研究生院学报》2005：4

（二）程序正义与民事司法改革研究

《论市场经济与民事诉讼模式的转变》（福建社会科学院陈泉生，《社会科学家》1994：5）该文指出，随着经济体制改革的日益深化和市场经济体制的确立，以国家干预为核心，强调国家利益，忽视诉讼民主，限制当事人处分权利的民事诉讼职权主义模式，已越来越不适应时代的变迁和社会的转型，成为束缚生产力发展的桎梏，为市场经济所不容。市场经济的本质要求公私法相对独立、私法优先和私权自治，在民事诉讼领域中要确立以辩论主义为核心的当事人主义模式，需调整民事诉讼的立法原理、撤诉制度、证据制度、庭审方式以及各种具体程序的开始和停止等，以与当事人主义模式相适应。

《论中国的司法改革》（一）（二）（三）〔福建省公安厅杜清森，《中国人民公安大学学报》（社会科学版）1999：1—3〕该系列论文分别探讨司法改革问题的提出、司法改革的目标和原则以及司法改革的运作思路。作者从横向和纵向两个维度回顾中西方的司法改革，认为在发展社会主义市场经济的新形势下，在实行依法治国方略的大背景下，司法改革显得尤为必要和迫切；指出在实施依法治国方略的今天，建立起一套与现代市场经济相适应、进而取代过去在计划经济基础上构筑的司法体制、司法制度，规范司法活动，是当代中国司法改革追求的总体目标。该文指出在中国司法改革是一个系统工程，涉及完善司法体制、改进司法方式、优化司法环境、落实司法保障和强化司法监督方方面面。

《德国民事司法改革及其借鉴意义》（齐树洁，《中国法学》2002：3）该文分析德国民事司法制度存在的问题及其成因，介绍德国为此所采取的各种新的改革措施，包括简化程序、集中审理、限制上诉等程序改革以及改革法院体系的结构、加强一审法院人员素质、改善法院管理、降低法院系统运作成本的耗费和推广多元化纠纷机制等一系列配套措施，指出德国民事司法制度改革措施体现"追求妥协"与"分配正义"的指导思想。指出德国民事司法改革的合宪性控制和诉讼内外协调的整体推进模式对中国具有借鉴意义。

《程序正义与司法改革》（齐树洁，厦门大学出版社，2004）该书精选了1997—2004年作者所撰写的有关程序正义理念、司法制度改革与完善的部分论文。作者利用在国外收集的最新资料以及在各地法院调研的成果，立足中国国情，分析实践经验，论述程序正义的理念以及司法制度的改革，包括民事诉讼、证据制度、强制执行、仲裁制度、多元化纠纷机制等内容，介绍英、美、德、法、日等国民事司法改革的最新动态，并提出完善中国民事司法制度的相关建议。

《英国民事司法改革》（齐树洁主编，北京大学出版社，2004）该书概要介绍以"接近正义"为目标的英国民事司法改革历程，以及英国新的民事司法制度应该具备的特征，论述英国民事司法改革的社会根源、理论基础、指导思想、主要内容、实际动作及发展趋势，阐述英国民事司法的一些具体制度，分析民事司法改革经验教训，最后指出英国民事司法权在程序基本权保障、多元化纠纷措施的鼓励、程序的多元化与诉讼模式的变化等主要方面的成就。

《中国司法能动性的开启及其规制——以最高人民法院〈民事证据规定〉为中心的分析》[张榕、厦门市中级人民法院陈朝阳，《厦门大学学报》（哲学社会科学版）2004：5]该文指出，司法能动性主要表现在微观和宏观两个方面，但是大量的经常性地体现司法能动性特点的却在于个案的审理当中，而不是在于司法解释层面上，从这个意义上说，司法能动性的核心在于法官断案的自由裁量权。该文从以"静"的层面阐述《民事证据规定》中法官自由裁量权的五个"理性的规范"规则，并从以"动"的层面解读法官如何进行"理性的适用"自由裁量权的规则。

表6—22　　　　**1992—2005年程序正义与民事司法改革研究其他成果**

成果名称	作　者	发表刊物（出版社）及时间
谈举证责任的期间	许跃生	《法学》1992：1
改进民事审判方式的若干问题	魏献平	《法学》1993：9
保证人诉讼主体地位的思考	陈朝阳	《法学》1994：2
试论民事诉讼中的当事人变更	蒋先华	《政治与法律》1994：5
论完善民事诉讼检察监督职能	饶玉琳	《现代法学》1994：6
民事程序法	齐树洁　主　编	厦门大学出版社，1998

续表 6—22

成果名称	作 者	发表刊物（出版社）及时间
论民事审判方式改革对我国证据制度的影响	齐树洁 钟胜荣	《法学评论》1998：4
制定强制执行法势在必行	齐树洁	《政治与法律》1998：5
树立审判方式改革新观念	杨立茂	《福建省委党校学报》1998：11
民事程序法与实体法关系的省思	齐树洁 王建源	《法学杂志》1999：1
日本股东代表诉讼制度评析	林　馨	《日本研究》1999：2
在实践中改革经济审判方式	唐浩茫	《福建省委党校学报》1999：4
论民事推定证据制度的完善	陈朝阳	《现代法学》1999：6
民事司法改革研究	齐树洁 主　编	厦门大学出版社，2000、2004
试论民事程序法的意义	齐树洁 张冬梅	《法学评论》2000：1
民事审判方式改革的法理学思考	蔡从燕	《厦门大学学报》（哲学社会科学版）2000：1
论英美证据法上的民事证明标准——兼论我国民事证明标准之革新	冷根源	《政治与法律》2000：5
论民事实体法中的程序性问题	杨鹏慧	《政治与法律》2000：6
民事司法改革：一个比较法的考察	齐树洁 王建源	《中外法学》2000：6
试论建立民事诉讼庭前证据交换制度	韩　珺	《政治与法律》2001：1
英国《民事诉讼规则（1998）》述评	齐树洁 冷根源	《法学家》2001：2
建立走向新世纪的中国民事诉讼制度——《司法现代化与民事诉讼制度的建构》读后	齐树洁 李辉东	《法学评论》2001：3
民事司法改革的新视域——评齐树洁教授主编的《民事司法改革研究》	杨　子	《政治与法律》2001：4
司法改革中的律师回避问题	洪艳蓉	《法学》2001：7
英国证据法	齐树洁 主　编	厦门大学出版社，2002
浅析英国新民事诉讼规则的快速程序	张　莉	《政治与法律》2002：1

续表 6—22

成果名称	作　者	发表刊物(出版社)及时间
不受损害特权初探	齐树洁 黄　斌	《政治与法律》2002:1
民事司法改革的困境及出路	张　榕	《福建论坛》(经济社会版)2002：2
芬兰民事司法改革的实践	王建源	《政治与法律》2002:4
证据能力:民事证据规则建构的理论支点	王铁玲 陆而启	《宁夏大学学报》(人文社会科学版)2002:5
芬兰民事司法改革评介	王建源	《法学杂志》2002:6
建立我国小额诉讼程序的思考	王晖晖	《安徽大学学报》(哲学社会科学版)2002:6
对构建和完善我国破产制度的若干建议——世界主要国家破产制度立法思想比较及其借鉴	林光松	《国际金融研究》2002:7
构建我国民事审前程序的思考	齐树洁	《厦门大学学报》(哲学社会科学版)2003:1
英国证据法研究的新突破——评齐树洁教授主编的《英国证据法》	陈　莹	《政治与法律》2003:2
公益诉讼模式比较与选择	赵许明	《比较法研究》2003:2
德国破产法撤销权制度述评	谢芝玲	《比较法研究》2003:3
英、德民事司法改革对我国的启示	齐树洁	《厦门大学学报》(哲学社会科学版)2004:1
论我国民事上诉制度的改革与完善——兼论民事再审制度之重构	齐树洁	《法学评论》2004:4
执行强制管理制度若干基础理论研究——兼评我国《民事强制执行法(草案)》相关规定	张　榕 杨兴忠	《现代法学》2004:6
中国法学会诉讼法学会研究会 2004 年年会综述("民事诉讼")	李忠诚 马贵翔 程德文 李建明 张　榕 林莉红	《中国法学》2004:6

续表 6—22

成果名称	作　者	发表刊物（出版社）及时间
完善我国民事诉讼收费制度的理性思考	张　榕 曹发贵	《法学评论》2004:6
英国司法制度	齐树洁 主　编	厦门大学出版社,2005
论虚假陈述民事诉讼的方式	李明辉	《甘肃政法学院学报》2005:1
完善我国小额诉讼机制的若干思考——兼论民事简易程序的完善	张　榕	《甘肃政法学院学报》2005:3
论作为司法能动性之核心的法官自由裁量权——以最高人民法院《民事证据规定》为中心	张　榕 陈朝阳	《河北法学》2005:4
公益诉讼与当事人适格之扩张	齐树洁 苏婷婷	《现代法学》2005:5
中国司法能动性逻辑假设的破解:法官之诚信诉讼	陈朝阳	《华东政法学院学报》2005:6

（三）仲裁、公证以及多元化纠纷解决机制研究

《人民调解制度的理论与实践》（蒋月，群众出版社，1994）该书提出应当从理论与实践相结合的角度，总结人民调解的成功经验，使之系统化、理论化，用以指导实践。作者回顾 40 余年的人民调解实践，分析人民调解的特征和优势、成败与得失，指出人民调解存在和发展的历史传统、文化基础、民族心理基础及其社会条件。论述人民调解心理学和调解艺术，对中国常见疑难纠纷的调解进行类型化的解析，对民间纠纷激化的调防和人民调解制度的完善提出建议。

《仲裁法新论》（厦门仲裁委员会张斌生，厦门大学出版社，2002 年初版、2004 年修订版）该书广泛参考中英文资料，论述仲裁法的基本原理和制度，包括仲裁协议、当事人、管辖权、临时仲裁、仲裁庭、仲裁程序、证据、裁决的执行等问题；总结分析中国仲裁法制建设的成功经验和不足；介绍英、美及中国台、港、澳地区仲裁法制的最新进展。在此基础上，提出改革与完善中国仲裁制度的立法建议。

《破产法研究》（齐树洁主编，厦门大学出版社，2004 年初版、2005 年第 2 版）该书以现行法律、司法解释为依据，参考中国《破产法》（草案），阐述破产法的基本原理和若干重要制度，包括破产原因、债权人会议、破产和解、破产宣告、破产管理人、破产债权、破产财团、破产清算、重整制度、国际破产、个人破产等，并对英、美、日、荷等国及中国台、港、澳地区破产法作专题研究，从而为改革与完善中国破产制度汲取、借鉴其成功经验。

表 6-23　**1992—2005 年仲裁、公证以及多元化纠纷解决机制研究其他成果**

成果名称	作　者	发表刊物(出版社)及时间
论完善我国的仲裁制度	张　榕	《现代法学》1995:5
1996 年香港仲裁条例述评	齐树洁 蔡从燕	《现代法学》1999:5
仲裁条款独立原则与我国审判实践的发展——对《最高人民法院公报》两个案例评析	涂　晴	《法学》1999:6
验资诉讼若干问题探析	林旭霞	《福建师范大学学报》(哲学社会科学版)2000:3
民事行政调解和仲裁裁决的检察抗诉和法律监督的论争	关今华 郑亚度	《福建论坛》(经济社会版)2001:2
我国仲裁制度的主要缺陷及修正《仲裁法》的若干设想	林旭霞 王　慧	《福建师范大学学报》(哲学社会科学版)2001:4
环境保护与诉讼法的发展	陈泉生	《亚太经济》2001:5
论虚假陈述民事诉讼中因果关系的认定	李明辉 谢　军	《国际贸易问题》2003:9
试论新形势下公证业务的拓展	胡凌云	《福建省委党校学报》2005:1
论我国公司股东诉讼监督功能的发挥	赵许明	《理论学刊》2005:8

第八节　环境与资源保护法研究

一、学科建设与学术研究

(一) 学科建设

福建省的环境与资源保护法学科建设与研究在 20 世纪 90 年代开始起步。福州大学法学院创建环境与资源保护法学科，2000 年成立福州大学环境法研究所，2001 年获得硕士学位授予权，并开始招收培养硕士研究生，形成环境法学基本理论、可持续发展法、环境侵权法、国际环境法、比较环境法等研究方向。2002 年成立的厦门大学海洋政策与法律中心的研究范围包括海洋环境与海洋资源的养护、利用、管理的政策与法律问题。

(二) 学术研究

1992—2005 年，福建省的环境与资源保护法学研究形成环境法学基本理论、可持续发展法、环境侵权法、国际环境法、比较环境法等相对稳定的研究方向。

其间，该学科共承担国家社会科学基金项目6项：21世纪法制研究：可持续发展与法律变革（福州大学陈泉生，1999）、生态危机与法律革命：环境法创新研究（陈泉生，2001）、可持续发展与经济法（福州大学朱遂斌，2002）、环境法学基础理论创新研究（陈泉生，2004）、环境侵权法研究（福州大学邹雄，2005）、技术和绿色贸易壁垒法律问题研究（厦门大学朱晓勤，2005）。先后承担省部级科研项目14项，其中司法部法治建设与法学理论研究部级科研项目1项：科学发展观与法律发展：环境与资源保护法学研究范式变革（陈泉生，2004）；福建省科技厅软科学项目4项，福建省社会科学规划项目9项。

该学科共发表学术论文100余篇，出版著作11部。研究成果获福建省社会科学优秀成果奖9项：《环境侵害及其救济》（第二届一等奖，陈泉生）、《建构中国环境侵权法理论体系》（第三届二等奖，陈泉生）、《环境法原理》（第四届一等奖，陈泉生）、《21世纪法制研究：可持续发展与法律变革》（第四届三等奖，陈泉生）、《可持续发展与经济法》（第五届三等奖，朱遂斌、福州大学施祖美）、《环境法的调整对象》（第六届二等奖，陈泉生）、《环境法学基本理论》（第六届三等奖，陈泉生）、《环境侵权救济研究》（第六届三等奖，邹雄）和《国际环境法学》（第六届三等奖，福州大学许健）；获得司法部法学教材和法学科研优秀成果奖1项：《21世纪法制研究：可持续发展与法律变革》（2002年度三等奖，陈泉生）。

（三）学术会议

2001年，福州大学和武汉大学联合主办的环境与资源保护法学国际研讨会在福州大学举行，荷兰、美国、澳大利亚等国以及中国内地和香港的专家学者和从事环境资源管理工作的政府官员等120多位代表参加，提交论文130多篇。会议围绕"环境资源法理论与制度创新和发展"这一主题，就新世纪环境资源法的新问题、新思路与新理论、新制度进行探讨。

从2002年开始，福州大学法学院围绕环境与资源保护法，设立专题每年组织全国性的东南法学论坛，研讨的论题包括"动物应享有法律地位吗？"（2002：第一届）、"环境法的调整对象"（2003：第二届）、"法学方法论的生态化"（2004：第三届）和"循环经济与法"（2005：第四届）。

二、主要学术成果

（一）环境法学基本理论研究

《环境法原理》（陈泉生，法律出版社，1997）该书把环境问题对社会的危害定义为环境侵害，指出环境侵害带来的种种危害无辜大众的形式，特别是使得社会弱者的情况变得更坏的趋势，并指出环境侵害的诸多特点，认为只运用传统法学的侵害概念既不容易预防又难以事后救济，由此揭示环境法学确实有独立存在的意义。该书主张，为了确保预防、控制环境侵害以及事后救济环境受害者的权利，应首先深化、扩大环境权的概念。该书指出，救济受害者、处罚施害者以及预防其发生是环境法学的本质。

《环境权之辨析》（陈泉生，《中国法学》1997：2）该文以如何界定环境权的法律保护范围为出发点，将环境权的概念界定为：环境法律关系的主体享有适宜健康和良好生活环境，以及合理利用环境资源的基本权利。同时，通过对环境权概念、权利主体和客体的探讨，对环境权的性质加以剖析，在此基础上，针对国内外部分学者将"环境权作为生存权的一种形式"的观点提出理论争鸣，认为环境权是一项与生存权相互交叉，但不能相互包容的独立的新生人权。

《论环境法的基本原则》（陈泉生，《中国法学》1998：4）该文以可持续发展为指导思想，证立符合环境法发展趋势的五项基本原则：环境保护同经济、社会持续发展相协调原则，预防为主、防治结合、综合治理原则，全面规划、合理利用自然资源原则，污染者负担原则以及国家干预原则。

《环境法学基本理论》（陈泉生，中国环境科学出版社，2004）该书以环境法学基本理论涉及的各个问题作为论述的对象，以法律生态化的理念为出发点，对建立在人本主义基础上的现行环境法学理论进行全面反思，提出一套环境法学理论体系：生态主义的环境法指导思想、生态本位的环境法律观念、当代人与后代人和人与自然的环境法价值取向等，并在此基础上对各部门中法有关环境保护规定进行整合，论述环境法基本理论这一领域的新发展和前沿问题。

《环境权新论》（邹雄，《东南学术》2005：3）该文从原则、权利客体、权利内容和权利主体等方面对环境权的界定进行论证，从而得出结论：环境权是自然人享有适宜自身生存和发展的良好环境的法律权利；环境权的唯一客体是环境生态功能；环境权的内容是指向环境生态功能这一客体的利益群；除自然人外，法人、国家、非人自然体都不是环境权的主体；以及环境权的核心权能是环境参与权。该文试图秉持传统法理学对"环境权"这一概念提出新的界定。

表6—24　　　　1992—2005年环境法学基本理论研究其他成果

成果名称	作　者	发表刊物（出版社）及时间
论环境权的种类和内容	陈泉生	《福建论坛》（经济社会版）1998：5
论环境权的救济	陈泉生	《法学评论》1999：2
略论环境法的目的和作用	陈泉生	《福建论坛》（经济社会版）1999：5

续表 6—24

成果名称	作 者	发表刊物（出版社）及时间
论环境资源法学理论体系的框架	蔡守秋	《福州大学学报》（哲学社会科学版）2001：4
环境法律基本制度	黄明健	中国环境科学出版社，2004
动物"权利主体论"质疑	许 健	《河北法学》2004：1
一场法学研究范式的革命	陈泉生	《东南学术》2004：5
争鸣——法学前沿理论发展的动力	蔡守秋	《东南学术》2004：5
环境法学的概念和特征	黄明健	《当代法学》2004：6
法学方法论生态化之要旨	蔡守秋	《东南学术》2005：5
科学发展观与法学方法论的创新	陈泉生	《东南学术》2005：5
法学方法论生态化的界定	黄 辉	《东南学术》2005：5

（二）可持续发展与法律关系研究

《21 世纪法制研究：可持续发展与法律变革》（陈泉生，法律出版社，2000）该书的研究对象不仅限于环境法，还涉及宪法、行政法、民法、刑法、诉讼法等多学科领域。该书提出，以可持续发展为出发点，以法律生态化理念对传统法律作出反思，进而构建符合可持续发展要求的法律体系；并针对传统法律"经济优先"立法倾向的弊端，提出"预防优先"的立法取向，并结合经济增长、资源利用、环境利益等提出相应的法律对策。

《可持续发展战略与我国环境资源立法的完善》（厦门大学卢炯星，《法商研究》2000：2）该文指出，修改中国《宪法》、《环境保护法》及有关环境与资源保护的法律、法规，并制定统一的《自然资源保护法》、《环境污染税法》、《环境保护投资法》和《环境与资源教育法》是中国实施可持续发展战略的当务之急。

《可持续发展与经济法》（朱遂斌、施祖美，河南人民出版社，2002）该书指出，可持续发展战略思想是经济法形成和变革的一个指导思想，经济法的实施是可持续发展战略的重要载体和法律保障。该书主张，需要从可持续发展的观念和战略出发，对现行法律的价值取向及其规范表现形态重新进行评价，提出新的价值主张，修改现行的法律及其体系，进而把生态的发展、经济的发展和社会的发展推进可持续发展的轨道。而在推动可持续发展的法律保障中，经济法是最为适合的部门法之一。

《论可持续发展与经济法的变革》（许健，《中国法学》2003：6）该文提出，法律观念由社会本位逐步向生态本位的变革是经济法贯彻可持续发展战略的关键，由调整传统经济发展模式向调整循环型经济发展模式变革是经济法实施可持续发展战略的核心，将部门法进行绿色化变革是实施可持续发展战略的重要保障。法学界一般认为经济法是遵循社会本位的部门法，该文则提出经济法应当向生态本位过渡的观点。

表 6—25　　　　**1992—2005 年可持续发展与法律关系研究其他成果**

成果名称	作　者	发表刊物（出版社）及时间
可持续发展与科技法的调整	陈泉生	《亚太经济》2000:5
论可持续发展与我国法律变革	陈泉生	《福建论坛》（经济社会版）2000:7
可持续发展法律思想初探	陈泉生	《法制与社会发展》2001:1
生态文化价值取向的法律视角	陈泉生	《东南学术》2001:5
21 世纪可持续发展法律变革展望	陈泉生	《郑州大学学报》（哲学社会科学版）2002:2
地方环境立法应遵循可持续发展原则	关琰珠	《中国人口·资源与环境》2002:2
论可持续发展与民事私法自治内容的补充	陈泉生	《东南学术》2002:4
可持续发展法律初探	陈泉生	《现代法学》2002:5
循环经济及其法律调整	俞金香	《甘肃社会科学》2003:6
自然资源法学	吴兴南 孙月红	中国环境科学出版社,2004
可持续发展与法治的新境界	封泉明	《河海大学学报》（哲学社会科学版）2004:2

（三）环境侵权法研究

《环境侵害及其救济》（陈泉生，《中国社会科学》1992：4）该文指出，环境侵害作为一种新型的侵害行为，具有社会性、价值性、复杂性和缓慢性等特性。这些特性促使有关法学理论发生从传统向现代的变革，具体表现为环境权的塑造、行政补偿理论的选取、无过失责任的确立、疫学因果论的采用、危害环境罪罪名的创设和集团诉讼的推广等。

《建构中国环境侵权法理论体系》［陈泉生，《中国社会科学》（外文版）1994：1］该文以如何界定环境权的法律保护范围为出发点，论证环境权的概念。同时，通过对环境权概念、权利主体和客体的探讨，对环境权的性质加以剖析，认为环境权是一项与生存权相互交叉，但不能相互包容的独立的新生人权。鉴于这种新的环境权定位，该文主张中国环境侵权法学理论必须打破传统侵权理论框架，在过错原则、因果关系、共同危险责任、诉讼时效等理论方面都要进行大的拓展，以适应社会的需要。

《环境侵权救济研究》（邹雄，中国环境科学出版社，2004）该书涉及环境权与环境侵权、环境侵权民事救济制度、环境侵权社会化救济制度、环保行政机关在环境侵权救济中的职能、部分国家和地区环境侵权救济法律制度、中国环境侵权救济法律制度的完善及其体系构建等内容。以其中的难点问题为研究、论述对象，运用法理学、民法学、行政法学、证据法学等分支法学的理论，力图厘清学界在环境侵权及其救济方面尚存的模糊认识，并借鉴经济学理论以及发达国家先进的环境侵权救济理论、制度和司法经验，提出构建完整、明晰、可操作的环境侵权救济法律体系的设想。

《论环境侵权的因果关系》（邹雄，《中国法学》2004：5）该文指出，中国环境侵权立法与实践中"因果关系推定"和"举证责任倒置"是对其他国家"因果关系"理论的误用。环境侵权的非常特殊性决定认定其构成要件之一——因果关系的极端困难性。因此，许多新的因果关系学说应运而生。然而，这些学说大都将因果关系判断标准问题与推定、举证责任分配、举证责任倒置、法律责任分担等诸问题混为一谈。该文主张，构建"一横一纵"式的包含各种判断标准和方法在内的环境侵权因果关系理论体系合适可行。

《环境纠纷解决机制研究》（厦门大学齐树洁、厦门仲裁委员会林建文，厦门大学出版社，2005）该书收集和参阅了大量的中英文资料，分析环境纠纷解决实践中的疑难问题，探讨相关的立法、司法、行政对策。该书阐述环境权、民事侵权和纠纷解决机制的基本原理，并结合环境纠纷解决的实践，论述相关的民事诉讼、仲裁和多元化纠纷解决机制，介绍外国相关的立法和司法经验。在此基础上，借鉴外国经验，立足中国国情，探讨如何构建公正、高效、多元化的环境纠纷解决机制。

表6—26　　　　　　　　**1992—2005 年环境侵权法研究其他成果**

成果名称	作　者	发表刊物（出版社）及时间
论土地征用之补偿	陈泉生	《法律科学》1994：5
论环境诉讼的因果关系	陈泉生	《云南大学学报》（法学版）1996：2
论环境共同侵权行为的危险责任	陈泉生	《福建论坛》（经济社会版）1996：4
环境侵权群体诉讼论	陈泉生	《云南大学学报》（法学版）1997：1
论环境侵权的归责原则	陈泉生	《法制与社会发展》1997：2
论环境行政合同	陈泉生	《福建论坛》（经济社会版）1997：6
谈环境侵权中的几个问题	陈泉生	《法学杂志》1999：6
论环境侵权救济制度的内容与体系	邹　雄	《广州大学学报》（社会科学版）2005：9

（四）国际环境法研究

《WTO 与绿色壁垒：若干法律问题分析》 〔朱晓勤，《厦门大学学报》（哲学社会科学版）2001：4〕该文指出，WTO 协议中"环保例外权"的有关条文规定存在一些缺陷，使得绿色壁垒经常被滥用。实践中发达国家口惠而实不至，使绿色壁垒给发展中国家带来的更多的是消极影响。中国作为发展中国家，在加入 WTO 以后，既应主动创造和善于利用良好的外部环境，也应积极推动国内经贸领域环保事业的发展，以化壁垒为通途。

《国际环境法学》（许健，中国环境科学出版社，2004）该书以国际法的传统理论为依托，探讨国际环境保护的基本理论与制度建设，以及环境保护与自由贸易关系的协调等相关问题。其内容涵括国际环境法总论、部门国际环境法以及国际贸易与环境保护之间的关系等问题。

表 6-27 　　　　　　　　　**1992—2005 年国际环境法研究其他成果**

成果名称	作　者	发表刊物（出版社）及时间
欧盟国家若干环境经济法律制度	朱晓勤	《世界环境》2000：1
论国际贸易与环境规则——兼评区域性国际组织对 WTO 的影响	甘　瑛	《上海交通大学学报》（社会科学版）2001：4
WTO 与环保：自由贸易与环境保护的冲突与协调	黄　辉	中国环境科学出版社，2004
比较环境法学专论	肖剑鸣	中国环境科学出版社，2004
从 GATT/WTO 争端解决实践看环境保护单边措施的域外效力问题	朱晓勤	《国际贸易问题》2004：2
WTO 框架下贸易与环境问题的法律冲突与协调	张荣芳	《安徽大学学报》（哲学社会科学版）2004：6

第七章 教育学研究

第一节 教育学原理研究

一、学科建设与学术研究

（一）学科建设

福建师范大学的教育学原理学科建设主要依托该校教育科学与技术学院教育系。截至2005年，教育学系已形成从本科教育到博士研究生教育的较为完备的办学层次，拥有教育史博士点1个，一级学科教育学硕士点1个，下设教育学原理、课程与教学论、比较教育学、教育史、教育经济与管理、成人教育学、职业教育学、高等教育学等硕士点，本科专业有教育学专业。

厦门大学教育研究院（原厦门大学高等教育科学研究所）以高等教育研究为重点，并成立教育理论研究所推进相关研究，也拥有教育学一级学科硕士点，招收教育学原理方向硕士研究生。2003年10月，经国家人事部和全国博士后管委会批准，厦门大学教育研究院设立教育学一级学科博士后流动站。

（二）学术研究

福建省各高校教育学原理的研究重心各有不同。厦门大学教育研究院的教育学原理研究主要关注的是高等教育的本质属性、基本功能、高等教育研究方法、大学产权、传统文化与高等教育、市场经济与高等教育等方面的内容。福建师范大学教育学院在教育基本理论研究、考试与教育评价研究、基础教育改革研究、教师教育发展研究、教育科学研究方法的基础上，按照国家学科分类，形成3个新的研究方向：德育、教育社会学、教育哲学。福建教育学院、集美大学教师教育学院等院校学者则较为注重教师教育、艺术教育、科学教育等方面的研究。

1992—2005年，福建省学者承担包括国家社会科学基金（教育学科）项目、全国教育科学规划教育部重点项目等10余项以及与教育学原理研究相关的省部级科研项目，其中，国家社会科学基金项目 2 项：民办高校产权理论与政策研究（厦门大学邬大光，2002）、中国高等学校学科划分与设置研究（厦门大学王伟廉，2002）；教育部人文社会科学重大项目 3 项：我国高等教育体制改革研究（邬大光，2000）、大学教学运行机制研究（王伟廉，2000）、知识经济时代高等教育的地位作用与变革（厦门大学谢作栩，2002）；教育部面向 21 世纪教改项目 1 项：综合性大学师范教育的办学模式与培养模式的研究（集美大学商振泰、施若谷，1998）；教育部新世纪优秀人才支持计划基金项目 1 项：新课程与当代中国教学理论建设（福建师范大学余文森，2005）。

共出版教育学原理研究方向论著 10 余部，在权威学术期刊上发表论文 30 余篇。这些成果中，有不少被《新华文摘》、《高等学校文科学术文摘》、人大《复印报刊资料·教育学》等全文转载或摘转。获得教育部人文社会科学成果奖 3 项：《高等教育改革与社会主义市场经济的关系》（第一届二等奖，厦门大学潘懋元）、《潘懋元论高等教育》（第三届二等奖，潘懋元）、《多学科观点的高等教育研究》（第四届二等奖，潘懋元）。获福建省社会科学优秀成果奖 10 项：《艺术教育学》（第二届二等奖，厦门大学魏朝义）、《对发展民办高等教育若干问题的认识》（第四届一等奖，潘懋元）、《教育研究中的"中介"问题探讨——兼谈课程编制的中介作用》（第四届二等奖，王伟廉）、《愚生说教——关于教育改革的思考》（第五届二等奖，福建农林大学王豫生）、《高等教育产业的特殊性研究》（第五届二等奖，厦门大学史秋衡）、《现代美术教育学》（第五届二等奖，厦门大学张小鹭）、《点击学校课程——走在十字路口的科学教育》（第五届三等奖，集美大学刘德华）、《西方教育研究取向新进展》（第五届三等奖，福建师范大学洪明）、《高等教育学学科建设的基本轨迹及其走向》（第六届三等奖，厦门大学林金辉）、《科学教育的人文价值》（第六届三等奖，刘德华）等。

（三）学术会议

1993 年 12 月，第七届华东六省一市高教发展战略研讨会在华侨大学召开。上海、江苏、安徽、浙江、江西和福建等省市教委、高教研究室和部分高校的 37 名代表参加。与会者围绕社会主义市场经济条件下，高等教育在改革发展中，如何围绕规模、结构、质量、效益的协调发展，建立高校自主发展、自我约束的新的运行机制展开讨论，并就加强省际、校际高教研究协作交流进行磋商。

1996 年 11 月，全国高校教育系主任工作会议暨面向 21 世纪教育学科发展建设研讨会在福建师范大学召开。全国各高校教育系、教科所的 60 余位代表针对高师教育学专业改革和教育学科建设等问题展开讨论。

2002 年 12 月，中国教育学会主办，福建师范大学承办的以"21 世纪教师：专业化建设"为主题的中国教育学会第十五次全国学术讨论会在福州市举行，中国教育学会会长顾明远和来自全国各地的130多名教育理论和实践工作者出席会议。与会者围绕教师专业化的理论探索、教师专业化的政策措施、教师专业化的实践、师范教育改革和教师专业化进行研讨。

2005年4月，教育部福建师范大学基础教育课程研究中心、福建师范大学教育科学与技术学院与美国佛蒙特大学联办的2005福建·中美教育研讨会在武夷山召开。中国大陆、台湾、香港以及美国的专家学者共200余人与会。会议以"21世纪基础教育课程改革的理论与实践"为主题，以"学校课程与教材"、"校长与学校管理"、"学业考试与评价"和"师生关系与课堂"为分主题探讨当前新课程改革面临的问题。

二、主要学术成果

（一）教育本质、属性、功能与方法研究

《全面深入地认识教育的文化功能》（潘懋元，《教育研究》1996：11）该文提出，教育与文化具有复杂的关系——双重关系与双重作用。双重关系，指的是教育与文化的关系，既是外部关系，又是内部关系。双重作用，指的是教育要受社会文化的制约并促进文化的发展；同时，一定社会的经济、政治对教育的制约和教育对经济、政治的作用一般要通过文化的折射，文化成为教育与经济、政治等关系的中介。

《西方教育研究取向新进展》（洪明，《教育研究》2000：10）该文指出，自20世纪60年代特别是80年代中期以来，西方教育研究取向出现新特点。20世纪上半叶居于西方教育研究主流地位的"实证－科学"的研究范式受到强有力的挑战。以新的方法论为基础的教育研究不断生成，原居于教育研究从属位置的"边缘"研究范式也由弱转强，形成西方教育研究取向上的多元格局。

《教育科学研究方法与原理》（福建师范大学陈伙平、王东宇、丁革民等，福建科学技术出版社，2005）该书系统阐述教育科学研究的程序设计，介绍教育科学研究方法的应用原理及操作要求。尤其是介绍教育科研方法前沿的知识内容，如校本教育研究、行动研究法等。

表7－1　　**1992—2005年教育本质、属性、功能与方法研究其他成果**

成果名称	作　者	发表刊物（出版社）及时间
社会主义市场经济与教育改革	庄明水	《教育评论》1993：4
当代教育实践中若干教育哲学问题的探讨	林嘉声	《福建师范大学学报》（哲学社会科学版）1993：4
文化传统与高校教学改革	王伟廉	《教育研究》1996：11
高师公共教育课程教改的四要素	余文森	《黑龙江高教研究》1997：6

续表 7—1

成果名称	作　者	发表刊物(出版社)及时间
教育民主化发展中的两难问题	王　晞	《福建论坛》(经济社会版)1998: 1
知识经济与"三个面向"	高时良	《教育评论》1998:6
试论如何成为学术骨干和学科带头人	余文森	《吉林教育科学》1998:9
试论科技教育与科技中心转移的关系	施若谷	《自然辩证法研究》1999:1
西方教育研究的方法论和转向——行动研究探略	洪明	《国外社会科学》1999:1
西方元教育理论发展历程探略	洪　明	《福建师范大学学报》(哲学社会科学版)1999:4
潘懋元论高等教育	潘懋元	福建教育出版社,2000
愚生说教——关于教育改革的思考	王豫生	福建教育出版社,2000
大学批判精神探析	赵婷婷 邬大光	《高等教育研究》2000:2
高等学校与政府关系的两个问题	李泽彧	《厦门大学学报》(哲学社会科学版)2000:4
分析教育哲学的后期发展及理论功过探析	洪　明	《云南师范大学学报》(教育科学版)2000:5
再论知识经济与教育的"三个面向"	高时良	《教育评论》2001:1
人才知识、能力结构中广度与深度关系研究	王伟廉	《高等教育研究》2001:2
理清合并思路　促进深度融合	张向中	《中国高等教育》2001:3
面向新世纪的我国教育走向	高时良	《福建论坛》(经济社会版)2001: 8
教育学基础	余文森 王　晞	教育科学出版社,2002
简论主体性教学的策略	吴翠龄	《教育评论》2002:6
主体性教学要义探析	吴翠龄	《教育评论》2003:1
论理解与对话的教学观	谌启标	《上海教育科研》2003:4
可持续发展战略与环保教育	高时良	《江西教育科研》2003:4
新课程背景下的公共教育学教程	余文森	高等教育出版社,2004
差异教学实质刍议	姜　智	《中国教育学刊》2004:4
教育服务:现代教育交流中的一种异化	邬大光 林　莉	《教育研究》2005:6

（二）德育研究

《让教育焕发生命的价值》（刘德华，广西师范大学出版社，2003）该书强调，教育者不能漠视学生的生命价值，教育活动要显现人性的光辉和魅力。作者透过教育领域中种种漠视生命的案例拷问当下一些教育观念的合理性，同时彰显学生生命的尊严与生命的价值，透析和比较国内外一些教师尊重学生生命价值的教育智慧。

《乡村生活的道德文化智慧——生活道德教育》（福建师范大学毕世响，吉林人民出版社，2003）该书用文化人类学的田野法，以一所乡村小学作为研究的窗口。从中观察乡村生活与文化、农民的道德智慧、乡村人物的文化和道德特征、教育在农民生活中的地位、少年儿童在乡村文化下的德性成长，以及教育与少年儿童生活的关系。

表 7—2   **1992—2005 年德育研究其他成果**

成果名称	作　者	发表刊物（出版社）及时间
"德智体生动活泼地主动地得到发展"与我国当前学校教育改革	邱永渠	《江西教育科研》1996：3
市场经济条件下大学生思想品德发展的特点与高校德育改革	林嘉声	《东南学术》1998：1
师生关系模式与师生关系构想	姜　智	《教育评论》1998：7
中国传统伦理道德观与师范生理想人格的培养	林嘉声	《福建师范大学学报》（哲学社会科学版）1999：3
论现代德育的开放性	林嘉声	《教育评论》2002：1
国际视野中公民教育的内涵与成因	洪　明 许　明	《国外社会科学》2002：4

（三）教师教育研究

《教师教育的理论与实践》（洪明，福建教育出版社，2002）该书系统论述教师教育问题，具体内容包括教师职业的历史形成、教师教育制度的产生与发展、新型教师教育理论建构探索、教师专业化发展的争论与趋向、反思性教学思想的渊源、案例教学的发展历程及兴起原因等。

《教师教育学术性与职业性融合的理念和策略》（漳州师范学院李建辉，《高等教育研究》2005：8）该文指出，学术性和职业性是高等教育的两种价值取向，二者的融合是教师专业发展的价值追求。教师教育学术性与职业性的论争历史与融合现实表明，在高等教育大众化与教师教育改革进程中，教育体制的开放性与层次结构的多样化，专业目标的全面性与培养模式的多元化，职前规格的超前性与培育体系的一体化，以及教学科研的互动性与专业发展的自主性等理念与策略，为教师教育学术性与职业性融合和教师实现专业发展提供实践基础。

表 7—3 **1992—2005 年教师教育研究其他成果**

成果名称	作　者	发表刊物（出版社）及时间
试论教师的三种境界：教书匠　能师　人师	余文森	《中国教育学刊》1997：4
论国家对师范教育课程质量的监控	黄光扬	《高等师范教育研究》1998：1
教师教育实行"一体化"模式的探讨——兼谈高师院校在不同模式中的发展策略	李建辉	《高等师范教育研究》2000：6
可持续发展：高师教育的追求	蔡勇强	《中国高等教育》2000：8
教师职业幸福感从哪里来	许琼华	《教育科学研究》2005：6
教师教育学术性与职业性融合的理念和策略	李建辉	《高等教育研究》2005：8
从师范教育到教师教育	潘懋元 吴　玫	《中国高教研究》2004：7

（四）学科教育学研究

《艺术教育学》（魏朝义，重庆出版社出版，1994）该书分上、中、下三编，围绕艺术教育的历史、功能、目的，艺术教育的对象，艺术教育教师素质，艺术教学的一般原则等进行论述。

《点击学校课程——走在十字路口的科学教育》（刘德华，福建教育出版社，2001）该书考察当前中国教育面临的困难，分析中国教育体制和教育战略的得失，探索跨越教育理论与实践中存在误区的途径。

《现代美术教育学》（张小鹭，西南师范大学出版社，2002）该书是在全国教育科学青年专项重点研究课题成果基础上继续从事实证性研究，并实地考察日本、美国和国内美术教育相关机构，结合国际化信息时代的变化，充实许多新内容而形成的。具体包括文化、历史与现代美术教育，信息社会与现代美术教育，现代美术教育理论的确立与发展，现代美术教育中的造型表现及其鉴赏的教学论等。

《科学教育的人文价值》（刘德华，四川教育出版社，2003）该书从中西比较的视角，透过历史的进程，用现代科学哲学、科学史学等研究成果对特定历史条件下的科学教育价值取向的演变进行初步的诠释，明确提出科学教育具有一种与人文学科教育并不完全相同的人文价值。提出科学教育存在的主要问题；阐述科学具有丰富的精神资源；分析西方的科学与人文学科对立的渊源；探讨中国传统文化如何影响着科学教育的价值取向等内容。

表 7—4　　　　　　　　　**1992—2005 年学科教育学研究其他成果**

成果名称	作　者	发表刊物（出版社）及时间
浅议国外现代美术创作教学的新理念——现代心理学介入美术创作的教学过程	张小鹭	《美术》1994：8
现代文化教育和现代美术教育的拓展	张小鹭	《中国美术教育》2002：3
语文课程"语感中心说"之浅见	潘新和	《课程·教材·教法》2002：8
信息社会与现代美术教育	张小鹭	《中国美术教育》2003：2
建构表现存在论语文教育学	潘新和	《课程·教材·教法》2005：9

第二节　教育史研究

一、学科建设与学术研究

（一）学科建设

1986 年，福建师范大学获得教育史硕士学位授予权，2000 年获得教育史博士学位授予权，这是福建省第一个教育史博士学科点。2003 年，厦门大学高等教育研究所获得教育史硕士学位授予权。同年，厦门大学教育研究院设立教育学一级学科博士后流动站，教育史也是其主要研究方向之一。2005 年，厦门大学教育研究院申请教育史博士学位授予权获得国务院学位委员会教育学科评议组通过。另外，福建省教育科学研究所、漳州师范学院、福建农林大学等机构的一些学者在该研究领域也有建树。

（二）学术研究

福建省的中国教育史研究重点集中在古代教育史研究、近代高等教育史研究，还有原创性的专学——科举学研究，同时开展闽台教育史研究。外国教育史研究的重点集中于外国教育思想及制度研究，并研究英国、日本、美国等发达国家的教育史。新史料的挖掘和整理、研究领域的拓展、研究方法的引入都是这一阶段的贡献。

1992—2005 年，福建省学者承担教育史研究方面的省部级科研项目共 11 项，其中全国教育科学规划项目 6 项：中国考试制度及教育制度历史研究（厦门大学刘海峰，1992）、台湾高等教育与经济发展的相互关系研究（厦门大学李泽彧，1993）、外国普通中等教育改革的历史研究（福建师范大学杨孔炽，1999）、英国宏观教育决策模式与特点的研究（福建师范大学许明，2002）、科举革废与近代中国高等教育的转型（厦门大学张亚群，

2003）、日本普及高中教育的历史经验研究（杨孔炽，2003）。全国教育考试规划项目 2 项：科举考试的作用与影响研究（刘海峰，1996）、科举文化的研究（刘海峰，2002）。教育部人文社会科学研究项目 3 项：科举制对西方考试制度的影响（刘海峰，1999）、21 世纪初高等教育思想研究（厦门大学潘懋元，2001）、确定高等学校校史的原则与标准研究（刘海峰，2003）。

共出版论著 30 余部，在权威学术期刊上发表论文近百篇。这些成果中，部分被《新华文摘》、《中国社会科学文摘》、《高等学校文科学术文摘》等全文转载或摘转。一批成果获得高等学校人文社会科学研究优秀成果奖、全国教育科学研究优秀成果奖、福建省社会科学优秀成果奖、全国教育图书奖、中国出版集团图书奖、青年社会科学优秀成果奖等奖项。这一时期，教育史研究成果获福建省社会科学优秀成果奖 13 项：《中国教育史纲（古代之部）》（第二届二等奖，福建师范大学高时良）、《教育名著评介》（外国卷）（第二届二等奖，福建师范大学李明德、金锵）、《福建师范教育史》（第二届二等奖，福建师范大学檀仁梅、庄明水）、《福建教育史》（第三届二等奖，刘海峰、庄明水）、《中国教会学校史》（第三届二等奖，高时良）、《"科举学"——21 世纪的显学》（第四届二等奖，刘海峰）、《中国现代写作教育史》（第四届二等奖，福建师范大学潘新和）、《英国高等教育发展研究》（第四届二等奖，许明）、《中国考试发展史》（第五届一等奖，刘海峰等）、《科举制与"科举学"》（第六届一等奖，刘海峰）、《福建教育史》（第六届二等奖，福建农林大学王豫生）等。其中，《教育名著评介》（外国卷）（李明德、金锵）还获华东地区优秀教育图书奖，《中国考试发展史》（刘海峰等）获第三届全国教育科学优秀成果奖一等奖和第三届全国教育图书奖二等奖。《科举学导论》（刘海峰）获第五届高等学校人文社会科学优秀成果奖一等奖。此外，《科举考试的教育视角》（刘海峰，湖北教育出版社，1996）还获得全国第二届教育科学优秀成果奖二等奖。

（三）学术会议

1994 年 10 月，中国高等教育学会、全国高等教育学研究会、福建省高等教育学会、厦门大学高等教育科学研究所联办的全国高等教育史学术研讨会在厦门大学召开。19 个教育研究单位的学者 30 人与会，提交论文 23 篇。与会者围绕高等教育史学科的地位，开展研究目的、范围、方法及意义等问题展开讨论，并为高等教育史的研究和学科建设提出构想和建议。

2004 年 10 月，福建师范大学承办的中国教育学会教育史分会第九届年会暨第六届代表大会在武夷山召开。与会代表共 204 人，其中包括正式会员 109 人、博士生研究生 81 人，以及武夷山市、福建师范大学等有关领导。与会代表围绕"教育史学科一百年：历史、问题与未来"这一主题展开讨论，会后出版论文集《百年跨越：教育史学科的中国历程》（鹭江出版社，2005）。

2005 年 9 月，厦门大学高等教育发展研究中心、北京大学中国古代史研究中心主办，中国高等教育自学考试专业委员会、天津教育招生考试院《考试研究》编辑部、《湖北招生考试》杂志社、《厦门大学学报》（哲学社会科学版）编辑部协办的科举制与科举学国际学术研讨会在厦门大学召开。中国大陆、台湾及美国、日本、韩国、俄罗斯、越南、巴西等国家和地区代表 150 余人参加会议，提交论文 125 篇。与会代表对科举制的性质、特征、演化规律、经验教训、历史地位与现实影响进行讨论，探讨如何拓宽科举学的研究视野和将其推向国际化、综合化、理论化的途径。

二、主要学术成果

（一）中国教育史研究

《中国近现代女子教育》（福建省教育科学研究所黄新宪，福建教育出版社，1992）该书阐述变革背景下的晚清女子教育思潮，近代女子教育发展的历程，民国时期一些著名人物的女子教育观，以及教会女子教育在中国的发展等。将女子教育史的研究纳入教育史领域。

《中国教会学校史》（高时良，湖南教育出版社，1994）该书是国内第一部全面论述教会学校历史的专著，提出研究教会学校历史的原则，即对待教会学校，既要将它本身的运行过程同帝国主义对华侵略行径联系起来考察，又要从教育的相对独立性、教育自身的客观规律来考察。

《基督教教育与中国社会变迁》（黄新宪，福建教育出版社，1996）该书以基督教教育与中国社会关系变迁之间的内在关系为主题，时间范围从唐代直到新中国建立初期，涵盖基督教教育在中国从出现到在中国大陆结束的全过程，阐述基督教教育与中国教育事业变迁的关系。

《中国教育史》（福建师范大学黄仁贤，福建教育出版社，2003）该书对 20 世纪末之前中国各个朝代、各个历史时期教育制度的沿革、重要的文教政策、学校办学体制的演变，以及重要教育家的教育思想等进行述评

表 7—5　　　　　**1992—2005 年中国教育史研究其他成果**

成果名称	作　者	发表刊物（出版社）及时间
中国近代教育史资料汇编·洋务运动时期教育	高时良	上海教育出版社，1992
孔子德育思想研究	柯远扬	《华侨大学学报》1993：2
中国古代学校教育制度考略	王志民 黄新宪	首都师范大学出版社，1996

续表 7—5

成果名称	作　者	发表刊物(出版社)及时间
引入堂奥·沐浴光辉——《周恩来教育思想研究》评价	潘懋元	《教育研究》1996:10
中国现代写作教育史	潘新和	福建人民出版社,1997
中国师范教育通览·历史卷	李明德 庄明水	东北师范大学出版社,1998
中国近代人才思想研究	郑剑顺	厦门大学出版社,1999
民营教育的历史观照	王日根	湖北教育出版社,2000
王亚南的教育思想初探	林金辉	《厦门大学学报》(哲学社会科学版)2002:9
中国教育管理史	黄仁贤	福建教育出版社,2003
马克思主义教育理论家杨贤江	潘懋元等	光明日报出版社,2005

（二）高等教育史研究

《高教历史与高教研究》（潘懋元、刘海峰,《高等教育研究》1992：1）该文认为高教理论与实践的发展都离不开高教历史的研究，只有掌握高教历史知识，理论研究才能有远见、有深度，进行高教改革也必须以史为鉴，学习和研究高教历史可以促使高等教育学更为成熟。该文还提出并论证高等教育历史研究的基础地位和重要作用。

《高等教育史学科建设初探》（刘海峰,《高等教育研究》1993：2）该文论述高等教育史学科的性质、功能以及论与史的关系，分析中国高教史研究的现状和存在问题，指出高教史学科发展的出路在于联系高教改革的实际进行专题研究，并对构建高教史的学科体系提出初步看法与建议。

《中国高等学校的校史追溯问题》（刘海峰,《教育研究》1994：5）该文探讨中国各高等学校在编撰校史时出现的各种问题，提出确定校庆年度和校史追溯的标准。认为追溯校史起始时间，既是一个与众多高等学校密切相关的现实问题，又是高等教育史研究中的一个重要理论问题。对于这些现实问题的阐述，有助于中国高校的校史编撰实践，并可拓展中国高等教育史的研究领域。

《福建船政学堂的历史地位及其影响》（潘懋元,《教育研究》1998：8）该文指出，福州船政学堂无论从倡议或创办时间上都应该是中国第一所近代性质的高等学校，它在建立高等教育体制、为国家培养高级专门人才、促进中西文化交流等方面，比之清末许多高等学校，影响更深，作用更大。

表 7—6   **1992—2005 年高等教育史研究其他成果**

成果名称	作　者	发表刊物（出版社）及时间
中国近代教育史资料汇编·高等教育	潘懋元 刘海峰	上海教育出版社，1993
高等教育史学科建设再探	刘海峰	《高等教育研究》1995：1
大陆的中国近代教育史研究述评	刘海峰	《近代中国史研究通讯》（台湾） 1995：11
高等教育史研究三探	刘海峰	《高等教育研究》1997：1
在教育与历史之间——高等教育史研究四探	刘海峰	《高等教育研究》2001：2
中国高等教育百年	潘懋元	广东高等教育出版社，2003
高等教育理论呼唤高等教育史研究	潘懋元 陈兴德	《教育研究》2004：10

（三）科举学研究

《科举考试的教育视角》（刘海峰，湖北教育出版社，1996）该书探讨科举制的盛衰与革废、科举与学校的关系、科举考试的传统与变革等问题，认为科举既有高等教育考试和学位考试的性质，又有自学考试和智力测验的性质。科举考试与学校教育制度之间存在着依存互动的关系。科举虽已停罢，但考试这种选才方式却没有也不可能废止。

《再论唐代秀才科的存废》（刘海峰，《历史研究》1999：1）该文指出，秀才科是唐代贡举六门常科中最早设立、历史最为悠久、法定地位最为崇高的科目。它在唐代的行废时间学者争议颇多，该文从诸多的文献和诗文中考证秀才科停废于永徽二年（651），此后无一真正秀才及第者的事实，反驳秀才科存在时间不止于永徽二年的观点。

《科举学：考试历史的现实观照》〔厦门大学郑若玲，《厦门大学学报》（哲学社会科学版）2000：4〕该文通过对高校招生考试、自学考试、国家公务员考试等几种影响巨大的现代考试制度与科举考试的渊源和借鉴关系进行历史和现实的比较和观察，探讨现代考试制度的形式和性质，阐述"科举学"研究的现实意义。

《科举制的起源与进士科的起始》（刘海峰，《历史研究》2000：6）该文从辨析"科举"一词内涵的演变入手，论述科举制的起源和进士科的起始时间，并与主张隋开皇七年（587）说的学者商榷，认为进士科举不始于隋文帝时而始于隋炀帝大业元年（605）。阐述进士科举在中国政治和文化教育上的重要影响。

《科举制对西方考试制度影响新探》（刘海峰，《中国社会科学》2001：5）该文在以往中外学者研究的基础上，介绍新发现的近 50 种 1870 年以前记载有关中国科举的西方文献，指出到 19 世纪中叶，中国的科举考试制度已为欧洲知识界普遍知晓。该文通过对众多史料的整理和发掘，说明科举制的"公平竞争、平等择优"原则曾为西方英美等国建立文官考试制度所借鉴，科举考试西传欧美是中国对世界文明进程的一大贡献。

《中国考试发展史》（刘海峰、田建荣、张亚群、郑若玲，华中师范大学出版社，2002）该书阐述中国考试发展的历程。在篇章结构上采取时间顺序与考试类别有机结合的方式。认为中国古往今来都是一种考试社会，文化国情决定中国必然倚重考试。作者贯彻古为今用、史论结合的原则，力图总结中国考试史上的经验教训，为今天的考试改革提供参考。

《科举制与"科举学"》（刘海峰，贵阳教育出版社，2004）该书包含科举制的兴废、科举制的影响、"科举学"引论三部分内容。提出要重视"科举学"研究的整体性，强调"科举学"研究的理论性。

《科举学导论》（刘海峰，华中师范大学出版社，2005）该书将"科举学"视为一个完整的理论体系，吸收古、今、中、外，文、史、政、教等各方面的科举研究成果，论述科举学的各个方面，重在科举学学理的阐发和学术史的梳理，并为科举学构建出一个基本的理论框架和发展平台。书后附有《新印科举古籍目录》、《科举学著作目录》和《科举研究学位论文目录》。

《科举革废与近代中国高等教育的转型》（张亚群，华中师范大学出版社，2005）该书围绕中国传统高等教育向近代高等教育转型这一主题，对以科举考试为重心的传统高等教育与近代高等教育的消长互动关系进行分析，从一个侧面揭示中国近代高等教育制度发生、发展的规律，指出 1905 年废除科举制，既是近代中国社会急剧变迁的集中反映，同时又对中国的进一步发展产生历史影响。

表 7—7　　　　　　　　**1992—2005 年科举学研究其他成果**

成果名称	作者	发表刊物（出版社）及时间
中国考试发展史略	黄新宪	福建人民出版社，1992
"科举学"刍议	刘海峰	《厦门大学学报》（哲学社会科学版）1992：4
"科举学"发凡	刘海峰	《厦门大学学报》（哲学社会科学版）1994：1

续表 7—7

成果名称	作　者	发表刊物（出版社）及时间
论科举的高等教育考试性质	刘海峰	《高等教育研究》1994:2
论书院与科举的关系	刘海峰	《厦门大学学报》（哲学社会科学版）1995:3
科举制长期存在原因析论	刘海峰	《厦门大学学报》（哲学社会科学版）1997:4
"科举学"——21世纪的显学	刘海峰	《厦门大学学报》（哲学社会科学版）1998:4
"科举学"的世纪回顾	刘海峰	《厦门大学学报》（哲学社会科学版）1999:3
"科举学":一个广阔而专门的研究领域	刘海峰	《厦门大学学报》（哲学社会科学版）1999:4
唐代俊士科辨析	刘海峰	《中国史研究》2000:1
高考存废与科举存废	刘海峰	《高等教育研究》2000:2
八股文百年祭	刘海峰	《厦门大学学报》（哲学社会科学版）2001:4
科举学的文化视角	张亚群	《厦门大学学报》（哲学社会科学版）2002:6
高考改革:历史与现实的思考	郑若玲 杨旭东	《厦门大学学报》（哲学社会科学版）2003:1
清末奖励科名考试的实施与变革	张亚群	《高等教育研究》2003:2
中国科举史上的最后一科乡试	刘海峰	《厦门大学学报》（哲学社会科学版）2003:5
知今通古看科举	刘海峰	《教育研究》2003:12
学优则仕:教育与科举	刘海峰 李　兵	长春出版社,2004
中国科举史	刘海峰 李　兵	东方出版中心,2004
中国科举史上的最后一榜进士	刘海峰	《厦门大学学报》（哲学社会科学版）2004:4
为科举制平反	刘海峰	《书屋》2005:1
从考"官"到考"学"——废科举后考试文化的变革与传承	张亚群	《书屋》2005:1

续表7-7

成果名称	作　者	发表刊物（出版社）及时间
重评科举制度——废科举百年反思	刘海峰	《厦门大学学报》（哲学社会科学版）2005:2
科举考试的功能与科举社会的形成	郑若玲	《厦门大学学报》（哲学社会科学版）2005:2
科举与传统客家村落社会——以闽西武北村落为例	刘大可	《民族研究》2005:6
"科举制与科举学国际学术研讨会"综述	张亚群	《教育研究》2005:11

（四）闽台教育史研究

《福建教育史》（刘海峰、庄明水，福建教育出版社，1996）该书为第一部研究福建教育史的著作。论述唐、五代至1949年福建教育的发展历程，并关注闽学、文学、艺术、闽台文化交融等与教育密不可分的联系，将福建教育置于人文发展的大背景下加以考察，另外，该书注意从全国教育史的角度来看待各个时代福建的教育，通过比较，分析福建教育的特色，衡量其水平。

《福建教育史》（王豫生等，福建教育出版社，2004）该书从福建教育的起源发端及完整的历史形态、福建地域文化的演变及鲜明的教育特色、福建教育的发展态势及宝贵的经验总结三个角度阐述福建教育史，并注重把握地方教育发展的特点与规律。

《日本侵华教育全史》（第四卷）（庄明水，人民教育出版社，2005）该书在全面综合考察日本侵略台湾教育历史的基础上，揭示和批判其殖民侵略本质。该书列出各种档案材料，并尝试运用将专题史、区域史、断代史结合起来的研究方法，填补相关研究的不足。

表7-8　　　　　**1992—2005年闽台教育史研究其他成果**

成果名称	作　者	发表刊物（出版社）及时间
厦门特区教育研究	李明德	鹭江出版社，1992
福建高等教育结构研究	叶品樵	福建教育出版社，1993
福建近代教育的奠基人——陈宝琛教育思想探微	庄明水	《福建师范大学学报》（哲学社会科学版）1996:2
福建高等教育发展研究	傅先庆	福建教育出版社，1997
台湾的书院与乡学	黄新宪	九州出版社，2002

（五）外国教育思想及制度研究

《英国高等教育发展研究》（许明，辽宁师范大学出版社，1998）该书以翔实的资料，对英国高等教育 800 多年的历史发展作了叙述，对不同历史时期英国高等教育发展脉络进行勾勒和梳理，重点阐述英国高等教育的类型、结构规模和层次的变化模式、高等教育质量的控制体系、大学与政府的关系、高等教育与经济和市场的作用等。

《外国教育通史》（第六卷）（福建师范大学王桂、李明德，山东教育出版社，2005）该书论述第二次世界大战后苏联、美国、英国、法国、德国、意大利、瑞士、瑞典、丹麦、挪威、日本、朝鲜、韩国、印度、印度尼西亚、菲律宾、智利、巴西、墨西哥、埃及、尼日利亚、澳大利亚、新西兰的教育发展史，涉及各国教育史上的教育政策、教育改革、教育思想等。

表 7—9　　　　　**1992—2005 年外国教育思想及制度研究其他成果**

成果名称	作　者	发表刊物（出版社）及时间
外国教育家评传	赵祥麟 洪　明 谢作栩	上海教育出版社，1992
教育名著评介（外国卷）	李明德 金锵	福建教育出版社，1992
美国高等教育史	王廷芳	福建教育出版社，1995
美国公立中学发展研究	杨孔炽 徐宜安	湖北人民出版社，1996
菲律宾华文教育的历史演变及其振兴对策初探	吴端阳	《教育研究》1996：2
从课程设置看柏林大学的近代意义	黄福涛	《高等教育研究》1996：5
美国高等教育课程国际化的历史演进	谢作栩	《教育研究》1996：6
柏林大学的近代意义浅析	黄福涛	《比较教育研究》1997：1
贝原益轩教育思想简论	杨孔炽	《日本研究》1997：4
日本教育现代化的历史基础	杨孔炽	福建教育出版社，1998
论卢梭的儿童观及其现代意义	杨孔炽	《教育研究》1998：1
论日本江户时代的教育思想及其近代意义	杨孔炽	《福建师范大学学报》（哲学社会科学版）1998：3
外国教育史教程	吴式颖 李明德	人民教育出版社，1999

续表 7—9

成果名称	作　者	发表刊物(出版社)及时间
日本高等教育与经济发展的关系	陈武元	《清华大学教育研究》1999：3
略论 20 世纪教育思想的演进	李明德	《福建师范大学学报》(哲学社会科学版)2000：2
西方新传统教育思想探析	洪　明	《福建师范大学学报》(哲学社会科学版)2000：3
从古典到现代：外国普通中等教育改革历程	杨孔炽	鹭江出版社,2001
外国教育思想通史	吴式颖 任中印 许　明	湖南教育出版社,2002
"似曾相识"——对杜威教育理论的一些再思考	李明德	《福建师范大学学报》(哲学社会科学版)2004：1
凝练历史　弥望新潮——介绍《外国高等教育史》	杨孔炽	《教育研究》2004：5
加拿大教师教育大学化的传统与变革	谌启标	《比较教育研究》2005：11

第三节　比较教育研究

一、学科建设与学术研究

(一)　学科建设

福建省比较教育研究的力量主要集中在福建师范大学、厦门大学和相关院校的教育研究机构。福建师范大学教育科学院设有比较教育学专业硕士点。2003 年，厦门大学教育研究院的比较教育学专业硕士点设立并开始招生，侧重比较高等教育。此外，福州大学、集美大学、漳州师范学院等也有一批比较教育学的研究人员。

(二)　学术研究

1992—2005 年，福建省比较教育研究主要集中在教育思想与教学改革比较、教师教育改革比较、基础教育比较、高等教育比较以及东南亚教育、港澳台地区教育改革比较研究和教育信息化、产业化比较研究等领域。共出版论著 15 部，在国家级和省级正式刊物上刊发论文 100 多篇，其中，发表在一类核心期刊上的论文有 60 多篇。

这一时期，比较教育研究者承担多项全国教育科学规划和教育部人文社会科学规划项目。其中，全国教育科学规划项目 9 项：国内华侨教育与海外华文教育研究（泉州师范学院吴端阳）、台港高师教育研究（吴端阳）、台湾高等教育与经济发展的相互关系研究（厦门大学李泽彧）、东南亚高等教育（厦门大学黄建如）、公民教育的国际比较研究（福建师范大学吴文侃）、港澳台高等教育法规建设与政策问题研究（李泽彧）、近年来美英两国教师教育的理论、政策与实践研究（福建师范大学许明）、日本普及高中教育的历史经验研究（福建农林大学杨孔炽）、建设世界一流大学和高水平大学的途径与模式研究（厦门大学陈武元）；教育部人文社会科学规划项目 2 项：高等教育发展规模与速度的国际比较研究（厦门大学邬大光）、亚太地区私立高等教育政策研究（陈武元）；教育部"十五"青年基金项目 1 项：亚太地区私立高等教育政策的比较研究（陈武元）。

福建省比较教育研究学者获福建省社会科学优秀成果奖 15 项：《比较教育学》（第二届一等奖，吴文侃）、《比较教学论》（第三届二等奖，吴文侃）、《战后台湾高等教育与经济发展》（第三届二等奖，李泽彧、武毅英等）、《中美英日中小学课程研究》（第三届三等奖，福建师范大学陈扬光）、《美国高等教育课程国际化的历史演进》（第三届三等奖，厦门大学谢作栩）、《继承与嬗变：当代菲律宾华人社团比较研究》（第三届三等奖，厦门大学宋平）、《英国高等教育发展研究》（第四届二等奖，许明）、《中外学校道德教育比较研究》（第四届三等奖，福建省教育委员会朱永康、福建师范大学苏振芳）、《日本高等教育与经济发展的关系》（第四届三等奖，陈武元）、《中小学公民素质教育国际比较》（第五届二等奖，吴文侃、黄仁贤）、《中外考试制度比较研究》（第五届二等奖，福建广播电视大学康乃美和蔡炽昌）、《台港澳高师教育比较研究》（第五届三等奖，泉州师范学院陈笃彬）、《西方教育研究取向新进展》（第五届三等奖，福建师范大学洪明）、《美英两国教师教育的政策与实践研究》（第五届二等奖，许明）、《高等教育质量保障体系的国际比较》（第六届二等奖，许明）。

（三）学术会议

1992 年 5 月，厦门大学高等教育科学研究所举办全国首届比较高等教育研讨会。会议特邀美国比较高等教育学家阿特巴赫教授作专题演讲。出席此次会议的代表共 70 余人，就比较高等教育学科建设和研究问题展开讨论。

1996 年 4 月，中美高等教育财政问题研讨会于厦门大学举行。出席会议的中、美两国代表约 30 人，美方出席人员包括卡内基教学促进基金会高级行政人员和美国高教界的专家、学者，中方代表则是来自福建、湖北、上海、江苏、广东等五省市的高教研究专家、学者和大学财政领导管理人员。与会者探讨大学如何利用多种渠道筹措资金、高校收费原则、学生资助制度和政府资助高等教育的宏观政策等问题。

二、主要学术成果

（一）教育思想与课程教学比较研究

《比较教学论》（吴文侃，人民教育出版社，1996）该书阐述比较教学论的研究对象与方法和中外教学论研究的历史，从教学任务与过程、教学原则、课程、教学方法、教学组织形式、教学评价等方面，对教学论研究作横向比较，展望比较教学论研究的趋势和前景。

《比较教育学》（一、二、三、九、十三、十四、十九章）（吴文侃，人民教育出版社，1999）该书内容包括八国教育、问题研究、总结与展望等。研究对象国选择突破国内常规，除发达国家外，还把发展水平相近的印度和中国也列为研究对象。内容除比较外，着重理论的概括和发展趋势的探讨。

表 7—10　　　　**1992—2005 年教育思想与课程教学比较研究其他成果**

成果名称	作　者	发表刊物（出版社）及时间
试析多元化的美国学校课程	陈扬光	《比较教育研究》1992:2
试析个体化的英国学校课程	陈扬光	《比较教育研究》1993:6
中美英日中小学课程研究	陈扬光	福建教育出版社,1996
英国现代课程论研究	陈扬光	《比较教育研究》1997:3
中外学校道德教育比较研究	朱永康 苏振芳	福建教育出版社,1998
美国中小学评价与绩效制度改革的最新进展	许　明	《比较教育研究》2001:11
美国基础教育课程标准述评	许　明 洪晓莺	《教育研究》2002:3
日本初中和高中教育一贯制改革及其最新进展	杨孔炽	《比较教育研究》2002:6
动态评价的理论基础、主要模式及可用性初探	黄光扬	《比较教育研究》2002:11
中日近现代音乐教育及其改革	周显宝	《高等教育研究》2005:8

（二）教师教育比较研究

《美英两国教师教育的政策与实践研究》（许明，《外国教育研究》2003：12）该文对美国专业发展学校设立的原因、背景、发展状况、标准、作用等进行分析。对英国新教师入职培训制度建立的背景和原因、具体实施以及积极意义等方面进行分析，并介绍英国师范教育新的发展态势。

表7—11　　　　　　　**1992—2005年教师教育比较研究其他成果**

成果名称	作　者	发表刊物（出版社）及时间
英国教师教育的变革趋势	洪　明	《比较教育研究》2003：4
美国教师教育变革与发展的主要趋势	洪　明	《比较教育研究》2003：7
美国教师教育的制度变迁与改革实践	谌启标	《比较教育研究》2003：7
"反思实践"思想及其在教师教育中的争议——来自舍恩、舒尔曼和范斯特马切尔的争论	洪　明	《比较教育研究》2004：10
加拿大教师教育大学化的传统与变革	谌启标	《比较教育研究》2005：11

（三）高等教育比较研究

《美国高等教育课程国际化的历史演进》（谢作栩，《教育研究》1996：6）该文指出，课程国际化是高等教育改革与发展的一个重要方面。美国高等教育在三百多年内迈过欧洲诸国高等教育千百年来所走的道路，其发展经验与教训为世人所关注。论文通过对美国高校课程国际化发展历程的探讨，提出中国要开展高校课程国际化需要加大学习力度，化"洋"为"土"；重视东亚国家的语言训练与区域研究的学科建设；建立法规制度并辅以财力支持。

《日本高等教育与经济发展的关系》（陈武元，《清华大学教育研究》1999：3）该文通过大量的数据和文本资料对日本"高等教育规模与经济发展"、"高等教育结构与经济发展"、"大学毕业生的就业结构与经济发展"以及其他相关因素进行考察并对中国高校发展模式的选择提出建议。

《高等教育质量保障体系的国际比较》（许明，辽宁师范大学出版社，2004）该书从纵横两个方面梳理国际高等教育质量保障体系的经纬走向。在研究对象上，选取美国、英国、日本、俄罗斯、德国、印度、澳大利亚和新西兰等在高等教育质量保障领域方面较为典型的，或在某些方面具有代表性的国家。从不同国别的角度提供国际高等教育质量体系发展与改革的视野。

表 7-12　　　　　　　　**1992—2005 年高等教育比较研究其他成果**

成果名称	作　者	发表刊物及时间
欧共体的"伊拉斯姆斯"计划	方　晓	《比较教育研究》1993:5
高等教育的历史责任——克拉克·科尔《高等教育无法逃避历史责任》述评	邬大光 施晓光	《高等教育研究》1996:1
欧洲高等教育近代化的基本动因分析	黄福涛	《高等教育研究》1996:4
从课程设置看柏林大学的近代意义	黄福涛	《高等教育研究》1996:5
美国高等教育课程国际化的历史演进	谢作栩	《教育研究》1996:6
柏林大学的近代意义浅析	黄福涛	《比较教育研究》1997:1
高等教育改革模式的比较研究	黄福涛	《高等教育研究》1997:3
中美大学学术管理基本特征的比较研究	别敦荣	《高等教育研究》1998:1
欧洲高等教育近代化的类型与道路分析	黄福涛	《高等教育研究》1999:1
日本高等教育大发展时期的政策	陈武元	《高等教育研究》1999:2
日本政府资助私立大学的现状及存在的问题	陈武元	《高等教育研究》1999:4
美日中高校技术转移激励政策比较	翁军奕	《高等教育研究》2000:4
英国终身学习的新变革——"产业大学"的理念与实践	洪　明	《比较教育研究》2001:4
澳大利亚高等教育质量保证机制概述	侯　威 许　明	《比较教育研究》2002:1
新西兰高等教育质量保证机制的新框架	侯　威 许　明	《比较教育研究》2003:1
欧洲高等教育区建设:背景、进程与意义	赵叶珠	《比较教育研究》2003:7
欧洲跨国高等教育的动因、模式与问题	刘　娜 许　明	《比较教育研究》2005:6
20 世纪 90 年代以来英国高等教育质量保障机制的变迁	缪　苗 许　明	《比较教育研究》2005:12

（四）东南亚教育比较研究

《新加坡国立大学》（厦门大学潘懋元、黄建如，湖南教育出版社，1993）该书介绍新加坡国立大学的历史、现状、传统、特色以及其在办校、治学和育人方面的成就和经验，为中国的高等教育改革提供借鉴。

《马来西亚与菲律宾高等教育发展的比较研究》（厦门大学连进军，福建教育出版社，2005）该书采用描述法、统计法、图表法、比较法等方法，描述马来西亚与菲律宾高等教育的发展历程，并对两国高等教育模式的建立、改革和特征进行比较，总结出对中国高等教育发展的有益启示。

表 7—13　　　　　　　**1992—2005 年东南亚教育比较研究其他成果**

成果名称	作　者	发表刊物（出版社）及时间
泰国初中后教育结构剖析	黄建如	《比较教育研究》1992:2
印度、菲律宾、新西兰中小学体育的过去与现在	张争鸣	《比较教育研究》1992:3
"二月革命"后菲律宾高等教育改革	张国才	《比较教育研究》1992:3
泰国、印尼、菲律宾高学历者失业状况的分析	陈武元	《比较教育研究》1992:3
推广初级技术为经济发展服务——菲律宾国立高校的实例	张国才	《比较教育研究》1994:1
菲律宾华文教育的历史演变及其振兴对策初探	吴端阳	《教育研究》1996:2
香港与新加坡高校人才培养共同点的比较研究	俞　平	《比较教育研究》1997:6
20 世纪东南亚高等教育回顾	黄建如	《高等教育研究》2000:3
新加坡高等教育大众化评析	黄建如	《高等教育研究》2001:2

（五）港澳台地区教育比较研究

《战后台湾高等教育与经济发展》（李泽彧、武毅英等，厦门大学出版社，1996）该书论述战后台湾高等教育的迅速发展，及其与台湾经济腾飞的关系，旨在加深对教育外部关系基本规律的认识；为大陆高等教育的改革与发展，尤其是大陆沿海地区研究高等教育发展战略提供参考。

《台港澳高师教育比较研究》（陈笃彬，厦门大学出版社，2002）该书在掌握大量第一手资料的基础上，分别从历史演进、办学模式与管理体制、课程设置、教师在职进修、招生与就业、研究生教育、学术研究、教育实习等方面对台港澳高等师范教育进行探讨。

表 7—14　　　　　　　**1992—2005 年港澳台地区教育比较研究其他成果**

成果名称	作　者	发表刊物（出版社）及时间
台湾的教育机制	武毅英	《教育与经济》1994:3
香港高师教育的办学模式及发展方向	史秋衡	《比较教育研究》1995:5
台湾高等教育与经济发展	李泽彧 武毅英	《教育与经济》1996:3

续表 7—14

成果名称	作 者	发表刊物(出版社)及时间
回顾与展望:九十年代香港高等教育	邬大光	《比较教育研究》1997:3
香港、内地公开进修模式比较研究	史秋衡	《教育研究》1997:11
香港大学管理的取向:向终生学习体系转轨	刘秀明 史秋衡	《教育研究》1999:4
内地与香港高等教育财政比较	武毅英	《比较教育研究》2000:1
加入 WTO 后海峡两岸学历互认的必要性与可行性	武毅英	《比较教育研究》2003:3

(六) 教育信息化、产业化比较研究

《高等教育自学考试比较研究》(厦门大学刘海峰,福建教育出版社,2001)该书对自学考试与全日制普通高等教育、成人高等教育、国外远程开放教育和古代科举考试等进行比较,从比较中分析自学考试的性质、特点与规律,并论述自学考试与终身教育、与高等教育大众化的关系。指出自学考试在学习的开放性、经费投入的经济性、专业设置与学籍管理的灵活性、向广大农村推广等方面,有其特点和优势。

《中外考试制度比较研究》(康乃美、蔡炽昌,华中师范大学出版社,2002)该书介绍中外考试发展的历史,分析考试发展规律和中外考试制度的异同,指出中国今后考试改革的发展趋势。该书根据考试种类的差异介绍世界典型国家的最新动向,探讨考试制度中带有全球共同性的重要课题,力求将考试制度放在不同社会、经济、文化的背景中,重点探讨考试与社会发展的关系。

表 7—15　**1992—2005 年教育信息化、产业化比较研究其他成果**

成果名称	作 者	发表刊物(出版社)及时间
美国中学职业指导的历史考察	黄鸿鸿	《比较教育研究》1992:2
近年来美国考试方法的新探索	王其龙	《比较教育研究》1994:2
国外企业家捐资兴学模式浅析	史秋衡	《教育与经济》1995:4
英国地方教育管理体制的新框架	许 明	《比较教育研究》1996:3
略论国际教育贸易的发展动因、现状和特点	胡晓莺 许 明	《教育研究》1997:1
当前西方国家教育市场化改革述评	许 明 胡晓莺	《教育研究》1998:3
欧美国家教育信息化的现状与趋势	洪 明	《比较教育研究》2002:7
美国扶助薄弱中小学的主要措施	冯宏义 许 明	《比较教育研究》2004:1

第四节　高等教育研究

一、学科建设与学术研究

（一）学科建设

福建省高等教育研究的力量主要集中在厦门大学。自 1988 年厦门大学高等教育学科被列为全国首批 5 个教育学国家重点学科之一后，2002 年，厦门大学高等教育学科再次成为全国唯一的高等教育学国家重点学科。

1996 年，厦门大学高等教育科学研究所高等教育学被列为全国唯一的高等教育学国家"211 工程"重点建设项目，并于 2001 年通过第一期建设国家验收，进入国家"211 工程"重点建设项目第二期建设。2004 年底，教育研究院建立"985 工程"——"中国特色高等教育体系"哲学社会科学创新 I 类基地，成为全国唯一的高等教育研究的国家"985 工程"创新基地。该创新基地重点在"建设有中国特色高等教育体系的战略、中国高等教育体系与运作机制、高等教育体系创新与社会协调发展"等三方面展开攻关研究。

2000 年 1 月，厦门大学高等教育发展研究中心成立，并于 2000 年 9 月被批准为教育部人文社会科学重点研究基地。2004 年，该中心通过教育部第一期基地建设验收，进入第二期建设。

福建师范大学教育科学与技术学院教育学系设有高等教育学硕士点，该校还设有福建省高等学校师资培训中心和教育部高校辅导员研修基地。福建省教育科学研究所、福建省高等教育学会、福建省高等教育研究室等机构的一些研究人员也在研究高等教育。福建省高等教育研究室和福建省高等教育学会合办期刊《福建高教研究》。

（二）学术研究

福建省高等教育研究以高等教育基本理论研究、高等教育经济与管理研究、高等教育大众化研究、高等教育产业化与民办教育研究、高等教育考试研究等为主要方向。

1992—2005 年，福建省高等教育研究学者共获得国家社会科学基金项目 7 项：多学科的高等教育研究（厦门大学潘懋元，2000）、中国高等教育大众化的结构与体系研究（潘懋元，2002）、民办高校产权理论与政策研究（厦门大学邬大光，2002）、中国高等学校学科划分与设置研究（厦门大学王伟廉，2002）、我国巨型大学的管理与组织模式研究（厦门大学李泽彧，2002）、高考录取制度与社会公平的关系研究（厦门大学郑若玲，2002）、高等教育大众化与缩小社会阶层高等教育差异的研究（厦门大学谢作栩，2003）；国家软科学基金项目1项：知识经济时代高等教育产业化的理论与实践（邬大光，1999）；全国教育科学规划课题5项：高考改革与多元招生体制研究（厦门大学刘海峰，2002）、大学生创新能力发展的保障体系及其运行机制研究（厦门大学林金辉，2002）、市场资讯不对称性与高等教育政策框架（厦门大学史秋衡，2002）、考试公平与社会发展——以科举、高考为例（郑若玲，2005）、高校毕业生就业问题的教育学审视（厦门大学武毅英，2003）。教育部人文社会科学项目10项：我国高等教育体制改革研究（邬大光，2000）、中国高等教育大众化的理论与政策研究（潘懋元，2001）、高校招生考试改革研究（刘海峰，2001）、高等学校内部管理的科学化与民主化研究（李泽彧，2002）、知识经济时代高等教育的地位作用与变革（谢作栩，2002）、高校招生考试制度改革的理论与实践研究（刘海峰，2003）、中国现阶段高等教育大众化过程中的重大问题与对策研究（邬大光，2004）、高等教育质量保障体系研究（史秋衡，2004）、高校素质教育与高质量创造型人才培养研究（林金辉，2005）、高等教育大众化与终身教育体系构建（厦门大学王洪才，2005）。

这一时期，共出版论著24部，发表在一类核心期刊上的论文162篇，其中一些成果被《新华文摘》、《中国社会科学文摘》、中国人民大学书报资料中心《高等教育》全文转载。获全国高校人文社会科学研究优秀成果奖4项：《高等教育改革与社会主义市场经济的关系》（第一届二等奖，潘懋元）、《高等学校教学原理与方法》（第二届二等奖，潘懋元）、《潘懋元论高等教育》（第三届二等奖，潘懋元）、《高等学校学科、专业划分与授权问题探讨》（第三届三等奖，王伟廉）。获福建省社会科学优秀成果奖26项：《中国高等教育大众化发展道路的研究》（第五届一等奖，谢作栩）、《对发展民办高等教育若干问题的认识》（第四届一等奖，潘懋元）、《论民办高等教育的地位与作用》（第二届二等奖，厦门大学魏贻通）、《论高等教育大众化的两大走势：国营化与民营化》（第四届二等奖，谢作栩）、《高等教育学》（第五届二等奖，王伟廉主编）、《高等教育产业的特殊性研究》（第五届二等奖，史秋衡）、《我国高等教育大众化的基本特征与政府的责任》（第五届二等奖，邬大光）、《高等教育大众化的理论内涵和概念解析》（第六届二等奖，邬大光）、《福建高等教育结构研究》（第三届三等奖，福建省教育厅叶品樵，福建省教科所傅先庆、方历生、林维建）、《厦门特区高校学生思想政治工作的观察与思考》（第三届三等奖，厦门大学王豪杰、林志成）、《福建高等教育发展研究》（第四届三等奖，福建省教科所傅先庆、林素川）、《高等教育办学模式研究》（第四届三等奖，邬大光、赵婷婷）、《不变与应变及其如何变——我国高等教育思想若干问题》（第四届三等奖，李泽彧）、《我国高等教育财政改革的理论思考》（第四届三等奖，武毅英）、《MBA教育质量控制系列研究》（第五届三等奖，厦门大学章达友）、《高等学校与政府关系的两个问题》（第五届三等奖，李泽彧）、

《关于产学研结合的研究》（第五届三等奖，福州大学石火学）、《从经济学的视角审视高等教育的就业问题》（第五届三等奖，武毅英）、《大众高等教育论》（第六届三等奖，王洪才）、《中国高等教育改革与可持续发展》（第六届三等奖，厦门大学张彤）、《21世纪初高等教育观念与制度创新走向》等5篇（第六届三等奖，福州大学陈兴明、沈斐敏、叶先宝、周加灿）、《科学发展观与高等教育的转型》（第六届三等奖，福建省教科所林素川）、《高等教育学学科建设的基本轨迹及其走向》（第六届三等奖，林金辉）、《关于我国大学排行评价的几点质疑》（第六届三等奖，李泽彧、朱景坤）、《中国大众化高等教育财政政策及其改革问题探讨》（第六届三等奖，厦门大学李建发、郭鹏）、《高等教育的发展阶段学说与制度类型论》（第六届三等奖，厦门大学陈武元译）。

（三）学术会议

1992年5月，中国高等教育学会发展战略研究会、中央教育科学研究所、福建省中外企业家联谊会和福建省教育科学研究所共同主办的高等学校社会服务功能研讨会在福州举行。该次会议围绕扩展高等学校为社会服务功能这个主题，讨论高校与企业合作、高校与高科技发展、高校为地方经济建设服务、高校社会服务功能的发展趋势等议题。

1992年12月，中国高等教育学会、福建省高等教育学会、厦门大学高等教育科学研究所联合举办的全国高等教育学科建设研讨会在厦门大学召开，45位专家学者与会。会议围绕高等教育学的学科性质、学科体系、如何把理论转化为实践的中介环节等问题展开讨论。

2001年9月，厦门大学高等教育发展研究中心主办的中国高等教育大众化理论与政策学术研讨会在厦门大学召开，联合国教科文组织、日本和中国内地、香港地区的专家学者共80余人参加会议。会议讨论高等教育大众化的理论与政策、大众高等教育的体系及经费来源、高等教育大众化的发展速度以及高等教育大众化的跨国比较等问题。

2002年9月，厦门大学高等教育发展研究中心举办的"公平与效率：21世纪高等教育"国际学术研讨会在厦门大学召开。美国、俄罗斯、印度、澳大利亚等国和中国大陆、台湾、香港的专家学者共150余人参加会议。会议讨论公平与效率的关系，高等教育扩招带来的公平与效率，高考改革中的公平与效率，高等教育分流、分层与高等教育公平等问题。

2003年12月，厦门大学高等教育发展研究中心和香港大学华正中国教育研究中心联合举办的中华高等教育改革国际学术研讨会在厦门大学召开。美国、俄罗斯、英国、澳大利亚、德国等13个国家和地区的大学领导、专家学者共150余人参加会议。会议讨论高等教育体制改革、高等教育招生体制比较、高等教育课程与教学比较等问题。

2004年11月，厦门大学高等教育发展研究中心与苏州大学教育学院联合举办的高等教育与社会发展学术研讨会在苏州召开，全国 120 多位学者与会，提交论文 90 余篇。会议围绕高等教育发展战略与社会发展、社会经济发展形态变迁与高等教育体系结构的改革、研究型大学与提升国家核心竞争力、高校招生与就业改革研究、高等教育大众化与农村人口转移等问题，进行探讨。

二、主要学术成果

（一）高等教育原理研究

《关于高等教育学科建设的若干问题》（潘懋元，《高等教育研究》1993：2）该文着重探讨高等教育学的学科性质，高等教育学的研究对象、范围与重点，高等教育科学与高等教育学体系，以及高等教育理论研究的方法与价值等问题。

《试论高等教育思想中的基本理论问题》（王伟廉，《教育研究》1994：7）该文指出，高等教育思想中的基本理论问题可划分为五个主要矛盾，即社会导向与学术导向的矛盾、个人需要与社会需要的矛盾、一致性与多样性的矛盾、现代化与传统的矛盾、依附性与独立性的矛盾。认识和把握这些矛盾的规律性和特点，有助于高等教育在不同时期和不同条件下做出最佳选择。

《高等教育的基本功能：文化选择与创造》（潘懋元、朱国仁，《高等教育研究》1995：1）该文讨论文化及其传统对高等教育改革与发展的影响，提出三个基本论点：高等教育对文化选择的作用比其他教育更为深远；对文化的批判与创造是高等教育对文化反作用的突出表现；办学民主与学术自由是高等教育进行文化选择和创造的必备条件。

《高等教育学科建设的回顾与前瞻》（潘懋元，《高等教育研究》1995：3）该文指出中国高等教育学理论，要立足社会主义的中国，也要面向世界，面向未来，要使中国的高等教育学，能够在世界高等教育理论领域以其特色而形成有影响力的学派，以与西方某些高等教育理论比高低、争长短，能为世界高等教育理论的发展做出贡献。中国悠久的文化传统和世界瞩目的现代化建设成就，盛大的高等教育阵容，庞大的高等教育科学研究队伍是建立中国高等教育理论学派的重要条件。

《新编高等教育学》（潘懋元，北京师范大学出版社，1996）该书在 1984 年出版的原《高等教育学》的基础上增删一些内容，减少高等教育管理、高等教育史、比较高等教育等已经作为分支学科独立的部分，增加高等教育的结构、研究生教育与成人高等教育、高等学校的社会服务、高等学校的校园文化等章节。

《传统文化与中国高等教育》（厦门大学刘海峰，《教育研究》1996：11）该文指出，文化与高等教育的关系是一种潜在的、深层次的联系。比起经济和政治因素来，文化对高等教育的制约影响迟缓且不明显，然而较为久远和深刻。中国高等教育不仅仅是经济形态的产物，也无法仅用政治体制的制约来解释，还应探寻较为深隐的传统文化因素。

《知识经济及其对高等教育的挑战》（武毅英，《教育研究》1999：6）该文从知识经济的本质特征出发，认为知识经济对高等教育的影响主要表现在对"知识边缘说"、对"知识创新"、对高等教育"社会经济功能"以及对"人力资本观"的影响等几个方面。

《发挥大学中心作用　促进知识经济发展》（潘懋元、刘振天，《教育研究》1999：6）该文提出，在知识经济时代大学必然走进经济社会的中心，21世纪中国发展知识经济必须依靠大学的力量，因此要积极创造条件，确保大学中心作用的充分发挥。

《高等教育学》（王伟廉，福建教育出版社，2001）该书以高校课程与教学活动为逻辑起点讨论高等教育相关问题，对高等教育学科建设提供新的研究角度。既保留高等教育原有的内容体系，又进行适当的延伸。

《多学科观点的高等教育研究》（潘懋元，厦门大学出版社，2001）该书提出，高等教育是一个复杂的、多层结构的开放系统，必须从不同的学科观点，运用不同的学科方法，才能比较全面地理解高等教育，掌握高等教育的内外部关系规律。为此，该书运用史学的观点、哲学的观点、心理学的观点、文化学的观点、科学学的观点、经济学的观点、社会学的观点、政治学的观点、管理学的观点、系统科学的观点、比较教育学的观点，对高等教育进行新颖的解读，提出相互区别、互补的高等教育观点。

《高等教育学学科建设的基本轨迹及其走向》（林金辉，《教育研究》2003：2）该文对高等教育学学科的发展脉络进行分析；提出应从全局上把握高等教育学的基本走向，在加强理论建设的过程中逐步建立和完善高等教育学的理论体系；在理论联系实际的过程中建设和发展高等教育学学科等观点。

表7-16　　　　　**1992—2005年高等教育原理研究其他成果**

成果名称	作　者	发表刊物（出版社）及时间
关于高等教育与社会主义市场经济关系讨论之回顾	朱国仁	《高等教育研究》1993：4
加强高等教育基本理论的研究工作	潘懋元	《高等教育研究》1994：1
教育科学研究应怎样有效地为政治服务？	张　燮	《高等教育研究》1994：3
高等教育学	潘懋元 王伟廉	福建教育出版社，1995
个人与文化：高校社会职能的两个出发点	邓耀彩	《高等教育研究》1995：1
高等教育学科建设的回顾与前瞻	潘懋元	《高等教育研究》1995：3
论科学教育与人文教育的整合	张应强	《高等教育研究》1995：3
试述潘懋元先生的学术思想体系	杨广云	《高等教育研究》1996：2

续表 7—16

成果名称	作　者	发表刊物(出版社)及时间
论传统文化与高等教育改革	张应强	《高等教育研究》1996:3
中国高等教育改革的前瞻性理论——潘懋元学术思想研究之二	杨广云	《高等教育研究》1996:4
文化传统与高校教学改革	王伟廉	《教育研究》1996:11
文化整合:现代高等教育的功能	朱国仁	《教育研究》1996:11
文化选择在高等教育中的地位和作用	何云坤	《教育研究》1996:11
谈谈高等教育与文化的关系	黄福涛	《教育研究》1996:11
高等教育研究的文化视野	张应强	《教育研究》1996:11
全面深入地认识教育的文化功能	潘懋元	《教育研究》1996:11
高等教育与普通教育社会功能形成之比较	赵婷婷	《高等教育研究》1997:1
可持续发展与高等教育改革(博士论坛)	潘懋元等	《高等教育研究》1997:1
高等教育理论研究必须更好地为实践服务	潘懋元	《高等教育研究》1997:4
大学教学论体系的构建——潘懋元学术思想研究之三	杨广云	《高等教育研究》1997:5
高等教育研究在中国发展的轨迹——为《高等教育研究在中国》(英文级)而作	潘懋元	《高等教育研究》1998:1
走向 21 世纪高等教育思想的转变	潘懋元	《高等教育研究》1999:1
"两难问题"与高等教育思想转变	王伟廉	《高等教育研究》1999:2
略论高等教育学的繁荣	柯佑祥	《高等教育研究》1999:3
关于高等教育学术性、职业性问题的思考	田建荣	《厦门大学学报》(哲学社会科学版)1999:3
大学批判精神探析	赵婷婷 邬大光	《高等教育研究》2000:2
论大学理想与社会现实需要的矛盾	赵婷婷 潘懋元 邬大光	《高等教育研究》2000:3
走向世界:21 世纪中国高等教育研究的选择	李　均	《高等教育研究》2002:6
多学科研究与高等教育学学科建设	王建华	《高等教育研究》2003:2
从实践的视角看高等教育研究应如何创新	王伟廉	《教育研究》2003:3
在借鉴与依附之间——对中国高等教育研究的反思	林　莉	《高等教育研究》2004:2
高等教育多学科研究中的一些认识问题	吴　玫	《高等教育研究》2004:2
知识经济与高等教育的相关性探析	付八军	《高等教育研究》2005:3

（二）高等教育大众化研究

《论高等教育大众化的两大走势：国营化与民营化》（谢作栩，《黄河科技大学学报》1999：3）该文通过考察诸多发达国家和发展中国家高等教育大众化进程中公、民办高等教育的构成演变，对国营化和民营化的作用及适应性进行分析，认为走高等教育民营化道路是包括中国在内的发展中国家的明智抉择。

《20世纪下半叶中国高等教育规模发展波动研究——兼21世纪初高等教育发展预测》（谢作栩、黄荣坦，《教育研究》2000：10）该文对中国50年来高等教育规模扩张过程的波动周期、振幅和发展趋势进行探讨，分析高等教育规模发展波动与经济波动的关系，对今后10年的扩张趋势进行预测。

《中国高等教育大众化发展道路的研究》（谢作栩，福建教育出版社，2001）该书从高等教育大众化的"价值取向"、"结构体系"、"财力"、"发展速度"四个方面进行研究，考察最先迈入大众化教育阶段的欧美发展国家的理论学说，尤其对马丁·特罗的理论框架及发展过程进行分析介绍，通过经验教训的总结，归纳出具有普遍意义的共同特征；该书还考察中国发展高等教育大众化的历程，分析当今中国高教大众化的现实基础，探讨发展方向、体系结构、经费来源、规模和速度。

《世纪之交中国高等教育办学模式的变化与走向》（潘懋元、邬大光，《教育研究》2001：3）该文从宏观高等教育系统出发，总结中国高等教育在办学体制、投资体制和管理体制上的变革以及变革中存在的突出问题，指出其中办学体制是关键，而办学体制改革的关键是超越各级政府既是管理者又是举办者的观念，必须形成多元化的办学体制。

《我国高等教育大众化的基本特征与政府的责任》（邬大光，《教育研究》2002：3）该文在比较中西方高教大众化进程基础上，提出中国高教大众化进程中值得注意的政策取向，如采取多样化的办学体制、多样化的融资策略以及成本分担的教育政策，推动政府加大教育投入，加强重点建设，减轻受教育者负担，确保教育公平等。

《高等教育大众化的理论内涵和概念解析》（邬大光，《教育研究》2004：9）该文审视高等教育大众化的内涵，认为其实质是关于高等教育规模扩张的理论，理论根基和研究范畴属于教育民主化的理论体系，高等教育大众化的许多问题需用市场的方式解决。

表7—17　　　　　**1992—2005年高等教育大众化研究其他成果**

成果名称	作　者	发表刊物（出版社）及时间
不宜盲目扩大我国高等教育发展规模	刘少雪	《高等教育研究》1998：1
高等教育大众化笔谈：办学力量消长与演变	谢作栩	《有色金属高教研究》1999：1
高等教育大众化笔谈：中国高等教育大众化之路	潘懋元	《有色金属高教研究》1999：1

续表 7—17

成果名称	作　者	发表刊物（出版社）及时间
试论我国高等教育发展的潜力	唐德海	《高等教育研究》1999：5
试论从精英到大众高等教育的"过渡阶段"	潘懋元 谢作栩	《高等教育研究》2001：2
走向大众化时代的高等教育质量——在全国高等教育学研究会第六届学术年会开幕式上的发言	潘懋元	《高等教育研究》2001：4
中国高等教育大众化的理论与政策	潘懋元	《高等教育研究》2001：6
高等教育大众化理论的内涵与价值——与马丁·特罗教授的对话	邬大光	《高等教育研究》2003：6
大众化阶段的精英教育	潘懋元	《高等教育研究》2003：6
中国高等教育大众化问题研究	邬大光	高等教育出版社，2004
高等教育大众化的理论与政策	潘懋元	福建教育出版社，2004
中国高等教育规模发展宏观调控模型研究	谢作栩 黄荣坦	《高等教育研究》2004：6
精英高等教育与大众高等教育：两个体系的解读	邹晓平	《高等教育研究》2005：7

（三）高等教育产业化与民办高等教育研究

《对发展民办高等教育若干问题的认识》（潘懋元，《中国高等教育》1999：1）该文提出，应明确定位民办高等教育为中国高等教育事业的"重要组成部分"，适当调整民办高教的限制性规定；认为积极发展民办高教是实现高等教育大众化的必由之路，民办高教能否顺利发展，产业化是关键所在；指出对民办高校的办学质量应有一个公正的辩证的态度，尽快建立健全发展民办高等教育的法规。

《关于高等教育产业属性的理论思考》（邬大光、柯佑祥，《教育研究》2000：6）该文分析高等教育的产业属性以及高等教育产业化的过程，认为产业化的意义是使高等教育发展建立在有效的供给和需求基础之上，高等教育产业发展面临的最主要的问题是高等教育产业性与公益性的冲突，需要政府采取有力措施，保证两者之间关系的协调。

《高等教育产业理念比较及匡正》（史秋衡，《高等教育研究》2001：3）该文通过对高等教育产业理念的起源、内涵及基本方式的分析，指出在引进国外高等教育产业理念的时候必须经过匡正和完善，但依然肯定产业化是中国高等教育发展的必由之路。

《**高等教育产业的特殊性研究**》（史秋衡，厦门大学出版社，2002）该书以高等教育产业为研究对象，将研究目的定位于引入企业效率观建立现代大学制度，从理论基础、社会基础和内在要求三个方面进行研究，分析教育产业化与非产业化的关系，以及实现高教产业化的条件、途径和策略，并对中国高等教育产业化道路的客观性和基本政策框架提出个人看法。

《**民办高校产权制度改革的若干问题**》（潘懋元、胡赤弟，《教育研究》2002：1）该文指出，民办高校产权问题是随民办教育事业的发展而产生的，有些产权关系还与现行的管理制度和法律规范存在不一致的地方，因此产生产权不明、归属不清等现象。这是发展民办高等教育所必须面对的问题。该文从产权的视角探讨中国高等教育体制改革的深层次问题，具体从教育主权与学校产权，产权与立法，产权与行政权、自主权的辨析等方面探讨学校产权制度的改革和当前民办高校产权问题的解决途径。

《**民办高等教育与资本市场的联姻——国际经验与我国的道路选择**》（邬大光，《教育研究》2003：12）该文指出，高等教育进入资本市场是国际高等教育发展的一种新动向，要推进中国民办高等教育的可持续发展，就必须为中国民办高等教育介入资本市场提供制度和法律上的空间，使民办高等教育机构与资本市场进行实质性联姻。

表 7—18　　**1992—2005 年高等教育产业化与民办高等教育研究其他成果**

成果名称	作者	发表刊物（出版社）及时间
民办高等教育与所有制关系辨析	樊安群	《高等教育研究》1993：1
企业家与高等教育	史秋衡 王廷芳 武毅英	厦门大学出版社，1995
立法——私立高等教育发展的保障	潘懋元 魏贻通	《高等教育研究》1996：1
21 世纪民办高等教育的使命	邬大光	《高等教育研究》1999：4
师资队伍建设：民办高校发展的根基	史秋衡	《高等教育研究》1999：4
民办高等教育的盈利问题	柯佑祥	《高等教育研究》1999：4
民办高等教育质量观的匡正	唐德海	《高等教育研究》1999：4
从"拾遗补缺"到"重要组成部分"	张　彤	《高等教育研究》1999：4
西部大开发与现代民办大学制度的建立	史秋衡	《高等教育研究》2002：4
浙江万里学院——一种第三部门高等学校的范例	潘懋元 邬大光 高新发	《高等教育研究》2002：4

续表 7—18

成果名称	作　者	发表刊物（出版社）及时间
论高等教育产业化趋势	史秋衡	《厦门大学学报》（哲学社会科学版）2002：5
人文万里　以生为本——试析浙江万里学院的办学理念	高晓杰　潘懋元	《教育研究》2003：11
我国民办高校专业设置的现状、问题及对策	万建明	《高等教育研究》2005：3

（四）高考改革相关问题研究

《高考改革中的全局观》（刘海峰，《教育研究》2002：2）该文指出，高考中存在检测能力与公平客观的矛盾、灵活多样与简便易行的矛盾、扩大自主与公平选才的矛盾、考出特色与经济高效的矛盾，提出应把握全局观，对一些两难问题兼顾两端，掌握平衡点，避免矫枉过正；在坚持统一高考的大格局下，为兼顾多样性，可考虑采用两次高考模式。

《高考改革中的公平与效率问题》（刘海峰，《教育研究》2002：12）该文通过历史考察分析中国古代考试选才中的公平与效率观念，提出当今高考改革的发展趋势是从效率优先走向公平优先，继而走向公平与效率，兼顾与平衡。

《论西部地区的"高考移民"问题——兼论科举时代的"冒籍"现象》（刘海峰、樊本富，《教育研究》2004：10）该文对"高考移民"现象进行分析，认为"高考移民"问题存在的主要原因是目前高考录取制度中存在的高考分数差和不同的录取率，在考试公平与区域公平之间存在两难选择，高考实行分省区定额录取的模式，虽有违自由竞争原则，但仍有其合理性。

《"高考改革：完善制度、依法治考、凸显公平、走向多样"笔谈》（刘海峰、张亚群、郑若玲，《教育研究》2005：3）该文为 3 人笔谈。其中，刘海峰在《高考改革何去何从》中提出，应当建立以统考为主的多元招生考试制度，在考试组织形式、考试内容、考试层次和考试时间等方面从统一走向多样；张亚群在《高校自主招生不等于自行考试》中提出高考改革的根本取向不是以高校单独考试取代全国统一考试，而是增加统一考试的类型，强化其针对性和适应性；郑若玲在《高考改革必须凸显公平》中指出，确保教育机会公平是高考改革的第一要义。

表 7—19　　**1992—2005 年高考改革相关问题研究其他成果**

成果名称	作　者	发表刊物（出版社）及时间
论科举的高等教育考试性质	刘海峰	《高等教育研究》1994：2
高考并非"一试定终身"	刘海峰	《高等教育研究》1997：5
在理想与现实之间——三论坚持统一高考	刘海峰	《高等教育研究》1998：2

续表 7—19

成果名称	作　者	发表刊物（出版社）及时间
中国自学考试学分制研究	康乃美等	高等教育出版社,1999
自学考试是中国高等教育大众化的重要途径	刘海峰 郑若玲	《高等教育研究》1999:5
高考存废与科举存废	刘海峰	《高等教育研究》2000:2
高考改革中的两难问题	刘海峰	《高等教育研究》2000:3
高考竞争与科目改革	郑若玲	《高等教育研究》2000:4
考试公平与区域公平:高考录取中的两难选择	郑若玲	《高等教育研究》2001:6
以考促学:高等教育考试的功能与影响	刘海峰	《厦门大学学报》(哲学社会科学版)2002:2
高等教育自学考试的互补效应	张亚群	《厦门大学学报》(哲学社会科学版)2002:2
试析高考的指挥棒作用	郑若玲	《厦门大学学报》(哲学社会科学版)2002:2
高考改革的教育与社会视角	刘海峰	《高等教育研究》2002:5
高考改革:历史与现实的思考	郑若玲 杨旭东	《厦门大学学报》(哲学社会科学版)2003:1
传统文化与两岸大学招考改革	刘海峰	《高等教育研究》2004:2
自学考试制度研究	康乃美 潘懋元	《高等教育研究》2005:2

（五）高等教育经济与管理研究

《对高校经费管理的若干思考》（史秋衡,《高等教育研究》1992:3）该文提出,高校经费管理的基本原则是动力性原则、效益性原则、规范化原则和协调性原则。

《高等教育改革与市场经济的关系》（潘懋元,《中国高等教育》1992:11）该文指出,近年来,经济体制改革步伐加快,市场经济发展,对高等教育的冲击尤为激烈。面对冲击,教育管理部门以及各高等学校在制定对策过程中必须考虑理论依据和现实条件,文章从高等教育管理体制改革、学历教育与继续教育、高等教育地方化、建立民办高等教育体制等方面具体论述高等教育如何应对市场经济冲击。

《运用市场机制　促进高校管理体制改革》（厦门大学卓越,《教育研究》2000:7）该文从公共选择理论出发,认为教育作为公共管理最重要的领域应当引入市场机制,明确市场取向,提高服务效能;作者从如何运用市场交易机制、市场选择机制、市场竞争机制、市场配置机制和市场核算机制五个方面论述促进高校管理体制改革的具体方略。

《第三部门视野中的高等教育》（邬大光、王建华，《高等教育研究》2002：2）该文指出现有的高等教育改革还在沿着第一部门、第二部门的思路进行，因此困境也在政府与市场之间摇摆，从第三部门审视高等教育，彰显高等教育机构之非营利性社团法人的属性，有助于解决现有危机。

《高等学校产权分析》（史秋衡、宁顺兰，《教育与经济》2002：4）该文论述明确高校产权的意义和作用，界定公办高校和民办高校（包含公有民营和完全民办两类）的产权，提出将产权理论引入高校要注意的几点问题，即坚持教育主权的独立、关注高校产权的公益性，以及处理好产权利益与学术利益的矛盾。

《一流大学与排行榜》（潘懋元，《求是》2002：5）该文指出，一所大学的社会地位和学术声望不是排行榜排出来的，而是在历史与现实中形成的；提出三项社会共识标准，即有卓越的办学理念和办学实践、形成自己的特色；有社会公认的大师级教师；毕业生整体素质高于一般大学，有一批在各个领域有突出贡献的校友。

《从第一部门到第三部门——论我国公办高等学校转型的制度选择》（厦门大学高新发，《教育研究》2002：10）该文指出在计划体制向市场体制转型和加入WTO的过程中，中国公办高等学校作为第一部门组织在政府体制中运作的社会经济基础已经丧失，比较可行的方向选择是转向第三部门领域。

《院校合并、升格与发展中的更名问题》（刘海峰，《高等教育研究》2005：11）该文指出院校更名问题既牵涉高等学校的层次定位、科类结构、区域布局等问题，也关系许多高等学校历史渊源的追溯、稀缺"校名资源"的使用等问题。院校更名应遵循名实相符原则、稳定性原则、可持续发展原则、尊重历史兼顾现实原则、不使用当代人名作校名原则。

《转变政府调控方式　优化高校分层分类》（史秋衡、冯典，《高等教育研究》2005：12）该文提出，综合性研究型大学在资源支持和发展空间上占有绝对优势，同时又存在学科盲目扩张和资源粗放利用的弊病，只有改变当前教育资源的行政链式配置方式，才可能从根本上解决高校"升格"热和分层、分类混乱问题。

表7—20　　**1992—2005 年高等教育经济与管理研究其他成果**

成果名称	作　者	发表刊物（出版社）及时间
高校管理研究的心理学视角	陈　民 张　燮	《高等教育研究》1992：2
从全国房改的大气候看委属高校住房制度的改革	黄国石	《厦门大学学报》（哲学社会科学版）1992：4

续表 7—20

成果名称	作 者	发表刊物（出版社）及时间
市场经济的冲击与高等教育的抉择	潘懋元	《求是》1993:10
关于高校住房商品化改革的思考	黄国石	《厦门大学学报》（哲学社会科学版）1994:2
高校应当确立"教学改革为本"的思想	王伟廉	《高等教育研究》1994:4
中国高校不宜推行"宽进严出"	刘海峰 李 均	《高等教育研究》1996:3
谈谈高等学校财务管理的难点和对策	卢启鐩	《厦门大学学报》（哲学社会科学版）1996:4
办学体制:深化高教体制改革的关键	邬大光	《高等教育研究》1998:2
"英才教育情结"与高教结构改革	王伟廉	《高等教育研究》1998:3
中国大学科技体制改革研究	吴 岩	《高等教育研究》1998:5
大学基础课教师职称评定的误区与出路	魏 光 廖代伟	《高等教育研究》1998:5
试论高等教育管理、办学与投资体制改革的相关性	邬大光	《高等教育研究》1999:2
论高校内部管理体制改革的症结	胡弼成	《高等教育研究》2000:5
高校学费与学生资助政策研究	王康平 潘懋元	《高等教育研究》2001:1
大学城的功能与模式	潘懋元 高新发 胡赤弟 张慧洁	《高等教育研究》2002:2
新世纪我国高等教育的质量观	武毅英	《厦门大学学报》（哲学社会科学版）2002:4
诚信:解决高等教育公平与效率矛盾的一个新视角	史秋衡 王德林 黄亚元	《科学学与科学技术管理》2002:11
大学的知识管理	洪艺敏	《厦门大学学报》（哲学社会科学版）2003:1
危机与转机:WTO 视野中的中国高等教育	邬大光 林 莉	厦门大学出版社,2004
中国高等教育发展的宁波模式:博士论文篇	潘懋元	浙江人民出版社,2004

续表 7-20

成果名称	作　者	发表刊物(出版社)及时间
高等教育评估	史秋衡 余舰等	贵州教育出版社,2004
巨型大学组织变革	张慧洁 潘懋元	《高等教育研究》2004:2
从宏观政策层面看我国高等教育经费的筹措与配置	李建发	《高等教育研究》2004:5
高等学校校长的新观念——从职务校长到职业校长	游淑芬	《高等教育研究》2004:6
中国高等院校成本行为研究	陈上仁 邬大光	《高等教育研究》2005:2
我国高校新校区办学定位的意义与类型	李泽彧 姚加惠	《厦门大学学报》(哲学社会科学版)2005:5
现代大学的科层管理及其改造	姚加惠	《高等教育研究》2005:6

（六）其他领域研究

《高等学校学科、专业划分与授权问题探讨》（王伟廉,《高等教育研究》2000：3）该文指出，中国高校把知识人为划分为学科、专业的做法有很多弊端，已经成为实施创新工程和科教兴国战略的大碍，因此必须使学科、专业的划分和授权有一定的规范，须通过建立相应的评价体制和监督保障机制来实现。

《高校创造教育的目标体系及其分层细化》（林金辉,《教育研究》2005：10）该文提出，高校创造教育的目标体系包含认知目标系统和人格目标系统，并对这两个系统分别进行分层细化。这种细化可使创造教育目标具体化，增强可操作性，在一定程度上克服创造教育目标缺失或偏离的现象。

表 7-21　　**1992—2005 年高等教育其他领域研究其他成果**

成果名称	作　者	发表刊物(出版社)及时间
大学生专业定向初探	张治库	《高等教育研究》1992:4
文化传统对中国学生外语学习心理的影响	黄晓红	《高等教育研究》1992:4
论大学本科层次税收专业人才的培养	杨　斌	《高等教育研究》1993:4
对高校课程与社会发展需要之间关系的认识	王伟廉	《高等教育研究》1995:4
改进高校德育工作的两个问题——《社会主义市场经济与高等学校德育建设》序	潘懋元	《高等教育研究》1996:2

续表 7—21

成果名称	作　者	发表刊物（出版社）及时间
总结交流经验　加强高等教育学科研究生培养工作	潘懋元	《高等教育研究》1997:2
高等美术教育中的科学精神	洪瑞生	《高等教育研究》1997:6
华文教育与中华优秀传统文化现代价值的彰显	潘懋元 张应强	《高等教育研究》1998:3
大学生素质教育的特点及其实施之我见	李泽彧	《高等教育研究》1998:5
高等教育通向农村研究	高耀明	《高等教育研究》1998:5
论大学校园文化及其对大学生素质的影响	邱邑亮	《高等教育研究》1998:5
我国女性高等教育入学机会差异性的个案研究	王香丽	《高等教育研究》1998:5
从大学与社会的矛盾看教学与科研的关系	赵婷婷	《高等教育研究》1999:2
关于综合性高等院校办师范的探讨	刘承波	《高等教育研究》2000:4
MBA 教育模式中的个性与共性	章达友	《高等教育研究》2000:6
试论高校教学对科研的促进作用	王伟廉	《高等教育研究》2001:1
人才知识、能力结构中广度与深度关系研究	王伟廉	《高等教育研究》2001:4
大学生对职业的评价及分析	胡　荣	《厦门大学学报》（哲学社会科学版）2003:6
课程与教学视野中的大学教师研究	张艳辉 王伟廉	《高等教育研究》2005:2
教师教育学术性与职业性融合的理念和策略	李建辉	《高等教育研究》2005:8

第五节　基础教育研究

一、学科建设与学术研究

（一）学科建设

改革开放后，福建省的基础教育研究逐步恢复并发展。福建省中学教育研究会主要从事中学教育基础理论的研究。福建省小学教育研究会主要开展小学基础教育、教学研究。

福建师范大学是全省最早从事课程与教学论研究的单位，1987年开始挂靠教育学原理硕士点招收教学论和课程论方向的硕士研究生。各学科课程与教学论（原名学科教材教法、学科教育学）也分别挂靠各学院相关学科招收硕士生。2000年教育部批准福建师范大学成立基础教育课程研究中心，把原来分散于各院系的课程与教学论学科的人员整合到课程研究中心，2003年，该中心获批为硕士点。福建师范大学教育科学与技术学院积极参与国家新一轮基础教育课程改革研究，取得系列成果。

2003年，厦门大学高等教育研究所成为课程与教学论的硕士授权单位，开始培养研究生。此外，漳州师范学院教育科学与技术系拥有本科专业小学教育学及课程与教学的硕士点；集美大学教师教育学院设有小学教育本科专业及小学教育函授本科专业；泉州师范学院教育科学学院设有小学教育本科专业，建立课程与教学论教研室；三明学院教师教育系和武夷学院的人文与教师教育学院设有小学教育本科专业。

（二）学术研究

福建省基础教育研究（含课程与教学论）形成以课程与教学论为中心，包括教育评价、学科教育等方面内容的研究框架，其主要研究方向包括基础教育课程研究、基础教育教学研究、考试与教育评价、学科教学研究以及其他领域。1992—2005年，福建省基础教育学界在国家级和省级正式刊物上发表一批论文。发表在一类核心期刊《教育研究》上13篇，另有多篇论文发表在《课程·教材·教法》、《人民教育》、《教育研究与实验》等核心期刊上。承担全国教育规划项目6项：中学阶段通过数学课程进行科学方法教育的实验研究（福建师范大学卢正勇，1992）、中学数学自主学习的实验研究（福建师范大学余文森，1996）、中小学音乐教育发展与高师音乐教育专业教育教学改革（福建师范大学王耀华，2001）、新课程标准与语文教育教改研究（福建师范大学潘新和，2001）、中国学校教育突出培养学生创新精神与实践能力的保障系统研究（福建师范大学黄光扬，2002）、课程实施过程专业与支持（余文森，2002）；教育部人文社会科学重点项目1项：基础教育学生课业考评改革研究（黄光扬，1996）。

这一时期，福建省基础教育学界获福建省社会科学优秀成果奖38项：《艺术教育学》（第二届二等奖，厦门大学魏传义）、《课程研究领域的探索》（第二届二等奖，厦门大学王伟廉）、《辅导员和孩子们》（第二届二等奖，莆田涵江实验小学叶宏新）、《小学生不同课堂情境的成就归因及再归因训练》（第二届二等奖，厦门市教育科学研究所胡胜利）、《对中小学教师队伍建设的几点认识》（第二届三等奖，厦门市委党校林志渥、黄菊美）、《论智力开发》（第二届三等奖，诏安一中谢绍美）、《学生作文能力的内涵及其训练问题》（第二届三等奖，福建师范大学戴永寿）、《GBE4000词》（第二届三等奖，厦门大学杨信彰、林立）、《英语从属句详解》（第二届三等奖，厦门大学郭绥龙）、《教育研究中的"中介"问题探讨——兼谈课程编制的中介作用》（第三届二等奖，王伟廉）、《福建省中学数学三项教改实验评介》（第三届三等奖，福建师范大学王永、余文森）、《孔子德育思想研究》（第三届三等奖，福建师范大学柯远扬）、《关于普及九年义务教育若干问题的思考》（第三届三等奖，福建省教育委员会王豫生）、《厦门教育之城规划及其研究》（第三届三等奖，厦门市教科所）、《邓小平同志的系统观与教育改革》（第三届三等奖，福建师范大学林嘉声）、《潜心研究课堂教学》（第三届三等奖，福州市乌山小学陈明）、《中国现代写作教育史》（第四届二等奖，潘新和）、《让学生发挥自学潜能、让课堂焕发生命活力——福建省中小学"指导——自主学习"教改实验研究总结》（第四届三等奖，余文森、王永、张文质）、《基础教育学生课业考评改革研究》（第四届三等奖，黄光扬）、《福建省中小学道德教育发展对策的研究报告》（第四届三等奖，福建省教育委员会宣传教育处、福建省教育科学研究所、基础教育研究室）（课题负责人：江声树，执笔：林斯坦）、《走进新课程》（第二、四章）（第五届一等奖，余文森）、《中小学公民素质教育国际比较》（第五届二等奖，福建师范大学吴文侃、黄仁贤）、《教育测量与评价》（第五届二等奖，黄光扬）、《福建省实施"科教兴省"战略的监测与评估研究》（第五届二等奖，福州大学课题组）、《中外考试制度比较研究》（第五届二等奖，福建广播电视大学康乃美、蔡炽昌等）、《"教学与发展"问题的教学论思考与实践性探索》（第五届三等奖，余文森）、《MBA教育质量控制系列研究》（第五届三等奖，厦门大学章达友）、《教育创新的求索》（第五届三等奖，福建省高教研究室傅先庆）、《混沌阅读》（第五届三等奖，福建师范大学赖瑞云）、《地理教育学》（第五届三等奖，福建师范大学袁书琪）、《点击学校课程——走在十字路口的科学教育》（第五届三等奖，集美大学刘德华）、《中国语文教育史论系列研究》（第五届三等奖，潘新和）、《论以校为本的教学研究》（第六届一等奖，余文森）、《从整合世界观到全人教育——理论与实践》（第六届三等奖，厦门大学范怡红）、《科学教育的人文价值》（第六届三等奖，刘德华）、《中国泉州南音教程》（第六届三等奖，泉州师院王珊、王丹丹）、《"关于基础教育考试评价改革若干问题的探讨"等4篇》（第六届三等奖，黄光扬）、《素质教育与体育专业教育实习》（第六届三等奖，集美大学陈少坚、兰润生）。

（三）学术会议

1992年12月，福建省教育学会1992年学术讨论会暨第二届中青年教育理论工作者学术研讨会在宁德市举行，福建省教育学会领导、部分地市学会负责人、宁德地区教育局、教育学院领导及论文作者共35人出席。大会收到论文23篇。会议围绕教育如何根据党的十四大精神、深化教育改革展开讨论。

1993年3月，福建省教育学会加强县区学会建设研讨会在福州市仓山区召开，全省地市县区的基层学会干部近 60 人参加会议。

1994 年 6 月，福建省教育科研工作座谈会在平潭县召开，福建各地市教育科学研究所（室）负责人和教育学会负责人出席座谈会。20 余位与会者分别介绍各地开展教育科研的经验，探讨健全科研机构、建立科研网络、加强科研协作的途径。同时，就落实教育科研地位问题提出意见。

2002 年 3 月，教育部师范司主办，北京师范大学发展心理研究所承办的第三届中国教师教育国际研讨会在厦门召开，会议主题为"新世纪教育与教师专业化"。研讨会邀请来自美国、英国、新加坡等国家和地区的有关专家到会做报告，并对与会教师进行指导。

2002 年 12 月，中国教育学会第 15 次全国学术讨论会在福建省福州市举行。全国的近 200 名专家学者就教师专业化的理论探索、教师专业化的政策措施、教师专业化的实践、师范教育改革和教师专业化等相关问题展开讨论。

2002 年 12 月，福建省课改实验学术研讨会在福建教育学院召开，全省 23 个课改实验区的教育行政部门负责人、校长、教师代表约 100 多人参加。

2003 年 11 月，中国教育学会物理教学专业委员会年会在福州市举行。参加会议的代表共 180 多人。年会的主题是"规范科研行为、培养科研骨干、提高科研质量"。大会采用互动的方式，研讨和交流物理教育研究的有关问题。

2003 年 12 月，全国基础教育课程改革实验工作座谈会在南安市召开。教育部副部长王湛、省人民政府副省长汪毅夫及全国各省市、教育厅领导、课改专家、学者近 300 人出席会议。王湛副部长作《巩固成果　开拓进取　深入开展基础教育课程改革的实验与推广工作》的报告。

二、主要学术成果

（一）基础教育课程理论研究

《教育研究中的"中介"问题探讨——兼谈课程编制的中介作用》（王伟廉，《教育研究》1996：11）该文针对中国教育研究中存在的若干问题，从教育理论与教育实际之间的"中介"问题入手，探讨在教育领域对"中介"问题研究的重要性。

《走进新课程》（第二、四章）（余文森，首都师范大学出版社，2004）该书由教育部基础教育司组织编写，第二章在实事求是分析传统课程结构存在弊端的基础上，系统地阐述新课程结构的主要内容、基本特点；第四章着力阐述建立与新课程理念相一致的体现素质教育精神的新教学体系。

表 7—22　　　　　　　**1992—2005 年基础教育课程理论研究其他成果**

成果名称	作　者	发表刊物（出版社）及时间
试析我国中小学课程的特色及改革	陈扬光	《福建师范大学学报》（哲学社会科学版）1993：1
面向基础教育课程改革的挑战	潘新和	《课程·教材·教法》2003：9
国家级课程改革实验区教学改革调研报告	余文森	《教育研究》2003：11
新课程与学校文化重建	余文森	《人民教育》2004：1
新课程教学改革的成绩与问题反思	余文森	《课程·教材·教法》2005：5

（二）考试与教育评价研究

《基础教育考试改革研究》（黄光扬，《教育研究》1999：12）该文指出，考试改革是基础教育改革的重要内容。正确的考试观念、合理的考试制度以及科学的考试和测评方法，对推进素质教育起到积极的导向作用。基础教育考试改革是以现代教育思想和现代教育理论为指导的全面改革，既不能简单地取消考试，也不能局限于对以往考试改革取得的阶段性成果的简单肯定或否定，要从思想观念、内容形式、制度与方法等方面进行整体性改革，努力探索并逐步建立具有中国特色、符合素质教育发展要求的基础教育考试与评价体系。

《中外考试制度比较研究》（康乃美、蔡炽昌，华东师范大学出版社，2002）该书研究各国毕业会考、大学入学考试和公务员考试三大国家考试发展历程、管理体制、考试内容、方法、结构功能、改革趋势等，将三大考试有机结合为一个整体进行研究；并对中国考试改革进行展望，提出有关建议。本书突出三大特点：一是根据考试种类的差异介绍世界典型国家的最新动向；二是探讨在考试实践中带有全球共同性的重要课题；三是力求将考试制度放在不同社会、经济、文化的背景中，探讨考试与社会发展的关系。

《教育测量与评价》（黄光扬，华东师范大学出版社，2002）该书是在全国"21世纪高等师范教育教材编写委员会"的授权下，组织编写的高等师范教育教材。该书重新定义教育测量与教育评价，从质与量的辩证关系，侧重于量的规定性角度定义教育测量，从学校学生发展及影响其发展变化的诸要素的价值分析和判断角度定义教育评价，论证两学科整合的发展态势；提出测验"标准"有两层含义，提出"双基度"指标，以及在自学考试和高中毕业会考等方面的运用；探讨学生课业发展、智能发展的测量与评价原理和方法，建立学生课业发展的内容理论框架，提出多元评价方法体系和发展参照系等。

表 7—23 **1992—2005 年考试与教育评价研究其他成果**

成果名称	作 者	发表刊物（出版社）及时间
教改实验中的形成性测验及合格性评价的标准	黄光扬	《教育研究与实验》1993：1
134 名小学生道德规范认识水平发展的调查与测试报告	黄光扬	《教育理论与实践》1993：6
取消分数抑或奖励分数——以评分制为焦点的现代教学评价改革比较研究	余文森	《比较教育研究》1994：6
成绩评定等级制及其在义务教育阶段的应用	黄光扬	《课程·教材·教法》1998：3
动态评价的理论基础、主要模式及可用性初探	黄光扬	《比较教育研究》2002：11
正确认识和科学使用档案袋评价方法	黄光扬	《课程·教材·教法》2003：2
课堂教学中的非规范评价	张祥明	《课程·教材·教法》2003：8
关于基础教育考试评价改革若干问题的探讨	黄光扬	《课程·教材·教法》2004：5
论基础教育考试评价改革的六个重要关系	黄光扬	《中国教育学刊》2005：2

（三）基础教育教学研究

《课堂教学实施素质教育的"四个基本点"》（余文森，《教育研究》1997：9）该文指出，课堂教学实施素质教育是通过学生的有意义学习来实现的，变机械学习为有意义学习是应试教育转向素质教育对课堂教学提出的根本要求。课堂教学促进学生有意义学习应立足于四个基本点，即认知停靠点、情感激发点、思维开展点和心灵点。

《课堂教学》（余文森，华东师范大学出版社，2001）该书围绕当前课堂教学改革的热点、难点和重点问题，分教学的有效性、教学的生成性、三维目标、教学情境、教学关系五个主题，从案例与理念、实践与理论相结合的角度进行深入浅出的探讨和分析，为解决教师实施新课程遇到的问题提供有针对性的解答。

《树立与新课程相适应的教学观念》（余文森，《教育研究》2002：4）该文指出，建立符合素质教育要求的基础教育课程体系，需要树立先进的教学观念。教学不只是课程传递和执行的过程，更是课程创生与开发的过程；教学不只是传授知识的过程，更是师生交往、积极互动、共同发展的过程；要注重学生探索新知的经历和获得新知的体验；学科教学要以学生的发展为本，服从、服务于学生的健康全面发展。

《校本教学研究的实践形式》（余文森，《教育研究》2005：12）该文指出，校本教研是推进教学改革和促进教师专业化成长的根本支撑和内在动力。在校本教研中，教学型教研，以教为着眼点，以课例为载体；研究型教研，以研为着眼点，以课题为载体；学习型教研，以学为着眼点，以阅读为主线。提倡教学型教研，防止校本教研神化；提倡研究型教研，防止校本教研泛化；提倡学习型教研，防止校本教研窄化。

表 7—24   **1992—2005 年基础教育教学研究其他成果**

成果名称	作 者	发表刊物（出版社）及时间
目标、评价、情感——大面积提高教学质量的三个基本因素——福建省高中数学"目标—掌握"跟踪教改试验理论总结	余文森 王 永	《课程·教材·教法》1992：2
试论教学的三种基本功能	余文森	《课程·教材·教法》1997：10
让学生发挥自学潜能 让课堂焕发生命活力——福建省中小学"指导—自主学习"教改实验研究总结	余文森 王 永 张文质	《教育研究》1999：3
试析传统课堂教学的特征及弊端	余文森	《教育研究》2001：5
也谈识字教学必须遵循的三大规律——兼评几大识字教学体系的得与失	施茂枝	《课程·教材·教法》2001：7
论以校为本的教学研究	余文森	《教育研究》2003：4
当前小学教师教学困惑与压力分析	罗 晓 施若谷	《课程·教材·教法》2003：12
论自主、合作、探究学习	余文森	《教育研究》2004：11

（四）学科教学法研究

《福建省中学数学三项教改实验评介》（余文森，《教育研究》1996：9）该文对福建省高中数学"目标—掌握"跟踪教改实验、邵武市"大班导学·小组议学·个别辅学"教改实验、龙岩地区"三环节·三反馈"教改实验这三项实验的主要内容和主要成果进行扼要评介。指出这三项实验尽管突破口相异，内容和措施也不同，但在促进应试教育向素质教育转轨上是一致的。

《中国现代写作教育史》（潘新和，福建人民出版社，1997）该书介绍中国写作教育的历史，揭示写作教育中读、写关系，说、写关系，教材和教法等的走向、规律和趋势，勾勒中国现代写作教育发展的线索，且对每个阶段的写作教育、教学"概况"做出描述和评价。

表 7-25 　　　　　　　**1992—2005 年学科教学法研究其他成果**

成果名称	作　者	发表刊物（出版社）及时间
夏丏尊写作教学观初探	潘新和	《福建师范大学学报》（哲学社会科学版）1994:3
当前阅读教学改革的主要问题仍在教材（上）	赖瑞云	《福建师范大学学报》（哲学社会科学版）1995:4
当前阅读教学改革的主要问题仍在教材（下）	赖瑞云	《福建师范大学学报》（哲学社会科学版）1996:1
英国中小学历史教学评述	许　明	《课程・教材・教法》1996:1
中学语文美育论略	戴永寿	《福建师范大学学报》（哲学社会科学版）1996:2
优化中学语文课堂教学结构漫议	戴永寿	《福建师范大学学报》（哲学社会科学版）1997:2
克服盲点走出误区——阅读教学的改革	施茂枝	《课程・教材・教法》2000:11
关于中学语文教学与语文教师素质的思考	郭　丹	《福建师范大学学报》（哲学社会科学版）2001:1
聚焦:语文教学模式改革的误区	施茂枝	《人民教育》2001:3
语文学科呼唤科学态度和理性精神——我国现代语文教育的世纪反思（上）	潘新和	《福建师范大学学报》（哲学社会科学版）2001:4
语文学科呼唤科学态度和理性精神——我国现代语文教育的世纪反思（下）	潘新和	《福建师范大学学报》（哲学社会科学版）2002:1
语文课程"语感中心说"之浅见	潘新和	《课程・教材・教法》2002:8
地理课程改革与建设的探讨	袁书琪 郑耀星 刘恭祥	《课程・教材・教法》2002:12
自由表达的不仅仅是策略	施茂枝	《人民教育》2003:1
口语交际教学离课标有多远	施茂枝	《人民教育》2003:23
建构表现存在论语文教育学	潘新和	《课程・教材・教法》2005:9

（五）基础教育其他领域研究

《海外华文教育与弘扬中华优秀文化传统》（厦门大学潘懋元、张应强，《教育研究》1996：6）该文提出，华文教育应当弘扬中华民族优秀文化传统，中华文化是海外华人的文化之根，是人类的共同财富，弘扬中华优秀文化是对人类文明的贡献，不是标榜中华文化优越论。应当区别不同情况解决华文教育中的具体操作问题。

《中小学公民素质教育国际比较》（吴文侃、黄仁贤，人民教育出版社，2002）该书总结国内外公民素质教育的情况。提出公民素质教育的新概念，并分析其本质特征。指出公民素质教育是一个完整、完善的教育，高水平的公民素质教育正是许多国家当前所追求的，它是世界教育发展的大趋势。作者指出求是性、实践性、系统性、过程性和全面性是公民素质教育的五项基本原则。该书还论述九国公民素质教育的传统与变革、现状与特点、问题与对策，揭示各国公民素质教育的基本经验和特点，并联系中国实际，指出中国实施中小学公民素质教育应注意的问题。

表 7—26 **1992—2005 年基础教育其他领域研究其他成果**

成果名称	作 者	发表刊物（出版社）及时间
奥苏伯尔有意义言语学习理论的启示	余文森	《比较教育研究》1993:3
钻研与处理教材的三观念与三问题	余文森	《课程·教材·教法》1993:3
课堂实施素质教育的四个基本点	余文森	《教育研究》1997:9
学生学习负担过重的教育学分析	余文森	《福建师范大学学报》（哲学社会科学版）1998:2
新语文教育规范下的写作素质教育	潘新和	《福建师范大学学报》（哲学社会科学版）1999:1
论素质教育的三大关系	张予庭 方毅和	《福建师范大学学报》（哲学社会科学版）1999:1
福建省基础教育发展、教师需求及招生培养对策研究	黄光扬	《福建师范大学学报》（哲学社会科学版）2002:1
简论学生学习方式的转变	余文森	《课程·教材·教法》2002:1
继承与超越:课改视野中的语言训练	施茂枝	《课程·教材·教法》2003:2
综合实践活动"文本"开发的意义、定位和设计思路	洪 明 余文森	《课程·教材·教法》2005:12

第六节　成人与职业技术教育研究

一、学科建设与学术研究

（一）学科建设

福建省成人与职业教育研究的力量主要集中在福建师范大学、福建农林大学、厦门大学、闽江学院等。2003年，福建师范大学继续教育学院获得成人教育学硕士学位授予权。2005年，福建农林大学成人教育学院获得成人教育学硕士学位授予权。

（二）学术研究

1992—2005年，福建省成人与职业技术教育学研究者先后出版论著15部，在核心期刊发表论文100多篇。部分成果被《新华文摘》、中国人民大学书报资料中心刊物转载。

这一时期，成人与职业技术教育研究成果获国家社会科学基金项目1项：中小学音乐教育发展与高师音乐教育专业教育教学改革（福建师范大学王耀华，2001）；全国教育科学"十五"规划重点课题2项：推进我国社区教育发展的实验研究子课题（厦门市教育局陈珂，2002）、终身学习体系建设的国际比较研究子课题：新加坡终身学习体系建设的比较研究（厦门大学黄建如，2002）；全国艺术基金项目1项：通俗歌曲演唱形式变迁及通俗演唱培养模式研究（福建师范大学张锦华，2003）；教育部人文社会科学研究项目7项：城市社区体育组织化运作的研究（福建师范大学陈融，2001）、东西部建立教育对口支援高校教师培训的写作模式与扶持性政策研究（福建师范大学黄光扬，2002）、我国旅游高校师资综合培训方案研究（福建师范大学袁书琪，2002）、高师音乐教育专业舞蹈教学改革方案（福建师范大学黄明珠，2002）、近年来美、英两国教师教育的理论、政策与实践研究（福建师范大学许明，2002）、完善现代国民教育体系和构建终身教育体系的重点研究（福建师范大学陈宜安，2004）、教师教育大学化的国际比较研究（福建师范大学谌启标，2005）。获福建省社会科学优秀成果奖3项：《新时期高等农业院校工作重点与发展对策》（第四届二等奖，福建农林大学施祖美）、《美英两国教师教育的政策与实践研究》（第五届二等奖，福建师范大学许明）、《中国高等职业教育发展道路研究》（第六届二等奖，闽江大学黄鸿鸿）。

（三）学术会议

1993年11月，国家中医药管理局全国中医药成人教育工作研讨会在厦门召开。会议讨论修改国家中医药管理局起草的《关于改革和发展中医药成人教育的意见》和《关于加强中药工人培训的意见》两个文件稿；交流中医药成人教育改革的经验；表彰全国高等中医药院校函授夜大教育办学水平评估先进单位；研讨中医药成人高等教育招生考试改革、教学计划及教材修订方案、自学考试临床实习考核实施方案；组织中医药继续教育研究课题鉴定；布置全国继承中医药专家学术经验出师考评及全国中医药进修教育基地的申报工作。

1995年，中国教育国际交流协会主办的全国职业技术教育国际交流研讨会在厦门市召开，同时成立"全国职业技术教育交流中心"。

1996年，省中华职教社主办的首届海峡两岸职业教育理论研讨会在武夷山召开，百余名来自两岸的专家学者共同研讨两岸职业教育的交流机制。此后每隔一年举办不同主题的大型两岸职业教育理论研讨会，每次研讨会都邀请两岸及港澳地区一百多位职业教育界的专家学者参会，开展研讨与交流。

2005年12月，福州生物工程职业技术学院承办的全国医药职业技术教育研究会专题研讨会在福州召开。医药职业教育界有关领导、专家学者共同讨论有关医药职业技术教育和如何走上健康的合作办学之路等问题。

二、主要学术成果

（一）成人教育学研究

《电大教育与新时期人力资源开发》（福建广播电视大学汤安邦，《中国远程教育》1995：5）该文分析新时期中国人力资源开发的重要性，阐述电大教育形式是人力资源开发的重要途径，建议电大教育在开发人力资源时要继续扩大办学规模，提高教育质量，实现人力资源的智能开发，灵活设置专业，实现人力资源的动态开发。

《关于更新高等农业教育观念的几点思考》（施祖美，《中国高等教育》1998：12）该文提出应更新高等农业教育观念：树立以服务三农为中心的开放的办学思想，树立教学、科研、社会服务三种职能协调发展的新观念，树立多方面协调发展的学问观，树立以学生成才为中心的新观念。

《英国终身学习的新变革——"产业大学"的理念与实践》（福建师范大学洪明，《比较教育研究》2001：4）该文认为，"产业大学"是英国最近几年出现的面向学习化社会的新型教育组织方式。介绍英国"产业大学"的性质、目的、职能、产生背景及其所面临的主要问题，分析现代科学与通信技术条件下教育所发生的革命性变化，并指出这种新型教育组织方式对各国建立与信息化时代相适应的教育体系具有重要的借鉴意义。

《改造集体学习环境　探讨个别学习服务——论基层电大开放教育学习服务》（福建广播电视大学三明分校吴斧平，《中国远程教育》2001：10）该文提出基层电大开放教育应建立以计算机为主导媒体的多媒体教学系统，建设高标准的校内实践场所和社会实践基地，加强师资队伍和技术队伍的建设，将基层电大建成安排、协调集体学习、个别学习等各种学习活动的中心。

《我国成人高等教育面临的问题与对策》［福建师范大学包绍明，《福建师范大学学报》（哲学社会科学版）2005：5］该文就成人高等教育的生源、教育质量、专业与课程设置、管理模式等方面存在的问题进行探析，讨论制约成人高等教育发展的因素，并指出改革的对策与出路。

表 7—27　　　　　**1992—2005 年成人教育学研究其他成果**

成果名称	作　者	发表刊物（出版社）及时间
人口教育	福建师大成人教育学院等编	厦门大学出版社，1993
刍议成人高等第二专业教育	李炎清	《中国高等教育》1994：1
成人高等教育专业设置的若干思考	李炎清	《中国高等教育》1994：6
电大改革和发展的若干理论与实践问题	叶杏生 马成斌	《中国远程教育》1994：6
成人教育文集	杨呈辉	厦门大学出版社，1997
社会主义市场经济与成人高等教育	李炎清	厦门大学出版社，1997
成人中专教育的改革与发展论略	王豫生	《教育评论》1997：2
成人高等教育可持续发展应坚持的基本原则	郑　萍	《教育评论》1997：6
成人高等教育学习漫话	李炎清	福建教育出版社，1998
以素质教育为契机把图书馆办成终身教育的基地	丁雅霜	《图书馆工作与研究》2000：5
终身学习在新加坡	黄建如	《煤炭高等教育》2003：5
"知、情、意"等因素在高师学生终身体育态度形成中的意义	赵俊荣	《北京体育大学学报》2004：12
马来西亚高等教育适应终身教育需求的变革	黄建如 刘瑞芹	《大学教育科学》2005：2

（二）职业技术教育研究

《高等职业技术教育实行学分制势在必行》（福建省莆田高等专科学校郑光弦、蔡文成，《中国高教研究》1996：4）该文指出，实行学分制是高校招生分配制度改革的配套改革，是高等职业技术教育主动适应社会主义市场经济体制的一种措施，有利于直接为经济建设服务，也有利于推广高等职业技术教育。

《**对目前我国私立高等教育发展的思考**》（厦门大学刘少雪，《高教探索》1997：4）该文指出，目前中国私立高等教育的发展方向比较明确，以高等职业教育为主。中国高等职业教育有广阔的发展前景，是终身教育的一部分，私立高等教育应当以此为自己的特色。

《**职业教育结构调整的构想**》（厦门大学王洪才，《教育与经济》1999：3）该文提出，解决职业教育结构严重失衡的主要途径：一是利用市场机制调动多元投资办学的积极性，重点鼓励实业界办学；二是加强政府的宏观调控力度，重点向贫困地区政策倾斜；三是改革考试制度，重点是做到职业教育上下相通，与普通教育左右贯通。

《**试析香港职业技术教育体系的设计思想**》（厦门大学史秋衡，《中国高教研究》1999：3）该文指出，香港职业技术教育体系以职业训练为目的、以科技教育为内涵，其设计思想中较好地处理学术性与职业性的两难问题、校企关系密切、院校角色定位明确适度重叠、全日制与兼读制学习并重等。

《**转变观念是发展高等职业教育的关键**》（厦门大学田建荣，《高教探索》2000：2）该文指出，制约中国高等职业教育积极健康发展的主要障碍是观念问题，发展高等教育的关键是走出政策误区，积极支持和鼓励社会力量以多种方式举办高职教育、树立多样化的质量观，并克服鄙视职业教育的传统陈腐观念。

《**精英教育与大众教育**》（厦门大学潘懋元，《中国高教研究》2001：12）该文指出，中国社会主义现代化的建设不仅仅需要研究高深学问的专门人才，而且需要数以千万计的专业性的、应用性的、职业性的技术人才、管理人才、服务人才。所以从精英教育到大众教育，既是国际高等教育发展的趋势，也是中国高等教育发展的必然趋势。

《**改革办学模式　加快培养软件技术人才**》（福建省教育厅朱之文，《中国高等教育》2002：3）该文指出，应从适应国家经济结构调整需要的高度充分认识发展软件高等教育的重大战略意义，突出人才培养的创新，组织开展软件高职教育的改革和建设，采取政策措施为软件高职教育的建设和发展创造良好的环境与条件。

《**依托地方优势产业　创建特色高职院校——宁波服装职业技术学院办学实践的思考**》（史秋衡、高晓杰，《教育研究》2003：9）该文指出，高职院校发展的优劣不在于学历层次高低，而在于能否产学高度结合，办出学校特色，取得优良办学效益。宁波服装职业技术学院注重把握产业脉搏、引领服装时尚、融入服装产业、根植产业沃土，实现全方位产学一体化，形成学院品牌和办学特色，取得有益的经验。

《**高等职业教育发展研究**》（厦门大学刘金桂、史秋衡等，厦门大学出版社，2004）该书围绕高等职业教育应当"培养什么样的人才"和"怎样培养人才"两个问题，讨论高职教育的性质与功能、培养目标、人才规格、培养模式、课程与教学、体系建设、可持续发展以及未来展望。通过理论与实践分析，研究高等职业技术教育的发展规律。

《中国高等职业教育发展道路研究》（黄鸿鸿，辽宁师范大学出版社，2004）该书总结高等职业教育产生与发展的背景、内涵与基本特征、培养目标与培养模式以及高等职业教育与社会经济发展的关系。介绍美国、英国、德国、中国香港和台湾高等职业教育的历史沿革与主要特点，并与中国大陆高等职业教育发展进行比较。该书还回顾中国高等职业教育发展的历程与现状，并对中国高等职业教育未来发展的道路进行展望。

《不同社会阶层子女高等教育入学机会差异的探讨——陕、闽、浙、沪部分高校调查》（厦门大学谢作栩、王伟宜，《东南学术》2004：1）该文在对陕、闽、浙、沪部分高校在校学生家庭所处社会阶层调查的基础上，探讨不同社会阶层子女在高等教育入学机会方面存在的差异，发现目前公立高职院校是缩小各社会阶层子女入学机会差距的突破口。

《城镇化进程中职业技术学校的历史使命》（福建教育学院张祥明，《教育理论与实践》2005：4）该文指出，城镇化进程中职业技术学校应该转变办学观念，探索多元化的办学之路；关注农村转移进城人员这一新的弱势群体的教育需求；采用灵活的教学方式，实施"学分制"课程教材和弹性学制，满足学习者需求；增强服务意识，提供优质的教育服务。

表7—28　　　　　　　　**1992—2005 年职业技术教育研究其他成果**

成果名称	作　者	发表刊物（出版社）及时间
泰国初中后教育结构剖析	黄建如	《比较教育研究》1992：2
美国中学职业指导的历史考察	黄鸿鸿	《比较教育研究》1992：2
开拓多元化、有活力的办学新路子	吴亚俊	《教育评论》1993：2
福建高等职业教育十年	毛涤生	福建教育出版社，1995
简论发挥高师培养中等职业教育师资的应有功能	袁书琪 郑耀星	《教育评论》1995：6
论高等职业教育的地位与作用	谭　强	《江苏高教》1997：1
论黄炎培大职业教育思想对我国当今职业教育改革的启示	黄仁贤	《教育科学》1997：1
借鉴·思考·对策——我国图书馆员继续教育问题	卫　红	《图书馆建设》1997：3
香港、内地公开进修模式比较研究	史秋衡 张　燮	《教育研究》1997：11
中、外体育教练员岗位培训的比较研究	陈作松 褚　斌	《中国体育科技》1998：8
福建高等职业教育发展研究	毛涤生	厦门大学出版社，1999
职业教育与民族素质：海峡两岸第二届职业教育理论研讨会文选	福建中华 职业教育社编	海潮摄影艺术出版社，1999

续表 7—28

成果名称	作 者	发表刊物（出版社）及时间
评香港职业技术教育体系的设计模式	史秋衡	《清华大学教育研究》1999：1
职业教育结构调整的构想	王洪才	《教育与经济》1999：3
民办高校的现实选择：发展高等职业技术教育	田建荣	《高等教育研究》1999：4
加强会计职业道德教育	刘宝慧	《道德与文明》1999：5
聋生劳动技术与职业技能培训研究报告	张庆玲 陈 军 黄观颖	《中国特殊教育》2000：1
职业教育与人力资源开发	福建中华职业 教育社编	福建教育出版社，2001
综合性大学举办高职教育的若干体会	潘世墨 林祥斌 薛成龙	《中国高等教育》2002 年增刊 3
对残疾人从学校到工作过渡的探讨	甘昭良	《中国特殊教育》2002：4
高职课程的设置与设计	高 杰	《教育评论》2002：6
与时俱进的职业教育	林 强	福建教育出版社，2003
美国专业会计硕士教育情况及启示	曲晓辉	《学位与研究生教育》2003：1
美国高等职业教育的沿革与特点	黄鸿鸿 于爱红	《教育评论》2003：5
高等职业教育要通向农村	黄鸿鸿	《教育发展研究》2003：7
新世纪初高职教育发展范式转移探讨	黎 琳	《中国高等教育》2003：17
英国高等职业教育的主要特点	黄鸿鸿 于爱红	《教育评论》2004：3
《20 年的实践与探索——高等职业技术教育论文集》序	潘懋元	《江苏高教》2004：4
实现福建职业教育新发展的构想	张志光	《教育评论》2004：6
中专教育向何处去——部分中专校长一席谈	沈祖尧 王福贵等	《教育发展研究》2004：12
建立高等职业教育独立体系刍议	潘懋元	《教育研究》2005：5
寻求职业需求与学生发展的最佳结合点——宁波大红鹰职业技术学院课程理念与实践探析	邬大光	《中国高等教育》2005：21

第七节　教育心理学研究

一、学科建设与研究

（一）学科建设

1997 年，福建师范大学"教育心理学"硕士点改名为"发展与教育心理学"硕士点。2005 年，"发展与教育心理学"成为福建省重点学科，是福建省心理学科的第一个省级重点学科。

（二）学术研究

福建省教育心理学主要研究方向是学习心理与教师心理、动机、心理发展基本理论、心理教育与咨询。在其他研究领域如思维、人格心理学、心理测量等，也有研究成果。1992—2005 年，福建省教育心理学研究者先后获得全国教育科学规划项目 5 项：价值观的心理结构与能力（厦门大学林钟敏，1997）、大学生创造动机的基本特点与教学改革（厦门大学林金辉，1997）、新手—熟手—专家型教师的本土化研究（福建师范大学连榕，2001）、大学生创新能力发展的保障体系及其运行机制研究（林金辉，2001）、初中生学习自控力特点与培养（漳州师范学院张灵聪，2003）。其间，共出版教育心理学论著 13 部，在该学科权威刊物《心理学报》、《心理科学》上发表论文 45 篇。获得全国第二届教育科学优秀成果奖二等奖 1 项：《大学生创造性的发展与教育》（林金辉，1999）；获得福建省社会科学优秀成果奖 12 项：《大学生创造性的发展与教育》（第三届二等奖，林金辉）、《小学生不同课堂情境的成就归因及再归因训练》（第三届二等奖，厦门教育科学研究所胡胜利）、《心理学教程》（第三届三等奖，福建师范大学叶一舵、王东宇、黄向真、黄爱玲、余文森、李闻戈）、《普通心理学》（第三届三等奖，福建师范大学史健生）、《心理测量的理论与应用》（第三届三等奖，福建师范大学黄光扬）、《学习心理研究》（第四届三等奖，连榕）、《皮亚杰心理学思想方法论研究——关于实践唯物主义心理学的活动理论》（第四届三等奖，福建师范大学程利国）、《现代学习心理辅导》（第五届二等奖，连榕）、《学校心理健康教育研究》（第五届三等奖，叶一舵）、《新手—熟手—专家型教师心理特征的比较》（第六届二等奖，连榕）、《现代学校心理健康教育研究》（第六届三等奖，叶一舵）、《不同学习自控力的初中生在成败中的表现》（第六届三等奖，张灵聪）

（三）学术会议

2003 年，福建师范大学承办的中国心理学会教育心理学专业委员会全国年会在武夷山召开，会议主题为"教育心理学与基础教育课程改革"，171人参会。

2004年6月，中国心理学会科普委员会主办，福建省心理学会协办，漳州师范学院教育科学与技术系承办的第二届全国学校心理素质教育研讨会在漳州师范学院召开。185人参会，围绕国内心理素质教育议题展开讨论。

2004年，福建师范大学承办的中国心理学会心理学教学工作委员会全国年会在武夷山召开，会议主题为"应用心理学专业研究"，110人参会。

2005年，福建师范大学承办的中国心理学会心理学期刊联席会议在武夷山召开，探讨"心理学期刊的改革与发展"，43人参会。

二、主要学术成果

（一）学习与教师心理研究

《现代学习心理辅导》（连榕，福建教育出版社，2001）该书介绍学习心理辅导的理论基础、内容、实践相关实证研究及学习心理领域研究的新观点、新理论、新方法，分析对开展学习心理辅导具有重要意义的各种理论和实证研究。涉及关于"精神分析主义的学习观"和"中等生学习心理辅导"的理论和实证研究。该书注重把该领域的研究与教育实践紧密相连，对当前学生学习中存在的各种心理问题进行分析，给予各种指导方法，重视可操作性，使之能为解决学生学习心理的各种现实问题服务。

《不同学习自控力的初中生在成败中的表现》（张灵聪，《心理科学》2003：4）该文用实验的方法，探讨不同学习自控力的初中学生在成败的情景中的表现，以及成功与失败对不同的自控水平产生的影响。该文指出：（1）在成功的条件下，反应的正确率比较高；而在失败的情景中，正确率就比较低；它表明：成功使人沉着冷静，反应的正确率就比较高。而短暂的失败并没有使人气馁，反而使他更想成功，所以，期望值还不低。（2）自控力高的被试期望值高于自控力低的被试，说明在具体的活动中，其结果并不能简单地、直接地影响一个人的自控力；相反，自控力的高低会对活动的进程与结果起调节作用。

《新手—熟手—专家型教师心理特征的比较》（连榕，《心理学报》2004：1）该文从教学专长发展的角度研究教师的成长过程，提出"新手—熟手—专家"的研究范式，把"熟手—专家"的比较作为研究重点，是对传统理论"新手—专家"成长范式的发展；同时编制具有较高信度、高效度的《中学教师教学策略量表》，在实证研究的基础上提出的一些建议。并在教学策略、成就目标、人格特征、职业承诺和职业倦怠上对三类教师加以比较分析，得出其主要特征。

《中小学教师应对方式相关因素研究》（福建师范大学申艳娥、叶一舵，《心理科学》2004：6）该文通过对530名中小学教师应对方式、一般自我效能感、社会支持的测试，探讨三者之间的关系。结果表明：（1）教师一般自我效能感、社会支持对教师采用何种应对方式具有间接或直接的预测作用，且它们可能分别对某种类型的应对方式更具重要性。（2）高自我效能感、高社会支持的教师更倾向于采用适应性应对方式；低自我效能感、低社会支持的教师更倾向于采用情绪指向的应对方式。（3）教师一般自我效能感、社会支持的增加有助于教师压力的缓解和适应性应对方式的采用。

表 7—29　　　　　　　**1992—2005 年学习与教师心理研究其他成果**

成果名称	作　者	发表刊物（出版社）及时间
注意稳定性研究概述	张灵聪	《心理科学》1995：6
小学生注意稳定的初步研究	张灵聪	《心理科学》1996：4
教师效能感的理论及研究综述	石　伟 连　榕	《心理科学》2001：2
不同自控力的初中生在抗干扰中的表现	张灵聪	《心理科学》2002：2
专家—熟手—新手型教师教学策略与成就目标、人格特征的关系研究	连　榕 孟迎芳 廖美玲	《心理科学》2003：1
学业成就中等生和优良生的成就目标、自我监控与学业成绩关系的比较研究	连　榕 罗丽芳	《心理科学》2003：6
大学生的专业承诺、学习倦怠的关系与量表编制	连　榕 杨丽娴 吴兰花	《心理学报》2005：5

（二）动机研究

《从归因理论的角度探讨我国大学生的社会性评价》（厦门大学林钟敏，《心理学报》1993：2）该文采用归因理论研究方法测试中国大学生对五种生理病症和五种心理、行为引起的疾患或缺陷的责任归因、情感反应和帮助行为的关系，探讨大学生对疾患者的社会评价的特点和研究方法。研究结果表明，这是一种可用于研究社会性评价的方法。研究的结果显示，起关键作用的责任评定与大学生对一般社会问题的责任的认识密切相关。该文用归因理论的研究方法探讨"观念系统——当前认知（如责任或控制性评定）——情感——社会行为"之间的普遍关系。

《小学生不同课堂情境的成就归因和再归因训练》（胡胜利，《心理学报》1996：3）该文考察小学生对不同课堂情境的成就归因特点；并运用韦纳的归因训练模式与策略指导相结合的方法，根据不同课堂的成就情境对小学生进行再归因训练。结果表明：小学生把课堂成就归因于努力、策略、能力、基础、兴趣、目的、难度、教法、心境和家境等10个主要因素，这些因素除家境外，均在不同课堂的成就情境中存在显著的差异；韦纳的归因训练模式与策略指导相结合的再归因训练能有效地改变小学生对不同课堂情境的成就归因倾向，增强其学习动机水平，提高学业成绩。

《大学生对学习行为的责任归因》（林钟敏，《心理学报》2001：1）该文探讨大学生对日常不同学习行为的控制程度的认识、责任判断、情感反应和帮助行为的特点，以验证责任归因理论对中国学生的适用程度，同时研究归因理论的同类研究中很少涉及的学生思想、观念对责任归因的影响。该文认为，由于家庭、学校、社会和个人生活经验的多样性，大学生对不同学习行为的情感反应、责任判断以及由此可能产生的行为，难以摆脱多种前因、思想观念以及社会和个人价值观的影响。彼此方便和碍于情面是当前社会上待人处事中两种常见的现象，也是日常生活中容易使人丧失原则的两种思想感情和态度，在这背后责任判断和相关行为可能受到阻碍。

表7-30　　　　　　1992—2005年教育心理学动机研究其他成果

成果名称	作　者	发表刊物（出版社）及时间
责任的心理分析——介绍B.韦纳新著《责任的判断》	林钟敏	《心理学动态》1993：3
精神发展偏差的动机基础	童　敏	《心理科学》2001：2
归因方式对心理健康的影响及干预研究之概观	胡胜利	《心理与行为研究》2004：2
彩票大奖获得者成就归因特点的初步研究	刘建榕	《心理科学》2004：5
出国务工人员子女社会技能的情绪成分与归因研究	林文瑞	《心理科学》2005：5

（三）心理发展基本理论研究

《大学生创造性的发展与教育》（林金辉，厦门大学出版社，1995）该书是国内研究大学生创造性教育的第一本书。内容包括：大学生创造活动的性质及其生理机制、大学生的思维与创造、制约大学生创造性发展的因素——内部因素和外部因素、大学生创造性的研究方法。该书还分析研究方法中的偏向，针对目前大学生创造性测量存在的主要问题，提出改进和完善大学生创造性测量的基本设想。

《论儿童心理发展的动力及其机制》（程利国，《心理科学》1997：2）该文从儿童的实际社会生活过程出发，运用系统方法论证儿童心理发展的动力是主客体之间的结构性矛盾，而由"主体——活动——客体"三项格式构成的反馈回路系统则是心理发生发展的动力场。该文还运用儿童心理发展的控制论模型，从活动的机能性方面探讨同化和顺应之间的平衡化动力机制，揭示主客体之间矛盾运动的原理和过程，并指出平衡化机制是受社会文化历史发展规律支配的。

《母婴关系与自我发展——Mahler 的分化/个体化理论评介》（福建师范大学左志宏、华东师范大学席居哲，《心理科学》2003：1）该文指出，Magaret S. Mahler（玛格丽·马勒）把 Freud（弗洛伊德）的理论推进到人际关系（母婴关系）的道路上，故被认为是客体关系理论的奠基者。Mahler 对儿童如何在人际关系（母婴关系）中获取自我独立进行生动的阐释，抓住人生之旅中的整体紧张和冲突。其理论对于考察自我的产生、分化、独立和发展提供新颖独特的视角，具有重要的理论发展意义和临床心理学意义，特别是对于如何养育健康人格的孩子，提出许多有价值的观点。不过，Mahler 的理论只强调母婴关系在自我发展中的作用，父亲及其他家庭成员与婴儿的关系未有提及，而且关注分化甚于关注爱和相互依存能力的形成。

表 7-31　　　　　**1992—2005 年心理发展基本理论研究其他成果**

成果名称	作　者	发表刊物（出版社）及时间
教子有方:孩子发展和父母教养态度测试	叶一舵	福建教育出版社,1993
儿童发展心理学	程利国	福建教育出版社,1997
皮亚杰心理学思想方法论研究	程利国	福建教育出版社,1999
大学生的创造性思维与逻辑思维的关系新探	林金辉	《高等师范教育研究》1999:2
国内外关于亲子关系及其对儿童心理发展影响的研究	叶一舵 白丽英	《福建师范大学学报》（哲学社会科学版)2002:2
影响小学生同伴接纳因素的研究	程利国 高　翔	《心理发展与教育》2003:2
皮亚杰建构主义动力学模型及其对素质教育的启示	程利国 林　彬	《福建师范大学学报》（哲学社会科学版)2003:3

（四）心理教育与咨询研究

《高中生心理健康水平及其影响因素的研究》（胡胜利，《心理学报》1994：2）该文采用 SCL-90 量表评定 500 名高中生的心理健康状况，运用因素分析的方法探讨影响高中生心理健康的主要因素。结果表明：有 10.8％的高中生存在各种明显的心理健康问题；高中生的心理健康问题主要表现为强迫、敌对、偏执、人际关系敏感和忧郁等症状。高中生不同的心理健康问题有其不同的影响因素，影响高中生心理健康的主要因素为学校教育、家庭环境、社会文化及学生自身等方面的生活事件。

《〈心理咨询和治疗专业道德规范〉的建议稿》（厦门大学张燮，《心理科学》1994：6）该文提出对心理咨询和治疗专业道德规范的若干建议，包括规范涉及实际工作者的基本道德修养，工作关系和责任（包含一般原则、对未成年人的服务、对集体组织的服务、材料和技术的使用、评价和干预、公私情境、与相关专业的关系等内容），大众传媒及广告的使用，专业研究和发展。该文指出，心理咨询与治疗专业工作者核心的道德精神，是对人类尊严的尊重并确保高质量的服务。专业道德规范应具体化为一些适当的行为程序。规范不仅适用于心理咨询与治疗工作者，同样适用于教师、理论工作者和其他处理人的心理问题的工作者。

《应对及应对方式研究综述》（叶一舵、申艳娥，《心理科学》2002：6）该文探讨应对的主要理论观点，包括"心理防御机制的观点"、"人格功能理论的观点"、"情境理论的观点"、"现象学——相互作用理论的观点"、"马塞尼（Matheny，K. B.）小组的观点"。认为应对的主要研究取向、模式和思路为"应对的自我心理学模式和特质研究取向"、"应对的场合模式和过程研究取向"、"应对的交互作用模式和过程——特质研究取向"。研究应对方式的方法使用最多的是自陈量表法及其与其他方法相结合的方法。此文还提出应对方式的几个重要研究领域、存在问题及未来研究方向。

《影响中学留守孩心理健康的家庭因素研究》（福建师范大学王东宇、福清元洪高级中学王丽芬，《心理科学》2005：2）该文采用症状自评量表（SCL—90）和自编问卷对427名中学留守孩进行测查，探讨影响中学"留守孩"心理健康的家庭因素，为中学"留守孩"的心理健康教育提供依据。结果表明：父母与孩子分离时间的长短，代养人的教养方式，留守孩的性别、年级以及是否与兄弟姐妹生活在一起是影响留守孩心理健康的重要因素。中学留守孩心理健康教育问题值得关注，家庭、学校和社会应重视和加强对留守孩的心理健康教育。

表 7—32　　　　　　**1992—2005 年心理教育与咨询研究其他成果**

成果名称	作　者	发表刊物（出版社）及时间
MMPI 测试 1066 例罪犯的分析报告	段荣珍 倪跃先	《心理科学》1993：5
一过性精神模糊一例报告	陈文焕	《心理科学》1994：2
中学生心理辅导与咨询	张灵聪 宋兴川	华东理工大学出版社，1998
"注意"治疗理论	王仁欣	《心理科学》1999：3
初中生心理健康与气质、父母教养方式的关系	刘建榕 刘金花	《心理科学》2000：6

续表 7—32

成果名称	作　者	发表刊物（出版社）及时间
青少年心理素质自测与训练	叶一舵	福建科学技术出版社，2001
身体锻炼对情绪调节的影响机制述评	陈作松 季　浏	《心理科学》2003：4
地方高校新生 UPI 调查结果的比较与分析	姜伏莲	《心理科学》2004：2

（五）教育心理学其他领域研究

《大学生思维心理学》（林钟敏，福建教育出版社，1992）该书是一本关于青年大学生思维特点和规律及其运用的专著，横跨发展（青年期）心理学、思维（认知）心理学和教育心理学等领域。书中探讨青年大学生发现问题和解决问题、形式逻辑思维、辩证逻辑思维、形象思维、创造性思维和道德思维等思维特点和规律。作者认为，大学生已经具有进行形式思维、辩证思维和形象思维的能力，应该立足于发现问题、善于比较、归纳，创造性地学习和工作。同时大学生思维发展的动力与个人的经历、实践条件和对各种行为及其后果的归因等因素有密切关系。积极且合理的归因可以促进大学生改进和提高思维能力。

《信度系数与观测分数和潜在特质的相关比》（莆田高等专科学校陈希镇，《心理学报》1993：4）该文指出，在经典真分数模型中，信度系数 R＝D（T）/D（X）。通常认为，信度系数与项目反应理论没有什么联系。事实上，信度系数恰好等于考生观测分数与潜在特质分数的非线性相关比 $\eta^2 x\theta＝1—MD（x\mid\theta）/D（X）$，据此得出估计信度系数的一种新途径，同时讨论 x、θ 的相关系数与相关比 $\eta^2 x\theta$ 的关系。由信度系数与 x、θ 非线性相关比的关系可以看出，经典测验理论与项目反应理论不是对立的，而是有某种内在联系的两种理论。

《当代中国留学生群体的适应性问题探讨》（福建教育科学研究所黄新宪，《教育研究》1994：11）该文首先分析了留学生在国外的适应障碍，包括语言和学业适应障碍、经济和生活适应障碍和心理适应障碍，接着提出了克服适应性障碍的 8 条途径，该文提出，留学生的适应性问题是一个十分复杂的问题，涉及的范围较为广泛，解决好这一问题不但对留学生本人及其亲属有着重要意义，而且对中国留学教育的健康发展也有着很大的促进作用。

《数学学习能力的因素分析》（厦门教育学院陈仁泽、陈孟达，《心理学报》1997：2）该文对厦门市四类中学（高中）入学考试分别进行 Q 型与 R 型因素分析，并计算因素得分。通过对样品点（学生）的相似系数矩阵的研究，找出控制所有学生的三种典型代表。通过对指标相关系数矩阵的研究，找出并估计支配所有指标的四种数学能力。该文指出，应用因素分析进行典型代表与特征分析，将观测模型变换为一个最集中反映原观测模型的最显化结构，这一模型结构真实体现原观测模型结构深藏的复杂联系的信息，把事物本身的内在联系和规律明确展现出来。

《网络对青少年学生自尊和自我和谐的影响研究》（漳州教育学院苏娟娟、福建师范大学连榕，《心理科学》2004：1）该文用自尊量表和自我和谐量表对 345 名中学生自尊及自我和谐与不同上网次数的学生之间的心理关系进行测量，结果表明，网络对学生的自我和谐和自尊的发展总体不存在显著差异。不上网的学生中自我和谐是影响自尊的有效预测变量，自我和谐总水平对自尊存在消极影响，原因可能是由于不上网学生自我导向总是超越自我概念，当两者相差太大时，导致消沉和沮丧等负面情绪的产生，可能影响到自尊的形成。

表 7-33　　　　　**1992—2005 年教育心理学其他领域研究其他成果**

成果名称	作　者	发表刊物（出版社）及时间
思维能力与教学	林钟敏	厦门大学出版社，1993
大学生空间思维的性别差异研究	赵叶珠 林钟敏	《心理科学》1993：2
论高师公共心理学课堂教改的四条基本原则	余文森	《心理学报》1993：4
中国学生性别自我认同发展过程初步研究	黄子杰 王志萍	《心理科学》1994：1
福州高校青年教师人格特征的初步研究	谢作栩	《心理科学》1994：5
标准参照测验中的信度估计公式	陈希镇	《心理学报》1996：4
古人论文学语言和意象	余铁城	《心理学报》1997：4
多元统计分析法在性别角色研究中的应用	黄子杰	《心理科学》1998：1
语言认知加工过程中的早期皮层电位	李荣宝 彭聃龄 王春茂	《心理科学》2001：6
现代管理心理学理论与实践	黄爱玲	海风出版社，2003
汉英语义通达过程的事件相关电位研究	李荣宝 彭聃龄 郭桃梅	《心理学报》2003：3
错误记忆研究综述	李宏英 隋光远	《心理科学》2003：3
内隐自尊研究	石　伟 黄希庭	《心理科学》2003：4
新课程背景下的公共心理学教程	叶一舵	高等教育出版社，2004
中学生社会适应性的理论构建及量表编制	陈建文 黄希庭	《心理科学》2004：1

第八节 教育学其他领域研究

一、学科建设与学术研究

（一）学科建设

1992年以来，福建省的教育学其他领域的研究有进一步的发展。2003年厦门大学考试研究中心成立，开展科举考试、高考、自学考试等研究。2005年福建师范大学教育科学与技术学院教育技术学硕士点获教育部正式批准设立，是福建省唯一的教育技术学硕士授予单位。

（二）学术研究

福建省教育学其他领域的研究主要包括自学考试、教育技术、学前教育、家庭教育以及特殊教育等方面的研究。1992—2005年，福建省教育学其他领域的研究者获得自学考试委员会九五重点课题1项：自学考试与其他教育形式的比较研究（厦门大学刘海峰，1997）；全国高校教学研究会课题1项：自学考试在中国高等教育中的地位与作用研究（刘海峰，2000）；福建省社科研究"十五"规划立项课题1项：学习型社会教育新体制：教育课程超市的试验研究（福建广播电视大学康乃美，2003）；国家"十五"特殊教育科研课题1项：培养一体化教师的研究（泉州师范学院曾雅茹、万建明、曾凡林，2002）。在此期间，共出版论著19部，在权威刊物《教育研究》、《高等教育研究》上发表论文3篇，获得福建省社会科学优秀成果奖2项：《试论农村实用技术电视教学片的三维结构设计》（第二届三等奖，福建广播电视大学黄宜梁、林燕）、《高等教育自学考试课程试卷合格线确定方法的研究》（第三届三等奖，福建师范大学黄光扬、卢正勇、林家熙、林鹏弟）。此外，福建教育杂志社2000年创办《福建幼儿教育》，为教育研究和交流提供了平台。2003年，泉州师范学院教育科学学院特殊教育专业开始承办省唯一的省级特殊教育专业杂志——《福建特殊教育》的出版发行工作。

（三）学术会议

2005年11月，福建师范大学承办的东南11省、市教育技术系主任协作会议2005年年会在武夷山召开。东南11省、市和部分其他省市高等院校相关院系的院长、系主任、专家学者，高等教育出版社、电子工业出版社、《电化教育研究》和《中国电化教育》杂志社等单位代表50多人参会。

二、主要学术成果

（一）自学考试研究

《自学考试是中国高等教育大众化的重要途径》（厦门大学刘海峰、郑若玲，《高等教育研究》1999：5）该文针对自学考试规模迅速扩大，自学考试制度已成为中国高等教育的重心之一的现状，认为自学考试与普通高校和成人高校已形成三足鼎立之势。由于自学考试具有开放性与权威性相结合、耗资少、效益高、机制活等特点，符合中国国情，实行考教职责分离，有利于把住质量关，因此，自学考试是中国实现高等教育大众化的重要途径。

《中国自学考试学分制研究》（福建广播电视大学康乃美，高等教育出版社，1999）该书阐述自学考试的性质和作用，学分制的沿革与内涵，自学考试学分制现状，特点和局限性，自学考试学分制与国内外高等教育学分制的比较；改革与完善自学考试学分制的设想等相关问题。

《高等教育自学考试的互补效应》〔厦门大学张亚群，《厦门大学学报》（哲学社会科学版）2002：2〕该文指出，高等教育自学考试制度作为独具民族特色的教育形式，在中国高等教育体系中占有重要地位。这不仅突出表现在参加自学考试的人数与日俱增，而且还集中反映在自考的功能和影响不断扩大，与普通高等教育相互沟通，协调发展，产生优势互补的效应。自学考试对中国高等教育毛入学率的贡献率逐年上升，并且在扩大社会弱势群体接受高等教育机会方面发挥特殊作用，扩大女子及低收入阶层接受高等教育的机会，随着社会需求的变化和终身教育体系的逐步建立，高等教育自学考试将呈现广阔的发展前景。

表 7—34　　　　　　　　**1992—2005 年自学考试研究其他成果**

成果名称	作　者	发表刊物（出版社）及时间
高等教育自学考试课程试卷合格线确定方法的研究	黄光扬 卢正勇 林家熙 林鹏弟	《教育研究》1993：11
福建自学考试指导	康乃美	鹭江出版社，1996
高等教育自学考试质量保证系统研究	黄光扬	海风出版社，1998
科举与自考：历史与现实的观照	郑若玲	《清华大学教育研究》2000：3
高等教育自学考试比较研究	刘海峰等	福建教育出版社，2001

（二）教育技术研究

《**网络教育应用基础**》（福建师范大学程思岳，福建科学技术出版社，2002）该书涵盖网络技术与网络教育两大部分，通过网络自主学习的思想、方法和技能的分析，介绍网络与教育的密切联系，网上教学的全新模式，Internet 的基本技能，关于 Foxmail、远程教学平台、网络教学、学习资源、网络应用、网络教育的未来等内容。

《**现代教育技术学**》（福建师范大学黄宇星，福建教育出版社，2003）该书对现代教育技术的基本理论、方法和实践进行论述，介绍了现代教育技术的最新成果。同时，阐述现代教育技术的基本理论、媒体组合教学设计、多媒体 CAI、教学演示文稿与多媒体课件制作，以及计算机网络系统的教学运用过程和方法等。

表 7-35　　　　　　　　　**1992—2005 年教育技术研究其他成果**

成果名称	作　者	发表刊物（出版社）及时间
试论农村实用技术电视教学片的三维结构设计	黄宜梁 林　燕	《现代远距离教育》1992:4
论协同效应与电大教育系统的改革与发展	黄宜梁	《教育研究》1993:12
非线性编辑系统及其在电化教学中的应用	林谋锦	《中国电化教育》1999:5
论现代远程继续教育与"非指导性"教学法	黄宜梁	《电化教育研究》2001:7
网络教育与教育新理念	张　杰	《电化教育研究》2002:5
国际信息技术教育发展的基本经验与问题	洪　明	《中国电化教育》2002:12
信息技术与课程整合策略	黄宇星	《电化教育研究》2003:1
现代远程教育微观管理研究	王家钧	大连出版社,2004
信息技术与课程整合中的非智力因素培养	黄宇星	《电化教育研究》2004:8
中学生简明摄影教程	徐希景	中国摄影出版社,2005
现代远程教育教学管理模式的构建	王家钧	《中国电化教育》2005:5

（三）学前教育研究

《**学前教育概论**》（福建师范大学林菁，福建少年儿童出版社，2000）该书是研究 0～6、7 岁学前儿童教育规律的著作，从学前教育的宏观与微观领域，从理论与实践两方面，阐述儿童从出生至小学前教育的基本理论、原则与方法。主要内容包括：学前教育理论的形成与发展、早期教育与儿童的发展、学前儿童的体育、学前儿童的智育、学前儿童的德育等。

《**学前教育学**》（福建师范大学邱云、林少玉，福建教育出版社，2001）该书论述学前教育学的目的、活动、过程及规律，指出学前教育学所面临的基本矛盾，探讨如何实现学前教育学与社会发展，学前教育学与人、社会的历史统一，详述学前教育学的方法与理论。

表 7—36   **1992—2005 年学前教育研究其他成果**

成果名称	作 者	发表刊物（出版社）及时间
幼儿教师的继续教育	林少玉 吴荔红	《学前教育研究》1994：3
幼教改革与幼儿教师能力结构的更新	林少玉	《教育评论》1995：4
正确认识课程设计与决策中的六大要素	林 菁	《学前教育研究》1995：3
福建省幼儿园小班教师用书：实验本，教育参考书	马长冰	福建人民出版社，1996、1997
"自然后果法"探微	陈伙平	《学前教育研究》1997：4
论儿童美术教育的价值	邱 云	《学前教育研究》1998：5
在数学教育活动中发展幼儿思维能力的有效策略	林 菁	《学前教育研究》1999：1
九十年代中国幼儿教育改革与发展的一般动向	陈伙平	《学前教育研究》2000：1
九十年代世界幼儿教育改革与发展趋势	陈伙平	《学前教育研究》2000：3
皮亚杰的儿童"自我中心"理论述评	林 菁	《学前教育研究》2001：1
行动研究与幼儿教育	洪 明	《学前教育研究》2001：4
浅谈幼儿园在意外事故中的责任	林雪卿	《学前教育研究》2002：5
福建省幼儿园教师参考用书（一套 9 本以及配套材料）	朱家雄 主 编	福建人民出版社，2003
丹尼斯女士主题单元教学法的实施	邱 云	《学前教育研究》2005：2
更新教育观念，促进我国农村幼教改革	林 菁	《学前教育研究》2005：5
论园本教育研究的基本原则	陈伙平	《学前教育研究》2005：8
试析影响幼儿教师专业成长的核心因素	吴荔红	《学前教育研究》2005：9
厦门市思明区学前教育特色建设探索	林 菁	《学前教育研究》2005：10

（四）家庭教育研究

《家庭美育的心理建构及实施途径》（邱云，《学前教育研究》1997：3）该文指出，美育对幼儿的影响是一个长期的无意识与有意识心理沉淀的结果。如果家长能有意识地创造一个美的客观环境，使幼儿在潜移默化中形成美的行为和观点，则易使日常生活中隐性的美育产生正向功能和效果。美育开始于新的生命孕育，主要通过无意识生命作用，深刻影响着幼儿日常的衣食住行。家长应以身作则，创造美的环境，使美育产生正向效果；让幼儿接触大自然和社会，欣赏大自然和社会的美；应让幼儿在欣赏艺术和参加艺术实践的活动中受到审美教育。

表 7-37　　　　　　　**1992—2005 年家庭教育研究其他成果**

成果名称	作者	发表刊物（出版社）及时间
马卡连柯家庭教育观评介	陈伙平	《福建师范大学学报》（哲学社会科学版）1993:1
家庭教育	林少玉	福建少年儿童出版社,1995
家庭教育漫话	林少玉	海风出版社,1998
小学生家长手册	陈伙平	海南出版社,1999
福建省家长服刑的子女家庭教育调查研究	陈伙平	《福建师范大学学报》（哲学社会科学版）2005:2

（五）特殊教育研究

《**双语教学：希望与困惑——兼论我国聋校语言教学的发展与改革**》（泉州师范学院李尚生，《中国特殊教育》2002:3）该文认为双语教学的先进理念在国外的成功，对中国的聋校语言教学产生积极的影响，并带来新的希望，但在条件还未成熟的时候，急于在国内推行双语教学或生搬硬套都是不可取的；在中国，大面积的推行双语教学的时机还未成熟，要根本改变中国聋校语言教学的现状，必须在吸取外国先进经验的同时，创建一个具有中国特色的语言教学体系。

《**我国高校特殊需要学生体育教育三种模式的分析与审视——基于生命关怀的理念**》（福建师范大学吴燕丹、黄汉升，《中国特殊教育》2005:12）该文通过调查与资料分析，发现中国大学生特殊需要学生的体育教育模式主要有单设保健班、随班就读、免修体育三种模式，但长期以来由于缺乏普适的课程指导纲要和相应的体质标准，特殊需要学生的身体障碍接受问题没有得到很好解决，使得这些模式并不能真正实现帮助每一个学生发展的体育教育目标。对此，该文指出特殊体育教育的发展，应在重视对个体生命关怀的前提下，从政策法规、课程设计、援助系统等方面进行全面的改革。

表 7-38　　　　　　　**1992—2005 年特殊教育研究其他成果**

成果名称	作者	发表刊物（出版社）及时间
重审手语的语言资格	李尚生	《中国特殊教育》2000:4
特殊学校教师对知识技能重要性态度的调查研究	甘昭良	《中国特殊教育》2003:4
韩国特殊教育现状的研究	吴春玉	《中国特殊教育》2003:4

续表 7—38

成果名称	作　者	发表刊物(出版社)及时间
关于我国特殊教育师资职后教育的问题与思索	杨锦龙	《中国特殊教育》2004:1
福建省特殊教育师资现状的调查研究	甘昭良	《中国特殊教育》2004:4
高校特殊群体学生体育教育若干问题的思考	吴燕丹 白永正	《上海体育大学学报》2005:4
普通高校特殊学生群体体育教材内容的设计与开发	吴燕丹 胡晓飞	《北京体育大学学报》2005:7

中华人民共和国地方志

福建省志

社会科学志（1992—2005）

（下册）

福建省地方志编纂委员会 编

社会科学文献出版社

目　　录

上　　册

下　册

Contents

Volume 1

第八章　文学艺术研究

第一节　文艺理论研究

一、学科建设与学术研究

（一）学科建设

福建省文艺理论研究力量主要集中在厦门大学、福建师范大学、福建社会科学院、漳州师范学院、集美大学、华侨大学、福建省文联和福建艺术研究院等单位。福建省美学学会、福建省文学学会文艺理论研究会在此期间组织开展一些学术研究和学术交流活动。1990年福建师范大学中文系获得文艺学硕士学位授予权，1993年厦门大学中文系取得文艺学硕士学位授予权。2003年，经国务院学位委员会批准，厦门大学和福建师范大学同时获文艺学博士学位授予权。

（二）学术研究

1992—2005年，福建省的文艺理论研究主要在以下几个方面：第一，"新时期文论"的拓展与深化；第二，文艺理论研究新领域的开创；第三，文艺理论基础问题研究与教材建设；第四，文学史理论的建构；第五，古代文论、西方文论与比较文艺学研究。

这一时期，该学科获得国家社会科学基金项目9项：文学创作、文学理论与中国文化研究——当代中国文学与汉语形式（福建社会科学院南帆，1997）、中国现代作家论研究（福建省社会科学界联合会杨健民，1999）、五四文学思潮中的科学主义脉理（厦门大学俞兆平，2001）、文学基础理论中的重大问题研究（南帆，2001）、文化诗学的中国化及其实践（漳州师范学院林继中，2001）、超文本之兴：信息科技与文学变革（厦门大学黄鸣奋，2002）、《四库全书总目》中的文学批评（福建师范大学郭丹，2003）、现代性与20世纪中国文学思潮（厦门大学杨春时，2004）、宗白华朱光潜美学比较研究（厦门大学肖湛，2005）；获得教育部人文社会科学基金项目4项：主体间性与文学理论现代性问题（杨春时，2001）、网络媒体与艺术发展（黄鸣奋，2001）、互联网与艺术产业（黄鸣奋，2005）、浪漫主义思潮在中国的接受与分化（俞兆平，2005）；同期，还获得福建省社会科学规划项目 12 项。

该学科研究获得福建省社会科学优秀成果奖 32 项：《中国近代美学思想史》（第二届二等奖，厦门大学卢善庆）、《毛泽东与美学》（第二届二等奖，福建师范大学郑松生）、《文心雕龙研究》（第二届二等奖，福建师范大学穆克宏）、《艺术人类学》（第二届二等奖，厦门大学易中天）、《艺术感觉论》（第二届三等奖，杨健民）、《文艺象征论》（第二届三等奖，厦门大学林兴宅）、《闻一多美学思想论稿》（第二届三等奖，俞兆平）、《文学兴衰初探》（第二届三等奖，厦门大学赖干坚）、《西方文论》系列论文（第二届三等奖，漳州师范学院刘庆璋）、《欧美文学理论史》（第三届二等奖，刘庆璋）、《象征论文艺学导论》（第三届二等奖，林兴宅）、《个案与历史氛围——真、现实主义、所指》（第三届三等奖，张帆即南帆）、《文艺修辞学导论》（第三届三等奖，福建师范大学郑颐寿）、《文学的维度》（第四届一等奖，南帆）、《中国梦文化史》（第四届二等奖，杨健民）、《电脑艺术学》（第四届二等奖，黄鸣奋）、《论幽默逻辑》（第四届三等奖，福建师范大学孙绍振）、《中国现代文学史研究史论》（第四届三等奖，福建省文联许怀中）、《比较诗学》系列论文（第四届三等奖，刘庆璋）、《从西方文论的独白到中西文论对话》（第五届一等奖，孙绍振）、《超文本诗学》（第五届一等奖，黄鸣奋）、《写实与浪漫——科学主义视野中的"五四"文学思潮》（第五届二等奖，俞兆平）、《文学理论新读本》（第五届二等奖，南帆）、《文学理论：从主体性到主体间性》（第五届三等奖，杨春时）、《文本·语言·主题——寻找批评的途径》（第五届三等奖，厦门大学冯寿农）、《诗歌文体学导论》（第五届三等奖，福建师范大学王珂）、《理论的紧张》（第六届一等奖，南帆）、《批评的批评——中国现代作家论研究》（第六届二等奖，杨健民）、《美学的浪漫主义与政治学的浪漫主义》（第六届二等奖，俞兆平）、《文学与仪式——文学人类学的一个文化视野》（第六届三等奖，厦门大学彭兆荣）、《魏晋南北朝文论全编》（第六届三等奖，穆克宏、郭丹）、《文艺传播论》（第六届三等奖，福建师范大学谭华孚）。

（三）学术会议

1994 年 4 月，中国社会科学院文学研究所、江苏社会科学院《江海学刊》、上海社会科学院文学研究所、西北大学文化研究中心联合举办，漳州师范学院承办的文学史观与文学史学研讨会在漳州举行，会议讨论如何建立科学的文学史观和文学史研究方法论等理论问题。

1997 年 12 月，中国社会科学院文学所、江苏社会科学院《江海学刊》、上海社会科学院文学所、福建师范大学、漳州师范学院联合举办的全国文学史学研讨会在莆田举行，会议讨论文学史的学科性质和理论建构问题。

2000 年 11 月，《文艺理论研究》编辑部、山东大学《文史哲》编辑部和漳州师范学院联合发起的中国第一届文化诗学学术研讨会在漳州师范学院召开。北京、上海、山东、福建等省市的高校及科研机构的 40 多位学者出席会议。会议中心议题是：文化诗学的理论特色、学术空间和研究方法。

2004 年 12 月，漳州师范学院、《文艺报》社、《文艺理论与批评》杂志社联合主办的全国首届叙事学学术研讨会在漳州召开。会议就叙事学理论现状与前景、文学叙事与文化诗学视域、叙事学的中国化及实践、经典与后经典叙事等问题进行研讨。

2005 年 5 月，厦门大学中文系、省文联文艺理论研究室、省当代文学研究会、省文艺理论研究会主办的 2005 年福建省文艺理论研讨会在福州举行。与会学者就文艺理论研究状况展开讨论，总结福建省文艺理论研究取得的成就，分析存在的问题，提出今后的研究方向。

二、主要学术成果

（一）"新时期文论"研究

《象征论文艺学导论》（林兴宅，人民文学出版社，1993）该书提出象征论文艺学的逻辑构架。认为文艺的本质特性不是"认识"而是"象征"，文艺即是人的生存境况及理想追求的一种象征，因此应把"象征"作为文艺学的核心范畴；据此构筑象征论文艺学的逻辑构架，展开对文艺的基本问题尤其是文艺的本质与价值问题的探讨。

《大探索：文艺哲学的现代转型》（林兴宅，福建人民出版社，2000）该书反思旧文艺学体系，用新概念和方法重新阐释文艺活动的本质、规律、特性。该书内容包括三个部分：上篇为文艺哲学的反思与重构，批判文艺反映论，提出文艺学范式转换的关键是超越认识论模式；中篇为换一种角度思考艺术之谜，认为艺术审美的真正秘密在于艺术作品内在的象征机制；下编记述文艺学新概念，认为艺术作品是一个具有层次结构的系统，艺术的生命力是审美系统的功能现象。

《审美价值结构与情感逻辑》（孙绍振，华中师范大学出版社，2000）该书从多个角度探讨美学原则，诗的想象，小说的横向与纵向结构，形象的三维结构与作家的内在自由，审美价值结构及其升值贬值运动等内容，提出"情感逻辑"和"幽默情感逻辑"等重要概念。本书还讨论西方文论的引进和中国文学经典解读问题，并对绝句的结构、古典诗歌节奏的稳态和动态结构、宋江形象的悲剧性质、赤壁之战的魅力进行分析和解读。

《文学理论新读本》（南帆主编，浙江文艺出版社，2002）该书作为高校文科试验教材，主要阐述：一些虚构的语言为什么具有如此的魅力？谁组织了这种特殊的语言？这种语言具有哪些类型？历史上出现过哪些文学类型？现今，文学与其他文化门类具有哪些联系？进而探讨文学批评与文学阐释问题。全书内容分为五部分：导言文学理论：开放的研究；第一编文学的构成；第二编历史与理论；第三编文学与文化；第四编批评与阐释。

《文学概论》（杨春时、俞兆平、黄鸣奋，人民文学出版社，2003）该书从原型层面、现实层面和审美层面阐释文学的三重结构，提出文学的多重本质观，借此解决文学本质问题上的意识形态论与审美论的争执，进而更合理地阐释各种文学形态的性质。本书内容：第一编总体论，阐述文学的性质、起源、历史发展、社会作用等基本问题；第二编文本论，论述文本的结构和意义、文学语言的性质和构成等问题；第三编创作论，讨论文学创作的主体与客体等；第四编接受论，阐述文学接受问题。

表 8—1 **1992—2005 年"新时期文论"研究其他成果**

成果名称	作者	发表刊物（出版社）及时间
文艺象征论：关于艺术本质的一种理解	林兴宅	福建人民出版社，1992
个案与历史氛围——真、现实主义、所指	南帆	《上海文学》1995：11
从工具论到目的论	孙绍振	《文艺理论研究》1997：6
文学本质新论	杨春时	《学术月刊》1999：4
文艺美学构想论	戴冠青	作家出版社，2000
审美形象的创造：文学创作论	孙绍振	海峡文艺出版社，2000
人的确证——人类学艺术原理	易中天	上海文艺出版社，2001
超越旧模式	林兴宅	广西师范大学出版社，2003
"文学基础理论的重大问题研究"述要	南帆 刘小新	《文艺研究》2003：4
美学的问题与历史	易中天	复旦大学出版社，2004
写作情感论	刘新华	海潮摄影艺术出版社，2004
"中间人物"论的美学背景及其人物类型	余岱宗	《福建师范大学学报》（哲学社会科学版）2004：1
试论审美想象的艺术功能	游小波	《福州大学学报》（哲学社会科学版）2004：2

（二）古代文论、西方文论与比较文艺学研究

1. 古代文论研究

《中国诗学体系论》（福建师范大学陈良运，中国社会科学出版社，1992）该书立足于中国诗学理论发展的实际过程，抓取志、情、象、境、神五个根本范畴，追索其发展演变和相互关系，建构传统诗歌美学的基本框架。具体分为五篇："言志篇"、"缘情篇"、"立象篇"、"创境篇"、"入神篇"，认为"言志"、"缘情"、"立象"、"创境"、"入神"五大审美观念是一个相互联系的有机整体，共同构成中国的诗学体系。

《魏晋南北朝文论全编》（穆克宏、郭丹，江苏教育出版社，1996）该书汇编魏晋南北朝的文论，反映这一时期文学理论的全貌。全书按作者卒年排列，入选的每篇文论作品，皆分为说明、原文、注释三部分。辑录阮瑀、陈琳、应玚、杨修、曹丕、曹植、桓范、成公绥、傅玄、皇甫谧、杜预、荀蜀、陆机、陆云、左思、卫权、刘逵、张辅、挚虞、干宝、李充、郭璞、葛洪、王嘉、范宁、陶渊明、谢灵运、刘义庆、范晔、颜延之、刘彧、檀道鸾、张融、陆厥、江淹、任昉、沈约、钟嵘等家文论。

《情志·兴象·境界——传统文论之重组》（林继中，《文学评论》2001：2）该文认为中西文化应该互相认同，新文化之构建首先应做好自身的清理工作。以中国传统文论为例，其中有许多认知是可以与西方相沟通的。而这些文论又有自成体系的话语，适于表述中国文学史与文学实践的特殊现象，如情志、兴象、境界等范畴，既体现中国诗学独特的思维方式，又与西方现代文论思潮有所交叉，可以相互借鉴。

表 8-2　　　　　　　　　**1992—2005 年古代文论研究其他成果**

成果名称	作　者	发表刊物（出版社）及时间
文与质、艺与道	陈良运	中国人民大学出版社,1992
兴象发挥——盛唐文评管窥之二	林继中	《文艺理论研究》1992:3
研究古代文论的几点心得	陈良运	《文艺理论研究》1993:6
中国诗学批评史	陈良运	江西人民出版社,1995
司空图《诗品》之美学构架	陈良运	《文艺研究》1996:1
论理学文化观念与宋代诗学	许　总	《学术月刊》2000:6
文质彬彬	陈良运	百花洲文艺出版社,2001
当代文论建设中的古代文论	陈良运	《文学评论》2002:2
直寻、现量与诗性直觉	林继中	《文艺理论研究》2002:4
诗可以兴——古文论范畴的动态结构例说	林继中	《文艺理论研究》2003:3
"物色"别解与"审美心理"试说	陈良运	《文艺理论研究》2004:2
《周易》与《文心雕龙》研究的回顾与展望	黄高宪	《周易研究》2004:2

2. 西方文论研究

《欧美文学理论史》（刘庆璋，福建教育出版社，1995）该书认为欧美文论自古希腊开始，经过漫长时期的柏拉图理论传统（柏拉图文论是文艺"表现说"的源头，及至华兹华斯的《序言》标志"表现论"正式问世）和亚里士多德理论传统（"摹仿说"）或交叉或平行的发展，直到康德，提出迥然不同于前两者的文艺本质论——文艺"审美说"。研究文学的视角从主要注意于文学与外部世界的关系——"摹仿说"和文学与作者的关系——"表现说"，进展为集中注意于文学自身特具的审美价值。

《另一种东方主义：超越后殖民主义文化批判》〔厦门大学周宁，《厦门大学学报》（哲学社会科学版）2004：6〕该文认为后殖民主义文化批判遮蔽另一种东方主义。西方文化传统中，有两种"东方主义"，一种是否定的、意识形态性的东方主义，一种是肯定的、乌托邦式的东方主义。前者构筑低劣、被动、堕落、邪恶的东方形象，成为西方帝国主义意识形态的一种"精心谋划"；后者却将东方理想化为幸福与智慧的乐园，成为超越与批判不同时代西方社会意识形态的乌托邦。后殖民主义文化批判只关注否定的、意识形态性的东方主义，但是肯定的、乌托邦式的东方主义，在西方文化中历史更悠久、影响更深远，涉及的地域也更为广泛。它所表现的西方世界观念中特有的开放与包容性、正义与超越、自我怀疑与自我批判的精神，是西方文化创造性的生机所在，也是人们在现代化语境中真正值得反思、借鉴的内容。

表8—3　　　　　　　**1992—2005年西方文论研究其他成果**

成果名称	作者	发表刊物（出版社）及时间
文学的"本体性"与文学的"内在研究"——雷纳·威勒克批评思想的核心	胡苏晓　王　诺	《外国文学评论》1992：1
精神分析与文艺理论——从文艺角度看弗洛伊德	刘庆璋	《文艺理论研究》1993：5
简单化思维模式的谬误——从西方文论史的研究谈起	刘庆璋	《江海学刊》1994：5
"反对释义"的理论与实践——桑塔格和她的《我等之辈》	王予霞	《外国文学评论》1998：4
华兹华斯诗学	苏文菁	社会科学文献出版社，2000
苏珊·桑塔格研究的新动向	王予霞	《外国文学动态》2000：1
20世纪法国文学批评	冯寿农	《厦门大学学报》（哲学社会科学版）2000：4
世纪西方文学批评的四种范式	周　宁	《厦门大学学报》（哲学社会科学版）2001：2
生态批评：发展与渊源	王　诺	《文艺研究》2002：3
语言学的转向给文学批评带来的革命	冯寿农	《外国语言文学》2003：1
艺术自律与先锋派及介入	郑国庆	《读书》2003：10
苏珊·桑塔格纵论	王予霞	民族出版社，2004

3. 比较文艺学研究

《西方文论的引进和我国文学经典的解读》（孙绍振，《文学评论》1999：5）该文对 20 世纪 30 年代引进革命文学理论与 80 年代以来大量引进西方文论进行比较：话语的硬性封闭和弹性派生，从一元延续到多元共生。追逐新潮，多元话语交织，产生中国当代文论话语和范畴的断裂和错位。作者认为：引进理论，解读经典文本，不应简单地求同，而应着力在求异之中达到突破和创造。

《从西方文论的独白到中西文论对话》（孙绍振，《文学评论》2001：1）该文认为：中国近百年的文论史，在很大程度上，是西方文论的独白史。全盘接受西方文论，导致对民族独创性这一目标的遗忘。要提倡真正的、平等的、深度的中西方文论的对话。通过对话，对西方文论进行补充、修正、改造、衍生甚至全部或部分地颠覆；对中国文学理论进行创造性的建构。

《西方的中国形象研究——关于形象学学科领域与研究范型的对话》（周宁，《中国比较文学》2005：2）该文认为：形象学研究涉及比较文化与比较文学两个学科领域。在比较文学视野内，这方面的研究有时显得领域过宽，因为对异国形象的分析，总离不开社会历史与文化语境，研究观念与方法也不限于文学；在比较文化视野内，它的疆域往往又显得过窄，因为异国形象作为一种关于文化他者的集体想象，不同类型的文本是相互参照印证、共同生成的，又不能仅限于文学。文章阐释形象学研究的学科归属、理论前提、研究对象、研究范型等问题。

表 8—4　　　　　　　　**1992—2005 年比较文艺学研究其他成果**

成果名称	作　者	发表刊物（出版社）及时间
从比较文学角度看李渔戏剧理论的价值	李万钧	《文艺研究》1996：1
中西方诗本体论探微	王　珂	《社会科学战线》1996：2
《文心雕龙》的价值及比较的误区	李万钧	《中国比较文学》1996：3
金圣叹与黑格尔：叙事文学理论的两座高峰	刘庆璋	《文艺理论研究》1997：3
迈向中西比较戏剧学的起点	周　宁	《戏剧艺术》1997：1
跨文化比较：中国古代为什么缺少文体意义上的悲剧	朱　玲	《华南师范大学学报》2001：2
混融的思维——论京派批评家对中西文学批评范式的融合	黄　键	《浙江学刊》2001：1
跨越话语的门槛——在《文心雕龙》与《诗学》之间	王毓红	学苑出版社，2002

续表 8—4

成果名称	作　者	发表刊物（出版社）及时间
审美直觉说在 20 世纪中国文论中的演化	刘小新	《文艺理论研究》2002；3
中国形象：西方的学说与传说	周　宁	学苑出版社，2004
汉学或"汉学主义"	周　宁	《厦门大学学报》（哲学社会科学版）2004：1
中西之辨：中国的现代性视界	蔡江珍	《中国比较文学》2004；2
后殖民主义文化批判与中国形象研究	周　宁	《东南学术》2005；1

（三）文学史理论研究

《中国现代文学史研究史论》（许怀中，厦门大学出版社，1997）该书分为三大部分：上编"流程论"，梳理中国现代文学史写作的历史脉络。作者把现代文学史研究分为四个阶段：从萌芽到雏形、从建立到奠定、从曲折到复苏、从复苏到发展。中编"史学论"包括重写文学史和文学史研究方法论两个部分，提出中国现代文学史研究的史学理论具有多重意义和内涵。下编"构成论"，讨论文学史的构成要素。认为文学史研究的结构包括四个层次：一是作家作品，二是文学思潮流派，三是文学社团，四是理论主张、批评与文学论争。

《写实与浪漫：科学主义视野中的"五四"文学思潮》（俞兆平，上海三联书店，2001）该书是探讨 20 世纪中国文化哲学思潮的专著。作者以 20 世纪西方文化哲学思潮的演变作为参照，总结和回顾近百年来中国文化哲学思潮演进、发展的历程，梳理中国文化哲学的基本流派及其分野，集中论述唯物史观学派文化哲学、自由主义西化派文化哲学、保守主义派文化哲学相互对立、互动而发展的机制；对中国文化哲学论争的诸多核心问题作了描述和解析。

《批评的批评：中国现代作家论研究》（杨健民，海峡文艺出版社，2004）该书从"五四"初期文学批评的两极进入问题的阐释，即胡适的唯"客观"批评论与周作人的唯"主观"批评论的两极，前者将批评视为"生物学"研究，后者则过于印象化。这两种观念显然都难以真正有效地阐释"五四"文学实践的丰富经验，也不可能真正深刻地介入日益活跃的新文学运动。正是在这一剧烈的历史脉动中，作为一种新文化文体的"现代作家论"应运而生。而茅盾则起到批评观念与范式转换从而建构文学批评现代性的重要作用。

表 8—5   **1992—2005 年文学史理论研究其他成果**

成果名称	作　者	发表刊物（出版社）及时间
论五四时期文学主张与康德美学的关系	俞兆平	《贵州社会科学》1993:6
文学史学探索	姚　楠	中国文联出版社,1999
文学史:核心概念的发现	南　帆	《南方文坛》2000:1
"五四"文学批评背景与中国现代作家论的诞生	杨健民	《福建论坛》2000:6
历史的潜流:清代学术、思想与"五四"	郑家建	《文艺理论研究》2001:1
文学史的叙述问题——文学史学的基本话语研究	郑家建	《东南学术》2001:1
文学史写作:个人话语与普遍话语	南　帆	《文学评论》2001:2
八十年代以来京派批评研究综论	黄　键	《福建师范大学学报》(哲学社会科学版)2001:4
茅盾前期文学批评观的转型与作家论的视角	杨健民	《福建论坛》2001:6
20 世纪中国文学批评现象的反思	景国劲	《文艺研究》2002:4
二十世纪中国文学批评形态的流变	景国劲	《山西师大学报》2003:3
蔓状生长的文学史模式	林继中	《文学评论》2004:3
美学的浪漫主义和政治学的浪漫主义	俞兆平	《学术月刊》2004:4

（四）文艺理论研究

1. 叙事、话语与修辞研究

《文学的维度》（南帆，上海三联书店，1998）该书以文学与语言之间的辩证关系为论述核心，从文学真实、修辞、叙事话语、文类等方面，对新时期以来的中国文学创作及其模式嬗变进行分析，并将文学的维度延伸到文化层面。该书对西方叙事理论的应用一改过去的介绍和简单挪用，而是将理论、作品、批评结合起来，既有对文学维度的探讨，更有对文化意蕴的关注。

《文学言语的多维空间》（福建师范大学祝敏青，福建人民出版社，2005）该书包括文学语境的多维视界、文学言语的多维坐标、文学视野中的对话审美、解构中重新建构的文学语符四编内容。作者注重文学语境研究，阐释文学语境的语符层面、认知层面和审美层面的含义，在此基础上探讨"文学语音的审美质感"、"文学视域中的修辞幻象"和"文学审美形态中的预设话语"等问题。

表 8—6　　　　　　**1992—2005 年叙事、话语与修辞研究其他成果**

成果名称	作　者	发表刊物（出版社）及时间
离心接受和向心接受	唐　跃 谭学纯	《文艺理论研究》1992:4
静态接受和动态接受	唐　跃 谭学纯	《文艺研究》1992:4
叙事话语:影响与转换	南　帆	《文艺理论研究》1994:3
抒情话语与抒情诗	南　帆	《文艺研究》1996:2
修辞:话语系统与权力	南　帆	《上海文学》1996:12
后现代叙事话语	巫汉祥	《厦门大学学报》(哲学社会科学版)1999:1
叙事模式研究:结构主义与后结构主义	余岱宗	《海南师范学院学报》2005:2
泛政治化文学叙事的文化检讨	李晓宁	《文艺理论与批评》2005:3

2. 文化研究

《理论的紧张》（南帆，上海三联书店，2003）该书内容包括四辑：文学批评与文化研究、理论的紧张、大概念迷信和电子时代的文学。着重探讨文化研究与文学批评的关系，认为文化研究和电子时代对文学理论构成一系列的挑战，也为文学理论走向开放研究提供了契机。

《后现代消费文化及其对文学的影响》（福建社会科学院管宁、魏然，《文艺理论研究》2005：5）该文从消费文化语境角度，探讨 20 世纪 90 年代以来文学在表现方式和审美特征上所发生的重要变化。文章在阐述消费社会、后现代消费文化的基本特征及其与当代传媒之间关系的基础上，提出"传媒场域"的概念，阐述中国消费文化的特点及消费文化语境对文学的深刻影响，揭示 20 世纪 90 年代以来文学审美形态所发生的变化及其动因。

表 8—7　　　　　　**1992—2005 年文化研究其他成果**

成果名称	作　者	发表刊物（出版社）及时间
文化选择及其从俗趋势:文学演进的文化动力讨论	林继中	《文艺理论研究》1994:6
沉郁:士大夫文化心理的积淀	林继中	《文艺理论研究》1995:6
大众文化亟须"身份确认"	王　珂	《文艺理论研究》2001:3
文化诗学刍议	林继中	《文史哲》2001:3
双重视野与文化研究	南　帆	《读书》2001:4

续表 8—7

成果名称	作　者	发表刊物（出版社）及时间
空洞的理念——"纯文学"之辩	南　帆	《上海文学》2001：6
文学批评的转移	南　帆	《东南学术》2002：1
文化研究：开启新的视域	南　帆	《南方文坛》2002：3
消费社会中学术视阈的转换与拓展	管　宁	《福建论坛》2003：6
文化研究：现实背景与未来选择	管　宁	《河北学刊》2004：5
文化研究：打开了什么？	南　帆	《文艺报》2005.1.11
不竭的挑战	南　帆	《当代作家评论》2005：3
中国大众文化研究的理论根基与发展现状	徐　辉	《厦门大学学报》（哲学社会科学版）2005：4
文化研究的激进与暧昧	刘小新	《文艺研究》2005：7

3. 现代性与文艺理论研究

《中国文学理论的现代性问题》（杨春时，《学术研究》2000：11）该文认为：文学作为一种审美活动，它的现代性属于超越的现代性层面。文学理论的现代性是对文学现代性的认同，本质上肯定文学的非理性和超越性。改革开放后，中国文论开始接续"五四"现代性传统，与现代西方文论交流接轨，但面临几重困境。突破困境的办法，归根结底就是在中国社会生活和文学发展中，清除理性主义残余，确立文学的超理性本质，同时处理好文论现代性建设与后现代理论借鉴之间的矛盾。

《现代性、民族与文学理论》（南帆，《文学评论》2004：1）该文认为，中国文学理论的现代转向是进入现代性话语的后果。知识范式的转换导致中国古代文学理论的衰竭。同时，阶级认同和民族认同的关系成为文学理论面临的复杂问题。该文提出三个重要原则：现代性话语平台；何谓本土；中国经验的阐释。

表 8—8　　　**1992—2005 年现代性与文艺理论研究其他成果**

成果名称	作　者	发表刊物（出版社）及时间
双重的解读	南　帆	《文学评论》1998：5
"文学现代性"讨论没有意义吗？	杨春时	《文艺争鸣》2001：1
现代性与传统文学规范——20 世纪文学的历史性对话	包恒新	《福建论坛》2001：3
论审美现代性	杨春时	《学术月刊》2001：5

续表8—8

成果名称	作　者	发表刊物（出版社）及时间
文学性与现代性——《一个非文学性命题》引发的理论问题	杨春时	《学术研究》2001：11
现代性视野中的文学与美学	杨春时	黑龙江教育出版社，2002
在西方现代性中发现中国历史	周　宁	《厦门大学学报》（哲学社会科学版）2005：5
现代性与二十世纪中国文学思潮的特性	杨春时	《文艺研究》2005：12

4. 新媒体文艺学研究

《双重视域：当代电子文化分析》（南帆，江苏人民出版社，2001）该书阐述电子传播媒介正在深刻地改变我们周围的文化、政治和经济。电子传播媒介不仅形成新型的民主和解放，同时也产生新型的权力和控制，人们必须在双重的视域中重新勘测种种传统的文化坐标。全书包括"引言"、"转换"、"新的浮现"三个部分，讨论启蒙与操纵、真实的神话、影像时代、电影院的兴衰、声音社会的诞生、没有重量的空间、网络的话语、技术与机械制造的抒情形式、身体的叙事、广告与欲望修辞学、消费历史、游荡网络的文学等问题。

《超文本诗学》（黄鸣奋，厦门大学出版社，2002）该书从超文本产生的历史语境、超文本与信息科技、超文本与社会思潮、作为范畴的超文本、作为课件的超文本、超文本美学、超文本网络与文艺规范和超文本的未来等八个方面，介绍超文本的发展历史，探讨超文本与西方马克思主义及后现代主义的联系，并分析了超文本对教育建构化、集成化及远程化的影响，以及建立超文本美学的可能性，并对与其相适应的超写作、超阅读、超比喻、超文本的技术规范、版权规范、社会规范予以探讨。

《虚拟空间的美学现实：数字媒体审美文化》（谭华孚，海峡文艺出版社，2003）该书针对20世纪90年代以来网络文学、电脑美术、电子音乐等构筑起的当代审美景观，对其蕴涵的数字媒体审美文化进行探讨，梳理其门类、解析其典型文本，将其纳入文化研究与美学考察的范畴进行讨论。

表8—9　　　　**1992—2005年新媒体文艺学研究其他成果**

成果名称	作　者	发表刊物（出版社）及时间
电子艺术学	黄鸣奋	科学出版社，1999
没有重量的空间	南　帆	《电影艺术》2000：4
网络的话语	南　帆	《文艺研究》2000：5
女娲、维纳斯，抑或魔鬼终结者？——电脑、电脑文艺与电脑文艺学	黄鸣奋	《文学评论》2000：5

续表 8-9

成果名称	作　者	发表刊物(出版社)及时间
超文本探秘	黄鸣奋	《文艺理论研究》2000:6
启蒙与操纵	南　帆	《文学评论》2001:1
科学主义与人文主义:电脑艺术的取向	黄鸣奋	《厦门大学学报》(哲学社会科学版)2002:6
网络媒体与艺术发展	黄鸣奋	厦门大学出版社,2004
数码艺术学	黄鸣奋	学林出版社,2004
文艺传播论:当代传媒技术革命中的艺术生态	谭华孚	海峡文艺出版社,2004
数码艺术50年:理念、技术与创新	黄鸣奋	《文艺理论研究》2004:6
电子边疆艺术:想象与现实的会聚	黄鸣奋	《文史哲》2005:4

5. 文化诗学研究

《走向文化诗学》(刘庆璋、胡金定，福建教育出版社，2000)该书包括"文化诗学的诗学新意"、"文学的文化建构初论"、"中国文化与日本文化的异同"、"'象外之象'的现代阐释"、"金圣叹与黑格尔"、"以心统境与境通心"、"论汉代恋情赋"、"徐志摩诗歌艺术美探微"、"王国维与康德:中西诗学对话"等37篇论文。

《文化诗学刍议》(林继中，《文史哲》2001:3)该文提出整体性研究是文化诗学生命之所在，所谓整体性研究即以宏阔的文化视野对文学进行全方位的审视，采用跨学科的方法，从多学科的视角观照文学。作者认为:双向建构是文化诗学的基本方法，其要点是:一曰"内外"，即阐释文学文本与外部世界的互动关系;二曰"中西"，即关注不同文化间的沟通，寻找中西文化间的契合点与生长点;三曰"古今"，即文史互动，今古互动，使文学文本具有历史的与当代的双重意义。

表 8-10　　　　1992—2005 年文化诗学研究其他成果

成果名称	作　者	发表刊物(出版社)及时间
文化诗学的诗学新意	刘庆璋	《文艺理论研究》2000:2
寻根与探路:朱光潜的文化诗学探索	黄　键	《东北师大学报》2001:2
建构中国学人的文化诗学话语	刘庆璋	《文艺理论研究》2001:3
文化诗学学理特色初探——兼及我国第一次文化诗学学术研讨会	刘庆璋	《文史哲》2001:3
华人文化诗学:华文文学研究的范式转移	刘登翰 刘小新	《东南学术》2004:6
从华文文学批评到华人文化诗学	刘小新	《福建论坛》2004:11

6. 主体间性文艺学与后实践美学研究

《文学理论：从主体性到主体间性》（杨春时，《厦门大学学报》（哲学社会科学版）2002：1）该文认为西方现代哲学、美学发生由主体性到主体间性的转向，而中国古代哲学、美学本来就是主体间性的。在20世纪80年代确立主体性后，新世纪的中国文学理论应当开始主体间性的拓展。主体间性文学理论突破认识论的局限，不是把文学活动看作主体对客体的认识和征服，而是看作主体间的共在，是自我主体与世界主体间的对话、交往，是对自我与他人的认同，因而是自由的生存方式和对生存意义的体验。

《主客体关系与当代美学建构：从实践美学的主体性到后实践美学的主体间性》（杨春时，《学术月刊》2002：9）该文指出：后实践美学的建设已经获得重要成果，而清理实践美学的主体性，实现主体间性的转向是后实践美学建设的新的重要任务。主体间性理论是后实践美学的理论基础，只有在主体间性的基础上，后实践美学才能成为成熟的现代美学。

表8—11　　　**1992—2005年主体间性文艺学与后实践美学研究其他成果**

成果名称	作　者	发表刊物（出版社）及时间
对《"后实践美学"质疑》的质疑	杨春时	《哲学动态》2001：1
新实践美学不能走出实践美学的困境——答易中天先生	杨春时	《学术月刊》2002：1
走向"后实践美学"，还是"新实践美学"——与杨春时先生商榷	易中天	《学术月刊》2002：1
从实践美学的主体性到后实践美学的主体间性	杨春时	《厦门大学学报》（哲学社会科学版）2002：5
论美学与文艺学的内在主体间性	巫汉祥	《厦门大学学报》（哲学社会科学版）2003：6
主体性美学与主体间性美学	杨春时	《东南学术》2004：1
论生态美学的主体间性	杨春时	《贵州师范大学学报》2004：1
论文学语言的主体间性	杨春时	《厦门大学学报》（哲学社会科学版）2004：5

7. 微观文艺学与文学教育理论研究

《微观分析是宏观理论的基础》（孙绍振，《北京大学学报》2003：5）该文认为缺乏微观分析作为根基，宏观的学术理论必然要成为空洞的、虚弱的套话。文学教学基础的基础就是对文本直接的解读和体悟。从认知的规律来说，本来就是从个别到一般，再从一般到个别。没有对于文学文本的具体理解和感受能力，对文学的一般规律和历史规律的理解就失去基础。

《语文：表现与存在》（福建师范大学潘新和，福建人民出版社，2004）该书从语文教育理论和语文教育实践两个方面对传统的语文学和写作学进行研究。全书分为上、下两卷，上卷阐释语文教育原理，包括"人的确证"、"主体论"、"语感中心说"、"言语生命动力学"、"师生关系论"、"表现论阅读视界"等内容；下卷为语文教育实践论，探讨"语文教师"、"教学目的"、"动力指向"、"言语教学法"、"养护言语个性和精神创造力"、"教学行为的辩证法"等问题。

表 8-12　　　　**1992—2005 年微观文艺学与文学教育理论研究其他成果**

成果名称	作　者	发表刊物（出版社）及时间
中国现代写作教育史	潘新和	福建人民出版社，1997
鲁迅"不用之用"文学教育理论内涵探析	赖瑞云	《福建师范大学学报》（哲学社会科学版）2002：4
王国维"无用之用"文学教育理论三层内涵试析	赖瑞云	《文艺理论研究》2003：1
微观分析、理论独创和教条主义	孙绍振	《文艺理论研究》2003：5
还原分析和微观欣赏	孙绍振	《名作欣赏》2004：10
对话语文	钱理群　孙绍振	福建人民出版社，2005

8. 文体研究

《诗歌文体学导论》（王珂，北方文艺出版社，2001）该书从文体学、文化学、诗歌学等角度全面研究诗的文体，将诗体理论、诗潮研究、诗人研究和具体诗作的文体研究有机融合。全书分上、中、下三篇，上篇为"文体理论研究、文体进化与诗歌本体研究"；中篇为"诗的体裁研究、诗的形体与诗的类型研究"；下篇为"诗的风格研究、诗体创造与社会文化"。

《中国 20 年代小说理论研究》（福建师范大学郑家建，《文艺理论研究》1996：2）该文从小说人物理论切入，分析研究中国 20 世纪 20 年代小说理论，认为中国 20 世纪 20 年代小说理论是现代启蒙主义思想的一部分。其中小说人物论尤其具有理论深度和价值，小说人物论充分体现中国 20 世纪 20 年代小说观念和审美意识上的现代性。

表 8—13 　　　　　**1992—2005 年文体研究其他成果**

成果名称	作　者	发表刊物（出版社）及时间
文类与散文	南　帆	《文学评论》1994:4
小说类型与文学传统	郑家建	《福建师范大学学报》（哲学社会科学版）2001:1
现代诗学视野中的刘勰诗体进化论	王　珂	《湘潭大学学报》（哲学社会科学版）2002:4

第二节　中国古代文学研究

一、学科建设与学术研究

（一）学科建设

1992 年，福建师范大学中国文学专业被评为福建省首批重点学科，由中国古代文学和中国现当代文学两个二级学科组成。1996 年，福建师范大学中国文学成为福建省首批"211 工程"重点学科。1995 年，该校中国语言文学学科成为首批国家文科基础学科科学研究与人才培养基地（简称"国家文科基地"），这是福建省唯一的国家文科基地中文学科点。1998 年，该校中国古代文学专业获得中国古代文学博士点，该博士点有三个招生方向：经学与先秦两汉文学、中国古代诗文、戏曲与小说。2001 年，福建师范大学文学院建立中国语言文学博士后科研流动站，同年就有博士进站从事中国古代文学研究。2003 年，该文学院整合中国古代文学、中国现当代文学和汉语言文字学三个博士点的力量，申报中国语言文学一级学科博士授权点获得批准。中国语言文学一级学科博士点可招生专业增加到 8 个，其中包括古典文献学博士点，该博士点 2004 年开始招生。

厦门大学古代文学硕士点研究领域有唐宋文学、魏晋南北朝诗歌、元明清文学（含戏曲）等三个研究方向，学术成果颇丰，唐代文学研究成果尤多。2004 年，该校又获批建立中国古典文献专业硕士点，主要研究方向为中国古典整理研究。

2003 年和 2005 年，漳州师范学院和华侨大学、集美大学先后获得中国古代文学硕士点。截至 2005 年，福建省共有中国古代文学硕士点 5 个（含厦门大学、福建师范大学的硕士点），古典文献学硕士点 2 个（福建师范大学、厦门大学）。

（二）学术研究

1992—2005 年，福建省中国古代文学研究涉及历代文学、各体文学、古代文论、古籍整理、经学与文学、宗教与文学、福建区域文学与文化等领域。其间，获国家社会科学基金项目8项：明清以来中国文学中的爱国主义传统（福建师范大学陈庆元，1995）、历史唯物主义与文学方法论研究（漳州师范学院林继中，1996）、文化诗学的中国化及其实践（林继中，2001）、明清以来重要文学流派的区域观照（陈庆元，2001）、20世纪中国综合人文社会科学期刊研究（漳州师范学院汤漳平，2002）、敦煌佛教音乐文学研究（福建师范大学李小荣，2004）、福建刻书与明代通俗文学的发展（福建师范大学涂秀虹，2004）、易学与中国古代乐律学研究（福建师范大学黄黎星，2005）。同期，获教育部人文社科基金项目1项：出土文献与中国古代文学史研究（汤漳平，2005）。

其间，该学科获得教育部人文社会科学优秀成果奖1项：《中国古代小说演变史》（第一届二等奖，福建师范大学齐裕焜）；获得福建省社会科学优秀成果奖31项：《文心雕龙研究》（第二届二等奖，福建师范大学穆克宏）、《中古文学论稿》（第二届二等奖，陈庆元）、《中国古代小说演变史》（第二届二等奖，齐裕焜）、《泉州摩崖诗刻》（第二届三等奖，泉州市博物馆庄炳章）、《台湾近代文学丛稿》（第二届三等奖，福建社会科学院汪毅夫）、《严羽生卒年及其著作考辨》（第二届三等奖，福建师范大学陈定玉）、《试论盛唐田园诗的心理依据》（第二届三等奖，林继中）、《学生古文鉴赏辞典》（第二届三等奖，陈庆元等）、《周易辞典》（第二届三等奖，福建师范大学张善文）、《杜诗赵次公先后解辑校》（第三届一等奖，林继中）、《福建文学发展史》（第三届二等奖，陈庆元）、《中国讽刺小说史》（第三届三等奖，齐裕焜等）、《滴石轩文存》（第三届三等奖，穆克宏）、《六朝山水诗史》（第三届三等奖，厦门大学王玫）、《唐五代文学编年史·晚唐卷》（第四届二等奖，厦门大学吴在庆等）、《蔡襄全集》（第四届三等奖，陈庆元等）、《严羽集》（第四届三等奖，陈定玉）、《诗国观潮》（第四届三等奖，林继中）、《昭明文选研究》（第四届三等奖，穆克宏）、《文学：地域的观照》（第五届二等奖，陈庆元）、《文学史新视野》（第五届二等奖，林继中）、《洁静精微之玄思：周易学说启示录》（第五届三等奖，张善文）、《北宋新旧党争与文学》（第五届三等奖，漳州师范学院肖庆伟）、《群经要略》（第五届三等奖，闽江学院黄高宪）、《理学与中国近古诗潮》（第五届三等奖，华侨大学许总）、《建安文学在宋代的传播》（第五届三等奖，王玫）、《大明泰始诗论》（第六届一等奖，陈庆元）、《敦煌密教文献论稿》（第六届三等奖，李小荣）、《左传国语研究》（第六届三等奖，福建师范大学郭丹）、《杜诗选评》（第六届三等奖，林继中）、《元明小说戏曲关系研究》（第六届青年佳作奖，涂秀虹）。

（三）学术会议

1992年11月，中国唐文学学会和厦门大学中文系联办的唐代文学国际学术研讨会在厦门大学举行，美国、日本、韩国、新加坡以及中国内地、港澳台专家学者120多人参加。会议围绕唐代作家、作品、文集等问题进行研讨。

1994 年 4 月，《文学遗产》编辑部、漳州师范学院主办的《文学史与文学史观研讨会》在东山县举行，与会的文学史研究专家 40 余人，会议针对当时重写文学史问题进行讨论。

2001 年 4 月，中国韵文学会、省文化厅、省文联、省旅游学会、武夷山市联合举办的中国首届柳永学术讨论会在武夷山举行。美国、加拿大、韩国及中国大陆、港澳台专家学者 100 多人参会。会议对柳永的人格精神、柳词评价、柳词的文献以及柳词与当代旧体诗词创作的关系进行探讨。会后出版论文集《柳永新论》（海峡文艺出版社，2002）。

2004 年 4 月，中国韵文学会、中国李清照辛弃疾学会、省文学学会、省旅游学会联办的武夷山辛弃疾学术讨论会在武夷山举行。日本、韩国及中国内地、港澳台专家学者 110 多人参会。会议就稼轩生平事迹、思想、政事，稼轩诗词文特别是词作了深入研讨。会议出版论文集《稼轩新论》（海峡文艺出版社，2005）。

2004 年 9 月，《文学遗产》编辑部、福建师范大学文学院主办的第四届《文学遗产》论坛在福州举办，与会者 50 多人，就中国文学史的建构以及文体、作家、文学流派等进行讨论。

二、主要学术成果

（一）先秦两汉经学与文学研究

《桂堂述学》（福建师范大学俞元桂，福建教育出版社，1997）该书分三编，上编辑录作者早年研究中国古代文学的论文，其中《汉唐千年间战争诗歌之风格》是作者在国立中山大学研究院所作的硕士论文，完稿于 1946 年，手稿藏中山大学图书馆，收入本书前未公开发表。其他数篇，是研究五言诗和《文心雕龙》等的论文。

《群经要略》（福建师范大学黄寿祺，黄高宪校注，华东师范大学出版社，2001）该书是"二十世纪国学丛书"之一。全书共分十一篇。第一篇《经名与本枝》，主要论述《十三经》的源流。第二篇专论《周易》，另有《附录》两篇：《周易名义考》、《论易学之门庭》；第三篇至第十篇分别论《尚书》、《诗经》、《三礼》、《春秋》三传、《孝经》、《论语》、《孟子》、《尔雅》；第十一篇为《总论》，对经学产生的年代、经学的流派、经学史上有争议的问题等进行论述。

《出土文物与〈楚辞·九歌〉》（汤漳平，中国社会科学出版社，2004）该书分三部分：一为《九歌》译释，根据作者的理解与研究分别对各篇作译释，并就研究中的热点问题作简括说明。二为《九歌》六论，是研究《九歌》的系列论文，分别讨论《九歌》的性质及成因、人神关系、人物形象的塑造、关于二司命等问题。与近几十年来出土的战国楚墓祭祀竹简记载与《楚辞·九歌》、《史记·封禅书》作比较，对《九歌》的整体结构与性质、创作时地等问题作了探讨，批驳"屈原否决论"与"楚辞作于汉代说"，又以最新出土文献资料为依据，运用"二重证据法"、多学科综合研究相结合，打破以文体内证、字句考释的传统方法，以广阔的文化视野研究《九歌》。三为附录，收入论文四篇，偏重于研究方法的讨论，也是对新时期以来《楚辞》研究中出现的带倾向性问题的思考。

表 8—14　　　　　**1992—2005 年先秦两汉经学与文学研究其他成果**

成果名称	作　者	发表刊物(出版社)及时间
周易辞典	张善文	上海古籍出版社,1992
楚辞选	翁银陶	福建教育出版社,1992
象数与义理	张善文	辽宁教育出版社,1993
道家文化与楚赋	汤漳平	《文学评论》1993:4
左传精华	陈庆元 郭　丹 翁银陶	天津人民出版社,1995
易经初阶	张善文	台湾顶渊文化事业有限公司,1996
诗经楚辞要义	陈庆元 林　怡	光明日报出版社,1996
论汉代恋情赋	于浴贤	《文史哲》1996:3
周易与文学	张善文	福建教育出版社,1997
十三经漫谈丛书	张善文 马重奇主编	台湾顶渊文化事业有限公司,1997—2000
历代易家与易学要籍	张善文	福建人民出版社,1998
寓言智慧	郭　丹	上海古籍出版社,1998
史传文学:文与史交融的时代画卷	郭　丹	广西师大出版社,1999
先秦两汉文论全编	郭丹主编	江苏教育出版社,2001
再论楚墓祭祀竹简与《楚辞·九歌》	汤漳平	《文学遗产》2001:4
黄寿祺论易学	黄寿祺	台北学易斋,2003
洁静精微之玄思:周易学说启示录	张善文	上海远东出版社、上海三联书店,2003
乾坤大义的现代启示	黄黎星	国际华文出版社,2003
两汉艺术精神嬗变论	徐　华	学林出版社,2003
《左传·国策》研究	郭　丹	人民文学出版社,2004
周易选评	张善文	上海古籍出版社,2004
《楚辞》译注	汤漳平	中州古籍出版社,2005
《左传》"言事相兼"的叙事特点	郭　丹	《光明日报》2005.7.29

（二）魏晋南北朝文学研究

《文心雕龙研究》（穆克宏，鹭江出版社，2002）该书把《文心雕龙》和魏晋南北朝文学史结合起来进行考察，资料翔实，还对前人研究中的某些疏漏作补证。该书注意到《文心雕龙》的文体研究，指出《文心雕龙》的文体论能融理论、批评与文学史于一炉，这是不同于亚里士多德《诗学》之处。

《中古文学论稿》（陈庆元，天津人民出版社，1992）该书重点研究"永明"作家群，兼及建安文学、北朝文学、文论等领域，于中古文学的资料考证和理论探索方面均有阐发。

《昭明文选研究》（穆克宏，人民文学出版社，1998）该书是研究萧统《文选》的论文集，对《文选》的编者、版本、萧统的文学观、《文选》的选文标准、选文的分类等各方面进行讨论，提出不少新鲜的见解，是中国大陆较早的一部研究《文选》的专书。

《庾信研究》（福建省委党校林怡，北京人民文学出版社，2000）该书共七章：第一章"风流世家子——庾信乡里世袭和家族"，第二章"春风得意欢——庾信在梁仕历考"，第三章"世乱乖心志——庾信性格心态的裂变"，第四章"性灵动笔端——庾信的文学思想"，第五章"辞涌江山气——庾信作品的时代精神"，第六章"文骄南北冠——庾信作品的语言艺术"，第七章"继往复开来——庾信在南北文风交融中的作用和影响"。作者以扎实的文献功力，将庾信置于南北朝特定历史文化大视野中加以考察，对庾信生平、思想、创作做了多方面的深入细致的考论，立论有据，言之成理，多有新见创意，较之以往的研究有较大的突破。该书是世纪之交中国古典文学领域新生代学者第一部关于庾信的研究著作，引领了21世纪古典文学研究领域对庾信的持续关注和深入研究。

《大明泰始诗论》（陈庆元，《文学遗产》2003：1）该文指出南朝大明泰始时期的诗歌是元嘉古体过渡到永明新体的一个重要环节。一种文学现象演化为另一种文学现象，常常要经过一个准备阶段或中间环节，文学史的研究必须重视这个中间环节。

《建安文学接受史论》（王玫，上海古籍出版社，2005）该书上编从纵向方面探讨建安文学在各个历史时期的传播接受状况、接受过程的历时性和交流系统的共时性，以及读者期待视野的变化，把作家、作品、读者的相互关系上升到期待视野变化的高度来考察。下编重在文本效应研究，对相关问题进行个案或范式的横向研究，揭示建安文学作品对读者的效果，及读者对建安文学文本流传的制约作用，并将这种交融关系放在历史的发展系统中加以认识，探讨其规律，勾画其发展脉络。

表 8—15　　　　　**1992—2005 年魏晋南北朝文学研究其他成果**

成果名称	作　者	发表刊物（出版社）及时间
陈庆元《北齐高昂佚诗三首》	陈庆元	《文学遗产》1992:2
滴石轩文存	穆克宏	福建教育出版社,1994
新编古诗三百首	陈庆元	江苏古籍出版社,1995
魏晋南北朝文学史料学述略	穆克宏	中华书局,1997
龙性难驯——嵇康传	陈庆元 林女超	东方出版社,1999
六朝赋述论	于浴贤	河北大学出版社,1999
论颜谢、沈谢齐梁间地位的得失升降	陈庆元	《文学遗产》1999:1
隐士群像的百态风情——论两晋南朝的隐逸赋	于浴贤	《文史哲》1999:5
刘孝标生平事迹三考	王　玫	《文献》2000:4
庾信《哀江南赋》创作时间新考	林　怡	《中国典籍与文化》2000:4
庾信作品考辨二则	林　怡	《文学遗产》2000:5
论扬雄	王　玫	《中国典籍与文化》2001:2
建安文学在宋代的接受与传播	王　玫	《文学评论》2001:3
三曹诗选评	陈庆元	上海古籍出版社,2002
郭璞研究	连镇标	上海三联出版社,2002
萧统研究三题	穆克宏	《文学遗产》2002:3
阑珊春事 花谢水流——简论薛绍徽及其《秦淮赋》	林　怡	《中国典籍与文化》2003:2
汉魏文学嬗变研究	胡　旭	厦门大学出版社,2004
汉魏六朝辞赋选	陈庆元	太白文艺出版社,2004
《东池诗集》与陈忱的生平事迹	陈会明	《文学遗产》2004:6
汉魏晋南北朝诔碑文研究	黄金铭	人民文学出版社,2005
《诗品》品外诗人之考察——以齐至梁初为中心	陈庆元	《文学遗产》2005:1
论刘勰赋学观的缺失——从魏晋赋首谈起	于浴贤	《文史哲》2005:2

（三）唐宋文学研究

《中国文学家大辞典·唐五代卷》（厦门大学周祖譔主编，吴在庆、贾晋华等参编，中华书局，1992）该书收录文学家近4000人，起自唐初，迄于五代。

《唐五代文学编年史·晚唐卷》（吴在庆主编之一，辽海出版社，1998）该书为傅璇琮总主编的《唐五代文学编年史》中的一卷，以编年史的体例叙述晚唐文学史实，论从史出，创立晚唐文学史研究的新体制，具有其他文学通史、断代文学史、文体史不能替代的优势。

《北宋新旧党争与文学》（肖庆伟，人民文学出版社，2001）该书从新旧党争的角度切入，研究北宋中后期文学的特点与发展变化的动因。在文献基础上，考论结合，史论兼擅，探讨新旧党争与文学之间多层面的因果关系，揭示一系列具有本质性认识意义的问题，诸如新旧党争转为意气倾轧、新旧党争乃政党政治之萌芽、元祐以后苏轼、黄庭坚等人诗文词风格启变与诸人"忠君"观念的变异淡化及畏祸恐惧心态的关系，从而阐明北宋中后期文学的主题走向、风格演变与文坛变迁的多重因素。

《百求一是斋丛稿》（周祖譔，厦门大学出版社，2005）该书由三部分组成，第一部分论文；第二部分隋唐五代文学史；第三部分诗文杂俎，是作者数十年从事中国古代文学尤其是唐代文学研究的结晶。

《文化建构文学史纲（魏晋—北宋）》（林继中，北京大学出版社，2005）该书是以文化诗学研究方法撰写的文学史。以文化文学史观清理魏晋—北宋这一段文学演变的线索。该书超越单纯对作家个体述评的模式，将建安—北宋九百余年文学史运行纳入一个由士族文化建构、嬗变、转型到世俗地主文化构型的总体流程中，文学与文化互涵互动，形成文学与文化的同构运动。

表 8—16　　　　　　　**1992—2005 年唐宋文学研究其他成果**

成果名称	作　者	发表刊物（出版社）及时间
皎然年谱	贾晋华	厦门大学出版社，1992
资治通鉴选	张廷泗	福建教育出版社，1992
冯涓及第及隐居商山之时间	吴在庆	《文史》第 33 辑，1992
查文徽任御史而非监察御史辨	吴在庆	《文史》第 34 辑，1992
杜诗情感意象的一种构图方式	林继中	《文艺理论研究》1992：1
文化建构文学史纲（中唐—北宋）	林继中	海峡文艺出版社，1993
李群玉生平二三事考实	吴在庆	《中国典籍与文化论丛》第 1 辑，中华书局，1993
俊爽明丽胜似春——略谈杜牧笔下的秋天	吴在庆	《中国典籍与文化》1993：2
新编宋诗三百首	吴在庆	江苏古籍出版社，1994

续表 8－16

成果名称	作　者	发表刊物(出版社)及时间
关于罗隐生平行踪的几个问题	吴在庆	《文学遗产》1994:1
诗歌艺术技巧三题	吴在庆	《中国典籍与文化》1994:1
《全宋词》失收方岳词十六首	陈庆元 王朝华	《中华诗词》1994:2
李白诗歌的悲剧精神	林继中	《文学遗产》1994:6
唐五代文史丛考	吴在庆	江西人民出版社,1995
唐宋八大家文说	陈祥耀	福建教育出版社,1995
杜牧全传	吴在庆	长春出版社,1995
唐诗与庄园文化	林继中	漓江出版社,1996
诗国观潮	林继中	福建教育出版社,1997
南唐二主词	陈庆元	台湾新潮社文化出版社,1997
李白诗歌的民俗学意义	陈　节	《中国李白研究(1995—1996 年集)》1997
关于方干生平的几个问题	吴在庆	《文学遗产》1997:4
诗词研究论集	陈庆元	巴蜀书社,1998
"一字师"与唐人对名句的推赏	吴在庆	《中国典籍与文化》1998:2
韦庄生年及"尝居赣州十年"献疑	吴在庆	《文学遗产》1998:3
李洞诗歌与生平考辨	吴在庆	《华东师大学报》1998:6
王安石勇进人生	汤江浩	长江文艺出版社,1999
苏轼评传	陈　节	深圳海天出版社,1999
南唐二主暨冯延巳词传	黄拔荆	吉林人民出版社,1999
《六一诗话》刍议	吴在庆	《中国典籍与文化》1999:1
王维情感结构论析	林继中	《文史哲》1999:1
栖息在诗意中:王维小传	林继中	河北大学出版社,2000
唐诗:日丽中天	林继中	广西师范大学出版社,2000
飘风急雨——新旧五代史随笔	肖庆伟	浙江文艺出版社,2000
于平实处见精神——萧涤非先生的治学道路	林继中	《文学遗产》2000:5
增订注释《全唐诗·杜牧集》	吴在庆	文化艺术出版社,2001
醉里挑灯看剑:辛弃疾传	王春庭	东方出版社,2001
豪放词三百首	欧明俊	巴蜀书社,2001
张侃三考	刘荣平	《文学遗产》2001:1
朝鲜刻本《樊川文集夹注》的文献价值	吴在庆	《中国典籍与文化》2001:1

续表 8—16

成果名称	作　者	发表刊物(出版社)及时间
论苏门之立	肖庆伟	《浙江大学学报》2001:2
论陈子昂人生心态与诗风演变	许　总	《四川大学学报》2001:2
论晚唐诗歌唯美倾向的心理内涵与文化渊源	许　总	《东南大学学报》2001:2
崇陶与晁补之绍圣以来的词风	肖庆伟	《中国典籍与文化》2001:3
赵文及其《青山诗馀》人名考略	肖庆伟	《文献》2001:4
杜牧诗文选评	吴在庆	上海古籍出版社,2002
略谈唐代的苦吟诗风	吴在庆	《文学遗产》2002:4
简论赵文的《青山诗馀》	肖庆伟	《文学遗产》2002:5
王安国文集及佚作考	汤江浩	《文献》2003:2
《名儒草堂诗馀》刍议	刘荣平	《中国典籍与文化》2003:3
谈马嵬之变中的杨贵妃与后人的题咏	吴在庆	《东南大学学报》2003:6
崔莺莺家世及行踪辨正	许　总	《光明日报》2003.6.25
元稹与崔莺莺	许　总	中华书局,2004
杜诗选评	林继中	三秦出版社,2004
宋诗人庄绰、郭印、林季仲和曹勋生卒年考辨	钱建状	《文献》2004:1
钱志熙论文评议	王　玫	《文学遗产》2004:5
《东坡词》误收《青玉案》作者考	钱建状	《文学遗产》2004:5
南渡前后贬居岭南文人的不同心态与环境变化	钱建状	《浙江大学学报》2004:5
略谈隐逸对创作的促进及题材的影响	吴在庆	《华中科技大学学报》2004:6
唐诗简史	许　总	商务印书馆国际有限公司,2005
唐诗名篇鉴赏	许　总	商务印书馆国际有限公司,2005
李焘撰进续资治通鉴长编之时次卷册献疑	汤江浩	《历史文献研究》24 辑,2005
《莫相疑行》、《赤霄行》诗之作年和杜甫与同僚不合说献疑	吴在庆	《中华文史论丛》80 辑,2005
唐代文士与唐诗考论	吴在庆	厦门大学出版社,2005
北宋临川王氏家族及文学考论:以王安石为中心	汤江浩	人民文学出版社,2005
诗学视野中的宋词意象	朱晓慧	福建人民出版社,2005

续表 8—16

成果名称	作　者	发表刊物(出版社)及时间
道德文章	林继中	《文艺理论研究》2005:1
李白释家题材作品论略	李小荣	《文学遗产》2005:2
论理学与唐宋古文主流体系建构	许　总	《文学评论》2005:4
沈季长夫妇生平及与王安石之交往关系考论	汤江浩	《东南大学学报》2005:5

（四）元明清文学研究

《中国讽刺小说史》（齐裕焜、陈惠琴，辽宁出版社，1993）该书是中国第一部系统研究讽刺小说的专著。它在确定讽刺小说的研究范围之后，打破古代文学与现代文学分隔研究的格局，描述中国讽刺小说从先秦到 1949 年的发展轨迹，全面介绍中国讽刺小说作品，论述它们的思想、艺术特色。从喜剧美学角度分析讽刺小说中讽刺与机智、与滑稽、与幽默、与荒诞所构成的四种基本类型，并指出《儒林外史》、《阿 Q 正传》、《围城》是中国讽刺小说的三座高峰，对中国人尤其是知识分子的灵魂作了深刻的剖析。

《明代小说史》（齐裕焜，浙江古籍出版社，1997）在中国传统文化的大系统中，存在着上层文化与民间文化这两个子系统，作者认为明代小说的主流是表现市民阶层的情感和思想，采取他们喜闻乐见的艺术形式和表现方法，即使是文言小说，也受民间文学的影响，因此，明代小说是属于市民文学的范畴，与传统的士大夫文学有很大的不同。全书以此为基调，全面介绍明代小说的发展历程和贡献，重点论述明代四大奇书《三国演义》、《水浒传》、《西游记》和《金瓶梅》的成就，是一部较好的小说断代史。

《明代文论选》（厦门大学蔡景康，人民文学出版社，1993）该书系人民文学出版社"中国历代文论选丛书"中的一种。作者在广泛阅读 70 多种明人别集的基础上编纂而成，每篇有题解，要言不烦。

表 8—17　　　　　**1992—2005 年元明清文学研究其他成果**

成果名称	作　者	发表刊物(出版社)及时间
隋唐演义系列小说	齐裕焜	辽宁教育出版社,1992
晚清小说简史（上、下）	欧阳健	辽宁教育出版社,1992
明清小说新考	欧阳健	中国文联出版公司,1992
红楼新辨	欧阳健	花城出版社,1994
明清小说史	蒋松源	长江文艺出版社,1994
历代山水小品	蒋松源	湖北辞书出版社,1994

续表 8—17

成果名称	作　者	发表刊物（出版社）及时间
红学辨伪论	欧阳健	贵州人民出版社，1996
明清名家小品精华	欧明俊	安徽文艺出版社，1996
古小说研究论	欧阳健	巴蜀书社，1997
晚清小说史	欧阳健	浙江古籍出版社，1997
本色论在明代的两次论争	王汉民	《戏剧》1997：4
明清小说	齐裕焜	上海古籍出版社，1998
戏曲科诨与民族心理	王汉民	《戏剧艺术》1998：4
神怪小说发覆	欧阳健	《吉林大学学报》1998：6
《赠书记》作者考	王汉民	《文献》1999：1
"传奇体"辩证 ——兼论《传奇》在神怪小说史上的地位	欧阳健	《复旦学报》1999：1
神圣与邪恶·因果与劫变：浅析八仙小说的思想文化内涵	王汉民	《东南大学学报》1999：4
论晚明人的"小品"观	欧明俊	《文学遗产》1999：5
中国小说通史（五卷本）	齐裕焜 欧阳健 游友基 陈　节 陈　颖	江苏教育出版社，2000
明代诗文综论	王承丹	中国文联出版社，2000
祁彪佳品曲理论浅探	王汉民	《戏曲研究》55 辑，2000
汤显祖综论	邹自振	巴蜀书社，2001
明清传奇研究的世纪回顾	王汉民	《戏曲研究》57 辑，2001
"乾隆本百廿回红楼梦"辨伪	欧阳健	《东南大学学报》2001：1
试论明初诗坛的崇唐抑宋倾向	刘海燕	《文学遗产》2001：2
红楼梦的四对艺术辩证法	邹自振	《红楼梦学刊》2001：3
明清剧目考遗	王汉民	《文献》2002：3
20 世纪小说史研究	齐裕焜	《文史哲》2002：4
吴梅村钩沉	施祖毓	香港天马图书有限公司，2003
历史小说史	欧阳健	浙江古籍出版社，2003
还原脂砚斋	欧阳健	黑龙江教育出版社，2003
"扬州二马"与"扬州八怪"交游考略	方盛良	《文献》2003：3

续表 8-17

成果名称	作　者	发表刊物(出版社)及时间
罗贯中研究三题	欧阳健	《东南大学学报》2003:5
从汤显祖诗、剧看葡占初期的澳门风情	邹自振	《光明日报》2003.6.25
元明小说戏曲关系研究	涂秀虹	上海三联书店,2004
从民间到经典——关羽形象与关羽崇拜的生成演变史论	刘海燕	上海三联书店,2004
福建戏剧钩沉二题	邹自振	《文艺研究》2004:6
张可久的游仙曲	王汉民	《光明日报》2004.7.28
同光体闽派诗歌评析	张　帆	海潮摄影艺术出版社,2005
古代小说研究	齐裕焜 王子宽	福建人民出版社,2005
晚清小说简史	欧阳健	山西人民出版社,2005
《明清剧目考遗》(二)	王汉民	《戏曲研究》69 辑,2005
镜像关系:魏延与关羽	齐裕焜	《文学遗产》2005:1
扬州徽商藏书刻书与文化传承	方盛良	《中国出版》2005:1
数字化与《三国演义》版本研究论	欧阳健	《东南大学学报》2005:3
论清诗流派　望学术殿堂	郭　丹	《文艺研究》2005:6

（五）文学史及相关问题研究

《文学史新视野》（林继中，北京大学出版社，2000）该书采用中西文论双向参照的视角，运用文化模式论的方法，探讨文学史研究的新模式。既重构心物、情志、兴象、境界、象言诸文化范畴，又将文学发展诸要素纳入文化建构系统中加以整合，提出"蔓状生长"的文学史观。

《喆庵文存》（福建师范大学陈祥耀，福建教育出版社，2002）该书论文分为四组，一是评述中国古代文学理论和文论家，二是评述中国古代散文，三是评述古代诗词，四是论述中国古代作家的思想、古代文学史编写等问题。其中部分论文是用文言文写的。该书涉及中国古文学的许多问题，如《苏轼与"宋四六"》等文的观点，都为前人所未发。

《中国词史》（厦门大学黄拔荆，福建人民出版社，2003）该书分上、下卷，梳理词的起源、发展、成熟、繁荣、转变、中衰直至复兴的全过程，把民间词提到突出地位，并重视女词人在词史中的地位。

表 8—18　　　　　　**1992—2005 年文学史及相关问题研究其他成果**

成果名称	作　者	发表刊物（出版社）及时间
学生古文鉴赏辞典	陈庆元 王仁俊主编	福建人民出版社,1992
"知人论世"批评方法的升华	林继中	《文史哲》1992:2
兴象发挥:盛唐文评管窥之二	林继中	《文艺理论研究》1992:3
超前于史籍编纂的小说创作——明清时事小说新论	欧阳建	《文学遗产》1992:5
音乐的哲学与哲学的音乐:孔子与柏拉图的乐论	黄金铭	《中国音乐》1993:1
"象外之象"的现代阐释	林继中	《文艺理论研究》1993:3
评陈子谦著《钱学论》	林继中	《文学评论》1993:4
论但丁与王充文艺思想的二重性	黄金铭	《外国文学研究》1993:7
古代文学精华	郭　丹	台湾三民书局,1994
古典文学与中医学	陈庆元 陈贻廷	福建科技出版社,1996
闻一多的文学史模式	林继中	《文艺理论研究》1997:2
求实求深求细	陈庆元	《文学遗产》1998:2
史传文学:文与史交融的时代画卷	郭　丹	广西师大出版社,1999
情志:心灵的信道——中国诗学的思维方式研究	林继中	《文艺理论研究》1999:6
理学文艺史纲	许　总	江苏教育出版社,2000
文气说解读	林继中	《文艺理论研究》2001:5
理学与中国近古诗潮	许　总	中国戏剧出版社,2002
古代文论中的"自娱说"	欧明俊	《文艺理论研究》2002:2
直寻、现量与诗性直觉	林继中	《文艺理论研究》2002:4
文学史不是神话和传奇故事	齐裕焜	《文学遗产》2002:6
辞赋研究论文集——第五届国际辞赋研讨会	漳州师范 学院中文系	中国文史出版社,2003
中国古代文学史专题（上、下）	郭　丹 陈　节	学林出版社,2003
诗可以兴——古文论范畴的动态结构例说	林继中	《文艺理论研究》2003:3

续表 8—18

成果名称	作　者	发表刊物(出版社)及时间
古书人物词典	庄克华	江西教育出版社,2004
虚舟有超越	林继中	《中华文史论丛》78 辑,上海古籍出版社,2004
蔓状生长的文学史模式	林继中	《文学评论》2004:3
道德文章	林继中	《文艺理论研究》2005:1

（六）区域文学研究

《福建文学发展史》（陈庆元，福建教育出版社，1996）该书阐发区域文学史建构的理论问题，描述福建文学发生、发展的轨迹，探讨其发展规律和地域特征，其中部分专题性的研究长期罕有学者涉足。

表 8—19　　　　　　**1992—2005 年区域文学研究其他成果**

成果名称	作　者	发表刊物(出版社)及时间
康熙乾隆间闽中风土民俗诗	陈庆元	《中国典籍与文化》1995:1
南明金门诗人卢若腾	陈庆元	《中国典籍与文化》1996:4
黄曾樾辑印《抑快轩文集》	陈庆元	《学林漫录》14 辑,中华书局,1999
词中的江湖派	陈庆元	《词学》12 辑,华东师范大学出版社,2000
清代前期福建区域文学总集及诗话的编纂	陈庆元	《中国典籍与文化》6 辑,中华书局,2000
读稿本之乐——以赌棋山庄稿本为例	陈庆元	《学林漫录》15 辑,中华书局,2000
福建文学导读	黄高宪	福建教育出版社,2000
朱熹《武夷棹歌》的文化意蕴	陈庆元	《中国典籍与文化》2001:4
柳永新论	刘庆云主编	海峡文艺出版社,2002
晋江历代文选	蔡景康	厦门大学出版社,2002
末代帝师陈宝琛评传	张　帆	福建教育出版社,2002
黄璞《闽川名士传》辑考	陈庆元	《文献》2003:2
诗人何振岱评传	刘建萍	海潮摄影艺术出版社,2004
谢章铤《赌棋山庄词稿》稿本及《酒边词》佚词	陈庆元	《词学》15 辑,华东师范大学出版社,2004
春来杜宇莫啼冤——谈鲁王疑冢、真冢与新墓	陈庆元	《中国典籍与文化》2004:1
稼轩新论	刘庆云 陈庆元主编	海峡文艺出版社,2005

（七）宗教及敦煌学与文学的研究

《变文讲唱与华梵宗教艺术》（李小荣，上海三联书店，2002）该文主要从中印文化交流的历史背景出发，具体地讨论了变文的生成与衍变，变文讲唱与中印美术、音乐、戏剧之关系以及儒、道、释三教思想对变文讲唱的影响。

《敦煌密宗文献研究》（李小荣，人民文学出版社，2003）该书是敦煌学界第一部系统梳理敦煌密教文献的专著。以文献整理为基础，结合其他的传世文献、出土文献，研究中古时期几种重要的密教信仰，如尊胜陀罗尼信仰、千手观音信仰、毗沙门信仰、药师信仰、水陆法会、焰口施食仪式以及密教之启请仪式。该书特别注重原始文献的校读，注重密教仪式的源流变化，尤其对前人不太注目的密教东传与中土文学艺术之关系，以个案研究的形式，揭示密教中的清乐渊源，哪吒、沙僧的密教原型，以及狸猫换太子故事与密教经典的内在联系。

表 8—20 　　　　**1992—2005 年宗教及敦煌学与文学的研究其他成果**

成果名称	作　者	发表刊物（出版社）及时间
《易林》神仙思想考	连镇标	《世界宗教研究》1997:3
"娄罗之辩"与梵语四流音	李小荣	《中国语文》1998:6
佛教传入与中国美术	李小荣	《法音》1998:12
变文与唱导关系之检讨	李小荣	《敦煌研究》1999:4
八仙与中国文化	王汉民	中国社会科学出版社,2000
略论变相的创作及用途	李小荣	《法音》2000:3
变文变相关系论	李小荣	《敦煌研究》2000:3
敦煌佛曲《散花乐》考源	李小荣	《法音》2000:10
试论佛教音乐及其东传	李小荣	《法音》2001:2
《兄常劝弟奉修三宝,弟不敬信,兄得生天缘》校注	李小荣	《敦煌研究》2001:2
变文讲唱"平""侧""断"诸音声符号含义之探析	李小荣	《敦煌学辑刊》2001:2
巫山神女故事的起源及其演变	连镇标	《世界宗教研究》2001:4
论《陀罗尼集经》中的清乐问题	李小荣	《法音》2002:1
敦煌变文作品校录二种	李小荣	《敦煌学辑刊》2002:2
神仙吕洞宾形象的演变过程	欧明俊	《中国典籍与文化》2002:2
《高王观世音经》考析	李小荣	《敦煌研究》2003:1
论密教中的千手观音	李小荣	《文史》2003:2

续表 8－20

成果名称	作　者	发表刊物（出版社）及时间
释家变文原初意义之推考	李小荣	《敦煌研究》2003；3
论《大般涅槃经》卷八之"文字品"	李小荣	《法音》2003；5
全真教与元代的神仙道化戏	王汉民	《世界宗教研究》2004；1
多元复合的宗教文化意象——临水夫人形象探考	连镇标	《世界宗教研究》2005；1

（八）古籍整理与研究

《杜诗赵次公先后解辑校》（林继中辑校，上海古籍出版社，1994）该书以北京图书馆明抄本为底本，校以杜甫草堂本，旨在恢复赵注之原貌。该书据以参校之版本多达 65 种。全书出校约 800 条，纠正文字上大量的讹、夺、衍、倒，并作了指明出处、辨订史实、名物纠谬等工作，对原抄缺文亦从集注本中作了补辑。

《石遗室诗话》（厦门大学郑朝宗、石文英校点，人民文学出版社，2004）该书是人民文学出版社《中国古典文学理论批评专著选辑》中的一种，原著是清末民初诗评家陈衍论诗最重要的著作，校点者在校订的基础上写了长篇《前言》，对陈衍诗论作了评介。

表 8－21　　　　　　**1992—2005 年古籍整理与研究其他成果**

成果名称	作　者	发表刊物（出版社）及时间
型世言	陈　节 齐裕焜	海峡文艺出版社，1993
绣像说唐全传	陈　节	海峡文艺出版社，1993
春秋左传直解	郭　丹	江西人民出版社，1993
《琵琶记》校注评析	蒋松源	长江文艺出版社，1993
西游记	蔡景康	海峡文艺出版社，1994
沈约集校笺	陈庆元	浙江古籍出版社，1995
三遂平妖传	欧阳健	巴蜀书社，1995
新三国	欧阳健	漓江出版社，1996
词余丛话、续词余丛话	欧明俊	海南国际新闻出版中心，1996
数马集	陈庆元	江苏广陵古籍刻印社，1997
严羽集	陈定玉	中州古籍出版社，1997
人物志评注	王　玫	红旗出版社，1997
快士传	欧阳健	春风文艺出版社，1997

续表 8—21

成果名称	作　者	发表刊物（出版社）及时间
北史演义	欧阳健	群众出版社,1997
南史演义	欧阳健	群众出版社,1997
绿野仙踪	齐裕焜 欧阳健	浙江古籍出版社,1997
抑快轩文集	陈庆元	江苏广陵古籍刻印社,1998
两晋演义	欧阳健 唐继珍	北方文艺出版社,1998
云南野乘	欧阳健 欧阳紫雪	北方文艺出版社,1998
蔡襄全集（校注）	陈庆元 欧明俊 陈贻庭	福建人民出版社,1999
文选旁证	穆克宏	福建人民出版社,2000
中国古典文学基础丛书	黄拔荆主篇	海峡文艺出版社,2000
魏秀仁杂着钞本	陈庆元	江苏古籍出版社,2000
赌棋山庄稿本	陈庆元	江苏古籍出版社,2000
后三国石珠演义	欧阳健 欧阳紫雪	巴蜀书社,2001
《琴心记》评注	苏　涵	吉林人民出版社,2001
《春芜记》评注	苏　涵	吉林人民出版社,2001
诗经（今译新注）	陈　节	广州花城出版社,2002
薛绍徽集	林　怡	方志出版社,2003
谢肇淛集	陈庆元	江苏古籍出版社,2003
皇极经世	欧明俊	华夏出版社,2004
《阿鼻地狱变文》校注	李小荣	《敦煌研究》2004:5
徐𤊹集	陈庆元	广陵书社,2005
历代妈祖诗咏辑注	刘福铸 王连弟	中国文史出版社,2005
全闽诗话	陈　节 刘大治	海峡文艺出版社,2005
闽中十子诗	苗健青	福建人民出版社,2005

第三节 中国现当代文学研究

一、学科建设与学术研究

（一）学科建设

中国现当代文学研究的力量主要集中在福建师范大学、厦门大学、福建社会科学院、华侨大学、集美大学、漳州师范学院、泉州师范学院和福建省文联等学术机构，形成一支近150人的教学科研队伍，其中教授30多人，博士20多名。20世纪80年代，福建师范大学、厦门大学中文系先后设立中国现当代文学硕士点，1998年福建师范大学中文系获准设立中国现当代文学博士学位授权点。同年，华侨大学中文系设立中国现当代文学硕士点。截至2005年，福建省的中国现当代文学学科已拥有1个博士点，3个硕士点。1992年12月，冰心研究会在福州成立，巴金出任会长；同年，主要刊载冰心研究成果及研究信息的《爱心》（季刊）创刊，并着手组织编辑《冰心研究丛书》；1997年，冰心文学馆建成开馆。

（二）学术研究

1992—2005年，福建学者在现代各体文学尤其是散文史、朦胧诗研究和鲁迅、茅盾、郑振铎、冰心、巴金、林语堂、钱锺书等作家研究基础上，拓展和推进小说、新诗、戏剧、文学思潮、文学史等研究方向，同时开拓台港澳文学暨海外华文文学研究的新领域。

这一时期，该学科承担国家社会科学基金项目10项：当代中国女性文学史论（厦门大学林丹娅，1993）、1990年代文学思潮研究（厦门大学朱水涌，1995）、现代汉诗的百年演变（1918—1998）——20世纪汉语诗歌发展的本体性研究（福建师范大学王光明，1996）、中国现代散文的源流与民族特色（福建师范大学汪文顶，1997）、重建文学史的新形态——文学史学的本体性研究（福建师范大学郑家建，1999）、中国散文的现代化与民族化（福建师范大学袁勇麟，2001）、20世纪中国小说诗学研究（郑家建，2002）、中国现当代小说的关联研究（朱水涌，2003）、周作人思想研究（福建师范大学哈迎飞，2003）、外国散文译介与中国散文的现代性转型（泉州师范学院黄科安，2004）；获得教育部人文社会科学研究项目3项：中国现代散文风格学（汪文顶，2001）、中国现代传记文学史论（福建师范大学辜也平，2005）、中国现代自由主义诗学研究（福建师范大学吕若涵，2005）。同期还获得福建省社会科学规划项目6项。

该学科出版研究专著76部，在核心期刊发表论文300多篇。这些成果中，获得国家教委第二届高校优秀教材全国优秀奖 1 项：《中国现代散文史》（福建师范大学俞元桂主编）；获得第四届国家图书奖提名奖 1 项：《20 世纪中国杂文史》（福建师范大学姚春树、袁勇麟）；获得福建省社会科学优秀成果奖 23 项：《中国现代杂文史纲》（第二届一等奖，姚春树）、《灵魂的探险》（第二届二等奖，王光明）、《中国现代作家选集（林徽因卷）》（第二届三等奖，福建师范大学陈钟英、陈宇）、《战时散文纵横谈》（第二届三等奖，汪文顶）、《林语堂评传》（第三届二等奖，福建社会科学院万平近）、《现代散文史论》（第三届二等奖，汪文顶）、《当代中国女性文学史论》（第三届三等奖，林丹娅）、《文化冲突与文学嬗变——新时期文学思潮史论》（第三届三等奖，朱水涌）、《20 世纪中国杂文史》（第四届一等奖，姚春树、袁勇麟）、《〈故事新编〉的诗学研究》（第四届二等奖，郑家建）、《世界文学格局中的中国小说》（第四届三等奖，厦门大学应锦囊、林铁民、朱水涌）、《历史的探源：中国早期启蒙思想与"五四"思想史论》等 3 篇（第五届二等奖，郑家建）、《"五四"作家与佛教文化》（第五届二等奖，哈迎飞）、《当代汉语散文流变论》（第五届三等奖，袁勇麟）、《世纪之交的中国文学》（第五届三等奖，朱水涌）、《小说家笔下的人性图谱：论新时期小说的人性描写》（第五届三等奖，福建社会科学院管宁）、《20 世纪中国文学思潮史论》（第五届三等奖，福建师范大学席扬、吴文华）、《文学史的叙述问题》（第五届佳作奖，郑家建）、《知识者的探求与言说：中国现代随笔研究》（第六届二等奖，黄科安）、《多维整合与雅俗同构——赵树理和山药蛋派新论》（第六届三等奖，福建师范大学席扬）、《被规训的激情——论 1950、1960 年代的红色小说》（第六届三等奖，福建师范大学余岱宗）、《走近巴金》（第六届三等奖，辜也平）、《女性话语的文学境遇》（第六届三等奖，林丹娅）。

（三）学术会议

1994 年 9 月，中国散文学会、福建师范大学、福建省社科联等 11 家单位联办的中国散文国际研讨会在武夷山召开。海内外专家学者 60 余人与会。大会收到并宣读论文 40 多篇。会议的主题为"中外散文的比较研究与展望"，主要就中外散文的文化背景、创作倾向、审美特征和历史地位，进行宏观与微观的多角度考察，对当下散文的兴盛热潮和发展趋势，对台港及海外华人散文的现状与走向，进行评估和探讨，并对散文观念的变革和散文研究的创新，发表学术见解。会后出版论文集《中外散文比较与展望》（福建教育出版社，1996）。

1996 年 11 月，福建省中国现代文学研究会 1996 年会暨巴金学术讨论会在华侨大学召开。厦门大学、福建师范大学、华侨大学等福建省 13 所高校的代表 30 多人与会。中国社会科学院樊骏、杨义，复旦大学陈思和等应邀到会作学术报告。会议就巴金研究、海外华文文学研究以及闽籍作家研究等进行学术交流。年会还选举产生福建省文学学会中国现代文学研究会第三届理事会。

1997 年 7 月，福建师范大学、中国社会科学院文学研究所主办，北京大学文学研究所、福建省社科联、《台港文学选刊》杂志社联办的现代汉诗学术研讨会在武夷山召开。中国大陆、香港、台湾及美国、德国、日本、澳大利亚、韩国的汉语诗歌研究领域 60 位知名学者出席研讨会。研讨会以"现代汉诗的本体特征"为研讨主题，着重探讨现代汉诗的本体特征与建构策略，就现代汉诗的诗学难题、现代汉诗与现代汉语、现代汉诗与中国诗歌传统、现代汉诗的现状与前景等问题展开争鸣。会后出版论文集《现代汉诗：反思与求索》（作家出版社，1998）。

1997 年 11 月，中国当代文学研究会女性文学委员会发起，中华文学基金会创研部、福建省文联文艺理论研究室、台港文学选刊、福建师范大学中文系、厦门大学中文系联合主办的中国当代女性文学第三届研讨会在厦门大学举办。中国大陆和港台地区以及日本、韩国的女性文学研究者、女作家代表 60 多人参加研讨会。会议围绕女性文学研究、女性文学批评理论、女权主义与女性文学、女性写作与女性文本、女性作家作品研究、女作家谈女性文学创作等六个专题，展开讨论。

1998 年 12 月，中国俗文学学会、福建省中国现代文学研究会等共同主办的纪念郑振铎百年诞辰学术研讨会在长乐市召开。专家学者 70 余人参加研讨会。与会者就郑振铎研究现状、郑振铎各方面业绩展开讨论。会议收到论文 50 多篇，结集为《郑振铎研究论文集——纪念郑振铎一百周年诞辰》出版（海峡文艺出版社，1999）。

2000 年 11 月，福建师范大学文学院、中国社会科学院文学研究所《文学评论》编辑部、福建社会科学院文学研究所联合举办的中国当代文学史史学观念学术研讨会在武夷山召开。全国各高校、研究机构的专家学者 60 多人参会。与会学者对当代文学史写作的史学架构、理论预设、价值评析等关键性的史学理论问题展开讨论，并在当代文学史写作的反思与历史叙事新构想、台港澳文学与中国当代文学以及当代文学史写作中的价值评判与相对主义等方面提出值得深入探讨与亟待解决的问题。

2001 年 11 月，中国作家协会、中华文学基金会和福建师范大学联办的第六届巴金国际学术研讨会在福建师范大学召开。国内外研究巴金的专家学者 50 余人出席会议，收到论文 30 余篇。与会者就"巴金与现代文化建设"、"面向 21 世纪：再读巴金"等议题进行交流与研讨，对巴金的思想发展、巴金散文创作的艺术性、现代性、经典性以及面向 21 世纪如何再读巴金等论题展开讨论。连同前两届的部分论文，结集为《巴金：新世纪的阐释》出版（福建教育出版社，2002）。

2004 年 7 月，厦门大学中文系、《文艺研究》编辑部、《厦门大学学报》编辑部联办的现代性与 20 世纪中国文学思潮研讨会在厦门大学举行。全国各地 40 余位专家学者与会。会议分别就现代性的概念、现代性对阐释 20 世纪中国文学的有效性与有限性、20 世纪中国文学思潮的现代性特征以及中国现代文学的现代性品格等进行研讨。

2005年5月，漳州师范学院和中国现代文学研究会联办的漳州籍现代著名作家全国学术研讨会在漳州师范学院举行。全国各地50多个单位100多位代表出席，收到论文86篇。与会者探讨林语堂、许地山、杨骚三位漳州籍现代著名作家的独特价值及其在文学史上的地位，同时就三位作家的研究现状、存在问题和发展前景等问题展开研讨。

二、主要学术成果

（一）散文研究

《现代散文史论》（汪文顶，福建教育出版社，1994）该书收录有关中国现代散文专题研究的系列论文20余篇，包括分期分类概论、外来影响研究、作家作品评论等方面内容，其中《中国现代散文流派及其演变》、《五四时期抒情散文创新综论》、《英国随笔对中国现代散文的影响》等，在史料发掘、作品细读、文体辨析和宏观概括方面，史论结合、多有创见。

《作为散文文体家的郭风》（王光明，《文学评论》1995：2）该文主要研究郭风散文创作的文体意义，认为其散文文体与话语风格有着与同时代其他作家不一样的特征，他从心灵和美学出发，从个人的向度展开，把散文创作变成个人与世界的对话、一种表现情感、趣味、想象和智慧的语言形式，同时也给当代散文写作提供启示和参照。

《中国现代散文史》（修订本，俞元桂主编，山东文艺出版社，1997）该书是俞元桂晚年的力作，代表他的治史思想和学术成就：充分占有详尽的史料，摸清现代散文的"家底"，不蹈文学史与作家论混编的常规，而借鉴纪事本末体和编年体史著的长处，以分期、分类的横向综述为纬线，以题材、体式的纵向梳理为经线，交织重构现代散文多样发展、前后贯通的历史风貌，从中探寻和总结现代散文的发展规律与经验教训。

《20世纪中国杂文史》（姚春树、袁勇麟，福建教育出版社，1997）该书是国内外第一部全面研究20世纪中国大陆和台港杂文的学术著作。全书分上、下两册，除绪论与结束语，分为五编四十章，在大量掌握古今中外杂文理论和杂文史料的基础上，系统梳理中国现代杂文丰富复杂的发展历史，重点评述梁启超、鲁迅、周作人、聂绀弩等百家杂文的特色和成就，从中总结杂文发展的经验教训，提出杂文美学、杂文理论建设的命题。

《"隐逸的诗"和"日常生活的诗"——俞平伯、朱自清散文的比较研究》（吕若涵，《文学评论》2000：2）该文从"五四"时期"俞朱并称"的现象入手，通过对二人人生观与文学观的比较研究，揭示现代"田园诗人"在散文中所表现出的不同的"言志"取向、审美追求和精神人格上"现代性的痕迹"。同时还通过二人散文后来影响的差异，揭示代表现代散文清新温厚一派的朱自清语体文有更大读者群的原因，认为朱自清散文贴近日常人生、亲切诚恳是其广受中国读者欢迎的根本原因。

《知识者的探求与言说：中国现代随笔研究》（黄科安，中国社会科学出版社，2004）该书以现代知识阶层崛起与诉求为背景，探讨中国现代随笔的中外源流、创作实践、理论建构，以及百年随笔的兴衰与消长，提出随笔是现代知识者重要的思想言说方式，其精髓是"社会批评"和"文明批评"。该书尤其注重随笔艺术的本体研究，在考察和辨析随笔与笔记、小品、杂文等不同文类特征的同时，总结出现代随笔表现形态非系统、闲笔、机智、反讽和诙谐等五个审美特征。

《论中国现代传记文学的民族特色》（辜也平，《文学评论》2005：2）该文针对中国现代传记文学最初的理论倡导和后来研究都注重西方传记文学的倾向，侧重考察现代传记文学的民族特色，认为中国传统"史传"的史鉴功能，"史传"写作中的宏大叙事、实录原则以及春秋笔法对中国现代传记文学仍然有广泛的影响，中国现代传记文学在精神实质上仍蕴涵深刻的民族文化烙印。

表 8—22　　　　　　　　　　**1992—2005 年散文研究其他成果**

成果名称	作　者	发表刊物（出版社）及时间
徐志摩散文的诗化特征	黄科安	《文学评论》1992：3
梁实秋散文欣赏	汪文顶 肖全兴	广西教育出版社，1993
唐弢的杂文和杂文理论	姚春树 郑家建	《中国现代文学研究丛刊》1993：1
论"五四"散文抒情体式的变革与创新	汪文顶	《文学评论》1994：2
现代散文研究评述	汪文顶	《中国现代文学研究丛刊》1995：1
梁遇春随笔：独异的体悟	江震龙	《文学评论》1995：2
只凭实证写心声——俞元桂先生的治学风范	汪文顶	《中国现代文学研究丛刊》1996：3
桂堂述学	俞元桂	福建教育出版社，1997
中外杂文散文综论	姚春树	福建教育出版社，1997
试论上海沦陷区女性散文的审美取向	吕若涵	《中国现代文学研究丛刊》1997：3
论沈从文游记体散文的文体特征	哈迎飞	《中国现代文学研究丛刊》1997：3
重现的时光——论鲁迅的回忆性散文	郑家建	《中国现代文学研究丛刊》1997：3
徐懋庸和"鲁迅风"杂文	袁勇麟	《中国现代文学研究丛刊》1997：3
冰心散文的审美价值	汪文顶	《文学评论》1997：5
20 世纪中国散文名家论	黄科安	福建教育出版社，1998
中国当代散文论	曾焕鹏	四川大学出版社，1998

续表 8—22

成果名称	作　者	发表刊物（出版社）及时间
中国现代散文丛谈	张　均	福建教育出版社,1999
论《野草》的佛家色彩	哈迎飞	《文学评论》1999:2
郑振铎散文的文化内蕴	黄科安	《中国现代文学研究丛刊》1999:2
现代散文的建构与阐释	黄科安	海峡文艺出版社,2001
林语堂对现代小品文理论的建设与探索	黄科安	《中国现代文学研究丛刊》2001:2
"论语派"论	吕若涵	上海三联书店,2002
当代汉语散文流变论	袁勇麟	上海三联书店,2002
无声的河流——现代散文论集	汪文顶	上海三联书店,2003
当代散文再论	曾焕鹏	作家出版社,2003
"随笔"文类内涵的多样性和丰富性	黄科安	《文艺理论研究》2003:6
中国现代随笔艺术的观念建构与审美表现	黄科安	《文学评论》2004:1
鲁迅与现代随笔观念的探索与构建	黄科安	《中国现代文学研究丛刊》2004:2
西学东渐与中国现代传记文学观念的诞生	辜也平	《中国比较文学》2004:4
外国随笔:中国现代知识者的引进与实践	黄科安	《外国文学研究》2004:4
现代小品理论研究	欧明俊	上海三联书店,2005
解放区散文研究	江震龙	上海三联书店,2005
20世纪纪实文学导论	张　瑷	文化艺术出版社,2005

（二）诗歌研究

《中国当代新诗史》（修订本，北京大学洪子诚、福建社会科学院刘登翰合著，人民文学出版社，1993）该书分上、下卷共二十一章，梳理20世纪50—90年代中国大陆、台湾、香港和澳门新诗的历史演变，论述不同时段重要诗人的创作，注重对当代诗歌生成的历史语境、当代诗歌观念演变以及不同诗歌写作流向的考察与分析，揭示当代诗歌发展或隐或明的内在轨迹。

《中国朦胧诗人论》（鹭江大学陈仲义，江苏文艺出版社，1996）该书是国内最早有关朦胧诗的专论。除第一章为"朦胧诗潮概评"外，其余五章分别论述新诗潮的主要代表北岛、舒婷、顾城等五位诗人及其创作，归纳总结他们相近而又各具个性的诗歌创作特色。

《中国新诗的本体反思》（王光明，《中国社会科学》1998：4）该文从诗歌本体的立场出发，反思中国"新诗"的观念形态及其发展过程中的偏颇，认为"白话"的贡献主要在语言变革方面，"新诗"是与"旧诗"相对的概念，它虽然对20世纪的诗歌建设做出较大的贡献，但较难显示诗的性质与价值。因此作者提出，中国诗歌的写作应立足于现代汉语形态，在解构与建构的双重互动中，寻找自己的形式和表达方式，让规则与手段在诗歌的文类意义上建立起诗人与读者的共识。

《论新诗第一个十年的流派嬗变》（福建师范大学孙绍振，《文艺理论研究》2002：3）该文从流派"嬗变"的角度，对新诗第一个十年发展进程中的主要诗歌观念和实践进行宏观的探讨，并对胡适、郭沫若、湖畔派、象征派、新月派以及冯至、戴望舒等重要诗人的成败得失进行历史的反思。认为这时期的大多数诗人努力从旧的圈套里脱逃出来，同时又拼命把自己挤进新的圈套，因而中道牺牲的是多数，就连胡适也在所难免；能参与创造新的规范的是少数，郭沫若、闻一多、徐志摩、冯至、戴望舒就是这些少数幸运儿的代表。

《百年新诗诗体建设研究》（福建师范大学王珂，上海三联书店，2004）该书围绕诗体建设，分别从时代、承传和诗学三个方面探讨新诗诗体建设的艰难历程及难于定型的原因。作者认为新诗诗体建设之路生不逢时、长于乱世，而在借鉴继承方面又非诗多于诗，因此自由化与格律化多对抗少和解成为新诗诗体建设难于定型的根本原因。在此基础上，从诗学的角度，就新诗是否应该适度定型，以及新诗诗体建设的构建策略等展开思考。

表8-23　　　　　　　　　**1992—2005年诗歌研究其他成果**

成果名称	作　者	发表刊物（出版社）及时间
艰难的指向："新诗潮"与20世纪中国现代诗	王光明	时代文艺出版社,1993
中国现代诗潮与诗派	游友基	广西师范大学出版社,1993
选择与效应——二三十年代的诗歌流派竞争	王维燊	《中国现代文学研究丛刊》1993：3
诗的哗变：第三代诗面面观	陈仲义	鹭江出版社,1994
社会抒情诗与非社会抒情诗	毛　翰	《诗刊》1995：10
打通"古典"与"现代"的一个奇妙出入口：禅思诗学	陈仲义	《文艺理论研究》1996：2
九叶诗派研究	游友基	福建教育出版社,1997
诗歌的功利性与非功利性	毛　翰	《诗刊》1997：4
现代汉诗：反思与求索	现代汉诗百年演变课题组编	作家出版社,1998
后新潮诗的反思	孙绍振	《诗刊》1998：1
诗话四题	毛　翰	《诗刊》1998：1

续表 8—23

成 果 名 称	作 者	发表刊物（出版社）及时间
新诗失却了审美标准	俞兆平	《诗刊》1998：4
论当代中国散文诗	王光明	《诗刊》1998：11
试论智性诗	陈仲义	《诗刊》1999：1
概说中锋诗	毛 翰	《诗刊》1999：8
后新诗潮	王光明	《新华文摘》1999：8
台湾现代诗再评价	陈仲义	《诗刊》1999：11
扇形的展开——中国现代诗学谰论	陈仲义	浙江文艺出版社，2000
九叶诗派综论	余 峥	海峡文艺出版社，2000
多元分流中的差异和生成——中国现代诗学建构的困扰与对策	陈仲义	《文艺理论研究》2000：2
从素朴到感伤的文体实验者——论巴音博罗抒情艺术	王 珂	《民族文学研究》2000：2
缺少反省的大陆先锋诗歌	陈仲义	《诗刊》2001：7
1990 年代少数民族女性诗歌的四种抒情范式——兼论新世纪少数民族汉语诗歌的出路	王 珂	《民族文学研究》2002：1
论 19 世纪末 20 世纪初中英自由诗运动的差异	王 珂	《外国文学研究》2003：2
网络诗将导致现代汉诗的全方位改变——内地网络诗的散点透视	王 珂	《新华文摘》2004：10
现代诗人和现代诗	高 波	云南人民出版社，2005

（三）小说研究

《再叙事：先锋小说的境地》（福建社会科学院南帆，《文学评论》1993：3）该文论述先锋小说的叙事变革及其面临的困境，认为先锋作家的再叙事意味着抛开种种旧有的叙事成规，提出一套异于前人的叙事话题。他们再叙事的过程包含了反抗权威话语，同时饱含着创世的欢悦，也暗含对悲剧、人、历史三个范畴的再认识。不确定性、零散性、无深度、反讽等风格的呈现，使先锋作家的再叙事具备充分的后现代主义的表征，而语言本身的贬值也加重先锋作家的孤独与前景渺茫，这也就是先锋小说的困境所在。

《从金庸作品看文化语境中的武侠小说》（厦门大学周宁，《中国社会科学》1995：5）该文发现金庸武侠小说一个普遍性的意义模式，即几乎所有故事的动机都是主人公的"身世之谜"；这种意义模式与现代华人文化的内在精神是一致的，侠客的身世是民族文化命运的隐喻。该文认为，这种深层意义上的契合为理解武侠小说的结构与功能提供独特的启示，即武侠小说的文化意义胜于文学意义，因此对其批评必须承认其幻想的合理性与意义深度，包容其因袭与规范化重复等叙述模式；而武侠小说使华人在幻想中完成文化认同的仪式，也对维持文化传统的延续性和个体获得归属感有重要的意义。

《被照亮的世界》（郑家建，福建教育出版社，2001）该书副标题为"《故事新编》诗学研究"，突出"多重文化视野中的小说文本"的研究主旨，注重文本细读和诗学研究，从戏拟、隐喻、文体、古代传统、现代技巧诸方面对《故事新编》作了横向与纵向、内部与外部的考察，并通过中外"知觉形式"的比较，把"《故事新编》诗学研究"提升为对中国现代小说整体的文化诗学的理论思考。

《被规训的激情——论 1950、1960 年代的红色小说》（余岱宗，上海三联书店，2004）该书以 20 世纪五六十年代中国红色小说为中心，从革命历史的文学叙述以及叙述层面上的反精英意识的英雄观、传奇英雄的建构与世俗化倾向、英雄的崇高躯体与被虐叙述、革命的新人与理性化英雄的叙述、超人英雄的难局、小资形象等层面分别展开论述，阐释这个阶段红色小说中各种类型的人物形象，特别是英雄形象的审美特征，探讨这个时期的革命意识形态是如何在文学领域中建构革命的激情，宣扬革命的理想，规划革命的精神秩序的，同时也指出，这一阶段红色小说中的革命形象虽然以最真实最"纯粹"的姿态面向读者，但其中依然存在着各类意识形态的潜在冲突和纠葛，因此其中也存在内在的悖论性结构。

《1920 年代革命小说的叙事形式》（厦门大学王烨，云南人民出版社，2005）该书主要运用叙事学和社会文化学的方法，依次分析 1920 年代革命小说的叙事主体、叙事结构、叙事成规及叙事风格的不同特征，探讨革命小说的叙事结构、审美特征、文化功能和与五四文学传统、现代都市、社会政治等语境间的关系，审视"革命小说"所包含的复杂内容以及多层次、多向度、多色彩的形态，进而揭示 1920 年代革命小说这一文学现象某些值得重视的复杂内涵和潜在价值。

《20 世纪 90 年代小说人性叙写的极端化与符号化》（管宁，《文艺研究》2005：8）该文主要考察和评价 20 世纪 90 年代小说在人性表现方面的写作趋向，认为先锋小说家、莫言以及部分女性作家的写作体现了人性描写的极端化倾向，而"新新人类"与"新生代"作家则完全将人性描写符号化。这种趋向的形成一定程度上顺应消费社会的文化生产方式，但文学却未能在消费文化语境中找到有效的应对途径。因此，文学应着力表现新的精神问题、新的矛盾和冲突，这样才能找到文学自身的优势和位置，从而找回文学自身。

《风筝与土地：20 世纪中国文化乡土小说家的视角和心态》（集美大学罗关德，《文学评论》2005：4）该文从文化心态的角度研究乡土小说，认为乡土小说是以表现中西方文化冲突为内核的一种独特小说样式，知识分子则是这种小说的主要表现对象。他们在理性认知上更倾向于西方文化立场，其情感态度上则表现出对传统文化立场的倚重。而"风筝"则形象地概括乡土作家知识分子的身份和以现代理性关注乡土中国的文化视角，风筝与土地的关系决定着他们立足传统文化的历史使命。

表8—24　　　　　　　　　　　**1992—2005年小说研究其他成果**

成果名称	作　者	发表刊物（出版社）及时间
冲突的文学	南　帆	上海社会科学院出版社,1992
怪诞·梦幻·象征——论聂绀弩神话历史题材小说	王维燊	《中国现代文学研究丛刊》1994:2
中国20年代小说理论研究（之一）	郑家建	《文艺理论研究》1996:2
理解与感悟	南　帆	浙江文艺出版社,1997
世界文学格局中的中国小说	应锦襄 林铁民 朱水涌	北京大学出版社,1997
《红旗谱》与《白鹿原》两个时代的两种历史叙事	朱水涌	《文艺理论研究》1998:5
隐蔽的成规	南　帆	福建教育出版社,1999
民族心灵的幻象——中国小说审美理想	苏　涵	人民文学出版社,2000
20世纪中国小说流派论	李晓宁	中国文联出版公司,2000
乡土记忆的审美视阈:20世纪文化乡土小说八家	罗关德	天津社会科学院出版社,2005
文化的尴尬——重读《白鹿原》	南　帆	《文艺理论研究》2005:1

（四）文学史研究

《**中国现代文学研究方法论与实践**》（厦门大学庄钟庆，福建教育出版社，1995）该书分"理论"和"实践"上、下两编。理论编含思想方法和表述方式两部分，前者主要阐述中国现代文学研究的基本理论规范，后者阐述研究成果的传达方式问题；实践编含鲁迅研究、茅盾研究、丁玲研究和巴金研究及其他等四个专题，是前述理论方法的具体演示和实际应用，同时也是作者对相关作家作品研究的成果汇集。

《**当代中国女性文学史论**》（林丹娅，厦门大学出版社，1995）该书考察当代中国女性文学书写的基本现象与发展流变，透过中国女性作家作品的表层结构追寻其深层意蕴，揭示女性生命在男权社会中被翳被塑的文化事实，同时也展现"五四"以来中国女性主义文学所包含的复杂的女性精神史的种种形态，勾画女性文学独特的审美品质，是一部带有文化思辨与开阔想象的女性主义文学批评著作。

《双重的解读——1990 年代中国文学的一种描述》（南帆，《文学评论》1998：5）该文探讨 1990 年代文学应如何进入文学史的问题。作者认为 20 世纪八九十年代中国文学的宏大主题同样是"现代化"，但其中某些内容与"现代性"的价值观念体系又产生了距离，这两者之间的重合与分离形成阐述这个时期文学史的双重曲线。描述两条轨迹不同的曲线，意味着设定文学史阐述的双重线索。而从更大范围上来说，20 世纪八九十年代的中国文学始终与"现代性"的一系列价值观念保持必要的张力，并因此造成文学的多面形象。

《世纪之交的中国文学》（厦门大学朱水涌，厦门大学出版社，1999）该书在 20 世纪末世界文化新格局和中国政治、经济、社会文化语境背景中，用宏观深层结构揭示与微观文本剖析结合的方法，通过对历史回顾、家庭叙事、社会现实关注、精神家园探寻、后现代性写作等世纪末主要文学现象的梳理把握，论述 20 世纪 90 年代的中国文学。其中尤为关注大众传媒运作和文化市场机制对文学渗透等社会文化现象，对《白鹿原》、《长恨歌》、《九月寓言》、《心灵史》等代表性文本也有阐释。

《"五四"作家与佛教文化》（哈迎飞，上海三联书店，2002）该书从收集、梳理第一手资料入手，就佛教对鲁迅、周作人、瞿秋白、郁达夫、许地山以及废名等"五四"作家的影响及其深层原因，进行梳理辨析与综合研究。作者将"五四"作家与佛教文化关系，放置在中西文化大撞击和现代社会急遽转型的大背景中加以考察，着重揭示他们亲近或疏远佛教的内在原因，探讨这种宗教选择对他们思想与创作的实际影响，进而把握现代作家与佛教的精神关联。

《多维整合与雅俗同构——赵树理和山药蛋派研究》（席扬，中国社会科学出版社，2004）该书收录有关赵树理研究的系列论文 9 篇，山药蛋派研究系列论文 8 篇，附有"赵树理和山药蛋派研究资料选目"和"赵树理和山药蛋派代表作家主要作品辑目"。主要研究赵树理及其文学成就，代表作有《面对现代的审察》、《农民文化的时代选择》、《山药蛋派文化特征初论》等。

《论中国现代文学研究的再出发》（郑家建、汪文顶，《文艺理论研究》2005：3）该文认为中国现代文学研究当下存在的"问题"是：学科研究在观念上受制于西方文化意识形态，方法上热衷于探寻、发现"本质意义"或"某种规律性的特征"的普遍主义倾向，对象方面则无限制扩张而导致承载过多非文学的内涵。因此该文提出中国现代文学研究"再出发"的起点是：立足于传统去发现现代，用心理分析或精神分析重建阐释作者与文本之间的有效通道，重建问题的历史关系以及重建理论话语、阐释对象与语境三者的同洽性。

表 8—25　　　　　　　　　　**1992—2005 年文学史研究其他成果**

成果名称	作　者	发表刊物（出版社）及时间
中国解放区文学史	许怀中 主　编	海峡文艺出版社,1994
文化冲突与文学嬗变	朱水涌	海峡文艺出版社,1994
音乐性:西方浪漫主义影响下的前期创造社	陈旋波	《中国比较文学》1994:2
女性文学的嬗变与发展	游友基	《中国现代文学研究丛刊》1994:4
中国现代女性文学审美论	游友基	福建教育出版社,1995
当代中国文学的艺术探险	孙绍振	福建教育出版社,1998
文学史学探索	姚　楠	中国文联出版社,1999
五四与新时期:一个百年文学的不解纠葛	朱水涌	《文艺理论研究》1999:4
中国现代文学中浪漫主义的历史反思	俞兆平	《文学评论》1999:4
中国文学:世纪初与世纪末	朱水涌	鹭江出版社,2000
中国现当代文学	朱水涌 李晓红	科学出版社,2000
百年文心——20 世纪中国文学思想史	杨春时	黑龙江教育出版社,2000
历史的探源:中国早期启蒙思想与"五四"——"五四"思想史论(一)	郑家建	《文艺理论研究》2000:4
20 世纪中国文学思潮史论	席　扬 吴文华	时代文艺出版社,2001
历史的潜流:清代学术、思想与"五四"——"五四"思想史论(二)	郑家建	《文艺理论研究》2001:1
建立"文学史学"的思考	郑家建	《中国现代文学研究丛刊》2001:1
20 世纪中国思想文化视野中的"五四"——"五四"思想史论(三)	郑家建	《文艺理论研究》2001:3
新时期小说:人性内蕴的拓展与嬗变——以爱情主题为中心的考察	管　宁	《文艺理论研究》2001:4
文学史的叙述问题	郑家建	《新华文摘》2001:5
中国文学现代性的起源语境	郑家建	上海三联书店,2002
京派文学批评研究	黄　健	上海三联书店,2002
中国现代文学的性别意识	李　玲	人民文学出版社,2002
范式的建构与消解	辜也平	海峡文艺出版社,2002
试谈《讲话》关于知识分子与大众关系的论述	南　帆	《文艺理论研究》2002:4

续表 8—25

成果名称	作 者	发表刊物（出版社）及时间
关于文学史写作思维方式的辨析	席 扬	《文艺理论研究》2002:5
女性文学研究的现实境遇	林丹娅	《光明日报》2002.11.27
革命文学、知识分子与大众	南 帆	《文艺理论研究》2003:1
四重奏:文学、革命、知识分子与大众	南 帆	《文学评论》2003:2
中西之辨:中国的现代性视界	蔡江珍	《中国比较文学》2004:2
二十五年学科发展的历史缩影——百期《丛刊》几组数据的动态分析	辜也平	《中国现代文学研究丛刊》2004:3
二三十年代倡导乡土文学的三种理论视角	罗关德	《中国现代文学研究丛刊》2004:4
文学思潮:作为状态、现象、风格与时期的不同形态	席 扬	《文艺理论研究》2004:4
中国现代文学中古典主义思潮的历史定位	俞兆平	《文艺研究》2004:6
"中间人物"论的美学背景及其人物类型	余岱宗	《新华文摘》2004:9
现代性与20世纪中国文学思潮的特性	杨春时	《文艺研究》2005:12
"赵树理模式"与"当代语境"的复杂关系	席 扬	《中国现代文学研究丛刊》2005:2

（五）作家及其作品研究

《从林语堂到汤婷婷：中心与边缘的文化叙事》（华侨大学陈旋波，《外国文学评论》1995：4）该文探讨从林语堂到汤婷婷叙事文本嬗变的意义，认为林语堂是中国近代以来"他者化"历程中痛苦寻求民族话语的现代知识分子，他认可并接受西方话语的权威地位，同时又以"两脚踏东西文化"的心态向西方人介绍中国文化，探索融汇中西文化、建构民族独特话语框架的可能性；而汤婷婷同样是作为边缘文化的叙事角色直接进入西方话语的，其创作象征性地昭示西方权威话语的没落。因此，他们的创作共同映现20世纪西方中心话语从权威到瓦解的文化进程。

《林语堂评传》（万平近，重庆出版社，1996）该书评述传主的成长史及其文学创作历程，侧重论述其文学业绩，同时兼及其语言学、文化学、哲学、历史学等方面著述，在较为宏大的历史视野中，描述传主在复杂多变的社会时代中的心灵历程和文化个性，阐述和肯定传主向西方弘扬中华民族文化的贡献。

《巴金创作综论》（辜也平，福建教育出版社，1997）该书认为巴金研究存在着追求社会文化功利、非文学化、缺少对具体作品进行全面细致梳理与品辨等方面的不足，因此在对巴金的思想历程、人格精神、文学主张等的宏观把握基础上，根据具体研究对象的差异，综合运用社会——历史批评、心理分析、叙事学研究、比较研究以及版本"异文"考察等方法，对巴金各时期具有代表性的十余种重要作品进行深入的文本研究，最后以巴金创作风格论作为总结。

《青春女性的独特情怀——"五四"女作家创作论》（福建师范大学李玲，《文学评论》1998：1）该文从具体的创作实际入手，着重考察"五四"女作家的女性情怀及其审美表现，从而把握她们所开创的中国现代女性文学的新传统与思想艺术价值，认为"五四"女作家创作执著于青春女性情怀的自我表现，具有同时代男作家的创作所无法替代的思想艺术价值；五四女性文学虽非自觉意义上的女性主义创作，但女性特色鲜明，因此为中国现当代女性文学对女性人性的深入探讨奠定基础。

《新文学大师的选择》（福建师范大学黎舟〔原名吕荣春〕，福建教育出版社，1999）该书以世界文学的视野，考察鲁迅、茅盾、巴金等新文学大师的文学观念和创作实践与外国文学的有机联系，以及他们对民族文学和世界文学的创造性贡献，探讨大师们对外来文化的选择和扬弃所体现的独到之处和示范意义。

《革命、浪漫与凡俗》（南帆，《文学评论》2002：2）该文考察王蒙的《恋爱的季节》、《失态的季节》、《踌躇的季节》、《狂欢的季节》四部长篇小说，认为这是其坎坷的人生经历沉淀后的系列感喟，具有沉重的主题意蕴。在对革命与美学、集体主义与个人主义、革命与民间话语的复杂关系进行系统分析后，该文还原叙述背后隐含的悲怆，指出王蒙并不将革命简单地想象为"狂欢"，对于激进的文学姿态也明智地保持低调，因此主张宽容与温和是他个人体验与历史判断的共同产物。

表 8—26　　　　　　　**1992—2005 年作家及其作品研究其他成果**

成果名称	作　者	发表刊物（出版社）及时间
评新时期的冰心研究	李　玲	《中国现代文学研究丛刊》1996:4
冰心小说探索	李　玲	《文学评论》1996:4
郁达夫的文学道路	张　均	福建教育出版社,1997
论丁玲作品中的女性意识	盂建煌	《中国现代文学研究丛刊》1997:1
闻一多的文学史模式	林继中	《文艺理论研究》1997:2
胡也频传	高少锋	福建教育出版社,1998
传统叙事母题的现代语义——《寒夜》人物论	辜也平	《中国现代文学研究丛刊》1998:1
巴金文学观新探	辜也平	《文艺理论研究》1998:2
《故事新编》研究引论	郑家建	《文艺理论研究》1998:4

续表 8—26

成果名称	作　者	发表刊物(出版社)及时间
巴金的人格精神与文学品位	辜也平	《光明日报》1998.11.19
传统的影响:在误读与契合之间——从文学史角度重识鲁迅与庄子之关系	郑家建	《文艺理论研究》2000:1
论《故事新编》的绘画感	郑家建	《中国现代文学研究丛刊》2000:1
冰心评传	万平近 汪文顶	重庆出版社,2001
《苦闷的象征》对钱杏村 30 年代文学批评的影响	王　烨	《中国现代文学研究丛刊》2001:4
走近巴金	辜也平	山东文艺出版社,2003
冰心:非文本解读	王炳根	海峡文艺出版社,2003
解读海子	高　波	云南人民出版社,2003
时与光——20 世纪中国文学史格局中的徐訏	陈旋波	百花洲文艺出版社,2004
巴金与中国现代文化建设	辜也平	《人民日报》2004.7.6
回归经典——鲁迅与先秦文化的深层关系	廖诗忠	上海三联书店,2005

（六）史料建设研究

《中国现代文学总书目》（复旦大学贾植芳、福建师范大学俞元桂，福建教育出版社，1993）该书为国家"六五—八五"期间社会科学重点项目"中国现代文学史资料汇编·中国现代文学书刊资料丛书"之一种。全书按诗歌、散文、小说、戏剧和翻译分五卷，辑录1917—1949 年出版的文学书籍 13500 余种；各卷书目按出版年月的先后为序编排，各书目含书名、著译者署名、出版状况以及具体目次等内容；书前为《书目分类目录》，书后附《书名笔画索引》和《著译编者书目索引》。

《福建革命根据地文学史料》（万平近，海峡文艺出版社，1993）该书系"中国解放区文学研究资料丛书"之"福建卷"，由福建社会科学院文学研究所、福建省委党校马列主义研究所、古田会议纪念馆、闽西文学院合作编纂。全书分五辑："历史文件选录"，收相关历史文件及毛泽东、周恩来、恽代英等文章 16 篇；"抒发革命情思的诗歌"收古体诗、诗体文告、白话诗、民歌、民谣、歌词等 69 首；"革命进程的记述"收通讯、报告文学、散文 26 篇；"革命戏剧的萌芽"收剧作 6 部；"历史屐痕掇拾"收回忆录等材料 14 篇。另附有《福建革命根据地文学运动概述》、《闽西革命歌谣的思想艺术特色》及《福建苏区报刊一览》等。

《**巴金与泉州**》（泉州黎明大学方航仙、蒋刚，厦门大学出版社，1994）该书为泉州黎明大学巴金研究所"巴金研究丛书"之三，收录海内外学者有关巴金与泉州关系的研究论文以及20世纪30—40年代黎明高中、平民中学师生和泉州工人等回忆文章共计30篇，并附录巴金与泉州相关人士联系信件20余封、巴金有关闽南作品篇目以及巴金在泉州的背景资料等相关内容。

《**老舍年谱**》（修订本，漳州师范学院张桂兴，上海文艺出版社，2005）该书分青少年时代、异国生涯、齐鲁岁月、抗战风雨、赴美之行和建国之后六个阶段，将老舍的著译作品、文学活动和生平事迹等综合系年编谱，并对有关的重要历史背景材料、部分作品的体裁、主要内容或写作背景，以及相关原始报道和重要评价等加以简介或摘录，注重原始资料的采用以及对谱主生平事迹的全面记录。

表8—27　　　　　**1992—2005 年史料建设研究其他成果**

成果名称	作　者	发表刊物（出版社）及时间
关于《也谈叶鼎洛》的补充	柯文溥	《中国现代文学研究丛刊》1993:4
罗明谈厦门大学地下党与鲁迅的关系	庄钟庆	《新文学史料》1994:1
中国诗歌会史实辨析二题	王维燊	《新文学史料》1995:3
林语堂定居台湾前后	万平近	《新文学史料》1995:5
茅盾答问实录	庄钟庆	《新文学史料》1996:2
《南中国的歌》作者童晴岚	庄钟庆	《新文学史料》1996:4
庐隐家世与生平事迹拾遗	王维燊	《中国现代文学研究丛刊》1998:2
老舍资料研究与史料学	张桂兴	《中国现代文学研究丛刊》2004:3
刘半农与东南亚华文文学关系谈片	郭惠芬	《新文学史料》2004:4
钱玄同日记:珍贵的历史文献	辜也平	《光明日报》2004.7.30
谈洪深在青岛的从教生涯和文学活动	张桂兴	《新文学史料》2005:3
读老舍的四封书简	张桂兴	《中国现代文学研究丛刊》2005:6
老舍致赵清阁书简四封	张桂兴	《中国现代文学研究丛刊》2005:6

第四节　台港澳暨海外华文文学研究

一、学科建设与学术研究

（一）学科建设

福建省台港澳暨海外华文文学研究力量主要集中在福建社会科学院、厦门大学、福建师范大学、福建省文联、华侨大学等单位。20世纪90年代初，福建师范大学、厦门大学和华侨大学等高校率先开始在汉语言文学本科教育中开设"台港澳暨海外华文文学"相关选修课程。之后闽江学院、集美大学、泉州师范学院、漳州师范学院等也相继配备专业师资，先后开设该门课程。1997年，福建师范大学中文系的中国现当代文学硕士研究生专业首次将"台港澳暨海外华文文学"列为主要研究方向之一。厦门大学中文系中国现当代文学硕士研究生专业增设"中国现当代文学与海外华文文学关系研究方向"，该校台湾研究院则招收台湾文学研究方向的硕士研究生。1999年福建师范大学中国现当代文学博士点首次招收"台港澳暨世界华文文学"方向的博士研究生。2000年，华侨大学招收"台港澳暨海外华文文学"研究方向的硕士研究生。此期间"福建省台港澳暨海外华文文学研究会"、"厦门市东南亚华文文学研究会"和《台港文学选刊》杂志社等也在推动"台港澳暨海外华文文学"研究。

（二）学术研究

1992—2005年，福建省台港澳暨海外华文文学研究主要在学科理论建设、文学史书写、思潮流派研究、文类研究、作家作品评论以及史料建设等方面。其间，出版专著23部，在核心期刊发表论文100多篇。获得4项国家社会科学基金项目：两岸文学艺术的文化亲缘研究——以闽台为中心（福建社会科学院刘登翰，1999）、作为世界性语种文学的华文文学之研究（厦门大学朱立，2000）、20世纪美华文学文化主题的变迁及与中国文学的互动关系研究（刘登翰，2002）、东南亚华语戏剧史（厦门大学周宁，2003）。同时，获得教育部人文社会科学研究规划项目5项：中国现代化历史进程中台湾文学的"现代性"研究（周宁，2005）、半个世纪以来海峡两岸文学思潮发展比较研究（朱立，1996）、世界华文文学史料学研究（福建师范大学袁勇麟，2004）、近20年来的台湾文学创作及文艺思想潮研究（福建师范大学朱立立，2005）、世界华文文学研究（袁勇麟，2001）；并获得福建省社会科学规划项目6项。

这一时期，该学科科研成果获得福建省社会科学优秀成果奖8项：《台湾文学史（上、下）》（第二届一等奖，刘登翰、庄明萱、黄重添、林承璜主编）、《台湾长篇小说论》（第二届二等奖，福建省文联黄重添）、《香港文学史》（第三届三等奖，刘登翰）、《近二十年台湾文学流脉——"战后新世纪"文学论》（第四届三等奖，厦门大学朱双一）、《当代汉语散文流变论》（第五届三等奖，袁勇麟）、《闽台文学的文化亲缘》（第六届二等奖，朱双一）、《关于华文文学几个基础性概念的学术清理》等8篇系列论文（第六届二等奖，刘登翰、刘小新）、《知识人的精神私史——台湾现代派小说的一种解读》（第六届三等奖，朱立立）；同时还获得中国文联理论批评奖1项：《华人文化诗学：华文文学研究的范式转移》（第五届二等奖，刘登翰、刘小新）。

（三）学术会议

1993年3月，福建省台港澳暨海外华文文学研究会第二次会员大会暨学术讨论会在福州举行。会议以"时代、社会与文学——台港澳暨海外华文文学近期发展分析"为主题，台湾文学是会议主要议题之一，与会专家就台湾文学的地域特色，各种文体的最新成就，以及两岸文学的比较展开讨论。

1994年8月，厦门市东南亚华文文学研究会、厦门大学东南亚华文文学研究中心主办的第二届东南亚华文文学研讨会（即东南亚当代华文文学暨周颖南创作研讨会）在厦门大学召开。会议的主要研讨问题是东南亚当代华文文学与新加坡华文作家周颖南的创作。出席会议代表共80余人，包括来自上海、浙江、广东、内蒙古以及福建各地的学者和东南亚国家的华文文艺团体负责人及作家。会后出版论文集《周颖南创作探寻》。

1997年4月，福建省台港澳暨海外华文文学研究会、台湾民主自治同盟福建省委员会、福建台湾文化研究中心和《台港文学选刊》杂志社联办的世纪之交的台港澳暨海外华文文学青年学者研讨会在福州召开。中国社会科学院、广东社会科学院、福建社会科学院、暨南大学、福建师范大学、华侨大学等以及港澳的专家学者和作家参加会议。会议讨论学科建设的相关问题以及史料建设的重要性。

1997年12月，厦门市东南亚华文文学研究会、厦门大学东南亚华文文学研究中心、厦门大学海外教育学院联办的第三届东南亚华文文学研讨会在厦门大学召开。出席研讨会的代表包括东南亚华人作家和中国大陆各院校学者近百人，会议除了对东南亚各国华文文学发展状况、趋势等总体探讨外，重点讨论东南亚林健民、方修、黄东平、云里风、司马攻等五位作家及其作品。

1998年9月，国作家协会、华侨大学、泉州市对外文化交流协会及市文联联办的北美华文作家作品研讨会在华侨大学召开。美国、加拿大、菲律宾的25位华文作家和中国大陆26位作家、编辑及数十位华文文学研究专家参加研讨会。会议讨论北美华文作家创作的现状与前景、海外华人文学与中国文化传统的关系、华文写作经验等问题。

1999年10月，第十届世界华文文学国际学术研讨会在华侨大学举行。美国、加拿大、澳大利亚、菲律宾、泰国、印度尼西亚、新加坡、马来西亚和文莱九个国家和中国香港、澳门、台湾地区及大陆的102名华文文学作家、诗人、专家、学者参加会议。会议的主题为"华文文学：世纪的总结和前瞻"，主要探讨了以下命题：华文文学创作与研究论、华文文学的文化属性（身份认同）、新移民文学景观。

1999年12月，厦门市东南亚华文文学研究会、新加坡文艺协会、厦门大学东南亚华文文学研究中心、海外教育学院联办的第四届东南亚华文文学研讨会在厦门大学召开。北京、上海、河北、广东、山西、内蒙古、江西、辽宁、湖北、浙江、澳门以及福建各地的专家学者和东南亚华文作家学者约 100 人参会，集中从宏观角度探讨东南亚华文文学在世界华文文学格局中的地位和新加坡华文文学的 21 世纪发展趋势。

2001 年 5 月，菲律宾华文作家协会和福建省台港澳暨海外华文文学研究会联办的首届菲律宾华文文学研讨会在福州市举行。菲律宾、新加坡、马来西亚、泰国、文莱等国华文作家与中国学者作家 70 多人出席。大会收到论文 50 多篇。会议围绕"菲华文学的历史、现状和未来走向"这一主题从菲华文学与中华文化以及与中国文学的关系，菲华文学与本土文化以及与西方文化的关系，菲华文学中的闽南文化因素及其表现，菲华文学的发展过程与历史分期，菲华文学的现实困境，抗战时期的菲华文学等方面展开讨论。

2001 年 10 月，暨南大学中文系和福建师范大学文学院联办的第二届世界华文文学中青年学者论坛在武夷山召开。北京、上海、江苏、山东、广东、福建、海南、湖北、香港以及美国、澳大利亚和马来西亚的 30 多位专家学者与会。会议围绕世界华文文学研究的视野和格局、世界华文文学研究中的文化问题、世界华文文学研究的回顾和前瞻三个议题展开讨论。

2002 年 4 月，第五届东南亚华文文学研讨会在厦门大学举行，主要探讨东南亚华文文学及其研究、菲华文学的历程、特点及其当代使命和发展背景。

2002 年 9 月，福建省台港澳暨海外华文文学研究会与漳州师范学院中文系联办的闽文化与台湾文学学术讨论会在漳州师范学院举行，福建省共有 40 多位专家学者出席，探讨有关华文文学的争论问题、近代两岸文化名人的革新倾向和传统情结、两岸作家现代性话语的不同表现等问题。会后，选举产生福建省台港澳暨海外华文文学研究会新一届理事会。

2003 年，福建省台港澳暨海外华文文学研究会和泉州师范学院联办的闽南文化与东南亚华文文学国际研讨会在泉州召开，会议讨论闽南文化的内涵与特点、"唐人街"的建构与结构、华文文学学科建设等问题。

2005 年 4 月，厦门市东南亚华文文学研究会主办，文莱华文作家协会及厦门大学等单位联办的第六届东南亚华文文学研讨会在厦门大学召开。会议着重讨论文莱华文文学的创作特色和东南亚华文文学及其研究的新进展。

2005 年 10 月，厦门大学台湾研究中心主办的海峡两岸台湾文学史研讨会在厦门大学召开，大陆与台湾的 40 多名学者，围绕台湾文学史书写的理论视界、日据时期的台湾文学与当代台湾诗学等问题展开讨论。

二、主要学术成果

（一）学科基础理论研究

《分流与整合：二十世纪中国文学的整体视野》（刘登翰，《文学评论》2001：4）该文提出阐释台港澳文学的整体框架，认为在一定的历史时期，中国局部地区的分割和疏离，使共同的文学传统在这些地区出现分流，形成特殊的文学形态——台湾、香港、澳门文学。研究、分析母体文学与分流文学之间的异同，旨在走向新的整合，建立20世纪中国文学的整体视野和架构。

《命名、依据和学科定位》（刘登翰，《福建论坛》2002：5）该文分为四个部分：肯定和质疑；命名的意义和尴尬；学科的背景和依据；文化研究和学科定位。提出：第一，从文化身份的自我建构，到以自己的身份文化对所在国的积极参与，是当下海外华人生存状态正在发生的重大变化之一，也是海外华文文学一个新的文化主题。第二，打破陈旧、单一的研究模式，寻求新的理论资源，建构符合华文文学自身特质的理论体系，便成为突破华文文学研究困境的强烈呼唤。正是在这一背景下，文化研究从理论到方法，重新成为华文文学研究界关注的热点。

《关于华文文学几个基础性概念的学术清理》（刘登翰、刘小新《文学评论》2004：4）该文清理并阐释华文文学研究的几个基础性概念的含义。无论"语种的华文文学"，"文化的华文文学"，还是"族性的华文文学"，抑或是"个人化的华文文学"，都是认识华文文学的维度。它们之间不存在所谓的对立和对抗关系，而是共存互补的，它们共同构成华文文学研究的多维视野。

《对华文文学诗学建构的一种思考》（泉州师范学院戴冠青，《文艺争鸣》2004：6）该文认为：必须加快建构华文文学研究的文论（诗学）体系，从文艺学的角度，对华文文学这一创作现象的内涵界定、学科归属、研究对象、研究任务、美学品格、基本属性、表现形态、活动特点、价值取向、审美特征、文体类型、文学风格、传播形式、接受对象、接受过程以及文学批评等方面给予充分的梳理和阐发，真正确立华文文学研究的学科地位。

《言说的疆域》（袁勇麟，《台湾研究集刊》2005：4）该文认为：历史叙事体现写作主体的精神动态，由此人们可以洞察主体意识形态走向。鉴于台湾文学史的特性以及两岸相隔的现实，大陆的台湾文学史写作更突出距离对视中包含的种种政治文化想象。通过考察历史叙事提供的言说疆域版图，一方面可以探掘这一想象空间的多面维度，另一方面也可以完善学科的发展建设。该文选择刘登翰、杨匡汉、黎湘萍以及朱立立等所撰写的几本台湾文学史著作为样本，分析大陆学者台湾文学史理论视野的位移及其背后意识形态的变动。

表8—28　　　　　　　　**1992—2005年学科基础理论研究其他成果**

成果名称	作　者	发表刊物(出版社)及时间
走向学术语境——祖国大陆台湾文学研究二十年	刘登翰	《台湾研究集刊》2000:3
文化人类学与世界华文文学研究一体化的可能性	肖　成	《汕头大学学报》2001:1

续表 8—28

成果名称	作　者	发表刊物（出版社）及时间
台港澳文学与文学史写作——再谈 20 世纪中国文学的整体视野	刘登翰	《复旦学报》2001：6
都是"语种"惹的祸？	刘登翰 刘小新	《文艺报》2002.2.26
华人文学研究的理论突围——华人学的知识视野与华文文学研究	刘登翰 朱立立	《福建论坛》2002：5
民族主义与华文文学研究	郑国庆	《福建论坛》2002：5
世界华文文学史料学的回顾与展望	袁勇麟	《甘肃社会科学》2003：1
对象·理论·学术平台——关于华文文学研究"学术升级"的思考	刘登翰 刘小新	《广东社会科学》2004：1
文学的周边文化关系——谈台湾文学史研究的几个问题	汪毅夫	《福建师范大学学报》（哲学社会科学版）2004：1
走向一体化的世界华文文学	周　宁	《东南学术》2004：2
大同诗学想象与地方知识的建构——华文文学研究的两种路径及其整合	刘小新	《东南学术》2004：3
世界华文文学的存在形态与运动方式：关于"一体化"和"多中心"的辨识	刘登翰	《东南学术》2004：3
华人文化诗学：华文文学研究的范式转移	刘登翰 刘小新	《东南学术》2004：6
华文文学研究的瓶颈与多元理论的建构	刘登翰	《福建论坛》2004：11
华文文学后殖民批评的可能性及限度	朱立立	《福建论坛》2004：11
比较文学对华文文学研究的启示与作用	高　鸿	《福建论坛》2004：11

（二）台湾文学研究

《台湾文学史》 （上下卷，刘登翰、庄明萱、黄重添、林承璜，海峡文艺出版社，1993）该书以台湾文学为中国文学的一个分支，同时又具有其特殊性为基本观念，叙述台湾文学上自远古、下至 20 世纪 90 年代的发展变迁。按照台湾文学的历史分期，本书共分四编。第一编为古代文学时期，描述远古到 1840 年台湾文学的发展；第二编为近代文学时期，描述 1840 年至 20 世纪 20 年代初期，台湾文学在传统文化、本土文化和"日据"等多种矛盾下的复杂内涵；第三编为现代文学时期，描述 20 世纪 20 年代初至 1945 年台湾回归祖国的文学发展状况，重点介绍台湾新文学的发展与繁盛；第四编为当代文学，描述 1945 年至 20 世纪 90 年代台湾文学日渐多元化的发展趋向。除四编之外，另有总论，重点介绍台湾文学发展中的一些普遍性问题。

《彼岸的缪斯——台湾诗歌论》（刘登翰、朱二，百花洲文艺出版社，1996）该书分为《诗潮论》和《诗人论》上、下两篇，上篇论述台湾当代新诗的生存环境与存在形态，包括20世纪50—60年代反共"战斗诗"的高倡、现代主义诗潮的勃兴，60—70年代现实主义诗潮的再出发，以及80年代以后诗坛的多元发展等诗潮发展流程；下篇则从微观角度，对近70位有代表性的台湾诗人逐一加以论析。

《施叔青李昂散文精粹》（厦门大学徐学，广东花城出版社，1997）该书展示两位台湾女作家文学世界中典雅与激情的一面，分为四辑：一辑抒情散文；二辑寓言散文；三辑纪实散文；四辑杂文自白。

《近二十年台湾文学流脉》（朱双一，厦门大学出版社，1999）该书以法国文学社会学家罗贝尔·埃斯卡皮的"世代"和"流派"理论为基础，考察分析台湾文坛在20世纪出现的两次作家出生的高峰期，即20年代至30年代、40年代后期至50年代中期，并将前者称作"前行代"，后者称作"战后新世代"，专指大约70年代以后陆续登上文坛的年轻作家。对于这批构成台湾文学主潮流变的作家群，置于"世代"的框架来研究，便于在联系时代、社会背景的前提下把握文学的脉动，切入"新世代"的本质特征，并通过文学的视角探视这个时期台湾社会文化的状貌。

《闽台文学的文化亲缘》（朱双一，福建人民出版社，2003）该书论述福建和台湾两地的文化之间的亲缘关系。全书共分六章，探讨台湾和福建两地的种族、环境、时代要素与区域文学特征，明郑前后闽台文学的初步耦合，清代中叶闽台文学的深层对接等。作者从文献资料和田野调查的实证历史和现实文化语境出发，运用历史学和社会学的研究方法探寻文学生成和发展的潜在因素和价值。

《闽台民间戏曲的传承与变迁》（厦门台湾艺术研究所陈耕，福建人民出版社，2003）该书内容包括早期两岸民间戏曲及其传承、晚清及民国时期两岸民间戏曲的融合与变迁、新中国成立后两岸民间戏曲的变迁以及新时期两岸民间戏曲的交流与合作，论析两岸民间戏曲的文化亲缘、传承关系与发展变迁。

《语言的转换与文学的进程——关于台湾文学的一种解说》（福建省台盟汪毅夫，《中国现代文学研究丛刊》2004：1）该文从语言与文学的关系来考量台湾现代文学的分野、分期、分类以及台湾现代作家创、译用语问题。从用方言写作到兼用国语（白话）写作；从用文言起草到用国语（白话）和方言定稿；从用文言写作到兼用日语写作；从用文言写作到兼用日语和国语（白话）写作；从用方言俚语到用文言词语；从用日语写作到用国语（白话）写作；从用方言思考到用日语和国语（白话）写作。这种语言转换的多层次复杂性及其对文学进程的影响，是以往的台湾文学史书写比较缺乏的。

表 8—29　　　　　　　　**1992—2005 年台湾文学研究其他成果**

成果名称	作　者	发表刊物（出版社）及时间
大众消费文化的影响及台湾文坛的因应	朱双一	《台湾研究集刊》1992：2
从《台港文学选刊》看台湾的社会与文化	汪毅夫	《台港文学选刊》1992：3、6
台湾电影导演结构及其美学特征	陈飞宝	《电影艺术》1993：1
近代台湾小说艺术模式的变革	朱双一	《福建论坛》1993：2
八○年代以来的台湾文学理论批评	朱双一	《台湾研究集刊》1993：4
文化解构与诗的重建——两岸诗坛后现代主义倾向比较	余　禺	《当代作家评论》1993：4
台湾当代散文综论	徐　学	海峡文艺出版社，1994
台湾电视发展史	陈飞宝	海风出版社，1994
文学薪火的传承与变异：台湾文学论集	刘登翰	海峡文艺出版社，1994
台湾当代散文综论	徐　学	海峡文艺出版社，1994
略论台湾文学文化的趋向	朱双一	《学术研究》1994：2
台湾当代散文中的意象与寓言	徐　学	《当代作家评论》1994：2
台湾当代散文中的色彩与节奏	徐　学	《厦门大学学报》（哲学社会科学版）1994：2
《台湾诗史》辨误举隅	汪毅夫	《福建论坛》1994：4
九十年代以来高山族"山地文学"的发展	朱双一	《台湾研究》1995：1
当代台湾散文中的生命体验	徐　学	《台湾研究集刊》1995：1
当代台湾文学的人文主义脉流	朱双一	《厦门大学学报》（哲学社会科学版）1995：3
"劫后文章民族恨，皮里春秋爱国情"——略谈日据前期台湾文学抗日爱国的民族精神	汪毅夫	《台湾研究》1995：3
近年来台湾文学中的新人文主义倾向	朱双一	《台湾研究集刊》1995：3、4
台港出版散文精品鉴赏	厦门大学台湾研究所	河南文艺出版社，1996
80 年代台湾政治文化与台湾散文	徐　学	《台湾研究》1996：1
台湾文学中的"新女性"角色设计	朱双一	《台湾研究集刊》1996：1
定位台湾文学的三种方法	徐　学	《台湾研究》1996：1
在恒常中追寻新的可能：关于简媜散文	蔡江珍	《当代作家评论》1996：2
台湾客家"老山歌"曲调溯源	王耀华	《中国音乐学》1996：2

续表 8—29

成果名称	作　者	发表刊物（出版社）及时间
日据时期台湾新诗的抗议和隐忍	朱双一	《台湾研究》1996:4
台湾两才女——李昂、施叔青小说精粹	徐学选编	广东花城出版社,1997
从投射到拼贴:台湾诗歌艺术六十种	陈仲义	漓江出版社,1997
台湾近代诗人在福建	汪毅夫	台北幼狮文化事业公司,1997
台湾近代后期诗歌的情感特征	包恒新	《福建论坛》（文史哲版）1997:1
1995年台湾文坛有关"本土化"的一场论争	朱双一	《台湾研究集刊》1997:1
80年代以来台湾诗坛的三大流脉及其艺术视角	朱双一	《厦门大学学报》（哲学社会科学版）1997:2
台湾歌仔戏传入闽南的时间、地点、人物之争议	陈　耕	《福建艺术》1997:4
台港澳文学作品精选（诗歌散文卷）	王晋民主　编　徐　学副主编	广东高教出版社,1998
台湾电影导演艺术	陈飞宝	亚太图书出版公司,1998
高阳系中的平民世界	徐　学	《台湾研究》1998:1
方杞散文艺术论	倪金华	《文史哲》1998:5
吕赫若小说创作的中国性	朱双一	《台湾研究集刊》1999:1
九十年代台湾文学思潮概要	朱双一	《福建论坛》1999:1
光复初期台湾文坛的"鲁迅风潮"	朱双一	《台湾研究集刊》1999:2
近十年台湾散文新观察	倪金华	《文艺理论与批评》1999:6
当代台湾的浪漫文学	朱双一	《台湾研究集刊》2000:1
台湾游记里的台湾社会旧影——读日据时期的三种台湾游记	汪毅夫	《台湾研究集刊》2000:2
台湾微型小说创作的历史与现状	徐　学	《台湾研究》2000:2
日本的台湾文学研究之学术检讨	倪金华	《世界华文文学论坛》2000:3
台湾作家的香港关注——以余光中、施叔青为中心的考察	刘登翰	《福建论坛》2001:2
白先勇小说句法与现代性的汉文学语言	徐　学	《台湾研究集刊》2001:2
从政治抗争到文化扎根——台湾"原住民文学"的创作演变	朱双一	《厦门大学学报》（哲学社会科学版）2001:2

续表 8—29

成果名称	作　者	发表刊物(出版社)及时间
从新殖民主义的批判到后殖民论述的崛起——1970 年代以来台湾社会文化思潮发展的一条脉络	朱双一	《台湾研究集刊》2001:4
台湾都市文学研究理路辨析	朱立立	《东南学术》2001:5
当代汉语散文流变论	袁勇麟	上海三联书店,2002
火中龙吟:余光中评传	徐　学	花城出版社,2002
台湾散文新观察	倪金华	海峡文艺出版社,2002
浪漫主义与 60 年代台湾文学思潮	朱立立	《台湾研究集刊》2002:3
日本、中国大陆与台湾的台湾文学研究比较观	倪金华	《台湾研究集刊》2002:4
守望家园:大陆与台湾文学论	王金城	吉林人民出版社,2003
论五六十年代的台湾文学及其对海外华文文学的影响	刘登翰 刘小新	《台湾研究集刊》2003:3
日据前期台湾的文化民族主义——以连雅堂、洪弃生、丘逢甲等为例	朱双一	《台湾研究集刊》2003:3
日据下台湾"现代化"的文学证伪	朱双一	《南京大学学报》2003:5
知识人的精神私史:台湾现代派小说的一种解读	朱立立	上海三联书店,2004
日据时期台湾社会图谱(1920—1945):台湾小说研究	肖　成	九州出版社,2004
从存在主义思潮的引进看五六十年代台湾文化场域	刘小新 朱立立	《台湾研究集刊》2004:2
海峡两岸后现代诗学理论的比较	朱水涌	《厦门大学学报》(哲学社会科学版)2004:2
台湾民歌《丢丢铜子》的来历	蓝雪霏	《星海音乐学院学报》2004:3
台湾文学思潮与渊源	朱双一	海峡学术出版社(台湾),2005
悦读台北女	徐　学	厦门大学出版社,2005
台湾的现代性"怨恨修辞"	蒋小波	《台湾研究集刊》2005:1
台湾现代派小说研究再出发:一种精神现象学的解释	朱立立	《华侨大学学报》(哲学社会科学版)2005:1
漫游·时间寓言·语言乌托邦——解读《海东青》的多重方法	朱立立	《文学评论》2005:3

续表 8—29

成果名称	作 者	发表刊物(出版社)及时间
台湾新文学中的"陈三五娘"	朱双一	《台湾研究集刊》2005:3
论杨逵日据时期的文学书写	朱立立 刘登翰	《中国现代文学研究丛刊》2005:3
吕赫若小说文本的文化隐喻功能	李诠林	《福建师范大学学报》(哲学社会科学版) 2005:3
试论日据时期台湾文坛的"幻影之人"翁闹——与郁达夫比较	张 羽	《台湾研究集刊》2005:3
"国粹"与"种姓":章太炎与连雅堂"语文"思想之比较	蒋小波	《台湾研究集刊》2005:3
余光中"适度散文化"的诗歌理论与实践	徐 学	《厦门大学学报》(哲学社会科学版)2005: 5
与"本土八股"的对抗和超越——蓝博洲作品的另一种意义	朱双一	《文艺争鸣》2005:6

(三) 港澳文学研究

《香港文学的起点和新文学的兴起》 (福建省社会科学界联合会杨健民,《文学评论》1997:3) 该文认为:1874年王韬创办《循环日报》副刊,应该视作香港文学的起点。香港的旧文学主要由消遣的、趣味主义的和鸳鸯蝴蝶派的作品所构成。移居香港的一些晚清遗老,以及香港原有的旧文化势力,相当程度上阻碍了新文化在香港的传播和发展。

《论香港文学的发展道路》 (刘登翰,《文学评论》1997:3) 该文提出:香港文学的发生、发展有其独特的文化背景,即以岭南文化为主要形态的中华母体文化与港英当局引入的西方文化冲撞、交融的格局。香港文学与内地文学存在着复杂的分合关系,即内地新文学的发展轨迹与香港文学自身的发展道路的前期重合与后期分途 (以新中国成立为界)。国际冷战格局的结束,中国大陆实行改革开放,以 "一国两制" 的构想回归祖国的前景,使香港文学得以发挥自己的文化优势,逐渐确立自身的价值,即以开放的现代的国际性都市生活为基础的现代都市文学。这使香港文学在整个当代中国文学中有不可替代的价值和意义。

《香港文学史》 (刘登翰,人民文学出版社,1999) 该书全面介绍香港自开埠以来至1997年回归祖国这一时期的文学概貌,反映香港文学发生、发展的历史文化背景,评介各个阶段的主要作家和作品,阐述香港文学与中国内地文学的分合关系,以及香港文学的价值与特色:既不是西方文化的照搬,也不是母体文化的守成,而是在东西两种文化的交会、融合基础上的超越，体现其开放性、兼容性和多元化的特征。

《文化视野中的澳门文学》（刘登翰，《文学评论》1999：6）该文认为：澳门文化空间具有多元性特征。在政治文化上的边缘地位，使早期澳门文学主要是"植入"而非"根生"；既在文化精神和文体典范上源于中华文化传统，又在某些文学题材和语言形态上迥异于传统文学，而丰富了中华文学宝库。20世纪50年代以后，一批本土文学青年成为澳门新文学的最初拓垦者；80年代中期以后，在内地改革开放对澳门影响下，澳门文学有了真正的崛起。作为澳门文学特殊部分的土生文学，反映澳门社会多元复杂的生活层面。

《沙田学者与中国现代文学研究》（徐学，《厦门大学学报》（哲学社会科学版）2001：3）该文认为：20世纪70年代至80年代中期，香港沙田学者群在中国现代文学研究中成果卓著。他们以开阔融汇的中西学术视野为背景的细读方法，以严谨细致的史料考订和活泼清新的文风，自成一种学术流派。沙田学者群在中国现代文学研究史上有着承前启后的历史意义。

表 8—30　　　　　　　　　　1992—2005 年港澳文学研究其他成果

成果名称	作　者	发表刊物（出版社）及时间
论台港和大陆散文中之软幽默和硬幽默	孙绍振	《文艺理论研究》1996：6
香港小说发展的三重迭合格局	颜纯钧	《小说评论》1997：2
香港的新生代小说家	颜纯钧	《福建论坛》1997：3
香港作家的文学批评	王光明	《文学评论》1997：4
二元构合中的诗心与诗艺——论香港新诗的特质	俞兆平	《文学评论》1997：4
香港的"客居"批评家	王光明	《天津社会科学》1997：6
澳门文学概观	刘登翰主编	鹭江出版社，1999
澳门文学的文化观照	管　宁	《东南学术》1999：3
从"悖论"谈及澳门文学	刘登翰	《江苏社会科学》2000：1
香港文学的文化身份——关于香港文学的"本土性"及其相关话题	刘登翰	《福建论坛》2000：3
"房子"：精神的居所——香港女性写作的一种景观	颜纯钧	《东南学术》2000：4
二十世纪香港小说与外国文学关系浅探——以刘以鬯、也斯、西西为例	袁勇麟	《华文文学》2003：3
意识形态与文化研究的偏执——评周蕾《写在家国以外》	朱立立	《文艺研究》2005：9

（四）海外华文文学研究

《东南亚华文文学丛书》 1992—2005 年，厦门大学东南亚华文文学研究中心和厦门市东南亚华文文学研究会系统出版了三套东南亚华文文学创作与研究丛书：厦门大学庄钟庆等主编的"东南亚华文文学研究丛书"、"东南亚华文文学研究集刊"，庄钟庆、陈育伦、周宁等主编的"东南亚华文文学丛书"，总计 30 余种。其中包括《东南亚华文文学研究集刊第 1 集上册：当代东南亚华文文学多面观》、《东南亚华文文学研究集刊第 1 集下册·周颖南创作探寻》（庄钟庆主编，厦门大学出版社，1995）、《世纪之交的东南亚华文文学探视》（上、下卷）（庄钟庆、陈育伦主编，厦门大学出版社，1999）、《面向 21 世纪的东南亚华文文学：新华文学历程及走向》（上、下卷）（庄钟庆、陈育伦、周宁主编，厦门大学出版社，2001）、《面向 21 世纪的东南亚华文文学：东南亚华文文学语言研究》（上、下卷）（庄钟庆、陈育伦、周宁主编，厦门大学出版社，2002）等。以上丛书旨在以资料积累和整理为重点，联合海内外华文作家和学者共同开展东南亚华文文学研究，为东南亚华文文学整体研究和学科建设奠定基础。

《新马华文文学的现代与当代》（厦门大学郭惠芬，厦门大学出版社，1999）该书讨论多元文化撞击下新加坡、马来西亚华文文学的起源与历史变迁。全书分为四编：第一编为马来西亚华文新文学的诞生，主要探讨马来西亚华文新文学先驱的文学拓荒和马来西亚华文新文学起点的重新界定问题；第二编集中讨论马来西亚华文早期现代新诗和欧风美雨影响下的戏剧创作；第三编为马来西亚华文现代作家作品论，以潘受和姚紫为中心展开论述；第四编为新加坡华文当代新诗论。

《华文微型小说的叙事自觉与阅读期待》 ［厦门大学林丹娅，《厦门大学学报》（哲学社会科学版）2001：3］该文指出：微型小说因其制小篇微的体式，易于诱使写作者趋向"滥作"，尽管它在本质上更要求写作者的"精耕细作"。华文微型小说通过它得天独厚的现代生存条件，摆脱此种"先天"不足带给它艺术地位的弱化，而发挥出文学独特的精神功用，因而它必须具备叙事自觉：既要满足读者的阅读期待，又要提升这种阅读期待。从整体上考察华文微型小说写作的叙事自觉与作品中叙事艺术的缺失部分的关系，可为它所应具有的诗学品质，提供一份有益的思考与经验。

表 8—31　　　　　**1992—2005 年海外华文文学研究其他成果**

成果名称	作　者	发表刊物（出版社）及时间
世纪旅外华人散文百家	杨际岚　选　编	福建教育出版社，1993
郑明娳散文批评初探	徐　学	《台湾研究集刊》1993：1

续表 8—31

成果名称	作　者	发表刊物（出版社）及时间
赴台马来西亚侨生文学的中华情结和南洋色泽	朱双一	《台湾研究集刊》1995:1
司马攻与近十年的泰华文坛	徐　学	《厦门大学学报》（哲学社会科学版）1996:2
新加坡华文文学的认同:创造与传统	周　宁	《华侨华人历史研究》1997:2
试论新加坡华文文学的文化语境	周　宁	《文艺理论与批评》1997:6
第三只眼看华文文学	袁勇麟	《东南学术》1998:1
中国南来作者与新马华文文学	郭惠芬	厦门大学出版社,1999
从困惑中走向新世纪——世纪末国际华文诗歌思考	庄伟杰	《南方文坛》1999:1
华文文学:世纪的回眸	刘登翰	《东南学术》1999:6
走向世界华文文学	刘登翰	《福建论坛》2000:3
侨民文学·马华文学·新华文学——试论新加坡华文文学发展的三个阶段	周　宁	《文艺理论与批评》2001:1
菲华文学:文化承传与现实走向	刘登翰	《福建论坛》2001:4
东南亚华文文学语言研究	李国正等	厦门大学出版社,2002
网络华文文学刍议	黄鸣奋	《华侨华人历史研究》2002:1
文化冲撞中的文化认同与困境——从林语堂看海外华文文学研究中的有关问题	高　鸿	《华文文学》2002:3
福建与东南亚的文学渊源	杨　怡	《文艺理论与批评》2002:4
印尼华文文学语言特色	杨　怡	《厦门大学学报》（哲学社会科学版）2002:6
从新华文坛论及印华文学	杨　怡	新加坡文艺协会,2003
新加坡等华文文学在前进中:兼谈中国新文学与东南亚华文文学之交	庄钟庆	新加坡文艺协会,2003
东南亚华文生态中的女性写作	林丹娅	《厦门大学学报》（哲学社会科学版）2003:3
重整马华文学独特性	周　宁	《华侨华人历史研究》2004:1
刘半农与东南亚华文文学关系谈片	郭惠芬	《新文学史料》2004:4
新世纪初的东南亚华文文学(上卷:菲华文学在茁长中)	庄钟庆	厦门大学出版社,2005
海外华文文学的后殖民批评实践——以马来西亚、新加坡为中心的初步观察与思考	刘小新　朱立立	《文艺理论研究》2005:1

第五节　外国文学与比较文学研究

一、学科建设与学术研究

（一）学科建设

福建省外国文学与比较文学研究的力量主要集中在厦门大学、福建师范大学、集美大学。

1993 年厦门大学获准建立英语语言文学专业博士点。同年，福建师范大学获准设立比较文学专业硕士学位点，1994 年开始正式招生。1995 年福建师范大学中文系入选国家教委首批"文科基地"，比较文学是其中的一个方向。2000 年，福建师范大学取得日语语言文学硕士授予权，日本文学研究是其中的一个研究方向。2003 年，集美大学获得比较文学与世界文学专业硕士学位授予权，并于次年开始招生。2004 年，福建师范大学比较文学与世界文学专业开始招收博士研究生。另外，厦门大学建立法语语言文学、日语语言文学、俄语语言文学硕士点。厦门大学、福建师范大学的英语语言文学成为福建省重点建设学科。

（二）学术研究

福建省外国文学与比较文学研究主要集中在中外文类比较研究、外国作家作品研究、中外文学关系研究、比较文学形象学研究、跨学科研究等方面。1992—2005 年，共出版论著 52 部，发表论文 300 余篇。此期间，获得国家社会科学基金项目 7 项：华兹华斯诗学思想及其在中国的影响（福建师范大学苏文菁，1998）、美国后现代派小说论（厦门大学杨仁敬，2001）、东西方戏剧格局建构及其互渗（厦门大学廖奔，2001）、英国前期浪漫主义诗学研究（苏文菁，2003）、法国文学批评史（厦门大学冯寿农，2004）、美国文学批评视野中的海明威研究（杨仁敬，2005）、哈罗德·布鲁姆的文学观（厦门大学张龙海，2005）；获得教育部人文社会科学基金项目 6 项：浪漫主义思潮在中国的接受与分化（厦门大学俞兆平，2005）、西方文学批评理论与方法研究（冯寿农，1997）、中国与西方：彼此形象的历史（厦门大学周宁，2001）、20 世纪东西方戏剧的交流与互动（厦门大学陈世雄，2001）、西方戏剧理论史（周宁，2003）、美国犹太小说研究（厦门大学刘文松，2004）；同期还获得福建省社会科学规划项目 3 项。

这一时期，该学科获得福建省社会科学优秀成果奖 12 项：《西方现代派小说概论》（第三届二等奖，厦门大学赖干坚）、《20 世纪美国文学史》（第四届二等奖，杨仁敬）、《后现代转向》（第五届三等奖，福建师范大学吴世雄）、《追求象征的力量：关于西方修辞思想的思考》（第六届一等奖，福建师范大学刘亚猛）、《三角对话：斯坦尼、布莱希特与中国戏剧》（第六届二等奖，陈世雄）、《美国后现代派小说论》（第六届二等奖，杨仁敬）、《他者的眼光——中英文学关系论稿》（第六届三等奖，福建师范大学葛桂录）、《文学与仪式：文学人类学的一个文化视野——酒神及其祭祀仪式的发生学原理》（第六届三等奖，厦门大学彭兆荣）、《性面具：艺术与颓废——从奈费尔提蒂到艾米莉·狄金森（第一章—第六章）》（第六届三等奖，厦门大学王玫）、《属性和历史：解读美国华裔文学》（第六届三等奖，张龙海）、《传统与超越——日本知识分子的精神轨迹》（第六届佳作奖，厦门大学吴光辉）、《〈红楼梦〉管窥——英译语言与文化》（第六届青年佳作奖，福建师范大学范圣宇）。

（三）学术会议

1997年5月，全国高校外国文学教学研究会年会暨学术讨论会在厦门大学举行，70余人参加会议。年会围绕"人文精神与外国文学"这一主题，分人文精神及其发展轨迹、具体文本中的人文精神、人文视角与外国文学教学几个分议题展开讨论。期间还进行学会的换届选举工作。

1997年11月，中国文学人类学研讨会主办的首届中国文学人类学学术研讨会在厦门举行，40多名代表参加这次研讨会。大会议题为"多学科、多方法、多层面、多功能——走向新世纪的（中国）文学人类学"。会议集中探讨"人类学的学科性"、"文学人类学的现实意义"、"文学人类学与学术文化的多样化"以及"海峡两岸经济文化互动"等问题。

1999年5月，全国英国文学学会第二届年会在厦门大学召开，90多名代表围绕"二十世纪英国文学回顾"这一主题，分别就英国二十世纪文学理论的成就以及英国知名作家如戴·赫·劳伦斯、弗吉尼亚·伍尔夫、多丽丝·莱辛、艾丽丝·默多克、詹姆斯·乔伊斯等作家的创作及其特色展开研讨。

2004年11月，全国英国文学学会与福建师范大学联办的英国文学学会第五届年会在福建师范大学举行。会议围绕"英国文学：历史与现实"这一主题，分"英国文学研究与当代西方文论"、"英国文学中的现代主义与后现代主义"、"比较视野下的英国现当代文学"、"英国通俗小说的走向"、"英国文学史与中国读者"、"爱尔兰文学今昔"等专题展开讨论。

二、主要学术成果

（一）中外文类比较与交流研究

《比较戏剧学：中西戏剧话语模式研究》（周宁，上海社会科学院出版社，1993）该书是一部比较戏剧学专著。以叙述学的研究方法，结合形态分析，对中西戏剧的传统模式——从话语结构、类型到词语与动作之间的关系，时空与剧场经验以及戏剧文本的视界结构等进行理论阐释。

《中西文学类型比较史》（福建师范大学李万钧，海峡文艺出版社，1995）该书是中国比较文学界较早研究文类学的著作，在欧美文学史研究的基础上，从比较的视域出发，对中西方文学中短篇小说、长篇小说、戏剧、诗学进行阐述，力图在比较的基础上，跨越东西方文类发展的体系藩篱，寻求世界文学文类的相通性，进而加深对中外文学类型的认识。

《三角对话——斯坦尼斯拉夫斯基、布莱希特与中国戏剧》（陈世雄，厦门大学出版社，2003）该书具体考察斯坦尼斯拉夫斯基、布莱希特和中国剧作家之间的互动关系，探讨他们所代表的戏剧观念和美学体系的交汇震荡及其深广影响，包括"文革"中对斯坦尼斯拉夫斯基体系的诋毁和对话剧艺术的摧残、戏剧观争鸣与中国话剧的转向、"布莱希特热"及其存在问题等12章内容。

表 8—32　　　　　　　**1992—2005 年中外文类比较与交流研究其他成果**

成果名称	作　者	发表刊物及时间
从小说到戏剧：文类的差异与互渗	周　宁	《艺术百家》1992:1
《文心雕龙》的价值及比较的误区	李万钧	《中国比较文学》1996:3
幻觉与意境——谈中西戏剧传统的剧场体验	周　宁	《文艺研究》1996:3
迈向中西比较戏剧学的起点	周　宁	《戏剧艺术》1997:1
比较文学视点下的莎士比亚与中国戏剧	李万钧	《文学遗产》1998:3
中外短篇小说的故事与性格	李万钧	《外国文学研究》1998:4
西方文论的引进和我国文学经典的解读	孙绍振	《文学评论》1999:5
从比较戏剧的角度谈《张协状元》	李万钧	《外国文学研究》2000:1
李渔和西方戏剧理论的对话	李万钧	《福建师范大学学报》（哲学社会科学版）2000:2
意英十四行诗发展变化与比较	黄修齐	《福建师范大学学报》（哲学社会科学版）2000:3
从西方文论独白到中西文论对话	孙绍振	《文学评论》2001:1
西方现代诗潮在中国新诗草创期的误读	王　珂	《国外文学》2004:4
有体与无体：中西方自由诗的本质差异	王　珂	《福建师范大学学报》（哲学社会科学版）2004:5

（二）外国作家作品、文学思潮及文学批评研究

《华兹华斯诗学》（苏文菁，社会科学文献出版社，2000）该书将华兹华斯诗学分为自然观、情理观、语言观和想象观等四个相对独立又紧密联系的部分来讨论，指出自然观是其诗学思想的基础。作者认为华兹华斯不仅不"消极"，而且还是一个极具现代感的诗人，他在商业主义刚刚开始时就预示到现代人的精神危机。

《文本、语言、主题：寻找批评的途径》（冯寿农，厦门大学出版社，2001）该书主要以西方文学批评的语言学转向为理论的支点，从语言学引发的文论界革命、20世纪法国文学的宏观考察及作家作品的微观研究入手，分析语言学理论给文学研究与批评带来的新视角和新收获，如文体发生学、符号学、结构主义与后结构主义等。

《美国后现代派小说论》（杨仁敬，青岛出版社，2004）该书通过文本分析，评析20世纪70、80年代美国文坛21位作家的后现代小说作品，勾勒出美国后现代派小说发展的概貌，从发展史、文本模式与话语构成以及小说的审美视角诸方面，阐述美国后现代派小说产生的历史背景和社会条件，后现代主义与现代主义的区别与联系，主要的作家作品及其反映出的新的美学追求。

《西方小说与文化帝国》（集美大学蹇昌槐，武汉大学出版社，2004）该书以种族主义和后殖民主义为理论视角，重新审视欧美文学经典作品渗透的种族意识。上编借助文本的解读勾勒西方文学从种族主义到殖民主义的思想诉求，下编通过作品分析欧洲中心论到西方中心的发展轨迹。

《苏珊·桑塔格纵论》（集美大学王予霞，民族出版社，2004）该书通过对国外桑塔格学术研究史的回顾，比较系统客观地讨论这位当代有较大影响的女作家"反对释义"的文论主张及其创作实践中特立独行的先锋特性，从而展示出苏珊·桑塔格作为公众良心知识分子的精神追求和心灵诉求。书末附有中外研究桑塔格的著作。

表8-33　**1992—2005年外国作家作品、文学思潮及文学批评研究其他成果**

成果名称	作　者	发表刊物及时间
西洋文学史	郑朝宗 郑松锟	厦门大学出版社，1994
现代欧美戏剧史	陈世雄	四川教育出版社，1994
法国现代小说中的一种新颖的叙事技巧	冯寿农	《国外文学》1994：1
非理性主义与现代派小说的反向叙事美学	赖干坚	《国外文学》1994：2
批评三十年：时代与个性——丘普里宁笔下50—80年代的苏联文学批评	周湘鲁	《外国文学评论》1994：3

续表 8—33

成果名称	作 者	发表刊物（出版社）及时间
反英雄——后现代主义小说的重要特色	赖干坚	《当代外国文学》1995:1
西方现代派作家对异化现象的表现与反抗	冯寿农	《当代外国文学》1995:4
幻想中的英雄——论《堂·吉诃德》的多重意义	周 宁	《厦门大学学报》（哲学社会科学版）1996:1
《尤利西斯》语言艺术初探	陈 凯	《外国语》1996:4
试论欧洲近代小说的美学品格	蹇昌槐	《外国文学研究》1996:4
从跨文化角度看《老妇还乡》和《物理学家》	李万钧	《外国文学评论》1997:1
后现代视角下的新小说	蹇昌槐	《外国文学评论》1997:1
结构、象征与语言功能——托马斯·品钦《拍卖第四十九批》风格初探	刘雪岚	《外国文学研究》1997:2
反法西斯英雄海明威	张龙海	《外国文学》1997:3
西方现代派文学的人本精神与现代人本主义思潮	赖干坚	《外国文学》1997:6
海明威短篇小说的主题思想和美学价值	张龙海	《当代外国文学》1998:2
读者是文本整体的一部分——评《最蓝的眼睛》的结构艺术	杨仁敬	《外国文学研究》1998:2
"丧钟为谁而鸣"——评托马斯·品钦对熵定律的运用	刘雪岚	《外国文学研究》1998:2
俄狄帕的当代荒原历险记——试论托马斯·品钦对追求叙事模式的运用	刘雪岚	《厦门大学学报》（哲学社会科学版）1998:2
分裂与整合——试论《金色笔记》的主题与结构	刘雪岚	《当代外国文学》1998:2
认识命运、争回尊严——评马尔罗的《人的状况》	冯寿农	《外国文学研究》1998:2
陆地与河流——评《哈克贝里·费恩历险记》	张龙海	《外国文学研究》1998:3

续表8—33

成果名称	作　者	发表刊物（出版社）及时间
《离骚》、《神曲》、《浮士德》比较研究四题	李万钧	《中国比较文学》1998：3
"反对释义"的理论与实践——桑塔格和她的《我等之辈》	王予霞	《外国文学评论》1998：4
外国文学：人学蕴涵的发掘与寻思	王　诺	科学出版社，1999
情与理的平衡——对华兹华斯诗论的反思	苏文菁	《外国文学评论》1999：3
非虚构传统——论日本现代私小说与古典文学	邱　岭	《福建师范大学学报》（哲学社会科学版）1999：4
走向悲剧：中日女性的爱情幻灭之路——鲁迅与夏目漱石"爱情三部曲"比较	蔡春华	《福建师范大学学报》（哲学社会科学版）1999：4
回顾"伟大的传统"——弗·雷·利维斯的启示	刘雪岚	《外国文学》1999：5
论《伟大的代码》的文学批评特色	杜昌忠	《福建师范大学学报》（哲学社会科学版）2000：1
20世纪法国文学批评	冯寿农	《厦门大学学报》（哲学社会科学版）2000：4
圣经文学研究	杜昌忠	新香港年鉴社，2001
20世纪西方戏剧的政治化态势	陈世雄	《戏剧》2001：1
20世纪西方戏剧发展态势（系列论文）	陈世雄	《中国戏剧》2001：1、3—7
当代美国小说里的自我意识	王　诺	《当代外国文学》2001：2
法国文学的"世纪末危机"现象	冯寿农	《当代外国文学》2001：2
20世纪西方文学批评的四种范式	周　宁	《厦门大学学报》（哲学社会科学版）2001：2
白银时代俄国戏剧与东方影响	陈世雄	《文艺理论与批评》2001：3
从大岗升平的战争小说看其人生观和价值观的折射	陈端端	《外国文学研究》2001：3
法国文学渊源批评：对"前文本"的考古	冯寿农	《外国文学批评》2001：4
比较视野下的外国文学	李万钧	福建教育出版社，2002
试析《彼得堡》的叙事艺术	祖国颂	《外国文学评论》2002：4
文化诗学视野中的《火山情人》	王予霞	《外国文学评论》2002：4

续表 8—33

成果名称	作 者	发表刊物（出版社）及时间
从结构主义管窥西方后现代小说	蹇昌槐	《外国文学研究》2002:4
自然与生命的调和"心境"——论志贺直哉《暗夜行路》的文学表象	吴光辉	《外国文学评论》2002:4
从榊东行的《三枝箭》看日本后现代主义文学中的经济小说	雷慧英	《外国文学研究》2002:4
传统与超越——日本知识分子的精神轨迹	吴光辉	中央编译出版社,2003
生和死的瞬间——《达洛卫夫人》的另一种解读	叶 青	《福建师范大学学报》（哲学社会科学版）2003:1
评艾略特的"感受分化论"——兼析《不朽的低语》	林元富	《外国文学研究》2003:2
《我弥留之际》中《圣经》话语的文化意蕴	祖国颂	《学术交流》2003:2
论美国后现代派小说的新模式和新话语	杨仁敬	《外国文学研究》2003:2
川上弘美的《踏蛇》：一则多义的现代寓言	蔡春华	《国外文学》2003:3
当代美国女性文学批评	李美华	《外国文学研究》2003:3
用语言重构作为人类一员的"自我"——评唐·德里罗的短篇小说	杨仁敬	《外国文学》2003:4
20 世纪欧美动物小说形象新变	朱宝荣	《外国文学评论》2003:4
试论伊藤整的现代文艺批评观	吴光辉	《外国文学研究》2003:4
从松尾芭蕉的《古池》类俳句群看中日文化的关联	纪太平	《外国文学研究》2003:4
20 世纪以前美国个人主义的历史演变	李小芬	《厦门大学学报》（哲学社会科学版）2003:5
《鲁宾逊漂流记》与父权帝国	蹇昌槐	《外国文学研究》2003:6
西方文学中的疾病与恐惧	王予霞	《外国文学研究》2003:6
疾病现象的文化阐释	王予霞	《文艺理论与批评》2003:6
索尔·贝娄小说中的权力关系及其女性表征	刘文松	厦门大学出版社,2004
勒内·吉拉尔对俄狄浦斯神话的新解	冯寿农	《国外文学》2004:2
将"元小说"进行到底的美国后现代作家威廉·加斯	方 凡	《外国文学》2004:3

续表 8—33

成果名称	作　者	发表刊物（出版社）及时间
幻影、戏仿、游戏——评威廉·加斯《在中部地区的深处》的元小说特点	方　凡	《外国文学》2004：3
哈罗德·布鲁姆教授访谈录	张龙海	《外国文学》2004：4
日本战后派文学兴衰原因之剖析	雷慧英	《外国文学研究》2004：5
《堂·吉诃德》与"虚拟殖民"	蹇昌槐	《外国文学研究》2004：6
对现代社会机制和人性的深刻批判——解读《耻》背后的反讽与悖论	李嘉娜	《国外文学》2005：3

（三）　中外文学关系及翻译研究

《英语世界中国古典文学之传播》（厦门大学黄鸣奋，学林出版社，1997）该书是一部中国文学在英语世界传播研究的专著，内容包括英语世界中国古典文学传播的背景、英语世界中国古典文学的综合研究、散文、诗歌、小说、戏剧的传播脉络，还介绍英语世界关于中国古代文学研究的工具书。

《雾外的远音——英国作家与中国文化》（葛桂录，宁夏人民出版社，2002）该书在大量新材料的基础上，考察了中国文化对英国作家的多重影响。具体介绍与评述自 1357 年以来数百年间英国作家对中国文化的想象、认知、理解，以及拒受两难的文化心态。通过对英国作家与中国文化关系的梳理，展现中英文学与文化交流的历程，在跨文化对话中把握中英文化相互碰撞与交融的精神实质。

《他者的眼光：中英文学关系论稿》（葛桂录，宁夏人民教育出版社，2003）该书系国内第一部双向探讨中英文学关系的学术专著。上编展示英国文化视域中的中国形象，下编讨论布莱克、华兹华斯、狄更斯等作家在中国的被接受，此外还专节介绍王国维译介英国文学的成就。附录部分《中国文化在外国的传播及其影响》对中国文化海外传播的路径做了分析，《西方文化视野中的中国形象及其误读阐释》分析国外中国形象误读的原因及其意义。

表 8—34　　**1992—2005 年中外文学关系及翻译研究其他成果**

成果名称	作　者	发表刊物及时间
论五四时期文学主张与康德美学的关系	俞兆平	《贵州社会科学》1993：6
英语世界唐诗专题译、论著通考	黄鸣奋	《国外社会科学》1995：1
英语世界中国民间文学研究概览	黄鸣奋	《民间文学论坛》1995：1

续表 8—34

成果名称	作　者	发表刊物（出版社）及时间
近四世纪英语世界中国古典文学之流传	黄鸣奋	《学术交流》1995：3
20世纪中国古代散文在英语世界之传播	黄鸣奋	《厦门大学学报》（哲学社会科学版）1996：4
普林斯顿大学的中国古典文学研究	黄鸣奋	《文学遗产》1996：5
英语世界中国古代戏曲之传播	黄鸣奋	《戏剧艺术》1998：3
华兹华斯在中国	苏文菁	《中国比较文学》1999：3
创造社与马克思主义美学	俞兆平	《厦门大学学报》（哲学社会科学版）2000：4
冰心的翻译与翻译观	林佩璇	《福建师范大学学报》（哲学社会科学版）2001：2
创造社与康德美学	俞兆平	《厦门大学学报》（哲学社会科学版）2001：4
东学西渐第一人——被遗忘的翻译家陈季同	岳　峰	《中国翻译》2001：4
胡适与西方戏剧（1910—1917）	庄浩然	《福建师范大学学报》（哲学社会科学版）2002：3
林纾翻译研究新探	林佩璇	《福建师范大学学报》（哲学社会科学版）2003：2
周作人译述古希腊戏剧的文化策略	庄浩然	《福建师范大学学报》（哲学社会科学版）2003：4
奥斯卡·王尔德与中国文化	葛桂录	《外国文学研究》2004：4
福建船政学堂——近代翻译人才的摇篮	岳　峰	《中国翻译》2004：6
闽籍近代学者与莎士比亚	庄浩然	《福建师范大学学报》（哲学社会科学版）2005：3
韦努蒂的"翻译伦理"及其自我解构	刘亚猛	《中国翻译》2005：5

（四）形象学与东方主义研究

《**想象中国：从"孔教乌托邦"到"红色圣地"**》（周宁，中华书局，2004）该书是一本重在分析西方对中国的乌托邦想象的学术专著。著述从欧洲乌托邦概念的源起及发展的历史轨迹开始，结合欧洲文艺复兴时期的地理大发现的史实，梳理乌托邦理想与中国形象结合的必然性及其对当时启蒙理性的意义，对照毛泽东建立的"红色圣地"引发的又一轮

"乌托邦"社会理想，分析中国作为一个"他者"，是如何参与西方现代文化自我塑造的。

《中日文学中的蛇形象》（福建师范大学蔡春华，上海三联书店，2004）该书从形象学研究的视角入手，以中日文学中出现的蛇形象为研究对象，结合民间故事中大量的第一手文本资料，具体分析异类婚恋的类型，进而挖掘蛇形象在中日文学中的复杂内涵及其演变逻辑。

《中国形象：西方的学说与传说丛书》（周宁，学苑出版社，2004）该丛书包括《契丹传奇》、《大中华帝国》、《世纪中国潮》、《鸦片帝国》、《历史的沉船》、《孔教乌托邦》、《第二人类》、《龙的幻象》。自《马可·波罗游记》问世七个世纪以来，西方不同文本塑造的中国形象，已经形成一种观念的传统，其中有连续与承继，也有变异与断裂。该丛书集中探讨这一形象传统的生成演变过程及其不同的意义指向，分析西方的中国形象产生和传播的政治、经济、文化等原因。

表 8—35　　　　　　　**1992—2005 年形象学与东方主义研究其他成果**

成果名称	作　者	发表刊物及时间
跨文化的文本形象研究	周　宁	《江苏社会科学》1999：1
中西最初的遭遇与冲突	周　宁	学苑出版社，2000
永远的乌托邦	周　宁	湖北教育出版社，2000
中日两国的蛇精传说——从《白娘子永镇雷峰塔》与《蛇性之淫》	蔡春华	《中国比较文学》2000：4
停滞/进步：西方的形象与中国的现实	周　宁	《书屋》2001：1
双重他者：解构《落花》的中国意象	周　宁	《戏剧》2002：3
"万里长城建造时"：卡夫卡的中国神话	周　宁	《厦门大学学报》（哲学社会科学版）2002：6
东方主义：理论与论争	周　宁	《厦门大学学报》（哲学社会科学版）2003：1
东风西渐：从孔教乌托邦到红色圣地	周　宁	《文艺理论与批评》2003：1
日本蛇郎故事文本的六种形态	蔡春华	《福建师范大学学报》（哲学社会科学版）2003：2
茶与鸦片：两个帝国命运的改写	周　宁	《天涯》2003：4
"义和团"与"傅满洲博士"：二十世纪初西方的"黄祸"恐慌	周　宁	《书屋》2003：4
"被别人表述"：国民性批判的西方话语谱系	周　宁	《文艺理论与批评》2003：5

续表 8—35

成果名称	作　者	发表刊物（出版社）及时间
鸦片帝国：浪漫主义时代的一种东方想象	周　宁	《外国文学研究》2003：5
牧歌田园：二十世纪西方想象的另一个中国	周　宁	《书屋》2003：6
世纪末的中国形象：莫名的敌意与恐慌	周　宁	《书屋》2003：12
现世与想象：民间故事中的日本人	蔡春华	宁夏人民出版社，2004
中国异托邦：二十世纪西方的文化他者	周　宁	《书屋》2004：2
花园：戏剧想象的异托邦	周　宁	《戏剧文学》2004：3
海客谈瀛洲：帝制时代中国的西方形象	周　宁	《书屋》2004：4
另一种东方主义：超越后殖民主义文化批判	周　宁	《厦门大学学报》（哲学社会科学版）2004：6
天下辨夷狄：晚清中国的西方形象	周　宁	《书屋》2004：6
光荣或梦想：郑和下西洋	周　宁	《书屋》2004：12
风起东西洋	周　宁	团结出版社，2005
西方的中国形象研究——关于形象学学科领域与研究范式的对话	周　宁	《中国比较文学》2005：2
"黄祸"恐惧与萨克斯·罗默笔下的傅满楚形象	葛桂录	《贵州师范大学学报》2005：4
一个吸食鸦片者的自白：德·昆西眼里的中国形象	葛桂录	《宁夏大学学报》2005：5
"中国不是中国"，英国文学里的中国形象	葛桂录	《福建师范大学学报》（哲学社会科学版）2005：5
文明与野蛮：东方主义信条中的中国形象	周　宁	《人文杂志》2005：6
乌托邦与意识形态之间：七百年来西方中国观的两个极端	周　宁	《学术月刊》2005：8

（五）跨学科研究及生态文学研究

《欧美生态文学》（厦门大学王诺，北京大学出版社，2003）该书从生态文学的思想资源、发展进程及其思想内涵三方面展开，纵向梳理西方生态文学的发展逻辑，并从深层意义领域挖掘生态文学批评的意义及价值。

《跨学科文化批评视野下的文学理念》（福建师范大学杜昌忠，北京大学出版社，2004）该书主要从文学与语言学、历史学、宗教哲学、心理学和人类学之间交叉启迪的关系，归纳这些学科对文学可能产生的"干预"及其影响，从而在多学科、多方位、多层次的文化研究的基础上，加深对跨学科文化批评视野下的文学理念的认知与评判。

表8—36　　　　　**1992—2005 年跨学科研究及生态文学研究其他成果**

成果名称	作　者	发表刊物及时间
需要理论与艺术批评	黄鸣奋	厦门大学出版社，1993
雷切尔·卡森的生态文学成就和生态哲学思想	王　诺	《国外文学》2002:2
生态批评:发展和渊源	王　诺	《文艺研究》2002:3
"生态整体主义"辩	王　诺	《读书》2004:2
比较文学视野中的网络文学研究	黄鸣奋	《社会科学辑刊》2004:5

第六节　戏剧戏曲学研究

一、学科建设与学术研究

（一）学科建设

福建戏剧戏曲研究力量主要集中在厦门大学、福建师范大学和福建省艺术研究院所。1997 年，厦门大学建立戏剧戏曲学硕士点，成为福建省第一所招收戏剧戏曲学硕士生的高校。2000 年，厦门大学戏剧戏曲学博士点获得批准。同年，福建师范大学戏剧戏曲学硕士点获得批准，之后也在中国古代文学、中国现当代文学两个博士点中招收戏曲、话剧的博士生。2004 年起，厦门大学正式招收戏剧影视文学专业本科生，形成了本科、硕士、博士的完整培养体系。是年，厦门大学建立国内第一家戏剧研究学术网站。福建省艺术研究院主要从事福建地方戏研究，漳州师范学院、集美大学、闽江学院等单位也有一些学者从事戏剧研究。

（二）学术研究

1992—2005 年，福建的戏剧戏曲研究主要集中在地方戏曲研究的深化、戏剧史研究新领域的开创、戏曲文献研究的拓展等方面。先后获得国家社会科学基金（艺术类）项目 9项，分别是戏剧思维学（厦门大学陈世雄，1992）；二十世纪西方戏剧思潮（陈世雄，

1996）、台湾歌仔戏史（厦门台湾艺术研究所陈耕，1993）、莆仙戏史论（厦门大学郑尚宪，1999）、戏剧人类学（陈世雄，2001）、福建傀儡戏史论（福建省艺术研究院叶明生，2001）、东南亚华语戏剧史（厦门大学周宁，2003）、福建戏曲文献研究（福建省艺术研究院杨榕，2003）、闽台戏剧交流史（福建省文联陈翘，2005）、中国傀儡戏史（叶明生，2005）。同期，还获得福建省社会科学规划项目6项。

这一时期，本学科共出版论著29部，发表论文300多篇，其中获首届国家社会科学基金项目优秀成果奖1项：《戏剧思维》（三等奖，1999，陈世雄）；获福建省社会科学优秀成果奖10项：《戏剧思维》（第三届二等奖，陈世雄）、《梨园戏艺术史论》（第三届二等奖，泉州市梨园戏剧团吴捷秋）、《现代戏剧理论与实践》（第四届三等奖，福建师范大学庄浩然）、《泉州传统戏曲丛书》（第四届二等奖，泉州市文联郑国权）、《20世纪西方戏剧思潮》（第五届二等奖，陈世雄、周宁）、《"文苑明珠"第四册》（第五届三等奖，郑尚宪）、《想象与权力：戏剧意识形态研究》（第六届二等奖，周宁）、《三角对话：斯坦尼、布莱希特与中国戏剧》（第六届二等奖，陈世雄）、《福建傀儡戏史论》（第六届二等奖，叶明生）、《人生喜剧与喜剧人生——阮大铖研究》（第六届三等奖，漳州师范学院胡金望）。

（三）学术会议

1995年2月，厦门市中华文化联谊会主办、台湾艺术研究所承办的厦门歌仔戏艺术研讨会在厦门召开。闽台一批歌仔戏（芗剧）研究专家参加会议。会议探讨歌仔戏（芗剧）的历史与现状。

1995年10月，泉州市文化局、泉州市戏剧研究所、泉州市高甲戏剧团联合举办的高甲戏剧种艺术研讨会在泉州召开，会议收到论文30多篇，分别探讨高甲戏的历史与现状，剧目，音乐，表、导演艺术等学术问题。

1996年10月，中国艺术研究院、福建省艺术研究所、泉州市文化局联办的1996年中国南戏国际学术研讨会在泉州召开。中央艺术研究院、上海、浙江、广东、福建、台湾和英国的70多位知名戏曲研究家和有关领导出席。会议共收到中外学者提交的论文近30篇，其内容探讨南戏的发生与流传，并重点研究《明刊闽南戏曲弦管选本三种》。

1997年5月，省闽台文化交流中心、厦门中华文化联谊会、漳州歌仔戏艺术中心和台北现代戏曲文教协会联合主办，福建省艺术研究所协办的海峡两岸歌仔戏研讨会在厦门举行，闽台近百位专家学者和演艺人员参加研讨，交流近年来歌仔戏学术研究的成果。

2001年9月，闽台两地联合举办百年歌仔——2001年海峡两岸歌仔戏发展交流研讨会相继在台湾宜兰、台北和福建漳州、厦门举行，两地学者100多人、演员500多人参加。与会者探讨歌仔戏的起源、生态现象、艺术教育和语言特色等两岸歌仔戏界共同关注的问题。

2004 年 4 月，厦门大学戏剧影视与艺术学研究中心主办的全国首届戏剧戏曲学学科建设研讨会在厦门大学召开。国内 30 多所高等院校以及福建省的 80 多位专家学者，及 30 多位戏剧界代表参加会议。会议围绕中国戏剧戏曲学科建设的现状与存在问题、戏剧观与戏剧概念的梳理、20 世纪欧美戏剧理论的发展趋势、海峡两岸戏剧戏曲学学科现状与研究方法的比较、高校戏剧教学的理论与方法等问题展开讨论。

二、主要学术成果

（一）古典戏曲研究

《文苑明珠》第四册《戏曲典籍评介》（郑尚宪，中国青年出版社，2000）该书收录对《关汉卿全集》、《西厢记》、《六十种曲》、《汤显祖集》等七种作品的评介，并随附研究论著、作品读本与该辑末论及的其他古典戏曲、散曲名著简介。

《人生喜剧与喜剧人生——阮大铖研究》（胡金望，中国社会科学出版社，2004）该书力求还原阮大铖作为奸佞政客与无行文人的真实面目，在阐释其复杂的"二丑"人格的同时，也指出其社会根源在于中华民族传统道德规范在封建末世遭遇危机与挑战。作者对阮大铖名作《石巢传奇四种》的思想指归与艺术特征给予客观的评价，认为其作品虽然在思想性上鲜有突破，但实现曲词的典雅华美与宾白科诨的机趣自然，达到文学性与舞台性的高度统一。

《〈西厢记〉传播研究》（厦门大学赵春宁，厦门大学出版社，2005）该书认为影响戏曲传播最直接的因素有二：一是社会的娱乐风气，二是戏曲文学地位的提升。作者以此为出发点，从传播的角度考辨《西厢记》的各种抄本、刻本、选本，系统介绍该剧的剧本改编状况、舞台演出面貌与各家的评点论争，同时观照该剧对后世小说、诗词、工艺美术等文艺样式的影响渗透，从而树立《西厢记》传播在中国文化史上的特殊地位，也从传播学角度为戏曲文本研究提供新的思路。

表 8—37　　　　　　　**1992—2005 年古典戏曲研究其他成果**

成果名称	作　者	发表刊物(出版社)及时间
寻找戏曲本体	周　明	《福建艺术》1994:2
文学性与舞台性的同构对应	齐建华	《艺术百家》1995:3
文人士子与中国传统戏剧	齐建华	《戏剧艺术》1995:3
中国古代诗论对古代戏曲理论的影响	曾学文	《剧谈报》1996:6
悲剧与喜剧的交融与转换	范华群	《福建艺术》1997:3
英雄梦与补天石——论古代英雄喜剧与补恨传奇	郑尚宪	《艺术百家》1998:4

续表 8—37

成果名称	作 者	发表刊物(出版社)及时间
论古代文人风情喜剧的演变	郑尚宪	《厦门大学学报》(哲学社会科学版)1999：3
梨园之美耀神州:谈戏曲艺术	郑尚宪	辽海出版社,2001
八仙戏曲及其文化意蕴	王汉民	《戏曲艺术》2003:4
文化心理与戏曲美学	周 明	中国戏剧出版社,2004
汤显祖	邹自振	百花洲文艺出版社,2004
全真教与元代神仙道化戏	王汉民	《世界宗教研究》2004:1
"墙"在古代戏曲中的文化聚合与审美演变——古代戏曲文学兴衰管窥	苏 涵	《东南学术》2004:1
传统戏曲命运与文化意识	马建华	《福建艺术》2004:2
戏曲危机与地方文化、剧种个性的关系	王评章	《福建艺术》2004:2
中国古代戏曲文章学价值重估	苏 涵	《艺术百家》2004:3
反映藏族风情的第一位散曲家——林乔荫	王汉民	《文献》2004:3
剧场幻想与戏剧文学的根本欠缺——兼与魏明伦先生商榷	苏 涵	《文艺报》2004.5.2
永远的戏剧性	王评章	中国戏剧出版社,2005

(二) 戏剧研究

《戏剧思维》(陈世雄,福建教育出版社,1996)该书共分三编。上编从人类学、哲学的高度论述戏剧思维的发生与形成;中编研究狭义的戏剧思维,即戏剧创作中的思维活动,探讨与此相关的系列理论问题;下编阐述哲学思维、科学思维以及电影思维等不同性质、不同层次的思维活动对戏剧思维的影响。

《从比较文学角度看李渔戏剧理论的价值》(福建师范大学李万钧,《文艺研究》1996：1)该文将李渔的戏剧理论置于中西戏剧理论与美学的比较中彰显其先锋性与现代价值。作者认为李渔的戏剧理论有六大价值是前无古人的、国际性的,包括:提倡笑的艺术;提倡对白的艺术;提倡动作的艺术;提倡结构的艺术;提倡"体验的艺术";打通小说与戏剧界限等。

《现代戏剧理论与实践》(庄浩然,福建教育出版社,1997)该书是一部研究中国现代戏剧理论与实践的论文集,内容涉及悲剧、喜剧、正剧诸范畴,又以喜剧为主。作者研究喜剧的系列论文以其对大量历史资料的掌握与审视,对中国现代喜剧理论和实践的主体、骨架和发展轨迹给予描述和概括，具有中国现代喜剧史论的性质与特点；而对陈白尘的喜剧艺术展开的系列研究更集中体现该书的理论色彩。

《20 世纪西方戏剧思潮》（陈世雄、周宁，中国戏剧出版社，2000）该书全面分析介绍 20 世纪西方的戏剧思想，并对各流派及其代表人物进行重点评述和探讨。该书详细概括总结 20 世纪西方戏剧思潮发展的六大趋势和流变，包括政治化、内向化、戏剧语言的物化、人类学趋势、怪诞风格的复兴、东方化，对 20 世纪西方戏剧理论和实践进行条分缕析的归纳和评点。

《想象与权力：戏剧意识形态研究》（周宁，厦门大学出版社，2003）该书探究特定社会历史中戏剧的意识形态意义，考察戏剧艺术如何将社会意识形态在意识与潜意识层面上移植到审美创作与娱乐中，使戏剧表现出某种社会文化在意识形态的策略与规训。书中关于义和团的戏剧因缘与中国文化的戏剧性的分析富于新意。

表 8-38　　　　　　　　　　**1992—2005 年戏剧研究其他成果**

成果名称	作　者	发表刊物（出版社）及时间
歌与话：中西戏剧的交流与差异	周　宁	《文艺研究》1992:2
本雅明美学与布莱希特戏剧	陈世雄	《戏剧艺术》1992:2
"京派"、"海派"话剧寻踪——与王新民同志商榷	倪宗武	《河北师范大学学报》1992:2
马雅可夫斯基与现代戏剧	陈世雄	《文艺研究》1992:4
论曹禺和象征主义	庄浩然	《福建师范大学学报》（哲学社会科学版）1992:4
比较戏剧学：中西戏剧话语研究模式	周　宁	上海社会科学出版社,1993
论戏剧中的情节借用	陈世雄	《戏剧艺术》1993:3
剧本与剧场：戏剧及其研究的观念与方法	周　宁	《文艺研究》1993:4
哲学思维对现代戏剧思维的影响	陈世雄	《文艺研究》1993:6
现代欧美戏剧史	陈世雄	四川教育出版社,1994
郭沫若、曹禺戏剧的外来影响及民族化的比较	李万钧	《东南学术》1994:1
从庄济生到狗儿爷、李金斗——新时期话剧人物谈	倪宗武	《福建师范大学学报》（哲学社会科学版）1994:2
原始戏剧思维及其当代变体	陈世雄	《戏剧艺术》1994:3
林语堂：幽默理论与《子见南子》	庄浩然	《福建师范大学学报》（哲学社会科学版）1994:3

续表 8-38

成果名称	作者	发表刊物（出版社）及时间
中西爱情剧和女角塑造的比较	李万钧	《福建师范大学学报》（哲学社会科学版）1994：4
宗教思维与戏剧思维	陈世雄	《戏剧艺术》1995：2
当代史剧创作简论	倪宗武	《福建师范大学学报》（哲学社会科学版）1995：2
对当代"话剧危机"的思考	倪宗武	《福建论坛》1995：2
李渔的"一事"非亚氏的"一事"	李万钧	《外国文学研究》1995：4
当代话剧：三次高潮的表现形态与启示	倪宗武	《福建论坛》1995：6
中国当代话剧论稿	倪宗武	中国戏剧出版社，1996
当代话剧透视	倪宗武	《河北师范大学学报》1996：2
中国近代喜剧美学之前驱——兼论王国维对西方近代喜剧美学的译介	庄浩然	《福建师范大学学报》（哲学社会科学版）1996：2
八十年代戏剧探索得失谈	倪宗武	《福建论坛》1996：3
幻觉与意境——谈中西戏剧传统的剧场经验	周 宁	《文艺研究》1996：3
悲剧衰亡之谜	陈世雄	《戏剧》1996：3
论戏剧场面的综合	陈世雄	《戏剧艺术》1996：3
中国古今戏剧史	李万钧（主编）	广东高等教育出版社，1997
从跨文化角度看《老妇还乡》和《物理学家》	李万钧	《外国文学评论》1997：1
迈向中西比较戏剧学的起点	周 宁	《戏剧艺术》1997：1
筚路蓝缕以启山林——论现代喜剧美学体系之建构	庄浩然	《福建师范大学学报》（哲学社会科学版）1997：2
试论戏剧话语形态中语词与动作的关系	周 宁	《文艺研究》1997：6
布尔加科夫戏剧的历史命运	陈世雄	《外国文学》1998：1
比较文学视点下的莎士比亚与中国戏剧	李万钧	《文学评论》1998：3
布莱希特戏剧中的怪诞——纪念贝托尔特·布莱希特诞生一百周年	陈世雄	《戏剧》1998：4
"伟大的综合溶汇"——试论田汉的戏剧理想	陈世雄	《戏剧艺术》1999：1
中国话剧：世纪之交的思考	倪宗武	《福建师范大学学报》（哲学社会科学版）1999：2

续表 8－38

成果名称	作　者	发表刊物(出版社)及时间
皮斯卡托与布莱希特	陈世雄	《戏剧》1999:3
喜剧美学亚范畴研究的跨世纪思考	庄浩然	《福建师范大学学报》(哲学社会科学版)1999:4
"十七年文学"是非得失谈	倪宗武	《福建论坛》1999:4
瓦格纳的戏剧理论	陈世雄	《戏剧艺术》2000:2
生命形式的符号与投影——杨骚对中国现代话剧的独特贡献	庄浩然	《福建师范大学学报》(哲学社会科学版)2000:3
关于《逃亡》的札记	陈世雄	《戏剧艺术》2000:5
20世纪西方戏剧的政治化趋势	陈世雄	《戏剧》2001:1
政治化趋势——20世纪西方戏剧发展态势之一	陈世雄	《中国戏剧》2001:1
季羡林和戏剧研究——纪念季羡林教授九十诞辰	李万钧	《外国文学研究》2001:2
心灵的戏剧——20世纪西方戏剧发展态势之二	陈世雄	《中国戏剧》2001:3
白银时代俄国戏剧与东方影响	陈世雄	《文艺理论与批评》2001:3
天地大舞台——解析义和团运动戏剧性格的启示	周　宁	《戏剧》2001:3
戏剧语言的物化——20世纪西方戏剧发展态势之三	陈世雄	《中国戏剧》2001:4
世纪祭式的还原——20世纪西方戏剧发展态势之四	陈世雄	《中国戏剧》2001:5
怪诞风格的复兴——20世纪西方戏剧发展态势之五	陈世雄	《中国戏剧》2001:6
空间重构、文本新解和观演互渗——论小剧场艺术的若干特征	陈世雄	《戏剧艺术》2001:6
试论曹禺建国后的戏剧创作	倪宗武	《福建论坛》2001:6
白日梦与智慧:中国现代女性喜剧	苏　琼	《戏剧艺术》2002:1
走出"围城":九十年代史剧形式的革新与史剧观念的演变	苏　琼	《戏剧》2002:1
论戏剧与仪式的缘生形态	彭兆荣	《民族艺术》2002:2
西方戏剧发生学的空间意义	彭兆荣	《民族艺术》2002:3

续表 8—38

成果名称	作　者	发表刊物（出版社）及时间
斯坦尼斯拉夫斯基体系的历史渊源	陈世雄	《戏剧艺术》2002:3
焦菊隐"心象"说辨析	陈世雄	《戏剧》2002:3
胡适与西方戏剧（1910—1917）	庄浩然	《福建师范大学学报》（哲学社会科学版）2002:3
西方戏剧研究	彭兆荣	《民族艺术》2002:4
三角对话:斯坦尼、布莱希特与中国戏剧	陈世雄	厦门大学出版社,2003
《史诗剧场与残酷戏剧:现代剧场政体的意识形态批判》	周　宁	《戏剧》2003:1
悖离·逃离·回归——苏雪林 20 年代作品论	苏　琼	《南京大学学报》2003:1
新时期戏剧的"综合"趋势与徐晓钟的探索	陈世雄	《戏剧艺术》2003:1
俄罗斯戏剧大师与中国戏曲	陈世雄	《俄罗斯文艺》2003:1
家:女性的悲剧——现代女性戏剧之悲剧论	苏　琼	《广西师范大学学报》2003:2
动作与戏剧性:谭霈生戏剧本体理论的基石	周　宁 何　颖	《戏剧》2003:4
经典的背后——再论《茶馆》	林　婷	《文艺争鸣》2003:4
周作人译述古希腊戏剧的文化策略	庄浩然	《福建师范大学学报》（哲学社会科学版）2003:4
假定性、体裁与时空体	陈世雄	《戏剧》2004:2
西方当代社会科学理论对戏剧学的影响	周　宁	《戏剧艺术》2004:4
简论俄罗斯戏剧学的历史与现状	陈世雄	《戏剧艺术》2004:5
台湾戏剧三题	陈世雄	《戏剧艺术》2004:6
戏剧人类学刍议	陈世雄	《东南学术》2004:6
两种距离与两种交流——兼论 20 世纪 80 年代戏剧探索	林　婷	《戏剧艺术》2004:6
赖声川剧作的后现代倾向	王晓红	《戏剧艺术》2004:6
都市戏剧与民众的"共聚性"	陈世雄	《中国戏剧》2004:8
台湾当代剧场与社会禁忌	王晓红	《戏剧》2005:1
闽籍近代学者与莎士比亚	庄浩然	《福建师范大学学报》（哲学社会科学版）2005:3

续表 8-38

成果名称	作　者	发表刊物（出版社）及时间
郭启宏"文人"系列史剧论	林　婷	《福建师范大学学报》（哲学社会科学版）2005：3
八十年代女性戏剧研究	苏　琼	《戏剧艺术》2005：4
对布莱希特"间离效果"理论的再认识	林　婷	《贵州师范大学学报》2005：4
独行者的足迹——阿尔托与现代主义	陈世雄	《戏剧艺术》2005：5

（三）闽台地方戏曲研究

《梨园戏艺术史论》（吴捷秋，中国戏剧出版社，1996）该书是福建省第一部剧种史专著。作者结合对泉州文化及宋元南戏的考证，揭示梨园戏诞生的历史过程，又从泉州方言来源分析地域声腔"泉腔"的产生，从梨园戏三大流派——下南、上路、七子班的重要剧目入手论述其表演风格及行当配备，最后以 17 位梨园戏艺术家的舞台实践，探讨梨园戏艺术的继承和创新。

《泉州传统戏曲丛书》（郑国权，中国戏剧出版社，1999；2000）该丛书致力于泉州传统剧种的推介和传承，第一至七卷分小梨园、上路、下南三个大类，全面整理梨园戏的剧目，第八、九卷介绍梨园戏的表演科范和音乐曲牌，为深入研究梨园戏提供资料依据。

《闽台民间戏曲的传承与变迁》（陈耕，福建人民出版社，2003）该书在中华文化的大背景下，回顾闽台民间戏曲传承、变迁的历史，对新时期两岸频繁的文化交流及其成果给予肯定，建议以歌仔戏为主要媒介，扩大闽台戏曲的合作与交流。

《福建傀儡戏史论》（叶明生，中国戏剧出版社，2004）该书以丰富的文献和田野调查的实证资料为基础，对福建省提线、布袋、杖头和铁枝等四大种类、十二个傀儡戏剧种的分布状况、发展脉络、艺术形态给予详细的介绍；还运用戏剧学、民俗学、文化人类学等多学科交叉及边缘学科研究的方法，在学术界较少关注的傀儡戏祭仪文化阐释方面，也有所突破。

《莆仙戏与宋元南戏、明清传奇》（福建省艺术研究院马建华，中国戏剧出版社，2004）该书将莆仙戏与宋元明南戏、明清传奇的重要剧目逐一进行对比，论证莆仙戏正是在保留与传承中原传统剧目，发展其题材、内容、艺术旨趣的历史进化过程中实现自我的创新与完善。作者引入方言音韵作为界定南戏和传奇的标准之一，对由古闽越语、古吴楚语、上古与中古汉语积淀而成的莆仙方言进行语言历史层面的剖析。

表 8—39　　　　　　　**1992—2005 年闽台地方戏曲研究其他成果**

成果名称	作　者	发表刊物（出版社）及时间
晋江南派掌中木偶谭概	沈继生	海峡文艺出版社,1992
锦歌:福建与台湾之乡土情结	孙星群	《音乐学术信息》1992:6
论闽北傩舞及其文化意义	叶明生	《民族艺术》1993:2
梨园戏古剧新编	庄长江	中国戏剧出版社,1994
台湾民间戏曲的源流及现状	许建生	《福建艺术》1994:1
艺苑一叶	马书辉	海峡文艺出版社,1995
百年坎坷歌仔戏	陈　耕 曾学文	(台)幼狮文化事业公司,1995
闽台宗教祭祀与地方戏剧	林国平	《福建师范大学学报》（哲学社会科学版） 1995:2
泉州傀儡艺术概述	黄少龙	中国戏剧出版社,1996
千古绝唱——福建南音探究	孙星群	海峡文艺出版社,1996
歌仔戏史	陈耕等	光明日报出版社,1997
歌仔戏及其文化生态	陈世雄	《戏剧艺术》1997:3
闽西戏剧史纲	王远廷	中国文联出版社,1999
莆仙戏曲	杨美煊 谢宝燊	福建人民出版社,2003
地方剧种特质及其发展倾向探讨——以 福建乱弹北路戏剧种发展问题为例	叶明生 叶树良	《艺术百家》2003:2
傀儡戏与地方戏曲关系考探——以福建 傀儡戏为例	叶明生	《戏曲研究》2004:3
台湾傀儡戏探源	叶明生	《台湾研究》2004:6
千秋梨园之海峡悲歌	陈　耕	海潮摄影艺术出版社,2005
福建艺术理论文集	王评章 叶明生 主　编	中国戏剧出版社,2005
福建文艺方志论集	柯子铭 主　编 王评章 林庆熙 副主编	中国戏剧出版社,2005

续表 8—39

成果名称	作　者	发表刊物（出版社）及时间
闽台锦歌的传播衍化与"同源"现象	刘向东	《戏曲研究》2005：1
仪式戏曲及其音乐唱腔、音声环境与空间意义——以皖南青阳腔的实地考察为例	周显宝	《音乐研究》2005：2

第七节　电影电视艺术研究

一、学科建设与学术研究

（一）学科建设

1983 年福建师范大学中文系开设有关电影的课程，1985 年厦门大学中文系开设《电影艺术概论》课。这是福建省高校中最早的影视教育。1990 年以后，华侨大学、泉州师范学院等高校也相继开设电影课程。厦门大学于 1997 年、福建师范大学于 2000 年先后在本校戏剧戏曲学硕士学位授权点招收影视艺术研究方向的硕士生，开设电影的相关硕士课程。2001 年，福建师范大学在中国现当代文学博士点招收影视艺术研究方向的博士生。2005 年在传播学院成立影视艺术研究所。2002 年，厦门大学建立传播学硕士点。2005 年，厦门大学获得传播学博士点，福建师范大学获得电影学硕士点。

其间，福建省还先后创办《电影之友》、《荧屏世界》、《中外电视》等影视艺术方面的专业刊物，开辟评论和理论研究专栏。

（二）学术研究

1992—2005 年，福建省影视艺术研究主要集中在交叉研究与比较研究，文献、文本与实践研究，前沿理论研究等三个方面。交叉研究与比较研究，把比较文学的研究方法引入电影研究，在不同学科、文化与地域之间寻找联结点和切入角度，构成福建省影视艺术研究的一大特色。尤其是借助地缘优势，把注意力转向台湾地区和香港地区，在两岸影视的交叉比较研究上显示出独有优势。文献、文本与实践研究，注重从艺术实践中去总结经验，而不是依靠现成理论的抽象演绎。从文献整理、文本细读和艺术实践出发，将之与艺术教育紧密结合，重视从实践中提出问题，寻找规律。前沿理论研究，密切关注学科新动向，积极介入前沿研究和问题论争。在影视的美学、叙事学、心理学，电视新媒体带来的冲击以及与新媒体的融合与互动关系等方面开展研究。

这一时期，该学科获国家社会科学基金艺术类项目3项：当代台湾电影电视剧研究（厦门大学陈飞宝，1999）、当代传媒技术革命中的艺术生态（福建师范大学谭华孚，1997）、中国电视艺术美学的传承与变异（福建师范大学张应辉，2005）；获福建省社会科学规划项目2项。获得福建省社会科学优秀成果奖2项：《台湾电视史》（第三届三等奖，陈飞宝），《文化的交响——中国电影比较研究》（第五届二等奖，福建师范大学颜纯钧、郑宜庸、张应辉）。

（三）学术会议

1992年，厦门大学中文系承办的全国高等学校电影协会年会在厦门召开。主要议题涉及电影理论、当代电影和电影发展史，来自全国各高校的电影研究学者共100余人参加会议。会议分主题开展学术研讨，并评选"1983—1992中国高等院校电影协会十年优秀论著奖"。

2001年9月，福建省电影家协会、音乐家协会和福建电影制片厂联合主办电影作曲家章绍同的影视音乐作品研讨会，国内作曲家、研究专家和相关部门人员100余人参加，章绍同本人在会上介绍自己的创作历程与创作经验。与会学者就章绍同的电影音乐、电影插曲以及影像与声音之间的关系展开研讨。

2005年，厦门大学、福建师范大学等发起、组织成立福建省传播学会并召开第一届年会，与会者有福建省各高校相关学科的负责人、老师及各主要媒体的负责人、记者共计60余人。会议就传播学、电影学、广播电视艺术学、广告学等相关专题展开学术交流。

二、主要学术成果

（一）电影艺术的交叉研究与比较研究

《文化的交响——中国电影比较研究》（颜纯钧，中国电影出版社，2000）该书采用比较文学的研究方法来研究中国电影艺术的发展。分上、下两编，上编讨论中国电影接受的外部影响，涉及美国、苏联、法国、意大利等国家的电影观念，讨论其影响的途径、方式、观念及结果等；下编讨论中国电影接受的国内其他领域的影响，如政治、文学、戏剧等方面，主要讨论中国电影观念的产生与演变。

《台湾电影史话》（陈飞宝，中国电影出版社，2004）该书以编年史分期方式撰述，探讨台湾电影产生、重建、发展、繁荣和衰落的过程；叙述不同时期的电影，由总体到制片、发行、放映，到导演艺术创作风格、特点，以及电影潮流、类型电影特色等。这本书成为后来大陆从事台湾电影研究最基本的参考书，其中的文献资料大量被引用。

表 8—40　　　　**1992—2005 年电影艺术的交叉研究与比较研究其他成果**

成果名称	作　者	发表刊物（出版社）及时间
电影：从西洋镜到理念	黄鸣奋	《福建艺术》2001：1
全球化和中国民族电影的文化战略	颜纯钧	论文集《全球化和中国影视的命运》，2002
论西方同性恋电影	郑宜庸	《电影艺术》2002：2
全球化和民族电影的文化形态	颜纯钧	《电影艺术》2002：3
中国大陆电影和香港电影的通俗文化美学辨析	吴青青	《语言与文化研究》2003：6

（二）电影艺术的文本与实践研究

《电影的读解》（颜纯钧，中国电影出版社，1994）该书围绕电影的分析与读解展开讨论，分文学与艺术两大部分。文学部分讨论主题、人物、情节、结构等，艺术部分讨论构图、场面调度、美工、音乐、表演等，提出影片文本分析的方法、原则与技巧。该书后来被国内诸多高校的电影专业本科教育和硕士教育确定为指定教材、参考书和必读书。

《晚钟为谁而鸣》（省电影发行放映公司张煊，湖南文艺出版社，1996）该书集中研究第五代导演吴子牛创作的影片，讨论其创作历史、艺术追求、审美风格等方面的突出成就，是中国较早的关于第五代导演的研究著作，并成为第五代导演研究的系列之一。该书结合对导演吴子牛的访谈，追述其个人的成长和从影经历来展现电影创作观念的发展，针对其所导演的多部影片，尤其是获奖影片进行剖析，揭示其创作的艺术追求和美学风格。

《台湾电影导演艺术》（陈飞宝，台湾亚太图书出版公司，1999）该书选取台湾电影史上有影响的电影导演，包括不同时期、不同风格、不同创作倾向的艺术家，从其创作道路、艺术风格等诸多方面进行介绍和研究。该书以导演个体为纲，分述他们的家世生平、创作道路、主要代表作的艺术特色、在台湾电影史上的地位等，成为后来台湾电影研究的重要学术参考资料。

表 8—41　　　　**1992—2005 年电影艺术的文本与实践研究其他成果**

成果名称	作　者	发表刊物（出版社）及时间
看电影和欣赏电影	颜纯钧	《中外电视》1992：7
电影：从读解到欣赏	颜纯钧	《福建艺术》1993：1
本文和本文分析	刘云舟	《当代电影》1994：1
影片本文分析	刘云舟译	《当代电影》1994：1
拜读红色	颜纯钧	《当代电影》1998：5
"花木兰"电影的叙事逻辑和文化阐释	吴青青	《福建艺术》2005：4
可疑的声音——《孔雀》的叙事分析	郑宜庸	《艺苑》2005：2

（三）电影理论与美学研究

《中断与连续——电影美学的一对基本范畴》（颜纯钧，《文艺研究》1993：11）该文把"中断与连续"作为电影美学的基本范畴提出来，突破电影美学原先的时间空间、运动、影像、声音等旧范畴，从电影的历史发展、电影工艺技术的进步、电影理论的不同观念等诸多角度和层面，发现共同存在着中断与连续的形态特征，并进而把它上升到美学的层次，讨论这一对范畴的各种表现。

《电影研究与社会科学》（《东南学术》2000：3）该专栏特邀主持人为法国著名电影学者皮埃尔·索尔兰，参加讨论的有：郑雪来、颜纯钧、刘云舟，以及丹麦的卡斯滕·弗来德琉斯、英国的阿瑟·马威克、法国的皮埃尔·索尔兰。这是国内少有的由外国学者和中国学者共同参与的一个对话录，主要围绕电影研究和其他社会科学之间的关系，研讨电影在发展中与现实、历史、美学等诸多方面产生的互动与交流，强调研究方法的重要性。

《巴赞电影美学的哲学基础》（福建省电影制片厂刘云舟，载张卫等主编的《当代电影美学文选》，北京广播学院出版社，2000）该文讨论著名电影理论家巴赞所倡导的纪实美学所得以建立的哲学基础，突破国内研究巴赞电影美学的习惯性思路，揭示其纪实理论和现象学哲学尤其是胡塞尔、梅洛—庞蒂等人的理论之间的联系，为纪实美学的理论阐释提供哲学的根据。

《镜头中的镜头》（福建省文联林焱，《电影艺术》2001：2）该文主要针对当时在美国好莱坞电影中出现的，利用影片情节与电视报道、家庭录像、视频资料相关的故事内容，来讨论两种镜头，即电影摄影机拍摄的镜头和电影情节中表现的拍摄镜头之间的关系，进而揭示现实真实与艺术真实之间所包含的复杂关系，强调电影这一新的艺术现象所包含的文化价值和理论价值。

《数码戏剧学：影视、电玩与智能偶戏研究》（厦门大学黄鸣奋，厦门大学出版社，2003）该书从大戏剧的角度考察计算机与网络技术的影响，所涉及的有数码影视、电子游戏、在线表演活动、人工智能艺术等。该书提出数码戏剧学这个崭新的概念，认为戏剧学在数码技术的时代已经发生本质的变化，并且体现在影视、电玩、智能偶戏等新的艺术形式中，讨论其产生的广泛而深刻的影响。

表 8—42　　　　**1992—2005 年电影理论与美学研究其他成果**

成果名称	作　者	发表刊物（出版社）及时间
初探台湾电影导演结构及其电影美学特征（上）	陈飞宝	《电影艺术》1994：1
论电影思维	颜纯钧	《福建论坛》1994：4

续表 8—42

成果名称	作　者	发表刊物（出版社）及时间
经验复合与多元取向——兼论"后殖民语境"	颜纯钧	《当代电影》1995：5
成长的多元思考——就张元、张扬的电影考察第六代导演的风格转变	吴青青	《福建师范大学学报》（哲学社会科学版）2000：4
电影中的叙述者与视点	刘云舟	《福建艺术》2003：1
时尚化——一种新的影像风格	颜纯钧	《电影艺术》2003：6
早期中国电影对通俗文化的依存	吴青青	《福建师范大学学报》（哲学社会科学版）2004：1
后现代电影	刘云舟	《福建艺术》2004：4
观影动机对观影心理的影响	郑宜庸	《福建师范大学学报》（哲学社会科学版）2005：6

（四）　电视与新媒体研究

《台湾电视发展史》（陈飞宝、张敦财，海风出版社，1994）该书是国内第一部研究台湾电视发展史的专著，以编年的方式再现台湾电视发展的历史进程。其中分别以不同的专题来介绍台湾电视的发展，比如新闻报道、综艺节目、电视剧等，既从宏观的角度看待电视节目的特性和困境，以及作为大众传媒的功用，又从相对微观的角度探讨其节目的形态特征，以及所存在的问题。

《不可回避的前瞻——当代传媒技术对当代文化生态的重大影响》（谭华孚，《文艺研究》2000：1）该文着重讨论新的传媒技术对当代文化生态的影响，认为高新科技的发展已经成为当代文化生态变迁的主要动因，科学技术、社会主流传媒、主导符号形态和艺术的生态格局之间存在着内在的动力学机制。戏剧、电影、电视艺术和电脑多媒体艺术各以其传播学特征和消长变化，具体地显现这一动力学机制。该文把这个文化现象当做一个未来发展的趋势，展开讨论。

《幻式与流变——新媒体文化传播》（林焱，海峡文艺出版社，2002）该书包括三个层面的内容：一是对大众文化与社会生活现象及各门类文艺，尤其是影视艺术进行综合的观照；二是从传播学的角度来理解大众文化的发展与变化规律；三是从符号学的角度来理解大众文化传播的范式，并借助视觉美学等理论来理解影视艺术传播的文化意义。该书力图构成不同文本形式的互文关系，体现大众文化的符号化与符码无限重组规律与文化探险的精神，从文化的而非纯社会的角度阐释大众文化传播所产生的多种效应。

《记述与呈现——现代传媒写作》（颜纯钧，海峡文艺出版社，2003）该书主要围绕广播电视的文稿写作，结合国内外优秀广播电视文稿的实践，按照写作的过程来展开描述，具有较高的实践指导作用。在总论部分，强调受众本位的观点，以及传媒写作对于电视制作的依附性观点。之后，分传媒策划、消除不确定性等环节，以及主要电视节目形态的具体写作问题展开讨论。其中"消除不确定性"问题，是关于采访、查阅资料和电视独特的"踩点"活动等收集资料工作的更为根本性的理论概括。

《解构与整合——论文学与影视的联姻及其他》（福建省文联杨国荣，福建电子音像出版社，2003）该书从中外文学名著改编电影、电视剧入手，研究文字形态的文学语言与视听形态的影视语言的不同特质与差异，以及两种语言系统的功能性矛盾和冲突；并深入探讨从文学语言到影视语言的转换与整合，提出两种语言共生的复合性功能等见解。

《文艺传播论》（谭华孚，海峡文艺出版社，2004）该书把传媒技术的发展和传播媒介的发展相关联，尤其围绕图像时代的到来所引发的文化震荡，着重讨论字符、视听、网络等媒介的演变，在新传媒技术的推动下发生的种种变化。全书以一种关系讨论的方式，涉及文艺与传播、主体与媒介、历史与现状、近观与远望、冲击与反应、意识与意象、大众与小众、融汇与创新、体验与言说等问题，展开讨论。

《传播与中国语境》（福建师范大学毛丹武，福建教育出版社，2005）该书分为传播学新视野、影视传播研究、传播与文化安全、西方传播理论研究等四辑，围绕中国新的语境所凸显的传播新问题与新现象展开讨论。其中传播与文化安全的问题属国内较早提出，引起关注；涉及电影电视及新媒体的部分，也提出新的看法。

《影视写作教程》（颜纯钧等，高等教育出版社，2005）该书把涉及影视艺术的各种文本写作实践作为研究对象，除绪论之外，前两章分别讨论策划与构思、影视文本语言，之后的各章则分别讨论电影剧本、电视剧本、电视专题片、影视文学改编、影视评论、电视广告文案等形态各自的特征与规律。

表8—43　　　　　　　**1992—2005年电视与新媒体研究其他成果**

成果名称	作　者	发表刊物（出版社）及时间
风靡西方的音乐电视台MTV	黄鸣奋	《音乐爱好者》1994:1
图像时代的字符文化	谭华孚	《天涯》1996:1
宣传、娱乐和文化——中国影视传播的功能类型与功能博弈	阎立峰	黄会林主编《光影之舞》，湖南人民出版社，1998
未经整理的纪录片私人档案	林　焱	《荧屏世界》1998:4
冲突中的互动——当代文化语境中的文学与电视	谭华孚	《福建论坛》2000:3

续表 8—43

成果名称	作　者	发表刊物（出版社）及时间
新媒体环境中的电视文化形态	谭华孚	第三届亚太地区传媒与科技及社会发展研讨会,2001
电视节目的突围与创新	方健文	《当代电视》2001:8
后技术时代的文化传播	林　焱	《东南学术》2002:3
Flash:计算机动画的文化思索	黄鸣奋	《福建艺术》2002:4
电视的孩子与身份建构	颜纯钧	《东南学术》2003:3
DV:一种自由表达的可能	张应辉	《现代传播》2003:6
大众传媒与公众身份建构	颜纯钧	《现代传播》2004:5
传承与变异	张应辉	《光明日报》2004.8.18
影视传播策划中的模糊思维	杨国荣	《全球化时代的文学选择》,大众文艺出版社,2005
质疑—创新—经典化——春节联欢晚会反思	张应辉	《现代传播》2005:6
省级卫视的发展瓶颈和出路	陈加伟	《东南传播》2005:10

第八节　音乐学研究

一、学科建设与学术研究

（一）学科建设

福建音乐学研究的力量主要集中在福建师范大学、厦门大学、集美大学、福建省艺术研究院、泉州师范学院、闽江大学、华侨大学等单位。其中厦门大学 1987 年获准设立音乐学硕士点,2005 年获准设立艺术硕士（MFA）学位授予点。福建师范大学音乐学院则于 1992 年获准设立音乐学硕士点,1994 年获批为音乐学福建省重点学科,1995年获得音乐学博士学位授予权,2002 年获批为国家体育与艺术师资培养培训基地;2003 年,获得二级学科"艺术学"硕士学位授予权;2005 年,获得一级学科"艺术学"硕士学位授予权、"舞蹈学"硕士学位授予权,以及"艺术硕士（FMA）专业学位"的授予权。

（二）学术研究

福建省音乐学研究坚持以音乐学、舞蹈学为主攻方向，形成闽台地区传统音乐、音乐史学、音乐教育学等主要研究领域。

1992—2005年，福建省音乐学研究者先后获得多项国际课题的资助：获日本学术振兴会资助项目1项：中琉三弦音乐比较研究（福建师范大学王耀华，1994）；获日本文部省资助项目1项：泉州提线木偶戏研究（王耀华，1997）；获日本冲绳银行故乡振兴基金会资助项目1项：琉球御座乐复原研究（王耀华，1998）；获得国家社会科学基金项目4项：中华文化为母语的高师音乐教育改革（王耀华，1996）、畲族音乐与西南相关民族音乐比较研究（福建师范大学蓝雪霏，1999）、琉球御座乐与中国音乐（王耀华，2002）、中小学音乐教育发展与高师音乐教育专业教育教学改革（王耀华，2002）；获得全国艺术基金项目4项：琉球御座乐与中国音乐（王耀华，2001）、欧洲音乐文化史论稿（福建师范大学叶松荣，2001）、中国各民族传统音乐旋律音调谱系及其流变之综合研究（王耀华，2003）、通俗歌曲演唱风格变迁及通俗唱法训练模式的研究（福建师范大学张锦华，2003）等。获得国家艺术科研重点项目主要有：中国民间歌曲集成·福建卷、中国民间歌舞集成·福建卷、中国曲艺音乐集成·福建卷、中国器乐集成·福建卷。此外，还获得福建省社会科学规划项目多项。

这一时期，共出版论著20余部，在《音乐研究》、《中国音乐学》等核心权威期刊上发表论文百余篇。这些成果中，《三弦艺术论》（王耀华，获第六届中国图书奖二等奖）、《福建传统音乐》（王耀华，获第三届中国高校人文社会科学优秀研究成果一等奖）。获得福建省社会科学优秀成果奖23项：《三弦艺术论》（第二届一等奖，王耀华）、《高师院校手风琴教程》（第二届二等奖，厦门大学李未明）、《儒道音乐思想在历史上的分镳和合流》（第二届三等奖，厦门大学周畅）、《西方音乐史略》（第二届三等奖，叶松荣）、《中国音乐史的第三个阶段》（第二届三等奖，福建师范大学郑锦扬）、《名曲赏析》（第二届三等奖，福建师范大学马达）、《中外音乐欣赏教程》（第三届三等奖，叶松荣）、《高师音乐教育学》（第三届三等奖，王耀华等）、《中国传统音乐概论》（第四届一等奖，王耀华）、《当代声乐表演的主体建构》（第四届三等奖，张锦华）、《西夏辽金音乐史稿》（第四届三等奖，福建省艺术研究院孙星群）、《试述古代中日音乐文化的人类学前提》（第四届三等奖，厦门大学周显宝）、《欧洲音乐文化史论稿》（第五届一等奖，叶松荣）、《畲族音乐文化》（第五届二等奖，蓝雪霏）、《20世纪中国学校音乐教育》（第五届三等奖，马达）、《琵琶教程》（第五届三等奖，福建师范大学孙丽伟）、《手风琴演奏技巧》（第五届三等奖，李未明）、《琉球御座乐和中国音乐》（第六届一等奖，王耀华）、《闽台闽南语民歌研究》（第六届三等奖，蓝雪霏）、《世界民族音乐》（第六届三等奖，王耀华）、《西方音乐史》（第六届三等奖，叶松荣）、《日本清乐研究》（第六届三等奖，郑锦扬）、《为千年古乐传薪续火——泉州南音传承问题》（第六届三等奖，泉州师范学院王珊）等。

（三）学术会议

1994 年 11 月，福建师范大学艺术学院、福建省音协、福建省艺术研究所主办的中国传统音乐学年会第八届年会在福州召开。全国各地百余名学者到会，提交论文 75 篇，主要讨论民族传统音乐、音乐比较研究、音乐学元理论及方法论等问题。

1995 年 11 月，福建师范大学艺术学院主办的中日音乐比较研究国际学术研讨会在福州召开。中国、日本、法国等国家的 70 余名专家参加，提交学术论文 40 余篇。会议围绕中日音乐比较、中日音乐文化交流史等议题展开研讨。会后，代表们赴莆田、泉州等地观看相关表演。

2002 年 7 月，中国音乐史学会主办、福建师范大学音乐学院承办的第七届中国音乐史学年会在福州召开。会议围绕中国音乐史的学科建设、中国音乐史教学及教学研究、世界视野的中国音乐史等议题展开研讨。会议还举行"双福杯"第三届全国高校学生中国音乐史论文评奖活动。

2004 年 1 月，福建师范大学、泉州师范学院等承办的国际传统音乐学会第三十七届年会在福州、泉州等地召开，来自瑞典、英国、美国等 34 个国家和地区的 300 多位学者参会。其间共举行 4 次大会，97 场分组论文讨论会，发表 292 篇论文。主要围绕中国传统音乐的诠释、乐器与文化、舞蹈与音乐、宗教音乐等议题展开讨论。

2005 年 10 月，亚太民族音乐学会主办、福建师范大学承办的亚太民族音乐学会第十届年会在福建武夷山举行。美国、巴西、韩国、英国、印度、菲律宾等 21 个国家、地区的 100 余位学者出席。会议收到论文 100 余篇，分别对亚太地区传统音乐的传承与变迁、亚太地区传统音乐资源在音乐教育中的运用、少数民族音乐、中国传统音乐等问题进行探讨。

二、主要学术成果

（一）民族民间音乐、舞蹈、曲艺研究

《疍歌浅析》（福建省艺术研究院孙星群，《中国音乐学》1993：1）该文对长期处于与陆上居民半隔绝状态的福建疍民的民歌、音乐文化及其与楚歌、越歌、楚越音乐文化的异同进行分析，并由此对疍民的来源引发推想。

《畲族音乐文化》（蓝雪霏，福建人民出版社，2002）该书是中国第一部全面系统研究畲族音乐文化的论著，作者以长期田野调查口碑材料与相关文献为基础，对畲族音乐进行研究。内容包括：畲族音乐史迹追踪、畲族音乐类别（嬲歌、婚嫁音乐、丧葬音乐、醮仪音乐）及其艺术特点、畲族音乐特质及其与周边民族音乐比较、畲族音乐的现代化等。

《琉球御座乐与中国音乐》（王耀华，人民教育出版社，2003）作者通过史料钩沉和实地考察，对琉球御座乐乐器、演奏形态、曲目源流作了分析，就琉球御座乐对中国音乐的受容特征作了归纳。

《畲族民间音乐》（蓝雪霏，福建人民出版社，2002）该书通过对畲族音乐进行历史的追溯和还原，论述其音乐种类及其艺术特点、形态特征，并透过音乐本体，反窥其所折射的民族历史遗晖和文化内涵。同时还将畲族音乐与高山族音乐、客家音乐、壮族音乐作比较研究，梳理畲族与周边民族的关系，为畲族自身价值之认识和畲族族源之确认辟出蹊径。

表 8—44　　　　**1992—2005 年民族民间音乐、舞蹈、曲艺研究其他成果**

成果名称	作　者	发表刊物（出版社）及时间
三弦的地位	孙星群	《音乐研究》1992：3
客家山歌音调源流考	王耀华	《音乐研究》1992：4
中国音乐的跨文化比较研究	王耀华	《中国音乐学》1993：1
福建文化概览	王耀华 主　编	福建教育出版社，1994
一个值得注意的研究课题——福建南音与冲绳三线古典音乐之比较研究	王耀华	《音乐研究》1994：1
台湾褒歌的系属及其来源	蓝雪霏	《音乐研究》1994：1
客家艺能文化	王耀华	福建教育出版社，1995
闽东畲族歌谣集成	肖孝正	海峡文艺出版社，1995
福建南音探究	孙星群	海峡文艺出版社，1996
台湾客家《老山歌》溯源	王耀华	《中国音乐学》1996：2
朱熹理学思想与福建音乐文化	王耀华	《音乐研究》1996：4
论楚羽体系民歌的音乐思维	方妙英	《黄钟·武汉音乐学院学报》1997：2
辽民间音乐	孙星群	《中央音乐学院学报》1997：3
福建南音传承历史及其启示	王耀华	《音乐研究》1997：3
中国の三弦とその音乐（日文版）	王耀华	日本第一书房，1998
中国と琉球の三弦音乐（日文版）	王耀华	日本第一书房，1998
歌仔戏传统音乐的继承与发展	孙星群	《中国音乐》1998：2
畲族民歌在迁徙途中的遗留	蓝雪霏	《音乐研究》1998：3

续表 8—44

成果名称	作　者	发表刊物（出版社）及时间
畲族音乐与高山族音乐之初步比较研究	蓝雪霏	《中央音乐学院学报》1998:3
论《三面金钱经》、《五操金钱经》和《八面金钱经》	周　畅	《音乐研究》1998:3
东方部分古典音乐的类型化旋律	王耀华	《音乐研究》1998:4
畲族音乐特质研究二题	蓝雪霏	《中央音乐学院学报》1999:1
畲族民歌与客家民歌的比较研究	蓝雪霏	《中国音乐》1999:1
中国传统音乐"口传心授"的传承特征	刘富琳	《音乐研究》1999:2
中国传统音乐研究50年之回顾与思考	王耀华	《音乐研究》1999:3
畲族音乐,一个极需扶贫的角落	蓝雪霏	《人民音乐》1999:9
福建传统音乐	王耀华	福建人民出版社,2000
民族音乐学	王耀华等译	福建教育出版社,2000
试论畲族音乐的形成期与发展期	蓝雪霏	《中央音乐学院学报》2000:2
关于中国汉民族民歌音乐结构层次的思考	王耀华	《人民音乐》2000:3
中立音现象研究综述	李　玫	《音乐研究》2000:4
民间音乐中"中立音"现象的律学分析（上、下）	李　玫	《中央音乐学院学报》2000:3、4
中国民族民间器乐曲集成(福建卷)	王耀华主编	中国 ISBN 中心,2001
中国舞蹈艺术鉴赏指南	黄明珠	上海音乐出版社,2001
琉球御座乐《福寿歌》初考	王耀华	《中国音乐学》2001:1
陈旸生平及其人文背景研究	郑长铃	《中国音乐学》2001:1
畲族醮仪音乐研究	蓝雪霏	《音乐研究》2001:1
民族音乐学历时性研究述见	赵志安	《中国音乐学》2001:3
五十年代海峡两岸歌仔戏改革(改良)之比较	陈新凤	《人民音乐》2001:4
凤阳歌系研究	许国红	《中国音乐学》2001:4
扬琴在中国发展的文化机理	赵艳芳	《中国音乐学》2001:4
"秦声"初探	张君仁	《音乐研究》2001:4
福建南音	王耀华主编	人民音乐出版社,2002
畲族音乐文化	蓝雪霏	福建人民出版社,2002
中国大陆高山族音乐研究50年	蓝雪霏	《黄钟·武汉音乐学院学报》2002:2

续表 8—44

成果名称	作者	发表刊物（出版社）及时间
福州十番"丝竹锣鼓"的结构形式	马 达	《福建师范大学学报》（哲学社会科学版）2002:2
泉州南音"潮类"唱腔的旋法特征及其源流初探	王耀华	《音乐研究》2002:3
传记研究法——一种针对个体研究对象的方法论	张君仁	《音乐研究》2002:4
西方民族音乐学与中国音乐研究——应用民族音乐学理论与方法的几点思考	周显宝	《音乐研究》2002:4
闽台闽南语民歌研究	蓝雪霏	福建人民出版社,2003
七字调和杂碎调的唱腔结构分析	陈新凤	《福建师范大学学报》（哲学社会科学版）2003:1
从新南曲《咏梅》的创作谈"南音"的继承发展	王丹丹	《中国音乐》2003:3
南音"腔韵"的艺术特征、表述形态及其价值观	王丹丹	《人民音乐》2003:10
皖南傩戏、目连戏及其青阳腔与仪式的原生形态	周显宝	《音乐研究》2004:2
中国民间舞"即兴创作"特点与课堂教学	黄明珠	《北京舞蹈学院学报》2004:3
提高泉州南音教育层次探微	王 珊	《教育评论》2004:4
论游移——中国民间音乐结构原则研究之一	蓝雪霏	《音乐研究》2004:4
琉球音乐对中国音乐受容的两种样式及其规律	王耀华	《音乐研究》2004:4
美国印第安人音乐的"印第安融合主义"和"泛印第安主义"	王 珉	《中国音乐学》2004:4
福州传统民间舞蹈	徐鹤萍 主 编	海潮摄影艺术出版社,2005
南音	郑长铃 王 珊	浙江人民出版社,2005
南音唱腔社会审美的时代性差异	张兆颖	《福建师范大学学报》（哲学社会科学版）2005:1

续表 8—44

成果名称	作　者	发表刊物（出版社）及时间
中国福建乐器和朝鲜乐器的关联	蓝雪霏	《音乐艺术》2005：2
仪式戏曲及其音乐唱腔、音声环境与空间意义——以皖南青阳腔的实地考察为例	周显宝	《音乐研究》2005：2
论"加滚"——皖南民间戏曲音乐的即兴创作特征与仪式背景	周显宝	《中央音乐学院学报》2005：3
论传统音乐的社会化保存	蓝雪霏	《人民音乐》2005：11

（二）音乐、舞蹈、曲艺史学、美学研究

《西夏辽金音乐史》（孙星群，中国青年出版社，1998）该书以文献梳理为基础，分别介绍西夏、辽、金三朝宫廷音乐、民间音乐、宗教音乐的基本面貌。全书将考察对象与特定的政治、经济、文化背景相联系，选择相应的重点进行考察。

《中国传统音乐概论》（王耀华、杜亚雄，福建教育出版社，1999）该书对中国传统音乐的构成、三大音乐体系和十二支脉的基本面貌作了考察，从中提炼出中国传统音乐的美学基础和音乐型态特征。

《欧洲音乐文化史论稿》（叶松荣，福建人民出版社，2004）该书主要阐述古希腊至20世纪初欧洲音乐发展的历程，对欧洲两千多年的音乐文化历史现象的深层意蕴进行重新解读和评价。全书综合运用文化学、历史学、社会学、心理学等多种视角进行研究，以辩证的逻辑思维对西方音乐的主要思潮、派别、音乐家和作品进行阐释。

《音乐史学美学论稿》（郑锦扬，海峡文艺出版社，1993）该书对中国音乐史学发展的基本脉络作了梳理，将其分为三个阶段，并归纳不同的阶段特征。此外，还提出音乐空间、音乐本体空间和音乐主体空间、音乐自然空间和音乐人文空间等见解。

表 8—45　　**1992—2005 年音乐、舞蹈、曲艺史学、美学研究其他成果**

成果名称	作　者	发表刊物（出版社）及时间
礼乐中和说与中道和谐说	孙星群	《音乐艺术》1992：2、3
朱熹音乐思想论稿	郑锦扬	《中国音乐学》1992：3
论中国古代美学三大论著的价值及其音乐实践的关系（上、下）	周　畅	《音乐艺术》1993：1、2
物动心感说与摹仿说——中国先秦与古希腊音乐美学思想比较	孙星群	《音乐艺术》1993：1、2

续表 8—45

成果名称	作　者	发表刊物（出版社）及时间
《宋书》乐志、律志的音乐史学研究	郑锦扬	《黄钟》1993：3
《乐记》与《诗学》	孙星群	《音乐研究》1995：1
唐咏乐诗的史料价值与美学价值（上、下）	周　畅	《音乐艺术》1995：1、2
治心说与净化说——中国先秦与古代希腊音乐美学思想之比较（上、下）	孙星群	《音乐艺术》1995：3、4
"一""不一"说与"一""杂多"说——中国先秦与古代希腊美学思想比较（上、下）	孙星群	《音乐艺术》1996：2、3
音乐美学之始祖——《乐记》与《诗学》	孙星群	人民出版社，1997
悲以立志说与悲以庄严说——中国先秦与古代希腊音乐美学思想比较	孙星群	《音乐艺术》2000：2
浅析三首四平锣鼓的曲体结构	陈新凤	《中国音乐》2000：3
论现代主义音乐的创新问题	叶松荣	《音乐研究》2000：3
论《阳关三叠》、《孔雀开屏》和《四边静》	周　畅	《音乐研究》2001：3
吕骥的《抗大校歌》、《开荒》和《凤凰涅槃》	周　畅	《音乐研究》2002：1
中国现当代音乐学与作品	周　畅	《音乐研究》2004：3
关于八类中国音乐的历史学问——从结构、载体方面的思考	郑锦扬	《人民音乐》2004：12
美国音乐史	王　珉	上海音乐出版社，2005
舞蹈美学	林君桓	海峡文艺出版社，2005
试论古代日本吸纳中国音乐文化的发展历程及思想背景	周显宝	《中国音乐学》2005：2
岸边成雄先生的音乐学研究	王耀华	《音乐研究》2005：2
国外音乐能力研究的回顾与反思	蒋存梅	《音乐研究》2005：3
关于中国西方音乐史学研究特色的思考	叶松荣	《音乐研究》2005：3
《朱文公文集》中音乐著述初探	郑俊晖	《音乐研究》2005：4

（三）音乐、舞蹈、曲艺教育学研究及其他

《20世纪中国学校音乐教育》（马达，上海教育出版社，2002）该书将20世纪中国学校音乐教育100年的发展过程作为研究对象，着重研究这一历史阶段中国中小学、中师、高师音乐教育的理论与实践的产生、发展、关联等问题，从中总结出得失与规律，以作为

中国学校音乐教育深入发展的依据和参考。

《舞蹈与戏剧表演》（张锦华、黄明珠，人民教育出版社，2004）该书以全日制中小学音乐课程标准为指导，从基础训练、不同文化的舞蹈、舞蹈创编以及戏剧表演等方面作理论、知识介绍和综合实践练习。针对学生教师能力的培养，在高师院校同类型的教材中首次将舞蹈的即兴创造练习、综合实践活动以及戏剧创作素质训练列入教材内容。通过大量的即兴创造和舞蹈创编练习以及综合实践活动，培养学生自己动手的能力。通过基础训练和不同文化舞蹈的学习，培养学生良好的体态和感知审美能力。

《音乐学概论》（王耀华等，高等教育出版社，2005）该书以音乐学各分支学科与相关科学类型的联系为序，分章介绍音乐哲学、音乐美学、音乐形态学、音乐创作学、音乐表演艺术学、音乐批评学、音乐史学、音乐考古学、音乐文献学、音乐图像学、音乐人类学、音乐社会学、音乐地理学、音乐教育学、音乐传播学、音乐声学、律学、音乐心理学、音乐治疗学、音乐工艺学等 20 个学科，着力从历史、现状及其发展新动向来探寻各学科的发展脉络，把握其发展轨迹和前沿动态，充分反映出中国当代音乐学界的研究现状。尤其是从理顺音乐表演艺术、作曲与作曲技法理论和音乐学三大门类之间的关系入手，将从元艺术、文化哲学层面和多学科视角进行的音乐表演艺术学、音乐创作学研究亦纳入音乐学范畴，从而突破以往"狭义"音乐学的窠臼。

表 8—46　　**1992—2005 年音乐、舞蹈、曲艺教育学研究其他成果**

成果名称	作　者	发表刊物（出版社）及时间
儿童小提琴教学法体会	陈小莉	《中国音乐》1993：2
琵琶演奏发音问题探微	孙丽伟	《中国音乐》1993：4
《十面埋伏》的流派比较	孙丽伟	《中国音乐》1995：3
莫扎特钢琴协奏曲的歌剧性、交响性、钢琴性	黄登辉	《音乐艺术》1995：4
高师音乐教育学	王耀华等	福建人民出版社，1996
中华文化为母语的音乐教育的意义及其展望	王耀华	《音乐研究》1996：1
日本明治时期的改革和中国清末民初的改良——中日音乐教育的比较研究	周显宝	《中国音乐学》1996：2
20 世纪世界钢琴学派的比较研究	郑兴三	《音乐研究》1996：3
论钢琴演奏的美学原则	郑兴三	《中国音乐学》1996：4
关于民族器乐教学的思考	林俊卿	《音乐研究》1996：4

续表 8—46

成果名称	作 者	发表刊物(出版社)及时间
关于高师音乐学教改问题的思考——兼与音乐学院办学模式的比较	叶松荣	《人民音乐》1996:6
大学音乐教程	马 达	福建教育出版社,1997
福建南音琵琶与日本琵琶比较两题	孙丽伟	《音乐研究》1998:2
京剧发声技术初探	吴培文	《音乐研究》1998:2
当代声乐表演的主体建构	张锦华	《音乐研究》1998:3
关于声乐表演的几点思考——在作品中寻找自我,在自己身上发现音乐	张锦华	《中国音乐学》1998:4
论高师音乐教育专业的素质教育	马 达	《音乐研究》1998:4
以中华文化为母语的高师音乐基本音感训练之构想	陈雅先	《音乐研究》1999:2
中国音乐教育学的形成、发展及其启示	王耀华	《中国音乐》1999:2
琵琶文化散论	孙丽伟	《音乐研究》1999:2
高师音乐专业发展计算机音乐教育势在必行	马 达	《中国音乐》1999:3
高师音乐教育五十周年之回顾与思考	马 达	《音乐研究》1999:4
高师音乐教育中应重视潜在课程的研究	马 达	《人民音乐》1999:5
谈音乐基本素养的导向性	陈雅先	《人民音乐》1999:8
从四部名作看小提琴协奏曲中回旋曲式的历史衍变	马 达	《中国音乐学》2000:1
声乐教学中法语语音的探究	陈言放	《中央音乐学院学报》2000:1
论钢琴演奏风格的学说体系	郑兴三	《音乐研究》2000:2
燕南芝庵《唱论》新释	严 凤	《音乐研究》2000:2
论音乐文化与音乐教育的关系——兼谈音乐传承之文化与音乐文化的传承	陈雅先	《音乐研究》2000:3
传统琵琶乐曲中的文曲、武曲、文武曲	孙丽伟	《音乐研究》2001:1
肖斯塔科维奇《第二钢琴奏鸣曲》第一乐章作曲技法研究	薛小明	《音乐研究》2001:2
20世纪中国学校音乐教育	马 达	上海教育出版社,2002
中小学音乐教育发展与高师音乐教育改革	王耀华	《音乐研究》2002:1
福建南音二弦的形制及其演奏特色	黄忠钊	《中国音乐学》2002:2

续表 8—46

成果名称	作　者	发表刊物（出版社）及时间
关于小提琴音乐的雅俗关系及由此引发的相关问题	王　珊	《中国音乐学》2002：2
高师音乐教育专业的舞蹈课程改革方案（上、下）	黄明珠	《舞蹈》2003：1、2
从《酥油飘香》析舞蹈作品的构成	习　英	《舞蹈》2003：4
舞蹈与戏剧表演	张锦华 黄明珠	人民教育出版社，2004
高师音乐教育专业舞蹈整合课程研究	黄明珠	《舞蹈》2004：3
舞蹈杂技化是非谈	林君桓	《舞蹈》2004：3
音乐学概论	王耀华 乔建中 主　编	高等教育出版社，2005
论民间舞组合教学与学生的创造力培养	王晓茹	《北京舞蹈学院学报》2005：6

第九节　美术学研究

一、学科建设与学术研究

（一）学科建设

1987 年，厦门大学获准设立美术学硕士点。2005 年厦门大学获得建筑学一级学科硕士学位授予权。1998 年，福建师范大学美术学院获准设立美术学硕士点；2000 年获设计艺术学硕士点，有视觉传达艺术设计、环境艺术设计、服装设计和工业产品造型艺术设计等 4 个研究方向；2003 年获得设立艺术学二级学科硕士点，同年美术学被评为福建省重点学科；2005 年获得美术学博士学位授予权，成为全国第八个美术学博士点。1992 年，华侨大学建筑学被评为国务院侨务办公室的重点学科，1993 年获得"建筑设计及其理论"硕士授予权，2000 年获得"建筑历史与理论"硕士授予权。

（二）学术研究

1992—2005 年，福建美术学的研究主要集中在美术理论、绘画、书法、设计艺术和建筑艺术等领域。期间，该学科承担国家社会科学基金项目 3 项：美术教育的教学法研究（厦门大学张小鹭，1996）、徽文化研究（福州大学朱永春，2000）、以教育为宗旨的美术馆学研究（张小鹭，2003）；还承担福建省社会科学规划项目 3 项。获得福建省社会科学优秀成果奖 1 项：《艺术文化学》（福建师范大学李豫闽，第六届三等奖）。

（三）重要学术会议

2005 年 9 月，首届海峡两岸土木建筑学术研讨会在厦门市召开，会议由省土木建筑学会牵头，与台湾金马地区建筑师公会和厦门市土木建筑学会共同主办。与会代表近 200人，其中来自台湾的代表 31 人。会议主题为"两岸建筑结构、工程抗震设计施工与检测"。12 位两岸专家学者作学术报告。大会交流论文 74 篇，编印论文集。会后公布《首届海峡两岸土木建筑学术研讨会厦门备忘录》。

二、主要学术成果

（一）基础理论研究

《我国高等教育美术学科面临的挑战与对策》［张小鹭，《南京艺术学院学报》（美术与设计版）2004：1］该文从当代全球化、后现代的人文教育背景切入，梳理美术教育转向后现代范式的探索轨迹，并联系当前中国高等美术教育的实际情况，具体剖析美术教育新出现的挑战与需求，提出了中国高等教育美术学科的对应策略。认为中国高等美术教育应广泛吸纳外来美术文化的精华，改革美术教育的培养模式，培养目标和培养方向要趋于动态化型态，课程设置要灵活地适应建设小康社会和学校美术课程改革的实际要求，运用当代科学众多新的研究方法和教学理论来改进美术教学，注重培养学生的反思批判能力和独创精神。

《艺术文化学》（李豫闽，海潮摄影艺术出版社，2005）该书分为三大部分：艺术文化的本质概念，艺术与社会文化系统之间的相互关系，艺术文化的形态阐释。以文化研究为视域，将艺术置入社会文化背景中加以考察，阐述艺术与文化、社会、宗教、哲学、科学的关系。着眼于艺术发生发展与社会文化之间的关系，探讨人与文化互相塑造、互为因果的理论问题，分析艺术文化的内涵和特征。

表 8—47　　　　　**1992—2005 年基础理论研究其他成果**

成果名称	作　者	刊物（出版社）名称、时间
中国画精神性辨析	洪惠镇	《美术观察》1996:8
悟:中国画创作中的智力因素	朱宇南	《美术研究》1997:4
话语·情境:当代美术丛论	李豫闽	海峡文艺出版社,1998

续表 8—47

成果名称	作　者	发表刊物(出版社)及时间
中国艺术精神的美学构成	易中天	《厦门大学学报》(哲学社会科学版)1998：1
也论"新文人画"的得与失	洪惠镇	《美术观察》1998：3
论艺术学的学科体系	易中天	《厦门大学学报》(哲学社会科学版)1999：1
素描教学的传承与革新	叶锡祚	《福建师范大学学报》(哲学社会科学版)1999：2
传统绘画色彩观的当代价值	胡贻孙	《美术》2000：8
水墨画整体造型观——画面氛围与"调子"	钟家骥	《新美术》2001：1
论艺术标准	易中天	《厦门大学学报》(哲学社会科学版)2001：4
当代艺术中的挪用现象	袁文彬	《美术观察》2002：4
素描之意——传统绘画素描与设计素描辨析	吴东弓	《华侨大学学报》2003：4
山水画的自然情节和绘画情节	林容生	《美术》2003：5
中庸文化观与中国画"现代性"	张永山	《美术观察》2003：7
意象工笔：审美新境界的开拓	刘菊亭	《文艺研究》2005：1
定向素描教学刍议	庄南鹏	《南京艺术学院学报》(美术与设计版)2005：4
中国工笔重彩人物画线与色的发展	林宜耕	《美术观察》2005：9

（二）艺术史论研究

《中西绘画比较》（厦门大学洪惠镇，河北美术出版社，2000）该书以人类文化多样性的生态观，考察绘画艺术最基本的命题——用笔、造型、用色、构图、取材、制作技法、创作方法和艺术本质等方面以及贯穿其间的美学观念，比较和剖析中西绘画的差异，认识彼此因差异所形成的互补性及各自在文化生态中的位置。书中侧重提示中国画不同于西画的特点，即中国画的画种基因，希望继承和发扬中国艺术文化的精华，促进人类文化多样性的生态平衡。

《当代漆画语言的嬗变与本体追求》（福州大学陈文灿，《装饰》2000：4）该文认为：漆画这一古老艺术品种经历漫长的岁月，渐渐从工艺装饰、实用器具中抽离出其绘画元素，成为当代一个具有独特风格与艺术特点的不可忽视的绘画品种。同当代绘画一样，当代漆画也面对着世纪性的艺术课题，在本土与世界、自我与大众、东方与西方、中心与边缘、传统与现代等复杂的二元对立与互融互渗中开始自身的思索与重建。事实证明，只有确认这一艺术现实，并从中寻找新的创作源泉，漆画才能获得新的活力，回到自身，使艺术语言更加纯粹，并表现出新的魅力。

《当代艺术与本土文化：邱志杰》（李豫闽，福建美术出版社，2004）该书通过展示闽籍艺术家邱志杰的实践方式，从地缘文化的角度考察当代艺术家的思想形成、文化结构和语言方式，提示本土文化对于当代艺术创造的价值与作用。"全球性"与"本土性"两种机制相互激荡、相互制衡，是今日艺术所处的特定环境。也是由于此环境，才需要我们思考如何开掘和运用本土文化的资源，让"本土性"的内涵丰满和强健起来。而要建立当代真正的多"元"，首先需要弥合断裂，接上本土自己的"源"。

《数码艺术 50 年：理念、技术与创新》（厦门大学黄鸣奋，《文艺理论研究》2004：6）该文阐述数码艺术发展的多种原因和条件。西方马克思主义、传播学、现象学、后结构主义与后现代主义等理论和流派对它产生深刻影响，计算机硬件、编程语言、算法与编码、网络技术、周边设备等技术的突飞猛进促进它的繁荣，艺术家顺应时势、匠心独运则是数码艺术获得成功的根本条件。实践证明，媒体革命与艺术理论和信息科技创新息息相关。

表 8—48　　　　　　　　　　**1992—2005 年艺术史论研究其他成果**

论文名称	作　者	刊物（出版社）名称、时间
浅议国外现代美术创作教学的新理念——现代心理学介入美术创作的教学过程	张小鹭	《美术》1994：8
青海乐都瞿昙寺壁画研究	钱正坤	《美术研究》1995：4
嬉戏：数码时代的艺术走向	黄鸣奋	《福建论坛》2002：6
写实主义绘画的境遇及其思考	周鸣祥	《厦门大学学报》（哲学社会科学版）2003：3
当代文化语境下中国水墨画的发展	黄　坚	《文艺研究》2004：3
现代院体花鸟画及其文化特征	王新伦	《南京艺术学院学报》（美术与设计版）2005：4

（三）中西绘画理论研究

《当代中国十家油画风格与技法研究》（中国美术馆范迪安、福建师范大学李豫闽，福建美术出版社，1997）该书选评靳尚谊、詹建俊、杨飞云、全山石、朝戈、韦尔申、何多苓、刘小东、艾轩、罗尔纯10位著名油画家，对各人的技法和画风作了精到的分析和评价，探讨他们在当代中国油画发展史中的意义。

《中国当代油画经典解读》（李豫闽，福建美术出版社，2000）该书不仅介绍画家的艺术观念和风格特征，还着重于作品图式的分析，即从画家代表性作品的形式结构、造型特点和语言技法等角度分析作品的本体，让读者真正贴近作品，读懂作品，进而理解画家的个性。所选择的大多是当下画坛坚持探索、颇有建树的中青年画家，对他们的艺术观念、绘画语言和创作个性进行夹叙夹议的评析，还摘编画家的部分自述，加上大量的图示，立体地展示当代中国油画新名家的创作全貌。

《现代重彩画技法》（张小鹭，北京工美出版社，2003）该书重点介绍现代重彩画的各种技法和新材料的运用，强调用文化移入和东方文化环流的观点来切入现代重彩画的学习，从文化冲突和文化相融的视野来把握重彩画，同时关注重彩画中各民族异文化的审美特点和独特的表现方式。

表8—49　　　　　**1992—2005年中西绘画理论研究其他成果**

成果名称	作　者	刊物（出版社）名称、时间
日本美术教育——从传统到现代	张小鹭	湖南美术出版社，1994
现代美术教育理论与教学法——中日美术教学方法的综合比较	张小鹭	厦门大学出版社，1996
论地域特征与文化情境对福建油画的影响	李豫闽	《福建师范大学学报》（哲学社会科学版）1996：3
写意人物画今析	李文绚	《美术观察》1997：1
油画写实语言的对话语境与独语行为	莫　也	《美术观察》1997：6
艺术视觉的历史性突破——莫奈艺术视觉在西方绘画史上的意义	洪瑞生	《厦门大学学报》（哲学社会科学版）1998：3
工笔重彩呼唤水墨精神	林容生	《文艺研究》1999：2
作为感觉表现手段的绘画——塞尚"结构时期"艺术思想探析	刘一菱	《厦门大学学报》（哲学社会科学版）2000：3
走向自觉——新时期的中国油画	杨浩石	《美术》2000：5
对传统绘画观念的再认识——艺术沉思录	张明超	《美术观察》2000：7
自我、社会与责任——本·沙恩及其作品解读	李豫闽	《美术观察》2000：9
油画材料技法及其再认识	吴东弓	《华侨大学学报》2001：2

续表 8—49

成果名称	作　者	发表刊物（出版社）及时间
现代美术教育学	张小鹭	西南师大出版社，2002
现代日本重彩画表现	张小鹭	湖南美术出版社，2002
油画的色彩语言	赵九杰	《美术观察》2002：1
审视与叙述——漫说女性题材之油画	李豫闽	《福建师范大学学报》（哲学社会科学版）2002：2
美术专业教育的学院地位与市场机遇	王耀伟	《美苑》2002：4
在肖像与漫画之间——当下中国油画肖像艺术中的漫画倾向	陈宗光	《美术研究》2005：4

（四）书法理论研究

《**书法创作论**》（福建师范大学朱以撒，福建人民出版社，1993）该书系统论述书法创作的一系列理论和实践问题，内容包括从临摹到创作的基本过程、书法创作方式与思维、书法创作的非功力因素、书法欣赏是创作生命的延伸等。

《**书法审美表现论**》（朱以撒，海峡文艺出版社，2001）该书着重论述中国书法审美表现的若干问题，内容包括书法审美的主客体关系、书法语言形式的发展、书法审美特征的动态选择、书法家的审美素质等。从书法审美表现的视角考察，认为书法语言符号在最初具备自然特质，尔后延伸出人工特质。自然符号与人工符号，不仅使书法家的审美活动在精神表象上体现出历史沿袭性和空间结构的文化延展性，也使书法家自身生存特质得到鲜明的展示。

《**论汉字在书法艺术中的审美效应**》〔福建师范大学黄映恺，《福建师范大学学报》（哲学社会科学版）2002：4〕该文认为，汉字作为书法艺术的载体，视觉形式及其空间上的开放性使汉字具有象形结构图式的自然美、匀称对比的和谐美、汉字的文化意蕴美、汉字书写的情境美等多质性审美效应；它们是有生命的造型单元，有着形式和意蕴的双重审美价值。

表 8—50　　　　　**1992—2005 年书法理论研究其他成果**

成果名称	作　者	发表刊物（出版社）及时间
论赵孟頫的书法创作	朱以撒	《福建师范大学学报》（哲学社会科学版）1995：3
对当代书法创作文化形态的沉思	朱以撒	《文艺研究》1996：4
当代书法创作的哲学思考	朱以撒	《美术观察》1996：4
论书法程式	黄映恺	《福建师范大学学报》（哲学社会科学版）1999：1

续表 8—50

成果名称	作　者	发表刊物（出版社）及时间
书法教学模式的建构	蔡清德	《闽江职业大学学报》1999:2
试谈佛教文化对书法艺术的影响	黄鸿琼	《泉州师范学院学报》2000:10
论汉字在书法艺术中的审美效应	黄映恺	《福建师范大学学报》（哲学社会科学版）2002:4
论书法与抽象绘画的审美异同	黄映恺	《福建师范大学学报》（哲学社会科学版）2004:1
唐楷艺术论	徐春兴	福建教育出版社,2005
书法创作中的体验类型	朱以撒	《中国书法》2005:4

（五）艺术设计研究

《城雕创作杂谈》（厦门大学李维祀，《美术》1994：10）该文作者阐述自己的大型城雕作品《林则徐充军伊犁》、《海神妈祖》的创作体会，提出自己对于城雕创作、管理中的观点。作者的创作经验成为后人研究福建城市雕塑发展历史的重要文献，借此可以感受到作品形式风格的来源，以及作者的造型理念。

《从后现代主义到后信息时代》（福州大学钱正坤，《装饰》2000：6）该文指出：电视的普及，使广告得到爆炸性的发展，也正是广告把整个社会引向商品化，它成为后现代主义文化的一个特殊现象。广告正是把那些最深层的欲望通过形象引入到消费者中去。艺术通过大众传播媒介迅速地商业化，而商业化又引来艺术的通俗化，作为一种文化现象，它有着鲜明的后现代主义美学特征。

《福建工艺美术史》（福建省工艺美术学会黄宝庆、南京艺术学院王琥、福州工艺美术学校汪天亮，福建美术出版社，2004）该书全面介绍福建工艺美术发展历史，内容涵盖福建省工艺美术各个学科，以年代为主线，内容翔实具体，叙述简要。并通过对政治制度、社会变革、经济制度、生产力发展、文化制度、社会思潮、传统艺术、民俗民情等的考察，研究它们对工艺美术的影响，努力探寻工艺美术发展的动因和演变规律。

表 8—51　　　　　**1992—2005 年艺术设计研究其他成果**

成果名称	作　者	发表刊物（出版社）及时间
福建陶瓷	叶文程 林忠干	福建人民出版社,1993
惠安石雕	壮兴发 王式能	福建人民出版社,1993

续表 8—51

成果名称	作　者	发表刊物（出版社）及时间
中国漆器全集	中国漆器全集编辑委员会编	福建美术出版社，1993
寿山石雕荟萃	方宗珪 主　编	福建美术出版社，1996
林碧英寿山石雕	李福生	福建美术出版社，1998
黄忠忠寿山石雕艺术	黄忠忠	福建美术出版社，1999
福州雕刻艺术福州寿山石雕元老论文集	马永祥 主　编	福建美术出版社，2000
福建窑瓷鉴定与鉴赏	叶文程 林忠干著	江西美术出版社，2000
福州明清住宅木雕的艺术特色	翁炳峰	《南京艺术学院学报》（美术与设计版）2000：3
当代漆画语言的嬗变与本体追求	陈文灿	《装饰》2000：4
中国寿山石雕艺术家精品集	陈　石 主　编	天津人民美术出版社，2001
德化窑瓷鉴定与鉴赏	叶文程等	江西美术出版社，2001
室内设计中的"概念转换"	关瑞明	《新建筑》2001：5
中国古陶瓷标本福建汀溪窑	傅宋良 林元平	岭南美术出版社，2002
中国古陶瓷标本江西吉州窑	余家栋	岭南美术出版社，2002
中国古陶瓷标本福建漳窑	吴其生	岭南美术出版社，2002
平面设计中的当代审美观照	戚跃春	《文艺研究》2002：5
高师设计专业"教育对象"的定位问题	李　莉	《装饰》2002：12
鉴识寿山石	陈　石	福建美术出版社，2003
寿山石雕绝活	郭发柽 主　编	海潮摄影艺术出版社，2003
中国古陶瓷标本福建德化窑	陈建中 陈丽华	岭南美术出版社，2003
二、三维相结合的工业设计制图体系研究	吴绍兰	《华东交通大学学报》2003：2
21世纪服装业发展趋势展望及应对策略	方泽明	《福建师范大学学报》（哲学社会科学版）2003：3

续表 8—51

成果名称	作　者	发表刊物（出版社）及时间
中国传统居室室内文化特征的探讨	陈祖建	《福建农林大学学报》2003:4
现代室内设计的简约之美	陈方达	《福州大学学报》2003:6
福州木雕艺术福建省高级工艺美术师	郭发柽著	海潮摄影艺术出版社,2004
都市田园景观设计案例集萃	毛文正 王鸿编	福建科学技术出版社,2004
图形创意	翁炳峰	福建美术出版社,2004
室内环境艺术设计中的人性关怀——从室内设计心理学的重要性谈起	丁　铮	《福建农林大学学报》2004:2
蒙古族图形美学探议	格日勒图	《装饰》2004:3
寿山石石雕生产与市场拓展之我见	郭发柽	《宝石和宝石学杂志》2004:3
《考工记》用漆状况刍议	张　健	《装饰》2004:4
浅谈肖像雕塑的本土审美意象风格的取向	张小鹭	《雕塑》2004:6
世界建筑风格史	钱正坤	上海交通大学出版社,2005
服装结构设计研究与案例	谢　良	上海科技出版社,2005
设计表现技法	林　伟	化学工业出版社,2005
产品设计思维与方法	谢大康	高等教育出版社,2005
CG时代视觉设计心理	丘星星	福建美术出版社,2005
福州漆艺术	汪天亮 主　编	福建美术出版社,2005
中国当代寿山石艺坛骄子	福建省寿山石文化艺术研究会编	福建美术出版社,2005
从象形到形象:汉字审美的意象化过程——兼谈民俗观念下的汉字及其装饰	罗礼平 邱志芳	《文艺评论》2005:1
成功的平面广告设计与图形创意	康　兵	《南京艺术学院学报》（美术与设计版）2005:1
重塑生命架构	李维祀	《雕塑》2005:1
试论漳州木版年画与日本浮世绘的异同	练春海 李豫闽	《福建师范大学学报》（哲学社会科学版）2005:1
由"多元共生"看雕塑艺术的"乐舞精神"	易存国	《雕塑》2005:3
万斛泉涌　波光潋滟——李芝卿漆艺技法阐释	郑　鑫	《南京艺术学院学报》（美术与设计版）2005:4

续表 8　51

成果名称	作　者	发表刊物（出版社）及时间
从《鹭岛之歌》的创作谈公共艺术	庄南鹏	《美术研究》2005：4
漆饰雕塑之美	庄南鹏	《装饰》2005：7
隔着海峡的脉传——漳州木版年画	李豫闽	《中华文化画报》2005：10

（六）建筑艺术研究

《福建土楼》（福建省建筑设计院黄汉民，台湾汉声出版公司，1994）该书是汉声编辑在1988年随同黄汉民至闽西实际调查四十六座土楼的田野记录。上册为论述篇，收录黄汉民就土楼的特色和类型，以及居民的生活所撰写的精辟解说；下册为楼谱篇，将四十六座土楼的平面、立面、剖面、俯视图及实景相片一一展现在读者眼前，其中大多数都是未曾公开的第一手资料。

《闽台关帝庙建筑形制研究》（福建工程学院林从华，《西安建筑科技大学学报》2002：12）该文以福建铜陵关帝庙与台湾祀典武庙为实证，从历史和文化的视角，运用比较的方法来研究闽台两地关帝庙建筑文化的共性与差异性及其历史发展的渊源关系，论证台湾寺庙建筑在布局、造型、流派、风格等方面都与闽南寺庙建筑相同或相似，它是两岸人民同根同源的历史见证。

《徽州建筑》（朱永春，安徽人民出版社，2005）该书是一部反映徽州建筑的著述，第一章至第五章基本上采用传统建筑史学的方法，在第六章"徽州建筑景观意象与艺术境界"和第十章"徽州建筑的审美理想和美学特征"中，尝试用人文社会科学的新方法，剖析徽州建筑的特色和价值。

表 8—52　　　　**1992—2005 年建筑艺术研究其他成果**

成果名称	作　者	发表刊物（出版社）及时间
福建传统民居	黄汉民	厦门鹭江出版社，1994
客家土楼民居	黄汉民	福建教育出版社，1995
老房子——福建民居（上、下册）	黄汉民等著	江苏美术出版社，1995
福建沿海民居的地方特色	黄汉民	日本（株）第一书房，1995
福建客家居住文化探索	蔡焰山 戴志坚	《福建建筑》1996：3
明清徽州建筑中斗拱的地域特征	朱永春	《建筑学报》1998：6
闽海系民居建筑与文化研究	戴志坚	《新建筑》2001：8

续表 8-52

成果名称	作　者	发表刊物（出版社）及时间
培田古民居的建筑文化特色	戴志坚	《重庆建筑大学学报》2001:12
宗白华建筑美学思想初探	朱永春	《建筑学报》2002:11
徽州园林史略	朱永春	《建筑师》2002:12
台湾寺庙建筑探源	林从华	《哈尔滨建筑大学学报》2002:12
闽南与台湾传统建筑匠艺探析	林从华	《福建工程学院学报》2003:2
闽台文庙建筑形制研究	林从华	《西安建筑科技大学学报》2003:3
福建土楼——中国传统民居的瑰宝	黄汉民	生活·读书·新知三联书店,2003
闽台民居建筑文化的传承和移植	戴志坚	《第13届中国民居学术会议暨无锡传统建筑发展国际学术研讨会论文集》,2004
福建传统民居的形态与保护	戴志坚	《福建工程学院学报》2004:3

第九章 语言与文字学研究

第一节 语言学与文字学理论研究

一、学科建设与学术研究

（一）学科建设

厦门大学和福建师范大学的汉语言文字学博士点、福建师范大学的语言学及应用语言学博士点，厦门大学、福建师范大学、漳州师院、华侨大学等高校硕士点，以及厦门大学中国语言文学研究所、福建师范大学语言研究所，集中主要的语言文字学研究人员。

（二）学术研究

1992—2005 年，福建省学者在语言学理论研究方面，主要涉及人类文化语言学、语言亲缘关系和语言分类、方言和语言演变理论、汉语词汇和语法理论以及普通语言学理论等方面；在文字学研究方面，福建省学者在古文字、现代汉字、汉字考释、汉字结构理论、汉字形义关系、汉字与文化等领域开展研究。

这一时期，在语言学理论研究方面，获得 1 项国家社会科学基金项目：汉语方言与语言接触理论的研究（厦门大学邓晓华，2003）；3 项教育部人文社会科学基金项目：汉语方言研究与语言演变理论的建构（邓晓华，1996）、模糊认知语义学（福建师范大学陈维振，2001）、释义元语言研究及词表制订（厦门大学苏新春，2003）。另外，厦门大学陈支平和邓晓华作为首席专家的国家社会科学基金重大项目"中华南方民族的起源及形成"（2005年立项）也涉及语言学理论的研究与运用。

该领域获得国家民族事务委员会科学研究成果奖 1 项：《藏缅语族语言的数理分类及其分析》（邓晓华、香港城市大学王士元）；获得福建省社会科学优秀成果奖 7 项：《生态汉语学》（第二届一等奖，厦门大学李国正）、《模糊认知语言学》（第三届二等奖，福建师范大学吴世雄）、《人类文化语言学》（第三届三等奖，邓晓华）、《现代语言学概要》（第三届三等奖，福建师范大学李延瑞、林新年）、《范畴与模糊语义研究》（第五届一等奖，陈维振、吴世雄)、《苗瑶语族语言的亲缘关系的计量研究》(第六届二等奖，邓晓华、王士元)、《藏缅语族语言的数理分类及其分析》(第六届三等奖，邓晓华、王士元)。

在文字学研究方面，获得国家社会科学基金项目 1 项：古文字与古本《尚书》研究(福建师范大学林志强，2001)；获福建省社会科学基金项目 1 项。研究成果获福建省社会科学优秀成果奖 4 项：《汉语文字学》(第三届三等奖，厦门大学许长安)、《汉字解析与信息传播》(第五届三等奖，李国正)、《郭店楚简校释》(第六届一等奖，厦门大学刘钊)、《马王堆汉墓简帛文字考释》(第六届三等奖，刘钊)。

(三) 学术会议

1999 年 7 月，中国语言学会主办，福建师范大学中文系和香港大学中文系参办的中国语言学会第十届学术年会暨国际中国语文研讨会在福建师范大学召开。出席会议的代表 138 人，其中有日本、韩国、美国以及中国台湾等专家、学者、教授 34 人。会议共收到学术论文 170 篇。会议议题涉及古代汉语、近代汉语、现代汉语、少数民族语言和汉语方言、语言理论和词典编纂等。《中国语言学报》2001 年第 10 期刊发本次会议论文 27 篇。

2002 年 10 月，全国信息技术标准化技术委员会主办，福建省教育厅(语委)、福建师范大学语言研究所承办的两岸 IRG 工作研讨会在福州召开。会议主要议题是讨论语言文字标准化的问题。台湾、香港、澳门以及大陆 30 多位专家学者参加。

二、主要学术成果

(一) 语言学理论研究

《现代语言学概要》(李延瑞、林新年，海峡文艺出版社，1996) 该书阐述在国外现代语言学发展进程中几个重要阶段具有里程碑意义的理论学说和研究方法，探讨关于"现代语言学"的界定以及现代语言学与传统语文学的划分标准等语言学的基本理论问题，认为 19 世纪的历史比较语言学是语言研究告别"传统"、跨入"现代"门槛后的第一个阶段，是现代语言学不可或缺的一部分。该书还探讨并具体分析现代语言学三个重要阶段：历史比较语言学、结构主义语言学、转换生成语言学的理论学说和研究方法给汉语的古今语音比较研究、汉藏语言比较研究以及汉语语音学、方言学、语法学等学科所带来的重大而深刻的影响。

《现代语言学的历史与现状》(福建人民出版社林玉山，河南人民出版社，2000) 该书是许威汉主编的现代语言学系列之一。全面介绍现代语言学之父索绪尔、结构主义语言学、转换生成语法学派等重要语言学家和语言学派，论述现代语言学对汉语研究的影响以及现代语言学与相关学科的渗透，对许多新的语言学分支，如语义学、语用学、数理语言学、社会语言学、心理语言学、应用语言学、神经语言学等都有简要介绍。

《**汉语描写语法学方法论**》（福建师范大学沙平，厦门大学出版社，2000）该书是一部语法理论著作，介绍汉语描写语法学的一些基本概念与理论观点，汉语语素的确定与同形替代法，汉语词的界定与扩展分析法，汉语的词类系统与分布分析法，汉语句法结构的构造层次与层次分析法等。

《**汉语词汇计量研究**》（苏新春，厦门大学出版社，2001）该书运用计量的方法，对现代汉语普通话词汇系统中的旧词语、比喻词和比喻义、方言词、口语词、难僻字、同形词、四字词、多义词等一系列词汇现象进行系统的调查和理论分析，阐发汉语词汇理论的内部构成规律。

《**中国的语言及其分类**》（邓晓华、王士元，台湾"中央研究院"，2003）该书研究语言的关系和语言的分类问题。语言的关系包括语言的发生、接触和类型学的关系，反映语言演化和变异的过程和结果，而语言分类是认识语言关系具有突破性的层面。该书采用多学科的最新理论，运用自然科学的新方法来区分语言的历时和共时的关系。

《**苗瑶语族语言亲缘关系的计量研究——词源统计分析方法**》（邓晓华，《中国语文》2003：3）该文根据计算语言学的原则，利用计算机手段以及分子人类学和词源统计法等先进方法，对苗瑶语族语言亲缘关系进行计量研究。所使用的数理树图可以从整体上把握所有语言的相互关系，并可以发现一些有意义的理论问题，比如用词源统计法结合距离法和特征法完全可用来给中国的语言及方言做出科学的分类，为长期以来的学术界因传统分类而产生的争论，提供一个数理分类的样品。

《**从方言比较看官话的形成和演变**》（厦门大学刘镇发、李如龙、李焱，香港蔼明出版社，2004）该书利用《普通话基础方言基本词汇集》的成果，从中选取26个方言点，将同音字表制成数据库，进行方言之间的比较，并与音韵学相互论证，考察中古到现代汉语语音的演变过程及规律；探讨官话方言声母、韵母、声调的演变，理出官话方言的演化过程及其相互关系。

《**汉语方言研究与语言演变理论的建构**》（邓晓华，香港蔼明出版社，2005）该书重建南方汉语方言的发生和接触关系史，认为：地域文化传统决定闽、客、畲族群方言文化的多样性和变异性及地方性。而作为主流文化的"汉文化"入闽，经过"地方化"、"在地化"后，形成福建境内的各个族群，其不同的文化个性反映不同的文化适应，可从母文化、自然生态环境及族群文化互动过程三方面获得解释。主张"汉语非'汉'"说；不赞同南方汉语方言形成的"单线演进说"的传统观点。

《**汉语释义元语言研究**》（苏新春，上海教育出版社，2005）该书对汉语释义元语言进行理论阐述与元词集的提取工作，对元语言理论的提出与研究类型作了评述，对释义元语言的功能、风格、结构、意义、数量五种特征分别进行论述，阐述释义元语言的内涵与研究价值。

表 9-1　　　　　　**1992—2005 年语言学理论研究其他成果**

成果名称	作　者	发表刊物（出版社）及时间
语言新论	李国正	《厦门大学学报》（哲学社会科学版）1992:2
语文现代化运动的先驱卢戆章	许长安	《语文建设》1992:11
卢戆章对语文现代化的贡献	许长安	《语文建设》1992:12
反训刍议	李国正	《厦门大学学报》（哲学社会科学版）1993:2
连续变调的数学模型及其在认知科学和言语工程学上的意义	张次曼	《厦门大学学报》（哲学社会科学版）1994:4
同义词研究的新视角	李国正	《汉字文化》1996:3
训诂探赜	李国正	《厦门大学学报》（哲学社会科学版）1997:2
论音义相生	李如龙	《暨南学报》1997:3
词义演变的语法手段及其配价轨迹	刘永耕	《古汉语研究》1998:3
组合与创造:语言模糊性阐释	林华东	《中国语文通讯》1998:47
内地、港澳台以及海外华人姓名用字研究	钱奠香	《语文研究》1999:2
语义的隐含	蓝小玲	《厦门大学学报》（哲学社会科学版）1999:3
实用观念下的 20 世纪中国语言学	苏新春	《厦门大学学报》（哲学社会科学版）1999:4
《马氏文通》的指称理论	刘永耕	《中国语文》1999:6
书证疑误二则	林志强	《辞书研究》2000:1
应用语言学的性质和内容	李如龙	《海外华文教育》2000:2
汉语和汉字的关系论纲	李如龙	《语文世界》2001:1
中国模糊语言学:回顾与前瞻	吴世雄　陈维振	《外语教学与研究》2001:1
汉语词汇定量研究的运用及其特点——兼谈《语言学方法论》的定量研究观	苏新春	《厦门大学学报》（哲学社会科学版）2001:4(《全国高校文科学报文摘》2002:1 转载)
论异形词规范的俗成性、实用性及指导性原则——评《第一批异形词整理表(草案)》	苏新春	《厦门大学学报》（哲学社会科学版）2002:2

续表 9—1

成果名称	作者	发表刊物（出版社）及时间
再论异形词规范的俗成性原则——谈异形词规范中的三个问题	苏新春	《语言文字应用》2002:2
汉语方言字的性质、来源、类型和规范	林寒生	《语言文字应用》2003:1
古闽客方言的来源及其历史层次问题	邓晓华	《古汉语研究》2003:2
藏缅语族语言的数理分类及其分析	邓晓华	《民族语文》2003:4
互动语言学的发展历程及其前景	林大津 谢朝群	《现代外语》2003:4
外来单音语素的鉴别与提取	苏新春	《中国语文》2003:6
元语言研究的三种理解及释义型元语言研究评述	苏新春	《江西师范大学学报》2003:6
从复合词的"异序"论汉语的类型学特征	林华东	《泉州师范学院学报》2004:3（《语言文字学》2004:8 转载，入选 2004《中国学术年鉴》）
汉语释义元语言的功能特征与风格特征	苏新春	《辞书研究》2004:5
汉语释义元语言研究	苏新春等	上海教育出版社，2005
百年中国语言学的两度转型	李如龙	《学术研究》2005:1（《新华文摘》2005:9 转载）
论东南方言发展史中南迁与族群的关系	钱奠香	《学术研究》2005:2
汉语释义元语言的结构、词义、数量特征	苏新春	《辞书研究》2005:5

（二）文字学理论研究

《闽南白话字》（许长安、李乐毅，语文出版社，1992）该书是调查厦门、泉州、惠安、崇武等地后编纂的，内容包括闽南白话字的历史，闽南白话字的方案，闽南白话字翻译古籍的实践，闽南白话字的分词连写法等。

《汉语文字学》（许长安，厦门大学出版社，1993）该书从字源上探讨文字的含义，从小学、字书学、说文学、古文字学、文字学等五条线索论述文字学的研究历史，系统总结两千多年来文字学研究的成就，特别是说文研究的成就，阐述汉字从古文字阶段到今文字阶段的发展过程；讲述六书学说和说文部首，着重讲解汉字的初形本义，揭示汉字的文化内涵，弘扬汉字文化。

《汉字的阐释》（林志强，海峡文艺出版社，2000）该书对汉字的起源、汉字的演变、汉字的结构、汉字与汉文化以及从先秦到近现代之汉字阐释的历史进行探讨，其中还对诸如"原始思维、原始艺术与文字创造"、"关于'字说'现象"、"郑樵的汉字生成理论"等问题作了专门研究，提出"以多元起源论取代单元起源论"、"汉字简化必须适度"等观点。

《汉字解析与信息传播》（李国正，文化艺术出版社，2001）该书探索汉字结构与信息传播之间的联系与规律，对《周易》和汉字系统的信息结构及其传播信息的特征、模式、功能，进行探讨，揭示汉字不但负载普通语言信息，而且负载特殊信息的秘密。

《出土简帛文字丛考》（刘钊，台湾古籍出版有限公司，2004）该书是作者考证新出土简牍帛书文字的文章汇集。书中对新出土简牍帛书中的许多疑难字词进行研究与考释，例如指出包山简中原释为"丁"的字乃是"厶（私）"字，研究包山简中读为"沙"的字，释出郭店简中的"刺"字等，或破解简册释读的疑难，或提供重要启示。

《古文字考释丛稿》（刘钊，岳麓书社，2005）该书是对历代古文字进行考释的著作。全书分为甲骨文考释、金文考释、战国秦汉文字考释、古文字与相关研究四章。书中对古文字中的许多疑难字进行分析论证，新释古文字几十个。其中对一些字（如"價"及相关诸字）的考释已得到学术界的认可并被收入各种大型工具书。

表 9－2　　　　　　　**1992—2005 年文字学理论研究其他成果**

成果名称	作　者	发表刊物（出版社）及时间
海峡两岸用字比较	许长安	《语文建设》1992:1
客家方言本字考	李如龙	《客家学研究》,上海人民出版社,1993
赵明诚、李清照与古文字学	林志强	《中山大学学报》1994:2
介绍流行悠久的闽南白话字	许长安	《语文建设通讯》1994:5
实事求是地评价简化字	许长安	《现代汉字规范化问题》,语文出版社,1995
论"字说"现象	林志强	《福建师范大学学报》（哲学社会科学版）1995:2
汉字与汉语语法的关系	林华东	《汉字文化》1995:4
"乱"字探源	李国正	《厦门大学学报》（哲学社会科学版）1995:4
汉字的表义性与汉语语法的弹性特征	林华东	《中国语文通讯》第 34 期,1995:6
文字改革工作的科学总结	许长安	《语文建设》1995:11
汉字功能的文化底蕴	李国正	《汉字文化》1996:1
略论动态的汉字形义关系	林志强	《福建论坛》1996:2
说"八"	李如龙	《中国语文》1996:3
对百年汉字改革潮中几个理论的思考	苏新春	《江西师大学报》1996:11

续表 9—2

成果名称	作 者	发表刊物(出版社)及时间
说"信"	林志强	《福建师范大学学报》(哲学社会科学版)1997:2
论音义相生	李如龙	《暨南学报》1997:3
二十世纪汉字结构的理论研究	李国正	《汉字文化》1997:3
汉字的文化属性值得研究	苏新春	《学术研究》1997:11
汉字学通论	郑廷植	福建人民出版社,1997
说"乱"	李国正	《古汉语研究》1998:1
敦煌文献字义杂考	曾 良	《语言研究》1998:2
汉字学与生态学结合的理论思考	李国正	《汉字文化》1998:2
汉字的演变与文化传播	李国正	《汉字文化》1998:3
郑樵的文字学研究	林志强	《福建论坛》1998:3
汉字文化功能的历史镜象	李国正	《汉字文化》1999:4
关于汉字的讹变现象	林志强	《福建师范大学学报》(哲学社会科学版)1999:4
汉字文化的理论探索	李国正	《汉字文化》2000:1
论汉字艺术审美的国际性	李国正	《汉字文化》2000:2
生态汉字学刍议	李国正	《中国文字研究》第二辑,广西教育出版社,2001
郑樵的汉字生成理论	林志强	《古汉语研究》2001:1
现代汉字的范围及其属性标注	苏新春	《汉字文化》2001:1
20世纪汉字结构类型理论的新发展	林志强	《福建师范大学学报》(哲学社会科学版)2001:3
现代汉字字量的对比分析	苏新春	《辞书研究》2001:6
说"牵"	林志强	《古文字研究》第24辑,中华书局,2002
汉字文化的系统探索	李国正	《汉字文化》2002:4
释"價"及相关诸字	刘 钊	《中国文字》2002:28
郭店楚简校释	刘 钊	福建人民出版社,2003
从"曰若稽古"说开去	李春晓	《中国文字研究》第四辑,广西教育出版社,2003
双重阐释:汉字"美"和中国人的美意识	朱 玲	《福建师范大学学报》(哲学社会科学版)2003:2
俗字与古籍整理举隅	曾 良	《中国典籍与文化》2003:2

续表 9—2

成果名称	作　者	发表刊物（出版社）及时间
古本《尚书》特殊文字例说	林志强	《中国文字研究》第五辑，广西教育出版社，2004
佛经字词考释	曾　良	《语言科学》2004：3
论传抄古文的形态变化及相关问题	林志强	《汉字研究》第一辑，学苑出版社，2005
"稽"字考论	刘　钊	《中国文字研究》第六辑，广西教育出版社，2005
汉字（第一卷）	朱家骏 林　琦 朱帼婉 吴素兰	厦门大学出版社，2005
汉字（第三卷）	纪太平 吴光辉	厦门大学出版社，2005
台湾的汉字标准化	许长安	《中国文字研究》第六辑，广西教育出版社，2005
据古本《尚书》论卫包改字	林志强	《福建师范大学学报》（哲学社会科学版）2005：1
从"大"字头释义看古人对"大"的崇拜	朱　玲	《辞书研究》2005：2
谈古文字资料在古汉语研究中的重要性	刘　钊	《古汉语研究》2005：3
上皋落戈考释	刘　钊	《考古》2005：3
古本《尚书》特殊字形举例	林志强	《古汉语研究》2005：4
汉字规范和文化阻力	谭学纯	《光明日报》2005.6.30

第二节　古代汉语研究

一、学科建设与学术研究

（一）学科建设

福建省从事古代汉语教学与研究人员主要集中在厦门大学、福建师范大学、华侨大学、集美大学、泉州师范学院、漳州师范学院、闽江学院和福建人民出版社等高校和单位。

20 世纪 80 年代初，厦门大学就开始招收"汉语史"硕士生和博士生；福建师范大学开始招收"汉语史"硕士生。21 世纪初，福建师范大学开始招收"汉语史"和"文字学"博士生。2003 年福建师范大学"汉语言文字学"被评为福建省精品课程，"汉语史"和"文字学"于 2005 年分别被评为福建省硕士优质课程。

（二）学术研究

1992—2005 年，福建省在古代汉语研究中研究成果较多的有音韵、文字、训诂和古代方言等四个领域。该学科承担国家社会科学基金项目 2 项：近代福建音韵与方言学通论（福建师范大学马重奇，1998）、汉语平比句的语法化研究（厦门大学李焱，2004）；国家古籍整理研究工作委员会古籍整理项目 2 项：小山类稿点校（福建师范大学徐启庭，1994）、皇极经世解起数诀（马重奇，1997）；国家语言文字工作委员会语言文字应用规划项目 1 项：古书中特殊词语的读音研究（马重奇，2004）。同期还承担福建省社会科学规划项目 3 项。

这一时期，古代汉语研究获得福建省社会科学优秀成果奖 9 项：《清代吴人南曲分部考》（第二届二等奖，马重奇）、《浊音清化溯源及相关问题》（第二届三等奖，厦门大学周长楫）、《汉语音韵学论稿》（第四届一等奖，马重奇）、《古今异义比较词典》（第四届三等奖，漳州师范学院王春庭、陈顺其、赵明）、《古汉语文化探秘》（第四届三等奖，厦门大学李国正）、《比较文化词源学》（第四届三等奖，福建师范大学吴世雄）、《明清官话音系》（第五届二等奖，厦门大学叶宝奎）、《朱熹〈诗集传〉叶音研究》（第五届二等奖，华侨大学陈鸿儒）、《诗本音》所考古音与《诗集传》注音（第六届二等奖，陈鸿儒）。

（三）学术会议

1996 年 8 月，中国音韵学研究会和福建师范大学中文系联合主办，福建省社会科学界联合会协办的中国音韵学研究会第九次学术年会暨汉语音韵学第四次国际学术研讨会在福建师范大学举行。出席会议共 66 人，其中有日本、韩国、美国以及中国台湾等专家、学者与会。会议收到学术论文 79 篇。会议围绕音韵学理论与音韵学史的研究、上古音的研究、中古音的研究、近代音的研究、汉语音韵与少数民族语言及现代方言关系研究等问题展开讨论。会后，部分论文在《语言研究》（1996 增刊）上发表。

2002 年 9 月，中国社会科学院语言研究所历史语言学研究一室、中国语文杂志社、泉州师范学院共同主办，泉州师范学院承办，泉州市语言文字学会协办的第六届全国古代汉语学术研讨会在泉州召开。会议收到论文 53 篇，主要探讨和交流古代汉语语法、音韵、词汇诸要素的特色和研究成果；还探讨古、现代汉语的传承关系以及古代汉语在现代方言中遗存等问题。

2005 年 10 月，第三十八届国际汉藏语暨语言学会议在厦门大学举行。美国、德国、法国、英国、韩国、泰国、日本、新加坡、澳大利亚、瑞典等国家以及中国内地、香港、台湾地区的学者 160 余人参加会议。本次会议的论题涉及语言系属、语言接触、语言描写、实验语音学、计算语言学、社会语言学、方言地理学、古文字文献、新发现语言和濒危语言、语言底层、混合语等问题的研究。部分论文涉及古词汇、常用词演变以及古汉语语法等问题。

二、主要学术成果

（一）古汉语音韵学研究

《〈切韵〉综合研究》（厦门大学黄典诚，厦门大学出版社，1994）该书讨论《切韵》的编写时间、过程、版本流传、韵目排列及体例等方面的问题，重点研究其语音体系的问题。该书对学界关于《切韵》的音系性质的研究进行综述，认为，如果仅是记录实际语音，何须讨论决定呢？因推"切韵音"起码是折中南北的音系。该书还指出：《切韵》开创韵书修撰的体例，从隋唐至近代一直沿用不废。而其归纳的语音体系，经《唐韵》、《广韵》、《集韵》等一脉相承的增补，一直是官方承认的正统。

《汉语音韵学论稿》（马重奇，巴蜀书社，1998）该书汇集作者十多年来在音韵学（其中有三篇属于方言音韵）方面的科研成果。共收录论文 18 篇，在属于音韵学方面的 15 篇中，属于上古音的 2 篇，属于中古音的 9 篇，属于近代音的 4 篇。研究所涉及的范围较全面，利用韵文资料研究当时的语音和韵文分部情况，尤其是利用明清南曲曲韵资料研究明清时期语音，并发掘新资料、探讨新问题，如利用明清时代南曲用韵的资料，探讨明清时人曲韵分部和明清时代语音。

《通假字"音同"原则浅说》（周长楫，《古汉语研究》1998：1）该文指出上古古籍的通假，要根据上古时期的汉语语音。人们对上古音的认识，主要是通过对《诗经》押韵的分析，古籍押韵散文的印证，利用对形声字谐声系统的研究材料，古籍里留下有关古音的点滴材料，结合对唐韵的离析和今汉语诸方言保留的古音成分和域外音译的有关材料等，构拟出一个假设的上古音系。由于各家占有与使用的材料有所不同，运用的方法也有所差异，所以各家构拟的上古音系不尽一致。该文根据王力先生构拟的上古音系，对先秦两汉古籍通假字的两大类型四种情况进行分析。

《朱熹〈诗集传〉叶音研究》（陈鸿儒，包括《〈诗集传〉叶音与朱熹古韵》，《古汉语研究》2000：1；《〈诗集传〉叶音辨》，《古汉语研究》2001：2；《朱熹叶音与江永古音——兼谈江永的学术渊源》，新加坡南洋理工大学《南大语言文化学报》2002：2；《〈诗本音〉所考古音与〈诗集传〉注音》，《语言研究》2003：3）该系列论文对朱熹《诗集传》叶音进行深入研究，并与顾炎武、江永的《诗》音《诗》韵进行全面的比较。主要观点有：一是《诗集传》叶音是朱熹心目中的古音；二是朱熹古韵舒声 13 部、入声 8 部，"朱子的叶音竟为五百多年后江永的古韵奠基"；三是朱熹的考音方法已经非常成熟；四是朱熹叶音以《诗》韵为根据离析唐韵，以"叶音"的方式还唐韵为《诗》韵；五是顾炎武古音成就有不如朱熹者；六是江永的古韵学渊源于朱熹。另外，利用叶音剔除今韵，用阴阳对转理论解释朱熹叶音等，具有方法论价值。

《明清官话音系》（叶宝奎，厦门大学出版社，2001）该书考察研究近代汉语明清音，其所论及的明清音代表资料，除了人们熟知的《洪武正韵》、《四声通解》、《等韵图经》等外，还有藏于伦敦的《罗马字官话新约全书》、藏于台北的《谐声韵学》都是难得的珍贵书籍。该书描述和考查了明清官话音的基本面貌及其历史沿革；并将官话音与基础方言代表点口语音（北音、南音）作横向共时比较，揭示了二者的差异。

表 9—3 　　　　　**1992—2005 年古汉语音韵学研究其他成果**

成果名称	作　者	发表刊物（出版社）及时间
清末官话音系考查	叶宝奎	第一届国际汉语语言学学术研讨会论文,1992:5
《切韵》研究	黄典诚	厦门大学出版社,1993
论陈第对我国古音学的贡献	林海权	《福建师范大学学报》（哲学社会科学版）1993:1
《类篇》中的同字重韵初探	马重奇	《福建师范大学学报》（哲学社会科学版）1993:2
试论上古音歌部的辅音韵尾问题	马重奇	《古汉语研究》1993:3
切韵韵图	周祖庠	贵州教育出版社,1994
《起数诀》与《广韵》《集韵》比较研究——《皇极经世解起数诀》研究之一	马重奇	《语言研究》1994 增刊（汉语音韵学第三次国际学术研讨会论文集）
《洪武正韵》与明初官话音系	叶宝奎	《厦门大学学报》（哲学社会科学版）1994:1
原本玉篇零卷音韵	周祖庠	贵州教育出版社,1995
《南音三籁》曲韵研究	马重奇	《福建师范大学学报》（哲学社会科学版）1995:1
《戚林八音》的语音系统——同赵日和先生商榷	王升魁	《福建师范大学学报》（哲学社会科学版）1995:3
《诗经》通韵合韵说疑释	周长楫	《厦门大学学报》（哲学社会科学版）1995:3

续表 9—3

成果名称	作者	发表刊物（出版社）及时间
《起数诀》与《韵镜》《七音略》比较研究——《皇极经世解起数决》研究之二	马重奇	《语言研究》1996 年增刊（汉语音韵学第四次国际学术研讨会论文集）
也谈《正音咀华》音系	叶宝奎	《语言研究》1996 增刊
《京音字汇》的价值	陈泽平	《辞书研究》1996：4
《十五音》述评	杨志贤	《福建论坛》1996：6
《切韵求蒙》用字研究	陈　鸿	《福建论坛》1997：1
《广韵》韵系与漳州方言韵系比较研究（上）	马重奇	《福建师范大学学报》（哲学社会科学版）1997：2
《广韵》韵系与漳州方言韵系比较研究（下）	马重奇	《福建师范大学学报》（哲学社会科学版）1997：3
论客家方言的断代及相关音韵特征	邓晓华	《厦门大学学报》（哲学社会科学版）1997：4
从入配阳到入配阴——看汉语近代音的演化	叶宝奎	《语言研究》1998 增刊
顾炎武古音学成就论衡	张民权	《福建师范大学学报》（哲学社会科学版）1998：1
上古汉语有复辅音说之辩难	周长楫	《厦门大学学报》（哲学社会科学版）1998：2
《南曲谱》阴声韵用字研究	陈　鸿	《福建论坛》1998：3
明末上海松江韵母系统研究——晚明施绍莘南曲用韵研究	马重奇	《福建师范大学学报》（哲学社会科学版）1998：3
谈清代汉语标准音	叶宝奎	《厦门大学学报》（哲学社会科学版）1998：3
《闽腔快字》研究	马重奇	《福建师范大学学报》（哲学社会科学版）1999：2
也谈本悟《韵略易通》的重×韵	叶宝奎	《古汉语研究》1999：2
《音韵阐微》音系初探	叶宝奎	《厦门大学学报》（哲学社会科学版）1999：4
顾炎武对古韵分部及其演变的研究（上）——阴声韵的离合及相关问题	张民权	《福建师范大学学报》（哲学社会科学版）1999：4
1994—1997 年汉语音韵学研究综述	马重奇	《福建论坛》1999：5
建立新的现代音韵学刍议	周祖庠	《重庆三峡学院学报》1999：6

续表 9—3

成果名称	作 者	发表刊物（出版社）及时间
关于汉语近代音的几个问题	叶宝奎	《古汉语研究》2000：3
南音唱词中的古泉州话声韵系统	王建设	《方言》2000：4
《戚林八音》校注	李如龙 王升魁	福建人民出版社，2001
《增补汇音》的体系及音系拟测问题	陈 鸿	《福建师范大学学报》（哲学社会科学版）2001：1
《名义》音与新现代音韵学——《篆隶万象名义》音论之一	周祖庠	《汉字文化》2001：1
《传音快字》的体例特点	王 曦	《宁夏大学学报》2001：2
新发现的《彙音妙悟》版本介绍	王建设	《中国语文》2001：3
试论《书文音义便考私编》音系的性质	叶宝奎	《古汉语研究》2001：3
汉语语音史研究的回顾与反思	叶宝奎	《人民日报》2001.7.28
《中国语言学年鉴·汉语音韵学部分》	马重奇	语文出版社，2002
顾炎武古音学思想之继承与阐释——高树然《诗音》研究（一）	陈 芳	《福建师范大学学报》（哲学社会科学版）2002：3
新著音韵学	周祖庠	上海辞书出版社，2003
清初的粤语音系——《分韵撮要》的声韵系统（载《第八届国际粤方言学研讨会论文集》）	刘镇发 张群显	暨南大学出版社，2003
长篇弹词《笔生花》阴声韵研究	王进安	《福建师范大学学报》（哲学社会科学版）2003：2
《增补汇音》音系与上古音系比较研究	陈 鸿	《闽江学院学报》2003：4
清代漳州韵书方言本字考	马重奇	《福建师范大学学报》（哲学社会科学版）2003：4
从方言比较再探粤语浊上字演化的模式	刘镇发	《中国语文》2003：5
高澍然与顾炎武古韵分部之比较——高澍然《诗音》研究（二）	陈 芳	《福建师范大学学报》（哲学社会科学版）2003：6
试论吕坤（交泰韵）音系性质	叶宝奎	《音韵论丛》2004：1
韩偓诗韵研究——五代诗韵研究之一	陈 鸿	《福建师范大学学报》（哲学社会科学版）2004：1
1998—2003 年汉语音韵研究综述（上篇）	马重奇	《福建论坛》2004：1

续表 9－3

成果名称	作　者	发表刊物（出版社）及时间
1998—2003 年汉语音韵研究综述（下篇）	马重奇	《福建论坛》2004:2
《汇集雅俗通十五音》文白异读系统研究（一）	马重奇	《方言》2004:2
（四声通解）今俗音与（等韵图经）音系	叶宝奎	《第十三届中国音韵学研讨会论文集》2004:2
《汇集雅俗通十五音》文白异读系统研究（二）	马重奇	《方言》2004:3
《切韵》系韵书歌戈韵分合性质研究——歌戈韵在韵书中的反切比较	陆招英	《福建师范大学学报》（哲学社会科学版）2004:4
秦音中以母与喉牙音之关系考	叶玉英	《文史哲》2005 特刊
清代古音学研究存在的问题与出路	陈　芳	《福建论坛》2005:S1
五代诗止摄字用韵研究	陈　鸿	《福建论坛》2005:S1
真谆韵的分合比较及其上古音溯源	王进安	《福建论坛》2005:S1
谐声与上古音断代研究	陈　鸿	《福建论坛》2005:1
从敦煌变文多音词看近代汉语复音化的趋势	陈明娥	《敦煌学辑刊》2005:1
上古介音[r]的崩溃与中古二三等韵的产生和演化	刘镇发	《南开语言学刊》2005:2
韵书比较学的杰作——评马重奇《清代三种漳州十五音韵书研究》	林玉山	《福建师范大学学报》（哲学社会科学版）2005:3
《增补汇音》音系与普通话音系比较研究	陈　鸿	《福建师范大学学报》（哲学社会科学版）2005:4
《韵学集成》与《直音篇》比较	王进安	《福建师范大学学报》（哲学社会科学版）2005:4
明代江浙南曲用韵考研究综述	王　曦	《福建师范大学学报》（哲学社会科学版）2005:4
姚文田《古音谐》古韵分部讨论研究	陈　芳	《福建师范大学学报》（哲学社会科学版）2005:5
《闽音正读表》的官话音系	陈泽平	《福建师范大学学报》（哲学社会科学版）2005:5
试谈《清代三种漳州十五音韵书研究》对历史比较法的成功运用	陈　芳	《福建论坛》2005:6

（二）古汉语训诂学研究

《〈尔雅〉训诂术语浅探》〔厦门大学林寒生，《厦门大学学报》（哲学社会科学版）1997：4〕　该文认为《尔雅》释义术语的特点是：术语应用已十分普遍集中；训诂术语释义已近于固定化与程式化。其缺失为：术语分布不均，轻重失衡，比例悬殊；少数术语采用假借字或用字前后不一，影响释义效果；部分释义格式欠严整，规范则与术语应用有关。

《谈明刊闽南方言戏文的校注》（华侨大学王建设，《华侨大学学报》2000：2）该文就正式出版的《泉州传统戏曲丛书》第一、二卷中所收入的明刊古戏文，对方言古戏文的校注原则与方法加以探讨，并举例说明"存真、辨形、循音、觅证"等四种方法在校注中的重要作用。

《训诂学概要》（徐启庭，福建人民出版社，2001）作者结合自己从事古代汉语教学二十多年的教学经验，从训诂学的定义入手，探讨训诂学的产生、发展、体制、内容、方法、术语、原则和运用等问题，并对训诂学的语言文字障碍和训诂应注意的几个问题等方面进行探索。

《王梵志诗"脆风坏"讨论二则》（厦门大学曾良，《中国语文》2003：6）该文指出王梵志诗《危身不自在》："危身不自在，犹如脆风坏。命尽骸归土，形移更受胎。犹如空尽月，凡数几千回。换皮不识面，知作阿谁来？"中的"脆风坏"当为"脆瓦坏"之误。

表9—4　　　　**1992—2005年古汉语训诂学研究其他成果**

成果名称	作　者	发表刊物（出版社）及时间
诗经通译新诠	黄典诚	厦门大学出版社，1992
反训刍议	李国正	《厦门大学学报》（哲学社会科学版）1993：2
《礼记·檀弓》"问丧于夫子"辨	刘永耕	《古汉语研究》1993：2
《诗》"寤寐思服"解诂	陈鸿儒	《华侨大学学报》（哲学社会科学版）1993：3
辞书释义二疑	陈鸿儒	《华侨大学学报》（哲学社会科学版）1995：1
李善《文选注》训诂札记	施榆生	《漳州师范学院学报》1995：1
异读合成词在训诂学上的运用	陈鸿儒	《华侨大学学报》（哲学社会科学版）1995：3
谈内涵逻辑在蒙塔古语义学中的应用	林新年	《福建师范大学学报》（哲学社会科学版）1996：3
《尔雅》漫谈	马重奇	台湾顶渊出版社，1997

续表 9—4

成果名称	作　者	发表刊物（出版社）及时间
训诂探赜	李国正	《厦门大学学报》（哲学社会科学版）1997:2
"蔡蔡叔"辨诂	李国正	《中国语文》1997:3
《长生殿》徐注小议	陈鸿儒	《华侨大学学报》（哲学社会科学版）1999:4
南北朝笔记小说零札	曾　良	《古籍整理研究学刊》2000:3
敦煌文献词语考释五则	曾　良	《语言研究》2000:4
说"临时抱佛脚"	曾　良	《中国典籍与文化》2000:4
敦煌文献字义通释	曾　良	厦门大学出版社,2001
"草马"探源	曾　良	《中国语文》2001:3
卜辞"雨不正"考释——兼《诗·雨无正》篇题新证	刘　钊	《殷都学刊》2001:4
20 世纪的敦煌变文语言研究	陈明娥	《敦煌学辑刊》2002:1
"老骥伏枥"解	曾　良	《古汉语研究》2002:2
敦煌文献词语考释一则	曾述忠	《古汉语研究》2002:2
论"反义同词"现象	杨志贤	《集美大学学报》2002:3
唐宋词义琐记	曾述忠	《语言研究》2002:3
《张家山汉墓竹简》释文注释商榷（一）	刘　钊	《古籍整理研究学刊》2002:5
《敦煌歌辞总编》校读研究	曾　良	台湾佛光山文教基金会出版,2003
释"笼蒙"	赵宗乙	《古汉语研究》2003:1
《张家山汉墓竹简》释文注释商榷（二）	刘　钊	《古籍整理研究学刊》2003:3
"形变指事"说之推阐	叶玉英	《厦门教育学院学报》2004:1
"龙钟"源流考	张　桃	《语文研究》2004:2
汉语义位"吃"普方古比较研究	解海江 李如龙	《语言科学》2004:3
佛经字词考释	曾　良	《语言科学》2004:3
古词新用说"八卦"	李国正	《语文建设》2004:Z1
唐宋词语考释二则	曾　良	《古汉语研究》2005:2
《隶释》释词	曾述忠	《语言研究》2005:2
"容易"考辨	李春晓	《福建师范大学学报》（哲学社会科学版）2005:6

（三）古汉语词汇学研究

《古代汉语单音词发展为复音词的转化组合》［厦门大学何耿镛，《厦门大学学报》（哲学社会科学版）1992：1］该文认为：古代汉语书面语单音词比较多。古代汉语也有复音词。在古代汉语的复音词中，有的是合成词，有的是单纯词（包括联绵字和叠音词）。不过，两相比较，单音词居多则是明显的事实。该文主要从语义的角度来探讨从单音词发展为复音词的语义关系和组合方式。

《古汉语"词类活用"说献疑》（泉州师范学院赵宗乙，《北方论丛》1995：5）该文认为，"词类活用"理论最早是陈承泽于1922年在他的《国文法草创》中专门系统地论述出来的；古汉语"词类活用"说在理论和应用上还有许多问题得不到很好的解决，而该理论就是针对名词、动词、形容词之间在界限上模糊不清的事实而采取的折中调和的理论。

《敦煌变文同素异序词的特点及成因》（厦门大学陈明娥，《中南大学学报》2004：5）该文指出：同素异序词是汉语词汇在发展过程中出现的一种特殊语言现象，它一方面反映汉语复音化进程的某些特点，另一方面又反映出汉语造词法的优越性。敦煌变文中共出现196组同素异序词，首先对这些词的结构、意义和用法进行共时考察，揭示同素异序词在这一时期呈现出的独特面貌；然后又历时地分析这些词在现代汉语中的存亡情况，挖掘同素异序词的发展演变轨迹；最后从汉语发展史的角度阐释同素异序词的产生原因。

表9—5　　　　　　　**1992—2005年古汉语词汇学研究其他成果**

成果名称	作　者	发表刊物（出版社）及时间
《太平广记》词语札记	曾　良	《南昌大学学报》1992：3
汉语异读合成词例说	陈鸿儒	《古汉语研究》1992：4
《论语》、《孟子》构词法比较	欧阳国泰	《厦门大学学报》（哲学社会科学版）1994：2
古汉语词语琐记	曾　良	《南昌大学学报》1994：3
文化语言学研究的新收获——评黄金贵著《古代文化词义集类辨考》	李国正	《高校社会科学信息》1996：1
《马氏文通》对汉语词类研究的贡献	刘永耕	《福建师范大学学报》（哲学社会科学版）1996：1
"'加'无副词义"辨及其它	林寒生	《古汉语研究》1996：2
词语考源疏解八则	曾　良	《厦门大学学报》（哲学社会科学版）1998：4
闽南方言中的古虚词	林宝卿	《东南学术》1998：6
词语零札	曾　良	《古汉语研究》2000：1

续表 9—5

成果名称	作 者	发表刊物(出版社)及时间
从敦煌变文看中近古汉语词缀的新变化	陈明娥	《宁夏大学学报》2003:4
《马氏文通》对实词虚化的研究	刘永耕	《福建师范大学学报》(哲学社会科学版)2005:1
先秦判断词研究的几个原则	徐启庭	《福建师范大学学报》(哲学社会科学版)2005:2

（四）汉语古代方言研究

《〈类篇〉方言考——兼评张慎仪〈方言别录〉所辑唐宋方言》（马重奇，《语言研究》1993：1）该文认为《类篇》所收录的古方言，大多数是以西汉扬雄的《方言》和东汉许慎的《说文》为主的，还兼有其他古籍古注材料。论文先后对有历史来源的方言材料（古方言材料）和反映今方言的材料进行分析，并对《方言别录》所辑录的方言材料进行评析，并分类统计《类篇》有反映唐宋时期的方言材料而《方言别录》没有辑录或者六朝以前的方言材料却被《方言别录》辑录的有关材料。

《南方汉语中的古南岛语成分》（厦门大学邓晓华，《民族语文》1994：4）该文指出一批闽、客汉语方言与南岛语的同源词，这反映南方汉语中有不少古南岛语成分，而这些同源词的语音形式将会改变许多已被语言学家接受的汉语上古音构拟形式，并且认为闽、客南方汉语方言的形成是中原汉文化区与南岛文化区长期交互作用的结果。

《晋南、关中的"全浊送气"与唐宋西北方音》（厦门大学李如龙、暨南大学辛世彪，《中国语文》1999：3）该文指出晋南、关中方言在古全浊声母今读送气清音这一点上所表现的一致性不是偶然的，它们在古代必有共同的来源。论文认为在唐宋时期，以关中晋南为中心的西北方言在当时的方言中是具有影响力的，这一时期的一些重要的对音材料都是用这种权威方言对译的。今天所见到的唐五代至北宋时期译音对音材料所用的西北方音，其送气音的特点也与晋南、关中方言一致，可见今天关中晋南一带的方言与唐宋西北方言在送气音特征上是一脉相承的。

《北京话入派三声的规律与北方官话间的关系》（厦门大学刘镇发，《语言研究》2004：1）该文认为北方方言的入声一般都有规律地归到其他的舒声调，但北京话是个例外。在北京话中，清声母入声字好像毫无规律地派到四个舒声，无法与其他方言对应，而造成尤其是南方方言使用者学习上莫大的困难。该文从历史音变的角度探讨这个问题，说明北京话的清入字在一定程度上归并的其他声调是有规律的，但是也受到邻近方言的影响。同时也指出，北京话入声字的演变与其他北方方言有根本上的差别，中原音韵不是北京话的祖语。

表 9-6   **1992—2005 年汉语古代方言研究其他成果**

成果名称	作者	发表刊物（出版社）及时间
《戚林八音》异常用字考	王升魁	《福建师范大学学报》（哲学社会科学版）1993：2
中古豪韵在闽南方言的文白读音问题——兼与张光宇、杨秀芳两先生商榷	周长楫	《台湾研究集刊》1995：1
闽南方言中的古汉语活化石举隅	林宝卿	《语文研究》1995：4
闽南方言与古代汉语同源词典	林宝卿	厦门大学出版社，1998
闽南方言声母白读音的历史语音层次初探	林宝卿	《古汉语研究》1998：1
闽南方言若干本字考源	林宝卿	《厦门大学学报》（哲学社会科学版）1998：3
《戚林八音》与《闽都别记》所反映的福州方音比较	林寒生	《语言研究》2000：3
从《世说新语》的语言现象看闽语与吴语的关系	王建设	《华侨大学学报》（哲学社会科学版）2000：4
《敦煌歌辞总编》校读研究	曾　良	台湾佛光山文教基金会，2003
古闽、客方言的来源以及历史层次问题	邓晓华	《古汉语研究》2003：2
俗字与古籍整理举隅	曾　良	《中国典籍与文化》2003：2
19 世纪传教士研究福州方言的几种文献资料	陈泽平	《福建师范大学学报》（哲学社会科学版）2003：3
福州方言韵书《加订美全八音》	李春晓	《辞书研究》2003：4
汉语方言学在语言学上的意义	刘镇发 李如龙	《深圳大学学报》2003：4
宋元期间方言分布、清初方言分布（地图及说明）（载《福建省历史地图集》）	李如龙	福建省地图出版社，2004
方言与方言史论集	刘镇发	香港霭明出版社，2004
香港两百年来的语言生活演变（载《台湾与东南亚华人地区语文生活研讨会论文集》）	刘镇发	香港霭明出版社，2004
晋语"圪"字研究	白　云	《语文研究》2005：1
南音唱词中的"鹧鸪音"研究	王建设	《华侨大学学报》（哲学社会科学版）2005：2

（五）古汉语语法学研究

《〈马氏文通〉的作者谈》（福建人民出版社林玉山，《中国语文》1998：5）该文通过7条有力证据，论证"《文通》的署名作者是马建忠，实际作者应该是马建忠和马相伯弟兄俩"，"两人合著，并不是平分秋色，而马建忠是主要作者，马相伯是次要作者"。

《〈马氏文通〉的指称理论》（福建师范大学刘永耕，《中国语文》1998：6）该文指出：马建忠的指称理论，是他的语言观的核心。并从《马氏文通》指称研究的哲学基础、指称与言说的对立统一、汉语名词的指称特点、言说词转为指称、"名字假借"和指称词转为言说、"静字假借"等方面论述《马氏文通》的指称理论。

《〈醒世姻缘传〉正反疑问句研究》（李焱，《古汉语研究》2003：3）该文在定量统计的基础上对《醒世姻缘传》中的各种正反疑问句进行全面的辨析，并结合近代汉语史上各种正反疑问句形式的兴衰，探求明清之季"VP不曾"以及"VP没（有）"这两种正反疑问句内在更替的原因。

《试析唐宋时期的"过"语法化进程迟缓的原因》（福建师范大学林新年，《语言科学》2004：6）该文认为相对于"了、却、著、得"来说，唐宋时期的"过"语法化为动态助词的过程比较缓慢，学术界对其语法化迟缓的原因并没有一个较为合理的说法，该文利用数据库，全面调查唐宋时期《祖堂集》、《景德传灯录》、《五灯会元》三部禅宗著作中"过"的语义特征、句法格式及其使用频率，分析说明"过"在这个时期语法化进程缓慢的原因。

表 9—7　　　　　　　　**1992—2005 年古汉语语法学研究其他成果**

成果名称	作　者	发表刊物（出版社）及时间
析"何以……为"句式	徐启庭	《福建师范大学学报》（哲学社会科学版）1993：3
《马氏文通》的主语观	刘永耕	《新疆大学学报》1996：4
古今汉语语法的异同	徐启庭	台湾调和文化事业有限公司，1997
语法意义的困惑——从"止词先置说"看《马氏文通》的历史局限	刘永耕	《福建师范大学学报》（哲学社会科学版）1997：2
从"接读代字"看《马氏文通》的历史局限	刘永耕	《新疆大学学报》1998：2
歧义结构分析方法述评	林新年	《福建论坛》1998：3
《马氏文通》的"状字"和"状词"、"状语"、"转词"、"加词"、"状读"	刘永耕	《福建师范大学学报》（哲学社会科学版）1998：3
简论吕、王、高三书体系的异同	陈　鸿	《福建论坛》1999：6
谈《祖堂集》"动_1＋了＋动_2"格式中"了"的性质	林新年	《古汉语研究》2004：1

续表9—7

成果名称	作　者	发表刊物（出版社）及时间
《祖堂集》"著"的语法化等级研究	林新年	《福建师范大学学报》（哲学社会科学版）2004；3
从明清闽南方言戏文看"著"的语法化过程	王建设	《华侨大学学报》（哲学社会科学版）2004；3
唐宋时期的"V＋得＋时量短语"	林新年	《福建师范大学学报》（哲学社会科学版）2005；2

（六）古代汉语其他方面研究

《诗经通译新诠》（黄典诚，华东师范大学出版社，1992）该书参考40多种书籍，从《诗经》原文的校勘、句读、章句等方面的分析提出不同的看法和依据，并对上古语系的音韵、词汇、语法、句法等方面进行研究。

《古音构拟与方言特别语音现象的研究》（邓晓华，《语文研究》1993；4）该文指出今人研究上古音的材料主要根据谐声异文、声训和诗文押韵；域外对音；现代汉语、方言和汉藏系少数民族语言资料和从《切韵》系韵书往上推等方面。因此，要求上古音的构拟应当能够解释后代活的语言——汉语方言的音韵变化。事实上，某些较古老的方言往往能保存某些上古音的"残存形式"，这些"残存形式"是研究上古音的重要线索和依据。

《蒲松龄〈聊斋俚曲集〉中的儿化现象》（李焱，《中国语文》2002；3）该文认为，汉语史上保留下来的，并且可以确定的儿化记录一直不多。而史料的缺乏，阻碍我们对儿化的发展变化的深入研究。《聊斋俚曲集》乃蒲松龄所作，其间的儿化记录可以为儿化音史研究提供更多的史料。

表9—8　　　　**1992—2005年古代汉语其他方面研究其他成果**

成果名称	作　者	发表刊物（出版社）及时间
闽南话源出古汉语	林宝卿	《东南学术》1992；6
中国古代风俗文化论	刘学林　马重奇	陕西人民出版社，1993
说"蟳"字音	林宝卿	《中国语文》1997；6
古汉语文化探秘	李国正	书海出版社，1998
一代儒宗同所向，邝须金石正皇初——清初金石文字学家张弨事略	张民权	《中国典籍与文化》1998；2
七年磨一字　此处觅知音	李国正	《古汉语研究》1998；4

续表 9—8

成果名称	作 者	发表刊物（出版社）及时间
编辑和语言——庆贺张斌先生八十华诞文集	马重奇 林玉山	厦门大学出版社，2000
敦煌俗文学作品的语料价值	曾 良	《南昌大学学报》2000:2
古南方汉语的特征	邓晓华	《古汉语研究》2000:3
《尔雅》汉注的学术价值	林寒生	《厦门大学学报》（哲学社会科学版）2001:3
黄典诚语言学论文集	黄典诚	厦门大学出版社，2003

第三节 现代汉语研究

一、学科建设与学术研究

（一）学科建设

随着现代汉语学科建设的加强，现代汉语教学及研究也有较快发展。1992 年，福建师范大学被指定为国家面向东南亚开展对外汉语教学基地；1997 年，福建省开始推进普通话培训测试工作；2000 年，福建师范大学汉语言文字学学科被国务院学位委员会批准为"博士学位授予权点"。2000 年，厦门大学创办《海外华文教育》 （Overseas Chinese Education）；2001 年，华侨大学华文学院设置"对外汉语"本科专业；2002 年，厦门大学设立"语言学与应用语言学"硕士点。同年，厦门大学建立语言技术中心，同时建立"语言技术处理实验室"、"应用词汇学实验室"、"对外汉语教学实验室"；2005 年，福建师范大学汉语言文字学学科被评为福建省重点学科；2005 年 6 月，厦门大学成立"国家语言监测与研究中心教育教材语言分中心"，该中心由厦门大学与教育部语言文字信息管理司共建，其主要任务是对教育教材领域的用语用字进行调查，成果刊于"中国语言绿皮书·中国语言生活状况年度报告"；2005 年，集美大学新设对外汉语专业。

（二）学术研究

1992—2005 年，福建省现代汉语研究主要围绕现代汉语语法研究、现代汉语词汇研究、推普（推广普通话）工作与理论研究，对外汉语教学研究等几个方面。承担国家社会科学基金项目 3 项：汉语教学语法研究（针对母语为俄语的学习者）（厦门大学蓝小玲，

1998）、基于国家教育委员会"通用语料库"之上的汉语义频词库的开发（厦门大学苏新春，2004）、汉语平比句的语法化研究（厦门大学李焱，2004）；承担国家语言文字工作委员会语言文字应用规划项目2项：国家语言文字政策法规贯彻实施福建省分报告（福建师范大学马重奇，2004—2006）、现代汉语通用词量及分级（苏新春，2002）；承担国家汉语国际推广领导小组办公室项目多项：如福建师范大学沙平先后主持东南亚地区汉语教师研修教程、汉语作为外语教学能力培训大纲和汉语作为外语教学能力考试大纲（现代汉语部分）的编写研究，厦门大学黄鸣奋等承担国外汉语师资网络培训（课件开发）研究项目。同期承担福建省社会科学规划项目3项。

1992—2005年，该学科研究成果获福建省社会科学优秀成果奖5项：《汉语语法学论稿》（第四届三等奖，福建师范大学刘永耕）、《普通话口语教程》（第五届三等奖，泉州师范学院林华东）、《普通话水平测试指要》（第五届三等奖，林华东）、《汉语描写语法学》（第五届三等奖，沙平）、《汉语词汇计量研究》（第五届三等奖，苏新春）。

（三）学术会议

2000年10月，厦门大学主办，香港大学、河北师范大学、商务印书馆协办的第三届全国现代汉语词汇学术研讨会在厦门大学召开。参会正式代表37名，旁听代表40名，共收到论文72篇。会议主题有三个：词汇比较研究、词汇单位和熟语研究、词汇研究与辞书编纂。

2001年12月，厦门大学、国家语言文字工作委员会语言文字应用研究所、北京广播学院、商务印书馆、厦门市语言文字工作委员会办公室联办的全国汉语词汇规范问题学术研讨会在厦门大学召开。全国高等院校、语言研究机构50多位专家学者对词汇规范理论和语言实践所关注的热点问题进行讨论。

2004年11月，中国社会科学院语言研究所句法语义研究室、《中国语文》编辑部、北京语言文化大学、商务印书馆、福建师范大学文学院联办的第十三次现代汉语语法国际学术研讨会在福建师范大学召开。海内外学者80余人与会，收到论文52篇。这年适逢著名语言学家吕叔湘百年诞辰，与会者围绕"老一辈语法家离去以后，我们的语法研究有什么进展"等问题展开讨论。会后编辑出版论文集《语法研究与探索（十三）》（商务印书馆，2005）。

2005年4月，厦门大学主办，中国中文信息学会、北京大学计算机语言学研究所、新加坡中文与东方语言信息处理学会协办，厦门大学信息科学与技术学院、厦门大学人文学院承办的第六届汉语词汇语义学研讨会在厦门大学召开。海内外专家学者70余人出席会议，提交论文57篇，围绕"词汇消歧的理论、技术和规范"这一主题及汉语词汇语义学理论、方法、计算及其应用等相关议题展开讨论。

二、主要学术成果

(一)现代汉语语法研究

《北京话和福州话疑问语气词的对比分析》(福建师范大学陈泽平,《中国语文》2004：5)该文以北京话的疑问语气词呢、吗、吧为提纲,逐一描写对应的福州话疑问语气词及其相关的疑问句式。通过对比性的观察分析,显示北京话两类是非疑问句(一是"吗"问句:"他是教授吗？"二是单纯使用上升语调的疑问句:"他是教授？")的区别,认为"吗"问句与福州话的正反问对应得更加贴切。

《动词"给"语法化过程的义素传承及相关问题》(刘永耕,《中国语文》2005：2)该文着重考察动词"给"语法化为介词和助词过程中的义素传承和词义滞留的情况；分析给予动词"给"的五个义素,认为动词"给"的义素"使获得"滞留在义素介词"给"和助词"给"中,表现为某种效应的意味并影响到介词"给"的介引范围。

《汉语描写语法学方法论》(沙平,厦门大学出版社,2000)该书从纵向上回顾百年汉语语法学史上出现的词本位语法、句本位语法、词组本位语法及多种本位语法体系；从横向上比较中西语法的特征、方法及理论体系；在语法史与语法理论相结合的视野中通过对微观"个案"来完成对宏观理论的验证。

表9—9　　　　　　　**1992—2005年现代汉语语法研究其他成果**

成果名称	作　者	发表刊物(出版社)及时间
新时期汉语语法研究述评	林玉山	《语文建设》1992：3
汉字与汉语语法的关系	林华东	《汉字文化》1995：4
汉字的表义性与汉语语法的弹性特征	林华东	《中国语文通讯》1995：34
《马氏文通》对汉语词类研究的贡献	刘永耕	《福建师范大学学报》(哲学社会科学版)1996：1
《马氏文通》的主语观	刘永耕	《新疆大学学报》1996：4
语法意义的困惑——从"止词先置说"看《马氏文通》的历史局限	刘永耕	《福建师范大学学报》(哲学社会科学版)1997：2
合用:完句因素分析	林华东	《现代汉语专题研究》,天津人民出版社,1998
从"接读代字"看《马氏文通》的历史局限	刘永耕	《新疆大学学报》1998：2
《马氏文通》的"状字"和"状词"、"状语"、"转词"、"加词"、"状读"	刘永耕	《福建师范大学学报》(哲学社会科学版)1998：3
汉语语法学论稿	刘永耕	《巴蜀书社》,1999

续表 9—9

成果名称	作　者	发表刊物（出版社）及时间
汉语研究三视角：本体·教学·应用	沙　平	新香港年鉴出版社，1999
试论名词性定语的指称特点和分类——兼及同位短语的指称问题	刘永耕	《福建师范大学学报》（哲学社会科学版）1999：3
汉语描写语法学方法论	沙　平	厦门大学出版社，2000
使令类动词和致使词	刘永耕	《新疆大学学报》2000：1
使令度和使令类动词的再分类	刘永耕	《语文研究》2000：2
近20年中国语法学研究概述	林玉山	《福建师范大学学报》（哲学社会科学版）2000：4
一种汉语语句依存关系网分析策略与生成算法研究	周昌乐 郭艳华	《浙江大学学报》（理学版）2000：6
一种基于范畴语法的汉语词库及其实现	周昌乐 秦莉娟	《中文信息学报》2001：5
汉语语法（韩文版）	金钟讚 叶宝奎	韩国大邱中文出版社，2003
汉语语法研究的四个历史时期	王定芳	《江西师范大学学报》2003：1
《中华人民共和国宪法》语言表述问题例析	谢　英	《语文建设》2004：3
介词虚化与"V＋介＋Np"的述宾化趋势	林华东	《汉语学习》2005：1
关于语句评判与病句修改的语用准则	谢　英	《语言文字应用》2005：1
可能补语的不对称成因探析	孙利萍	《长江大学学报》2005：1
《马氏文通》对实词虚化的研究	刘永耕	《福建师范大学学报》（哲学社会科学版）2005：1
能式"得"字句的句法不对称考察	孙利萍	《云南师范大学学报》（对外汉语教学与研究版）2005：2
谈"对"字短语在法律文本中的运用	谢　英	《宁夏大学学报》2005：2
表双重转折的两种"倒是"句比较	李凤吟	《汉语学习》2005：3
处所介词"到"的产生	吴金花	《福建师范大学学报》（哲学社会科学版）2005：4
定语的语义指向及表述功能的差异	王进安	《集美大学学报》2005：4
汉语动词介词化动因考察	吴金花	《福建师范大学学报》（哲学社会科学版）2005：5
论王力的语法思想	林玉山	《福建师范大学学报》（哲学社会科学版）2005：6

（二）现代汉语词汇研究

《汉语词汇计量研究》（苏新春，厦门大学出版社，2001）该书以《现代汉语词典》中的词汇为研究对象，对普通话词汇系统相关问题分章加以探讨，并通过建立《现代汉语词典》数据库，系统对比二、三版词典，进而透视词汇词义在历时状态的演变。该书强调汉语词汇学与词典学的结合，注重理论语言学与应用语言学的结合，以计量统计为研究手段，避免典型个例加语感以窥全局所带来的个别结论与普遍规律、个人识断与普遍占有材料之间的矛盾。

《词义的模糊性及其语用价值》（福建师范大学王化鹏，《修辞学习》2001：5）该文指出：词义的模糊性不但不会影响语言的社会功能，反而能够适应千变万化的社会事物和现象的称谓和表达的需要，灵巧而便捷地服务于人们的社会交际，便于语言教学、词典释义以及造成修辞上的表达手段，增强语言的表现力。

《汉语词汇衍生的方式及其流变》（厦门大学李如龙，《河北师范大学学报》2002：5）该文认为，从古到今，汉语词汇衍生的方式大体可以归为四大类：音义相生、语素合成、语法类推、修辞转化。通过分析历代典籍中出现的丰富语料，初步得出结论：从历史发展过程来说，音义相生出现最早，也是上古汉语的主要衍生方式；上古后期兴起的语素合成，到了中古汉语成了主要的词汇衍生方式；而语法类推则酝酿于上古、兴起于中古、发展于现代；修辞转化，从词义的整合上说，来源于上古，词形上的加工则历经流变。

《当代汉语外来单音语素的形成与提取》（苏新春，《中国语文》2003：5）该研究收集16部新词语词典的30327条词语，从中筛选出876条外来词，提取出所用汉字557个，其中记音汉字186个。在此基础上，分析记音汉字演化为音义兼表的语素字，复音外来词凝固为单音语素的过程，提出"独立使用"与"重复构词"的两条鉴定标准。认为外来单音语素的出现是汉语语素演变的结果。外来新观念、新认识正在源源不断地充实着人们的认识，正在进入汉语的最底层单位。汉语在演变规律强大运行力的影响下，一些最重要的、常用的基本概念与基本词汇，总会以单音语素的方式凝固、沉淀下来。

表 9—10　　　　　　**1992—2005 年现代汉语词汇研究其他成果**

成果名称	作　者	发表刊物（出版社）及时间
词义的感情色彩刍议	王化鹏	《汉语学习》1994:5
论语境与词义的感情色彩	王化鹏	《福建外语》1997:2
也谈"诞辰××周年""国庆××周年"	刘永耕	《语文建设》1999:3
介词	李如龙	暨南大学出版社,2000
论现代汉语词的双音节化及其发展规律	王化鹏	《北方论丛》2000:6
一种引入多重松弛算法的汉语词类标注方法	周昌乐　秦莉娟	《南方大学学报》（理学版）2000:6

续表 9—10

成果名称	作　者	发表刊物（出版社）及时间
词汇学理论与实践（一）	李如龙 苏新春	商务印书馆，2001
汉语词汇计量研究	苏新春	厦门大学出版社，2001
词汇规范问题漫议	李如龙	《汉语学报》2001（下卷）
现代汉字的范围及其属性标注	苏新春 廖新玲	《汉字文化》2001：1
汉语词汇定量研究的运用及其特点——兼谈《语言学方法论》的定量研究观	苏新春	《厦门大学学报》（哲学社会科学版）2001：4
"克隆"的兴隆——汉语吸收外来词的重理据与反理据	苏新春	《语言文字周报》2002.1.9
"美轮美奂"还是"美仑美奂"	苏新春	《语言文字周报》2002.2.27
再论异形词规范的俗成性原则——谈异形词规范中的三个问题	苏新春	《语言文字应用》2002：2
异形词规范的三个基本性原则——评《第一批异形词整理表（草案）》	苏新春	《厦门大学学报》（哲学社会科学版）2002：2
论"反义同词"现象	杨志贤	《集美大学学报》2002：3
"祝颂"言语行为的汉英对比	卢　伟	《厦门大学学报》（哲学社会科学版）2002：3
"创下纪录性突破"？	郭圣林	《学语文》2002：3
"子细""火夫"要不要拿来规范——谈《第一批异形词整理表》的制订	苏新春	《语言文字周报》2002.4.24
如何对待已有的异形词规范结论——谈《第一批异形词整理表》的制订	苏新春	《语言文字周报》2002.5.1
汉语词汇衍生的方式及其流变	李如龙	《河北师范大学学报》2002：5
"那"的避讳用法	郭圣林	《汉语学习》2002：6
"作""做"的混用与分化——对语音演变中新出现的一例同音异形词的考察	顾江萍	《辞书研究》2002：6
一种采用基于语境松弛算法的汉语分词排歧方法	周昌乐 秦莉娟	《厦门大学学报》（自然科学版）2002：6
"优盘"流行的启发	苏新春	《语言文字周报》2002.8.14
享用不尽的"套餐"	刘晓梅	《语文建设》2002：11
"口语词"标注的难点与对策	苏新春	《辞书的修订》（论文集），商务印书馆，2003

续表 9—10

成果名称	作　者	发表刊物(出版社)及时间
台湾新词语及其研究特点	苏新春	《厦门大学学报》(哲学社会科学版)2003:2
"褉"应作"洗濯手足"解	郭圣林	《古汉语研究》2003:2
"法律"词源商斠	余　延	《汉字文化》2003:2
新词语的词源研究概述	刘晓梅	《辞书研究》2003:2
说"新妇"、"媳妇"	余　延	《汉字文化》2003:3
谈《现汉》对义位褒贬陪义的标注	解海江 张志毅	《辞书研究》2003:6
为什么不能说"于南京大学前身毕业"	郭圣林	《汉语学习》2003:6
平实见深刻　雅洁蕴丰富——评葛本仪的现代汉语词汇学	苏新春	《世界汉语教学》2003:6
常用双音释词词量及提取方法——对《现代汉语词典》双音同义释词的量化分析	苏新春 孙茂松	《语言教学与研究》2003:6
"拎起个大舌头"	郭圣林	《咬文嚼字》2003:8
再论比喻义的形成	苏新春	《中国语言学报》2003:9
着眼于"令人震惊"	郭圣林	《咬文嚼字》2003:9
"初哥""初妹"及其他	郭圣林	《语文建设》2003:10
20 世纪汉语词汇学著作提要与论文索引	苏新春等	上海辞书出版社,2004
汉语词汇衍生的方式及其流变	李如龙	商务印书馆,2004
中外学生词汇习得情况的调查与分析	林明贤	《华侨大学学报》(哲学社会科学版)2004:2
汉语义位"吃"普方古比较研究	解海江 李如龙	《语言科学》2004:5
试论词的主观色彩义	李巧兰	《辞书研究》2005:1
汉语词汇研究需要开阔的视野与历史纵深感——《二十世纪汉语词汇学著作提要·论文索引》序	苏新春	《辞书研究》2005:2
试析现代汉语三音节词的词性特点及产生原因	孟繁杰	《中外学术导刊》2005:10

（三）推广普通话工作与理论研究

《论普通话儿化韵及儿化音位》（福建师范大学李延瑞，《语文研究》1996：2）该文首先讨论儿化现象及普通话儿化韵的地位问题；接着具体辨析儿化音位设置的相关理论问题："是否有必要设置普通话儿化音位"、"普通话儿化音位的设置是否要完全以北京话的儿化韵为准绳"、"儿化韵是否'语素音位'"；最后，论文探讨普通话儿化音位的具体归纳，指出：由于儿化音变，普通话元音系统起了很大变化，有必要进行调整：一是增设儿化音位，二是把原系统已有的唯一的卷舌元音音位与儿化音位合并。

《方言对共同语学习的影响及其对策》（沙平，《语文建设》1996：10）该文通过对福建师范大学近千名学生的问卷调查和测试，以准确的数据说明闽方言区学生学习普通话的言语状况，剖析闽方言对普通话学习的具体影响，包括：在运用共同语的表层结构中掺杂大量的方言成分而形成"地方普通话"，因方言的影响而造成共同语交际的转换障碍，因方言而造成方言区学生学习共同语的排他效应。论文最后提出方言区学生学好普通话的几条具体对策。

《福建人学习普通话指南》（马重奇等，语文出版社，2001）该书把普通话的理论知识与福建方言特点结合起来，细致分析闽东北、闽东南、莆仙、闽南、闽中、闽北、闽西北和闽西等八个次方言区人学习普通话所存在的语音、语法、词汇的常见错误，提出克服这些错误所应采取的措施。

《普通话口语教程》（林华东，厦门大学出版社，2002）该书作为学习普通话的公共课教材，适用于福建省尤其是闽南地区的大、中专院校学生，还可供中、小学和幼儿园教师及成人学习普通话之用。在提供系统的普通话语音知识的同时，针对福建省尤其是闽南地区学习普通话的难点，讲授普通话学习的科学方法。该书以培养说话和朗读能力为经，以正音教学为纬，分章具体阐述朗读、演讲、辩论、教师口语等相关内容，融语音知识于口语实践之中。

表9—11　　　　　**1992—2005年推广普通话工作与理论研究其他成果**

成果名称	作　者	发表刊物（出版社）及时间
普通话教程	林华东	香港文学报社出版公司,1992
谈方言区语音课的后续工作	李延瑞	《语文建设》1993：4
"儿化"性质及普通话儿化韵的发展趋势	李延瑞	《语文建设》1996：1
方言对共同语学习的影响及其对策	沙　平	《语文建设》1996：10
"方言语调"探讨之一——关于词语轻重音模式	章石芳	《福建论坛》1999：6
现代汉语	叶宝奎	中国财政出版社,2000

续表 9—11

成果名称	作　者	发表刊物(出版社)及时间
普通话名词末尾"头"的读音	李延瑞	《语文建设》2000:8
福建普通话训练与测试	李如龙 李延瑞 林寒生 马紫灵	语文出版社,2001
普通话的地域变体与乡音情结	顾　颖 李建国	《西安外国语学院学报》2001:3
普通话水平测试指要	林华东	厦门大学出版社,2002
推行通用拼音旨在文化台独	林寒生	《台声》2002:11
论台湾新拟"国家语言"的语言身份和地位	金　美	《厦门大学学报》(哲学社会科学版)2003:6
汉语应用研究	李如龙	中国传媒大学出版社,2004
两岸语言文化政策的主要差异及其得失经验评析	钱奠香	台湾及东南亚华文华语研究(论文集),香港霭明出版社,2004
台湾二十世纪以前的语文教育及政策	金　美	台湾及东南亚华文华语研究(论文集),香港霭明出版社,2004
华人地区语言生活和语言政策研究	李如龙	《厦门大学学报》(哲学社会科学版)2004:3
汉语使用不规范问题及其应对	施　灏	《福建省委党校学报》2004:8
东南方言语法对普通话的影响四种	刘晓梅 李如龙	《语言研究》2004:12
普通话与方言:现代汉语发展的前景	林华东	《集美大学学报》(哲学社会科学版)2007:2

(四) 对外汉语教学与研究

《第二语言获得研究与对外汉语教学》(沙平,《语言文字应用》1999:4)该文简要评介文化合流、语言调节、语言控制调节、共同语法理论、神经功能理论等有代表性的第二语言获得研究理论模式,并结合中国的对外汉语教学实践,从第二语言教学文化导入、动机诱导、语言输入、获得顺序等方面论述第二语言获得研究理论给对外汉语教学带来的启示。

《汉语对俄教学语法研究》(蓝小玲,华语教学出版社,2004)该书是针对俄语区学习者学习汉语语法所作的研究,分"实践篇"和"探索篇"两部分。"实践篇"分为词和词组、词组的构成、句子三个部分,解析各级语法单位,帮助学习者比较轻松地看清、体会汉语语法的基本规则，把所学的语词组装起来。"探索篇"收入作者关于汉语对俄教学的研究心得，包括"语法教学组本位"、"汉语介词与俄语前置词"、"补语"、"俄语复句与汉语单句的繁化"四个部分。该书附录收入"俄汉翻译偏误举例"、"俄汉词组句型对比"。

表 9—12 **1992—2005 年对外汉语教学与研究其他成果**

成果名称	作　者	发表刊物（出版社）及时间
第二语言获得研究的理论流派及模式	沙　平	《福州大学学报》1999:3
东南亚华人语言研究	李如龙	北京语言文化大学出版社,2000
第二语言教学面临的文化转向	沙　平	《教育评论》2000:1
关于印尼华裔学生汉语语音的调查及相应的教学对策	倪伟曼 林明贤	《华侨大学学报》（哲学社会科学版）2000:2
普通话语音概说（韩文版）	叶宝奎	韩国汉城松山出版社,2001
华裔学生的听力教学探析	罗平立	《长沙大学学报》2002:1
华裔学生的汉语口语教学及其相关因素	李善邦	《华侨大学学报》（哲学社会科学版）2002:4
对外汉语教学论文集	陈荣岚 主　编	厦门大学出版社,2003
立体语言观与融叠教学法——兼论高级阶段教学的误区与得失	李建国 顾　颖	《云南师范大学学报》2003:1
对外汉语教学应以词汇教学为中心	李如龙	《暨南大学华文学院学报》2004:4
论转型时期的菲律宾华文教育	章石芳	《福建师范大学学报》（哲学社会科学版）2004:6
美国常用汉语教材分析	卢　伟	汉语研究与应用（第三辑）（中国人民大学对外语言文化学院编）,2005
略论对外汉语词汇教学的两个原则	李如龙 吴　茗	《语言教学与研究》2005:2
华语教学的内在动机诱导及教学策略	章石芳	《云南师范大学学报》2005:6
针对英语母语者学习汉语疑问句的习得研究	蔡建丰	《云南师范大学学报》2005:6

第四节　福建方言研究

一、学科建设与学术研究

（一）学科建设

1981 年厦门大学中文系获得汉语言文字学硕士学位授予权，1986 年获得汉语言文字学博士学位授予权，相继招收博士研究生和硕士研究生。2004 年该校汉语言文字学学科被评为福建省重点学科。

1986 年福建师范大学获得汉语言文字学硕士学位授予权，招收汉语音韵与方言、汉语文字学、现代汉语的研究生。2000 年，获得汉语言文字学博士学位授予权，开始招收汉语方言学博士研究生。

其间，泉州师范学院、漳州师范学院、莆田学院等高校的一些学者也开展方言学研究和教学。

（二）学术研究

1992—2005 年，福建方言研究发表学术论文 200 余篇，著作 30 余部。获国家社会科学基金项目 2 项：闽台闽南方言韵书比较研究（福建师范大学马重奇，2002）、方言对儿童语音意识的形成与阅读能力发展的影响（福建师范大学李荣宝，2003）；获国家教育部人文社会科学基金项目 2 项：清代三种漳州十五音研究（马重奇，1996）、不同方言背景下儿童语音意识和阅读能力发展的差异（李荣宝，2003）。获国务院侨务办公室社会科学研究项目 1 项：日本汉字音读、莆田方言与古今汉语声韵比较研究（华侨大学陈鸿儒，1999）；国家语言文字工作委员会"十五"语言文字应用规划项目 2 项：台湾语言政策和语言文字使用情况跟踪研究（厦门大学李如龙，2001）、普通话——闽方言对比研究及在普通话水平测试中的应用（马重奇，2003）。获得福建省社会科学规划项目 9 项。

这一时期，获福建省社会科学优秀成果奖 9 项：《闽南话教程》（第二届三等奖，厦门大学林宝卿）、《福州方言变调研究》（第二届三等奖，厦门大学张次曼）、《漳州方言研究》（第三届一等奖，马重奇）、《福建方言》（第四届二等奖，李如龙）、《福州方言研究》（第四届三等奖，福建师范大学陈泽平）、《汉语方言比较研究》（第五届一等奖，李如龙）、《闽台方言的源流与嬗变》（第五届三等奖，马重奇）、《清代三种漳州十五音韵书研究》（第六届一等奖，教育部人文社会科学奖二等奖，马重奇），《闽方言研究专题文献辑目索引》（第六届二等奖，漳州师范学院张嘉星）。

（三）学术会议

1994 年 10 月，全国台湾同胞联谊会和厦门市台湾同胞联谊会组织，厦门大学台湾研究所承办的海峡两岸闽南方言学学术研讨会在厦门大学举行。海峡两岸有关研究机构、科研单位和文化教育部门的专家、学者 30 多人与会。会议就闽南方言的比较研究、海峡两岸开展闽南方言研究、海峡两岸闽南方言的形成和共性与差异、闽南方言动词分类等进行交流和讨论。

1997 年 2 月，泉州市人民政府、华侨大学、香港中文大学中国文化研究所吴多泰中国语文研究中心、福建省社会科学界联合会、泉州市方言研究会和厦门大学联合举办的第五届国际闽方言学术研讨会在华侨大学举行。国内各高校、科研机构和来自美国、日本、菲律宾等国家以及香港、台湾地区专家学者50多人与会，收到论文44篇。研讨会以大会宣读论文和分组讨论的形式展开交流。

2001年11月，厦门大学人文学院、香港科技大学人文社会科学院和香港中文大学中国文化研究所吴多泰中国语文研究中心联办的第七届闽方言国际研讨会在厦门大学召开。中国大陆、台湾、香港特区，以及美国、日本、马来西亚等国家和地区70多位学者与会，收到论文60篇，涵盖闽语的特征、分区、历史层次以及闽语与其他方言之间的关系等诸多领域，对于闽语语音、词汇、语法的研究也有所涉及。

2005年10月，福建师范大学文学院和香港中文大学吴多泰中国语文研究中心联办的第九届国际闽方言学术研讨会在福州召开。美国、日本、澳大利亚、马来西亚以及中国大陆和台湾、香港的代表45人参加会议。会上，代表就闽方言"音系比较与历史层次"、"音系调查与分析"、"音系总论"、"词汇"、"语法"等问题进行交流和讨论。

二、主要学术成果

（一）闽东方言研究

《戚林八音校注》（李如龙、王升魁点校，福建人民出版社，1993）《戚林八音》是闽方言中成书最早、流传最广、影响最大的通俗韵书，《戚林八音校注》不但是研究闽方言的重要文献，也是研究音韵学史和方言学史的重要古籍。全书分为十个部分：一是前言；二是校注凡例；三是晋安序；四是林碧山凡例；五是戚参军例言；六是校注正文（按戚书韵目列页码、林书所增韵列后）；七是附录一：《戚林八音》用字考；八是附录二：《戚林八音》文白异读字表；九是部首笔画索引；十是后记。

《福州方言的一种构词方法》（福建师范大学梁玉璋，《语言研究》1994：2）该文认为，福州方言的构词方法多种多样，比较有特色的一种是，同一词语，通过声母、韵母、声调的内部语音变化，成为意义不同的两个词。该文收集整理百余词条及例句，分别说明这一构词现象。

《福州方言研究》（陈泽平，福建人民出版社，1998）该书发掘福州话的语音、词汇、语法，根据变韵在附近地区的不同表现推测它的形成过程。全书分为：引言，福州方言的声韵调系统，常用字同音字表，历史比较音韵，《戚林八音》时代以来的语音演变，福州方言的词源考证，名词、动词、形容词的特殊构造，数量词、方位处所词和时间词，代词系统，介词系统，副词和连词释例，肯定、否定与反复疑问句，动词的"体"标记，受事前置的动词谓语句，福州人说普通话词汇语法典型错误分析。

　　《福建福安方言韵书〈安腔八音〉》（马重奇，《方言》2000：2）《安腔八音》是一部反映清代末年福建福安方言的一部韵书。该文运用历史比较法，全面、深入研究《安腔八音》，并与现代福安方言进行历史比较，构拟出该韵书的声韵调系统。

　　《十九世纪的福州音系》（陈泽平，《中国语文》2002：5）该文根据《福州方言拼音字典》等一批反映19世纪福州方言的英文资料，重新描写当时的福州话声韵调系统，以及语流音变的情况。

　　《福州方言韵书〈加订美全八音〉》（福建师范大学李春晓，《辞书研究》2003：4）该文对《加订美全八音》的作者、版本、体例和研究现状进行梳理，认为它反映一段时期福州话音系的全貌，也记录着一批方言词汇，使当地人可以"因音识字"，是极为方便的字书。

表 9－13　　　　　　**1992—2005 年闽东方言研究其他成果**

成果名称	作　者	发表刊物（出版社）及时间
《戚林八音》异常用字考	王升魁	《福建师范大学学报》（哲学社会科学版）1993：2
福州话中的外来词	陈泽平	《福建师范大学学报》（哲学社会科学版）1994：2
《戚林八音》的语音系统：同赵日和先生商榷	王升魁	《福建师范大学学报》（哲学社会科学版）1995：3
福州话城乡异读字音分析	陈泽平	《福建师范大学学报》（哲学社会科学版）1996：1
福州方言的"其"和"过"	梁玉璋	《福建师范大学学报》（哲学社会科学版）1997：4
福州话"共"、"乞"同音现象分析	陈泽平	《古汉语研究》1998（增刊）
福州话和普通话常用量词比较研究	王化鹏	《古汉语研究》1998（增刊）
福州话的否定词和反复疑问句	陈泽平	《方言》1998：1
闽东方言的形成、发展及对推广普通话的影响	赵　峰	《宁德师范高等专科学校学报》1998：4
《闽腔快字》研究	马重奇	《福建师范大学学报》（哲学社会科学版）1999：2
宁德方言同音字汇	沙　平	《方言》1999：4
古田方言否定词语合音现象初探	杨碧珠	《福建论坛》1999：6
《官音便览》词汇研究	黄文川	厦门大学出版社，2000
福州话声母类化的制约条件	李如龙	《厦门大学学报》（哲学社会科学版）2000：1

续表 9—13

成果名称	作　者	发表刊物（出版社）及时间
闽东籍学生中一些常见的语音错误	郝雁南	《宁德师范高等专科学校学报》2000：2
闽东人学习普通话声母的三个主要难点	杨碧珠	《莆田高等专科学校学报》2000：3
《戚林八音》与《闽都别记》所反映的福州方言比较	林寒生	《语言研究》2000：3
福州方言词"掏"的语法、语义功能	沙　平	《中国语文》2000：3
《安腔八音》声母系统研究	杨碧珠	《福州大学学报》2000：4
福建福安方言韵书《安腔八音》	马重奇	《方言》2001：1
福州方言的结构助词及其相关的句法结构	陈泽平	《语言研究》2001：2
方言韵书的新收获——评《戚林八音校注》	林玉山	《福建日报》2001.7.13
再谈福州话的"做"字	梁玉璋	《福建师范大学学报》（哲学社会科学版）2002：3
福州方言隐实示虚趣难词	刘瑞明 林　羽	《福建师范大学学报》（哲学社会科学版）2003：1

（二）闽南方言研究

《漳州方言研究》（马重奇，香港纵横社，1994初版、1996修订）该书内容涉及方言、语音、语法等方面。全书共分十个部分："绪论"；第一章"语音"；第二章"同音字表"；第三章"漳州语音与《广韵》音系的比较"；第四章"漳州语音与北京音的比较"；第五章"漳州方言分类词表"；第六章"漳州方言中的反切语"；第七章"语法"；第八章"音标举例"；此外，附上两篇论文，分别探讨漳州方言中的重叠式形容词和重叠式动词。

《漳州方言的重叠式形容词》（马重奇，《中国语文》1995：2）福建漳州方言的重叠现象相当丰富，尤其是重叠式形容词，从重叠方式到重叠后所表现的词汇意义和语法意义，都大大超出普通话所有的范围。该文从两方面来进行分析和研究：一是重叠式形容词的类型及其表义特点；二是漳州方言的重叠式形容词的语法特点。

《泉州方言文化》（泉州师范学院林华东，福建人民出版社，1998）该书认为泉州方言是汉语中存古成分最多的一个方言。将泉州方言和泉州文化互为观照，可以使泉州方言的研究更为深入，同时也为闽方言的研究提供有益的借鉴。全书分为三章：第一章"泉州方言概说"；第二章"泉州方言的历史形成与传播"，论及闽越的辖地及闽越人的变迁、区域性移民——泉州地区居民易主、汉语通行泉州——闽越语沉入底层、泉州方言形成于晋唐之前、汉人人闽六大浪潮；第三章"泉州方言的文化色彩"，论及外来词、外借词与文化交流、泉州方言的熟语、诙谐风趣的"五色话"、形象通俗的俗谚。

《厦门方言研究》（厦门大学周长楫、欧阳忆耘，福建人民出版社，1998）该书共 12 章。第 1 至第 4 章主要对厦门方言的语音进行分析与研究，内容包括厦门方言的音系、同音字表等；第 5 至第 9 章对厦门方言的词汇进行分析研究，内容包括厦门方言词汇的构成与特点、厦门方言造词法、常用词汇表等；第 10—11 章则从语法角度抓住重点对厦门方言的词类和若干句式特点进行分析；第 12 章选取流行于厦门地区的歌谣、曲艺答嗖鼓、民间故事和对话数则，按流行的口语记录它们的读音和语法结构，使读者对厦门方言能有更具体、形象的认识。

《闽方言研究专题文献辑目索引》（张嘉星，社会科学文献出版社，2004）该书搜集、整理自 1403 年以来 600 年间 2880 位作者，用汉语、马来语、日语、泰国语、西班牙语、葡萄牙语、英语等语种出版和发表的闽方言研究专题文献目录 8399 条。所涉及的出版地，则遍及中国大陆和港、澳、台地区，以及新加坡、马来西亚、泰国、印尼、菲律宾、日本、英国、法国、美国等国家。该书再现海内外学者考察与研究闽方言的历史发展进程。

表 9—14　　　　　　　　**1992—2005 年闽南方言研究其他成果**

成果名称	作 者	发表刊物（出版社）及时间
闽南话教程	林宝卿	厦门大学出版社,1992
闽南白话字	许长安 李乐毅	语文出版社,1992
泉州话动词附加"者"、"赎"、"咧"	陈法今	《华侨大学学报》（哲学社会科学版）1992:2、3 合刊
闽南方言的外来词	林宝卿	《语文建设通讯》（香港）1992:2
漳州方言词汇（一—三）	林宝卿	《方言》1992:2、4
略论闽南话词汇与普通话词汇的主要差异	周长楫	《语言文字应用》1992:3
闽南方言源出古汉语	林宝卿	《福建学刊》1992:6
闽南话入门	纪亚木	鹭江出版社,1993
漳州方言三音词造词特点	陈炳昭 郭锦标	《中国语言学报》（总 6 期）1993
论泉州方言丰厚的文化积淀	王建设	《华侨大学学报》（哲学社会科学版）1993:1
厦、漳、泉语音的差异	林宝卿	《厦门大学学报》（哲学社会科学版）1993:2

续表 9—14

成果名称	作　者	发表刊物（出版社）及时间
从口语代词系统的比较看《世说新语》与闽南话的一致性	王建设	《华侨大学学报》（哲学社会科学版）1993:3
泉州话动补短语附加动态助词	陈法今	《华侨大学学报》（哲学社会科学版）1993:3
漳州方言同音字汇	马重奇	《方言》1993:3
泉州方言与文化（上、下）	王建设 张甘荔	鹭江出版社,1994
厦门方言	李熙泰 陈荣岚	鹭江出版社,1994
厦门话文	李熙泰 许长安	鹭江出版社,1994
龙岩话音韵特征	郭启熹	《语言研究》1994（增刊）
从义存的用韵看唐代闽南方言的某些特点	周长楫	《语言研究》1994（增刊）
略谈《增注雅俗通十五音》	林宝卿	《语言研究》1994（增刊）
闽南漳州方言中的反切语研究	马重奇	《福建师范大学学报》（哲学社会科学版）1994:1
漳属四县闽南话与客家话的双方言区	庄初升 严修鸿	《福建师范大学学报》（哲学社会科学版）1994:3
周辨明、林语堂、罗常培的厦门方言拼音研究	许长安	《厦门大学学报》（哲学社会科学版）1994:3
从方言词汇透视闽台文化内涵	林寒生	《厦门大学学报》（哲学社会科学版）1994:4
诗词闽南话读音与押韵	周长楫	高雄敦理社,1995
漳州方言重叠式动词研究	马重奇	《语言研究》1995:1
闽南方言地区的语言生活	李如龙	《语文研究》1995:2
闽南话与普通话在语法方面的差异刍议	周长楫	《语言文字应用》1995:3
试谈闽南方言史的研究	林华东	《泉州师范专科学校学报》1995:3
闽南方言与闽台文化溯源	陈荣岚	《厦门大学学报》（哲学社会科学版）1995:3
泉州方言与地方戏曲	王建设	《华侨大学学报》（哲学社会科学版）1995:3
闽南方言中的古汉语活化石举隅	林宝卿	《语文研究》1995:4

续表 9—14

成果名称	作者	发表刊物（出版社）及时间
福建永春方言的述补式	林连通	《中国语文》1995:6
论闽南方言的形成	林华东	《中国语研究》（日本）第 37 号,1995:10
龙岩方言研究	郭启熹	香港纵横社,1996
厦门话音档	周长楫	上海教育出版社,1996
学说厦门话（附音带 1 盒）	周长楫 林宝卿	上海教育出版社,1996
厦门谚语	黄守忠 许建生 李向群	鹭江出版社,1996
中古韵部在闽南话读书音里的分合:兼论陈元光唐诗诗作的真伪	周长楫	《语言研究》1996（增刊）
《汇音妙悟》及其所反映的明末清初泉州音	林宝卿	《语言研究》1996（增刊）
略论闽南方言与普通话双音词中同素反序现象	张惠珠	《华侨大学学报》（哲学社会科学版）1996:1
《漳州方言研究》序	李如龙	《龙岩师范专科学校学报》1996:2
漳州方言的文白异读	马重奇	《福建论坛》1996:4
《十五音》述评	杨志贤	《福建论坛》1996:6
厦门成语	姚景良	鹭江出版社,1996、1998
泉州方音与唐诗吟咏	黄炳辉	《华侨大学学报》（哲学社会科学版）1997:1
《广韵》韵系与漳州方言韵系比较研究（上、下）	马重奇	《福建师范大学学报》（哲学社会科学版）1997:2、3
《汇集雅俗通十五音》声母系统研究	马重奇	《古汉语研究》1998（增刊）
《汇集雅俗通十五音》韵部系统研究	马重奇	《语言研究》1998（增刊）
闽南方言声母白读音的历史语音层次初探	林宝卿	《古汉语研究》1998:1
闽南方言若干本字考源	林宝卿	《厦门大学学报》（哲学社会科学版）1998:3
从闽南方言看现代汉语的"敢"字	冯爱珍	《方言》1998:4
闽南漳州方言的 la—mi 式和 ma—sa 式音的秘密语研究:与福州廋语、嘴前话和切脚词比较研究	马重奇	《中国语言学报》（总 9 期）1999
安溪话物量词举要	林华东	《方言》1999:1

续表 9—14

成果名称	作 者	发表刊物(出版社)及时间
龙岩方言代词及其特色	郭启熹	《闽西职业大学学报》1999:1
十九世纪初闽南韵母系统初探:明刊闽南戏曲《满天春》用韵研究	许颖颖	《福建论坛》1999:6
《增补汇音》音系研究(论文集)	马重奇等	香港文教公司,2000
新加坡闽南话概说	周长楫 周清海	厦门大学出版社,2000
语文现代化的先驱卢戆章	许长安	厦门大学出版社,2000
东南亚华人语言研究	李如龙	北京语言文化大学出版社,2000
闽南话口语	林宝卿	厦门大学出版社,2000
明末泉州方言与现代泉州方言比较研究	许颖颖	《编辑和语言》,厦门大学出版社,2000
明末泉州南音用韵初探	李春晓	《编辑和语言》,厦门大学出版社,2000
福建省永春方言的鼻化韵	林连通	《语言》(创刊号)2000:1
闽南方言三种地方韵书比较	林宝卿	《漳州师范学院学报》2000:2
南音唱词中的古泉州话声韵系统	王建设	《方言》2000:4
闽南方言·漳州话研究	陈碧加 张嘉星 杨秀明	中国文联出版社,2001
厦门方言熟语歌谣	周长楫	福建人民出版社,2001
《渡江书十五音》音系性质研究	马重奇	《中国语言学报》(总10期)2001
方言与文化的立体观照——序林华东的《泉州方言文化》	马重奇	《泉州师范学院学报》2001:1
《增补汇音》的体系及音系拟测问题	陈 鸿	《福建师范大学学报》(哲学社会科学版)2001:1
闽南方言的结构助词	李如龙	《语言研究》2001:2
闽台地区闽南话程度副词研究	李春晓	《福州大学学报》2001:2
闽南方言重叠词的修辞现象分析	王丽华	《集美大学学报》(哲学社会科学版)2001:3
新发现的《汇音妙悟》版本介绍	王建设	《中国语文》2001:3
闽南方言的形成及其源与流	林华东	《中国语文》2001:5
南音字韵	周长楫	海峡文艺出版社,2002
泉州话"煞"字词性功能	陈曼君	《语文研究》2002:1
中国大陆闽南方言韵书比较研究	马重奇	《福建师范大学学报》(哲学社会科学版)2002:2

续表 9—14

成果名称	作　者	发表刊物（出版社）及时间
闽南语连读变调与词素变体选择假设	蔡素娟	《当代语言学》2002:3
印尼、新、马闽南方言文献述要	张嘉星	《漳州师范学院学报》2002:3
漳州话的称数法	张嘉星	《福州大学学报》2002:3
闽台闽南话与普通话韵母系统比较研究	马重奇	《福建论坛》2002:4
麦都思《汉语福建方言字典》述论	黄时鉴	《中华文史论丛》（总第七十一辑），上海古籍出版社，2003
闽南方言的否定词和否定式	李如龙	《中国语文研究》2003:2
《汇集雅俗通十五音》文白异读系统研究	马重奇	《方言》2004:3
清代漳州三种十五音韵书研究	马重奇	福建人民出版社，2004
《增补汇音》音系与普通话音系比较研究	陈　鸿	《福建师范大学学报》（哲学社会科学版）2005:4

（三）闽北、闽中方言研究

《建瓯话中的衍音现象》（建瓯县方志办潘渭水，《中国语文》1994：3）该文认为在福建建瓯话词的构成形式中，存在一种衍音现象。衍音是把一个单音节词，通过一定的构词手段，扩展、衍生成双音节词或多音节词的形式。这类衍音现象，在建瓯话中是十分常见的，几乎所有的单音节动词，都可以扩衍成双音节词；另外，也较多地出现在单音节的形容词中。

表 9—15　　　　**1992—2005 年闽北、闽中方言研究其他成果**

成果名称	作　者	发表刊物（出版社）及时间
闽北的方言与历史行政区划	詹文华	《福建史志》1993:3
福建南平方言同音字汇	苏　华	《方言》1994:1
福建建瓯"鸟语"探微	潘渭水	《中国语文》1999:3
沙县盖竹音系	邓享璋	《三明高等专科学校学报》2001:4
从宋代邵武文士用韵看历史上邵武方言的特点及其归属	刘晓南	《中国语文》2002:3
论闽西北方言来母 s 声现象的起源	丁启阵	《语言研究》2002:3
沙县盖竹话的介词:兼谈永安、沙县方言介词的若干用法	邓享璋	《三明高等专科学校学报》2002:3

（四）莆仙方言研究

《莆田方言连读音与语义、修辞的关系》（福建师范大学郭碧青，《福建论坛》1997：1）该文首先分析莆田话连读音变与语义的关系，论及作为派生断词的手段和音变对词的构成方式以及词义的影响。其次，论述连读音变与修辞的关系，论及音变在莆田话里有加重语气的作用和一定的修辞色彩，音变与修辞具有密切关系还表现在词组本身，莆田话叠音形容词一般是不变调的。

《兴化话罗马字研究》（福建师范大学福清分校刘福铸，《莆田学院学报》2002：4）该文阐述近代莆仙地区兴化话罗马字产生的根由，以兴化话罗马字撰译的《新约全书》为主要研究对象，归纳出其拼音方案，并依据该方案，探讨其与今天的莆田方言音系的异同。文章分为三部分：一是兴化罗马字的产生和推行；二是兴化罗马字的拼音方案，声母14个不包括零声母，莆田话有韵母31个，仙游话只有韵母27个，声调9个（实为8个）；三是兴化罗马字的语言学价值。

表9—16　　　　　　　　**1992—2005年莆仙方言研究其他成果**

成果名称	作　者	发表刊物（出版社）及时间
评中岛干起的莆田话调查	刘福铸	《福建师大福清分校学报》1992：2
论莆仙方言的形成与流播	刘福铸	《福建师大福清分校学报》1993：2
莆仙方言中的合音词研究	刘福铸	《福建师大福清分校学报》1995：1
莆田方言异读合成词举隅	陈鸿儒	《龙岩师范专科学校学报》1995：2
中古喻母上声字在莆田方言中的读法	陈鸿儒	《语言研究》1998（增刊）
莆仙人学习普通话声母的一个难点	黄国城	《莆田高等专科学校学报》2000：1
莆仙方言中的古代吴楚方言词语	刘福铸	《莆田高等专科学校学报》2001：2
莆仙方言本字新考	刘福铸	《福建师大福清分校学报》2001：3
莆仙方言的选择性问句	林文金	海峡文艺社，2003

（五）闽西客家方言研究

《闽西奇特的两处方言岛文化现象》〔华侨大学方拥，《华侨大学学报》（哲学社会科学版）1992：2、3合刊〕该文着重探讨闽西两处奇特的方言岛文化现象，即武平县中山镇的军家话方言岛和龙岩市适中镇的适中话的方言岛。

《客方言声调的性质》〔厦门大学蓝小玲，《厦门大学学报》（哲学社会科学版）1997：3〕该文认为，客方言声调的性质：一是客语中浊上、浊去合流是承唐宋方言体系的，各地原有的差异和随后演变的不同，使客方言形成今天不同的类型。二是次浊上声与全法上声读胡平的是语言演变中的剩余形式。三是客语次浊入声的分派可证明唐代客先民居地次浊入声读音部分同法音,部分同清音,界限较一致。

《论客家方言的断代及相关音韵特征》〔厦门大学邓晓华,《厦门大学学报》(哲学社会科学版) 1997:4〕该文认为,客方言形成于晚唐五代、宋初之间,这也是客家民系形成断代的最重要的语言学证据。客话"窗双"与通摄字合流是一个重要的分区语音特征。

表9—17　　　　　　1992—2005 年闽西客家方言研究其他成果

成果名称	作　者	发表刊物(出版社)及时间
闽西方言研究述略	林清书	《龙岩师范专科学校学报》1996:1
闽西方言与普通话	郭启熹	《闽西职业大学学报》1999:2
福建西部方言的量词"茎"字	严修鸿	《汕头大学学报》1999:6
谈闽西方言区声母正音问题	林丽芳	《龙岩师范专科学校学报》2000:2
福建武平岩前方言的"子"尾	练春招	《龙岩师范专科学校学报》2000:4
福建省客家话的分布与特点	郭启熹	《闽西职业大学学报》2004:2

（六）闽方言综合研究

《闽台方言的源流与嬗变》(马重奇,福建人民出版社,2002)该书介绍闽台方言史、闽台方言音韵、闽台方言语法、闽台方言词汇以及粤闽台客家方言,同时将台湾和闽南有关方言的书集中起来,从语音、词汇、语法上进行比较,从而探明闽台方言的源流与嬗变。全书共分五章:第一章,闽台方言简史;第二章,闽台闽南方言音韵篇,论及闽台闽南现代方言音系比较研究,闽台闽南方言韵书比较研究,闽台闽南方言音系与中古音系比较研究,闽台闽南方言与普通话音系比较研究;第三章,闽台闽南方言语法篇,论及闽台闽南方言构词法,闽台闽南方言词类特点,闽台闽南方言句式特点,闽台闽南方言语法的一致性,闽台闽南方言语法的差异性;第四章,闽台闽南方言词汇篇,论及闽台闽南方言词汇比较考源和闽台闽南方言词汇的异同;第五章,粤闽台客家方言篇,论及粤、闽、台现代客家方言音系比较研究,粤闽台客家方言音系与中古音系比较研究,粤闽台客家方言的语法特征述略和客家方言词汇比较研究。

《清代三种漳州十五音韵书研究》(马重奇,福建人民出版社,2004)该书利用历史比较法,研究清代三种漳州十五音韵书的音系性质,指出三种韵书的音系基础分别是漳州漳浦方言音系、漳州龙海方言音系和漳州长泰方言音系,同时分析各韵书的声、韵、调系统,讨论各韵书内在的一致性和差异性。

表 9—18　　　　　　　　**1992—2005 年闽方言综合研究其他成果**

成果名称	作　者	发表刊物（出版社）及时间
福建方言的文化类型区	李如龙	《福建师范大学学报》（哲学社会科学版）1992:2
古文字中的"子"和闽方言中的"囝"	王蕴智	《吉林大学社会科学学报》1993:1
闽方言分区的计量研究	杨鼎夫　夏应存	《暨南大学学报》1994:1
福建方言考释汉语声母由上古到中古的演变	纪亚木	《鹭江大学学报》1995:3
方言与音韵论集	李如龙	香港中大吴多泰中心,1996
说"八"	李如龙	《中国语文》1996:3
福建人普通话词汇学习的负迁移	陈泽平	《语文建设》1996:12
从宋代福建诗人用韵看历史上吴语对闽语的影响	刘晓南	《古汉语研究》1997:4
福建方言研究概述	马重奇　杨志贤	《福建论坛》1997:4
方言学应用文集	李如龙	湖南师范大学出版社,1998
宋代福建文士用韵中的阴入通押现象	刘晓南	《语言研究》1998（增刊）
宋代福建诗人用韵所反映的十到十三世纪的闽方言若干特点	刘晓南	《语言研究》1998:1
方言词考本字刍议	陈泽平	《福建师范大学学报》（哲学社会科学版）1998:2
闽方言次浊上声字的演变	辛世彪	《语文研究》1999:4
闽方言"囝"的词义演变	徐瑞蓉	《语文研究》2000:2
朱熹与闽方言	刘晓南	《方言》2001:1
近代福建切音字运动史论——切音字运动和汉字改革	王　曦	《泉州师院学报》2001:5
福建方言式声调的特征与普通话声调正音	郑巧莺	《三明高等专科学校学报》2002:3
关于闽语分区的历史思考	林华东	《泉州师院学报》2002:3
朱熹诗经楚辞叶音中的闽音声母	刘晓南	《方言》2002:4
点面结合,切入实际:兼论《福建人学习普通话指南》的指导性意义	陈　鸿	《福建论坛》2002:5
从历史文献的记述看早期闽语	刘晓南	《语言研究》2003:1
论闽方言及其演变	李　纡	《浙江大学学报》2003:2
评马重奇著《闽台方言的源流与嬗变》	张振兴	《福建师范大学学报》（哲学社会科学版）2003:3

（七）闽方言与其他方言比较研究

《东南亚华人语言研究》（李如龙，北京语言文化大学出版社，2000）该书指出，东南亚的华人大多是从闽、粤、琼三省移居的，他们的母语包括闽方言、粤方言和客家方言。到了东南亚以后，他们的母语与当地的语言和文化交融联系，发生诸多变化。该书内容涉及方言学、历史语言学、社会语言学、语言接触等领域。

《闽语及其周边方言》（福建师范大学张振兴，《方言》2000：1）该文指出闽语有统一性和分歧性两个方面。讨论闽语时要注意闽语内部的南北分歧和东西分歧。同时，以词汇举例，说明闽语和周围的吴语、粤语、客家话都有密切的关系。具体来说，东部闽语和南部吴语有不少共同点；西部闽语跟客家方言有不少一致之处；南部闽语跟粤语、客家话都有明显的关系。

《古闽、客方言的来源以及历史层次问题》（邓晓华、王士元，《古汉语研究》2003：2）该文认为古闽方言既非完全来源于"六朝江东方言"，古闽、客方言亦非完全来源于古北方汉语。闽、客方言的形成是北方移民语言与土著居民语言长期"交互作用"的结果。闽、客方言的音韵系统层面为不同时期北来汉语的层叠；但词汇则受南方土著语言影响深刻。客方言保存江东方言语系。就谱系亲缘关系来说，闽、客关系接近，而客、赣方言关系则较远。

表 9—19　　　**1992—2005 年闽方言与其他方言比较研究其他成果**

成果名称	作　者	发表刊物（出版社）及时间
闽北方言和印尼语的相互借词	李如龙	《中国语文研究》1992:10
来闽传教士与福建方言	林金水	福建教育出版社,1997
壮侗语和汉语闽、粤方言的共同点	曹广衢	《民族语文》1997:2
略论东南亚华人语言的研究	李如龙	《学术研究》1997:9
客家话与赣语及闽语的比较	邓晓华	《语文研究》1998:3
福建境内的闽、客族群及畲族的语言文化关系比较	邓小华	《日本国立民族学博物馆研究报告》1999.24.1
谈英语与闽南话在语流中的发音变化	陈恒汉	《泉州师范专科学校学报》2000:1
英语与闽南话词汇互借的跨文化研究	陈恒汉	《福建外语》2000:3
日本汉字音读、莆田方言与中古音系声韵比较（一—三）	陈鸿儒	《龙岩师范专科学校学报》2000:4—2001:2
连城方言与闽语相同的层次特征	严修鸿	《中国语文研究》2002

表 9—20　　　　　　　　　　**1992—2005 年福建方言志附录**

成果名称	作　者	发表刊物（出版社）及时间
永泰县志·方言志	永泰县地方志编纂委员会办公室	新华出版社,1992
寿宁县志·方言志	寿宁县地方志编纂委员会办公室	鹭江出版社,1992
德化县志·方言志	德化县地方志编纂委员会办公室	新华出版社,1992
龙岩地区志·方言志	龙岩市地方志编纂委员会办公室	上海人民出版社,1992
泰宁县志·方言志	泰宁县地方志编纂委员会办公室	群众出版社,1992
沙县志·方言志	沙县地方志编纂委员会办公室	中国科学技术出版社,1992
永安方言	周长楫　林宝卿	厦门大学出版社,1992
宁化县志·方言志	宁化县地方志编纂委员会办公室	福建人民出版社,1992
龙岩市志·方言志	龙岩市地方志编纂委员会办公室	中国社会科学出版社,1993
周宁县志·方言志	周宁县地方志编纂委员会办公室	中国科学技术出版社,1993
闽清县志·方言志	闽清县地方志编纂委员会办公室	群众出版社,1993
泉州市方言志	林连通	中国社会科学文献出版社,1993
泉州市志·方言志	泉州市地方志编纂委员会办公室	中国社会科学出版社,1993
南安县志·方言志	南安县地方志编纂委员会办公室	江西人民出版社,1993
龙海县志·方言志	龙海县地方志编纂委员会办公室	东方出版社,1993
普通话闽南语词典	黄典诚	台北台笠,1993
厦门方言词典	周长楫	江苏教育出版社,1993
邵武市志·方言志	邵武市地方志编纂委员会办公室	群众出版社,1993
长汀县志·方言志	长汀县地方志编纂委员会办公室	生活·读书·新知三联书店,1993
上杭县志·方言志	上杭县地方志编纂委员会办公室	福建人民出版社,1993
武平县志·方言志	武平县地方志编纂委员会办公室	中国大百科全书出版社,1993
永定县志·方言志	永定县地方志编纂委员会办公室	中国科学技术出版社,1994
福清市志·方言志	福清市地方志编纂委员会办公室	厦门大学出版社,1994
福州方言词典	李如龙　梁玉璋　邹光椿　陈泽平	福建人民出版社,1994
安溪县志·方言志	安溪县地方志编纂委员会办公室	新华出版社,1994
晋江县志·方言志	晋江县地方志编纂委员会办公室	上海三联书店,1994
东山县志·方言志	东山县地方志编纂委员会办公室	中华书局,1994
平和县志·方言志	平和县地方志编纂委员会办公室	北京群众出版社,1994
建瓯县志·方言志	建瓯县地方志编纂委员会办公室	中华书局,1994
建阳县志·方言志	建阳县地方志编纂委员会办公室	北京群众出版社,1994
松溪县志·方言志	松溪县地方志编纂委员会办公室	中国统计出版社,1994

续表 9—20

成果名称	作　者	发表刊物(出版社)及时间
政和县志·方言志	政和县地方志编纂委员会办公室	中华书局,1994
武夷山市志·方言志	武夷山市地方志编纂委员会办公室	中国统计出版社,1994
浦城县志·方言志	浦城县地方志编纂委员会办公室	中华书局,1994
顺昌县志·方言志	顺昌县地方志编纂委员会办公室	中国统计出版社,1994
南平市志·方言志	南平市地方志编纂委员会办公室	中华书局,1994
光泽县志·方言志	光泽县地方志编纂委员会办公室	北京群众出版社,1994
永安市志·方言志	永安市地方志编纂委员会办公室	中华书局,1994
莆田县志·方言志	莆田县地方志编纂委员会办公室	中华书局,1994
清流县志·方言志	清流县地方志编纂委员会办公室	中华书局,1994
宁德市志·方言志	宁德市地方志编纂委员会办公室	中华书局,1995
拓荣县志·方言志	拓荣县地方志编纂委员会办公室	中华书局,1995
建宁县志·方言志	建宁县地方志编纂委员会办公室	新华出版社,1995
仙游县志·方言志	仙游县地方志编纂委员会办公室	方志出版社,1995
福州话音档	梁玉璋　冯爱珍	上海教育出版社,1996
华安县志·方言志	华安县地方志编纂委员会办公室	厦门大学出版社,1996
厦门方言志	谭邦君　李熙泰　詹龙标　纪亚木	北京语言学院出版社,1996
大田县志·方言志	大田县地方志编纂委员会办公室	中华书局,1996
南靖县志·方言志	南靖县地方志编纂委员会办公室	方志出版社,1997
古田县志·方言志	古田县地方志编纂委员会办公室	中华书局,1997
明溪县志·方言志	明溪县地方志编纂委员会办公室	方志出版社,1997
涵江区志·方言志	涵江区地方志编纂委员会办公室	方志出版社,1997
福建省志·方言志	黄典诚	方志出版社,1998.3
罗源县志·方言志	罗源县地方志编纂委员会办公室	方志出版社,1998
宁德地区志·方言志	宁德市地方志编纂委员会办公室	方志出版社,1998
宁德地区志方言志·闽东方言概况	地方志编纂委员会办公室	方志出版社,1998
福州方言词典	冯爱珍	江苏教育出版社,1998
福州方言熟语歌谣	陈泽平	福建人民出版社,1998
惠安县志·方言志	惠安县地方志编纂委员会办公室	方志出版社,1998
石狮市志·方言志	石狮市地方志编纂委员会办公室	方志出版社,1998
漳浦县志·方言志	漳浦县地方志编纂委员会办公室	方志出版社,1998

续表 9—20

成果名称	作　者	发表刊物（出版社）及时间
将乐市志·方言志	将乐市地方志编纂委员会办公室	方志出版社,1998
建瓯方言词典	李如龙　潘渭水	江苏教育出版社,1998
建瓯话音档	林连通　潘渭水	上海教育出版社,1998
云霄县志·方言志	云霄县地方志编纂委员会办公室	方志出版社,1999
诏安县志·方言志	诏安县地方志编纂委员会办公室	方志出版社,1999
福州熟语	方炳桂	福建人民出版社,1999
屏南县志·方言志	屏南县地方志编纂委员会办公室	方志出版社,1999
福安市志·方言志	福安市地方志编纂委员会办公室	方志出版社,1999
霞浦县志·方言志	霞浦县地方志编纂委员会办公室	方志出版社,1999
鲤城区志·方言志	鲤城区地方志编纂委员会办公室	中国社会科学出版社,1999
漳州市志·方言志	漳州市地方志编纂委员会办公室	中国社会科学出版社,1999
闽南方言与古汉语同源词典	林宝卿	厦门大学出版社,1999
平潭县志·方言志	平潭县地方志编纂委员会办公室	方志出版社,2000
同安县志·方言志	同安县地方志编纂委员会办公室	中华书局,2000
漳平方言志	龙岩市地方志编纂委员会办公室	中华书局,2000
闽侯县志·方言志	闽侯县地方志编纂委员会办公室	方志出版社,2001
长乐市志·方言志	长乐市地方志编纂委员会办公室	福建人民出版社,2001
连江县志·方言志	连江县地方志编纂委员会办公室	方志出版社,2001
福州方言志	李如龙、梁玉璋	海风出版社,2001
莆田市志·方言志	莆田市地方志编纂委员会办公室	方志出版社,2001
莆仙方言熟语歌谣	刘福铸	福建人民出版社,2001
长汀方言熟语歌谣	陈泽平　彭怡玢	福建人民出版社,2001
新加坡闽南话词典	周长楫　周清海	中国社会科学出版社,2002
三明市志·方言志	三明市地方志编纂委员会办公室	方志出版社,2002
福鼎县志·方言志	福鼎县地方志编纂委员会办公室	海风出版社,2003
连城县志·方言志	连城县地方志编纂委员会办公室	方志出版社,2005

第五节　修辞学研究

一、学科建设与学术研究

（一）学科建设

1986 年，福建师范大学取得汉语言文字学硕士点授予权，汉语修辞学作为其研究方向之一，招收硕士研究生。1992 年后，福建师范大学陆续开设篇章修辞学、文艺修辞学、接受修辞学、广义修辞学、模糊修辞学、汉语辞章学等修辞学分支学科课程。

2000 年，福建师范大学汉语言文字学学科被国务院学位委员会批准为二级学科博士学位授予权，汉语修辞学是该学科的研究方向之一。2003 年，该校中国语言文学学科被国务院学位委员会批为一级学科博士学位授予权，设立语言学及应用语言学博士点和硕士点，开始招收文学语言学研究方向的博士生和硕士生。

（二）学术研究

福建省修辞学研究以辞章学、广义修辞学、文学语言学、外语修辞学研究为主要方向。1992—2005 年，该学科承担福建省社会科学规划项目 2 项，省教育厅人文社会科学研究项目 5 项。出版专著 19 部，辞典 4 部，发表论文 70 余篇。

这一时期，获福建省社会科学优秀成果奖 7 项：《篇章修辞学》（第二届二等奖，厦门大学郑文贞）、《言语修养》（第四届二等奖，福建师范大学郑颐寿）、《广义修辞学》（第五届二等奖，福建师范大学谭学纯、朱玲）、《小说辞章学》（第五届三等奖，福建师范大学祝敏青）、《追求象征的力量：关于西方修辞思想的思考》（第六届一等奖，福建师范大学刘亚猛）、《修辞研究：走出技巧论》（第六届三等奖，谭学纯、朱玲）。

（三）学术会议

1993 年 10 月，福建省修辞学会在福建师范大学召开第二次会员代表大会暨学术年会换届选举。与会代表近 40 人，提交专著 1 部、论文 10 多篇。

1998 年 5 月，福建师范大学等单位承办的中国修辞学会华东分会第十届学术年会（全国文学语言研究会和福建省修辞学会学术年会一并召开）在武夷山市召开。与会代表 60 余人，收到论文 50 多篇。宗廷虎作"辞章学和修辞学"的学术报告，濮侃作"陈望道与中国修辞学"的学术报告，吴家珍作"文学语言信息的传送"的学术报告。代表以提交的论文进行分组讨论。

2002 年 11 月，海峡两岸文学语言与辞章学学术研讨会在泉州师范学院、集美大学两校召开，与会两岸学者 80 余人，提交论文 70 篇。会议主要议题是交流海峡两岸文学语言与辞章学研究的特色、动态。

二、主要学术成果

（一）辞章学研究

《言语修养》（郑颐寿，首都师范大学出版社，1999）该书系个人论文集，是首都师范大学出版社推出的《大学生文化素质教育读本》中的第一本。该书分六个部分：总论、修辞之学、修辞学、辞章学、语体学、风格学等，编入论文 11 篇，各种文体的修改范例 6

篇，附 20 世纪 80 年代以来本书作者有关的主要论著目录。从语言学的各分支学科，对大学生言语修养所涉及的语言问题进行理论阐述和具体分析。

《小说辞章学》（祝敏青，海峡文艺出版社，2000）该书试图寻求以具有个性的考察角度，建构小说辞章学的理论体系。在语言学与文艺学、美学、信息学、心理学、写作学等边缘学科的融合中，在说写者与读解者的融合中，在理论与言语实践的融合中，对小说审美特征、小说意象系统、小说叙述视点、小说人物话语调控、小说语境和非小说语境及小说编码与解码的界面等方面对小说辞章作了探讨。

《辞章学发凡》（郑颐寿，海峡文艺出版社，2005）该书对汉语辞章学的定义、性质、对象、体系、规律、研究的方法、目的、任务及其发展的前途作描述，作者以"四元六维结构"为核心建构辞章学理论框架。

表 9—21　　　　　　　　　**1992—2005 年辞章学研究其他成果**

成果名称	作　者	发表刊物（出版社）及时间
辞章艺术示范	郑颐寿 张慧贞 郑韶风	上海教育出版社，1992
文章修辞艺术——言语艺术示范	郑颐寿 祝敏青 林一心	安徽教育出版社，1993
论文章风格和言语风格	郑颐寿	程祥徽、黎运汉主编《语言风格论集》，南京大学出版社，1994
论辞章学	郑颐寿	《福建师范大学学报》（哲学社会科学版）1994:1
初中语文名篇修辞范例	郑颐寿 成志刚 章华等	江西教育出版社，1997
高中语文各篇修辞范例	郑颐寿 成志刚 章华等	江西教育出版社，1997
语体坐标初探	郑颐寿	《文学语言论文集》第二、三合辑，重庆出版社，1997
论风格的高下的优势	郑颐寿	《古代汉语》1998（增刊）
言语风格概念综述	郑颐寿	《威海社会科学》1998:6
言语"风格"术语产生三部曲	郑颐寿	《南平师范专科学校学报》1999:3

续表 9-21

成果名称	作　者	发表刊物(出版社)及时间
冰心名篇赏读	郑颐寿 朱晓慧 祝敏青等	海峡文艺出版社,1999;2005 出版第 2版,更名为《有了爱就有了一切——冰心名篇赏读》
修辞趣话	邹光椿 李洛枫	福建人民出版社,2000
对偶趣话	郑颐寿 郑韶风 魏彤峰	福建人民出版社,2000
炼字趣话	祝敏青	福建人民出版社,2000
比喻趣话	祝敏青	福建人民出版社,2000
语法趣话	宋光中 陈家顺	福建人民出版社,2000
"四六结构"与建辞学	郑颐寿	郑颐寿、袁晖主编《修辞学研究》(第九辑),华星出版社,2000
言语风格特征论比较	郑颐寿	《江南大学学报》2000:1
"四六结构"与修辞	郑颐寿	《修辞学习》2000:4
论"格素"	郑颐寿	黎运汉、肖沛雄主编的《迈向 21 世纪的修辞学研究》,广东出版社,2001
四六结构与修辞三论	郑颐寿	《江南学院学报》2001:1
修辞学研究(第九辑)	郑颐寿 袁晖主编	华星出版社,2002
汉语风格学的新开拓——评介《汉语风格学》	郑颐寿	《平顶山师范专科学校学报》2002:3
文学语言理论与实践丛书——辞章学论文集(上、下册)	郑颐寿 林大础 林华东 祝敏青 蒋有经	海潮摄影艺术出版社,2003
辞章活动的最高原则:"四六结构"与诚美率——"诚"论	郑颐寿	《辞章学论文集》上册,海潮摄影艺术出版社,2003
海峡两岸教授、博士丛书(第一辑)	郑颐寿	海风出版社,2005

（二）广义修辞学研究

《接受修辞学》（谭学纯、唐跃、朱玲，上海教育出版社，1992；安徽大学出版社，2000 增订再版）该书突破传统修辞学研究重视表达的局限，将研究中心放在修辞接受方面，以引论、构成论、特征论、类型论、方法论、价值论六个方面建构理论框架，以促进表达—接受双向互动的修辞学研究格局的平衡性。

《广义修辞学》（谭学纯、朱玲，安徽教育出版社，2001）该书提出修辞功能三层面（修辞技巧、修辞诗学、修辞哲学）和修辞活动的两个主体（表达者/接受者）的概念，认为广义修辞学不是狭义修辞学经验系统内的自我扩张，而是一个双向互动、立体建构的多层级框架，是两个主体的双向交流行为在三个层面的展开。在此基础上，分别研究"表达论"、"接受论"、"互动论"；在话语权、解释权、修辞幻象、修辞原型等诸多同类研究从未涉及的理论问题上，作者首次提出一系列新见解。该书最具理论冲击力的观点，是深入阐释"人是语言的动物，更是修辞的动物"的命题。

《组合与创造：语言模糊性阐释》〔泉州师范学院林华东，《中国语文通讯》（香港中文大学）第 47 期，1998：9〕该文运用模糊理论探索语言运用中的异常组合现象。该文认为言语异常组合产生最佳效果，是因为搭配的模糊性发挥奇特的作用。文章选取"体词块状铺排"和"谓词中心主导"两个论域，就"鸡声茅店月，人迹板桥霜"和"红杏枝头春意闹"两种样式，从语言模糊性的观念出发展开讨论。指出体词块状铺排是一种模糊表达，对这种语言的理解必须在挖掘领悟各体词之间同质的东西，重新整合联想之后才可以完成。这种模糊表达更有韵味，更耐人回味。谓词中心主导可以调动读（听）者的再创造能力和联想能力，达到表达的最佳效果。

《辞格运用的优化》（漳州师范学院李少丹，《漳州师范学院学报》1994：3）该文认为，辞格是语言艺术化的重要手段，对文艺语体的生动性、形象性、情感性的形成起着重要的作用，然而，在语言的实际运用中，不能充分发挥辞格的特有功能、有效地表达思想情感的现象并不少见。该文对如何使所用的辞格能尽善尽美地发挥其艺术魅力，以引起人们较大的审美兴趣作具体探讨。认为辞格优化，首先必须注意各辞格的要素特点，注意选择搭配内部构件，使辞格准确地发挥其特有的修辞功能，这是优化的基础。其次必须适合各种关系包括题旨语境，方能尽其善。而所用的辞格若能具有美感性，形音义皆美，独具韵味，则能获得极大的审美效果，达到尽善尽美的最佳境界。

表 9—22 **1992—2005 年广义修辞学研究其他成果**

成果名称	作　者	发表刊物(出版社)及时间
论"仿拟"及其他	邹光椿	《修辞学论文集》(第 6 集,中国修辞学会编)河南大学出版社,1992
诗歌语言中的体词块状铺排	郭焰坤	《修辞学习》1993:2

续表 9—22

成果名称	作　者	发表刊物（出版社）及时间
《现代汉语修辞学》研究方法论析	林华东	《修辞学习》1993:4
试谈幽默语言的理解	林华东	《语法修辞学》,浙江教育出版社,1994
成语与语境	邹光椿	《修辞学习》1996:2
数量词的修辞功能	李少丹	《漳州师范学院学报》1996:3
店名·心理·时代	邹光椿	《修辞学习》1997:1
合用:完句因素分析	林华东	《现代汉语专题研究》,天津人民出版社,1998
正副标题的关系及其作用	邹光椿	《修辞学习》1998:1
渗透与交融:语言研究的新视野	林华东	电子科技大学出版社,1999
诗歌对偶的演变	郭焰坤	《修辞学习》2000:5
我所理解的"集体话语"和"个人话语"	谭学纯	《社会科学研究》2001:1
汉字"戏""剧"形义系统和戏剧文体的美学建构	朱　玲	《南京师范大学学报》2001:1
跨文化比较:中国古代为什么缺少文体意义上的悲剧	朱　玲	《华南师范大学学报》2001:2
公开的合唱和地下的变奏:再论文革文学话语	谭学纯	《东方丛刊》2001:2
幽默语言的几种实现方式	林华东	《海外华文教育》2001:2
诗性与理性——亚里士多德《修辞学》与中国传统修辞学理论形态比较	郭焰坤	《黄冈师范学院学报》2001:2
图腾、神话主角与原型置换	朱　玲	《福建师范大学学报》（哲学社会科学版）2001:3
生命的承担:走向祭坛的帝王之女	朱　玲	《汕头大学学报》2001:3
话语权和话语:两性角色的"在场"姿态	谭学纯	《宁波大学学报》2001:4
中国古代女性审美的话语分析	朱　玲	《修辞学习》2001:4
论通感的范围及其心理机制	郭焰坤	《华中师范大学学报》2001:5
一个粘贴文本的还原分析及其学术质疑	谭学纯	《学术界》2001:6
校园流行语:"爽"和"死"	朱　玲	《语文建设》2001:7
逻辑错位:妙语的创造	林华东	华星出版社,2002
修辞研究:走出技巧论	谭学纯 朱　玲	安徽大学出版社,2002
文学符号的审美文化阐释	朱　玲	安徽大学出版社,2002

续表 9—22

成果名称	作 者	发表刊物（出版社）及时间
人与人的对话	谭学纯	安徽教育出版社,2002
修辞:审美与文化	谭学纯	福建人民出版社,2002
论《山海经》的叙事结构及其文化成因	朱 玲	《清华大学学报》2002:1
重读经典:《俄狄浦斯王》双重隐喻	朱 玲	《外国文学》2002:1
质疑"汉语的险境和诡谬"	谭学纯	《福建师范大学学报》（哲学社会科学版）2002:1
辞格中的文化	李少丹	《漳州师范学院学报》2002:1（收入《修辞学研究》第九辑）
中国古代时空秩序的修辞建构及其理据	谭学纯	《新疆大学学报》2002:3
重读《红高粱》:战争修辞话语的另类书写	谭学纯	《青海师范大学学报》2002:4
"位"的用法再探讨	李少丹	《修辞学习》2002:5
人是语言的动物,更是修辞的动物	谭学纯	《辽宁大学学报》2002:5
释"日":审美想象和修辞幻象	谭学纯	《南京师范大学学报》2003:1
有声语言的听辨与感悟	李少丹	《漳州师范学院学报》2003:1
A 像 BC 式比喻的结构分析	谢 英	《泉州师范学院学报》2003:1
文革文学修辞策略	谭学纯	《福建师范大学学报》（哲学社会科学版）2003:2
双重阐释:汉字"美"和中国人的美意识	朱 玲	《福建师范大学学报》（哲学社会科学版）2003:2
也说比喻的结构	谢 英	《漳州师范学院学报》2003:4
修辞话语建构:自觉和不自觉	谭学纯	《辽宁大学学报》2003:5
言外之意的感悟	李少丹	《福建师范大学学报》（哲学社会科学版）2003:5
修辞学研究突围:从倾斜的平台到共享学术空间	谭学纯	《福建师范大学学报》（哲学社会科学版）2003:6
林语堂散文修辞艺术初探	李少丹	《漳州师范学院学报》2004:1
百年回眸:一句诗学口号的修辞学批评	谭学纯	《东方丛刊》2004:2
"月、浴（谷）"的象征语义:婚恋、生殖、生命	朱 玲	《湘潭师范学院学报》2004:2
中、希神话神统比较	朱 玲	《外国语言文学》2004:3
汉字"赋"的语义系统和赋体语言的美学建构	朱 玲	《福建师范大学学报》（哲学社会科学版）2004:3

续表 9－22

成果名称	作　者	发表刊物(出版社)及时间
先秦的避复方式	郭焰坤	《修辞学习》2004:4
拈连辞格的构成与认定	谢　英	《修辞学习》2004:5
修辞话语建构双重运作:陌生化和熟知化	谭学纯	《福建师范大学学报》(哲学社会科学版)2004:6
修辞立其诚:中国早期修辞理论的核心——兼与古希腊修辞理论比较	朱　玲	《福建师范大学学报》(哲学社会科学版)2004:6
修辞认知和语用环境	谭学纯 朱　玲 肖　莉	海峡文艺出版社,2005
文学文体建构论	朱　玲	海峡文艺出版社,2005
仿拟和戏拟:形式、意义、认知	谭学纯 朱　玲	《长江学术》2005:1
关于语句评判与病句修改的语用准则	谢　英	《语言文字应用》2005:1
福州方言熟语的修辞特点	祝敏青	《方言》2005:2
辞格设立中的包孕现象及其整理规范	李少丹	《漳州师范学院学报》2005:2
话本小说中诗体语言的修辞功能	朱　玲	《修辞学习》2005:2
从"大"字头释义看古人对"大"的崇拜	朱　玲	《辞书研究》2005:2
修辞学研究:走向大视野	谭学纯	《福建师范大学学报》(哲学社会科学版)2005:3
修辞幻象及一组相关概念辨	谭学纯	《安徽师范大学学报》2005:4
林语堂散文幽默语言的修辞探析	李少丹	《临沂师范学院学报》2005:4
语言教育:概念认知和修辞认知	谭学纯	《语言教学与研究》2005:5
郎才女貌/郎财女貌:社会婚恋心态话语分析	谭学纯	《湖南社会科学》2005:5
古代讽谏的语用策略和修辞认知	朱　玲	《华东师范大学学报》2005:6
在大视野中逼近研究对象	谭学纯	《古籍研究》2005:12

（三）文学语言学研究

《文艺修辞学》（郑颐寿主编，周建民、姚亚平、曾裕民、傅惠均等参编，福建教育出版社，1993）该书从文学和语言学交融角度对文学语言进行研究，建立文艺修辞学理论体系。对文艺修辞学的性质、对象，文艺修辞的基本特征，文艺修辞与美学信息，文艺语体风格的协调和形成，文艺分体修辞等问题进行探讨。

《文学言语的多维空间》（祝敏青，福建人民出版社，2005）该书在当代修辞学大视野下对文学言语做多视角的探讨。"多维空间"既指文学言语自身的多角度、多层面，也指研究方法的多角度、多层面。在文学言语审美这一立足点上，着重考察文学语境、文学言语的多维坐标、文学对话审美及文学语符的解构诸方面。作者选取文学言语作为考察点，既涉猎文艺学，又基于语言学。全书虽然以言语为研究对象，但却跳出传统字词、修辞手法分析的框框，充分考虑多学科特点，将相关学科知识互融于全书的理论构建中。

表9—23 　　　　　　　　　　**1992—2005年文学语言学研究其他成果**

成果名称	作　者	发表刊物（出版社）及时间
《红楼梦》词语艺术	邹光椿	《修辞学习》1992:6
诗歌语言中的体词块状铺排	林华东	《修辞学习》1993:2
论文学作品中模糊语言的运用	林华东	《泉州师范专科学校学报》1993:2
动感性语言——晴雯艺术形象的主要特征	邹光椿	《修辞学习》1993:6
曹雪芹擅构语境绘人物	邹光椿	《修辞学习》1994:6
"女儿是水做的骨肉"——《红楼梦》中的吆语艺术	邹光椿	《修辞学习》1998:2
林则徐名诗句的修辞解	邹光椿	《修辞学习》1998:5
《红楼梦》动态辞趣探微	祝敏青	《古汉语研究》1998:12
荒谬信息的正效应	祝敏青	《修辞学习》1999:1
"位"，应适其位	邹光椿	《修辞学习》1999:2
红楼景物语言绘颦儿	邹光椿	《修辞学习》1999:5
论人物对话的定向诱导	祝敏青	《福建师范大学学报》（哲学社会科学版）1999:7
小说语言的无理而妙	祝敏青	《艺文述林》1999:12
微型小说的悬念设置	祝敏青	《修辞学习》2000:2
话语调控与语境	祝敏青	《语言文字应用》2000:3
小说编码与解码的界面	祝敏青	《福建师范大学学报》（哲学社会科学版）2000:3
词语深层义的读解与语境	祝敏青	《语文建设》2000:9
论小说话语信息差	祝敏青	《东南学术》2000:9
变格修辞与语境	祝敏青	《修辞学习》2001:1
文学话语读解:超越文化宿命	谭学纯	《名作欣赏》2001:3

续表 9—23

成果名称	作　者	发表刊物(出版社)及时间
东南亚华文文学语言研究	李国正 杨　怡 杨子菁等	厦门大学出版社,2002
解构中重新建构的文学语符	祝敏青	《福建师范大学学报》(哲学社会科学版) 2004:3
文学语境的多维视界	祝敏青	《福建师范大学学报》(哲学社会科学版) 2004:6
多维言说空间中的话语权	祝敏青	《语言文字应用》2005:2
论文学视域与修辞幻象	祝敏青	《内蒙古大学学报》2005:2
巧妙衍化的"偷"	祝敏青	《语文建设》2005:4
刘姥姥的"搞笑"艺术与语境	祝敏青	《语文建设》2005:12
当代小说语境中的对话审美	祝敏青	《福建论坛》2005:12

（四）外语修辞学研究

《跨文化交际研究》（福建师范大学林大津，福建人民出版社，1996）该书对英美文化与中国文化在交际方面的异同进行微观与宏观的探讨。对交际与文化的定义、关系以及跨文化交际学的研究内容、研究方法、研究历史等进行理论阐述。在对英美文化与中国文化的微观巡视中，对不同社会组织对人际关系的影响，对口头言语交际、书面言语交际以及非言语交际三方面的文化差异等问题进行描述和比较。在对英美文化与汉族文化的宏观特征的探讨中，对制约英美人与中国人行为的文化主线进行描述和比较，并从动态角度探讨改革开放以来中国文化呈现的新特点和发展趋势。在比较理论的指导下，还对跨文化交际能力进行重新建构，并提出培养跨文化交际能力的种种途径，同时探讨外语教学与跨文化交际相辅相成的关系。

《追求象征的力量：关于西方修辞思想的思考》（刘亚猛，三联书店，2004）该书对西方修辞思想进行多学科、多角度、多层次、多方位考察，构建解读西方修辞思想的理论阐释框架。该书对西方修辞与西方社会的关系，当代西方修辞研究的局限性、"自我韬晦"、西方修辞的没落等方面进行具体阐述。对雄辩与事实之间的关系，西方对论关系的提法，事实的构建与修辞的策略性，事实的修辞功能，从东西方修辞互动的角度看事实的雄辩本质等进行论述。探讨话语权利、说服手段、受众目标等政治、法律、教育、传媒各界关注的热门话题。该书不但传述西方修辞学，介绍最新的动向，还比较中西修辞学传统，指出两者的差异，予以批判的分析。

　　《跨文化交际学：理论与实践》（林大津、谢朝群，福建人民出版社，2005）该书从语言文化理论层面，特别是从比较修辞学和跨文化语用学角度，对国内外跨文化交际研究领域的九个代表性理论进行分析和探讨，并在此基础上提出效应论。

表9—24　　　　　　　　**1992—2005年外语修辞学研究其他成果**

成果名称	作　者	发表刊物（出版社）及时间
再论对比修辞学的产生过程及其发展	林大津	《福建师范大学学报》（哲学社会科学版）1994：2
国外英汉对比修辞研究及其启示	林大津	《外语教学与研究》1994：3
学科间竞争在古典修辞三大演说体裁的体制化过程中所起的作用	刘亚猛	《大学英语》1995：1
修辞与反思	刘亚猛	《哲学与修辞》1995：4
从"百家争鸣"的角度理解中国先秦话语存在的三大问题	刘亚猛	《东西方哲学》1996：1
捕捉中国修辞的本质——对一个比较修辞范式的解剖	刘亚猛	《修辞评论》1996：2
要么各说各的话　要么甘拜下风？哲学论辩中不同观点的相互接触	刘亚猛	《论辩》1997：4
权威、设定及修辞发明	刘亚猛	《哲学与修辞》1997：4
当代西方修辞教育的学科认定和机构要求之间的矛盾	刘亚猛	《高级作文学刊》（与美国当代修辞理论家 Richard Young 教授合著）1998：3
意识形态对修辞资源流向的调节	刘亚猛	《修辞体》，美国威斯康星大学出版社，1999
以你的道理来支持我的立场：全球化时代的跨文化论辩	刘亚猛	《论辩》1999：3
从格赖斯到钱冠连：对语用原则的思考	林大津 虞秋玲	《四川外语学院学报》2002：5
一言以论之：浓缩作为论辩的变形手段	刘亚猛	《论辩》2004：1
关联与修辞	刘亚猛	《外语教学与研究》2004：4
礼貌与真诚	林大津 谢朝群	《解放军外国语学院学报》2004：6
修辞学研究中的几个理论问题——与王希杰先生商榷	林大津 虞秋玲	《福建师范大学学报》（哲学社会科学版）2005：3
韦努蒂的"翻译伦理"及其自我解构	刘亚猛	《中国翻译》2005：5
论言语交际的得体原则：争议与意义	林大津 谢朝群	《外语教学与研究》2005：6

（五）修辞学史、辞章学史研究及其他

《科学的态度巨大的启发——读〈史稿〉先秦修辞论》（郑颐寿，《郑子瑜〈中国修辞学史稿〉问世十周年纪念论文集》，中国社会出版社，1998）该文肯定郑子瑜治学中实事求是的科学态度，提出一方面要继承中国古代修辞理论的遗产，另一方面要借鉴现代社会语言学、语用学、言语学、语体学、风格学、文章学、写作学的研究成果，广泛而深刻地开掘对辞章学的研究，以期早日建立更加科学的汉语辞章学，把中国辞章学研究推向前进。

《中国修辞学发展的历史画卷——评介〈中国修辞学通史〉》（郑颐寿，吉林教育出版社，1998）该文认为，《通史》对中国修辞学发展的历史过程作了理论的述评和总结，范畴明确，论述适切方法辩证，善于取裁总结历史规律，体现学科个性。《通史》从一个侧面挖掘中华民族优秀的文化遗产，既可增强国人的民族自尊心和自豪感，又可"以史为鉴"，推动现代修辞学在前人研究的基础上向前迈进一步。

《汉语辞章学四十年述评》［福建省广播电台郑韶风，台湾《国文天地》（第十七卷第二期），2001］该文认为汉语辞章经过 40 年的研讨已经初步建立起学科理论框架。目前，中国辞章学研究主要有三支队伍：一支在北京，一支在福建，一支在台湾。文章介绍三支队伍的主要骨干及其成果。该文强调要加强海峡两岸交流，共同推进汉语辞章学研究达到新的高度。

表 9—25　　**1992—2005 年修辞学史、辞章学史研究及其他研究成果**

成果名称	作　者	发表刊物（出版社）及时间
中国文学语言艺术大辞典	郑颐寿 诸定耕	重庆出版社，1993
中国名人胜迹诗文碑联鉴赏辞典（闽台香港卷）	郑颐寿	重庆出版社，1994
清代福建修辞学之发端	邹光椿	《修辞学习》1994:2
民元以后初具规模的福建修辞学	邹光椿	《修辞学习》1994:2
白璧指瑕启后学——热烈祝贺郑子瑜师八秩大寿献芹言	邹光椿	《修辞学习》1995:3
建国后的福建修辞学	邹光椿	《修辞学习》1995:5
简明·新颖·实用——简评李嘉耀、李熙宗《实用汉语语法修辞教程》	邹光椿	《修辞学习》1995:5
修辞学史研究的硕果——评介郑子瑜、宗廷虎主编的《中国修辞学通史》	郑颐寿	《威海社会科学》1999:3

续表 9—25

成果名称	作者	发表刊物（出版社）及时间
辞章学辞典	郑颐寿 林大础	三秦出版社,2000
中国宗教胜迹诗文碑联鉴赏辞典（闽台港澳卷）	郑颐寿 主编	重庆出版社,2000
三花齐放　迎晖更艳	郑其镇 宇清	《出版广场》2000:4
汉语辞章学研究的回顾与展望——纪念吕叔湘、张志公倡建汉语辞章学四十年	郑颐寿	《福建师范大学学报》（哲学社会科学版）2001:4
与时俱进　不断开拓——读郑颐寿教授的《辞章学论稿》	林大础	《辞章学论文集》（上册）,海潮摄影艺术出版社,2003
开辟小说辞章学之先河——祝敏青《小说辞章学》评介	林大础 郑娟榕	《辞章学论文集》（下册）,海潮摄影艺术出版社,2003
台湾辞章学研究的又一新秀新作——陈佳君《虚实章法析论》评介	林大础 郑娟榕	《国文天地》（台湾）第 19 卷第 7 期,2003
论修辞学史对修辞史研究的借鉴意义	郭焰坤	《修辞学与修辞学史论集》（澳门语言学会）,2004
台湾辞章学苑的灿烂新花——仇小屏《文章章法论》评介	林大础 郑娟榕	《国文天地》（台湾）第 19 卷第 8 期,2004
当代汉语辞章学的三个时期及其主要标志（上）	林大础 郑娟榕	《国文天地》（台湾）第 20 卷第 3 期,2004
当代汉语辞章学的三个时期及其主要标志（下）	林大础 郑娟榕	《国文天地》（台湾）第 20 卷第 4 期,2004
中华元典修辞学思想文质观探微	郭焰坤	《湖北师范学院学报》2004:4
博大的胸襟　开阔的视野——评宗廷虎、李金苓边缘学科渗透修辞理念	祝敏青	《修辞学与修辞学史论集》2004:12
开辟汉语辞章学的新领域——陈满铭教授创建辞章章法学评介	林大础 郑娟榕	《陈满铭教授七秩荣退志庆论文集》（台湾）,万卷楼图书股份有限公司,2005
刘勰《文心雕龙》是古代汉语辞章学的奠基之作（论文集）	林大础 郑娟榕等	万卷楼图书股份有限公司（台湾）,2005

第六节 写作学研究

一、学科建设与学术研究

（一）学科建设

福建师范大学是福建省写作学研究专家最集中、学术成果最丰富的单位。福建师范大学中文系于 1972 年复办时即成立写作教研室（1999 年调整为语文教学与写作教研室）。1992年设立文艺学专业写作学方向硕士点，2004 年设立文学阅读与文学教育二级学科博士专业。厦门大学、漳州师范学院、泉州师范学院、福州师范专科学校及其他各地区师范院校先后设立写作教研室，结合语文教学、写作教学实践，开展写作理论和教学改革的研究。

（二）学术研究

1992—2005 年，福建写作学研究者出版专著 21 部，发表论文 193 篇。获教育部人文社会科学基金项目 1 项：高等师范教育面向 21 世纪教学内容和课程体系改革计划（福建师范大学潘新和，2000）、福建省社会科学规划项目 2 项。

这一时期，该学科科研成果获福建省社会科学优秀成果奖 11 项：《文学写作技法入门》（第二届二等奖，南平师范高等专科学校陈家生）、《美的结构》（第二届二等奖，福建师范大学孙绍振）、《高等师范写作教程》（第二届二等奖，福建师范大学林可夫）、《论文写作指南》（第二届三等奖，福建师范大学王命夔）、《学生作文能力的内涵及其训练问题》（第二届三等奖，福建师范大学戴永寿）、《写作技巧例谈》（第三届三等奖，陈家生）、《叶圣陶写作教育思想探要——兼论当代写作教育之误区》（第三届三等奖，潘新和）、《中国现代写作教育史》（第四届二等奖，潘新和）、《混沌阅读》（第五届三等奖，福建师范大学赖瑞云）、《中国语文教育史论系列研究》（第五届三等奖，潘新和）、《语文：表现与存在》（第六届二等奖，潘新和）。

（三）学术会议

1993 年 5 月，中国写作学会写作课程建设研讨会在福建师范大学召开。与会者就写作课程建设以及深化教学改革、调整课程结构等问题开展研讨。

1995 年 11 月，福建省写作学会第四次会员代表大会（即第四届年会）在福州召开。全省各大专院校、中学、中专以及文联等有关单位近 40 名代表，对新的历史时期如何全面提高福建省写作研究、写作教学水平，着力开展写作学术活动，注重培养写作学研究新人等问题展开讨论。

1995年12月，中国写作学会主办的迈向21世纪的中国写作学学术研讨会在厦门召开。会议就写作理论发展轨迹回顾、新时期写作理论建设成就评估、写作理论发展趋向展望三个专题进行研讨。

1998年5月，福建省写作学会第五届年会在长乐市冰心文学纪念馆召开，福建师范大学、厦门教育学院、福州大学、闽江大学、黎明大学、师大附中、福州八中、福建省武警指挥学校以及福建省九所师范专科学校的代表共22人出席会议。会议对当代写作学面临的挑战和机遇以及学会今后发展和研究方向进行讨论。

1998年9月，福建省青少年写作研究会成立大会暨《童年真好》座谈会在福建新闻出版中心召开。有关专家学者、中小学高级教师以及部分小读者、家长代表参加会议。会议对成立福建省青少年写作研究会的目的、宗旨、章程及其他有关问题做了说明，并提出研究会的工作计划。会议还对《童年真好》一书展开讨论。

1999年7月，福建省写作学会第六届年会在三明市泰宁县召开，厦门大学、福建师范大学、厦门教育学院、福州大学、漳州师范学院以及福建省九所师范专科学校、职业大学的代表共22人出席会议。会议主要围绕高考制度改革与写作学科的素质教育如何开展等问题展开研讨。

2000年12月，福建省写作学会第七届年会在厦门鼓浪屿召开，厦门大学、福建师范大学、厦门教育学院、泉州师范学院、集美大学等十余所高等院校的代表出席会议。与会代表以"写作教学与创新教育"为中心论题进行论文交流，并举行优秀科研成果评奖。

2001年12月，福建省写作学会第八届年会暨高校写作教学改革研讨会在泉州师范学院召开。会上，代表就高等院校写作课教学改革及大学生写作素质教育等有关问题进行研讨。

2002年11月，福建省写作学会第九届年会在平潭召开，厦门大学、福建师范大学、厦门教育学院、闽江学院等全省各大专院校、出版系统、文化部门30余位代表出席会议。学会会长潘新和教授就当前写作素质教育、教学改革开展状况作了专题发言，与会代表围绕"信息时代的写作教育"议题进行交流。

2004年9月，福建省写作学会第十一届年会暨第五届会员代表大会在宁德蕉城区召开。在换届选举之后，代表们以"写作与市场经济"为中心议题，针对写作学面临市场经济大潮的冲击、媒体竞争和写作手段更新这三大挑战，展开讨论。

2005年10月，福建省写作学会第十二届年会在屏南县召开。与会代表以"写作与人文建设"为主题展开讨论。会议认为，笔墨当随时代，作为文字工作者，要与时俱进，应该用文字的艺术魅力努力体现经济发展过程中人与自然、城市与自然、社会与自然的和谐统一，写作应以人为本，以优秀作品给人们一个精神世界的净化和回归。

二、主要学术成果

（一）写作理论研究

《文学创作论》（孙绍振，春风文艺出版社，1987 年第 1 版，1992—2005 多次修订再版）该书在承认艺术真实的生命来自于生活这一基本前提的同时，着重强调生活和艺术之间的异质与距离，进而重点论述缩小这一距离的具体过程，从"假定论"、"本质论"、"形象论"、"智能论"、"形式论"等角度，对之进行考察。该书重点强调形式作为审美规范在文学创作中的地位和作用，提出形象是"情感特征、生活特征和形式特征的三维一体结构"。在创作构思阶段，形式是一种预期目的，可以先于生活而成为一种现成的规范，去期待与之适应的生活，并对生活进行同化和选择。以此作为基本思想，探索诗歌、散文、小说和审美规范。

《文学写作技法入门》（陈家生，海峡文艺出版社，1992）该书从《红楼梦》、《水浒传》、《围城》等长篇名著和众多诗文中选用典型范例，研究文学写作技法。一篇只谈一个问题，从而把技法研究推向深入。

《中国现代写作教育史》（潘新和，福建人民出版社，1997）该书是中国第一部写作教育专题断代史。该书将写作教育演进置于社会转型的大系统中进行考察，揭示清末民初以来写作教育由古典走向现代、由文言走向白话、由封闭走向开放的基本趋势，并分析其利弊得失。作者勾勒中国现代写作教育发展的线索，且对每一阶段的写作教育、教学的概况作出描述、评价。在谋篇布局上，以时间为纲，分设转型期、变革期、成型期和困顿期四编，各编又设"写作教学概观"、"写作'课程纲要'和教学实践"、"写作学研究述要"、"写作学论著简介"和"代表人物的写作教育观"等专章。

《叙事的建构：叙事写作教程》（厦门大学高波，厦门大学出版社，1997）该书从"建构"的角度探讨文学写作的法则和策略，以"叙事"这一文学写作的基本方式作为研究的重点，注重引述古今中外一些成功的文学范例来说明问题。全书分叙事行为、叙事主体、叙事手段、叙事要素、叙事逻辑、叙事归宿六章，具体分析叙事的构成要素、叙事过程中所遵循的基本逻辑关系以及叙事所应追求的一种完美理想，同时探讨叙事在其历史性的操作过程中所受到的外在环境的影响、语言手段的局限以及主体条件的制约。

《写作训练指导》（陈家生、福建师范大学邵良棋，华东师范大学出版社，1997）该书是一部写作学的教材。作者从教学实际出发，通过教学案例分析，将理论知识与写作训练相结合，注重实用性和可操作性，旨在提高学生的写作能力和写作水平。全书分为"写作基础训练"与"写作文体训练"两部分，"写作能力训练"、"写作程序训练"、"记叙文体训练"、"议论文体训练"、"抒情文体训练"、"说明文体训练"、"应用文体训练"七章。

《中国写作教育思想论纲》（潘新和，人民教育出版社，1998）该书分为"上编　古代部分"、"下编　现代部分"两编。每编各分两章，即"中国古代写作教育思想综论"、"中国古代写作教育思想专论"和"中国现代写作教育思想综论"、"中国现代写作教育思想专论"。作者对中国古代写作理论进行梳理，从繁多的古代、现代典籍中归结出具有现代精神的理论命题。

《大学写作教程》（厦门大学巫汉祥，科学出版社，1999初版，2004修订再版）该书由叙事文体写作、议论写作和实用文体写作三部分组成，叙事文体部分包括主题、题材、结构等静态理论并以相等篇幅阐述立意、选题、建构等动态理论，不仅提出写什么的问题，还加强怎样写的环节。第二版增加新的内容，并且根据最新的《国家行政机关公文处理办法》进行相应修改。

《写作》（陈家生、邵良棋，高等教育出版社，1999）该书是全国高等师范院校汉语言文学教育专业写作课教材。参加编写的都是师范学院教师，能切合师范学院教学实际。全书分"写作基础篇"、"写作文体篇"、"中学作文指导篇"三篇，共9章，突出"教—学—练"有机结合。该教材特别安排"中学作文指导篇"；每个章节的体例安排，都由"基本知识"和"训练实践"两个板块组成；在正文旁边的边白处加上相关内容的旁批。

《高等师范写作三能教程》（潘新和，人民教育出版社，2000，2002修订再版）该书共分三编：第一部分《作者编》，探讨如何完善写作素养的问题，要求做到"能写"；第二部分《学者编》，讨论的是如何掌握写作理论问题，要求做到"能讲"；第三部分《导师编》，解决的是如何掌握写作教学的理论、实践与方法问题，要求做到"能教"。全书形成"三位一体"（师范性：作者、学者、导师）、三能一体（智能性：能写、能讲、能教）有机结合，突出"以人为本"、"以能力为中心"、"以师范为特色"的理论结构框架。

《现代写作学：开拓与耕耘》（林可夫，南京师范大学出版社，2002）该书共分三编：第一部分《学科建设编》，对学科发展的经验与教训进行总结，《写作学科创建20年述要》一文，对1980—2000年，每年学科建设上发生的大事，都细心地记录下来，作"大事记"；第二部分《理论研究编》，其《论写作的基本规律》一文，总结学术界关于写作规律的研究所形成的多种学术观点，提出写作的基本规律。第三部分《教学改革编》，论述福建师范大学中文系改革大学写作课教学的经验和做法，并具体阐述"习作者的能力结构及训练途径"。对高校写作学课程系列的建设，提出包括"基础写作课程"、"专业写作课程"、"写作提高课程"、"写作方向研究生课程"在内的"四个教学层次说"的构想，目标是建构起能够适应社会各层次各方面需要的大学写作课程系列。

　　《当代写作教程》（泉州师范学院曾焕鹏主编，海峡文艺出版社，2003）该书分为上、下两编。上编为能力培养部分，分为：观察能力、感受能力、立意能力、选材能力、想象能力、结构能力、表达能力、修改能力等的培养。下编为写作指导部分，分为：消息、通讯、报告文学、诗歌、散文、小说、杂文、文艺评论、学术论文和公务文书、事务文书、财经文书、礼仪文书、演说文书、告启文书等实用文书的写作指导，共 24 章。每个章节都有理论指导、范文欣赏、习作评析、练习以及小结等。全书融教、赏、评、练、写于一体，构成学、读、评、练四维一体的立体式的训练体系。

　　《写作情感论》（闽江学院刘新华，海潮摄影艺术出版社，2004）该书从写作的角度探讨习作情感的一般性规律及特殊性规律。全书共十章：写作情感本质论、写作情感的范畴、写作情感的层次、写作情感的内部运动规律、写作情感组合的多维结构、写作情结、纪实性文体的写作情感、抒情性文体的写作情感、议论性文体的写作情感和写作情感教育。

表 9—26　　　　　　　　　**1992—2005 年写作理论研究其他成果**

成果名称	作　者	发表刊物（出版社）及时间
写作行为的非线性非稳态特征	颜纯钧	《中国写作》1992:1
文学情感漫议	邵良棋	《南平师范专科学校学报》1992:1
浅谈报告文学主体性特征	邵良棋	《南平师范专科学校学报》1992:2
被动写作与写作模式问题的思考	陈天然	《福建师范大学福清分校学报》1992:2
非线性、非稳态问题再谈	颜纯钧	《中国写作》1992:2
写作实践论	颜纯钧	《写作》1992:2
言要于中　文济于用——韩愈写作思想初探	潘新和	《福建师范大学学报》（哲学社会科学版）1992:4
墨家写作思想初探	潘新和	《福建师范大学学报》（哲学社会科学版）1993:3
写作学的空间观念	颜纯钧	《写作》1993:4
建设中国当代写作学的操作性理论体系	孙绍振	《福建论坛》1994:6
荀子写作思想阐微	潘新和	《福建师范大学学报》（哲学社会科学版）1995:4
教师书写技能与书面表达训练	邵良棋	华东师大出版社,1995
老舍的语言艺术观——老舍写作观研究之一	邱仕华	《龙岩师范专科学校学报》1996:2
面向新世纪——迈向 21 世纪的中国写作学研讨会述评	林可夫	《写作》1996:4

续表 9—26

成果名称	作者	发表刊物（出版社）及时间
操作性与哲理性的统一——马正平《写作的智慧》序	孙绍振	《写作》1996:6
叙事的建构:叙事写作教程	高波	厦门大学出版社,1997
写作认知形式浅论	潘新和	《云梦学刊》1997:2
还《文心雕龙》"写作学"专著之真面目——走出龙学研究的"文学理论"误区	潘新和	《福建师范大学学报》(哲学社会科学版)1997:2
写作教育思想的发展历程——中国写作教育史研究札记之一	潘新和	《写作》1997:8
教学规范:读、写的错位与回归——中国写作教育史研究札记之二	潘新和	《写作》1997:9
课程形态:说、写的联络与离异——中国写作教育史研究札记之三	潘新和	《写作》1997:10
姗姗来迟的训练类教材——中国写作教育史研究札记之四	潘新和	《写作》1997:11
为了 21 世纪的辉煌——现代写作学研讨会评述	林可夫王正等	《写作》1997:12
教学方法:穿过"揣摩依仿"的暗胡同——中国写作教育史研究札记之五	潘新和	《写作》1997:12
论现代写作学的理论来源与学术进展	林可夫	《常州工学院学报》1998:1
关于 21 世纪写作学科走向的思考	方航仙	《黎明职业大学学报》1998:1
鲁迅写作教育思想初探	潘新和	《福建师范大学学报》(哲学社会科学版)1998:1
关于写作学一些问题的思考	阮礼义	《泉州师范学院学报》1998:1
站在写作教育的制高点上——读潘新和《中国现代写作教育史》	叶玉婷	《写作》1998:4
试论高师写作课程的师范性和素质性	潘新和	《课程教材教法》1998:11
写作	颜纯钧	自然出版社,1999
写作	陈家生邵良棋	高等教育出版社,1999
大学写作教程	巫汉祥	科学出版社,1999

续表 9-26

成果名称	作　者	发表刊物（出版社）及时间
写作:指向自我实现的人生	潘新和	科学出版社,1999
试论"淡化文体"	陈天然	《福建师范大学福清分校学报》1999:1
也谈作文指导中主体与主导的关系	邵良棋	《南平师范专科学校学报》1999:1
写作人格论	潘新和	《海南大学学报》1999:2
论沙汀的早期创作	刘新华	《福州师范专科学校学报》1999:5
不该回忆的年纪——论"练习性"记叙文的题材取向	詹　珊	《语文教学通讯》1999:12
对练习性记叙文题材取向的质疑	詹　珊	《写作》2000:5
女性与华文写作	林丹娅	《文艺报》2000.7.15
写作学	姚承嵘	东北林业大学出版社,2001
写作教学中的个性培养	刘新华	《教育导刊》2001:1
老舍的文章修改观——老舍的写作观研究之二	邱仕华	《闽西职业大学学报》2001:1
说明文界说	戴朝阳	《泉州师范学院学报》2001:1
写作训练社会化:科学、实用、有效的素质教育方式	姚承嵘	《黑龙江高教研究》2001:2
关于小说现状的一点思考	陈天然	《福建师范大学福清分校学报》2001:3
关于学生写作中情感残缺的防治	刘新华	《江西教育科研》2001:11
论基础写作、应用写作和文学写作的关系	姚承嵘	《应用写作》2001:11
文学创作的复杂性及其规律探微——兼论应用写作课不应拒绝文学	陈天然	《福建师范大学福清分校学报》2002:3
写作情感论——也谈情感的分类	刘新华	《福州师范专科学校学报》2002:4
论写作基本功	姚承嵘	《黑龙江高教研究》2002:6
中国当代写作学走向成熟的标志性建筑——马正平《高等写作学教程系列》读后	孙绍振	《西南民族大学学报》2002:12
网络写作新质探析	沈艺虹	《写作》2002:19
当代写作教程	曾焕鹏	海峡文艺出版社,2003
记述与呈现——现代传媒写作	颜纯钧	海峡文艺出版社,2003
立足于人的发展的写作教育——论潘新和主编《高等师范写作三能教程》	戴冠青	《厦门教育学院学报》2003:1
评《高等师范写作三能教程》	吴毓鸣	《课程·教材·教法》2003:2

续表 9—26

成果名称	作 者	发表刊物（出版社）及时间
写作素养论——写作能力与写作素养的统一	郑秉成	《福建师范大学学报》（哲学社会科学版）2003：5
写作与写作教学论	陈天然	厦门大学出版社，2004
论创作情结	刘新华	《佳木斯大学社会科学学报》2004：1
研究性写作教学的价值与对策	郑 伟	《宁德师范专科学校学报》（哲学社会科学版）2004：1
中美实用写作教学比较研究	郑 伟	《引进与咨询》2004：4
论当代公文语言雅俗交融的美学特征	廖 斌	《秘书之友》2004：9
影视写作教程	沈国芳 颜纯钧	高等教育出版社，2005
文学写作教程	刘海涛 戴冠青	高等教育出版社，2005
关于被动写作与写作模式的一点看法	陈天然	《莆田学院学报》2005：1
立体演进：文学写作的运思构想过程	陈天然	《闽江学院学报》2005：1

（二）写作、语文教育改革研究

《直谏中学语文教学》（孙绍振，南方日报出版社，2003）该书分四章：第一章，以人为本还是以考为本；第二章，新课本编撰的原则：语言的丰富和精神的全面发展；第三章，作品分析的观念和方法的操作性问题；第四章，口头交际。该书在批判全国统一高考体制和高考试卷的基础上，提出中学语文教学的新理论和方法，同时收入他对中学语文一些文章的解读，用"个案分析"的形式演示中学语文教学的可操作性，同时不断地以微观的分析"酝酿""催熟"宏观观点。

《混沌阅读》（赖瑞云，福建教育出版社，2003）该书共六章：线性序之误、隐性知识的放逐、"开明"教材之长、自失于对象之中、作品精要的幽闭、混沌是更为高级的有序。该书指出，学科中心主义造成的弊端主要在阅读，尤其是文学阅读领域。学科中心主义和当初进行的语文学科科学化的改革有着密切关系。它们共同的追求之一是建立线性知识体系（即"线性序"），而这线性序却与名篇佳作的原汁原味阅读发生重大矛盾。

《语文：表现与存在》（上卷、下卷）（潘新和，福建人民出版社，2004）该书将语言的人文性和当代哲学、语言学、文学、文学研究的最新成果融会贯通，指出当代与文学理论严重落伍和实践上脱离实际的顽症。作者在"言语生命动力学"的总体概念之下，演绎、构建语文教育言语生命动力学理论体系，力求使历来的"外部"（工具、应试、应需）

语文学向"内部"（言语生命、欲求、潜能、表现、存在）语文学转向。

《作文智慧》（福州第三中学王立根，海峡文艺出版社，2004）该书主要内容：第一部分是作者与谢冕、曹文轩、孙绍振、叶永烈等9位当代作家关于作文教学的访谈。第二、三部分是本书的主干，是作者几十年作文教学实践结晶，通过对具体个案的分析作触类旁通的点拨。第四部分收入教育随笔60篇，是作者从教近40年来对中国教育，特别是基础教育的思考。

《新课程语文教学论》（潘新和，人民教育出版社，2005）该书汇集众多专家有关语文课程建设的研究成果和全国各地优秀教师的经验，阐释有关新课程语文教学的基本思想和方法，探讨关于建构语文教育思想、语感教育、教师素养、教材建设、教学原则和方法的问题，同时介绍教师的素质教育等方面的内容。

表9—27　　　**1992—2005 年写作、语文教育改革研究其他成果**

成果名称	作　者	发表刊物(出版社)及时间
提高《写作》和《中学语文教学法》教学效果的思考	陈天然	《福建师范大学福清分校学报》1992:1
也谈高考作文题	洪胜生	《中学语文》1992:2
从感受美到创造美——也谈中学语文课的美育	邱仕华	《龙岩师范专科学校学报》1992:2
学生作文能力内涵及其训练问题	戴永寿	《福建师范大学学报》(哲学社会科学版)1992:3
也谈报告文学的真实性	陈天然	《福建师范大学福清分校学报》1992:3
"历时性"与"共时性"——写作教材问题探讨	陈天然	《福建师范大学福清分校学报》1993:1
高三语文教学方略与复习导向	洪胜生	《中学语文》1993:3
默默前行,孜孜求索——介绍洪胜生老师的读写教学	陈日亮	《中学语文》1993:12
"高师写作"特殊性管窥	叶素青	《写作》1994:1
魏书生语文教育思想及其改革实践评析	戴永寿	《河南师范大学学报》(哲学社会科学版)1994:2
夏丏尊写作教学观初探	潘新和	《福建师范大学学报》(哲学社会科学版)1994:3
写作教学的反思	陈天然	《福建师范大学福清分校学报》1994:4
高校应用写作课教学浅谈	罗爱玲	《福建行政学院福建经济管理干部学院学报》1994:4

续表 9—27

成果名称	作　者	发表刊物（出版社）及时间
叶圣陶写作教育思想探要——兼论当代写作教育之误区	潘新和	《语文学习》1995：1
当前阅读教学改革的主要问题仍在教材（上）	赖瑞云	《福建师范大学学报》（哲学社会科学版）1995：4
阮真中学语文教学研究特色考	潘新和	《教育评论》1995：5
得法养习　历练通文	陈日亮	《语文教学通讯》1996：1
中学语文美育论略	戴永寿	《福建师范大学学报》（哲学社会科学版）1996：2
试论写作能力发展的层级建构	郑秉成	《福建论坛》1996：2
试论"真实"	陈天然	《福建师范大学福清分校学报》1996：3
从高考作文看作文教学	陈天然	《福建师范大学福清分校学报》1996：4
一次吹牛的经验和理论	孙绍振	《中学语文》1996：6
学习高中语文教学大纲专题之八——怎样理解"评估和考试"	陈日亮	《语文教学通讯》1996：11
当前阅读教学改革的主要问题仍在教材（下）	赖瑞云	《福建师范大学学报》（哲学社会科学版）1997：1
优化中学语文课堂教学结构漫议	戴永寿	《福建师范大学学报》（哲学社会科学版）1997：2
再论"真实"	陈天然	《福建师范大学福清分校学报》1997：2
思考的方向思路的选择	陈天然	《福建师范大学福清分校学报》1997：3
高考语文模拟试题	洪胜生	《中学语文教学参考》1997：3
高校写作教材建设管见	陈家生	《中国大学教学》1998：2
转变教学思想把素质教育作为作文指导的根基	邵良棋	《南平师范专科学校学报》1998：3
《中学语文教学法》教学现状与改革设想	陈天然	《福建师范大学福清分校学报》1998：4
也谈作文指导中主体与主导的关系	邵良棋	《南平师范专科学校学报》1999：1
教案写作中的语言特色初探	詹　珊	《福建广播电视大学学报》1999：1
新语文教育规范下的写作素质教育	潘新和	《福建师范大学学报》（哲学社会科学版）1999：1
对"练习性"记叙文题材取向的质疑——写作训练点滴谈	詹　珊	《福建广播电视大学学报》1999：3
在辩论中提高议论文的写作能力	詹　珊	《黑龙江教育学院学报》1999：3

续表 9－27

成果名称	作　者	发表刊物（出版社）及时间
衔接性·技能性·策略性——对林修家老师教改实践的访谈	王人浚	《语文教学通讯》1999:3
情理交融、美智相映的大学语文课——兼论职大大学语文课之效用	张晓歌	《鹭江职业大学学报》1993:3
也谈"灵感"	陈天然	《福建师范大学福清分校学报》1999:4
论写作教学中的分级训练	罗关德	《教育评论》1999:4
让作文插上快乐的翅膀	洪胜生	《语文教学通讯》1999:9
把创造和想象的乐趣还给学生	潘新和	《光明日报》1999.11.24
中文系写作课程测试情况评析	戴冠青	《泉州师范学院学报》2000:1
学生议论文只证不议根源探	詹　珊	《福建师大福清分校学报》2000:1
建筑专科院校人文素质教育与《大学语文》课教学	许秀清	《福建建筑高等专科学校学报》2000:1
话题作文也需要审题	陈　健	《作文天地》2000:1、2
浅谈电大公文的修改和润色	许文豹	《福建广播电视大学学报》2000:2
讲论文章　修身利行——颜之推语文教育思想初探	潘新和	《山西青年管理干部学院学报》2000:2
快乐作文新思考	洪胜生	《中学语文》2000:3
建立"混沌有序"和"准线性有序"语文教材	赖瑞云	《语文教学通讯》2000:7
"怎么都对"的"四个不对"——2000 年高考作文题刍议	潘新和	《写作》2000:11
今年作文命题五不当	潘新和	《语文学习》2001:1
"文学思维"的教育——《大学语文》教学方法探索	刘东山	《福州大学学报》（哲学社会科学版）2001:1
语文愉快教学	许秀清	《福建建筑高等专科学校学报》2001:1
新编中学语文课本批判（初评第一册）	孙绍振	《粤海风》2001:2
语文学科呼唤科学态度和理性精神（上）——我国现代语文教育的世纪反思	潘新和	《福建师范大学学报》（哲学社会科学版）2001:4
关于写作教学之反思	詹　珊	《写作》2001:4
应用写作教学和教材问题的思考	陈天然	《福建师范大学福清分校学报》2001:4
语文课程性质当是"言语性"	潘新和	《中学语文教学》2001:5
2001 年全国高考语文卷批判	孙绍振	《粤海风》2001:5

续表 9—27

成果名称	作 者	发表刊物（出版社）及时间
应当在全国高校各专业普遍开设写作课	姚承嵘	《黑龙江高教研究》2001：5
中文秘书专业不宜只开设应用写作课	姚承嵘	《黑龙江高教研究》2001：5
写作教学整体改革的探索	姚承嵘	《写作》2001：6
制造"新闻" 学写新闻——突破新闻写作教学中的难点	姚承嵘	《写作》2001：9
课程标准解读（语文卷）	赖瑞云 林富明 邱吉平	新华出版社，2002
语文学科呼唤科学态度和理性精神（下）——我国现代语文教育的世纪反思	潘新和	《福建师范大学学报》（哲学社会科学版）2002：1
质疑全国高考语文试卷及其评价体系	孙绍振	《师道》2002：1
关于高考作文的几点思考	曾焕鹏	《泉州师范学院学报》2002：1
高师中文系写作教学的调整与改革	沈艺虹	《福州师范专科学校学报》2002：1
公文主题词的基本特征和制作	廖 斌	《南平师范专科学校学报》2002：1
质疑全国高考语文试卷及其评价体系（续）	孙绍振	《师道》2002：2
"写话""习作"与"写作"辨正	潘新和	《语文建设》2002：2
人本主义教育——当前高校写作教学的思路	沈艺虹	《漳州师范学院学报》（哲学社会科学版）2002：2
高考话题作文之路为什么越走越窄	孙绍振	《厦门教育学院学报》2002：3
高考作文要淡化"选士"意识	林富明	《厦门教育学院学报》2002：3
鲁迅"不用之用"文学教育理论内涵探析	赖瑞云	《福建师范大学学报》（哲学社会科学版）2002：4
中国当代写作学走向成熟的标志性建筑	孙绍振	《西南民族学院学报》2002：4
话题作文的几种写法	曾焕鹏	《中学语文园地》（初中版）2002：4
大力推进应用写作教学改革	姚承嵘	《应用写作》2002：5
树立教学新理念 把准作文方向盘	洪胜生	《中学语文教学》2002：6
试论论文写作的关键	罗爱玲	《引进与咨询》2002：6
语文课程"语感中心说"之浅见	潘新和	《课程·教材·教法》2002：8
加强应用写作教材建设	姚承嵘	《应用写作》2002：9
"体验"理念在语文课程改革中的体现	赖瑞云	《教育研究》2002：10

续表 9—27

成果名称	作　者	发表刊物(出版社)及时间
令人荡气回肠的乐章——评香港中学生佳作《植根在香港特区》	洪胜生	《作文成功之路》(高中版)2002:12
诗歌和高考试卷	孙绍振	《新作文》(小学 4—5—6 年级版)2002:18
根本在于心灵的丰富——读两篇中学生的作文	孙绍振	《新作文》(小学 4—5—6 年级版)2002:30
保护幽默感——为"响屁"一辩	孙绍振	《新作文》(小学 4—5—6 年级版)2002:36
应用写作教学必须讲求"实用性"原则	邵良棋	《福建师范大学学报》(哲学社会科学版)2003(增刊)
应用写作教学再思考	陈天然	《福建师范大学福清分校学报》2003:1
应用写作教学应注意利用大学语文的教学成果	陈天然	《福建师范大学福清分校学报》2003:1
走出误区,还作文原貌	洪胜生	《作文成功之路(高中版)》2003:1
论应用写作教学方法改革	姚承嵘	《应用写作》2003:2
让学生对语文着迷	孙绍振	《语文教学通讯》2003:3
《直谏中学语文教学》自序(节选)	孙绍振	《语文教学通讯》2003:3
关于"例证法"的一点看法	陈天然	《福建师范大学福清分校学报》2003:4
不宜忽略应用写作教学管理改革	姚承嵘	《应用写作》2003:4
论应用写作教学总体改革	姚承嵘	《写作:高级版》2003:5
写作学:问题与出路——关于写作学科建设的对话	李　勤	《福建师范大学学报》(哲学社会科学版)2003:5
语文教学的非工具论思考	潘新和	《粤海风》2003:6
让悟性之花在作文的灵思中悄然盛开	洪胜生	《中学生阅读》(高中版)2003:7
超出平常的自己和伦理的自由——《荷塘月色》解读	孙绍振	《名作欣赏》2003:8
面对基础教育课程改革的挑战——高师汉语言文学专业教师素养浅论	潘新和	《课程·教材·教法》2003:9
以《背影》为例谈方法问题	孙绍振	《名作欣赏》2003:10
在价值层面上审视《荷塘月色》	孙绍振	《语文教学通讯》2003:18
应用写作教学不应拒绝文学	陈天然	《莆田学院学报》2004:1
《祝福》:祥林嫂死亡的原因是穷困吗?	孙绍振	《名作欣赏》2004:2

续表9—27

成果名称	作　者	发表刊物（出版社）及时间
质疑"平等者中的首席"	潘新和	《粤海风》2004:2
信息化、市场化条件下的应用写作教学	沈艺虹	《厦门教育学院学报》2004:3
语文界不需要这种冲击	王立根	《中学语文教学》2004:4
高师汉语言文学专业课程改革刍议	潘新和	《福建师范大学学报》（哲学社会科学版）2004:4
语文综合性学习的课程定位和教学取向	林富明	《教育评论》2004:5
阅读期待——创造性阅读的首要环节	何　伟	《福建教育学院学报》2004:5
骂人潇洒论	孙绍振	《语文教学与研究》2004:9
作文只占60分是天经地义的吗?	孙绍振	《语文教学通讯》2004:9
写作教育时弊论	姚承嵘	《中国大学教学》2004:11
一篇好作文是怎样诞生的	王立根	《阅读与作文》（初中版）2004:12
对话语文	钱理群 孙绍振	福建人民出版社,2005
新课程语文教学论	潘新和	人民教育出版社,2005
姚承嵘写作教育论集	姚承嵘	东北林业大学出版社,2005
牧养言语生命的"野性"	潘新和	《粤海风》2005:1
《大学语文》课程教育的独特功能及学科定位	许秀清	《福建论坛》（社会科学教育版）2005:1
文本分析的"还原"方法和教师的主体性问题（下）	孙绍振	《福建论坛》2005:1
关于话题作文的审读及示例	王立根	《优秀作文选评》（高中版）2005:2
"口语交际"要避免浅俗化、狭隘化	潘新和	《福建教育学院学报》2005:2
我的地盘我做主——试论作为新兴文体的手机短信及其写作	廖　斌	《南平师范专科学校学报》2005:3
网络原创文学的创作对策	詹　珊	《运城学院学报》2005:4
借网络写作之光　激学生创作之趣	詹　珊	《鄂州大学学报》2005:4
一生中要说的两句感激的话	王立根	《中学语文教学》2005:4
获得智慧　享受语文的快乐	王立根	《中学语文教学》2005:4
哲思与幽默——赏读《幸亏我不是上帝》	王立根	《阅读与作文》（高中版）2005:4
由中外作文考题比较想到的	潘新和	《语文教学通讯》2005:5
文本分析的"还原"方法和教师的主体性问题（上）	孙绍振	《福建论坛》2005:6

续表 9—27

成果名称	作　者	发表刊物(出版社)及时间
贴近生活还是贴近自我?——读《飞扬的个性》	孙绍振	《中学生时代》2005:6
打破语文高考作文六十分僵局	孙绍振	《小作家选刊》2005:6
话题作文,将中学写作教育带到何方	潘新和	《中学语文教与学》(人大复印资料)2005:6
语文教学中的教师的主体性问题——兼评教师"首席"论	孙绍振	《语文建设》2005:7
命题高考作文日薄西山——2005 年高考作文题综述	孙绍振	《优秀作文选评》2005:9
中学语文教育改革对谈	钱理群 孙绍振	《书屋》2005:9
2007,高考能否与新课程同行——关于"课程改革与语文高考"的讨论	温儒敏 孙绍振	《人民教育》2005:10
两种不同的春天的美——读朱自清的《春》和林斤澜的《春风》	孙绍振	《福建论坛》2005:12
主体性和主体间性问题——兼评教师"首席"论	孙绍振	《广东教育》2005:17

第七节　辞书学研究

一、学科建设与学术研究

(一) 学科建设

福建省辞书学研究机构有福建省辞书学会和福建辞书编纂研究中心。福建省辞书学会成立于 1989 年,学会会员主要由福建省各高校和社会科学院从事辞书编纂、辞书理论和语言学研究的人员组成。福建辞书编纂研究中心的前身是福建人民出版社辞书编辑室,该研究中心的主要任务是编纂工作和辞书理论研究。

(二) 学术研究

1992—2005 年,福建省辞书学主要研究方向:辞书编纂现代化问题,辞书理论与辞书史，辞书排检、辞书编纂的理论与实践。这一时期出版的辞书类型有字典、词典、百科全书、类书、索引等。

福建省辞书学研究先后获得福建省社会科学规划项目3项，福建师范大学马重奇与中国社会科学院语言研究所合作承担国家"九五"社会科学基金项目"汉字形音义演变大字典"。

这一时期，共出版辞书学论著3部，发表学术论文70余篇，编纂辞书62部，并获多项国家级和省部级的科研成果奖。获国家图书奖2项：《高技术百科辞典》（1995年一等奖，福建人民出版社林玉山责编）；《综合英语成语词典》（1996年二等奖，林玉山责编）；厦门大学李如龙、潘渭水编纂的《建瓯方言词典》、厦门大学周长楫编纂的《厦门方言词典》、冯爱珍编纂的《福州方言词典》作为国家重点辞书《现代汉语方言大词典》的分卷，获华东地区优秀图书奖。还有4项成果获福建省社会科学优秀成果奖：《中国辞书编纂史略》（第二届二等奖，林玉山）、《审计辞海》（第二届二等奖，福州大学侯文铿）、《辞书学概论》（第三届二等奖，林玉山）、《会计大典》（第四届二等奖，厦门大学葛家澍、余绪缨、侯文铿等）。

（三）学术会议

1995年11月，中国辞书学会辞书理论和辞书史专业委员会第二届年会暨福建省辞书学会第八届年会在福清市举行。这次会议以探讨辞书排检法为主要内容，就辞书索引理论、索引编制原则、索引编制方法、辞书索引编排史和具体的汉字编码方法进行探讨。

1997年12月，福建省辞书学会第三届会员代表大会暨第十次学术讨论会在福州举行。会议除进行学会的换届选举工作外，对辞书评论的现状、今后任务和改进途径等进行讨论，认为要发挥辞书评论对辞书编纂实践、理论与历史研究的积极推进作用。

2004年2月，福建省辞书学会第四届会员代表大会暨第十六届年会在福建师范大学召开。参加会议的代表共90余人，提交论文67篇。会议讨论的重点是辞书索引的理论和编制方法，就辞书索引理论、索引编制原则、索引编制方法、辞书索引编制史和具体的汉字编码方法进行探讨。

2005年12月，福建省辞书学会主办，厦门大学外文学院和厦门大学双语词典与双语语言文化研究中心承办的海峡两岸辞书学研讨会暨福建省辞书学会第十七届学术年会在厦门大学召开。海峡两岸的80多位代表到会，收到论文40多篇。会议围绕辞书编纂的新理论新方法，辞书研究与语言研究相互促进等问题展开讨论。

二、主要学术成果

（一）辞书学理论研究

《中国辞书编纂史略》（林玉山，中州古籍出版社，1992）该书是国内第一部中国辞书编纂史的著作。全书共三编，上编：古代辞书编纂——辞书编纂的萌芽、发展期；中编：

近代辞书编纂——辞书编纂的成熟期；下编：当代辞书编纂——辞书编纂的兴盛期。每编介绍本时期辞书编纂的概况、特点和发展脉络，对本期重要辞书作品加以评介，最后对本期辞书编纂进行小结，使读者对各个时期辞书编纂的情况、特点、规律以及重要的辞书作品有所了解。该书显著特点是对近现代、当代辞书编纂作了详细的介绍。

《辞书学概论》（林玉山、周长楫、黄今许、陈庆武，海峡文艺出版社，1995）该书分为七章：一是辞书和辞书学，二是辞书的性质，三是辞书的类型，四是辞书的结构，五是辞书的编纂法，六是中国辞书编纂简史，七是外国辞书编纂简史。还有《辞书编纂符号（国家标准）》、《辞书要目》、《辞书论著要目》三个附录。该书论述辞书学的形成和发展、辞书的性质、类型、结构、编纂法以及国内国外辞书编纂的历史，分析中国辞书编纂史的传统，总结当代辞书编纂的丰富经验，借鉴国外辞书理论的精华，探讨辞书学理论。该书资料丰富，总共引用论著达86种之多，涉及中外辞书近千种。

《工具书学概论》（林玉山、吴建平、黄高宪、徐启庭，广东教育出版社，2004）该书探讨工具书学的各种理论问题，如工具书学研究的对象和范围，工具书的功用、性质、类型、结构、编纂法、排检法、使用法等。

《〈现代汉语词典〉对异形词的整理及对当前规范工作的启示》（厦门大学苏新春，《语言文字应用》2001：3）该文探讨《现代汉语词典》（第二版）对异形词的整理工作，分析见于"凡例"的三种方法，展示另两种不见于"凡例"的说明方法，并与"第三版"相对照，比较不同处理方法的前后沿革与优劣，认为在当前的异形词整理中，要注意解决的问题是：从严认定异形词；确定规范异形词的原则；运用多种方法来规范异形词。

表 9—28 **1992—2005 年辞书学理论研究其他成果**

成果名称	作　者	发表刊物（出版社）及时间
关于辞书性质的思考	林玉山	《辞书研究》1992：1
中国辞书编纂奠基期——两汉魏晋南北朝	林玉山	《辞书研究》1992：6
隋唐宋元——中国辞书编纂初步发展期	林玉山	《辞书研究》1994：1
明清时期——中国辞书编纂进一步发展期	林玉山	《辞书研究》1996：2
《福州方言词典》引论	冯爱珍	《方言》1996：2
近现代时期——中国辞书编纂成熟期	林玉山	《辞书研究》1997：5
词的理据和《汉语理据词典》	林寒生	《辞书研究》1998：5
同形词与"词"的意义范围——析《现代汉语词典》的同形词词目	苏新春	《辞书研究》2000：9
《现代汉语词典》中的"儿"尾词该如何处理	苏新春	《语文建设》2000：12
"人""机"分词差异及规范词典的收词依据——对 645 条常用词未见于《现汉》的思考	苏新春 顾江萍	《辞书研究》2001：3

续表 9—27

成果名称	作 者	发表刊物（出版社）及时间
《现代汉语词典》96 版四字词修订的计量分析	余桂林	《萍乡高等专科学校学报》2001:3
《现代汉语词典》对异形词的整理及对当前词汇规范的启示	苏新春	《语言文字应用》2001:8
比喻义的训释与比喻义的形成——《现代汉语词典》比喻义计量研究之一	苏新春 赵翠阳	《杭州师范学院学报》2001:10
关于《现代汉语词典》词汇计量研究的思考	苏新春	《世界汉语教学》2001:12
《现代汉语词典》四音节成语注音的按词分写问题	余桂林	《语言文字应用》2002:3
试论《现代汉语词典》中的"子"字后缀	李 扬	《阜阳师范学院学报》2002:4
新词语的成熟与规范词典的选录标准——谈《现代汉语词典》（二〇〇二年增补本）的"附录新词"	苏新春 黄启庆	《辞书研究》2003:5
确定"口语词"的难点与对策——对《现汉》取消"口"标注的思考	苏新春 顾江萍	《辞书研究》2004:3
类义词典中的两种类型："同义"与"同类"——《同义词词林》与《朗文多功能分类词典》比较	宋婧婧 苏新春	《辞书研究》2004:7

（二）辞书编纂与研究

《类语大辞典》（林玉山、陈玄荣、王书声、王化鹏、陈皓，鹭江出版社，2002）该书分类精细，按大类、中类、小类、词群四个层次加以分类，词群直接领摄词条。全书分八大类，即人、物、事、理、性、状、情、杂，大类下分 348 中类、2583 小类。共收词近 10 万条，超过古今任何一部义类辞书，且收词范围广泛，包括单字、单词、成语、较固定的词组（如部分俗语、谚语、术语）等。在条目排列方面，同一词群的条目，按单音节、双音节、多音节的顺序排列，音相同的条目，原则上按音序先后排列，便于读者查检。

《部首号码多用词典》（福建人民出版社陈培基，福建人民出版社，1999）该书将符合基本笔画次序规则的笔形代号和符合汉字结构的取码规则，形成查字和输入计算机基本一致的部首号码法。

表 9—29　**1992—2005 年辞书编纂与研究其他成果**

成果名称	作　者	发表刊物(出版社)及时间
审计辞海	侯文铿	辽宁人民出版社,1992
普通话闽南语词典	黄典诚	台北台笠,1993
厦门方言词典	周长楫	江苏教育出版社,1993
福州方言词典	李如龙 梁玉璋 邹光椿 陈泽平	福建人民出版社,1994
建瓯方言词典	李如龙 潘渭水 编　纂	江苏教育出版社,1998
闽南方言与古汉语同源词典	林宝卿	厦门大学出版社,1999
古汉语字典	郑星象	福建人民外语教学与研究出版社,2002
福州方言词典	冯爱珍	江苏教育出版社,1998
会计大典	葛家澍 余绪缨 侯文铿等	中国财政经济出版社,1999
新加坡闽南话词典	周长楫 周清海	中国社会科学出版社,2002
朗文当代英语词典(英汉双解)	吴建平(参编)	外语教学与研究出版社,2004
柯林斯英汉词典	吴建平(参编)	汉语大词典出版社,2004

第八节　外国语言与翻译研究

一、学科建设与学术研究

(一) 学科建设

福建省外语学科在 20 世纪 80 年代建立部分研究和翻译机构,90 年代后期至 21 世纪初,研究机构和博士点逐渐增多。厦门大学设有英语语言文学博士学位授权点和硕士学位授权点,福建师范大学、福州大学、华侨大学均有英语语言文学硕士点。厦门大学和福建师范大学还设有外国语言学及应用语言学硕士点。此外，厦门大学设有日语语言文学、法语语言文学硕士点，并有外国语言文学研究所、日本语教育研究中心、双语词典与双语语言文化研究中心、欧洲研究中心等研究机构；福建师范大学设有日语语言文学硕士点，并有外国语言与文学研究中心和跨文化研究中心；福州大学设有外国文学与翻译研究所。

（二）学术研究

福建省外语研究主要领域有外国语言学本体研究，如语音、词汇、句法、语法、语言实验、语言对比、篇章、修辞等，但更多的是把外国语言与相关领域结合起来，进行跨语言、跨学科的研究，如语言与哲学、文化、心理的关系，跨文化交际，翻译理论与技巧以及外语教学的研究等。

1992—2005 年，福建学者在英语语言研究方面承担了一些课题。其中国家社会科学基金项目 1 项：台海事态的话语和修辞分析（福建师范大学刘亚猛，2005）；教育部人文社会科学基金项目 3 项：计算机辅助语言教学（CALL）软件在英语教学中的应用（福州大学徐东，1992）、模糊认知语义学（福建师范大学陈维振，2001）、英汉话语的生成机制（厦门大学杨信彰，2003）。同时获福建省社会科学规划项目 6 项。

该学科研究成果获福建省社会科学优秀成果奖 11 项：《英吉利教会史》（第二届一等奖，陈维振、周清民）、《英汉对比研究》（第三届一等奖，厦门大学连淑能）、《跨文化交际研究》（第三届一等奖，福建师范大学林大津）、《列宁全集》（第二届二等奖，福建师范大学许崇信）、《梭罗集》（第三届二等奖，福建师范大学陈凯、许崇信）、《比较文化词源学》（第四届三等奖，福建师范大学吴世雄）、《互动语言学的发展历程及其前景》（第六届三等奖，林大津、谢朝群）、《韦氏新世界学生词典（修订版·英汉版）》（第六届三等奖，杨信彰）。

（三）学术会议

2001 年 12 月，福建省外文学会主办，华侨大学外国语学院承办的福建省外国语文学会 2001 年年会暨学术研讨会在华侨大学召开。100 名来自福建省的代表出席，提交论文72 篇。会议分语言学组、文学翻译组、教学组、多语种组、中学组五个组进行学术交流，评选优秀论文 28 篇。

2004 年 11 月，英国文学年会在福建师范大学举行，全国各地高校、科研机构和出版社的 87 位代表参加会议，收到论文和论文摘要近百篇。论文从女性主义的视觉，就女性文本如何颠覆男权话语、如何实现女性主体的建构等问题进行探讨。此外，还有一部分论文对英国文学进行考察，涉及对现代主义和当代英国文学的回顾和反思、对北爱尔兰文学的重新界定以及中英文学的比较研究等内容。

2005 年 12 月，福建省外国语文学会年会暨学术研讨会在泉州师范学院举办。福建省各高校、部分中学的 140 多位代表与会，收到论文 130 多篇。会议分 6 个小组分别就福建省外语界如何理解"科学发展观"、福建省外语界如何为海峡西岸经济区的发展作贡献、外国语言学理论与实践研究、外国文学理论与作品研究、外语教学理论与实践研究、中外语言文化对比研究、翻译理论与实践研究等进行讨论。

二、主要学术成果

（一）英语语言学本体研究

《英汉对比研究》（连淑能，高等教育出版社，1993）该书就英汉的语法特征、表现手法、修辞手段、思维习惯和某些文化因素等方面论述英语和汉语的不同特点。作者重点选择十个带有普遍意义的专题，采用宏观与微观相结合的方法，联系语体风格与翻译技巧进行对比分析，概括英汉语法差异的精神实质。

《从习语的可分析性看认知语言学的隐喻能力观》（华侨大学陈道明，《外国语》1998：6）该文认为依照传统的看法，习语是一种"死喻"，是约定俗成的习惯用法，是不可分析的；认知语言学则认为，习语作为深藏在人们概念系统中的隐喻概念的表层现象，是可分析、可活用的。该文从习语的可分析性出发，探讨掌握作为"概念流利"的下层结构的"隐喻能力"的重要性。"隐喻能力"与"语法能力"和"交际能力"一样，是人们熟悉掌握一种语言的重要标志。因此，在习语教学中应注意分析习语的隐喻概念。

《双语者第二语言表征的形成与发展》（福建师范大学李荣宝等，《外国语》2000：4）该文通过一个实验，从发展的角度，对双语者的第二语言表征问题进行探讨。实验结果显示，第二语言的表征在语义层次与母语相联结，而在形式层次各自独立。这种可以独立操作的表征系统是学习者通过反复的、有意识的双语形式匹配得以形成和发展的。

《词的形态理据与词汇习得的相关性》（福建师范大学黄远振，《外语教学与研究》2001：6）该文认为词的形态理据有利于学习者的词汇习得，这似乎是一个共识，然而这一共识一直缺乏实验证据的支持。作者通过两组被试（未借助形态分析/借助形态分析）进行词汇记忆实验。结果显示，两组被试的识记效率差异显著。据此讨论词汇分解的储存模式及其对记忆多词素词的重要性，并从词汇心理表征的形成与发展这一角度讨论赋值、匹配机制与词汇习得的密切关系。实验结果支持词的形态理据对词汇习得有重要影响的假设。

《双语语义表征及其通达机制》（李荣宝，福建人民出版社，2002）该书通过心理学和神经生理学实验，揭示双语者两种语言语义表征的基本结构及其通达方式。实验结果证明，语义是抽象的、超语言的，因而一个人不管掌握多少种语言，他的心理只有一个语义表征系统，而且这个系统可由他所掌握的所有语言的形式通达。语言的形式转换是由语义中介实现的。在第二语言表征的形成过程中，学习者总是将第二语言的形式结构和母语的形式结构进行匹配，在这种匹配过程中前者得到巩固和发展。

表 9—30　　　　　　　**1992—2005 年英语语言学本体研究其他成果**

成果名称	作　者	发表刊物（出版社）及时间
外语学习心理和心理训练	黄晓红	《厦门大学学报》（哲学社会科学版）1992:1
实证语义学批评	陈维振	《福建师范大学学报》（哲学社会科学版）1992:1
英语委婉语的同义选择与语体变异	李国南	《外语研究》1992:2
篇章中的复现手段与修辞重复	李国南	《外语教学》1992:3
论英汉句法的基本特征	连淑能	《厦门大学学报》（哲学社会科学版）1992:3
英语形容词的语义意义	杨信彰	《厦门大学学报》（哲学社会科学版）1992:3
"不定冠词＋(e)s 结尾的名词"结构初探	周敬华	《外语与外语教学》1992:3
英文小说中语言的功能意义	杨信彰	《外国语》1992:5
普通英汉词典充实语法信息的必要性和途径	陈　菁	《辞书研究》1992:6
亦谈双关与歧义	李国南	《四川外语学院学报》1993:1
修辞中的重复与变异	李国南	《外语与外语教学》1993:3
韩礼德的"三元结构"和派克的"粒、波、场"	杨信彰	《厦门大学学报》（哲学社会科学版）1993:4
英语搭配和搭配词典	吉　文	《厦门大学学报》（哲学社会科学版）1993:4
来自商品杯啤的英语词汇	刘凯芳	《厦门大学学报》（哲学社会科学版）1993:4
谈 Oxford Advanced Learner's Dictionary 第四版的收词	刘凯芳	《厦门大学学报》（哲学社会科学版）1993:4
英语成语探源	骆世平	《厦门大学学报》（哲学社会科学版）1993:4
应该区分词语的含混与歧义	吴世雄	《外语教学》1994:2
再论对比修辞学的产生过程及其发展	林大津	《福建师范大学学报》（哲学社会科学版）1994:2

续表 9—30

成果名称	作　者	发表刊物(出版社)及时间
英国版英语学生词典的发展趋势	吴建平	《厦门大学学报》(哲学社会科学版) 1994:3
国外英汉对比修辞研究及其启示	林大津	《外语教学与研究》1994:3
关于语言文字问题的思考	吴世雄	《外语教学与研究》1994:3
双语词典的性质、释义与例证	吴建平	《辞书研究》1994:4
语义模糊与词典定义	吴世雄 陈维振	《辞书研究》1994:4
评索绪尔的语言符号任意观	杨信彰	《外国语》1994:6
英汉语篇对比	杨信彰	福建人民出版社,1995
英语时态在 Before 从句中的特殊现象	陈又新	《厦门大学学报》(哲学社会科学版) 1995:3
英语书面语体中的词汇密度特征	杨信彰	《解放军外语学院学报》1995:3
英语非限定动词作后置修饰语的研究	陈敦金	《福建师范大学学报》(哲学社会科学版) 1995:4
论从认知角度研究模糊语言的重要意义	吴世雄	《福建师范大学学报》(哲学社会科学版) 1996:1
论语言范畴的家族相似性	陈维振 吴世雄	《外语教学与研究》1996:4
英语单语词典同义词释义之管见	陈　燕	《辞书研究》1996:5
福克纳的南方人物和言语模式:凯蒂昆丁,霍勒斯,艾迪	廖彩胜	《福建师范大学学报》(哲学社会科学版) 1997:1
乔姆斯基的约束理论与英、法、汉照应语特征	李燕玉	《厦门大学学报》(哲学社会科学版) 1997:2
《朗曼当代英语词典》(第三版)评价	周敬华	《外语与翻译》1997:2
"ANTITHESIS"与"对偶"比较研究	李国南	《外语教学》1997:2
"METONYMY"与"借代":分类对比研究	李国南	《外语与外语教学》1998:1
英语动词宾语的语义功能	黄惠晖	《厦门大学学报》(哲学社会科学版) 1998:3
"METONYMY"与"借代":语义功能对比研究	李国南	《外语研究》1999:3

续表 9—30

成果名称	作 者	发表刊物(出版社)及时间
双语者的语义表征	李荣宝 彭聃龄	《现代外语》1999:3
英汉拟声词句法功能比较	李国南	《外语教学与研究》1999:4
"PARALLELISM"与"排比"辨异	李国南	《外语教学》2000:2
英汉拟声词的语义转移	李国南	《外语与外语教学》2000:3
从英语词汇的发展看社会文化因素的影响	胡 一	《福州大学学报》(哲学社会科学版) 2000:3
双侧前额皮层的语言功能——用近红外技术研究语言功能的初步实验	李荣宝 彭聃龄 丁国盛 徐世勇	《心理科学》2000:5
"PUN"与"双关"辨异	李国南	《外国语》2000:6
从关联理论看书面语篇中的语境选择	刘伊俐	《外语与外语教学》2000:10
辞格与词汇	李国南	上海外语教育出版社,2001
概念映射的"双域"模式和"多空间"模式	陈道明	《外语教学》2001:1
美国大学版词典的编纂特点与发展趋势	陈 燕	《辞书研究》2001:1
隐喻的语用和认知解读	潘 红	《福州大学学报》(哲学社会科学版) 2001:1
中国模糊语言学:回顾与前瞻	吴世雄 陈维振	《外语教学与研究》2001:1
有关 Oxymoron 的几个问题	李国南	《外国语》2001:4
双语表征研究的理论与实验方法	李荣宝 彭聃龄	《当代语言学》2001:4
语言认知加工的早期皮层电位	李荣宝	《心理科学》2001:6
英语词重音的参数设定与规则	黄小萍	《外语教学》2002:1
布龙菲尔德与萨丕尔论语言的及物性	李 力	《外国语》2002:2
英汉学习词典应重视复合词和惯用表达的处理	吕云芳	《辞书研究》2002:2
《牛津高级学生英语词典》的新发展	吕云芳	《辞书研究》2002:4
双语表征研究中存在的问题及其解决办法	李荣宝 彭聃龄	《当代语言学》2002:4
英汉主语使用差异述略	黄昆海	《外语与外语教学》2002:9
英、汉"反复"辞格分类对比研究	李国南	《外语与外语教学》2002:11

续表 9—30

成果名称	作　者	发表刊物(出版社)及时间
语言、文化与认识	陈端端	厦门大学出版社,2003
有关模糊语义逻辑的知识观点	陈维振 吴世雄	《外语教学与研究》2003:1
模糊集合论与语义范畴模糊性研究	吴世雄 陈维振	《天津外国语学院学报》2003:1
汉英语文通达过程的事件相关电位研究	李荣宝 彭聃龄 郭桃梅	《心理学报》2003:3
英汉语中"杨柳"的国俗语义对比	潘　红	《四川外语学院学报》2003:3
科技语言中的隐喻	李国南	《中国科技翻译》2003:4
语言的简化现象及其成因	黄远振	《天津外国语学院学报》2003:4
论比较方法在词(字)源文化研究中的应用及其意义	吴世雄	《福建师范大学学报》(哲学社会科学版)2003:5
新闻英语中的连贯	梁鲁晋	《外语与外语教学》2003:5
语言学的前沿:语篇类型及物性制约	李　力	厦门大学出版社,2004
再论关于建立汉英文化语言学的构想	连淑能	《外语与外语教学》2004:1
有关范畴习得问题的认识	陈维振 吴世雄	《现代外语》2004:1
英语动词过去时的认知模式	李国南	《外语教学与研究》2004:1
原型语义学:从"家族相似性"到"理想化认知模式"	纪玉华	《厦门大学学报》(哲学社会科学版)2004:2
范畴理论的发展及其对认知语言学的贡献	吴世雄 陈维振	《外国语》2004:4
原型范畴理论的历史渊源及其对模糊语义研究的意义	吴世雄 陈维振	《天津外国语学院学报》2004:5
乔姆斯基的唯理主义思想传统	尤泽顺	《四川外语学院学报》2004:5
英语观照下的汉语数量夸张研究	李国南	《外语与外语教学》2004:11
英汉差异与语篇中衔接手段的调整	朱天文	《福州大学学报》(哲学社会科学版)2005:1
"委婉"不一定是"语"——试论非言语隐喻与非言语委婉	陈道明	《外语教学》2005:2
对比修辞学:关于对比框架的构想	李国南	《四川外语学院学报》2005:6

（二）英语翻译与跨文化交际研究

《在异同与得失之间》（许崇信，《中国翻译》1995：2）该文主要从文化交流的角度来看待翻译中的"异"与"同"、"得"与"失"——翻译中几乎无处不在的矛盾，通过翻译实例告诉人们，在本族语文化中寻求外来文化的对应物，往往会出现某种程度的以古代今、以偏赅全甚至以己度人的消极后果，读者因此容易产生错觉，被误入歧途。

《翻译理论和翻译教学中若干问题的思考》（许崇信，《上海科技翻译》1997：2）该文阐述理论需要创新的道理，同时强调传统理论的重要意义，认为传统翻译理论在某种程度上颇似戏剧领域里的"传统剧目"，或出版领域里的"保留书目"，它们没有与时俱逝，而是保留至今，仍有光辉，成了"看家产品"。对传统理论，首先要承认的是它的历史意义和文化意义；至于现实意义，那是另一种性质的问题，不能相提并论、混为一谈。

《翻译中的"部分功能对等"与"功能相似"》（陈道明，《外国语》1999：4）该文讨论奈达的"功能对等"理论，认为"对等"应是译文和原文在三种言语行为上的对等。"等效"即"效果对等"也应是"效"与"果"，即言外之力和言后之果，皆"对等"。由于"功能对等"把目标预设得太高，跟"信、达、雅"一样都是翻译的上限标准，它并没有真正解决"信"和"顺"即准确和通顺的矛盾。从一些已被广泛接受的词语的固定译法看，当找不到真正的"对等"译法时，还应有诸如"部分功能对等"和"功能相似"的下限标准。

《论翻译学的基础研究》（福建师范大学林璋，《外国语》1999：6）该文认为翻译的本质是转换，翻译转换发生在两个不同的符号体系之间。于是，翻译可以分为两种：狭义的翻译，即语言符号体系和语言符号体系之间的转换；广义的翻译，包括语言符号体系和非语言符号体系之间的转换以及非语言符号体系之间的转换。

《翻译功能理论的启示——对某些翻译方法的新思考》（福州大学陈小慰，《中国翻译》2000：4）该文根据德国学者提出的翻译功能理论思考翻译问题，认为该理论除了对翻译实践有较现实的指导意义外，对翻译研究的一个重要贡献在于它为一些违反现有翻译标准但经实际检验却是十分成功的翻译实践提供理论依据，引起人们对一些传统上不提倡，但从实现译文功能角度来看有时是必需的翻译方法（如删减法和改译法）的重新评价。文章力图从理论上和实例上说明，以原文分析为基础的删减法和改译法，在不少情况下，是实现译文预期功能的必要手段。只要运用得当，就能起到一般翻译技巧难以达到的积极效果。因此完全有理由作为可供选择的翻译方法被人们承认、研究和应用。

《从 Bachman 交际法语言测试理论模式看口译测试中的重要因素》（厦门大学陈菁，《中国翻译》2002：1）该文认为，Bachman 的交际法语言测试对全球的语言教学和语言测试领域产生很大的影响。它对口译测试具有重要的指导作用，这是因为口译本身就是一种复杂的交际行为。口译测试就是对译员交际能力的测试。该文以 Bachman 对语言交际能力的分类为参照，将译员的口译交际能力分为知识能力、技能能力、心理能力三部分。在对这三种能力进行测试时，需要遵循的原则是测试的"真实性"，即要尽量创造正常的、现实的交际环境，使应试者的能力得到全面衡量。

《论中西思维方式》（连淑能，《外语与外语教学》2002：2）该文认为思维方式是沟通文化与语言的桥梁。思维方式与文化密切相关，是文化心理诸特征的集中体现，又对文化心理诸要素产生制约作用。思维方式体现于民族文化的所有领域，包括物质文化、制度文化、行为文化、精神文化和交际文化，尤其体现于哲学、语言、科技、美学、文学、艺术、医学、宗教以及政治、经济、法律、教育、外交、军事、生产和日常生活实践之中。思维方式的差异，正是造成文化差异的一个重要原因。

《话语中的识解因素与语境》（杨信璋，《外语教学与研究》2003：3）该文认为，认知语言学特别注意语言编码中的识解概念，把语言表达和情景的概念化方式紧密联系起来。产生不同识解的因素有三个：视角、前景化和框架。这三个因素相互作用，影响现实世界映射到语言的词汇语法的过程。该文论证，在话语中，由于语篇的产生与语境联系密切，语境能够成为描写言语行为特征的认知域，激活框架和知识基块，诱导说话人选择视角和前景化，并生成语篇。

《互动语言学的发展历程及其前景》（林大津、谢朝群，《现代外语》2003：4）该文根据互动语言学理论，强调使用自然出现的口语语料，注重考察语言结构及其运用模式与互动交流如何相互影响。它充分吸收功能语言学、会话分析以及人类语言学的优秀理论资源及其科学的分析方法，强调语言的意义是在人与人之间的互动交流过程当中出现并不断发生变化的。互动语言学对汉语语法研究也具有重要的启示作用。

《风物常宜放眼量：西方学术文化与中西学术翻译》（刘亚猛，《中国翻译》2004：6）该文认为学术文化最终决定学术作品的意义并使一切学术性表述和解读成为可能。在进行中西学术翻译时如果忽略"西方学术"这个整体框架，仅在相关学科、学派及其"专业知识"的小圈子内考虑对原文本的理解和再表述，就容易造成译者无视作品的智力大前提和意识形态底蕴。该文认为深化对当代西方智力环境的总体了解对于提高西方学术作品汉译的质量关系甚大；中国学术翻译期盼着一个"文化转换"。

《弗里斯的语言学理论与口译原则》［陈菁，《厦门大学学报》（哲学社会科学版）2005：1］该文论述弗里斯的语言学理论与口译原则。弗里斯（Fries）是美国结构主义的代表人物之一，有别于其他结构语言学家的是：他不是孤立地研究语言和语言的结构，而是把语言活动看成是一种交际行为，是一种传递意义的工具。他对意义进行层次分类，剖析意义传递的过程，并确定"语境"在获取意义中的重要作用。所有这些都蕴涵口译的基本原理和原则。

《韦努蒂的"翻译伦理"及其自我解构》（刘亚猛，《中国翻译》2005：5）该文讨论韦努蒂的"翻译伦理"：韦努蒂的翻译伦理理论在构筑"存异伦理"／"化同伦理"这一对二元对立的同时对它进行解构。这一做法表明他遵循的是后结构主义的基本理论议程，采用的也是后结构主义"分两步走"的基本话语策略，即首先将翻译思想中处于支配地位的二元对立颠倒过来，然后通过新建对立的自我解构最终革除二元对立思维本身。

表9—31　　　　　　**1992—2005年英语翻译与跨文化交际研究其他成果**

成果名称	作　者	发表刊物（出版社）及时间
事先积累材料在理解和翻译中的意义	许崇信	《上海科技翻译》1992：3
英、汉习用性比喻中的喻体比较与翻译	李国南	《外国语》1992：5
社会科学翻译在中国近代翻译史上的地位及其现实意义	许崇信	《外国语》1992：5
浅谈合作原则在翻译理解中的作用	陈小慰	《外国语》1993：1
普通双语词典词目词的对译与词例的翻译	吴建平	《厦门大学学报》（哲学社会科学版）1993：4
英汉思维方式比较和翻译	曾炳辉	《厦门大学学报》（哲学社会科学版）1993：4
对比分析在理解与翻译中的意义	许崇信	《上海科技翻译》1994：1
谈某些汉语外来词的词义及其翻译	刘凯芳	《中国翻译》1994：5
视点转换法在汉英翻译中的应用	陈小慰	《中国翻译》1995：1
TRANSFERRED EPITHET 与 METAPHOR 的辨析及翻译	李国南	《外国语》1995：2
从主谓看英汉翻译中的等值问题	杨信彰	《解放军外语学院学报》1996：1
文学翻译中的误读与语法结构分析的关系	黄贵成	《厦门大学学报》（哲学社会科学版）1996：3
跨文化交际能力	林大津	《福建师范大学学报》（哲学社会科学版）1996：3
试论"译文功能理论"在应用文类翻译中的指导作用	陈小慰	《上海科技翻译》1996：3
论"通感"的人类生理学共性	李国南	《外国语》1996：3
汉语比喻在西方的可接受度	李国南	《四川外语学院学报》1996：3
双语词典编纂中的文化问题	吴建平	《辞书研究》1997：1
同声传译的重要因素	张幼屏	《厦门大学学报》（哲学社会科学版）1997：1

续表 9—31

成果名称	作　者	发表刊物（出版社）及时间
英语中"有标记的搭配"及其翻译	刘凯芳	《厦门大学学报》（哲学社会科学版）1997:2
口译教学如何体现口译特点	陈　菁	《中国翻译》1997:6
猕猴桃不是 Yangtao——谈一些词典中植物译名存在的问题	刘凯芳	《解放军外语学院学报》1997:6
翻译这门学问，大有研究余地	杨仁敬	《译林》1997:6
从文化接受角度试析《首席》英译本的得与失	陈小慰	《四川外国语学院学报》1998:1
谈信息时代的翻译	林本椿	《上海科技翻译》1998:2
外来词"同义译名"现象的个案研究及其启迪	吴世雄	《天津外国语学院学报》1999:2
试论英汉语互译中的"异化"和"归化"	朱天文	《福州大学学报》（哲学社会科学版）1999:2
Charles c. Fries 的语言交际理论与信号语法	杨信彰	《外国语》2000:1
英汉拟声词比较与翻译	李国南	《外语与翻译》2000:1
略论音译与东方传统文化	岳　峰	《福州大学学报》（哲学社会科学版）2000:1
当代中国文化的动态走向	林大津	《深圳大学学报》2000:2
试论信达雅的误区	岳　峰	《福建师范大学学报》（哲学社会科学版）2000:2
汉语译名研究——prototype 的汉语译名探析	吴世雄	《上海科技翻译》2000:4
英语动词曲折形式的语用意义及在译文中的体现	潘　红	《外语与翻译》2001:1
同声传译的多任务处理模式	肖晓燕	《中国翻译》2001:2
批评性话语分析:理论与方法	纪玉华	《厦门大学学报》（哲学社会科学版）2001:3
认知环境差异与语篇连贯的翻译解读	潘　红	《外语学刊》2001:3
商务词汇翻译中的回译与借用	陈小慰	《中国翻译》2001:4
"东学西渐第一人"——被遗忘的翻译家陈季同	岳　峰	《中国翻译》2001:4

续表 9—31

成果名称	作 者	发表刊物（出版社）及时间
做平常人,存开放心——记朱纯深博士	岳　峰	《中国翻译》2002:1
帕尔默文化语言学理论的构建思路	纪玉华	《外国语》2002:2
笔耕不辍,传译诗魂——记普希金翻译家冯春先生	吴华荔 林本椿	《中国翻译》2002:2
论翻译在外语词汇学习中的作用	陈　菁	《外语界》2002:4
西方口译研究:历史与现状	肖晓燕	《外国语》2002:4
语用预设与跨文化语篇的理解	刘伊俐	《福州大学学报》（哲学社会科学版）2002:4
语言符号对译、言语翻译与跨文化信息	吴建平	《厦门大学学报》（哲学社会科学版）2002:6
英语专业三年级学生如何提高英汉翻译技能	杨士焯	《中国翻译》2002:6
隐喻与翻译——认知语言学对翻译理论研究的启示	陈道明	《外语与外语教学》2002:9
交际法原则指导下的口译测试的具体操作	陈　菁	《中国翻译》2003:1
从康德的人类"共通感"看异化翻译法	胡兆云	《华南师范大学学报》2003:3
口译一部茶花女,造就一个翻译家	宋鸣华 林本椿	《中国翻译》2003:4
克罗齐表现主义翻译观及其发展浅析	胡兆云	《外语与外语教学》2003:5
百科全书条目释文的语体特征及翻译策略	杨士焯	《山东外语教学》2003:6
互动语言学对修辞学研究的启示	林大津 谢朝群	《福建师范大学学报》（哲学社会科学版）2003:6
架设东西方的桥梁——英国汉学家理雅各研究	岳　峰	福建人民出版社,2004
欠额翻译与超额翻译的界定及规避策略	陈卫斌	《福州大学学报》2004:1
口译应变策略	王绍祥	《中国科技翻译》2004:1
汉语数量夸张的英译研究	李国南	《天津外语学院学报》2004:2
对英汉习语词典条目翻译的几点看法	骆世平	《辞书研究》2004:3
商务语篇的翻译	陈小慰	《中国翻译》2004:3

续表 9—31

成果名称	作　者	发表刊物（出版社）及时间
投射系统中的现象	梁鲁晋	《外语学刊》2004：4
理雅各宗教思想中的中西融合倾向	岳　峰	《世界宗教研究》2004：4
礼貌与真诚	林大津 谢朝群	《解放军外国语学院学报》2004：6
口译交际过程中的跨文化噪音	陈　菁	外文出版社，2005
言语交际中误解的认知成因	陈明芳	《外语电化教学》2005：3
论译文用词的与时俱进	陈小慰	《中国科技翻译》2005：3
跨文化语境下商务语篇的译文连贯构建	潘　红	《福州大学学报》2005：3
论言语交际的得体原则：争议与意义	林大津 谢朝群	《外语教学与研究》2005：6
中英美四大政法文化词语系统与对应翻译策略	胡兆云	《外语与外语教学》2005：9

（三）　其他外语语种研究

《从日本古代短歌音韵特点及其汉译看中日文化交融》（厦门大学纪太平，《外国文学研究》2002：2）该文认为日本古代诗歌中的短歌有着与汉诗不同的独特的押韵方法，熟悉短歌的韵律和了解其押韵方法，才能理解日本和歌文学中的押韵美。短歌与中国古词有许多相近之处，而其中游子思乡、夫妻别离、钟爱山水的内容则颇有中日文化交融的色彩。

《论作为状态完成的结果维持问题——汉日两种语言的体对比研究》（林璋，《日语学习与研究》2004：1）该文认为中日两种语言的"坐"/「座る」类动词和"抱"/「抱える」类动词，在持续体中都表现为结果的持续，而且主体可以对持续体中的结果进行干预。该文称这种类型的结果持续为"结果的维持"。日语的「座る」类动词和「抱える」类动词在完整体中可以表现变化的结果以及到达这个结果的过程；而汉语的"坐"类动词和"抱"类动词在完整体中需要伴随趋向补语。

《从音释法到转译法——日汉翻译笔法的历史流脉》（华侨大学王铁钧，《中国翻译》2004：5）该文认为音释法——直接辑录法—转译法，是日汉译名在不同时代的不同处理手法，但转译法的出现尤其具有里程碑的意义，它不仅意味着日语固有名称汉译手法的创新，同时也意味着中国的日本学研究领域终于拥有并能够运用于翻译意义上的、具有技法可言的翻译手段。

表 9—32　　　　　　　**1992—2005 年其他外语语种研究其他成果**

成果名称	作　者	发表刊物（出版社）及时间
"词法错误"与"句法错误"	丁志强	《法语学习》1992：1
当代俄语中的外来语	黄训经	《厦门大学学报》（哲学社会科学版）1992：4
语言国情学和作为外语的俄语教学	杨　杰	《国外俄语教学》1993：1
现代俄语中充当谓语的句子结构	黄训经	《厦门大学学报》（哲学社会科学版）1993：4
俄语的借词与外语原词	黄训经	《中国俄语教学》1994：4
法语"共有文化载体词"的几个基本特征	胡　佳	《四川外语学院学报》1995：3
浅谈俄语词汇的伴随意义	杨　杰	《解放军外语学院学报》1996：3
《法汉词典》语义描写的两个问题	胡　佳	《辞书研究》1996：4
略论翻译与翻译学	林　璋	《日语学习与研究》1996：4
法语行囊词研究——形态及语义分析	胡　佳	《外语研究》1997：2
汉俄复合词构词法与形态构词法的比较	顾鸿飞	《中国俄语教学》1997：3
试论日语外来语的本土文化	林娟娟	《厦门大学学报》（哲学社会科学版）1997：3
值得注意的"石斑鱼"误译现象	纪太平	《日语知识》1997：5
俄汉外来语的对比	顾鸿飞	《中国俄语教学》1998：1
两个语用原则与英、法、汉反身代词距离照应特征	李燕玉	《现代外语》1998：1
谈"比较翻译"	纪太平	《日语学习与研究》1998：1
试论法语动词的体及其应用	鲁京明	《厦门大学学报》（哲学社会科学版）1998：1
汉俄形态构词对比研究	杨　杰	《外国语》1998：1
日语接受关系试析	林　璋	《日语学习与研究》1998：1
谈商品广告翻译	纪太平	《日语学习与研究》1998：3
俄语外来语与外来语词典	杨　杰	《外语与外语教学》1998：7
"马鹿"未必皆为"糊涂蛋"	纪太平	《日语知识》1998：9
汉俄形态构词对比研究	杨　杰 顾鸿飞	黑龙江人民出版社，1999
论日语接续词的句法功能	林　璋	《日语学习与研究》1999：1

续表 9—32

成果名称	作　者	发表刊物(出版社)及时间
试用生成语法结构剖析法语 Lui—meme 同位句法特性	李燕玉	《厦门大学学报》(哲学社会科学版)1999:2
谈"请"一词的汉译	陈端端	《日语知识》1999:9
法语新型复合词结构中的零位素	胡　佳	《外语与外语教学》1999:12
试析当代日语借词对汉语的渗透	顾江萍	《汉字文化》2000:1
汉语主题性现象对中国学生学习法语的干扰	李燕玉	《厦门大学学报》(哲学社会科学版)2000:1
统制要领与法汉代词照应特性	李燕玉	《外语研究》2000:2
解读严复"信达雅"	林　璋	《中国科技翻译》2000:4
新编俄汉缩略语词典	潘国民 卜云燕	商务印书馆,2001
法语词典及工具书索引	胡　佳	《法语学习》2001:1
异文化与译作原版选择的关系问题之我见——从中日读者选择李白《静夜思》的不同版本谈起	纪太平	《日语学习与研究》2001:2
当代俄语报纸标题语言新特点	徐　琪	《俄语学习》2001:5
俄语中某些表爱称谓的语言文化阐释	杨　杰	《外语与外语教学》2001:12
俄汉、汉俄口译研究	顾鸿飞	莫斯科《Валент》出版社,2002
严复的译词和日语的新汉语词汇	胡　积	《福建师范大学学报》(哲学社会科学版)2002:1
翻译是异化还是化异?	冯寿农	《法国研究》2002:2
俄语报刊中 ПЕРИФРАЗА 的使用特点及变化探微	卜云燕	《外语与外语教学》2002:7
明代的倭患与中国的日本学研究	王铁均	《华侨大学学报》(哲学社会科学版)2003:1
日本近代启蒙思想在中国的传播形式及其汉译评析	王铁均	《华侨大学学报》(哲学社会科学版)2003:3
俄语最低限度词汇界定	卜云燕	《中国俄语教学》2004:4
日语マエカラ复句的用法	黄文溥	《解放军外国语学院学报》2004:4
网络语言对俄语词汇的影响	杨　杰	《Вестник》(《俄罗斯赤塔州国立大学学报》)2005:1
论日本语言与文化交叉研究的必要性	林娟娟	《日语学习与研究》2005:1

续表 9—32

成果名称	作 者	发表刊物（出版社）及时间
论中俄身势语文化差异的语用特征	卜云燕	《莫斯科大学学报》2005：2
日语中受益动词同现的句式	林 璋	《日语研究》2005：3
论俄语外来语词成因	杨 杰	«Вопросыфилологическихнаук»（《语文学问题》）2005：3
俄语人名称谓形式与人称代词 ты/вы 用法	杨 杰	《外语与外语教学》2005：8

第十章　历史学研究

第一节　史学理论研究

一、学科建设与学术研究

（一）学科建设

福建省专门从事史学理论研究的学者主要集中在福建师范大学和厦门大学，以及闽江学院、宁德师范高等专科学校等高校。2003年，福建师范大学获批"史学理论及史学史"硕士学位授予权。

（二）学术研究

福建省史学理论和史学史研究，涉及唯物史观、历史认识论、历史方法论、史学理论思想、史学史研究以及20世纪西方史学研究、历史人物评价等。1992—2005年，获得国家社会科学基金1项：唯物史观与中国历史研究（福建师范大学汪征鲁，2005）；获得福建省社会科学规划项目2项。其间，出版专著1本，发表论文50多篇，其中获得福建省社会科学优秀成果奖3项：《历史认识驱动系统论纲》（第四届二等奖，汪征鲁）、《论江泽民的历史观》（第五届一等奖，汪征鲁）、《唯物史观的历史命运》（第六届一等奖，汪征鲁）。

二、主要学术成果

（一）史学理论及方法研究

《论韦伯的历史哲学》（厦门大学林璧属，《史学理论研究》1992：4）该文从历史本体论、历史认识论和史学研究实践三个方面分析批判韦伯的历史哲学，得出两点结论：其一，韦伯的历史哲学作为世纪之交转换时期的历史哲学探索，具有承前启后、独树一帜之特点，其历史本体论与认识论并举的思想体系比欧洲哲学史上任何一位历史哲学家都要来得完整与博大，其史学研究实践又开拓了史学研究新领域，并对西方历史学产生影响。其二，韦伯的历史哲学是与马克思主义相对立的，属于分析批判的历史哲学范畴，其历史本体论实质上是唯心主义的历史本体论，其重视认识主体与客观方法论的历史认识论和历史客观认识方法论原则也存在着本质的缺陷与不足，其史学研究实践又过于强调宗教和文化因素。因此，那种企图以马克斯·韦伯不完善的理论来代替卡尔·马克思的历史唯物主义只是西方资产阶级学者的偏见。

《**钱钟书史学思想三题**》（宁德师范高等专科学校林校生，《史学理论研究》1995：4）该文认为，钱钟书虽在文学创作和研究方面成就卓著，其研究却带着历史研究的性质。主要表现在三个方面：其一是以今揆古，以古明今；其二是虚言徵实，史笔多疑；其三是世平史寡，怨极识真。该论文不仅广征博引，而且从历史哲学的角度，通过与西方历史哲学家史学思想的比较研究，探究钱钟书先生的史学思想。

《**历史认识的主体性与客观性**》（林璧属，《史学理论研究》1997：3）该文提出任何形式的历史研究都少不了主体的积极参与，历史认识不能排除主体性，要更积极地发挥主体的创造性作用。所谓历史认识，是历史认识主体通过运用历史认识工具、历史认知图式和史料、历史遗存物去实现客观历史实在的重构，是主体对客体的重构。在历史认识过程中，认识主体所常用的史料选择、历史的理解与解释可以消除其主观随意性，历史认识的客观真实性可以实现。这种客观真实性，一方面取决于过去历史的客观真实性，另一方面取决于历史认识主体通过消除认识过程中的主观随意性和通过认识主体间的交往实践来获得。因此，历史认识的客观真理性，不能通过认识过程中主体的客观中立来获得，而只能由认识主体的积极介入，通过不断的证实或证伪来获得。

《**历史认识驱动系统论纲**》（汪征鲁，《东南学术》1999：5）该文引入"需求"概念，辨析"非功利主义历史需求"和"功利主义历史需求"，并从主、客体两方面揭示推进历史认识和历史学发展的驱动系统。该文提出：人的历史需求在量与质上的不断发展、提高，是历史认识与历史学产生、发展的根本动力。而人类的历史需求是随着人类物质文明的发展而不断发展，且从非功利主义的历史需求中派生出功利主义的历史需求，后者的成分则不断地增长，从而使历史认识日益成为认识世界、改造世界的方法与手段之一。人类的历史需求作为历史认识发展的根本动力，可以从历史认识实践过程中的主体、中介系统、客体三个方面加以考察，尤其主、客体任何一个方面的变化和突破，都会引起历史认识的变化和突破。在历史认识的实践过程中，人的历史需求必然转化为具体的两个方面三个层次的制约力与驱动力，从而制约、驱动了历史认识与历史学的发展。这一结构与机制构成了历史认识的驱动系统，其对历史认识和历史学的推动，促使历史认识和历史学以一种周期性的三段式，周而复始地螺旋式地向上发展，具体表现为观点的创新与繁荣、进而方法的创新与繁荣、进而思维定势的改变。

《历史认识性质辨析》（林璧属，《史学理论研究》2000：3）该文首先对有关历史认识性质的四种不同论点，即传统的反映论、历史相对主义的主体创造论、主客体双向建构论、三极思维统一说，一一予以评析，并指出其认识上的局限性。该文认为：历史研究可分为不同的层次，具体包括历史文献的收集、历史事实的确定、历史意义的判断、历史人事的评价、历史规律的把握等，而不同认识层次在历史认识性质上也有不同的要求。因此，把历史认识界定为一种观念认识论，即用观念来把握和认知历史，则更能完整把握历史认识实际，体现历史认识过程的基本属性，也更能说明问题，能够包含历史研究的全部。

《论江泽民的历史观》（汪征鲁，《东南学术》2001：4）该文指出：每一个时代都具有这一时代特征的历史观，有自身发展的阶段性，在各阶段之间又存在着量与次本质的差异。可以用社会历史观的"体、用"之辨的文化范式为分析工具，揭示中国马克思主义唯物史观演化的轨迹。如毛泽东以唯物史观为"体"，以阶级斗争学说为"用"；邓小平以唯物史观为"体"，以发展生产力为中心为"用"；江泽民以唯物史观为"体"，以"三个代表"重要思想为"用"。这种唯物史观"体、用"架构的产生有着深刻的时代背景和知识背景，这两个背景赋予了江泽民唯物史观"体、用"架构以新的特质，反映在社会实践方面则表现为独特的历史思维、历史眼光和历史方法。因此，江泽民唯物史观"体、用"架构既是 20 世纪末建设具有中国特色的社会主义之实践的产物，同时也是当代唯物史观"体、用"架构发展的最新阶段；既是马克思主义理论体系新的生长点，更是马克思主义处于低潮时自我反思、自我完善机制的生动体现。

《历史学的困惑》（厦门大学陈支平，中华书局，2004）该书以对"历史学的困惑"为切入点，反思 20 世纪中国的历史学；在深入揭示 20 世纪中国历史学所存在的政治情结、道德情结和洋人情结的基础上，进一步阐明历史学家的社会责任。重新审视 20 世纪中期曾经盛极一时的"五朵金花"（中国历史分期、中国土地制度史、中国古代农民起义、资本主义萌芽、历史人物评价）研究课题、思考中国社会经济史学理论，细致反思区域史的研究，从史料的高度分析百年来方志的修撰；以"社会调查"为对象，重点探索历史研究方法的更新；期盼历史学走出"万金油"的困境，回归"一个庄严的学术或科学"环境。

《区域研究的两难抉择》（陈支平，《中国史研究》2005：1）该文在回顾 20 世纪 80 年代以来中国区域史研究的发展轨迹基础上，对区域史研究领域存在着的明显现实功利主义色彩和广告炒作式的弊端及其原因进行分析。认为，部分区域史研究已经完全脱离了学术研究的范畴，成为宣扬地方优势的一种广告法门和少数人追求名利的手段。该文以福建为例，指出福建在地理上偏隅东南一角，与外界的交通，既有便利的一面，也有阻塞的一面，因此从整体上看，还是有些小格局的状态，应如实地进行不同区域间的历史文化比较研究。

表 10—1   **1992—2005 年史学理论及方法研究其他成果**

成果名称	作 者	发表刊物（出版）及时间
历史知识的特质——钱钟书的文献史学之一	林校生	《福建论坛》1993：3
历史叙述单位的变迁	林校生	《宁德师范专科学校学报》1994：1
关于历史整体性研究的认识论思考	赵建群	《福建学刊》1994：2
历史叙事的时间框架	林校生	《福建论坛》1994：6
朱熹历史认识论二题	林校生	《宁德师范专科学校学报》1995：1
柯林伍德历史观述评	王立端	《三明高等专科学校学报》1995：2
也谈比较史学的逻辑特性	林校生	《宁德师范专科学校学报》1995：4
检验历史认识真理性的标准问题	林璧属	《江汉论坛》1995：6
历史学的功能与人类精神血脉的贯通	林校生	《宁德师范专科学校学报》1996：2
主体性与历史事实的确立	林校生	《宁德师范专科学校学报》1996：4
试论宗教对人类社会的影响	王立端	《三明高等专科学校学报》1997：1
当代史学与跨学科研究	赵建群	《江海学刊》1998：6
论历史认识活动与需要的关系	赵建群	《安徽史学》1999：1
从史学功能论历史学科在素质教育中的作用	王立端	《三明高等专科学校学报》1999：3
鲁宾逊史学跨学科思想述论	赵建群	《福建师范大学学报》（哲学社会科学版）2000：4
从《资本的年代》看霍布斯鲍姆的总体史思想	王立端	《塔里木农垦大学学报》2001：3
范文澜在民族史理论上的贡献	宋馥香	《社会科学战线》2002：3
略论中外历史比较研究应注意的几个问题	许二斌	《鞍山师范学院学报》2003：1
评青年卢卡奇的阶级意识理论	王立端	《三明高等专科学校学报》2003：3
历史的眼光　历史的思维	汪征鲁	《求是》2003：6
试论历史学在社会转型期的价值所在	赵　澜	《福建教育学院学报》2004：1
史学在弘扬和培育民族精神中的作用	王立端	《三明高等专科学校学报》2004：1
中国马克思主义以人为本价值观的崛起	汪征鲁	《福建师范大学学报》（哲学社会科学版）2005：3
社会历史解释的新模式——评 E.P. 汤普森对历史唯物主义的解读	王立端	《福建师范大学学报》（哲学社会科学版）2005：6
历史文献纪录片电视话语方式的思考	张　侃	《中国广播电视学刊》2005：8

（二）史学史和历史人物评价研究

《论"历史的碎化"》（福建师范大学赵建群，《史学理论研究》1993：1）该文对中西大多数学者质疑和批评 20 世纪西方史学研究领域越来越宽泛、研究课题日益多样化和细微化的史学现象，即"历史的碎化"提出不同的看法。认为不应该对 20 世纪西方史学研究实践中所出现的"历史的碎化"现象，简单化地给出否定性的结论，必须加以科学的分析。指出：20 世纪西方史学是受科学整体化趋势的推动，在 20 世纪社会科学高度综合与高度分化的辩证运动中，逐步形成高度分化，即以"历史的碎化"为特征的分化。人类对于自身历史，以及更高的目标人类社会和客观世界的整体认识，只能而且必将实现于科学不断分化和整体化的辩证发展过程之中。

《论"问题史学"》（赵建群，《史学理论研究》1995：1）该文着重探索 20 世纪主要的史学流派——法国年鉴派所提出的"问题史学"模式，认为年鉴派成员在批判传统史学的过程中，变革了传统的史学观念，即与实证主义史学家截然不同的是，年鉴派成员充分肯定史学研究者在研究过程中的作用和地位。他们正是以此为基本观念，而把历史研究归结为"提问—解答"的过程，进而确立了"问题史学"的实践形式。该文指出：年鉴学派成员不仅认为史学研究者居于研究的主导地位，而且认定"所有历史都涉及选择"，并从研究实践的角度进一步指出历史研究是一种创造性的认识活动，即提出问题——创制"对象"和解答问题——构建"史实"。

《历史人物评价两难题》（林璧属，《史学理论研究》1999：2）该文提出，在历史人物评价的方法中，迄今仍有两个难题不易解决：其一是如何保证研究者准确地评价历史人物；其二是在具体的历史人物评价中，如何从方法上解决历史人物评价分歧。针对这两个难题，该文从评价者与评价对象之间的历史认识论机制入手展开探讨，认为：研究者必须选择正确的衡量标准，并作出恰如其分的判断，才能保证历史人物评价得出科学合理的结论；解决历史人物评价分歧，解决真义多元性的出路在于社会主体间的交往实践，如此方能避免评价分歧，亦能在历史人物评价中寻找到各方都能取得理解和接受的评价成果。

《从李鸿章外交行为的功过认定看历史人物评价的普遍性法则》（林璧属，《史学理论研究》2002：4）该文以对李鸿章外交行为功过认定为例，阐明对历史人物评价的看法。该文认为历史人物评价中有一条很重要的标准，就是要坚持马克思主义唯物史观的指导，综合考察历史人物的全部活动，看其对当时社会和整个人类社会的发展与进步是起的推动作用，还是阻碍和破坏作用，分别情况，予以恰如其分的判断。一方面要把历史人物的实践活动放在当时当地予以检验，并结合其实践活动对后世社会的影响进行评价；另一方面要将历史人物的主观动机与客观历史后果结合起来进行评价。

《贾谊史论对司马迁史学的影响》（闽江学院宋馥香，《史学理论研究》2003：3）该文认为司马迁和他的《史记》之成为中国历史上最成功的史学家和史著之一，除了其个人和时代等因素以外，也得益于汉初以来思想家、政治家的史论给予他的启示，其中贾谊的《过秦论》、通变观以及加强中央集权等思想，都为司马迁撰述历史著作提供了宝贵的思想养料。他正是在汉初文化多元的丰润土壤中，从历史的角度深入思索他所处时代的课题，所形成的一套比较完整的认识历史和社会的"一家之言"，显示出其思想的理性光芒，不仅为当时社会提供了如何有效地加强中央集权、防止历史倒退的决策思考，而且对后世产生了积极的影响。

表 10—2   **1992—2005 年史学史和历史人物评价研究其他成果**

成果名称	作 者	发表刊物（出版社）及时间
西方历史哲学的产生与中国传统史学的转轨	林校生	《宁德师范专科学校学报》1994：2
"唯有总体的历史才是真历史"透析	赵建群	《史学月刊》1996：5
评现代西方史学主体认识论	林璧属	《学术月刊》1996：7
论范文澜在民族史撰述上的贡献	宋馥香	《淮阴师范学院学报》2002：2
论《唐鉴》的编纂特点及其历史评论特色	宋馥香	《郑州大学学报》2004：2
论欧阳修《新五代史》的编纂特点	宋馥香	《吉林师范大学学报》2004：1
《资治通鉴》：编年体史书历史叙事发展的高峰	宋馥香	《陕西师范大学学报》2004：2
重新解读鲁宾逊新史学派——评《鲁宾逊新史学派研究》	王立端	《三明学院学报》2005：1
后现代主义关于历史认识主观性之评析	赵 澜	《福建师范大学学报》（哲学社会科学版）2005：4
在"边缘"思考"主流"——20 世纪 20—30 年代厦门大学史学研究趋向探析	张 侃	《厦门大学学报》（哲学社会科学版）2005：5
《新五代史》对"不没其实"原则的具体应用	宋馥香	《河北职业技术学院学报》2005：2

第二节　中国古代史研究

一、学科建设与学术研究

（一）学科建设

福建省中国古代史研究的主要力量集中在厦门大学、福建师范大学和福建社会科学院。1981 年厦门大学中国古代史和专门史（中国古代经济史、中外关系史）专业获准为第一批博士、硕士学位授予单位；1995 年，该校历史系获批"国家历史学科人才培养和科学研究基地"。1998 年，福建师范大学中国古代史专业获硕士学位授予权；2003 年 10 月，该校历史系获准建立博士后科研流动站；2004 年，其专门史专业入选福建省重点学科。2005 年，福建省高等学校人文社会科学研究基地"厦门大学中国社会经济史研究中心"成立。同年，该校历史文献学专业入选福建省重点学科。

（二）学术研究

福建省中国古代史研究集中在断代史、通史、政治制度史、社会经济史、思想文化史和帝王研究等领域。

1992—2005 年，该学科获得国家社会科学基金项目 2 项：唐宋制度变迁与地方政府经济管理职能演变（厦门大学陈明光，2000）、唐宋科学技术进步与生产力、环境关系研究（厦门大学郑学檬，2003）；教育部及其他部委项目 3 项：历史上东南地区的文化网络与国家认同（厦门大学郑振满，2001）、民间历史文献与文化传承研究（郑振满，2004）、泛血缘文化与周秦汉社会结构研究（福建师范大学巴新生，2005）；还获得 1 项清史纂修工程项目：清史·传记·道光朝（厦门大学杨国桢，2004）。同期获得福建省社会科学规划项目 3 项。

这个时期，出版专著 30 余部，发表论文 200 余篇，其中获教育部人文社会科学研究优秀成果奖 3 项：《明史新编》（第一届二等奖，厦门大学傅衣凌主编，杨国桢、陈支平著）、《魏晋南北朝选官体制研究》（第二届三等奖，福建师范大学汪征鲁）、《中国赋役制度史》（第二届二等奖，郑学檬主编，陈明光、杨际平、郑学檬、陈衍德、陈支平撰写）；获福建省社会科学优秀成果奖 19 项：《中国文化史稿》（第二届一等奖，福建师范大学刘蕙孙）、《五代十国史研究》（第二届二等奖，郑学檬）、《魏晋南朝官职的"言秩"与"不言秩"》（第二届三等奖，汪征鲁）、《唐代御史制度的特色》（第二届三等奖，福建师范大学胡沧泽）、《魏晋南北朝选官体制研究》（第三届一等奖，汪征鲁）、《乾隆传》（第三届三等奖，福建师范大学唐文基、罗庆泗）、《中国赋役制度史》（第三届三等奖，郑学檬主编）、《乡土之链——明清会馆与社会变迁》（第三届三等奖，厦门大学王日根）、《隋文帝传》（第四届一等奖，厦门大学韩昇）、《〈资治通鉴〉治国思想研究》（第四届二等奖，厦门大学邹永贤）、《明末清初中西文化冲突》（第四届二等奖，厦门大学林仁川、福建社会科学院徐晓望）、《五—十世纪敦煌的家庭与家族关系》（第四届二等奖，厦门大学杨际平、郭锋、张和平）、《中国通史·隋唐卷》（第四届三等奖，胡沧泽）、《两晋方镇幕府个案研究》（第四届三等奖，宁德师范专科学校林校生）、《唐代监察体制的变革》（第五届三等奖，胡沧泽）、《明清人的"奢靡"观念及其演变》（第五届三等奖，厦门大学钞晓鸿）、《论殷周的文祭——兼再释"文献"》（第五届三等奖，漳州师范学院靳青万）、《中国监察制度史纲》（第六届二等奖，胡沧泽）、《"（司马）越府多隽异"补释》（第六届三等奖，林校生）。

（三）学术会议

1992 年 9 月，全国首次李光地学术讨论会在安溪举行，北京、湖北、福建等地 70 余位学者与会，提交论文 62 篇，围绕李光地的历史地位、学术思想及其在科技、音韵、文学等方面的成就进行研讨，亦论及李光地的祖籍家世、乡族观、安溪民俗及有关碑文等方面。会后出版《李光地研究——纪念李光地诞生三百五十周年学术论文集》（厦门大学出版社，1993）。

2001 年 8 月，中国明史学会与厦门大学联合发起、厦门大学人文学院承办的第九届明史国际学术讨论会在武夷山举行。日本、美国、韩国和中国大陆、台湾、香港的 150 余位学者与会，提交论文 78 篇。会议以明代社会经济史为主题，兼明代政治、军事、文化、习俗等问题展开讨论。其中 24 篇论文作为"纪念傅衣凌教授诞辰 90 周年"专栏在《中国社会经济史研究》（季刊）2001：4 和 2002：1、2、4 上发表，其余的 54 篇收入《第九届明史国际学术讨论会暨傅衣凌教授诞辰九十周年纪念论文集》（厦门大学出版社，2003）。

二、主要学术成果

（一）断代史、通史研究

《太伯奔吴与先吴史事试探——从福建华安仙字潭摩崖石刻图象文字推论周代吴国前期情况》（刘蕙孙，《人文杂志》1992：5）该文根据《史记·吴太伯世家》和《吴越春秋》的记载，推测太伯、仲雍是奔于距周原不远的商洛山中荆蛮部落之内，在那里建立了一个小小部落。后世遭逢丧乱，在那里存不住身，率领部落逐水草而居，到了今天太湖三角洲一带定居下来，其地是夷、蛮杂居之处，故称夷蛮。作者把太伯自号句吴和寿梦称王的过程与福建华安仙字潭摩崖石刻所记情况进行对比，认为句吴应音孤，孤是古代君长自己的谦称，又是群众对君长的尊称；石刻是先吴"始益大"的史实，还是先吴直接文献的遗留，可以补充《世家》和《吴越春秋》之不足。

《明史新编》（傅衣凌主编，杨国桢、陈支平著，人民出版社，1993）该书阐述明王朝的建立、巩固、演变和衰亡的过程，在整体结构上显现出三个特点：一是在明史的阶段划分上，该书采用以政治史的演变为基本线索，结合社会历史发展脉络的分段方法，将明代划分为洪武、建文、永乐时期，洪熙、宣德时期，正统到正德时期，嘉靖、隆庆、万历时期和天启、崇祯时期，并对各个时期的政治、经济和社会生活、思想文化作了相应的叙述。二是对以往研究比较薄弱的民间社会风貌，作了一定篇幅的论述，体现出社会史和经济史相结合的显著特色。三是把明代的科学技术、思想文化以及民族关系、中外往来等方面，融合到明代的各个阶段之中，使之与当时社会、政治、经济、军事等方面的变化，相互紧密地结合在一起，从中反映这些方面在相互影响下的变化和发展，展现了时代特点。

《中华文明五千年》（厦门大学韩国磐、郑学檬主编，天津人民出版社，1993）该书是一部简明扼要的中国古代史，论述自原始社会至 1840 年间的政权更迭、政治制度、社会经济、民族关系与对外关系、科技文化成就。该书认为：在五千年的中国文明史中，开满了光辉灿烂的文明之花，贯穿着人民勤劳勇敢、坚忍不拔的种种美德和公而忘私、大同思想等舍身为国的可贵精神，以及反对封建剥削、反对民族征服和反对外来侵略的优良革命传统。不过，在不同时期、不同朝代各有其不同的表现和特点，体现出各种学术文化的兴衰起落，各种制度的演变和各种矛盾斗争的发展变化。如果将各时期各朝代都看成千篇一律，显然是错误的，而必须分清各个朝代各有其重点和特色，既要掌握一般性，同时也要掌握特殊性。

《后妃外戚专政史》（厦门大学杨友庭，厦门大学出版社，1994）该书从战国时期秦国的宣太后、穰侯写起，至清末慈禧太后为止，叙述中国封建社会后妃外戚专政的历史发展过程，分析其产生的原因及各个时期不同的特点。作者认为后妃外戚专政是封建主义中央集权制与宗法制相结合的必然产物，对其功过是非要具体问题具体分析。凡推进社会进步，促进历史发展，有益于国家的统一和民族的融合者就应肯定，反之就须否定。

《略论中国古史上的历次改革》［韩国磐，《厦门大学学报》（哲学社会科学版）1996：2］该文指出：在中国古代，改革贯穿于整个历史长河，是历史发展过程中必然产生的现象。改革有成有败，主要取决于其所处的历史阶段和反对派的力量，如果处于某一社会或国家上升阶段，改革力量强大，则会取得很好或较好的成效；如果处于社会或王朝没落阶段，则收效甚微乃至失败。早期的改革，多明言改革，自立理论，后期则多托名古法，或明言复古，实际是在复古名义下进行新的变革。

《隋史考证九则》（韩昇，《厦门大学学报》1999：1）该文参详各史记载，排比考证，研究了隋朝王室籍贯、杨忠是否参加"擒窦泰"战役、独孤皇后生年及婚年、隋文帝任随州刺史的时间及隋文帝诛北周六王冤案、篡周系时，以及隋代流刑、开皇定《令》时间、开皇年间隋文帝废置县等九个基本问题。关于隋室籍贯，作者认为隋杨自五世祖杨元寿时，因出任武川镇司马而定居于此，且其发迹实赖于武川集团，故应视其为武川人氏；隋杨与弘农杨氏的结合，是民族融合形势下，崛起于政坛的下层武将融入门阀社会现象的缩影，同时也是门阀士族通过与政治强人结合而复兴的典型事例。对于其他几个问题，亦订正史实，提出见解。

《新编中国古代史教学参考资料》（郑学檬、陈支平主编，厦门大学出版社，1999、2003）共三册，各分册另设主编负责。第一册（先秦秦汉部分），主编厦门大学施伟青；第二册（三国魏晋南北朝隋唐部分），主编韩昇；第三册（宋元明清部分），主编厦门大学颜章炮。每章由"原始资料"、"论著摘要"、"论著目录索引"三部分组成；"原始资料"部分，摘录相关问题的基本史料，"论著摘要"部分，重点介绍学术界相关的、有较大影响的研究成果，"论著目录索引"部分，介绍 20 世纪以来相关专题的研究概况。

表 10－3　　　　　　　　**1992—2005 年断代史、通史研究其他成果**

成果名称	作者	发表刊物（出版社）及时间
王莽建立新朝的经过及具体时间	徐六符	《福建师范大学学报》（哲学社会科学版）1993：1
论秦末农民起义的口号	施伟青	《厦门大学学报》（哲学社会科学版）1994：2
乾隆后期贪污案	唐文基	《福建师范大学学报》（哲学社会科学版）1994：4
翰林学士与二王八司马事件	毛 蕾	《文史知识》1996：1
中国历史上的清官	方宝璋	《前进论坛》1996：7
中国通史（青少年版）	韩国磐主编	吉林人民出版社，1997
也评吴楚七国之乱	何为义	《辽宁大学学报》1997：2
明清之际中国大国地位衰微的内部原因探讨	卢红飙	《理论学习月刊》1997：8
中国古代社会研究——庆祝韩国磐先生八十华诞纪念论文集	郑学檬主编	厦门大学出版社，1998
隋文帝时代中央高级官员成分分析	韩 昇	《学术月刊》1998：9
历史是现实社会的镜子	韩国磐	《东南学术》1999：1
清朝平定新疆割据势力及其历史意义	郑元珑	《福建师范大学学报》（哲学社会科学版）2000：1
秦汉政权和匈奴的关系	黄 云	《华东理工大学学报》2000：1
古代中国政治中心之分布流转——读《中国古都和文化》	林校生	《华侨大学学报》2000：1
"八王之乱原因论"诸说述要及献疑	林校生	《宁德师范专科学校学报》2000：1
唐代桂州戍卒起兵的性质	戴显群	《史学月刊》2000：2
左右西晋政局的区域社会力量——以山西人士为视点	林校生	《华侨大学学报》2000：3
鸦片战争前的鸦片论议新探	郑剑顺	《厦门大学学报》（哲学社会科学版）2001：3
从明清东南海防体系发展看防务重心南移	卢建一	《东南学术》2002：1
曹魏政权的立后观试探	黄清敏	《太原教育学院学报》2002：1
"部落联盟"时代中华民族共同地域形成新探	郑元珑	《福州师范专科学校学报》2002：1
漫议"八王之乱"的"名"与"实"	林校生	《福州大学学报》2002：2
论西汉初期皇嗣之争	陈 志	《福建论坛》（人文社会科学版）2002：4
关于王敦幕府的考察及推论	林校生	《华侨大学学报》2002：4
从东南水师看明清时期海权意识的发展	卢建一	《福建师范大学学报》（哲学社会科学版）2003：1

续表10—3

成果名称	作　者	发表刊物（出版社）及时间
西晋"八王"幕佐分府考录	林校生	《宁德师范专科学校学报》2003：1
明代东南海防中敌我力量对比的变化及其影响	王日根	《中国社会经济史研究》2003：2
西晋"赵王伦起事"社会基础辨略	林校生	《福州大学学报》2003：3
司马越府"隽异"与西晋王朝的历史出口	林校生	《华侨大学学报》2003：3
李显甫集诸李开李鱼川史事考辨——兼论魏收所谓的太和十年前"唯立宗主督护"	杨际平 李　卿	《厦门大学学报》（哲学社会科学版）2003：3
王安石变法新探	马和平	《哈尔滨学院学报》2003：3
"八王之乱"丛稿	林校生	福建人民出版社，2003
唐代淄青镇的特点	郝　黎	《青岛科技大学学报》2003：4
中国古代史（新版上、下册）	唐文基	福建人民出版社，2004
中国古代史论丛	施伟青	岳麓书社，2004
隋唐时期西域人的内迁及其影响	刘锡涛	《喀什师范学院学报》2004：1
乾隆朝黄梅案中民意的体现及其意义	王日根 缪心毫	《吉首大学学报》2004：2
毕仲衍《中书备对》户口年代考	徐东升	《中国社会经济史研究》2004：2
隋唐时代黠戛斯部与中原王朝关系初探	郑元珑	《福建师范大学学报》（哲学社会科学版）2004：4
明代海防建设与倭寇、海贼的炽盛	王日根	《中国海洋大学学报》2004：4
西晋末司马睿府佐吏考略	林校生	《宁德师范专科学校学报》2005：2

（二）政治制度史研究

《中国古代法制史研究》（韩国磐，人民出版社，1993）该书分"中国古代奴隶社会法制研究"和"中国封建社会法制研究"两部分，以专题的形式，对我国古代法制史上的许多"发人深省、值得研究"的问题进行探讨，如有无"画衣冠、异章服"的象形，《周礼》一书的真伪，秦用酷法，刘邦废除苛法等。作者认为，各朝代初期的立法，一般都很简易，以后为了适应各封建王朝的需要而逐渐完备或严密起来。由三代至唐，刑罚系由严向宽发展。但唐以后，某些方面却出现了逆转现象。作者还指出，中国历史上的法律，不仅仅是维护统治阶级利益、进行阶级压迫的工具，其中一些法律对发展农业、提高办事效率、打击贪赃枉法等方面，均有积极作用。

《唐代御史制度研究》（胡沧泽，台北文津出版社，1993）该书运用现代政治学的基本原理和思想方法，将御史制度置于整个唐代政治统治体系中进行探讨。作者认为：从组织机构看，唐代御史台名称虽屡经变异，但其机构却基本保持不变，这就形成了御史台机构的完整性和系统性。在职能方面，它既总结和继承了唐以前我国御史制度的职能，又有新的发展，从政治、经济、军事到司法，无所不察，形成了职能的多样性和变通性。御史台在行使权力过程中具有相对的独立性和专门性，表现在御史台长官可以自荐御史，御史弹劾不受长官约束，御史台官吏对皇帝的诏命可以拒受等。这些特点，不仅在唐代发挥着重大的作用，而且对后代产生深远的影响。

《中国赋役制度史》（郑学檬，厦门大学出版社，1994）该书论述中国古代各朝代的赋役制度，认为中国赋役制度的演变有着循环性、反复性和差异性的特点。作者指出重视赋役制度与国家政治、经济形势，财政状况，与社会各阶层负担有着密切关系，将中国赋役制度放在中国经济发展过程中考察、分析、研究，勾勒出赋役制度演变的背景。

《〈大唐开元礼〉初探——论唐代礼制的演化历程》（福建师范大学赵澜，《复旦学报》1994：5）该文论述《开元礼》制订的历史过程，认为《开元礼》的撰修原则是将《贞观礼》、《显庆礼》加以"折中"，择善而从；《开元礼》具有总结性、全面性、系统性三大特点，反映了盛唐社会生活的繁荣气象；《开元礼》不仅指导了唐代的礼仪活动，还奠定了后代各王朝礼典的基本格局，是中国封建社会的一部重要礼仪法典。

《魏晋南北朝选官体制研究》（汪征鲁，福建人民出版社，1995）该书把魏晋南北朝的选官体制视为"一个由若干子系统构成的母系统"，在微观研究、量化研究的基础上，对这一母系统及其子系统的结构、机制、作用和性质作全面描述和辨析，认定魏晋南北朝选官体制的类型尚属以察举、征辟为主体的选官体制；九品中正制本身不构成一个独立的选官系统，它仅仅是诸选官系统这一母系统下考核子系统的一个考核环节、考核层次。作者将《汉书》到《隋书》12部正史中入仕状况可考的2857位传主，进行列表分析。在此基础上，兼顾"体、制"两个方面，既注重考察有关史书《选举志》、《职官志》等典章制度，又注重考察官员的实际入仕状况即典章制度之社会实践等。

《孙吴封爵制度商探》（陈明光，《中国史研究》1995：3）该文探讨孙吴封爵制的始行时间、施行对象、封授内容和性质，认为：孙吴的封爵之名在建安时期未立国之前就出现了，而且受封者不少，并不是自黄武元年以后才出现的；就孙吴封爵制度的主要授予对象和内容来说，可以把它概括成旨在酬赏军功的虚封制度，不具有汉代的"衣食租税"的经济内容；孙吴之所以实行虚封制度，一是当时尚武的社会风气使然，二是财力分配状况使然。

《唐初三省长官皆宰相》〔韩国磐，《厦门大学学报》（哲学社会科学版）1997：4〕该文针对李湜在《论唐代宰相中书门下二省制》中认为尚书省长官从唐初起就不是宰相的说法，认为武德元年后到唐太宗去世，尚书仆射不加衔即为宰相；高宗继位后到武则天去世，仆射须加同三品等衔方为宰相；及至神龙、景云时，仆射有不加衔者即不能履行宰相之职。

《唐代的枢密使》（福建师范大学戴显群，《中国史研究》1998：3）该文指出唐代的枢密使是由宦官充任的内诸司使之一；在中晚唐宦官势力恶性膨胀以及政治中枢大权逐渐移入内廷的情势下，枢密使掌握了很大的权力；它与左、右神策护军中尉合称"四贵"，是宦官集团的首脑人物；它与外朝宰相同中书门下平章事、翰林学士共同构成唐后期新的政治中枢。在唐后期错综复杂的政治斗争中，枢密使扮演了一个极为重要的角色。

《中国监察制度史纲》（胡沧泽，方志出版社，2004）该书运用系统论的观点，从监察的内涵、职权，监察与皇帝、宰相、百官的关系，监察与政治风气、王朝兴衰的关系敷陈论列，认为监察制度是中国封建政治统治体系中的一个子系统，与之并列的子系统还有立法、行政、司法、军事等制度，监察制度与这些子系统之间有着相互制约又相互依存的关系。作者分析比较中国监察制度与世界其他国家的监察制度不同特点，认为监察机构是皇帝的御用工具，监察的根本目的是维护皇权，监察的作用和弊端均源于此；随着监察制度不断完善，监察范围和权限不断扩大，监察法规不断完备，逐步形成从政治、经济、军事到司法无所不察的局面；监察体系中御史机构不断发展，谏官机构日趋消亡，这是中国封建君主专制不断加强的反映和必然结果。

表 10-4　　　　　　**1992—2005 年政治制度史研究其他成果**

成果名称	作者	发表刊物（出版社）及时间
"上计制度"的历史考察	徐心希	《福建师范大学学报》（哲学社会科学版）1992：4
唐代后期并存着两个户部司吗——对《唐代户部使司与原户部司异同辨》的质疑	陈明光	《历史研究》1992：6
唐代御史台与宰相的关系	胡沧泽	《福建师范大学学报》（哲学社会科学版）1993：2
试论明清人事行政制度	潘丽真	《厦门大学学报》（哲学社会科学版）1993：3
中国历代选官制度	陈茂同	华东师范大学出版社，1994
谈中国古代的兵农结合	张一仪	《农业考古》1996：1
唐代中日两国地方监察制度的比较研究	胡沧泽	《福建师范大学学报》（哲学社会科学版）1996：4
皇帝·宰相·宦官——晚唐中枢权力分配格局变动述略	陈明光	《文史知识》1996：7
简述中国古代取士制度的源流和状况	卢建一	《福建师范大学学报》（哲学社会科学版）1997：3
唐代进奏院小考	刘艳杰	《厦门大学学报》1997：4
藩镇与唐朝中枢权力分配格局的关系的几个问题——答王玉群同志	陈明光	《文史知识》1997：7

续表 10－4

成果名称	作 者	发表刊物（出版社）及时间
武则天时代的礼仪与政治	赵 澜	《福建学刊》1998：2
唐代的南选制度	戴显群	《福建师范大学学报》（哲学社会科学版）1998：3
论唐中宗、睿宗时期佛道政策的嬗变	李金水	《厦门大学学报》（哲学社会科学版）1998：3
略论中国古代对官吏经济政绩的考核	陈永正	《福建师范大学学报》（哲学社会科学版）1999：2
唐后期政治中枢的演变与唐王朝的灭亡	戴显群	《福建师范大学学报》（哲学社会科学版）1999：3
唐代封禅活动特点述评	方百寿	《华侨大学学报》2000：1
唐代监察制度对皇帝的制约	胡沧泽	《福建师范大学学报》（哲学社会科学版）2000：3
五代的枢密使	戴显群	《中国典籍与文化》2000：3
中国古代选官制度简议	周雪香	《龙岩师范专科学校学报》2000：4
试析南朝典签制度	王丽芬	《黔东南民族师范专科学校学报》2000：5
唐五代政治中枢研究	戴显群	厦门大学出版社，2001
吐蕃节度使考述	金滢坤	《厦门大学学报》（哲学社会科学版）2001：1
唐代封禅的功能及意义	方百寿	《泰安师范专科学校学报》2001：1
论殷周的文祭——兼再释"文献"	靳青万	《文史哲》2001：2
唐代监察体制的变革	胡沧泽	《福建师范大学学报》（哲学社会科学版）2001：3
关于五代宰相制度的若干问题	戴显群	《长沙电力学院学报》2001：3
论五代枢密使之权最重	黄洁琼	《鹭江职业大学学报》2001：3
略论《开元礼》的制定与封建礼制的完备化	赵 澜	《福建教育学院学报》2002：1
人类学视野下的《大唐开元礼》封禅仪式分析	方百寿	《甘肃社会科学》2002：1
南朝"迎吏"、"送故吏"新探	汪征鲁	《中国史研究》2004：4
魏晋时期的特权法与士族门阀制度的形成	薛 菁	《福建论坛》（人文社会科学版）2004：9
中国古代官制译名简明手册	林金水 邹萍编	上海书店出版社，2005
唐代投匦制度述论	戴显群	《福建师范大学学报》（哲学社会科学版）2005：1
试论唐中央行政对监察权力的弱化	靳阳春	《中南民族大学学报》2005：1
剖析后唐伶官现象	戴显群	《长沙理工大学学报》2005：2
魏晋南北朝御史监察制度的基本特征	薛 菁 林恒青	《闽江学院学报》2005：3

（三）思想文化史研究

《朱熹格物致知论的科学精神及其历史作用》［厦门大学乐爱国、高令印，《厦门大学学报》（哲学社会科学版）1997：1］该文认为，朱熹的思想体系以格物致知论最为重要，且最有影响。格物致知包括格自然之物的科学研究活动，朱熹在格物致知中进行广泛的自然科学研究，取得丰富的成果。该文分析朱熹的格物致知的思想与科学活动的关系，认为集宋代理学之大成的朱熹思想对当时正处于发展高峰的中国古代科技乃至后来的科技发展都具有重要的影响。

《明末清初中西文化冲突》（林仁川、徐晓望，华东师范大学出版社，1999）该书前四章论述自唐至清前期基督文化在中国的传播与冲突，认为基督文化自唐朝传入中国以后，历经元、明、清三朝，几起几落，虽然有时也得到较大的传播和发展，但总的看来，始终不能在中国站稳脚跟。后四章从价值观、伦理观、宗教观、政治观等方面深入探讨基督文化与中国传统文化冲突的根本原因。

《"调均贫富"与"斟酌贫富"——从孔子的"患不均"到唐代的"均平"思想》（陈明光，《历史研究》1999：2）该文考察先秦至唐代均平思想尤其是赋役均平思想及其措施的传承脉络，指出唐代统治阶级和农民阶级所谓"均平"，其思想来源和经济内容都基本相同，系承袭前代的"调均贫富"和"斟酌贫富"，即要求根据贫富差别相应承担不同的赋役负担。其宗旨是相对平均主义，而非绝对平均主义，因而具有一定历史合理性。

《科举、禅宗与中国文化思想史的分期》［厦门大学易中天，《厦门大学学报》（哲学社会科学版）1999：4］该文认为，本世纪以前，中国文化思想史大约可以分为三个历史时期。第一个历史时期是先秦两汉，第二个历史时期是魏晋南北朝，第三个历史时期是隋唐五代宋元明清。该文分析探究三个历史时期主导思想和特征，代表性人物和著作，以及三个时期文化思想的相互关系和演变成熟过程。

表 10－5　　　　　　　　**1992—2005 年思想文化史研究其他成果**

成果名称	作　者	发表刊物（出版社）及时间
略论朱熹对老子的评价	何乃川	《厦门大学学报》（哲学社会科学版）1992：4
试论明清文化的世俗化	王日根	《社会科学辑刊》1993：1
论明清时期的商业发展与文化发展	王日根	《厦门大学学报》（哲学社会科学版）1993：1
《儒林外史》与民族文化的历史审视	王日根	《东南文化》1993：4
唐文化研究论文集	郑学檬等　主　编	上海人民出版社，1994
唐代丝绸图素的民族特色	郑学檬　卢华语	《社会科学战线》1994：1
朱熹《大学》《中庸》注对中华文化的理论贡献	陈进坤	《厦门大学学报》（哲学社会科学版）1994：2
河洛文化 源远流长	韩国磐	《文史知识》1994：3

续表 10—5

成果名称	作者	发表刊物（出版社）及时间
略论先秦华夏民族性格的演变	翁银陶	《中州学刊》1994:6
古代家训中的道德教育思想探析	陈节	《福建学刊》1996:2
略论中华区域文化	方宝璋	《文史知识》1996:2
朱熹理学对欧洲启蒙思想家的影响——兼论中国文明对西方文明的作用	程利田	《学术论坛》1996:3
汉文化为中心的唐代文化大融合	张雪莲	《人文地理》1997:3
浅谈我国古代注释方法的种类及其演变	简文晖	《史林》1997:4
略论清代前期沿海地区士人对世界的认识——以闽、粤、浙为例	黄顺力 叶赛梅	《中国社会经济史研究》1998:1
试论中国封建社会地名变迁的若干缘由	孙清玲	《福建师范大学学报》（哲学社会科学版）1998:3
论置博士弟子员与意识形态的关系	郜积意 黄珊	《福建论坛》（文史哲版）1998:3
明至清末译书书目的状况和评价	林立强	《东南学术》1999:3
从《左传》看春秋的礼治思想	卓智玉	《厦门教育学院学报》2000:1
中国古代官德的现代借鉴	欧榕	《福建师范大学学报》（哲学社会科学版）2000:2
在文化与政治之间——西汉循吏治政策略的意识形态意义	黄珊	《福建论坛》（人文社会科学版）2000:2
宋代禁书的类型及影响	陈日升	《福州师范专科学校学报》2000:2
古代家书发展史略	王人恩	《社会科学纵横》2000:6
和谐主义的伦理观——从《朱子家训》看朱熹的伦理观	张志雄	《南平高等师范专科学校学报》2000:9
朱熹家庭伦理思想探微	兰宗荣	《南平高等师范专科学校学报》2000:9
试论孔子和儒家思想对沈葆桢的影响	柯远扬	《福建师范大学学报》2000:10
从《朱熹集》看朱子对孔子的继承与发展	何绵山	《福州高等师范专科学校学报》2000:10
林则徐的思想境界	林友华	《福建教育学院学报》2000:11
洛、许名士与汉魏之际的学风演变	徐华	《史学月刊》2001:2
中国文化中帝王原型的嬗变	周南翼	《西南师范大学学报》2001:3
"封泥"与秦政文化	樊如霞	《兰台世界》2001:3

续表 10—5

成果名称	作　者	发表刊物(出版社)及时间
道光朝经世派群体考略	王　民 邱勇强	《东南学术》2001:5
传统文化的精髓与先进文化的构建	胡沧泽	《东南学术》2004 增刊
对先秦文化的重新体认	汤漳平	《中州学刊》2005:1
吉安宋代文化发展成就略说	刘锡涛	《井冈山师范学院学报》2005:1

（四）帝王与其他历史人物研究

《隋炀帝传》［胡沧泽，台北国际翻译社（国际文化），1993］该书记述隋炀帝所作所为，暴露隋炀帝矫情饰行、谗言夺嫡、弑父篡位、杀兄囚弟、大兴土木、挥霍无度、刚愎自用、拒谏饰非、信用群小、专断独行、穷兵黩武、四处征伐等弊端，同时记述其开凿运河、改革制度、创设科举、繁荣文化、经通西域、航海台湾、遣使周边等举措，让读者从中对隋炀帝的历史是非功过得出自己的结论。

《乾隆传》（唐文基、罗庆泗，人民出版社，1994）该书以乾隆三十九年（1774）为界，把乾隆执政时期分为前后两个时期，其中十六年至三十九年，是乾隆朝鼎盛岁月。三十九年爆发的山东王伦起义，是乾隆朝从盛入衰转折的标志。作者把乾隆置于其所处时代来考察，认为乾隆承先祖余绪，仗全盛国力，平定边疆，拒西方殖民者，为统一多民族国家的巩固与发展，作出了贡献。他编纂《四库全书》等群籍，为保存与整理中国古代文献，起了巨大作用。同时指出，其所处时代，中国封建社会已日薄西山，面对国内人口压力，国外西方侵略者觊觎，乾隆一切举措，从未越封建制度藩篱半步。因而，纵看乾隆，不失为中国历史上一位好皇帝；但从世界史角度横看乾隆，中国落伍了，乾隆落伍了。

《唐帝列传·唐懿宗、唐僖宗》（陈明光，吉林文史出版社，1995）作者采用平实、客观的笔调来写唐懿宗、僖宗合传；通过写这两个皇帝来展示晚唐的一段衰亡史，让读者从所介绍的历史事实中，了解到导致唐朝不可避免地衰亡的种种病症。

《隋文帝传》（韩昇，人民出版社，1998）该书叙述隋文帝建立隋王朝、统一全国的历程，分析其各项治国方针和成效，并在这个基础上探讨其历史作用。作者指出，隋文帝结束了魏晋以来的三百多年的动荡分裂，完成统一大业；同时，创规立制，筚路蓝缕，"以立法而施及唐、宋"，影响深远。其致命伤是隋文帝一生提倡勤俭节约，晚年却奢侈享受；从小信佛，少年崇佛，老来佞佛，却自始至终都未能理解佛教的真谛；他以"孝"治国，然而其家庭内部矛盾重重，兄弟残杀，父子反目，揭示隋文帝矛盾的人生。

《论隆武帝的战略问题》（徐晓望，《中国史研究》2002：2）该文认为，隆武帝在其登基诏书中宣告将派出闽军20万，克复南京，其实是虚张声势。其真实意图是打开西进通道，到湖南依靠何腾蛟。为此，他部署闽军大举出击江西，但闽军因缺粮缺饷，屡战屡败。隆武帝的速败，与他的战略规划与当时的军事形势严重不符有相当关系。

表10—6　　　　**1992—2005年帝王与其他历史人物研究其他成果**

成果名称	作　者	发表刊物（出版社）及时间
论窦宪击北匈奴	张启琛	《安徽史学》1993：3
吴牲：一个练达的封建统治阶级政治家	王日根	《史学集刊》1994：3
嵇康曾官中散大夫考	穆克宏	《福建学刊》1995：1
桓温行年简表	林校生	《宁德师范专科学校学报》1996：1
司马懿在三国统一中的作用	程力军	《福建学刊》1996：3
隋炀帝与流求	胡沧泽	《武陵学刊》1997：5
南方复起与隋文帝江南政策的转变	韩　昇	《厦门大学学报》（哲学社会科学版）1998：2
试论刘錡抗金斗争的意义及历史功绩	陈培坤	《福建师范大学学报》（哲学社会科学版）1998：2
朱纨与明代海禁政策	邹　萍	《福建师范大学学报》（哲学社会科学版）1998：2
论丘浚的经济管理思想	郑绍增	《海南大学学报》1998：2
炀帝其人与隋朝的二世而亡	杨际平	《湘潭师范学院学报》1998：4
隋文帝的"雄猜"与开皇初期政局	韩　昇	《史学月刊》1999：3
试析贾谊的安民思想	许云钦	《宁德师范专科学校学报》2000：1
隋文帝弑君与被弑说考证	韩　昇	《学术研究》2000：2
略论丘浚富民思想	陈永正	《福建师范大学学报》（哲学社会科学版）2000：2
论康熙的恤商思想与实践	王日根	《云南财贸学院学报》2000：2
晁错的御边之策	许云钦	《福建教育学院学报》2000：2
乾隆征缅善后措施的检讨	罗庆泗	《三明职业大学学报》2000：3
简评雍正的吏治整顿	黄　云	《福州师范专科学校学报》2000：4
论司马迁的货殖思想	吕庆华	《福建师范大学学报》（哲学社会科学版）2001：2
略论刘錡被罢兵权	陈桂炳	《天水师范学院学报》2001：4
论隆武帝与郑氏家族的权力之争	徐晓望	《福建师范大学学报》（哲学社会科学版）2002：1
贾谊的"富安天下"思想	许云钦	《福建教育学院学报》2002：1
唐太宗的氏族政策及其影响	雷艳红	《临沂师范学院学报》2002：1
论隆武帝与郑芝龙	徐晓望	《福建论坛》（人文社会科学版）2002：3
试论唐代河北道政区的几个问题	耿　虎	《厦门大学学报》（哲学社会科学版）2002：3
三国吕蒙卒期考	罗肇前	《福建论坛》（人文社会科学版）2002：6

续表 10—6

成果名称	作　者	发表刊物（出版社）及时间
汉初分封之得失与贾谊的主张	许云钦	《福建教育学院学报》2002：10
浅论和琳	唐文基	《福建师范大学学报》（哲学社会科学版）2003：1
论四朝宰相冯道	戴显群	《长沙电力学院学报》2003：2
朱元璋的反贪治赃及其现代启示	眭明泉	《福建师范大学学报》（哲学社会科学版）2004：5
从楚汉战争的失败论项羽的性格弱点	陈光田	《河南师范大学学报》2004：6
明代清官、学者储罐	李金明	《江苏地方志》2005：1
北魏孝文帝迁都洛阳及汉化心理剖析	陈　英	《甘肃社会科学》2005：2

第三节　中国近现代史研究

一、学科建设与学术研究

（一）学科建设

福建省中国近现代史研究力量主要集中在厦门大学、福建师范大学、福建社会科学院和福建省委党校。1994 年厦门大学历史系入选国家历史学人才培养与科学研究基地；2001年获批历史学一级学科博士学位授予单位，2002 年建成历史学博士后流动站，中国近现代史作为二级学科，也取得二级学科博士学位授予权，并纳入到历史学人才培养与科学研究基地和博士后流动站的建设之中；同年厦门大学历史系专门史蝉联国家级重点学科，中国近现代社会经济史研究是其重要建设方向之一。2005 年，福建省高等学校人文社会科学研究基地"厦门大学中国社会经济史研究中心"成立，中国近现代社会经济史研究是其重要研究方向和重点培育学科方向之一。福建师范大学中国近现代史学科建设，继 1986 年获得二级学科硕士点授予权之后，2003 年获得二级学科博士点授予权。福建省委党校、福建省委党史办主要在中共党建、党史、近现代中国革命史、军史等方面开展研究。

（二）学术研究

1992—2005 年，福建学者围绕近中国现代史上若干重大问题，特别是与福建省密切相关的问题展开研究，主要是近现代政法史、革命史、军史、经济史、思想文化史研究等。其间，获国家社会科学基金项目 4 项："五四"时期政治、文化与科学再认识（厦门大学徐辉，1998）、中国近代化道路的研究——中英近代化比较（福建师范大学林庆元，

1998）、中国外债管理制度的近代化与本土化（1840—1949）（厦门大学张侃，2003）、近代以来太谷学派的发展及其思想研究（福建师范大学方宝川，2005）；2005年，在国家清史纂修主体工程的127个项目招标中，福建省承担了5项：财政金融志（上）（厦门大学陈支平）、财政金融志（下）·海关篇（厦门大学戴一峰）、传记·道光朝（厦门大学杨国桢）、华侨志（厦门大学庄国土）、传记·外国来华传教士（福建师范大学林金水）；还获得福建省社会科学规划项目11项。

这一时期，该学科获福建省社会科学优秀成果奖10项：《中国近代科学的转折》（第二届三等奖，林庆元、厦门大学郭金彬）、《1874年日本出兵台湾与挑起台湾内山领导权的争论》（第二届三等奖，厦门大学陈在正）、《从林则徐到毛泽东——中国人的百年救国路》（第三届二等奖，厦门大学黄顺力）、《中国教会学校史》（第三届二等奖，福建师范大学高时良）、《走向近代化的东方对话——洋务运动与明治维新的比较》（第三届三等奖，厦门大学江秀平）、《"庚子教难"初探》（第五届二等奖，林金水、谢必震）、《历史的探源：中国早期启蒙思想与"五四"思想史论》等3篇系列论文（第五届二等奖，福建师范大学郑家建）、《百年回眸——近代救国思想与社会主义道路》（第五届三等奖，黄顺力、叶赛梅）、《新中国治水事业的起步（1949—1957）》（第六届三等奖，福建师范大学高峻）、《中国近代海军职官表》（第六届三等奖，福建社会科学院刘传标）。

（三）学术会议

1995年5月，厦门大学中国海关史研究中心与香港中文大学联办的第三次中国海关史国际学术研讨会在香港中文大学召开，60余位中外学者围绕"中国海关与近代中国社会及中外关系"这一主题进行研讨，议题涉及海关史资料与运用、海关与对外贸易、海关与近代社会、海关之人事与制度、海关与日本、海关与中外关系等。

2002年5月，中国社会科学院近代史研究所、北美二十世纪中华史学会、厦门大学历史系、福建师范大学历史系、福建师范大学闽台区域研究中心联办的首届中国东南社会变迁与现代化（1842—2002）国际学术研讨会在武夷山市召开。美国、日本、意大利和国内的80余位学者出席会议，围绕传统与变迁、区域史研究及现代化研究，从不同角度探讨东南社会变迁与现代化进程问题，涉及政治制度、思想文化、社会经济、教育、城市化、慈善事业、海外移民、海盗、宗教信仰等领域。

二、主要学术成果

（一）中国近现代政治史、革命史研究

《从林则徐到毛泽东——中国人的百年救国路》（黄顺力，河南人民出版社，1993）该书从宏观的角度分析近代以来各种救国思潮，并将其放在中西文化冲突、交融的过程中去把握，对它们之间的相互联系、思想渊源及产生的社会条件等进行探讨，评述近代以来志士仁人在探求救国道路上的历史贡献。该书认为，1840 年的鸦片战争开始了近代中国遭受西方资本主义列强侵略的苦难历程，但同时也开始了中国人民不甘屈服，在抗争中觉醒，在觉醒中探索抉择，在探索抉择中奋进的救国历程，众多的仁人志士提出许多救国方案，汇聚了一浪高过一浪的救国思潮。

《孙中山与福建》（福建社会科学院戴学稷、福建师范大学陈孝华主编，福建人民出版社，2002）该书围绕孙中山的思想和事业在福建的影响和作用，阐述了民主革命在福建的发生发展过程。内容涉及孙中山登上政治舞台前后的福建社会，民主革命思想在福建的酝酿与传播，辛亥革命风暴中的福建革命党人，护法运动在福建，孙中山遗愿与福建人民的继续奋斗等。指出辛亥革命时期，福建的仁人志士在孙中山革命思想的影响下表现尤为突出，为辛亥革命做出不可磨灭的贡献。

《百年回眸：近代救国思想与社会主义道路》（黄顺力、叶赛梅，湖南人民出版社，2002）该书是一部描写近代中国有识之士如何苦心寻求救国真理而最终选择社会主义道路的社会科学普及性专著。全书史论结合，叙述自太平天国运动、洋务运动、戊戌变法运动、辛亥革命以及五四新文化运动以来，众多仁人志士为救国而上下求索的曲折历程，评述他们在探索救国道路上的历史贡献，阐释只有社会主义才能救中国这一简明而又深刻的道理。

表 10－7　　**1992—2005 年中国近现代政治史、革命史研究其他成果**

成果名称	作　者	发表刊物（出版社）及时间
林森与辛亥革命	陈孝华	《东南学术》1992:6
走向近代化的东方对话——洋务运动与明治维新的比较	江秀平	中国社会科学出版社,1993
清末在闽日僧与日本驻台"总督府"的关系——以外务部档案史料为中心	陈小冲	《近代史研究》1993:1
论林则徐维护正常贸易的斗争及其意义	程镇芳 黄国盛	《福建师范大学学报》（哲学社会科学版）1993:4
论鸦片战争吴淞战役	郑剑顺	《厦门大学学报》（哲学社会科学版）1994:1
李鸿章的心态与洋务运动的得失	江秀平	《中国社会科学院研究生院学报》1994:6
地方实力派与南京国民党政权的覆灭	吴贤辉	《华侨大学学报》（哲学社会科学版）1995:1
"七七事变"与台湾人	陈小冲	《台湾研究》1996:2
"球案"与近代中日关系	赖正维	《福建师范大学学报》（哲学社会科学版）1996:3
论五四时期新知识分子统一战线的思想基础	叶　青	《福建师范大学学报》（哲学社会科学版）1996:3

续表 10—7

成果名称	作 者	发表刊物（出版社）及时间
江浙财团与南京国民政府的建立	邱松庆	《党史研究与教学》1996:5
中英通商冲突与鸦片战争	李金明	《南洋问题研究》1997:1
汪精卫出任广州国民政府主席原因探讨	陈宪光	《党史研究与教学》1997:2
从鸦片战争前对英使的接待看晚清的外交原则	陈双燕	《厦门大学学报》（哲学社会科学版）1997:4
革命、现代民族国家与中国现代化	吴贤辉	《华侨大学学报》（哲学社会科学版）1997:4
香港与民主党派的组建活动	林祥庚	《党史研究与教学》1997:5
封建主义是中国近代化的阻力	苏双碧	《深圳特区报》1997.12.3
抗战前后中国政府维护西沙、南沙群岛主权的斗争	李金明	《中国边疆史地研究》1998:3
意识形态和中国近代化	苏双碧	《东南学术》1998:3
一个被现代化变革浪潮所淹没的政府——再论南京国民政府的衰亡	吴贤辉	《华侨大学学报》（哲学社会科学版）1998:1
经世致用与中国近代外交观念的产生	陈双燕	《学术月刊》2000:1
中法勘界斗争与北部湾海域划界	李金明	《南洋问题研究》2000:2
晚清中西交往的误区——1854年西方列强与清政府修约谈判浅析	陈双燕	《厦门大学学报》（哲学社会科学版）2000:2
五四以后知识分子队伍分化与嬗变原因再探讨	叶 青	《福建师范大学学报》（哲学社会科学版）2000:2
从民族主义到爱国主义:1911—1941年间南洋华侨对中国认同的变化	庄国土	《中山大学学报》2000:4
关于太平天国史研究的几个问题	郑剑顺	《史学月刊》2000:6
"庚子教难"初探	林金水 谢必震署名 李 志	《光明日报》2000.9.29
鸦片战争前的鸦片论议新探	郑剑顺	《厦门大学学报》（哲学社会科学版）2001:1
试论彭寿松与民国初年福建政局	谷桂秀 陈孝华	《福建师范大学学报》（哲学社会科学版）2001:2
中日两国近代化殊途探因	罗肇前	《史学月刊》2001:6
抗日战争对中国民主政治的影响——以战后"联合政府"的弃取为例	温 锐	《抗日战争研究》2002:1

续表 10-7

成果名称	作　者	发表刊物(出版社)及时间
从分化瓦解到借助俄美调停——第二次鸦片战争前期清政府的对外政策浅析	陈双燕	《厦门大学学报》(哲学社会科学版)2002:1
论叶名琛的对外交涉与第二次鸦片战争的关系	陈双燕	《厦门大学学报》(哲学社会科学版)2003:3
农民平均主义？还是平均主义改造农民？——关于农村集体化运动与中国农民研究的反思	温　锐	《福建师范大学学报》(哲学社会科学版)2003:5
抗战时期日本对华南地区经济掠夺与统制的特点	赖正维	《江海学刊》2004:1
"文革"时期红卫兵组织之特征——以福建红卫兵组织为个案的分析	叶　青	《福建师范大学学报》(哲学社会科学版)2004:4
试论抗战时期日本对福建的经济统制与经济掠夺	赖正维	《福建师范大学学报》(哲学社会科学版)2004:5
从宗藩体制向近代外交的转型——奕訢北京和谈新论	陈双燕	《思想战线》2005:3
1920—1930年代的上海：台湾爱国青年反日活动的大舞台	何　池	《上海党史与党建》2005:9

（二）中国近现代军事史研究

《中华民国海军通史》（福建师范大学陈书麟、陈贞寿，海潮出版社，1993）该书论述中国近代海军的历史事实，特别是北洋军阀政府和南京国民党政府的海军历史，包括海军的组织建制、海防建设、人才培养、军事行动、人物事迹等。剖析当时上层统治集团不仅缺乏应有的海洋观念，不重视国防建设，而且利用海军作为派系之争和镇压人民工具的一面，也记述在抗日战争时期海军将士开展阻塞战、水雷游击战等战争事迹以及解放战争时期在共产党政策感召下，举起义旗，投向革命的史实。

《甲午黄海战役的结局及其在近代海战史上的意义》（林庆元，《福建论坛》1994:4）该文分析甲午黄海战役的结局及其在近代海战史上的意义，指出甲午中日海战是世界海战史进入"钢铁时代"的第一次重要的海战，这次海战的过程和结果与海军军备变革的诸多特点密切相关。

《福建船政局史稿》（增订版）（林庆元，福建人民出版社，1999）该书运用大量的中外文资料，剖析福州船政局从创建到衰落的历史过程，对一些重要问题如福建船政局造船技术的评价问题、福建船政局的性质问题、福建船政局聘用外国人的问题等提出自己的见解；认为福建船政局在造船工业、教育、海军建设和人才培养方面，都对近代社会产生深远影响，甚至影响到现代。

《图说中国海军史》（上、中、下）（陈贞寿，福建教育出版社，2002）该书辑录 3400余幅图片，以图为主，辅以文字说明，介绍中国海军从古到今的演变和发展，特别是近代海军的发展历程，阐明中国海军兴衰和曲折的过程，对海军史上一些有争议的问题也作考证和澄清，如"田中奏折"、"南京大屠杀"以及某些岛屿的归属、1937 年厦门要塞保卫战中关于胡里山炮王痛击侵厦日舰若竹号等问题都给予论证。

《中国近代海军职官表》（刘传标，福建人民出版社，2004）该书梳理中国近代海军职官的演变过程，涉及自清朝近代海军诞生至国民党统治集团从大陆潜逃台湾之间八十年的海军机构、衙门及附属机关尉级军衔以上的军职、文职人员，包括清朝海军职官表、中华民国北京政府海军职官表、中华民国南京国民政府海军职官表和抗日战争胜利后南京国民政府海军职官表四部分。

《近代国际法与中法马江战役》（厦门大学郑剑顺、张卫明，《学术月刊》2005：6）该文分析近代国际法与中法马江战役之间的内在联系，认为从中法交涉到马江战役爆发，中法双方对近代国际法各有不同的态度，深谙公法的法国屡屡触犯国际法，公然蔑视公法的道义与权威。与此同时，清朝却谨慎地应用国际法处理国际关系，努力恪守国际法外交、战时条例。近代国际法在马江战役期间中法双方的不同应用和对待，反映国际法背后的强权殖民行为和它对弱国极其有限的维权作用。

表 10—8　　　　　　　**1992—2005 年中国近现代军事史研究其他成果**

成果名称	作 者	发表刊物（出版社）及时间
晚清"海防"与"塞防"论争新探	陈贞寿 谢必震 黄国盛	《福建师范大学学报》（哲学社会科学版）1993：1
"济远"舰炮械损毁考	陈贞寿 谢必震 黄国盛	《福建论坛》1993：1
"济远"舰是早归并非"先逃"	林伟功	《福建论坛》1993：1
从北洋舰队的平时训练与素质看甲午海战失利的原因	程镇芳	《福建论坛》1993：1
福建船政局兴衰论	罗耀九	《近代史研究》1993：5
清末福建船政局的技术引进	郑剑顺	《中国社会经济史研究》1994：4
甲午海战中的福州籍将士	林伟功	《福建论坛》1994：4
略论第一次护法运动和闽粤、粤桂战争	韩　真	《军事历史研究》1998：1
孙中山与援闽粤军	韩　真	《军事历史研究》2003：1

（三）中国近现代思想文化史研究

《中国近代科学的转折》（林庆元、郭金彬，鹭江出版社，1992）该书通过近代科学透视近代中国思想文化，着重探讨洋务运动时期，从戊戌变法到辛亥革命，从辛亥革命后到20世纪50年代这三个时期的中国科学发展状况，勾画中国近代科学转折的轮廓和线索；认为中国近代科学的转折，包含两个方面内容，即传统科学向近代科学的转折和近代科学向现代科学的转折。

《中国法制思想的近代化》（厦门大学罗耀九，海峡文艺出版社，2000）该书论述中国近代法制思想的历史渊源，涉及鸦片战争前中英法制观念的冲突、太平天国时期的法制思想、英法联军侵华前后的法制思想冲突、19世纪末中国法制思想、清末西方资产阶级法制思想的输入与融合、新文化运动时期先进知识分子对西方法制思想的认识等内容。作者认为要使法制近代化，不仅要接受西方近代的法律价值观念，而且还要创造一个使这套法律得以奏效的社会环境。中国近代法制建设，由于内部没有滋生新经济基础，也没有与西方近代法制观念相通的文化因素，又因民族危机深重，因此，新的法制和法治思想根浅株弱，法治思想的近代化道路步履维艰。

《历史的探源：中国早期启蒙思想与"五四"思想史论》等3篇系列论文《历史的探源：中国早期启蒙思想与"五四"》（郑家建，《文艺理论研究》2000：4）该文从明清之际的早期启蒙思潮及其历史困境的角度来探讨它与"五四"思想的内在相似性，进而分析这种历史相似性如何制约了"五四"思想变化、发展，及其这种制约性影响的历史启示。《历史的潜流：清代学术思想与"五四"》（郑家建，《文艺理论研究》2001：1）该文将西方思想文化的影响称为"历史的明流"，而将中国清代学术思想对"五四"的影响称为"历史的潜流"，从科学主义、怀疑精神、诸子学、人本主义、今文经学、经世致用思想等方面探讨清代学术思想对"五四"思想的内在影响。《20世纪中的思想文化视野中的"五四"》（郑家建，《文艺理论研究》2001：3）该文分析在20世纪中国思想文化发展的不同历史阶段，思想界如何对"五四"进行阐释及其过度阐释？支撑这种阐释或过度阐释的内在价值立场又是什么？这种阐释或过度阐释的负面影响（包括如何对"五四"进行误读）又有哪些？这些负面影响又如何反过来影响中国现代思想文化的历史进程？这三篇论文联系西方思想文化特征，以比较历史学的方法，构成一组对"五四"思想的历时性考察。

《严复"天演"进化论对近代西学的选择与汇释》（福建师范大学王民，《东南学术》2004：3）该文认为严复的"天演"进化论曾在晚清思想界产生了极为重要的影响，其最具价值的创造应该是对近代西方学说的选择与汇释。严复选择达尔文的生物进化论是为了建立"天演"进化论的科学基础，选择斯宾塞、赫胥黎社会学说的重要目的就是认同生物进化论在人类社会的意义，为"天演"进化论的核心观点提供基本内容，以迎合当时救亡图存和启蒙社会的需要。严复对达尔文、斯宾塞、赫胥黎三家学说的汇释成为晚清社会启蒙思潮的理论界石。

《从"凤凰来仪"到"浴火重生"——中华民族文化精神的历史反思与近代变革》（华侨大学王四达、曾亚雄，中国文联出版社，2005）该书以中华文明为对象，从人类文明发展的大背景出发，梳理中华民族精神与文化精神在华夏文明史上的产生、发展、互动、消长的演变历程，以及在专制时代占统治地位的文化精神在宗教精神、哲学精神、历史精神、伦理精神、政治精神、法律精神等方面的表现及其本质特征。作者认为正是这种专制主义的文化精神才是中华文明长期停滞的深层原因。鸦片战争后，在西风的不断冲击下，在中国思想精英文化自觉的推动下、在中国社会政治变革的影响下，中华民族精神开始觉醒，文化精神在各方面亦开始走向现代转型。但由于中国社会现代化进程一波三折，中华民族精神与文化精神到了改革开放时代才真正实现她的浴火重生。

表 10—9　　　**1992—2005 年中国近现代思想文化史研究其他成果**

成果名称	作　者	发表刊物（出版社）及时间
五四启蒙思路的形成	洪峻峰	《厦门大学学报》（哲学社会科学版）1992:2
太平天国法制思想述论	黄顺力	《福建论坛》1992:3
论洋务官员的经济思想	郑剑顺	《中国社会经济史研究》1992:4
新文化运动时期陈独秀、李大钊文化观探略	林平汉	《福建师范大学学报》（哲学社会科学版）1992:4
五四后启蒙运动的两种走向	洪峻峰	《厦门大学学报》（哲学社会科学版）1993:2
五四前期的道德启蒙	洪峻峰	《天津社会科学》1994:1
国民程度问题与五四启蒙目标	洪峻峰	《厦门大学学报》（哲学社会科学版）1994:2
甲午战争与近代社会思潮的转型	黄顺力	《厦门大学学报》（哲学社会科学版）1994:3
鸦片战争时期"通经致用"思想刍议	黄顺力	《厦门大学学报》（哲学社会科学版）1996:2
儒学对孙中山思想的影响	罗耀九	《学术月刊》1996:11
从五四以后新知识分子队伍的分化看知识分子所走的道路	叶　青	《福建师范大学学报》（哲学社会科学版）1997:3
中国近代资产阶级经济发展思想	戴金珊	福建人民出版社,1998
严复与辜鸿铭文化心态的比较	黄顺力	《福建学刊》1998:2
严复的科教治国思想	周　济	《自然辩证法研究》1998:6
中国近代人才思想研究	郑剑顺	厦门大学出版社,1999
试论严复晚年的政治思想	陈孝华	《福建师范大学学报》（哲学社会科学版）1999:1
严复政治思想的两个世界	王玉华	《福建论坛》1999:4
论晚清洋务思想家的近代外交观	蔡永明	《厦门大学学报》（哲学社会科学版）2000:4
严复关于中国新文化创造论的积极意义	叶庄新	《山东科技大学学报》2000:6

续表 10—9

成果名称	作　者	发表刊物(出版社)及时间
从"反传统"到"再造文明"——"五四"现代性方案再认识	洪峻峰	《厦门大学学报》(哲学社会科学版)2001:3
孙中山与章太炎民族主义思想之比较——以辛亥革命时期为例	黄顺力	《厦门大学学报》(哲学社会科学版)2001:3
基督教与近代中国女子高等教育:金陵女大与华南女大比较研究	朱　峰	福建教育出版社,2002
从"文化幻觉"到"文化自觉"——鸦片战争前后精英思想的嬗变及其启示	王四达	《社会科学》2002:4
晚清新政时期乡民毁学述论	杨齐福	《福建论坛》2002:5
科举制度与近代文化	杨齐福	人民出版社,2003
回望"轴心时代"——"五四"文艺复兴的理路	洪峻峰	《厦门大学学报》(哲学社会科学版)2003:4
清末废科举的文化效应	杨齐福	《中州学刊》2004:2

（四）中国近现代人物研究

《严复与中国近代思想的发展》（福建师范大学林平汉，文物出版社，2002）该书联系中国近代思想文化的发展，阐述严复的经济、政治、教育、法学、伦理道德等思想对中国近代文化的贡献；指出严复早期思想的进步性是显而易见的，而严复晚年思想究竟是承前发展，还是渐趋保守而转为复古，仍众说纷纭。作者认为严复晚年仍然主张学习西方科学文化，促进中西文化交流，但并非"全盘西化"或一概否定传统文化。

表 10—10　　　**1992—2005 年中国近现代人物研究其他成果**

成果名称	作　者	发表刊物(出版社)及时间
严复与章太炎进化论思想的比较	黄顺力	《福建论坛》1993:6
从吴淞路案和建平教案看沈葆桢的涉外态度	林庆元	《福建论坛》1994:3
"清流派"陈宝琛与中法战争	范启龙	《福建师范大学学报》(哲学社会科学版)1995:3
康有为与《诸天讲》	林庆元	《史学月刊》1997:5
严复的天演思想对社会转型的催酶作用	罗耀九	《厦门大学学报》(哲学社会科学版)1997:1
英国外交部中文档案与林则徐研究	杨国桢	《近代史研究》1997:1
论清代洋务官员的思想近代化	郑剑顺	《厦门大学学报》(哲学社会科学版)1997:3
严复与辜鸿铭文化心态的比较	黄顺力	《东南学术》1998:1
戊戌时期康有为、章太炎变法思想的异趋	王玉华	《福建师范大学学报》(哲学社会科学版)1998:3

续表 10—10

成果名称	作　者	发表刊物（出版社）及时间
章太炎地方政治思想论	王玉华	《历史档案》1999:2
李大钊爱国革命思想论略	林平汉	《世纪桥》2001:6
"齐物"与"两行"——章太炎文化学说的内在底蕴及其现代意义	王玉华	《福建论坛》2002:1
严复仕途刍议	林平汉	《福建师范大学学报》（哲学社会科学版）2003:1
严复对中国近代法制思想的贡献	林平汉	《福建师范大学学报》（哲学社会科学版）2004:2
试论1911年梁启超台湾之行	杨齐福	《台湾研究》2004:5

第四节　专门史研究

一、学科建设与学术研究

（一）学科建设

福建省专门史研究力量主要集中在厦门大学和福建师范大学。1988年，厦门大学专门史（社会经济史）被评为首批国家级重点学科，并与经济学科联合设立博士后流动站。1996年，该校东南亚研究获评福建省重点学科，2000年，设立东南亚研究中心，同年被教育部批准为国家人文社会科学重点研究基地；该中心是中国东南亚研究会和世界华人研究中国分会的所在地，承担相关研究的学术组织与协调工作，是全国东南亚与华侨华人研究的主要平台和支撑点。2004年，该中心入选国家"985工程"哲学社会科学创新基地。同年，厦门大学获准在历史学一级学科下设置"海洋史学"二级学科博士点。

1994年，福建师范大学获专门史（中外关系史）硕士授予权，1998年获博士授予权。

（二）学术研究

1992—2005年，福建省专门史研究的主要领域是社会经济史（区域社会经济史、明清社会经济史为重点），东南亚华人华侨史、海洋海疆史和近代海关史等。

这一时期，专门史领域获国家社科基金项目12项：东南亚华人资本的历史考察（厦门大学李国梁，1993）、我国南海疆域研究（厦门大学李金明，1994）、明清中琉航海贸易之研究（福建师范大学谢必震，1997）、南海主权与国际海洋法（李金明，1998）、明清时期中葡关系研究（厦门大学廖大珂，1999）、清代闽台社会形态与地方行政比较研究

（厦门大学郑振满，2000）、近代中国的走私与海关缉私（厦门大学连心豪，2001）、近代环中国海地区华商跨国网络研究（厦门大学戴一峰，2002）、近代陕西水资源环境与社会经济变迁（厦门大学钞晓鸿，2002）、明代中后期的税收制度研究（厦门大学林枫，2002）、印度尼西亚华人历史档案文献研究（厦门大学聂德宁，2003）、明清时期海疆政策与东南海岛之研究（福建师范大学卢建一，2005）。部委项目1项：近600年来中国海洋经略思想的衍变及其影响（厦门大学黄顺力，2003）。获得福建省社会科学规划项目37项。

该学科获得国家各部委奖励6项：《中国近代海关史》（晚清部分）（教育部全国高等学校人文科学研究优秀成果奖，第一届二等奖，厦门大学陈诗启）、《中国南海疆域研究》（李金明，中国高校人文社会科学研究优秀成果奖，第三届三等奖）、《中国近代海关史》（民国部分）（第二届郭沫若历史学奖和第四届吴玉章人文社会科学优秀奖，陈诗启）、《海洋与中国丛书》（第十二届中国图书奖，厦门大学杨国桢）、《海洋迷思——中国海洋观的传统与变迁》（第十三届中国图书奖，黄顺力）、《东南亚华侨通史》（国家教委优秀教材二等奖，厦门大学吴凤斌，1996）。获福建省社会科学优秀成果奖12项：《中国帆船与海上贸易》（第二届二等奖，厦门大学陈希育）、《明代海外贸易史》（第二届二等奖，李金明）、《近代华侨投资国内企业概论》（第二届二等奖，厦门大学林金枝）、《契约华工史》（第二届二等奖，吴凤斌）；《明清土地契约文书研究》（第二届二等奖，杨国桢）、《近代中国海关与中国财政》（第三届三等奖，戴一峰）、《中国古代海外贸易史》（第三届三等奖，李金明、廖大珂）、《承继与嬗变：当代菲律宾华人社团比较研究》（第三届三等奖，厦门大学宋平）、《六朝财政史》（第四届二等奖，厦门大学陈明光）《欧洲华侨华人史》（第五届二等奖，厦门大学李明欢）、《近代中国与东南亚关系史研究》（第五届三等奖，聂德宁）。

（三）学术会议

1998年10月，厦门大学南洋研究院、福建海外交流协会和晋江市侨务办公室联办的中国侨乡社会经济发展国际学术研讨会在晋江召开。15个国家和地区近80名学者（其中海外学者30名，提交英文论文16篇）出席会议，围绕中国侨乡社会经济发展现状、趋势以及海外华侨华人对侨乡社会经济发展的作用等议题展开讨论。

1998年11月，厦门大学历史研究所、海洋与环境学院和厦门市社会科学界联合会等单位联办的海洋社会经济文化发展国际学术研讨会在厦门召开。出席会议的有美国、加拿大、墨西哥、德国、意大利等国家，以及中国大陆和台湾的专家学者100多人，提交论文80多篇。研讨会尝试自然科学和人文社会科学相结合，就中国海洋社会经济文化发展的历史与现状等问题进行讨论。

2003年9月，厦门大学东南亚研究中心、中国世界民族学会联办的东南亚的民族关系学术研讨会在厦门大学召开。北京、广州、云南、广西、上海、昆明、重庆、武汉、河南、内蒙古以及厦门等地的80余位专家学者出席。会议收到论文60余篇，主要围绕"东南亚华族"、"半岛地区与跨界民族"、"岛屿地区的民族关系"三个论题展开讨论。

2004年6月，厦门大学东南亚研究中心与《世界历史》编辑部联办的冷战以来的东南亚国际关系学术研讨会在厦门大学举行。北京、广东、江苏、河南、福建和湖北等6个省市的15个国际问题研究机构的44位学者参加会议。会议主题为冷战以来东南亚与大国关系和冷战以来东盟与地区安全。会议共收到论文27篇，内容涵盖东南亚国家关系、东南亚与诸大国的关系、宗教文化、区域经济合作、军事和安全机制、南海问题、移民与族群关系等。会后结集出版《冷战以来的东南亚国际关系》（厦门大学出版社，2005）。

二、主要学术成果

（一）中国社会经济史研究

1. 古代社会经济史研究

《论清代义田的发展与成熟》（厦门大学王日根，《清史研究》1992：2）该文认为义田发展至清代已渐臻成熟，其发挥作用的领域较族田要宽广得多。在有些情况下，义田可能就表现为族田或族田的一部分，在另外的情况下，义田又超出家族界限，扩大到乡族或行业集团中，发挥其赡贫的功能，故义田之政能有效地维持社会的稳固，延长封建政治的统治。不过，义田之政也时常被废，明清社会更出现了许多新因素。新因素与旧因素激烈斗争，从而牵引着历史向前发展。

《中国历代衣冠服饰制》（厦门大学陈茂同，新华出版社，1993）该书采用史部文献和历代笔记的有关记载，并参照出土实物及形象资料，还参考、吸取当代学者的一些研究成果和资料，叙述自上古至清代的衣冠服饰制度。

《乡土之链——明清会馆与社会变迁》（王日根，天津人民出版社，1996）该书借鉴社会整体史研究的方法，把会馆置于明清政治、经济、文化变迁的大环境中，对会馆的演进过程、内部结构及其运作、社会功能、文化内涵和历史地位进行考察。认为会馆滥觞于明初，兴盛于明中叶至清咸同时期，衰微蜕变于清代末年。会馆的分布，沿海沿河地区分布多，内陆腹地分布少，东部地区分布多，西部地区分布少。市场机制的建立、人口的流动和科举制度的发展是明清会馆兴盛的社会背景；会馆具有"祀神、合乐、义举、公约"等"聚乡人，联旧谊"的功能，在实现会馆内部整合、移民社会整合与中外文化整合等方面都发挥着积极作用；明清会馆文化大体体现出沿海文化与内陆文化的互渗、士绅文化与庶民文化的交融、文化继承与文化更新等新的取向。

《唐代的奴婢、部曲与僮仆、家人、净人》（厦门大学杨际平，《中国史研究》1996：

3）该文分析唐代的奴婢、部曲的法律地位。奴婢的法律地位具有两重性，奴婢生命财产安全、婚配等在一定程度上还是受到法律的保护，但对于其主，确实无异于牲畜、资财。部曲的法律地位处于奴婢与良人之间。"家童"、僮仆等涵盖的范围很广，不是专指奴婢，甚至可以指称奴婢和部曲之外的、具有"良人"法律地位的其他依附人口。"家人"既可指奴婢，又可指父兄妻儿等亲属，还涵盖介于两者之间的各色人户，如部曲、佣工、典身等。寺院净人、家人既可以指奴婢、部曲，也可以指其他依附人口。唐代各种人户的法律地位，一以律令为定；而各人的法定身份，又一以籍书为定。

《五一十世纪敦煌的家庭与家族关系》（杨际平、郭锋、张和平，岳麓书社，1997）该书借助敦煌出土文书，采用社会学的研究方法，研究五至十世纪敦煌的家庭、家族关系。该书分成三个部分：第一部分为家庭结构、家庭功能；第二部分为家族关系与社会生活；第三部分则探讨与敦煌家庭政治功能与聚族活动密切相关的敦煌边民的文化心理特点。

《六朝财政史》（陈明光，中国财政经济出版社，1997）该书认为，六朝财政相对于北方诸政权而言，颇具地区特色，在漫长的汉唐财政史中具有承上启下的地位。在编写体例上，该书分孙吴、东晋、宋齐、梁陈四个阶段，每一阶段除阐述财政制度的沿革之外，都专列"财政兴衰变化"一节，分析各个阶段的财政状况及其变化原因，以期揭示财政与当时的经济、政治、军事的关联，勾勒出六朝四百年间财政兴衰的轮廓。

《明清基层社会管理组织系统论纲》（王日根，《清史研究》1997：2）该文认为在明清基层社会管理中存在着"官"、"民"二元组织系统，其中"民"的组织系统中包含家族、乡族、乡约、会社、会馆等形式，因为它们的目标多与封建统治者的要求相吻合，故成为封建统治的延长和补充。由于这些"民"的基层社会管理组织多建立在相互需要的基础上，建立了相对严格的且便于实施的各项规章制度，通过政治的、经济的、文化的教化方式，借助血缘的、地缘的、神缘的和业缘的纽带，故又能有效地实现其社会整合的功能。

《中国海盗史》（福建师范大学郑广南，华东理工大学出版社，1998）该书论述从夏商周春秋战国至明清几千年间海盗活动的兴起、发展及衰落的全过程，分析中国历史上海盗活动的历史背景和社会基础，论述海盗活动的特点和性质，揭示其活动的发展规律，并对其活动的影响做出评价。作者认为，海盗活动虽然有暴力抢劫和破坏性的一面，但他们在反抗官府与地主豪绅、抗击西方侵略者，以及在发展造船业、开发海岛、建设港口、发展海外交通贸易等方面是有业绩的，应予以肯定。

《唐末五代宋初敦煌社邑的几个问题》（杨际平，《中国史研究》2001：4）该文指出敦煌社邑类型很多，最常见的有里社、渠社、互助社、佛社等。唐宋时期尚未见按阶级组织的社邑。绝大多数社邑与寺院的联系只是思想上（信仰上）的联系。寺院上层与部分僧俗吏民之间诚然存在剥削与被剥削关系，但寺院上层剥削的对象是部分僧俗吏民，而不是

"社"，剥削的方式是出租田土、碾硙、油梁与放贷活动，而不是燃灯、行像等社邑活动。立社文书中所见的"义聚"是社邑的同义语，不是公共积累。

《明清人的"奢靡"观念及其演变——基于地方志的考察》（钞晓鸿，《历史研究》2002：4）该文认为传统意义上的广义的"奢靡"观念主要从以下几方面界定：一是某事项的花费超过该事项的基本需要。二是某些不正当、不应有的消费项目与活动。三是某消费与个人（或部分人）的收入不相称。四是消费者攀比浮夸；或某事项仪式诡异繁琐。五是从事或过多地从事工商业，追求财利。六是违背伦理纲常与等级秩序。"奢靡"一般被作为负面的社会经济现象加以批判。其变化表现在：一是一些超过某事项实用需要与原本不应有的消费活动以及稍许炫耀攀比得到默认、肯定。二是强调奢侈的经济功能。三是肯定工商业者的地位及追求财利的合理性。"奢靡"观念的新旧激荡反映出明清社会的变迁及其有限性。

《明清民间社会的秩序》（王日根，岳麓书社，2003）该书收入作者论文30余篇，分成六个部分：第一部分对明清民间社会秩序作总体考察，后五个部分分别考察了义田、会馆、会社、家族、商业与民间社会秩序的相互关系。作者通过这些研究旨在说明：明清时期中国传统政治文明中的"官民相得"倾向日益成型，并有效地维持着中国社会向前发展。

《生态环境与明清社会经济》（钞晓鸿，黄山书社，2004）该书上卷是关于生态环境与明清社会变迁，涉及学术动态、区域研究、史料与全国性的总体分析；下卷是明清以来的社会经济，包括商业、人口以及农村经济等领域。该书的研究理路：有对史料的专门考察，也有对概念、范畴的理论思辨及界定，主体则是对明清社会经济某一方面专门问题的实证研究。

表 10—11　　　　**1992—2005 年古代社会经济史研究其他成果**

成果名称	作　者	发表刊物（出版社）及时间
商代的"众"、"众人"问题探讨	徐六符	《福建师范大学学报》（哲学社会科学版）1992：1
清代义田的发展与成熟	王日根	《清史研究》1992：2
略论明中叶后客家人的家族制的发展	孔永松	《厦门大学学报》（哲学社会科学版）1992：3
明清四都社区文化略论	郑振满	《东南文化》1992：3—4
宋以来义田发展述略	王日根	《中国经济史研究》1992：4
义田及其在封建社会中后期之社会功能浅析	王日根	《社会学研究》1992：6
明清福建与江南义田的比较	王日根	《社会学研究》1992：6
论明清时期的商业发展与文化发展	王日根	《厦门大学学报》（哲学社会科学版）1993：1
家族组织宏观模式的新建构	王日根	《历史研究》1993：2

续表 10－11

成果名称	作　者	发表刊物(出版社)及时间
唐五代优伶的社会地位及其相关的问题	戴显群	《福建师范大学学报》(哲学社会科学版)1993:2
清代江西恤政述略	赵建群	《江西社会科学》1993:2
清代"溺女之风"述论	赵建群	《福建师范大学学报》(哲学社会科学版)1993:4
也论秦"士伍"的身份——与周厚强同志商榷	施伟青	《中国社会经济史研究》1993:4
明清时期苏北水灾原因初探	王日根	《中国社会经济史研究》1994:2
明清时代会馆的演进	王日根	《历史研究》1994:4
明清会馆与社会整合	王日根	《社会学研究》1994:4
神庙祭典与社区发展模式	郑振满	《史林》1995:1
清嘉庆年间的海盗及其性质试析	李金明	《南洋问题研究》1995:2
唐朝的限奴措施述论	杨际平	《中国社会经济史研究》1995:4
试述清代拯救女婴的社会措施	赵建群	《中国社会经济史研究》1995:4
明清福建与江南义田的比较	王日根	《学术月刊》1996:1
义田及其在封建社会中后期的社会功能浅析	王日根	《学术月刊》1996:1
明清时期的陕西商人资本	钞晓鸿	《中国经济史研究》1996:1
宋以来义田生成机制论	王日根	《厦门大学学报》(哲学社会科学版)1996:2
陕商主体关中说	钞晓鸿	《中国社会经济史研究》1996:2
客家源流新论	陈支平	台北台原出版社,1997
魏晋隋唐的坞壁和村	韩　昇	《厦门大学学报》(哲学社会科学版)1997:2
明清庶民地主家族延续发展的内在机制	王日根	《中国社会经济史研究》1997:2
中国传统社会基层管理的模式	刘永华	《福建学刊》1997:5
客家宗族社会	孔永松 李小平	福建教育出版社,1998
晚清时期陕西移民入迁与土客融合	钞晓鸿	《中国社会经济史研究》1998:1
明清海洋移民的两类宗族组织发展比较	曾少聪	《厦门大学学报》(哲学社会科学版)1998:2
汉代居延随军戍卒家庭人口的若干问题	施伟青	《中国社会经济史研究》1998:3
汉代内郡的吏员构成与乡、亭、里关系——东海郡尹湾汉简研究	杨际平	《厦门大学学报》(哲学社会科学版)1998:4
驵侩、牙人、经纪、偏客——中国古代交易中介人主要称谓演变试说	陈明光 毛　蕾	《中国社会经济史研究》1998:4
本世纪前期陕西农业雇佣、租佃关系比较研究	钞晓鸿	《中国经济史研究》1999:3

续表 10—11

成果名称	作 者	发表刊物（出版社）及时间
敦煌出土的放妻书琐议	杨际平	《厦门大学学报》（哲学社会科学版）1999:4
科举制与唐代社会阶层的变迁	韩 昇	《厦门大学学报》（哲学社会科学版）1999:4
明清小说中的社会史	王日根	中国财政经济出版社,2000
中国古代的"人牙子"与人口买卖	毛 蕾 陈明光	《中国经济史研究》2000:1
唐代丧服改制述论	赵 澜	《福建师范大学学报》（哲学社会科学版）2000:1
清代前中期陕西人口数字评析	钞晓鸿	《清史研究》2000:2
明代中后期的盐税	林 枫	《中国社会经济史研究》2000:2
试析明万历前期的营业税	林 枫	《厦门大学学报》（哲学社会科学版）2000:3
唐五代假子制度的类型及其相关的问题	戴显群	《福建师范大学学报》（哲学社会科学版）2000:3
明代赣南的移民运动及其分布特征	饶伟新	《中国社会经济史研究》2000:3
明代赣南的社会动乱与闽粤移民的族群背景	饶伟新	《厦门大学学报》（哲学社会科学版）2000:4
传统商人与区域社会的整合——以明清"陕西商人"与关中社会为例	钞晓鸿	《厦门大学学报》（哲学社会科学版）2001:1
明代中后期的市舶税	林 枫	《中国社会经济史研究》2001:2
论绍圣以来元祐党人的心态特征	肖庆伟	《福州大学学报》2001:2
唐代的三年之丧略论	赵 澜	《福建教育学院学报》2001:2
粮长之役与明中前期社会风气的崇俭黜奢	张和平	《中国社会经济史研究》2001:3
试论明清东南海洋经济模式的演迁	王日根	《社会科学辑刊》2001:6
明清东南家族文化发展与经济发展的互动	王日根	《东南学术》2001:6
魏晋流民及流民策	黄 云	《福州师范专科学校学报》2001:6
明清时期"行"的衰微与会馆的勃兴	王日根	武汉大学《人文论丛》（2001年卷）武汉大学出版社,2002
陈寅恪"关陇集团"说评析	雷艳红	《厦门大学学报》（哲学社会科学版）2002:1
万历矿监税使原因再探	林 枫	《中国社会经济史研究》2002:1
清代至民国时期陕西南部的环境保护	钞晓鸿	《中国农史》2002:2
魏晋南北朝时期女子在教育中的地位	黄清敏	《太原教育学院学报》2002:4
民间信仰与社会空间	郑振满 陈春声	福建人民出版社,2003
士人 皇帝 宦官	马良怀	岳麓书社,2003
三国时期宗族组织探略	黄清敏	《广西社会科学》2003:1

续表 10－11

成果名称	作 者	发表刊物（出版社）及时间
论明清乡约属性与职能的变迁	王日根	《厦门大学学报》（哲学社会科学版）2003:2
十六国时期北方士人的家族观念	江中柱	《福建师范大学学报》（哲学社会科学版）2003:2
大运河——唐代饮茶之风的北渐之路	李 菁	《中国社会经济史研究》2003:3
唐五代敦煌音声人试探	乜小红	《敦煌研究》2003:3
明代中后期商业发展水平的再认识	林 枫	《中国社会经济史研究》2003:4
汉魏晋南北朝的家族、宗族与所谓的"庄园制"关系辨析	李 卿 杨际平	《中国社会经济史研究》2003:4
秦汉时期的私家奴婢新探	施伟青	《中国社会经济史研究》2003:4
从战国"千牛""百牛""玺谈牛"在先秦社会生活中的作用	陈光田	《中国社会经济史研究》2003:4
睡虎地秦墓简牍所见秦社会婚姻、家庭诸问题	赵浴沛	《中国社会经济史研究》2003:4
魏晋北朝时期内迁胡族的农业化与胡汉饮食交流	王 玲	《中国农史》2003:4
论秦自商鞅变法后的逃亡现象	施伟青	《中国社会经济史研究》2004:2
晚清至民国时期会馆演进的多维趋向	王日根	《厦门大学学报》（哲学社会科学版）2004:2
从"高朴私鬻玉石案"看乾隆时期的商业"合伙"	钞晓鸿	《中国经济史研究》2004:3
清代宝庆府社会救济机构建设中的官民合作——以育婴堂和养济院为中心	雷 妮 王日根	《清史研究》2004:3
论魏晋南北朝时期的部曲及其演进	王万盈	《西北师范大学学报》2004:4
唐代敦煌妇女婚姻生活探微	陈 丽	《敦煌研究》2004:5
清代徽州赋役户名的私相授受	林 枫	《中国经济问题》2004:5
明末清初民间户粮推收之虚实	林 枫 陈支平	《厦门大学学报》（哲学社会科学版）2004:5
习礼成俗:明清东南海洋区域社会控制的一种路径	王日根	《江海学刊》2005:1
清代汉水流域水资源环境与社会变迁	钞晓鸿	《清史研究》2005:2
唐末五代宋初敦煌社邑几个问题的再商榷	杨际平	《中国史研究》2005:2
从"行"到商会——宋以后商人社会管理中的官民互动	王日根	《厦门大学学报》（哲学社会科学版）2005:2
从秦简《日书》看秦代婚姻和家庭人际关系	赵浴沛	《河南师范大学学报》2005:2
论明清时期基督教对中国家庭关系的冲击	陈 林	《福建师范大学学报》（哲学社会科学版）2005:4
明清徽州文书中所见的招赘与过继	张 萍	《安徽史学》2005:6

2. 近现代社会经济史研究

《近现代中国与东南亚经贸关系史研究》（聂德宁，厦门大学出版社，2001）该书从贸易往来和移民活动入手，分析近现代中国与东南亚经贸往来的历史进程和发展规律，涉及中国与新加坡、英属马来亚、荷属东印度、法属印度支那、泰国、菲律宾、缅甸等东南亚各国的经贸往来。认为近代以来中国与东南亚各国和地区的贸易往来虽然经历一个曲折过程，但是从总体趋势上看，贸易往来日益频繁、贸易量呈逐年上升。不过，由于东南亚各国沦为殖民地或半殖民地的状况以及各自经济发展的水平不尽相同，因此，各国贸易往来的情形也不尽相同。在这一发展过程中，华侨起了不可或缺的作用。

《福建近代产业史》（福建社会科学院罗肇前，厦门大学出版社，2002）该书将福建近代产业的发展分为产生时期、初步发展时期、渐次展开时期、鼎盛时期、由沿海向山区转移的艰苦卓绝时期、举步维艰的复苏时期等几个不同阶段，指出福建产业发展有以下几个特点：福建产业发展相对较早，与对外开放密切相关，曾借助官方势力，但极不充分；对外吸引力有限，但华侨投资对推动福建产业进步意义重大；不局限于省城、县城等行政中心，还分布在许多市镇，但大中型工业企业数量有限。

《中国早期盐务现代化：民国初期盐务改革研究》（厦门大学刘经华，中国科学技术出版社，2002）该书重点对民国初期盐务改革进行研究，认为民国初期的盐务改革，是中国盐务现代化的开端，其间所揭示的矛盾和问题也是理解中国现代化进程的关键。作者认为中国盐务现代化可以分为两个层次：一是中国传统盐务管理体制中发生的变化，它是一个内生、自然的过程；二是外力作用下所发生的经济形态转型中的制度变迁，它是一个外生和强制的过程。清末民初，中国盐务现代化的绩效是明显的，但其中外国资本主义势力对盐政的干预留下深刻烙印。

表 10—12　　　　　**1992—2005 年近现代社会经济史研究其他成果**

成果名称	作　者	发表刊物（出版社）及时间
洋务运动的历史教训	罗耀九 林平汉	《中国社会经济史研究》1992:1
商务观念与洋务企业的成败	郑剑顺	《厦门大学学报》（哲学社会科学版）1995:3
洋商与大班:广东十三行文书初探	杨国桢	《近代史研究》1996:3
中国传统社会生产结构对近代中国现代化进程的影响	江秀平	《福建学刊》1996:5
近代中国与法属印度支那的贸易往来	聂德宁	《南洋问题研究》1997:1
近代工商性会馆的作用及其与商会的关系	王日根	《厦门大学学报》（哲学社会科学版）1997:4

续表 10－12

成果名称	作 者	发表刊物(出版社)及时间
简评南京国民政府的关税自主政策	邱松庆	《党史研究与教学》1997:6
本世纪前期陕西农业雇佣、租佃关系比较研究	钞晓鸿	《中国经济史研究》1999:3
善后大借款债票发行之分析	张 侃	《厦门大学学报》(哲学社会科学版)1999:3
中国海商与环中国海的贸易网络——兼论亚洲历史的重建	戴一峰	《东南学术》1999:4
清末的私有化浪潮	罗肇前	福建教育出版社,2000
论北洋时期地方政府外债	张 侃	《中国社会经济史研究》2000:1
"十年专利"与近代中国机器织布业	林平汉	《学术月刊》2000:10
洋商与澳门:广东十三行文书续探	杨国桢	《中国社会经济史研究》2001:2
近代环中国华商跨国网络论纲	戴一峰	《中国社会经济史研究》2002:1
战后国民政府的外汇政策与侨汇	朱东芹	《南洋问题研究》2002:2
从契约文书看日据时期台北芦洲的土地赋税关系	陈支平	《台湾研究集刊》2002:2
清末民初赣闽边地区土地租佃制度与农村社会经济	温 锐	《中国经济史研究》2002:4
中国近代外债制度演变趋势述论	张 侃	《中国社会经济史研究》2002:3
新中国治水事业的起步(1949—1957)	高 峻	福建教育出版社,2003
网络化企业与嵌入性:近代侨批局的制度建构(1850—1940)	戴一峰	《中国社会经济史研究》2003:1
饮食文化与海外市场:清代中国与南洋的海参贸易	戴一峰	《中国经济史研究》2003:1
中国资本主义萌芽的合理内核与中国近代化问题	徐晓望	《学术研究》2003:1
论民初食盐就场专卖制与就场征税制之争	刘经华	《民国档案》2003:3
晚清商办与官办的斗争	罗肇前	《史学月刊》2003:10
晚清至民国时期会馆演进的多维趋势	王日根	《厦门大学学报》(哲学社会科学版)2004:2
论土地革命时期赣南农村的社会矛盾——历史人类学视野下的中国土地革命史研究	饶伟新	《厦门大学学报》(哲学社会科学版)2004:5
传统与现代:近代中国企业制度变迁的再思考——以侨批局与银行关系为中心	戴一峰	《中国社会经济史研究》2004:1
建国初期在华外资企业改造初探(1949—1962):以上海为例	张 侃	《中国经济史研究》2004:4

（二）海洋与海疆史研究

《中国需要自己的海洋社会经济史》（杨国桢，《中国经济史研究》1996：2）该文论证建立海洋社会经济史学科的必要性和可能性，继而在其《关于中国海洋社会经济史的思考》（《中国社会经济史研究》1996：2）中又提出中国海洋社会经济史的总体框架，包括对海岸带、岛屿带、海洋国土开发史以及海洋贸易史、海洋移民史、海洋社会组织变迁史、海洋社区发展史、海洋科技史、海洋政策演变史和海洋思想文化史等方面的研究。

《南海诸岛史地研究》（厦门大学韩振华，社会科学文献出版社，1996）该书收入中外关系史和南海诸岛史论文11篇，分别是：《我国历史上的南海海域及其界限》、《从近代以前中国古籍记载上看南海诸岛历来就是中国的领土》、《宋代的西沙群岛与南沙群岛》、《南沙群岛自宋以来便已归属中国》、《宋元时期有关南沙群岛的史地研究》、《南海九岛（九峙）和九洲洋》、《南沙群岛古地名考》、《南沙群岛史地研究札记》、《海南栅（西沙群岛）与青廉头（中沙群岛最北部）考》、《堡葛锚、堡长沙今地考》、《郑和航海图所载有关东南亚各国的地名考释》。该书以丰富确凿的史实，论证南海诸岛自古以来就是中国的领土。

《海洋与中国丛书》（杨国桢主编，江西高校出版社，1998—1999）该丛书以中国海洋社会经济史和海洋社会人文的视野，从不同角度展示先人向海洋发展的努力、成败和荣辱，在吸收已有研究成果的基础上，挖掘民间和海上的各种海洋社会人文资料信息，探索运用多学科整合的研究架构，重新审视中国海洋社会和海洋人文的价值。丛书共8册：《闽在海中：追寻福建海洋发展史》（杨国桢）、《海上人家：海洋渔业经济与渔民社会》（欧阳宗书）、《东洋航路移民：明清海洋移民台湾与菲律宾的比较研究》（曾少聪）、《走向海洋贸易带：近代世界市场互动中的中国东南人行为》（陈东有）（以上4册1998年出版）、《陆岛网络：台湾海港的兴起》（吕淑梅）、《天子南库：清前期广州制度下的中西贸易》（张晓宁）、《喧闹的海市：闽东南港市兴衰与海洋人文》（蓝达居）、《海洋迷思：中国海洋观的传统与变迁》（黄顺力）（以上4册1999年出版）。

《海洋迷失：中国史的一个误区》（杨国桢，《东南学术》1999：4）该文指出：必须把中国海洋区域——海岸线陆域、海岛和海域作为研究的主体，运用"科际整合"（即多学科间整合）方法，厘清中国海洋经济、海洋社会、海洋文化发展的历史脉络，总结其中的成败和荣辱，经验和教训。

《中国南海疆域研究》（李金明，福建人民出版社，1999）该书涉猎主要内容有：中国南海疆域地理概述；中国史籍中有关南海疆域的记载；中国南海疆域内的石塘、长沙；越南荒沙、长沙非中国西沙、南沙考；元代"四海测验"中的南海；中国人民开发经营西沙、南沙群岛的证据；抗日战争前后中国政府维护西沙、南沙群岛主权的斗争；从国际法看我国对南沙群岛的主权；南沙海域的石油与天然气开发；南海领土争议与国际海洋法等。作者将历史地理考证和国际法研究相结合，为中国捍卫南海疆域的领土主权和海洋权益提供确凿的历史证据和法理依据。

《台湾海疆史研究》（厦门大学陈在正，厦门大学出版社，2001；中文繁体修订版 2003 年由台湾扬智文化视野公司出版，易名为《台湾海疆史》）该书系作者 20 多年来从事台湾史研究成果的汇编，内容涉及郑成功抗清与复台、清廷统一与开发、近代台湾海防、台湾建省与近代化、抗日与光复、闽台移民史、大陆移民与台湾民间信仰、钓鱼岛等岛屿的历史与现状等八个方面，从中国海疆史角度反映台湾历史的概貌。作者注意发掘和利用档案数据、新的文献数据、谱牒数据，辅以实地调查，对有些台湾史问题提出新的看法，或对某些领域提供新的补充史料。

《福建海外交通史》（廖大珂，福建人民出版社，2002）该书大致按历史朝代分述福建海外交通的历史背景、社会条件、发展轨迹、事件演变、人物线索、经验总结等；采用历史学、社会学、经济学、人口学、历史地理学、航海学、造船技术学等多学科相结合的研究方法，将福建历史上的政治、经济、地理、民俗、宗教、农耕、渔业、手工业、商业、市舶等，凝结在海外交通这一焦点上，介绍闽人航海活动的起源，经济社会发展与海外贸易的兴衰，各贸易港口的形式、变迁，海外贸易管理机构的设置、沿革，近海、远洋航线的变更，造船技术的演进，中西海上冲突和福建人民的反侵略斗争，近代福建的半殖民地化，福建与海外文化（生产、科技、宗教、民俗、留学生等）交流等。

《海洋中国与世界》（丛书）（杨国桢主编，江西高校出版社，2003—2005）该丛书共 12 册，2005 年之前出版的 10 册为：《东溟水土：东南中国的海洋环境与经济开发》（杨国桢）、《环中国海沉船：古代帆船·船技与船货》（吴春明）、《海洋神灵：中国海神信仰与社会经济》（王荣国）、《越洋再建家园：新加坡华人社会文化研究》（曾玲）（以上 4 册 2003 年出版）、《东渡西进：清代闽粤移民台湾与四川的比较》（刘正刚）、《海上山东：山东沿海地区的早期现代化历程》（张彩霞）（以上 2 册 2004 年出版）、《南海波涛：东南亚国家与南海问题》（李金明）、《水客走水：近代中国沿海的走私与反走私》（连心豪）、《海洋天灾：中国历史时期的海洋灾害与沿海社会经济》（于运全）、《北洋之利：古代渤黄海区域的海洋经济》（杨强）（以上 4 册 2005 年出版）。作者站在历史学的立场，整合海洋考古、宗教史、环境史、灾害史、科技史、海洋经济地理、海洋法学、人类学、社会学、管理学等学科知识和成果，多方面、多角度反映中国人民走向海洋、探索海洋的艰辛历程、经验和教训。

《海洋世纪与海洋史学》（杨国桢，《东南学术》2004：1）该文提出重建中国海洋史学不仅可以改变历史研究中忽视海洋的缺陷，丰富中国历史的内容，完善中国历史体系和结构，促进史学的理论创新和学术创新，而且可以为中国实施海洋发展战略提供历史依据和理论支持。该文论证建立"中国海洋经济史"学科的必要性、可能性，勾画其理论框架、具体内容，提出其学术和现实意义。

《南海波涛：东南亚国家与南海问题》（李金明，江西高校出版社，2005）该书论述南海周边东南亚国家——越南、菲律宾、马来西亚、印度尼西亚和文莱在南海声称的领土争议，以国际法的有关理论及联合国海洋法公约为依据，对这些东南亚国家为占据中国南沙岛礁而编造的各种借口进行批驳。同时还指出近年来东南亚国家在南海不断扩大军事活动，频繁与美、日联合进行军事演习的行为，加剧了南海地区的紧张局势，不利于该地区的和平与稳定；认为我国政府提出的"搁置争议，共同开发"是处理南海争议最切实可行的办法，它将为南海争议的和平解决开创美好的前景。

表 10—13   **1992—2005 年海洋与海疆史研究其他成果**

成果名称	作　者	发表刊物（出版社）及时间
南海诸岛史地研究札记	李金明	《中国边疆史地研究》1995：1
我国人民开发经营西、南沙群岛的证据	李金明	《南洋问题研究》1996：2
我国史籍中有关南海疆域的记载	李金明	《中国边疆史地研究》1996：3
元代"四海测验"中的南海	李金明	《中国边疆史地研究》1996：4
越南黄沙、长沙非中国西沙南沙考	李金明	《中国边疆史地研究》1997：2
我国南海疆域内的石塘、长沙	李金明	《南洋问题研究》1998：1
中国海关与庚子赔款谈判	薛鹏志	《近代史研究》1998：1
近代海关与洋务思潮论略	黄顺力	《学术月刊》1998：4
关于人类海洋文化理论的重构	徐晓望	《福建论坛》（人文社会科学版）1999：4
论海洋人文社会科学的概念磨合	杨国桢	《厦门大学学报》（哲学社会科学版）2000：1
中法勘界斗争与北部湾海域划界	李金明	《南洋问题研究》2000：2
元明清政府海洋政策与东南沿海港市的兴衰嬗变论	王日根	《中国社会经济史研究》2000：2
明清海洋管理政策刍论	王日根	《社会科学战线》2000：4
21 世纪南海主权研究的新动向	李金明	《南洋问题研究》2001：1
南海"9 条断续线"及相关问题研究	李金明	《中国边疆史地研究》2001：2
中国南海疆域研究的问题与前瞻	李金明	《南洋问题研究》2001：3
从历史与国际海洋法看黄岩岛的主权归属	李金明	《中国边疆史地研究》2001：4
试论明清时期的海疆政策及其对闽台社会的负面影响	卢建一	《福建论坛》（人文社会科学版）2002：3
明代东南海防中敌我力量对比的变化及其影响	王日根	《中国社会经济史研究》2003：2
海洋世纪与海洋史学	杨国桢	《东南学术》：2004

续表 10—13

成果名称	作　者	发表刊物(出版社)及时间
论马来西亚在南海声称的领土争议	李金明	《史学集刊》2004:3
从东盟南海宣言到南海各方行为宣言	李金明	《东南亚》2004:3
明代海防建设与倭寇、海贼的炽盛	王日根	《中国海洋大学学报》2004:4
人海和谐:新海洋观与 21 世纪的社会发展	杨国桢	《厦门大学学报》(哲学社会科学版)2005:3
从涉海历史到海洋整体史的思考	杨国桢	《南方文物》2005:3
试论明清东南沿海海洋经济模式的演迁	王日根	《社会科学辑刊》2005:6

(三) 东南亚华侨华人史研究

《东南亚华侨通史》(厦门大学吴凤斌主编,庄国土、林金枝、李国梁、蔡仁龙等著,福建人民出版社,1994)该书分为"古代的东南亚华侨"、"近代的东南亚华侨"、"现代的东南亚华侨"三篇,研究当地华侨的人口结构、华侨与中国的关系、华侨社团华侨教育及华文报业等方面的发展变化,并对民国时期的侨务机构和侨务政策进行阐述。该书特点是汇编年、专题于一体,融政治、社会、经济于一书。

《东南亚华人企业集团研究》(厦门大学汪慕恒主编,厦门大学出版社,1995)该书综合论述战后东南亚国家华人企业集团(指华人控股为主,由拥有雄厚资本实力的核心企业,主要企业及附属或关系企业所组成的企业群体)的形成、发展、特点及其地位,并对东南亚各主要国家的华人企业集团分别作专题考察,是国内第一部系统地研究东南亚华人企业集团的学术专著。作者指出:东南亚华人企业集团的形成和发展,是战后海外华人资本逐渐走向成熟阶段的显著标志,同时也是海外华人资本发展规律的必然反映。

《承继与嬗变:当代菲律宾华人社团比较研究》(宋平,厦门大学出版社,1995)该书依照各种华人社团在菲华社会中的不同地位、影响及其代表性,选择一些典型社团作为研究对象,舍弃对华人社团一般问题的考察而集中关注其组织结构与功能问题。全书分 6 章,第一章导论对社团分类、组织原则、组织功能、组织系统等进行评价与剖析;第二章重点剖析菲华社会中历史最悠久、影响最大的传统社团宗亲会;第三章以菲华善举公所和菲华防火会为个案,论述菲华社团从旧式向新型演化的历史轨迹;第四章集中对菲律宾华裔青年联合会作个案研究,力图揭示菲华社团政治功能发展的新动向及其未来走向;第五章对菲华最高组织即菲华商联总会进行个案解剖;第六章余论,认为菲华社团将沿着本地化的道路,走向融合于菲律宾的明天。

《新加坡华人的祖先崇拜与宗乡社群整合》(厦门大学曾玲、庄英章,台北唐山出版社,2000)该书透过新加坡华人坟山组织——广惠肇碧山亭的个案研究,以金石资料与文献档案为研究基础，考察新加坡华人移民在不同于祖籍地的社会政治环境下通过传统的"祖先崇拜"方式，整合来自广州、惠州、肇庆三府移民，在移居地重建社会组织与文化结构。

《认同形态与跨国网络——当代海外华人宗乡社团的全球化初探》（曾玲，《世界民族》2002：6）该文从认同形态来讨论海外华人社团跨国网络的建立、特征及功能，进而探讨当代全球化与地方化的双重进程，对海外华人宗乡社团的影响等问题。

《二战以后东南亚华族社会地位的变化》（厦门大学庄国土，厦门大学出版社，2003）该书探讨东南亚华族的形成及其社会地位，第二次世界大战以后东南亚华族经济地位的变化；分国别依次论述马来西亚、新加坡、印度尼西亚、缅甸、泰国、越南、柬埔寨、老挝、菲律宾和文莱等东南亚十国的华族政治和社会地位变化，分析东南亚华人与祖籍地关系，重点考察中国实行改革开放政策以来东南亚华人如何利用宗亲和乡土社会的纽带维持、发展与中国的经济、文化关系。

《文明冲突抑或社会矛盾——略论二战以后东南亚华族与当地族群的关系》〔庄国土，《厦门大学学报》（哲学社会科学版）2003：3〕该文认为，第二次世界大战以后，东南亚各地相继发生各种族群冲突和排华的最主要原因是华人与土著民的经济地位差距。不同的宗教文化习俗、共产主义运动和东南亚与中国的关系，也对族群关系发生重大影响。20世纪80年代以后，这些引发族群冲突的因素日益消融，华族与当地土著社会的关系逐渐改善，东南亚族群关系基本上呈和睦发展的趋势。

表 10—14　　　　　**1992—2005 年东南亚华侨华人史研究其他成果**

成果名称	作　者	发表刊物（出版社）及时间
战后东南亚华人认同、同化研究的共识与分歧	李国梁	《福建学刊》1992：1
东南亚的福建人	杨　力 叶小敦著	福建人民出版社，1993
试述吴真人信仰在华侨华人中的传播	李天锡	《华侨华人历史研究》1993：3
东南亚华侨、华人的保生大帝信仰	聂德宁	《南洋问题研究》1993：3
陈嘉庚与南洋华侨抗日救亡运动	李国梁	《厦门大学学报》（哲学社会科学版）1993：4
马尼拉华人的闽南地方神崇拜	陈衍德	《亚洲文化》1993：17
陈嘉庚与南侨机工	林少川	中国华侨出版社，1994
鸦片战争后东南亚华侨的人口结构	庄国土	《南洋问题研究》1994：1
早期东南亚各殖民政权对华侨政策的特点	庄国土	《华侨华人历史研究》1994：4
菲华道教与文化传播	陈衍德	《亚洲文化》1994：18
十八世纪中暹贸易中的华人	李金明	《华侨华人历史研究》1995：1
试论菲华社会的宗教融合	陈衍德	《世界宗教研究》1995：1

续表 10－14

成果名称	作　者	发表刊物（出版社）及时间
新加坡华人宗教信仰的基本构成及其变动的原因与前景	张禹东	《华侨华人历史研究》1995：4
中南半岛四国华人的同化浅议	庄国土	《东南亚研究》1996：1
马来西亚的"伊斯兰化"运动对华人及其宗教文化的影响	张禹东	《华侨华人历史研究》1996：4
早期的东南亚华人穆斯林	廖大珂	《华侨华人历史研究》1997：1
菲律宾华人知识化新移民的特点	陈衍德	《华侨华人历史研究》1997：1
战后菲律宾华人经济的发展与变迁（1945—1955）	陈衍德	新加坡《亚洲文化》1997：6
泉州谱牒与华侨华人史料研究	庄为玑 郑山玉主编	中国华侨出版社，1998
东南亚华侨华人经济简史	郭　梁	经济科学出版社，1998
改革开放与福建华侨华人	杨学嶙主编 庄国土等副主编	厦门大学出版社，1999
控制、效率及其文化背景——海外华人企业文化的再探索	陈衍德	《中国经济史研究》1999：1
东南亚金融危机对泰国华人的影响	王付兵	《东南亚研究》1999：1
马来西亚的华人宗教文化	张禹东	《华侨华人历史研究》1999：1
晋江侨乡研究专号	庄国土 赵文骝	《南洋问题研究》1999：1
观音信仰在东南亚华侨华人中传播的原因及其作用	李天锡	《佛学研究》，2000
从民族主义到爱国主义：东南亚华侨对中国的认同	庄国土	《中山大学学报》2000：4
新马早期华人社会的民间信仰初探	聂德宁	《厦门大学学报》（哲学社会科学版）2001：2
二战后东南亚华侨华人认同的变化	王付兵	《南洋问题研究》2001：4
论当代东南亚华人文化与当地主流文化的双向互动	陈衍德	《人文杂志》（马来西亚）2001：11
十八世纪末吧达维亚唐人社会	（荷）包乐史著 吴凤斌译	厦门大学出版社，2002

续表 10—14

成果名称	作　者	发表刊物（出版社）及时间
东南亚与华侨华人研究论文索引（1996—2000）	徐　斌 张长虹编	厦门大学出版社，2002
吧城华人公馆（吧国公堂）档案丛书：公案簿（第一辑）	（荷）包乐史主编 吴凤斌校注	厦门大学出版社，2002
欧洲华侨华人史	李明欢	中国华侨出版社，2002
马来西亚华人与马来人族际关系演变新探	陈衍德	《暨南学报》（哲学社会科学版）2002:1
论东南亚华族	庄国土	《世界民族》2002:3
略论东南亚华族的族群认同及其发展趋势	庄国土	《厦门大学学报》（哲学社会科学版）2002:3
东南亚华人的社会地位	庄国土	《东南学术》2003:2
多元文化或同化:亨廷顿的族群文化观与东南亚华族	庄国土	《南洋问题研究》2003:2
二战以后东南亚华族与当地族群的关系	庄国土	《厦门大学学报》（哲学社会科学版）2003:3
马来化、伊斯兰化和君主制度下文莱华人的社会地位	庄国土	《东南亚研究》2003:5
东南亚华人参政的特点和前景	庄国土	《当代亚太》2003:9
吧城华人公馆（吧国公堂）档案丛书：公案簿（第二辑）	（荷）包乐史主编 袁冰凌 （法）苏尔梦校注	厦门大学出版社，2004
吧城华人公馆（吧国公堂）档案丛书：公案簿（第三辑）	（荷）包乐史主编 吴凤斌 聂德宁 侯真平校注	厦门大学出版社，2004
菲律宾华人政治地位的变化	庄国土	《当代亚太》2004:2
略论二战以来老挝华人社会地位的变化	庄国土	《华侨华人历史研究》2004:2
二战以来柬埔寨华人社会地位的变化	庄国土	《南洋问题研究》2004:3
华侨华人传统宗教的世俗化与非世俗化——以东南亚华侨华人为例的研究	张禹东	《宗教学研究》2004:4
吧城华人公馆（吧国公堂）档案丛书：公案簿（第四辑）	（荷）包乐史主编 聂德宁 侯真平校注	厦门大学出版社，2005

续表 10-14

成果名称	作　者	发表刊物(出版社)及时间
吧城华人公馆(吧国公堂)档案丛书:公案簿(第五辑)	(荷)包乐史 陈萌红主编 吴凤斌 聂德宁校注	厦门大学出版社,2005
新加坡华裔丛书:福德祠绿野亭文献汇编之一:1920—1927 年议案簿	曾　玲	新加坡华裔馆,2005
华侨华人研究文献索引(1996—2000)	曾伊平 林振锋编	厦门大学出版社,2005
当代华商经贸网络:台商暨东南亚华商	古鸿廷 庄国土	台北,稻乡出版社,2005
转型与调整:当代新加坡华人宗乡社团变迁	曾　玲	《暨南学报》(哲学社会科学版)2005:1
东南亚华人传统宗教的构成、特性与发展趋势	张禹东	《世界宗教研究》2005:1
论郑和下西洋对国人海外开拓事业的伤害——兼论朝贡制度的虚假性	庄国土	《厦门大学学报》(哲学社会科学版)2005:3
政治认同解构:以马来西亚华人为例	赵海立	《华侨华人历史研究》2005:4
郑和与东南亚华人穆斯林	聂德宁	《暨南学报》(哲学社会科学版)2005:6
海峡两岸侨务工作比较研究	庄国土	国务院侨务办公室政研司编《国务院侨务办公室课题研究优秀成果集粹(2000—2005)》,2006

（四）近代海关史研究

《中国近代海关史》（晚清部分）和《中国近代海关史》（民国部分）（陈诗启，人民出版社，1992、1993）该书运用辩证唯物主义和历史唯物主义的立场、观点和方法，分析、论证中国近代海关的创设、特点、发展及其影响和作用。作者认为，外籍税务司架空海关监督，夺取了海关监督的实际权力，垄断海关的征收权，近代海关成为列强特别是英国侵华的工具。但也不可忽视，近代海关带来了某些资本主义新事物，使落后的中国出现了一些新气象，有一定的积极作用。

《近代中国海关与中国财政》（戴一峰，厦门大学出版社，1993）该书分为上、下两编，上编论述中国近代海关的历史沿革及其中国财政关系的演进，下编中国近代海关与中国财政关系。该文系统地考察中国近代海关与中国财政的多重关系形成、发展的历史过程，探讨海关与常关、海关与厘金制度、海关与债赔、海关与晚清财政改革等方面的问题，认为在近代中国，列强侵华势力控制下的中国海关在它与中国财政的关系中，典型地扮演了双重角色，它既是列强扩大对华经济侵略，控制中国财权经济命脉的工具，又是列强改造中国财政体制的样板。

《厦门海关历史档案选编 1911—1949 年》（第一辑）（戴一峰，厦门大学出版社，1997）该书主要包括两部分，一是原海关税务司署收存的档案资料，二是原海关监督公署收存的档案资料，为中国海关史和地方史的学术研究和政府部门的工作提供第一手资料来源。

表 10—15　　　　　**1992—2005 年近代海关史研究其他成果**

成果名称	作　者	发表刊物（出版社）及时间
中国海关起源刍议	连心豪	《海交史研究》1992：1
闽海关（福建常关）历史沿革初探	许毅明	《海交史研究》1992：1
近代洋关制度形成时期清政府态度剖析	戴一峰	《中国社会经济史研究》1992：3
近代福建海关的建立及对社会经济的影响	林仁川	《中国社会经济史研究》1992：4
论赫德、海关近代化与洋务运动的关系	连心豪	《中国社会经济史研究》1993：1
论晚清的子口税与厘金	戴一峰	《中国社会经济史研究》1993：4
论近代中国海关与列强对北洋政府财政的控制	戴一峰	《海关研究》1993：6
厦门海关志	戴一峰	科学出版社，1994
建国初期对外经贸和海关政策的历史思考	连心豪	《厦门大学学报》（哲学社会科学版）1994：2
论北洋政府时期的海关与内债	戴一峰	《中国经济史研究》1994：4
中国近代海关总税务司募用洋员特权问题新论	詹庆华	《近代史研究》1995：1
晚清中央与地方财政关系：以近代海关为中心	戴一峰	《中国经济史研究》2000：4
中国海关与对外贸易	连心豪	岳麓书社，2004
水客走水——近代中国沿海的走私与反走私	连心豪	江西高校出版社，2005
泉州海关志（古代市舶司篇）	陈丽华等	厦门大学出版社，2005
南中国海与近代东南地区社会经济变迁——以闽南地区为中心	戴一峰	《史林》2005：2
论近代海关与地方社团的关系——以近代厦门海关兼管常关为例	水海刚	《史林》2005：3
近 20 年来近代中国海关史研究述评	佳宏伟	《近代史研究》2005：6

第五节　世界史研究

一、学科建设与学术研究

（一）学科建设

福建省世界史研究力量主要集中在厦门大学和福建师范大学。

厦门大学南洋研究所（1996 年更名为南洋研究院）的研究重点为东南亚各国政治、经济文化及华人华侨问题。1999 年该校成立美国史研究所。2000 年厦门大学世界史获得博士学位授予权。2002 年 10 月，中国美国史研究会第十届年会决定将该会秘书处由南开大学迁至厦门大学。

福建师范大学的世界史研究经数十年学术积累和传承，逐渐形成一支研究实力较强的科教队伍，并于 1994 年建立专门史（中外关系史）的硕士点，1998 年建立博士点；2000 年获得世界史硕士学位授予权。

（二）学术研究

福建省世界史研究主要集中在东南亚史、琉球史、美国史及中美关系史、欧洲史及中欧关系史等方面。1992—2005 年，该学科承担国家社会科学基金项目 3 项：明清时中葡关系研究（厦门大学廖大珂，1999）、历史与现实：世界文化多元化研究（福建师范大学王晓德，2001）、20 世纪后半叶美国大都市区化与大都市区管理模式（厦门大学王旭，2004）。获得教育部社会科学（国教委）研究项目 19 项，高校古籍整理委员会课题 2 项，国务院侨办重点项目 9 项，国际合作项目 10 项，福建省社会科学规划项目 15 项。

这一时期，共出版专著 36 部，译著 5 部，文献整理和工具书 7 部，发表论文 270 多篇。获全国高校人文社会科学优秀成果 1 项：《茶叶、白银与鸦片：1750—1840 年中西贸易结构》（第一届三等奖，厦门大学庄国土）；获福建省社会科学优秀成果奖 8 项：《利玛窦与中国》（第三届二等奖，福建师范大学林金水）、《中国与琉球》（第三届二等奖，福建师范大学谢必震）、《近代化和英国家庭体制的变迁》（第三届三等奖，福建师范大学谢天冰）、《福建对外文化交流史》（第四届三等奖，林金水、谢必震）、《美国城市史》（第五届二等奖，王旭）、《二战后美国工会运动》（第六届二等奖，福州大学李会欣）、《近 20 年来福州人移民美国和对我国海外移民政策的建议》（第六届三等奖，庄国土）、《明清中琉航海贸易研究》（第六届三等奖，谢必震）。

（三）学术会议

1994 年 11 月，福建社会科学院、福建师范大学、泉州海外交通史博物馆和华侨大学联办的第五届中琉历史关系学术研讨会在福州召开。日本冲绳、中国大陆和台湾 80 多位学者与会。会议围绕中琉封贡制度、中琉文化交流、中琉关系文献档案资料三个问题进行研讨。会后结集出版《第五届中琉历史关系学术会议论文集》（福建教育出版社，1996）。

2002 年 10 月，中国中美关系史学会、厦门大学美国史研究中心、中国社会科学院美国研究所联办的东亚国际关系中的中美关系研讨会在厦门大学举行。国内 33 个高校和科研机构的 80 多名专家学者出席会议，提交论文近 50 篇。与会者就中美关系的演变、影响中美关系的国际因素、当前的中美关系等问题进行讨论。

二、主要学术成果

（一）东南亚史研究

《中国与东南亚关系史研究》（厦门大学韩振华，广西人民出版社，1992）该书是作者40 多年来从事中国与东南亚关系史研究的论文集，内容主要有中国与东南亚航海交通路线的考释、华侨史（以印度尼西亚华侨史的专题研究为主）、中国帆船的航海技术探索、郑和下西洋研究和海外贸易史研究等五类。

《清代前厦门与东南亚的贸易》［厦门大学李金明，《厦门大学学报》（哲学社会科学版）1996：2］该文认为清代前厦门作为福建通洋港口，与东南亚的贸易发展迅速，其主要贸易国有：暹罗（今泰国）、吕宋（今菲律宾）、苏禄（今菲律宾）、新加坡等，并论述其贸易的规模、贸易结构发展途径及各自的特点。

《近现代中国与东南亚经贸关系史研究》（厦门大学聂德宁，厦门大学出版社，2001）该书论述中国与新加坡开埠初的经贸往来，近现代中国与英属马来亚、法属印度支那的经贸往来，华侨在近现代中国与东南亚经贸往来中的地位及作用等。

《美统时期的菲美贸易及其对菲律宾经济的影响》［厦门大学陈衍德，《厦门大学学报》（哲学社会科学版）2003：1］该文围绕统治时期，在美国对菲律宾关税与贸易政策主导下，菲律宾以糖、麻、椰、烟等初级产品为主的出口商品结构得到强化，并集中于对美出口，美工业制成品则构成菲进口商品的主体。此种对外贸易结构虽使菲律宾民族经济发展繁荣一时，却造成其经济结构的失衡与脆弱，以及社会问题的积累与社会发展的滞后。由此可见，具有新殖民主义特征的美菲贸易关系，对菲律宾民族经济的影响是弊大于利。

《满剌加的陷落与中葡交涉》（廖大珂，《南洋问题研究》2003：3）该文认为，14 世纪初，在明朝的支持下，满剌加（今马来西亚马六甲州）取得独立，并迅速发展成为东南亚国际贸易的中心。16 世纪初，葡萄牙殖民者侵入东南亚，占领了满剌加，导致东南亚国际形势发生剧变，从根本上动摇了以"朝贡"制度为基础的"华夷秩序"。面对变局，明朝最高统治者做出了不合时宜的反应与决策，加之国力式微，缺乏坚强的实力作后盾，在对葡交涉中软弱无力，其结果只能是坐视满剌加的灭亡，从而丧失了在东南亚原有的地位，东南亚逐步沦为西方的势力范围。

《对抗、适应与融合——东南亚的民族主义与族际关系》（陈衍德，岳麓书社，2004）该书从民族主义和族群关系的视角来阐述东南亚民族问题的历史和现状，认为东南亚是世界上典型的多文化、多民族地区。从民族主义的发展来看，它经历了从民族解放运动到民族分裂运动的变化。从族际关系的演变来看，民族之间的相处大多经历了对抗、适应到融合的过程。从民族经济的发育成长来看，它经历了殖民地受压制时期、独立后的发展时期和全球化时代的起伏跌宕时期。从民族文化的变迁来看，出现了各民族文化既融合又并存的复杂局面。

《冷战以来的东南亚国际关系》（厦门大学李一平、庄国土主编，厦门大学出版社，2005）该书收入 2004 年厦门大学东南亚研究中心与《世界历史》编辑部联合主办的"冷战以来的东南亚国际关系学术研讨会"论文 24 篇，主要围绕冷战以来东盟与大国关系、东盟与中国关系和东盟与地区安全等主题，集中审视了冷战以来东南亚国际关系的变化。

《略论朝贡制度的虚幻：以古代中国与东南亚的朝贡关系为例》（庄国土，《南洋问题研究》2005：3）该文认为，历史上将到中国者统称为朝贡者，基本上是中国统治者以及历代史官、文人的一厢情愿。中国朝廷通常没有也不打算利用这种表面上的、自我安慰式的"朝贡宗藩"关系来干预东南亚地区事务。实行"朝贡体制"数百年的明清两朝，其海外政策基本上是不作为的自我封闭政策，并没有获得对东南亚的实际政治影响力。

表 10—16　　　　　　**1992—2005 年东南亚史研究其他成果**

成果名称	作者	发表刊物（出版社）及时间
明朝与满者伯夷王朝的交往关系	聂德宁	《南洋问题研究》1992：3
试论古代菲律宾巴朗圭的社会性质	聂德宁	《南洋问题研究》1992：4
1619 年—1740 年的巴达维亚：一个华人殖民城的兴衰	（荷）包乐史著 熊卫霞 庄国土译	《南洋资料译丛》1992：1；2
室利佛逝王国社会经济初探	廖大珂	《南洋问题研究》1993：2
近代中国与荷属东印度的贸易往来	聂德宁	《南洋问题研究》1995：1
1511 年前伊斯兰教在印度尼西亚的传播	廖大珂	《南洋问题研究》1995：3
近代中国与英属马来亚的贸易往来	聂德宁	《南洋问题研究》1996：4
巴达维亚华人与中荷贸易	（荷）包乐史著 庄国土译	广西人民出版社，1997

续表 10－16

成果名称	作　者	发表刊物（出版社）及时间
近代中国与法属印度支那的贸易往来	聂德宁	《南洋问题研究》1997：1
明初海禁与东南亚贸易的发展	李金明	《南洋问题研究》1998：2
近现代中国与缅甸的贸易往来	聂德宁	《南洋问题研究》1998：4
试论"邦咯条约"的签订及其后果	聂德宁	《厦门大学学报》（哲学社会科学版）1999：2
菲律宾1896年革命：亚洲觉醒的先声	陈衍德	《南洋问题研究》1999：2
中越工业企业改革比较	皮　军	《南洋问题研究》1999：3
战后中、马贸易关系的演变与发展	聂德宁	《南洋问题研究》1999：4
中越经贸关系为何发展相对滞后	皮　军	《南洋问题研究》2000：4
金融危机与马来西亚政治风波	陈衍德	《当代亚太》2000：5
泰国的政治变化：民主和参与	（英）饶伟讯著 薛学了等译	厦门大学出版社，2002
西班牙殖民政府对菲律宾华侨的宗教政策	施雪琴	《华侨华人历史研究》2002：1
21世纪初的东南亚社会与经济	李国梁主编	厦门大学出版社，2003
试论英国在缅甸的早期殖民政策	张旭东	《南洋问题研究》2003：1
郑和下西洋与中国东南亚的友好交往	李金明	《南洋问题研究》2003：1
菲律宾国家领土界限评述	李金明	《史学集刊》2003：3
简论近代欧洲在东南亚殖民扩张中的宗教政策与传教活动	施雪琴	《南洋问题研究》2003：4
民族学视野中的东南亚	王付兵	《华侨华人历史研究》2003：4
菲律宾天主教宗教节日的文化特征与功能嬗变	施雪琴	《东南亚研究》2003：6
试论缅甸近代历史上的"1300运动"	张旭东	《南洋问题研究》2004：1
马科斯时菲律宾的穆斯林问题	陈衍德	《世界民族》2004：3
论法国对印度支那殖民政策（1887—1940年）	李一平	《南洋问题研究》2004：4
东南亚的民族文化与民族主义	陈衍德	《东南亚研究》2004：4
试论殖民地时缅甸国内的两次缅、印人冲突	张旭东	《世界民族》2004：6
论明至清中叶滇缅贸易与管理	冯立军	《南洋问题研究》2005：3
冷战后的越美关系	皮　军	《南洋问题研究》2005：4

（二）琉球（今日本冲绳）史及中琉关系史研究

《论明清之际的中琉关系》［福建社会科学院杨彦杰，《福建论坛》（人文社会科学版）1995：3］该文认为，明清之际是中国封建社会末的一个转折点，在中琉关系史上也是一个非常重要的转折关头。在这期间，两国关系得以继续向前发展，完全是双方共同努力的结果。其中琉球向中国遣使，保持了一定的灵活性，对继续发展两国关系创造了良好的条件。

《中国与琉球》（谢必震，厦门大学出版社，1996）该书论述中国的册封、琉球的朝贡、中琉贸易、闽人三十六姓、琉球墓与唐人墓、琉球官生与勤学以及由双方往来而产生的中国文化对琉球社会发展的影响。该书结构上涵盖中琉关系几乎所有重要事件和内容，文献资料上充分利用档案及各类出使琉球记录等第一手材料。作者将文献搜集与实地考察相结合、相印证，围绕中琉源远流长的历史关系，全面考证琉球的政治制度、经济生活、民风民俗、文化教育以及盛极一时的中琉贸易。

《明清时的中琉贸易及其影响》（谢必震，《南洋问题研究》1997：2）该文认为，由于中琉贸易所处的特殊历史环境，中琉贸易具有许多显著的特点，移居琉球的闽人三十六姓曾在这一贸易中扮演重要的角色。中琉贸易是琉球国社会经济赖以发展的基础，同时也是中国文化向琉球传播的重要途径。福建商品市场、福州港的繁荣都与中琉贸易的兴盛有着千丝万缕的关系。

《试论明清使者琉球航海中的海神信仰》（谢必震，《世界宗教研究》1998：1）该文认为，明清时中国派遣使团渡海册封藩属国——琉球有二十余次，历次琉球航海中除供奉天妃外，同时还供奉临水夫人、龙王、拿公、陈文龙、苏臣等神。海神信仰活动是明清使者琉球航海的重要内容之一。

表 10—17　**1992—2005 年琉球（今日本冲绳）史及中琉关系史研究其他成果**

成果名称	作　者	发表刊物(出版社)及时间
中琉关系史研究述略	李玉昆	《海交史研究》1992：1
明清时中国培养琉球留学生述略	谢必震	《教育评论》1992：2
清代中国对琉球的册封	吴怀民	《福建师范大学学报》(哲学社会科学版)1992：3
从清宫档案看清政府对琉球的优惠政策	陈培坤	《福建师范大学学报》(哲学社会科学版)1994：1
从清宫档案看中国文化在琉球的传播	谢必震	《历史档案》1994：3
明清册封琉球趣谈	谢必震	《台湾历史月刊》1994：3
"球案"与近代中日关系	赖正维	《福建师范大学学报》(哲学社会科学版)1996：3
福建文化在琉球的传播与影响	谢必震	《东南文化》1996：4
清代中琉贸易与福建手工业	徐晓望	《海交史研究》1997：2
清代台湾与琉球关系考	张先清 谢必震	《中国社会经济史研究》1998：1
试论明朝对琉球的册封	李金明	《历史档案》1999：4

续表 10—17

成果名称	作 者	发表刊物（出版社）及时间
"历代宝案"与中外关系史研究	徐恭生 谢必震	《明清档案与历史研究论文集》，中国友谊出版公司，2000
清嘉庆朝赵文楷使琉球的影响和贡献	傅 朗	《福建师范大学学报》（哲学社会科学版）2001:1
明清士大夫与琉球	谢必震	《福建师范大学学报》（哲学社会科学版）2002:4
清政府对中琉交往活动中违法事件的处置	赖正维	《福建师范大学学报》（哲学社会科学版）2002:4
明清琉球册封使与中国文化传播	李金明	《历史档案》2005:3

（三）美国史及中美关系史研究

《美国城市史》（王旭，中国社会科学出版社，2000）该书分上、下篇，上篇为殖民地时期到 1920 年——美国成为城市化国家的历程，下篇为 1920 年至今——美国成为大都市区国家的历程。作者通过对美国学术界城市史研究的最新成果进行有选择性地借鉴和引进，以及对美国城市史研究重要著作和最新成果较全面的了解，择善而从，利用不同学者的理论分析和解释美国城市在不同时期的发展变迁。特别指出城市在美国独立战争中的中心地位，以及新英格兰的市政会议（town meeting）对美国民主制度的影响，商业发展状况在南部城市化诸因素中居主导地位。

《当代美国大都市区社会问题与联邦政府政策》（王旭，《世界历史》2001:3）该文认为，美国的大都市区化过程，具有明显的多中心化和分散化趋势，主要表现为随着制造业和人口不断外迁，居住区出现分化，以中产阶级白人居民为主的郊区和以黑人及其他少数民族或下层居民为主的中心城市成为迥然有别的"两个世界"，中心城市地位相对下降，成为社会问题的中心。其矛盾与问题不断积聚，终于在 20 世纪 60 年代和 90 年代先后爆发两次遍及全国的城市危机。这些社会问题的产生，与美国联邦政府的城市政策有密切关系。

《对美国大都市区化历史地位的再认识》（王旭，《历史研究》2002:3）该文认为，美国城市化的历史进程带有一定的"原型"特征，据此可更准确地认识城市化的一般规律。美国在进入 20 世纪后，出现大都市区化。该文认为，对于这种现象的梳理和解读，不仅有助于人们更准确地认识美国乃至世界范围内城市发展的主导趋势和一般规律，而且对于中国当前城市化道路的选择也有一定的参考借鉴价值。

《美国城市化的历史解读》（王旭，岳麓书社，2003）该书运用多学科的研究方法，对美国城市的性质、规模、分布等方面的变化，城市化和地区经济发展的关系，城市化和工业化的关系，城市人口由集中到分散的表现形式，城市的空间构成和产业构成等方面进行探讨和剖析。

《二战后美国工会运动》（李会欣，河北人民出版社，2004）该书从不同历史阶段，对二战后美国工会运动的发展状况进行简要的阐述和分析，认为20世纪70年代后美国工会运动衰落的主要原因在于：政治上没有形成独立政党，工会内部官僚腐败长期存在，对政治依赖性较强。同时指出90年代美国工会运动复兴的原因在于白领会员和女性会员的增加，以及工会加强对外交往等方面。

《当代美国大都市区城郊发展失衡现象及其影响》（王旭、梁茂信，《世界历史》2005：1）该文认为，美国大都市区的长足发展，有其积极意义，但同时也产生很多负面效应。在其负面效应中，居主导地位的是城市与郊区发展失衡问题。这种失衡发展状态，对美国大都市区经济、政治、社会和文化等方面都有深远的影响。

《20世纪美国史学流派》〔厦门大学胡锦山，《厦门大学学报》（哲学社会科学版）2000：3〕该文对一个世纪以来美国史学流派的演进进行概要论述。认为，19世纪末20世纪初美国独立的史学研究开始起步，而后有了快速的发展。"进步学派"是美国20世纪初最大的学派，后来为"利益一致学派"取而代之。20世纪60年代以后，学科间的交叉渗透使史学家的价值取向出现变化，由此扩大了美国史的研究范围，使得美国史坛出现了流派林立、争论激烈、互相促进的多元化局面。这一时期的学派则主要有"新左派"和"新社会史学"。作者指出，美国学术流派的兴衰是与历史潮流的沉浮变迁相关联的，同时各流派间的争论也推动和促进了美国史学研究。各种流派的先后出现、并存与互补极大地丰富了对美国史的研究与认识，从而也形成了当代美国史坛多元、多极的局面。

表 10—18　　　　**1992—2005 年美国史及中美关系史研究其他成果**

成果名称	作　者	发表刊物（出版社）及时间
美国黑人的第一次大迁徙	胡锦山	《东北师范大学学报》1997:5
20世纪美国黑人城市问题	胡锦山	《东北师范大学学报》1997:5
20世纪六七十年代美国城市黑人参政原因初探	胡锦山	《东北师范大学学报》2000:1
战后美国东北部高技术产业发展探源	韩　宇	《东北师范大学学报》2000:1
郊区化与美国购物城的兴起	王　旭	《史学月刊》2001:1
90年代美国城市发展的四大趋势——《城市状况年度报告:2000》述评	王　旭	《美国研究》2001:3
20世纪中国中美关系史研究回顾	胡锦山	《探究美国——纪念丁则民先生论文集》，东北师大出版社,2002
战后美国东北部衰落原因初探	韩　宇	《探究美国——纪念丁则民先生论文集》，东北师大出版社,2002

续表 10—18

成果名称	作　者	发表刊物（出版社）及时间
逆城市化论质疑	王　旭	《史学理论研究》2002：1
美国"冰雪带"现象成因探析	韩　宇	《世界历史》2002：5
后冷战时期美国在台湾的利益	胡锦山	《世界经济与政治论坛》2002：6
美国西部开发与联邦政府的土地政策	王　旭	《史学集刊》2003：1
美国"棕色地带"再开发计划和城市社区的可持续发展	王　旭	《东南学术》2003：3
莱维敦——美国郊区化的理想模式	王　旭	《厦门大学学报》（哲学社会科学版）2003：3
近年来美国黑人的郊区化与居住区隔离	王　旭	《厦门大学学报》（哲学社会科学版）2004：2
美国内战的几个问题	王　旭	《光明日报》2005.3.29

（四）欧洲史及中欧关系史研究

《近代化和英国家庭体制的变迁》（谢天冰，《世界历史》1994：3）该文通过对第一个近代化工业社会——英国家庭变迁史的考察，揭示现代社会家庭变迁的一般规律。认为从传统的农业社会向近代的工业社会的转变，根本上加速传统社会的家庭体制向现代社会的家庭体制的转化。

《茶叶、白银与鸦片：1750—1840 年中西贸易结构》（庄国土，《中国经济史研究》1995：3）该文通过探讨以白银交换茶叶的中西传统贸易结构的失衡，来分析鸦片战争爆发的经济原因。认为十八世纪中西贸易的基本结构，是西方国家以白银、棉花、胡椒等殖民地产品交换中国的茶、丝、瓷器等。当这种贸易结构能保持平衡时，西人仍然能获得巨额利润，传统的贸易方式仍可维持。由于白银短缺和中国政府厉行查禁，传统的中西贸易结构难以为继。西人随即诉诸武力，最终导致鸦片战争的爆发。

《利玛窦与中国》（林金水，中国社会科学出版社，1996）该书是对利玛窦及其在中国的重大影响进行述评。全书分八个专题，论述利玛窦早年所受教育、与中国士大夫的交往，以及对中国天文学、数学、地理学、中国思想、中国语言、美术、音乐、中外学术诸方面的影响。

《英国工业革命中的福音运动》（厦门大学邹穗，《世界历史》1998：3）该文运用现代化理论，对英国工业革命时期，英国宗教领域中出现的一次重大的思想与社会变革——福音运动的来龙去脉及其与英国工业革命的内在联系进行初步探讨。认为福音运动对英国现代化进程产生了不容忽视的影响，指出：即使是一向被称为市场经济自发成功典范的英国工业革命，也绝不是在放任物欲横流的条件下实现的，因为归根到底，现代化不是一个简单的经济进程，而是在政治、经济、文化、社会诸多因素的复杂互动中展开的，它呼唤着人类对物质文明和精神文明的不断创造。

《世界中世纪史散论》（厦门大学陈兆璋，厦门大学出版社，2003）该书为作者多年研究成果的结集，内容包括西欧封建社会的产生与生产力，中世纪西欧城市与市民的特点，十字军东侵与西欧人民的觉醒以及资本主义发展等内容。作者指出，欧洲拜占庭帝国从奴隶社会向封建社会过渡的时间为公元 7 世纪，而不是苏联史学家所认为的 4 世纪。关于英国封建社会特点的问题，作者认为无论是主张"完备"或"不完备"，都失之片面。

表 10－19　**1992—2005 年欧洲史及中欧关系史研究其他成果**

成果名称	作　者	发表刊物（出版社）及时间
荷兰华人的社会地位	（荷）彭轲著 庄国土译	台湾"中央研究院"，1992
英国经济近代化的农业前提	谢天冰	《福建师范大学学报》（哲学社会科学版） 1992：1
新航路开辟与北美社会再建	谢天冰	《世界历史》1992：4
早期殖民帝国之比较	谢天冰	《福建师范大学学报》（哲学社会科学版） 1993：2
英国是怎样在印度推行"分而治之"政策的	王坚德	《福建师范大学学报》（哲学社会科学版） 1994：1
文艺复兴的历史学家汉斯·巴伦及其"公民人文主义"	谢天冰	《福建师范大学学报》（哲学社会科学版） 1994：4
"亚封建主义"及其新近的讨论	谢天冰	《世界历史》1995：6
世界社会保障制度的历史渊源和发展概况	王榕平 王启民	《福建师范大学学报》（哲学社会科学版） 1996：4
试论英国教育体制的近代化	谢天冰	《福建师范大学学报》（哲学社会科学版） 1998：1
泰西儒士利玛窦	林金水 邹　萍	国际文化出版公司，2000
欧洲华侨华人史	李明欢	中国华侨出版社，2002
"宽容"到"严格限制"的转变——战后初期英国对日经济政策	张玉栋	《日本学论坛》2004：2
军事革命与欧洲在全球范围的崛起	许二斌	《史学集刊》2005：4

第六节　福建地方史研究

一、学科建设与学术研究

（一）学科建设

福建省从事地方史研究者众多，各高校、文化机构以至各市、县地方志等部门都有一些人员对福建地方政治、经济、社会文化等方面历史开展研究，其中厦门大学、福建师范大学、福建社会科学院研究力量比较集中。1995年厦门大学历史学系经国家教委批准建立"国家历史学科人才培养和科学研究基地"，且拥有历史学一级学科博士学位授予权，下设3个二级学科博士学位授予点，8个硕士学位授予点，福建地方史为该学科的一个研究方向。1994年，福建师范大学历史系获得专门史硕士学位授予权；1998年，获得专门史博士学位授予权，福建地方史也是其重要的研究领域。

（二）学术研究

1992—2000年，福建地方史的研究比较注重文化思想史的研究，先后出版了"福建文化丛书"、"福建思想文化丛书"等一批论著。进入21世纪，福建地方史研究逐渐扩大到社会经济史、闽台关系史以及福建与中国东南区域历史文化、福建与东南亚的关系等领域。期间，研究者获得3项国家社会科学基金项目：历史上东南沿海区域经济开发与生态环境研究（厦门大学杨国桢，1999）、社会变革与社会生态的互动——20世纪闽西赣南地区社会发展环境考察（福建师范大学温锐，2002）、南宋以来（12—20世纪）客家妇女生活研究（福建省委党校谢重光，2002）。同期获得福建省社会科学规划项目43项。

这一时期，共出版著作百余部，发表论文数千篇。获得教育部人文社会科学研究成果奖1项：《明清福建家族组织与社会变迁》（第二届三等奖，厦门大学郑振满）；获福建省社会科学优秀成果奖6项：《黄乃裳传》（第二届二等奖，福建师范大学詹冠群）、《福建思想文化史纲》（第三届二等奖，福建社会科学院徐晓望）、《神庙祭典与社区发展模式——莆田江口平原的例证》（第三届三等奖，郑振满）、《清代福建地方财政与政府职能的演变》（第四届三等奖，郑振满）、《郑成功：17世纪远东国际舞台风云人物》（第四届三等奖，厦门大学庄国土）、《民国福建军事史》（第五届三等奖，漳州师范学院韩真）。另外，《林则徐全集》（杨国桢等主编，海峡文艺出版社，2002）获第六届国家图书奖提名奖和第四届全国优秀古籍整理图书奖一等奖。

（三）学术会议

1996 年 1 月，泉州市历史研究会、泉州市洪承畴学术研究会举办的洪承畴在清初的历史作用学术研讨会在石狮召开。福建省有 100 余名专家、学者出席会议，提交论文 40 余篇。与会者围绕洪承畴"审时度势、安邦济民"这一主题，对洪承畴在清初的历史作用，进行交流和探讨。会后结集出版《洪承畴研究》（中国社会科学出版社，1996）。

2001 年 10 月，为纪念施琅诞辰 380 周年，福建省晋江市政府主办、厦门大学人文学院等单位协办的施琅与国家统一学术研讨会在晋江市举行。海内外 80 多位学者出席会议，提交论文 48 篇，就施琅的军事才能、政治胆识、思想品格等进行探讨。会后出版《施琅研究》论文集（国际文化出版公司，2002）。

2002 年 9 月，中国航海学会、福建省泉州市人民政府举办的泉州港与海上丝绸之路国际学术研讨会在泉州召开。会议围绕泉州港的兴盛与历史地位、泉州港兴盛的历史原因、宋元泉州海外贸易管理、多元文化在泉州的交融、海外交通贸易与历史名人、海商与华侨、泉州海上丝绸之路文物的考古发现及保护等，展开讨论。会后出版《泉州港与海上丝绸之路》（二）（中国社会科学出版社，2003）。

2003 年 2 月，中国侨联、福建省政府主办，福建省侨联、福建省泉州市政府承办的闽南文化论坛在泉州市举行。出席论坛的有中国大陆、香港、台湾地区和日本的 92 位专家学者，共提交论文 42 篇。与会者从不同角度研讨闽南文化深厚的历史底蕴和丰富的思想内涵。会后出版《闽南文化研究》（中央文献出版社，2003）。

2004 年 2 月，福建省政协、北京大学、清华大学联办的纪念严复诞辰 150 周年大会暨学术研讨会在福州举行，日本及中国大陆和台湾等国家和地区的专家、学者、各界人士共 200 多人参加纪念大会；学术研讨会主要围绕严复在近代西学启蒙、科教兴国、变革图强的思想和贡献展开讨论。

2004 年 7 月，王景弘学术研讨会在漳平市举办，海内外 60 多位专家学者就王景弘的生平、史迹及其在七下西洋中的历史地位与作用进行探讨，认为王景弘作为郑和船队的主要负责人之一，负责航海路线的选择、船队的管理和突发事件的处理，侧重于航海事务的管理，并卓有成效，这与王景弘出生于具有航海传统的福建是分不开的。

2005 年 8 月，中国史学会与中国国际文化交流中心、福建省社科联、福建省国际文化经济交流中心、福建省林则徐研究会联办的林则徐与近代中国——纪念林则徐诞辰 220 周年学术讨论会在北京召开。参会学者百余人，围绕林则徐放眼看世界，鸦片战争对近代中国社会变迁的影响等进行研讨。

2005 年 9 月，福建省漳州市、厦门市侨联，厦门市华侨历史学会、厦门大学历史系联办的"文化视角：东南亚和郑和"国际学术研讨会在漳州、厦门两市召开。日本、印尼、新加坡、菲律宾、马来西亚等国家和中国香港、南京大学、厦门大学、集美大学的 80 多位学者专家参会。与会者着重从"文化视角"探讨郑和七下西洋在传播中华文化方面的史实和功绩。

二、主要学术成果

（一）福建通史和断代史研究

《闽越冶城地望的新证据》（厦门大学吴春明，《民族研究》1998：4）该文通过对汉唐史籍的重新发掘、整理，结合闽越考古遗迹的分析，提出"章安故冶，闽越地"是闽越国与初置于闽越故地的冶县曾一度控有东瓯故地的历史实录，而不是闽越故地及冶城在浙江的根据。西汉后期起，析冶县东瓯故地置回浦县，才形成"闽越为冶"在福建、"东瓯为回浦"在浙南的局面。作者进一步分析指出闽越遗迹集中分布的今福州一带正是文献描述的海滨冶城，而闽北汉代城址只是余善的割据地。

《关于汉晋东南历史地理的两个关键问题——"章安故冶，闽越地"和"东越王居保泉山"新解》[吴春明，《厦门大学学报》（哲学社会科学版）1998：3]该文通过大量的史料研究、论证，认为"章安故冶，闽越地"是闽越国曾经领有东瓯地的历史记录，而将它看成文献的错漏或作为冶都在浙南的依据，都是对《后汉书·郡国志》的误解。

《闽越国文化》（福建省博物院杨琮，福建人民出版社，1998）该书探讨闽越国历史及其物质文化，内容包括：闽越国历史沿革、名称由来与世系考；闽越国文化渊源、遗址调查及都邑考证与研究；闽越国的建筑业和建筑技术；闽越国的陶器、青铜器、铁器、玉器、石器和木器文化等研究；闽越国的庙坛、文字、官制和艺术及宗教民俗等研究；闽越国与中原、周邻国、日本及南亚的关系等研究。

《民国福建军事史》（韩真，中国言实出版社，2000）该书介绍民国时期福建的军事情况，包括辛亥革命时期福建的军事、北洋军阀统治时期福建各派势力的军事斗争、福建民军的军事活动、北伐时期福建战场的情况、民国时期的福建海军、福建四大军阀的形成和瓦解、十九路军和福建事变、福建土地革命战争的开展和根据地建设、主力红军长征后福建三年游击战争、八年抗战中福建的正面战场、福建解放等。指出福建自民国初年开始，由于临近广东的特殊地理位置，使之成为北洋和西南两大军阀集团统治的交叉地带，也是以孙中山为代表的国民党进步势力和各军阀集团反复争夺的地区，致使福建的战争状况和军事线索较全国其他地区更为复杂、曲折。

《当代福建简史：1949—1999》（福建省委何少川，当代中国出版社，2001）该书以时序为经、大事为纬，分七个时期介绍 1949—1999 年福建的发展历程，展示福建各个方面的建设成就，并分析福建半个世纪以来的一系列重大问题、重大事件及其经验教训。

　　《闽中稽古》（福建省方志委卢美松，厦门大学出版社，2002）该书分"历史研究"、"闽台关系研究"、"人物研究"、"文化研究"、"史话专题"五个部分，研究福建的殷商文明、福建古代的对外贸易、闽族崇蛇习俗、福建与琉球等内容，指出昙石山文化是闽族先民的氏族文化。

　　《福建史纲》（福建师范大学汪征鲁，福建人民出版社，2003）该书对福建的经济、政治、文化、社会、对外关系、闽台关系、新民主主义革命等方面史实的展开，既论述上层社会的政权兴替"制度递嬗"传承和演变，又介绍下层民众的生产生活"风俗习惯"、宗教信仰及其文化创造。该书还简介福建古代的方志与今人研究福建地方史的主要成果。

　　《福建简史》（福建省方志委林祥瑞、刘祖陛，国际华文出版社，2004）该书由 30 章构成，记述始于远古的"七闽"止于 1949 年福建省解放时的历史事实。该书以 1—4 章篇幅记述"远古时代的七闽"、"闽与越的融合"、"秦代的闽越"和"汉代闽越的兴衰"，展示福建早期土著民族演变及兴衰的过程。"孙吴经营福建"和"两晋南朝中州人民入闽"两章篇幅记述汉族人民移民及孙吴经营福建的过程。全书以 24 章大篇幅反映唐、宋、元、明、清和民国各个朝代政权更迭对福建的影响以及各朝代福建政治、经济、文化的特点。

　　《福建历史经济地理通论》（福建师范大学黄公勉，福建科学技术出版社，2005）该书分上篇总论和下篇分论。总论分别探讨福建政区沿革、历史人口、历史经济的发展过程和规律、特点，并对泉州、福州、漳州等福建历史文化名城的形成条件、发展过程和各自特点进行探讨。分论研究福建历史经济地理分区的原则、依据和分区体系，分别探讨沿海地区和内陆地区自然资源的特点及其历史开发概况和区域内差异等，并对历史经验进行总结。

表 10—20　　　　　　**1992—2005 年福建通史和断代史研究其他成果**

成果名称	作　者	发表刊物(出版物)及时间
福建史论探:纪念朱维干教授论文集	唐文基主编	福建人民出版社,1992
闽越族的纺织文化成就	梅华全	《东南学术》1994:4
闽越国世系考	杨　琮	《福建论坛》(人文社会科学版)1995:1
闽国史	徐晓望	台北五南图书出版公司,1997
闽越国冶城遗址考	黄荣春	《福建论坛》(文史哲版)1998:2
改革开放与福建华侨华人	杨学嶙主编	厦门大学出版社,1999
近七十年闽越都城地望探索述评	吴春明	《中国史研究动态》1999:10
清代福建邮驿制度考略	张燕清	《福建论坛》2001:6
两次护法运动中的孙中山与福建	韩　真	《福建师范大学学报》(哲学社会科学版)2003:6
闽越文化新探索	杨　琮	《东南学术》2004:1

（二）福建社会经济史研究

《明清福建家族组织与社会变迁》（郑振满，湖南教育出版社，1992）该书主要依据闽台地区现存的族谱、分家文书等民间文献，考察明清时期福建家族组织的内部结构、社会功能、发展模式与演变趋势，探讨家族组织与社会伦理、政治体制及经济结构的关系，提出新的家族分析模型与明清社会变迁理论。该书吸收和借鉴人类学、社会学等相关学科的理论与方法，建立中国家族研究的结构模型与动态模型；采用历时性研究与共时性研究相结合、规范性研究与实证性研究相结合的方法。该书英文版由美中学术交流委员会资助翻译出版。

《福建古代经济史》（福建师范大学唐文基，福建教育出版社，1995）该书论述从远古到鸦片战争前福建社会经济发展史，对福建的农业、水利工程、手工业、商业、渔盐业、城镇、交通、港口和海外贸易等各个经济领域作动态研究。该书在叙述福建古代经济发展历史进程的同时，注意地理环境对经济发展构成的有利与制约因素，以及与中原、与台湾的经济联系和相互影响。书中除利用考古资料和文献资料外，还利用正史、官书、方志、文人别集、野史笔记、外国文献和民间契约文书为依据。

《清代前期福建地域间基层社会整合组织的比较研究》（厦门大学王日根，《东南学术》1997：5）该文认为，福建家族的发展在不同地域有不同的地位，在家族组织之外，还有其他类型的社会管理组织，这表明家族发展除了与中原文化传统有关外，更与当时福建不同地域不同自然环境和社会环境有密切的关联。

《喧闹的海市：闽东南港市兴衰与海洋人文》（厦门大学蓝达居，江西高校出版社，1999）该书从中国海洋社会经济史的背景中对明清闽东南港市进行历史学的探究，从海陆人文互动及国家与社会互动的角度分析诸历史因素对闽东南港市之影响，指出：明清闽东南港市人文形貌既是海陆人文互动整合的产物，也是国家与社会互动的产物。

《福建近代经济史》（福建师范大学林庆元，福建教育出版社，2001）该书研究福建近代经济史的历史变迁和发展，书分晚清和民国两编。第一编论述福建经济发展的基本条件、福建的农业、土地关系和赋役制度、福建的林业和渔业、传统手工业和工艺制造、福建近代工业的兴起、交通运输和电信事业、商业和外贸、财政金融；第二编论及民国时期的福建急剧衰落的农业、林业和渔业、传统手工业的兴衰、机器工业的初步发展、交通运输和电信事业、商业和外贸、财政金融、外国资本的入侵。

《清代福建地方财政与政府职能的演变——〈福建省例〉研究》（郑振满，《清史研究》2002：2）该文认为，清初承袭明后期的"一条鞭法"，对地方财政实行分级分类定额包干体制，同时大幅度削减地方财政预算，使各级地方政府职能趋于萎缩。清中叶推行的"耗羡归公"与"养廉银"制度，原是为了弥补各级政府办公经费之不足，但由于此后盛行"就廉摊捐"，使之名存实亡；另外，由于清后期对地方存留经费实行全省统一结算制度，使基层政府失去了财政自主权。晚清地方财政主要依赖于捐纳与厘金，强化了地方政府的某些职能，但同时也促进了绅商一体化，推动了基层社会的自治化进程。

《明清时期闽北乡族地主经济》（郑振满，《清史研究》2003：2）该文以闽北地区为典型，对明清时期长江中下游地区及东南沿海乡族地主经济得到了迅速的发展这一历史现象作剖析。指出：明清时期，由于乡族组织与地主经济的直接结合，使已经衰落的私人地主经济得到了强化，同时也阻碍了阶级分化与阶级斗争的正常发展，从而延缓了封建的土地关系及社会关系的解体过程。

《福建人口迁徙论考》（厦门大学林汀水，《中国社会经济史研究》2003：2）该文认为福建人口的迁徙，可归纳七个时期，凡十次。其中以战国末期越国人的入闽，西汉武帝时期闽越人的被迁徙，三国吴的移民入闽和陈政、王绪、王审知的率军入闽影响最大。移民入闽规模最大的时段是在靖康之乱和宋末元初，而大规模的移出，是在宋末元初和明末清初以至于整个清代。历经多次的移民入闽，福建已经由其地旷人稀变为地狭人稠，社会也由安定转为动乱，于是人们迫于生计，便开始大规模的向外移民。移民入闽的地区，主要是江浙与赣等省，移出的地区则甚广，有广东、海南、浙东、赣省、四川、台湾和各国。移民形式有军队和有组织的移民，但多数是在战乱中分散进行的。福建自宋能成为全国经济、文化最发达的地区，主要是靠历代大规模的移民入闽；而福建人大规模的外徙，对各移入地的贡献也相当突出，功不可没。

《民间文书与明清赋役史研究》（厦门大学陈支平，黄山书社，2004）该书利用福建地区的民间文书资料及其他有关文献，从社会史、法制史等领域进行探索，试图透过土地契约文书反映出来的土地所有权内部结构及其历史运动，揭示明清社会演变的底蕴，为研究中国契约学、明清社会经济史拓展新途径。

《墟市、宗族与地方政治——以明代至民国时期闽西四保为中心》（厦门大学刘永华，《中国社会科学》2004：6）该文以明代至民国时期闽西连城四保地区墟市的发展为例，探讨墟市发展、商业化和社会结构的关系。文章指出在明中叶，四保共有 3 个墟市，至民国时期增为 9 个，在大约 30 华里的狭长地带，总共分布着 7 个墟市，其中相邻的 3 个墟市，墟期完全相同。这些事实单纯用乡村经济的商业化和施坚雅的标准市场共同体理论很难解释，必须将墟市发展置于当地的社会结构中进行考察，将之与地方政治联系起来。在墟市的发展过程中，当地乡村经济的商业化固然发挥了不容忽视的作用，但同时与地方势力集团进行权力较量和角逐对地方社会的控制也有着十分密切的联系。

《福建移民史》（福建师范大学林国平、邱季端，中国社会科学出版社，2005）该书分上编"福建移民史略"与下编"移民与福建社会"两大部分，翔实记载先秦闽越国，汉唐、宋元、明清等各个历史时期中原向福建移民以及福建向台湾移民，闽人向海外移民，现代福建移民的情况；同时探讨移民与民系、家族、方言、宗教信仰的关系，探讨闽籍华侨、闽籍台、港、澳同胞对福建经济发展的贡献等。

《南中国海与近代东南地区社会经济变迁——以闽南地区为中心》（厦门大学戴一峰，《史林》2005：2）该文认为闽南地区既是中国东南地区的一个重要组成部分，也是环南中国海地区的一个重要构成部分。闽南地区社会经济变迁牵动了环南中国海华人跨国网络的一系列变化，并从一张华人跨国贸易网络，演化为一个由贸易、移民、金融、社会等多种网络交叉构成的复合网络。华人跨国网络的变化，又影响、制约了闽南地区社会经济变迁的趋势和力度。

《明中叶至民国时期华南地区的族田和乡村社会——以闽西四保为中心》（刘永华，《中国经济史研究》2005：3）该文以土改档案与口述资料为基础，以闽西四保的个案研究为中心，分析了明清时期华南地区族田的形成发展与乡村社会变迁的关系。指出：自明末开始，四保地区经历了土地共有化过程，在此过程中，大约一半的私人土地逐渐转化为团体共有的族田。这一过程对乡村的阶级关系有着重要影响，并在很大程度上改变了社区关系。私人地主逐渐退出历史舞台，被团体地主所取代，由于族田经营的特殊性，使当地出现了与"阶级分化"、"人口分化"都不尽相同的"共同体分化"现象。

表 10—21　　　　　**1992—2005 年福建社会经济史研究其他成果**

成果名称	作　者	发表刊物（出版物）及时间
福建古代的制糖术与制糖业	徐晓望	《海交史研究》1992：1
清—民国福建粮食市场的变迁	徐晓望	《中国农史》1992：3
清代福建盐业经济	戴显群	《东南学术》1993：4
福建航运史：古、近代部分	林开明	人民交通出版社，1994
福建商帮	王日根 陈支平	中华书局（香港），1995
近代厦门城市工业发展述论	戴一峰	《厦门大学学报》（哲学社会科学版）1995：1
宋代福建海外贸易的管理	胡沧泽	《福建师范大学学报》（哲学社会科学版）1995：1
宋代福建海外贸易的兴起及其对社会生活的影响	胡沧泽	《中国社会经济史研究》1995：1
闽江上下游经济的倾斜性联系	陈支平	《中国社会经济史研究》1995：2
论明清福建会馆的多种形态	王日根	《中国社会经济史研究》1995：3
宋代福建沿海对外贸易的发展对社会经济结构变化的影响	郑学檬	《中国社会经济史研究》1996：2
清前期福建地域间社会整合组织的比较研究	郑振满	《福建学刊》1997：5
明后期福建地方行政的演变——兼论明中叶的财政改革	郑振满	《中国史研究》1998：1

续表 10—21

成果名称	作 者	发表刊物(出版物)及时间
明代闽南乡族械斗的演变	郑振满	《中国社会经济史研究》1998:1
"外患纷起"与明清福建家族组织的建设	王日根	《中国社会经济史研究》1999:2
从文契看明清福建农村经济的商品化趋势和资本主义萌芽	周玉英	《中国社会经济史研究》1999:4
十六—十八世纪福建沿海经济开发中的商业化倾向	王日根	《厦门大学学报》(哲学社会科学版)2000:1
从文契看清代福建民间借贷关系	周玉英	《福建师范大学学报》(哲学社会科学版)2000:1
战后福建经济建设运动的兴败及其教训	陈爱玉	《华侨华人历史研究》2000:1
民国时期华侨在厦门经济生活中的地位	陈衍德	《中国社会经济史研究》2000:2
商品经济与明清以来福建自然环境的变更	徐晓望	《中国历史地理论丛》2000:3
环境与发展:二十世纪上半期闽西农村的社会经济	戴一峰	《中国社会经济史研究》2000:4
福建航运史:现代部分	刘启闽	人民交通出版社,2001
福建侨乡的社会变迁	俞云平 王付兵	湖南人民出版社,2002
福建近代产业史	罗肇前	厦门大学出版社,2002
清末民初赣闽边区土地租佃制度与农村社会经济	温 锐	《中国经济史研究》2002:4
土地改革与闽西苏区社会结构的变化	李小平	《中国社会经济史研究》2002:4
福建区域经济	何绵山	厦门大学出版社,2003
从文契看清代福建农村家族经济	周玉英	《中国社会经济史研究》2003:1
晚明福建与江浙的区域贸易	徐晓望	《福建师范大学学报》(哲学社会科学版)2004:1
抗日战争时期赣闽粤边区的第一次现代化浪潮	温 锐 游海华	《抗日战争研究》2004:4
试论抗战时期日本对福建的经济统制与经济掠夺	赖正维	《福建师范大学学报》(哲学社会科学版)2004:5
试述明清福建地区奢侈性消费风尚的地域性表现	赵建群	《福建师范大学学报》(哲学社会科学版)2004:6
清代晋江店铺买卖契约文书的分析	王日根 卢增夫	《福建师范大学学报》(哲学社会科学版)2005:1
五口通商时期之世界"茶港"——福州港的沉寂与兴起	郭秀清	《闽江学院学报》2005:6

（三）福建思想文化史研究

《闽学源流》（福建社会科学院刘树勋，福建教育出版社，1993）该书共 6 章 21 节，介绍闽学产生的历史背景、闽学学术思想渊源、朱熹思想体系的形成和基本内容、考亭学派的活动状况与特点，朱子学在后世的影响等，还附有"朱熹门人录"。

《莆田传统文化概论》（厦门大学谢如明，厦门大学出版社，1993）该书从方言文化、人文文化、濡染文化、传导文化、方志考略、口传文化、表演文化、民间艺术、民俗文化、历史文化名人等方面概述莆田文化的特征。

《福建思想文化史纲》（福建社会科学院徐晓望，福建教育出版社，1996）该书内容包括福建思想文化溯源、隋唐五代福建思想文化的勃兴、宋元福建思想文化的全面繁荣、明清福建思想文化的新拓展、近代福建中西文化的交集、新文化运动在福建的激荡等，勾勒了福建思想文化史发展的基本脉络，探讨其发展规律和特点。

《厦门文化丛书》第一辑共 13 册（鹭江出版社，1996）分《厦门人物：历史篇》、《厦门人物：海外篇》、《厦门歌谣》、《厦门掌故》、《厦门民俗》、《厦门方言》、《厦门话文》、《厦门地志》、《厦门谚语》、《厦门戏曲》、《厦门史话》、《厦门景观》、《厦门诗荟》。第二辑共 13 册（鹭江出版社，1996—1998），分《厦门考古与文物》、《厦门海防文化》、《厦门海外交通》、《厦门成语》、《厦门饮食》、《厦门民间故事》、《厦门报业》、《厦门教育》、《厦门侨乡》、《厦门宗教》、《厦门新文学》、《厦门科技史话》、《厦门与台湾》。

《论唐代福建儒学教育的发展与文化的兴盛》（徐晓望，《教育评论》1996：2）该文认为，唐代前期福建仍被视为边陲地区，文化层次较低。随着儒学输入南方，福建文化崛起，至五代末年，福建已被视为"文儒之乡"，这一巨大的变化与儒者开发南方的努力是分不开的。

《晋江文化丛书》第一辑共八册（厦门大学出版社，1998）分别为《新时期晋江文学作品选》、《晋江南派掌中木偶谭概》、《名丑生涯：柯贤溪及其表演艺术》、《泉南掌故札记》、《晋江民间戏曲漫录》、《晋江揽胜》、《晋江古今诗词选》和《晋江历史人物札记》。第二辑共六册（厦门大学出版社，2002）分别为《碑刻》、《楹联》、《民俗掌故》、《华侨轶事》、《历代文选》、《当代著述》。第三辑共六册（厦门大学出版社，2005），分《晋江史话》、《晋江历代山水名胜诗选》、《晋江籍海外作家作品选》、《晋江宗教文化概览》、《磁灶陶瓷》、《古檗山庄题墨选萃》。

《闽西客家》（谢重光，三联书店，2002）该书以旧汀州为核心，介绍闽西客家的文化面貌，并指出客家文化和客家精神不是凭空产生的，也不是某一些居高官、享大名的客家先祖思想性格的简单延续，是由客家人的生活环境、生活方式、奋斗历史所决定的，是一代代客家人的思想情感、意志品格、兴趣爱好累积发展演变而成的。

《莆田文化丛书》（福建人民出版社，2003）该丛书分《诗词散文》、《莆仙戏曲》、《妈祖文化》、《民俗风物》、《宗教信仰》、《海外交流》、《文化概谈》、《兴教育人》、《景观文物》和《书画影艺》等 10 册。

《论闽南文化——关于类型、形态、特征的几点辨识》（福建社会科学院刘登翰，《福建论坛》2003：5）该文以闽南文化作为延自中原的一种移民文化，是漫长历史积淀和发展的结果这一认识作为讨论的前提，分析闽南文化的类型、形态和特征。认为闽南文化是大陆文化向海洋文化过渡的多元交汇的"海口型"文化；以民俗文化作为主要形态表现出闽南文化特殊的色彩与个性；在其海口性、边缘性、开放性和兼容性等特征中，都存在着反映社会发展内在矛盾的两重性。

《福建文化生态与历史文化传承》（福建社会科学院张燕清，《东南学术》2003：6）该文认为，福建文化生态是福建社会历史文化传承的产物，是特定地理环境中历史过程的动态积淀。在漫长的区域历史演进过程中，由于历史地理及自然地理特征上的双重的相对封闭性，和历史文化传承上的多元性及随之而来的宽容性特征，给福建文化生态带来深远的影响，铸就了福建兼容并蓄的文化生态环境。这种有着丰厚历史积淀的文化生态环境对于福建社会、经济、文化诸方面的内在运动无疑起着精神意识的历史作用，并在一定程度上决定着地域社会发展的历史进程。

《泉州民俗文化丛书》（福建人民出版社，2004）该丛书分《泉州习俗》、《泉州民俗故事》、《泉州讲古》和《泉州联话》等 4 册。

《美国传教士卢公明与晚清福州社会》（福建师范大学林立强，福建教育出版社，2005）该书指出卢公明是 1850 年来福州传教的美国美部会传教士，与教会史上的其他重要人物相比，并不起眼，但有代表性。在西方汉学界，他以《中国人的社会生活》和《英华萃林韵府》著称于世，为人们研究中国近代经济史、文化史、教育史、民俗史提供了珍贵的历史资料。

表 10—22　　　　**1992—2005 年福建思想文化史研究其他成果**

成果名称	作　者	发表刊物（出版物）及时间
陈元光与福建漳州的教育文化传统	乐爱国	《教育评论》1992：5
明清时代福建的土堡	陈支平 杨国桢	国学文献馆（台北），1993
陈元光与漳州早期开发史研究	谢重光	文史哲出版社，1994
福建文化概览	王耀华	福建教育出版社，1994
厦门海防文化	黄鸣奋	鹭江出版社，1996
莆田历史文化研究	金文亨	厦门大学出版社，1996

续表 10—22

成果名称	作　者	发表刊物(出版物)及时间
厦门城六百年	方友义	鹭江出版社,1996
福建古代刻书	谢水顺 李　廷	福建人民出版社,1997
福建对外文化交流史	林金水 谢必震	福建教育出版社,1997
八闽文化	何绵山	辽宁教育出版社,1998
朱熹与泉州文化	林振礼	福建人民出版社,1999
闽北文化	黄建国	海峡文艺出版社,1999
闽文化源流与近代福建文化变迁	福建省炎黄文化研究会	海峡文艺出版社,1999
莆田史话	蔡庆发	福建人民出版社,2000
论"科举学"的广博性——以福建科举为例	刘海峰	《东南学术》2001:2
闽中稽古	卢美松	厦门大学出版社,2002
泉州学研究	陈世兴	福建教育出版社,2002
闽越文化研究	福建省炎黄文化研究会 福建省文化厅	海峡文艺出版社,2002
闽南文化的特色及其地缘背景分析	司马慧	《福建地理》2002:4
莆仙文化研究	福建省炎黄文化研究会 中共莆田市委宣传部	海峡文艺出版社,2003
闽都文化源流	林璧符	中国社会出版社,2003
漳州文化	王文径	海潮摄影出版社,2003
武夷文化研究	福建省炎黄文化研究会 中共南平市委宣传部	海峡文艺出版社,2003
莆仙文化研究	福建省炎黄文化研究会 中共莆田市委宣传部	海峡文艺出版社,2003
闽南文化研究	黄少萍	中央文献出版社,2003
闽南文化与海外华商的新发展	李鸿阶	《福建论坛》2003:1
宋代闽南文化在潮汕地区的移殖和传播	谢重光	《韩山师范学院学报》2003:4
福建书业史:建本发展轨迹考	林应麟	鹭江出版社,2004
闽南史研究	徐晓望	海风出版社,2004
闽文化	郑立宪	厦门大学出版社,2004
千年涵江	林祖泉	方志出版社,2004
闽南文化与台湾社会	陈　耕	《东南学术》2004:1
闽南文化与中华文化的内在联系及其特点	苏振芳	《福建论坛》2004:2
宋代福建人才地理分布	刘锡涛	《福建师范大学学报》(哲学社会科学版)2005:2

（四）福建历史人物研究

《黄乃裳传》（詹冠群，福建人民出版社，1992）该书叙述黄乃裳一生的坎坷经历，反映黄乃裳不屈不挠奉献的高贵品质和爱国主义精神。作者认为黄乃裳集维新志士、拓荒者和革命党人于一身，对于近代中国革命的发展和社会的进步做出可贵的贡献。

《略论福建杰出史学家郑樵》（福州高等师范专科学校何敦铧，《东南学术》1993：2）该文认为郑樵是南宋初期我国杰出的史学家，他勤苦攻读，学识渊博，尽毕生精力从事史学研究与著述。其代表作《通志》对中国古代史学史的发展产生重大的影响，历代史学家对他及其著作，有很高的评价，在中国史学史上占有重要的地位。

《民族英雄郑成功》（厦门大学陈国强，厦门大学出版社，1997）该书叙述民族英雄郑成功的一生，并对驱逐荷兰侵略者收复台湾的时间、进军路线、在台湾的建设，收复台湾的伟大贡献，以及郑成功收复台湾前后的高山族社会情况和台湾同胞在郑成功收复台湾的斗争中作出的伟大贡献等问题进行探讨。

《施琅在清初对台湾的经营和治理》（厦门大学李祖基，《台湾研究》1997：4）该文认为施琅的平台功绩古往今来受到人们一致的肯定和赞赏，施琅在清初对台湾的经营和治理的相关问题上也提出许多重要的建议，产生了积极的作用，其贡献丝毫也不亚于前者，如：建议清廷将台湾收归版图，派兵驻守；请求蠲减台湾地方钱粮税赋，这对于清初台湾地方招徕移民，生聚开发均具积极的意义。

《林则徐评传》（福建师范大学林庆元，南京大学出版社，2000）该书在论述林则徐生平的基础上，把他的思想活动放在从传统到近代，从封建社会到半殖民地社会的过程中来认识。作者指出：林则徐的思想，一方面是对传统的继承，另一方面又是近代社会的反映。他从改革时弊的经世精神，到向西方学习的思想转变正反映近代中国社会的转折。其爱国主义，一方面坚持反对外来的武装侵略；另一方面，在实践中探索"师夷"、"制夷"、"款夷"自强的道路，并为其好友魏源所继承和完善。林则徐不仅是伟大的民族英雄，也是一个试图探索如何抵抗强敌，开辟新的时代的伟大政治家。

《论沈葆桢加强台湾海防　倡导台湾近代化的功绩》（厦门大学陈在正，《台湾研究集刊》2000：2）该文指出沈葆桢是我国 19 世纪 60 年代兴起的洋务运动的主要代表人物之一。主持福建船政局及海军学堂近十年，造轮船 10 多艘，培养了一批航海人才。1875 年担任两江总督期间又积极参加兴办北洋水师，为创办中国近代化的海军奠定了基础。特别是 1874 年日军入侵台湾后，沈葆桢受命为钦差办理台湾等处海防兼理各国事务大臣，在一年多的时间里，两次巡台，积极加强台湾防务，开山"抚番"，开禁招垦，移驻巡抚，添设郡县，整顿营伍，兴办新式企业，为加强台湾海防、捍卫中国领土主权、倡导台湾近代化作出巨大贡献，其历史功绩应予充分的肯定。

《教育救国：陈嘉庚倾资兴学的思想动机》［厦门大学郭玉聪，《厦门大学学报》（哲学社会科学版）2001：1］该文认为陈嘉庚的兴学动机非常明确，就是为了救国，"教育救国"是他的教育思想的主要组成部分。但与 20 世纪 20 年代一般的"教育救国论"有所不同。陈嘉庚的教育救国动机，产生于愚昧、落后的旧中国，来源于海外华侨赤诚的爱国主义热情；凝聚了他对教育的真知灼见，也是他的教育实践的科学总结，是既符合实际又富有创见的教育思想。陈嘉庚对教育的功能和重要性进行了透彻的、系统的、具有前瞻性的论述，至今仍具有启迪意义。

《林森对宣扬孙中山精神的贡献》（闽江大学林友华，《福州大学学报》2001：3）该文指出：林森提议尊称孙中山先生为国父，认真阐释"总理遗教"，弘扬孙中山的崇高人格风范，推崇他的矢志不移、奋斗救国的精神，并从政治、经济、思想文化各方面宣扬孙中山的思想。作为当时抗战建国的旗帜，这是正确而又明智的举措。虽然林森对"总理遗教"的宣传有所取舍，但也有所发展，亦有特殊的贡献。

《情系生民　念切实用——蔡襄思想的科学意义》（福建省委党校林贻瑞，《福建农林大学学报》2002：2）该文认为北宋时期的蔡襄不仅是书法家、政治家，同时还是一个尊重规律、造福于民的具有科学思想的高级官吏。其科学思想主要表现在致力于环境保护，宣传医学，努力兴修水利设施，改善生产条件；集中人民群众智慧，修建洛阳桥的高超工程技术以及所留下的《荔枝谱》、《茶录》这些光辉著作上。他的科学思想不仅达到了他那个时代的高峰，就是在今天，对人们仍然具有启迪意义。

《朱熹新探》（泉州师范学院林振礼，中国广播电视出版社，2004）该书以理论探索、理论分析与实地考察、亲身感受相结合的方法，研究朱熹思想及其与多种文化的关系。作者从各个不同的领域，研究朱熹思想形成的地域特点、社会原因、历史意义以及朱熹的风水观、朱熹与摩尼教、朱熹与南宋出版、朱熹在传说及笔记小说中的形象、朱熹与泉州古代教育、朱熹事迹考评等问题。

《严复海权思想初探》［厦门大学王荣国，《厦门大学学报》（哲学社会科学版）2004：3］该文认为严复是中国较早接触与传播马汉海权论者。严复借鉴马汉的海权理论形成自己的海权思想，认为海权关系国家的贫富强弱和国际地位高低；不缔造海权，陆权也只能随之丧失。并呼吁中国应在日本海、渤海、黄海、东海与南中国海海域建立制海权，规复海军，实行海上交通控制，拒敌于海洋国土之外。其建立海权具有"国振驭远之良策，民收航海之利资"的政治与经济的双重目的，体现了其海权思想和国防观由传统向近代的转变。

《论沈葆桢与清政府治台政策的转变——以大陆移民渡台及理"番"政策为中心》（李祖基，《台湾研究》2004：6）该文指出，近代随着台湾口岸的开放，外国势力的入侵，清廷消极治台政策的弊端日渐凸显，乃至成为列强窥伺觊觎的借口。同治末年发生日军侵台的"牡丹社事件"，沈葆桢临危受命，出任钦差办理台湾等处海防兼理各国事务大臣。在任期间，沈除了切实加强台湾地方的防务，配合总署的外交谈判，迫使日军退兵之外，还进行了大刀阔斧的改革，使清政府的治台政策发生了根本性的变化，为台湾的近代化建设奠定了基础。

表10-23　　　　　**1992—2005 年福建历史人物研究其他成果**

成果名称	作　者	发表刊物（出版社）及时间
林则徐研究论文集	福建省社会科学联合会编	福建教育出版社,1992
沈葆桢	林庆元 罗肇前	福建教育出版社,1992
郑成功与抗清友军及沿海人民群众的关系——郑成功研究之三	陈碧笙	《厦门大学学报》（哲学社会科学版）1992:3
论郑成功的军事思想	杨友庭	《厦门大学学报》（哲学社会科学版）1992:3
华侨开发东南亚当地经济的先驱:黄乃裳先生与诗巫"新福州垦殖场"	汪慕恒	《南洋问题研究》1992:4
论林昌彝《射鹰楼诗话》	何绵山	《苏州大学学报》1992:4
明代吏治与洪朝选的吏治思想	罗耀九	《福建论坛》1992:6
论郑光策与林则徐	黄保万	《福建学刊》1992:6
林则徐两封未曾发表的书信——教子与驱夷	王铁藩	《福建学刊》1992:6
略论黄乃裳的爱国主义思想	童家洲	《福建学刊》1992:8
朱熹音乐思想论稿	郑锦扬	《中国音乐学》1992:9
为蔡襄冠"宋四家"书品正名	陈职仪	《福建学刊》1992:10
李光地与安溪民俗	陈国强	《福建论坛》1992:10
李光地与《易》学	詹石窗	《周易研究》1992:12
论黄道周的民本思想	张启琛	《福建学刊》1992:12
林则徐与"云左山房"	黄兆郸	《图书馆论坛》1992:12
试论陈嘉庚对国共两党的认识及转变	李少雄	《福建师范大学学报》（哲学社会科学版）1992:12
林森与辛亥革命	陈孝华	《福建学刊》1992:12
郑成功丛谈	张宗洽	厦门大学出版社,1993
李光地与熙朝吏治	杨国桢	《清史研究》1993:1
李光地、施琅、姚启圣与清初统一台湾	邓孔昭	《台湾研究集刊》1993:1
论郑成功的历史贡献	陈国强	《东南学术》1993:1

续表 10—23

成果名称	作 者	发表刊物（出版社）及时间
郑成功与郑氏集团的海外贸易	聂德宁	《南洋问题研究》1993:2
黄乃裳创建新福州垦场的因由及其影响	吴凤斌	《南洋问题研究》1993:3
试述孙中山对黄乃裳的影响	李天锡	《华侨大学学报》1993:4
论林则徐维护正常贸易的斗争及其意义	程镇芳 黄国盛	《福建师范大学学报》（哲学社会科学版）1993:4
论施琅在清统一台湾过程中的历史功绩	郑以灵	《史学集刊》1993:4
施琅及其《靖海纪事》	林其泉	《文史杂志》1993:5
关于林则徐的《衙斋杂录》	林庆元	《福建论坛》1993:5
蔡襄和他的《茶录》	林更生	《农业考古》1993:7
中国近代学习西方科学的伟大尝试——严复学习西方科学的思想试探	官　鸣	《自然辩证法研究》1993:10
郑成功研究	方友义	厦门大学出版社,1994
《黄道周纪年著述书画考》（上、下册）	侯真平	厦门大学出版社,1994、1995
试论俞大猷的军事战略思想	林炳祥 周玉英	《福建师范大学学报》（哲学社会科学版）1994:1
略论严复的人才思想	郑剑顺	《福建学刊》1994:1
蔡襄《荔枝谱》研究	陈季卫	《福建农业大学学报》1994:3
李贽弃官与出家新探	林其泉	《社会科学战线》1994:4
抗日战争时期的林森	黄新宪	《华东师范大学学报》1994:4
严复变法维新思想的理论特色	黄保万	《福建学刊》1994:5
朱熹的赋税思想及其评价	郑家驹	《福建税务》1994:6
爱国名将俞大猷在兴化抗倭中的作用	张家瑜	《泉州高等师范专科学校学报》1994:6
从吴淞路案和建平教案看沈葆桢的涉外态度	林庆元	《福建论坛》1994:6
陈嘉庚的体育观初探	杨国卿	《福建体育学院学报》1994:8
蔡襄诗与闽中宋调的确立	陈庆元	《福建论坛》1994:10
蓝鼎元治理台湾高山族的贡献	陈国强等	《云南社会科学》1994:10
蔡襄及其对福建茶叶的贡献	林更生	《福建茶叶》1994:11
陈嘉庚倾资办学的光辉业绩及其国际影响	林金枝	《华侨华人历史研究》1994:12
林则徐传（增订本）	杨国桢	人民出版社,1995
"筹台宗匠"蓝鼎元——评述蓝鼎元治台方略及其意义	蒋炳钊	《福建师范大学学报》（哲学社会科学版）1995:1
沈葆桢与1874年日本侵台事件	林庆元	《史学月刊》1995:1

续表 10－23

成果名称	作　者	发表刊物(出版社)及时间
郑和下西洋与福建历史文化的关系	张桂林	《福建师范大学学报》(哲学社会科学版)1995:4
郑和舰队驻闽原因试探	徐恭生	《福建师范大学学报》(哲学社会科学版)1995:4
试论李光地的中国传统天文学	贺　威	《自然科学史研究》1995:7
"清流派"陈宝琛与中法战争	范启龙	《福建师范大学学报》(哲学社会科学版)1995:7
陈嘉庚对祖国抗战的四大杰出贡献	曾昭铎	《华侨华人历史研究》1995:9
论林则徐对外部世界的探求	黄新宪	《福建学刊》1995:9
林则徐与梁章钜	刘心坦	《福建教育学院学报》1995:11
论林则徐筹海思想的战略特点	黄保万	《福建学刊》1995:11
忧·痛·愤——郑思肖诗文三个时期的特色	陈庆元	《宁德高等师范专科学校学报》1995:11
试论辛亥革命前后的林森	郑　香	《福州大学学报》1995:11
林森教育观初探	郑　香	《教育评论》1995:12
林则徐	杨国桢主编	福建美术出版社,1996
略述蔡襄科学思想及其实践	黄宝华	《理论学习月刊》1996:2
浅论郑芝龙的海上商业活动	郑以灵	《史学集刊》1996:2
林则徐的经世思想与爱国主义	林庆元	《福建论坛》1996:2
林则徐在江苏的政绩	肖忠生	《兰州学刊》1996:2
施琅以战逼和统一台湾的决策	陈在正	《台湾研究集刊》1996:4
福建近代教育的奠基人——陈宝琛教育思想探微	庄明水	《福建师范大学学报》(哲学社会科学版)1996:4
朱熹经济管理思想简论——朱熹管理思想研究之一	徐　刚	《管理与效益》1996:6
略论蔡襄的政绩和评介他的著作与书法	樊如霞	《福建师范大学学报》(哲学社会科学版)1996:7
试论蓝鼎元的政治功绩与学术思想特色	刘青泉	《清史研究》1996:11
宋代饮茶文化与蔡襄《茶录》	樊如霞	《福州大学学报》1996:11
林则徐的主权意识及其当代教育意义	黄新宪	《东南学术》1997:2
英国外交部中文档案与林则徐研究	杨国桢	《近代史研究》1997:1
郑成功与隐元禅师关系略论	胡沧泽	《福建师范大学学报》(哲学社会科学版)1997:4

续表 10—23

成果名称	作者	发表刊物（出版社）及时间
沈葆桢与福州船政学堂	肖忠生	《教育评论》1997:4
林则徐反对割让香港的斗争	戴学稷	《民国档案》1997:5
林则徐"救迷良方"戒毒理论应用	陈子铨 卓玉榕 吴昊天 卢永向	《中国药理学与毒理学杂志》1997:5
林则徐思想与中国现代化	黄 政	《宁夏大学学报》1997:7
略论陈宝琛的人才观	郑剑顺	《福建师范大学福清分校学报》1997:8
略论郑成功取得厦门庚子海战胜利的原因	施伟青	《学术月刊》1997:9
周敦颐自然哲学思想对朱熹的影响	徐 刚	《自然辩证法研究》1997:9
邵雍自然哲学思想对朱熹的影响	徐 刚	《孔子研究》1997:9
关于朱熹自然哲学研究的思考	徐 刚	《上饶高等师范专科学校学报》1997:10
"俞大猷不信神仙"说浅议	陈桂炳	《泉州高等师范专科学校学报》1997:10
蔡襄研究文选	蔡庆发主编	海风出版社,1998
试论郑樵编纂《通志》的主客观条件	陈明光	《厦门大学学报》（哲学社会科学版）1998:4
梁章钜与《文选旁证》	穆克宏	《福建师范大学学报》（哲学社会科学版）1998:1
林森勤俭救国思想初探	林友华	《福建论坛》1998:2
从蔡元定的黄钟律管看朱熹学派的物理实验思想	吴腾霄	《集美大学学报》1998:3
论朱熹对《黄帝内经》自然哲学方法的继承与发展	徐 刚	《上饶高等师范专科学校学报》1998:9
林森育才救国思想探讨	林友华 林伟功	《教育评论》1998:10
试论李贽晚年三教归儒的哲学理想	黄高宪	《理论学习月刊》1998:11
严复哲学思想介评	许斗斗	《福州大学学报》1998:11
试论陈宝琛晚年的民族气节	陈孝华	《福建论坛》1998:12
李约瑟评朱熹的科学思想及其现代意义	乐爱国	《自然辩证法研究》1999:3
杰出的政治变革家吕惠卿——王安石变法的副帅	吕荣哲	《黑龙江社会科学》1999:4
陈宝琛与漳厦铁路的筹建	詹冠群	《福建师范大学学报》（哲学社会科学版）1999:4

续表 10-23

成果名称	作　者	发表刊物(出版社)及时间
陈宝琛改革思想简论	林友华	《闽江职业大学学报》1999:5
朱熹环境伦理思想简论	徐　刚	《自然辩证法研究》1999:6
林则徐诗多元性创作思维构成	狄　松	《福建省委党校学报》1999:7
爱国诗人林则徐略论	陈庆元	《厦门教育学院学报》1999:8
林则徐扬国威查毒枭的澳门之行	王大同 叶　青	《福建省社会主义学院学报》1999:8
陈嘉庚的民俗观探微	夏　敏	《集美大学学报》1999:9
林则徐对澳门的认识及其意义	韩　琴	《福州高等师范专科学校学报》1999:10
蔡襄年谱	蒋维锬编著	厦门大学出版社,2000
郑成功农本商战思想探析	郑以灵	《史学集刊》2000:4
朱熹学派刻书与版权观念的形成	方彦寿	《文献》2000:1
论沈葆桢加强台湾海防 倡导台湾近代化的功绩	陈在正	《台湾研究集刊》2000:5
论黄乃裳思想发展的阶段性——兼谈新发现的史料	詹冠群	《华侨华人历史研究》2000:6
林森在西山会议派中的地位	林友华	《闽江职业大学学报》2000:6
戊戌变法时期的严复	范启龙	《福建师范大学学报》(哲学社会科学版)2000:7
明代泉州布衣诗人黄克晦与李贽关系新探	陈桂炳	《首都师范大学学报》2000:8
论林则徐在新疆的政绩	肖忠生	《福州高等师范专科学校学报》2000:8
论林则徐重视调查研究的务实作风	陈景汉	《福建省委党校学报》2000:8
解读严复"信达雅"	林　璋	《中国科技翻译》2000:11
从《东征集》和《平台纪略》看蓝鼎元的治台思想主张	林其泉 周建昌	《古籍整理研究学刊》2000:11
林则徐与梁章钜	刘心坦	《福建教育学院学报》2000:11
陈嘉庚教育思想的基本特征	姚安泽 苏荷叶	《鹭江职业大学学报》2000:12
蔡襄评传	蔡庆发	中国文联出版公司,2001
朱熹"理一分殊"与现代科学的综合化	乐爱国	《中华文化论坛》2001:1
论朱熹治学上的创新精神	陈伯强	《福建师范大学学报》(哲学社会科学版)2001:1
朱熹谱序发微	林振礼	《中国哲学史》2001:1

续表 10—23

成果名称	作　者	发表刊物（出版社）及时间
朱熹与道教与武夷山的情结	陈利华	《南平高等师范专科学校学报》2001:3
教育救国:陈嘉庚倾资兴学的思想动机	郭玉聪	《厦门大学学报》（哲学社会科学版）2001:3
论陈宝琛近代新式教育实践	张　帆	《福建师范大学学报》（哲学社会科学版）2001:4
朱熹和柏拉图:"理学"和"理念论"思想之比较	范世珍	《宁德高等师范专科学校学报》2001:5
朱熹与狐仙怪异传说探索	林振礼	《泉州师范学院学报》2001:6
陈嘉庚的忧患意识及其启示	林德时	《集美大学学报》2001:6
蔡襄与洛阳桥	吴声石	《莆田高等专科学校学报》2001:6
林森对宣扬孙中山精神的贡献	林友华	《福州大学学报》2001:8
20世纪蒲寿庚研究述评	李玉昆	《中国史研究动态》2001:8
李贽的妇女观及其实践	陈桂炳	《南通师范学院学报》2001:8
真德秀"仁政"思想述评	兰宗荣	《南平高等师范专科学校学报》2001:9
陈宝琛书法艺术管窥	张　帆	《阜阳师范学院学报》2001:10
陈宝琛"咏松"诗评	张　帆	《福州大学学报》2001:11
卢兴邦与"一六事件"探析	韩　真	《福州大学学报》2000:11
论朱熹与清官性格的塑造	徐晓望	《福建省委党校学报》2001:11
平林欸乃声犹在——朱熹《武夷棹歌》的文化意蕴	陈庆元	《中国典籍与文化》2001:12
从"求富强"到"尊人道"——论严复社会学思想的嬗变	林　怡　蓝华生	《福建论坛》2001:12
陈宝琛台湾问题论析	张　帆	《福建论坛》2001:12
民族英雄郑成功:"摄影集"	南安市人民政府编	海风出版社,2002
林则徐经世思想研究	王碧秀　林庆元主编	中国文史出版社,2002
福建爱国名人	陈名实	方志出版社,2002
柳永评价"热点""盲点"透视	欧明俊	《福建师范大学学报》（哲学社会科学版）2002:1
严复的译词与日本的"新汉语"词汇	胡　積	《福建师范大学学报》（哲学社会科学版）2002:1
简论朱熹心性动静的思想	林建华	《福州大学学报》2002:2

续表10-23

成果名称	作 者	发表刊物（出版社）及时间
李贽时文观辨析	何新所	《泉州师范学院学报》2002:2
唐代闽贤林蕴	李 启	《福建商业高等专科学校学报》2002:2
另一种声音——对朱熹"存天理、灭人欲"等理学观念的反思	洪映萱	《厦门教育学院学报》2002:3
论林则徐在新疆的贡献与布彦泰之关系	欧七斤 孙清玲	《福建师范大学学报》（哲学社会科学版）2002:3
陈宝琛诗歌评价的几个问题	张 帆	《漳州师范学院学报》2002:3
再论施琅与清初开放海禁	连心豪 谢广生	《中国社会经济史研究》2002:4
情系生民 念切实用——蔡襄思想的科学意义	林贻瑞	《福建农林大学学报》2002:5
陈宝琛求真务实的改革观	张 帆 林文琛	《泉州师范学院学报》2002:6
论严复科技伦理思想	叶祖森	《福建师范大学学报》（哲学社会科学版）2002:7
自然哲学双峰:朱熹与柏拉图比较研究	徐 刚	《上饶师范学院学报》2002:8
刘克庄豪放词及与莆田传统文化之关系	陈文珍	《三明高等专科学校学报》2002:9
试论朱熹生命哲学思想	徐 刚	《哲学研究》2002:10
从朱熹的风水观看殡葬改革——婺源朱子文化新考察	林振礼	《泉州师范学院学报》2002:10
朱熹自然哲学论纲	徐 刚	《自然辩证法研究》2002:11
严复的"新民德"学说与近代公民道德教育	黄仁贤	《教育评论》2002:11
论严复教育思想形成的自身基础	王 民	《福州大学学报》2002:11
宋慈的法医学贡献	陈国代	《南平高等师范专科学校学报》2002:11
林则徐和他的翻译班子	邵雪萍 林本椿	《上海科技翻译》2002:11
初论陈嘉庚的诚毅精神	傅子玖	《集美大学学报》2002:12
陈绍宽与国民政府海军部	韩 真	《漳州师范学院学报》2002:12
朱熹的文化解读	詹石窗	《东南学术》2002:12
严复仕途刍议	林平汉	《福建师范大学学报》（哲学社会科学版）2003:1

续表 10—23

成果名称	作 者	发表刊物（出版社）及时间
论严复改革教育的创新精神	陈　敏　陈伯强	《福建师范大学学报》（哲学社会科学版）2003:1
陈嘉庚学校体育思想初探	兰润生　刘英杰　蔡惠玲	《中国体育科技》2003:1
严复翻译《原富》的原因及意义	林利本	《福州市委党校学报》2003:2
近代台湾开发先驱者——陈永华	郑立勇　王尊旺	《江苏省社会主义学院学报》2003:2
夙夜悉心　惟民实忧——蔡襄倾注于泉州的人文关怀	陈忠义	《泉州师范学院学报》2003:2
试论陈嘉庚的"诚毅"精神及其现实意义	陈耀中	《鹭江职业大学学报》2003:3
林纾翻译研究新探	林佩璇	《福建师范大学学报》（哲学社会科学版）2003:3
吕惠卿与《宋吕氏庄子义》	郑小娟	《福建教育学院学报》2003:4
施琅海洋经略思想初探	王日根	《中国海洋大学学报》2003:4
严复翻译思想述评	林本椿	《福建论坛》2003:4
明郑集团与天地会关系考	谢重光	《福建省委党校学报》2003:7
蔡襄历史地位综论	黄洁琼	《龙岩高等师范专科学校学报》2003:10
陈绍宽海防思想简论	曹敏华	《福建论坛》2003:10
新发现朱熹佚文真伪考辨——兼谈《泉州同安鹤浦祖祠堂记》的研究价值	林振礼	《泉州师范学院学报》2003:10
施琅统台是清初实现国家统一的重要举措	何振良　张家瑜	《福建省委党校学报》2003:10
施琅与东南沿海展界	粘良图	《福建省委党校学报》2003:10
林则徐货币改革思想探析——兼论清代"闭关政策"下的中外货币流通	林友华	《闽江学院学报》2003:12
试论陈嘉庚的政治主张与实践	陈耀中	《鹭江职业大学学报》2003:12
儒家思想对陈嘉庚的影响管窥——以陈嘉庚研读和"发挥"《三国演义》为视角	张培春	《集美大学学报》2003:12
略论朱熹的道德教育思想及现实启迪	陈　凤	《福建师范大学福清分校学报》2003:12
林则徐选集	杨国桢	人民文学出版社,2004
施琅与台湾	施伟青	社会科学文献出版社,2004

续表 10—23

成果名称	作　者	发表刊物(出版社)及时间
郑成功文物史迹	厦门市郑成功纪念馆编	文物出版社,2004
福建翻译家研究	林本椿	福建教育出版社,2004
黄乃裳对教育的贡献	肖忠生	《教育评论》2004:1
施琅《恭陈台湾弃留疏》的战略指导价值	吴温暖	《厦门大学学报》(哲学社会科学版)2004:1
试论朱熹哲学对元明清中医学的影响	徐　刚	《南京中医药大学学报》2004:1
朱熹与摩尼教新探	林振礼	《泉州师范学院学报》2004:1
林则徐的货币思想及其在江苏的实践	郑剑顺	《三明高等专科学校学报》2004:1
蓝鼎元的教育观探略	黄新宪	《河北师范大学学报》2004:2
论欧阳詹与唐代福建文化的发展(756—800)	黄洁琼	《哈尔滨学院学报》2004:2
严复的历史贡献与价值取向	李建平	《福建师范大学学报》(哲学社会科学版)2004:3
严复对中国近代法制思想的贡献	林平汉	《福建师范大学学报》(哲学社会科学版)2004:3
从中西文化的比较看严复的自由主义思想	胡　一	《福建师范大学学报》(哲学社会科学版)2004:3
严复对"中体西用"观的批判	王岗峰	《东南学术》2004:3
严复中西道德比较与整合观	温小林	《龙岩高等师范专科学校学报》2004:4
《洗冤集录》与宋慈的法律学术思想	黄瑞亭	《法律与医学杂志》2004:5
严复海权思想初探	王荣国	《厦门大学学报》(哲学社会科学版)2004:5
蔡襄与宋代的改革	黄洁琼	《哈尔滨学院学报》2004:6
论林则徐在江苏任内的政治成熟	许维勤	《江海学刊》2004:6
林森与台湾的特殊情缘	林友华	《福建省社会主义学院学报》2004:8
在"应然"与"实然"之间:严复的开明专制思想	陈永森	《天津社会科学》2004:9
朱熹《白鹿洞书院揭示》在日本的流传及其影响	张品端	《南平高等师范专科学校学报》2004:9
试析李贽思想的特异性	刘文波	《泉州师范学院学报》2004:9
朱熹的民本思想	张品端	《宁波大学学报》2004:10
略论朱熹对浑仪的研究	乐爱国　胡行华	《上饶师范学院学报》2004:10

续表 10—23

成果名称	作　者	发表刊物（出版社）及时间
南宋大儒朱熹与医药姻缘考	陈国代	《中医药学刊》2004：12
林则徐与民族精神	啸马主编	海峡文艺出版社，2005
李贽年谱考略	林海权著	福建人民出版社，2005
严复翰墨	卢美松主编	福建美术出版社，2005
陈嘉庚高等教育思想研究	李国强	《煤炭高等教育》2005：1
沈葆桢治理台湾平地民政策	孙　佳	《福建省社会主义学院学报》2005：2
朱熹论"信"	王玲莉	《燕山大学学报》2005：5
林则徐诗的爱国主义精神与民族忧患意识	江之宜	《福建论坛》2005：6
陈嘉庚与华侨机工	陈克振	《八桂侨刊》2005：6
朱熹音乐著述文化背景之探究	郑俊晖	《福建师范大学学报》（哲学社会科学版）2005：7
从题诗看朱熹与佛教之关系	朱惠嫣	《三明学院学报》2005：7
朱熹"禁戏"辨	郑俊晖	《上海音乐学院学报》2005：9
朱熹与中医古籍	陈国代	《中医药学刊》2005：9
论郑成功与施琅发生冲突的原因	徐晓望	《福建论坛》2005：11
格物致知　即物穷理——朱熹咏物诗的理学思想内蕴	陈家生	《忻州师范学院学报》2005：12
欧阳詹与科举	黄新宪	《徐州师范大学学报》2005：12
试论林则徐海防思想的发展变化	代　祥	《晋中学院学报》2005：12
论梁章钜"浪迹三谈"中的山水笔记	颜莉莉	《集美大学学报》2005：12

（五）福建档案资料整理与汇编

《四库全书闽人著作提要》（福建师范大学朱维幹纂辑、李瑞良增辑，福建人民出版社，2001）该书按《四库总目》的体例，分经、史、子、集四部编排，收录范围包括历代闽人的著作和闽人编纂的书籍。

《厦门碑志汇编》（厦门市博物馆何丙仲编撰，中国广播电视出版社，2004）该书收录厦门市范围内，包括历史上曾经隶属于同安县部分地区目前所遗存的从唐、宋、元、明、清至1949年的各类碑志文字，以及载录在地方志和有关谱牒中的部分碑志文献等共548篇，分为铭功纪念、社会建置、宗教寺院和宗祠家庙等9大类。

《妈祖研究资料目录索引》（莆田学院郑丽航、蒋维锬主编，海风出版社，2004）该书选编相关资料 4080 条，分上、下两卷。上卷为历史文献目录，分专著类、档案类、碑文类、笔记类、诗词类、史料类、方志类等目录。下卷为现代论著资料，其中著作部分有 1949 年以后的资料集、论文集，文化学术专著，画册、相册、纪念册，宫庙史志，文艺作品，期刊和其他载体资料 6 大类。题录部分有 1949 年以后出版物中有关妈祖研究的单篇题录或较重要的章节，下列身世传说，信仰源流，妈祖文化，祭祀民俗，宗教社会，政治军事，经济开发，两岸交流，文物考古，研究方法，成果评论和各地宫庙等大类。

《泉州宗教石刻》（增订本）（吴文良原著、吴幼雄增订，科学出版社，2005）该书于 1957 年初版，此后作者以数十年的努力进行增订，内容扩充数倍，汇集泉州地方遗存古代宗教建筑和坟墓的石刻遗物，包括伊斯兰教、基督教、印度教、摩尼教，以及佛教、道教及其他民间信仰。是书以文物照片、拓本、文字说明、资料辑录、考证、专题论述及古阿拉伯文字的释译，为研究古代社会历史、宗教、艺术、中外交通、中外古文字和宋元以来外国人在泉州一带的活动提供第一手资料。

《清末教案》（丛书）（福建师范大学陈增辉，中华书局，1993—2000）该丛书由中国第一历史档案馆、福建师范大学历史系合编。其内容主要是有关教案问题的中外档案资料，包括整理编辑中国第一历史档案馆所保存的清政府档案，翻译英国议会文件，美国对外关系文件和法国外交文件及《传信年鉴》中有关教案的史料，也择译了一些外国私家著述及报刊资料中的有关内容。

《福建省历史地图集》（福建省方志委卢美松，福建省地图出版社，2004）该图集是《福建省志》的组成部分，由序图、政区图组、军事图组、人口民族图组、经济图组、文化图组、自然图组，合计 141 幅图组成；时间跨度从旧石器时代到公元 1949 年；大小为 16 开本；反映福建省自然和人文要素的变迁。图集以政区图为主线，从各朝代截取反映史实特征的标准年代作为断面反映历史沿革，让读者通过一定空间了解不断发展变化着的地理、社会内容。

表 10—24　　　**1992—2005 年福建档案资料整理与汇编其他成果**

成果名称	作 者	发表刊物（出版物）及时间
闽台关系档案资料	福建省档案馆	鹭江出版社，1992
近代福州及闽东地区社会经济概况	池贤仁	华艺出版社，1992
福建·上海小刀会档案史料汇编	上海师范大学历史系 中国近代史研究室 中国第一历史档案馆编辑部	福建人民出版社，1993
厦门商会档案史料选编	厦门市档案馆	鹭江出版社，1993
闽南小刀会起义史料汇编	洪卜仁	鹭江出版社，1994

续表 10—24

成果名称	作　者	发表刊物（出版物）及时间
福建宗教碑铭汇编（兴化府分册）	郑振满 丁荷生	福建人民出版社,1995
福建名人词典	刘德城 周羡颖	福建人民出版社,1995
日本帝国主义在闽罪行录:1931—1945	福建省档案馆	福建人民出版社,1995
厦门海关历史档案选编	戴一峰	厦门大学出版社,1997
近代厦门教育档案资料	汪方文	厦门大学出版社,1997
近代厦门涉外档案史料	汪方文	厦门大学出版社,1997
近代厦门经济档案资料	汪方文	厦门大学出版社,1997
厦门抗日战争档案资料	汪方文	厦门大学出版社,1997
泉州谱牒华侨史料与研究	庄为玑 郑山玉	中国华侨出版社,1998
泉州·台湾张士箱家族文件汇编	王连茂 叶恩典	福建人民出版社,1999
福州摩崖石刻	黄荣春	福建美术出版社,1999
春华秋实录:福建文化史料:1949—1998	中国人民政治协商会议 福建省委员会文史资料委员会	福建人民出版社,1999
中国银行厦门市分行行史资料汇编（上、中、下）	中国银行厦门市分行 行史资料汇编编写组	厦门大学出版社,1999
文史资料选编·第一卷:教育编	福建省政协文史资料委员会	福建人民出版社,2000
文史资料选编·第二卷:社会民情篇	福建省政协文史资料委员会	福建人民出版社,2001
文史资料选编·第三卷:文化编	福建省政协文史资料委员会	福建人民出版社,2001
平潭县宫庙寺院概览	《平潭县宫庙寺院概览》编委会	海风出版社,2001
八闽祠堂大全	福建省文化厅	海潮摄影艺术出版社,2002
文史资料选编·第四卷:政治军事编·第二册	福建省政协文史资料委员会	福建人民出版社,2002
文史资料选编·第四卷:政治军事编·第三册	福建省政协文史资料委员会	福建人民出版社,2003
八闽祠堂大全续集	福建省文化厅	海潮摄影艺术出版社,2003
莆田宫观	莆田市地方志编委会	延边人民出版社,2004

第七节　考古学和博物馆学研究

一、学科建设与学术研究

（一）学科建设

福建省考古学研究力量主要集中在厦门大学、福建师范大学、福建省博物院。1993年厦门大学考古专业并入历史系，仍保留其跨学科建置和服务于考古学、人类学、历史学等多学科实验功能，初步形成"人类博物馆"、"考古技术实验室"和校外实践基地组成的三位一体的实验、实践教研体系。2000年12月，厦门大学考古学取得二级学科博士学位授予权。2004年7月，厦门大学海洋考古学研究中心成立，是当时全国考古研究机构中唯一海洋考古的学术单位，中国海洋考古理论研究与水下考古实践兼协作的主要平台。省博物馆考古部（福建省文物管理委员会文物考古工作队）负责全省文物调查与考古发掘、保护和研究工作，2003年更名为福建博物院文物考古研究所。福建师范大学考古学专业主要侧重于东南民族与宗教考古学，于2005年获得二级学科博士学位授予权。

（二）学术研究

1992—2005年，福建省考古学研究以史前考古、东南考古与民族考古、闽越考古、古代文化遗址、海洋考古等为主要方向。该学科获得教育部人文社会科学研究项目2项：福州城市考古研究（厦门大学吴春明，1997）、环中国海沉船与海洋考古研究（吴春明，2001）；国家"九五"攀登项目子课题1项：《早期人类起源及环境背景研究》之河北泥河湾子课题（厦门大学蔡保全，2001）。期间，出版专著20余部，发表论文百余篇，其中获得福建省社会科学优秀成果奖3项：《闽越国都城考古研究》（第四届三等奖，吴春明、林果）、《泥河湾早更新世早期人类遗物和环境》（第六届二等奖，蔡保全、中国科学院古脊椎动物与古人类研究所李强）、《环中国海沉船》（第六届三等奖，吴春明）。

（三）学术会议

1998年5月，福州市委、市政府主办的"冶"城学术研讨会在福州召开。北京、浙江、广东、台湾、福建的专家学者81人与会，收到论文69篇。大会围绕闽越国都城"冶"的地望问题展开讨论。与会学者认为，福州新店古城遗址的发掘很有意义，但如果要据此考定"冶"城的地望，则证据尚嫌不足，应继续进行发掘。同时，根据屏山地区发现"万岁"瓦当及大量汉代建筑材料的情况，"冶"城的具体位置可能在今屏山至冶山一带。

2004年11月，中国百越民族史研究会、厦门大学人文学院和省考古博物馆学会联合主办的中国百越民族史学会第十二次学术年会暨百越文化国际学术研讨会在武夷山举行。北京、江苏、上海、浙江、湖北、福建、广东、广西、海南、贵州、云南、台湾等省区市以及美国、日本的 70 余位专家、学者与会。会议围绕百越史研究的学术史与方法论、百越民族的源流与关系考证、百越的社会经济与文化、南岛语族起源、壮侗语族与南岛语族的发生学关系、百越地区考古新发现和研究、当代华南各族文化的民族学研究等内容展开讨论。

二、主要学术成果

（一）史前考古研究

《云南元谋古猿地点的小哺乳动物化石》（蔡保全，《人类学学报》1994：1）该文依据元谋盆地西北小河村一带古猿化石地点所发现的 6 种小哺乳动物，初步论证几个含古猿化石地点（8603、8701、8704、8801、9001）的时代均为晚中新世，相当于欧洲 Turolian（中新世）晚期，比禄丰古猿化石地点的时代稍晚。

《从原始制陶探讨高山族文化的史前基础》（吴春明，《考古》1994：11）该文认为，台湾高山族的文化起源一直是东南区考古学、民族学研究中的一个悬而未决的问题。多数学者认为高山族主要来源于中国大陆东南沿海，但鲜少有人从高山族文化与海峡两岸史前文化的比较研究入手，因而较难获得令人信服的结论。该文对高山族原始制陶进行综合论述，并在此基础上探讨其与东南区史前陶器间的文化关系；同时还分析高山族原始制陶的制陶工艺和陶器的文化内涵和特点，以及高山族陶器与海峡两岸史前陶器文化的关系。

《福建福安地区的有肩石器》（福建省博物馆栗建安、范祚其，《考古》1995：10）该文对 20 世纪 50 年代以来，在福建福安地区一部分遗址中采集到有肩石器进行介绍和研究分析，并将该地区的有肩石器与珠江三角洲的有肩石器，以及台湾古遗址的有肩石器进行比较，提出福安的有肩石器的时代晚于珠江三角洲的时代，认为闽东地区、福安同闽江下游一样，与台湾有着密切的古代文化联系。

《福建三明船帆洞旧石器遗址》（福建省博物馆陈子文、三明市文管办李建军、三明市博物馆余生富，《人类学学报》2001：4）该文认为福建三明的船帆洞旧石器遗址可分为上、下两个文化层。下层文化中所发现的石铺地面，在全国尚属首次，它反映了当时人们已经有了改造环境的意识，具有重要的学术价值。上层文化发现的磨制骨、角器与粗糙的打制石器共存，可能显示出当时工业重心的转移，三明市灵峰洞与船帆洞遗址都发现有少量的锐棱砸击石核和石片，这类石核和石片在贵州和台湾两地的史前遗址中都有较多的发现，为研究中国南方旧石器时代文化的传播以及研究闽台史前文化渊源关系提供了新证据。

《台湾海峡晚更新世人类肱骨化石》（蔡保全，《人类学学报》2001：3）该文对产自台湾海峡海底人类右肱骨进行考察，认为"海峡人"化石为大陆与台湾人类化石的对比提供了重要材料，"海峡人"产出的特殊地理位置为古人类从大陆迁徙台湾岛提供了直接的证据。"海峡人"肱骨的发现，也为东亚现代人类起源研究提供有价值的材料。

《杭州湾两岸新石器时代文化与环境》〔蔡保全，《厦门大学学报》（哲学社会科学版）2001：3〕杭州湾两岸指北岸的杭嘉湖平原和南岸的宁绍平原。该文对两平原新石器时代文化发展阶段是否一致，文化在差异的基础上有否相似和造成文化异同及阶段性变化的原因等问题进行分析，提出温度突然明显的变化直接影响和控制杭州湾两岸文化的变化，而杭州湾两岸新石器时代文化经历"相似－趋异－渗透－趋同"过程，与杭州海湾－钱塘江河口湾－杭州至湖州古河口湾的形成演变、人类征服自然能力增强和两岸文化发展的不平衡等有关。

《灵峰洞——福建省首次发现的旧石器时代早期遗址》（李建军、陈子文、余生富，《人类学学报》2001：4）灵峰洞位于福建省中西部三明市西约17千米的万寿岩西南坡上。该文认为，灵峰洞是福建省首次发现的旧石器时代早期遗址，把古人类在福建境内生存的历史提前10多万年。灵峰洞旧石器文化的发现为了解古人类在东南地区的技术发展、生存方式和行为特点，以及探讨中更新世闽台区域的生态环境并为台湾史前文化追根溯源研究提供了珍贵的资料。

《现代人类起源新说与"北京猿人"的归属》〔蔡保全，《厦门大学学报》（哲学社会科学版）2002：5〕该文指出，有学者提出北京猿人等直立人不属于人的范畴，是对人类起源的认识存在误区造成的。认为，即使由分子生物学支持的单一地区起源说是可以成立的科学假设，北京猿人等直立人仍然是处于人类演化过程中的旁支，而不应被排拒出古人类的范畴。单一地区起源说表明，要修改的只不过是北京猿人等直立人不是现代中国人的直接祖先而已。

《晚玉木冰期台湾海峡成陆的证据》（蔡保全，《海洋科学》2002：6）该文依据台湾浅滩西部、澎湖台地和台中浅滩打捞出来的大量哺乳动物化石的研究结果并结合沉积物特征、海面变化和年代测定资料，认为晚玉木冰期台湾海峡曾是陆地，至少南部是这样，该时期台湾海峡全为浅海的观点与现有的证据不符。

《泥河湾早更新世早期人类遗物和环境》（蔡保全、李强，《中国科学·D辑》2003：5）该文根据河北泥河湾盆地小长梁遗址东北约600米处的马圈沟发现的哺乳动物化石，和旧石器文化层采获的哺乳动物化石对比分析，认为旧石器的年代早于1.8Ma BP（Ma BP指距今百万年前），可能达2.0Ma BP，这是华北最早人类活动证据，当时人类生活于温带干旱稀树草原环境。

《昙石山文化研究》（厦门大学钟礼强，岳麓书社，2005）该书将此前分散的资料和成果集中起来述释，共九章，围绕昙石山文化的发现与研究史、分期与年代、陶器群类型学、经济形态、区域源流关系、大陆周邻关系、与台湾史前文化关系、人群与社会、宗教与艺术展开讨论，深入地分析昙石山文化的内涵、分期、聚落与经济形态及源流关系，进而解析同邻省区域史前文化的联系，探讨人群与社会及原始习俗。该书还从人类学的视野，对昙石山文化居民的种族特征、聚落形态、社会组织、宗教艺术等加以探索。

《远古的家园——两万年前台湾海峡揭秘》（福建省石狮市博物馆李国宏、福建省博物院范雪春、福建省博物院彭菲，海潮摄影艺术出版社，2005）该书以图文结合的形式介绍石狮海域"海峡人"及同历史时期古哺乳动物化石的发现和研究成果，展现更新世末次冰期，台湾海峡中华民族祖先与猛犸象、披毛犀、四不像鹿等众多古生物共生的古地理生态系统的画面。

表 10—25　　　　　　　**1992—2005 年史前考古研究其他成果**

成果名称	作　者	发表刊物（出版社）及时间
河北阳原——蔚县晚上新世鼠科化石	蔡保全 邱铸鼎	《古脊椎动物学报》1993：4
福建东山的旧石器	蔡保全 孙英龙 杨丽华	《漳州师范学院学报》（哲学社会科学版）1994：1
泥河湾地区晚新生代生物地层带	杜恒俭 蔡保全 马安成等	《地球科学——中国地质大学学报》1995：1
福建浦城县牛鼻山新石器时代遗址第一、二次发掘	郑　辉	《考古学报》1996：2
对武夷山脉以东地区史前文化聚落形态研究的几点思考	吴春明	《考古与文物》1996：3
清流狐狸洞人类牙齿化石记述	董兴仁 范雪春	《人类学学报》1996：4
洞庭湖区新石器时代遗址的分布与古环境变迁的关系	吴小平 吴建民	《东南文化》1998：1
试论三峡地区大溪文化的经济活动及其与地理环境的关系	吴小平	《江汉考古》1998：2
上海地区史前文化时期环境的演变及其对人类活动的影响	吴小平	《华夏考古》1998：4
论福建贝丘遗址先民的社会经济	钟礼强	《中国社会经济史研究》1999：2
略论昙石山文化与良渚文化的关系	钟礼强	《东南文化》2005：6

（二）东南考古与东南民族研究

《闽台考古》（厦门大学陈国强、叶文程、吴绵吉主编，厦门大学出版社，1993）该书记述闽台地区自史前时代至明清时代的考古发现及研究，对不同时代的考古遗址遗迹石器陶器及其文化内涵进行论述，全书共七章。前几章侧重分析不同时代的考古遗址、墓葬和考古发掘的器物等，从三国五代开始，主要分析考古发掘的瓷器以及窑址，并且结合当时的社会环境进行研究，说明远在旧石器时代及新石器时代台湾和大陆的原始文化就有密切关系，并考述大陆汉民移民及开发台湾的历史。

《从考古看华南沿海先秦社会的发展》〔吴春明，《厦门大学学报》（哲学社会科学版）1997：1〕该文从考古学的角度分析探讨华南沿海先秦社会的发展状况，认为华南沿海地区约于西周开始才进入青铜时代，战国前后产生国家文明，而华南沿海先秦社会发展滞后的原因是生态特殊性与半封闭的自然地理格局，华南沿海的早期文明史实际上就是商周和吴越文化冲破山岭隔阂、带动土著社会不断进步的融合史。文中还指出，华南沿海的文明史并不等于青铜技术史，一些学者在研究时不能合理区分技术史与社会史这两类概念，直接借用商周模式，将华南沿海技术史上的青铜时代直接视为社会史上国家文明出现的证据，具有不同程度的方法论缺陷。

《东南考古研究》（第二辑）（香港中文大学中国考古艺术研究中心、厦门大学历史系考古教研室编，邓聪、吴春明主编，厦门大学出版社，1999）该书共收录论文22篇，涉及浙、闽、粤等东南各地早期古文化遗存的最新田野资料，东南考古文化区系类型及其相关的史前社会经济形态复原成果，福建沿海沉船遗址、海路回族墓葬等海洋文化史迹的调查研究，以及三峡地区考古工作的部分收获。

《中国东南土著民族历史与文化的考古学观察》（吴春明，厦门大学出版社，1999）该书上篇以考古学角度梳理东南土著族的空间分布与发展变迁，下篇从考古遗存中探索东南早期社会的形态，特殊人文的形成、发展与变迁的规律，提出以空间环境相对独立、与中原华夏距离远近及融合程度截然区别、发展阶段不相同步的"江南湖网平原"、"沿海丘陵山地"和"台湾岛屿"三个地带为大框架的土著文化总谱系。

《龙虎山崖葬与百越民族文化》（厦门大学蒋炳钊、石奕龙、黄向春主编，吉林人民出版社，2001）该书是"百越民族史第十届学术研究会"论文汇集，共收录论文31篇，主要涉及崖葬及其所关涉的民族史、考古学、文化人类学、体质人类学、科技史，以及百越民族的婚俗、语言、具铭兵器和壁画艺术研究等。还探讨百越海洋文化的结构与继承变异，认为其对越地的文化传统产生深远影响。

《东南民族研究》（蒋炳钊，厦门大学出版社，2002）该书是蒋炳钊在东南民族研究领域先后发表的27篇重要学术论文的结集，内容涉及古代百越民族和当代畲族、回族、疍民、东南汉民与客家等族群文化，几乎涵盖新中国成立以来学术界在东南民族研究上的所有领域。

《东南考古研究》（第三辑）（厦门大学人文学院历史系考古教研室、香港中文大学中国考古艺术研究中心编，邓聪、吴春明主编，厦门大学出版社，2003）该书共收录论文38篇，涉及福建、香港、越南等地的考古新发现，东南地区的史前石锛、树皮布石拍研究，东南地区先秦陶器、秦汉遗址与文字、百越族群基因等专题研究，闽粤台史前文化交流及中原北方、琉球列岛、东南亚半岛等东南地区周邻地带的史前文化研究，沉船考古研究，以及两岸百年考古评述和有关书评。

表10—26　　　　　**1992—2005年东南考古与东南民族研究其他成果**

成果名称	作　者	发表刊物（出版社）及时间
从考古学看台湾文化的起源	陈存洗	《福建师范大学学报》（哲学社会科学版）1994：4
东南考古研究（第一辑）	厦门大学历史系考古教研室编 吴绵吉 吴春明主编	厦门大学出版社，1996
"东山陆桥"与台湾最早人类	蔡保全	《漳州师院学报》1997：3
关于汉晋东南历史地理的两个关键问题——"章安故冶，闽越地"和"东越王居保泉山"新解	吴春明	《厦门大学学报》（哲学社会科学版）1998：3
中国南方崖葬的类型学考察	吴春明	《考古学报》1999：3
《中国东南土著民族历史与文化的考古学观察》评述	钟礼强 吴绵吉	《民族研究》2000：2
珠江三角洲区域人文历史的新视野	钟礼强 吴春明	《考古》2002：10
古代东南海洋性瓷业格局的发展与变化	吴春明	《中国社会经济史研究》2003：3

（三）闽越考古研究

《闽越考古研究》（福建省博物馆编，陈存洗主编，厦门大学出版社，1993）该书收录论文17篇，涉及武夷悬棺葬及反映出的闽越文化渊源，武夷山城村汉城遗址的发掘、年代与性质研究，闽越国王都冶城的考证，闽越文化特点研究，闽越国的社会经济研究，闽越与南越考古学文化的比较研究等。

《闽越国都城考古研究》（吴春明、福州博物馆林果著，厦门大学出版社，1998）该书应用文献和考古资料，深入探讨闽越文明的历史进程，论证闽江下游在闽越文明进程中的中心地位；并通过对与都城关系最密切的聚落形态的考察，说明"冶在福州"的可能，并对闽越都城的起源、发展和变迁等展开进一步论述和研究。

《冶城历史与福州城市考古论文选》（福州市文物局王培伦、中国社会科学院考古研究所黄展岳主编，林果、吴春明执行主编，海风出版社，1999）该书收录1998年在福州市召开的"冶城学术研讨会"的论文53篇，附录王国维等人的相关文章6篇，多数论文涉及闽越国都城"冶"的地望问题，部分文章涉及福州城市的起源、发展，自然地理、城池和水陆的变迁，以及福州与琉球的关系问题。

《闽越冶城地望的历史考古问题》（吴春明，《考古》2000：11）该文通过对汉唐史籍的重新发掘和梳理，提出汉晋闽越地理沿革的若干新线索，进一步论证闽越冶城福州说。认为从冶县初置时地跨闽越与东瓯两故地开始，到析出东瓯故地后，都应是延续了闽越国的故都冶城而治的，所以才一直延续"冶"县名称。东汉以后因设东部都尉下一候官于冶，冶县才更名为"候官"县，故而闽越冶都和汉冶县（候官县）的县治是一个地方。

《闽越源流考略》（厦门大学黄荣春编著，海潮摄影艺术出版社，2002）该书主要内容包括：闽越地区的原始居民及其遗址，闽族、闽越族及其文化遗址，闽越国都城及新店古城遗址，武夷山城村汉城等遗址，闽越国文字等研究。作者将凡与闽越源流有关的文物考古资料、史书方志、乡土著述、今人著作、民间传说等进行梳理，论述闽越国每个时代、每个地区的文化遗存的特色，提出闽越国都城在今福州，且福州市区新店古城、浮仓山、屏山、至牛头山一带均属冶城范围的论点。书中还论证闽台两地相同的历史和文化渊源，最后附录闽越国灭亡后福州城池的变迁。

《从考古看闽越人的农耕经济形态》[厦门大学吴小平，《厦门大学学报》（哲学社会科学版）2003：2]该文探讨自新石器时期、青铜器时期、到铁器时期（东汉）闽越人农耕经济形态的演变，认为由于福建地处东南沿海，优越的生态环境造就了闽地富裕的采集狩猎族群，延缓了其农业经济的发生和发展进程，其相对独立的地理单元又阻碍了外来先进文化技术的传入，使其农业和文化一直处于封闭状态的观点。

表 10－27　　　**1992—2005 年闽越考古研究其他成果**

成果名称	作　者	发表刊物（出版社）及时间
闽越族的纺织文化成就	梅华全	《东南学术》1994:4
闽越国世系考	杨　琮	《福建论坛》（人文社会科学版）1995:1
闽越国冶城遗址考	黄荣春	《福建论坛》（文史哲版）1998:2
近七十年闽越都城地望探索述评	吴春明	《中国史研究动态》1999:1

（四）古代文化遗址研究

《关于福建六朝墓葬的一些问题》（福建省博物馆曾凡，《考古》1994：5）该文以1949 年以来的 146 座六朝墓的考古发掘资料为基础，探讨福建砖室墓的起源、形制等问题，提出古代福建墓制文化的发展，应以晋代为界。在晋代以前都是土坑墓，晋代以后才开始用规整的花纹砖砌筑墓室。并指出，永嘉年间入闽避乱者多非名门望族，故未见墓志出土。

《厦门考古与文物》（厦门大学吴诗池，鹭江出版社，1996）该书用大量考古资料，分述厦门海岸线的变迁、古文化遗址、墓葬、名胜古迹、对联集锦、革命遗址与纪念建筑、博物馆、纪念馆馆藏珍贵文物等，将厦门的历史，推前到几千年前的原始社会新石器时代，并批驳厦门"无古可考"的说法。

《福建宋元壁画墓初步研究》（福建省博物馆杨琮，《考古》1996：1）该文考述福建宋元壁画墓的分布、墓葬结构及类型、分期，以及墓中壁画的题材和表现手法，认为从目前已发掘的考古资料分析，福建宋元壁画墓主要分布在闽中、闽西北等地，而从发现地点、葬制以及壁画资料上看，福建元壁画墓应是宋壁画墓习俗的延续和发展。

《从贝丘遗址看福建沿海先民的居住环境与资源开发》[蔡保全，《厦门大学学报》（哲学社会科学版）1998：3]该文把福建沿海贝丘遗址分为河岸型、河口型和海湾型，认为原始人类更喜欢栖息于河口和海湾处。6000—2000 多年前一直以贝类为主要食物资源，先民对水体资源的开发是逐渐增强的；迫使先民放弃水生食物资源不是自然环境引起，而是外来稻作文化的侵入。

《史前城市的考古新发现与中国文明的起源》[吴春明，《厦门大学学报》（哲学社会科学版）1999：3]该文通过对史前城市考古发现进行综合研究，认为近十多年来考古新发现的五十多座史前城址不是中国五六千年文明史的证据，而是中国文明漫长起源期的历史反映。仰韶时代初现的城市代表了中国文明的萌芽与奠基，龙山时代繁盛的城市是文明即将诞生的标志，夏以前的中国不是文明社会。

《台湾海峡晚更新世哺乳动物化石与古地理环境》[蔡保全，《厦门大学学报》（哲学社会科学版）1999：4]该文认为，闽台两岸从台湾海峡捞获的 2.6 万—1.1 万年前的哺乳动物化石具有很大的相似性，这和冰期时气温降低、海平面下降、哺乳动物随寒风沿东海大陆架南迁有关。当时台湾海峡绝大部分为陆地，台湾与大陆连成一片，古人类和哺乳动物能够在其间自由来往，繁衍生息，并留下遗骸和遗物。

《汉代青铜容器的考古学研究》（吴小平，岳麓书社，2005）该书将汉代青铜容器按地域分为中原、西南、岭南三个区系，对每个区系下的青铜容器的形制、纹饰、铭文、分期和演变进行分析研究，排列出每类器物的发展谱系，并对大量涉及器物的命名、用途等分析考证，还探讨汉代青铜容器的生产经营方式和统治政策对青铜容器的影响。书中还将考古类型学的应用领域扩展到抽象的纹饰以及铭文。

表 10—28　　　　　　　**1992—2005 年古代文化遗址研究其他成果**

成果名称	作　者	发表刊物（出版社）及时间
崇安汉城北岗二号建筑遗址	杨　琮	《文物》1992：8
崇安汉城出土瓦当的研究	杨　琮	《文物》1992：8
福建崇安城村古城遗址出土文字及考释	杨　琮	《东南文化》1993：1
崇安汉城北岗遗址性质和定名的研究	杨　琮	《考古》1993：12
福建建阳山林仔西周遗址调查	谢道华	《东南文化》1994：5
再论福建崇安汉城遗址的年代等问题——兼答杨琮同志	吴春明	《考古与文物》1995：2
福州茶园山南宋许峻墓	郑　辉	《文物》1995：10
福建更新世地层、哺乳动物与生态环境	尤玉柱　蔡保全	《人类学学报》1996：4
福州摩崖石刻述略	黄荣春	《福建论坛》（人文社会科学版）1996：6
把毕昇研究深入下去——关于毕昇墓碑的研究方法问题	李瑞良	《出版科学》1997：1
福建南平宋代壁画墓	张文崟	《文物》1998：12
厦门宋元窑址调查及研究	郑　东	《东南文化》1999：3

（五）海洋考古研究

《环中国海沉船：古代帆船、船技与船货》（吴春明，江西高校出版社，2003）该文总结海洋考古实践的经验，结合历史文献，通过沉船遗骸本体结构、属具的历时排比，阐述中国古代帆船形态与结构发展史、造船与航海技术史，依据沉船遗迹的空间分布规律探寻"四洋"航路网络源流的历史线索，从船货遗存构成，追究腹地生产、港市集散与海外流通体系。该书尝试以文化相对论的立场和东南沿海海洋中心的学术视野，摒弃国别障碍，将中国沿海、海上邻国、环中国海以外领域发现的一切与海洋中国有关的古代沉船资料作为观察对象，从全局角度把握环中国海海洋文明史的内容，从多维角度挖掘古代沉船背后隐藏的海洋社会人文发展信息。

《试说海洋考古与社会经济史学的整合》（吴春明，《中国社会经济史研究》1999：1）该文对国内外海洋考古工作的开展和发展进行分析介绍，展示海洋考古在海洋社会历史与人文科学研究中的巨大潜力，通过对沉船考古、海港考古和海洋聚落考古三个领域进行研究探讨，提出若能实践海洋考古与社会经济史学的真正整合，那么海洋社会经济史的学术园地必将更加繁盛。

表 10－29　　　　　　　　**1992—2005 年海洋考古研究其他成果**

成果名称	作　者	发表刊物（出版社）及时间
定海湾沉船考古的新收获与宋元明福州港的对日贸易	吴春明	《中国社会经济史研究》1997:1
福建文博·纪念中国水下考古十年专辑（1997 年第 2 期）	福建文博编辑部编	福建文博杂志社,1997
海洋考古学西方兴起与学术东渐	吴春明 张　威	《中国海洋大学学报》(社会科学版)2003:3

（六）考古发掘报告

《**鸟仑尾与狗头山：福建省商周遗址考古发掘报告**》（福建省博物院文物考古研究所、漳州市文物管理委员会办公室编著，福建省文物局主编，科学出版社，2004）该书为漳州市鸟仑尾与狗头山商周遗址考古发掘报告，书后附有大量彩色和黑白图版。书中记述鸟仑尾与狗头山遗址两处遗址的地层堆积状况及所出墓葬、器物等，认为两处遗址中，鸟仑尾遗址的规模较大，出土文物丰富，器物特征明显，其文化内涵在闽南地区已发现的商代早期同类遗存中具有代表性，故将其命名为"鸟仑尾类型"。

《**闽侯昙石山遗址第八次发掘报告**》（福建省博物院编著，福建省文物局主编，科学出版社，2004）该书是福建闽侯昙石山遗址的第八次发掘报告。昙石山遗址是中国东南沿海地区最早被命名、最具代表性的原始社会晚期文化——"昙石山文化"的命名地。此次发掘是昙石山遗址历次发掘面积最大的一次，所获考古资料也最丰富，清理了灰坑、壕沟、火膛灶坑、陶窑等遗迹和墓葬，出土了陶器、原始瓷器、石器、骨器、贝器、玉饰等文物，其中完整或可复原的陶器有 500 多件。

表 10－30　　　　　　　　**1992—2005 年考古发掘报告其他成果**

成果名称	作　者	发表刊物（出版社）及时间
福州洪塘金鸡山古墓葬	曾　凡	《考古》1992:10
福建惠安银厝尾古窑址发掘简报	梁建安	《考古》1993:1
福建华安下东溪头窑址调查简报	林　焘 叶文程 唐杏煌 罗立华	《东南文化》1993:1
福建浦城三处古遗址调查简报	林忠干 赵洪章	《考古》1993:2

续表 10－30

成果名称	作　者	发表刊物（出版社）及时间
福建康山唐墓清理简报	梅华全	《东南文化》1993：3
福建墓林山遗址发掘简报	福建省博物馆	《东南文化》1993：3
福州闽侯发现南朝墓	杨　琮 严晓辉	《考古》1994：5
福建建宁古钱窖藏清理简报	杨　琮 陈子文 郑　辉	《东南文化》1994：5
福建将乐元代壁画墓	福建省博物馆 将乐县文化局 将乐县博物馆（执笔：杨琮）	《考古》1995：1
福建建阳县水吉建窑遗址 1991—1992 年度发掘简报	中国社会科学院考古研究所 福建省博物馆建窑考古队 （执笔：栗建安）	《考古》1995：2
福建漳州市史前文化遗址调查	福建省博物馆（执笔：郑辉）	《考古》1995：9
福建三明市岩前村宋代壁画墓	福建省博物馆 三明市文管会 （执笔：杨琮、吴秀华）	《考古》1995：10
漳州窑：福建漳州地区明清窑址调查发掘报告之一	福建省博物馆编	福建人民出版社，1997
福建建瓯市迪口北宋纪年墓	建瓯市博物馆 （执笔：张家）	《考古》1997：4
福建闽侯庄边山遗址发掘报告	福建省博物馆 （执笔者：林公务）	《考古学报》1998：2
福建惠安县曾厝村发现两座隋墓	泉州市文管会 惠安县博物馆 （执笔：郑焕章、王少凡）	《考古》1998：11
福建福州市新店古城发掘简报	福建省博物馆 福建省昙石山遗址博物馆 （执笔：欧潭生）	《考古》2001：3
湖北巴东茅寨子湾遗址发掘报告	国家文物局三峡文物保护 领导小组湖北工作站 厦门大学历史系考古教研室 （执笔：吴春明、王凤竹）	《考古学报》2001：3

续表 10—30

成果名称	作　者	发表刊物（出版社）及时间
浙江余姚市鲻山遗址发掘简报	浙江省文物考古研究所 厦门大学历史系 （执笔：王海明、蔡保全、钟礼强）	《考古》2001：10
福建建阳市山林仔遗址的发掘	福建省博物馆 （执笔者：陈兆善、郑辉）	《考古》2002：3
虎林山遗址：福建漳州商周遗址发掘报告之一	福建博物院 漳州市文管办 漳州市博物馆 （杨丽华、陈兆善主编）	海潮摄影艺术出版社，2003
福建武夷山市城村西汉窑址发掘简报	杨　琮	《考古》2003：12
福建东山县大帽山贝丘遗址的发掘	福建博物院 美国哈佛大学人类学系 （执笔：范雪春、林公务、焦天龙）	《考古》2003：12
福建漳州市虎林山商代遗址发掘简报	福建博物院 漳州市文管办 漳州市博物馆 （执笔：陈兆善、杨丽华）	《考古》2003：12
福建福鼎市太姥山宋代国兴寺遗址的发掘	福建博物院 福鼎市文体局 福鼎市旅游局 太姥山风景区管理局 （执笔：郑辉）	《考古》2003：12
鸟仑尾与狗头山：福建省商周遗址考古发掘报告	福建博物院文物考古研究所 漳州市文物管理委员会办公室 福建省文物局	科学出版社，2004
武夷山城村汉城遗址发掘报告：1980—1996	福建博物院 福建闽越王城博物馆 （杨琮主编）	福建人民出版社，2004
闽侯县石山遗址第八次发掘报告	福建博物院编著	科学出版社，2004
福建惠安县上村唐墓的清理	泉州市文物管理委员会 惠安县博物馆 （执笔：许黎玲、郑焕章）	《考古》2004：4
福建南平市南山镇发现一座宋墓	张文鉴	《考古》2004：11
福建漳州旧石器调查报告	范雪春	《人类学学报》2005：1

第十一章　社会学等学科研究

第一节　社会学研究

一、学科建设与学术研究

（一）学科建设

福建省社会学研究力量主要集中在福建社会科学院、福州大学、厦门大学、福建师范大学等单位。1988 年，福建社会科学院成立社会学研究所。1993 年厦门大学在哲学系开设社会工作专业。1998 年福州大学创办社会学系，成为福建省最早招收社会学专业本科生和硕士研究生的高等院校。2000 年，厦门大学成立社会学系。2001 年，福建师范大学公共管理学院社会学研究所成立，开始招收社会学相关专业硕士研究生。此外，福建农林大学、华侨大学、集美大学、闽江学院、福建公安高等专科学校也有部分教师开展有关社会学问题的研究。

（二）学术研究

1992—2005 年，该学科主要研究领域为：社会学基础理论，社会转型与社会阶层，工业化、城市化与社会变迁，劳动就业与社会保障，农村社会研究，移民社会研究等。其间，该学科获国家社会科学基金项目 7 项：侨乡"社会资本"与发达国家劳动力市场的多元性：福建侨乡跨境移民潮的社会学研究（厦门大学李明欢，2001）、村民自治与农村社区的社会资本重建（厦门大学胡荣，2001）、现代化发展与社区公共安全管理研究（福建省公安高等专科学校倪小宇，2001）、社会资本在体育人才培养中的功效研究（厦门大学徐延辉，2003）、城市化进程中的农村社会保障问题研究（厦门大学张友琴，2003）、风险与管理：风险社会学的缘起与范式（厦门大学周志家，2004）、农村地方政权退化与对策研究（胡荣，2004）；获得国外政府或国外民间基金会特别资助项目 5 项：中国婚姻质量研究（厦门大学叶文振，1996 年美国福特基金会资助立项）、欧洲华侨华人社会调查（李明欢，1997 年荷兰政府公众健康福利体育部资助立项）、中国离婚问题研究（叶文振，

1999 年福特基金会资助立项）、巴达维亚华人公馆档案研究——巴达维亚时期华人人口构成专题（李明欢，1999 年荷兰莱顿大学国际亚洲研究中心博士后科学基金资助立项）、全球化时代的劳动力流动（李明欢，1999 年荷兰 SEPHIS 基金资助立项）。

同期，获国家各部委基金资助项目 8 项，其中由李明欢主持的有 3 项，分别为教育部国际合作与交流司课题：欧洲华人社会研究；教育部人文社会科学规划项目：当代中国东南沿海侨乡社会发展研究；国务院侨务办公室重点研究课题：法国移民政策与法国华侨华人。由叶文振主持的有 4 项，分别为国家教委回国留学人员科研启动项目：当代中国婚姻家庭问题的研究；教育部社会科学规划项目：流动人口的婚姻问题研究；国家计生委资助项目：中国生育文化研究；全国妇联资助项目：妇女主体意识、自身能力和妇女社会地位的关系研究。由厦门大学张小金主持的教育部人文社会科学规划项目 1 项：对外开放与社会转型：对外商投资的社会影响的若干研究。该学科还获得福建省社会科学规划项目 8 项。

这一时期，该学科出版著作 37 部，在中文核心期刊发表论文 94 篇，其中获福建省社会科学优秀成果奖 28 项：《信息社会理论辨析》（第二届二等奖，福建师范大学林可济，福建教育出版社，1992）、《在大中小城市的协调发展中推进福建城市化进程》（第二届三等奖，福建师范大学朱宇）、《户籍制度改革与创新：农民与市场的呼唤》（第三届三等奖，福建农林大学林国先）、《农民工潮与实施工业化城市化战略》（第三届三等奖，福建师范大学黄铁平）、《学习毛泽东、邓小平、江泽民论农业、农村、农民问题》（第四届二等奖，福建农林大学郑金贵）、《论邓小平的农业、农村、农民观》（第四届三等奖，黄铁平）、《"相对失落"与连锁效应——关于温州地区出国移民潮的分析与思考》（第四届三等奖，李明欢）、《我国社会转型期的城市贫困问题研究》（第四届三等奖，福建省委党校肖文涛）、《现代中的传统——菲律宾华人社会研究》（第四届三等奖，厦门大学陈衍德）、《福建社会保障研究》（第五届一等奖，福建省劳动和社会保障厅、福建省社会科学界联合会）、《当代中国社会阶层研究报告·市县个案（福清市）》（第五届二等奖，福建行政管理干部学院黄陵东）、《人类发展与生存环境》（第五届二等奖，福建师范大学晏路明）、《生育文化与家庭制度的关系研究》（第五届二等奖，叶文振）、《理性选择与制度实施：中国农村村民委员会选举的个案研究》（第五届三等奖，胡荣）、《中国就业问题研究》（第五届二等奖，福建师范大学吴宏洛）、《中国东部地区社会结构变迁》（第五届二等奖，福建省委党校关家麟）、《中国城乡结构调整研究》（第五届三等奖，福建师范大学张国）、《创新社会学》（第五届三等奖，福建师范大学苏振芳）、《现代化发展与社区公共安全管理研究》（第五届三等奖，倪小宇）、《传统村落视野下小姓弱房的生存形态——闽西武北客家村落的田野调查研究》（第五届三等奖，福建省委党校刘大可）、《对外开放与社会转型——对外商投资的社会影响的若干研究》（第五届三等奖，张小金）、《透视中国东南：文化经济的整合研究（上、下）》（第六届一等奖，厦门大学陈支平、詹石窗）、《人类行为解读：韦伯与哈贝马斯的社会行动理论》（第六届二等奖，黄陵东）、《男女平等：一个多维的理论建构》（第六届二等奖，叶文振）、《社会保障制度国别研究》（第六届二等奖，苏振芳）、《社会变迁中的村级土地制度》（第六届三等奖，厦门大学朱冬亮）、《福建社会保障建设》（第六届三等奖，福建省劳动和社会保障厅王克益、徐志箴、福建省社会科学界联合会王碧秀）、《中国城市发展问题报告》（第六届三等奖，福建社会科学院严正）。

（三）学术会议

1994 年 12 月，中国社会学会主办，福建社会科学院、福建省委党校、福建省委政策研究室和福建省社会学会协办的中国农村发展道路（晋江）研讨会在晋江市召开，全国九个省和十几位中央部委的农村发展研究专家和社会学专家、学者参加会议。会议收到论文27 篇，其中有 16 篇对发展农村经济的"晋江模式"作详细剖析和阐述。会议还交流讨论我国农村发展道路中的农村工业化、城镇化，贫困地区发展农村经济，农村劳动力流动等问题。

1998 年 5 月，中国社会学会 1998 年年会在福建省福清市召开。会议的主题为"社会主义初级阶段的中国社会与社会学"和"21 世纪：文化自觉与跨文化对话"。会议围绕文化沟通可能性问题、社会理论的文化界限问题、非西方区域研究问题和亚洲本土研究问题等展开讨论。

2001 年 12 月，中国社会学会、社会科学文献出版社和福建省委党校共同举办的当代中国社会阶层研究理论研讨会在福建省委党校举行。全国各省市社会学界专家学者和部门工作者 60 余人参加会议。会议围绕当代中国社会阶层的划分、不同社会阶层的生存状态，以及如何推进社会体制改革、调整制定合理的社会政策，保持经济社会的良性运行和可持续发展等理论和现实问题展开研讨。

2005 年 9 月，福州大学人文社会科学学院主办的省社会学会暨省严复研究会学术年会在福州召开，福建省各高校与科研院所的 70 多名专家学者围绕"福建省和谐社会建设"与"严复的社会学思想"两大主题展开研讨。会议收到论文 80 多篇。

2005 年 7 月，香港科技大学主办、福州大学承办的第三届两岸高校社会学研讨会在福州大学举行。会议收到学术论文 20 余篇。香港科技大学、清华大学、台湾东海大学以及福建省各高校的代表围绕"经济发展与社会整合"这一主题，分别就华人社会发展面临的重大问题如华人社会的结构变迁、中国大陆经济转型期的社会问题、经济发展与人际关系、艾滋病和后现代社会、谁支配了台湾金融产业等问题进行讨论交流。

二、主要学术成果

（一）社会学基础理论研究

《社会学导论：社会单位分析》（胡荣，厦门大学出版社，1993）该书提出"社会单位"等一系列新的社会学概念，认为社会单位是指人与人之间在互动的基础上自然形成的或为一定目的而建立的关系网络。该书还对其他许多社会学相关概念如"社会互动"、"社会群体"、"社会组织"、"国家与政府"等都做了重新界定。书中设置"绪论"、"社会与个人"、"社会单位的层次"和"社会单位的多维研究"等篇章，构建社会学理论体系和框架。

《社会学概论》（张友琴，科学出版社，2000）该书旨在为非社会学专业的读者介绍社会学的基本范畴、基本理论和主要方法。第一篇"导论"，为读者展示社会学学科概貌；第二篇"社会中的个人"，从个人的社会化出发，说明社会中的人际互动；第三篇"社会群体"，介绍家庭、群体、组织、社区等主要群体形式；第四篇"制度、结构"，从横向解剖社会制度、结构及主要问题；第五篇"社会变迁"，从纵向研究社会的变迁。

《社会学研究的价值立场》［厦门大学童敏，《厦门大学学报》（哲学社会科学版）2000：3］该文指出，反实证主义社会学不赞同实证主义社会学的反价值立场，要求把人的价值联系引入社会学研究。但其价值立场是不彻底的，仍然从实证主义社会学的反价值立场出发，把社会学研究区分为理论认识和价值评价两部分。该文认为，要彻底摆脱实证主义反价值立场，就需要将价值立场引入社会学研究的全部过程，把价值评价视为人把握现实的唯一认识方式。社会学研究的价值立场的客观现实基础是人的实践活动的差异，它通过价值差异和价值尊严两个方面影响人的认识。

《创新社会学》（苏振芳，中国审计出版社，2002）该书以"创新"为目标，力图确立"创新社会学"的理论框架，论述"创新社会学"的历史渊源，"创新"的社会理论基础，"创新"的知识经济条件、智力条件，创新研究的哲学思辨形式和创新发明的实证方法等问题。作者认为，创新社会学的内容涉及多门学科，是一门历史性、现实性、理论性、知识性和科学性很强的综合性学科。创新是有规律可循的。在家庭、学校和社会的教育过程中，应该重视人的创新能力的开发，使潜在于每个人身上的创新能力得到充分的开发，为社会发展贡献出自己的聪明才智。

《透视中国东南：文化经济的整合研究》（上、下）（陈支平、詹石窗主编，厦门大学出版社，2003）该书借鉴生态学的立场，把中国东南文化经济视作一种区域生态，对经济和文化进行整合研究，以"解剖中国东南文化经济的内在结构，揭示中国东南文化经济的发展动因，阐发中国东南文化经济的互动关系"作为研究目标。与此同时，还采用法国年鉴学派大师布罗代尔（Fernand Braudel）的结构主义历史观，并在布氏的基础上有所创新。在具体研究过程中，选择"从文化现象入手，追索蕴涵其中的经济内涵与价值"。基于实际研究的可能性，该书采用专题考察的方式，在导论之后安排十四个专题，从东南文化的自然基础到社会基础，从宗族繁衍到海上交通，从海商贸易到五口通商，从移民侨居到台海关系，从理学教育到民风习俗、宗教信仰，从方言流迁到文学艺术，分别展开分析论述。

《福利国家运行的经济社会学分析》（徐延辉，《社会主义研究》2005：1）该文指出，福利国家的主要目标是消除贫困，缩小贫富差距，平抑经济周期性波动，维持经济稳定增长。经过半个多世纪的运行，福利国家的这些目标实现得都不太理想。作者从经济学和社会学相结合的角度，分析福利国家作为一种社会制度形态，在其制度设计过程中所存在的风险、制度运行所可能产生以及已经产生的后果。

表 11-1　　　　　1992—2005 年社会学基础理论研究其他成果

成果名称	作　者	发表刊物（出版社）及时间
信息社会理论辨析	林可济	福建教育出版社，1992
社会学知识的形态	胡　荣	《社会学研究》1992：3
社会单位中的权力关系	胡　荣	《厦门大学学报》（哲学社会科学版）1993：1
社会调查研究的理论与方法	张友琴 胡　荣	厦门大学出版社，1995
日本社会学发展之评析	郁贝红	《科技导报》1999：10
社会学的重建：邓小平对社会发展理论的重大贡献	苏振芳	《福建省委党校学报》1999：12
20 世纪西方国际移民理论	李明欢	《厦门大学学报》（哲学社会科学版）2000：4
邪教本质及其活动的社会学分析	郁贝红	《福建论坛》（经济社会版）2000：5
社会学的学科体系构想	叶文振	《厦门大学学报》（哲学社会科学版）2001：2
当代美国大都市区社会问题与联邦政府政策	王　旭	《世界历史》2001：3
"多元文化"论争世纪回眸	李明欢	《社会学研究》2001：3
西方越轨社会学研究的历史、现状与趋势	欧阳马田	《厦门大学学报》（哲学社会科学版）2002：4
旅游社会学研究的理论流派	黄福才 张进福	《厦门大学学报》（哲学社会科学版）2002：6
社会经济地位与网络资源	胡　荣	《社会学研究》2003：5
美国社会信用体系的构建及对我国的启示	苏振芳	《马克思主义与现实》2003：6
人类行为解读：韦伯与哈贝马斯的社会行动理论	黄陵东	《福建论坛》（人文社会科学版）2003：4
启蒙、现代性与现代风险社会研究——对康德、福柯、吉登斯之思想的内在性寻思	许斗斗	《东南学术》2005：3

（二）社会转型与社会分层研究

《对外开放与社会转型——对外商投资的社会影响的若干研究》（张小金，鹭江出版社，2000）该书共 6 章，分别探讨外商投资与社会结构的转型、外商投资与社会文化的转型、外商投资与国家经济安全、外商投资企业的利润转移、外商投资与社会治安、外商投资与"一国两制"等相关问题。

《中国中间阶层的现状与未来发展》（肖文涛，《社会学研究》2001：3）该文指出，改革开放前，中国中间阶层人数占总人口的 40％以上，而 20 世纪 80 年代之后，新兴的中间阶层人数仅占总人口的 20％～25％，主要分布于沿边沿海地区和经济发达的大中城市，其职业构成包括三个部分，一是从计划经济时代割离出来的垄断行业如航空、金融、烟草、电力等行业职工，二是个体私营业主和乡镇企业家，三是外资企业管理人员。作者认为，中国中间阶层因为缺乏合法化和制度化途径因而尚未定型，应努力保证市场经济规范运作与健康发展，并力求为其提供合理的社会政治制度保障，促使具有高知识含量的智能人才成为中间阶层的主体和核心力量。

《当代中国社会阶层研究报告（第三部分市县个案研究报告　福清市：一个东部发达县级市的社会阶层结构变迁)》（黄陵东，研究报告，2003）该报告以福建省福清市为调查研究对象，对 1978—2000 年福清市社会阶层结构发生的重大变化作总体分析。报告以职业分类为基础，把政治资源、经济资源、文化资源占有状况作为划分社会阶层的标准，把福清市劳动人口划分为城镇、农村两大类别、46 个社会群体经济、13 个社会阶层，并对每个阶层的地位、特征和数量作了界定，初步探讨阶层结构变迁的趋势及其主要问题。

《中国东部地区社会结构变迁》（关家麟，社会科学文献出版社，2002）该书结合社会学分层理论，采取访谈、问卷和个案资料等实证分析方法，从社会阶层结构变迁的基础和动因、农民的流动、工人群体的分化和重组、干部—知识分子阶层的更新和重构、社会的新兴阶层、社会的边缘阶层等方面，分析和阐述 1978—2000 年福清市社会阶层结构的变迁，以社会职业和分配为基准，把福清市现有社会群体划分为管理者阶层、工人阶层、农业劳动者阶层等 9 个阶层，并对每个阶层的状况作具体分析，探讨现阶段各阶层之间的关系、矛盾和趋势，提出中国农村社会结构调整的政策取向。

表 11—2　　　　　　**1992—2005 年社会转型与社会分层研究其他成果**

成果名称	作　者	发表刊物（出版社）及时间
经济开放的非经济效益：对厦门经济特区外商投资企业职工的调查与研究	张小金	鹭江出版社，1996
中国社会转型过程中的政府与民间关系的重构	胡　荣	《福建学刊》1996：3

续表 11－2

成果名称	作　者	发表刊物(出版社)及时间
当今中国贫富分化与社会分层问题研究	肖文涛	《东南学术》1999：5
从"乡土"走向"现代"——中国农村社会秩序的变迁与选择	林少敏	《东南学术》1999：6
中国农村社会结构的分化与村民自治制度的秩序整合	林少敏	《福建省委党校学报》1999：10
诚信社会建构的深层检视关——制度安排与价值建构的两个维度	曾盛聪	《北京工业大学学报》(社会科学版)2004：4
转型期我国公共管理面临的十大挑战	肖文涛	《东南学术》2005：3

（三）　工业化、城市化与城乡社会变迁研究

《厦门市居民生活质量调查》（胡荣，《社会学研究》1996：2）该文从工作、居住环境、财产与消费、家庭生活以及业余文化生活五个方面，通过抽样调查分析厦门市居民的生活质量，指出厦门市居民对工作总体上是满意的，但愿意调动工作者却占很大比例。人们对环境不满最主要的原因是环境污染和卫生不好，对经济状况普遍表示满意。夫妻兴趣的差异是导致家庭矛盾的主要原因。由于家务劳动占用大量的业余时间以及内容高雅、消费大众化的娱乐文化太少，致使居民业余文化生活质量不高。

《福建省城市化的井字型构思》（叶文振，《东南学术》2003：4）该文主要从人口流向与城市化进程关系的角度，提出福建省城市化的空间布局应呈"井"字形分布的观点，即东西方向应建立从福州到邵武，从厦门到长汀两条城镇链条，南北方向则应建立从政和到永定的山区城镇带，从福鼎到诏安的沿海城镇带。认为这种布局战略会更加合理、有力地推动地域间的联动，发展和壮大重要交通沿线的城市，有利于充分发挥现有城市接纳农村人口的能力和福建省城市化的均衡发展。在这一布局下的城市化区域对策方面，作者提出应根据经济发展水平、自然禀赋、地理位置及已达到的城市化程度等重要标识，把福建省分成几个不同类型的区域，并根据各区域特有的社会、经济和自然性质，选择相适应的方式推进本区域的城市化进程。

《城市化政策与农民的主体性》〔张友琴，《厦门大学学报》（哲学社会科学版）2004：3〕该文指出，农民是城市化实践过程的重要主体，在城市化政策的制定与实施过程中，应强调农民的主体性，尊重其自主性、能动性和创造性，防止仅仅把失地农民看做是政策的被动受众的倾向，以保证政策的科学性和有效性。文章建议，发挥失地农民的主体性应体现在政策的起点、政策目标的设定、政策的制定和执行以及政策的评估等各环节上。在

政策实践中，可通过尊重农民的知情权、提高其政策参与度、改进农民与外界的沟通、保持政策的开放性与灵活性等环节，来培育保障和促进农民主体性的发挥。

《中国城市发展问题报告：问题·现状·挑战·对策》（严正，中国发展出版社，2004）该书指出，中国城镇化进程将经历一场改变生产方式、生活方式、思维方式、转变管理观念的一系列深刻变革。同时，居民生活状况、社会心理和价值观念将有实质性改变。由于工农差别、城乡差别和地区差别的存在，中国应既发展高科技、走新型工业化的道路，又发展劳动密集型产业；既要大中城市适度扩大规模，把大中城市建设成为适应经济全球化和区域化、信息化的战略支点，建设好区域中心城市，带动和辐射区域发展，又要把小城镇建设成为农村地域的经济文化中心。特别是在 21 世纪头 20 年，城镇化和城乡一体化进程将是改变工农差别、城乡差别和地区差别的重要途径。

表 11—3　　**1992—2005 年工业化、城市化与城乡社会变迁研究其他成果**

成果名称	作　者	发表刊物（出版社）及时间
老年人社会支持网的城乡比较研究——厦门市个案研究	张友琴	《社会学研究》2001：4
城市农民工与转型期中国社会的三元结构	甘满堂	《福州大学学报》（哲学社会科学版）2001：4
中国城乡结构调整研究——工业化过程中城乡协调发展	张　国	农业出版社，2002
中国城乡双层社会结构的历史演变与当前农村基层政权建设研究	苏振芳	《福建论坛》（经济社会版）2002：1
聚焦"城中村"——"城中村"转型发展系列研究之一	郑庆昌	《福建论坛》（经济社会版）2002：2
向城市社区居委会跨越性转变——"城中村"转型发展系列研究之二	郑庆昌	《福建农林大学学报》（哲学社会科学版）2002：2
城市化与农村老年人的家庭支持——厦门市个案的再研究	张友琴	《社会学研究》2002：5
乡村社会对村民选举的回应——对影响村民参与选举的因素的考量	林少敏	《福建师范大学学报》（哲学社会科学版）2004：3
对当前我国社区民间组织建设的思考	杨贵华	《科学社会主义》2005：2
扩大社区民主、完善社区居民自治的若干对策	杨贵华	《福建论坛》（人文社会科学版）2005：2

（四）　劳动就业与社会保障问题研究

《我国社会保障制度改革的模式选择》（胡荣，《社会学研究》1995：4）该文认为，由于人口年龄结构的老化和家庭保险功能的弱化，有必要将医疗保险的对象扩大到全社会成员，将养老保险对象扩大到全体劳动者。主张打破城乡界限和所有制界限，把保险对象分为有雇主的劳动者、无雇主的劳动者以及劳动者供养的家属三类。在保险金的筹集方面，有雇主的劳动者由雇主和雇员按一定比例缴纳保费，其他两类投保者由本人负责缴纳保费。为了建立统一的社会保险制度，有必要建立统一的社会保险管理机构。

《中国就业问题研究》（吴宏洛，福建教育出版社，2001）该书认为，失业是改革与发展的最大约束，提出要妥善处理好几个关系：一是扩大就业机会与节制劳动力供给的关系；二是劳动力吸纳与创造就业机会的关系；三是把握有机构成与充分利用劳动力资源的关系。该书认为，中国就业结构的变动趋势是：农业部门劳动力数量变动模式从相对减少到绝对减少，在就业结构中的比重下降；第二产业部门就业人数不仅在社会劳动力总量中所占比重不断提高，而且绝对数量也逐渐增加；第三产业是工业集中和城市化发展的产物，是整个社会生产分配、交换、消费总过程不可缺少的环节。同时指出，在发展经济与充分就业的目标选择中，发展经济是当务之急。未来中国的中长期发展战略是就业优先，未来就业模式的选择必须具有可持续性。

《福建社会保障建设》（福建省劳动和社会保障厅、福建省社会科学界联合会，中国劳动社会保障出版社，2003）该书分析福建省社会保障的发展历史和现状，着重就如何健全和完善福建省社会保障体系建设与实际运作机制进行研究和阐述，并在理论上建立一套较为完整的社会保障模式。

《城镇贫困：成因、现状与救助》（厦门大学吴碧英，中国劳动社会保障出版社，2004）该书对中国近年来的城镇贫困的成因、历史、现状和救助等问题进行研究，提出消除贫困要注重人的发展，并认为注重人的发展就是要努力创造一个平等接受基础教育、有益于更新观念和有利于提高人的技能的社会环境。该书还从贫困角度研究中国现行所设税制存在的问题，提出构建"不平等性研究——贫困问题研究——城镇贫困调查研究"的研究体系，以深化城镇贫困问题的研究。

《社会保障制度国别研究》（苏振芳，人民日报出版社，2004）该书在对西方社会保障制度的历史发展过程进行总体论述的基础上，分别探讨美国、瑞典、英国、日本、丹麦、德国等国的社会保障制度体系。其特点主要体现为三个方面，一是系统论述西方保障制度的历史演变过程，并对其存在的问题及如何克服提出自己的见解；二是对西方社会保障的立法工作进行介绍和评述，在对西方社会保障立法的起源、发展过程进行深入研究的同时，还对不同国家的社会保障立法进行比较研究；三是着重研究美国、瑞典、英国和日本的社会保障制度，指出可资中国借鉴的一些理论和方法。

《建构多层面的社会保障体系》（吴宏洛，《福建省社会主义学院学报》2004：1）该文在对国内社会保障建设面临相关问题进行分析的基础上，指出在就业形势严峻的局面之下，为顺利推动劳动力市场化的进程，确保社会安全运行，必须建构多层面的社会保障体系。在建构多层面社会保障体系的过程中，政府需要制定和实施促进就业政策，积极推进社区保障功能建设，以及合理稳定的农村土地政策。

表 11—4   **1992—2005 年劳动就业与社会保障问题研究其他成果**

成果名称	作者	发表刊物(出版社)及时间
市场经济与我国社会保障制度的改革	胡 荣	《探索》1994:4
社会保险和社会福利	张友琴	厦门大学出版社,1995
清偿隐性负债:实现养老保险制度转型的首要前提	陈少晖	《改革与发展》2001:2
城市化与就业结构偏差的相关性分析	吴宏洛 王来法	《东南学术》2004:1
论地方政府对农村"留守"老人养老的政策导向	郑 青	《甘肃行政学院学报》2004:4
农村社会保障:制度缺陷与政府责任	陈少晖	《福建师范大学学报》(哲学社会科学版)2004:4
论经济转型中的农民失业问题	吴宏洛	《当代经济研究》2004:5
稳步推进农村社会保障体系建设	吴肇光	《发展研究》2005:12

（五）农村社会学研究

《解决农民收入问题要有新的视野》（福建师范大学郭铁民，《经济学动态》2000：12）、**《农地股份合作制问题探讨》**（郭铁民，《当代经济研究》2001：12）、**《运用江泽民农业发展观，创新农业和农村经济发展机制》**〔郭铁民，《福建论坛》（经济社会版）2002：11〕该系列论文提出：第一，提高农民收入首先要制度创新。第二，处理好"土地经营权稳定"与"土地经营权变化"的关系，让农民真正成为经营性主体和市场主体。第三，再创乡镇企业的辉煌，实现三个转变，即转变观念，转变发展战略，经济转型。第四，农地股份合作是对家庭联产承包制的完善和发展。

《理性选择与制度实施：中国农村村民委员会选举的个案研究》（胡荣，上海远东出版社，2001）该书利用理性选择制度理论，分别对中国村民委员会选举制度中的选举者、候选人和组织者进行分析，指出村委会选举制度的确立实际上在很大程度上改变了村干部的激励机制。与过去完全由上级任命的干部不同，民选的村委会干部最重要的是要得到村民的支持与信任。村民自治已经在一定程度上改变了乡镇与村委会的关系。

《社会变迁中的村级土地制度——闽西北将乐县安仁乡个案研究》（朱冬亮，厦门大学出版社，2003）该书采用社会学和文化人类学的参与观察法和个案研究法，对福建西北部一个乡的村级土地制度变迁过程进行专题性的研究和考察，提出"村级土地制度"的核心观点，强调直接从村庄切入来考察土地制度的实施过程。同时，从历史性的角度，揭示"土改"、"人民公社"和"承包责任制"等不同历史时期的土地问题的"遗产"对当前农村土地关系的影响。

表 11—5　　　　　**1992—2005 年农村社会学研究其他成果**

成果名称	作　者	发表刊物（出版社）及时间
福建省城乡居民生活水平的状况分析	"福建省居民生活水平定量研究及综合比较"课题组	《福建学刊》1994：2
户籍制度改革与创新：农民与市场的呼唤	林国先	《农业经济问题》1994：6
试析当代中国"民工潮"	吴宏洛	《福建师范大学学报》（哲学社会科学版）1995：1
"民工潮"与实施工业化、城市化战略	黄铁平	《福建师范大学学报》（哲学社会科学版）1996：1
论邓小平的农业、农村、农民观	黄铁平	《福建师范大学学报》（哲学社会科学版）1997：1
中国农村土地制度与效率研究	林善浪	经济科学出版社，1999
邓小平的民主发展观与中国农村的村民自治	柴宇平	《福建师范大学学报》（哲学社会科学版）1999：3
传统客家村落的空间结构初探——以闽西武平县北部村落为例	刘大可	《福建论坛》（文史哲版）2000：5
视野与方法：中国村落社区研究	刘大可	《福建省委党校学报》2000：11
村民委员选举中影响村民对候选人选择的因素	胡　荣	《厦门大学学报》（哲学社会科学版）2001：1
城市外来农民工街头非正规就业现象浅析	甘满堂	《福建省委党校学报》2001：8
理性行动者的行动抉择与村民委员会选举制度的实施	胡　荣	《社会学研究》2002：2
传统村落视野下小姓弱房的生态形态——闽西武北客家村落的田野调查研究	刘大可	《东南学术》2002：2
竞争性选举对村干部行为的影响	胡　荣	《厦门大学学报》（哲学社会科学版）2002：3
从地名看客家村落的历史与文化——以闽西武平县村落为考察对象	刘大可	《福建省社会主义学院学报》2003：3
解决"三农"问题的根本出路在"农"外	林其屏	《福建论坛》（经济社会版）2003：11

续表 11—5

成果名称	作 者	发表刊物（出版社）及时间
中国大陆村委会选举的制度实施：福建的案例研究	胡 荣	台湾洪叶文化事业有限公司,2004
"城归"精英与村庄政治	林修果	《福建师范大学学报》（哲学社会科学版）2004:3
神明崇拜与传统社区意识——对闽西武北客家社区的田野调查研究	刘大可	《民族研究》2004:5
沿海民企遭遇"民工荒"的社会学观察	侯志阳	《青年研究》2004:8
中国和谐农村的基石——乡镇政府与村民自治关系探析	赵麟斌	吉林人民出版社,2005
影响村民社会交往的因素分析	胡 荣	《厦门大学学报》（哲学社会科学版）2005:2
宗族关联视阈下的村级选举	赵麟斌 洪建设	《福建论坛》（人文社会科学版）2005:8

（六）移民社会学研究

《现代中的传统——菲律宾华人社会研究》（陈衍德，厦门大学出版社，1998）作者运用实地调查积累的大量采访的口述和直接观察的记录材料，从个人行为和生活史切入，追寻众多个人散布在血缘、姻缘、地缘、业缘、社团等差序格局的无数生活轨迹，从纵横交错的社会组织，理出菲律宾华人社会的架构和网络，依此洞察菲律宾华人企业的转型、扩展、分蘖、组合及其组织结构、管理模式和企业互动。从而提出"家族企业——个人化管理是网络——信用模式的内在动因，市场经济架构——传统人际格局则是这一模式的外部环境"这一理论模型，指出源于祖籍地的海外华人社会文化传统在现代社会中不断进行调适、整合与变异，从而获得生机，在保持基质的同时汇入所在国的社会中，并认为"只有将传统的民族智慧与现代企业制度结合起来，华人企业才走向成功。"

《国际移民学研究：范畴、框架及意义》［李明欢，《厦门大学学报》（哲学社会科学版）2005：3］该文指出，国际移民学探索的直接目标是在合理解读移民行为的基础上，推动移民政策的合法制定，进而达到移民个人或群体在大社会中的和谐生存与发展。国际移民学探求的最终目标，是全球资源的合理有效共享，全球人的和平共处；其最基本问题则可以归结为：何时、何人、为何、如何跨国迁移？跨国迁移对迁移者个人、家庭及相关群体、地区、国家乃至整个世界可能产生什么影响？作者指出，国际移民学涉及的范围相当广泛，需要建立一个跨学科的、综合性的分析框架。

表 11—6　　　　　　**1992—2005 年移民社会学研究其他成果**

成果名称	作　者	发表刊物（出版社）及时间
战后世界人口的增长与华人海外移民	李明欢	《华侨华人历史研究》1993：1
"相对失落"与"连锁效应"：关于当代温州地区出国移民潮的分析与思考	李明欢	《社会学研究》1999：5
欧盟国家移民政策与中国新移民	李明欢	《厦门大学学报》（哲学社会科学版）2001：4
集聚与弘扬：海外的福建人社团	陈衍德	湖南人民出版社，2002
群体效应、社会资本与跨国网络——"欧华联会"的运作与功能	李明欢	《社会学研究》2002：2
东欧社会转型与新华商群体的形成	李明欢	《世界民族》2003：2
对抗、适应与融合——东南亚的民族主义与族际关系	陈衍德	岳麓书社，2004
美国华侨华人在中美关系中的重要作用	郭玉聪	《世界历史》2004：3
日本华侨、华人的数量变化及其原因	郭玉聪	《世界民族》2004：5
经济全球化浪潮下的中国新移民	郭玉聪	《当代亚太》2004：9
福建侨乡调查：侨乡认同、侨乡网络与侨乡文化	李明欢	厦门大学出版社，2005
日本华侨华人二、三代的民族认同管窥——以神户的台湾籍华侨、华人为例	郭玉聪	《世界民族》2005：2

（七）性别与家庭社会学研究

《中国女性文化：从传统到现代化》［厦门大学林丹娅，《厦门大学学报》（哲学社会科学版）1997：1］该文指出，中国女性文化伴随着中国漫长的父权封建制社会形态与文化形态的形成，形成了一种可谓根深蒂固的传统文化内涵，在这个内涵中，"性别/位置/角色/属性"是一串重要的文化识别符号。而自 20 世纪初随着中国剧烈的社会变革与思想变革的发生，中国女性新文化经历了两次重要的历史性进程：一是她们在男性同盟者的帮助下，尝试改变传统文化中既定的女性角色身份与位置；二是她们尝试更深入地认识并摆脱自我形成与自我生存过程中无所不在的男权状态，即女性主义。文章认为，女性主义在中国落实化并本土化与建立一个两性认同的中国现代女性角色的新模式以取代传统模式，均还有待时日。

《论生育文化与家庭制度的协调发展》［叶文振，《福建论坛》（经济社会版）2001：11］、**《论传统家庭模式对生育文化的制度影响》**（叶文振，《人口学刊》2002：4）和**《论计划生育文化发展与家庭变革》**（叶文振，《东南学术》2002：4）该系列论文认为，制约农村人口实行计划生育的传统生育观念的基础是传统的家庭制度，要让广大的农民自觉计划生育，就必须对我国传统的家庭模式进行彻底改制。生育文化的现代化，削弱了家庭的生育、生产和养老等功能，使家庭关系在简单化过程中得到更多重视。生育文化与家庭制度之间是一种双向互动关系，必须追求家庭再生产与社会再生产的可持续发展的协调。

《男女平等：一个多维的理论建构》（叶文振，《东南学术》2004：4）该文认为，男女平等是一个具有多个侧面或维度的概念，要从生命周期理论的视野来审视男女平等。男女平等至少是包括五个方面的性别平等，即同样的生命意义、同等的生存水平、同量的参与机会、同值的社会回报以及同一的舆论评判。对中国男女平等起决定性作用的影响因素是对外开放程度、社会经济发展水平、传统文化意识、市场经济的成熟程度和政府的性别政策。作者提出加快推进我国男女平等的四个对策：坚持改革开放、进一步完善和发展市场经济、把男女平等国策的贯彻与全面建设小康社会有机地结合起来、借助精神文明和政治文明建设。

《流动妇女的职业发展及其影响因素——以厦门市流动人口为例》（叶文振、葛学凤、叶妍《人口研究》2005：1）该文指出，农村妇女进城后的户外就业率明显下降，但在外就业的职业层次却有所提升。流动妇女在流入地居住的时间、年龄、文化程度、结婚年数以及配偶的收入是影响她们职业发展的主要因素，其中在流入城市居住的时间有利于流动妇女的职业发展，而流动妇女的年龄及其丈夫的收入水平却和她们户外经济活动的参与成反比关系。为此提出，为了发挥城乡流动对农村妇女职业发展的积极作用，应在女性流动人口比较聚集的城市实行无年龄歧视的就业制度，同时加大对农村女性人口的公共教育资源的投入和自强自立的先进性别文化的宣传。

表 11—7　　　　　　　**1992—2005 年女性与家庭社会学研究其他成果**

成果名称	作　者	发表刊物（出版社）及时间
我国家庭关系模式演变及其现代化的研究	叶文振 林擎国	《厦门大学学报》（哲学社会科学版）1995：3
当代中国婚姻问题的经济学思考	叶文振	《人口研究》1997：6
当代中国离婚态势和原因分析	叶文振 林擎国	《人口与经济》1998：3
中国婚姻的稳定性及其影响因素	叶文振	《中国人口科学》1999：6
中国女性的社会地位及其影响因素	叶文振 刘建华	《人口学刊》2003：5
干得好不如嫁得好？——关于当代中国女大学生社会性别观的若干思考	李明欢	《妇女研究论丛》2004：4
单亲家庭文化建设的缺损与修复	陈桂蓉	《福建论坛》（人文社会科学版）2004：4

（八）社会学其他问题研究

《市场经济与我国社会组织的功能分化》［胡荣，《厦门大学学报》（哲学社会科学版）1995：2］该文针对在从传统计划经济到市场经济转变的过程中城市居民工资收入以及住房、医疗费用、副食补贴、退休金等福利均来自其就业的社会组织的"单位社会"、"单位体制"存在何种特征、将发生何种变化、应采取何种相应措施等问题。该文认为，这种单位体制中个体成员对社会组织的依附关系难解难分，具有成员地位的等级差别、不可流动性以及成员关系感情色彩浓厚的特点。其弊端一是因功能泛化而导致效率低下，二是从国家、组织到个人的不同层次都缺乏动力机制，三是资源无法得到最佳的配置，四是组织的正式规章制度受到严重侵蚀。为此提出，在市场经济体制下，应努力实现社会组织的功能分化，一是将企业的社会管理功能分离出去，做到政企分开；二是生活服务功能的分离；三是变"单位保险"为社会保险；四是改革住房制度实现住房商品化。

《社会个案工作》（厦门大学童敏，中国社会出版社，2000）该书分3篇11章，分别从"个案工作的方法论"、"个案工作的分析模式"和"个案辅导"三个方面，介绍个案工作的理论基础、四种基本动机类型的分析、四种基本个案工作理论分析模式、个案辅导目标、个案辅导的方法和技巧等内容。

《因特网与个人社会化》［苏振芳，《福建论坛》（经济社会版）2000：10］该文指出，因特网具有结构的开放性、信息的多样性、管理的分散性和交流方式的多样性等基本特点。因特网的发展弱化个人对社团的依赖性，改变人们社会参与的方式，使反向社会化的形式不断增强，凸显人在社会化过程中的自主性的特征，改变了人们的社会活动形式。

《人类发展与生存环境》（晏路明，中国环境科学出版社，2001）该书立足现代系统科学的整体观，从"发展与环境"的时代命题入手，全方位论述生态、人口、资源、粮食、环境等被称之为"当代人类困境"的各种问题，就人类生存环境的客观现状以及制约人类可持续发展的诸多因素进行深入的分析，指出造成人类困境的根本原因在于人类自身对此认识的严重不足。在论述作为生物的人与物质环境的密切关系的同时，也探讨作为具有情感、思维特征的人与科技、教育、文化和社会伦理的关系。该书注重对相关社会学科知识和自然学科知识的融合，提出关于"人类困境的实质是人的内部危机"、"利用负熵流产生人类需要的特定秩序"、"多样性导致稳定性"、"对物质和能量的循环利用"及不应无视和否定地理环境在人类发展问题上所起的重要作用等观点。

《现代化发展与社区公共安全管理研究》（倪小宇，群众出版社，2002）全书分六章，采用理论分析与调查研究相结合的方式，每一章在进行理论论证之后，分别对应编排一个分报告，分别为：现代化发展与城市社区的兴起、社区公共安全状况评估、社区生活与公共安全问题、强力系统——社区警务、智能系统——社区安全防控和自治系统——社区公共安全服务体系。

《**五缘文化概论**》（上海社会科学院林其锬，福建省社会科学界联合会吕良弼，福建人民出版社，2003）本书分上、中、下三篇。上篇总论。中篇分论是对五缘文化理论构架的探索，其中总论侧重于理论基础和五缘文化的纵向发展，分论则侧重于五缘文化横向的展开，力图较充分地展示诸缘众生态。下篇是实践篇，即五缘文化理论在亲缘、地缘、神缘、业缘和物缘等领域的运用，列举改革开放以来各地的新鲜经验，揭示五缘文化对华族社会经济发展的影响等。该书还重点分析五缘文化涉及的内容和范围：华族社会结构与人际网络的历史嬗变；中华传统文化核心价值观念与伦理思想的传承与变异；华族社会五缘社团组织的产生、演变及其在现代进程中的状况和发展趋势等。

《**家庭社会工作**》（厦门大学张文霞、朱冬亮，社会科学文献出版社，2005）全书分上、中、下三篇，共13章，分别介绍家庭社会学和社会工作的一般概念和家庭社会学发展的概貌、家庭社会学和社会工作的一般性理论和方法、常见的家庭现象和家庭问题。最后一章还专门对婚姻法的发展和变迁作说明和介绍。

表 11-8   **1992—2005 年社会学其他问题研究其他成果**

成果名称	作　者	发表刊物（出版社）及时间
五缘文化力研究	吕良弼主编	海峡文艺出版社，2002
当前环境危机的主要特征及其原因	陈泉生	《福州大学学报》（哲学社会科学版）2000；2
社会支持与社会支持网——弱势群体社会支持的工作模式初探	张友琴	《厦门大学学报》（哲学社会科学版）2002；3
互联网对社会生活方式影响研究	苏振芳	《福建师范大学学报》（哲学社会科学版）2003；1
后现代语境下的社会工作辅导模式探索	童　敏	《厦门大学学报》（哲学社会科学版）2003；6

第二节　人口学研究

一、学科建设与学术研究

（一）学科建设

福建省人口学研究力量主要集中在厦门大学和福建师范大学。厦门大学人口研究所成立于 1981 年，从 1985 年开始，一直接受联合国人口基金项目的援助。1999 年 12 月 10 日，该研究所与中国人民大学人口研究所、南开大学人口与发展研究所等六家研究所一起发出《关于加强人口、资源与环境经济学学科建设的呼吁书》。2000 年，获批人口、资源与环境经济学，人口社会学领域的 2 个硕士点和 2 个博士点，其研究方向主要是：人口文化与政策、人口社会学和闽台人口比较研究。2002 年，该研究所与福建省妇女联合会共建厦门大学福建女性发展研究中心。同年，开设"21 世纪女性发展论坛"。1992—2005 年，该研究所已累计获得海内外近百万研究基金的资助，完成联合国人口基金课题、国家及省、部级课题十余项。

福建师范大学人口与发展研究中心成立于 2001 年，并开始招收人文地理学专业人口和城市地理方向的硕士研究生。该中心有专职研究人员 6 名，兼职人员 10 名，以人口迁移与社会地理、人口迁移与文化景观、城镇化与城乡协调发展、城市边缘区人居环境为主要研究领域。

1992—2005 年，福建省人口学会先后举办十余次全省性的人口科学讨论会，举办五届全省人口与计划生育优秀论文评选活动。此外，该学会还参与福建人口发展战略研究，并编辑出版《福建人口研究》内刊。

（二）学术研究

1992—2005 年，该学科研究主要集中在人口学基础理论、人口文化与政策、人口结构、人口迁移、人口城镇化与区域发展等领域，并向女性人口、人口与资源、环境研究等方向拓展。而计算机、地理学等自然科学理论、方法和工具越来越被人口学学者所接受，并运用到人口学研究中。

该学科获国际资助项目 1 项：China's insitu urbanization and its implications for spatial planning in developing countries（中国的就地城市化及其对发展中国家空间规划的启示）（福建师范大学朱宇，获英国 Wellcome Trust 资金资助，1999—2003）；获国际合作课题 1 项：A comparative study on growth dynamics of Asian mega－urban regions（亚洲超大城市地区发展动态的对比研究）（朱宇，获美国 Andrew Mellon Foundation 资助，2002—2005）；获国家社会科学基金课题 1 项：孩子的成本效益分析与人口控制的利益导向（厦门大学叶文振，1996）；获第五次人口普查资料国家级课题 1 项：福建人口迁移流动的特征与对策研究（朱宇，2002）；获得教育部人文社会科学研究项目 3 项、博士后科研资助计划基金课题 2 项；国家统计局重点课题项目 1 项；国家人口普查招标项目 1 项；福建省社会科学基金项目 3 项。

这一时期出版著作十余部，发表学术论文 200 余篇，获福建省社会科学优秀成果奖 5 项：《中国人口·福建分册》（第二届二等奖，福建师范大学傅祖德、陈佳源主编）、《人口容量问题谈》（第二届二等奖，厦门大学何敦煌）、《清代中期的人口迁移》（第四届三等奖，厦门大学徐辉）、《福州市人口志》（第四届三等奖，福州市人口志编委会编纂，刘观海总纂）、《超越城乡二分法：对中国城乡人口划分的若干思考》（第五届三等奖，朱宇）。

（三）学术会议

1993年3月，福建省第九次人口科学讨论会在福州召开。与会者70多人，共收到论文65篇。会议围绕农村人口的控制、独生子女教育、福建人口的城镇化、流动人口的管理等问题进行探讨，并分别提出相应对策建议，呈送福建省委、省政府有关部门参考。

2000年12月，福建省人口学会第四届二次理事会暨第12次人口科学讨论会在福州召开。与会代表70多人，提交论文50余篇。会议围绕中国人口发展战略、人口可持续发展、人口与城镇建设、人口老龄化、当前计划生育中心和难点问题展开讨论。

2005年1月，福建省人口学会、福建省计生委、福建省统计局和福建省计生协会联合举办中国13亿人口日专家论坛。与会者就我国人口的数量控制、人口素质的提高、人口结构的改善、人口分布的引导，以及人口与经济、资源、环境协调和可持续发展等问题进行讨论。

2005年5月，福建师范大学人口与发展研究中心、福建省人口学会与中国人口学会人口迁移与城市化专业委员会、上海社会科学院共同主办中国人口城市化和城乡统筹发展学术讨论会。北京大学、中国人民大学、厦门大学等16个国内高校和科研单位，以及香港中文大学、新加坡理工大学的60余位学者与会。会议围绕中国人口城市化的进程及其影响、人口城市化的区域发展模式与对策、城市迁入人口的社会保障和社会融合、人口城市化进程中的城乡统筹发展等专题展开讨论。

二、主要学术成果

（一）人口学基础理论研究

《三三式：孩子需求的多学科综合思考》（叶文振，《人口与经济》1997：5）该文对当代社会孩子需求的内涵、孩子需求的形成和变化过程、孩子需求在不同研究水平上的特征，以及它们之间的内在联系和影响它们的重要决定因素进行系统的分析，认为三三式理论框架有利于促进对孩子需求的科学测量和多学科交叉研究，从而拓宽和提高中国孩子需求研究的学术视野和理论水平。

《中国人口学的出路在于规范化》（叶文振，《人口研究》1998：3）该文就中、西方人口学研究的规范问题进行比较，认为西方人口学研究的优势是通过对学术史的综述，将目前的研究与过去的成果连接起来，可以达到登高望远的创新目的，能够把新创建的理论框架具化为反映变量之间数量关系的各种假设，并采用合适的计量方法和可靠的调查资料对其进行统计检验，提高其理论创新的科学性。该文认为，中国的人口学研究恰恰因为在内容结构上缺少对经典文献的综述，使得其学术探索程序主要是从理论到理论，缺少实证这一必要的中间环节，这不仅使中国人口学较少在纵向上对以往研究成果进行突破和发展，而且也使对策的分析缺乏科学依据。

《中国城市人口地理信息系统的研究》（厦门大学米红，《统计与决策》2001：10）该文认为人口地理信息系统应包括建立人口普查的地理信息系统、人口普查汇总数据库系统和人口地理信息系统的应用三方面内容。人口地理信息系统绘制的标准主要应包括区域划分标准、各级区域地图的选择，以及大厦、门牌号、邮政编码等明显的地物要素标志等。其中，如人口普查地址代码对照表、底图数字化精度、地物要素等数字化的标准尤为重要。同时，还认为只有通过人口统计分析技术和地理信息技术、网络信息技术的有机结合，才能开发出有中国特色的城市人口地理信息系统。

表 11—9　　　　　　**1992—2005 年人口学基础理论研究其他成果**

成果名称	作　者	发表刊物（出版社）及时间
逆预测方法在 1946—1949 年人口重建研究中的应用	蒋正华 米　红 张友干	《陕西师范大学学报》（哲学社会科学版）1996：10
西方历史人口学前沿研究评述	米　红 解孟源	《国外社会科学》1997：3
我国人口地理信息系统的建设及其应用	刘建华 叶文振	《南京人口管理干部学院学报》2002：10
青岛人口信息系统的应用分析	米　红	《地球信息科学》2003：1
少子老龄化时代人口学教育的若干思考	陈　茗	《人口学刊》2005：2

（二）生育文化和人口政策研究

《生育权利：孩子的说法》（叶文振，《人口研究》1998：6）该文对市场经济条件下，生育主体和生育对象各自的利益问题提出见解，认为生育主体有其自身利益的考量，但作为生育对象的孩子也理应在健康、物质、教育和情感方面得到最基本权利的保障。因此，当生育主体决定养育一个生命的时候，他们有责任考虑自身的健康条件和养育能力，把生育义务和责任结合起来。作者主张政府应根据社会生存和发展的需要，对孩子抚养的方式和水平提出相应的标准和要求，以此来认定生育主体可以享受的生育权利。同时，也建议政府应加大对生育主体，特别是已婚妇女的素质投资，在提高其教育水平的同时，进一步增强他们对孩子的爱心。

《数量控制：21 世纪中国人口生育政策导向》（叶文振，《市场与人口分析》2002：1）该文认为由于规模庞大的育龄妇女的存在，信息自动化对劳动力绝对数量的减少，以及产业结构转型和升级使教育程度和技术水平偏低的劳动力被淘汰出局等原因，决定了人口的数量问题依然先于结构问题，决定了继续有效地控制人口数量依然是中国人口政策必须考虑的主要矛盾和先于一切的大局。同时，还认为通过调整优化人口的社会经济结构来解决人口自然结构的问题。

《1954—1957年间关于人口问题的大讨论》（华侨大学汤兆云，《华侨大学学报》2004：3）该文对中国1954—1957年人口问题讨论的内容进行梳理，认为当国家高层认识到需要控制人口和实行计划生育，并发表一系列关于人口问题的讲话之后，中国的理论界开始对中国人口问题进行广泛而深入的讨论，使计划生育人口政策的酝酿和实施有了坚实的群众性基础，积淀了关于人口问题的丰厚理论底蕴，为现行计划生育人口政策的酝酿、实施，以及新世纪以后人口理论的复苏奠定了基础。

《当代中国人口政策研究》（汤兆云，中国知识产权出版社，2005）该书在回溯我国20世纪50年代以来人口政策产生、发展和演变轨迹的基础上，对包括少数民族和流动人口在内的我国各历史时期人口政策的特点和类型进行分析。同时，通过城市、农村和流动人口这三个阶层对包括现行人口政策在内的国家政策的不同态度，进一步分析各阶层社会成员计划生育理想与现行人口政策间的差距，从中探求经济和社会状况与人口发展之间的关系，强调在人口众多的中国，人口政策对社会可持续发展具有十分重要的作用，人口发展是社会可持续发展中的重要一环，人口政策与经济、资源、环境的可持续发展之间有着密切的关系，并对社会的可持续发展产生重大的影响。

表11—10　　　　　**1992—2005年生育文化和人口政策研究其他成果**

成果名称	作者	发表刊物（出版社）及时间
中国晚婚政策及其人口学的意义	叶文振	《人口研究与政策评论》（美国）1992：1
孩子的成本效用与生育控制的社会经济机制	朱宇	《福建论坛》1992：1
三资企业社区发展与计划生育管理	徐辉	《人口学刊》1994：6
强化社区调节功能，做好流动人口计划生育管理	徐辉	《人口与计划生育》1995：4
基层计生协会的观察与思考	徐辉	《人口学刊》1996：5
90年代福建家庭规模和结构类型的转变及对社会的影响	林筱文	《东南学术》1996：6
江西省家庭规模、结构变化及其社会因果分析	徐辉	《人口学刊》1997：2
从两种模式的对比看乡镇企业发达地区的生育率转变机制	朱宇	《人口与经济》1997：2
孩子的成本效应分析与人口控制的利益导向	叶文振	中国民航出版社，1998

续表 11－10

成果名称	作　者	发表刊物（出版社）及时间
生育文化:传统及其变革（笔谈）	叶文振	《人口研究》1998:6
论孩子效用和人口控制——来自厦门近千户家庭问卷调查的启示	叶文振	《人口研究》1998:9
论孩子的教育费用及其决定因素	叶文振	《统计研究》1999:5
中国稳定低生育水平的若干研究	林擎国	《发展研究》2000:12
论生育文化与家庭制度的协调发展	叶文振	《福建论坛》2001:11
论计划生育文化发展与家庭变革	叶文振	《东南学术》2002:2
论传统家庭模式对生育文化的制度影响	叶文振	《人口学刊》2002:4
邵武市人口城市化战略研究	叶文振	调查报告,2003
"新人口论"批判及其历史经验	汤兆云	《福建论坛》2003:2
20世纪70年代中国人口政策的地位	汤兆云	《江西社会科学》2003:3
论中国新型的生育文化	汤兆云	《江苏社会科学》（教育文化版）2004:1
中国现行人口政策的形成与稳定	汤兆云	《江苏大学学报》2004:1
20世纪60年代中国人口政策评价	汤兆云	《江苏行政学院学报》2004:2
从资源产权制度论水土保持政策	刘克亚 黄明健	《水土保持科技情报》2004:5
我国人口政策的发展路径及未来选择	汤兆云	《江苏社会科学》2005:1
构建稳固的人口支撑系统——谈建设海峡西岸经济区中的人口计生工作	游振伟	《发展研究》2005:1
我国人口政策的发展路径及未来选择	汤兆云	《江苏社会科学》（教育文化版）2005:1
1957年关于人口问题的大讨论	汤兆云	《安徽大学学报》2005:3
建国后十七年我国人口政策评析	汤兆云	《北京人民警察学院学报》2005:6

（三）人口结构研究

《老年统计研究与老年问题决策》（厦门大学林擎国，《统计与决策》1996：7）该文从统计学的角度论证老年人口统计的基本任务和社会意义，指出老龄人口统计工作应发挥的监督作用，认为统计监督工作应包括确定不同行业老龄人口的退休年龄，计量老龄人口再就业率，分析老年人口再就业的合理性，计量老龄人口再就业的经济效益和社会效益，调查各种类型老龄人口对生活的满意度，了解老龄人口生活费用的来源及保证程度，分析不同赡养方式下老年人生活和社会负担的利弊等内容，以便为老龄人口退休制度及其未来的养老问题提供决策上的参考。

《厦门市老年人口的动态分析》（叶文振，《人口学刊》1997：6）该文利用第三、四次人口普查数据，描述厦门市老年人口自第一次人口普查以来的变化过程、地区分布及主要特点，并分析导致厦门市老年人口变动的重要因素，意在寻找应对人口老龄化问题的对策。认为人口老年系数虽然与期望寿命和生育率之间存在着正、负相关的数量关系，但社会经济发展和计划生育工作继续推进则是终极原因。因此，在较长时期内还不能通过调整人口控制政策来缓解人口老龄化问题，而是应在心理和政策上做好较为理性的准备。

《福建省人口老龄化结构分析与对策建议》（福州大学林筱文，《福州大学学报》2002：2）该文采用统计学数量分析的方法，分析1953—1999年福建省人口老龄化的过程，认为从1996年始，福建省已开始进入老龄化社会，而且老年人口的负担系数还在逐年上升，并在结构上呈现出低龄化、地区分布不均、教育程度普遍较低等特点。为此，建议应充分利用老龄化初期的有利时期，大力发展经济，搞好养老保险资金的运营，以减缓老龄化与经济发展滞后的矛盾；制定和完善老龄人口社会保障法律，建设以家庭为主，大力发展社区养老的养老模式，多渠道解决老年人的医疗健康保障问题，以解决养老与家庭核心化趋势之间的矛盾。

表 11—11　　　　　　　　**1992—2005 年人口结构研究其他成果**

成果名称	作　者	发表刊物（出版社）及时间
八十年代福建人口性别、年龄构成的变化	朱　宇	《南方人口》1994：2
中国大龄未婚人口现象存在的原因及对策分析	叶文振 林擎国	《中国人口科学》1998：4
未成年流动人口受教育特征及其管理对策研究	米　红 丁　煜	《南方人口》1998：4
中德两国人口老龄化水平与社会养老保障制度的比较研究	杨　绮 米　红	《人口学刊》1999：6
中德人口老龄化水平模型的实证研究	杨　绮 米　红	《统计与决策》1999：9
福建省婴幼儿性别比失调的状况与对策	郑启五	《人口学刊》2000：4
老年人生活状况的城乡比较分析	叶文振	《南方人口》2001：4
福建人口老龄化现状及其对策	李　影 陈美英	《福州大学学报》（哲学社会科学版）2005：2
"三高"青年女性婚姻问题——成因及对策分析	朱冬亮	《中国青年研究》2005：10

（四）人口迁移、人口城镇化与区域发展研究

《中国的正规和非正规城市化：福建省的趋势》（'Formal' and 'informal urbanization' in China：Trends in Fujian Province）[朱宇，《第三世界规划评论（Third World Planning Review)》1998：3] 该文以福建省为例，从一个新的角度考察了中国改革开放以来的城镇化进程。该文将中国的城镇化进程划分为正规和非正规两个部分，指出由于非正规城市化不为官方定义和统计所涵盖，且不同于传统意义上所理解的城市化概念而经常为人们所忽视，需要在中国的城市化研究中予以专门考察。该文还在定量测算的基础上，揭示了改革开放以后中国城镇化模式的一个重大变化，即正规的由国家支持的城镇化在城镇化进程中的作用降低，而由地方经济发展和市场力量所驱动，以乡镇企业发展、小城镇发展和大量流动人口流入为主要形式的非正规、准城镇化进程者扮演着愈加重要的角色。作者指出，这种城市化模式与在亚洲一些国家所发现的城镇化模式有许多相似之处，但其规模更大，产生和发展有着十分重要的理论和政策意义。

《江西人口的地形区域分布：1953—1993》（叶文振，《南方人口》1999：1）该文运用统计分析的方法，从多角度分析了江西人口分布的基本态势和1953—1993年40年间的变化情况，认为江西人口地形区域的分布种类繁多，并带有明显的地貌特征，反映出地形地貌性质对人口分布的影响。这种特点在很大程度上取决于江西的自然条件和经济发展两方面原因。但自然环境和经济发展对人口分布的影响通常又是间接的，一般是通过促进或阻碍人口自然变动或人口迁移变动，进而对人口分布产生影响。因此，诸如出生、死亡、年龄构成、性别比例等人口自然变动因素和迁入、迁出这些人口迁移变动因素，才是江西人口地域分布特征形成及其变化的直接决定因素。

《中国通往城市化的新道路：寻求较均衡的模式》（New Paths To Urbanization in China：Seeking More Balance Patterns）[朱宇，美国纽约 Nova Science Publisher（新星科学出版社），1999] 该书以福建为例对这一城市化模式进行研究，提出"就地城镇化"(in situ urbanization) 的概念，并基于福建省的案例定量估计乡镇企业发展，小城镇兴起以及暂住人口增加在中国城镇化中的作用，首次论证 Desakota 现象在非大城市地区的存在。书中还对自发城市化的空间效应及其独特意义进行了研究，指出乡镇企业的发展大大推动了小城市和小城镇的发展，而暂住人口虽有较为复杂的空间效应，但并未导致城市首位度的提高。该书还对自发城市化和就地城市化的机制进行系统分析，揭示人口密度、交通和通讯条件、华侨和港澳台同胞与其家乡的联系、当地的地理条件和历史传统与企业家精神的形成、国家政策作用等与就地城市化的关系，形成了对就地城市化形成机理的新认识。书中还讨论上述城市化模式的理论和政策意义，为分析基于农村非农化和非极化发展而产生的城市化模式提出一种新的分析框架。

《超越城乡二分法：对中国城乡人口划分的若干思考》（朱宇，《中国人口科学》2002：4）该文结合对国际上城乡划分的非二元化趋势的介绍，对中国城乡人口划分的标准和方法进行分析，从聚落类型、人口特征、城市化所处的外部条件等方面说明城乡二元的人口和聚落分类已难以反映当今社会日趋复杂的聚落类型及其人口特征；中国城乡划分标准和方法面临着城乡界限趋于模糊、城市化的外部条件发生重大变化所带来的挑战。

《中国流动人口的家庭策略与他们在中国区域发展和区域一体化中的作用》（*The floating population's household strategy and the migration's role in China's regional development and integration*）〔朱宇，《国际人口地理学学报》（*International Journal of Population Geography*）2003：9〕该文基于统计数据、问卷调查数据、文献资料等多种来源的数据，从家庭策略、区域发展和区域一体化的角度，分析中国流动人口的宏观流向及其主要原因，指出流动人口的非永久性迁移既与户籍制度有关，也与流动人口的家庭策略有密切关系；流动人口不仅对流入地作出重要贡献，而且也是改变其家乡面貌的一支重要力量；中国流动人口问题既是区域差异扩大的结果，也是解决区域差异扩大问题的重要途径。作者还认为，中国人口流动与沿海地区在全球化进程中的角色和港、澳、台同胞的重要作用有密切关系，这种作用对在沿海地区打工的内地流动人口今后回乡创业有着重要的借鉴意义。

《上海城市化加速发展中的人口再分布新态势》〔厦门大学戴淑庚，《厦门大学学报》（哲学社会科学版）1996：2〕该文通过对上海中心商业区、中心商业区的外围中心城、边缘市区、郊县四个区域1982—1993年的人口密度和土地面积变化的动态考察，揭示上海人口密度的空间变化规律：中心商业区人口不断向中心商业区的外围中心城区和边缘市区疏解扩散；郊县的人口在城镇化的过程中，也大量向边缘城区和中心商业区的外围中心城区集聚。总体上看，呈现出中心区域人口密度下降，边缘市区人口密度上升的趋势，其主要原因是由中心商业区土地功能置换引起的。随着空间置换的不断深入，在未来一段时间内，市区人口密度还将继续逐渐下降，边缘市区人口密度将持续上升，郊县人口密度将会下降。

表11－12　**1992—2005年人口迁移、人口城镇化与区域发展研究其他成果**

成果名称	作　者	发表刊物（出版社）及时间
关于人口"大城市化"的思考	朱　宇	《南方人口》1992：4
在大中小城镇的协调发展中推进福建城市化进程——与廖世忠同志商榷	朱　宇	《福建论坛》1992：9
跨世纪的中国人口（福建卷）第七章"人口分布与城镇化"	朱　宇	中国统计出版社，1994
八十年代以来福建人口的迁移变动	朱　宇	《福建师范大学学报》（哲学社会科学版）1994：1

续表 11-12

成果名称	作　者	发表刊物(出版社)及时间
香港的新市镇建设与人口再分布	朱　宇	《城市规划》1996:1
论上海人口合理再分布的若干问题	戴淑庚	《社会科学》1996:2
上海城市空间置换对人口再分布的影响	戴淑庚	《经济地理》1996:4
上海市城市空间置换与人口再分布的对策研究	戴淑庚	《现代城市研究》1996:4
上海市城市空间置换与人口再分布	戴淑庚	《社会科学》1997:3
福建省志·人口志第四章"人口分布"	朱　宇	方志出版社,1998
城市化的二元分析框架与我国乡村城市化研究	朱　宇	《人口研究》2001:2
农村人口城市化的现实思考	许经勇	《福建省委党校学报》2002:10
国外对非永久性迁移的研究及其对我国流动人口问题的启示	朱　宇	《人口研究》2004:3
福建省流动人口状况分析	李　晓　朱　宇	《福建师范大学学报》(哲学社会科学版)2004:5
1990年代上海市人口和就业变化的空间格局和国际对比	朱　宇	《经济地理》2004:6

(五)人口与资源、环境问题研究

《人口、资源、环境与可持续发展》(徐辉,《求实》1997:2)该文在定义人口、资源和环境这构成经济和社会可持续发展基础的三大要素及其关系的基础上,通过分析我国现有人口、资源、环境状况,提出解决人口、资源、环境问题,实现可持续发展的对策,认为贯彻实施我国的可持续发展战略需分两步进行:一是实施"初级阶段的可持续发展",即在今后一二十年内,着重消除人口、资源、环境三者之间的消极关系,并把它们制约经济和社会可持续发展的各种负面影响减小到最低限度。二是实施"完全的可持续发展",即在消除了人口、资源、环境的消极因素的基础上,充分利用第一阶段发展的成就,促进和实现经济和社会的全面可持续发展。

《中美两国可持续发展模式比较研究》(米红、吕潭华,《人口与经济》2000:4)该文在分析中、美两国人口、资源、环境状况的基础上,通过对两国人口、资源、环境与经济、社会发展数据的统计分析,揭示了两国可持续发展模式的异同点,并通过建立统计模型,对中、美两国可持续发展的政策进行比较,提出了符合中国国情的可持续发展政策性建议,即实施可持续发展战略的核心宗旨是坚持以经济建设为主导的发展观,把可持续发展战略与我国经济体制和经济增长方式根本转变有机结合,把经济因素、人口因素、资源与环境因素视为密不可分的整体,尤其是要深入研究、揭示影响和制约我国人口、资源、环境与经济发展中所存在的具有结构性、本原性的不可持续的因素集合，并从量化的角度分析这些集合的相互影响强度，为找寻适合中国国情的可持续发展模式奠定理论基础。

表 11—13　　**1992—2005 年人口与资源、环境问题研究其他成果**

成果名称	作　者	发表刊物（出版社）及时间
中国人口经济增长效应分析	毛志锋 米　红	《西北人口》1996：1
中国经济发展与人口控制协同探析	毛志锋 米　红	《人口与经济》1996：4
论人口增长与经济发展的协同机制	毛志锋 米　红	《系统工程理论与实践》1996：8
厦门未来住宅市场与人口变动关系研究	米　红 徐明生	《市场与人口分析》1998：3
厦门与澳门两地人口与经济社会发展水平的比较研究	米　红 杨瑞兰	《人口与经济》1999：2
中国县级区域人口、资源、环境与经济协调发展的可持续发展系统理论与评估方法	米　红 吉国力 林琪灿	《人口与经济》1999：6（中国人民大学复印报刊资料《人口学与计划生育》2000：2 全文转载）
福建人口、资源、环境与经济、社会协调发展的若干问题研究	米　红	《发展研究》2000：4

（六）人口史研究

《清末民初的两次户口人口调查》（米红、李树苗、胡平、王琼，《历史研究》1997：1）该文通过对清末和民初两次人口调查资料中几个主要的人口统计指标进行分析和评价，运用比对两次调查户数和人口数的差异度的方法，同时结合 1953 年人口普查资料和 1949 年以后回顾性人口资料进行对比分析，认为清末民初各省家庭平均规模在 4～7 人之间，其中浙江、新疆的家庭规模较小，黑龙江和河南的较大，达到 7 人以上，全国的平均家庭规模约为 5.5人。通过将 1912 年和 1953 年人口普查总人口性别比例的比对，认为 1912 年人口普查的总人口性别比高于实际总人口的性别比，其实际的总人口性别比应在 115.2～118.0 之间，且1912 年的人口普查的出生率、死亡率资料是不可靠的。根据 1907 年、1912 年两次调查的资料和 1949 年后回顾性人口抽样调查资料，参照阎瑞、钟国琛两人对 20 世纪 40 年代的生育率、死亡率的统计数据，同时考虑到清末民初的实际情况，估算出这一时期的出生率约为8‰，最后得出 1912 年普查的全国总人口数量当在 4.0 亿～4.2 亿之间的结论。

《清代中期的人口迁移》（徐辉，《人口研究》1998：6）该文认为在清代中期的一个多世纪里，由于越来越严重的人口压力，在全国范围内发生了大规模、旷日持久、以自发性为主的人口迁移。人口迁移的种类主要有农垦型、商贩型和工匠及佣工型，各类迁移的方向、规模和社会影响，都有各自的特点。这一时期的人口迁移产生了广泛的社会经济效果主要是在一定程度上缓解了人口压力、促进了工商业的发展和人口城镇化、促进了人口的合理分布和文化传播，同时还有利于统一的多民族国家的巩固和发展。但人口迁移活动也导致了破坏生态环境以及发生土著人口与外来人口之间的冲突等负面影响。

《从溺婴习俗看福建历史上的人口自然构成问题》（福建社会科学院徐晓望，《福建论坛》2003：3）该文通过分析宋元、明清两大不同时期福建地区的溺婴现象，揭示不同时期溺婴的原因及其性别选择问题。认为宋人因于计产生子，担心多子分家以及人丁税过重等原因，通过溺婴手段调节家庭人口，又因出于对女子厚嫁风俗的考虑，在溺婴的性别选择上则表现为溺女婴多，溺男婴少。明清时期，由于经济条件、隐瞒人丁数现象的普遍存在，以及受中原观念和本地厚嫁遗风的影响，在溺婴的性别选择上则表现为溺女婴而不溺男婴。这一现象是古人在人口膨胀压力下的一种不得已的选择，造成了宋元以来福建人口结构的失调。

表 11—14　　　　　　　　**1992—2005 年人口史研究其他成果**

成　果	作　者	发表刊物或出版情况
民国人口统计调查和资料的研究与评价	米　红 蒋正华	《人口研究》1996：2
论元代福建人口问题	徐晓望	《福建论坛》（人文社会科学版）1998：6
战前中国人移民西欧历史考察	李明欢	《华人华侨历史研究》1999：3
我国古代的"人牙子"与人口买卖	毛　蕾 陈明光	《中国经济史研究》2000：1
江西人口史若干疑义试析	徐　辉	《江西师范大学学报》（哲学社会科学版）2001：3
美国农村人口迁移与启示	杨　靳 廖少廉	《人口学刊》2001：4
江西省人口志第一篇"人口源流"	徐辉主编	方志出版社，2005

第三节　人类学研究

一、学科建设与学术研究

（一）学科建设

福建省人类学研究的主要力量集中在厦门大学、福建师范大学。2003 年 8 月厦门大学人类学和民族学系获得人类学博士学位授予权，在历史人类学、文化人类学、族群理论、社会人类学等方向招收博士研究生。2005年3月厦门大学人类学获批福建省重点学科。厦门大学人类学学科与美国加州伯克利分校人类学系（UC Berkeley）、法国巴黎大学人类系、日本国立民族学博物馆、台湾"中研院"民族研究所及国内有关高校、研究机构的人类学同行开展学术交流和建立合作关系。厦门大学人类学研究所还与福建省民族事务委员会进行科研共建，开展闽东畲族社会经济多元化发展模式等相关课题调研。

2002年4月，福建师范大学人类学研究所成立。研究所主要开展闽台汉人社会与民俗文化、社区问题研究。2003年该校获得人类学硕士学位授予权，在历史人类学、族群与区域文化、宗教人类学等方向招收硕士研究生。

（二）学术研究

1992—2005年，福建省人类学研究主要集中在人类学基础理论、旅游人类学、政治人类学以及闽台区域与族群研究等领域，立足于福建省侨乡的省情，厦门大学南洋研究学术积淀，注重对华侨华人的民族认同、族群关系及其与居住国民族关系的研究。同时对人类与生态的和谐关系、不同地区间发展的和谐关系等开展研究。此外，对新形势下所出现的各类社会问题，诸如农村劳动力向城市移动，传统的价值体系的变化问题，各地区的文化遗产与群众性的旅游活动问题，吸毒和艾滋病等问题，从人类学角度进行应用性研究。

这一时期，该学科获国家社会科学基金项目6项：中国人类学研究（厦门大学陈国强，1992）、当代西方文化人类学的现状与发展趋势研究（厦门大学石奕龙，1993）、人类学视野下的语言接触理论的研究（厦门大学邓晓华，1999）、当代中国东南沿海侨乡社会发展研究（厦门大学李明欢，2001）、发达国家国际移民政策文本与实务的比较研究（李明欢，2004）、岭南走廊·潇贺段文化遗产的人类学研究（厦门大学彭兆荣，2005）；获得国际合作项目有：海外华人族群认同与家族企业转型（彭兆荣，1993）；蒋经国基金会国际合作项目：菲律宾与马来西亚华人社会比较研究（Ellen H. Palanca、中国社会科学院郝时远、厦门大学曾少聪，2005）。获教育部人文社会科学项目2项：苗—瑶国际化的人类学研究（彭兆荣，1993）；同期获福建省社会科学规划项目15项。共出版著作近40部，发表论文600余篇。这些成果中，获福建省社会科学优秀成果奖3项：《艺术人类学》（第二届二等奖，厦门大学易中天）、《政治人类学》（第四届三等奖，厦门大学董建辉）、《土楼：中华人文"反应堆"》（第五届二等奖，福建省社科联王碧秀、厦门大学詹石窗）。

（三）学术会议

1997年11月，中国文学人类学研究会首届中国文学人类学学术研讨会在厦门召开，会议围绕"多学科、多方法、多层面、多功能——走向新世纪的（中国）文学人类学"这一中心议题展开讨论。与会专家学者50余人。

2000 年 7 月，中国人类学学会和厦门市社会科学界联合会联办的 21 世纪人类的生存与发展国际学术研讨会在厦门召开。英国、美国、澳大利亚，以及中国大陆、台湾和香港的 180 余位学者与会。英国人类学会会长帕金教授作主题发言。会议围绕 21 世纪人类生存相关的生态环境、可持续发展、社会秩序等专题展开讨论。

2005 年 10 月，中国人类学学会主办，厦门大学人文学院、人类学博物馆、民族学与人类学系、人类学研究所承办的中国人类学学会年会在厦门大学召开。南京大学、厦门大学、中国人民大学、云南大学、中国社会科学院以及台湾"中央研究院"民族学研究所的 70 余位学者到会，提交会议论文 80 余篇。与会者围绕古人类学和分子生物学研究与中国人起源、当代中国的经济人类学研究、人类学与边缘地区观光业的发展、人类遗产与家园生态、人类学的应用性机会与实践等专题展开讨论。

二、主要学术成果

（一）人类学基础理论研究

《艺术人类学》（易中天，上海文艺出版社，1992）该书从美学和艺术哲学的角度探讨人类早期艺术心灵。全书分为发生机制、原始形态两编。包括走出自然界、人的确证、图腾原则、工艺、建筑、雕塑等 16 章。该书在大量引证已由现代人类学家发现和整理过的考古学、人种学材料的前提下，对原始艺术的本质和人的本质展开哲学思考。该书指出，史前艺术的奥秘并不只是包藏在那早已不留痕迹地消失了的史前人类的一闪念中，也不只是封闭在那重见天日而沉默不语的石斧、陶罐和洞穴壁画中，而且沉睡在人们自己心里。对史前艺术的陌生感，无非是对人类自身潜伏着的、已被遗忘了的本质力量的陌生感而已。一般艺术的奥秘，即"人"的奥秘。该书在考察原始艺术的过程中，得出艺术的本质就是"人的确证"的见解。

《中国人类学发展史略》[陈国强，《广西民族学院学报》（哲学社会科学版）1995：1]该文指出，人类学作为一门独立的学科，形成于 19 世纪中期，传入中国则是 20 世纪的事。对于这门学科在中国由最初传入到 20 世纪 90 年代的发展，作者主张分为 20 世纪 20 年代以前传入传播阶段、30—40 年代初步发展阶段、50—70 年代分科发展阶段、80 年代后宣传提倡等 4 个阶段，并对中国人类学 80 多年的发展历程进行简明而具体的总结。该文认为，中国是一个 12 亿人口的国家，有着丰富的人类学资源亟待我们去研究和利用，20 世纪 80 年代以来人类学的恢复宣传提倡虽取得一些进展，但还是不够的，需要根据中国国情，发展具有中国特色的人类学，尤其是发展与现代化建设有关的应用分科。

《神话叙事中的"历史真实"——人类学神话理论述评》（彭兆荣，《民族研究》2003：5）该文认为，神话理论素来是人类学知识谱系中重要的组成部分，几乎所有的人类学流派以及重要的人类学家都在神话研究领域留下大量的研究成果。而神话叙事本身又具有深刻的历史内涵。该文通过对人类学神话研究谱系梳理和评述，在学科的理论反思、方法论的借鉴，以及中国人类学的本土化实践方面进行尝试。

《人类学关键词》（上海交通大学叶舒宪、彭兆荣、复旦大学纳日碧力戈，广西师范大学出版社，2004）该书的基本旨趣在于从批判的立场出发，通过人类学关键词的系谱学认识，给20世纪以来最引人注目的现代性问题的争论提供更加宏观的深远透视背景，进而从现代性危机之中引出更具有根本意义的文明危机问题。

《西方应用人类学百年发展回顾》（董建辉、石奕龙，《国外社会科学》2005：5）该文叙述西方应用人类学的形成时期、发展初期、扩展时期和决策时期4个阶段，回顾西方应用人类学百余年的发展历程。指出，西方应用人类学的百年发展，经历从为殖民统治效力到为民族国家服务的转变，其内容也从较单纯的应用实践，发展到包括基础研究和应用研究在内的综合性研究。中国在人类学学科建设中，应该借鉴西方应用人类学发展的经验教训，开展本土化的应用人类学研究。

表11—15　　　　　　　**1992—2005年人类学基础理论研究其他成果**

成果名称	作　者	发表刊物（出版社）及时间
人类学与应用：人类学研究之四	陈国强 林嘉煌	学林出版社，1992
建设中国人类学	陈国强等	上海三联书店，1992
中国应用人类学的过去、现在与将来	石奕龙	《云南社会科学》1994：6
新时期人类学发展走向分析	彭兆荣	《广西民族学院学报》（哲学社会科学版）1995：2
应用人类学	石奕龙	厦门大学出版社，1996
中国人类学的发展	陈国强 林加煌	上海三联书店，1996
试论西方人类学学科体系的形成	郭志超	《世界民族》1998：1
人类学家陈国强教授	郭志超	《广西民族学院学报》1999：3
文化人类学笔记丛书	彭兆荣	上海文艺出版社，2000
20世纪文化人类学理论的两大流向	郭志超	《厦门大学学报》（哲学社会科学版）2000：2
中国文化人类学回顾	陈国强 孙远谋	《民族研究》2000：3
人的确证：人类学艺术原理	易中天等	上海文艺出版社，2001
纪念林惠祥文集	汪毅夫 郭志超	厦门大学出版社，2001
林惠祥教授诞辰100周年纪念论文集	陈支平	厦门大学出版社，2001

续表11-15

成果名称	作　者	发表刊物(出版社)及时间
本土人类学:重新发现的知识	潘年英	《贵州师范大学学报》2001:2
人类学通论	石奕龙	山西教育出版社,2002
文化人类学辞典[海外中文图书]	陈国强	恩楷股份有限公司(台北),2002
中国人类学的理论与实践[海外中文图书]	邓晓华 林美治	华星出版社(香港),2002
人类学仪式研究评述	彭兆荣	《民族研究》2002:2
审美人类学三人谈	王　杰 彭兆荣 覃德清 苏东晓	《广西民族学院学报》2002:6
人类学仪式理论的知识谱系	彭兆荣	《民俗研究》2003:2
加强人类学学科建设	陈宜安	《光明日报》(理论版)2003.11.18
李亦园教授与东南亚华人研究:人类学的视野与方法	曾　玲	《华侨华人历史研究》2004:1
康德哲学的人类学归宿	杨　楹 卢　坤	《广西大学学报》2004:5
是"国家与文明起源笔记",还是"人类学笔记"——与王东、刘军先生商榷	叶志坚	《东南学术》2005:3
从"异文化"到"本土化":研究道路的光辉楷模	彭兆荣	《广西民族学院学报》2005:3

(二) 旅游人类学研究

《土楼:中华人文"反应堆"》(王碧秀、詹石窗,湖南人民出版社,2002)该书根据历史文献与现实调查资料,陈述土楼的分布与基本类型,揭示土楼建筑与传统易经八卦学、风水与环境生态之关系,分析土楼与传统生殖崇拜的关系,考察土楼的生命礼俗,览赏其诗词楹联,发掘其深厚文化底蕴、审美韵味。

《旅游人类学》(彭兆荣,民族出版社,2004)该书运用人类学的学理,对当代旅游发展的内在规律和外在影响进行研究。作者在对中国西南各省少数民族地区田野调查获取的案例基础上,就旅游与人类的关系、人类旅游的动机、旅游的"真实性"问题、旅游的仪式性阈限问题、地方和家园与旅游的关系、旅游与地方化和再地化(relocalization)等相关问题进行研究,提出现代旅游必须与自然生态、文化生态建立友好关系的理想旅游发展模式。该书还讨论旅游人类学所关注的现代旅游对东道主社会影响这一"中长线研究"的理论和政策的意义。

《**福建土围楼**》（石奕龙，中国旅游出版社，2005）该书通过泥土的城堡、版筑起巨厦、品位土围楼、土围楼之乡的其他建筑、民众的狂欢等章节，介绍了土围楼在闽南、闽西南沿海与溪谷地区闽南人与客家人村落中的分布、建造、使用等情况，以及这些土围楼之乡里民众的日常民俗生活情况。作者认为，应对现代某些人建构的、与社会事实不符的"土楼"、"客家土楼"等概念，及由此所延伸出来的错误知识与偏颇进行匡正。

《**旅游人类学视野下的"乡村旅游"**》（彭兆荣，《广西民族学院学报》2005：4）该文把乡村旅游置于旅游人类学视野下，对乡村旅游所涉及的"城市—乡村"的二元关系问题，乡村旅游的个性化、特色化、地缘化、族群化的地方文化的期待问题进行探讨。认为乡村旅游与其说是在"乡村空间"里旅行，还不如说是在"乡村概念"中旅游。"乡村魅力"对于都市人来说或许并不是换一个"地方"，而是换一种体认"价值"。

表 11—16 　　　　　　**1992—2005 年旅游人类学研究其他成果**

成果名称	作　者	发表刊物（出版社）及时间
"参与观察"旅游与地方知识系统	彭兆荣	《广西民族研究》1999：4
土楼：一种地方性人文生态的表述范式——以福建省永定县客家土楼为例	彭兆荣	《东南文化》2000：5
边陲地带的草根力量	彭兆荣	《读书》2000：5
永远的"乡仪之神"	彭兆荣	《读书》2001：9
"东道主"与"游客"：一种现代性悖论的危险——旅游人类学的一种诠释	彭兆荣	《思想战线》2002：6
旅游人类学视野中的"旅游文化"	彭兆荣	《旅游学刊》2004：6
人类遗产与家园生态	彭兆荣	《思想战线》2005：6
（后）现代性与移动性：生态环境所面临的挤压——兼论旅游人类学视野中的"旅游文化"	彭兆荣	《桂林市委党校学报》2005：2

（三）文化人类学研究

《**人类文化语言学**》（邓晓华，厦门大学出版社，1993）该书综合运用语言学和文化人类学的理论和方法，从语言结构、变化以及与社会文化结构的关系等方面入手，对语言在广阔的社会文化行为环境中运用其职能的缘由和表现进行研究。该书在分析人类文化语言学产生的时代背景和现实意义、人类文化语言学的对象、范畴、理论及方法基础上，提出对这一新学科的独到见解。指出语言研究要打破"纯语言形式"为框架的研究模式，应与哲学、人类学的文化研究相结合，应在"泛文化"比较基础上，建立人类文化语言学。作者还基于实地调查收集的资料，对语言区域和文化区域的关系、语言变异现象与社会文化的影响等问题进行研究，指出语言是给文化作区域分类的标准之一；语言变异反映了一种文化走向，语言行为同时也是一个社会的过程。

《图腾、神话主角与原型置换——"鹰/蛇"文化符号的人类学阐释》［福建师范大学朱玲，《福建师范大学学报》（哲学社会科学版）2001：3］该文从历史学和人类学的角度，对鹰/蛇文化符号的形成与流布进行分析。该文指出，在人类艺术话语系统中，鹰/蛇是一对深蕴着人类感情意识的特殊符号，其凝定经历了数千年，表现为以下形态：作为部族符号的图腾→作为现象符号的神话主角→作为文学符号的鹰蛇喻象和投射了鹰蛇之灵的人。这一过程在一定程度上反映了人类脱离自然又融合于自然的历程。该文认为，这种人类学塑造的鹰蛇形象，是文学史上有着独特审美价值的形象。

《文学与仪式：文学人类学的一个文化视野》（彭兆荣，北京大学出版社，2004）该书用人类学仪式理论、仪式的文学人类学解释文学人类学与自然生态的关系，对酒神系谱、酒神的美学发生学原理及酒神的文学原型叙事等几个方面进行论述。该书认为：像"日神/酒神"这样的纯粹具有西学伦理和哲学美学发生学意义的叙事范式其实充满着"东方叙事"的因子，它是一个"东学西渐"的历史变迁过程。说明在"西方文学"的"我者叙事"当中，事实上存在着许多东方文化的"他者叙事"。"西方"的文学叙事范式（假定为"同质性文学"）本身同样值得人们进行比较，包括"平行研究"和"影响研究"，因为连"西方文学"这样的概念都是"想象"和"制造"出来的。

《西方文学原型中"生/死"母题的仪式性隐喻——兼论酒神仪式的原生形态与东方价值》［彭兆荣，《吉首大学学报》（社会科学版）2004：3］该文以西方文学原型中的仪式性叙事为线索，以文学人类学的研究视野，从一个新的角度和层面对经典文学进行诠释。该文认为，西方现代文学中大量出现仪式化叙事，特别是将人物的生命形态与性格冲突置于不同过程的"阈限"之中，从而使人物更具有原始文化底蕴和传统价值。这样的过程与结果，在很大程度上得益于文学与人类学的借鉴和整合。

表 11—17　　　　　**1992—2005 年文化人类学研究其他成果**

成果名称	作　者	发表刊物(出版社)及时间
列维·斯特劳斯结构主义神话理论	董建辉	《厦门大学学报》(哲学社会科学版)1992:1
"顶冠"的原型性结构意图——西方文学象形符号的一个说法	彭兆荣	《外国文学评论》1994:4
边界不设防:人类学与文学研究	彭兆荣	《文艺研究》1997:1
田野调查与文献稽考:惠东文化之谜试解	郭志超	《厦门大学学报》(哲学社会科学版)1997:3
再寻"金枝"——文学人类学精神考古	彭兆荣	《文艺研究》1997:5
符号策略与"鸟笼"	彭兆荣	《民族艺术》1998:4

续表 11—17

成果名称	作 者	发表刊物（出版社）及时间
自由交流与学科重建：文学人类学的提出	黄向春	《辽宁大学学报》1998：4
文学人类学：民间文学的"场域"	黄向春	《民间文学论坛》1998：4
文学人类学——一种新的知识体系	李文睿	《民族艺术》1998：1
世纪之交的文学人类学	刘朝晖	《广西民族学院学报》1998：2
歌谣性意象的文化隐喻——藏地歌谣的人类学解读	夏　敏	《民族艺术》1999：2
歌谣与禁忌——西藏歌谣的人类学解读之一	夏　敏	《中国藏学》2000：2
《野天鹅》对民间故事的继承与超越	陈宜安	《福建师范大学学报》（哲学社会科学版）2000：3
从《皇帝的新装》看安徒生童话对民间故事的继承与创新	陈宜安	《外国文学研究》2001：3
实事求是：文化人类学的追求——人类学学者访谈录之十一	徐杰舜 石奕龙	《广西民族学院学报》2001：4
文学人类学叙事的"形式实体"	彭兆荣	《吉首大学学报》（社会科学版）2002：2
一个"大文学"观的写作实验——评潘年英文学人类学作品系列	李建东	《民族文学研究》2002：2
书写文化与真实——《林村的故事》读后	石奕龙	《民族研究》2003：1
双重阐释：汉字"美"和中国人的美意识	朱　玲	《福建师范大学学报》（哲学社会科学版）2003：2
试论妈祖信仰的文化纽带作用	陈宜安	《世界宗教研究》2003：3
教育理论创新的"他山之石"——从人类学研究的几个特征谈起	杨孔炽	《北京大学教育评论》2003：4
笔记人类学：我的情有独钟——人类学学者访谈录之二十四	徐杰舜 潘年英	《广西民族学院学报》2003：5
从少数民族体饰看人类审美的自我观照	夏　敏	《中央民族大学学报》2003：5
仪式言说与诗歌形式的锤炼——喜马拉雅山地歌谣的人类学解读	夏　敏	《民族艺术》2004：1
无边界记忆——广西恭城平地瑶"盘王婆"祭仪变形	彭兆荣	《广西民族研究》2005：4
饮食文化与族群边界：关于饮食人类学的对话	彭兆荣	《广西民族学院学报》2005：6
人类学视角下的民族文化观照——莫言乡土小说的文化意蕴	罗关德	《东南学术》2005：6

（四）政治人类学研究

《政治人类学》（董建辉，厦门大学出版社，1999）该书用人类学的理论和方法对政治制度和政治行为进行研究。作者将逻辑和历史有机结合，展现政治人类学自 20 世纪 40 年代诞生以来的发展脉络，揭示政治人类学从宏观政治制度研究过渡到对微观的个人政治行为研究的进程和意义。同时该书提出开展有中国特色的政治人类学研究的新构想，认为应该以马克思主义为指导，借鉴西方学者的研究成果，在田野调查的基础上，充分利用文献资料，和政治学者携手合作，共同开展对中国传统政治制度和政治行为的研究，尤其是加强对中国宗族组织的研究。

《政治人类学研究的几个问题探析》（董建辉，《民族研究》2000：3）该文就政治人类学的学科界定、方法论等问题进行探讨，并对如何开展中国政治人类学研究提出初步构想。指出，政治人类学是文化人类学的一门分支学科，它试图用文化人类学的理论、方法研究政治制度和政治行为，从而总结出政治的本质和政治发展的一般规律。政治人类学与政治学的主要区别在于理论基础和研究对象的不同。

《20 世纪后期国外政治人类学研究的趋向》（董建辉，《国外社会科学》2003：1）该文认为，20 世纪后期，政治人类学摆脱了以往专注于传统社会的局限，不仅关注传统村落和社区的政治组织，而且关注现代工业社会中的政治制度、国家与社会、社会与其成员之间的权力关系。作者指出，在这种大背景下，政治人类学研究出现了三个主要趋向：强调资本主义体系对全球的影响，重视弱势的边缘群体研究以及关注当代国际性政治问题。

表 11—18　　　**1992—2005 年政治人类学研究其他成果**

成果名称	作　者	发表刊物（出版社）及时间
西方政治人类学研究概观	董建辉	《国外社会科学》2000：2
政治人类学研究及其理论的发展	董建辉	《广西民族学院学报》2001：5
西方政治人类学 60 年的演进	董建辉	《国外社会科学》2002：2
女性主义与权力——政治人类学视野下的西方女性主义研究述评	徐雅芬 董建辉	《国外社会科学》2004：4
乡土社会是"礼治社会"吗？	董建辉	《甘肃政法学院学报》2005：6

（五）历史人类学研究

《历史人类学简论》〔厦门大学蓝达居，《广西民族学院学报》（哲学社会科学版）2001：1〕该文指出，历史人类学即人类学的"历史化"，是从文化的角度考察历史。历史人类学强调文化的历史向度，强调历史的多元特征、历史的文化解释和记忆对于历史制作的重要性。历史人类学的意义在于指出一些主流的历史决定论自身的历史缺陷。从历史人类学出发对具体个案进行重新解读，使他们有可能赋予历史过程本身一定的反思价值。

《**边界的空隙：一个历史人类学的场域**》（彭兆荣，《思想战线》2004：1）该文探讨历史学与人类学的关系，指出，历史学与人类学的成功整合体现出学术反思在学科之间进行对话的一种自觉。历史人类学并非学科生存策略上的需求性产物，而是知识与叙事上的优势互补。随着人类学自身的历史发展以及学理依据、学科内容、学术规范的不断演变，使它不仅具有知识的整合特点，而且兼有反思的特性。

《**田野中的"历史现场"——历史人类学的几个要件分析**》（彭兆荣，《民族艺术研究》2004：6）该文对田野中的"历史现场"在历史人类学研究中的地位和学理依据进行分析，指出时间和空间是历史学与人类学的学科整合和研究实践具有的共同基础要件。该文认为，时间要件稳固了历史学特有的"缘生纽带"在学科传统上的关联性，而空间要件则使得历史研究因此获得了来自人类学"田野"研究的滋养，获得了不同族群的背景知识、空间感以及多重考据的资料补充。该文认为，历史人类学作为一股新的学术力量，它使得传统的历史学研究增大了"现场感"和"共时性"，使得传统的人类学研究增强了"厚重感"和"历时性"。

表 11—19　　　　　　**1992—2005 年历史人类学研究其他成果**

成果名称	作 者	发表刊物（出版社）及时间
历史学与人类学的对话：惠东人文研究	蓝达居	《厦门大学学报》（哲学社会科学版）1995：4
"红毛番"：一个增值的象形文本——近代西方形象在中国的变迁轨迹与互动关系	彭兆荣	《厦门大学学报》（哲学社会科学版）1998：2
地方性知识与人类学的历史叙述	潘年英	《贵州民族学院学报》2000：4
人类学视野下的《大唐开元礼》封禅仪式分析	方百寿	《甘肃社会科学》2002：1
民俗与历史学的人类学化	黄向春	《民俗研究》2002：1
论土地革命时期赣南农村的社会矛盾——历史人类学视野下的中国土地革命史研究	饶伟新	《厦门大学学报》（哲学社会科学版）2004：5
瞎子怎么"书写"历史篇章？——对口述与书写历史关系的一点思考	彭兆荣	《民族艺术研究》2004：6

（六）社会人类学研究

《**华人家族企业的认同、变迁与管理**》（彭兆荣，《广西民族研究》2000：3）该文从人类学的视角，对东南亚华人家族企业的历史和现状进行分析。认为，历史上华人家族企业的结构大致分为我者/家族、氏族/帮会和祖先/异力三个层面，它给华人企业带来过发展繁荣。但这种由传统式家族认同所衍化出的企业管理上的封建家长式的弊病，表现在企业内部缺乏应有的民主机制，企业结构缺少相应的整合力，企业领导偏重经验而缺少创新以及用传统"家/佳"代替现代"人/能"认同等。对此，文章提出华人企业除了技术和管理等方面的创新外，在企业文化认同上也要有所调整，从"家族化企业"向"企业化家族"方向发展。

《社会人类学视野中的松坪华侨农场》（李明欢，《华侨华人历史研究》2003：2）该文指出，华侨农场是一个在特殊历史时期，因特殊历史事件，经由特殊历史决策而形成的特殊社区。作者以松坪华侨农场为个案，剖析这一特殊社区的历史发展轨迹，探讨归侨群体的社会记忆与认同建构，并关注集体安置移民的经验及其给予后人的启迪。

《一个旅欧新侨乡的形成、影响、问题与对策——福建省三明市明溪县新侨乡调研报告》（李明欢等，《华侨华人历史研究》2003：4）该文以福建内陆山区明溪县为例，剖析20世纪80年代末以后这一旅欧新侨乡形成、发展的原因和过程，揭示基于民间智慧的跨国网络在新侨乡发展速度之快、运行之有效的作用，以及中国农民走出传统接受新事物的高度适应性。该文还注重考察近年来各类出国人员对移出地形成的社会影响，认为在国际劳动力人口空前大规模流动背景下，应该化堵为疏，对新老侨乡业已自行建立的跨国网络进行有效利用与引导，加快农村小康社会的建设发展。

《社会人类学视野下的"迁移"与"家园"》[李明欢《吉首大学学报》（社会科学版）2005：3]该文从社会人类学的研究视野出发，就国际学术界关于"迁移"与"家园"研究的主要见解进行全面的综合评介。认为，伴随着全球化时代迁移潮的高涨，人口跨界、跨境乃至跨文化迁移及其所延伸的社会影响，已成为当今国际社会人类学界一个重要的研究焦点。由于越来越多人因种种原因走上迁移之路，由于越来越多人甚至终生都处于或近或远的迁移之中，家庭、家园乃至国家的客观现实与迁移者对大国小家的主观认知，成为不断深化的全球效应的一大折射。作者指出，人在旅途，家在心中。人在跨越地理边界的同时，也在跨越社会文化边界。全球化浪潮在改变着世界人口、政治、经济格局的同时，也挑战人类社会的传统观念，孕育着新的"世界人"的人生理念。

表 11-20　　　**1992—2005 年社会人类学研究其他成果**

成果名称	作　者	发表刊物（出版社）及时间
战后西欧华人社会发展变化初探	李明欢	《华侨华人历史研究》1992：1
战后世界人口的增长与华人海外移民	李明欢	《华侨华人历史研究》1993：1
一个特殊的华裔移民群体——荷兰印尼华裔个案剖析	李明欢	《华侨华人历史研究》1993：2
法国华人社会概览	Emmanuel Ma Mung 李明欢	《华侨华人历史研究》1994：4

续表 11-20

成果名称	作 者	发表刊物（出版社）及时间
构筑华人族群与当地国大社会沟通的桥梁——试论当代海外华人社团的社会功能	李明欢	《华侨华人历史研究》1995:2
城市概念与中国农村的城市化途径——以福建汉族农村为例	石奕龙	《广西民族学院学报》1996:1
文化特例:黔南瑶麓社区的人类学研究	彭兆荣等	贵州人民出版社,1997
东南亚华人认同与企业转型	彭兆荣	《开放时代》1997:2
渔村叙事:东南沿海三个渔村的变迁	彭兆荣等	浙江人民出版社,1998
另一种社会知识系统——来自田野中的四个场景故事	彭兆荣	《民族艺术》1999:1
视野与方法:中国村落社区研究	刘大可	《福建省委党校学报》2000:11
中国农村早婚比例的客观统计与分析——与《改革以来中国农村婚姻家庭的新变化》商榷	石奕龙	《思想战线》2001:1
欧盟国家移民政策与中国新移民	李明欢	《厦门大学学报》（哲学社会科学版）2001:4
社会记忆与认同建构:松坪归侨社会地域认同的实证剖析	刘朝晖	《华侨华人历史研究》2003:2
东欧社会转型与新华商群体的形成	李明欢	《世界民族》2003:2
一个特殊社区的历史轨迹:松坪华侨农场发展史	俞云平	《华侨华人历史研究》2003:2
西方人类学关于衰老和老年问题研究述评	杨晋涛	《厦门大学学报》（哲学社会科学版）2003:5
青年农民进城行为微观动因的人类学考察——以广西百江屯为个案	王 戈	《中南民族大学学报》2005:1
文化移植与重建家园——评《越洋再建家园——新加坡华人社会文化研究》	徐李颖	《华侨华人历史研究》2005:1
美国华人新移民与美国华人社会	曾少聪	《世界民族》2005:6

第四节 民族学研究

一、学科建设与学术研究

（一）学科建设

福建省民族学研究的主要力量集中在厦门大学。厦门大学依托人类学系、人类学研究所、人类博物馆三位一体的学术架构，整合历史学、考古学等学科的学术资源和优势，开展对民族学相关问题的研究。1992—2005 年，厦门大学民族学与人类学系吸引了一批从美国、德国、日本、荷兰等国学成归国的民族学、人类学博士。福建师范大学、福建省委党校、福建社会科学院也有一些教授专家，涉及民族学方面的研究。

1993 年 5 月，福建社会科学院客家研究中心成立。客家研究中心联系和团结省内一批人类学、民族学的专家学者，开展客家源流、客家宗族社会与文化等问题的研究，并主办《客家》季刊。福建省客家学会也在客家历史文化研究等方面取得一定成果。

（二）学术研究

福建省民族学研究重点是：在开展民族历史学、马克思主义的民族理论、民族艺术学、中国少数民族史研究的同时，立足于东南民族板块，以闽台族群文化的交流与互动、台湾高山族、百越民族及其历史文化、东南畲族、客家等领域为主要研究方向，并向闽台民族关系史、华南古民族与现代南岛语族各民族的亲缘关系史的方向拓展。此外，还开展东南亚国家的民族政策、民族关系，特别是华侨华人的民族认同、族群关系及海外移民文化的研究。

1992—2005 年，该学科获得国家社会科学基金项目 9 项：周边国家民族关系对我国的影响及对策研究（厦门大学彭兆荣，1998）、闽台土著民族关系与"南岛语族"起源研究（厦门大学吴春明，2001）、东南亚华人族群的形成与发展研究（厦门大学曾少聪，2002）、全球化进程中的东南亚民族问题研究（厦门大学陈衍德，2003）、中国各民族民歌旋律音调系谱及其流变之综合研究（福建师范大学王耀华，2003）、移民与闽台少数民族问题研究（福建师范大学谢必震，2004）、畲族地区的经济生产方式转型与社会文化变迁（厦门大学石奕龙，2004）、中国南方民族的起源及形成（厦门大学陈支平，2005）、畲族源流史研究（厦门大学董建辉，2005）；中国社会科学院青年基金项目 1 项：大陆、台湾与东南亚客家人研究（曾少聪、中国社会科学院郝时远，2005）；香港学术研究资助委员会项目 1 项：广西瑶族盘瓠神话传说和仪式音乐研究（彭兆荣，2003）；还获福建省社会科学规划项目 8 项。其间，出版论著 50 余部，发表论文千余篇。这些成果中，获福建省社会科学优秀成果奖 6 项：《闽粤赣交界地区原住民族的再研究》（第三届三等奖，厦门大学郭志超）、《客家宗族社会》（第三届三等奖，厦门大学孔永松、李小平）、《台湾原住民"南来论"辨析——兼论"南岛语族"起源》（第三届三等奖，郭志超，吴春明）、《福建六大民系》（第六届二等奖，陈支平）、《论民族作为历史性的表述单位》（第六届二等奖，彭兆荣）、《闽台客家社会与文化》（第六届二等奖，福建省委党校谢重光）。

（三）学术会议

2000 年 8 月，中国民族学学会汉民族分会和福建省社科联联办的汉民族研究国际学术会议在泉州召开。会议以"海峡两岸汉民族源流与 21 世纪中华文化交融"为中心议题。日本、韩国、新加坡、泰国以及中国北京、上海、辽宁、山东、台湾、香港、澳门等国家和地区的 132 位专家学者参会，著名社会学家费孝通、台湾著名人类学学者李亦园出席会议。与会学者围绕主题，讨论汉民族精神文化境界、台湾汉族研究、21 世纪中华文化交融、汉民族发展源流、汉民族与少数民族的关系、海外华人族裔研究、汉民族区域性研究和汉族 21 世纪的发展等八个方面的问题。

2004 年 11 月，中国百越民族史研究会、厦门大学人文学院和福建省考古博物馆学会联办的中国百越民族史研究会第十二次学术年会在武夷山举行。北京、江苏、上海、浙江、湖北、福建、广东、广西、海南、贵州、云南、台湾等省区市以及美国、日本的 70 位专家学者参加，提交论文 44 篇，内容包括：百越史研究的学术史与方法论，百越民族的源流与关系考证，百越的社会、经济与文化，南岛语族与百越海洋文化关系，百越的考古发现与研究，当代华南各族文化的民族学研究等。该次会议还举行中国百越民族史研究会会员代表大会，选举产生新一届理事会。

二、主要学术成果

（一）民族学基础理论研究

《福建六大民系》（陈支平，福建人民出版社，2000）该书分别从宏观与微观的角度，论述福建汉民的历史来源，联系中国社会历史发展的全局，考察汉唐以来中原内地政治局势的演进对汉人南迁入闽的主导作用。该书并未将汉人入闽史简单地归结为逃避中原战乱之流民史，而是着眼于军事移民、落难仕宦乃至开发移民等常规移民在汉人入闽史上的地位，突破汉人入闽史，乃至汉民南迁客居史研究的传统认识框架。

《论民族作为历史性的表述单位》（彭兆荣，《中国社会科学》2004：2）该文着力研究和解决在"民族—国家"作为基本的表述单位的所谓"想象共同体"（安德森）的现代背景下，如何将与民族和族群有着密切关系的"地缘群"以及某一个具体的民族和族群的各种关系梳理清楚。该文指出，民族学、人类学经常将民族作为表述单位来使用，然而，人们在使用的时候却发现它充满矛盾和悖论；而造成这种状况的根本原因是民族拥有多种语义和多条表述单位的边界。

《浅谈民族传统文化保护的若干问题》（石奕龙，《中央民族大学学报》2005：1）该文指出，在现代社会中已经不存在所谓的原生态文化，只存在着各种传统文化，它们所代表的是那些还未受到现代文明急剧冲击而变迁的文化的面貌。认为要抢救、整理这些民族传统文化资料，应由专业人士来完成，并在保护民族传统文化的行动中，注意与可持续发展结合，以达成在低成本的状态下，既保护民族传统文化，又使该族群有所发展的最佳效果。

表 11-21　　　　　　**1992—2005 年民族学基础理论研究其他成果**

成果名称	作　者	发表刊物(出版社)及时间
转换:"舅""权"互为关系的一个原则	彭兆荣	《云南社会科学》1994:2
西南舅权论	彭兆荣	云南教育出版社,1997
福州人——福建汉族民系研究之一	陈支平	《广西民族学院学报》1998:2
闽南人——福建汉族民系研究之二	陈支平	《广西民族学院学报》1998:3
兴化人——福建汉族民系研究之三	陈支平	《广西民族学院学报》1998:4
Ethnic Group 不能作为"民族"的英文对译——与阮西湖先生商榷	石奕龙	《世界民族》1999:4
20 世纪初中国"民族主义"文本话语建立的历史机缘	王玉华	《福建论坛》2001:1
实验民族志语体	彭兆荣	《读书》2002:9
文化理论与族群研究	石奕龙 郭志超	黄山书社,2004
口述/书写:历史的叙述与叙述的历史	彭兆荣	《广西民族研究》2004:1
田野调查和文本写作例评	郭志超	《中南民族大学学报》2005:2
村落社会研究与民族志方法	刘朝晖	《民族研究》2005:3

(二) 中国少数民族研究

《民族艺术研究中的人类学性》(彭兆荣,《民族艺术》1997:3) 该文指出,民族艺术在任何一个层次上都具有人类学性质,这并非简单地将两个学科"交叉"的时髦,也不是因学术生存需要而进行人为的"边缘"选择。人类学自其诞生之日起就与民族艺术结下不解之缘,不少人类学家便是从民族艺术的研究开始去建构理论。该文认为,能够被称为"艺术"的东西,至少包括这样两种品质:一是超越了纯粹个人附属物的创造性,否则,它就不可能被"欣赏";二是具有相应的人文性,或"文明价值"。

《族性的认同与音乐的发生》(彭兆荣,《中国音乐学》1999:3) 该文运用人类学、民族学的研究方法,以侗族、瑶族等少数民族音乐为例,探讨音乐与族性的关系,认为族群是从事民族音乐研究的定位词性,族性过程可以帮助说明民族音乐的过程。瑶族音乐中的"颤音"和"拉发调",既能很好表达瑶族"过山"迁移的艰苦,又使其声音在连绵起伏的山峦间呈回荡起伏的动态。而侗族大歌中的"和声"样式完全是音乐原生型的自在之物,它既不是汉族的,也有别于西洋的多声部和声音乐。作者指出,对少数民族音乐进行分析的同时,对其族性要有一个基本的认识。

《族性中的音乐叙事——以瑶族的"叙歌"为例》 (彭兆荣,《上海音乐学院学报》2001:2) 该文认为,在民族音乐和民歌的原生形态中,叙事是一个最为重要的文化属性和表述功能；而民族音乐的叙事与其族性息息相关。该文以瑶族的叙歌为例讨论族性之于民族音乐叙事的关系，指出，对于民族音乐学研究而言，将研究的视角置于音乐叙事显然不可缺失，无论对音乐本体的研究还是对音乐的文化研究都是如此。

《**福建畲族族谱档案及其价值**》（福建省档案馆谢滨，《档案学研究》2001：5）该文对福建省的畲族族谱档案分布情况、基本特点及其价值展开探讨。指出，畲族族谱"谱头"保存有与本民族有关的盘瓠传说，除和汉族基本一致的排行外，还有特殊的排行方法，但有的畲族族谱汉化程度较高。该文认为，研究畲族族谱有利于了解畲族族源及其迁移情况，是畲族人民寻根问祖、认定民族成分的重要依据，对研究畲族家族史，乃至对社会学、民俗学、民族学、华侨史、人口学等研究都有重要作用。

《**〈畲族研究书系〉丛书**》由《畲族与客家福佬关系史略》（谢重光，福建人民出版社，2002）、《畲族风情》（福建省委党校雷弯山，福建人民出版社，2002）、《畲族语言》（福安民族中学游文良，福建人民出版社，2002）组成。该丛书吸收前人研究的成果，探讨畲族历史、文化，以学术性和可读性相结合，力求反映出当代畲族研究的水平。书中不对畲族文化进行面面俱到的通俗性介绍，而是选取畲族、汉族客家民系、福佬民系三大族群的历史渊源和关系，畲族文化渊源和历史经历所浓缩或转化而成的民俗风情等畲族研究领域中有启发性、突破性和关键性的论题进行研究。

《**民族音乐学研究对象的历史回顾与思考**》〔福建师范大学王静怡，《福建师范大学学报》（哲学社会科学版）2002：3〕该文指出，民族音乐学在民族学人类学的影响下，从开始的比较音乐学到后来的民族音乐学经历了学科诞生和发展的不断完善的过程。在这个过程中，其研究对象不断发生变化，从开始的非欧音乐到全人类各民族的音乐、民俗音乐、大众音乐等。该文在各家各派的认识和现实研究的基础上对民族音乐学的研究对象进行新的思考和新的诠释。

《**藏缅语族语言的数理分类及其分析**》（厦门大学邓晓华、王士元，《民族语文》2003：4）该文首次运用词源统计分析法，对中国境内的藏缅语族语言作数理分类以及亲缘关系程度的描述，并通过"树枝"长短来表示距离关系，显示藏缅语族语言的类簇和分级层次，分析其形成过程。该文以100个核心词为对象，计算并分析汉藏诸语言的同质性、多样性、变异性、语言的同源和接触等多种复杂关系，计算出藏缅诸语系分裂的年代。该文认为，古汉语与藏语的分离距今2755年，这与人文科学表明的夏商周时代是前藏缅文化和前汉文化关系密切的研究大致相同。这一新的研究方法，为解决长期以来学术界因为传统分类而产生的争论，提供了一个数理分类的依据。

《**台湾少数民族**》（厦门大学陈国强、田珏，民族出版社，2004）该书对台湾少数民族的人口分布、发展演变轨迹进行全面阐述和梳理，指出台湾少数民族在历史上是和汉族不同的单一民族，包括平浦人、阿美人、泰雅人、排湾人、布农人、卑南人等。台湾少数民族从石器时代始，历经三国至明代、清代、日据时期、抗战胜利之后等诸阶段的发展，在固守本族群传统文化的同时，台湾少数民族社会也发生变化与发展。该书还对台湾少数民族文化展开全面的论析。从生产方式、纺织服饰、饮食、村社与房屋、出行与交通等方面叙述台湾少数民族固有的社会传统生活；从传统节日、婚姻和葬俗、民间文学、音乐舞蹈、原始宗教、风俗习惯等方面展现台湾少数民族独特的传统文化。

《摆贝：一个西南边陲的苗族村寨》（彭兆荣，三联书店，2004）该书运用人类学田野调查"参与观察"的方法，对位于贵州省黔东南州榕江县这个苗族村寨进行研究。该书以图文随记的形式，叙述摆贝村寨融洽自然的社会形貌，及独特的习俗与地方风情等，从该村寨民族服装、首饰、民居建筑、古人坟墓样式规制等方面作描述介绍，旨在向大众传播中华各民族传统文化之精髓，复苏久远的历史场景。

《畲族：福建罗源县八井村调查》（石奕龙、张实主编，云南大学出版社，2005）该书介绍福建罗源县八井村畲族生活的各个方面，如生态环境、历史背景、经济、人口、体质状况、家庭结构、婚姻形态、宗族组织、民间宗教情况、法律、建筑形式的变化、口传文化、社区管理、风俗习惯、人生礼仪、教育、科技与卫生等情况，并对畲族研究中的某些与社会事实不符的错误与偏颇进行匡正。

表 11-22　　　　　　**1992—2005 年中国少数民族研究其他成果**

成果名称	作　者	发表刊物（出版社）及时间
叙事视角：文学语义的魔方	彭兆荣	《当代文坛》1992：3
"指导性变迁"之我观——瑶族文化研究札记	彭兆荣	《广西民族研究》1992：4
崇儒乡畲族	陈国强 蓝孝文	福建人民出版社，1993
百崎回族研究	陈国强 陈清发	厦门大学出版社，1993
"朱方"辩	石奕龙	《东南文化》1993：1
古音构拟与方言特别语音现象的研究	邓晓华	《语文研究》1993：4
迁徙性民族叙事范式——瑶族文化研究札记	彭兆荣	《中央民族大学学报》1994：1
和谐与冲突：中西神话原型中的"二女一男"	彭兆荣	《中国比较文学》1994：2
侗族"月亮文化"的语言诠释——评张泽忠小说集《山乡笔记》	廖开顺 石佳能	《民族文学研究》1994：2
南方汉语中的古南岛语成分	邓晓华	《民族语文》1994：3
泉州回族来源之探索	陈国强	《福建学刊》1994：4

续表 11—22

成果名称	作　者	发表刊物（出版社）及时间
蓝鼎元治理台湾高山族的贡献	陈国强 林加煌	《云南社会科学》1994：5
南方少数民族音乐文化	彭兆荣等	广西人民出版社，1995
高山族民俗	田富达 陈国强	民族出版社，1995
结构·解构·重构：中国传统音乐现代化的必然选择	彭兆荣	《中国音乐学》1995：2
郁永河笔下的台湾土著社会	石奕龙	《福建师范大学学报》（哲学社会科学版）1995：2
陈埭丁氏回族婚姻形态的历史考察	庄景辉	《回族研究》1995：2
高山族传统文化的形成和发展	陈国强	《中华文化论坛》1995：3
侗族远古神话传说的美学基因	廖开顺 石佳能	《贵州民族研究》1995：3
侗族神话与侗族先民的哲学观	石佳能 廖开顺	《民族论坛》1996：1
侗族幻象和意象文化心理探源	廖开顺 石佳能	《广西民族研究》1996：2
台湾白奇郭回族及其与大陆祖家的交往	郭志超	《回族研究》1996：2
畲族的凤凰崇拜及其渊源	黄向春	《广西民族研究》1996：4
客家地区的壮侗语族族群与苗瑶语族族群	郭志超	《广西民族学院学报》1996：4
客家文化与畲族文化的关系	谢重光	《理论学习月刊》1996：6
畲族民俗风情	陈国强	海峡文艺出版社，1997
高山族风情录	陈国强	四川民族出版社，1997
民族认同的语境变迁与多极化发展——从一个瑶族个案说起	彭兆荣	《广西民族学院学报》1997：1
时代因应与对策：陈埭丁氏回族汉化过程之考察	庄景辉	《厦门大学学报》（哲学社会科学版）1997：2
福建畲族的婚姻状况和收养关系——以霞浦县水门乡茶岗村为例	石奕龙	《民族研究》1997：5
陈埭丁氏回族汉化原因的探讨	庄景辉	《学术月刊》1997：9
畲姓变化考析	郭志超 董建辉	《民族研究》1998：2

续表 11—22

成果名称	作　者	发表刊物(出版社)及时间
遭遇与民族艺术:变迁社会中的少数民族艺术——以台湾少数民族歌舞艺术为例	杨晋涛	《民族艺术》1998:4
中国东南土著民族历史与文化的考古学观察	吴春明	厦门大学出版社,1999
百越族与台湾原住民	陈国强	幼狮文化事业公司(台北),1999
畲族音乐特质研究二题	蓝雪霏	《中央音乐学院学报》1999:1
祈使,歌谣中的宗教仪式性言说——喜马拉雅山地歌谣片论	夏　敏	《民族文学研究》1999:2
客家话跟苗瑶壮侗语的关系问题	邓晓华	《民族语文》1999:3
畲族赋役史试探	董建辉 郭志超	《中国社会经济史研究》1999:3
基诺族是游耕民族而非游居民族——与周新文、陶联明同志商榷	石奕龙	《民族研究》1999:5
山海遭遇天后宫	彭兆荣	《读书》1999:7
寂静与躁动:一个深山里的族群	彭兆荣	浙江人民出版社,2000
畲族赋役史考辨——与蒋炳钊先生商榷	郭志超 董建辉	《民族研究》2000:2
传承与互动:少数民族原始宗教文化的变迁	夏　敏	《中央民族大学学报》2000:5
南方少数民族汉化的典型模式——"石壁现象"和"固始现象"透视	谢重光	《福建省委党校学报》2000:9
神灵的音讯——鼓与钲的祭祀仪礼音乐	朱家骏	思文阁出版(日本京都),2001
论侗族文化的女性思维偏向	廖开顺	《广西民族学院学报》2001:1
侗族"栖居"的文化研究	廖开顺	《中央民族大学学报》2001:2
族性中的音乐叙事——以瑶族的"叙歌"为例	彭兆荣	《上海音乐学院学报》2001:2
西藏歌谣中的巫术心态	夏　敏	《民族文学研究》2001:4
宫哲兵与千家峒——评《千家峒运动与瑶族发祥地》	彭兆荣	《贵州民族研究》2001:4
藏传佛教世俗化与藏族民歌	夏　敏	《西藏研究》2002:1
两宋之际客家先民与畲族先民关系的新格局	谢重光	《福建论坛》2002:2
西方民族音乐学与中国音乐研究——应用民族音乐学理论与方法的几点思考	周显宝	《音乐研究》2002:4
瑶汉盘瓠神话——仪式叙事中的"历史记忆"	彭兆荣	《广西民族学院学报》2003:1

续表 11—22

成果名称	作 者	发表刊物（出版社）及时间
融合·同化——浅谈东南亚、南亚音乐与欧洲音乐的交流	王静怡	《中国音乐》2003：2
苗瑶语族语言亲缘关系的计量研究——词源统计分析方法	邓晓华 王士元	《中国语文》2003：3
雅美族	余光弘	三民书局（台北），2004
另一种音乐的"言唱"——兼评周凯模的《云南民族音乐论》	彭兆荣	《民族艺术》2004：1
客家与苗族迁徙的人类学比较	廖开顺	《中央民族大学学报》2004：2
经济趋同与表意文化的特化——中国现代化过程中少数民族发展的双重性	石奕龙	《思想战线》2004：4
唐宋时期南方民族关系的新格局	谢重光	《浙江学刊》2004：5
走进畲村——八井畲村调查札记	董建辉	《寻根》2004：6
论中国畲族民歌结构的非汉语言因素	蓝雪霏	《中国音乐》2005：3
民族音乐学家视野中的东亚祭祀仪式乐舞与戏剧——评苏珊·艾萨伊的英文著作《能舞剧：日本中世纪的一种不朽精神》	周显宝	《中国音乐》2005：4
无边界记忆——广西恭城平地瑶"盘王婆"祭仪变形	彭兆荣	《广西民族研究》2005：4

（三）民族、族群研究及其他

《客家宗族社会》（孔永松、李小平，福建人民出版社，1995）该书通过收集族谱和田野调查的资料，对客家的宗族社会进行研究。宗族制是一种经济形态，受生产力和生产关系的制约。长期以来，中国农村宗族制的影响深厚且变化极为缓慢。该书认为，客家先民在社会激烈动荡中处于不断迁徙状态，这种迁徙单靠个人或某个家庭是绝对办不到的，而最自然、最易获得的保护就是血缘团体；迁徙强化了客家人的家族意识，凸显了家族的保护功能；客家人一批批举族辗转南迁，在闽粤赣交界地区聚族而居，形成以血缘关系为前提，地缘关系为纽带的宗族社会。该书从聚居、宗姓、辈分、房族、族老、亲属等层面分析客家宗族社会的结构，进而分析宗族制的祭祀、经济、司法、保护、文化教育等方面的功能。

《闽粤赣交界地区原住民族的再研究》［郭志超，《厦门大学学报》（哲学社会科学版）1996：3］该文指出，具有越人遗俗的"山都"是闽粤赣交界地区古代越人的后裔，与西汉初南海王织领地的越人一脉相承，是该区的原住民族。畲族与"山都"的文化习俗大别，不可能与"山都"同为本土越人的后裔，不是原住民族而是迁入民族。

《台湾原住民"南来论"辨析——兼论"南岛语族"起源》［郭志超、吴春明，《厦门大学学报》（哲学社会科学版）2002：2］该文用民族考古学新进展的实证，证明台湾原住民和"南岛语族"及其文化主要起源于华南大陆。指出，作为台湾原住民"南来论"依据的"南岛语族"东南亚起源论，在民族考古学与比较语言学实践中都忽视了华南大陆的材料。在这一学术缺陷下的"结论"，有悖于自远古以来亚澳间海洋地带土著民族文化发展与空间传播的历史事实。并从实证角度揭示台湾原住民及"南岛语族""南来论"的学术漏洞，指出"台独"分子宣扬台湾原住民与大陆无关的"南来论"，是对原住民"马来"种族、"印度尼西亚式"文化属性和"南岛语族"语言范畴的主观歪曲。

《中国百越民族经济史》（福建省文联林蔚文，厦门大学出版社，2003）该书运用民族学、人类学和文物文献等方面的资料，论述中国百越民族社会经济各领域的历史状况；在论述百越民族的人口、土地制度、农业、畜牧业、渔猎采集业、手工业、商业、交通运输业以及海外贸易等方面内容的基础上，分析百越民族经济发展的特点。认为秦汉时期以闽江流域为主的农耕区域大致形成，虽与吴越和岭南越地相比显得逊色，却奠定闽地农业耕作的基础。古代越人的手工业技术在许多领域都居于领先地位，如铜铁冶铸、纺织、制陶制瓷等，在中国社会文明发展史中还起了十分积极的历史作用；并指出古越民族开辟海上通道和海外市场之功名垂青史，不可磨灭。该书还就百越民族内部经济发展不平衡问题进行讨论，认为由于百越民族族群的分散杂处、各有种姓的历史特征以及自然环境等因素决定了百越民族各支社会政治经济发展的不平衡状态。

《漂泊与根植：当代东南亚华人族群关系研究》（曾少聪，中国社会科学出版社，2004）该文以东南亚华人族群为研究对象，以菲律宾、马来西亚和新加坡为研究范围，从民族学的视野，探讨当代东南亚华人的族群关系；分析东南亚华人族群内部状况以及华人与其他民族的关系，并运用民族学的理论，剖析华人的族群认同、族群接触和文化互动等问题；从民族学的角度研究移民的原因。

《闽台地域社会与族群文化新探》（福建省委党校刘大可，方志出版社，2004）该书主要内容有闽台族群关系、客家与畲族关系、客家村落社会控制、客家社区意识等四部分。作者从一个新的角度对闽台关系与客家文化进行研究，基于文献与口传文化结合的资料，揭示了福州民间信仰在台湾的传播，以及民间信仰对密切闽台关系所起的重要作用；通过对黎畲萧屋、武北蓝氏的考察，从村落地名、个别宗族形成发展等新佐证研究客家与畲族关系；还对传统客家村落的社会控制进行研究，透过传统客家村落纷争处理的程序，科举与传统村落社会的关系这两个视窗，论证传统客家村落的纷争处理程序既反映其社会管理主要依靠民间组织，实行基层自治，同时又存在着部落社会的种种痕迹，反映了客家的组成与形成的非汉族因素和法律发展的文化背景；而科举则对客家村落产生深刻影响，"沟通了中国社会的大'传统'与小'传统'"。

《客家文化与妇女生活：12—20 世纪客家妇女研究》（谢重光，上海古籍出版社，2005）该书分别从民俗学和文化人类学的角度，探讨客家妇女的思想性格、风俗习惯、婚姻爱情、经济生活和社会角色的特点，从妇女生活的方方面面，研究客家文化的特色。

《传统宗族与跨国社会实践》（厦门大学宋平，《文史哲》2005：5）该文在对中国农村尤其是南方地区的传统宗族的兴衰脉络梳理后，指出过去 20 多年来，东南部乡村尤其是闽南乡村见证了宗族组织的普遍复兴，并认为这一产生于明清时期的社会组织（宗族），显示了其在全球化和现代化条件下的适应性和灵活性；基于血缘上的认同（当今仍然是重要的几种基本认同之一），宗族成为联结中国东南沿海地区和东南亚的另一种跨国纽带。该文还以闽南一个宗族的个案，探讨文化和社会传统组织在东南沿海的复兴与海外华人跨国社会实践的关系。

表 11—23　　　　　**1992—2005 年民族、族群研究其他成果**

成果名称	作　者	发表刊物（出版社）及时间
论客家与当地民族诸关系	蒋炳钊	《厦门大学学报》（哲学社会科学版）1992：4
宁化石壁与台湾客家	陈国强 林加煌	《云南社会科学》1993：3
关于客家形成问题的思考	蒋炳钊	《中南民族学院学报》1993：6
闽台惠东人	陈国强等	厦门大学出版社，1994
闽西客家地区的妈祖信仰	谢重光	《世界宗教研究》1994：3
我是我与我非我——汉族的民族"确认"如是说	彭兆荣	《广西民族学院学报》1994：4
客家方言	罗美珍 邓晓华	福建教育出版社，1995
客家之光	刘大可	福建教育出版社，1995
客家源流新探	谢重光	福建教育出版社，1995
客家方言的词汇特点	邓晓华	《语言研究》1996：2
美国的美洲土著——美国印第安人学者谈美国印第安人	蓝达居	《世界民族》1996：3
客家源流新论	陈支平	广西教育出版社，1997
历史传承与族群互动——福建惠东女现象试析	蓝达居	《广西民族学院学报》1997：2

续表 11—23

成果名称	作　者	发表刊物（出版社）及时间
"咸水腔"探源	郭志超	《华侨大学学报》1997:4
客家源流新论——谁是客家人	陈支平	台原出版社（台北），1998
渔村叙事:东南沿海三个渔村的变迁	彭兆荣等	浙江人民出版社,1998
客家话与赣语及闽语的比较	邓晓华	《语文研究》1998:3
疍民的历史来源及其文化遗存	蒋炳钊	《广西民族研究》1998:4
泥土板筑的城堡——土围楼	石奕龙	山东教育出版社,1999
中国东南土著民族历史与文化的考古学观察	吴春明	厦门大学出版社,1999
论百越民族文化特征	陈国强	《中华文化论坛》1999:1
试论惠东妇女"长住娘家"婚俗的起因	吴春明	《民族研究》1999:2
客家界定中的概念操控:民系、族群、文化、认同	黄向春	《广西民族研究》1999:3
海峡两岸的客家人	谢重光	幼狮文化事业公司,2000
客家猎神的发现与寻根	郭志超	《民俗研究》2000:3
古南方汉语的特征	邓晓华	《古汉语研究》2000:3
传统客家村落的空间结构初探——以闽西武平县北部村落为例	刘大可	《福建论坛》2000:5
土楼:一种地方性人文生态的表述范式——以福建省永定县客家土楼为例	彭兆荣	《东南文化》2000:5
闽越文化与客家文化	谢重光	《福建论坛》2000:6
宁化石壁村的族性认同	彭兆荣	《读书》2000:10
客家形成发展史纲	谢重光	华南理工大学出版社,2001
龙虎山崖葬与百越民族文化	蒋炳钊等	吉林人民出版社,2001
传统的客家社会与文化	刘大可	福建教育出版社,2001
实践于历史与想象之间——客家群族性认同与宁化石壁公祭仪式	彭兆荣	《思想战线》2001:1
福佬人论略（上）	谢重光	《广西民族学院学报》2001:2
古代越人的神木崇拜	林蔚文	《中央民族大学学报》2001:2
三峡地区早期汉民人文聚落成长的个案考察	钟礼强 吴春明	《中国社会经济史研究》2001:2
福佬人论略（下）	谢重光	《广西民族学院学报》2001:3
武陵蛮迁入粤、闽之史迹	谢重光	《东南学术》2001:3
乡土社会的民间信仰与族群互动:来自田野的调查与思考	刘朝晖	《广西民族学院学报》2001:3

续表 11—23

成果名称	作 者	发表刊物（出版社）及时间
闽西客家	谢重光	三联书店,2002
古闽、客方言的来源以及历史层次问题	邓晓华	《古汉语研究》2003:2
东南民族研究半世纪——读蒋炳钊老师《东南民族研究》有感	吴春明 王公明	《广西民族研究》2003:2
客家文化在台湾的变迁	谢重光	《东南学术》2003:3
百越民族的农业生产	林蔚文	《农业考古》2003:3
"南岛语族"起源研究中"闽台说"商榷	吴春明 陈 文	《民族研究》2003:4
宋元之际赣闽粤边的畲客关系	谢重光	《光明日报》2003.11.18
女性:客家学研究的新视野	刘大可	《福建省委党校学报》2003:11
论传统客家村落的纷争处理程序——闽西武北村落的田野调查研究	刘大可	《民族研究》2003:6
客家与族群文化	谢重光	《东南学术》2004:1
从碑刻、民间文书等资料看福建与台湾的乡族关系	陈支平	《台湾研究集刊》2004:1
从社会资本到族群意识:以胡文虎与客家运动为例	张 侃	《福建论坛》2004:1
福建泉州汉族人群 15 个 STR 位点的遗传多态性	林敏等	《福建医科大学学报》2004:1
论民族与族群在变迁语境中的裂化因子——兼评"后民族结构"理论	彭兆荣	《广西民族学院学报》2004:2
福建向台湾移民的家族外植与联系	陈支平	《中国社会经济史研究》2004:2
"南岛语族"起源研究述评	吴春明	《广西民族研究》2004:2
客家与畲族早期关系史述略	谢重光	《福建论坛》2004:3
神明崇拜与传统社区意识——对闽西武北客家社区的田野调查研究	刘大可	《民族研究》2004:5
华南客家族群追寻与文化印象	陈支平	黄山书社,2005
百越文化研究	蒋炳钊	厦门大学出版社,2005
福建客家	谢重光	广西师范大学出版社,2005
客家妇女人文性格及其历史成因	谢重光	《福州大学学报》2005:2
南岛语族起源研究中的四个误区	吴春明 曹 峻	《厦门大学学报》(哲学社会科学版)2005:3
宋明理学影响下客家妇女生活的演变	谢重光	《福建省委党校学报》2005:5
饮食文化与族群边界——关于饮食人类学的对话	徐新建等	《广西民族学院学报》2005:6
科举与传统客家村落社会——以闽西武北村落为例	刘大可	《民族研究》2005:6

续表 11—23

成果名称	作　者	发表刊物（出版社）及时间
民族文化对生态移民的影响与因应策略	刘朝晖	《广西民族学院学报》2005：6
中国百越民族史学会第十二次学术年会综述	吴小平 吴春明	《中国史研究动态》2005：7
客家与畲族关系再认识——闽西武平县村落的田野调查研究	刘大可	《福建省委党校学报》2005：12

第五节　民俗学研究

一、学科建设与学术研究

（一）学科建设

1992—2005 年，福建省从事民俗学研究的，除了比较专业的民俗学学者，还有人类学、民族学、社会学、历史学、考古学、艺术学、文学等学科的学者，主要集中在厦门大学、福建师范大学等高校和福建社会科学院等研究机构。厦门大学人类学和民族学学科自 1994 年开始招收文化人类学、闽台民间宗教研究、族群区域文化等方向硕士、博士生。同期，福建师范大学社会历史学院也开始招收人类学和闽台区域文化研究的硕士生和博士生。这些学科与民俗学的许多领域均有涉及和交叉。

（二）学术研究

1992—2005 年，福建省民俗学研究的主要方向为基础理论、节俗、信俗、礼俗、生产生活习俗、民间文艺诸领域。该学科获福建省社会科学规划项目 6 项。出版著作 116 部，发表论文 177 篇。

这一时期，省内学者参与全国性大型系列丛书编撰 4 项：中华人民共和国地方志——《福建省志·民俗志》（福建师范大学林国平等，1997）、中国民俗大系——《福建民俗》（福建省文联林蔚文，2003）、中国民俗大系——《台湾民俗》（福建广播电视大学何绵山，2004）、《中国民俗通志（丧葬志）》（厦门大学石奕龙，2005）；参与全国性专题系列丛书编撰 2 项：中国民俗旅游丛书——《八闽山水的民俗与旅游》（厦门大学林其泉，1996）、中国民俗文化丛书——《泥土板筑的城堡——土围楼》（石奕龙，1999）。

获福建省社会科学优秀成果奖 2 项：《惠安地区长住娘家婚俗的历史考察》（第二届二

等奖，厦门大学蒋炳钊）、《关于南音传承问题的思考》（第六届三等奖，泉州师范学院王丹丹）。

（三）学术会议

1992年12月，福建省社科联、福建省民俗学会、惠安县对外文化交流协会联办的惠安民俗研讨会在惠安召开。会议收到论文30篇，并就惠安的民俗古韵、民间信仰、俗节活动等展开交流研讨。

1993年12月，福建省民俗学会与晋江方志委办联办的福建侨乡民俗学术研讨会在晋江召开。马来西亚侨胞和上海、台湾及福建省各地的专家、学者近百人，就福建侨乡民俗文化的产生、发展及其演变过程进行学术交流。会后出版论文集《福建侨乡民俗》（厦门大学出版社，1994）。

1996年10月，泉州天后宫建庙800周年之际，泉州市社科联、文化局、闽台关系史博物馆等单位联办以"泉州与妈祖信仰的传播"为主题的学术研讨会。会上，中国大陆、台湾、香港及日本学者就泉州在妈祖信仰的传播过程中地位和作用等问题展开学术交流。会后出版论文集《妈祖研究》（厦门大学出版社，1999）。

1996年12月，福建省社科联、福建省民俗会、台湾宜兰玉尊宫管委会联办的闽台玉皇文化学术研讨会在厦门大学召开，就闽台两岸的玉皇文化展开讨论。会议收到论文40多篇。会后出版《闽台玉皇文化研究》论文集（香港闽南人出版有限公司，1997）。

1997年6月，闽台妈祖文化学术研讨会在厦门大学举办，围绕妈祖信仰的传承和发展，两岸学者近百人与会进行学术交流。会后出版论文集《两岸学者论妈祖》（台湾省各姓渊源研究学会，1998）。

1998年8月，福建省社科联、宁德地区社科联、霞浦县社科联、福建省民俗学会、霞浦松山妈祖研究会等联办的第二次闽台妈祖文化学术研讨会在霞浦召开，两岸学者80余人与会。会后出版论文集《两岸学者论妈祖》（第二集）（香港闽南人出版有限公司，1999）。

1998年12月，福建省安溪县人民政府、福建省社科联、福建省民俗学会等单位联办的清水祖师文化学术研讨会在安溪县清水岩召开。会议主要研讨清水祖师文化的形成、发展以及文化内涵、社会意义和经久不衰的原因；清水祖师文化传播台湾、东南亚各国的历史意义和影响；发展清水岩旅游事业的意义和措施等。中国大陆、台湾和港澳地区及日本、英国等国家和地区的高等院校、科研单位、有关文化单位150多位专家学者与会，提交论文72篇。会后出版《清水祖师文化学术研讨会论文集》（香港闽南人出版有限公司，1999）。

2004年6月，厦门大学人文学院、中国社会史学会联办的第十届中国社会史年会在武夷山市召开，会议主题为礼仪、习俗与社会秩序。国内外数十所高等院校和科研、出版单位百余名学者出席，提交论文 80 多篇。

2004 年 10 月，中华妈祖文化交流协会在莆田市湄洲岛成立，并举办中华妈祖文化学术讨论会，围绕妈祖信仰起源与妈祖文化综论、台湾妈祖信仰特色、妈祖史料考订与史实考证、各地妈祖信仰源流等进行研讨。中国大陆、台湾和港澳地区及马来西亚学者近百人与会。

二、主要学术成果

（一）民俗学理论与方法研究

《福建早期民俗学研究的兴起与发展》［厦门大学陈育伦，《厦门大学学报》（哲学社会科学版）1996：3］该文从兴起于"五四"前夕的中国民俗学运动谈起，介绍之后民俗学研究中心南移的情况。在由北向南转移过程中，1926 年前后，在厦门大学云集了一批全国知名民俗学研究者，福建成为这一时期全国民俗学研究的中心，专家们开展大范围田野调查，收集大量民俗资料和风俗物品，并积极准备建立陈列室和民俗博物馆。该文以史实论述福建早期民俗学研究与发展状况。

《文化变迁与民俗学的学术自省》（集美大学夏敏，《民俗研究》1999：2）该文论述在社会发展变革速度急剧加快的背景下，中外之间及各民族之间文化的接触与传播日益频繁，新事物新变化层出不穷，包括民俗文化在内的文化事象发生种种错综复杂的变化，不同的文化之间出现很多互动和转移。面对着不断变化发展的文化民俗，学者们不停地调整思路并扩展研究领域。

《民俗与历史学的人类学化》（厦门大学黄向春，《民俗研究》2002：1）该文以研究历史学与人类学、社会学长期互动并相互促成为研究视野，以方法转变为切入点，引出民俗学的认识论价值概念。在此基础上，阐述民俗学、历史学和人类学之间的关系。

表 11—24　　**1992—2005 年民俗学理论与方法研究其他成果**

成果名称	作　者	刊物或出版社
从方法论谈惠东婚俗研究	吴绵吉	《厦门大学学报》（哲学社会科学版）1994：2
对二三十年代福建民俗学运动的回顾	陈育伦	《民间文学论坛》1996：2
略谈刘禹锡笔下的土风民俗	吴在庆	《东北师范大学学报》1997：3
福建省志·民俗志	福建省地方志编纂委员会编（林国平主编）	方志出版社，1997
一部运用"符号学"研究方法的论著——读杨民康同志《中国民间歌舞音乐》	孙星群	《音乐研究》1997：3

续表11—24

成果名称	作者	刊物或出版社
评孙星群《福建南音探究》一书的研究方法和特点	周显宝	《人民音乐》1999：1
新民俗传说的地方化叙事	彭兆荣 余 丰 杜 伟 林 艳	《民俗研究》2000：1
纪念林惠祥文集	汪毅夫 郭志超（主编）	厦门大学出版社，2001
走出传统的学术窠臼——评汪毅夫新著《闽台历史社会与民俗文化》	林金水 赵建群	《福建师范大学学报》（哲学社会科学版）2001：1

（二）民间信俗研究

《神庙祭典与社区发展模式——莆田江口平原的例证》（厦门大学郑振满，《史林》1995：1）该文以莆田江口平原作为田野考察的重点，详细地考察社区神庙的演变过程，即村庙祭典组织向地缘组织的演化、基层血缘关系的淡化与地缘关系的加强，并与相关的研究理论相呼应。指出，不能将祭典组织看做是纯粹的宗教组织或是存在于某些地方的特殊现象，它广泛地存在于传统中国并具有社区行政组织的功能。

《三山国王信仰考略》（福建省委党校谢重光，《世界宗教研究》1996：2）三山国王信仰发源于粤东潮州，广泛流传于粤东和台湾、马来西亚等地。关于三山神由来、性质、受封时间、与当地其他神祇关系诸问题，学术界存在似是而非的认识，多认为三山国王信仰起源或创始于客家。该文针对上述问题，对相关资料进行挖掘、考证和研究，提出新的看法：说三山国王是客家守护神不确，说它是福佬守护神也不确。正确地说，三山国王是包括畲族、福佬、客家在内的粤东民众共同的守护神；就台湾和东南亚地区而言，三山国王则是粤东福佬和客家移民共同的守护神。

《周代吴越民族原始宗教略论》（林蔚文，《民族研究》1996：4）该文探讨周代吴越民族原始宗教的主要内涵、祭祀形式及主要特点等，认为吴越民族存在自然崇拜、鸟及蛇图腾崇拜、祖先鬼神崇拜及占卜前兆迷信等现象。祭祀形式有郊祭、室祭、葬祭等，其祭仪有包括燔燎、瘗埋在内的物祭、人殉、人祭、歌舞祭及巫术等。其原始宗教既具有中国古代原始宗教的普通特征，又具有某些明显的地域文化特点。较之吴国，越的原始宗教保留了更多的本民族的文化特征，这和两者受中原文化影响的大小有密切关系。

《试论明清使者琉球航海中的海神信仰》（福建师范大学谢必震，《世界宗教研究》1998：1）该文指出：明清时期，中国派遣使团渡海册封藩属国——琉球（今日本冲绳）有二十余次，历次琉球航海中除供奉天妃外，同时还供奉临水夫人、龙王、拿公、陈文龙、苏臣等神。这一祭祀海神的活动贯穿册封琉球的始终，主要为谕祭祈报海神；拜祭途中所遇一应海神寺庙；造舟、登舟、起航时的迎神送神；航海途中向海神的祈祷、设誓、许愿和还愿；使事结束后为海神奏请封号、题写庙记、捐修庙宇等。海神信仰活动是明清使者琉球航海的重要内容之一，尽管它给中国古代劳动人民勤劳勇敢、与大自然顽强抗争的拼搏精神蒙上厚厚的神话色彩，但却伴随着海神信仰，从中国传播到世界各地，从过去传播到现在。

《华侨华人民间信仰的特点及其前景》（华侨大学李天锡，《世界宗教研究》1999：1）该文认为华侨华人民间信仰具有如下特点：（1）与华侨出国同时向海外传播；（2）寺庙与会馆同处一所；（3）创造海外本土神明。本文还探讨华侨华人民间信仰的两种发展前景：（1）由于各国政府对华侨华人的宗教信仰（包括民间信仰）采取较为宽松的政策，以及民间信仰具有中国传统文化所具有的凝聚力和向心力，因而民间信仰可能继续维持发展；（2）随着华侨华人在当地落地生根，融入当地社会，他们的民间信仰也会逐渐融合进当地宗教信仰之中。

《阴阳之间——新加坡华人祖先崇拜的田野调查》（厦门大学曾玲，《世界宗教研究》2003：2）该文根据笔者在新加坡多年访问、调查与深度访谈所得的田野资料，并结合相关的金石、文献与档案，从先人的埋葬形态与先人的分类、先人牌位、祭祀先人等方面，讨论源自中国传统农业社会的祖先崇拜，如何在新加坡的社会脉络下发展出新的形态与功能以及其他特征。与传统研究相异的是，该文不是从农业社会宗族组织的架构出发，而是在一个由移民社会发展而来、具有多元种族文化特征的商业社会的环境中讨论汉人（华人）的祖先崇拜。

《论福建张圣君信仰及其民俗》（福建师范大学俞黎媛，《世界宗教研究》2004：4）该文探讨张圣君信仰的历史进程、张圣君农业神职能以及张圣君信仰与民俗的互动关系。提出张圣君历史上真有其人，在唐宋之际福建造神浪潮的大背景下被民众神化。宋代张圣君信仰的文人化气息非常浓厚，这与文献记载者的身份和当时社会背景有莫大的关系。进入明清，张圣君信仰的民俗化特征日趋明显，在传说和民俗方面则不折不扣地体现出农业神信仰的实质。张圣君由人而神的过程在造神时代也只是沧海一粟，而他能在众多的神灵中脱颖而出，信仰突破原有的空间、地域，辐射到更加广袤的地区，其传说和在信仰基础上形成的民俗对其助力甚大。

《从福建方志和笔记看民间信仰》（福建省人民政府汪毅夫，《东南学术》2005：5）该文从福建方志和笔记举例取证，论述福建民间信仰涉及的"寺观"和"祠庙"的分类、民间信仰同宗教的主要区别、"祀神的混乱"与"神道设教"的拟人化和随意性、世俗化倾向和制度化倾向的互动、基于制度化立场的批评指摘与民间信仰的两种因素、"载在祀典"与"不在祀典"、"崇德报功"与民间信仰的双翼结构诸问题。

表 11－25　　　　　　**1992—2005 年民间信俗研究其他成果**

成果名称	作　者	刊物或出版社
蔡塘的村神祭祀	石奕龙	《民间文学论坛》1992：4
从惠安钟厝社公信仰看畲族的民族意识	麻健敏	《福建论坛》（文史哲版）1992：5
陈元光国际学术讨论会论文集	朱天顺主编	厦门大学出版社，1993
试述吴真人信仰在华侨华人中的传播	李天锡	《华侨华人历史研究》1993：3
仙游"三妃合祠"习俗的历史演变考略	郑　工	《东南文化》1993：5
晋江石圳村的神鬼信仰	石奕龙	《中国社会经济史研究》1994：2
客家民间信仰	汪毅夫	福建教育出版社，1995
林龙江与仙游地区的"三一教"	陈职仪	《东南文化》1996：1
临水夫人信仰及其对民俗活动的影响与解释	石奕龙	《民俗研究》1996：3
福州民间宫观里的文物	刘湘如	《中国道教》1996：3
畲族的凤凰崇拜及其渊源	黄向春	《广西民族研究》1996：4
关于郭圣王、临水夫人研究中的几个问题	陈元煦 张雪英	《福建师范大学学报》（哲学社会科学版）1998：1
青礁慈济宫与海外华侨	聂德宁	《华侨华人历史研究》1998：2
古代福建沿海居民的海神信仰	谢必震	《福建师范大学学报》（哲学社会科学版）1998：2
福州城隍庙与闽台城隍信仰	杨彦杰	《东南学术》1998：5
试论"瑜伽教"之衍变及其世俗化事象	叶明生	《佛学研究》1999
城隍祭起源与城隍原型探析	颜亚玉	《吉林大学社会科学学报》1999：2
定光古佛探索	林国平	《圆光佛学学报》（台湾）1999：3
清水祖师探索	林国平	《圆光佛学学报》（台湾）1999：4
观音信仰在东南亚华侨华人中传播的原因及其作用	李天锡	《佛学研究》2000
客家猎神的发现与寻根	郭志超	《民俗研究》2000：3
明清时期海神信仰与海洋渔业的关系	王荣国	《厦门大学学报》（哲学社会科学版）2000：3
从孤魂野鬼到神灵的转化——闽南"私人佛仔"的初步研究	石奕龙	《民俗研究》2000：4

续表 11—25

成果名称	作者	刊物或出版社
传承与互动:少数民族原始宗教文化的变迁	夏 敏	《中央民族大学学报》2000:5
华侨华人民间信仰研究	李天锡	中国文联出版社,2001
古代越人的神木崇拜	林蔚文	《中央民族大学学报》2001:2
新马早期华人社会的民间信仰初探	聂德宁	《厦门大学学报》(哲学社会科学版)2001:2
闽南三平祖师信仰的形成与发展演变	颜亚玉	《世界宗教研究》2001:3
试论艾儒略对福建民间信仰的态度及其影响	张先清	《世界宗教研究》2002:1
明初军户移民与即墨除夕祭祖习俗	张彩霞	《民俗研究》2002:4
清末中西祭祖纠纷与中国教民	范正义	《厦门大学学报》(哲学社会科学版)2002:5
福建古田临水宫调查	林国平 范正义	《道韵》(第 12 辑)2002:12
福建民间动物神灵信仰	林蔚文	方志出版社,2003
新加坡华人的龙牌崇拜初探——兼与祖先崇拜比较	曾 玲	《厦门大学学报》(哲学社会科学版)2003:5
民间信仰文化旅游资源分类与评价——以闽台地区为例	韩卢敏 李 爽	《亚太经济》2004:1
闽侯县傅筑泰山宫迎神赛会调查	甘满堂	《民俗研究》2004:2
道教闾山派与闽越神仙信仰考	叶明生	《世界宗教研究》2004:3
"好巫尚鬼"的传统与东南民间信仰	林国平	《中国俗文化研究》(第 2 辑)2004:9
漳州民间信仰	沈元坤主编	海风出版社,2005
傀儡戏与辟邪巫术	夏 敏	《民族艺术》2005:3
民间信仰的象征意义与传承过程——明溪莘夫人崇拜的历史考察	黄素敏	《民俗研究》2005:4

(三) 地方民俗风情及生产生活习俗研究

《福建畲族的婚姻状况和收养关系——以霞浦县水门乡茶岗村为例》(石奕龙,《民族研究》1997:5)该文以霞浦县水门乡茶岗村的田野调查材料为基础,结合族谱和其他文献资料,对福建畲族的通婚范围、婚姻形式、过继、抱养养子养女等进行较为系统的介绍与分析,认为畲族在主要实行一夫一妻制嫁娶婚的同时,也存在童养媳、姑换嫂和招赘婚等婚姻形式，这些形式在中华人民共和国成立后发生了较大变化。作者特别指出，畲族的招赘婚在某些地方较为普遍，但它只是某些家庭为了延嗣而不得已采取的一种变通办法，"畲族婚嫁中的特殊风俗"是不符合事实的。

《福建惠东长住娘家习俗的历史透视》（厦门大学郭志超，《民俗研究》1997：2）该文运用实地调访资料，结合有关文献资料，以实证的方法，对惠东妇女长住娘家习俗做历史透视，解释其起源。文章指出：在福建省惠安县靠海的东部七个乡镇（崇武城内除外），至今还盛行长住娘家习俗，即：新婚的第四天新娘回娘家，当天晚上到夫家，翌日再回娘家，当天晚上返夫家，翌日又回娘家。几天后的一个双数日再去夫家，翌日又是回娘家。此后长住娘家，逢年过节和农忙时才到夫家一二天。每次回娘家都在凌晨不辞而别，悄然离去。直到快生孩子才长住夫家。对于惠东这一特异风俗的起源，从20世纪30年代以来，学术界见解纷呈，而主要有"母系制到父系制过渡期的遗俗"说，"（闽越后裔）从妻居向（汉民）从夫居转变"说，"两性分工"说。作者认为：前二说"借助一般假说，并加上直觉想象力"，"从而失之偏颇和谬误"；后一说将可能性续因与起因混淆。

《福州习俗》（福州市工人业余大学李乡浏、李达，福建人民出版社，2001）该书分为生活习例、婚嫁喜庆、人际交往、所谓绰号、岁时节俗、四季农务、桑俗葬仪和信仰俗例等八个部分。该书记录福州人传统的思想意识与生活风貌，举凡生产生活、人际交往、婚丧喜庆、岁时节俗和信仰忌讳等；阐释福州民间习俗的旧貌和现状，并在介绍传统习俗的原义及其衍变基础上，对当今习俗中的讹差与误导进行辨析。

《泉州民间风俗》（泉州师范学院陈桂炳，中国文联出版社，2001）该书分为绪论、生产习俗、生活习俗、岁时习俗、民间信仰等六章。作者在田野调查和文献搜集基础上，辑录泉州民间风俗事项，且对泉州民间民俗进行理论思考。该书认为，泉州民间风俗的主要特征表现为传播性、区域性和变异性。其中传播性，不仅仅在于中原习俗传入泉州，更重要的是民间习俗从泉州传到台湾乃至海外。泉州民俗区域性特征在民间信仰、饮食、服饰和居住方面表现十分明显。作者认为，全面阐述和深入探讨泉州民间信仰，有益于为区域文化史研究提供更为"宽度的理论议题"。

《福建民俗》（林蔚文，甘肃人民出版社，2003）该书分为福建民俗文化发展概述、生产民俗、家庭与村落民俗、居住民俗、饮食民俗、服饰民俗、交通民俗、岁时节日民俗、人生礼仪民俗、民间组织民俗、民间信仰民俗、民间艺术与民俗和方言与民俗等十三章。作者引用近百种史书典籍和地方志等文献资料，在广泛搜集和利用各地的民间传说、民间谚语、民歌民谣、家谱族谱、笔记小说、诗词曲调、民间戏曲以及方言民俗等方面资料基础上，对福建各个历史时期、多个民族以及不同地区的民俗风情展开论述，探讨福建民俗的历史源流、演变轨迹及其文化内涵。

《从〈问俗录〉看明末清前期福建社会风习》（厦门大学王日根、张宗魁，《中国社会经济史研究》2005：1）该文认为，明清时期是福建海洋经济取得巨大发展的时期，也是封建政府积极加强对福建的行政管辖和军事管辖的时期。莅闽官员多来自内陆，受儒家思想影响，在为政方面则体现出改造海洋社会文化、纳福建于传统儒家文化圈的倾向。这其中包含了儒家文化与当地海洋文化的交融和协调。陈盛韶的《问俗录》提供了一个认识内陆官员为官于闽的一种轨迹的个案，也为人们认识福建社会发展史提供了一个切实的文本。

表 11－26　　　　**1992—2005 年地方民俗风情及生产生活习俗研究其他成果**

成果名称	作　者	出版刊物或出版社
客家风情——宁化石碧采风纪实	宋经文 林湘生	鹭江出版社,1992
李光地与安溪民俗	陈国强	《福建论坛》(文史哲版)1992:5
惠东妇女头饰辨析	蔡铁民	《民间文学论坛》1994:1
铜鼓船纹与水上祭祀	林蔚文	《广西民族研究》1994:1
民间节日民间仪式世界感受的特点	涂元济	《民间文学论坛》1994:3
福建晋江华侨习俗浅析	李天锡	《民俗研究》1994:4
福建民俗小札	涂元济	《民俗研究》1994:4
客家礼俗	刘善群	福建教育出版社,1995
客家服饰文化	郭　丹 张佑周	福建教育出版社,1995
客家饮食文化	王增能	福建教育出版社,1995
八闽山水的民俗与旅游	林其泉	旅游教育出版社,1996
闽都风情录	方炳桂	福建教育出版社,1997
畲族民俗风情	陈国强主编	海峡文艺出版社,1997
惠安民俗	陈国强主编	厦门大学出版社,1997
邵武生产习俗概述	龚敏能	《民俗研究》1997:3
泉州民俗文化	陈桂炳	福建人民出版社,1998
厦门民俗	陈　耕 吴安辉	鹭江出版社,1999
泥土板筑的城堡——土围楼	石奕龙	山东教育出版社,1999
福州风情	方炳桂主编	鹭江出版社,1999
感受凿壁谈婚	彭兆荣	《民俗研究》1999:1

续表 11—26

成果名称	作　者	出版刊物或出版社
试论惠东妇女"长住娘家"婚俗的起因	吴春明	《民族研究》1999:2
山海遭遇天后宫	彭兆荣	《读书》1999:7
宁德风情	缪品枚	海风出版社,2000
莆田风情	朱合浦主编	福建人民出版社,2000
宁化客家民俗	李根水 罗华荣	中国华侨出版社,2000
叶春及的移风易俗观	陈桂炳	《民俗研究》2000:2
晋江文史资料(第23辑)晋江风物	陈仲初	国际文化出版公司,2001
试论饮食文化资源的旅游开发——以福州为例	王晓文	《福建师范大学学报》(哲学社会科学版)2001:3
从《甲渠言部吏毋嫁聚过令者》文书看汉代社会中的婚俗奢靡问题	周　宇	《中国社会经济史研究》2002:4
近代福建对偶婚遗俗探析	刘传标	《福建论坛》(经济社会版)2002:12
莆田文化丛书·民俗风物	林成彬 朱宪章 杨祖煌	福建人民出版社,2003
东山岛风情	李志勇主编	海潮摄影艺术出版社,2003
民俗风情	《惠安文化丛书》编委会编	福建人民出版社,2003
闽西畲族的女性崇拜及其意义	杨彦杰	《福建论坛》(经济社会版)2003:6
闽江流域疍民的文化习俗形态	刘传标	《福建论坛》(经济社会版)2003:9
泉州习俗	陈垂成主编	福建人民出版社,2004
龙岩民俗文物	张兆声主编	海潮摄影艺术出版社,2004
一种婚姻亚文化:晋江石狮的金钱婚俗	陈晓煌	《福建省委党校学报》2004:9
漳州民俗风情	简博士主编	海风出版社,2005
福建土围楼 泥土版筑的城堡	石奕龙	中国旅游出版社,2005
中国民俗通志·丧葬志	石奕龙	山东教育出版社,2005

（四）民间文学与民间艺术研究

《藏地歌谣与习俗的文化关联》（夏敏，《民族文学研究》2000：4）在西藏地区，凡民俗都是有歌的，歌是民俗的最重要的"表达"。该文以藏地歌谣为例，从民俗的角度说明歌谣对民俗的依赖及其产生于民俗的事实。作者指出：残存于西藏地区的歌谣绝不能把它视为孤立的民俗事象，它从古代传延至今必然有其产生的各种社会机能；习俗中的歌谣在早期社会不单纯是抒情的文本载体，它们是实用性的、社会性的活动，它从属于仪式，服务于人的物质生产和自身生产需要。

《福建民间歌谣与福建社会文化》（何绵山，《福建省委党校学报》2002：4）该文探讨福建民间歌谣与福建文化之间的紧密关系。文章以时间顺序为线索，列举宋代、明代、近现代、当代歌谣的特色。文章指出，福建文化形成与闽越文化的遗风、中原文化的传入、宗教文化的传播、海外文化的冲击等关系密切，因此福建大量的劳动歌、时政歌、仪式歌、情歌、生活歌、历史传统歌、儿歌等，都不同程度地表现福建文化独有的丰富内容，表述福建文化的多元性：方言驳杂，乡音各异；民风各异，习俗不一；性格迥异，观念不同；同样题材，极少雷同。该文还指出，福建歌谣的艺术性主要表现在：情真委婉、生动形象、幽默深刻等。

《南音传承与地方文化政策的扶持》（泉州师范学院王珊，《中国音乐学》2003：2）该文通过对南音的民间文化属性的论述以及相应生存状态的描述，认为随着文化与时代的变迁，南音固有的自发性的民间生存状态，已经很难使其传统音乐重新焕发生机。因此，只有地方政府大力扶持，制定良好的文化政策，才能推动南音继承和发展，使南音这一传统音乐品种获得新的生存和发展空间。

《把关注延伸到"申遗"之后——从泉州南音保护与振兴十年规划谈起》（王珊，《中国音乐学》2004：4）该文以"泉州南音保护与振兴十年规划"为例，提出对"人类口头和非物质遗产代表作"的保护、研究应贯彻整体性、活态的原则，加强学术介入，把关注延伸到"申遗"之后。

《论中国畲族民歌结构的非汉语言因素》（福建师范大学蓝雪霏，《中国音乐》2005：3）该文从语言的角度，指出畲族这个使用近似汉语客家方言的民族，其音乐与语言的诸多不合作显示了其自身音乐特性之遗存。文章从节拍无序、顿逗错位、旋律与语言声调反向、旋律音调互不通融、鸟言唱法等方面论证畲歌结构的非汉语言因素。畲族民歌结构中的非汉语言因素应有其存在的道理，它显示畲族在宋、元朝时期与客家相互融合之前自身的某些文化遗存。这些遗存正是畲族音乐特性之所在，是今天面临消亡但却应该发扬的畲族音乐传统的主要部分。畲族不因共同采用近似客家话的汉语言而放弃古老的多种旋律音调，和他们多种不同的服饰、惯习一起，可能暗示其各自不尽相同的复杂来历。该文认为：在直面现代化进程之势不可挡、弱小民族的文化将为强势民族文化所吞噬的现实时，应高度重视保存并挖掘、提纯弱势民族遗存的音乐文化特性，探究其中可能蕴涵的古远的文化信息对保存、继承中华民族优秀文化传统具有重要意义。

表 11—27　　　　　**1992—2005 年民间文学与民间艺术研究其他成果**

成果名称	作　者	发表刊物（出版社）及时间
福建南音文化区布局及形成原因述略	孙星群	《星海音乐学院学报》1992:2
论《梅花操》	周　畅	《音乐研究》1992:3
神话·民俗与文学	涂元济 涂　石	海峡文艺出版社,1993
福建茶叶民间传说	陈斯福 陈金水主编	新华出版社,1993
武夷山水传奇	曾震中	海潮摄影艺术出版社,1993
福建民间美术	陈秋平	福建教育出版社,1993
论《走马》、《四时景》和《百鸟归巢》	周　畅	《音乐研究》1994:4
客家艺能文化	王耀华	福建教育出版社,1995
雅音乐的俗话与俗音乐的雅化	孙星群	《福建艺术》1995:4
《天妃娘妈传》作者吴还初小考	官桂铨	《学术研究》1995:6
明代民歌述评	崔晓西	《民俗研究》1997:2
福州方言熟语歌谣	陈泽平	福建人民出版社,1998
牛魔王:初民心灵世界的回光返照	夏　敏	《明清小说研究》1998:2
福州熟语	方炳桂	福建人民出版社,1999
宁化民间传说	谢起光	中国华侨出版社,2000
建瓯方言熟语歌谣	潘渭水 陈泽平	福建人民出版社,2000
闽西汉剧与客家音乐研究	王卓模	北京燕山出版社,2000
古代水傀儡艺术形态考探	叶明生	《戏剧艺术》2000:1
《野天鹅》对民间故事的继承与超越	陈宜安	《福建师范大学学报》（哲学社会科学版） 2000:3
浅析三首四平锣鼓的曲体结构	陈新凤	《中国音乐》2000:3
长汀客家方言熟语歌谣	陈泽平 彭怡玢	福建人民出版社,2001
莆仙方言熟语歌谣	刘福铸	福建人民出版社,2001
厦门方言熟语歌谣	周长楫	福建人民出版社,2001
师公戏的化妆与脸谱	叶明生 刘　远	《世界宗教文化》2001:1
论《阳关三叠》《孔雀展屏》和《四边静》	周　畅	《音乐研究》2001:3

续表 11－27

成果名称	作　者	发表刊物（出版社）及时间
寓唐诗宋词音乐性　赋福建南音文学性——卓圣翔、林素梅《唐诗宋词南管唱》析	孙星群	《中国音乐》2001:3
从《皇帝的新装》看安徒生童话对民间故事的继承与创新	陈宜安	《外国文学研究》2001:3
喜马拉雅山地歌谣的民俗学解读	夏　敏	《民俗研究》2001:4
林则徐民间传说故事	彭望涛	海潮摄影艺术出版社,2002
论福建传统民歌的继承与创新	李向京	《福建师范大学学报》（哲学社会科学版）2002:1
中国泉州南音教程	王　珊　王丹丹	厦门大学出版社,2003
侨乡出新葩,童声传古韵——对南音进中小学课堂的考察与思考	王　珊	《中国音乐》2003:1
安徽贵池傩戏中乐器和音乐的仪式性功能探究	周显宝	《中央音乐学院学报》2003:3
乌龙江传奇方炳桂民间故事选集	方炳桂	福建人民出版社,2004
泉州俗语故事	傅孙义	福建人民出版社,2004
三月二十三的妈祖	游荔生	延边人民出版社,2004
关于南音传承问题的思考	王丹丹	《中国音乐学》2004:1
支起文化根系的车轴——读肖亮中的《车轴》	夏　敏	《民俗研究》2004:2
青阳腔的仪式生境与历史变迁	周显宝	《戏曲研究》2004:2
四百年前福建南音刊本的发掘——读《满天春》《钰妍丽锦》《百花赛锦》	孙星群	《音乐研究》2004:2
闽南民间传说	张子曲	中国文史出版社,2005
古愿傀儡:悠远神奇傀儡戏（大型摄影散文珍藏版）	叶明生	海潮摄影艺术出版社,2005
给农民音乐发展一个真正公平的竞争平台	蓝雪霏	《人民音乐》2005:4
试析南音"指骨"工尺谱与唱腔之关系	张兆颖	《福建师范大学学报》（哲学社会科学版）2005:4

第十二章 新闻传播学等学科研究

第一节 图书馆学研究

一、学科建设与学术研究

(一) 学科建设

1983 年，经教育部批准福建师范大学正式创办图书馆学专业。2003 年，该校获得图书馆学硕士学位授予权，设立"福建地方文献及闽人著述的整理与研究"、"信息资源管理与知识产权"、"信息资源开发与组织管理"等 3 个研究方向。同年，成为教育部高等学校图书馆学学科教学指导委员会委员单位。

1990 年和 1992 年，福建省艺术学校招收了两届图书馆学中专班。1995 年武汉大学图书情报学院在福建省图书馆设点，开展图书馆学专业函授本科教育，截至 2002 年共有 80 名学生毕业，其中 56 人获得学士学位。1997—2000 年，福建省电视大学先后招收了四届电大图书馆学专业大专班。

此外，厦门大学、福州大学、福建社会科学院、福建省图书馆、福建中医学院、华侨大学、集美大学、福建省委党校等单位也有一些图书馆学研究者。

(二) 学术研究

1992—2005 年，福建省图书馆学界在国家级和省级正式刊物上共发表论文 1874 篇，其中福建师范大学发表论文 216 篇、厦门大学 198 篇、福州大学 164 篇、福建省图书馆 121 篇，福建省委党校图书馆 75 篇。福建省图书馆学研究的主要方向为基础理论、信息资源建设与共享、公共图书馆、高校图书馆和专业图书馆事业改革与发展、信息组织和信息检索、信息法学等领域。

这一时期，该学科获福建省社会科学优秀成果奖 7 项：《图书馆功能相对增减论》（第二届二等奖，福建省图书馆姜继）、《我国比较图书馆学的复兴及其走向》（第二届三等奖，厦门大学朱立文）、《对公共借阅权制度的理性思考》（第五届三等奖，福建师范大学江向东）、

《图书馆学之人文向度刍议》（第五届三等奖，福建社会科学院王涛）、《学术图书馆学科导航门户资源类型表的设定》（第六届二等奖，厦门大学萧德洪、张春红）、《数字图书馆实体信息资源建设的版权问题分析》（第六届三等奖，江向东）、《特种文献机读书目数据》（第六届三等奖，福建师范大学韦衣昶）。另有3项成果获1996年国际图联大会学术论文征文优秀论文奖。

（三）学术会议

1992年10月，福建省图书馆学会主办的华东六省一市第六次图书馆学会协作科学讨论会在武夷山召开，会议主题为"图书馆与科技进步"。

1994年，福建省图书馆学会学术研讨会在东山举行，会议主题为"市场经济与图书馆事业的发展"。大会宣读论文和交流论文均由学会学术委员会评审推荐。

1995年9月，福建省图书馆学会举办福建国际友城图书馆自动化与资源共享学术交流会，美国、德国、日本以及中国香港和华东六省一市的40多位图书馆学专家、学者与会，有13篇论文在大会上宣读。会后出版论文集。

2000年10月，福建省图书馆学会学术年会在南靖召开，会议主题是"21世纪图书馆——变革与发展"，40余人与会。会议从信息资源建设、网络信息服务、图书馆变革等角度探讨21世纪图书馆事业发展的方向。

2001年10月，福建省图书馆学会学术年会在南安市召开，围绕"知识经济时代图书馆的创新思维及图书馆的可持续发展"展开讨论。

2002年10月，福建省图书馆学会学术年会在屏南县召开。会议主题是"知识经济时代图书馆的发展趋势"，60余人出席会议。

2003年9月，福建省图书馆学会学术年会在南平市召开。本次会议的主题为"新世纪的图书馆员"，征集论文100余篇，60余人出席会议，围绕数字环境下图书馆员职业素质的拓展等相关问题展开讨论。

2004年10月，福建省图书馆学会学术年会在石狮召开，70余人出席。会议围绕"公共图书馆可持续发展"和"高校大学城图书馆建设的现状与问题"等专题进行研讨。

2005年10月，福建省图书馆学会学术年会在漳州市举行，年会主题是"构建和谐社会、建设海峡西岸经济区与图书馆服务"，收到论文110篇，102人出席会议。会议围绕"海峡西岸经济区建设与图书馆服务"、"中国图书馆法治环境构建"、"数字资源共建与共享"等问题展开研讨。

二、主要学术成果

（一）图书馆学基础理论及其相关领域研究

《图书馆功能相对增减论》（姜继，《中国图书馆学报》1992：1）该文运用数据分析图书馆外部环境的变化，认为导致图书馆个体功能正在相对衰减的原因主要有四：一是科学家和科技文献数量激增超过了图书馆的承受能力；二是学科交叉渗透、学科文献分布广，造成专业图书馆文献搜集范围越来越宽；三是学科专业微分化造成综合性图书馆文献搜集广度与深度增加，加重了图书馆的负担；四是书刊价格的快速上涨造成图书馆文献购买力的下降。图书馆个体功能相对衰减则主要体现在：直接影响文献收藏的完备性、馆藏学科空白和薄弱现象日益严重、馆藏资源建设重复严重造成内耗、馆藏利用率下降等四个方面。虽然图书馆个体功能正在相对衰减，但图书馆整体功能却正在增强，主要表现为：网络化将加快图书馆之间的合作、现代化技术和设备成为图书馆整体能力增强的物质条件，图书馆网络化的形成是这一增强的标志。在此基础上，该文提出了未来图书馆整体性建设的构想。

《我国比较图书馆学的复兴及其走向》（朱立文，《江苏图书馆学报》1992：3）该文回顾新中国成立前中国比较图书馆学研究的概况，将1978—1992年国内比较图书馆学研究划分为两个阶段，并对主要研究成果进行评述。在此基础上提出比较图书馆学研究应面向世界，以发展的眼光和文化比较为基础，加强学科建设的深层研究，运用多种研究方法，推进宏观与微观、纵向与横向之比较研究。

《图书馆学之人文向度刍议》（王涛，《情报资料工作》2002：1）该文从人文眷注和实践理性角度出发，对"知识"和"科技"在流行观念和现实生活中至上化的情况进行检讨。认为当"知识"更多地与"经济"相关联时，对"知识"的执著可能会导致功利主义的膨胀，因此必须对图书馆学固有的人文向度进行探索。该文还从人文视野中的图书、读者、图书馆管理与管理者等角度，探讨图书馆学的人文向度，揭示图书馆学"人文—科学"的学科品格。

《复合型图书馆的建设》（福建社会科学院刘传标，北京图书馆出版社，2005）该书认为目前图书馆界对文献信息资源建设存在着强调文献信息数字化的效能，忽视传统的图书情报工作效能、数字图书馆才是唯一的发展方向等倾向。作者指出：根据我国图书馆的现实状况，只有建设复合型图书馆，才能更好地将传统图书馆与数字图书馆优势融为一体，充分发挥现有资源优势，更好地为读者提供高质量的服务。

《信息时代的期刊管理》（厦门大学李金庆，光明日报出版社，2005）该书在对网络环境下期刊文献特征和信息需求特征进行分析的基础上，对期刊管理机构的设置、核心期刊、期刊统计与文献计量、纸质与电子期刊采访原则与方法、期刊登到催缺与装订、期刊标引与编目、期刊典藏与流通、期刊信息开发与服务、期刊工作中的著作权问题、期刊工作现代化和期刊工作发展趋势等内容进行分析与研究。

《论图书馆整合》（福州大学张文德，《中国图书馆学报》2005：3）该文在对图书馆合并后整合管理进行定义的基础上，提出具体的整合管理模式。作者认为具体的整合管理思路，主要包括信息体集中化整合、数据资源整合、管理制度整合、图书馆文化整合、人力资源整合、组织管理与研究开发整合和信息营销整合等方面。

表 12-1　　**1992—2005 年图书馆学基础理论及其相关领域研究其他成果**

成果名称	作　者	发表刊物（出版社）及时间
定题跟踪服务质量保障刍议	李金庆	《大学图书馆学报》1993:1
艾滋病中文专题文献题录的编制与系统特点	林淑金	《大学图书馆学报》1994:2
新闻资料如何为宏观决策服务	赖任南	《情报资料工作》1994:3
连续出版物概念逻辑理论与方法探析	黄惠山	《中国图书馆学报》1994:4
市场经济条件下文献信息的有效开发与利用	舒亚清	《情报资料工作》1994:6
关于图书馆科学管理的思考	韦衣昶	《大学图书馆学报》1995:1
图书馆的前途取决于是否能吸引读者	邓思达	《情报资料工作》1995:2
图书馆走向市场辨析	陈钟官	《图书情报工作》1995:5
中国图书馆学跨学科研究	姜　继	《中国图书馆学报》1995:6
图书馆服务延伸论——我国图书馆事业走向新世纪的思考	何鼎富 唐永堂	《中国图书馆学报》1996:2
图书馆职业道德实践中的良心观	蔡金钟	《中国图书馆学报》1996:4
西方现代印刷技术与中国图书装帧形式的变化	郭　毅 王邢华	《中国图书馆学报》1996:6
图书馆社会教育功能论	郭彦新	《中国图书馆学报》1996:6
论横向效应	刘德诚	《图书情报工作》1997:4
图书资料系列高级职称评审随想	李金庆	《大学图书馆学报》1998:5
网络时代的图书馆员	薛　华	《图书情报工作》1998:7
"信息时空"——从宏观角度探索	吴力群	《图书情报工作》1998:12
21 世纪图书馆和图书馆员的重新塑造	卢维春	《图书情报工作》2000:5
论图书馆发展与图书馆个人发展之间的关系	谭奇明	《大学图书馆学报》2000:6
敢问路在何方——评《21 世纪图书馆新论》	周国忠	《图书情报工作》2001:10
视野交叉中的图书管理与人文教育——图书馆教育三题	王　涛	《情报资料工作》2002:5
论图书馆的经济职能	吴力群	《图书情报工作》2002:9
图书馆网络信息咨询的设计与发展	林国华	《情报资料工作》2003:1

续表 12—1

成果名称	作　者	发表刊物（出版社）及时间
效率与公平原则的统一——论图书馆分配制度中的改革	阮孟禹	《情报资料工作》2003：2
图书馆责任意识的淡化与重塑	阮孟禹	《情报资料工作》,2004：3
"士先器识而后文艺"——略论图书馆学家、图书馆事业家刘国钧先生的人文眷注	王　涛	《情报资料工作》2004：3
培育"我代表图书馆"的管理意识	苏海潮	《大学图书馆学报》2005：2
图书馆用户平等观的历史与现状	阮孟禹	《情报资料工作》2005：3
1992—2003 年我国图书馆学教育研究论文统计分析	江向东 傅文奇 刘海霞	《图书情报工作》2005：11

（二）公共图书馆、高校图书馆与专业图书馆事业发展研究

《新信息产业中的图书馆》（姜继、福建省图书馆伍新生，《中国图书馆学报》1994：1）该文从图书馆实践和图书馆学理论研究两个方面，论证了图书馆属于信息流通服务业、图书馆学是信息科学的分支学科。首先从国外对信息产业类型划分的角度出发，提出图书馆属于信息流通服务业的观点，认为新信息技术是图书馆变革的催化剂，从而推动了传统图书馆的变革。其次从科学发展的整体化趋势出发，论证图书馆学和信息科学之间的本质联系，从而得出图书馆学是信息科学分支学科的结论。

《我国公共图书馆评估刍议》（福建省图书馆郑一仙，《中国图书馆学报》1999：4）该文对文化部组织的全国公共图书馆评估活动进行研究。分析省级公共图书馆评估标准体系设计中存在的问题，并提出具体的改进建议。同时分析评估组织实施方案设计存在的问题，建议从科学性、实用性、高效性和节约性角度出发，对现行方案进行修改。

《关于图书馆学会生存与发展问题的几点思考》（福建省图书馆龚永年，《中国图书馆学报》2000：4）该文针对图书馆理论研究和图书馆实践过程中出现的图书馆产业化和市场化浪潮，提出图书馆事业的发展特别是图书馆学会的生存和发展需要政府和全社会的支持和保护，不能简单地被推向市场。图书馆学会应当坚持公益性、无偿性和服务性原则，不应把赚钱盈利放在首位，同时也应当适应市场经济环境，积极采取对策，以利于自身生存和发展。该文认为图书馆学会也要继续深化改革，不断探索自身发展的客观规律，并从设备、人员、公关、工作内容、形式和创新等角度，提出一些改善图书馆学会生存环境的具体对策。

《我国省市图书馆管理改革策论》（郑一仙，《中国图书馆学报》2000：5）该文认为：我国省市图书馆为应对市场经济和现代信息技术所引发的冲击而进行的管理改革，有必要进一步深化。作者主张应以业务管理为改革的核心和改革的主攻方向，并以人事管理、财务管理和物业管理的改革作为辅助配套改革。同时提出在省市图书馆业务管理改革方面，要拓展图书馆的社会功能，加快与本馆相对应的数字图书馆建设的速度。在人事管理改革方面，应当赋予馆长人事辞退权、高职低聘权、低职高聘权、精神和物质奖励权。在财务和创收管理方面，创收利润分配要处理好馆、部门和个人之间的三者关系。在物业管理改革方面，凡是社会上现有行业公司能够满足图书馆需要的项目，图书馆就花钱买服务而不自己养人自己做。

《对知识工程实施中几个问题的思考》（福建省图书馆谢水顺、方允璋，《中国图书馆学报》2001：3）该文提出：为了确保知识工程可持续实施和推广，首先领导重视实施知识工程是其重要前提；其次要加强成员单位之间的协调配合，全面推进知识工程的实施；再次提高办馆效益，充分发挥图书馆在知识工程中的主阵地作用；最后把握住实施知识工程的有利时机，尽快制定颁布图书馆法，使图书馆事业的发展得到根本保证。

表 12—2 **1992—2005 年公共图书馆、高校图书馆与专业图书馆事业发展研究其他成果**

成果名称	作　者	发表刊物（出版社）及时间
科技图书馆外借频率的布氏分布及其影响因素	欧鼎生	《大学图书馆学报》1992：2
我国公共图书馆经济政策初探	郑一仙	《中国图书馆学报》1995：3
集美学村文献资源共享初探	蔡金钟 黄海鹰	《中国图书馆学报》1995：4
高校图书馆中文图书采访模型的初步研究	游丽华	《图书情报工作》1995：4
高校文献课教学实践与思考	王惠英	《大学图书馆学报》1995：5
我馆的电子文献信息部	崔晓西	《大学图书馆学报》1996：3
谈山区公共图书馆事业的农业信息服务	陈沈珍	《中国图书馆学报》1999：2
谈客家族谱的收藏与利用	严雅英	《中国图书馆学报》1999：3
福建省台湾社科文献布局现状分析	刘传标	《情报资料工作》1999：3
知识经济与文献馆工作	汪彩鸾	《情报资料工作》1999：6
资料室分馆化改造：厦门大学的经验	萧德洪	《大学图书馆学报》2001：4
树立良好形象，吸引民众利用图书馆——访美公共图书馆印象	肖　红 许兆恺	《中国图书馆学报》2001：6

续表 12－2

成果名称	作　者	发表刊物（出版社）及时间
台湾数字图书馆的发展与启示	程　光	《情报资料工作》2001：6
论高校数字图书馆的优先发展策略	苏海潮	《大学图书馆学报》2002：6
试论中小型党校图书馆网络化、信息化发展之途径	柳丹枫	《情报资料工作》2003：2
对党校系统互联网站建设和发展的战略思考	柳丹枫	《情报资料工作》2004：2
社区服务与资源共享的社区图书馆	牛　康	《图书情报工作》2004：10
持续提升信息化教育平台，鼎力构架党校教育跨越式发展的目标	柳丹枫	《情报资料工作》2005：4

（三）文献资源建设研究

《以文献资源开发和利用为目的开展藏书布局工作》（萧德洪，《中国图书馆学报》1994：4）该文认为在书价快速上涨和图书馆购书经费紧张的双重压力下，图书馆应通过修订藏书建设发展方针、改变藏书布局和服务方式，调整内部机制，从而达到完善自身的藏书体系。

《学术图书馆学科导航门户资源类型表的设定》（萧德洪、张春红，《大学图书馆学报》2004：5）该论文认为资源类型表的确定对于学科导航门户的资源收集与评估、建设规划与操作、用户浏览与资源检索具有重要意义。该文通过对 DC、ROADS、SOSIG、INFOMINE、CSDL 等资源类型表的分析，指出 DC、ROADS、INFOMINE、CSDL 资源类型表存在着某些缺陷，SOSIG 对资源类型划分则相对比较详细，且定义较为规范，较符合图书馆专业人员的分类习惯，具有可操作性，是一个值得借鉴的分类体系。作者还设计了建议 CALIS 采用的资源类型表。

《计算机在馆藏图书资源评价中的应用研究》（福建中医学院林端宜、刘春金，《情报探索》2004：6）该文针对馆藏资源建设中存在的文献利用率、文献老化等问题，应用计算机技术和数据库技术，开发"馆藏资源在线评价系统"。通过对馆藏资源建设和利用藏书量、流通量、流通率、利用率等几个重要指标的分析，实现在线快速评价馆藏文献在相应的时间段内的资源分布状态、老化状态和用户需求状态。

《网络资源的著录单元探讨》（萧德洪，《中国图书馆学报》2005：6）该文提出：图书馆在对网络资源进行评价和选择时，要做到内容与形式并重，要分析出逻辑的独立资源单位，以准确表达单个网络文档的目的。作者认为，对网络资源实体进行编目必须尊重用户的检索习惯，主张对网络资源进行简单分类和著录。作者还对 DC 已有成果的运用、网络资源存在的形式和独立资源单位进行分析，指出资源类型控制的意义。

表 12－3　　　　　　**1992—2005 年文献资源建设研究其他成果**

成果名称	作　者	发表刊物(出版社)及时间
我馆电子文献信息部的基本运作和网络管理	崔晓西	《大学图书馆学报》1997；3
论我国图书馆网络建设	郭　毅	《图书情报工作》1997；6
自动化对图书馆文献资源结构的影响	林梦如	《图书情报工作》1998；2
断档期刊及其典藏	刘端华	《图书情报工作》1998；3
网上购书：一个并不轻松的选择	柳丹枫	《情报资料工作》2001；4
论社会科学查新体系的构建	江永真	《情报资料工作》2001；5
构建地方社科院文献资料工作读者价值导向的管理体系	刘传标	《情报资料工作》2001；6
努力推进地方学校信息化进程	王东闽	《情报资料工作》2001；6
特色馆藏资源的数字化建设	韦衣昶	《大学图书馆学报》2001；6
网络环境下高校图书馆学科采访馆员制度的建立与管理	钟建法	《大学图书馆学报》2002；2
近年高校图书馆文献资源利用需求分析	刘春金	《大学图书馆学报》2003；2
厦门大学数字化建设回顾与展望	黄国凡 萧德洪	《大学图书馆学报》2003；5
ASP. NET 构造网络信息发布系统的设计与应用	陈　阳	《大学图书馆学报》2003；6
数字图书馆存储系统构建策略	刘海伟 萧德洪 黄国凡	《大学图书馆学报》2004；3
高校二级民办学院文献保障应明确的几个问题	林建荣	《情报资料工作》2004；4
论我国文献信息资源共建共享中的图书馆立法	郭盛扬	《图书情报工作》2004；4
现代图书馆存储技术方案的应用与选择	王东闽	《情报资料工作》2004；5
世界华文文学资料的收集	高玛莉 洪丹萍 吴荫东	《大学图书馆学报》2004；5
馆藏图书建设统计分析方法	吕联钟 韩冬丽	《大学图书馆学报》2004；5
十年来我国藏书发展政策研究综述	钟建法	《大学图书馆学报》2004；6
复合图书馆时代的馆藏发展政策	钟建法	《图书情报工作》2004；6
文献数字化中的非技术策略	陈祖芬	《情报资料工作》2005；2
试论图书馆数字化信息服务体系的建构——以厦门大学图书馆为例	朱巧青	《情报资料工作》2005；2

（四）信息检索和信息组织研究

《普通图书机读书目数据》（韦衣昶，北京图书馆出版社，2002）该书通过具体的编目实例，将中、西文编目结合起来，统一以往中西文编目不一致的情况。作者在对文献编目的一些基本概念进行界定的基础上，阐述文献编目的基本原则，计算机编目工作的标准化和规范化，同时介绍文献著录规则、款目著录、标目参照及规划、多层次著录和分析著录。分析普通图书 CNMARC 数据输入方法以及连续出版物的主要著录规则和 CNMA11C 数据的输入方法。

《特种文献机读书目数据》（韦衣昶，北京图书馆出版社，2003）该书从实际工作出发，突出编目技术和方法的实践性，结合具体著录实例，论述特种文献机读书目数据的著录方法。同时，详细介绍古籍机读书目著录信息块、附注信息块、连续款目块、相关题名块、主题分析块、知识责任块、国际国内使用块的著录方法，以及金石拓片、音像资料、缩微资料、电子资料、测绘制图资料、乐谱、标准文献、科技报告、学位论文、会议文献、技术档案、专利文献、产品样本、零散资料等机读书目数据的著录方法。

表 12—4　　　　**1992—2005 年信息检索和信息组织研究其他成果**

成果名称	作者	发表刊物（出版社）及时间
自动化后采访与编目工作的重新组合	林梦如	《大学图书馆学报》1997：5
省级党校图书馆书目数据库建设	王东闽	《情报资料工作》1997：5
小议书次号中的出版年代号	柳丹枫	《情报资料工作》1997：6
世纪之交出版年代号的命运与思考	阮孟禹	《情报资料工作》1997：6
UnCover 期刊文献检索系统	林雪英	《大学图书馆学报》1997：6
一种深化高校图书馆教育职能的新途径——交互式多媒体辅助教学服务系统	任承辉 王长缨 游水生	《大学图书馆学报》1998：1
Internet 上的免费专利信息检索与利用	阮延生	《大学图书馆学报》1998：3
关于地区性联合采编中心建设的若干思考	韦衣昶	《大学图书馆学报》1998：6
试论中国古代图书编目的文化内涵	王　涛	《图书情报工作》2002：6
我国文献编目的历史进程与发展趋势	游丽华	《情报资料工作》2004：1

（五）信息法学研究

《对公共借阅权制度的理性思考》（江向东，《中国图书馆学报》2001：3）该文针对当前国内公共借阅权研究存在的"赞成说"、"反对说"和"中间说"三种观点作了分析，认为实施公共借阅权制度有利于对图书馆借阅行为的法律确认，避免版权纠纷；有利于推动我国图书情报事业的产业化进程，为有偿服务提供法律保障；有利于适应国际版权保护强化趋势，提高我国版权保护水平；有利于维护版权人的合法权益，调动作者的创作积极性，促进我国科学文化事业的发展；可以适应我国当前强化知识产权权利人利益的法律选择。

《数字图书馆实体信息资源建设的版权问题分析》（江向东，《中国图书馆学报》2004：3）该文运用国内外有关著作权法公约和著作权法的相关规定，对数字图书馆实体信息资源建设所涉及的版权问题进行分析。认为数字图书馆实体信息资源建设的方式，主要包括传统馆藏信息资源的数字化、购买数字化制品和数据库、下载的网上信息资源等三种类型。进而依据 WIPO 的 WCT 和 WPPT 两公约和我国《著作权法》及配套法规的相关规定，分析馆藏作品数字化行为的法律性质和版权策略、图书馆购买数字化制品和数据库的版权策略，探讨虚拟信息资源下载的版权问题。

《版权制度下的数字信息公共传播》（江向东，北京图书馆出版社，2005）该书依据版权法制度发展史与版权法原理，对图书情报工作所涉及的公共借阅、文献资源开发强制许可、数字图书馆资源建设、数据库建设、网络传播服务、数字文献传递、数字图书馆与技术保护措施及权利管理信息等一系列问题进行论述。全书运用《伯尔尼公约》、《世界知识产权组织版权条约》、《WTO 与贸易有关的知识产权协议》、美国《数字千年版权法》、欧盟《协调信息社会中版权与相关权利指令》、欧盟《公共借阅权指令》、我国《著作权法》等相关法律条款和相关案例，对图书情报工作所涉及的具体版权问题进行分析。

《20 世纪 90 年代以后欧盟公共借阅权制度的新进展》（江向东，《中国图书馆学报》2005：3）该文首先根据欧盟 EC92/100 指令（公共借阅权指令）和世界各国公共借阅权制度实施，对公共借阅权进行界定，指出该权利是归版权人所有而不是归图书馆所有，公共借阅行为和出租行为，两者均构成版权法意义上的作品使用行为。同时介绍 EC92/100 指令中有关公共借阅权的权利主体和权利限制，分析该指令的出台对公共借阅权制度的影响，欧盟各成员国近期实施该制度的具体情况，以及欧盟各国在国内法转化过程中存在的问题。

《美国数据库保护立法取向及对我国的启示》（福建师范大学阮延生，《中国图书馆学报》2005：3）该文通过对近年来提交美国国会讨论的 HR3531、HR2652、HR354、HR1858、HR3261 和 HR3872 等 6 个有关数据库特殊权利保护法案进行对比分析，认为美国对待数据库特殊权利保护的立法态度，已由原来的赋予权利人宽泛的权利和极少的合理使用条款的强保护模式，转变为对减少权利人权利范围、增加合理使用的范围，并试图将数据库特别权利保护定位在反不正当竞争法上。作者认为中国数据库特殊权利保护未来立法模式，应从完善和充实《反不正当竞争法》角度出发，既要保护数据库商的利益，同时也要兼顾社会公众的利益。

表 12－5　　　　　　　**1992—2005 年信息法学研究其他成果**

成果名称	作　者	发表刊物（出版社）及时间
信息产权保护与图书馆资源开发	黄金凤	《法律文献信息与研究》1999:4
网络环境下图书馆信息服务中的知识产权问题	吴翠兰	《图书馆论坛》2001:1
论图书馆文献资源开发的强制许可使用问题	江向东	《情报资料工作》2001:3
数字图书馆知识产权问题研究	阮延生	《中国图书馆学报》2002:1
《数字千年版权法》立法实践及其对图书情报工作的影响	江向东	《福建师范大学学报》（哲学社会科学版）2002:2
试论《著作权法》对数据库的知识产权保护	林　甫	《图书情报工作》2002:12
欧盟 92/100 指令对图书馆公共借阅活动的影响	江向东	《图书馆杂志》2003:9
数字图书馆的知识产权保护和图书馆职能发挥	黄　欣	《江西图书馆学刊》2004:1
图书馆数字化建设与著作权合理使用问题探讨	陈兰钦	《福建政法管理干部学院学报》2004:1
近三年来我国数字图书馆版权问题研究现状分析	江向东	《津图学刊》2004:2
图书馆特色数据库建设中的版权困境及其出路	赖辉荣	《河南图书馆学刊》2004:2
数字图书馆在服务中知识产权保护问题	黄雪珍	《泉州师范学院学报》2004:4
数据库法律保护及其对数字图书馆数据库的影响	阮延生	《福建师范大学学报》（哲学社会科学版）2004:5
数字图书馆建设与知识产权保护	林有卫	《中国西部科技》2004:13
数字图书馆的版权问题	陈淑立	《情报探索》2005:2

第二节　情报学研究

一、学科建设与学术研究

（一）学科建设

20 世纪 90 年代初，福建省内各个科研院所陆续设置情报机构，截至 2005 年，全省共有科技情报所 64 个。综合性情报机构主要由省、市、县级情报机构和综合性高等院校的情报机构组成。专业系统情报网络基本健全，其中有社会科学和化工、建设、水利水电、煤炭、建材、交通、二轻、医药等 8 个行业省级科技情报中心站，有技术标准、农业机械、医学、电子和轻工纺织等 6 个行业的省级情报研究所。

1992 年 9 月，全国科技情报工作会议决定将"情报"改为"信息"之后，福建省各类情报机构陆续更名。1993 年 10 月，福建省科学技术情报研究所更名为"福建省科学技术信息研究所"。1994 年 7 月，福建社会科学情报研究所改名为"文献信息中心"，兼具图书馆和情报研究所的双重职能。

2003 年，福州大学图书馆取得情报学硕士学位授予权，成为福建省首家情报学硕士点授权单位。该硕士点下设"信息资源管理与知识产权"、"网络信息智能优化管理"两个研究方向。此外，厦门大学、福建师范大学、福建省图书馆、福建社会科学院、福建省中医学院、华侨大学、集美大学、福建省委党校等也有一些专家开展情报学有关领域的研究。

（二）学术研究

1992—2005 年，福建省情报学研究的主要方向是情报学理论与情报工作、信息资源建设与信息资源共享、文献计量与情报检索、信息服务与信息市场、企业信息化与知识产权保护等。其间，该学科共获福建省社会科学规划项目 5 项；出版论著 20 多部，发表论文 200 多篇。其中获福建省社会科学优秀成果奖 8 项：《非回归分析的洛特卡定律参数 n、c 的直接估算》（第二届三等奖，福建农林大学张贤澳）、《俄汉、汉俄图书馆学情报学词汇》（第三届三等奖，福建省图书馆姜继）、《台湾中医药纵览》（第三届三等奖，福建中医学院林端宜）、《信息资源建设的多极（级）模式论与图书情报业的抉择》（第四届三等奖，宁德师范高等专科学校郭正武）、《台湾医药卫生概观》（第四届三等奖，林端宜、肖林榕）、《网络信息检索》（第五届二等奖，福州大学张文德）、《广义洛特卡定律——估计、推论及其在管理中应用》（第五届二等奖，张贤澳）、《专利信息企业战略研究》（第六届三等奖，张文德）。

（三）学术会议

1993 年 10 月，福建省科技信息研究所承办的南方城市科技情报协作网第六届年会在福州召开，会议主要讨论如何发展信息市场，深化改革，转换机制，拓展情报业务，探讨计算机检索等问题。

1994 年、1996 年，福建省科技信息研究所分别召开两次全省科技情报所（站）长会议。会议主题是落实深化科技情报体制改革、加快科技情报基础建设、联合建设"台湾系列数据库"工作，同时部署开展情报学理论研究，提出一些研究课题。

2000 年 5 月，全国科技信息协会主办，福建省科技信息研究所承办的全国科技信息交换与速递协作网工作会议在福州召开，北京、天津等 20 多家省、市科技情报（信息）所参加会议。会议主要讨论全国科技信息交换与速递协作网的建设发展问题，以及如何更好地利用网络及时进行科技信息报道服务。

2001年5月，中国社会科学院主办，福建社会科学院承办的全国社会科学院系统图书馆第七次工作研讨会暨学术交流会在厦门市召开。全国25个省、市的57名代表参加会议。会议主题为：各院近两年来改革及发展情况、网络环境下各院自动化及网络化建设情况及存在的问题等。

2003年9月，福建省委党校承办的中国社会科学情报学会第五次全国会员代表大会暨信息资源的利用与管理学术研讨会在福建省委党校召开。全国社会科学院、党校、高校、军队院校、公共图书馆、新闻单位6大系统120多名代表出席会议，围绕高等教育文献保障系统、数字图书馆与知识产权问题、信息资源共建共享问题以及基于LINIX的数字图书馆解决方案等展开讨论。

二、主要学术成果

（一）情报学理论与情报工作研究

《社会科学情报热点选择》（厦门大学朱立文，《情报资料工作》1993：3）该文结合厦门市实际，归纳出两岸经贸关系、经济文化、台商方面的情报、股份制和证券市场等当时比较受关注的热点问题，指出社会科学情报热点具有强烈的主体性、科学的预见性、鲜明的时效性等特征，并提出在进行热点选择时应用马克思主义的立场观点，遵循主体性、目的性、相对完整性和优化的原则，运用科学的选择方法，选准和确立热点研究课题。

《市场经济下的地方社会科学院文献信息工作》（福建社会科学院刘传标，《情报资料工作》1996：3）该文指出：面对瞬息万变的市场经济大潮，习惯于封闭式服务的地方社会科学院文献信息工作面临严峻的挑战；地方社会科学文献信息工作应变危机为转机，改变工作思路，开创新时期具有地方社会科学院特色的文献信息工作的新局面。该文对市场经济下的地方社会科学院文献信息工作改革提出若干意见。

《网络时代文献信息工作者的能力测评与考绩》（刘传标，《情报资料工作》2002：6）该文针对网络时代文献信息工作者的能力测评体系与考绩方法进行探索，提出网络时代文献信息工作者的能力要素和测评架构，建立与网络时代相匹配的业务绩效评价体系。

表12—6 **1992—2005年情报学理论与情报工作研究其他成果**

成果名称	作　者	发表刊物（出版社）及时间
强化工具书室的情报职能	李金庆	《情报资料工作》1992：2
内资企业情报环境及对策分析	江治平	《情报杂志》1992：3
适应市场经济需要　改革社会科学信息工作	邓思达	《情报资料工作》1994：3

续表 12-6

成果名称	作　者	发表刊物(出版社)及时间
地市情报所转轨变型之"五要"	江治平	《情报杂志》1996:3
科技情报是企业发展的动力	陈沈珍	《情报杂志》1997:1
论水利科技情报效果的定量评价	李　兢	《情报杂志》1997:1
标准情报信息的种类和收集方法	黄丕展 黄雪清	《情报杂志》1997:6
知识经济与文献馆工作	汪彩鸾	《情报资料工作》1999:6
情报所体制改革思路及需解决的问题	王景辉	《农业图书情报学刊》2000:4
面向 21 世纪的高校情报资料工作现代化	唐　芸	《福建师范大学学报》(哲学社会科学版)2001:1
我国专利情报 15 年研究论文的调查与分析	赵玉莲	《情报理论与实践》2001:2
以调适性结构行动理论研究参考咨询人才教育模式	计国君	《情报资料工作》2005:2

(二) 信息资源建设与信息资源共享研究

《网络环境下社会科学信息资源建设》（福建社会科学院陈元勇、秦宝华，海风出版社，2002）该书结合我国进入 21 世纪后经济社会的发展变化和网络环境对社会科学的影响，阐述网络环境条件下社会科学信息资源建设的概况，从社会科学信息资源的采集、组织、检索、开发和利用、配置和布局等诸方面研究网络环境下社会科学信息资源的建设，尤其是提出数字化社会科学信息资源的建设问题，并独立成章探讨社会科学信息资源网络建设的总体设计、管理和组织问题。

《对我国信息资源共建共享历史现状和发展趋势的探讨》（福建省科学技术信息研究所周纪林，《情报学报》2003：5）该文通过对国内信息资源共建共享历史、现状和发展趋势的分析研究，提出合理统筹规划我国信息资源共建共享格局的设想。认为：合理统筹规划我国信息资源共建共享格局，可以使信息资源共建共享达到既有国家职能部门的统一领导和规划部署，又能使各条块部门各司其职，各具特色，优势互补，把有限的经费充分发挥利用到最大程度；并利用网络环境的优势，将各信息资源连成一体，真正建成具有实际意义和使用价值的信息资源共建共享系统，以满足社会各界日益增进的对信息资源的需求。

《支撑知识创新的信息资源保障体系建设研究》（福建师范大学孟雪梅，《情报资料工作》2005：3）该文从知识创新的角度探讨信息资源保障体系建设问题，指出在知识经济时代，知识创新是社会发展的主要动力，而知识创新是以信息资源为基础的。只有优化信息资源配置，促进信息资源共享，才能构建支撑知识创新的信息资源保障体系。

表 12—7　　**1992—2005 年信息资源建设与信息资源共享研究其他成果**

成果名称	作　者	发表刊物（出版社）及时间
地方省情信息管理系统开发建设刍议	王东闽	《情报资料工作》1996：4
基于 CERNET 网络环境下的资源共享	刘思得 韦衣昶	《现代图书情报技术》1999：1
信息资源建设的多极（级）模式论与图书情报业的抉择	郭正武	《现代图书情报技术》1999：S1
我国因特网经济信息资源探微	詹仁锋	《现代图书情报技术》2001：6
信息情报系统中关系数据库优化设计	林玉蕊	《情报杂志》2002：5
刍议文献保障系统的资源共享问题	张文德	《情报科学》2002：8
中共福建省委党校省情资料全文数据库项目建设初探	柳丹枫	《现代图书情报技术》2002：6
关于建立全国党校系统数字化信息资源联合保障体系的构想	柳丹枫	《图书情报知识》2003：3
信息资源整合系统与技术研究	张文德 戴晓翔	《现代图书情报技术》2003：6
学术信息资源投资评价——层次分析方法应用	计国君 周　艳	《大学图书馆学报》2005：1
省（区）域数字化信息资源系统的构建	郑崇民	《中国信息导报》2005：4
我国台湾省数字化学位论文资源及其特点	林　立	《情报理论与实践》2005：4
网络环境下科技信息资源共建共享的研究与对策	黄铭锋	《图书情报工作》2005：6

（三）文献计量学与情报检索研究

《期刊书目控制研究》（莆田学院杜懋杞、倪丽萍，《情报学报》1999：4）该文阐述期刊书目控制的特殊意义，指出期刊书目控制就是通过中文期刊的品种目录、期刊文摘、各种期刊索引以及计算机管理的数据库对其进行监控，记录其特征并进行贮存，且能有效地检索出特定的中文期刊及其文献的过程。该文还论述期刊书目控制的主要内容，分析中文期刊书目控制的现状和特色，并提出加强中文期刊书目控制的有关建议。

《Egghe 公式的推广：基于广义洛特卡定律的 θ 与 β 关系》（张贤澳，《情报学报》2001：5）该文指出：Egghe 公式是基于狭义洛特卡定律而推导出来的科学成果在科学工作者中集中程度的定量描述公式，不具有普遍性，因此适用范围极其有限。而基于广义洛特卡定律的 θ 与 β 关系，通过经验数据的验证，精度较高，具有很强的适用性。

《广义洛特卡定律——估计、推论及其在管理中应用》（张贤澳，厦门大学出版社，2002）全书内容包括洛特卡定律的由来与发展、广义洛特卡定律参数的估计、广义洛特卡定律分布的参数检验、广义洛特卡定律参数的性质、广义洛特卡定律的推论、广义洛特卡定律的理论基础、广义洛特卡定律在管理中的应用等。该书指出广义洛特卡定律是定量描述科技工作者科学生产率分布的一个定律，作为科学生产率分布的定量描述，在宏观上在知识生产状况评价、人力资源开发、科技规划等方面有它的用武之地，它为其提供了可行的现状评价的方法和依据，并有效地促进了人才激励机制的发展与完善。

《网络信息检索》（张文德，福建科技出版社，2002）该书探讨网络信息检索的理论和方法，内容包括：网络信息检索基础、网络资源、印刷型检索工具、电子型信息检索、网络二次信息检索、网络一次信息的获取和信息的利用等7个部分。其特点是理论与实践相结合，对文献及网络检索工具、方法、途径进行深入阐释，图文并茂。

表 12-8　**1992—2005 年文献计量学与情报检索研究其他成果**

成果名称	作　者	发表刊物（出版社）及时间
洛特卡《CA》著者科学生产率数据及分布	张贤澳	《情报理论与实践》1992:2
期刊完全被引率研究	张贤澳	《大学图书馆学报》1992:4
科技文献检索与利用	张文德	云南科技出版社,1993
美国邓白氏商情系列数据库检索技巧	赵修榕 郑淑如	《现代情报》1994:3
洛特卡定律研究的方法探讨	张贤澳	《图书情报工作》1995:3
文献检索教程	陈钟官 张文德	人民邮电出版社,1998
引文分析中值得注意的几个问题	张贤澳	《图书情报工作》1998:3
网络资源与信息检索	张文德	福建科技出版社,1999
用 Foxbase 或 Foxpro 编写的检索程序	叶惠圣	《现代图书情报技术》1999:3
中文期刊书目控制研究	杜懋杞 倪丽萍	《图书情报工作》1999:6
洛特卡分布拟合方法的比较研究	张贤澳	《情报学报》2000:4
利用 ASP 实现《科图法》的风上动态检索	唐良华 任承辉	《情报科学》2000:5
对医学查新工作及未来发展的思考	林丹红 林端宜	《中国中医药信息杂志》2000:11
中文科技文献的网络检索及其资源	林　立	《情报科学》2001:10
对互联网经济信息资源利用问题的思考	詹仁锋	《现代图书情报技术》2002:1

续表 12—8

成果名称	作　者	发表刊物（出版社）及时间
功能强大的网上信息检索工具 AltaVista 搜索引擎	阮延生	《情报科学》2002：12
Burrell 公式及修正式与广义 Egghe 公式的比较与评价	张贤澳	《情报理论与实践》2003：1
Price 定律 Trueswell 定律普适性研究	张贤澳	《情报理论与实践》2003：6

（四）信息服务与信息市场研究

《竞争情报市场营销构想》（张文德，《大学图书馆学报》2000：4）该文指出：竞争情报的分销方式有选择性分销、独家分销、密集性分销；竞争营销策略主要有市场领导者策略、市场挑战者策略、市场追随者策略、市场补缺者策略等。该文进而阐述竞争情报市场营销的管理过程和定价方法。

《电子政务系统中面向公众的个性化信息服务模型》（福州大学陈福集，《运筹与管理》2005：4）该文指出：电子政务作为 Internet 的主要应用领域，已受到世界各国的普遍关注。面对公众各种服务需求日趋个性化，如何打破政府职能机构的条块分割，构建一个一体化的虚拟政府，集成各类信息资源，为公众提供"一站式"的、个性化的服务，是当前电子政务理论和实践的热点课题。文章提出一个面向公众的"一站式"服务总体框架，探讨如何构建一个个性化信息服务模型，以及如何运用数据挖掘技术以实现模型中的关键技术等问题。

表 12—9　　　　　**1992—2005 年信息服务与信息市场研究其他成果**

成果名称	作　者	发表刊物（出版社）及时间
科技情报商品及影响其使用价值的因素	江治平	《情报杂志》1992：1
信息服务及市场前倾规律刍议	张文德	《大学图书馆学报》1993：2
浅论信息经纪人	张文德	《大学图书馆学报》1993：6
经纪人必备手册	张文德	广东科技出版社，1994
刍议信息市场中的商品营销策略	张文德	《现代情报》1994：1
潜在性情报需求与党校文献信息开发	杜江南	《情报资料工作》1994：：2
样品样本工作与技术市场	周纪林	《中国信息导报》1996：11
浅谈我国信息服务业的规模经济	陈　湘	《情报杂志》1998：1
信息高速公路和信息市场	张文德	湖北教育出版社，1999
论网络环境下的信息服务	张文德	《现代情报》1999：3

续表 12—9

成果名称	作　者	发表刊物(出版社)及时间
网络环境下信息服务的探讨	汪彩鸾	《图书情报工作》1999：5
浅析科技信息产品的内涵、属性与价值规律	江治平	《情报杂志》2001：10
垂直网站及其信息服务模式	郝凤英	《情报理论与实践》2002：2
浅析科技信息产品及其商品化机制	江治平	《现代情报》2002：9
信息产业与信息经济解析	江治平	《现代情报》2002：10

（五）企业信息化与知识产权保护研究

《我国著作权法的修改及其对图书馆情报工作的影响》（福建师范大学江向东，《情报学报》2003：5）该文对中国著作权法修改的原因进行分析，详细介绍我国著作权法修改的过程，并对新著作权法的主要内容进行评述，探讨新著作权法对图书馆情报工作的影响。

《专利信息企业战略研究》（张文德，《情报学报》2004：1）该文论述各种情况的专利信息策略，并探讨如何进行市场分析建立专利信息机构、营销该专利信息的具体过程。

《用小样本集进行分类技术研究》（福州大学杨传耀、张文德，《情报学报》2004：2）该文指出：随着网络信息的迅猛发展，信息处理已经成为人们获取有用信息不可缺少的工具，文本自动分类系统是信息处理的重要研究方向。同时介绍当今世界上较先进的"变换支持向量机"（TSVM，transductive support vector machines）技术，以及使用操作的关键技术、算法和过程。

表 12—10　　**1992—2005 年企业信息化与知识产权保护研究其他成果**

成果名称	作　者	发表刊物(出版社)及时间
影响信息企业化的主要因素及对策	江治平	《现代情报》1995：2
专利商标律师信箱	张文德	福建人民出版社，1999
刍议电子信息产品的保护	张文德	《图书情报工作》1999：7
中小型企业经济型管理信息系统的组建	罗学妹 林峻峰	《现代情报》2000：3
基于 Internet 轻纺企业管理信息系统的设计与实现	谭观音	《管理信息系统》2000：8
浅析电子商务及其在中小企业中实施与应用	谭观音	《管理信息系统》2000：10
中小企业信息化问题的探讨	戴永务 张贤澳	《情报科学》2001：3
企业知识产权保护问答	张文德	知识产权出版社，2002

续表 12—10

成果名称	作　者	发表刊物（出版社）及时间
著作权保护与数字图书馆建设	林　扬	《情报科学》2002:5
试论《著作权法》对数据库的知识产权保护	林　甫 黄心正	《图书情报工作》2002:12
再论数字图书馆的知识产权保护研究	张文德	《图书情报工作》2002:12
虚拟图书馆链接的法律问题	阮延生	《情报学报》2003:2
ASP. NET 构造网络信息发布系统的设计及应用	陈　阳 吕述珩	《大学图书馆学报》2003:6
论沿海地区中小企业信息化建设的若干问题	谭观音	《现代情报》2004:1
近年来我国数字图书馆数据库建设的版权问题研究综述	江向东	《情报资料工作》2004:1
专利信息企业战略研究	张文德	《情报学报》2004:1
加快发展泉州企业电子商务的几点思考	谭观音	《现代情报》2004:9
侨乡泉州企业信息化现状分析与对策研究	谭观音 许丽忆	《情报杂志》2004:11
信息生态学——现代企业信息管理的新模式	李佳洋 郭东强	《情报科学》2005:5
基于 XML 的 PDF 文档信息抽取系统的研究	宋艳娟 张文德	《现代图书情报技术》2005:9

第三节　文献学研究

一、学科建设与学术研究

（一）学科建设

福建省文献学研究的主要力量集中在福建师范大学、厦门大学、漳州师范学院等高校及福建社会科学院、福建省文史馆、福建省方志委、福建省博物馆、福建省图书馆等单位。1992—2000 年，福建省部分高校在文史与图书馆学的相关专业的教学中开设文献学课程，如福建师范大学图书馆学专业为本科生开设古典目录学、古籍整理等相关课程；福建师范大学、厦门大学为中国古典文学与中国古代史专业的硕士生开设古典文献学与历史文献学课程。各高校及相关科研机构研究均有人员开展对古籍整理研究，尤其是对福建古代地方文献的整理研究。

2001年，福建师范大学文学院取得中国古典文献学硕士学位授予权。2003年，该校在中国语言文学一级学科博士点获批之后，增设中国古典文献学二级学科博士点。2004年，厦门大学中文系取得中国古典文献学硕士学位授予权。

（二）学术研究

1992—2005年，该学科主要研究领域为：福建地方文献与闽人著述、其他传世古籍、出土文献等的整理与研究。此期间，获国家图书出版"九五"重点规划项目1项：《林则徐全集》（《林则徐全集》编辑委员会编）；中国古籍整理重点规划项目2项：《太谷学派遗书》第一、二辑（福建师范大学方宝川）、《太谷学派遗书》第三辑（方宝川）；同时获福建省社会科学规划项目6项、全国高校古籍整理委员会资助项目数10项。

这一时期，福建省古典文献学研究者整理出版古籍百余部，发表古籍整理研究论文百余篇，编纂古籍专题书目3种。共有25项成果获奖，其中：国家图书奖1项：《林则徐全集》（第六届提名奖，《林则徐全集》编辑委员会编）；华东地区古籍优秀图书奖3项：《太谷学派遗书》第一辑（第一届一等奖，方宝川）、《太谷学派遗书》第二辑（第二届一等奖，方宝川）、《郭店楚简校释》（第六届一等奖，厦门大学刘钊）；福建省社会科学优秀成果奖19项：《周易辞典》（第二届三等奖，福建师范大学张善文）、《太谷学派遗书》第一、二辑（第四届二等奖，方宝川）、《〈黄道周年谱附传记〉校点》（第四届三等奖，厦门大学侯真平、娄曾泉）、《严羽集》（第四届三等奖，福建师范大学陈定玉）、《福建古代刻书》（第四届三等奖，福建省图书馆谢水顺、李珽）、《蔡襄全集》（第四届三等奖，福建师范大学陈庆元、欧明俊、陈贻庭）、《周易学说》（第五届二等奖，张善文）、《太谷学派遗书》第三辑（第五届二等奖，方宝川）、《先秦两汉文论全编》（第五届三等奖，福建师范大学郭丹）、《群经要略》（第五届三等奖，闽江学院黄高宪）、《郭店楚简校释》（第六届一等奖，刘钊）、《曹学佺集》（第六届二等奖，方宝川）、《三山志（校注本）》（第六届二等奖，福建省地方志编纂委员会编、福建省博物馆陈叔侗校注）、《黄道周年谱附传记》（校点本）《建阳刻书史》（第六届三等奖，武夷山朱熹研究中心方彦寿）、《敦煌密教文献论稿》（第六届三等奖，福建师范大学李小荣）、《魏晋南北朝文论全编》（第六届三等奖，福建师范大学穆克宏、郭丹）、《杜诗选评》（第六届三等奖，漳州师范学院林继中）、《马王堆汉墓简帛文字考释》（等6篇）（第六届三等奖，刘钊）、《〈赌棋山庄诗集〉稿本研究》（等7篇）（第六届三等奖，陈庆元）。

二、主要学术成果

（一）福建古代地方文献及闽人著述的整理与研究

《弘一大师全集》（《弘一大师全集》编辑委员会，福建人民出版社，1991—1993）全集编辑工作以求全存真为原则，广泛搜集法师出家后的诗、文、书、画和佛学典籍点校，以及信札、遗墨等，以求反映法师著述全貌。全集主要内容分为佛学卷（分佛学论述、句读校注、华严集联、讲演录等）、传记卷、序跋卷（分佛学、文艺两部分）、文艺卷（分论说、诗词、联语、集句、歌曲、绘画、篆刻、剧照等）、杂著卷（包括论说、杂志、偈语、译作、格言别录等）、书信卷（共收信件1070多封，卷末附大师书信手迹80件）、书法卷（以时间为序分为出家前后）、附录等八大卷十册，共约1400万字，珍贵的历史照片100多幅。

《福建丛书》第一、二、三辑（省文史研究馆编，陈虹主编，分别由江苏广陵古籍刻印社、江苏古籍出版社、广陵书社1993—2005年间陆续出版）该书整理编辑三辑32种古代闽人珍稀著述。第一辑收录：《名山藏》、《苍霞草全集》、《大江集·大江草堂二集》、《杨文恪公文集》、《景璧集》、《数马集》、《罗纹山先生全集》、《榕庵集》、《黄忠裕公文集》和《弃草集》等10种明季闽人别集；第二辑收录：《沈文肃公牍》、《抑快轩文集》、《王文勤公日记》、《居业堂诗稿》、《魏秀仁杂著钞本》、《林宾日日记》、《赌棋山庄稿本》、《王忠孝公集》、《莆变纪事》（外五种）和《摩盾馀谭》（外三种）等18种明清闽人著述抄稿本；第三辑汇辑《曹学佺集》、《谢肇淛集》、《余怀集》和《徐𤊹集》等4种。该丛书是新中国成立后对古代闽人珍稀著述首次系统的整理和结集出版。

《林则徐全集》（《林则徐全集》编辑委员会编，海峡文艺出版社，2002）该书分为奏折卷、文录卷、诗词卷、信札卷、日记卷和译编卷等六大部分。其中奏折卷的一半以上，文录卷、信札卷、译编卷的三分之二以上，均为首次整理发表，对研究林则徐乃至中国近代史的研究，提供大量的第一手资料。

《三山志》（陈叔侗校注，福建省地方志编纂委员会整理，方志出版社，2003）该书是福建省现存最早的一部地方名志。整理者以1980年台北缩印出版的清嘉道年间浙江乌程程氏抄本为底本，并以《四库全书》本、明崇祯十一年林弘衍"越山草堂"刊本再抄本为参校本，比勘互校，纠正诸多讹误，并对原文作了注释。

《曹学佺集》（方宝川执行主编，江苏古籍出版社，2003）曹学佺一生笔耕不辍，著述多达上千卷，内容涉及文学、经学、文献学、史地、文字、天文、宗教等，由于政治等种种原因，其中部分著述在清修《四库全书》时被列为禁、毁书籍，行世甚少，其诗文别集更是首当其冲。该书汇集福建师范大学图书馆藏明末刻本《曹大理诗文集》、《翠娱阁评选曹能始先生小品》并附以曹孟喜撰《曹石仓行述》抄本，为研究曹学佺提供弥足珍贵的第一手资料。该书前载整理者撰写的《曹学佺及其诗文别集述考》一文，述考曹学佺的生平事迹、诗文别集的汇刊概况、主要史料价值等。

表 12－11　　　　**1992—2005 年福建古代地方文献及闽人著述的**

整理与研究其他成果

成果名称	作　者	发表刊物（出版社）及时间
李贽年谱考略	林海权	福建人民出版社,1992
杨时集	林海权（点校）	福建人民出版社,1993
闽北十四位刻书家生平考略	方彦寿	《文献》1993:1
闽北十八位刻书家生平考略(韩元吉等)	方彦寿	《文献》1994:1
闽北十八位刻书家生平考略	方彦寿	《文献》1994:2
鹿州全集	蒋炳钊（点校）	厦门大学出版社,1995
闽书	厦门大学古籍整理研究所 历史系古籍整理研究室 《闽书》校点组（点校）	福建人民出版社,1995
明清福建经济契约文书选辑	福建师范大学历史系	北京人民出版社,1997
严羽集	陈定玉（辑校）	中州古籍出版社,1997
黄道周年谱考评	侯真平 娄曾泉	《文献》1997:3
黄道周年谱	侯真平 娄曾泉（点校）	福建人民出版社,1999
蔡襄全集	陈庆元 欧明俊 陈贻庭（点校）	福建人民出版社,1999
(民国)厦门市志	厦门市地方志编纂委员会办公室	方志出版社,1999

续表 12—11

成果名称	作　者	发表刊物（出版社）及时间
文选旁证	穆克宏（点校）	福建人民出版社,2000
小山类稿	林海权 徐启庭 （点校）	福建人民出版社,2000
朱熹学派刻书与版权观念的形成	方彦寿	《文献》2000:1
《戚林八音》校注	李如龙 王升魁 （校注）	福建人民出版社,2001
四库全书闽人著作提要	朱维幹（纂辑） 李瑞良（增辑）	福建人民出版社,2001
明代建阳刻本广告刍议	方彦寿	《文献》2001:1
六种明末清初福建地方文献叙录	方宝川	《文献》2001:4
闽都记	林家钟 刘大治 （校注）	方志出版社,2002
建阳书坊接受官私方委托刊印之书	方彦寿	《文献》2002:3
台湾志略	李祖基（点校）	九州出版社,2003
黄璞《闽川名士传》辑考	陈庆元	《文献》2003:2
《王忠孝公集》抄本考述	方宝川	《文史》2003:3
《赌棋山庄诗集》稿本研究	陈庆元	《中华文史论丛》2003:73
荔枝谱	陈定玉（点校）	福建人民出版社,2004
林则徐选集	杨国桢（选注）	人民文学出版社,2004
（嘉庆）新修浦城县志	余奎元 邱文彬 蒋珍（点校） 福建省地方志 编纂委员会整理	方志出版社,2004

续表 12—11

成果名称	作　者	发表刊物(出版社)及时间
(嘉靖)邵武府志	杨启德 傅唤民 叶笑凡(校注) 福建省地方志 编纂委员会整理	方志出版社,2004
(明万历、清顺治)永安县志	樊跃旭 邢晋雪 陈达锦(点校) 福建省地方志 编纂委员会整理	方志出版社,2004
(乾隆)汀州府志	王光明 陈　立(点校) 福建省地方志 编纂委员会整理	方志出版社,2004
石遗室诗话	郑朝宗 石文英 (点校)	人民文学出版社,2004
反映藏族风情的第一位散曲家——林乔荫	王汉民	《文献》2004:3
新见六首曹学佺题赠册封琉球使诗	方宝川	《文献》2004:4
闽中十子诗	苗健青 (点校)	福建人民出版社,2005

（二）其他传世古籍的整理与研究

《太谷学派遗书》第一、二辑（方宝川编撰，江苏广陵古籍刻印社，1997）该书收录太谷学派传人周太谷、张积中、李光炘、汪全泰、黄葆年、朱玉川、蒋文田、谢逢源、刘鹗、张德广、李泰阶、刘大绅等著述抄本 36 种。这些原散存于民间的太谷学派遗书抄本，或残篇断简，或蠹鱼蛀蚀，或传抄脱误，或互为衍文。编撰者将之整理编订，基本上恢复了各原书的本来面貌。在整理过程中，还将其研究成果撰成 12 篇专论文章，以每位太谷学派传人及其著述为纲，列于各作者著述之首。这些专论文章对太谷学派各代主要传人的生平、著述、抄本流传、主要思想以及太谷学派的历史发展脉络和种种有关论争问题，均做了相关考证、阐论与辨析。

《**太谷学派遗书**》第三辑（方宝川编撰，江苏古籍刻印社，2002）该书收录太谷学派重要传人张积中、汪全泰、刘大绅等人的研《易》著述 11 种。书前附编撰者《太谷学派〈易〉学发微》一文，阐述太谷学派《易》学主要内容及其特色。该书的出版，与《太谷学派遗书》第一、二辑，汇为有史以来最为完备的一部太谷学派著述丛书，为学术界研究太谷学派的发展及其思想特点，提供珍贵资料。

《**周易学说**》（张善文整理，花城出版社，2002）该书是对马振彪《周易学说》未刊手稿的整理。原手稿引录历代易说近四百家，并参以己见，阐述《周易》经传之旨。由于原手稿有大字书写，有小字夹注，有在天头地脚及字行空隙处加批注，有附贴大小长短不一的各色签条增入内容，不便阅读与研究。该书整理者依原稿总体条绪，为之整理点校。

《**魏晋南北朝文论全编**》（**修订本**）（穆克宏、郭丹编，江苏教育出版社，2004）该书对魏晋南北朝时期文论作全面梳理钩辑，所选录的魏晋南北朝间各种文献著作中的文论资料，均按作者生年排列，作者不详或生年不详者，依文学史之惯例排列。文论作品列于作者之后，作者有简介。入选的专书，有专书简介。入选的文论作品，分为说明、原文、注释三部分；原文出处，属专书的在"说明"中注明所据版本，属单篇作品在原文后注明所据版本。

《**尚氏易学存稿**》（张善文校理，中国大百科全书出版社，2005）该书汇集民国时著名易学家尚秉和"《周易古筮考》十卷、《焦氏易诂》十一卷、《焦氏易林注》十六卷、《周易尚氏学》二十卷、《易说评议》十二卷"等遗稿 5 种。书后附录吴承仕《检斋读易提要》一卷、黄寿祺《易学群书平议》七卷。全书以尚秉和所遗各书稿本为主校本，参取诸类初刻、续补、后印、抄写本等，以及其他有关文献资料，互为勘订。

表 12—12　　**1992—2005 年其他传世古籍的整理与研究其他成果**

成果名称	作　者	发表刊物（出版社）及时间
夏敬观的一套散曲	官桂铨	《文献》1992:3
明曲家金銮二考	官桂铨	《文献》1992:4
型世言	齐裕焜 陈　节 （点校）	海峡文艺出版社,1993
新发现的明代文言小说《丽史》	官桂铨	《文献》1993:3
明代曲家谢弘仪佚诗	官桂铨	《文献》1993:4
新编宋诗三百首	吴在庆	江苏古籍出版社,1994

续表 12－12

成果名称	作　者	发表刊物(出版社)及时间
沈约集校笺	陈庆元 (校笺)	浙江古籍出版社,1995
三遂平妖传	欧阳健 (点校)	巴蜀书社,1995
《所见太谷学派遗书》订补	方宝川	《文献》1995:2
中国近代史料学概论与史料书籍汇录	郑剑顺	厦门大学出版社,1996
儒林外史	郑尚宪 (点校)	花城出版社,1996
清末教案(中国近代史资料丛刊续编全五册)	福建师范大学 历史系 中国第一历史档案 馆合编	中华书局,1996—2000
绿野仙踪	齐裕焜 欧阳健 (点校)	浙江文艺出版社,1997
魏晋南北朝文学史料述略	穆克宏	中华书局,1997
历代易家与易学要籍	张善文	福建人民出版社,1998
关于刘鹗手记《道德经序》的作者问题	方宝川	《文献》1998:3
刘孝标年谱简编	王　玫 王江玉	《文献》1998:3
《归群词丛》抄本考略	方宝川	《文史》(第48辑)1999
昭明文选	穆克宏 (点校)	春风文艺出版社,1999
明通鉴	王日根 李一平 李　珽 李秉乾 (点校)	岳麓出版社,1999
全宋词广选新注集评	欧明俊	辽宁人民出版社,1999
《绝妙好词》译注	刘荣平	上海古籍出版社,2000
以《天机馀锦》校证《山中白云词》	刘荣平	《文献》2000:3

续表 12—12

成果名称	作者	发表刊物（出版社）及时间
刘孝标生平事迹三考	王　玫	《文献》2000：4
先秦两汉文论全编	郭　丹	江苏教育出版社，2001
增订注释全唐诗·杜牧集	吴在庆	文化艺术出版社，2001
朝鲜刻本《樊川文集夹注》的文献价值——从一条稀见的杨贵妃资料谈起	吴在庆	《中国典籍与文化》2001：1
论殷周的文祭——兼再释"文献"	靳青万	《文史哲》2001：2
谢逢源稿本《龙川弟子记》	方宝川	《文献》2003：1
王安国文集及佚作考	汤江浩	《文献》2003：2
俗字与古籍整理举隅	曾　良	《中国典籍与文化》2003：2
《名儒草堂诗馀》刍议	刘荣平	《中国典籍与文化》2003：3
易林	连镇标 （点校）	华夏出版社，2004
宋诗人庄绰、郭印、林季仲和曹勋生卒年考辨	钱建状	《文献》2004：1

（三）出土文献的整理与研究

《郭店楚简校释》（刘钊，福建人民出版社，2003）该书以1998年5月文物出版社出版发行的《郭店楚墓竹简》图版为底本进行校释，凡：《老子》（甲本）、《老子》（乙本）、《老子》（丙本）、《太一生水》、《缁衣》、《五行》、《性自命出》、《六的》、《尊德义》、《成之闻之》、《唐虞之道》、《忠信之道》、《穷达以闻》、《鲁穆公问子思》、《语丛》（一）、《语丛》（二）、《语丛》（三）、《语丛》（四）等十八篇。主要针对字词的解释与典籍的对照，校释前有对简文形态及内容的简单说明，大部分校释后有对简文的意译。

《出土简帛的分类及其在历史文献学上的意义》（刘钊，《厦门大学学报》2003：6）该文认为：出土简牍帛书的分类，最好是将其纳入到当时的图书分类中去。同时指出，出土简帛反映了先秦古书的盛衰过程、扩充了先秦两汉古书的内涵，在一定程度上反映了《汉书·艺文志》的收书标准，揭示了数术方技类古籍的史料价值，为校读整理传世古书提供了新资料和新依据，使人们对古书体例有了更清楚的认识，提供了对"疑古思潮"进行反思的契机。

《敦煌密教文献论稿》（李小荣，人民文学出版社，2003年初版，2005年重印）该书以敦煌文献为基础，对隋唐五代至宋初的尊胜佛顶、千手观音、毗沙门、药师如来等几种主要密宗信仰，从经典翻译弘传直至形成的历史进行描述性研究。同时，对密教的启请仪式、瑜伽焰口施食仪水陆法会以及陀罗尼密教的形态也作简要介绍，从而揭示密教东传对中古文化的深刻影响。

《福建宗教碑铭汇编》（泉州府分册）〔厦门大学郑振满、（美）丁荷生编纂，福建人民出版社，2003〕该书主要按历史行政区和时间顺序编录福建历史上与宗教活动有关的碑记及铭文，内容涉及儒教、道教、佛教、三一教等。该书分上、中、下 3 册，收入福建泉州府城、晋江县、南安县、惠安县、安溪县、永泰县、德化县、同安县的碑刻资料 1363 则，后附征引书目及有关宗教设施索引。其内容涉及社会文化生活的诸多领域，展示地方历史变迁的广阔图景，为研究福建宗教、水利、交通、教育、人口、村落组织、族群关系、岁时习俗等，提供弥足珍贵的第一手原始资料。

表 12—13　　　　　　**1992—2005 年出土文献的整理与研究其他成果**

成果名称	作　者	发表刊物（出版社）及时间
福建华安仙字潭岩画新考	欧潭生 卢美松	《考古》1994：2
《敦煌歌辞总编》校读札记	曾　良	《文献》1998：3
敦煌文献字义通释	曾　良	厦门大学出版社，2001
敦煌愿文在汉语词汇史上的研究价值	曾　良	《文献》2001：1
《兄常劝弟奉修三宝，弟不敬信，兄得生天缘》校注	李小荣	《敦煌研究》2001：2
《高王观世音经》考析	李小荣	《敦煌研究》2003：1
《阿鼻地狱变文》校注	李小荣	《敦煌研究》2004：5
闽南碑刻札记	汪毅夫	《福建论坛》（人文社会科学版）2005：1
帛书易传《要》篇透露出的卦气知识及其成书年代	梁韦弦	《齐鲁学刊》2005：3
由马王堆帛书易传看古书形成的复杂性	梁韦弦	《古籍整理研究学刊》2005：6

第四节　档案学研究

一、学科建设与学术研究

（一）学科建设

福建省档案学研究人员主要集中在福建师范大学及省、市档案馆（室）。1985 年福建师范大学设立档案学专业，招收档案学专科学生。1998年，福建师范大学档案专业由专科升为本科，专业课程设置主要为档案学教育、档案基础理论、档案保护技术、档案文献编纂、档案法制建设等。

福建省档案馆、各地市档案馆、各部门档案室一批档案学工作者主要围绕档案管理、档案工作与市场经济建设、档案文化建设、档案信息化建设、档案法制建设等相关问题开展研究。

（二）学术研究

1992—2005年，福建省档案工作者及高校档案教学科研人员在各级刊物发表档案学学术论文324篇，其中在档案学核心刊物《档案学研究》上发表论文33篇，《档案学通讯》上发表论文30篇，并编纂出版多部档案资料书。

这一时期，福建省档案局（馆）获国家档案局科研项目6项：分布式档案基础数据库在线利用平台（2003）、国家综合档案馆电子文件和电子档案数据备份和灾害恢复中心可行性战略研究（2004）、福建省档案信息资源库发展战略研究（2004）、福建省数字档案信息管理系统（2005）、电子文件与电子档案传输报送系统研制（2005）、档案网站建设和发展对策研究（2005）。获国家档案局优秀科技成果奖5项：《福建省数字档案信息管理系统》（一等奖）、《国家综合档案馆电子文件和电子档案数据备份和灾害恢复中心可行性战略研究》（二等奖）、《档案网站建设和发展对策研究》（二等奖）、《福建省档案信息资源库发展战略研究》（三等奖）、《科研多媒体档案管理系统》（三等奖）。

（三）学术会议

1992年10月，福建省档案学会成立10周年纪念大会暨全省第二次档案学术讨论会在省档案馆召开。73人出席会议，收到论文105篇，内容涉及档案学理论研究、档案法制宣传、档案事业管理与档案工作改革、档案信息开发、档案史料编研、档案保护技术、现代化管理以及专门档案等问题。

1993年10月，福建省档案学会召开闽东南沿海城市和经济特区档案学术研讨会。会议收到论文27篇。与会者围绕档案工作尽快走向经济建设主战场，经济特区、沿海经济开发区建立档案工作以及开发档案信息资源，档案信息开发成果进入市场为经济建设服务等课题进行研讨。

1995年6月，福建省档案学会第四次会员代表大会暨第三次全省档案学术讨论会在石狮市召开。74位代表参加会议，收到论文130多篇，有95篇印发大会交流。与会者就20世纪末档案信息资源的开发以及如何深化档案工作改革等问题展开讨论。

1997年11月，福建省档案学会主办的福建档案计算机管理讨论会在泉州召开，共18位档案计算机管理方面的软件设计者与管理人员参加会议，入选论文15篇。会议主要探讨档案计算机管理的发展方向及其对策，将计算机技术和文书立卷相结合的理论和方法。

2001 年 6 月，福建省档案学会主办的福建省科协第四届青年学术年会档案分会在福州召开，主题为"新世纪的企业档案和专门档案工作"。会议收到论文 150 篇，入选论文 96 篇，会后出版《福建档案》增刊 2 期。同年 8 月，召开 21 世纪福建档案——档案信息数字化网络化学术研讨会。会议围绕档案信息数字化、网络化、电子文件的管理与归档等问题进行讨论。

2005 年 10 月，福建省档案学会学术年会在福州召开。会议围绕档案法制、档案人才队伍、国家档案资源、档案馆功能、档案信息化建设和档案服务等问题展开讨论。

二、主要学术成果

（一）档案学基础理论研究

《21 世纪综合档案馆的生存与发展策略》（晋江市档案局黄项飞，《档案学通讯》2001：1）该文认为：档案馆的形象塑造、主体巩固、馆藏优化、人本管理是保持国家综合档案馆在新世纪生存与发展的必然选择，只要从战略的高度认真分析未来档案馆系统运作的问题，把握时代发展的脉络，就能够实现综合档案馆与社会同步发展。

《档案行政处罚程序实施中若干问题探讨》（大田县档案局黄志勇，《档案学研究》2001：4）该文从档案行政处罚听证核心问题、增强档案行政处罚听证的社会性问题、档案行政处罚听证结果的公布问题、当事人是否有权通过听证程序获取相关依据问题等进行论述。作者认为档案行政处罚听证的核心是质证和申辩，应使档案行政管理部门的行政处罚行为置于广大群众的监督之下，增强档案行政处罚的透明度，才有利于促进档案行政管理严格依法行政，维护档案部门良好信誉，在社会中树立良好的档案行政执法形象，提高行政效率与效能。

《对档案学范式演进的思考》（莆田学院陈祖芬，《档案学通讯》2005：4）该文结合美国科学史学家库恩的范式论中的科学发展动态理论，探讨档案学演进历史及现状，对如何正确运用范式论理解档案学范式等问题作阐述。作者认为档案学核心理论形成的黄金时期亦即主导范式的形成时期，而目前档案学正处于通往成熟科学的征程中，档案学研究者应努力完善现有理论体系；同时在理论自然演进中，鼓励思想、范式创新，为档案学发展作出贡献。

《公共档案形成条件探索》（福建师范大学杨立人，《档案学通讯》2005：5）该文认为：具有社会价值、归国家所有、由公共档案馆保管等，是公共档案形成的重要条件，缺乏其中一个要件都难以形成公共档案。同时进一步明确公共档案的形成规律以及公共档案与其他档案之间的联系与区别，以便加强对公共档案的科学管理与开发利用。

表12—14　　　　　　　　**1992—2005年档案学基础理论研究其他成果**

成果名称	作　者	发表刊物（出版社）及时间
档案行政管理部门如何正确运用行政处罚听证程序	黄志勇	《档案学研究》1998：4
我国古代档案工作的历史特点	樊如霞	《福建师范大学学报》（哲学社会科学版）2000：1
谈档案行政处罚听证	黄志勇	《档案学通讯》2001：3
明代官府用纸来源初探	丁春梅	《档案学通讯》2001：4
论档案在民族文化传承中的地位与作用	邓达宏	《档案学通讯》2002：1
档案法律解释体制探讨	杨立人	《档案学通讯》2003：1
档案凭证属性的来源到底是什么——兼与刘新安等同志商榷	张发林	《档案学研究》2003：2
档案法体系的特点和分类原则	杨立人	《档案学研究》2003：3
关于提高档案学研究水平的几点思考	连成叶	《档案学通讯》2003：6
清代官府公文用纸制度研究	丁春梅	《档案学研究》2004：1
中国古代公文用纸等级的主要标识	丁春梅	《档案学通讯》2004：2
机关企事业档案向社会提供利用中的收费制度探索	杨立人 邵扬生 陈　鸥	《档案学研究》2004：4
中国古代诏书纵横谈	丁春梅	《档案学研究》2005：1
国有档案用益物权的产生与特点	杨立人	《档案学通讯》2005：4
唐代官府档案公文用纸制度研究	丁春梅	《档案学通讯》2005：4
论人才竞争对人事档案工作的影响与对策	何素芳	《档案学通讯》2005：5

（二）档案保护技术与档案信息化研究

《档案修裱技术理论探讨》（福建师范大学连成叶，《档案学通讯》1992：4）该文从修裱使用的胶黏剂与纸张结合机理、修裱过程物理状态变化与黏合剂的关系、稀浆多刷的科学道理、修裱排实操作的作用机理、选用淀粉糨糊的合理性以及淀粉糨糊制作的科学性等方面进行探讨，并指出目前档案修裱技术存在的缺点和解救办法。

《档案资源信息化——21世纪福建省档案事业发展的战略选择》（福建省档案局陈永成，《中国档案》2001：6）该文认为档案资源信息化是国民经济和社会信息化的一项重要内容。档案资源信息化的核心内容是档案信息资源建设，档案信息化的基础是信息技术的应用，档案资源信息化的目的是档案资源的社会共享。同时，提出制定档案资源信息化发展规划，加快档案信息资源建设等。

表 12—15　　**1992—2005 年档案保护技术与档案信息化研究其他成果**

成果名称	作　者	发表刊物（出版社）及时间
浅谈高温高湿对缩微胶片密度的影响	邢立新	《档案学研究》1993：1
明胶的特性与银盐胶片的保存条件	连成叶	《档案学通讯》1999：4
浅谈黄纸与我国古代官府公文	丁春梅	《档案学通讯》2000：5
档案信息服务的社会化	黄建峰	《中国档案》2001：11
档案信息的产业化	陈永成	《中国档案》2002：11
信息化环境下的企业档案信息管理	马俊凡	《中国档案》2002：11
明代官府公文用纸与档案的保护	丁春梅	《福建师范大学学报》（哲学社会科学版）2003：1
金花纸与中国古代公文用纸	丁春梅	《档案学研究》2003：4
档案管理现代化是新时期档案事业发展的必然趋势	陈永成	《中国档案》2003：11
论数字信息档案长期安全保存策略	连成叶	《档案学通讯》2004：3
现代档案保护技术学研究的基点究竟是什么——兼与周耀林同志商榷	连成叶	《档案学研究》2005：1
档案信息化中的标准建设——以福建为例	黄建峰	《中国档案》2005：2
企业档案信息化的几个阶段	吴丽珊	《中国档案》2005：3

（三）　档案信息开发与利用问题研究

《积极开发经济技术档案信息》（福建省档案馆朱文，《档案学研究》1993：3）该文认为经济信息在市场体系中占有重要地位，提出各级主管档案室应当开发档案信息资源，为企业做好"信息引导"，提供信息服务；各级档案行政管理部门应当把开发档案信息，特别是经济技术档案信息作为转变职能的一个改革措施。

《福建省档案馆开发档案信息资源的回顾与瞻望》（福建省档案局林真，《档案学研究》1994：1）该文从福建省档案馆藏档案内容及其特点、10 年来开发档案信息的回顾以及档案信息开发的思路等三个方面，对福建省档案信息情况作分析介绍。同时，提出福建省今后档案信息开发的思路，即要根据本省省情和馆藏内容建立和加强与外界联系，提高档案信息开发的针对性、有效性。

《论档案编研的文化价值》（福建省档案局刘惠芳，《档案学通讯》2002：3）该文论述档案编研在社会文化建设中具有积淀历史文化、选择优秀文化、系统有序传播文化、社会文化教育、推动学术研究等重要价值，认为做好档案编研，也是为社会主义文化建设服务的重要基础性工作。

《档案编研社会化论》（福建师范大学樊如霞，吉林人民出版社，2004）该书着重对档案编研社会化的发展趋势、社会化基础作系统分析与阐述，特别是从文化学、传播学、信息学、知识产权等视角出发，重点阐述档案编研所具有的特点以及其社会价值。同时，还探讨网络档案编研、信息营销等问题。

《学位论文档案开发利用中若干法律问题探讨》（厦门大学档案馆连念，《档案学研究》2005：1）该文以中国《档案法》、《学位条例》、《普通高等学校档案管理办法》、《高等学校知识产权管理规定》等法规条文为依据，对高校学位论文档案的权利归属、开放利用、学校、学生权益保护等方面问题，从法律角度进行分析探讨，并提出解决上述问题的建议。

表 12—16　　　**1992—2005 年档案信息开发与利用问题研究其他成果**

成果名称	作　者	发表刊物（出版社）及时间
档案史料编研选题	陈咏民	《档案学通讯》1993：6
福建省档案馆的《档案资料摘编》与开发档案信息资源	陈咏民	《档案学研究》1994：4
略论编研工作是档案基础工作的一部分	郑澄桂	《档案学通讯》1995：1
档案信息开发政策评析	林　真	《档案学通讯》1998：3
家谱族谱档案刍议	梁守金	《档案学研究》1999：3
困境与出路——谈市县档案馆编研工作的几个问题	林传祥	《档案学通讯》2000：1
闽台家谱族谱档案血缘地缘探略	梁守金	《档案学研究》2000：2
用 Web 技术实现档案信息资源共享的研究	张发林 钟一文 徐建荣	《档案学研究》2000：3
论档案编研工作的社会文化价值	陈惠芳	《档案学通讯》2002：3
从文化选择角度看档案编纂的价值与特点	樊如霞	《档案学研究》2003：3
论市场经济条件下的档案编研意识	樊如霞	《档案学通讯》2003：3
论信息素质与档案编研	樊如霞	《档案学通讯》2004：1
论档案编研网络化生存	樊如霞	《档案学研究》2004：3

（四）档案教育与档案其他问题研究

《档案培训工作面向市场经济》（林真，《档案学通讯》1994：3）该文对档案培训的现状进行分析，认为市场经济体制为档案培训提供了广阔的市场需求，为档案培训提供了良好的历史机遇，并就思想观念、管理体制、培训内容等方面提出档案培训工作的改革与发展思路。

《关于提高档案学研究水平的几点思考》（连成叶，《档案学通讯》2003：6）该文认为面对档案管理方式发生巨大变革的现实，我国档案界应着重解决的档案研究人员创新能力的提高、档案学研究方法的提高、档案专业人才的培养与提高等三个问题，全面提高档案学研究的水平。

表 12—17　　　1992—2005 年档案教育与档案其他问题研究其他成果

成果名称	作　者	发表刊物（出版社）及时间
从组织与业务建设着手,发展乡镇企业档案工作	叶继农 黄婉钗	《档案学通讯》1992:4
建立文件中心,充分发挥办公自动化系统的整体效益	潭毓德	《档案学研究》1995:4
福建省邮电档案管理深化改革的成效与面临的难点及对策	陈华椿 李金荣	《档案学研究》1996:4
档案教育主动适应社会主义市场经济体制的若干思考	连成叶	《档案学研究》1997:1
跨世纪档案人才工程刍议	林　真	《中国档案》1998:12
案卷标题的结构与语法分析——与邹吉辉先生的再商榷	张生炎	《档案学研究》1999:1
档案学主干课程设置刍议	连成叶	《档案学通讯》2000:1
公众化:综合化档案馆发展的必由之路	黄项飞	《中国档案》2002:5
如何克服综合档案馆开展公共服务的障碍	黄项飞	《中国档案》2003:9
论国际贸易中企业知识产权档案的建立	邓达宏	《中国档案》2004:12
反倾销诉讼:企业档案工作的缺位与对策	邓达宏	《中国档案》2005:4

（五）档案编纂主要成果

《闽台关系档案史料》（福建省档案馆、厦门市档案馆编纂，鹭江出版社，1992）该书辑录档案资料共 500 余份，时限为 1912—1949 年，部分资料上延至 1895 年。档案主要源于福建省档案馆、厦门市档案馆、闽南与闽西北等市县档案馆、中国第二历史档案馆等。全书分为人口、政治、经济、科技、文教、军事和警政等部分。

《日本帝国主义在闽罪行录（1931—1945 年)》（福建省档案馆编纂，福建人民出版社，1995）该书辑录 500 余件档案，内容包括：日本帝国主义侵略福建的阴谋计划、日本帝国主义侵占金门与厦门两岛、福州及邻近四县两次沦陷、日军侵犯袭扰福建沿海各地、日机狂轰滥炸福建全境、两股日军窜扰闽东闽南和抗战期间福建省部分损失调查统计七个部分。

《福建省志·档案志》（福建省地方志编纂委员会编纂，金莹谛主编，方志出版社，

1997）该书分 9 章 20 节及附录，部分图表、随文插图，记述了福建省档案馆（室）的建设，档案的管理、利用、开放、编研，档案库房建筑及技术应用，教育、宣传、科研及其机构与人员等内容。并附录大事年表、历任省级机构领导人名录、受省级以上表彰的先进个人和先进组织名录，以及重要档案文献等。

《**福建畲族档案资料选编（1937—1990）**》（福建省档案馆、福建省民族与宗教事务厅编纂，海峡文艺出版社，2003）该书共辑录 214 件档案资料，侧重于二十世纪五六十年代的史料，大多是首次公布，并附大量历史照片。全书分为：宗教类、政治类、经济类、文教类及附录等五个部分。

《**清代妈祖档案史料汇编**》（中国第一历史档案馆、湄洲妈祖祖庙董事会、湄洲妈祖文化研究中心、莆田市归国华侨联合会合编，中国档案出版社，2003）该书收编清康熙二十二年（1684）至光绪三十二年（1907）有关妈祖的档案史料 146 件，主要选自中国第一历史档案馆所藏。其内容涉及政治、经济、军事、文化、外交、建筑、艺术等方面。

表 12—18　　　　　　　　　**1992—2005 年档案编纂其他成果**

成果名称	作　者	发表刊物（出版社）及时间
陈嘉庚与福建抗战	厦门市档案馆与厦门市政协联合编写	鹭江出版社，1993
近代厦门涉外档案史料	厦门市档案馆编纂	厦门大学出版社，1996
近代厦门经济档案资料	厦门市档案馆编纂	厦门大学出版社，1996
厦门抗日战争档案资料	厦门市档案馆编纂	厦门大学出版社，1996
老福建——岁月的回眸	福建省档案局编	海峡文艺出版社，1999
近代厦门社会掠影	厦门市档案馆编纂	厦门大学出版社，1999
新福建——八闽档案撷拾	福建省档案馆编纂	海峡文艺出版社，2004

第五节　新闻传播学研究

一、学科建设与学术研究

（一）学科建设

福建省新闻传播学研究力量主要集中在厦门大学和福建师范大学。其他一些高校和新闻媒体也有一些人员从事该学科研究。

1994年，厦门大学获得新闻学硕士学位授予权。该硕士点下设新闻学、广播电视新闻学、广告学等3个研究方向。2002年，厦门大学再获传播学硕士点，下设传播学、广告学、公共关系等3个研究方向。在教育部学位与研究生教学发展中心2004年的评估中，厦门大学新闻传播学在全国排名第5位。2005年，厦门大学获得传播学二级学科博士学位授予权，新闻与传播学一级学科硕士学位授予权。1993年成立传播研究所，2002年成立品牌与广告研究中心，2004年成立闽台新闻研究中心，2005年成立华文传媒研究中心。

2004年8月，福建师范大学在原文学院传播学系的基础上，整合原音乐学院播音与主持专业，成立新闻传播学院，下设广播电视新闻学、播音与主持艺术、广告学等3个本科专业，继而获批影视艺术与传播硕士点。2001年成立网络文化研究中心，2004年成立台湾传媒与舆情研究所等研究机构。

除以上两所学校外，福建省其他一些高校在2000年以后相继开设新闻传播方面的相关本科专业。福建商业专科学校2002年成立新闻传播系；福建工程学院和闽江学院分别于2003年和2004年先后开办广告学专业；华侨大学中文系2003年开设广播电视新闻学专业。

（二）学术研究

1992—2005年，福建省新闻传播学的研究从新闻出版部门以业务工作研究为主，逐步发展为既有侧重新闻传播实践的应用研究，又有基础理论的学理研究，从而形成了新闻传播学、广告学、影视传播和影视艺术、新媒体艺术与网络传播等研究领域。

这一时期，该学科承担国家社会科学基金项目5项：我国电视广告社会效益及其改进对策研究（厦门大学陈培爱，1995）、超文本之兴：信息科技与文学变革（厦门大学黄鸣奋，2000）、社会主义市场经济时代的大众传播与爱国主义教育（厦门大学陈嬿如，2002）、因特网与艺术发展（黄鸣奋，2003）、广告传播研究（陈培爱，2005）；教育部人文社会科学基金项目8项：提高我国品牌的传播策略研究（厦门大学黄合水，2000）、网络媒体与艺术发展（黄鸣奋，2001）、广告学人才培养模式综合改革与研究（陈培爱，2001）、厦门市城市形象策略研究（厦门大学朱健强，2001）、《广告学概论》教育部"十五"规划教材（陈培爱，2003）、中美网络新闻宣传技巧比较研究（厦门大学庄鸿明，2003）、大众文化：从西方到中国（厦门大学叶虎，2003）、互联网与艺术产业（黄鸣奋，2005）；国台办委托项目3项：对台宣传工作面临的挑战与对策（福建师范大学颜纯钧，2002）、全球化时代新闻传媒对台宣传技术研究（颜纯钧，2003）、《闽台两地纪事》研究与策划（厦门大学黄星民，2003）；同期还获得福建省社会科学规划项目9项。

其间，该学科领域出版著作89部，发表学术论文1187篇，其中获全国高校人文社会科学优秀成果三等奖 1 项：《电脑艺术学》（黄鸣奋，2003）；中国高校影视学会学术著作奖 2 项：《电影的读解》（颜纯钧，1994）、《与电影共舞》（颜纯钧，2004）；获福建省社会科学优秀成果奖 9 项：《艺术交往论》（第三届一等奖，黄鸣奋）、《中外广告史：站在当代视角的全面回顾》（第四届二等奖，陈培爱）、《电脑艺术学》（第四届二等奖，黄鸣奋）、《超文本诗学》（第五届一等奖，黄鸣奋）、《中国市场经济时代的传播战役与民族凝聚力》（第五届一等奖，陈嫦如）、《当代大众传媒与大众文艺（系列论文）》（第六届一等奖，福建社会科学院管宁）、《网络媒体与艺术发展》（第六届二等奖，黄鸣奋）、《数码艺术学》（第六届二等奖，黄鸣奋）、《文艺传播论》（第六届三等奖，福建师范大学，谭华孚）。

（三）学术会议

1993 年 5 月，厦门大学召开首届海峡两岸中国传统文化中传（中国新闻传播）的探索座谈会，研讨如何开拓华夏传播研究新领域，建立有中国特色的传播学理论。两岸文学、历史学、人类学、经济学、新闻学、传播学等方面的学者与会，收到论文 22 篇，并出版论文集《从零开始》（厦门大学出版社，1994）。

1997 年 11 月，厦门大学召开中国传播学研讨会，中国大陆、台湾、香港和澳大利亚、新加坡、韩国的学者 38 人与会。会议收到论文 30 余篇和 10 余部书稿提纲，从传播学的角度研究中国历史上的传播活动和传播观念，共同探讨中国特色的传播理论。

1999 年 10 月，中国新闻教育协会和厦门大学新闻系联合主办第一届中国广告教育研讨会，各高校新闻院系、工商院系、艺术院系和科研单位的 54 位学者出席会议。会议就广告学的定位与发展、广告学的培养模式、广告教育以及师资队伍建设等问题，进行讨论。

2003 年 10 月，世界华人传播与华夏文明传播国际学术研讨会在厦门大学召开，日本、新加坡和中国大陆、台湾、香港、澳门等国家和地区 40 所大学及研究机构的 70 多名代表与会。会议就华文传媒在世界传播界的地位与作用、经济全球化背景下华文媒介的发展趋势、台港澳新闻传播交流研究，以及现阶段中国新闻教育改革的国际化发展思路进行探讨。

2005 年 12 月，福建省传播学会主办的传播与社会公正论坛在厦门大学召开，厦门大学、福建师范大学、漳州师范学院、福建工程学院、华侨大学、闽江学院、福建人民出版社等 12 个单位的 38 位代表与会，提交论文十余篇。会议就"十一五"期间，新闻传播研究的前沿问题以及加强与业界的互动和吸纳会员等问题进行讨论。

二、主要学术成果

（一）新闻传播学研究

《中国市场经济时代的传播战略与民族凝聚力》（陈嫦如，厦门大学出版社，2002，英文版）该书立足于中国市场经济时代的传播现实，分析 1991—2001 年的 10 年间，中国大陆发生的全部重大传播战役，借以说明中国市场经济时代的传播战役对增强民族凝聚力具有巨大的促进作用。该书提出具有普适性的"主义"（ISM）—身份认同（Identity）、力量评估（Strength）、使命定位（Mission）等概念，指出以此作为信仰的底线，可以促进德兴、人兴、国兴。

《议程设置、舆论导向与新闻报道》（厦门大学刘训成，《新闻与传播研究》2002：2）该文运用传播学关于"议程设置"的理念，分析并探讨当代大众传媒中把关人的现象，从中揭示作为大众传播的媒体在现实生活中受到的制约与局限，以及影响传媒行为的规律性问题。

《"染论"与"难论"——从哲学方法论的角度探讨墨翟与韩非的传播效果论》（黄星民，《新闻与传播研究》2005：1）该文从墨子与韩非子的思想方法入手，探讨两位思想家的传播效果观。作者认为墨子方法论"兼"，强调矛盾的同一性，因而在传播效果上提出"染论"，比喻传播可以取得像"丝染"一样的强力效果；韩非方法论"矛盾"，强调矛盾的斗争性，因而在传播效果上提出"难论"，认为传播要取得效果非常困难。该文还就上述的两个传播效果观进行评价和比较。

表 12-19　　　　1992—2005 年新闻传播学研究其他成果

成果名称	作　者	发表刊物（出版社）及时间
公共关系的基本原理与实务	纪华强	厦门大学出版社,1992
我国电视《新闻联播》节目定量分析及比较	庄鸿明 许清茂 陈家华	《中国广播电视学刊》1995:6
坚持政治家办报——学习江泽民总书记关于新闻舆论工作重要讲话的一点体会	黄种生	《新闻记者》1996:12
迎接新世纪的挑战——福建日报深化新闻改革的思考	黄种生	《中国记者》1998:1
"大众传播"广狭义辨	黄星民	《新闻与传播研究》1999:1
客观报道与新闻职业道德	赵振祥	《新闻记者》1999:7
Creating a New Model, Creating a New Nation:The Media and the Making of Role Models in China's Market Economy Era（中国市场经济时代的大众传媒与典型宣传）	陈嬿如	The Journal of International Communication,December 1999（《国际传播学刊》1999:12）
礼乐传播初探	黄星民	《新闻与传播研究》2000:1
从礼乐传播看非语言大众传播形式的演化	黄星民	《新闻与传播研究》2000:3

续表 12—19

成果名称	作　者	发表刊物（出版社）及时间
略论中西传播观念的异同——"Communication"与"传"词义比较	黄星民	《厦门大学学报》（哲学社会科学版）2000：3
《遐迩贯珍·布告篇》始末析	许清茂	《新闻与传播研究》2000：4
唐前新闻传播史论	赵振祥	中国文联出版社,2001
说服君主——中国古代的讽谏传播	黄鸣奋	北京文化艺术出版社,2001
汉字解析与信息传播	李国正	北京文化艺术出版社,2001
传播全球化中的传者与受众	陈培爱　靳　青	《中国广播电视学刊》2001：1
从英雄到名人——兼论电视对青少年的负面影响	陈嬿如	《中国广播电视学刊》2001：4
汉字作为信息媒介的传播学思考	陈培爱	《国际新闻界》2001：5
网络采访的背景与技术	庄鸿明	《中国记者》2001：10
新闻是匆忙中写就的历史——西方如何发现并报道毛泽东的一篇秘密讲话	陈嬿如	《新闻大学》2002（冬季号）
Balancing Ideals and Interests: Toward a Chinese Perspective of Development Communication（在理想和利益之间寻找平衡：建构发展传播学的中国视角）	陈嬿如	《Chinese Communication Theory & Research》2002（《中国传播理论与研究》2002）
杂志学	许清茂	厦门大学出版社,2002
信息不对称与通道设置	颜纯钧	《东南学术》2002：3
华夏传播研究刍议	黄星民	《新闻与传播研究》2002：4
论干宝《搜神记》的社会新闻性质	赵振祥	《厦门大学学报》（哲学社会科学版）2002：4
谁在控制公众的表达？	刘　泓	《福建师范大学学报》（哲学社会科学版）2002：4
美国新闻媒体网站竞赛及相关思考	庄鸿明	《中国广播电视学刊》2002：11
博客与个人媒体时代	颜纯钧	《福建论坛》2003：3
略论报业的差异化竞争	张建峰	《中国报业》2003：3
文艺传播论——当代传媒技术革命中的艺术生态	谭华孚	海峡文艺出版社,2004
大众传媒与公众身份建构	颜纯钧	《现代传播》2004：5
魏晋"志怪"的社会新闻文体论证	赵振祥	《厦门大学学报》（哲学社会科学版）2004：5

续表 12—19

成果名称	作　者	发表刊物(出版社)及时间
党报理论宣传效果初探	薛　东	《福建论坛》(人文社会科学版)2004:9
海峡两岸文化与传播研究	许清茂	厦门大学出版社,2005
传播与保密——情报新闻导论	赵振祥	中华书局,2005
传媒的区域化趋势、问题及对策	赵振祥 罗任飞	《新闻记者》2005:1
汪汉溪广告经营理念初探	佘绍敏 许清茂 黄　飞	《新闻记者》2005:4
台湾杂志 70 年	许清茂 向　芬	《社会科学战线》2005:5
让华夏文化跃然纸上——数字时代电视的新使命	黄星民	《中国广播电视学刊》2005:5

(二) 广告学研究

《中外广告史：站在当代视角的全面回顾》(陈培爱,中国物价出版社,1997)该书分中、外两部分。中国广告史部分上自原始社会下至 20 世纪末,按照历史进程描述广告在中国的发生、发展,并分析其规律,对港、台两地和公益广告的发展历史也作专章介绍。外国广告史部分重点介绍美、日、英、法、俄等国家和地区现代广告的发展。作者以不同国家、地区的社会经济发展为主线,以不同历史阶段的传播手段变化为依托,在史论结合的基础上全面、阐述中外广告史的概况,为广告比较学提供了资料,并把广告史列入传播史的研究范畴,开广告史研究的先河。

《国内网络广告主要问题及对策探讨》(厦门大学林升栋,《新闻与传播研究》2000:4)该文在文献调查和实际调研的基础上,以国外较为先进的经验和理论为参照,结合中国国情,探讨解决"如何给客户投放广告提供一个客观的依据"、"网络媒体如何售卖广告空间"、"广告公司如何制定一个科学完整的网络广告传播策略"、"行业如何推行网络广告代理"、"国家如何进行宏观管理与制定相应的法律"五大问题的途径,并提出一些对策建议。

《广告学概论》(陈培爱,高等教育出版社,2004)该书融合近 30 年来国内外广告理论研究的成果,在信息传播与营销这条主线上论述广告主体、广告信息、广告媒体、广告客体、广告效果、广告管理,反映广告活动的全过程。同时介绍国际广告研究发展的动态和中国广告界近年来的学术成果。该书成为全国各高校的广告学理论课专用教材。

《广告心理学》（黄合水，高等教育出版社，2005）该书不同于以往用心理学体系来构建框架的广告心理学著作，全书以广告活动过程为主线，介绍国际上近百年来关于广告心理学的研究成果，包括广告策略的心理基础、广告策划的心理依据和方法、广告说明的原理和方法、广告表现的心理规律、媒体策划的心理依据等，探索广告活动与消费者相互作用过程中产生的心理学现象及其存在的心理规律。

表 12—20 **1992—2005 年广告学研究其他成果**

成果名称	作 者	发表刊物（出版社）及时间
广告配乐的功能与运用	黄合水	《中国广播电视学刊》1992:2
电视广告中的语言和图像的相对重要性	黄合水	《现代传播》1993:5
试论品牌的人文意义和社会效应	朱健强	《厦门大学学报》（哲学社会科学版）1997:2
提高我国电视广告社会效益的对策研究	陈培爱	《中国广播电视学刊》1997:7
《申报》分类广告研究	林升栋	《新闻大学》1998:3
广告中性之分析研究	林升栋	《新闻与传播研究》1999:1
20 世纪中国广告学理论的发展	陈培爱	《厦门大学学报》（哲学社会科学版）1999:4
广播电视广告学	朱月昌	厦门大学出版社,2000
广告策划原理与实务	陈培爱	中央广播电视大学出版社,2000
广告视觉语言	朱健强	厦门大学出版社,2000
多媒体时代的广告创意思考	陈培爱	《新闻大学》2001（春季号）
论电视专业化频道品牌经营的策略	岳 淼	《中国广播电视学刊》2001:2
2%的限制值得商榷	陈培爱	《现代广告》2001:5
政治传播中的媒介权利——论台湾政治广告的运用	岳 淼 陈培爱	《现代传播》2002:1
广告传播:符号秩序的建构	刘 泓	《东南学术》2002:3
论品牌资产——一种认知的观点	黄合水	《心理科学进展》2002:3
强、弱品牌的品牌联想比较	黄合水 彭聃龄	《心理科学》2002:5
20 年来中国广告界探讨的热门话题	黄合水	《现代广告》2003（学术特辑）
广告调研技巧	黄合水	厦门大学出版社,2003
解构日本广告	陈培爱	《现代广告》2003:1
《湘报》广告考辨	许清茂	《新闻与传播研究》2003:10
广告跨文化传播策略	陈培爱	《东南学术》2004:1

续表 12—20

成果名称	作 者	发表刊物(出版社)及时间
试论报纸广告与版面的和谐	陈培爱	《新闻大学》2004:3
全球化语境下广告传播的文化使命	刘 泓	《福建师范大学学报》(哲学社会科学版)2005:1
汪汉溪广告经营理念初探	许清茂	《新闻记者》2005:4
"市场细分"对社会文化的解构与重建	陈培爱	《现代广告》2005:12

(三) 影视传播和影视艺术研究

《中国电视剧与当代大众文化思潮》(福建师范大学张应辉,《现代传播》2003:1)该文就曾庆瑞、尹鸿两位教授对电视剧创作的论争提出商榷意见。作者认为:"大众文化"是一个被虚设的语境,大众并没有获得真正的话语权;反映在电视剧领域,大众对作品的多元的合理的需求被它们按各自的意图曲解;商业因素对电视剧制作的介入并没有改变电视剧作为艺术的品格,当下所要解决的核心问题是电视剧"美"的建构,而不是电视剧的性质问题。2003 年该文被美国亚洲当代文化学会(The American Society of Asian Contemporary Culture)评选为"2003 年优秀华文",公布目录刊登在美国《华文精撷》(Chinese Culture)杂志 10 月号上。

《当代大众传媒与大众文艺》(管宁,《江汉论坛》2003:12)、**《传媒视野中的当代大众文学》**(管宁,《浙江学刊》2003:6)、**《电子传媒与大众视听文艺》**(管宁,《东南学术》2004:6)该系列论文提出:传媒与大众文艺的互相制约与互相促进关系,尤其是电子传媒不仅改变了人们的审美趣味和欣赏习惯,而且极大地促进了视听文艺的繁荣,导致文化向视听文艺转化。同时,还带来信息接受上的平等与民主。但必须看到,传媒中大众文艺也存在种种潜在危机,为此批评的介入就显得十分必要。

表 12—21　　**1992—2005 年影视传播和影视艺术研究其他成果**

成果名称	作 者	发表刊物(出版社)及时间
多元建构的东方神话——论张艺谋电影及其文化	张应辉	《福建论坛》1996:2
失落了家园的人——张爱玲解读	吴青青	《福建论坛》1996:5
电影的商业性和商业性的电影	颜纯钧	《当代电影》1998:2
虚构游戏:历史电影的一种写作方式	刘 泓	《福州大学学报》(哲学社会科学版)1999:4

续表 12—21

成果名称	作 者	发表刊物（出版社）及时间
论中国电影与中国政治	颜纯钧	《福建师范大学学报》（哲学社会科学版）1999:4
论文学对电影的影响	颜纯钧	《福建论坛》2000:5
论好莱坞类型电影对中国早期电影的影响	张应辉	《福建论坛》2000:6
法律的颜色——电影《法官妈妈》评析	郑宜庸	《电影评介》2002:7
与电影共舞	颜纯钧	上海远东出版社,2003
双重表演的功力——谈吴晶晶演武则天	郑宜庸	《中国戏剧》2003:7
绚丽可口的鸡尾酒——重读《莎翁情史》	吴青青	《电影评介》2003:11
时段和频道资源的整合	颜纯钧	《中国广播电视学刊》2004:4
《会诊中国电视》补言	张应辉	《现代传播》2004:6
互动的观看表演——电影传播中的受众分析	郑宜庸	《东南学术》2005:6

（四）新媒体艺术与网络传播研究

《电脑艺术学》（黄鸣奋，学林出版社，1998）该书以电脑与艺术的价值关系为基础，从文化学、心理学、传播学等角度研究作为一种社会现象的"电脑艺术"（含戏剧、文学等），指出电脑艺术呼唤着与之相适应的艺术批评，艺术批评本身也应当关注电脑技术的进步；电脑艺术有它的历史，也应当有它的史学；如果考虑到电脑与艺术联姻，体现了一种不可逆转的历史趋势，承认电脑艺术本身有着广泛的发展前景，便不能不重视相关的理论建构。

《超文本诗学》（黄鸣奋，厦门大学出版社，2001）该书将超文本作为科技与艺术相互渗透的产物、历史与未来相互联系的桥梁来加以考察，并以传播为脉络，考察超文本性在人类历史上的由来与表现；以文理渗透为基点，具体分析当前电子超文本如何满足文学发展的需要；以计算机与网络为手段，广泛搜集资料，追踪前沿研究。

《虚拟游戏的身份认同——网络游戏的文化体验之反思》（福建师范大学刘泓，《福建论坛》2003:3）该文从游戏文化研究的角度，围绕网络游戏中身份认同的基本特征进行分析，对作为大众文化的一种网络游戏的文化现象进行理论反思。文章认为在网络传播的新技术时代，网络游戏成为了人们身份认同的一种存在和情境，或者是一种社会建构。在网络游戏中，游戏的参与者是通过数据网相联结，以电子文本化的虚拟身份来展示或想象主体身份的。与传统的游戏不同，网络游戏的游戏者在电脑屏幕上的"窗口"环境中进行着多重身份的生活。这种分散的自我使得游戏者在同一时间里往往处于多个世界扮演多个角色。这样，现代人的自我体验在网络游戏中更像是进行了身份认同的多种探索和实验，游戏者体验到了多样化、异质性、片段化、去中心的自我。

《网络媒体与艺术发展》（黄鸣奋，厦门大学出版社，2004）该书通过史论结合的方式展开论述，试图为新兴的网络艺术学奠定基础。作者将视距拉远，从广义网络艺术切入，为追踪狭义网络艺术的发展提供参考系。同时，又将焦点集中在论述网络媒体与艺术变迁的关系。

《数码艺术学》（黄鸣奋，学林出版社，2004）该书所考察的范围涵盖处理器艺术（processor art）、电脑艺术（computer art），但主要是以数字计算机为技术基础，并通过数码媒体传播的作品，即数码艺术（digital art）。作者根据其提出的传播理论设计 9 种不同的角度，对研究对象加以考察。首先阐述相应的艺术现象与数码媒体的关系，然后分析具体的艺术实例，再从理论上概括其创新性。

表 12—22　　　**1992—2005 年新媒体艺术与网络传播研究其他成果**

成果名称	作　者	发表刊物（出版社）及时间
因特网上的跨文化传播	李　展	《厦门大学学报》（哲学社会科学版）1997:1
比特挑战缪斯——网络与艺术	黄鸣奋	厦门大学出版社,2000
远程文化寻踪	黄鸣奋	《现代传播》2000:3
互联网信息流通中的政府控制	佘绍敏	《新闻与传播研究》2000:4
虚拟的背叛:网络传播的文化思考	刘　泓	《福建师范大学学报》（哲学社会科学版）2001:4
追求漫游:超文本与通信技术	黄鸣奋	《现代传播》2002:2
网络传播的语言学意义	刘　泓	《福建论坛》2002:3
混沌的意义——为网络传播的"无政府"状态一辨	谭华孚	《东南学术》2002:3
科学主义与人文主义:电脑艺术的取向	黄鸣奋	《厦门大学学报》（哲学社会科学版）2002:6
虚拟游戏的身份认同——网络游戏的文化体验之反思	刘　泓	《福建论坛》2003:3
网络时代的美学难题	谭华孚	《福建论坛》2003:3
新的媒体生态与媒体创意及策略手法	陈培爱	《厦门大学学报》（哲学社会科学版）2004:1
数码艺术 50 年:理念、技术与创新	黄鸣奋	《文艺理论研究》2004:6

续表 12—22

成果名称	作　者	发表刊物（出版社）及时间
在线艺术对网络的反思	黄鸣奋	《东南大学学报》（哲学社会科学版）2004:6
从网络文学到网际艺术:世纪之交的走向	黄鸣奋	《江苏社会科学》2005:1
数码媒体与赛伯时间艺术	黄鸣奋	《现代传播》2005:1

第六节　体育学研究

一、学科建设与学术研究

（一）学科建设

福建省体育学研究人员主要集中在福建师范大学、集美大学和其他高校体育院系。1996 年，福建师范大学体育系获得体育教育训练学硕士学位授予权，2000 年获得博士学位授予权，2000 年获得体育人文社会学硕士学位授予权，2003 年获得民族传统体育学硕士学位授予权。2005 年，福建师范大学体育教育训练学成为省级重点学科，并开设体育教学理论与实践、竞技体育发展与运动训练理论 2 个博士研究方向以及排球运动的社会科学研究、体操健身理论与方法、游泳教学训练理论与方法、篮球教学训练理论与方法、足球教学训练理论与方法、网球教学训练理论与方法和田径教学训练理论与方法等 7 个硕士研究方向。集美大学于 2005 年获得体育教育训练学和体育人文社会学硕士学位授予权。

（二）学术研究

1992—2005 年，福建省体育学研究的主要领域是体育专业人才培养、闽台体育文化、体育科技发展史、社区体育发展及体育经济等。其间，获国家社会科学基金项目 5 项：中华人民共和国体育科技发展史（福建师范大学黄汉升，1998）、海峡两岸体育文化交流与合作前景规划的研究（集美大学兰自力，2001）、我国三资企业职工体育现状及发展机制的研究（集美大学郑旭旭，2002）、新时期我国体育社会科学的学科体系构建与方法论探索（黄汉升，2004）、闽台两地体育文化及交流在祖国统一大业中的作用与地位及功能拓展对策研究（集美大学陈少坚，2005）；还获得国家体育总局体育哲学社会科学研究项目 10 项；福建省社会科学规划项目 6 项。

这一时期，该学科发表论文 3000 多篇，出版著作、教材近百部。其中，获福建省社会科学优秀成果奖 14 项：《全国普通高校体育教育专业教学内容和课程体系改革的理论与实践》（第四届三等奖，黄汉升）、《2010 年中国社会体育发展趋势》（第四届三等奖，福建师范大学许红峰）、《中华人民共和国体育科技发展史》（第五届一等奖，黄汉升）、《改革开放以来我国体育科技发展的外在动力因素研究》（第五届三等奖，福建师范大学陈作松）、《海峡两岸体育交流研究》（第五届三等奖，兰自力）、《中国体育教师教育改革的理论与实践》（第六届一等奖，黄汉升）、《我国三资企业职工体育现状及发展机制》（第六届二等奖，郑旭旭）、《我国大中城市居民住宅区体育设施配套建设的可行性研究》（第六届二等奖，集美大学赵克）、《海峡两岸体育交流与比较研究》（第六届二等奖，兰自力、谢军、骆映等）、《素质教育与体育专业教育实习》（第六届三等奖，陈少坚）、《体育科学研究理论与方法》（第六届三等奖，集美大学连道明）、《中华体育文化在台湾地区的传承及影响研究》（第六届三等奖，集美大学谢军、兰自力、徐学）、《体育设施与管理》（第六届三等奖，福建师范大学陈融）、《我国小城镇社区体育发展的主要影响因素》（第六届三等奖，福建师范大学袁广锋）。

（三）学术会议

1994 年 6 月，中国社会学会体育专业委员会成立，首届学术讨论会在福州举行，15 个省市自治区的 51 位代表参会。会议讨论四个方面问题：（1）关于我国体育社会学"具有中国特色"的提法问题；（2）有关"体育社会学的对象和范畴"问题；（3）关于"加强队伍建设，吸引更多的社会学界人士参加研究，从母学科吸取营养"的问题；（4）关于体育社会学的研究必须面对实践、扎根实践问题。

1995 年 1 月，福建省体育科学学会举办的省第三届运动医学学术研讨会在福州召开，28 位专家、学者参加此次研讨会。此次研讨会收到论文 25 篇，内容涉及福建省"七运会"参赛运动员的医务监督、运动损伤的调研与治疗方法的研究及临床总结、少年体校运动员的营养配膳、心理学及中医药学在运动医学中的应用、运动疗法的作用与原则以及科学运动方法的研究等。

1995 年 7 月，福建省体育科学学会承办的东南地区（华东各省和中南部分省院校）系统科学与体育学术论文研讨会在福州召开，10 多个高校和单位的 27 名专家、学者与会，收到论文 23 篇。论文涉及系统学理论与方法应用于大型综合性运动会、运动训练、体育教学、体育人才培养、体育预测、宏观决策等领域的研究。

1997 年 6 月，福建省体育科学学会体育社会科学专业委员会主办的全民健身体育理论研讨会在福州召开，收到论文 31 篇。会议围绕福建省全民健身的现状、趋势、公共健身设施、商业健身会所以及全民健身运动政策措施等展开讨论。

2005 年 6 月，福建省体育科学学会、福建省体科所、福建省体育局群体处联办的群众体育工作理论研讨会在福州召开，会议收到论文 30 篇，围绕贯彻落实国家开展全民健身、提高国民体质等进行讨论；还总结交流福建省开展群众体育活动工作情况和经验。

二、主要学术成果

（一）体育教育与人才培养研究

《**中国和美国体育专业博士、硕士学位研究生培养现状与特点的比较研究**》（黄汉升等，《体育科学》1994：2）该文力图建立一个分析中美两国博士、硕士学位研究生培养发展模式的理论框架，为中国高等体育院系、科研机构培养研究生的同类专业或者目前中国尚未开设的和正在准备开设的专业提供理论与实践上的参考与借鉴。

《**我国普通高校体育教育专业教学计划的沿革、现状与发展趋势**》（福建师范大学陈俊钦等，《体育科学》1997：5）该文通过对国家教委历次印发的普通高校体育教育专业教学计划、国内 49 个体育院系现行本科教学计划的比较分析，归结出中国高校体育教育专业教学计划的发展历程和教学计划逐步与现行市场经济条件下的具体情况相适应等特点。

《**普通高校体育专业招生体育考试成绩管理系统的研制与应用**》（福建师范大学梅雪雄，《体育科学》1997：6）该文介绍根据全国通用的体育考试评分标准与办法所研制的计算机成绩管理系统，并对分析该系统进行 3 年实际应用情况，提出改进意见。

《**20 世纪中国高等学校体育本科专业设置的回顾与展望**》（福建师范大学张勤，《体育科学》2003：2）该文回顾 20 世纪中国高等学校体育本科专业设置情况，提出中国高等学校体育本科专业设置主要存在两个矛盾和三个问题，即社会发展对各类体育专门人才的需求与专业设置供需间的矛盾，人才培养模式多样化与目前专业框架和格局相对单一的矛盾。因此，需要解决专业设置盲目性、随意性、固守性问题。最后归纳 21 世纪中国高等学校体育本科专业设置五大发展趋势，并提出相应对策。

《**我国普通高校体育教育本科专业课程体系改革的研究**》（黄汉升等，《体育科学》2004：3）该文在梳理改革开放以来中国普通高校体育教育本科专业课程改革发展历程、调查和总结全国 61 所普通高校体育教育本科专业现行教学计划的基础上，对 21 世纪初体育教育本科专业课程方案构建的时代背景、指导思想及基本思路进行论述，提出构建体育教育本科专业课程方案的设想。

《**素质教育与体育专业教育实习**》（陈少坚、兰润生主编，厦门大学出版社，2004）该书为普通高校体育本科专业教材，作者根据素质教育的需求和高等学校教育实习及体育专业教育实习的特点，汲取各院、校实习中的经验和做法，对体育教育专业、运动训练专业、社会体育专业和民族传统体育专业的教育实习进行分析和设计。

《中国体育教师教育改革的理论与实践》（黄汉升等主编，高等教育出版社，2005）该书内容涉及体育教学观念、人才培养目标、培养模式、教学内容与课程体系、教学方法手段改革、教材改革等方面，提出如何培养复合型体育教育人才，构建体育教育专业课程新体系，形成科学与人文融合、学科类与术科类并重的教学内容等。

表 12—23　　　　**1992—2005 年体育教育与人才培养研究其他成果**

成果名称	作　者	发表刊物（出版社）及时间
美国体育专业博士、硕士学位研究生培养体制的特点与分析	黄汉升	《上海体育学院学报》1994:1
我国普通高校体育教育专业课程体系改革研究	黄汉升	《体育科学》1998:6
对我国体育教育专业《排球》教材体系的研究	陈铁成	《中国体育科技》1999:3
体育教育专业选修课程整体改革研究	陈俊钦等	《武汉体育学院学报》1999:6
普通高校体育教育专业教学内容与课程体系改革实证研究	许红峰	《武汉体育学院学报》2000:6
论普通高校中体育专业的办学走向	郑旭旭	《北京体育大学学报》2001:1
我国普通高校体育教育专业体操课程内容设置的基本价值取向研究	张涵劲等	《北京体育大学学报》2002:2
我国普通高校本科体育教育专业课程方案的研制及其主要特征	黄汉升等	《体育学刊》2003:2
我国普通高校体育教育专业本科教学计划执行情况分析	林顺英等	《上海体育学院学报》2003:5
我国普通高校本科体育教育专业课程设置的调查与分析	黄汉升等	《中国体育科技》2003:11
民族传统体育专业课程设置和教学内容的研究	高楚兰	《上海体育学院学报》2005:5
新时期我国体育人文社会学硕士研究生培养方案分析	方千华等	《武汉体育学院学报》2005:5
论高校体育专业教师的教学自我监控能力和监控策略	颜雪珍	《北京体育大学学报》2005:10

（二）闽台体育文化及合作交流研究

《闽台体育交流合作的前景与对策》（福建省体育科学研究所陈如桦等，《体育科学》1999:4）该文在对闽台体育交流、合作的历史、现状作回顾、分析的基础上，展望其发展前景。同时认为应把竞技体育作为闽台体育进一步交流、合作的切入点，并就其对策进行探讨。

《**海峡两岸体育管理体制与运行机制的比较研究**》（兰自力等，《体育科学》2003：3）该文对海峡两岸体育管理体制及运行机制进行比较研究，认为两岸体育管理体制形成各自的体系，均属于混合型管理体制，但在其实际操作中则各有所侧重，其适应性改革均采取渐进的方式进行。因而，新旧双重管理体制及运行机制并存交替局面将会持续一个较长的时期。

《**中华体育文化在台湾地区的传承及影响研究**》（谢军等，《体育科学》2003：6）该文从文化、历史的视角，研究中国体育文化在台湾省的传承与发展及其对两岸关系发展的影响，认为中国体育文化的发展能增强民族的凝聚力，是维系两岸同胞的精神纽带，是中华民族文化统一性的标志之一。

表 12—24　　　**1992—2005 年闽台体育文化及合作交流研究其他成果**

成果名称	作　者	发表刊物（出版社）及时间
闽台体育比较	陈如桦等	《中国体育科技》2000：2
闽台体育交流合作回顾与现状分析	陈如桦等	《中国体育科技》2000：3
海峡两岸体育交流的回顾与展望	林建华等	《体育学刊》2001：4
海峡两岸社会体育比较研究	兰自力等	《天津体育学院学报》2002：4
海峡两岸体育交流合作的现状分析与对策研究	兰自力等	《北京体育大学学报》2002：5
台湾学校体育概览	兰自力	《体育学刊》2003：1
海峡两岸学校课余体育训练与竞赛的比较研究	兰自力	《西安体育学院学报》2003：1
海峡两岸学校课余体育活动及休闲运动的比较研究	兰自力等	《北京体育大学学报》2003：4
海峡两岸体育社团比较刍议	谢军等	《北京体育大学学报》2004：4
从台湾民俗体育看闽台传统文化渊源	王念龙	《体育文化导刊》2005：3

（三）体育科技发展史研究

《**新中国体育科技 50 年回顾与前瞻**》（陈俊钦等，《体育科学》2000：5）该文回顾中国体育科技 50 年的发展历程，认为中国体育科技的发展与政治、经济、科教发展紧密相连；经过为寻求独立发展而进行的艰难曲折探索，吸取盲目学习和急于求成的教训，经受"文化大革命"10 年浩劫，终于在改革开放后得到迅速、稳步的发展，取得辉煌的成就。同时，指出当前中国体育科技存在的差距，展望 21 世纪发展前景。

《**中华人民共和国体育科技发展史**》（黄汉升，科学出版社，2002）该书分为：模仿借鉴、独立探索、曲折发展的中国体育科技，体育科技的春天，改革开放带来体育科技实力的增强，体育科技支持系统的改革与逐步完善，体育学科的大发展，系统科学的应用与体育软科学的发展，体育科技为两大战略服务等 7 个部分，记述新中国成立以来，尤其是改革开放以来，中国体育科技工作所取得的成就和主要特征。

《改革开放以来我国体育科学技术发展的社会因素分析》（陈作松等，《中国体育科技》2002：8）该文对中国改革开放以来影响体育科技发展的政治、经济、科技、教育等社会因素进行调查与分析。认为：国家与社会需要是体育科技发展的导向，科技方针、政策是中国体育科技发展的前提，科技立法的不断完善促进体育科技不断朝着法制化、规范化发展，经济发展的需求是体育科技发展的动力，科学进步对体育科技的发展起着催化作用，高等教育事业快速发展为体育科技发展提供智力支持等。

表 12-25　　　　**1992—2005 年体育科技发展史研究其他成果**

成果名称	作　者	发表刊物(出版社)及时间
建国初期我国体育科技发展的历史回眸	许红峰等	《中国体育科技》2000:10
改革开放以来我国体育科技发展的政治因素分析	陈作松等	《体育与科学》2002:6
科技全球化背景下我国体育科技发展战略研究	陈俊钦等	《天津体育学院学报》2003:1
科技全球化背景下我国体育科技发展面临的挑战、机遇及对策	陈俊钦等	《中国体育科技》2005:1
应对竞技体育全球化策略的思考——熟悉规则、适应规则、驾驭规则	陈俊钦等	《体育文化导刊》2005:3

（四）社区体育研究

《2010 年中国社会体育发展趋势》（许红峰等，《中国体育科技》1999：5）该文在回顾改革开放以来中国社会体育发展的基础上，分析影响社会体育发展的主要因素。同时，对 2010 年中国社会体育社会化、社会体育法制化、社会体育产业化、社会体育科学化和社会体育生活化等发展趋势作初步预测。

《城建居民小区体育设施配套建设立法研究》（赵克等，《体育科学》2001：4）该文认为，用社会保障概念确立城市居民小区体育设施配套建设的法律定位，政府在该工作中具有责任主体地位。同时，还讨论项目选择和用地定额，以及统一性的规定与地方立法相结合等问题。

《体育设施与管理》（陈融，高等教育出版社，2004）该书作为普通高校体育本科专业教材，剖析不同类型运动场地构造、性能及配套设施，反映了体育设施的新技术、新工艺，提出城市公共体育设施建设、社区体育配备、学校体育场地规划与器材配备要求，适应体育场馆面向社会、服务社会需要，分析体育设施管理与服务设计。

《我国小城镇社区体育发展的主要影响因素分析》（袁广锋等，《中国体育科技》2004：3）该文认为，影响中国小城镇社区体育发展的个体因素是居民的文化水平、余暇时间和个人收入水平；社会因素是小城镇的经济发展水平、体育发展规划、体育社会化程度、社会环境和地方传统与习惯。

《我国大、中城市居民住宅区体育设施配套建设的可行性研究》（赵克等，《体育科学》2004：12）该文在分析中国大中城市居民住宅区体育场地设施现状的基础上，归纳出城市居民住宅区体育设施的4种基本模式和4种补充形式。该文在分析大中城市居民住宅区体育设施配套建设存在的主要问题后，借鉴发达国家和地区的经验，对加强城市居民住宅区体育设施配套建设的相关法律法规建设，制订中国城市居住区体育场地设施规划、建设的技术标准等提出建议。

表12-26　　　　　　　　1992—2005年社区体育研究其他成果

成果名称	作　者	发表刊物（出版社）及时间
中日两国群众体育的比较研究	陈伟霖等	《中国体育科技》1998：11
探寻群众体育与竞技体育协调发展的中介	陈　融	《体育文史》2000：3
部分城市社区体育组织的建设和发展	谢军等	《体育学刊》2002：2
社会体育可持续发展与学校体育发展之原则	王萍丽	《上海体育学院学报》2004：2
论城市社区体育资源及其开发与利用	袁广锋等	《北京体育大学学报》2004：5
台湾社区体育现状的调查与研究	骆积强等	《武汉体育学院学报》2005：2
我国城市社区体育组织化运作的机制与对策	陈融等	《上海体育学院学报》2005：2

（五）体育经济研究

《体育比赛电视转播权有偿转让问题的研究》（福建师范大学翁飚，《体育科学》1999：3）该文从转播权的属性、转播权转让方式、转播权收入的分配和在转播权上的两类竞争等4个方面，对国内外体育比赛、活动转播权问题进行探讨。阐明体育比赛电视转播权属于非物质商品及其价格定位的10条依据，概括出转播权有偿转让的5种方式，推论转播权价格呈上升趋势，以及电视机构争夺转播权和有关各方在转播权收入分配上的竞争将愈演愈烈。同时，指出国内体育比赛电视转播权有偿转让必须朝法规化方向发展。

《北京奥运保险市场可行性分析及发展对策研究》（福建师范大学方千华，《体育科学》2003：5）该文探讨国内体育赛事保险兴起与现状，分析北京奥运保险市场可行性。同时，提出促进北京奥运保险的发展对策：借鉴国际先进经验建立健全有关保险法规，加快奥运保险发展的步伐，加强奥运保险合作；合理开发奥运保险险种，满足奥运保险市场需求；

重视奥运保险赞助，促进体育事业与保险业共同发展；加强体育保险经纪人的培养，构建体育与保险的中介桥梁。

《体育产品属性及体育产业若干理论问题的思考》（集美大学王晓东，《体育科学》2005：5）该文对体育产品属性及体育产业归属等问题进行思辨，认为体育产业的形成是由人民群众体育消费需求所驱动的，其界定应面向体育消费过程；体育产品是满足人们体育消费需求的劳动产品的总称，体育产品可以是一种实物、一种服务或是两者的结合；体育产业部门生产的劳动产品和体育产品并不是同一范畴，判别一个产品是否为体育产品要看它的使用价值是否为满足人民群众的体育消费需求；体育产品的使用价值主要有两个方面；体育产业是提供体育产品满足人们体育消费需求的多种产业集合，具有复合产业的特征。

《福建省体育产业竞争优势研究及发展构想》（集美大学王德平等，《体育科学》2005：10）该文运用经济学理论，对福建省体育产业竞争优势进行理论分析和实证研究。认为，与福建省体育产业竞争力提升关系很大的人力资本和知识资源等比较薄弱；大众体育消费的总体水平普遍不高；体育产业中的大多数行业缺乏支持性产业和相关产业形成的产业簇群的支持；市场结构及管理的合理性较差，非价格竞争极为薄弱；体育服务业发展相对滞后；体育产业核心部分（健身娱乐业、竞赛表演业）的整体成长性仍处在较低水平；福建省体育用品加工制造业和竞赛表演优势项目以及民族传统体育项目以其比较优势和在此基础上内生的竞争优势，成为福建省体育产业结构中进步最快、发展水平最高、竞争力最强的行业。

表 12—27　　　　　**1992—2005 年体育经济研究其他成果**

成果名称	作　者	发表刊物（出版社）及时间
试论社会主义市场经济与体育运动的变革	郑如赐	《武汉体育学院学报》1994：2
新世纪我国体育产业发展的对策与建议	张启明	《成都体育学院学报》1999：3
国外体育经济活动税收政策研究	翁飚等	《天津体育学院学报》2002：4
我国体育经济活动中费税问题研究	翁飚等	《中国体育科技》2004：1
台湾运动产业的现状分析与发展启示	兰自力等	《北京体育大学学报》2004：1
中国体育产业发展的动态竞争优势	王德平等	《中国体育科技》2004：3
体育经济学中若干理论问题的探讨	林向阳	《北京体育大学学报》2004：9
全球化趋势与体育产业的发展	翁飚等	《体育文化导刊》2004：10

（六）体育学其他领域研究

《现代体育科学研究的方法学特征》（黄汉升，《体育科学》1999：2）该文结合体育科学研究的特点，提出现代体育科学研究的方法学有八个方面特征：科学方法选择与应用范围扩大、科学方法的综合运用明显增多、文献检索意识加强、资料收集和资料加工手段日益现代化、科学实验和辩证思维已成为现代体育科研的两大主流、研究工作的计划性和目的性越来越取代盲目性和偶然性、在研究方式上日益重视多学科综合研究及体育科学研究方法的理论系统化。

《现代背越式跳高专项力量训练手段的优化集成及对训练效果的实践研究》（王德平等，《体育科学》2003：1）该文从理论的视角审视现代背越式跳高技术特征及背越式跳高专项力量训练，探讨现代背越式跳高专项力量训练理念。同时运用文献资料法、访谈法、问卷调查法和模糊关联分析的方法对背越式跳高专项力量训练常用手段予以收集、筛选和优化集成，通过实践对其训练效果进行验证和比较分析。

《男子 400m 跑各分段速度最佳化时控区间标准研究》（集美大学廖冠群，《体育科学》2005：2）该文以两届世界田径锦标赛和第 24 届奥运会男子 400m 前 8 名运动员的成绩为研究样本，对世界一流运动员 400m 跑各分段的速度特征与成绩的关系进行分析，通过对不同技术类型运动员的速度分配差异程度的研究，初步制定评价 400m 跑效果的分段速度最佳化时控区间标准。

表 12—28　　　　　**1992—2005 年体育学其他领域研究其他成果**

成果名称	作　者	发表刊物（出版社）及时间
论道教养生思想的特点和主要内容	黄渭铭	《体育科学》1992：1
速度、力量素质的意念训练效果的研究	徐和庆等	《体育科学》1992：1
1990 年中国少年羽毛球集训队运动员血红蛋白调查报告	杨阳等	《体育科学》1992：2
论消费经济视角中我国大众体育的前景	徐和庆	《体育科学》1992：2
体操动作技能再认的信号检测论研究	林呈生	《体育科学》1993：2
体育科技与运动训练相结合的动力机制初探	陈　融	《体育科学》1993：3
论现阶段我国农村体育工作任务	赵克等	《体育科学》1993：4
对体育课质量评估指标体系的研究	兰自力	《体育科学》1993：5
关于集体性同场对抗项目的几点社会学探索	何方生	《体育科学》1993：6
体育管理学及其在北美的发展	黄汉升	《体育科学》1993：6
对体育科研人员定量考核方法的探讨	归予恒	《体育科学》1993：6
提高排球平控开扣球进攻威力的技术研究	陈峰等	《体育科学》1993：6
优秀田径运动员血清睾酮值的变化	俞旗等	《体育科学》1993：6
1990—1994 年《体育科学》载文时滞分析	许红峰等	《体育科学》1995：5
学生体育锻炼习惯的形成机制初探	陈　融	《体育科学》1996：5

续表 12-28

成果名称	作　者	发表刊物（出版社）及时间
选材计算机综合评价模型的建立与程序实现	傅志忠	《体育科学》1997:3
国内外体育科技期刊作者和合著类型比较研究	许红峰等	《体育科学》1997:4
竞技体育在企业促销中的优势探析	刘志坚等	《体育科学》1999:1
羽毛球运动员的有氧能力及髋、膝、踝关节屈伸肌力量分析	杨阳等	《体育科学》1999:5
从速度水平分析我国男排运动员 2 人接发球的可行性	陈少坚等	《体育科学》2000:1
谈谈体育 CAI 的创作	陈　华	《体育科学》2000:3
体育服务市场价格机制探讨	翁　飚	《体育科学》2000:4
对 21 世纪世界男子跳马发展趋势的探讨	张涵劲	《体育科学》2000:5
卢裕富跳马侧手翻转体 90°团身后空翻两周半的运动学分析	魏栩等	《体育科学》2001:4
论我国体育明星广告的兴起及发展对策	方千华	《体育科学》2002:2
福建省成年人体育锻炼现状研究	周晓东等	《体育科学》2002:3
福建省跆拳道运动现状及发展对策研究	陈立新等	《体育科学》2002:5
福建省群众体育消费需求调查及对体育市场发展的若干思考	王德平等	《体育科学》2002:6
我国蹦床女子竞技水平现状分析与研究	黄强等	《体育科学》2003:1
试论体育与健康课程资源及其开发与利用	施小菊	《体育科学》2003:4
竞技运动与太极拳运动对人体有序状态的影响	李忠京	《体育科学》2004:1
九运会南拳比赛指定动作的特点与训练	陈　峰	《体育科学》2004:2
老年知识分子打太极拳负荷对心肺功能影响的纵向观察	倪红莺等	《体育科学》2004:4
福建省大、中、小学生参加游泳活动现状及对策研究	张明飞等	《体育科学》2004:8
瘦素（Leptin）与运动	黄彩华等	《体育科学》2005:3
体育社团处罚纠纷处理机制的比较及选择	赵许明等	《体育科学》2005:4
身体锻炼与主观幸福感的研究综述	陈作松	《体育科学》2005:5
不同浓度乳酸对家兔离体心室乳头肌收缩力和细胞动作电位的影响	刘昭强等	《体育科学》2005:7
最大耗氧量速度运动时的生理负荷分析及意义	胡国鹏等	《体育科学》2005:8
我国田径运动职业化发展对策研究	施文忠等	《体育科学》2005:10

第十三章　台湾问题与两岸关系研究

第一节　台湾史/两岸关系史研究

一、学科建设与学术研究

（一）学科建设

福建省台湾史与两岸关系史研究的主要力量集中在厦门大学、福建师范大学、福建省委党校、福建社会科学院，还有政府机关、地方史志部门的工作者。1980 年 7 月厦门大学台湾研究所成立，是国内第一个专门从事台湾研究的学术机构，1981 年，该校开始招收中国地方史专业（后改为专门史，台湾历史与台湾问题为其重要研究方向）硕士研究生，1997 年 1 月，台湾问题研究列入国家"211 工程"重点建设学科，1999 年列为福建省重点学科，并开始招收中国近现代史专业（台湾历史研究为其重要方向）博士研究生。2000 年 1 月，厦门大学台湾研究中心成立，2001 年入选"教育部人文社会科学百所重点研究基地"。2004 年 2 月厦门大学台湾研究所升格为台湾研究院，11 月入选"985 工程"二期哲学社会科学创新基地。

1992 年，福建社会科学院成立现代台湾研究所；1999 年，福建师范大学成立闽台区域研究中心，均开展台湾史和两岸关系史研究。

（二）学术研究

20 世纪 90 年代以来，福建学者的台湾史研究涉及台湾通史、早期、荷据、明郑、清代、日据和战后台湾历史的研究，重点则是清代（尤其是晚清）和日据时期台湾史，研究领域涉及政治史、军事史、经济史、社会史、文化教育史、人物研究以及对台湾历史档案和古籍文献的发掘整理等。除了传统的历史学方法以外，还引入人类学、社会学、经济学甚至计量方法等自然科学的手段。福建学者尤其注重闽台关系史研究，涉及历史上闽台之间的政治关系、经济贸易关系、文化教育关系、人员往来以及宗族关系等方面。

这一时期，福建省研究台湾史与两岸关系史的学者先后获得 10 项国家社会科学基金项目，包括重点项目 2 项：台湾综合研究（厦门大学陈孔立，1992）、台湾社会经济史研究（厦门大学林仁川，1996）；一般项目 8 项：清代台湾农村经济研究（厦门大学周翔鹤，1993）、台湾基督教研究（福建师范大学林金水，1998）、清代闽台社会形态与地方行政比较研究（厦门大学郑振满，2000）、闽台汉民族史研究（厦门大学陈支平，2000）、闽台土著民族关系与"南岛语族"起源研究（厦门大学吴春明，2001）、闽台宗教的世俗化与非世俗化（厦门大学李文睿，2001）、移民与闽台少数民族关系研究（福建师范大学谢必震，2004）、翁泽生传（漳州市委党校何池，2004）。此外，福建学者还先后承担教育部（国家教委）、国台办及其他中央有关部门的研究项目，以及全国高校古籍整理研究项目、国家清史纂修工程等涉及这一领域的课题研究工作。主要有教育部（国家教委）人文社会科学研究规划项目 4 项：闽台基督教关系研究（谢必震，2001）、祖国大陆向台湾移民史研究（厦门大学李祖基，2001）、清代闽台"三通"与两岸经济互动研究（福建师范大学黄国盛，2002）、日本殖民统治时期台湾皇民化运动研究（厦门大学陈小冲，2005）；教育部人文社会科学研究重点研究基地重大项目 1 项：《台湾通史》六卷本（李祖基，2005）；全国高校古籍整理研究项目 3 项：闽台海防要略资料选编（福建师范大学卢建一，1999）、尹士俍《台湾志略》标点、校注（李祖基，2004）、《蓉州诗文稿选辑·东宁政事集》标点、校注（李祖基，2005）；国家清史编纂委员会委托项目 1 项：国家《清史》纂修工程《台湾志》（陈孔立，2004）。同期还获得福建省社会科学规划项目 15 项。

福建学者在这一研究领域共出版专著、论文集、档案史料、古籍文献 50 余部，发表论文 400 多篇，其中获得全国普通高等学校人文社会科学研究优秀成果奖 1 项：《台湾历史纲要》（全国普通高等学校第二届人文社会科学研究优秀成果奖港澳台问题研究类三等奖，陈孔立）。获福建省社会科学优秀成果奖 12 项：《荷据时代台湾史》（第二届二等奖，福建社会科学院杨彦杰）、《1874 年日本出兵台湾与挑起台湾内山领导主权的争论》（第二届三等奖，厦门大学陈在正）、《台湾商业史》（第二届三等奖，厦门大学黄福才）、《台湾历史纲要》（第三届一等奖，陈孔立）、《陈编〈刘壮肃公奏议〉的若干问题》（第三届三等奖，厦门大学邓孔昭）、《台湾历史与两岸关系》（论文集）（第四届三等奖，陈孔立）、《施琅年谱考略》（第四届三等奖，厦门大学施伟青）、《台湾社会经济史研究》（第五届二等奖，林仁川、黄福才）、《闽台关系》（第五届三等奖，福建省委党校蒋伯英）、《台湾少数民族"南来论"辨析》（第五届三等奖，厦门大学郭志超、吴春明）、《翁泽生传》（第六届佳作奖，何池）、《台湾文献汇刊》（100 册）（第六届特别奖，厦门大学陈支平主编，福建师范大学林国平、谢必震副主编）。

（三）学术会议

1996 年 9 月，为纪念施琅逝世 300 周年，泉州市政协、泉州市社会科学界联合会与泉州市历史学会联办的施琅研讨会在泉州召开。日本、菲律宾和中国各地近百名专家学者出席会议。与会者就施琅统一台湾的历史功绩，施琅和郑成功、康熙帝、李光地、姚启圣等人的关系等问题展开讨论。会后结集出版《施琅研究》（中国社会科学出版社，2001）。

1997 年 10 月，闽西客家联谊会与福建省闽台交流协会联办的闽台客家关系学术研讨会在龙岩召开。研讨会收到北京、上海、广东、福建、江西、陕西、台湾和韩国学者的论文 58 篇，其中 44 篇（台湾 8 篇）参加研讨。与会者就客家文化、经济、方言和闽台客家关系等进行讨论，从不同角度论证作为台湾优势族群的闽南人中有不少成员是闽西客家血统，说明闽西不仅是台湾客家的祖地，也是部分闽南人的原乡。

1997 年 12 月，福建省闽台交流协会与福建社会科学院联办的台湾开发史学术研讨会在武夷山召开。海峡两岸 70 名专家学者（其中台湾学者 25 人）从台湾政治史、经济史、移民史、宗教和民间信仰等五个方面探讨台湾早期开发的历史和发展。两岸学者以大量确凿的历史事实论证台湾是中华各民族共同发挥聪明智慧和才能辛苦垦殖开发的。

1999 年 12 月，福建省闽台交流协会、福建社会科学院、福建省历史学会、厦门大学台湾研究所联办的台湾移民史研讨会在漳州举行。海峡两岸 19 个高校和社会科学院、所的 50 多位专家学者与会，共提交论文 34 篇。时任代省长习近平为研讨会发来贺信，国台办副主任王永海到会讲话。会上，两岸学者就台湾移民模式、清代闽台民间关系、移民社会的理论问题、台湾民间传统信仰与社会变迁、大陆移民对台湾社会发展的影响等议题进行交流研讨。

2000 年 8 月，福建师范大学闽台区域研究中心主办的闽台关系学术研讨会在福州召开。研讨会共收到论文 57 篇，北京、上海、西安、广州、厦门、泉州、福州等地的 70 余位学者专家出席会议，围绕"闽台经济"、"闽台历史"、"闽台文化"等议题，展开讨论。与会者认为，闽台地理相邻、血缘相亲、习俗相近、语言相通、经济互补，无论在历史上还是现实中都有十分密切的关系，加强闽台交流与合作，有利于两岸关系发展，有利于祖国和平统一。

2001 年 8 月，福建省闽台交流协会、福建省运输管理局、福建社会科学院、厦门大学台湾研究所和泉州海外交通史博物馆共同举办的海峡两岸海上交通史学术研讨会在泉州举行。海峡两岸 70 多位专家学者参加会议，围绕海峡两岸海上交通、航运历史、两岸航线、港口、船舶、经营及航运政策等进行研讨。

2002 年 4 月，福建省社科联、厦门市社科联主办，台盟厦门市委、厦门大学台湾研究中心联办，厦门市郑成功研究会等单位承办的纪念郑成功驱荷复台 340 周年研讨会在厦门举行。研讨会收到论文近 50 篇，海峡两岸以及美国、荷兰的近百位专家学者参会，30 余名学者作大会发言。会议突破以往郑成功研究多停留在"驱荷复台"的局限，拓展到郑成功与海洋的关系、郑成功在闽粤的活动区域、郑成功与日本的关系及新的考古资料和文献资料的发掘、整理等议题展开探讨。会后结集出版《长共海涛论延平：纪念郑成功驱荷复台 340 周年学术研讨会论文集》（上海古籍出版社，2003）。

2002 年 5 月，福建社会科学院、厦门大学台湾研究所主办，泉州市政协、南安市政府、南安市政协、泉州市郑成功学术研究会承办的郑成功与台湾学术研讨会在南安举行，北京、上海、广东、浙江、福建、澳门和台湾等地 100 多名专家学者参加会议。大会收到论文 77 篇，内容涵盖郑成功对国家、对民族的忠肝义胆，郑成功的文韬武略及开发台湾、经略海洋的辉煌业绩以及郑氏家族在大陆和台湾的历史遗存等方面。会后，结集出版论文集《郑成功与台湾》（厦门大学出版社，2003）。

2002 年 10 月，福建省民俗学会、福建省五缘文化研究会和晋江谱牒研究会联合举办的闽台谱牒民俗学术研讨会在晋江召开。大会共收到论文 50 多篇，福建、台湾、香港等地的近百名专家学者参加会议，他们以谱牒、民俗为证，论述闽台的姓氏渊源和民俗源流，阐明海峡两岸的一体关系。

2003 年 11 月，为纪念施琅暨清廷统一台湾 320 周年，中国社会科学院学术交流委员会、中国社会科学院历史所、福建社会科学院、泉州市政府主办，晋江市政府承办的施琅与海峡两岸学术研讨会在晋江举行。研讨会收到论文 68 篇，两岸近百位清史及施琅研究的专家学者出席会议。与会者围绕施琅克平台湾、为统一国家大业做出伟大贡献这一主题，就施琅的军事才能、政治胆识、思想品格、性格特征，施琅对东南沿海民生经济的恢复发展，清初在开设海关、巩固海防、平台治台方略、传播妈祖信仰等方面的贡献，以及施琅与郑成功的关系、如何正确评价历史人物、如何评价施琅在清政府统一台湾及开发台湾过程中的地位和作用等问题，进行交流探讨，对三百多年前施琅平台，完成祖国统一和在《恭陈台湾弃留疏》中力主保卫台湾两大历史功绩予以高度的评价。会后结集出版论文集《施琅与台湾》（社会科学文献出版社，2004）。

2004 年 8 月，厦门大学台湾研究院主办的海峡两岸台湾史学术研讨会在厦门举行。大会收到两岸学者提交的论文 50 余篇（其中台湾 17 篇）。北京大学、清华大学、中国人民大学、东南大学、中南财经政法大学、南京政治学院、厦门大学、福建师范大学、台湾政治大学、台湾师范大学、淡江大学，以及台湾"中央研究院"台湾史研究所、"国史馆"台湾文献馆、中国社会科学院、福建社会科学院、厦门市郑成功纪念馆等科研机构的 80 多名专家学者（其中台湾学者 30 人）围绕台湾的移民与开发、台湾历史人物评价、台湾民间信仰、日据时期台湾民众的反日斗争和战后初期的台湾社会经济等议题展开讨论。

二、主要学术成果

（一）史料发掘、整理与研究

《台湾文献汇刊》（陈支平主编，林国平、谢必震副主编，九州出版社，2005）全书共计100册，按主题归纳为七辑：第一辑"郑氏家族与清初南明相关史料专辑"（9册）；第二辑"康熙统一台湾史料专辑"（14册）；第三辑"闽台民间关系族谱专辑"（20册）；第四辑"台湾相关诗文集"（18册）；第五辑"台湾舆地资料专辑"（16册）；第六辑"台湾事件史料专辑"（12册）；第七辑"林尔嘉家族及民间文学史料专辑"（11册），收录台湾已出版的《台湾文献丛书》未曾收入的孤本、珍本、古籍、档案、族谱、私人文件、契约文书、碑刻及档案等大量资料，卷帙浩繁，印证了海峡两岸具有割不断的血缘关系和源远流长的历史文化传统。（2006年4月，国家主席胡锦涛将该书作为礼品赠送美国耶鲁大学）

《台湾志略》（尹士俍著，李祖基点校，九州出版社，2003）《台湾志略》系清代乾隆初年分巡台湾道尹士俍私人编纂的一部台湾府志，在其后成书的台湾府、县志中多有著录及引用，记载大量台湾社会经济史方面的珍贵资料，但该书问世后不到20年就散佚湮没。李祖基发掘出这部存世孤本，经过整理、点校出版，并撰写三篇文章《尹士俍与〈台湾志略〉》（《台湾研究》2003：3）、《论尹士俍〈台湾志略〉的史料价值——以社会经济史为例》（《台湾文献》2003：4）、《从尹著〈台湾志略〉看清初台湾移民社会的若干问题》（《两岸史学——海峡两岸关系史与台湾史学术研讨会论文集》，湖北人民出版社，2005），论述《台湾志略》的史料价值。

《巡台录》（《巡台录·台湾志略》张嗣昌、尹士俍撰，李祖基校注，香港人民出版社，2005）该书作者为雍正年间担任分巡台湾道的张嗣昌，全书共六十篇，保存了不少清初台湾土地开发、"番"政、船政等方面的史料，具有相当高的价值。该书已湮没数个世纪之久，李祖基以中国科学院文献情报中心所藏的乾隆元年刻本为底本，对该书进行标点、校注整理出版。

表13—1　　　　　　　**1992—2005年史料发掘、整理与研究其他成果**

成果名称	作　者	发表刊物（出版社）及时间
档案史料所见之清末"归化"台湾籍民	陈小冲	《台湾研究集刊》1992：1
陈编《刘壮肃公奏议》的若干问题	邓孔昭	《台湾研究集刊》1995：3、4（合刊）
福建省各级档案馆馆藏闽台关系档案评价	林　真	《档案与史学》1996：4
《龙海县志》设置"与台湾关系"卷的回顾	黄剑岚	《中国地方志》1997：3
厦门博物馆藏板桥林家相关资料厘述	陈娟英	《台湾研究集刊》1998：4

续表 13-1

成果名称	作　者	发表刊物（出版社）及时间
略谈沈葆桢未刊信稿	林庆元	《福建论坛》（文史哲版）1999:3
闽台家谱族谱档案血缘地缘探略	梁守金	《档案学研究》2000:2
从《东征集》和《平台纪略》看蓝鼎元的治台思想主张	林其泉 周建昌	《古籍整理研究学刊》2000:6
陈第、沈有容与《东番记》	李祖基	《台湾研究集刊》2001:1
周婴《东番记》研究	李祖基	《台湾研究集刊》2003:1
《对岸事情》所载之日据初期海峡两岸关系史料	陈小冲	《台湾研究集刊》2003:4
施琅《恭陈台湾弃留疏》的战略指导价值	吴温暖	《厦门大学学报》（哲学社会科学版）2004:1
"郑经是台独分子"说质疑——以《东壁楼集》为佐证	朱双一	《厦门大学学报》（哲学社会科学版）2005:1

（二）台湾通史研究

《台湾历史纲要》（陈孔立，九州图书出版社，1996；中文繁体版 1996 年由台湾人间出版社出版）该书介绍从远古到当代（1988）的台湾历史，分为七个时期：早期台湾、荷兰入侵的 38 年、明郑时期、清代前期、清代后期、日本统治的 50 年和当代台湾。全书以大陆与台湾的关系，外国侵略台湾与中国人民的反抗，台湾社会自身的发展演变为基本线索，注意处理台湾历史与全国历史的共同性和台湾历史的特殊性之间的关系；强调以台湾人民为主题，着重写台湾人民生息、开发、交往、抗争的历史；既写台湾政治的发展进程，又用相当的篇幅对各个时期的经济状况和社会状况作具体分析；重视和发掘台湾人民反抗外国侵略者和国民党反动统治斗争的光辉业绩。该书采用正面阐述的方式，澄清和纠正被歪曲的历史，论证台湾自古以来就是中国领土、台湾历史是祖国历史不可分割的一部分的观点。

《闽南民系的社会经济特征与台湾开发》（福建社会科学院徐晓望，《福建论坛》2000:1）该文认为，闽南民系是汉族中一支优秀的民系，其在形成过程中秉承中原文化传统，并吸收疍民与宋元时期蕃商的文化，使其具有独特的海洋文化性格，从而逐步形成遍及中国沿海及东南亚的商业网络及重视商业的文化传统。该文还着重探讨闽南民系的社会经济特征对台湾开发的影响，认为这一传统使台湾在其开发之初便形成自己的特点——以商品经济为主，从而超越发展速度较慢的传统农业经济，迄至晚清，已成为中国最发达的区域之一。

《从台湾地方志编修看国家主权行使——纪念台湾建省 120 周年》（福建省文史馆卢美松，《福建论坛》2005：11）该文回顾清代台湾编修地方志的历史进程，认为编修地方志是国家实现主权管辖的重要标志，台湾建置以来修志活动尤为频繁，正好可以证明中央王朝对该地区实施永久而持续的行政管辖权力的过程。

表 13－2 **1992—2005 年台湾通史研究其他成果**

成果名称	作 者	发表刊物（出版社）及时间
台湾人民历史（即《台湾地方史》）	陈碧笙	人间出版社（台湾），1993
史明台湾史论的虚构	许南村编	人间出版社（台湾），1994
近十几年来台湾史研究综述	邓孔昭	收入《中国历史学年鉴（1993）》，三联书店，1994
台湾学者对台湾历史的研究	陈孔立	《台湾研究》1994：1
析《台湾通史·宗教志》	朱天顺	《台湾研究集刊》1994：2
林浊水对《台湾通史》的曲解	朱天顺	《台湾研究集刊》1994：3
台湾历史与文化	杨彦杰	海峡文艺出版社，1995
台湾少数民族的形成与名称	陈国强	《民族研究》1996：3
《认识台湾（历史篇）》评议	陈孔立	《台湾研究集刊》1997：3
简明台湾史	陈孔立	九洲图书出版社，1998
《认识台湾》教科书评析	陈孔立主编	九洲图书出版社，1999
连横有"台独"意识吗——评陈其南对《台湾通史》的错误解读	邓孔昭	《台湾研究集刊》1999：4
还历史以本来面目——读陈著《台湾历史与两岸关系》	李祖基	《台湾研究集刊》1999：4
历史上大陆向金门的移民及其人口分析	杨彦杰	《福建论坛》（文史哲版）2000：1
关于"高山族"的族称	郑启五	《台湾研究集刊》2000：4
海贸与移民互动：17—18 世纪闽南人移民海外分析——以闽南人移民台湾为例	庄国土	《华侨华人历史研究》2001：1
台湾历史的集体记忆与民众的复杂心态	陈孔立	《台湾研究集刊》2003：3
台湾移民史研究中的若干错误说法	邓孔昭	《台湾研究集刊》2004：2
大陆移民渡台的原因与类型	李祖基	《台湾研究集刊》2004：3
略论澎湖的历史地位	邓孔昭	《现代台湾研究》2004：4
澎湖不属同安考	陈孔立	《台湾研究集刊》2005：2
客家移民台湾的历史记忆	杨彦杰	《福建论坛》（人文社会科学版）2005：12

（三）早期及荷据时期台湾史研究

《荷据时代台湾史》（杨彦杰，江西人民出版社，1992）该书在系统搜集资料，吸收海内外学者研究成果的基础上，利用已出版的中外文档案资料，尤其是日译本《巴达维亚城日记》这一原始资料，将定性的研究与定量的分析相结合，考察荷兰人从侵占澎湖、台湾，实施殖民统治，以及他们在该地区失败的历史过程；研究了荷兰殖民统治时期台湾的政治、经济、军事、社会、文化等方面的情况；特别是对荷兰人占领台湾的原因，荷据时代的历史分期、殖民政策的演变、转口贸易的兴衰、移民与土地开发、荷兰人的财政收支、台湾人民的反抗斗争等问题都作了重点论述。

《论晚明对台湾、澎湖的管理及设置郡县的计划》（徐晓望，《中国边疆史地研究》2004：3）该文考证明末福建官府在台湾、澎湖驻军、屯垦以及设置郡县的计划及其实施过程。认为，这一计划的目的是为了驱逐台湾海盗和防御荷兰、日本的侵略，虽然受到经费的制约，该计划直到明郑时代才正式完成，但它反映了明政府对台湾的主权和统治权利。

《评荷兰在台湾海峡的商战策略》（林仁川，《中国社会经济史研究》2004：4）该文采用荷兰的档案材料《热兰遮城日志》和《荷兰人在福尔摩沙》对16世纪台湾海峡贸易形势、荷兰人在台湾海峡的商战策略及其效果进行评述。认为，荷兰人到达台湾海峡时，各国海商集团已经群雄鼎立，各自占有一定的市场份额；荷兰人为了打破已有贸易格局，在东亚贸易网络上占有一席之地，采取和战结合、各个击破、海上拦阻等一系列的商战策略，但是无法实现称雄的愿望；最终在郑成功部队的围攻下，结束了其东亚海上商业霸王的美梦。

表 13—3　　　**1992—2005 年早期及荷据时期台湾史研究其他成果**

成果名称	作　者	发表刊物(出版社)及时间
荷据时期台湾社会构成和经济	林仁川	《中国社会经济史研究》1997:1
十七世纪日荷在台冲突中的政治因素	陈小冲	《台湾研究集刊》1997:2
十七世纪初荷兰在澎湖、台湾的贸易	李金明	《台湾研究集刊》1999:2
论早期台湾开发史的几个问题	徐晓望	《台湾研究》2000:2
汉族人民早期移居台澎探析	林仁川	《福建论坛》(人文社会科学版)2000:4
《禹贡》岛夷"卉服"、"织贝"新解	李祖基	《光明日报》(理论版)2000.6.30
台湾——明代中国的海防要地	李祖基	《光明日报》(理论版)2000.9.1
夷洲非"夷州"辨	陈孔立	《台湾研究集刊》2001:1
闽越族与台湾土著民	林仁川	收入《闽越文化研究论文集》,海峡文艺出版社,2002

续表 13-3

成果名称	作　者	发表刊物（出版社）及时间
论 17 世纪荷兰殖民者与福建商人关于台湾海峡控制权的争夺	徐晓望	《福建论坛》（人文社会科学版）2003:2
十七世纪海峡两岸贸易的大商人——商人 Hambuan 文书试探	杨国桢	《中国史研究》2003:2
明代晚期在台湾活动的闽粤海盗	徐晓望	《台湾研究》2003:3
十七世纪的御朱印船贸易与台湾	陈小冲	《台湾研究集刊》2004:2
晚明台湾北港的事变与福建官府	徐晓望	《台湾源流》（台湾），2005（冬季刊）

（四）郑成功与明郑时期台湾史研究

《从外国资料看施琅统一台湾》（杨彦杰，《清史研究》1997：4）该文根据英国东印度公司当年留下的部分档案，结合中国历史文献记载，论述施琅统一台湾的具体过程及其与英国人的关系。

《施琅"掣棺入京，行献俘礼"质疑——郑成功墓真伪附考》（厦门大学潘文贵、聂德宁，《台湾研究集刊》1999：1）该文通过对清廷台湾郑氏招抚政策的制定、实施过程和康熙平易宜民治国之道的考察，在具体分析施琅招抚台湾郑氏过程中的立场、态度的基础上，指出在清初统一台湾大背景下，施琅不敢也不可能擅掘郑成功墓"掣棺入京，行献俘礼"；相反，在统一大潮中，施琅以国家、民族利益为重，为平稳实现台湾的和平统一，"受降而不复私仇"。文章进而指出河南信阳地区郑成功墓的谬说，并以考古文物实证郑成功墓的确在福建省南安县。

《郑成功与明郑台湾史研究》（邓孔昭，台海出版社，2000）全书收录作者十几年来研究郑成功与明郑台湾史的 17 篇论文，内容包括郑成功研究、郑芝龙研究、郑氏时期台湾社会经济史研究、郑氏集团与清政府斗争历史的研究、对其他著作中有关郑成功与明郑时期台湾史的错误记载与错误观点进行辨误和批驳等五个方面。该书对郑成功、郑芝龙、姚其圣等人进行评价，并就明郑台湾史的若干重要问题提出见解。

《郑成功历史研究》（厦门大学陈碧笙，九州出版社，2000）全书收入作者有关郑成功研究的重要论文 18 篇，内容涵盖郑成功的家世、早年起兵、抗清与收复台湾等各个方面。

《论闽南文化对郑成功的影响》（福建社会科学院许维勤，《福建论坛》2003：5）该文认为，由于海商文化对主流文化的介入以及海商势力对主流政治的介入，明清时代达到成熟状态的闽南文化充满独立不羁、尚武任勇的特点和近代式的冒险、进取精神；郑成功从小在这一特定的时空环境中接受系统的教育，他身上的忠义正气、开拓进取、崇源重本、精明务实等品格，所体现的正是闽南文化的典型气质。

《关于郑成功三个历史问题的探讨》（厦门市郑成功纪念馆陈洋，《台湾研究集刊》
2005：3）该文通过对新近翻译出版的《梅氏日记》及其他新发掘的文物史料的详细解读，
对郑成功的名讳、容貌以及顺治是否毙命于郑军之手等问题进行辨析。

表 13—4　　　**1992—2005 年郑成功与明郑时期台湾史研究其他成果**

成果名称	作　者	发表刊物（出版社）及时间
气候与郑成功用兵成败之关系	周翔鹤	《台湾研究集刊》1993：2
郑成功烈屿会盟考评	潘文贵	《台湾研究集刊》1994：3
关于澎湖癸亥海战的气候问题	施伟清	《台湾研究集刊》1997：2
清初台湾郑氏政权与英国东印度公司的贸易	林仁川	《中国社会经济史研究》1998：1
郑成功研究	许在全主编 泉州市郑成功 学术研究会编	中国社会科学出版社,1999
郑氏政权时期台湾的政治移民	孙清玲	《福建师范大学学报》（哲学社会科学版)1999：4
明郑时期台湾海峡海上交通问题的探讨	邓孔昭	《台湾研究集刊》2001：4
关于康熙二十二年六月清郑澎湖海战的天气及相关方法论问题的探讨	周翔鹤	《台湾研究集刊》2002：1
再论澎湖癸亥海战的气候——也论相关方法论问题	施伟清	《台湾研究集刊》2002：3
郑成功收复台湾期间的粮食供应问题	邓孔昭	《台湾研究集刊》2002：3
长共海涛论延平:纪念郑成功驱荷复台 340 周年学术研讨会论文集	杨国桢主编 厦门市社科联编	上海古籍出版社,2003
郑成功与台湾	王仁杰主编 姚重贺、王伟明 副主编 泉州市政协、 南安市政协编	厦门大学出版社,2003
明郑台湾建置考	邓孔昭	《台湾研究集刊》2004：3
浅论康熙朝海峡两岸的和谈	郑以灵	《福建论坛》（人文社会科学版)2004：5
论郑成功与施琅发生冲突的原因	徐晓望	《福建论坛》（人文社会科学版)2005：11
郑成功在闽西北地区的抗清活动与"延平王"爵号由来的探讨	邓孔昭	《福建论坛》（人文社会科学版)2005：12

（五）清代台湾史研究

《清前期海峡两岸的通航及其影响》（林仁川，《史学集刊》1994：1）该文探讨清前期海峡两岸全面通航的过程，清政府不断增开两岸航线的原因以及对台湾和大陆的影响，指出海峡两岸的全面通航对于密切台湾与大陆的联系，促进台湾经济的繁荣和两岸的科技文化交流，起到了十分重要的作用。

《清末台湾教案述略》（福建师范大学李湘敏，《台湾研究集刊》1999：3）该文根据清末台湾的教案对台湾人民的反洋教斗争作一述评，该文选择有代表性的凤山教案、白水溪教案、三重埔教案和艋甲教案进行概要分析，并考察了台湾教案发生的两方面原因：外国侵华势力与中国人民大众的矛盾，西方基督教文化与中国传统文化的冲突。

《论清代政府的治台政策——以施琅与清初大陆移民渡台之规定为例》（李祖基，《台湾研究》2001：3）该文指出，清政府收复台湾之后于康熙二十三年（1684）大开海禁，沿海船只、人员出入无禁的现象引起了福建水师提督施琅的不安和忧虑，故于次年上"论开海禁疏"，引起清廷的重视，从而制定了祖国大陆移民渡台的相关政策。施琅建议清朝制定移民政策的主要目的是想把祖国大陆移民渡台纳入官方的有序管理之中，以确保台海的安宁。所以，清初移民台湾政策的制定与颁布的确与施琅有关。

《论清代移民台湾之政策——兼评〈中国移民史〉之"台湾的移民垦殖"》（李祖基，《历史研究》2001：3）该文对清代移民台湾政策的制定、政策的施行及其变动等问题进行相关的探讨，认为除了禁止携眷渡台的规定之外，清政府颁定移民渡台的有关政策和规定并无太多值得非议之处；但该政策在执行上是很不成功的，成千上万的大陆移民不顾禁令，冒险渡台，促进了台湾的开发。所以，从长远的角度来看，清政府对移民台湾的政策未能彻底实行，未尝不是一件好事。该文还对曹树基著《中国移民史》第6卷第8章"台湾的移民垦殖"中存在的问题作出评论，指出其中的若干错漏之处。

《台湾历史上的琉球难民遭风案》（杨彦杰，《福建论坛》2001：3）该文利用大陆和台湾新近出版的档案，结合琉球《历代宝案》等，全面收集、分析清朝因遭风漂往台湾的琉球难民事件，探讨其发生的原因和背景，以及台湾对琉球遭风难民的救助和抚恤情形。该文认为，这些琉球难民在台湾得到很好的救助，并形成一整套抚恤制度，进一步证明台湾作为中国领土的一部分，在清代处理涉外事件时所扮演的角色及其发挥的积极作用。

《论清代台湾社会的转型》（林仁川，《中国社会经济史研究》2003：4）该文摒弃了学术界"内地化"、"土著化"和"双向型"的观点，运用社会学的观点和方法考察清代台湾社会的转型，提出"现代化"的新观点。该文认为台湾社会在十九世纪七八十年代开始从传统社会逐步转向现代社会，其主要标志是科学技术现代化，经济发展工业化，社会生活空间城市化，社会价值观念和生活方式现代化。

《试论刘铭传的台湾建省方案》（邓孔昭，《台湾研究集刊》2005：4）该文对台湾首任巡抚刘铭传所提出的台湾建省方案进行评价，认为刘铭传提出的台湾建省方案，秉持一贯的务实思想，强调像抚"番"、清赋、设防这些基础性的建设必须优先，而像城垣、衙署的建设可以稍缓；在这一方案的主导下，台湾建省工作稳步进行，使一个新建的省份在不长的时间里成为全国比较先进的省。

表 13－5　　　　　　　　　**1992—2005 年清代台湾史研究其他成果**

成果名称	作者	发表刊物（出版社）及时间
1874 年日本出兵台湾与挑起台湾内山领土主权的争论	陈在正	《中国边疆史地研究》1992：1、2
清康熙时期开海与禁海的目的初探	李金明	《南洋问题研究》1992：2
鸦片战争厦门台湾保卫战述评	林其泉	《厦门大学学报》（哲学社会科学版）1993：3
从清代台湾公共墓地——义冢看移民的认同心态	周翔鹤	《台湾研究集刊》1994：3
清代台湾行政区划的变迁和台湾历史	李祖基	《中国方域》1995：1
晚清台湾社会的转型及其特征	李祖基	《厦门大学学报》（哲学社会科学版）1996：4
清代台湾与琉球关系考	张先清 谢必震	《中国社会经济史研究》1998：1
清代前期关于台湾开发的一些不同主张	邓孔昭	《台湾研究集刊》1998：1
从水利事业看清代宜兰的社会领导阶层与家族兴起	周翔鹤	《台湾研究集刊》1998：1
清代台湾民间的守护神信仰和分类械斗	颜章炮	《清史研究》1998：4
试述 19 世纪下半叶外国势力在台湾的活动	李湘敏	《台湾研究》1999：3
试析清季台湾教案中官绅民的反教原因及其关系	李　颖	《福建师范大学学报》（哲学社会科学版）2001：3
"林日茂"家族及其文化	杨彦杰	《台湾研究集刊》2001：4
略论清代社会的失调与控制	林仁川 朱建新	《福州大学学报》（哲学社会科学版）2002：1
清代台湾地方的开发与岛上对外交通	李祖基	《台湾研究集刊》2002：2
清代巡台御史制度研究	李祖基	《故宫博物院院刊》2003：2
制度、地方官、"汉番关系"——关于清代台湾"番政"形成的一些考察	周翔鹤	《台湾研究集刊》2004：2

（六）日据时期台湾史研究

《日本在台同化政策及其失败（1895—1945）》（陈小冲，《台湾研究集刊》1992：3）该文认为，日本在台湾实行的同化政策包括了语言、思想以及日常生活的同化三个方面，企图将台湾人民改造成"畸形的日本人"；该政策有一个从渐进同化到激进同化的发展过程，但遭到台湾人民的强烈抗拒，最终以失败告终。

《台湾少年团述论》（陈小冲，《抗日战争研究》1993：4）该文对抗日战争时期，居留大陆的台湾少年儿童组成的抗日队伍——台湾少年团的成立、发展情形作一综合叙述，探讨台湾少年团的成立和组织、学习和生活情况，并通过一份少年团员的自传资料分析他们入团的途径、动机和生活条件等问题。该文认为，台湾少年团或深入前线劳军慰伤，或在后方鼓动宣传，活跃在祖国东南战场上，在血与火的洗礼中成长、壮大；他们在"保卫祖国，收复台湾"的口号下，有力协助和支援了祖国人民的抗战，体现了中华民族在外来侵略面前同仇敌忾的英勇精神，在台湾人民反侵略斗争史上写下了光彩的一页。

《抗战时期福建的台湾籍民问题》（厦门大学林真，《台湾研究集刊》1994：2）该文利用福建的档案资料及报刊资料，就抗战时期福建的台湾籍民情况、闽台当局对台湾籍民所采取的措施及如何评价台湾籍民等问题进行探讨。该文认为，由于日本占领台湾以后，台湾总督府的"以华制华"政策和"对岸政策"的长期经营，使得福建民众对于台民不分良莠一概恨之入骨，导致大多数台民成为中日矛盾中首当其冲的替罪羊；不可否认，台民中确有少数甘为日寇鹰犬，欺凌同胞，为非作歹之徒（即台奸、台氓），但大多数台民从事正当职业，是善良和无辜的，许多人不忘自己是炎黄子孙，在抗战爆发后义无反顾地投入反对日本侵略的斗争中去。

《论日据时期在闽的"台湾籍民"若干问题》（福建师范大学詹冠群，《台湾研究》2001：4）该文就日据时期在闽的"台湾籍民"类型、职业与政治状况，以及日本当局对他们的态度等进行论述。该文认为，"台湾籍民"问题是日本帝国主义占领台湾期间的畸形产物，虽然有些不法之徒在闽从事非法活动，甚至捣乱、破坏，但是绝大多数的台胞与福建人民和睦相处，甚至在日本帝国主义者严密监视下，他们中的许多人仍然与祖国人民一起进行抗日救亡斗争。

《"九一八事变"：一个台湾的视角——以〈台湾新民报〉记事为中心》（陈小冲，《台湾研究集刊》2002：3）该文分析《台湾新民报》对"九一八事变"的相关记事，提供了一个从台湾看待这一问题的新视角，认为《台湾新民报》的记事为后人提供了不少"九一八事变"前后的台湾社会动态资料，据此可探讨事变的原因及事变对台湾社会经济的影响，并揭示正处于日本殖民统治下的台湾人民心系祖国、支持祖国抗日斗争的真实历史。

《日据时期台湾籍民教育探微——以福州和厦门为中心》（福建省教科所黄新宪，《东南学术》2004：4）该文考察日据时期福州和厦门的台湾籍民接受教育的情形。文章认为，日据当局为福建、广东等地的台湾籍民举办的教育，是一种旨在使第二代籍民成为"忠君爱国"之日本臣民的教育，是日本在台湾实施殖民地教育的延伸，但是这一目的最终并未达到。

《日本殖民统治台湾五十年史》（陈小冲，社会科学文献出版社，2005）该书全面考察日本殖民统治台湾五十年期间，台湾从中国半殖民地半封建社会转变成为殖民地社会历史变迁过程中，政治、经济、社会、文化、两岸关系等各个方面发生的深刻变化及其给台湾历史发展带来的深远影响。在政治方面，该书探讨了日本在台殖民统治机构和法律制度的建立和运作，台湾人民的反抗斗争、日本殖民者的镇压活动及日据时期台湾与祖国大陆的关系等；在文化教育方面着重研究日本殖民者在台湾教育、文化领域的作为及其实质，分析皇民化运动对台湾社会的冲击及其负面影响；在社会经济方面探讨台湾作为宗主国日本的资本投资场所、原料来源地和商品倾销地的殖民地社会经济特性，以及殖民地工业、农业、对外贸易和财政的发展概貌，评估台湾农民在日据时期的生活境遇，分析殖民当局在台湾经济发展中的作用及其政策指导下形成的畸形的社会经济结构。

表 13-6　　　　1992—2005 年日据时期台湾史研究其他成果

成果名称	作　者	发表刊物（出版社）及时间
日籍台民与治外法权——以光绪三十一年王协林案为例	陈小冲	《台湾研究集刊》1992：2
清末日僧在闽布教及其与台湾总督府的关系——以外务部档案史料为中心	陈小冲	《台湾研究集刊》1992：4
日据时期台湾民族运动若干问题的分析	陈小冲	《台湾研究集刊》1993：2
"台湾民族论"不能成立——1928 年台湾共产党政治大纲拟定过程剖析	陈小冲	《国际共运史研究》1993：2
日本据台时期对中国的毒品祸害	连心豪	《台湾研究集刊》1994：4
雾社 65 周年祭	陈孔立	《台湾研究》1995：3
《马关条约》签订与台湾割让的历史原因及其思考	蒋伯英	《东南学术》1995：3
甲午百年祭——马关割台与台湾军民的反割台斗争	陈贞寿	《福建论坛》（文史哲版）1995：3
"七·七"事变与台湾人	陈小冲	《台湾研究》1996：2
板垣退助、林献堂与台湾同化会	陈小冲	《台湾研究集刊》1996：3
抗战时期国民政府抗日复台策略论析	俞歌春 史习培	《福建师范大学学报》（哲学社会科学版）1996：3
日据时期的台湾少数民族	陈国强	《清史研究》1996：4

续表 13—6

成果名称	作　者	发表刊物（出版社）及时间
抗日烽火中台湾同胞的中国情结	史习培	《理论学习月刊》1998：1
抗战时期的台湾籍民问题	陈小冲	《台湾研究集刊》2001：1
日本殖民统治台湾时期的民族歧视政策	黄跃荣	《台湾研究》2002：3
日据初期台湾人民抗日武装斗争中"归顺"问题初探	陈小冲	《台湾研究集刊》2002：4
日本同化政策对台湾社会的戕伤——以台中雾峰林氏家族为例	许维勤	《台湾研究集刊》2002：4
"皇民奉公会"与台湾社会"皇民意识"	许维勤	《现代台湾研究》2002：5
1895—1937台湾地方社会的教育和殖民当局的同化政策——读台湾乡土文献	周翔鹤	《台湾研究集刊》2003：3
日据时期台湾的"市区改正"及其对城镇发展形态的影响	唐次妹	《台湾研究集刊》2005：4
关于日据时期台湾皇民化运动若干问题的探讨	黄新宪	《福建论坛》（人文社会科学版）2005：5

（七）光复以后台湾史研究

《光复初期的行政长官公署制》（邓孔昭，《台湾研究集刊》1994：1）该文对光复初期在台湾实行的行政长官公署制的产生背景与一般省政府制相比的特殊之处及其施政一年多的时间里所出现的利弊得失等问题进行探讨，并分析该制度会产生与设计者的主观愿望相反的客观效果的原因，认为行政长官公署制事与愿违的失败运行是造成"二二八事件"的主要因素之一。

《台湾光复初期的经济问题》（李祖基，《台湾研究集刊》1998：4）该文探讨光复初期台湾的种种经济问题，包括：高度的经济统制政策扼杀了生机，导致生产萎缩、民怨沸腾；国民党政府的搜刮、掠夺，官员贪污成风引起民众的强烈不满；严重的失业问题；物价飞涨，米荒严重，民不聊生。文章还分析导致光复初期台湾经济出现诸多严重问题的主观和客观原因，认为光复初期台湾经济形势的持续恶化，是引发"二二八事件"的最主要原因。

《光复初期台湾教育重建与两岸教育交流刍议》（福建省委党校史习培，《台湾研究》2002：1）该文从大批具有各种专业知识的大陆人才赴台从事教育工作，台湾青年学子进入大陆高校求学以及台湾科技文化向大陆辐射三个层面，对光复初期台湾教育制度的重建和发展以及海峡两岸的教育交流进行初步的考察，指出海峡两岸源远流长的教育交流以台湾光复为契机迅速发展，为战后台湾教育制度的重建，实现台湾文化教育制度祖国化，加快加深台湾与祖国大陆的融合发挥了重要作用。

《战后中共闽西南白区组织在台湾活动始末》（厦门大学林天乙，《台湾研究集刊》2002：2）该文考察抗日战争胜利后，中共闽西南白区组织在台湾活动的概况：台湾光复后，暨南大学进步学生中发展、培养的一批党员和建党对象，相继奉命派到台湾，一边从事学校教育工作，一边秘密开展建党和各种形式的革命活动，在光复后的台湾建立活动据点，适时沟通了战后闽台人民的文化交流与革命联系，同时还为台湾的学校教育事业作出了积极的贡献；台湾"二二八事件"被镇压期间，中共中央发出关于支持台湾人民正义斗争的指示；中共闽西南台湾组织努力克服困难局面继续发展，活动进一步深入；但由于受1947年冬中共闽南地委宣传部长罗林被捕叛变这一突发事件的牵连，闽南、台湾地区部分地下党组织遭受破坏和一些领导人被捕，使得闽西南白区党组织被迫终止在台活动，人员全部撤回大陆。

《光复初期（1945—1949）的台湾社会与文学》（邓孔昭，《台湾研究集刊》2003：4）该文论述光复初期（1945—1949）台湾社会发展变化的特点：台湾社会经历了剧烈的变化、动荡以及和中国大陆迅速的整合；认为在这样的社会人文环境中，台湾的文学发展也经历了一个特殊的阶段。该文探讨台湾的作家面对新环境的所想所思以及他们各自的主张，介绍当时出现的具有较大影响的台湾文学作品，并对这一时期台湾文学的发展作出评价，认为仅仅看到这一时期台湾作家的苦难和消沉、文学作品的数量不多和质量不高是不全面的；这一时期，台湾文学的发展完成了一次巨大的转变，它从日据时期"畸形的"、用异族文字写作的文学，转变为比较健康的、用母语写作的文学，其间的社会意义是不言而喻的。

表 13—7　　　　　**1992—2005 年光复以后台湾史研究其他成果**

成果名称	作　者	发表刊物(出版社)及时间
"反共文艺"的鼓噪与衰败——兼论 50—60 年代国民党的文艺政策	朱双一	《台湾研究集刊》1994：1
光复初期海峡两岸的文学汇流	朱双一	《台湾研究集刊》1994：2
从文学看战后初期台湾社会矛盾和人民革命斗争——"50 年代白色恐怖史"和二二八小说之比较	朱双一	《台湾研究集刊》1996：3
再论台湾二二八事件	邓孔昭	《台湾研究论坛》1997(特刊)
1945 年以来的集体记忆与台湾民众的复杂心态	陈孔立	《台湾研究集刊》2003：4
1946—1949 年台湾学生求学祖国大陆考	黄新宪	《河北师范大学学报》2004：6
台湾光复初期教育改造透视	吴仁华	《教育评论》2005：1
论台湾光复初期教育转型的历史定位	吴仁华	《河北师范大学学报》2005：5

（八）台湾社会经济史研究

《清代台湾民间抵押借贷研究》（周翔鹤，《中国社会经济史研究》1993：2）该文通过对清代台湾民间抵押借贷——胎借进行实证研究，认为民间借贷资本有两重性，既有改善、促进农业经济、商品经济的可能性，又有盘剥小生产者、兼并他们土地的可能性；台湾作为全国商品经济最发达的地区之一，民间借贷比大陆地区更多地表现出了它促进小生产、小经营的可能性。

《日据时期台湾经济总体评价》（周翔鹤，《台湾研究》1994：2）该文认为日据时期（1937年以前）台湾地区的国民经济由两部分构成，一是制糖业占绝大部分的工业企业，其由日本垄断资本所拥有和控制；二是农业占绝大部分的传统产业部门，为台湾人所拥有。该文指出，日本帝国主义根本无意推动该地区传统经济资本主义化，根据国民经济部门结构的构成和资金构成来判断，日据时期台湾的社会经济，是一个典型的殖民地经济。

《日据时期台湾经济研究方法论》（周翔鹤，《台湾研究集刊》1996：1）该文选取一些有影响的关于日据时期台湾经济研究的著作进行分析，从著作的内容出发，对其运用的经济学理论方法进行评析。该文认为，一个理论和方法，只要能反映历史的一个侧面就是成功的，但一个理论和方法难免有其局限性；不同的理论和方法可以互补，但不能任意地捏合在一起。

《清代台湾寺庙的特殊社会功用——台湾清代寺庙碑文研究之一》［厦门大学颜章炮，《厦门大学学报》（哲学社会科学版）1996：1］、**《清代台湾官民建庙祀神之比较——台湾清代寺庙碑文研究之二》**（颜章炮，《台湾研究》1996：3）、**《略谈清代台湾民间对寺庙的管理——台湾清代寺庙碑文研究之三》**（颜章炮，《中国经济史研究》1996：3）、**《清代之台湾商人与寺庙——台湾清代寺庙碑文研究之四》**（颜章炮，《中国经济史研究》1998：1）上述四篇文章以清代台湾寺庙碑文为研究对象，考察了清代台湾寺庙的特殊社会功用、清代台湾官民建庙祀神的供奉对象与建庙祀神的动机、清代台湾民间对寺庙的管理以及清代台湾商人与寺庙的关系等问题，认为，清代台湾寺庙具有不同于大陆的特殊的社会功用，即移民的自治中心、官府发布示谕的场所、戍台士兵的公馆；清代台湾官民双方由于所处地位不同，建庙祀神的动机截然不同，官方是从巩固和加强封建统治这一中心出发，是想叫神灵为王朝政权服务，而民间祀神则是从一村一社或个人的利益出发，是希望神灵降福植祥；从清代台湾官府频频颁发示谕过问寺庙的秩序、环境和土地、房产的管理这一事实，说明官府的政权力量渗入台湾民间的寺庙管理活动之中；清代的台湾商人、商行与寺庙有着十分密切的联系，他们是寺庙的重要捐资者，在寺庙管理中发挥重要作用，这是清代台湾商业的一个特色。

《清末台湾东部山地的开发——以同光之际的招垦为例》（杨彦杰，《台湾研究集刊》1996：2）该文探讨同治十三年（1875）到光绪五年（1880）间，清政府组织移民开发台湾东部山地的背景、政策的演变及其实施的效果，认为清政府这次大规模开发后山的活动虽然时间不长，却取得了一定的效果，但由于缺乏大员主持，缺乏经费和吏治腐败等原因，清政府并未能够把开发后山长期坚持下去，而是在几年之后就中途停止了。

《台湾社会经济史研究》（林仁川、黄福才合著，厦门大学出版社，2001）该书分台湾农业经济、台湾商品经济和台湾社会结构三篇，从社会整体的角度来探索台湾经济因素与社会其他因素的相互关系和相互协调演变，对大陆农耕技术何时传入台澎、郑氏时期"营盘田"的性质、清代永佃田的成因等问题都作出了新的解释；还将台湾市场与大陆市场进行对比研究，得出一些新观点。

《清代台湾的地权交易——以典契为中心的一个研究》（周翔鹤，《中国社会经济史研究》2001：2）该文以清代台湾土地文书为基础，分析典、抵押、买卖、租赁等各种地权交易形式；认为抵押、买卖、租赁等本来在产权交易上意义明确的形式，在交易实际中逐渐模糊而向典契这个本来就意义模糊的形式转化；以典契为中心的土地交易形式，兼顾了人情，但牺牲了效率。

《民间文书与台湾社会经济史》（陈支平，岳麓书社，2004）该书分为五篇：清代范氏家族迁移台湾的历史考察、台北芦洲李氏家族变迁史、从契约文书看福建与台湾的民间关系、从碑刻文书等看福建与台湾的民间关系、福建向台湾移民的家族外植与联系。该书所利用的民间文书为作者两次赴台从事社会调查以及在福建所搜集到的碑刻、契约文书等，书虽然数量不多，但是大多未曾为人引述。该书着重分析，民间文书所反映的福建与台湾两地在移民史中的民间关系，通过对台北芦洲李氏家族发展变迁史的个案剖析，复原闽人迁移台湾艰辛创业和报效祖国的历程。

《乾隆年间台湾刑案与社会生活》（陈孔立，《台湾研究集刊》2004：4）该文根据清代台湾刑事案件的档案资料，考察有关底层移民的贫苦生活、人口性别比例引发的问题、"糖廍"的结构、租佃关系等方面的一些具体的情况。该文认为，从乾隆年间台湾刑案档案资料可以看出当年底层移民生活的某些细节：当时底层移民的生活相当贫困；台湾早期移民社会性别比例失调，底层移民中的青壮年男子无力婚娶，由此引发不少刑案；业主和佃户之间、佃户之间的矛盾时有发生，时常因田产和租佃关系而引发纠纷甚至刑案；当时台湾农村生活水平不高，牛是农村的重要财产，成为盗贼的主要对象；涉及官府的案件与一般平民的案件相比，相关的金额要高出许多。

表 13—8   **1992—2005 年台湾社会经济史研究其他成果**

成果名称	作　者	发表刊物（出版社）及时间
清代台湾之官庄	李祖基	《台湾研究集刊》1992:3、4
道光二十三年台湾田赋改折考	李祖基	《台湾研究集刊》1993:1
晚清台湾农民负担	李祖基	收入《中国农民负担史》,中国财政经济出版社,1994
近代台湾粮食和经济作物生产关系的一个定量分析	周翔鹤	《中国社会经济史研究》1994:3
日据时期(1922 年以前)台湾农家经济与"米糖相尅"问题	周翔鹤	《台湾研究》1995:2
日据时期台湾改良糖廍研究	周翔鹤	《台湾研究集刊》1995:2
清代后期台湾北部平地与山区经济的定量比较	周翔鹤	《中国社会经济史研究》1995:2
1880—1937 台湾与日本小工业和家庭手工业的比较研究	周翔鹤	《台湾研究集刊》1996:3
1896—1902 台湾农产品商品化计量研究	周翔鹤	《中国社会经济史研究》1996:4
日据初期台湾稻米输日问题研究	周翔鹤	《台湾研究集刊》1997:1
论清代大陆与台湾贸易各阶段的特点	黄福才	《中国经济史研究》1997:2
坤圳·结首制·"力裁业户"——水利古文书中所见之宜兰拓垦初期社会状况	周翔鹤	《台湾研究集刊》1997:3
三十年代台湾海峡海上走私与海关缉私	连心豪	《中国社会经济史研究》1997:3
论清代台湾商品市场的演变	黄福才	《中国社会经济史研究》1998:1
清代台湾与菲律宾闽粤移民的社会结构研究	曾少聪	《中国社会经济史研究》1998:3
陆岛网络:台湾海港的兴起	吕淑梅	江西高校出版社,1999
关于清代台湾一田二主制的一个分析模式	周翔鹤	《中国社会经济史研究》1999:4
有关移民与移民社会的理论问题	陈孔立	《厦门大学学报》(哲学社会科学版)2000:2
清代台湾土地开垦、经济组织与社会经济形态——评曹树基《清代台湾拓垦过程中的股份制经营》一文	周翔鹤	《台湾研究集刊》2000:3
清代台湾宜兰水利合股契约研究	周翔鹤	《中国经济史研究》2000:3
光复前台湾农业水资源的开发与利用	林仁川	《台湾研究集刊》2000:4
台湾移民社会的家庭形态	彭文宇	《福建省委党校学报》2000:7
光复前台湾农业能源的开发与利用	林仁川	《中国社会经济史研究》2001:1
晚清台湾乡村制茶业	周翔鹤	《台湾研究集刊》2001:2

续表 13—8

成果名称	作　者	发表刊物(出版社)及时间
清代台湾土地文书中的"四至"等问题——清代台湾土地文书札记二题	周翔鹤	《台湾研究集刊》2001:4
论清代前期台湾社会"男有耕而女无织"	黄国盛	《东南学术》2002:1
闽粤移民与台湾社会的发展	刘登瀚	《漳州职业大学学报》2002:2
明清时期台湾的稻米生产	林仁川	《中国农史》2002:3
中国企业史:台湾卷	韩清海主编	企业管理出版社,2003
从契约文书看清代台湾竹堑社的土著地权问题	周翔鹤	《台湾研究集刊》2003:2
日据时期台湾经济的基本特征	李　非	《台湾研究》2003:3
清代前期台湾与沿海各省的经贸往来	黄国盛	《福建师范大学学报》(哲学社会科学版)2004:1

(九) 台湾文化史研究

《中国传统文化与台湾社会变迁》(陈孔立,《台湾研究集刊》1992:4) 该文对台湾历史上三次社会变迁(从移民社会转变为定居社会、从传统的中国社会转变为日本统治下的殖民地社会、从农业社会转变为工商社会这三次社会变迁)与传统文化的相互关系进行探讨。认为在台湾历史的不同时期,中国传统文化所处的地位是不相同的:从清代前期直到日据以前,随着移民社会到定居社会的变迁,中国传统文化占有统治地位;在日据时期,中国传统文化受到外国统治和外来文化的压力和冲击,只能保持一定的地位,而无法得到发展;战后,中国传统文化得到一定程度的恢复和发展,但又面临社会变迁和外来文化的冲击而有所削弱,并已失去不少阵地。

《闽台汉族籍贯固始问题研究》(福建社会科学院徐晓望,《台湾研究》1997:2) 该文从四个方面考证福建、台湾的汉族移民多称原籍固始的问题。认为对闽台汉族籍贯固始的记载,切莫轻易相信或轻易否定,需要考证后作出结论;闽人籍贯固始是具有特别文化意蕴的社会现象,福建人很大部分来自中原,固始说正反映了他们对自己"根"的追寻,亦即对中原黄土地的回忆和对"根"文化的特殊感情。

《台湾基督教史》(林金水主编,九州出版社,2003) 该书涉及教会与社会、教会与国家、教会的本土化与神学新路向等问题。全书分为"荷据时期"、"清统治时期"、"日据时期"和"战后时期"共14章,运用中、英、日文第一手资料,尤其是来台传教士的个人著作、手稿、日记和照片,采取纵横结合的整体架构,以台湾政治形势的变化为线索,记述 1624—2001 年基督教在台湾的传播、发展及其变革的历史,并从台湾的社会、政治、文化和神学等四个层面，整体分析基督教在台湾社会中的处境、作用、倾向及其扮演的角色。

表 13—9　　　　　　　**1992—2005 年台湾文化史研究其他成果**

成果名称	作者	发表刊物（出版社）及时间
台湾文化与中华文化关系的历史探讨	陈孔立 吴志德	《台湾研究集刊》1992：1
台湾漳籍移民与开漳圣王崇拜	邓孔昭	《台湾研究集刊》1992：2
日据时期台湾的中华文化复兴运动	陈小冲	《台湾研究》1993：1
十七世纪初基督文化在台湾的传播	林仁川	《台湾研究集刊》1994：1
城隍信仰与台湾历史	李祖基	《台湾研究集刊》1995：1
日据时期台湾教育发展述论	陈小冲	《台湾研究集刊》1995：3、4 合刊
日据时期台湾与大陆的文化联系	陈小冲	《台湾研究》1997：2
清代海峡两岸教育交融史论	黄新宪	《教育研究》1998：11
清代台湾社学概述	李　颖	《台湾研究》1999：4
台湾蒋时代"伦理教育"论略	许维勤	《现代台湾研究》2001：6
台湾的书院与乡学	黄新宪	九州出版社，2002
台湾才子	陈贻庭 张　宁 陈庆元	九州出版社，2002
日据时期台湾语文运动述论	陈小冲	《台湾研究集刊》2002：2
魏建功等"语文学术专家"与光复初期台湾的国语运动	汪毅夫	《东南学术》2002：6
荷据时期台湾的基督教教化探略	黄新宪	《教育评论》2003：1
日据前期台湾的文化民族主义——以连雅堂、洪弃生、丘逢甲等为例	朱双一	《台湾研究集刊》2003：3
日据时期台湾学生求学大陆考	黄新宪	《教育评论》2004：2
飘零与孤悬中的挣扎——日据时期台湾地区对祖国文化的坚持	黄　平	《东南学术》2004：4
日据时期台湾书房探微	黄新宪	《教育评论》2004：5
日据时期台湾学生留学日本考	黄新宪	《教育科学》2004：5
日据时期台湾学生在大陆的爱国活动探略	黄新宪	《徐州师范大学学报》2004：5
明郑时期台湾的教育与科举	黄新宪	《教育理论与实践》2004：11
伊泽修二与台湾殖民教育的发端	黄新宪	《东南学术》2005：3
日据时期台湾女子中等教育的若干问题探讨	黄新宪	《教育评论》2005：3
闽学对清代台湾教育的影响略论	曾繁相	《教育评论》2005：5
日据时期台湾女子初等教育的若干问题探讨	黄新宪	《教育评论》2005：6

（十）台湾历史人物研究

《李万居评传》（厦门大学杨锦麟，厦门大学出版社，1992；中文繁体版1993年由台湾人间出版社出版）该书对战后台湾政治反对运动的领袖、著名的报人和政治家李万居（1901—1966）的一生进行介绍和考察，反映战后台湾政治反对运动发展的历史概貌。

《施琅进军澎湖几个问题的考订》（施伟清，《历史研究》1997：6）该文就施琅率领清师进军澎湖的地点及郑军伤亡人数、守澎郑军和战船数量、清军官兵和战船数量、《澎湖台湾纪略》中有关记载存在的谬误等若干问题进行详细的考订，以澄清事实。

《李友邦与台胞抗日》（厦门大学陈正平，福建人民出版社，1998；中文繁体版2000年由台湾世界综合出版社出版）该书介绍杰出的台湾爱国志士和抗日领袖李友邦将军（1906—1952）的传奇人生经历，重点论述李友邦在抗日战争时期创建和领导台湾义勇队和台湾少年团，组织台湾同胞进行抗日斗争的感人事迹，高度评价李友邦将军崇高的爱国主义精神、坚持抗日复台的民族气节以及广大台湾同胞的爱国革命传统。

《施琅年谱考略》（施伟清，岳麓书社，1998）该书是以作者所著《施琅评传》（厦门大学出版社，1987）为基础，并补充近年来所搜集的资料而写成的，内容包括两个部分：一是大事记；二是结合该书的研究心得，对所附史料进行考订并阐述相关的问题。全书对施琅一生重要历史阶段和历史事件进行考证和分析，充分肯定了施琅为靖海宁疆、统一台湾所作出的不可磨灭的重大贡献。

《翁泽生传》（何池，海风出版社，2004；中文繁体版2005年由台湾海峡学术出版社出版）该书以中国民主革命为背景，以时间为线索，以传主的人生经历为主轴，用评传体的写法记述了台湾爱国先贤翁泽生为争取台湾从日本殖民统治之下摆脱出来并回归祖国的英勇斗争历程；再现了他身负特殊使命，在上海培养台湾爱国青年，创建台湾共产党，奔走于台湾、闽南、上海、香港等地，为携手两岸革命运动殚精竭虑，最后因叛徒出卖而被捕，被押解回台，在日本人的监狱里受尽酷刑，仍坚贞不屈，直至最后牺牲的传奇人生；反映了两岸同胞同仇敌忾、携手与共、共同抗击外来侵略的血肉情谊。书中还描写了翁泽生的家庭生活，披露了许多鲜为人知的史料，并配有珍贵的历史照片近百张。

表13—10　　　　**1992—2005年台湾历史人物研究其他成果**

成果名称	作　者	发表刊物（出版社）及时间
略论丁日昌在台湾的吏治整顿	林其泉	《厦门大学学报》（哲学社会科学版）1992：2
论施琅的历史评价	施伟清	《东南文化》1993：4
从《台湾通史》看连横的爱国思想	林其泉	《台湾研究》1994：2

续表 13—10

成果名称	作者	发表刊物（出版社）及时间
连横民众缔造历史思想述评	邓孔昭	《台湾研究》1994：3
蓝鼎元筹台说服述论	郭志超	《厦门大学学报》1994：4
陈仪的一生及其是非功过	邓孔昭	《明报月刊》（香港）1995：4
施琅——郑成功伟大事业的继承人	唐文基	《福建师范大学学报》（哲学社会科学版）1997：1
关于施琅复出前夕的若干问题	施伟清	《台湾研究集刊》1997：3
施琅在清初对台湾的经营与治理	李祖基	《台湾研究》1997：4
战血台澎心未死　寒笳残角海东云——丘逢甲乙未内渡后思想事迹述论	李祖基	《台湾研究》1998：2
施琅与清政府统一台湾的决策	胡沧泽	《福建师范大学学报》（哲学社会科学版）1998：2
从征澎台的施琅亲属族人考述	施伟清	《台湾研究集刊》1998：3
施琅投清简析	林其泉	《台湾研究》1999：1
施琅研究	施伟清主编	厦门大学出版社，2000
李友邦传记与台湾近代史	陈在正	台湾台北县文化局，2000
康熙帝对施琅的评价探源	施伟清	《台湾研究集刊》2000：1
施琅与清初开海设关通洋	连心豪	《中国社会经济史研究》2000：1
施琅研究	许在全　吴幼雄　主　编	中国社会科学出版社，2001
施琅和东山宫前妈祖庙	施伟清	《台湾研究集刊》2001：3
丘逢甲与台湾的私塾及书院	黄新宪	《教育评论》2002：2
施琅保台治台的主张及其对开发台湾的贡献	李天锡	《华侨大学学报》2002：3
林则徐与台湾	杨国桢	《台湾研究集刊》2004：3
施琅与两岸关系	施伟清	《福建省委党校学报》2004：3
施琅与两岸统一	叶昌澄	香港人民出版社，2005

（十一）闽台关系史研究

《台湾光复初期闽台经济关系初探》（林真，《中国社会经济史研究》1992：3）该文从经济考察、物资交流和生产建设三个方面对台湾光复初期（1945—1949 年）福建与台湾两省间经济关系的恢复与发展进行初步探讨，并指出这一时期的闽台经济关系具有时间短和互补性强两个特点。

《试论福建在台湾光复中的作用》（林真，《抗日战争研究》1995：3）该文从以下三个方面探讨了福建在台湾光复中所起到的别地所不能取代的特殊作用：台胞抗日组织以福建作为光复台湾的基地，在福建开展抗日活动；福建支持和协助光复台湾；福建成为接收和建设台湾的人才资源储训库。

《闽台海上交通研究》（福建师范大学闽台区域研究中心编，王耀华、谢必震主编，中国社会科学出版社，2000）该书考察闽台海上交通发展史上的诸多重要问题，主要内容包括早期闽台海上交通发展，荷据时代的台湾海上交通，郑氏时代的闽台交往，明清闽台造船与海上交通管理制度，明清福建、琉球、台湾关系考，鸦片战争前闽台对渡贸易，清代海防政策对闽台社会的影响，外国人与清末台湾，民国时期闽台关系以及闽台海神信仰等，揭示闽台海上交通的深远影响及其在中国海上交通发展史上的重要地位。

《闽台关系》（蒋伯英主编，武汉出版社，2002）该书从文化的角度论述自古以来闽台文化的地缘近、血缘亲、语言通、神缘同的关系；从历史的角度展示闽台之间在政治上、经济上密不可分的关系；并通过对闽台关系产生的历史文化原因、过程、特点的研究及在此基础上对闽台关系发展前景的预测，揭示祖国的统一和繁荣富强是中华民族的根本利益所在，也是台湾同胞的福祉所系。

《闽越族的汉化轨迹与闽台族缘关系》（福建师范大学徐心希，《台湾研究》2002：1）该文分阶段论述闽台地区闽越族的汉化轨迹及其表现，并分析海峡两岸的族源关系。该文认为，两岸统一的族缘可以一直追溯到商周至秦汉时期曾活跃于海峡两岸的闽越族。从这个意义上说，两岸闽越族的交往与汉化在古代就奠定了祖国统一的基础。

《闽台海防研究》（卢建一，方志出版社，2003）该书探讨明清时期中国海防体系的建立与防务重心南移，同时分析中国海防政策制定的历史背景及其对闽台社会的影响，并探讨闽台两岸海防一体化格局与两岸地缘人缘的关系，闽台海防思想的发展、演变及其与洋务运动的相互促进关系，闽台海防布局及其设施，闽台海防主体（水师、海军）的发展过程，朝廷海防政策对闽台社会的影响，闽台海防与对外经济文化交往的关系，闽台军民共同为保卫海防而斗争等。

《厦门与台湾丛书》（厦门大学孔永松主编，海风出版社，2004）该丛书分为《互补联动》（张侃）、《文化传承》（王予霞）、《血脉乡土》（杨天松）、《交融共进》（吴尔芬）、《天风海涛》（萧传惠、郑怡婷）、《百年交往》（卢绍荀、朱家麟）六册，涉及厦门与台湾经济、文化、血缘、人物活动等关系，记载厦门与台湾之间数百年交往的历史，论证闽南文化是中华文化的重要组成部分，台湾文化是闽南文化的延伸。

表 13—11　　　　　　　**1992—2005 年闽台关系史研究其他成果**

成果名称	作　者	发表刊物（出版社）及时间
闽台六亲	林其泉编著	厦门大学出版社,1992
南靖与台湾	林嘉书	香港华星出版社,1993
脐带的证言:台湾与大陆的历史渊源	林仁川	人间出版社(台湾),1993
明清时期福建与台湾在教育科举制度上的渊源关系	林仁川	收入《同源同祖,源远流长》——《炎黄文化研究丛书》之二(海峡文艺出版社,1993)
台湾建省初期的福建协饷	邓孔昭	《台湾研究集刊》1994:4
漳州过台湾	刘子民	海风出版社,1995
台湾与祖国大陆命运与共	陈孔立	《台湾研究》1995:3
同安兑山李氏宗族的发展及向台湾移民	陈在正	《台湾研究集刊》1995:3、4
略论 1840—1895 年闽台贸易关系	黄福才	《厦门大学学报》(哲学社会科学版)1996:1
论旧石器时代的漳台关系	曾五岳	《南方文物》1996:3
略论闽台文化的交融	林仁川	《东南文化》1998:1
闽西与闽台客家关系	吴福文	《福建学刊》1998:1
日据台时期闽台贸易考略	叶　涛	《中国边疆史地研究》1998:1
东山商贸口岸及其对台通商贸易	连心豪	《台湾研究》1998:2
厦门与台湾	唐次妹	鹭江出版社,1999
台湾历史与两岸关系	陈孔立	台海出版社,1999
台湾鹿港郭厝回民郭顺直派的福建渊源	石奕龙	《台湾研究》1999:4
清代闽台家族及其比较	彭文宇	《福建论坛》(文史哲版)1999:5
试论日据时期台湾同胞在福建的抗日活动——兼驳吕秀莲的大幸谬论	詹冠群	《台湾研究》2000:2
试述清代闽台教育的一体化	赵建群	《台湾研究》2000:2
清朝前期台米协济漳泉地区的特殊政策	孙清玲	《福建师范大学学报》(哲学社会科学版)2000:2
论清代前期的闽台对渡贸易政策	黄国盛	《福州大学学报》(哲学社会科学版)2000:2、3
清代闽台家庭与家族交往	彭文宇	《福建论坛》(文史哲版)2000:5
论鳌峰书院及其对闽台教育文化的影响——兼及闽台学缘	许维勤	《福建论坛》(文史哲版)2000:6
泉州村落家族文化在台湾	苏黎明	《华侨大学学报》(人文社会科学版)2001:1

续表 13-11

成果名称	作　者	发表刊物（出版社）及时间
试论日据时期台海两岸交通	陈小冲	《台湾研究集刊》2001:3
清代前期福建平民偷渡台湾	陈孔立	《台湾研究集刊》2001:4
平和坂仔心田赖氏家族的发展及向台湾移民	陈在正	《台湾源流》(台湾)2001:6(夏季刊)
东山与台湾	刘小龙编著	海风出版社,2002
榕台关系初探	卢美松主编	海潮摄影艺术出版社,2003
厦门涉台文物古迹调查	厦门市台湾艺术研究所编	福建美术出版社,2003
泉州与台湾关系文物史迹	陈　鹏	厦门大学出版社,2005
抗战后期福建在台湾光复中的作用和贡献——兼论新时期福建在"反独促统"中的应有使命	钟兆云	《东南学术》2005:4

第二节　台湾政治/两岸政治关系研究

一、学科建设与学术研究

（一）学科建设

福建省从事台湾政治与两岸政治关系研究的机构主要有厦门大学、福建社会科学院、福建师范大学、福建省人民政府台湾事务办公室、海峡之声广播电台等单位。

（二）学术研究

1992—2005 年，福建省学术界在该领域的研究，从国民党各项方针政策、岛内政局、党外运动和海外"台独"活动，逐渐拓展到以下几个方面：一是台湾政治与两岸政治关系研究的理论，即对台湾政治问题研究的理论和方法以及大陆对台政策的理论研究。二是两岸政治关系研究，包括大陆对台方针政策研究，国民党和民进党的大陆政策研究，台湾政局对两岸关系的影响研究，岛内民众对两岸关系发展的心态研究等。三是台湾政局研究，主要对台湾政局发展的现状、特点，影响政局发展的基本因素以及政局发展中出现的重要事件提出分析与评估。四是台湾政治体制研究，主要对台湾政治体制的结构演变、"立法"制度、行政制度、选举制度等问题进行系统的研究和分析。五是台湾政党研究，主要研究台湾政党政治的特征和发展趋势、岛内主要政党之间的关系以及第三势力的发展空间等。六是台湾选举研究。对岛内重要选举的选前评估、民调研判以及选后的影响分析。七是台湾对外关系问题研究，主要围绕台湾当局对外政策发展的阶段性变化以及台湾与美国、日本等主要国家之间的互动。八是"台独"问题研究。

1992—2005年，福建省关于这一领域的研究，获国家社会科学基金项目3项：台湾公务员制度研究（厦门大学方贻岩，1993）、民族分裂与"台独"势力研究（厦门大学林劲、范希周，2004）、台湾地区政治文化与政治参与（厦门大学刘国深，2005）；承担教育部人文社会科学规划项目8项：台湾各党派、社会各阶层及其政治态度研究（厦门大学陈孔立，1999）、台湾地区利益集团的结构及其对政治过程的影响（刘国深，1999）、"台独"问题研究（林劲，1999）、祖国和平统一的战略与策略研究（范希周，2001）、分裂主义与台独势力研究（林劲，2002）、台湾政治生态的变化与两岸关系（厦门大学孙云，2002）、台湾民众政治文化结构变迁（刘国深，2005）、台湾"省籍—族群"政治之研究（厦门大学王茹，2005）；获得国台办等部委重点项目5个：批判台湾国中教科书《认识台湾》之一（厦门大学李祖基，1999）、批判台湾国中教科书《认识台湾》之二（厦门大学林仁川，1999）、批判台湾国中教科书《认识台湾》之三（厦门大学邓孔昭，1999）、批判台湾国中教科书《认识台湾》之四（厦门大学周翔鹤，1999）、批判台湾国中教科书《认识台湾》之五（厦门大学陈小冲，1999）。同期还获得福建省社会科学规划项目4个。

这一时期，福建学者在这一研究领域出版专著、编著、译著、论文集十余本，发表论文400多篇，在报纸杂志和网络上发表时事评论文章数百篇。其中获得福建省社会科学优秀成果奖7项：《现阶段台湾对外政策的基本特征及其发展趋势》（第二届二等奖，范希周）、《台湾行政管理研究》（第二届二等奖，厦门大学黄强、方贻岩）、《现阶段台湾当局大陆政策的基本目标及其影响》（第三届三等奖，林劲）、《台湾公务员制度研究》（第四届三等奖，方贻岩、厦门大学陈章干）、《当代台湾政治分析》（第五届二等奖，刘国深）、《政党纷争下台湾青年的社会政治心态研究》（第五届二等奖，福建师范大学曾盛聪）、《岛内主流民意的发展变化对两岸关系的影响》（第五届三等奖，刘国深）。

（三）学术会议

1999年7月，全国台湾研究会、全国台湾联合会、中国社会科学院台湾研究所主办，泉州市政府协办的第八届海峡两岸关系学术研讨会在泉州召开。海内外的60余名专家、学者出席研讨会。会议以"亚太经济形势与两岸关系"为主题，就两岸经贸的交流合作与整合发展、对金融危机的评估和因应之道、推动两岸直接"三通"等问题进行探讨。

2000年5月，台盟中央、全国台联、海峡两岸关系协会等单位联合举办的反"台独"、保和平、促统一两岸关系研讨会在厦门召开。海峡两岸的百余名专家学者和知名人士（其中台湾学者 60 多位）出席会议。与会者认为，当前两岸关系正处于重要时期，两岸关系何去何从，关系到中华民族的根本利益和两岸人民的福祉。会议代表对岛内出现的背离一个中国原则的逆流表示忧虑，指出一个中国的原则是两岸关系稳定发展的前提，是实现祖国和平统一的基础。

2001 年 5 月，福建社会科学院、现代台湾研究杂志社、台湾中山大学中山学术研究所联合举办的新世纪两岸关系研讨会在福州召开。海峡两岸的专家学者 50 多人出席研讨会，收到论文 30 余篇。会议围绕两岸关系在新世纪的发展动态和趋势，进一步推动海峡两岸的交流与合作，以及台湾新领导人上台一年来两岸关系及岛内政局和经济发展的形势等问题，进行交流讨论。

2003 年 8 月，福建社会科学院主办的福建社会科学院现代台湾研究所成立 10 周年庆祝活动暨学术研讨会在福州召开。国台办副主任王在希，以及福建省有关领导和海峡两岸专家学者近百人出席会议。与会专家学者就两岸关系研究的理论方法、两岸关系、两岸经贸合作、闽台历史文化渊源等问题进行交流，探讨进一步推动两岸关系发展的政策和途径。

2005 年 5 月，厦门大学台湾研究院主办的新形势下两岸关系的走向学术座谈会在厦门召开。中国社会科学院台湾研究所、上海社会科学院台湾研究中心、福建社会科学院现代台湾研究所、香港大学政治系、淡江大学、佛光大学、台湾中国大陆研究学会等院校和研究机构的学者参加会议。与会者就新形势下的两岸关系的发展、岛内政局的演变、两岸经贸合作的推进、影响两岸关系的国际因素与两岸关系未来走向等多个议题展开讨论与交流。

二、主要学术成果

（一）台湾政治与两岸政治关系研究的理论和方法

《台湾政治的"省籍—族群—本土化"研究模式》（厦门大学陈孔立，《台湾研究集刊》2002：2）该文提出一个研究台湾政治的理论模式，即"省籍—族群—本土化"研究模式，认为这个模式可以用来解释当代台湾政治的种种现象。该文在对"省籍""族群""本土化"的概念加以明确界定的基础上，分析"省籍、族群"的台湾社会的特点，进而论证"省籍—族群—本土化"台湾政治模式的七个基本要点，并用当代台湾历史和现实的社会实践进行验证。该文认为这个模式有助于对台湾政治作出"简化"的解释。此外，为了进一步证明这个模式的适用性，还提出若干预测。

《国际关系理论运用于两岸关系研究中的局限——以张亚中的"两岸治理"、"两岸

共同体"和"两岸三席"理论为例》（厦门大学李鹏，《台湾研究集刊》2003：2）该文认为两岸关系研究需要借鉴包括国际关系学在内的其他学科的理论和方法，用国际关系理论来研究两岸关系并不是要将台湾问题国际化。但是，在运用国际关系理论研究两岸关系时要特别注意它的局限性，必须进行概念分离和实践理论的契合，同时要注意同两岸关系的现实相结合。只有这样，才能去伪存真、取长补短，促进两岸关系学科的良性发展。

《台湾学导论》（陈孔立，台北博扬文化事业有限公司，2004）该书主要介绍台湾历史、政治及两岸关系等问题的研究方法和模式等内容，除了对台湾研究普遍使用的历史法、归纳法等方法作论述外，还详细介绍系统法、政治方法、多学科研究的方法和研究模式。书中，作者首创"台湾学"一词，首次将台湾问题作为一门学科体系加以研究，提出台湾学研究的基本原则。

《台海安全考察》（李鹏，九州出版社，2005）该书尝试运用量化评估的方法，通过选择变量、确定指数、建构评估模型对1987年以来的台海安全形势进行评估，并总结出台海安全形势发展变化的规律和趋势；探讨影响台海安全的外部因素，亦即美国、日本以及周边国家或地区对台海安全的战略考虑和政策选择；针对海内外学者对解决台湾安全问题的两种构想，即"中程协议"和"两岸统合"等进行评述，并就如何建构两岸和平稳定的发展框架，确保台海安全提出建议。

《台湾研究25年精粹》（刘国深、邓孔昭，九州出版社，2005）该丛书分为政治篇、经济篇、历史篇、文学篇、两岸篇，是厦门大学台湾研究所（院）25年来的论文合集，所选论文均为报刊公开发表的文章，反映了25年该所学术研究的主要成果。

表13—12　　　　　　**1992—2005年台湾政治与两岸政治关系研究的**
理论和方法其他成果

成果名称	作者	发表刊物（出版社）及时间
谈研究者的角色	陈孔立	《台湾研究》1994：3
首要之务是提高素质	吴能远	《台湾研究》1994：3
论孙中山的中国和平统一思想	高　峻	《台湾研究》2001：3
也谈主权理论及在台湾问题上的应用——兼与黄嘉树、王英津商榷	陈　动	《台湾研究集刊》2003：1
台湾研究的基础与前沿代序	刘国深	厦门大学台湾研究院25年庆暨台湾研究的基础与前沿学术研讨会论文集，2005

（二）台湾政局研究

《回眸台湾十五年》（福建省台湾研究会董玉洪，华艺出版社，2001）该书分上篇（1986—1990）、中篇（1991－1995）、下篇（1996—2000）三个部分，涵盖了台湾政局发展、政党政治、朝野党派、两岸关系等方面的内容，侧重分析 15 年来台湾政治发展的状况，探讨国民党是怎样从执政党沦为在野党，而民进党又是如何一步步走上执政之路的原因。

《当代台湾政治分析》（刘国深，九洲图书出版社，2002）该书分为政治文化篇、政治结构篇以及政治行为篇三个部分，解构和分析台湾政治的方方面面。该书通过理论与方法、动态与静态的有机结合，对台湾政治事件进行分析，揭示其本质和联系。

《观察台湾》（陈孔立，华艺出版社，2003）该书通过宏观和微观的观察，对一个特定阶段（2003 年 3 月民进党上台后陈水扁提出"一边一国"论）的台湾政治发展和两岸互动过程进行分析和阐述。书中有些文章是在有关事态发生当日并在大陆官方表态之前写的，具有时效性和预见性。该书还阐述了"和平统一，一国两制"的对台方针，同时揭露陈水扁当局"渐进式台独"的图谋。

《台湾政局与两岸关系》（范希周，九州出版社，2004）该书包括民进党与民进党执政、政党政治与政治文化、两岸关系的分析、国际环境与国家战略等四部分内容。其中，对国家和平统一的国际环境、台湾政局的演变、台湾政治社会的变迁、两岸关系的发展以及推动国家和平统一进程中的战略与策略思考等重要问题，进行分析和探讨，并提出相关政策建议。

表 13－13　　　　　　　　**1992—2005 年台湾政局研究其他成果**

成果名称	作　者	发表刊物（出版社）及时间
现阶段台湾岛内"统独"力量基本状况分析	曾建丰	《台湾研究集刊》1992：1
1990 年以来国民党的"宪政改革"及对其大陆政策的影响	范希周	《台湾研究集刊》1992：4
1986 年以来的台湾政治变迁：阶段、现状与趋势	刘国深	《台湾研究集刊》1993：3
浅析现阶段台湾的"国家认同"危机	林　劲	《台湾研究集刊》1993：3
李登辉时代台湾政治文化的变迁	刘国深	《台湾研究》1994：1
台湾政局的最新发展及其对两岸关系的影响	刘国深	《台湾研究集刊》1994：2
现阶段台湾当局大陆政策的基本目标及其影响	林　劲	《台湾研究集刊》1994：3

续表 13—13

成果名称	作 者	发表刊物（出版社）及时间
国民党和民进党的角逐——评杨宪村著《民进党执政》	陈孔立	《台湾研究集刊》1996：1
民进党的派系斗争和运作及其对三届"立委"选举的影响	林 劲	《台湾研究集刊》1996：1
以李登辉的相关谈话解读"5·20"演说	林 劲	《台湾研究集刊》1996：4
一九九六年台湾局势与两岸关系	吴能远	《台湾研究》1997：1
民进党"中国政策研讨会"评析	朱天顺	《台湾研究集刊》1998：3
略析民进党"产业政策研讨会"	林 劲	《台湾研究集刊》1998：3
李登辉的权威人格与台湾的新强人政治	王 茹	《台湾研究集刊》1999：4
台湾研究论文集	范希周	厦门大学出版社，2000
蔡英文的"成绩单"	陈孔立	《海峡月刊》（香港）2000：8
台湾"少数政府"面临的处境	陈孔立	《海峡月刊》（香港）2000：11
民进党大陆政策的演变	林 劲	《台湾研究集刊》2001：1
民进党执政之后的困境与走向	林 劲	《台湾研究集刊》2001：3
现阶段台湾政局与两岸关系	吴能远	《台湾研究》2001：4
评析民进党执政之后政党转型的两项举措	林 劲	《台湾研究集刊》2002：3
现阶段民进党大陆政策分析	范希周	《台湾研究集刊》2002：4
台湾政局与台湾民意	吴能远	《中国评论》（香港）2004：2
从"主权未定"到"主权独立"——台湾当局修改历史教科书的政治目的	陈 动 陈孔立	《台湾研究》2005：1
近期台湾政局走势	张文生	《瞭望新闻周刊》2005：18

（三）台湾政治体制研究

《台湾当局的决策系统与决策过程》（陈孔立，《台湾研究集刊》1997：3）该文以1996年底台湾召开的一次"国发会"为切入点，通过对台湾"体制内"决策系统的考察，分析台湾当局内部决策的变化过程，认为李登辉的决策系统已经不在体制之内，而是以体制外的决策取代体制内的决策；以个人决策取代集体决策，甚至不惜全盘接受民进党的"台独"主张，来巩固其独裁地位，为未来的政争埋下伏笔。

《台湾"国民大会"制度的历史演变》（厦门大学张文生，《台湾研究集刊》2000：4）

论文指出，台湾"国民大会"制度基本上是依据孙中山先生的"权能分离"和"五权宪法"理论所建构的；"国民大会"共经历了"三届"，随着历史的演变，"国民大会"从组织到职权都不断萎缩、弱化。经过二十世纪九十年代以后的六次"修宪"，"国民大会"从一个所谓的"政权机关"退化为一个政党代表的复决机器，成为维护"中华民国法统"的最后一道闸门。"国民大会"的命运既受到岛内"宪政体制"调整的影响，又受到两岸关系的制约。

表 13—14　　　　　**1992—2005 年台湾政治体制研究其他成果**

成果名称	作　者	发表刊物(出版社)及时间
未来五年台湾政治精英结构及其流动趋势分析	刘国深	《台湾研究集刊》1992：1
国民党中央决策体制改革动向分析	刘国深	《台湾研究集刊》1993：2
台湾第四次"修宪"与岛内政治斗争	张文生	《台湾研究集刊》1997：4
台湾公务员制度研究	方贻岩　陈章干	厦门大学出版社，1998
试析陈唐体制及其前景	王　茹	《台湾研究集刊》2000：2
从"罢免案"看台湾政治的结构性矛盾	张文生	《台湾研究集刊》2001：2
陈水扁执政以来"总统"权力的演变	王　茹	《台湾研究集刊》2002：3
台湾"宪政"变迁中的"国安会"与"总统"权力	王　茹	《台湾研究集刊》2003：3
台湾社会的政治参与研究	张文生	厦门大学台湾研究院 25 年庆暨台湾研究的基础与前沿学术研讨会论文集，2005

（四）台湾政党研究

《民进党"台独"主张的淡化和对两岸关系事务观念的转变》（林劲，《台湾研究集刊》1994：2）该文从台湾政局的演变分析入手，考察民进党"台独"主张的淡化趋向和对两岸关系事务观念的明显转变，认为台湾第一大在野党的民进党在政坛的地位有显著的提高，组织上有较大的发展，其政治主张及路线发生了一定的变化，表明民进党已有所成熟，势头仍在上升。

《民进党意识形态研究》（刘国深，九州出版社，2005）该书系《民进党研究》丛书之一，主要研究台湾民进党意识形态的基本构成、产生的社会基础、支撑民进党人意识形态的政治认知、政治情感和政治价值观念等；分析民进党执政近 4 年其大陆政策对两岸关系以及施政对台湾社会带来的负面影响。

表 13—15　　　　　　　　**1992—2005 年台湾政党研究其他成果**

成果名称	作　者	发表刊物（出版社）及时间
国民党派系和日本自民党派阀的结构功能比较——评"国民党派阀化"	臧志军 刘国深	《台湾研究集刊》1992：4
民进党政治主张走向的内在原因	林　劲	《台湾研究集刊》1993：1
民进党的发展趋势及其对台湾政局、两岸关系的影响	曾建丰	《台湾研究集刊》1993：4
从"十四全"看国民党内部矛盾	李　强	《台湾研究集刊》1993：4
台湾朝野政党实力消长及其影响探析	董玉洪	《台湾研究》1994：4
试析李登辉主政后国民党的变化	李建敏	《台湾研究集刊》1994：4
国民党政治竞争力计量分析	刘国深	《台湾研究集刊》1996：2
当前台湾"政党合作"动向分析	曾建丰	《台湾研究集刊》1997：1
民进党"大和解、大联合政府"主张的推行与现阶段台湾的政党合作	林　劲	《台湾研究集刊》1997：2
民进党的世俗化趋向及其困境	刘国深	《台湾研究集刊》1998：2
新党的国家认同	陈孔立	《台湾研究集刊》1998：3
民进党的政党转型与两岸关系	林　劲	《中国评论》2000：7
台湾泛蓝阵营的政党合作分析	张文生	《台湾研究集刊》2002：3
略析民进党的派系问题	林　劲	《世界经济与政治论坛》2002：5
民进党与台联党关系分析	林　劲	《台湾研究集刊》2003：1
台湾政治转型后政党体制的演变及发展趋势	孙　云	《台湾研究集刊》2004：4
民进党发展变革的组织行为模式分析	李　鹏	《台湾研究集刊》2004：4
民进党新潮流系的政治影响力	陈孔立	《台湾研究集刊》2005：1
民进党的困境与出路	吴能远	《人民日报》(海外版)2005.4.20
民进党陷入"台独"泥潭	吴能远	《人民日报》(海外版)2005.6.28

（五）台湾选举研究

《1993 年台湾县市长选举：预测与结果》（刘国深，《台湾研究集刊》1994：1）1993年台湾县市长选举前，作者完成对本届县市长选举的计量研究与预测，并随即在学术圈内发表此一研究结果，这是作者首次尝试建立一种分析模型，运用量化分析手段预测选举结果。通过选举预测与选举结果的对比，检验其研究方法的科学性和可靠性，并在此基础上总结经验，探索新的研究途径。

《民进党选举策略研究》（张文生、王茹，九州出版社，2004）该书系《民进党研究》丛书之一，着重分析民进党从党外到执政——民进党萌芽、成立与发展的选举道路、民进党提名制度与提名策略、选举组织及其动员策略、选举文宣策略、民调的运用与配票策略、公共政策与选举支票等，认为选举已成为民进党发展的动力源泉，也是民进党介入台湾政治生活的主要形式和核心内容，然而对其评判的标准只有一个，即民进党的所作所为是否符合岛内"求和平求安定求发展"的主流民意，是否符合海内外全体中国人民求和平求统一的愿望。

表 13—16　　　　　　　　**1992—2005 年台湾选举研究其他成果**

成果名称	作　者	发表刊物(出版社)及时间
台湾地方选举制度剖析	朱天顺	《台湾研究集刊》1992:1
二届"立委"选举评析	李　强	《台湾研究集刊》1993:2
二届"立委"选举对民进党的影响	范希周	《台湾研究集刊》1993:4
评析 1993 年台湾县市长选举	林　劲	《台湾研究集刊》1994:1
民进党的派系斗争和运作及其对三届"立委"选举的影响	林　劲	《台湾研究集刊》1996:1
从第三届"立委"选举比较台湾三党选举行为	张文生	《台湾研究集刊》1996:1
1996 年台湾"大选"结果的初步评估	林　劲	《台湾研究集刊》1996:2
台湾社会选民结构分析	张文生	《台湾研究》1996:4
1997 年台湾县市长选举评析	张文生	《台湾研究集刊》1998:1
1998 年台湾"三合一"选举评析	张文生	《台湾研究集刊》1999:1
民进党与"三合一"选举	林　劲	《台湾研究集刊》1999:1
台湾"总统"选举评析	张文生	《海峡月刊》(香港)2000:4
民进党对媒体及民调的政治运作	王　茹	《台湾研究集刊》2002:4
评台湾的"公投"	陈　动	《台湾研究集刊》2003:4
台湾当局举办"防御性公投"的过程与影响	林　劲	《台湾研究集刊》2004:4
台湾"立委"选举中的配票行为研究——以 2004:六届"立委"选举为例	张文生	《台湾研究集刊》2005:1

（六）台湾对外关系研究

《两岸互动中的美国因素》（刘国深，《台湾研究集刊》2003：3）该文认为，不能盲目夸大美国因素对两岸关系互动的影响力，两岸中国人的意志才是两岸关系互动的决定性力量；"中美台"三边关系受到结构性因素的制约，美台关系必须服从于中美关系及两岸关系的利益要求；中美对抗不符合两国根本利益，随着中美共同利益的深化，中美之间在台湾问题上的歧见将趋于淡化；"反对台湾独立，反对武力解决"，维持台海地区的和平稳定是当前美国对台政策的"底线"；美国的一个中国政策只会加强不会削弱，寻求两岸中国人共同的政治基础是台湾民众利益之归宿。

《**"大国意识"下的日本对台政策的调整**》（厦门大学雷慧英，《台湾研究集刊》2003：3）该文分析日本"大国意识"抬头的原因和种种表现，指出日本对台政策调整的用心是要使中国长期处于分裂状态，甚至用台湾问题来制约中国的发展和影响中日关系的健康发展。因此，日本"大国意识"的抬头值得中国人民警惕。

表 13—17　　　　　　　**1992—2005 年台湾对外关系研究其他成果**

成果名称	作　者	发表刊物（出版社）及时间
国民党当局"参与联合国"活动探析	魏颜华	《台湾研究集刊》1994：2
"宪政改革"前后台湾对外政策的特征及其发展趋势	范希周	《台湾研究集刊》1994：3
台湾当局推行国际公关的基本状况及其对海峡两岸关系的影响	纪华强　李　森	《台湾研究》2000：2
冷战后的日台关系浅析	孙　云	《台湾研究》2001：1
冷战后的中日关系与台湾问题	孙　云　董　云	《台湾研究集刊》2001：1
台湾当局"全民外交"策略评析	李　鹏	《台湾研究》2001：2
美国全球军事战略调整动向及对台湾问题的影响	李翌鹏	《台湾研究集刊》2002：1
"9·11"事件后美国防务战略调整对台湾问题的影响	李　鹏	《海峡月刊》（香港）2002：2
近期美国两岸政策解读	孙　云	《海峡月刊》（香港）2002：9
美国台海政策的"清晰"与"模糊"	李　鹏	《海峡月刊》（香港）2002：10
"9·11"事件后中美关系的变化及对两岸关系的影响	孙　云	《台湾研究集刊》2003：4
日本对台海安全的战略考虑及其影响	李　鹏	《台湾研究集刊》2003：4

（七）"台独"问题研究

《**论"台独运动"的阶段性及其转化**》（刘国深，《台湾研究集刊》2000：4）该文认为，随着台湾岛内外政治环境的变迁，作为政治变革工具意义上的"台独运动"也正在发生从量变到质变，从内在意涵到外在形式的全方位转化过程。这一转化主要体现为民进党的"脱台独化"趋势。而民进党的全面执政将进一步加速"台独运动"的转化进程。尽管这一进程还会有曲折，但"目的性台独"的边缘化与"台独运动"主体回归"乡土运动"本质的趋势不会改变。

《震慑"台独"：不承诺放弃武力》（孙云，华文出版社，2001）该书从历史、政治、军事、国际关系等多种角度，对"台独"的缘起与嬗变、民进党上台执政后图谋借助外力拒统等，进行阐述和分析，认为"台独"虽构成对中国主权和领土完整的最大威胁及国家安全的最大隐患，但终究没有任何出路。

《台湾"去中国化"的文化动向》（陈孔立，《台湾研究集刊》2001：3）该文通过对台湾"去中国化"现象及论调的理论分析，揭露"去中国化"实质上是一种政治动向，其目的是通过文化上的"去中国化"达到在政治上将台湾从中国分裂出去的目的。然而，就如何正确对待这一动向，也提出个人的见解，认为参与上述文化活动的人士未必都是分裂主义者，他们或是从学术角度从事研究，或是把所从事的文化活动当做自己的职业或事业，他们并不一定看清当权者、主持者的意图和政治的干预，也不一定按照当权者的意图办事，因此有必要认真加以考察、区别对待。

《民进党意识形态析论》（刘国深，《台湾研究集刊》2004：3）该文认为民进党的意识形态是一个多元结构，除了"台独"意识形态之外，党内还存在反对专制和追求公平正义的自由民主意识等。其中"台独"意识形态是现阶段民进党内居于主流地位的显性意识形态。但民进党"台独"意识形态并非铁板一块，随着台湾内外环境的发展变化，民进党的意识形态构成也可能发生变化。

表 13－18　　　　　1992—2005 年"台独"问题研究其他成果

成果名称	作　者	发表刊物（出版社）及时间
当前台湾岛内"台独"活动的基本特征	林　劲	《台湾研究集刊》1992：1
"台湾自决"主张与台湾前途问题	林　劲	《台湾研究集刊》1992：4
及时、鲜明、有力的批判——评《论台独》	林　劲	《台湾研究集刊》1993：4
"台湾自决论"的理论透视	彭心安	《台湾研究》1995：2
评李登辉的"台湾生命共同体"	林　劲	《台湾研究集刊》1995：4
"台独"路线之争与台湾"建国党"的成立	张文生	《台湾研究集刊》1997：1
李登辉的"新台湾人主义"评析	郭志珊	《台湾研究》1999：2
"新台湾人主义"评析	张文生	《台湾研究》1999：3
美政策调整有利压缩"台独"国际空间	刘国深	《瞭望新闻周刊》2003：12
"台独"势力的"制宪"活动与主张分析	张文生	《台湾研究集刊》2004：3

（八）两岸政治关系研究

《和平统一的十大好处》（陈孔立，《人民日报》2000.5.30）该文认为和平统一可以比较具体地概括为如下十大好处：一是两岸同胞感情融洽；二是安全安定共享太平；三是当家做主共享尊严；四是经济合作互补互利；五是健全法制保障权益；六是国际地位空前提高；七是共保国防节省军费；八是科技合作优势互补；九是文教交流提高素质；十是亚太地区和平稳定。

《世纪之交的台海风云》（福建社会科学院吴能远，华艺出版社，2001）该书以访谈的方式，呈现了作者长期研究台湾政局及两岸关系的观点、心得和体会，并对台湾当局大陆政策、海峡两岸关系的危机与契机、当前处理两岸关系问题的当务之急作了分析，认为打破两岸僵局的关键还在于台湾是否认同一个中国。

《在事实与规范之间——论国家统一前的两岸交往秩序》（泉州市中级人民法院王建源，《台湾研究集刊》2001：2）该文在国家与社会二元论的框架下，从外部秩序与内部秩序两个维度，对国家统一前的两岸交往秩序进行综合考察。在外部秩序方面，检讨立法与事务性商谈两种方式在建构两岸交往秩序中的成效，分析了其局限性产生的原因；在内部秩序方面，探讨因双向需求、两岸居民的理性趋避、公权力机关的个案裁量以及纠纷解决方式的多元化引起的两岸交往自发秩序情形，指出在两岸官方政治歧见日深、互信严重不足的现状下，自发秩序对稳定两岸民间交往的特殊意义。

表 13—19 **1992—2005 年两岸政治关系研究其他成果**

成果名称	作者	发表刊物（出版社）及时间
试析台湾工商界对两岸关系的心态	李建敏	《台湾研究集刊》1993：1
两岸交流中的政治文化问题	陈孔立	《台湾研究集刊》1993：2
略析台湾知识界对两岸关系问题的心态	李建敏 李吉寿	《台湾研究集刊》1993：3
现阶段两岸关系的性质与相处的若干原则	陈孔立	《台湾研究集刊》1994：3
海峡两岸"白皮书"比较分析	刘国深	《台湾研究集刊》1994：4
两岸关系的展望	李强	《台湾研究集刊》1994：4
台湾民众对统一的心态	郭志珊 杨传荣	《台湾研究集刊》1994：4
台湾与祖国大陆命运与共	陈在正	《台湾研究》1995：3
试论百年来"台湾认同"的异化问题	刘国深	《台湾研究》1995：4
"九七"香港回归对两岸关系影响分析	范希周	《台湾研究集刊》1995：4
台湾政治文化"脱中国化"现象刍议	刘国深	《台湾研究集刊》1996：4
"一个中国"原则的核心地位	林劲	《台湾研究集刊》1998：1
台湾舆论对邱义仁等民进党人士参加厦门大学学术会议的反应	张文生	《台湾研究集刊》1998：3

续表 13-19

成果名称	作　者	发表刊物(出版社)及时间
两岸政治僵局的概念性解析	刘国深	《台湾研究集刊》1999:1
一个中国原则与两岸关系的定位	张文生	《台湾研究集刊》1999:4
两岸关系不稳态与制度创新	刘国深	《台湾研究集刊》2000:2
台海安全关系的性质与两岸均势	李　鹏	《台湾研究集刊》2001:1
论两岸关系"软危机"	吴能远	《台湾研究》2001:2
两岸关系回头看——纪念"叶九条"发表二十周年	陈孔立	《台湾研究》2001:3
海峡两岸的利益冲突及对共同利益的寻求	李　鹏	《台湾研究集刊》2001:3
从本土化或全球化看两岸关系:两种不同的政治思维	张文生	《台湾研究集刊》2001:4
和平统一须从文化着手	刘国深	《海峡月刊》(香港)2001:12
试论两岸关系的张力与极限	刘国深	《台湾研究》2002:1
政策激励与两岸关系	李　鹏	《中国评论》(香港)2002:7
海峡两岸安全战略的认识落差和政策矛盾——《2002年中国的国防》与台湾2002版"国防报告书"之比较分析	李　鹏	《台湾研究集刊》2003:1
试析现阶段两岸关系	刘国深	《台湾研究集刊》2003:2
两岸隔绝的历史记忆与台湾民众的复杂心态	陈孔立	《台湾研究集刊》2004:1
两岸的分歧	吴能远	《台湾研究集刊》2004:4
台湾民间的"省籍—族群"和解运动——以《面对族群与未来——来自民间的对话》为例	王　茹	《台湾研究集刊》2005:3

第三节　台湾经济/两岸经济关系研究

一、学科建设与学术研究

(一) 学科建设

1992—2005年,福建省从事台湾经济和两岸经贸关系研究的力量主要集中在厦门大学、福建师范大学、福建社会科学院、福建农科院等单位。其间,厦门大学台湾研究院成立两岸政策研究中心，并获批设置以台湾经济和两岸经贸关系为方向的区域经济学硕士点和博士点。1992年福建社会科学院设立现代台湾研究所，下设台湾经济研究室，将台湾经济、台湾产业以及两岸（闽台）经济关系作为研究重点。2000年10月福建师范大学成立闽台区域研究中心，为省属高校人文社会科学重点研究基地，下设闽台经济研究所、闽台海上交通研究所等研究机构。福建农科院于2000年11月成立福建省台湾农业研究中心，聘请十多位省内外及台湾的知名农业专家、学者为特约研究员，协作研究两岸农业交流与合作。

（二）学术研究

1992—2005年，福建学者特别注重对现当代台湾经济与两岸经济关系的研究，主要领域为：一是台湾总体经济、财政、金融、产业等方面研究，包括台湾经济发展进程及其模式特征、台湾产业结构调整与优化；台湾经济管理部门的运作，台湾当局对社会经济发展的间接调控、保护和扶持的政策举措；台湾的经济建设计划、岛内的基础建设与发展；台湾的对外经济关系、出口导向、吸引外资与对外投资；台湾财政、金融的发展沿革与现状，台湾经济发展面临的问题及前瞻；大陆市场对台湾经济增长、产业升级与经济转型的影响等方面的研究与分析。二是两岸经济合作的研究，包括两岸农业、制造产业、服务贸易、闽台海上通航合作等方面的研究与分析。

这一时期，福建学者承担国家社会科学基金项目11项："中华经济区"的前景、作用及我们的对策（厦门大学李非，1994）、海峡两岸经贸关系发展问题研究（李非，1997）、日据时期台湾殖民地经济研究（厦门大学周翔鹤，1998）、两岸合作构建台湾海峡航运港口体系（华侨大学陈克明，1998）、世贸组织框架下闽台农业资源的整合与优化配置（福建农林大学林卿，2002）、入世后海峡两岸四地合作研究和实施人才战略共促中华区域经济发展研究（华侨大学张向前，2002）、海峡两岸航运与贸易互动效应和对区域经济影响及其对策研究（集美大学黄建设，2002）、环台湾海峡经济圈竞争力比较研究（福建行政学院王秉安，2003）、至2020年台湾经济发展趋势与两岸关系（李非，2003）、海峡两岸海上直航港口物流对接模型研究（福建师范大学黄民生，2005）、台湾产业集群演进过程中的国际代工现象研究（福建师范大学郑胜利，2005）。同期，还承担福建社会科学规划项目24项。

其间，福建省关于现当代台湾经济与两岸经贸关系研究成果，获福建省社会科学优秀成果奖27项：《台湾财政评价》（第二届二等奖，福建省人民政府潘心城）、《海峡两岸经贸往来导向》（第二届二等奖，福建省发展研究中心方晓丘、罗会明、陈鹭、罗祥喜）、《战后台湾金融》（第二届二等奖，厦门大学许心鹏）、《战后台湾经济发展史》（第二届三等奖，李非）、《台湾中产阶级的成长与特征》（第二届三等奖，厦门大学潘晋明）、《厦门台资企业现状调查与对策研究（研究报告）》（第二届三等奖，厦门未来学会）、《两种"两岸人民关系法"之对立统一——兼谈〈闽台自由贸易协定〉之可行》（第二届三等奖，厦门大学彭莉）、《创办厦门闽台农业高新技术园区的设想》（第二届三等奖，福建农科院刘克辉）、《厦门台资企业现状调查与对策研究（研究报告）》（第二届三等奖，厦门市未来学会）、《台资企业引进设备估价办法探讨》（第二届三等奖，厦门大学郭则理）、《海峡两岸经贸关系》（第三届二等奖，李非）、《战后台湾财政》（第三届三等奖，厦门大学邓利娟）、《台湾之经济》（第三届三等奖，日本刘进庆著，厦门大学雷慧英译）、《台湾海峡两岸间直航问题研究（研究报告）》（第三届三等奖，福建省台办课题组赵弈山）、《漳州"海峡两岸农业合作示范区"总体构想（研究报告）》（第三届三等奖，福建省社科联课题组唐兴夏）、《两岸直航对福建沿海地区经济发展与港口功能转化的影响及相应对策的研究（研究报告）》（第四届三等奖，集美大学课题组姜杏娟、林熙）、《21世纪初期台湾经济发展趋势》（第五届三等奖，李非）、《论台湾海峡两岸区域高科技产业的协同发展（调研报告）》（第五届三等奖，福州大学课题组朱斌、谢章树、李小玲）、《闽台协调发展高科技产业的机制与对策研究（调研报告）》（第五届三等奖，福州大学课题组）、《台湾经济发展通论》（第六届一等奖，李非）、《世贸组织架构下闽台农业资源整合与优化配置》（第六届二等奖，林卿）、《台湾产业结构升级研究》（第六届二等奖，福建社会科学院严正、黄家骅、陈萍、蔡秀玲）、《海峡两岸直接"三通"与区域产业整合研究》（第六届三等奖，福建师范大学蔡秀玲、陈萍）、《21世纪以来的台湾经济：困境与转折》（第六届三等奖，邓利娟）、《海峡两岸航运与物流贸易互动及其对区域经济影响（研究报告）》（第六届三等奖，集美大学课题组黄建设等）。

（三）学术会议

1992年10月，福建社会科学院主办的20世纪90年代台湾及海峡两岸关系学术研讨会在福州举行，海峡两岸50多位专家学者出席，提交论文24篇，围绕90年代台湾产业升级与科技进步、两岸经济分工合作的可能性与前景等专题展开讨论。

2001年4月，福建社会科学院、福建省文化经济交流中心、福建省台湾研究会联合举办的加入WTO之后两岸合作与交流研讨会在福州召开，海峡两岸30多位专家学者提交20多篇论文，探讨加入WTO对闽台经贸合作、两岸及闽台农业合作、两岸金融合作的影响，以及加入WTO之后开启两岸协商合作的新契机。

2003年11月，厦门大学台湾研究中心、台湾研究所主办的台湾经济与两岸经贸关系研讨会在武夷山举行。大陆和台湾、香港、澳门地区以及日本的90多位专家学者与会。会议就"经济全球化与两岸经贸关系"、"当前台湾经济与两岸经济关系问题"以及"两岸产业合作与'三通'前景"进行讨论。

2004 年 8 月，厦门大学经济学院、厦门市税务学会和台湾逢甲大学财税学系共同主办，厦门大学财政系承办的海峡两岸财税学术研讨会在厦门举行。海峡两岸 30 多个高校和单位近百名财税专家与会，围绕大陆税制改革、台湾财政状况与两岸税制比较、两岸避税与税收筹划、两岸重复征税与纠纷处理、两岸税制演变、区划税收协调、税务信息化与电子商务税收、审议评税与税收交流、非营利组织税收与投资税制、两岸税收教育与学科建设等诸多理论与实务问题，展开交流讨论。

2005 年 5 月，厦门大学经济学院和法学院联办的财税法前沿理论研讨会在厦门大学召开，厦门大学和台湾大学经济学和法学研究领域的专家学者汇聚一堂，讨论财税法领域的前沿理论问题，涵盖电子商务交易流转税、文化差异与财税法设计、财政法治化、财政法学内涵和理论建构等内容。

2005 年 12 月，厦门大学财政系主办的海峡两岸风险投资与公共政策研讨会在厦门大学召开。中国社会科学院、北京大学、南开大学、中央财经大学、上海财经大学、江西财经大学、福建省科技厅、福建省高新技术产权交易所以及台湾高雄师范大学、义守大学、高雄应用科技大学等高校和单位的专家学者，就"公共部门与风险投资"、"风险投资的经营与发展"和"财政政策与劳动就业"三个专题展开探讨。论文涵盖公共部门 BOT、政府主导风险资金、税收激励、风险投资的运作和退出策略、中小企业的就业与薪酬等诸多方面。

二、主要学术成果

（一）台湾经济及其经济政策研究

《台湾经济发展通论》（李非，九州出版社，2004）该书阐述台湾经济发展进程及其模式特征。在考察台湾现代经济启动、恢复、起步、起飞、调整和转型各个阶段的发展和结构变化的基础上，进一步阐述台湾的经济模式和经济政策；分析台湾对外经贸关系和经济发展，论证台湾经济发展成果与成因，剖析台湾经济问题，指出 20 世纪 90 年代以来，两岸经贸交流迅速发展，成为带动台湾经济增长的重要因素，可以拓展台湾经济的发展空间，为产业升级与经济转型开辟一条新的出路。此外，还对台湾经济发展趋势进行预测性的分析。

《21 世纪以来的台湾经济：困境与转折》（邓利娟，九州出版社，2004）该书反映 21 世纪以来台湾经济最新发展情况，将台湾岛内"政党轮替"前后的经济发展作比较研究，凸显 21 世纪以来台湾经济发展的新变化与阶段性转折，充分反映两岸经贸关系对台湾经济的影响与作用。

表 13—20　　　　**1992—2005 年台湾经济及其经济政策研究其他成果**

成果名称	作　者	发表刊物（出版社）及时间
台湾经济政策的调整及其发展趋势	翁成受	《台湾研究》1992：2
试论台湾经济发展的经验与教训	林长华	《台湾研究集刊》1993：3
台湾经济增长分析	李　非	《台湾研究》1994：1
试论台湾的宏观经济管理	邓利娟	《台湾研究》1994：4
转型时期的台湾经济	田　襄	《现代台湾研究》1994：3—4；1995：1
九十年代台湾经济发展趋势分析	韩清海	《台湾研究集刊》1995：3—4
台湾经济现代化模式	李　非	鹭江出版社，1995
台湾经济发展的成就与问题	汪慕恒	厦门大学出版社，1996
试析台湾经济战略调整及结构变化	饶志明	《华侨大学学报》（哲学社会科学版）1997：2
东南亚金融危机对台湾经济的影响	杨胜刚	《台湾研究集刊》1998：1
台湾总体经济指标预测	唐蕙敏	《亚太经济》1998：2
台湾经济增长方式转变的结构分析	王兴化	《亚太经济》1999：5
台湾经济成长背后的环境代价	陈　萍	《海峡科技与产业》2000：4
世纪之交的台湾经济形势分析	林长华	《亚太经济》2001：2
台湾经济衰退的思考与展望	陈　萍	《现代台湾研究》2002：1
21 世纪初期台湾经济发展趋势	李　非	《台湾研究》2002：2
台湾经济增长速度的新转变	邓利娟	《厦门大学学报》（哲学社会科学版）2002：5
台湾地区 GDP 和能源消费的长期均衡关系分析	陈燕武	《华侨大学学报》（哲学社会科学版）2003：3
中国台湾地区的创业投资机制及对大陆的启示	戴淑庚	《台湾研究集刊》2003：3
东亚经济一体化格局下台湾经济的边缘化	石正方	《厦门大学学报》（哲学社会科学版）2004：2
试析台湾"均富型增长模式"的改变	邓利娟	《台湾研究集刊》2005：3

（二）台湾农业研究

《台湾农业》（福建农科院杨辉、曾玉荣，福建科技出版社，1994）该书针对台湾农业发展及存在问题、农业经营管理、农业科研发展历程与科技进步、农业教育经验与教训等作介绍与分析。

《战后台湾农业》（厦门大学赵玉榕，鹭江出版社，1996）该书介绍二战后至 20 世纪90年代中期台湾农业生产和农业发展的基本情况，内容包括：农业的自然条件与农业区划、战前农业发展、土地改革、农业结构的变化、农产品对外贸易、科学技术在农业中的运用、发展农业的政策措施，最后分析台湾农业发展的经验与问题，以及发展趋势前瞻。

《台湾农业发展概论》（刘克辉，福建社会科学院单玉丽，赵玉榕，厦门大学出版社，1997）该书在介绍台湾农业发展的自然和社会经济基础上，对台湾整体经济发展战略和经济建设计划、不同历史时期农业发展战略和政策的演变、农业土地开发利用、农产品运销体制和机制、农村金融改革以及农业科技推广和农业教育、农民所得和消费变化趋势等作出分析；并通过台湾出台的一系列扶持农业发展的政策措施、农业生产结构调整、劳动生产力发展、农产品对外贸易的剖析，揭示了农业发展对台湾经济振兴的贡献；也探讨工业化进程中对农业的冲击及其转型过程中存在的主要问题和发展前景。

《世贸组织架构下闽台农业资源整合与优化配置》（林卿，中国农业出版社，2004）该书重点研究闽台农业资源要素整合优化问题，提出以制度创新促进资源整合的市场化运作，以政策创新营造稳定的投资环境，并提出闽台农业合作模式。

表 13—21　　　　　**1992—2005 年台湾农业研究其他成果**

成果名称	作　者	发表刊物（出版社）及时间
台湾农业经营方式浅论	赵玉榕	《台湾研究集刊》1992:2
台湾农业政策新走向分析	赵玉榕	《发展研究》1994:2
台湾农村金融体系与资金运作之探索	单玉丽	《亚太经济》1996:6
台湾农业政策演变过程之剖析	许经勇	《东南学术》1997:1
台湾农业增长方式的演变及成因探讨	单玉丽	《台湾经济》1997:2
台湾农产品对外贸易之发展	刘克辉	《亚太经济》1997:3
台湾现代农业科技	郑金贵	鹭江出版社,2000
台湾的农业合作社与产销班	严　正	《台湾研究集刊》2000:3
台湾乡村企业发展的启示	陈　萍	《中国农村经济》2000:5
台湾土地政策	林　卿 周江梅 苗艳青	《台湾农业探索》2001:3
台湾农业知识经济的现状与发展趋势	黄献光	《海峡科技与产业》2001:4—5
台湾工业化进程中农业结构的升级及其动因	黎元生	《台湾研究》2002:1
台湾新一轮农业危机的探索	单玉丽	《中国农学通报》2004:5
台湾农业金融体系的形成、影响和借鉴分析	苏美祥	《台湾农业探索》2005:3

（三）台湾工商业研究

《台湾制造业》（福建社会科学院陈萍，福建教育出版社，1997）该书探讨制造业在台湾经济发展中的地位与作用，分析台湾制造业的特征、结构演进及其发展困境，并对台湾制造业各个部门分别研究，进而展望其发展前景，论述两岸制造业互补与合作的必要性与可能性。

《进口替代时期台湾企业的成长环境和发展概况》（厦门大学韩清海，《台湾研究集刊》2002：1）该文指出，1952—1962 年是台湾经济的进口替代时期，其间台湾企业恰逢极其有利的社会经济环境，不论是公营还是民营企业均获得很快成长，因此，能够迅速累积资本，并奠定企业出口扩展、进入国际市场的基础。

《台湾产业结构升级研究》（严正主编，黄家骅、陈萍、蔡秀玲副主编，九州出版社，2003）该书研究台湾经济发展的过程，对台湾产业升级过程中的农业现代化问题、劳动密集型产业的淡出问题、资本密集型产业的发展问题、资讯产业的崛起、升级与未来发展问题，从而总结台湾产业结构升级成功的经验、存在问题，并对台湾产业升级的发展方向作出预测。

表 13—22　　　　　　**1992—2005 年台湾工商业研究其他成果**

成果名称	作者	发表刊物（出版社）及时间
台湾运输业的分工与结构初探	李　非	《台湾研究集刊》1992：2
台湾企业经营战略比较	林世渊	中国华侨出版社，1993
战后台湾交通经济	李　非	鹭江出版社，1993
台湾产业升级问题的再思考	韩清海	《台湾研究集刊》1993：4
台湾对外贸易模式的转变	李　非	《国际贸易》1994：4
论台湾旅游业的若干作用和发展特点	黄福才	《台湾研究》1995：4
台湾吸引外资浅论	林长华	《厦门大学学报》（哲学社会科学版）1996：3
对台湾产业升级的认识	陈克明	《台湾研究》1997：2
台湾连锁商业发展现状与趋势分析	黄维礼	《华侨大学学报》1997：2
台湾科技产业发展战略与政策措施	刘霜桂	《台湾研究》1997：4
台湾 R&D 的现状及其原因	颜士梅	《亚太经济》1998：3
台湾传统产业的困境与出路	林长华	《台湾研究集刊》2000：4
台湾"促进产业升级条例"及对我省制定产业政策的启示	蔡秀玲	《福建论坛》（经济社会版）2002：6
台湾环保产业发展及其政策演进分析	林世渊	《亚太经济》2003：3
风险投资与高科技产业的互动原理和实证研究——以台湾为例	戴淑庚	《经济体制改革》2003：10
台湾发展知识服务产业的难点与机会	陈　萍	《福建论坛》2005：7

（四）台湾财政、金融研究

《台湾财政评价》（潘心城主编，鹭江出版社，1992）该书对国民党败退台湾之后40年，台湾财政发展的起点基础、指导思想、财政机构、财政政策与财政制度，以及财政发展情况进行分析，对台湾40多年财政指导思想及制度作出评价。

《战后台湾财政》（邓利娟，鹭江出版社，1992）该书研究战后台湾财政收入的若干特点，指出台湾长期以"在稳定中求发展"为其经济发展总目标，财政宏观管理手段为这一目标的实现发挥了举足轻重的作用，但同时也存在不少问题，包括财政预算、财政赤字、财政分配和赋税征收等方面的问题。

《战后台湾金融》（许心鹏，鹭江出版社，1992）该书分析战后40多年台湾金融的发展演变、基本框架和发育过程的基本特征；介绍台湾"中央银行"货币政策对经济宏观调控的内容、进程与效益；研究台湾保险业、信托业、货币市场、股票市场的发展；指出台湾当局推行金融自由化、国际化的背景及面临的主要障碍，分析战后台湾金融业的发展与变化情况。

《台湾二板市场与香港创业板市场比较研究》（厦门大学戴淑庚，《台湾研究》2004：5）该文在对台湾、香港的资本市场进行比较分析后，指出不论是台湾的二板市场还是香港的创业板市场，都是准独立运行模式的市场，但它们又各具自身的特色。台湾的二板市场采用的是集合议价制度，而香港创业板市场实行的是混合交易制度。台湾二板市场是比较符合实际情况的制度设计，因而成为中小企业的孵化器，并得到加速发展，促进产业升级达到新的层次。

表 13—23　　　　**1992—2005 年台湾财政、金融研究其他成果**

成果名称	作　者	发表刊物（出版社）及时间
台湾金融业概况	李永城	厦门大学出版社，1993
台湾股市信用交易制度研究	许心鹏	《台湾研究集刊》1993：2
台湾金融体制现状分析	邓利娟	《台湾研究》1996：3
台湾证券市场透视	冯　洁	《亚太经济》1999：6
台湾金融再造工程分析	苏美祥	《亚太经济》2000：1
台湾基层金融改革风波原因及前景透视	单玉丽	《台湾研究集刊》2003：2
台湾民间金融的发展与演变	黄家骅	《财贸经济》2003：3
台湾财政困境及其影响	陈　萍	《台湾研究》2004：1
台湾农业金融体系的形成、影响和借鉴分析	苏美祥	《台湾农业探索》2005：3
台湾金融控股公司的监管	戴淑庚 张亦春	《台湾研究集刊》2005：4

（五）台湾经济其他方面研究

《台湾新一代企业家》（福建省台湾研究会董玉洪、翁林楠，鹭江出版社，1995）该书介绍台湾岛内 40 位年龄在 40~50 岁之间的企业家的经营理念、经营策略与绩效，揭示其企业文化，总结其成功的奥秘。

《高雄港城经济发展的困境与出路》（厦门大学石正方，《亚太经济》2004：3）该文通过高雄经济发展的历史回溯，指出高雄是台湾岛内开发较早的城市；二战后，以台湾当局的第一个"四年经建计划"为契机，高雄开始向多元化、现代化工商业港湾大都市迈进；21 世纪前后，在台湾政、经矛盾纠结中高雄经济陷入发展困境，尽快实现两岸直接"三通"是高雄走出困境、港口优势得以充分发挥的最佳选择。

表 13-24　　　　**1992—2005 年台湾经济其他方面研究其他成果**

成果名称	作　者	发表刊物（出版社）及时间
台湾公营事业发展状况及其面临困境	韩清海	《台湾经济》1997：2
公营事业民营化方式探讨	郑茂发	《华侨大学学报》（哲学社会科学版）1997：3
台湾中小企业产业网络浅析	陈　萍	《现代台湾研究》1997：4
华侨华人资源对台湾经济发展的贡献	林　珊	《亚太经济》1999：6
科学园区的建设与管理	林世渊	福建人民出版社，2000
进口替代时期台湾企业的成长环境与发展概况	韩清海	《台湾研究集刊》2002：1
台湾环保科技园区的发展现状及前景	杜　强	《亚太经济》2005：1
试析台湾全球竞争力排名上升而经济倒退的矛盾	林长华	《亚太经济》2005：2

（六）两岸经贸关系研究

《海峡两岸经贸往来导向》（方晓丘、罗会明、陈鹭、罗祥喜，中国对外经济贸易出版社，1992）该书分析两岸经贸关系的历史、现状、前景，论述台湾当局大陆经贸政策的主要特点和两岸经贸关系发展中的主要问题，指出诸多经贸政策对两岸经贸关系的发展起着直接的支配和导向作用。

《海峡两岸经贸关系》（李非，对外贸易教育出版社，1993）该书在考察两岸经贸关系的基础、历史、现状基础上，对海峡两岸经贸交流与合作的表现形式、复杂的内容体系及未来发展趋势进行分析，指出影响两岸经贸关系发展的诸项因素，包括大陆因素、台湾因素、国际因素，并以此为据对两岸经贸关系的未来走向作出基本预测。

《台商大陆直接投资的地域分异与成因研究》（厦门大学张传国，《世界经济》2003：

10) 该文通过计量分析，研究至 2001 年台商对大陆各省区市直接投资的地域分异性。指出经济发展水平、现有投资规模、市场容量、基础设施与区域经济活力是台商直接投资产生地域分异的关键因素，同时地缘与政策因素也不同程度地影响着台商直接投资区位的选择。各省市区吸引台商直接投资的综合指数总体上与绝对地域分异模式基本一致，但在吸收台资工作的努力程度与潜力方面还存在差异。

《海峡两岸直接"三通"与区域产业整合研究》（福建师范大学蔡秀玲、福建社会科学院陈萍，中国经济出版社，2004）该书以时间递嬗为经，以产业研究为纬，对台湾经济结构特点、问题与挑战，两岸经济的互补与障碍进行分析；又从海峡两岸经济的分工与合作入手，探讨两岸直接"三通"问题，并提出预测与对策建言。

《两岸"三通"与闽台经贸合作》（林卿，郑胜利、黎元生，中国经济出版社，2005）该书从农业、制造业、服务业三大领域，对闽台经贸合作的历史轨迹、现实进程、合作模式与未来趋势进行分析，总结闽台经贸合作的成就，剖析闽台经贸合作中的问题，提出进一步推进闽台经贸合作的思路和对策建议。

《WTO 框架下海峡两岸经济交往及合作方式探索》（厦门大学唐永红，《国际经贸探索》2005：1）该文指出 WTO 下海峡两岸经济交往与合作方式创新是经济全球化深化发展的必然要求；WTO 为两岸经济交往与合作方式创新提供了法律依据和空间。当前两岸经济交往与合作方式创新，应以政经暂时分离、平等互利和符合 WTO 规则的原则为前提，以超越 WTO 谈判内容原则为核心，在遵守 WTO 规则基础上探索超越 WTO 谈判内容的经济交往与合作新形式。

《海峡经济区战略构想——台湾海峡两岸经贸关系走向》（福建师范大学黄绍臻，社会科学文献出版社，2005）该书以马克思的区域分工和经济一体化理论为依据，汲取和借鉴西方近现代区域贸易分工理论、区域空间组织理论和区位理论的有益成分，就海峡经济区的性质、发展模式、竞争优势、产业分工和合作机制等进行研究。

表 13—25　　　　　　　　**1992—2005 年两岸经贸关系研究其他成果**

成果名称	作　者	发表刊物（出版社）及时间
闽台经济关系——历史、现状、未来	金泓汛等	鹭江出版社，1992
海峡两岸经济合作关系研究	许心鹏	《台湾研究集刊》1993：1
从世界经济区域化看两岸经贸关系	翁成受	《台湾研究》1993：3
闽台经贸关系研究	顾　铭	厦门大学出版社，1994
海峡两岸产业分工合作的架构与趋势	韩清海	《台湾研究集刊》1994：3
台商投资大陆的现况和远景	翁成受	《台湾研究》1995：1

续表 13－25

成果名称	作　者	发表刊物(出版社)及时间
论海峡两岸的金融合作	许心鹏	《台湾研究集刊》1995:1
海峡两岸贸易关系发展的现状、问题与对策	李　非	《台湾研究》1995:2
两岸直航与境外航运中心	李长华	《台湾研究集刊》1995:2
海峡两岸产业合作的宏观思考	吴能远	《台湾研究集刊》1995:3－4
福建与台湾实现海上直接通航的探讨	《闽台通航研究》课题组	《中国软科学》1995:8
中国大陆与港澳台地区经济合作前景	李鸿阶等	人民出版社,1996
"一国两制"与闽台经贸合作	全　毅	《亚太经济》1996:1
闽台贸易:拓展直接贸易	陈祖武	《国际贸易》1996:6
台湾海峡两岸间直航问题研究	赵弈山	《亚太经济》1997:1
海峡两岸经贸关系若干问题	吴能远	《台湾研究集刊》1997:1
两岸"三通"问题的现状与走势	翁承受	《台湾研究》1997:2
两岸的产业合作与分工问题研究	李鸿阶	《华侨大学学报》1997:2
闽台经贸合作的现状与前景	陈　萍	《现代台湾研究》1997:3
中国大陆入境旅游业中台湾客源市场的特征和走向	黄福才	《厦门大学学报》(哲学社会科学版)1997:3
香港回归后闽台经贸关系进一步发展的对策研究	福建社会科学院课题组	《福建论坛》1997:12
可持续发展与台湾海峡环境保护带	金泓汎	《亚太经济》1998:1
世贸组织协定的基本原则与两岸经贸关系前景	夏桂年	《亚太经济》1998:1
两岸贸易对台湾经济影响的计量分析	戴淑庚 邓利娟	《台湾研究集刊》1998:1
迈向新世纪的两岸经贸关系	吴能远	《台湾研究集刊》1998:1
区域经济整合与台湾海峡经济区的构想	刘克辉	《东南学术》1998:2
台湾证券市场发展的经验教训及其对祖国大陆的启示	邓利娟	《台湾研究》1998:3
加入 WTO 对海峡两岸经贸关系的影响	陈　萍	《华侨大学学报》1998:4
台湾营建亚太金融中心的前景及对闽台金融交往的影响	苏美祥	《福建论坛》1998:5
闽台可持续发展交流与合作问题研究	戴淑庚	《东南学术》1999:1
闽台农业合作与福建农业发展	童万亨	《福建农林大学学报》1999:1
亚洲金融风暴后两岸经贸走势与展望	韩清海	《台湾研究集刊》1999:3

续表 13—25

成果名称	作者	发表刊物（出版社）及时间
加入 WTO 对两岸金融服务业的影响及两岸合作之探讨	苏美祥	《台湾研究集刊》1999:4
闽台经济互补性分析及前景展望	秦宝华	《福建论坛》1999:9
闽台经济合作研究	严　正 蔡秀玲	中国社会科学出版社,2000
海峡两岸经济合作问题研究	李　非	九洲图书出版社,2000
闽台海上交通研究	谢必震	中国社会科学出版社,2000
试论大陆－台湾地缘旅游的开发——以厦门同安为例	郑耀星	《世界地理研究》2000:3
两岸通航模式和经贸关系分析	姜杏娟	《集美大学学报》2000:4
福建在推动两岸合作中的独特优势	陈　萍	《亚太经济》2001:1
WTO 框架下两岸经贸关系走向分析	邓利娟	《台湾研究》2001:1
台商投资祖国大陆与两岸关系	吴能远	《台湾研究集刊》2001:1
论两岸"三通"与旅游直航	林长榕	《经济前沿》2001:1
论 21 世纪初期海峡西岸对台城市经贸合作	李　非	《台湾研究集刊》2001:2
加入 WTO 后海峡两岸农业合作之探析	单玉丽	《台湾研究》2001:3
论海峡两岸直航问题	李　非	《台湾研究集刊》2001:4
我省高科技产业化环境的建设与台湾高科技产业"西移"	林其屏	《亚太经济》2001:6
闽台经济与文化论集	何绵山	厦门大学出版社,2002
21 世纪初期海峡两岸经济关系走向与对策	李　非	九州出版社,2002
面向新世纪的两岸经济合作研究	蔡秀玲	海洋出版社,2002
台商进军"苏南"透视	陈　萍	《福建论坛》2002:2
试析台湾经济走向及对两岸关系的影响	邓利娟	《台湾研究》2002:2
闽台居民收入差距扩大的比较分析	黄家骅	《经济理论与经济管理》2002:3
共谋两岸创业投资的交流与合作	陈　萍	《亚太经济》2002:4
在世贸组织框架内海峡两岸经贸关系的重新塑造	詹其桎	《国际贸易问题》2002:4
海峡两岸税制比较研究	福建省地税局课题组	《福建论坛》2002:10
加入 WTO 与两岸经贸发展	李　非	厦门大学出版社,2003
两岸农业交流状况及其入世后的前景分析	陈　彤	《改革与战略》2003:1

续表 13－25

成果名称	作　者	发表刊物(出版社)及时间
"三通"于两岸经济共同发展之效应分析	石正方	《台湾研究集刊》2003:2
全球经济一体化与两岸经济协作	林长华	《厦门大学学报》(哲学社会科学版)2003:3
论台湾经济与大陆腹地的关系	陈　萍	《现代台湾研究》2003:3
人民币区域化和海峡两岸货币合作问题	郑航滨	《福建金融管理干部学院学报》2003:5
加入 WTO 后两岸经贸关系的发展	严　正	《福建师范大学学报》(哲学社会科学版)2003:6
经济全球化、WTO 与两岸直接三通——从经济与法律角度的分析	唐永红	《特区经济》2003:9
台湾海峡两岸的经济合作:前景与对策(英文)	陈甬军	《21 世纪的台湾》(英文版)2003:10
客观认识两岸经贸关系的作用	邓利娟	《东南学术》2004(增刊)
两岸经济融合是促进祖国和平统一的重要力量	陈　萍	《东南学术》2004(增刊)
21 世纪以来两岸贸易关系的新发展	张传国	《台湾研究集刊》2004:2
台湾区域经济转型的两岸视角	石正方	《台湾研究集刊》2004:4
2004 年在闽台商调研报告	陈　萍	《现代台湾研究》2004:5
两岸经贸牵动台湾经济	陈　萍	《发展研究》2004:8
海峡两岸经济技术合作政策新取向	杨德明	《发展研究》2004:12
两岸"三通"与闽台经贸合作	林　卿	中国经济出版社,2005
台湾经济"四化"问题与两岸经济合作	石正方	《台湾研究集刊》2005:1
WTO 架构下海峡两岸经济交往及合作方式探讨	唐永红	《国际经贸探索》2005:1
发展闽台现代农业物流,促进台湾海峡经济区的形成	单玉丽	《台湾研究集刊》2005:4
海峡经济区的空间演进:结构、特征与问题	石正方 邓利娟	《厦门大学学报》(哲学社会科学版)2005:5
浅议开放大陆民众赴台旅游	陈　萍	《世界经济与政治论坛》2005:6
海峡经济区与海峡西岸经济区	黄　端	《发展研究》2005:6
大力推动闽台农业互动发展	陈　萍	《发展研究》2005:8
加强闽台科技资源整合的思考	卢迪龙 朱　斌	《科学学与科学技术管理》2005:12

第四节　台湾文化/两岸文化关系研究

一、学科建设与学术研究

（一）学科建设

福建省研究台湾文化与两岸文化关系的专业研究机构有福建社会科学院、厦门大学台湾研究院、福建师范大学闽台区域研究中心、闽江学院、漳州师范学院闽台文化研究所、福建广播电视大学两岸文化研究所、福建省教育科学研究所（海峡两岸职业教育交流合作中心）、福州市民俗文化研究所，以及诸多大学相关院系，还有福建省文学艺术界联合会、福建省炎黄文化研究会、福建省台湾香港暨海外华文文学研究会、福建省台湾研究会、福建省五缘文化研究会、福建省地方志学会，福建姓氏源流研究会、莆田妈祖文化研究会、闽南文化研究会等学术团体。

由于台湾文化与两岸文化关系不是严格意义上的学科，依靠厦门大学、福建师范大学的专门史、文艺学等硕士点、博士点的学科设置，将台湾文化及两岸文化关系研究作为重要的方向之一，促进了对台湾地域文化、台湾文学艺术、台湾教育以及两岸文化关系诸领域的研究，培养和壮大了一批学术队伍。

（二）学术研究

1992—2005年，福建学者对台湾文化及两岸文化关系研究，主要集中在如下一些领域：一是两岸区域文化及关系研究；二是两岸"五缘"文化研究；三是台湾文学艺术研究，以及两岸文艺学的比较研究；四是两岸方言的比较研究；五是台湾教育研究，以及对两岸教育交流合作的探索；六是福建学者、作家、艺术家、教师和学生直接到台湾开展调查研究和文化交流。

这一时期，福建学者在这一领域获国家社会科学基金项目8项：两岸区域文化研究（福建师范大学林国平，1997）、台湾高山族现代化进程与文化比较研究（厦门大学郭志超，1997）、高山族现代化进程与文化变迁研究（厦门大学陈国强，1997）、两岸文学艺术的文化亲缘研究——以闽台为中心（福建社会科学院刘登翰，1999）、当代台湾民间信仰与两岸关系研究（林国平，2002）、台湾佛教与台湾社会的变迁及台湾佛教的现状、走向和我们的对策（福建广播电视大学何绵山，2002）、台湾天主教专题研究（福建师范大学林金水，2002）、海峡两岸民间信仰的互动发展及其意义研究（福建农林大学杨孔炽，2005）。同期，还承担福建社会科学规划项目24项。

其间，获福建省社会科学优秀成果奖 18 项：《海峡两岸用字比较》（第二届三等奖，厦门大学许长安）、《台湾文化概述》（第三届三等奖，厦门市艺术研究院陈耕）、《台湾社会与文化》（第三届三等奖，福建省人民政府汪毅夫）、《台湾教育简史》（第三届三等奖，福建师范大学庄明水、谢作栩、黄鸿鸿、许明）、《中国文化与两岸社会》（第四届二等奖，汪毅夫）、《妈祖的子民——两岸海洋文化研究》（第四届三等奖，福建社会科学院徐晓望）、《台湾福佬系民歌的初步研究》（第四届三等奖，福建师范大学蓝雪霏）、《中华文化与两岸社会——两岸文化关系论纲》（第五届一等奖，刘登翰）、《两岸历史社会与民俗文化》（第五届二等奖，汪毅夫）、《闽台区域文化研究》（第五届二等奖，林国平主编）、《台湾新闻事业史》（第五届三等奖，厦门大学陈扬明、陈飞宝、吴永长）、《两岸区域社会研究》（第六届一等奖，汪毅夫）、《两岸地域社会与族群文化新探》（第六届二等奖，福建省委党校刘大可）、《两岸客家社会与文化》（第六届二等奖，福建师范大学谢重光）、《闽台民间信仰源流》（第六届二等奖，林国平）、《闽台教育的交融与发展》（第六届二等奖，福建省教育科学研究所黄新宪）、《闽台地域社会与族群文化新探》（第六届二等奖，刘大可）、《两岸闽南语民歌研究》（第六届三等奖，蓝雪霏）。

（三）学术会议

1992 年 2 月，福建社会科学院与中华炎黄文化研究会、中国和平统一促进会等联办的两岸文化学术研讨会在厦门召开，中华炎黄文化研究会执行长萧克、中国和平统一促进会会长程思远到会讲话。与会两岸学者分别从移民、语言、地名、习俗、戏剧、文学、宗教、考古等方面展开讨论，并用大量的史实论证两岸文化血脉相连，两岸文化是炎黄文化的一部分。

1995 年 5 月，福建社会科学院现代台湾研究所举办的台湾文化：传统与现代学术研讨会在福州召开。与会专家学者就台湾文化与中华民族文化的渊源关系、台湾文化与福州文化、台湾文化的现代化变革，以及台湾文学在现代化进程中遇到的问题等进行论析。

1998 年 1 月，厦门大学主办的海峡两岸大学教育学术研讨会在厦门大学召开。两岸专家学者围绕 21 世纪大学教育发展趋势、大学教育经费筹措、传统文化与大学教育改革、大学生的素质教育与通识教育、大学教学改革、大学招生考试改革、大学教育质量控制与评估等问题进行研讨交流。

1999 年 3 月，福建社会科学院与福建省两岸文化交流协会、湄洲妈祖文化研究中心等单位联办的两岸妈祖文化学术研讨会在莆田召开。两岸 50 多位专家学者就妈祖文化的内涵、外延，妈祖文化在增进民族感情、增强民族凝聚力与亲和力，以及促进文化遗产和文物的保护与利用等进行讨论交流。

2001 年 12 月，福建师范大学闽台区域研究中心主办的两岸文化研究的现实与前瞻研讨会在福州召开。福建社会科学院、福建省地方志编纂委员会、福建省博物馆、厦门大学、福建师范大学的专家学者60多人与会。会议回顾总结两岸文化研究发展的历程、所取得成果，并对两岸文化研究的现状、存在问题及发展前景展开讨论。

2002年8月，福建师范大学闽台区域研究中心、福建省两岸文化交流协会联办的澎湖历史与文化研讨会在福州市召开。福建省有关部门领导和专家30多人与会，收到论文20余篇，从澎湖的历史、开发、教育、文化、交通和军事等不同角度，考证澎湖在两岸历史发展中发挥中枢、纽带的重要作用。本次研讨会是福建省第一次专门探讨澎湖历史与文化的会议。

2005年7月，厦门大学、台湾成功大学与金门技术学院联办的两岸经贸与教育交流学术研讨会在厦门大学举行。海峡两岸20余位专家学者与会，探讨两岸经贸与教育问题，认为两岸间在科技学术、教育文化方面的交流与合作有着巨大的发展空间，各种研究机构、高等院校与民间团体应加强彼此间的联系与沟通，努力为发展两岸关系作出贡献。台湾与金门学者首次由金门直航到大陆参加学术研讨会。

二、主要学术成果

（一）台湾社会文化及两岸文化关系研究

《台湾文化概观》（福建省社科联吕良弼、汪毅夫，福建教育出版社，1993）该书在阐析台湾诸多文化现象后，提出一个重要学术观点，即认为台湾文化是移植型的文化，并认为移植型文化尽管形态多样，但其基本特征是牢固地保有母体文化的特质，因此，离开母体文化的特质来谈台湾文化，便成为无源之水、无本之木，必须增进两者之间文化亲缘的认识并增强文化情结的感受。

《台湾社会与文化》（汪毅夫，海峡文艺出版社，1994）该书相当部分从台湾的当代文学考察中证明台湾与大陆的血缘关系；另一部分则是对台湾社会文化的直接考察，包括对台湾语言、民俗文化、宗教信仰和民族等考察研究，论证海峡两岸文化渊源。

《闽台文化交融史》（厦门大学林仁川、黄福才，福建教育出版社，1997）该书内容包括：移民与文化传播、共同抵抗外来侵略的爱国主义行动和思想、科学技术的交流、语言文字的交融、文学的交融、艺术的交融等方面，展示两岸文化交融的历史。

《中国文化与两岸社会》（汪毅夫，海峡文艺出版社，1997）该书从文化社会学的角度，以历史上两岸两地文化人的互动、民俗和民间信仰的共通性，以及中华文化在海峡两岸发展的特点与态势、科学与文学等文化资料，论证两岸区域社会的文化是同根的关系，证明中华文化与两岸文化是源与流、根与叶不可分割的有机联系。

《妈祖的子民——闽台海洋文化研究》（徐晓望，上海学林出版社，1999）该书内容包括：海洋文化理论的定位、海洋与两岸区域文化的形成、两岸经济海洋化的内因、两岸航海文化的发展、两岸海外贸易的发展、两岸与沿海诸省的贸易、两岸海商集团的成长、两岸海路移民的拓展、两岸海神信仰与妈祖崇拜和两岸与中外文化交流十个方面，指出两岸文化最大的特点是海洋文化，并在中国海洋文化发展史上占有重要地位。

《闽台区域文化研究》（林国平，中国社会科学出版社，2000）该书从民族、移民、教育文学、音乐、戏剧、歌舞、宗教、民间信仰和民俗等方面，探讨闽台文化各个层面的历史源流、现存状貌及彼此的关系与变异，从而揭示闽台文化发展演变的历史规律、基本特征和发展趋势，说明闽台文化是中原文化的延伸，体现出内陆文化和海洋文化有机结合。

《闽台客家社会与文化》（谢重光，福建人民出版社，2002）该书探讨客家人的经济生活、人文性格和文化传播与变迁，勾勒出客家民系与客家文化在福建形成和发展，在台湾传承与变迁的轨迹，论证海峡两岸文化同根同源，血浓于水的亲缘关系。

《闽台地域社会与族群文化新探》（刘大可，方志出版社，2004）该书对两岸地域社会与族群关系、客家与畲族关系、传统客家村落的社会控制、传统客家的社区意识等进行探讨，从多个角度、多个层面透视两岸关系与地方社会、文化，分析客家乃至中国农业社会的结构与原动力。

《文化台湾》（林国平、陈名实，九州出版社，2005）该书从文化的角度观照台湾的移民与家族、台湾儒学与文化名人、台湾的书院与乡学、台湾的宗教与信仰、台湾的民风与民俗、台湾的歌谣与戏曲、台湾的传统民居与寺庙建筑等，揭示台湾文化对于祖国大陆文化的传承及流变，展现台湾社会具有地域特色的人文情怀。

表 13—26   **1992—2005 年台湾社会文化及两岸文化关系研究其他成果**

成果名称	作　者	发表刊物（出版社）及时间
中华文化与闽台文化	徐晓望	《东南文化》1992：3—4
《雅言》与台湾文化	汪毅夫	《现代台湾研究》1993：4
闽台文化关系的形成及其历史作用	杨彦杰	《现代台湾研究》1994：3
再论闽台是统一的文化区域	徐晓望	《台湾研究》1994：3
文化:闽江流域与台湾地区	汪毅夫	《福建学刊》1994：6
台湾历史与文化	杨彦杰	海峡文艺出版社,1995
论闽台文化及其在祖国统一大业中的实力作用	方宝川	《台湾研究》1996：4
闽台文化研究	福建省炎黄文化研究会	福建人民出版社,1997

续表 13—26

成果名称	作 者	发表刊物（出版社）及时间
高山族风情录	陈国强	四川民族出版社，1997
闽台文化研究的地理学思考	刘登翰	《台湾研究集刊》2001：2
中华文化与闽台社会的变迁	黄新宪	福建教育出版社，2002
闽台文化一脉连	包恒新	《福建省社会主义学院学报》2002：2
论闽台文化的地域特征	刘登翰	《东南学术》2002：6
海峡两岸五缘论	吕良弼主编	方志出版社，2003
闽台先民文化探源	卢美松 陈 龙 主 编	福建人民出版社，2003
闽南移民与两岸区域文化	杨彦杰	《福建论坛》（人文社会科学版）2003：1
闽台社会心理的历史、文化分析	刘登翰	《东南学术》2003：3
论闽南文化对郑成功的影响	许维勤	《福建论坛》（人文社会科学版）2003：5
台湾文化事业的发展	刘传标主编	海风出版社，2004
闽台区域文化	何绵山主编	厦门大学出版社，2004
台湾新闻事业史	陈扬明 陈飞宝 吴永长	中国财政经济出版社，2004
闽南文化与台湾社会	陈 耕	《东南学术》2004：1
闽台文化探略	何绵山	厦门大学出版社，2005

（二） 台湾及两岸信俗研究

《略论闽台瘟神信仰起源的若干问题》（徐晓望，《世界宗教研究》1997：2）该文对闽台保留至今的瘟神崇拜的起源的若干问题进行探讨，指出：在宋代，关于瘟疫神灵有瘟鬼、瘟神两种说法，两者并存的现象一直延续至明代。宋代福建已出现对瘟神的崇拜，明代闽人对瘟神的崇拜相当普遍。福州最早涉及瘟神五帝的材料，应是万历年间的《五杂组》。在福州民众心里，五通神即为五瘟神，五通神信仰已与五瘟神崇拜合流。

《闽台民间信仰的兴衰嬗变》（林国平，《世界宗教研究》1998：1）该文探讨闽台民间信仰的兴衰嬗变，指出：闽台地区民间信仰经历了秦汉时期的原始宗教和巫术盛行、东汉至唐中期的汉民族民间信仰逐渐占主导地位、唐末至明初的福建民间信仰的迅速发展和本土化、明中期至民国时期的福建民间信仰的兴盛和在台湾的传播等四个阶段的发展演变，成为闽台区域文化的重要组成部分，形成了一种深不可拔的传统和无孔不入的力量，对闽台社会产生不可低估的影响。闽台民间信仰虽然具有鲜明的区域特色，但它的"根"扎在博大精深的中华文化的沃土里，"源"于奔腾不息的五千年华夏文明的长河中。

《略论闽台的王爷信仰》（泉州海外交通史博物馆李玉昆，《世界宗教研究》1999：4）该文通过地方史资料对流行于闽台地方的王爷信仰进行论述，指出在闽台民间信仰中，作为瘟神的王爷是少数，大部分王爷是地方保护神或万能之神；传说中的王爷多为历史人物，或为救民而取瘟药自服，或为民献身、勤政为民等善举义行而成为王爷，受到人们的崇敬。王爷信仰通过送王船和请香火分炉方式传播到台湾各地。

《闽台历史社会与民俗文化》（汪毅夫，鹭江出版社，2000）该书收录作者研究闽台的社会历史、民间信仰、民俗文化等方面的论文 25 篇，从历史社会与民俗文化研究的角度考察闽台两地在官方建制、人员互动、民间信仰、民俗事象等方面的关联，以及民俗、方言与文学、中华文化与祖国统一之关系。

《闽台宫庙间的分灵、进香、巡游及其文化意义》（福建师范大学范正义、林国平，《世界宗教研究》2002：3）该文论述清代以来闽台宫庙间的分灵、进香与巡游活动，认为分灵与进香可能是中国家族祭祖仪式的转型，折射出台湾底层宗教信徒对中国传统文化所具有的认同感。祖庙神灵巡游台湾分庙，类似于帝王巡狩国土，实际上是大一统思想在宗教信仰上的曲折反映。闽台官庙间的分灵、进香与巡游现象有着深刻的文化内涵，体现着中国传统文化中根与叶、源与流的密切关系，从更深层面揭示闽台区域文化的历史同一性和不可分割性。

《闽台民间信仰源流》（林国平，福建人民出版社，2003）该书论证两岸民间信仰具有功能性和使用功利性、区域性与辐射性、宗教性与群体性、本土化与正统性等主要特征，指出两岸民间信仰曾经为两岸先民拓展生活空间提供竞争支柱，并在维系基层社会的正常秩序，传承文化传统、丰富民众经济文化生活，以及参与社会教化、凝聚民族精神等方面起着重要作用；认为其强化了海峡两岸骨肉亲情的联系纽带。

《闽台民间习俗》（福建师范大学方宝璋，福建人民出版社，2003）该书探究两岸民俗的历史积淀与嬗变，以及由于受地理环境影响所形成不同于中原而具有区域独特的两岸民俗，指出两岸民俗具有鲜明的地域性、坚韧的传承性、非强制的规范性、盲目的非理性、现实中的功利性、交往中的人情性、原始的广泛性、强烈的反差性、多源的兼容性和广阔的辐射性。

《台湾民俗》（何绵山，甘肃人民出版社，2004）该书为三十一卷本《中国民俗大系》的一部分，分为历史沿革及人文地理概述、居住民俗、服饰民俗、饮食民俗、生产民俗、家族民俗、村落民俗、岁时节日民俗、人生礼仪民俗、民间社团组织民俗、民间信仰民俗、民间艺术及其民俗等十二个章节。作者在实地考察和参考台湾出版的文献和著作基础上，介绍台湾的民俗文化发展概况，记述其生产民俗、村落民俗、家族民俗、居住民俗、饮食民俗、服饰民俗、节日民俗等内容。

《多元复合的宗教文化意象——临水夫人形象探考》（福建师范大学连镇标，《世界宗教研究》2005：1）该文指出，在海峡两岸，临水夫人被民众尊奉为"陆上女神"，与"海上女神"妈祖一道受到最隆重的礼拜，临水夫人信仰也成为中国民俗文化尤其是闽浙赣粤湘台乡土文化的重要组成部分。作者从宗教哲学的角度出发，以分析临水夫人的原型入手，着重阐析临水夫人儒、道、释三位一体的宗教形象，并对临水夫人信仰这一民俗文化现象进行分析探讨。

表 13—27　　　　　**1992—2005 年台湾及两岸信俗研究其他成果**

成果名称	作　者	发表刊物（出版社）及时间
闽台岁时节日风俗	陈国强等主编	厦门大学出版社，1992
闽台两岸的天妃崇拜	杨　琮	《民俗研究》1992：2
台湾民间信仰	陈小冲	鹭江出版社，1993
闽台民间天公信仰	朱天顺	《台湾研究集刊》1993：1
闽台两地的王爷崇拜	朱天顺	《台湾研究集刊》1993：3
试论闽、台傩文化的共同性	汪毅夫	《福建论坛》（文史哲版）1993：5
17 世纪初基督文化在台湾的传播	林仁川	《台湾研究集刊》1994：1
台湾五大民间宗教之历史与现状	李祖基	《台湾研究集刊》1994：3
从谚语看闽台的年节习俗	林宝卿	《民间文学论坛》1994：4
关于闽台定光古佛的几个问题	刘大可	《客家》1994：4
高山族民俗	田富达 陈国强	民族出版社，1995
台湾民间若干神祇由来辨误	颜章炮	《台湾研究集刊》1995：2
闽台崇蛇习俗的历史考察	郭志超	《民俗研究》1995：4
闽台民间信仰与道德	朱天顺	《台湾研究集刊》1996：1
闽台民间信仰的功利主义特点探论	徐心希	《福建师范大学学报》（哲学社会科学版）1996：2
海峡两岸"开漳圣王"崇拜之研究	谢重光	《现代台湾研究》1996：3—4
闽台蛇崇拜源流	徐晓望	《福建民族》1996：3
台湾民俗文化的显微和存真——读《台湾社会与文化》	朱双一	《台声》1996：6

续表 13－27

成果名称	作　者	发表刊物（出版社）及时间
"船仔妈"与闽台海上的水神信仰	汪毅夫	《现代台湾研究》1997:2
清代台湾民间的守护神信仰和分类械斗	颜章炮	《清史研究》1998:4
当代台湾佛教与政治的关系	唐蕙敏	《台湾研究》1999:2
两岸民间信仰的表层差别及其原因	石奕龙	《台湾研究集刊》1999:3
略论台湾宗教信仰的移民特征	黄福才	《福建论坛》（文史哲版）2000:3
台湾宗教源流	何绵山	《中国宗教》2001:1
台湾的海神信仰渊源于祖国大陆	傅　朗	《台湾研究》2001:2
现代台湾佛教发展的几个问题	张文彪	《台湾研究》2002:1
闽台民间信仰的由来及发展	林国平	《台湾研究》2002:2
论闽台民间信仰的社会历史作用	林国平	《福建师范大学学报》（哲学社会科学版）2002:2
神圣的纽带:分灵—进香—巡游	范正义 林国平	九州出版社,2003
荷据时期台湾的基督教教化探略	黄新宪	《教育评论》2003:1
闽台民间信仰文化的特征及开发对策	余美珠	《亚太经济》2003:3
论闽台民间信仰文化旅游对促进祖国统一的作用	袁书琪 郑耀星 陈维平 林　芳	《亚太经济》2003:3
闽台民间信仰文化旅游资源的空间差异及开发	谢明礼	《亚太经济》2003:4
浅谈闽台民间信仰文化与旅游开发	李　爽	《亚太经济》2003:4
台湾关公文化探论	何绵山	《荆州师院学报》2003:6
台湾的关帝庙	何绵山	《中国道教》2003:6
关于台湾当代佛教历史	张文彪	《台湾研究》2004:4
闽台区域研究丛刊·第五辑——移民与闽台民俗宗教研究专辑	谢必震 （执行主编）	海洋出版社,2005
台湾民间巫术与台湾社会	何绵山	《宗教学研究》2005:2
流动的庙宇与闽台海上的水神信仰	汪毅夫	《世界宗教研究》2005:2
台湾基督长老教会与台湾社会	肖　杨	《现代台湾研究》2005:2
台湾道教的历史、现状及其宗教特征	黄海德	《宗教学研究》2005:2
祀典抑或淫祀:正统标签的边陲解读——以明清闽台保生大帝信仰为例	范正义	《史学月刊》2005:11

（三）台湾教育及两岸教育交流合作研究

《台湾教育简史》（福建师范大学庄明水、厦门大学谢作栩等，福建人民出版社，1994）该书内容包括"荷西占据时期的台湾教育"、"明郑时期的台湾教育"、"日据时期的台湾教育"、"初步发展期（1945—1955）的各级各类教育"等，从通论性角度记述台湾教育发展进程，梳理其发展脉络。

《论台湾职业技术教育的问题与前景》（厦门大学承上，《台湾研究》1997：1）该文认为台湾职业技术教育历经40余年的发展，培养一大批经济建设所需的各级人才，为台湾经济发展和产业结构改善作出了重大贡献；但在发展过程中，台湾的职业技术教育亦出现了一些较为明显的问题，并对其展开探析。

《台湾的书院与乡学》（黄新宪，九州出版社，2002）该书分书院篇和乡学篇两部分。在书院篇中，作者阐述台湾书院的历史沿革、组织结构、教学活动、经费来源与支出、建筑、匾额与楹联、敬惜字纸习俗、科第人物与书院等内容。同时，分别对海东书院等台湾各地有影响的书院进行介绍。在乡学篇中，作者对台湾各个时期乡学的主要类型，著名的乡学创办人，以及各地有影响的乡学进行了探讨。同时，对少数民族区域的乡学、地方官员与乡学的发展等进行专题介绍。

《入世与海峡两岸教育交流》（厦门大学刘斌，《台湾研究》2002：4）该文认为两岸先后加入世界贸易组织，为教育交流带来了新契机；两岸入世后的教育交流是一个中国内部教育交流的特殊形式，是两岸关系的重要组成部分；通过交流，可以增进两岸师生和教育界人士的相互了解、加强两岸学术间的合作，推动两岸教育资源的优化与组合，弘扬中华文化。

《台湾大学入学考试制度改革探析》（漳州师范学院杨李娜，《教育发展研究》2002：9）该文对台湾大学入学考试制度作简要介绍，并论析其实施情况及突出特征，指出对大陆高考制度改革的借鉴意义。

《闽台教育的交融与发展》（黄新宪，福建人民出版社，2003）该书对闽台教育交融的历史面貌作了分时段的勾勒，依次从九个方面对两地教育的交融与发展进行专题考察。前五章主要从地缘关系、文化熏陶、政制保障、朝野合力、书院传统、科举制度等方面综合探讨闽台教育交融的历史渊源和历史沿革。第六章、第七章、第八章分别就日本占领台湾时期、抗战胜利之后，以及新时期以来闽台教育关系的发展进行深入而具体的探讨。全书既注意闽台教育交融一体化格局的历史描述，也关注到特定历史时期闽台教育交融与发展的特定方式。作者强调，闽台教育交融是一个变异与交融并存的历史进程，但交融毕竟是一个大趋势，帝国主义的侵略和国内政局的变化导致一段时间的"逸出"和背离，这在长期的闽台交融史上并不是主流。同时，以清代为例，指出闽台教育结缘对台湾社会产生了积极影响。作者认为，两地教育的结缘从总体上说使得台湾的学校教育获得长足发展，促成台湾有影响力的士绅阶层的形成，也使台湾民众的爱国思想和反侵略意识普遍增强。

《略论台湾高等教育的发展》［福建社会科学院王涛，《福建论坛》（经济社会版）2003：8］该文认为台湾高等教育逐渐建立起一种更加自主、多样化和更具适应性的高等教育运行机制，经济主导逐渐转化成兼顾建立教育特色，从就业导向逐渐转化成兼顾消费性需求，从一元的规范走向兼顾多元的需求，并且也从一次性的教育逐渐转化成终身教育的形态，高等教育将成为终身学习的桥梁。

《伊泽修二与台湾殖民教育的发端》（黄新宪，《东南学术》2005：3）该文通过对日本教育家伊泽修二在日据初期于台湾施行的一系列教育举措的分析，认为日据当局从文化教育入手，不遗余力地试图阻断台湾人民与大陆人民的文化联系。伊泽修二在台湾的殖民教育实践，正是为日据当局的这一文教政策服务的。

表 13—28　　**1992—2005 年台湾教育及两岸教育交流合作研究其他成果**

成果名称	作　者	发表刊物（出版社）及时间
闽台教育的历史渊源	庄明水	《福建学刊》1992:4
台湾教育面面观	叶品樵	福建教育出版社,1993
战后台湾教育与经济关系发展进程剖析	赵　洪 武毅英	《黑龙江高教研究》1993:5
日据时期台湾教育发展述论	陈小冲	《台湾研究集刊》1995:3
近年来台湾教育改革的新进展	许　明 黄鸿鸿	《教育评论》1997:3
抗战胜利后的闽台教育关系	黄新宪	《教育评论》1999:5
《认识台湾》教科书评析	陈孔立等	九洲图书出版社,1999
闽台书院的历史渊源	黄新宪	《华东师范大学学报》2000:2
论鳌峰书院及其对闽台教育文化的影响——兼及两岸学缘	许维勤	《福建论坛》2000:6
台湾现阶段大力扶持海外侨教的措施与借鉴	连志丹	《华侨华人历史研究》2001:3
台湾少数民族教育的困境与思考	叶世明	《民族教育研究》2003:1
加入 WTO 后海峡两岸学历互认的必要性与可行性	武毅英	《比较教育研究》2003:3

续表13—28

成果名称	作　者	发表刊物（出版社）及时间
1895—1937台湾地方社会的教育和殖民当局的同化政策——读台湾乡土文献	周翔鹤	《台湾研究集刊》2003:3
日据时期台湾籍民教育探微——以福州和厦门为中心	黄新宪	《东南学术》2004:4
台湾的大学入学考试制度的创立与实施	杨李娜	《漳州师范学院学报》（哲学社会科学版）2004:4
台湾社会转型中青少年性教育的研究	侯志阳	《当代教育论坛》2004:8
台湾学校德育改革新进展	洪　明	《世界教育信息》2004:12
海峡两岸民办大学教师人力资源管理现况与策略研究	张瑞菁	《民办教育研究》2005:2
闽学对清代台湾教育的影响略论	曾繁相	《教育评论》2005:5
我国台湾地区中小学道德教育的嬗变	洪　明	《教育发展研究》2005:9

（四）台湾文化其他方面研究

《闽台民间戏曲的传承与变迁》（陈耕，福建人民出版社，2002）该书为研究闽台民间戏曲源流嬗变的专著。首先介绍福建民间戏曲的形成及其对台湾的传播，论证台湾的戏曲源自福建、主要是闽南的历史事实。其次探讨闽南民间戏曲在台湾的落地生根和变迁发展，重点记述台湾歌仔戏的产生、发展和穿梭于两岸的历史。再次描绘1949年以后台湾民间戏曲和福建民间戏曲的不同发展轨迹。最后探讨改革开放以后闽台民间戏曲在推动两岸交流与合作中的特殊作用，以及这种交流与合作对闽台民间戏曲的发展和变迁所产生的影响。

《闽台民居建筑的渊源与形态》（厦门大学戴志坚，福建人民出版社，2003）该书包括南方民系与闽海系民居建筑、自然条件对两岸民居建筑的影响、两岸社会形态与两岸民居建筑的关系、两岸民居建筑的类型与流派、泉州民居建筑与台湾泉州派民居、漳州民居建筑与台湾漳州派民居、客家民居建筑与台湾客家派民居、台湾少数民族民居建筑、两岸民间匠师与民居建筑工艺等内容。

《台湾的建筑》（何绵山，九州出版社，2003）该书论析台湾民居建筑的历史进程与特点，以及福建匠师与台湾民居建筑的关系，并对台湾北、东、中、南部的传统民居，原住民的传统民居、离岛的传统民居以及岛内各地庙宇建筑等作专门的梳理与介绍。

表 13—29　　　　　**1992—2005 年台湾文化其他方面研究其他成果**

成果名称	作　者	发表刊物(出版社)及时间
闽台关系档案资料	林真选编	鹭江出版社,1993
台湾"褒歌"的系属及其来源	蓝雪霏	《音乐研究》1994:1
台湾图书出版市场概况	眭明泉 许连玫	《台湾研究集刊》1994:2
海峡两岸歌仔戏交流回顾	曾学文	《福建艺术》1995:4
闽台汉族籍贯固始问题研究	徐晓望	《台湾研究》1997:2
福建省的台湾文献布局现状分析	刘传标	《现代台湾研究》1999:1
五十年代海峡两岸歌仔戏改革(改良)之比较	陈新凤	《人民音乐》2001:4
台湾地区档案馆及重要档案保管单位所藏档案概述	靳云峰	《台湾研究集刊》2002:1—2
闽台闽南语民歌研究	蓝雪霏	福建人民出版社,2003
台湾才子	陈贻庭 张　宁 陈庆元	九州出版社,2003
1945 年以来的集体记忆与台湾民众的复杂心态	陈孔立	《台湾研究集刊》2003:4
从碑刻、民间文书等资料看福建与台湾的乡族关系	陈支平	《台湾研究集刊》2004:1

第五节　台湾法律/两岸法律比较研究

一、学科建设与学术研究

(一) 学科建设

1992—2005 年,厦门大学法律系的"国际经济法与台港澳法研究"、"两岸法律问题及和平发展研究"先后列入国家"211 工程"第一期和第三期重点建设项目。福建社会科学院法学所是国内较早从事台湾法律研究的机构之一,主要研究方向是海峡两岸的民商法。福建政法管理干部学院建有专门从事两岸法律比较研究的台湾法律研究所,并办有《台湾法研究》刊物。

（二）学术研究

1992—2005年，福建省台湾法律研究主要集中在台湾法律、两岸法律比较以及两岸交流、交往中的法律问题三个方面。其间，获中国法学会"八五"规划研究重点选题：海峡两岸关系法律问题研究（厦门大学陈安、陈动，1994）；国务院台湾事务办公室研究项目：维护大陆居民在台湾的正当权益（厦门大学齐树洁，1998）；承担福建省社会科学规划项目2项。

2003年，福建省台湾法研究中心与福建省和台湾、香港的学术机构一起创办海峡法学论坛。2005年，论坛被福建省委、省政府确定为推进两岸交流合作、发展两岸关系的重要平台之一。

1992—2005年，这一研究领域出版著作10余部，发表论文100多篇。其中获福建省社会科学优秀成果奖9项：《我国大陆与台湾财产权制度比较》（第二届二等奖，福建社会科学院王克衷）、《对台商投资争端法律保护的探讨及立法建议》（第二届三等奖，厦门大学陈华等）、《两种"两岸人民关系法"之对立统一》（第二届三等奖，厦门大学彭莉）、《台湾民法研究》（第三届三等奖，厦门大学胡大展等）、《海峡两岸债与合同制度比较》（第三届三等奖，王克衷）、《海峡两岸法律制度比较》丛书（第三届三等奖，《海峡两岸法律制度比较》丛书编委会）、《涉台民事审判管辖的若干问题》（第三届三等奖，齐树洁）、《台湾法律大全》（第四届二等奖，陈安等）、《海峡两岸公司制度之比较》（第四届三等奖，福建省人大常委会林发新）。

（三）学术会议

2003年，福建省经济文化交流中心、福建省台湾法研究中心等数家法学研究机构和学术团体共同发起，与台湾的中国文化大学、台湾华冈法学基金会、香港律师会共同创办海峡法学论坛，旨在为海峡两岸法学交流与理论研讨建立一个平台。论坛创办以来，先后于2003年、2004年在福州举办物权法学与海峡两岸经贸环境研讨会和借鉴与互动：公司法现代化的探讨等学术会议。论坛汇集两岸众多知名法学专家和法律实务人士的学术论文，已分别编入《物权法比较研究》（人民法院出版社，2004）和《公司法比较研究》（人民法院出版社，2005）两部论文集。

2005年8月，福建省文化经济交流中心、福建省台湾法研究中心、厦门大学法学院、福建省法学会、福建省律师协会、福建省政法管理干部学院、福建社会科学院法学研究所、中国文化大学法学院、台湾华冈法学基金会、香港律师会、福建师范大学法学院等12家单位联办的2005年海峡法学论坛——反垄断法的理论与实务学术研讨会在福州市举行。中国大陆、台湾、香港、澳门以及美国近200名专家学者参加会议，收到论文90多篇。论坛围绕反垄断法基础理论、反垄断法比较研究、行政性垄断法律问题三个方面展开讨论。

二、主要学术成果

（一）台湾法律研究

《台湾法律大全》（陈安主编，中国大百科全书出版社，1998）该书内容不仅涉及台湾的宪政体制、民商法、刑法、诉讼法等基本大法，还对台湾工商管理、环保资源、劳工、社会保障、公务员制度、对外投资贸易、教育、财税等领域的法律制度进行梳理，并专章介绍台湾涉外和区际法律、运输、专技人员等制度。

《台湾"民法"的司法运作》（厦门大学李景禧、林光祖，《厦门大学法律评论》2001：1）该文通过对台湾"民法"在其司法实践中的运作分析，指出台湾"民法典"原非自身社会之传统产物，更多的是继受西洋法制而来的。台湾在其司法实践中，对民法的特殊运作是通过应用解释例、判例和会议录三种形式来弥补其立法的缺陷，故解释例、判例和会议录的应用，实质上是作为民法典的延伸而运转。这种司法运作方式对大陆司法运作体制之完善，不无参考和借鉴意义。

《台湾法院调解制度的最新发展》（齐树洁，《台湾研究集刊》2001：1）该文以1999年修正后的台湾民事诉讼法为依据，考察台湾民事审判尤其是法院调解制度的实际运作情况；介绍台湾法院调解制度的主要内容及最新发展，包括起诉前调解及诉讼和解。该文认为，台湾的法院调解制度经过近年多次修正，不断更新纠纷解决的理念，总结审判及调解的实务经验，借鉴国外最新立法例，已日臻完善，在许多方面独具特色。从总体上看，其观念（例如，尊重当事人意思自治，鼓励诉讼外解决争议，倡导尽力和解等）比较先进，符合世界潮流；其体系（例如，审判与调解的关系，调解与和解的关系，法官与调解委员的关系等）比较严密，有利于保证司法公正及高效；其规定（例如，强制调解的范围，经双方合意后可将诉讼事件移付调解，法官依职权提出解决争议的方案等）比较具体，便于实际操作，值得大陆研究借鉴。

《法理结构的改变与台湾当局的两岸经贸立法》（彭莉，《厦门大学学报》2005：3）该文对法理结构改变下的台湾当局的两岸经贸立法进行探讨，认为随着岛内政经局势的变迁，台湾当局两岸关系的法理结构经历了由绝对主观主义向相对主观主义的嬗变，两岸经贸交流也由"法律上的不可能"渐次演化为"法律上的混乱脱序"、"有限制的法律上的可能"，并因此而从无到有、从小到大迅速发展起来。该文提出，现阶段台湾当局只有放弃"法理台独"，尽快回归"九二共识"架构，在"单独关税区"的自我定义下，在"一国两区"、"一国两法域"的概念中，逐步放宽"两岸关系条例"及其配套经贸立法中的"歧视性"条款，才能找到两岸经贸对话的法律语境。

《台湾地区合会法制变迁探析》（福建社会科学院陈荣文，《台湾研究集刊》2005：2）

该文对台湾地区合会法制的发展，以其历史事件为横截面划分为日据之前、日据时期、国民党接管台湾、台湾地区民法·债篇修正实施几个时期进行探讨。认为从法的渊源来说，至少在私法范围内，台湾地区合会法制的基本精神是私法自治，在无法律规定的情况下，依循习惯（法）。台湾地区合会契约的法典化，虽然从过程到结果均存在非议，但从统一司法标准、指引合会活动、保护合会会员权益、分配当事人合会风险等角度看，台湾地区合会法制发展过程中体现出来的合会习惯调查、合会习惯司法化、合会法律成文化发展思路，合会合同登记、限制会首与会员的主体资格与禁止其特定行为、合会契约格式化等制度设计，以及增强会员间横向关系，保护合会会员利益、加重会首责任、共承倒会风险、强化会员履行诚信等立法思想，仍不失其成功之处，可资借鉴。

表 13-30　　　　**1992—2005 年台湾法律研究其他成果**

成果名称	作者	发表刊物（出版社）及时间
台湾加工出口区立法之研究	彭　莉	《台湾研究集刊》1992：3
台湾"宪政体制改革"及其影响	王　升	《台湾研究集刊》1992：3
台湾公司股份制度若干评析——兼与日本等国比较	陈祥健	《福建论坛》（社会科学教育版）1992：4
台湾民法研究	胡大展	厦门大学出版社，1993
《台湾民法·继承篇》修正动因分析	彭　莉	《台湾研究集刊》1993：1
台湾地区加入关贸总协定的若干法律问题	陈明聪	《法学》1993：1
台湾海商法的变革及其特色	李景禧　林光祖	《台湾研究》1994：2
台湾当局有关两岸民事关系法律适用规定之评析	徐　平	《台湾研究集刊》1994：3
试析台湾《贸易法》	彭　莉	《台湾研究》1995：4
台湾民法的特点	胡大展	《福建论坛》（经济社会版）1995：4
台湾民商事法研究	李景禧　林光祖	法律出版社，1996
台湾法律全书·公司法破产法	盛新民	法律出版社，1996
台湾劳资争议仲裁制度探析	彭　莉	《台湾研究集刊》1996：4
台湾公司股东会立法三题	陈祥健　林　毅	《福建学刊》1996：4
台湾证券内幕交易立法评析	彭　莉	《亚太经济》1998：1
论对我国台湾地区判例制度的借鉴	杨鹏慧	《政治与法律》2000：2

续表 13－30

成果名称	作　者	发表刊物(出版社)及时间
近 10 年来台湾著作权法与国际公约的接轨	彭　莉	《台湾研究集刊》2000:2
台湾非财产损害赔偿制度的司法实践及发展	关今华	《现代台湾研究》2000:3
台湾地区民事诉讼当事人制度述评	齐树洁 谢　岚	《台湾研究集刊》2000:3
台湾民法物权编修正草案述评及对大陆物权立法之借鉴	金锦城	《厦门大学法律评论》2001
台湾法院调解制度的最新发展	齐树洁	《台湾研究集刊》2001:1
论台湾"宪政改革"对"总统"权贵地位的影响	阎　彤	《厦门大学法律评论》2002
近年来台湾经济立法评析	彭　莉	《台湾研究集刊》2004:3
台湾涉外投资法研究	宋方青	中国民主法制出版社,2005
陈水扁执政后台湾当局对两岸经贸立法的调整	彭　莉	《世界经济与政治论坛》2005:2
台湾地区知识产权法制最新变化评析	杨德明	《亚太经济》2005:2
法理结构的改变与台湾当局的两岸经贸立法	彭　莉	《厦门大学学报》(哲学社会科学版)2005:3
《台湾地区民法》继承篇述评	徐　卫	《西南科技大学学报》(哲学社会科学版)2005:4
秩序与立法:台湾当局大陆经贸立法分析	彭　莉	《台湾研究集刊》2005:4

（二）两岸法律比较研究

《海峡两岸法律制度比较》（丛书）（厦门大学出版社，1993—1996）该丛书由宪法（厦门大学盛辛民等）、诉讼法（厦门大学薛景元主编）、经济法（厦门大学廖益新主编）、刑法（厦门大学陈立）、行政法（厦门大学陈章干主编）和民法（厦门大学柳经纬等）等 6 本书构成，由厦门大学法律系、政治系和哲学系的教师合力写作而成。每本书都首先对中国的本部门法律史进行回顾，叙述大陆和台湾相关法制的不同流变。然后均按该部门法的主流理论进行体系安排，在此基础上分别进行法律制度的比较研究。

《海峡两岸涉外之债的冲突法比较》（王克衷，《东南学术》1993：3）该文从海峡两岸目前关系的现实出发，将涉外之债分为涉外合意之债与涉外非合意之债两大类，并就两大类涉外之债的法律适用规定作一分析比较，对处理当前法律冲突最切实可行的办法进行了探讨，并在分析比较的基础上提出一些相应的建议。认为有必要做好下面几件工作：一是修改《民法通则》、《涉外经济合同法》，完善涉外民事关系的法律适用条款。二是由全国人民代表大会着手制定处理大陆与港、澳、台法律冲突的法律文件，福建、广东两省人大，必要时可据以制定地方性施行细则或办法。三是由最高人民法院帮助福建、广东两省高级人民法院，总结处理涉港、澳、台民事案件的审判经验，编纂供审判人员参考的典型案例。四是在制定各特别行政区基本法时，应列入处理区际法律冲突的原则、步骤及某些必要条款，不失时机地为将来制定多法域国家的统一的区际冲突法奠定基础，创造必要的条件。

《两岸"资本多数决"制度及其法律控制比较》（厦门大学杨清，《学术界》1997：4）该文结合大陆与台湾的公司法，就两岸的"资本多数决"制度进行比较，着重对比两岸对该制度的法律控制，以期完善大陆防止"资本多数决"滥用的公司立法。作者认为大陆和台湾在原则上都承认并确立了"资本多数决"制度，不因社会制度的差别而有不同，但也存在一定差异。该文按照股东行使表决权的顺序归结为四种具体制度，即选举制度、会议召集制度、表决制度、决议无效和撤销制度进行比较和分析。该文认为台湾公司法的操作性明显优于大陆公司法，值得借鉴。

《海峡两岸商事仲裁法律制度比较研究》（齐树洁、蔡从燕，《台湾研究集刊》1999：2）该文研究分析仲裁对解决两岸商事争议重要且特殊的作用，并以各国仲裁立法实践及国际商事仲裁通行做法为参照，从仲裁协议、仲裁员与仲裁庭、仲裁程序、仲裁裁决的执行、两岸仲裁合作等方面对两岸商事仲裁法律制度的最新发展进行比较研究，对两岸商事仲裁制度存在的缺陷进行深入剖析，并提出研究性的改进建议。

《海峡两岸精神损害赔偿制度之比较及其完善构想》（福建社会科学院关今华，《台湾研究》2001：2）该文对将两岸精神损害赔偿的主要内容作比较研究，寻找互为借鉴和应当完善的地方，并借鉴外国先进立法和司法例，探索、完善当今比较完备的精神损害赔偿法和人身权保护的路径。内容包括：两岸精神损害概念的不同学说与立法例比较、两岸精神损害及赔偿客体范围的比较、两岸精神损害的救济方法、体系和措施的比较、两岸精神损害赔偿内涵结构和赔偿数额确定的比较、精神损害赔偿完善和发展之构想。

表 13—31　　　　**1992—2005 年两岸法律比较研究其他成果**

成果名称	作　者	发表刊物（出版社）及时间
台湾与中国大陆行政诉讼制度之比较	陈泉生	《上海社会科学院学术季刊》1992：3
海峡两岸海商法律制度初探	徐　平	《东南学术》1992：5
海峡两岸民事再审程序之比较研究	关今华	《福建论坛》（社会科学教育版）1992：6
海峡两岸法律制度比较——宪法	盛辛民 陈　动	厦门大学出版社，1993

续表 13—31

成果名称	作　者	发表刊物(出版社)及时间
海峡两岸法律制度比较——刑法	陈　立	厦门大学出版社,1993
海峡两岸继承法比较研究	曾华昌	《福建学刊》1993:2
海峡两岸行政复议制度比较	陈泉生	《上海大学学报》(社会科学版)1993:3
海峡两岸涉外之债的冲突法比较	王克衷	《福建学刊》1993:3
海峡两岸惩治贪污、贿赂犯罪的比较研究	陈　雷	《中国刑事法》1993:4
海峡两岸盗窃罪比较	陈　立	《法学杂志》1993:6
海峡两岸诉讼代理制度之比较	齐树洁	《政法论坛》1993:6
海峡两岸法律制度比较——诉讼法	薛景元	厦门大学出版社,1994
海峡两岸法律制度比较——经济法	廖益新	厦门大学出版社,1994
两岸反不正当竞争法律制度之比较	彭　莉	《台湾研究集刊》1994:2
海峡两岸债法的源流与发展	王克衷	《东南学术》1994:6
海峡两岸法律制度比较——民法	柳经纬 薛景元	厦门大学出版社,1995
海峡两岸债与合同制度比较	王克衷	上海社会科学出版社,1995
海峡两岸民事诉讼法比较	齐树洁	《中外法学》1995:2
试论台湾法源中的习惯——兼与大陆比较	张　帆	《中央政法管理干部学院学报》1995:3
海峡两岸海商法的比较	李景禧 林光祖	《福建论坛》(经济社会版)1995:5
海峡两岸民事证据制度之比较	齐树洁	《政治与法律》1995:6
海峡两岸城市房地产抵押制度之比较	王克衷	《东南学术》1996:6
两岸法律制度比较研究——行政法	陈章干	厦门大学出版社,1996
海峡两岸公司制度之比较	林发新	人民法院出版社,1997
海峡两岸合伙制度比较	黄健雄 齐树洁	《台湾研究集刊》1997:3
两岸仲裁合作之探讨	陈　动	《台湾研究集刊》1997:3
海峡两岸禁止内幕交易法律制度比较研究	彭　莉	《台湾研究集刊》1998:4
海峡两岸保险代理法律制度比较研究	林兴登 蔡从燕	《台湾研究集刊》1999:3
海峡两岸土地征用制度之比较	陈泉生	《云南大学学报》(法学版)1999:3
海峡两岸劫持航空器罪之比较	陈晓明	《厦门大学法律评论》2002
海峡两岸民事法律适用问题研究	许俊强 吴海燕	《大连海事大学学报》(社会科学版)2003:3

续表 13—31

成果名称	作　者	发表刊物（出版社）及时间
海峡两岸个人所得税法的比较研究	柳建闽 张　帆	《福建农林大学学报》（哲学社会科学版）2003：6
大陆与台湾地区档案立法比较分析	连　念	《台湾研究集刊》2004：1
海峡两岸商标法律制度比较	詹云燕 官本仁	《现代台湾研究》2004：5
海峡两岸产品缺陷责任法律制度比较	涂富秀	《发展研究》2005：6
海峡两岸海外直接投资的比较	陈　敏 陈燕赟	《上海金融》2005：11

（三）两岸交流、交往中法律问题及其他领域研究

《涉台民事诉讼初探》（齐树洁、张榕，《中国法学》1993：5）该文论述涉台民事诉讼的原则、涉台民事诉讼的管辖、证据、送达、执行等程序问题，重点探讨涉台民事诉讼的几个难题：人民法院审理涉台民事案件，能否适用台湾法作为判决的根据？涉台民事案件诉讼时效期间如何计算？台湾当事人是否可以委托台湾律师以律师身份作为诉讼代理人在大陆人民法院出庭？建议立法机关、最高人民法院应尽快制定相应对策。

《涉台民事审判管辖的若干问题》〔齐树洁，《厦门大学学报》（哲学社会科学版）1994：4〕该文认为涉台民事案件是一种特殊类型的国内民事案件，人民法院审理涉台民事案件时在许多方面都存在一定的困难。该文主张应根据大陆民事诉讼法的规定、有关的对台政策以及法学理论，充分考虑两岸关系的现状及发展趋势，当前可通过不方便法院原则、协议管辖原则、一事一诉原则以及相互承认对方法院作出的民事判决等途径解决两岸民事管辖权的冲突。

《论台胞在大陆投资的法律保护问题》（福建省人大常委会詹孝俊，《中国法学》1996：1）该文从理论和实践两个方面对台胞在大陆投资的法律保护问题进行论述。在理论上，中国已初步建立了以宪法为中心，以相关法律为基础，以行政法规和地方法规为补充的对台胞投资的法律保障体系。在实践中，台胞在大陆投资所关心的若干重大权益问题，都有了具体的保障，而且相关措施也得到了落实，切实起到了保护和推动台胞在大陆投资的积极作用。

《海峡两岸交往中的法律问题研究》（陈安、陈动，北京大学出版社，1997）该书把两岸交往中存在的法律问题放在两岸政治、经济、社会、文化等诸角度的结合点上来考察，同时把各种法律问题综合起来研究，努力探索和寻求总体上统筹解决的办法。全书含五编

十九章，分别论述两岸在社会宏观背景上的主要差异及其在法律上的影响；台湾的大陆基本政策及其引发的法律问题；台湾的大陆经贸政策及其衍生的法律问题；台商在大陆投资、两岸贸易、金融、证券、经贸纠纷调解与仲裁等方面交往中的法律问题；两岸交往中在财产、债权债务、婚姻家庭、遗产继承、民事诉讼、民事法律冲突、民事司法协作等方面的民事法律问题；两岸交往中在刑事案件管辖权、刑事法律适用、刑事司法协作等方面的刑事法律问题；以及对两岸交往诸法律问题的综合研究和有关建议，同时还预测将来可能出现的新的法律问题。

《海峡两岸新夫妻财产制法律冲突及其解决》（厦门大学于飞，《台湾研究集刊》2003：2）该文从立法表现形式、法定、约定、特有夫妻财产制等方面对两岸新夫妻财产制进行比较，研究其法律冲突，提出解决冲突的构想，分析解决冲突的方法，以期保护涉两岸婚姻家庭关系，促进两岸人民的正常交往。该文提出：海峡两岸夫妻财产制法律冲突的解决，是两岸整体民商事法律冲突解决的一部分，因而，研究"部分"不可脱离"整体"架构。海协会和海基会在两岸婚姻家庭法律适用的统一上可以有所作为。此外，还可以由大陆与台湾相关学术团体共同制定"示范法"性质的协议，实现两岸夫妻财产法律适用的逐步统一。

《论两岸民事司法中的平行诉讼问题》（泉州市中级人民法院王建源，《台湾研究集刊》2004：1）该文认为，平行诉讼是随着两岸交往程度加深而在涉台民事司法实践中遇到的一个突出的现实问题。其产生的一个重要原因在于台湾当局不允许大陆居民以民事诉讼为由申请进入台湾地区，人为限制了当事人接近司法的权利。该文在理论和实证研究的基础上指出，由于立法或司法解释对审理涉台民事案件适用程序法问题的指引不明确而导致不同法院的态度和做法不一致，建议由最高人民法院以制定司法解释的方式确立"不方便法院原则"、"待决诉讼"、"协议管辖"以及"裁量管辖"等解决两岸民事司法管辖权冲突的制度。

《论两岸民事司法中判决的认可与执行问题》（王建源，《台湾研究集刊》2004：4）该文透过对两岸相互认可与执行法院判决基本程序的分析，认为在两岸之间存在严重政治分歧的情况下，本质上包含着"司法管辖权"等敏感政治问题的法院判决的认可与执行问题，却近乎"戏剧性"地因两岸单方面采取立法或司法解释的措施而得到务实的解决，但是，两岸缺乏互信等因素，也深刻地影响了两岸民事司法中认可与执行法院判决政策的演进历程。该文指出，由于相关规定过于原则，司法实践仍面临不少有待于进一步厘清和改进的问题，而这些问题的浮现也从一个侧面反映了国家统一前规范建构两岸交往秩序的局限性。

《两岸民商事法律冲突的性质及立法设计》（厦门大学徐崇利，《厦门大学法律评论》2003）该文针对两岸民商事交往中因无法准用国际私法规范，而须作特殊处理的各个区际法律冲突问题分为两个目次进行探讨，一是解决两岸民商事法律冲突的基本政策和立法模式，二是两岸民商事法律冲突的特殊问题及其解决。作者认为从性质上看，两岸的民商事法律冲突属于"一个中国"原则下的特殊"区际法律冲突"。对于这种法律冲突，应本着"一国两制"的原则，立足于两岸政治、经济、社会等现实，寻求妥善的解决办法。从立法形式上看，目前，这些处理两岸民商事"区际"法律冲突的专门制度，可先由最高人民法院以司法解释的方式确立，以便保持一定的弹性，待日后系统的冲突法立法之后，通过总结司法经验，并经与可准用的"国际"私法规范协调之后，再对专门用于处理两岸民商事法律冲突的"区际法律"冲突规则作出特殊的规定方为妥当。

《〈反分裂国家法〉的立法意义》（福建省委党校田恒国，《福建省委党校学报》2005：7）该文探讨《反分裂国家法》的立法意义，认为《反分裂国家法》将党和政府对台方针政策法律化，为发展两岸关系，反对和遏制"台独"势力的分裂活动，维护台湾人民的根本利益，提供稳定的法律基础，是促进两岸关系发展、维护国家主权和领土完整的基本法律。

表13-32　**1992—2005年两岸交流、交往中法律问题及其他领域其他研究成果**

成果名称	作　者	发表刊物（出版社）及时间
海峡两岸直接"三通"和双向交流的法律思考	詹孝俊	《法学家》1992：1
1992年海峡两岸法律纠纷述评	詹孝俊	《法学家》1993：1
海峡两岸刑事诉讼法律的冲突及其解决途径	陈泉生	《台湾研究集刊》1993：3
涉台刑事案件的特殊审理	刘才光 陈庆才 洪青沪	《法学》1993：12
《台湾同胞投资保护法》若干问题的探讨	杨　超 陈祥健	《福建论坛》（经济社会版）1994：1
解决海峡两岸刑事诉讼法律冲突的基本原则	陈泉生	《法学天地》1994：1
海峡两岸民事司法协作问题研究	徐　平	《台湾研究》1994：2
关于涉台民商事关系法律适用问题研究	曾华昌	《福建学刊》1994：3
《台湾同胞投资保护法》若干法律问题初探	陈海晖	《福建学刊》1994：3
论台胞在大陆投资的法律保护	汪传才	《华侨大学学报》（哲学社会科学版）1994：3
略论海峡两岸司法协助的要件和程序	陈泉生	《法学天地》1994：3
关于涉台民商事关系法律适用问题研究	曾华昌	《东南学术》1994：3

续表 13—32

成果名称	作　者	发表刊物（出版社）及时间
难点·症结·设想——论涉台民事经济案件的管辖权	高子才	《法学》1994:4
台商大陆投资保险可行途径初探	陈　安	《中国法学》1995:2
论《台湾同胞投资保护法》中的若干问题	彭　莉	《台湾研究集刊》1995:3、4
再论台胞在大陆投资的法律保护问题	詹孝俊	《福建论坛》（经济社会版）1995:12
试论台商投资保护立法的协调与完善	郑京水	《中央政法管理干部学院学报》1996:6
论发展两岸关系的涉台地方立法	林发新	《台湾研究集刊》1999:3
台湾地区民事诉讼当事人制度述评	齐树洁 谢　岚	《台湾研究集刊》2000:3
TRIPS 对两岸商标法的影响及两岸合作保护商标权的探讨	彭　莉	《台湾研究集刊》2000:4
也谈主权问题及在台湾问题上的应用——兼与黄嘉树、王津英商榷	陈　动	《台湾研究集刊》2003:1
两岸四地开展所得税税务合作的法律思考	朱炎生	《涉外财务》2003:1
台湾投资相关法规的演变及其趋势分析	彭　莉	《台湾研究》2004:3
论两岸民事司法中判决的认可与执行问题	王建源	《台湾研究集刊》2004:4
两岸授权民间团体的协议行为研究	王建源	《台湾研究集刊》2005:2
两岸区际司法协助的模式构想及其制度探讨	陈　曦	《福建政法管理干部学院学报》2005:3
论海峡两岸民商事法律冲突的特殊性	于　飞	《现代法学》2005:3
海峡两岸冲突法反致制度立法初探——兼谈反致与两岸民商事法律冲突的解决	于　飞	《现代法学》2005:3
论海峡两岸民商事法律冲突的特殊性	于　飞	《法律科学》（西北政法学院学报）2005:4
海峡两岸民商事法律冲突性质之理论分析	于　飞	《甘肃政法学院学报》2005:7
建立海峡两岸次级自由贸易区的法律问题	彭　莉	《国际贸易问题》2005:11

第十四章 机构、团体和期刊

第一节 省级研究机构

一、福建社会科学院

福建社会科学院是福建省综合性社会科学研究单位，设有办公室、人事处、科研组织处、机关党委、后勤服务中心等内设机构；10个研究所、1个编辑室，22个研究中心，1个文献信息中心（图书馆）和3个杂志社。2005年，全院事业编制201人，在编人员159人，其中科研、编辑、图书档案等专业技术人员130人，副研究员以上专业人员70人。专业人员中，被评为国家级有突出贡献中青年专家2人、省优秀专家7人、享受国务院政府特殊津贴专家18人；"新世纪百千万人才工程"国家级人选1人，中宣部宣传文化系统"四个一批人才"1人，"福建省百千万人才工程"人选9人；被聘为全国人大华侨委员会顾问1人，国务院侨办专家咨询委员会委员1人，国务院台湾事务办公室、华侨事务办公室特约研究员9人，省政府顾问4人；获"福建青年科技奖"3人次，获得全国"先进工作者"、"五一劳动奖章"1人，获全国"新长征突击手"1人、"三八红旗手"1人；获省"五一劳动奖章"荣誉称号2人次，省"先进工作者"荣誉称号2人次，省"三八红旗手"、"女职工标兵"荣誉称号2人次；省"优秀青年社会科学工作者"荣誉称号3人次。

1992—2005年，福建社会科学院历任领导有：党组书记朱卜璜、祁茗田、陈俊杰（省委宣传部副部长兼任）、潘心雄、杨华基；院长朱卜璜、祁茗田、陈俊杰、严正；副院长杨华基、刘学沛、黄猷、刘树勋、董承耕、杨泗德、刘玉志、林其屏、张帆；纪检组长薛朝光。

（一）研究机构

1. 研究所

文学研究所 主要研究方向为中国现、当代文学和文艺思潮，福建文学的历史和现状，台湾、香港、澳门和海外华人文学。

历史研究所 主要研究方向为中国历史、福建地方史，包括文化思想史、海外交通史、宗教史等。

哲学研究所 主要研究方向为马克思主义哲学、当代社会思潮、中国哲学史。

经济研究所 主要研究方向为福建经济、区域经济、产业经济等。

亚太经济研究所 主要研究方向为亚太地区各国经济、区域经济及世界经济的发展，中国及福建省外向型经济发展模式、发展战略、福建省与东盟国家的经贸合作等。

法学研究所 主要研究方向为海峡两岸的民商法、行政法，外经、经济特区及华侨的法律问题，福建省经济社会发展和改革中法律问题。

华侨华人研究所 主要研究方向为华侨华人尤其是东南亚华侨华人经济、政治、社会问题及其与福建省关系。

社会学研究所 主要研究方向为福建社会建设和社会发展以及经济、社会协调发展。

现代台湾研究所 主要研究方向为现当代台湾政治、经济、社会文化及两岸关系问题。

精神文明研究所 主要研究方向为社会主义精神文明建设理论与实际问题。

三角号码辞书编辑室 主要研究方向为三角号码字典编纂和应用，以及辞书学理论研究等。

2. 研究中心与研究基地

现代管理科学研究中心 主要从事社会科学管理理论与应用、领导科学和管理学研究。

中国与海上丝绸之路研究中心 主要从事海上丝绸之路综合理论和开发研究。

法律研究咨询中心 主要研究民商法，法律咨询，承接律师业务。

客家研究中心 以福建、广东、台湾客家为主要研究对象，主办《客家》季刊。

公共关系研究中心 主要从事公共关系研究。

福建台湾文化研究中心 主要研究台湾文化及闽台文化关系的历史与现状。

中华茶文化研究交流中心 主要从事中华茶文化研究、海峡两岸茶文化交流研究。

法国远东学院福州中心 主要任务是促进中法两国学术界的交流与合作。

邓小平理论研究中心 主要从事邓小平理论研究、宣传。

决策科学研究中心 主要研究福建经济社会发展中的现实与理论问题，为政府提供决策建议与咨询服务。

华侨华人研究中心 主要研究福建华侨、华人问题，以及闽籍侨史、闽籍华侨华人社团史、福建侨乡史等。

福建省石化系统企业改革发展研究中心 主要研究福建石化工业改革发展中有关问题。

台湾研究中心 主要研究现代台湾经济、政治、文化的现状和发展趋势，以及闽台关系和实现祖国统一等问题。

企业经济研究中心 主要从事企业经济发展研究、政策咨询、法规拟订、项目论证、信息服务、决策参谋。

福建省海峡文化研究中心 主要开展海峡文化研究和宣传，并围绕一些全局性、战略性、前瞻性的重大问题，为中央和省委制定有关方针政策提供参考。

宋明理学研究中心 主要研究宋明理学、朱子学。

移民与征迁安置研究中心 主要研究与分析评价建设项目的影响及移民、征迁安置政策及有关征地拆迁的法律问题。

WTO 事务研究中心 主要为政府和企事业单位提供有关 WTO 事务的研究和信息咨询服务，参照 WTO 规则，协助有关部门进行地方性法规、规章及政策的废、改、立等工作，承接有关 WTO 问题的课题研究。

发展理论研究中心 主要研究现代经济理论、经济发展理论及福建经济改革与发展等问题。

华商研究中心 主要研究华商企业及其发展问题。

中国统一战线理论研究会两岸关系理论福建基地 主要研究两岸关系发展中的热点难点问题，探索加强两岸交流合作的新思路，为推动两岸关系和平发展提供理论支持。

（二）文献信息服务机构

文献信息中心 1978 年 2 月成立情报资料室，1992 年 2 月更名为图书情报所，1994年 7 月更名为文献信息中心，下设采编部、流通部、编辑部、咨询部、综合部。2002 年12 月内部机构调整为采编部、流通部、技术部、编辑部。

文献信息中心收藏有中外文图书资料 24 万多册（其中纸质图书 19 万多册）；港澳台地区出版的图书 9.8 万多种/11.5 万多册（涉台文献有 6500 多种/5.4 万多册）；大陆出版的图书 5.5 万多种/9 万多册；装订成册的报刊 1200 多种/3 万多册。该中心还主办《福建社科情报》、《领导参阅》、《台情要报》等内刊及福建社会科学院网站。

（三）学术研究交流

1992—2005 年，该院共承担国家社会科学规划基金项目 10 项；承担省委、省政府调研课题及有关部门委托的重大理论和实际问题研究课题，及省社会科学规划项目和省软科学研究规划资助项目 68 项；省委、省政府下达的有关福建经济社会发展的重大课题 65项；根据福建经济社会发展实际需要确定的院重点课题 325 项。出版各类书籍 298 部（包括专著、论文集、译著、工具书等），发表论文、研究报告等 16012 篇。有 398 项科研成果获得各级各类奖励，其中获中共中央宣传部第七届、第八届精神文明建设"五个一工程"奖 2 项、获全国青年社会科学优秀成果奖 1 项、全国报纸理论宣传优秀文章评选年度奖 3 项，中国当代文学研究优秀成果奖 10 项；获第二届至第六届福建省社会科学优秀成果一等奖 8 项、二等奖 39 项。先后有 35 项研究报告得到中央和省领导的批示。

福建社会科学院与美国、加拿大、英国、法国、瑞士、比利时、俄罗斯、日本、韩国、伊朗、阿曼、埃及、巴基斯坦、斯里兰卡、印度、泰国、马来西亚、菲律宾、印度尼西亚、文莱、新加坡及台湾、香港、澳门等 30 多个国家和地区社会科学界开展学术交流合作；出国（境）参加学术会议、进行学术访问和合作研究共 224 人次；共接待来自联合国、美国、加拿大、澳大利亚、新西兰、英国、法国、德国、荷兰、意大利、比利时、瑞士、瑞典、俄罗斯、波兰、匈牙利、土耳其、伊朗、日本、韩国、阿曼、科威特、以色列、菲律宾、印度尼西亚、塞内加尔以及台湾、香港、澳门地区的学者 71 批次、365 人次访问。主办研讨会等大型学术交流活动 7 场，参与联办的重大学术交流活动 13 场。

二、福建省人民政府发展研究中心

1983 年 3 月，福建省经济研究中心成立。1989 年 12 月，福建省政府研究室成立，与福建省经济研究中心合署办公（两块牌子，一套人员）。1992 年机构改革时，撤销省政府研究室，保留省经济研究中心。1995 年 5 月，福建省经济研究中心改名为福建省人民政府发展研究中心。其主要任务是围绕省委、省政府中心工作和重大决策，及福建经济社会发展中的热点、难点问题开展专题研究，定期进行经济形势分析，完成省领导交办的重要课题，并参与省政府相关重要文件、材料、领导讲话稿的起草，以及咨询和论证工作。

2005 年，省政府发展研究中心编制为 47 人，内设办公室（人事处）、综合研究处、产业经济研究处、财政金融研究处、对外经济研究处、社会发展研究处和咨询服务中心等处室。

省政府发展研究中心历任主任：方晓丘、张瑞尧、蔡德奇；副主任：杨涛、黄梦平、林述舜、王福根、杨盛明、李其详、杨益生、林振平、隋军、王开明。

（一）研究机构

综合研究处，主要研究福建省中长期发展战略，定期分析全省经济形势，整理提供有关综合性的调研、咨询资料。

产业经济研究处，主要研究福建省一、二、三产业经济（包括农业、工业、建筑、交通、商业等部门）的发展战略、产业结构调整和农业生产及商品流通中的热点、难点问题。

财政金融研究处，主要研究福建省财政、税收、金融、证券和保险等的发展战略；研究投融资体制改革，以及宏观调控和市场体系建设等方面的有关问题。

对外经济研究处，主要研究福建省对外经济政策（包括外经、外贸、外资和投资环境）和对外经济活动中的热点、难点问题，掌握台港澳和亚太地区、世界经济动态及发展趋势。

社会发展研究处，主要研究福建省科技、教育、文化、广播电视、卫生、体育等事业协调发展的宏观性、战略性问题，以及社会保障和可持续发展等有关问题。

（二）研究活动

1992—2005年，省政府发展研究中心承担和参与省级以上各类研究规划项目及规划编制450多项，其中省经济社会发展重大项目32项，省社会科学规划项目14项，省软科学研究项目22项。编撰出版《福建产业发展研究》、《福建发展评价》、《海峡西岸经济区支撑体系研究》、《海峡西岸经济区建设纲要》等32部，完成各类调研报告1220多篇；完成各类会议材料、规划文本、领导讲话稿等646篇。其中有30项研究成果获得省领导肯定性批示。

其间，共有42项研究成果获得省部级奖，其中获得福建省社会科学优秀成果奖30项，福建省科技工作者优秀建议奖1项、提名奖2项；获得国务院发展研究中心的"中国发展研究奖"9项。

主办或合办、协办各种大型专题论坛、研讨会和咨询会26场。

三、中共福建省委政策研究室

1962年，省委调查研究室与《红与专》编辑部合并，改称为政策研究室，1968年8月撤销。1975年10月重设省委调查研究室，1983年7月更名为"省委政策研究室"。1986年10月省委政策研究室与省委办公厅合署办公（两块牌子，一个班子）。

省委政策研究室主要针对全省经济社会发展中的热点、难点问题开展调查和研究，并围绕省委决策，提供决策前和决策后的服务；协调与筹备省委领导重大活动及讲话稿，落实省委领导交办的调研任务和有关批示，为省委领导参加中央有关会议、出访等准备相关的参考材料、撰写讲话提纲等。

2005年，省委政策研究室编制35人，在编31人。其中副研究员以上职称者9人。

1992—2005年，省委政策研究室历任主任：王镇辉、吴吕和、阮荣祥、余则镜；副主任：蔡德奇、吴吕和、黄印春、张立先、林玉涵、余则镜、陈海基、陆开锦、卢厚实、邓本元、潘征、陈祥健。

（一）内设机构

1988年，省委政策研究室内设机构有经济一处、经济二处、党群处、编辑处、协调处、资料处。1992年，党群处改名为政文处。1995年9月机构改革，行政后勤、干部人事和机关党的工作挂靠在省委办公厅。1997 年 4 月，成立《调研内参》编辑部。2000 年 8 月，省委政策研究室设经济一处、经济二处、政文一处、政文二处、协调处、信息咨询处。截至 2005 年，内设机构不变。

（二）研究活动

1992—2005 年，共承担省级以上社会科学规划项目 11 项，福建省软科学研究项目 25 项，省委重点调研课题 96 项。共有 9 项研究成果获得省部级奖。先后组织和参与起草省委文件和省委领导讲话稿 700 多篇。

"推进福建农村卫生改革与发展战略研究"、"加快构建福建发展战略通道问题研究"、"福建省属科研机构改革与发展对策研究"、"依靠科技实施项目带动战略，推进新型工业化进程问题研究"、"福建省全面建设小康社会的战略构想"、"保护地道药材资源推动福建中药产业发展对策研究"、"发展大城市推动海峡西岸经济区建设问题研究"、"福建设区市经济发展评价体系研究"、"'平安福建'建设与海峡西岸经济区建设关系研究"、"增强构建社会主义和谐社会能力　加快推进海峡西岸经济区建设"、"依靠科技进步推动海峡西岸经济区建设研究"等研究成果获得省领导的肯定，或被相关部门所采纳。

其间，先后举办 7 场学术研讨会。

（三）主要刊物

《海峡通讯》（月刊） 其前身为福建省委机关刊物《福建通讯》，创刊于 1949 年 10 月，2004 年划转由省委宣传部代管。2005 年更名为《海峡通讯》。《海峡通讯》以刊登党内重要文件、中央及省委领导人重要讲话为主，同时主要围绕省委各个时期的中心工作，配发反映全省工作动态、工作经验的文章。设有"八闽论坛"、"专题报道"、"专访"、"特别报道"、"经济舞台"、"市县工作"、"新闻广角"、"党建工作"、"文明园地"、"乡村风景线"、"武夷山外"、"海峡风云"、"文苑走廊"、"政策之窗"等栏目。

《调研文稿》 1987 年创刊。主要刊登由省调研咨询工作联席会议统一部署，每年以省委办公厅、省政府办公厅名义下达的省重点课题调研成果。省重点课题调研密切配合省重大决策，围绕中心，服务决策，创新思路，推动发展，为省委工作大局提供有效服务。

发放范围：省委、省政府领导，有关厅局，省调研咨询工作联席会议成员单位代表，省重点课题调研牵头单位及成员单位负责人、联络员，省直各部门，省委政研室特约研究员，外省（市）委政研室，各县（市、区）委办公室、政研室。

《闽台交往研究》 1991 年创刊，与闽台经济文化交流促进会联办。每年刊登 30 篇左右的研究报告。发送对象是副厅以上领导和县（市、区）委书记、县（市、区）长。

《调研内参》 1993 年 11 月创刊，不定期印发。1997 年 4 月，在《福建通讯》杂志社内成立《调研内参》编辑部。2004 年《福建通讯》划转由省委宣传部代管，《调研内参》

编辑部从《福建通讯》机构中分离出来。《调研内参》刊登研究改革开放的新事物、新理论。发送对象是副厅以上领导和县（市、区）委书记、县（市）长。

《呈阅件》 2005年5月，原《决策研究与落实》改刊为《呈阅件》，不定期刊发。刊登事关福建改革发展的重大问题、热点问题，供领导参阅。发放范围：与刊发内容相应的省委、省政府领导。

四、中共福建省委党史研究室

1981年1月，中共福建省委党史资料征集委员会成立，直属省委，为正厅级。1982年12月改称中共福建省委党史资料征集研究委员会，1983年5月更名为中共福建省委党史资料征集编写委员会，1987年6月更名为中共福建省委党史工作委员会，1989年6月更名为中共福建省委党史研究室。

省委党史研究室主要职责任务是：传达、贯彻中央和省委有关党史工作的指示及部署；制定党史工作规划，指导和协调全省党史工作；完成省委交给的征集、研究、编写中共福建地方史任务，编辑、撰写党史著作，出版党史刊物；为省委解决地方党组织和重要党史人物有关历史遗留问题提供咨询和意见；完成中央党史研究室、中央文献研究室和省委交给的重要领导人传记、重要党史课题的征集、研究、编纂任务，并向中央有关部门提供重要史料；组织开展党史、革命史的宣传教育活动及纪念活动；承担省委授权和有关部门委托的涉及福建地方党史和重要党史人物题材的出版物和影视作品的审查任务；组织、协调全省党史系统课题研究和成果评审、管理；组织党史学术讨论和工作经验交流；开展省份间、部门间党史研究协作；组织党史系统干部培训等工作；指导全省中共党史研究工作；主管福建省革命历史纪念馆。

2005年，省委党史研究室编制44人，在职41人，其中副研究员以上18人。全国先进工作者2人、省优秀专家1人、享受国务院特殊津贴专家1人。

1992—2005年，中共福建省委党史研究室历任主任：程科、毛祥瑞、李育兴、王国贤、林玉涵、陈雄；副主任：李智、郑庆荣、林强、叶建中、巩玉闽。

（一）内设机构

1989年6月省委党史研究室下设：秘书处（机关党总支）、第一研究室、第二研究室、宣传编辑处、科研管理处。1999年调整为：秘书处、人事处（机关党委）、研究一处、研究二处、研究三处、宣传编辑处、科研管理处。1998年建成的福建省革命历史纪念馆为其直属的正处级事业单位。

（二）学术活动

1992—2005年，省委党史研究室先后完成中央征集委员会下达的民主革命时期50个专题征编任务和省委确定的社会主义时期 10 个专题征编任务。先后征集、编写出版专著 45 部，发表论文、研究报告等 130 多篇，其中 8 项成果获得福建省社会科学优秀成果奖；7 项成果得到中央和省领导的重视和肯定，如"党内监督的历史经验与现实思考"全文转呈中共中央政治局委员、候补委员，中央书记处书记、国务院总理、副总理及中央有关部委领导参阅，"武平应定为'中央苏区县'"获黄小晶省长批示，研究报告"如何看待农民问题"获省委副书记王三运批示。

其间，先后举办各类学术研讨会、座谈会、纪念会和报告会 32 场。

（三）主要刊物

《福建党史工作》1981 年创刊，编发的内容主要有：省委关于党史工作的指示、文件、会议精神，省委领导重要讲话、批示等；中央党史研究室重要工作部署、重要会议精神等；全省党史工作动态、重大会议、征编研究成果、宣传教育活动、学术研讨活动、工作经验交流、工作成效；发挥工作指导、信息交流和上传下达的作用。主要送阅对象为：中央党史研究室，省四套班子主要领导，省直有关部门，各设区市委分管领导，全省各级党史研究部门。

《福建党史月刊》1982 年 1 月创办《福建党史资料通讯》，属工作简报型的不定期内部刊物。1985 年 1 月，更名为《福建党史通讯》，定期出版，读者对象仅限于有关领导、老干部和部分党史研究人员。1988 年 1 月，与《革命人物》（双月刊）合刊，更名为《福建党史月刊》，公开发行。1990 年 4 月，由学术型党史刊物转为综合型党史专业刊物。1992 年被评为全国中文核心期刊，1999 年起连续被评为华东地区优秀党史期刊。

《资政报告》（内刊）2004 年创刊，以呈阅件的形式不定期地向省领导提供党史资政研究成果。主要送阅对象为：中央党史研究室，省委常委，省人大常委会、省政府、省政协领导等。

五、中共福建省委讲师团

1956 年，福建省委讲师团成立。"文化大革命"期间，讲师团解散。1979 年 4 月，省委作出恢复讲师团的决定。1984 年，省委讲师团正式恢复，机构不定级。2001 年省委讲师团确定为副厅级。

省委讲师团主要职责：组织实施重大理论宣讲活动；做好各级党委（党组）中心组学习的服务和辅导；做好经常性的形势政策教育；培训理论骨干；加强对基层理论教育和各类业余讲师团工作的指导；开展理论宣传研究；参与干部在职理论学习的组织管理工作。

2005 年，省委讲师团核定编制 20 人，在编 14 人，其中副教授以上职称 6 人。

1992—2005 年，省委讲师团历任团长：金学渊、张舟、黄迪问、张宗云；副团长：冯潮华、刘伟泽、肖贵新、章锦德。

（一）内设机构

1984 年，省委讲师团内设机构有经济学教研室、哲学教研室、综合教研室、秘书室，不定级。2003 年，内设机构有综合处、理论教育处、《福建理论学习》编辑部，为副处级。2007 年 4 月，上述 3 个内设机构由副处级升为正处级。

（二）研究活动

1992—2005 年，省委讲师团先后组织邓小平同志南方谈话，党的十四大文件，《邓小平文选》1—3 卷，社会主义市场经济理论，《邓小平同志建设有中国特色社会主义理论学习纲要》，《讲学习、讲政治、讲正气》，《邓小平经济理论学习纲要》，"一国两制"和香港回归，党的十五大文件，十五届二中、三中、四中、五中、六中全会文件，江泽民同志"七一"重要讲话，"三个代表"重要思想，党的十六大文件，十六届三中、四中、五中全会文件，树立和落实科学发展观，构建社会主义和谐社会和福建省第六次、第七次党代会精神以及重大形势任务等一系列重大理论和方针政策的学习辅导活动。其间，共开展专题辅导和宣讲 500 多场，听众 4 万多人次。举办理论骨干培训班 19 期，培训理论骨干 1000 多人次。组织编写出版《社会主义市场经济通俗讲话》、《邓小平同志建设有中国特色社会主义理论主要观点（专题摘编)》、《青年干部修养》等教辅材料 50 多（套）本。

1994 年，福建省成立五个建设有中国特色社会主义理论研究基地，省委讲师团（含各设区市委讲师团）是五个研究基地之一。1992—2005 年，省、市两级讲师团共承担相关科研课题 125 项，出版理论研究专著 36 本，发表论文 1079 篇，其中获省级各种奖励 93 项。2002 年，省委讲师团设立全省讲师团系统理论研究课题，每年设立 10—20 项，组织本系统人员开展学术理论研究。还先后参与起草省委文件和重点调研文稿 30 多篇。

（三）主要刊物

1981 年创办《福建理论学习》（月刊），属定期出版内部刊物。1994 年公开发行（CN35—1163/D）。该刊创办以来围绕重大理论学习和省委中心工作，服务发展大局，传播党的理论、路线和方针政策。设有"学习辅导"、"中心组园地"、"思政园地"、"党的建设"、"文化建设"、"厚德铸魂"、"时事走廊"、"工作动态"等栏目。1994—1996 年，连续三年被评为全国党委宣传部、讲师团系统优秀理论刊物。

第二节　高校和其他单位研究机构

一、高校研究机构

（一）厦门大学

1. 南洋研究院

该院前身为 1956 年 10 月成立的厦门大学南洋研究所，1996 年升格为研究院。下设：东南亚政治经济研究所、东南亚国际关系研究所、东南亚华侨华人研究所、东南亚宗教历史文化研究所、马来西亚研究所、中外关系史研究中心、《南洋问题研究》和《南洋资料译丛》编辑部、图书馆、办公室。

2005 年，该院拥有 1 个国家"211 工程"建设子项目、1 个国家"985 工程"哲学社会科学创新基地、1 个教育部人文社会科学重点研究基地、1 个省级重点学科。在职人员 36 人，其中教授 12 人，副教授 6 人。历任院长（所长）：陆维特、林惠祥、陈曲水、沈引之、赵原、吴志生、韩振华、汪慕恒、李国梁、廖少廉、庄国土。

1992—2005 年，该院先后承担和完成国家和省部级项目 79 项，各部门委托的调研项目 63 项，国际（境外）合作项目 21 项；共出版学术专著或译著 69 部，发表学术论文 1245 篇，其中获得省部级以上社会科学优秀成果奖和优秀教学成果奖 31 项。

该院《南洋问题研究》（季刊），创刊于 1974 年，是国内最早创办的国际问题研究刊物之一，也是国内东南亚及华侨华人研究领域中创办时间最早的刊物。

该院《南洋资料译丛》（季刊），创办于 1957 年，主要译载外国学者有关亚太及东南亚地区各国政治、经济、历史、华侨华人等问题的重要研究成果。

该院建有东南亚研究中英文学术网站和东南亚研究数据库。

2. 教育研究院

该院前身为创建于 1978 年 5 月的厦门大学高等教育科学研究室，1984 年 2 月改为厦门大学高等教育科学研究所，2004 年 4 月升格为教育研究院。2000 年 9 月，成立高等教育发展研究中心，并成为教育部普通高等学校人文社会科学重点研究基地、全国文科重点科研基地之一，是中国第一个以高等教育学为主要研究对象的专门研究机构。2005 年，有教研人员 31 人，其中教授 13 人，副教授 5 人。该院历任领导为潘懋元、魏贻通、刘海峰。

该院下设：高等教育发展研究中心、考试研究中心、高等教育质量与评估研究所、教育心理学研究所。拥有中国高等教育研究领域唯一的国家"985 工程"创新基地，2005 年获得"全国优秀高等教育研究机构"称号。

1992—2005 年，该院先后承担国家社会科学基金（教育学科）国家重点项目 5 项，一般项目和青年项目 8 项；教育部人文社会科学重大项目 4 项，重点项目 28 项。其间，出版专著 37 部，发表论文 987 篇，其中获省部级以上社会科学优秀成果奖 49 项。

1992—2005 年，该院先后举办 10 次国际学术研讨会，其中 4 次在国外与所在国有关高校和研究单位联办。

3. 台湾研究院

该院前身为成立于 1980 年 7 月的台湾研究所，系教育部与福建省共建的全国最早成立的台湾研究学术机构。2004 年 2 月升格为台湾研究院，下设政治、经济、历史、文学、两岸关系 5 个研究（室）所和院办公室、文献信息中心、《台湾研究集刊》编委会。全院人员编制 43 名，其中教授 9 人，副教授 10 人。历任院（所）领导有：陈碧笙、袁镇岳、朱天顺、陈在正、陈孔立、范希周、刘国深。

该院主要从事台湾政治、社会、经济、历史、文学、法律、文化教育以及两岸关系等方面的研究。1992—2005 年，该院先后承担和完成国家和省部级的规划项目 98 项，各级对台工作部门委托的调研项目 123 项。共出版专著、编著 61 部，发表论文 432 篇，其中获省部级以上社会科学优秀成果奖 26 项。

1992—2005 年，该院共接待来自台湾、香港的专家学者及有关人士 1467 人次，外国专家学者、记者及有关人士 272 人次；赴境外进行学术交流 130 人次。主办各种学术会议 98 次，其中海峡两岸学者共同参加的 43 次。还与台湾政治大学中山人文与社会科学研究所、国际关系研究中心，台湾大学国家发展研究所，台湾中国文化大学大陆研究所，台湾东吴大学政治系，台湾中山大学中山学术研究所、大陆研究所，香港大学政治与公共行政学系，新加坡东亚研究所，美国亚太安全研究中心，日本创价大学等建立学术交流交往或合作关系。

该院设有中国近现代史（台湾史研究方向）、区域经济学（台湾经济和两岸经贸关系方向）两个博士点，以及中外政治制度、区域经济学、专门史、中国现当代文学 4 个硕士点，并于 1997 年和 1999 年先后被列为国家"211 工程"重点建设学科和福建省重点学科。2004 年 11 月入选"985 工程"二期哲学社会科学创新基地。

该院文献信息中心，收藏台湾出版的图书 20000 多册、报刊资料合订本 13000 多册，长年订阅台湾及外文报刊 230 多种。

4. 财务管理与会计研究院

该院创建于 2005 年，是教育部"985 工程"全国唯一的财务与会计创新基地。

该院以厦门大学会计发展研究中心和厦门大学管理学院为依托，致力于财务与会计原创性研究与交流合作。院长为孙谦。

5. 海峡两岸发展研究院

该院成立于 2005 年 4 月，依托厦门大学经济学院、台湾研究院和公共事务管理学院等科研队伍开展相关研究。下设：区域经济研究中心、两岸经贸关系研究中心、两岸产业发展研究中心、福建经济研究中心等。该院主要从事海峡两岸经济、政治关系及福建和台湾两地经济关系、闽台区域经济的整合以及制度建设等研究。院长李文溥。

6. 王亚南经济研究院

该院成立于 2005 年 6 月，前身为成立于 1982 年 5 月的经济研究院。该院下设：计量经济学研究中心、金融经济学研究中心、劳动经济与社会保障研究中心、SAS 计量经济学卓越中心等。该院编制为 50 人，其中教授 6 人，副教授 6 人。名誉院长王洛林，院长洪永淼。

1992—2005 年，该院研究成果在国外重要期刊上发表论文 43 篇，其中经济学的论文 21 篇（含与国外学者合作）。另在《经济研究》、《经济学》（季刊）、《经济学报》、《管理科学学报》等刊物上发表论文 49 篇。其间，先后主办国际和全国性学术会议 76 场。该院与新加坡管理大学、德国洪堡大学、韩国成钧馆大学、美国康奈尔大学、美国北卡罗莱那大学、美国肯特州立大学、西班牙卡洛斯三世大学建立合作关系。

此外，厦门大学还先后建立一批社会科学研究机构，主要有：经济研究所、东南亚研究中心、历史研究所、人口研究所、古籍整理研究所、国民经济与核算研究所、陈嘉庚研究室、人类学研究所、中国海关史研究中心、哲学研究所、政治学与行政学研究所、国际经济法研究所、外国语言文学研究所、财政科学研究所、传播研究所、会计发展研究中心、东南亚华文文学研究中心、澳大利亚研究中心、金融研究所、日本语教育研究中心、民办高教研究中心、高等教育发展研究中心、现代管理科学研究所、宗教学研究所、中国语言文学研究所、美国史研究所、人力资源研究所、证券研究中心、台湾研究中心、评估研究中心、社会发展研究中心、公共财政研究中心、戏剧影视与艺术学研究中心、海洋政策与法律中心、福建女性发展研究中心、汉语语言学研究中心、考试研究中心、双语词典与双语语言文化研究中心、公共管理与政策分析研究中心、道学与传统文化研究中心、佛学研究中心、网络教育研究中心、经济法学研究中心、海洋考古学研究中心、兴业银行金融创新研究中心、劳动经济研究中心、世界经济研究中心、WTO 研究中心、国家农村社会保险研究中心、旅游人类学研究中心、教育心理研究所、马来西亚研究所、计量经济学研究中心、金融研究中心、中国劳动经济学与社会保障研究中心、能源经济研究中心。

（二）福建师范大学

1. 闽台区域研究中心

该中心成立于1999年10月，前身为1993年成立的闽台文化研究所和1998年成立的台湾研究中心。2001年4月该中心获批为教育部省属高校人文社会科学重点研究基地。其主要研究领域为闽台经济、政治、文化、历史等。下设：闽台经济研究所、闽台文化研究所、闽台海上交通研究所和文献信息中心、人才培训交流中心。2005年，调整研究方向和主体架构，设有经济研究所、政治研究所、文化研究所、文献信息中心和人才培训交流中心。共有研究人员26人，其中专职研究人员14人，兼职研究人员12人。该中心历任领导有：王耀华、林卿、谢必震。

1992—2005年，该中心先后承担国家社会科学基金项目和教育部人文社会科学规划项目30项，福建省社会科学规划项目和福建省教育厅项目30项。共出版专著40部，发表论文100多篇，并参与策划编辑出版《台湾文献汇刊》（100册）。研究成果先后获得全国高校人文社会科学优秀成果一等奖1项，福建省社会科学优秀成果特别奖1项，福建省社会科学优秀成果一等奖5项、二等奖13项和三等奖11项。

该中心与海内外专家学者及学术研究机构建立了广泛的交流与合作关系。其间，中心共接待中国台、港、澳地区及外国的专家学者116人次；研究人员出访43人次；召开9次学术研讨会，其中海峡两岸学者共同参加的6次。该中心与台湾大学农业经济研究所、中国文化大学大陆研究所、淡江大学大陆研究所、东吴大学政治系、中光大学应用经济学系、嘉义大学生物事业管理学系和台湾中华农学会以及日本冲绳国际大学南岛文化研究所等建立合作关系。

2. 基础教育课程研究中心

该中心成立于2000年12月。该中心是教育部首批在全国高等师范院校设立的14个基础教育课程研究中心之一，是福建省基础教育课程改革的"学术研究中心"、"培训研修中心"和"课程资源中心"。中心主任余文森。主要承担国家或地方教育行政部门委托的课程改革研究任务，开展课程改革的研究和实验，对课程研究人员及中小学教师进行专题培训，提供课程研究信息和咨询服务，组织开发地方和校本课程以及教师培训资源等。1992—2005年，中心承担全国教育科学规划项目、教育部课程改革项目、福建省社会科学规划项目、福建省教育厅项目以及地方各级教育主管部门和地方中小学校委托的课程改革项目20多项。研究人员在《教育研究》、《课程·教材·教法》、《光明日报》等报刊上发表课程改革论文100多篇。其间，中心承办3次全省性专题学术会议；在福建省100余所中小学开展"新课程与学习方式转变"、"指导——自主学习"课题实验研究，为福建省全面开展新一轮课程改革提供典型个案和先进经验。

3. 人口与发展研究中心

该中心成立于 2001 年，主要从事人口资源环境和社会经济的协调发展问题研究，以人口迁移与社会地理、人口迁移与文化景观、城镇化与城乡协调发展、城市边缘区人居环境等研究为主要特色。2005 年，该中心有专职研究人员 6 名，兼职人员 10 名。主任朱宇。

2001—2005 年，该中心共承担国家和福建省社会科学规划项目 15 项；出版中英文著作（含合著）8 部，发表论文 70 余篇；研究成果获省部级优秀成果奖 3 项；主办"中国人口城市化和城乡统筹发展学术讨论会"等 3 场。

该中心与澳大利亚国立大学人口与社会研究院、英国苏萨克斯大学发展研究所、越南社会发展研究所等建立合作关系。

此外，福建师范大学还先后建立一批社会科学研究机构，主要有：严复研究所、金门研究所、女性研究所、人类学研究所、海峡西岸经济区经济社会发展研究中心。

（三）福州大学

社会科学类研究机构有：高等教育研究所、经济管理研究所、福州市房地产研究所、中国文化研究所、环境法研究所、青少年与妇女研究所、新经济与知识产权研究所、科学技术与社会研究所（STS 所）、外国文学与翻译研究所、世界文明研究中心、物流研究院、闽台文献研究所、福建省软科学研究基地（福州大学）、经济研究中心、管理科学与公共政策研究中心、体育科学研究所。

（四）华侨大学

社会科学类研究机构有：台湾经济研究所、华侨华人研究所、华文教育研究所、数量经济与技术经济研究所、旅游景观规划设计中心、中美国际法研究所、比较法研究所、视觉艺术研究所、旅游科学研究所、宗教文化研究所、营销竞争力咨询研究中心、电子商务研究中心、海外华人文学暨台港文学研究所、中国语言文字研究所、中国传统文化研究所、东方管理研究中心、知识产权研究中心、闽澳研究所、海洋文化研究所。

（五）集美大学

社会科学类科研机构有：经济研究所、房地产发展研究所、教育科学研究所、应用语言学研究所、法学研究所、高等教育研究所、现代管理科学研究所、艺术研究所、中外文化比较研究所、闽台文学与艺术研究所、城市与区域发展研究所、社区建设与社会发展研究中心。

（六）福建农林大学

社会科学类研究机构有：林业经济研究所、农业经济研究所、农村发展研究所、海峡经济区研究中心、旅游科学研究所、人力资源研究所、可持续发展研究所、软科学研究所、高等教育研究所、人类学研究所、终身教育研究所、软科学研究中心、福建省软科学研究基地、环境艺术设计研究所。

（七）漳州师范学院

社会科学类研究机构有：文化诗学研究所、儒学与传统文化研究所、教育科学研究所、德育研究所、应用心理学研究所、人力资源研究所、市场营销研究所、中华语言文化研究所。

（八）闽江学院

社会科学类研究机构有：福州民俗文化研究所。

（九）莆田学院

社会科学类研究机构有：妈祖文化研究所。

二、省直机关社会科学研究机构

1. 福建省教育科学研究所

该所成立于1982年3月，隶属于福建省教育厅，前身为成立于1981年12月的"福建省教育科学研究室"，后福建省高等教育研究室并入该所。其主要职能：对福建省基础教育、高等教育、职业与成人教育等各级各类教育的改革与发展进行战略性研究；根据省委、省政府及省教育厅等领导部门的要求，对福建省教育教学改革中的实际问题进行调研，为领导制定政策或有关决策提供依据和建议；负责全省教育科研管理，如教育科研项目的申报、检查与验收，对学校、教师的教育教学研究进行具体的指导，以及对科研的成果进行评审表彰等；开展教育理论与实践成果的交流与信息服务，如出版教育研究刊物，传递教育科研信息以及编纂福建教育史志、年鉴；从事海峡两岸职业教育研究、职业教育交流和合作办学等技术性、事务性工作；开展全省教育系统干部培训等。

2005年，该所事业编制50名。内设：办公室、教育发展研究室、高等教育研究室、基础教育研究室、职业教育与终身教育研究室、教育政策与法规研究室、交流部、合作办学部、企业联络部等9个部门。历任所长：林天庆、王建宁、庄将秋、黄新宪。该所与福建省教育协会联办《福建教育评论》（双月刊），先后被评为全国中文核心期刊、人文核心期刊、华东地区优秀期刊。

2. 福建农村发展研究中心

经福建省人民政府批准，该中心于1984年2月成立。2005年，有编制10名，其中高级职称5名。中心职能是：开展全省农村工作调查研究，协调研究计划，在信息资料和成果交流等方面提供服务，为福建省委、省政府制定农村发展战略和政策提供科学依据。主办刊物《福建农村》（双月刊）。1992—2005年，主持承担省部级重大项目12项、部门重点项目50多项，出版著作12部，发表论文94篇，共有5项成果获省部级成果奖。中心历任主任：陈飞天、潘宏图、黄跃东。

3. 福建省人才研究所

2000年12月成立，核定事业编制10名，所长郑亨钰。该所主要从事福建省人事制度改革、人才资源开发、人事法制建设、人事人才事业发展有关问题的调查和研究，为领导决策服务。

1992—2005年，先后承担省发改委、省科委等部门研究项目23项，完成20多篇调研报告，其中有7项成果为省有关部门所采纳。

4. 福建省艺术研究所

该所成立于1986年10月。1988年12月，福建省戏曲研究所并入该所。研究所下设：艺术理论研究室、戏剧创作研究室、艺术信息中心、文化战略发展研究中心、音乐舞蹈研究室、《福建艺术》编辑部、办公室、人事科等8个科室，另设有学术委员会管理艺术科研工作。该所主要从事艺术科研、艺术创作辅导、艺术文献信息建设、文化遗产保护研究等；编辑出版《福建艺术》（双月刊）、《艺术论丛》、《福建省戏剧年鉴》等书刊。

截至2005年，该所收藏了一批珍贵的艺术文献资料，包括传统剧目8000多种、17000多本，20世纪二三十年代闽剧唱片1300多盘等。编辑出版《福建优秀剧作选》、《福建剧目集》、《闽剧艺术散论》、《新时期福建戏剧文学大系》、《莆仙戏史论》、《福建傀儡戏史论》等20多部专著，发表论文230多篇。同时，还承担国家重点科研项目《中国戏曲志·福建卷》、《中国戏曲音乐集成·福建卷》、《中国曲艺志·福建卷》、《中国曲艺音乐集成·福建卷》、《中国民族民间舞蹈集成·福建卷》、《中华舞蹈志·福建卷》，以及省级文化建设项目《福建省志·文化艺术志》、《福建省志·戏曲志》等多部志书集成的编纂工作。获文化部立项的科学研究项目有《当代传媒技术革命中的艺术生态》、《莆仙戏史论》（与厦门大学合作）、《福建傀儡戏史论》、《福建戏曲文献研究》、《福建古剧种的保护与研究》、《闽台戏剧交流史》、《南音"谱"的曲调研究》、《中国傀儡戏史》、《福建音乐史》等。

其间，先后与法国、日本、新加坡、菲律宾、美国、英国、韩国等国家和台湾等地区的专家学者和戏曲艺术家开展学术研讨和艺术交流。

三、民办社会科学研究机构

1. 福建省东南企业研究院

该院成立于2002年11月。法人代表：陈乃怀。业务范围：企业咨询、策划、创业辅导、人力资源管理、教育培训、资本运作、项目投资等。

2. 福建省天择经济研究所

该所成立于 2003 年 8 月。法人代表：黄素蕙。业务范围：区域经济与各类经济组织的管理研究。

3. 福建省鸿图旅游规划设计院

该院成立于 2004 年 1 月。法人代表：袁书琪。业务范围：旅游资源调查、评估、开发与保护；旅游市场调查、预测与开发；旅游形象设计；各类旅游产品、商品、活动策划。

4. 福建省环球标志文化研究中心

该中心成立于 2004 年 7 月。法人代表：傅德露。业务范围：标志文化传播、咨询、交流、培训。

5. 福建省海峡文化研究发展中心

该中心成立于 2004 年 7 月。法人代表：何钦明。业务范围：文化研究、策划、传播、交流。

6. 福建创新教育研究院

该院成立于 2004 年 10 月。法人代表：邱安健。业务范围：教育研究、培训、咨询。

7. 福建省现代体育经济发展研究院

该院成立于 2005 年。法人代表：余文。业务范围：体育与经济发展关系研究。

第三节　福建省社会科学界联合会

一、组织机构

福建省社会科学界联合会（简称福建省社科联），成立于 1962 年（时为筹委会）。"文化大革命"期间停止活动。1978 年恢复活动并成立第一届理事会；1986 年成立第二届理事会；1991 年成立第三届理事会。

1995 年 7 月，福建省社科联召开第四次代表大会，选举产生第四届理事会。会议决议将"福建省社会科学联合会"更名为"福建省社会科学界联合会"（仍简称"福建省社科联"）。第四届理事会主席：赵学敏（省委常委、宣传部部长兼）；专职副主席：吕良弼、杨泗德、王碧秀；兼职副主席：郑学檬、陈一琴、林述舜、严正、吴吕和、杨益生、陈孔德；秘书长：周源清。吕良弼任党组书记，主持日常工作。1998 年 9 月，赵学敏工作调动，由省委宣传部副部长陈俊杰兼任省社科联主席；王碧秀任党组副书记；增补马照南为专职副主席；2000 年 8 月，周源清退休，增补谢孝荣为秘书长。

2001 年 9 月，福建省社科联召开第五次代表大会，选举产生第五届委员会（之前称理事会）。主席：陈俊杰（省委宣传部副部长兼任）；专职副主席：王碧秀、马照南、冯潮华；兼职副主席：吕良弼、朱崇实、杨益生、李建平、严正、陈海基、林述舜、薛卫民；秘书长：谢孝荣。王碧秀任党组书记，主持日常工作。

福建省社科联人员编制 24 名，内设办公室、学会部、社科规划办、《东南学术》杂志社。至 2005 年，省社科联业务主管学会（研究会、协会）149 个，会员约 5 万人；民办社科研究机构 7 个。省社科联主要职责是：发挥桥梁和纽带作用，密切党和政府同社科工作者的联系，反映社科工作者的愿望和诉求，维护其合法权益；受省委、省政府委托，举办社会科学季谈会；按照《福建省社会科学优秀成果评奖办法》，组织实施全省社科优秀成果评奖；负责优秀青年社科专家评选工作；负责省社科规划基金项目的申报、评审、立项、成果验收；受全国社科规划办委托，负责全省国家社科规划基金项目的申报和立项课题的实施、管理和验收；负责全省社科类学会（研究会、协会）和民办社科研究机构的业务指导和党建等工作；开展社科理论和知识的普及宣传；编辑出版社科学术刊物；组织相关调研活动；开展国内外学术交流等。

二、学会和民办社会科学研究机构管理工作

1999 年，根据国务院《社会团体登记管理条例》，省社科联制定《关于加强学会管理的意见》，对学会工作的指导思想、制度建设、工作机制，作了具体规定。同年，根据国务院《民办非企业单位管理条例》，制定《关于民办社会科学研究机构管理办法》。

2002 年，省社科联开展创建标准化学会活动，制定了学会思想政治建设、学术理论建设、组织制度建设、工作环境建设和档案资料建设等五个方面 31 条考评指标体系，截至 2005 年，有 34 个学会经考评验收，相继命名为标准化学会。

根据中共中央组织部《关于加强社会团体党的建设工作的意见》（中组发〔2000〕10号）和中共福建省委组织部、福建省民政厅《关于切实加强新社会组织党的建设工作的意见》（闽委组综〔2001〕1号）精神，2004 年省社科联党组下发《关于加强社会团体党的建设工作的意见》，要求在学会和民办社科研究机构中建立"党的工作联络小组"。截至2005 年，有 62 个学会和民办社科研究机构先后建立"党的工作联络小组"。

省社科联于 2000 年开展先进学会和学会先进工作者评选活动，此后每两年进行一次。截至 2005 年，共开展 3 次评先活动，评出先进学会 113 个次，先进学会工作者 307人次。

三、社会科学规划及管理

1997 年 5 月，省社会科学规划办公室制定并实施《社会科学规划课题两级管理实施办法（试行）》，规范全省社会科学规划课题管理工作。

1999 年 9 月，省社会科学规划领导小组首次对全省社科规划管理工作先进单位和先进个人进行表彰与奖励。此后，每两年进行一次"双先"评选表彰。截至 2005 年，共进行 3 次，评出先进单位 24 个次，先进个人 36 人次。

1992—2005 年，福建省社会科学工作者共获得国家社会科学基金各类项目 316 项，共获资助经费 1627 万元。同期，省社会科学规划项目立项 1151 项（其中 241 项为自筹经费），共资助经费 1272 万元。国家和省规划项目完成专著、论文集 344 部（套），研究（调查）报告、论文 2180 篇，其中公开发表论文 1497 篇、研究报告 672 份；共有 654 项成果在各级各类社会科学优秀成果评选中获得奖励，其中《国民经济核算通论》、《中国近代海关史（晚清部分）》、《外商投资的经济社会效益评价——理论与方法》、《市场经济下会计基本理论与方法研究》、《国家学说史》、《戏剧思维》和《马克思主义哲学史》7 项成果在首次国家社会科学基金项目优秀成果评奖中获奖，获奖数居全国各省（区、市）第二位。

这一时期，省社科规划办先后 3 次被全国社科规划办评为先进单位。

四、组织福建省社会科学优秀成果评奖

1998 年 7 月，省政府颁布《福建省社会科学优秀成果奖励办法》，规定每三年举行一次全省性社会科学优秀成果评奖，由省社科联负责评奖工作的组织实施。2004 年 5 月，颁布修改后的《福建省社会科学优秀成果奖励办法》，将评奖周期改为每两年一次。

1992—2005 年，省社科联组织开展第二、三、四、五、六届福建省社会科学优秀成果评奖工作，共接受申报参评成果 6179 项，评出获奖优秀成果 1553 项，其中一等奖 119 项，二等奖 421 项，三等奖 1013 项（含青年佳作奖和基层佳作奖）。

五、开展福建省优秀青年社会科学工作者评选

1999 年开始，省社科联与省委宣传部、省人事厅联合开展"福建省优秀青年社会科学工作者"评选活动（参评者年龄 45 周岁以下），每两年进行一次。1999 年，第一届评选出厦门大学曲晓辉（女）、福建社会科学院张帆、省计委陈荣辉、福建师范大学林国平、光大银行福州支行兰益江、厦门大学邓力平、厦门大学詹石窗、厦门大学陈甬军、福建师范大学汪文顶、厦门大学王光远等 10 名优秀青年社会科学工作者及 10 名提名奖。2002 年，

第二届评选出厦门大学刘海峰、陈振明、杨灿、陈浪南，福建师范大学郑家健、袁勇麟，福建社会科学院全毅、张帆，福州大学周小亮、福建省委党校刘大可等 10 名优秀青年社会科学工作者及 13 名提名奖。2004 年，第三届评选出厦门大学盖建民、吴春明、陈嬿如、胡荣、李非、郭其友、杜心强，福建师范大学余文森，集美大学王予霞，泉州师范学院黄科安等 10 名优秀青年社会科学工作者及 14 名提名奖。

六、开展社会科学普及宣传工作

1992—2005 年，省社科联组织所属学会和专家学者开展社会科学理论和知识宣传普及活动，连续举办 7 次"社会科学在你身边"大型科普宣传活动，共有 270 个（次）学会，约 1200 名专家学者参加。通过在广场、街头、社区、学校摆摊设点和举办科普报告会、知识竞赛等形式，开展社会科学知识普及宣传和咨询，共发放科普宣传材料近 10 万份，举行科普报告近 200 场，参与市民超过 10 万人次。

其间，省社科联与省委宣传部联合举办"百场社会科学报告会"，聘请社科专家进基层、进社区、进高校、进企业，宣讲邓小平理论、"三个代表"重要思想和科学发展观以及其他社会科学理论知识。据统计，共举办各类专题报告 321 场，听众达 7 万多人次。

2001 年，组织编写《走进社会科学丛书》，先后出版《土楼：中华人文"反应堆"》、《科技与伦理的天平》、《可持续发展与福建省情》、《百年回眸——近代救国思想与社会主义道路》、《福建侨乡的社会变迁》、《集聚与弘扬——海外的福建人社团》、《艺术的特征》、《文采风流千年榜——历代闽籍作家作品掠影》和《八闽文化经典故事》等 9 本科普读物。

2003 年，省社科联与省图书馆联合举办"东南周末讲坛"，每周六上午在省图书馆开讲。该讲坛是公益性科普讲坛，截至 2005 年共组织 112 场讲座，听众约 25000 人次。

七、举办社会科学季谈会

举办社会科学季谈会，是改革开放以来省委、省政府为实现科学决策而建立的一项重要制度。季谈会围绕福建省经济社会发展和改革开放中的一些重大问题，在社科专家深入调研基础上形成研究成果，与省领导面对面交流讨论。1998 年 6 月，省委办公厅、省政府办公厅发出通知，要求进一步重视和办好科技月谈会、社会科学季谈会。社会科学季谈会由省社科联负责组织。1992—2005 年，省社科联会共组织 28 场社会科学季谈会。具体是：

1992 年 3 月，组织"关于闽东南沿海开放问题"季谈会，省计委、经委有关部门领导参加会议。

1993 年 9 月，组织"福建改革开放和经济社会发展"季谈会，省计委、体改委等有关部门领导参加会议。

1994 年 10 月，组织"社会大变革中的社会科学"季谈会，省委常委、宣传部长何少川等参加会议。

1996 年 1 月，组织"三农问题"季谈会，省人大常委会副主任苏昌培等参加会议。

1996 年 2 月，组织"加强宏观调控，抑制通货膨胀"季谈会，副省长施性谋等参加会议。

1996 年 4 月，组织"福建省经济社会可持续发展"季谈会，省计委、计生委、环保局等有关部门领导参加会议。

1996 年 11 月，组织"培育和发展资本市场"季谈会，副省长黄小晶等参加会议。

1997 年 5 月，组织"农村小康建设与发展"季谈会，省委副书记习近平等参加会议。

1997 年 10 月，组织"提高劳动者素质，促进两个根本性转变"季谈会，省经委、劳动厅等有关部门领导参加会议。

1998 年 4 月，组织"资本营运与资产重组"季谈会，省国资委、计委、经委等有关部门领导参加会议。

1998 年 6 月，组织"依法治省方略"季谈会，省委常委、政法委书记黄松禄，省人大常委会副主任方忠炳，省政协副主席陈增光等参加会议。

1999 年 5 月，组织"发展与创新——福建实施科教兴省战略若干问题"季谈会，省委副书记何少川、副省长潘心城、省政协副主席刘金美等参加会议。

1999 年 6 月，组织"知识经济与科技创新"季谈会，副省长汪毅夫等参加会议。

1999 年 7 月，组织"拓展福建经济发展市场空间"季谈会，省委副书记习近平、副省长朱亚衍等参加会议。

1999 年 9 月，组织"福建省'十五'经济发展目标"季谈会，省委书记陈明义，省委常委、秘书长黄瑞霖，副省长朱亚衍，省政协副主席刘金美等参加会议。

2000 年 7 月，组织"福建小城镇建设"季谈会，省委书记陈明义等参加会议。

2000 年 7 月，组织"21 世纪福建发展定位与特色"季谈会，省委书记陈明义，省长习近平，省委副书记何少川，省委常委、秘书长黄瑞霖，省人大常委会副主任郑义正等参加会议。

2001 年 5 月，组织"提高福建经济国际竞争力"季谈会，省委常委、秘书长黄瑞霖，省人大常委会副主任王建双，副省长潘心城等参加会议。

2001 年 12 月，组织"改善公共管理和提高为人民服务质量"季谈会，省委副书记梁绮萍、黄瑞霖，省人大常委会副主任王建双、副省长潘心城等参加会议。

2002年5月，组织"福建建设生态省"季谈会，省委常委、副省长黄小晶，省人大常委会副主任林强，省政协副主席陈家骅等参加会议。

2002年7月，组织"建设人才强省"季谈会，省委副书记黄瑞霖、省人大常委会副主任林强、省政协副主席林逸等参加会议。

2002年9月，组织"构建福建发展三条战略通道"季谈会，省委副书记黄瑞霖、省政协副主席陈家骅等参加会议。

2002年10月，组织"建设诚信福建"季谈会，副省长贾锡太、省政协副主席陈增光等参加会议。

2003年6月，组织"加快发展福建县域经济"季谈会，省委书记卢展工，省政协主席陈明义，省委副书记黄瑞霖，省委常委、副省长黄小晶，省委常委、省委秘书长朱亚衍等参加会议。

2004年2月，组织"当前宏观经济形势与福建经济发展"季谈会，省委书记卢展工，省委副书记、副省长黄小晶，省委副书记黄瑞霖，省委常委、秘书长朱亚衍，副省长叶双瑜等参加会议。

2004年6月，组织"进一步繁荣发展福建哲学社会科学"季谈会，省委副书记黄瑞霖，副省长汪毅夫、潘心城等参加会议。

2005年4月，组织"福建民营经济创新与跨越"季谈会，副省长李川等参加会议。

2005年11月，组织"十一五：海峡西岸和谐社会构建"季谈会，省委副书记王三运、副省长陈芸、省政协副主席王耀华等参加会议。

八、组织各种专题调研

1992—2005年，省社科联围绕福建经济社会发展的重大理论和实际问题，组织开展65次专题调研，调研成果提供省委、省政府及有关部门决策参考。主要调研活动有：

1993年，省社科联组织10多位专家、教授和有关政府机关干部，由省委副书记陈明义任顾问，省社科联党组书记、副主席吕良弼带队，深入福州、厦门、泉州、莆田等地区的25个部门开展调查研究，撰写了《闽东南地区经济综合开发研究》11个系列研究报告；参与组织起草《福建省加快闽东南开放开发研讨会综合报告》，呈送省委、省政府。

1995年5月，省社科联组织专家学者到漳州市东山、漳浦、龙海、南靖等台商农业投资区调查研究，实地考察35个台湾独资和合资企业，撰写《漳州海峡两岸农业合作发展示范区总体构想》研究总报告和关于闽台农业合作生产、合作加工、合作营销、合作投资以及加强农业科技交流等5个分报告，就闽台农业合作发展的现状、前景等提出意见和政策建议。

1996 年 7 月，省社科联组织省计划学会、林业经济学会、党建学会、农村金融学会、特色研究会的专家学者，分 5 个小组到武夷山、罗源、永春等县（市）乡村开展农村奔小康情况调查，并于 1997 年召开专题讨论会，形成综合研究报告，呈送省委、省政府。

1997 年 10 月，省社科联组织省经济体制改革研究会、计划学会、国有资产管理学会（筹）的专家学者赴武汉考察，形成"武汉资产重组与资本营运考察报告"，并提出福建省国有企业改革的对策思路。调研成果在省委政研室《调研文稿》上发表。

1997 年 12 月，省社科联组织 16 个学会、研究会，与省未成年人保护办公室、关心下一代工作委员会等单位合作，对"福建省跨世纪青少年思想道德建设问题"进行调研，形成 50 多篇调研报告。

1999 年，省社科联与省文化厅联合开展"福建 21 世纪农村文化发展战略"调研活动。l0 多位专家学者深入九个地市 30 多个县（市）乡村进行调研，探讨加强农村文化市场建设的特点和规律。

2001 年 4 月，省社科联与省委宣传部、福建日报社联合开展"纪念中国共产党成立 80 周年福建省社科专家老区行"调研活动。各高校、党校、社科院等系统的 112 位社科专家深入龙岩、漳州、宁德、三明等 7 个市的 26 个县、56 个乡镇、80 多个村，走访了 200 多个农户和乡镇企业，围绕增强农村基层党建活力、农业经济结构调整和增加农民收入、加快老区改革与发展 3 个专题开展调研。共撰写 102 篇建言文章和 24 篇专题调研报告；并制作该调研活动的电视专题片等。

2003 年，省社科联配合省委宣传部开展"进一步繁荣发展我省哲学社会科学"专题调研活动，完成"繁荣发展哲学社会科学事业，推进我省全面建设小康社会进程"的总报告和"全省社科联系统基本情况调研报告"、"关于进一步发挥我省社会科学季谈会作用的调研报告"、"积极扶持学会建设发展，全面繁荣我省哲学社会科学调研报告"。

2003 年，省社科联与省委宣传部联合举办百乡镇调研活动。各高校、党校、社科院以及有关学会的专家学者 230 多人分成 9 个调研组，深入到 190 个乡镇、241 个村、1540 家农户、86 个基层企事业单位开展调查研究，召开 227 场座谈会，完成 52 篇调研报告；并在 9 个设区市、59 个县（市、区）作 100 多场社会科学专题报告，听众近 2 万人。

2003—2005 年，省社科联与省委党校、福建师范大学、福建农林大学等单位合作建立"全面建设小康社会研究中心"、"全面建设小康社会调研基地"，先后完成了"福建省全面建设小康社会评估指标体系研究"、"政府成本控制与全面建设小康社会"、"福建省全面建设小康社会进程的实证研究"、"建立对台工作先行区：加速福建全面建设小康的战略选择"、"邵武市农业产业化战略研究报告"等 10 多项研究成果。

2004 年，省社科联组织各主要高校有关专家开展全省百家民营企业调研活动。该活动围绕民营企业发展概况、企业家素质、发展的外部环境、治理结构与内部管理、劳动状况与人力资源、投资与融资、技术创新与竞争力等专题，走访企业105家，召开座谈会100多场，举办百场社会科学专题报告会，完成12篇调研报告和1篇研究总报告。之后，编辑出版《民营企业的崛起与发展》一书。

2005年，省社科联开展"海峡西岸和谐文化百项调研活动"，组织专家学者围绕海峡西岸经济区社会、文化建设中的重大理论和实际问题展开调研，完成32篇调研报告。

九、举办学术年会和学术研讨会

2004年11月，举办以"繁荣发展哲学社会科学与建设海峡西岸经济区"为主题的福建省社会科学界首届学术年会。学术年会设主会场和15个分会场（论坛），共有987名专家学者出席，3000多人与会。

2005年11月，举办以"科学发展·和谐社会·海峡西岸"为主题的福建社会科学界第二届学术年会。学术年会设主会场和30个分会场（论坛），收到论文803篇，500位专家学者作学术报告，共4000多人与会。

1992—2005年，省社科联独办或联办重要学术会议35次。主要有：毛泽东思想与生平学术讨论会，华东地区党史界纪念毛泽东诞辰100周年理论讨论会，第二次空海学术讨论会，福建省第五次精神文明建设理论研讨会，学习《邓小平文选》第三卷与建设有中国特色社会主义理论研讨会，福建省纪念中国人民抗日战争和世界人民反法西斯战争胜利50周年学术讨论会，纪念林则徐诞辰200周年学术讨论会，纪念林语堂诞辰100周年学术讨论会，海峡两岸纪念朱熹诞辰865年暨朱熹对中国文化的贡献学术研讨会，第三次空海学术讨论会，福建省实现两个根本性转变、促进经济发展学术讨论会，建设有中国特色社会主义理论研讨会，福建省农村小康建设与发展理论研讨会，福建省社会科学规划课题实行两级管理研讨会，福建省跨世纪青少年思想道德建设讨论会，全省国家社会科学基金项目管理研讨会，第六届中国饮食文化国际学术研讨会，第四次空海学术讨论会，汉民族研究2000年国际学术会议，朱子学与21世纪国际学术研讨会，纪念鸦片战争160周年暨林则徐经世思想学术讨论会，纪念中国共产党成立80周年理论研讨会，福建省社会科学规划管理研讨会，海峡两岸经济合作与中国经济发展研讨会，福建省第七次精神文明建设理论研讨会，"林则徐与江苏"学术研讨会，纪念严复诞辰150周年学术讨论会，纪念邓小平诞辰100周年学术讨论会，全国社科联"学会改革与发展"研讨会，纪念郑和下西洋600周年学术交流大会暨港口航运发展论坛，福建省"三农"问题与全面建设小康社会理论研讨会，辛弃疾学术讨论会，纪念抗日战争胜利60周年学术研讨会，林则徐与近代中国——纪念林则徐诞辰220周年学术讨论会。

第四节　基层社会科学界联合会

一、设区市社会科学界联合会

（一）福州市社会科学界联合会

福州市社会科学界联合会（以下简称福州市社科联），其前身为成立于1983年12月的福州市社会科学联合会，1996年9月更为现名。下辖学会、研究会、协会52个。

1992—2005年，福州市社科联历三届（第二、三、四届），历任领导有：主席龚雄、林爱枝、卓家瑞、张作兴、高起平、鲍闽；专职副主席陈由岖、陈苏华。

其间，福州市社科联根据本市经济社会发展和改革开放实际，每年均设立30多个研究课题，组织学会和社会科学工作者开展调研活动，共撰写发表研究报告、论文700多篇，编辑出版各种著作和文集20多部。所属学会会员发表于市级以上刊物的论文达25000多篇。组织召开各种学术讨论会89场，各学会召开学术讨论会上千场，组织各种社会科学普及宣传咨询活动120多场。

福州市社科联受市政府委托开展三届（第三、四、五届）全市社会科学优秀成果评奖，共受理申报参评成果963项，评出特等奖1项，一等奖40项，二等奖114项，三等奖239项，优秀奖89项。

1992—2005年，福州市社科联主办的刊物《福州社会科学》，共出版65期，刊文1200多篇。

（二）厦门市社会科学界联合会

厦门市社会科学界联合会（以下简称厦门市社科联），其前身为成立于1984年1月的厦门市社会科学联合会，1996年9月更为现名。下辖学会、研究会、协会76个。

1992—2005年，厦门市社科联历三届（第二、三、四届），历任领导有：主席方友义、杜明聪、朱崇实；专职副主席林美治、陈朝宗、胡福宝、张良资、陈怀群。

其间，厦门市社科联根据本市经济社会发展和改革开放实际，每年均设立50多个研究课题，组织学会和社会科学工作者开展调研活动，共撰写发表研究报告、论文12000余篇，编辑出版各种著作和文集800多部。市社科联单独或与有关部门联合举办较大型的学术研讨会76场，市属学会、研究会召开学术讨论会600多次，共有3800多人次专家学者与会。市社科联还组织各种社会科学普及宣传咨询活动96场。

1999年6月，市委宣传部、市社科联在厦门宾馆举办第一次社会科学季谈会，截至

2005 年共举办 18 次，市委市政府及相关部门领导出席。

1992—2005 年，厦门市社科联受市政府委托开展五届（第二、三、四、五、六届）全市社会科学优秀成果评奖，共评出 1221 项优秀成果，其中荣誉奖 81 项，专著特等奖 3 项，专著一等奖 40 项、二等奖 62 项、三等奖 98 项，论文一等奖 154 项、二等奖 330 项、三等奖 443 项。

厦门市社科联主办的刊物《厦门社会科学》（季刊）（其前身为创刊于 1984 年《厦门社联》，1988 年停刊，1994 年复刊，并改名为《厦门社科联学刊》，为半年刊），截至 2005 年底共出版 56 期，刊文 900 多篇。市社科联还与厦门大学台湾研究所合办《台情内参》，及时向中央及省、市主要领导和涉台部门反映台湾政治、经济、社会的最新动态和信息。

（三）漳州市社会科学界联合会

漳州市社会科学界联合会（以下简称漳州市社科联），前身为成立于 1992 年 10 月的漳州市社会科学联合会，2000 年 5 月更为现名。下辖学会、研究会、协会 42 个。

1992—2005 年，漳州市社科联历两届（第一、二届），历任领导有：主席杨锦和、翁福、陆阿枝，专职副主席：李友明。

其间，漳州市社科联根据本市经济社会发展和改革开放实际，共设立市社会科学研究规划课题 123 项，撰写发表研究报告、论文 900 多篇，编辑出版各种著作和文集 92 部。市社科联及所属学会研究会共举办理论研讨会 460 多场，专题报告会 35 场，与会人数近 12000 人次。其中，市社科联主办或与其他部门联办的理论研讨会和学术座谈会 20 场，参加人数 1500 多人次，提交论文 700 多篇。市社科联组织所属学会、研究会和社科工作者深入农村、学校、社区、企业等地，举办"社会科学在你身边"等各种宣传普及咨询活动 22 场，参与专家 260 多人次，受众 9000 多人。

2001 年 4 月，漳州市社科联受市政府委托开展第一届全市社会科学优秀成果评奖，共有 232 项成果申报参评，61 项优秀成果获奖，其中荣誉奖 1 项、一等奖 4 项、二等奖 19 项、三等奖 37 项。

漳州市社科联于 2004 年开始举办社会科学季谈会。2004—2005 年，围绕市委、市政府重大战略决策，先后举办 5 场季谈会，邀请市领导或相关部门领导参加，400 多人次与会。

1992 年 12 月，创办《漳州社科论坛》（季刊），截至 2005 年底共出版 53 期，刊文 800 多篇。

（四）泉州市社会科学界联合会

泉州市社会科学界联合会（以下简称泉州市社科联），其前身为成立于 1983 年 12 月的晋江地区社会科学联合会，1996 年更为现名。下辖学会、研究会、协会 64 个。

1992—2005 年，泉州市社科联历三届（第二、三、四届），历任领导有：主席庄晏成、尤垂镇、洪辉煌、朱学群；专职副主席熊志强。

其间，泉州市社科联根据本市经济社会发展和改革开放实际，共设立研究课题 192 项，其中资助课题 111 项，自筹资金课题 81 项。共编辑出版各种著作和文集 123 部，撰写发表研究报告、论文 1223 篇，其中 64 项研究成果被各级各部门采纳。泉州市社科联单独或与有关部门联合举办较大型的学术研讨会 60 场，市属学会、研究会召开各种学术研讨会 341 场，共有 1560 多人次专家学者与会。组织各种社科科普宣传咨询活动 42 场。

1992—2005 年，泉州市社科联受市政府委托开展两届（第一、二届）全市社会科学优秀成果评奖，共收到申报参评成果 486 项，评出 172 项优秀成果，其中市长特别奖 1 项、一等奖 13 项、二等奖 35 项、三等奖 90 项、佳作奖 20 项、青年佳作奖 13 项。

泉州市社科联主办《泉州学林》（季刊）（其前身为创刊于 1984 年的《泉州学刊》，2003 年更为现名），截至 2005 年底共出版 56 期，刊文 900 多篇。

（五）三明市社会科学界联合会

三明市社会科学界联合会（以下简称三明市社科联），其前身为成立于 1984 年 5 月的三明市社会科学学会联合会，1991 年 4 月更为现名。下辖学会、研究会、协会 54 个。

1992—2005 年，三明市社科联历三届（第二、三、四届），历任领导有：主席朱永康、陈永成、杨国风、杜元会；专职副主席谢孝荣、叶两星、罗朝良。

其间，承担三明市有关部门调研课题 67 项，出版专著 89 部，发表学术论文 890 多篇，完成调研报告 120 多篇。三明市社科联单独或联合组织召开理论研讨会 40 余场，举办各类社会科学理论知识专题讲座 120 多场，举办"社会科学在你身边"等各种科普咨询活动 90 场，受众人数 50000 多人。

2003 年、2005 年，三明市社科联受市政府委托开展第一届和第二届社会科学优秀成果评奖，共收到申报成果 719 项，评出获奖成果 141 项，其中一等奖 6 项、二等奖 23 项、三等奖 112 项。

主办《三明论坛》（前身为 1984 年 9 月创办的《三明社联通讯》。1988 年 1 月更名为《三明学刊》，2000 年 1 月更名为《三明社会科学》，2001 年 1 月恢复刊名《三明学刊》，2003 年 1 月更名为《三明论坛》）。截至 2005 年，共出版 78 期，刊文 1200 多篇。2005 年 7 月，三明市社科联网站正式建立开通。

（六）莆田市社会科学界联合会

莆田市社会科学界联合会（以下简称莆田市社科联），其前身为成立于 1984 年 3 月的莆田市社会科学联合会，2000 年 5 月更为现名。下辖学会、研究会、协会 43 个。

1992—2005 年，莆田市社科联历两届（第二、三届），历任领导有：主席许培元、潘国民；专职副主席金文亨、翁卫平。

其间，莆田市社科联及所属学会研究会共举办理论研讨会50多场。其中，市社科联主办或与其他部门联办的理论研讨会和学术座谈会有36场，参加人数2400多人，提交论文800余篇。市社科联组织所属学会、研究会和广大社科工作者深入农村、学校、社区、企业等地，举办"社会科学在你身边"等各种宣传普及活动120多场，参与的干部群众35000多人。市社科联受市政府委托开展三届（第二、三、四届）全市社会科学优秀成果评奖，共收申报参评成果619项，评出优秀成果256项，其中，一等奖15项、二等奖45项、三等奖96项、优秀奖90项。

1985年10月，创办《湄洲论坛》（季刊），截至2005年，共出版76期，刊文1400多篇。

（七）南平市社会科学界联合会

南平市社会科学界联合会（以下简称南平市社科联），其前身为成立于1991年10月的建阳地区社会科学学会联合会。1994更为现名。下辖学会、研究会、协会38个。

1992—2005年，南平市社科联历三届（第一、二、三届），历任领导有：主席方永光、曾一帆、卓晔。

其间，南平市社科联根据本市经济社会发展和改革开放实际，组织学会、研究会开展调查研究、学术研讨，组织召开理论研讨会47场。先后出版专著、论文集等112本，发表各种论文、调研报告等7000多篇。市社科联和所属学会、研究会，共举办社会科学宣传普及咨询活动96场。

1994年11月，创办《南平社会科学》。截至2005年底，共出版44期，刊文600多篇。

（八）龙岩市社会科学界联合会

龙岩市社会科学界联合会（以下简称龙岩市社科联），其前身为成立于1984年10月的龙岩地区社会科学学会联合会。1997年9月更为现名。下辖学会、研究会、协会51个。

1992—2005年，龙岩市社科联历三届（第三、四、五届），历任领导有：主席汤龙光、苏钟生；专职副主席：吴家复、李启钰。

其间，市社科联组织社科工作者开展调查研究和学术研讨活动，先后出版专著230多部，发表论文2800多篇，完成调研文稿570篇。市社科联还组织召开各种理论研讨会60余场，各类专题讲座报告200多场，开展科普咨询活动100多场。龙岩市社科联受市政府委托开展二届（第一、二届）全市社会科学优秀成果评奖，共有112项成果获奖，其中一等奖20项、二等奖36项、三等奖66项。1999年，龙岩市社会科学优秀成果评奖并入"闽西文化奖"（1999年，龙岩市委、市人民政府决定设立"闽西文化奖"，为龙岩市最高级别的文化大奖，每两年举行 1 次。该奖由四个类别组成，即社会科学、文学艺术、新闻报道和体育竞技类）。截至 2005 年，龙岩市社科联受市政府委托，先后组织三届（第二、三、四届）"闽西文化奖"评奖活动，其中社会科学优秀成果奖共 105 项：一等奖 18 项、二等奖 35 项、三等奖 52 项。

1984 年 10 月，创办《闽西社科通讯》，为不定期内刊。1989 年《闽西社科通讯》更名为《闽西社科研究》，刊物定位为综合性社会科学理论刊物，为季刊。1995 年，《闽西社会科学研究》更名为《闽西社科》，为双月刊。

1994 年 11 月，市社科联创办《客家纵横》季刊，为公开发行的侨刊。截至 2005 年共出版 44 期，刊文 600 多篇。

（九）宁德市社会科学界联合会

宁德市社会科学界联合会（以下简称宁德市社科联），其前身为成立于 1984 年 3 月的宁德地区社会科学学会联合会。2000 年 11 月更为现名，下辖学会、研究会、协会 55 个。

1992—2005 年，宁德市社科联历三届（第三、四、五届），历任领导有：主席陈济谋、陈必滔；专职副主席项显美、张小萍。

宁德市社科联及所属学会研究会共举办社会科学季谈会 8 次，各种理论研讨会 90 多场。其中，市社科联主办或与其他部门联办的理论研讨会和学术座谈会共 14 场，参加人数 1200 多人，提交论文 245 篇。同期，还组织学会、研究会举办"社会科学在你身边"宣传普及活动 18 场，专题报告 15 场。

其间，宁德市社科联及其学会、研究会先后出版论文集和著作 124 部，发表论文 2300 余篇，调研报告 120 多篇。先后组织两届社会科学优秀成果评奖活动，共收到申报参评成果 306 项，评出优秀成果获奖 111 项，其中荣誉奖 1 项、一等奖 7 项、二等奖 21 项、三等奖 64 项、佳作奖 18 项。

1983 年 3 月创办《闽东学刊》，1998 年改名为《三都港论丛》，截至 2005 年共出版 56 期，刊文 900 多篇。

二、高校社会科学界联合会

福建师范大学社会科学界联合会　成立于 1992 年 6 月，至 2005 年历二届（第一、二届），历任主席陈一琴、李建平。

福建金融管理干部学院社会科学界联合会　成立于 2001 年 11 月，至 2005 年历二届（第一、二届），历任主席林嗣明、叶文振。

福建教育学院社会科学界联合会　成立于 2004 年 1 月，主席郑传芳。

福建农林大学社会科学界联合会　成立于 2004 年 10 月，主席王豫生。

福建行政学院社会科学界联合会　成立于 2005 年 3 月，主席刘磁生。

第五节　省级学会、研究会、协会

截至 2005 年，属于省社科联团体会员的学会、研究会、协会有 149 个，其中 1992—2005 年成立 43 个。其间，省社科联加强学会党建工作，开展创建标准化学会活动，共有 62 个学会先后成立党的工作联络小组（简称党工组），34 个学会被评为标准化学会。

表 14—1　**截至 2005 年福建省社科联所属学会（研究会、协会）一览表**

名称	成立时间	成立党工组时间	被评为标准化学会时间	会刊	备注
省经济学会	1962	2003			
省哲学学会	1962	2004			
省历史学会	1963				
省东南亚学会	1963				
省渔业经济研究会	1978	2003		《渔业发展研究》	
省外国语文学会	1978	2003			
省中共党史学会	1979	2003		《党史研究与教学》	
省语言学会	1979	2004			
省图书馆学会	1979		2002	《福建图书馆学刊》	
省语文科学学会	1980			《中学生语文报》	2003 年改名为省语文学会
省会计学会	1980	2002	2002	《福建财会》	
省财政学会	1980	2002	2002	《福建财政》	
省金融学会	1980	2004	2002	《福建金融》	
省教育学会	1980			《教育评论》（合办）	
省少先队工作学会	1980				
省统计学会	1981	2003	2002	《福建统计学刊》	
省人口学会	1981	2003	2005	《福建人口》	
省写作学会	1981	2003			
省物资经济学会	1981			《福建物资经济》	

续表 14－1

名称	成立时间	成立党工组时间	被评为标准化学会时间	会刊	备注
省林业经济学会	1981		2002	《林业经济文摘报》	
省成人教育学会	1982			《福建成人教育》	
省科学社会主义暨国际共运史学会	1982	2004			
省农村金融学会	1982			《福建农金报》	
省档案学会	1982			《福建档案》	
省对外经济关系研究会	1982	2003			
省法学会	1982		2002	《福建法学》	
省农业经济学会	1982	2003	2002	《福建农经》、《农经论坛》	
省辩证唯物主义研究会	1982				
省社会科学信息学会	1989	2003	2005		
省历史唯物主义研究会	1982	2004			
省卫生经济学会	1983	2003	2002	《卫生经济简讯》	
省中共党的建设研究会	1983			《福建党建》	
省电子工业会计学会	1983			《福建电子财会》	
省机械工业会计学会	1983			《闽机财会》	
省对外经济贸易学会	1983	2005			
省职工思想政治工作研究会	1983			《企业通讯》（合办）	2005年改名为省思想政治工作研究会
省高等教育学会	1983			《福建高教研究》（合办）	
省商贸协会	1983	2002		《福建商贸》	
省世界语学会	1983			简报	
省华侨历史学会	1984	2004	2005	《福建华侨历史学会通讯》、《华侨历史论丛》	
省地方志学会	1984	2003		《福建史志》	

续表 14—1

名称	成立时间	成立党工组时间	被评为标准化学会时间	会刊	备注
省新闻学会	1984			《福建新闻界》(合办)	
省粮食会计学会	1984			《福建粮食经济》(财会专刊)	
省审计学会	1984	2005	2005	《福建审计》	
省翻译工作者协会	1984	2004	2005	《福建翻译简讯》	
省职工教育和职业培训协会	1984			《福建职工教育》	
省陶行知研究会	1984		2002	《福建陶研》	
省粮食经济学会	1984	2002	2005	《福建粮食经济》	
省人才研究会	1984				
省家庭教育研究会	1985	2003	2002		
省当代文学研究会	1985				
省税务学会	1985	2002	2002	《福建税务》	
省劳动保障学会	1985	2003		《福建劳动》	
省中青年经济发展研究会	1985				
省群众文化学会	1985			《群众文化研究》	
省高校思想政治教育研究会	1985			《思想工作探索》	
省经济管理干部教育研究会	1985				
省价格学会	1985		2002		2003 年改名为省价格协会
省管理教育研究会	1986			《管理与效益》(合办)	
省煤炭职工思想政治工作研究会	1986	2004		《探索与研究》	
省冶金职工思想政治工作研究会	1986				
省民族研究会	1986				
省统一战线理论研究会	1986				
省钱币学会	1986		2002		
省社会学会	1986	2002			
省保险学会	1986	2003	2002		

续表 14—1

名称	成立时间	成立党工组时间	被评为标准化学会时间	会刊	备注
省行政管理学会	1986				
省新闻摄影学会	1986				
省闽江工程局职工思想政治工作研究会	1986	2003			
省民政学会	1986			《福建民政》(合办)	
省建设系统职工思想政治工作研究会	1987				
省比较文学学会	1987				
省考古博物馆学会	1987			《福建文博》	
省农村思想政治工作研究会	1987				
省经济体制改革研究会	1987			《福建改革》	
省新四军研究会	1987	2003		《战争年代》	
省乡镇企业研究会	1987				
省广播电视学会	1987		2005	《广播与电视》(合办)	2005 年改名为省广播电视协会
省文学学会	1987	2003			
省台湾研究会	1988	2003		《台湾问题研究》	
省行为科学学会	1988	2004			
省诗词学会	1988	2003		《福建省诗词学会通讯》	
省工人运动研究会	1988		2002	《福建工运》	
省旅游学会	1988	2002	2005		
省南下服务团团史研究会	1988	2003		《历程》	
省台湾、香港、澳门暨海外华文文学研究会	1988				
省修辞学会	1988				
省商业研究会	1988				2004 年改名为省商业联合会
省电力职工思想政治工作研究会	1989				

续表 14－1

名称	成立时间	成立党工组时间	被评为标准化学会时间	会刊	备注
省林则徐研究会	1989				
省远距离教育学会	1989				
省社会科学情报学会	1989	2003	2005	《福建社科情报》	
省国际金融学会	1989			《福建国际金融》	
省辞书学会	1989	2003			
省民俗学会	1989	2003		《福建民俗》	
省烟草职工思想政治工作研究会	1989	2003			
省检察学会	1990		2005	《闽检学刊》	2000 年改名为省检察官协会
省青少年研究会	1990	2003		《福建青少年研究》	
省闽学研究会	1990	2003			
省精神文明建设研究会	1990				
省《资本论》研究会	1990	2003			
省证券经济研究会	1991	2005			
省海上丝绸之路研究会	1991				
省收藏文化研究会	1991			《福建收藏》	2005 年改名为省收藏家协会
省水利系统职工思想政治工作研究会	1991	2005	2005		
省农垦经济学会	1992	2003	2002	《福建农垦》（合办）	
省工商行政管理学会	1992			《福建工商管理》	
省城市金融学会	1992	2004	2002		
省职业技术教育学会	1992			《福建职业技术教育》（合办）	
省党校教育研究会	1993				
省计划学会	1993	2003			
省警察学会	1993		2002	《社会公共安全研究》（合办）	
省客家学会	1993	2002		《客家》、《客家大文化》	2003 年改名为省客家研究联谊会

续表 14—1

名称	成立时间	成立党工组时间	被评为标准化学会时间	会刊	备注
省人大制度研究会	1993				
省监狱学会	1994	2004	2005	《监狱工作论坛》	
省宗教研究会	1994			《福建宗教》	
省老年学学会	1995	2002	2005	《福建老年》（合办）	
省监察学会	1995			《党风廉政研究》（合办）	
省特色研究会	1995	2003	2005		
省蔡襄学术研究会	1995	2004		《济阳柯蔡通讯》	
省残疾人事业新闻宣传促进会	1995				
省董仲舒杨震学术研究会	1995				
省严复学术研究会	1996	2002		《严复研究通讯》	
省闽粤赣边区革命史研究会	1996	2003			
省新华社新闻信息学会	1996				2002 年改名为省新闻信息协会
省国际税收研究会	1996				
省五缘文化研究会	1996			《五缘文化》	
省历史名人研究会	1996	2003			
省农村财政研究会	1997		2005		
省国有资产管理学会	1998				
省电信职工思想政治工作研究会	2000				
省邮政职工思想政治工作研究会	2001	2004		《思想动态》	
省情商研究会	2001	2002			
省资本运营研究会	2002				
省爱国主义教育基地研究会	2002	2003			
省小城镇与区域经济发展研究会	2003				
省特级教师协会	2003				

续表 14—1

名称	成立时间	成立党工组时间	被评为标准化学会时间	会刊	备注
省伦理学会	2003				
省黄乃裳研究会	2004				
省卫生产业管理学会	2004				
省诚信促进会	2004			《诚信》	
省楹联学会	2004				
省传播学会	2004				
省城市经济研究会	2005				
省海峡文化研究会	2005				
省和谐社会研究会	2005				
省阅读学会	2005				
省亚太合作与经济发展研究会	2005				
省美学学会	2005				

第六节　学术期刊

1992—2005 年期间福建省公开出版并有 CN 刊号的哲学社会科学类期刊 78 种，其中综合性社会科学学术期刊 48 种，高校学报（哲学社会科学版）和综合性的高校学报 30 种。

一、主要学术期刊

《厦门大学学报》（哲学社会科学版）创办于 1926 年，由厦门大学主办、国家教育部主管，双月刊；国际刊号：0438－0460、国内刊号：35－1019/C。该刊设置有"台湾研究"、"南洋研究"等该校学术专长的栏目；追踪学术前沿的"前沿课题研究与述评"、"现代性研究"等系列专栏。根据陕西师范大学图书馆"高校文科学报论文统计与分析课题组"2001—2005 年做的统计报告，该刊 1998—2002 年五年的平均摘转率，在全国文科学报中名列第一，2003—2005 年三年的平均摘转率名列第四。该刊先后被评选为全国各种文科"核心期刊"和各种评估系统的来源期刊，如"中文核心期刊要目总览"（北京大学）、"中国人文社会科学核心期刊"（中国社会科学院）、"中文社会科学引文索引（CSSCI）选用期刊"（南京大学）等。2001年底入选国家新闻出版总署评定的"中国期刊方阵"；1999年和2002年两次蝉联中国人文社会科学学报学会评定的"全国双十佳社科学报"。2003年11月，该刊首批入选教育部"高校哲学社会科学名刊工程"，在首批入选的11家高校社科期刊中排名第八。

《福建师范大学学报》（哲学社会科学版）创刊于1956年，由福建师范大学主办，双月刊，国际刊号：1000－5285、国内刊号：35－1016/C。该刊在政治经济学、中国古代文学、中国现当代文学、地方史、闽台文化研究、广义修辞学研究、中国传统音乐研究等学科领域发表大量在国内处于领先水平的学术研究成果。"闽台区域研究"专栏发表了一批有关闽台经济、文化、历史等关系的研究论文，被评为"全国社科学报优秀栏目"。该刊为"中国期刊方阵双效期刊"、"全国中文核心期刊"、"中文社会科学引文索引来源期刊"（CSSCI）、"RCCSE中国核心学术期刊"、"中国人文社科学报核心期刊"。该刊先后被评为"福建省一级社科期刊"、"第一、二、三届全国百强社科学报"。

《中国经济问题》创办于1959年，由厦门大学主管、厦门大学经济研究所主办，双月刊，国际刊号：1000－4181、国内刊号：35－1020/F。该刊是新中国成立后高校中首创的第一家经济学专业杂志，也是国内继《经济研究》之后的第二家经济学专业杂志，主要刊登经济类或管理类论文，现为中国人文社会科学引文数据库收录。曾被香港《明报》列为中国改革后最有影响的20家经济学杂志之一。

《南洋问题研究》创办于1974年，由厦门大学南洋研究院主办，季刊，国际刊号：1003－9856、国内刊号：35－1054/C。主要刊载国内外学者有关亚太及东南亚地区各国政治、经济、历史、华侨华人文化、教育和中国与东南亚关系等问题的最新重要研究成果，设有亚太地区各国政治、经济，亚太地区各国历史、华侨华人；东南亚地区各国政治、经济，东南亚地区各国历史、华侨华人，东南亚地区各国文化、教育，中国与东南亚各国的关系等栏目。

《东南学术》创刊于1978年，原刊名为《福建社联通讯》。1988年更名为《福建学刊》。1998年改名《东南学术》至今。该刊由福建省社会科学界联合会主管主办，双月刊，国际刊号：1008－1569、国内刊号：35－1197/C。该刊作为社会科学综合性理论期刊，主要刊登文、史、哲、经、政治、法律、社会学等学术论文，先后开设"专题研讨"、"博士论文答辩录"、"中青年学者主页"、"东南圆桌"、"学术评论"、"公共管理与公共政策"、"中国青年哲学论坛"等特色栏目。1999年发文转载率名列全省学术理论刊物首位；2000年被《新华文摘》转载的文章数量居全国第3位。2001年8月至2005年，该刊发表的近

400 篇文章中就有 110 篇文章被《新华文摘》、《人大报刊复印资料》等多家报刊转载。

1999 年 1 月，该刊入选中国人文社会科学核心期刊；4 月与中国学术期刊（光盘版）电子杂志社签订"《中国学术期刊过刊全文数据库》收录协议书"，由国家级火炬计划项目《中国期刊网》和《中国学术期刊》（光盘版）全文收录；12 月被中国科学文献计量评价研究中心认定为《中国人文社会科学引文数据库》和《中国学术期刊综合评价数据库》来源期刊。2000 年 1 月首批入选中文社会科学引文索引（CSSCI）来源期刊；2001 年 7 月入选中国期刊方阵双效期刊；2004 年入选全国中文核心期刊。

《中共福建省委党校学报》（原刊名《理论学习月刊》）创刊于 1978 年，1988 年改现名，国际刊号：008－4088、国内刊号：35－1198/C。该刊为中国学术期刊网（CNKI）全文收录期刊，"中国期刊方阵"双效期刊，"全国中文核心期刊"。该刊注重发表基础理论研究、应用理论研究以及新兴边缘交叉学科和跨学科综合研究的最新成果。其主要栏目有马克思主义与当代、执政党建设研究、政治与公共行政、经济与社会、当代世界、党政干部论坛等。

《党史研究与教学》 创办于 1979 年，由福建省委党校主管、主办，中央党校党史教研部、中国人民大学中国党史系、中国现代史学会联办。该刊是国内最早创办的中共党史专业学术期刊之一，是中文社会科学引文索引（CSSCI）来源期刊和全国中文核心期刊。该刊为双月刊，面向国内外公开发行。国际刊号：1003－708X、国内刊号：35－1059/A。该刊辟有"学理探讨"、"问题研究"、"社会史论"、"学术史述"、"概念考索"、"民国史谭"、"史实考证"、"学术争鸣"等栏目。历年由中国人民大学报刊复印中心《中国现代史》全文转载的论文数量，在同类期刊中均名列前茅。该刊被国内许多高等院校列为晋升中共党史专业职称的指定发表论文的期刊，并被指定为国家图书馆、中国历史博物馆等单位的收藏期刊。

《福建论坛》 创办于 1981 年（双月刊），由福建社会科学院主办。1984 年分版为《福建论坛·经济社会版》（月刊）、《福建论坛·文史哲版》（双月刊）。2003 年，两刊改版为《福建论坛·人文社会科学版》（月刊、国际刊号：1000－8780、国内刊号：35－1033/C）和《福建论坛·社科教育版》（月刊、国际刊号：1672－6847、国内刊号：35－1268/C）。《福建论坛》立足福建、面向全国，注重福建特色，刊登及时反映改革开放中出现的理论和实践问题的学术论文。《福建论坛·经济社会版》1993 年被评为华东地区优秀期刊三等奖、1997 年再次被评为华东地区优秀期刊。1995 年和 1997 年《福建论坛·经济社会版》被评为省一级期刊，《福建论坛·文史哲版》被评为省二级期刊。2004 年《福建论坛·人文社会科学版》被评为第三届国家期刊奖百种重点期刊。

《福州大学学报》（哲学社会科学版）创办于 1981 年，由福州大学主办，双月刊，国际刊号：1002－3321、国内刊号：35－1048/C。该刊主要栏目：闽台文化研究、经济学、管理学研究、法学研究、文学研究、翻译理论与实践、高等教育研究等。曾入选全国百强社科学报、福建省高校精品学报、全国中文核心期刊、CSSCI 来源期刊、RCCSE 中国核心学术期刊、中国人文社科学报核心期刊、华东地区优秀期刊等。

《台湾研究集刊》创刊于 1983 年，由厦门大学主管、厦门大学台湾研究院主办，是中国大陆最早创办的专门研究台湾问题的学术刊物，双月刊，国际刊号：1002－1590、国内刊号：35－1022/C。该刊集中刊载有关台湾政治、经济、法律、历史、文学、宗教、社会、教育以及两岸关系等方面的研究论文。自 1998 年起为中文社会科学引文索引（CSSCI）来源期刊，2001 年入选中国期刊方阵双效期刊。在影响因子方面，排涉及港澳台问题类刊物首位。

《华侨大学学报》（哲学社会科学版）创办于 1983 年，是由华侨大学主办的综合性人文社会科学学术期刊，其前身为《华大论坛》，1987 年改现刊名，国际刊号：1006－1398、国内刊号：35－1049/C。该刊主要刊登哲学、法学、经济学、管理学、语言文学、华侨华人、华文教育、艺术学等学科领域的论文。曾入选中国人文社会科学核心期刊，现为中国人文社会科学学报核心期刊、全国百强社科学报、福建省高校精品学报。

《亚太经济》创办于 1984 年，由福建社会科学院主办，双月刊，国际刊号：1000－6052、国内刊号：35－1014/F。该刊着重反映世界政治经济对亚太经济发展的影响、亚太各国经济或地区经济的发展与问题、合作与趋势，以及中国的战略选择与应采取的对策等。《亚太经济》辟有亚太纵横、亚太经济合作、国别专线、台港澳经济、对外开放、WTO 经纬、特区与开发区经济、发展与环境、比较视窗、财经聚焦、亚太企业等栏目。该刊是中国人文科学引文数据库来源期刊、中国学术期刊综合评价数据来源期刊、中文社会科学引文索引来源期刊。

《发展研究》创办于 1984 年，由福建省人民政府发展研究中心和中国区域经济学会共同主办，月刊，国际刊号：1003－0670、国内刊号：35－1041/F。该刊设有区域经济、形势分析、宏观经济、财政金融、产业经济、社会探索、管理天地等栏目。该刊是全国经济类核心期刊、中国人文社会科学核心期刊、福建省一级期刊。

《现代台湾研究》创刊于 1992 年 11 月，季刊。1999 年 8 月转为外宣类季刊。2000 年 7 月成立《现代台湾研究》杂志社，2000 年开始公开向国内外发行。同年 9 月，改为双月刊。主要刊登有关台湾政治、经济、社会、法律、文化、历史、文学宗教和两岸关系等方面研究的学术论文。辟有社论、专题研讨、两岸关系、台湾政治、两岸经贸、中日关系、台湾军事、多棱镜等栏目。

《福建农林大学学报》（哲学社会科学版）创办于 1998 年，由福建农林大学主办，季刊，国际刊号：1671－6922、国内刊号：35－1258/C。该刊主要报道有关农业、农村和农民问题的最新研究成果。设有海峡两岸经济区建设、农林经济与管理、哲学·法律、高等教育研究等。2002 年获中国人文社科学报优秀编辑质量社科学报；2003 年获第三届全国理工农医院校优秀期刊奖。

《国际经济法学刊》创办于 1998 年，原名《国际经济法论丛》，2004 年更名至今。由厦门大学法学院主办，以书代刊，由北京大学出版社出版，每年四卷，书号：9787301194454。该刊系"中文社会科学引文索引"（CSSCI）学术数据来源期刊。

二、其他学术期刊

《福建教育》创办于 1951 年，由福建省教育厅主办，为旬刊。CN 35－1017/G4。

《南洋资料译丛》创办于 1957 年，由厦门大学南洋研究院主办，为季刊。CN 35－1065/D。

《福建支部生活》创办于 1961 年，由福建支部生活期刊社主办，为月刊。ISSN 1002－364X、CN 35－1001/D。

《海交史研究》创办于 1978 年，由中国海外交通史研究会、泉州海外交通史博物馆主办，为半年刊。ISSN 1006－8384、CN 35－1066/U。

《福建文博》创办于 1979 年，由省考古博物馆学会、省博物馆主办，为半年刊。ISSN 1005－894X、CN 35－1005/G2。

《台湾农业探索》（中文）创办于 1979 年，原名《台湾农业情况》，由省农业科学院农业经济与科技信息研究所主办，为季刊。ISSN 1673－5617、CN 35－1190/S。

《学术评论》创办于 1981 年，由福建社会科学院主办，为双月刊。CN 35－1313/C。

《林业经济问题》创办于 1981 年，由中国林业经济学会、福建农业大学主办，为双月刊。ISSN 1005－9709、CN 35－1060/F。

《闽江学院学报》创办于 1981 年，原名《福州师专学报》，由闽江学院主办，1998 年由季刊改为双月刊。ISSN 1009－7821、CN 35－1260/Z。

《经济资料译丛》创办于 1981 年，由厦门大学经济学院主办，为季刊。CN 35－1021/F。

《中国社会经济史研究》创办于 1982 年，由厦门大学历史研究所主办，为季刊。ISSN 1000－422X、CN 35－1023/F。

《宁德师范高等专科学校学报》（哲学社会科学版）创办于 1982 年，由宁德师范高等专科学校主办，为季刊。ISSN 1004－1702、CN 35－1057/C。

《武夷学院学报》创办于 1982 年，原名《南平师专学报》，由武夷学院主办，为季刊。ISSN 1674－2109、CN 35－1293/G4。

《福建党史月刊》创办于1982年，由省委党史研究室主办，为月刊。ISSN 1006—2254、CN 35—1046/D。

《学会》创办于1982年，由中国科学技术协会学会部、省科学技术学会主办，为月刊。ISSN 1001—9596、CN 35—1127/G3。

《福建体育科技》创办于1982年，由省体育科学学会、省体育科学研究所主办，为双月刊。ISSN 1004—8790、CN 35—1093/G8。

《台湾海峡》创办于1982年，由国家海洋局第三海洋研究所、省海洋学会主办，为季刊。ISSN 1000—8160、CN 35—1091/P。

《福州党校学报》创办于1983年，由福州市委党校、福州市行政学院主办，为双月刊。CN 35—1204/D。

《漳州师范学院学报》（哲学社会科学版）创办于1983年，由漳州师范学院主办，为季刊。ISSN 1004—468X、CN 35—1145/C。

《泉州师范学院学报》创办于1983年，原名《泉州师专学报》，由泉州师范学院主办，1999年由季刊改为双月刊。ISSN 1009—8224、CN 35—1244/G4。

《龙岩学院学报》创办于1983年，原名《龙岩师专学报》，由龙岩学院主办，2002年由季刊改为双月刊。ISSN 1673—4629、CN 35—1286/G4。

《外国语言文学》创办于1984年，原名《外国语文文学》、《福建外语》，由福建师范大学外国语学院主办，为季刊。ISSN 1672—4720、CN 35—1266/G4。

《三明学院学报》创办于1984年，原名《三明师专学报》，由三明学院主办，为季刊。ISSN 1673—4343、CN 35—1288/Z。

《教育与考试》创办于1984年，由福建省高等教育自学考试委员会办公室主办，为双月刊。ISSN 1673—7865、CN 35—1290/G4。

《教育评论》创办于1985年，由省教育科学研究所、省教育学会主办，为双月刊。ISSN 1004—1109、CN 35—1015/G4。

《福建行政学院学报》创办于1986年，原名《管理与效益》、《福建行政学院福建经济管理》，由福建行政学院主办，为季刊。ISSN 1008—584X、CN 35—1201/D。

《福建警察学院学报》创办于1986年，原名《福建公安高等专科学校学报：社会公共安全研究》，由福建警察学院主办，为双月刊。ISSN 1674—4853、CN 35—1294/D。

《福建金融》创办于1986年，由省金融学会主办，为月刊。ISSN 1002—2740、CN 35—1129/F。

《情报探索》创办于1987年，由省科技情报学会主办，为月刊。ISSN 1005—8095、CN 35—1148/N。

《福建教育学院学报》创办于 1988 年，由福建教育学院主办，2002 年前为季刊，2003—2005 年改为月刊。ISSN 1674－5582、CN 35－1240/G4。

《体育科学研究》创办于 1988 年，由集美大学主办，为季刊。ISSN 1007－7413、CN 35－1189/G8。

《黎明职业大学学报》创办于 1989 年，原名《黎明大学学报》，由黎明职业大学主办，为季刊。ISSN 1008－8075、CN 35－1212/G4。

《厦门特区党校学报》创办于 1989 年，由厦门市委党校、厦门市行政学院主办，为双月刊。ISSN 1673－5684、CN 35－1207/C。

《福建江夏学院学报》创办于 1990 年，原名《福建财会管理干部学院学报》，由福建江夏学院主办，为双月刊。ISSN 2095－2082、CN 35－1310/C。

《福建省社会主义学院学报》创办于 1991 年，由福建省社会主义学院主办，为季刊。ISSN 1008－8563、CN 35－1209/D。

《福建史志》创办于 1991 年，由省地方志编纂委员会、省地方志学会主办，为双月刊。ISSN 1003－157X、CN 35－1027/K。

《福建艺术》创办于 1991 年，由省艺术研究院主办，为双月刊。ISSN 1004－2075、CN 35－1139/J。

《海外华文教育》创办于 1991 年，由厦门大学海外教育学院主办，为季刊。ISSN 2221－9056、CN 35－0069/H。

《福建理论学习》创办于 1992 年，由省委讲师团主办，为月刊。ISSN 1007－3752、CN 35－1163/D。

《厦门理工学院学报》创办于 1992 年，原名《鹭江职业大学学报》、《鹭江大学学报》，由厦门理工学院主办，为季刊。ISSN 1673－4432、CN 35－1289/G4。

《人民政坛》创办于 1992 年，由省人大常委会办公厅主办，为月刊。ISSN 1007－1016、CN 35－1152/D。

《福建广播电视大学学报》创办于 1993 年，原名《福建电大学刊》，由福建广播电视大学主办，为季刊。ISSN 1008－7346、CN 35－1200/G4。

《开放潮》创办于 1993 年，原名《福建改革》，由福建开放潮杂志社有限责任公司主办，为月刊。ISSN 1006－6098、CN 35－1181/F。

《能源与环境》创办于 1994 年，由省能源研究会、省节能协会季刊。ISSN 1672－9064、CN 35－1272/TK。

《莆田学院学报》创办于 1994 年，原名《莆田高等专科学校学报》，由莆田学院主办，2005 年由季刊改为双月刊。ISSN 1672－4143、CN 35－1261/Z。

《集美大学学报》（哲学社会科学版）创办于1998年，由集美大学主办，为季刊。ISSN 1008－889X、CN 35－1222/C。

《厦门广播电视大学学报》创办于1998年，由厦门广播电视大学主办，为季刊。ISSN 1671－3222、CN 35－1216/G4。

《福建商业高等专科学校学报》创办于1998年，由福建商业高等专科学校主办，为双月刊。ISSN 1008－4940、CN 35－1218/G4。

《闽西职业技术学院学报》创办于1999年，原名《闽西职业大学学报》，由闽西职业技术学院主办，为季刊。ISSN 1673－4823、CN 35－1287/G4。

《漳州职业技术学院学报》创办于1999年，原名《漳州职业大学学报》，由漳州职业技术学院主办，为季刊。ISSN 1673－1417、CN 35－1280/Z。

《厦门教育学院学报》创办于1999年，由厦门教育学院主办，为季刊。ISSN 1673－0275、CN 35－1206/G4。

《海峡法学》创办于1999年，原名《福建政法管理干部学院学报》，由福建省台湾法律研究所主办，为季刊。ISSN 1674－8557、CN 35－1304/D。

《福建医科大学学报》（哲学社会科学版）创办于2000年，由福建医科大学主办，2000—2005年为半年刊。ISSN 1009－4784、CN 35－1241/C。

《罗马法与现代民法》创办于2000年，由厦门大学法学院主办，以书代刊，为年刊。ISBN 9787561534427。

《就业与保障》创办于2001年，原名《福建劳动和社会保障》，由福建就业与保障杂志社有限责任公司主办，为月刊。ISSN 1672－7584、CN 35－1273/C。

《厦门大学法律评论》创办于2001年，由厦门大学法学院主办，以书代刊，由厦门大学出版社出版，每年两辑。ISSN 7561522401、9787561522400。

《福建工程学院学报》创办于2003年，原名《福建建筑高等专科学校学报》，由福建工程学院主办，2003—2004年为季刊，现为双月刊。ISSN 1672－4348、CN 35－1267/Z。

《公共经济研究》创办于2003年，由厦门大学财政系主办，以书代刊，由中国财经出版社出版，为不定期期刊。ISBN 7509520770、9787509520772。

《道学研究》创办于2003年，由港蓬瀛仙馆道教文化资料库、厦门大学宗教学研究所道学研究中心主办，为半年刊。国际刊号，在香港出版。

《东南传播》创办于2004年，由省广播影视集团主办、省广播电视协会、省传播学会、省广播电视局宣传处协办，为月刊。ISSN 1672－9679、CN 35－1274/J。

《中国海洋法学评论》创办于2005年，由厦门大学法学院和海洋政策与法律中心主办，以书代刊，为年刊。ISSN 1813－7350。

附　录

一、大事年表

1992 年

3 月 19—21 日　省社科联和省二轻厅联合召开"全省二轻集体企业深化改革"研讨会。经济、体制改革、企业管理、金融、法律等方面的专家学者和二轻部门的实际工作者，在南平、漳州、福鼎等地、县的二轻集体企业进行了调查，写成了调查报告及有关论文 10 多篇。在此基础上，帮助制定《福建省二轻集体企业股份合作制实施方案和管理条例》，得到国家轻工部的重视，并在全国二轻系统工作会议上重点介绍。

5 月 13 日　省社科联召开专门会议，启动首轮《福建省志·社会科学志》编纂工作。初步制定编纂方案和篇目、体例，并通过多方协商，聘请 114 位专家、学者为各章节撰稿人。

5 月 20 日　福建师大以依托在该校的省级社会科学学会、研究会为基础，成立全省第一个高校社科联，并申请加入省社科联为团体会员。

8 月 19—24 日　省社科联与省农业厅联合，组织农业经济、农村金融、财政、旅游以及文化、民俗、美学等学科的学者和农业技术方面的专家 30 多人，应邀对华安县《华安九龙大观园总体规划》进行综合考察论证。专家考察组采取审读材料、实地考察、会议讨论相结合的形式，形成《〈华安九龙大观园总体规划〉考察论证意见》，并提出进一步完善和具体实施意见的建议。

8—11 月　1992 年是省社科联成立 30 周年。省社科联把纪念活动与宣传党的十四大精神、宣传并发挥社会科学在现实中的作用结合起来，开展三项纪念活动：一是举办"大家都来为福建经济社会发展出主意想办法"征文活动，共收到各种建议文稿 100 余篇；二是召开"纪念省社科联成立 30 周年社科界献计献策大会"，50 多位理论工作者围绕经济社会发展中的一些重大问题，发表见解和建议；三是组织 20 多个学会、百余名专家在五一广场开展"社会科学在你身边"宣传普及和咨询活动。

10 月 10 日　漳州市社科联正式成立。至此，全省九个地市都成立了社科联。

1992 年　厦门大学设立应用经济学博士后科研流动站，依托于该校经济学院。

1993 年

10 月　由省委宣传部、省委政研室、省计委、省体改委、省经济研究中心、福建社科院、省社科联联合召开"加快闽东南开放开发研讨会"，着重研讨如何抓住机遇，发挥优势，加快闽东南开放步伐。

9—12 月　福建省社科联与湖南省社科联联合举办"毛泽东思想与生平研讨考察活动"，就毛泽东思想形成与发展、毛泽东思想与邓小平建设有中国特色社会主义理论等方面内容进行学术研讨。9 月 17—25 日，赴湖南毛泽东故居、刘少奇故居等革命遗址、遗迹进行考察、调研；12 月 8—9 日在福建省委党校召开"毛泽东生平和思想研讨会"。会议收到论文 250 多篇，入选研讨会 80 篇，评出 41 篇获奖论文。

1994 年

6 月　省社科联组织 20 多个相关学会开展社会主义市场经济问题系列研讨。在历时半年的调查研究和学术讨论的基础上，完成《福建省建设社会主义市场经济体制若干设想》、《加快培育、发展福建劳动力市场》、《培育和发展我省生产资料市场》、《林业产权制度研究》、《财税改革与我省财政经济发展研究》、《社会主义市场经济与法制》等研究报告。

1995 年

5 月初　应漳州市委、市政府邀请，省社科联组织"闽台农业合作发展"专题调研组，深入漳州市东山、漳浦、龙海、南靖、城厢区等四县一区进行为期十天的调查研究，在实地考察了 35 个台湾独资或合资的生产、加工、商贸企业的基础上，撰写了《漳州海峡两岸农业合作发展示范区总体构想》研究总报告和 5 个分报告。7 月 2—6 日漳州市委、市政府主办"1995 漳州·海峡两岸农业合作和发展研讨会"，会上调研组成员与台湾的 47 位学者、专家、实业界人士（其中专家、学者 20 人，实业界人士 20 多人）围绕进一步发展闽台农业合作问题进行交流和研讨。

7 月 13—14 日　福建省社科联第四次代表大会在福州召开。全省社会科学界代表 300 余人出席。省委副书记林开钦代表省委、省政府到会祝贺并作题为"进一步繁荣发展社会科学事业"的讲话；省社科联党组书记、副主席吕良弼作"繁荣发展社会科学，为振兴福建贡献聪明才智"的工作报告。会议修改社科联章程，福建省社会科学联合会更名为福建省社会科学界联合会；选举产生了第四届社科联理事会。7月14日召开四届一次理事会，选举省委常委、宣传部长赵学敏为省社科联主席，吕良弼、杨泗德、王碧秀、陈一琴、陈孔德、严正、吴吕和、林述舜、郑学檬、杨益生为副主席，周源清为秘书长。新当选主席赵学敏作"因势利导，创造条件，为我省社会科学繁荣发展提供服务"的讲话。

8月3日 由省社科联主办，省历史学会、省党史研究会、省党建学会、省华侨史学会、省新四军研究会、省统一战线理论研究会等8个学会联办的福建省社会科学界纪念抗日战争胜利50周年学术讨论会在福州举行。各高等院校、党校、科研单位的专家学者以及参加过抗日战争的老同志50多人参加会议，提交论文25篇，有26人在会上发言。会议围绕抗日战争的历史启示、抗战时期的爱国主义和延安精神、海外华侨的爱国抗日活动、抗战时期党的建设以及思想文化建设等问题进行研讨。

8月24—26日 省社科联举办的社会主义市场经济与深化学术社团改革研讨会在福州召开。研讨会主要围绕社会主义市场经济条件下学术社团改革的目标取向与当前改革的主要课题，如改革社团活动方式、提高学术交流质量、发挥学会优势、加快制度创新、加强自身建设、增强学会活力等问题进行讨论。省社科联领导和30多位学会会长、秘书长参加研讨。

10月10—12日 省社科联与厦门大学、省社科院、省文联、福建师范大学、漳州师范学院等单位联合举办的林语堂诞辰100周年学术讨论会在厦门大学召开。研讨会以"林语堂与中外文化"为主题，收到论文30多篇，省内外专家、学者50多人参加交流研讨。

10月19—21日 省社科联与厦门大学、福建社科院、省国际经济文化交流中心、武夷山朱熹研究中心共同举办的海峡两岸纪念朱熹诞辰865周年暨朱熹对中国文化的贡献学术会议在武夷山市召开。会议从政治、哲学、教育、文学、史学、科技、经济等方面探讨朱熹思想对中国文化的影响。会议交流论文37篇，两岸专家、学者以及朱氏贤裔60多人参加会议。

11月6—8日 由省社科联主办，省林则徐基金会、省炎黄文化研究会、省林则徐研究会协办的福建省纪念林则徐诞辰210周年学术讨论会在福州举行。会议的主题是：林则徐与中国近代社会变迁；林则徐与中国传统文化。包括台湾省在内的16个省、市的专家、学者60多人参加研讨，收到论文60篇，35位专家学者在会上发言。

1995年 福建师范大学中文系入选国家教委首批"文科基地"，这是福建省唯一的国家文科基地中文学科点。

1996年

1月8—10日 省社科联与省委宣传部联合召开全省第二次建设有中国特色社会主

义理论研讨会。研讨会共收到论文 142 篇，其中 73 篇入选会议交流，36 位作者作论文报告，重点就邓小平理论的科学体系、社会主义本质、精神文明建设、党的建设以及国有企业改革、闽台经贸合作等理论与实践问题，进行了研讨。会后，与会论文结集出版。

4 月 25—26 日　省社科联与省委政策研究室、省科委、福建社科院等 7 家单位联合举办的福建省加快海洋经济开发研讨会在福州召开。省委书记贾庆林，省委常委、秘书长黄瑞霖，国家海洋局副局长杨文鹤出席研讨会。贾庆林在会上作题为"深入研究探索，推动福建海洋经济蓬勃发展"的讲话。会议收到论文 53 篇，11 位论文作者在会上发言。

7 月中旬　省社科联组织省党建学会、省计划学会、省农业经济学会、省特色研究会和福建农林大学的部分专家，组成 5 个调研组，分赴各地开展农村奔小康调研活动。

7 月 24—26 日　由省委宣传部、厦门市委和省精神文明建设研究会联办的全国经济特区精神文明建设研讨交流会在厦门市召开。省委副书记何少川、国务院特区办特区司司长黄泰和等到会。厦门、广东、深圳、珠海、汕头、海南、上海浦东等地的代表分别在会上介绍了各自开展精神文明建设的主要成果和经验。与会专家学者还就特区精神文明建设实践中形成的经验和做法，当前特区精神文明建设出现的新情况、新问题，以及深化特区精神文明建设的对策措施进行探讨，并提出一些意见和建议。

8 月 13—16 日　由福建中华职教社主办的海峡两岸首届中华职业教育理论研讨会，在武夷山市召开。海峡两岸及香港等地职业教育界的 70 多位专家学者，围绕"市场经济与职业教育"交流职教信息，开展学术讨论。大会收到论文 40 多篇。会议期间，福建中华职教社与台湾成人教育会草签闽台职业教育交流与合作协议。

9 月上旬　省社科联与省委宣传部、省委党校、省委党史研究室、省计委、省教委、福建社科院联合召开全省第三次建设有中国特色社会主义理论研讨会。研讨会的主题是：福建省精神文明建设和跨世纪发展战略问题。入选会议论文 95 篇，并于会后结集出版。会议还推荐论文参加全国第三次邓小平理论研讨会，福建省入选 4 篇，特邀到会 1 篇，是全国论文入选数最多的省份之一。

10 月 9 日　省社科联与省委党史研究室、省直党工委、省党史学会等在福州联合举行福建省纪念红军长征胜利 60 周年报告会。原中央统战部副部长童小鹏作题为"伟大的壮举，光辉的历程"的报告。省委副书记习近平，老同志伍洪祥等出席会议。省直有关部门负责人和机关干部 300 余人与会。

10 月 16—20 日　省社科联在厦门承办全国第五次《社会科学志》理论研讨会。会议交流各省市《社会科学志》编撰工作经验，研讨编撰中的有关问题。

1997 年

1 月 16—17 日　省社科联与省劳动学会、省职工教育研究会、省职工政治思想工作研究会、省精神文明建设研究会、省群众文化学会、省行为科学学会，在福州联合召开全面提高劳动者素质，促进两个根本性转变理论研讨会。论文作者和各学会领导 35 人参加研讨。

5 月 30 日　省委副书记何少川一行到省社科联视察，听取省社科联工作汇报，并同党组成员和各处室负责人座谈。

6 月中旬　省社科联根据党中央和国务院有关文件精神，部署开展学会清理整顿工作。先后三次召开学会负责人会议，下发文件，要求学会通过清理整顿，加强自身建设，健全规章制度，激发生机活力，更好地发挥学会在改革开放、经济建设和社会发展中的积极作用。清理整顿工作至年底结束。

12 月 1—3 日　省社科联、中国社科院近代史研究所、省严复学术研究会、福州市严复研究会，在福州联合举办"严复与中近代化学术研讨会"。出席研讨会的有北京、上海、广州、厦门、福州等地和港台专家学者 90 人，收到论文 70 多篇。研讨会围绕严复的爱国主义精神、社会进化论观点、经济思想、教育思想和翻译理论及其对中国近代化进程的影响，展开讨论。

12 月 25—29 日　现代汉诗国际学术研讨会在武夷山召开。这次学术会议，由省社科联、福建师范大学、中国社科院文学所联办，与会专家 60 余人，其中国外学者 10 多人，收到论文 40 多篇。会后，与会论文结集出版《现代汉诗：反思与求索》。

1998 年

4 月 1 日　省社科联发出《关于组织学习江泽民同志"充分发挥社联作用，为两个文明建设服务"重要讲话的通知》，要求各地市社科联、福建师大社科联和所属各学会、研究会按照江泽民总书记讲话精神，创造性地开展工作，在深入贯彻中共十五大精神，实现十五大提出的奋斗目标和各项任务中，搞好服务，发挥作用。

5 月 6 日　省社科联与省委宣传部联合在福州召开福建社科界纪念真理标准讨论 20 周年座谈会。省委副书记何少川出席座谈会并讲话。省内各主要高校、党校、社科研究单位和省、市有关部门的代表 60 多人参加座谈会，12 位专家学者在会上发言。

7 月 27 日　省政府颁布施行《福建省社会科学优秀成果奖励办法》，规定每 3 年进行一次全省性社会科学优秀成果评奖，评奖工作由省社科联负责实施。

9 月 27 日　省社科联在福州召开四届六次理事扩大会议，传达省委关于省社科联领导班子调整的决定，任命王碧秀为省社科联党组副书记并主持社科联工作，增补马照南为党组成员；选举陈俊杰为省社科联主席，马照南为副主席。会议还讨论通过《福建省社会科学界联合会关于深入学习邓小平理论的决议》。省社科联理事、常务理事、顾问，各地市社科联负责人，各学会、研究会秘书长共250多人参加会议。

11月5—6日 省社科联与省委宣传部、省委政策研究室联合举办福建省纪念党的十一届三中全会召开20周年理论研讨会。省委副书记何少川到会讲话，省委常委、常务副省长张家坤主持会议，省人大常委会副主任童万亨，省政协副主席、省委统战部部长金能筹出席会议。

12月3—4日 省经济学会、省《资本论》研究会在泉州联合举办纪念党的十一届三中全会召开20周年学术研讨会。各高校和各研究机构的学者70余人出席会议并向大会提交论文40余篇。会议围绕经济理论研究如何联系实际为经济建设服务，如何理解公有制为主的多种所有制问题以及对失业者的社会保障问题等进行研讨。

12月16—20日 省社科联在福州于山堂举办福建省社会科学20年成就展。省委书记陈明义、省长贺国强、省委副书记何少川、省委常委秘书长黄瑞霖、省人大常委会副主任王建双、省政协副主席陈增光等出席开幕式并观看展览。出席开幕式的还有参加全省宣传部长座谈会的各市县宣传部长，省社科联理事，各学会研究会会长、秘书长，各地市社科联负责人，以及社科界专家学者共800多人。

1998年 福建师范大学经教育部批准建立国家经济学基础人才培养基地，这是国内高等师范院校唯一的国家经济学人才培养基地。

1999年

4—9月 省社科联组织省经济学会、计划学会、价格学会、金融学会、城市金融学会、财政学会、体改研究会、工商管理学会、税务学会、商经学会、商业研究会、农经学会、粮食经济学会、外贸学会、统计学会、法学会等16个学会研究会，联合开展"扩大内需，稳定物价，促进我省经济持续发展"问题研究。9月7—8日，在罗源县召开扩大内需，促进经济发展研讨会。省社科联领导，相关学会研究会专家以及论文作者共40多人参加研讨，会议交流论文30多篇。

7月6日 省社科联与省文化厅联合启动福建省21世纪农村文化发展战略调研活动。邀请社科界有关专家和文化部门研究人员组成课题组，分赴全省农村9个地、市的30个县（市）的80多个乡、镇、村进行实地调查，召开30多场座谈会。在调研的基础上，形成《21世纪初福建农村文化建设与发展研究报告》和若干篇专题论文和调查报告，呈送省委、省政府和有关部门决策参考。

7月20—25日　中国语言学会在福州召开第十届学术年会暨国际中国语文研讨会。此次会议由中国语言学会主办，香港大学中文系参办，福建师范大学中文系承办。会议围绕"开拓新世纪的中国语言学"这一主题展开讨论。

7月26—30日　省社科联主办1999年华东地区社科联协作会议。华东地区六省一市的社科联领导和代表30多人出席会议。

9月14日　经全国哲学社会科学规划领导小组审定，首届国家社会科学基金项目优秀成果奖揭晓。福建省共有6项成果获奖，其中钱伯海主编的《国民经济核算通论》、陈诗启的《中国近代海关史（晚清部分）》等2项成果获二等奖，王洛林等的《外商投资的经济社会效益评价——理论与方法》、葛家澍主编的《市场经济下会计基本理论与方法研究》、邹永贤主编的《国家学说史》、陈世雄的《戏剧思维》等4项成果获三等奖。另外，商英伟参与编写、北京大学黄楠森主编的《马克思主义哲学史》（商英伟教授主编第四卷）获一等奖。获奖数居全国各省、区、市第二位。

9月27日　省社科联在福州召开福建社科界庆祝建国50周年大会。省委副书记何少川出席并讲话，省人大常委会副主任林强、副省长潘心城等领导出席会议。省社科联理事、顾问，各学会研究会会长、秘书长，社科界的专家学者代表以及获得学会工作荣誉证书的代表，首届全省优秀青年社会科学工作者，首届全国社会科学基金优秀成果奖获得者，全省社科规划管理先进单位和个人等共300多人出席大会。

10月10日　省社科联在北京举办"强省之路——在京闽籍社科专家为福建21世纪发展建言座谈会"。应邀出席会议的在京闽籍专家40多人，他们分别就福建21世纪发展的正确定位、发挥优势、形成特色、自主创新、强化科技、开启资源、改革教育、吸引人才、文化强省、优化环境、协调发展等问题提出意见和建议。专家们的建言经整理后上报省委省政府，2000年1月6日省长习近平批示："专家们提出的建议很好，看了之后很受启发，省政府将会在今后的工作中认真研究和吸收。联系在京闽籍专家为福建的改革和发展建言献策，你们做了一件很有意义的事情。希望你们继续做好这项工作，为加快我省的改革开放和现代化建设多做贡献。"

10月25—27日　省社科联与台湾财团法人中国饮食文化基金会联合主办以"中国地域与饮食文化"为主题的第六届中国饮食文化国际学术研讨会。美国、加拿大、法国、日本、德国、韩国等13个国家以及中国大陆和台港澳等10多个省、区的专家学者共200多人参加研讨会。

12月2日　省委书记陈明义、副书记何少川、副省长潘心城带领省委办公厅、省政府办公厅和省计委、财政厅、编委、人事厅等省直有关部门领导20多人到省社科联调研，听取省社科联工作汇报，看望机关全体工作人员。陈明义肯定全省社科界近几年来所取得的成绩，并对今后社科联的工作提出要求。

1999 年　厦门大学设立理论经济学博士后科研流动站，依托于该校经济学院；设立工商管理博士后科研流动站，依托于该校管理学院。福建师范大学设立理论经济学博士后科研流动站，依托于该校经济学院。

2000 年

8 月 21—23 日　由省社科联与中国民族学学会汉民族分会联合主办、泉州市社科联协办的"汉民族研究 2000 年国际学术会议"在泉州市召开。原全国人大常委会副委员长、著名社会学家费孝通，台湾著名人类学家李亦园，中国大陆有关省市和台湾、香港、澳门以及日本、韩国、新加坡、泰国等国家和地区的专家学者共 130 多人参加研讨。

9 月 20 日　省社科联、海峡之声广播电台、省五缘文化研究会联合开办的系列对台广播节目：两岸同根——五缘文化，正式开播，每周三 6：20、11：20、18：20 播出一集，每集 20 分钟。此活动持续一年，共播出 50 集。系列广播通过介绍历史掌故、人物故事、民间传说、风土人情宣传海峡两岸同源同根的历史文化渊源。开播前，中新社、福建日报、福州晚报、福建电视台、东南电视台、福建广播电台等媒体都作了宣传报道。

10 月 12—14 日　省社科联与中华炎黄文化研究会、华东师范大学朱熹研究中心、厦门大学、省炎黄文化研究会、福建社会科学院、南平市人民政府、武夷山朱熹研究中心、武夷山和建阳市人民政府等单位，在武夷山和建阳市联合举办纪念朱熹逝世 800 周年系列活动。全国政协副主席罗豪才到会，北京大学张岱年教授、复旦大学蔡尚思教授、省委副书记何少川、省人大常委会主任袁启彤、省政协主席游德馨、副省长汪毅夫发来贺电贺信。中华炎黄文化研究会常务副会长冯征、原人大常委会副主任黄文麟、省政协副主席陈荣春等领导出席纪念活动。美国、加拿大、德国、荷兰、韩国、日本等 12 个国家，国内 24 个省（区、市）及香港、澳门、台湾等地区的专家、学者、朱子后裔 600 余人参加开幕式、"朱子学与 21 世纪"学术研讨会、公祭朱子等活动。

10 月 28—31 日　全国社科规划办主任会议在厦门大学召开。会议由省社科联社科规划办承办，厦门大学协办。会议的主要议题是讨论《国家哲学社会科学研究"十五"规划要点》（征求意见稿）和《国家社会科学基金项目管理办法》（征求意见稿），交流国家社科基金项目管理工作经验，评选国家社科基金项目管理工作先进单位。全国各省、区、市规划办主任、在京委托管理单位负责人、三个单列学科规划办负责人等 60 人参加会议。

11 月 26—28 日　省社科联与省林则徐研究会联合在福州召开纪念鸦片战争 160 周年暨林则徐经世思想学术讨论会。北京、山东、湖北、江苏等省市和福建省专家、学者，围绕林则徐经世思想的本质内涵、时代特征以及经世思想产生原因展开讨论，并对林则徐与陶澍、左宗棠、梁章钜等历史人物经世思想进行比较，揭示了林则徐经世思想所体现的强烈爱国主义精神和进步的改革开放意识。

2000 年　厦门大学成立高等教育发展研究中心，并于当年 9 月被批准为教育部人文社会科学重点研究基地；成立台湾研究中心，2001 年入选"教育部人文社会科学百所重点研究基地"；在南洋研究院的基础上组建东南亚研究中心，该中心被教育部批准为人文社会科学重点研究基地。

2001 年

1 月 5 日　省长习近平、副省长潘心城带领省委宣传部以及省直有关厅局领导一行，到省社科联、福建社科院进行工作调研。

1 月 6 日　省社科联在北京邀请部分社会科学专家分别召开"福建'十五'期间经济结构战略性调整"和"福建建设文化强省"两场座谈会。

1 月 18 日　省委书记宋德福、省委副书记何少川、省人大常委会副主任方忠炳、副省长汪毅夫、省政协副主席王耀华等为福建省第四届社会科学优秀成果颁奖。

3 月 21 日　省委常委、秘书长黄瑞霖到省社科联视察工作，并看望社科联机关全体工作人员。

4 月 11—24 日　省委宣传部、省社科联、福建日报社联合举办"纪念中国共产党成立 80 周年福建省百名社科专家老区行"活动。各高校、党校、社科院 112 位社会科学专家、学者深入 7 个市 26 个县（市、区）、56 个乡（镇）、80 多个老区革命基点村，开展调查研究和学习考察活动。4 月 19 日、24 日省社科联召开 7 个分团的负责人和联络员会议，对老区行活动进行总结。6 月 11 日，"纪念中国共产党成立 80 周年福建省百名社科专家老区行活动"总团召开了三个调研课题讨论会。

7 月 30 日—8 月 1 日　省社科联举办"新世纪学会改革与发展研讨班"，各市社科联领导、各省级学会、研究会会长、秘书长、秘书处专职干部以及省社科联机关工作人员等参加学习研讨。会议以中共中央总书记江泽民"七一"讲话精神为指导，围绕新世纪学会改革和发展为主题，进行学习和讨论。

9 月 17—18 日　省社科联在福州举行第五次代表大会。省委书记宋德福，省人大常委会主任袁启彤，省委常委、秘书长黄瑞霖，省人大常委会副主任林强，副省长曹德淦，省政协副主席何少川会前接见了与会代表。宋德福、习近平为会议发来贺信。黄瑞霖代表省委、省政府到会祝贺并讲话。省社科联所属 123 个学会、研究会，9 市社科联，以及有关大专院校和省直单位的代表 250 多人出席会议。会议选举陈俊杰为主席，王碧秀、马照南、冯潮华、吕良弼、朱崇实、杨益生、李建平、严正、陈海基、林述舜、薛卫民为副主席。

10月29—31日　厦门大学、省社科联、全国综合性大学《资本论》研究会联合在厦门大学召开"纪念王亚南诞辰100周年学术研讨会"。中共中央委员、中国社会科学院副院长王洛林，著名经济学家于光远、卫兴华以及全国综合性大学《资本论》研究会理事和专家学者共120人与会。会议收到论文80余篇。

12月1—4日　由中国社会科学院经济研究所、省社科联、福州大学、《经济动态》杂志社以及中国经济期刊联合会联合主办的"海峡两岸经济合作与中国经济发展"研讨会在福州召开。部分省市政府部门、全国部分高校、科研机构、新闻出版单位以及企业界60多位代表参加会议。

2001年3月　福建师范大学设立中国语言文学博士后科研流动站，依托于该校文学院。

2002 年

1月13日　省社科联在北京召开"新世纪福建人才战略座谈会"，邀请12位在京社科专家建言献策。

2月22日　省委宣传部、省社科联、福建日报社在福州联合召开福建省社科界纪念邓小平"南方谈话"发表十周年座谈会。省内高校、社科院、党校的专家教授和有关部门的领导、干部60多人参加座谈会。

4月17日　由省社科联、厦门市社科联主办，厦门大学台湾研究中心、厦门市政协文史委和科教文卫委、厦门市台盟、厦门市郑成功研究会协办的"纪念郑成功驱荷复台340周年"学术研讨会在厦门市举行，海峡两岸70位专家学者出席会议，围绕郑成功的历史功绩、时代背景等问题展开研讨。

8月6—12日　由省社科联主办的全国各省、市、自治区社科联协作会暨"东南论坛"学术报告会在福州举行。全国27个省、市、自治区社科联的领导、专家，福建省社科界代表、专家200多人出席会议。省人大常委会副主任林强出席开幕式。中国人民大学校长纪宝成作"学习江总书记重要讲话精神，促进哲学社会科学的发展繁荣"的主题演讲。

11月18日　省社科联作出《关于授予福建省工人运动研究会等21个学会为标准化学会称号的决定》。此为省社科联评审的第一批标准化学会。

11月24日　省社科联、福建农林大学与邵武市政府联合举行"福建省全面建设小康社会调研基地"成立揭牌仪式。该基地的建设目标是为邵武市全面建设小康社会提供决策咨询，为福建省全面建设小康社会和专家理论联系实际提供具有创造性的经验。

11月29日　省社科联五届三次全体委员（扩大）会议暨省社科联成立40周年纪念大

会在福州举行。全省社科界专家学者 300 多人参加会议。省委副书记黄瑞霖出席大会并为
"福建社科界网页"点击开通。

2002 年　在教育部"211 工程"一期验收中，厦门大学金融系金融工程实验室被评为
标志性建设成果。

2003 年

4 月 24 日　省社科联党组在福州召开省社科联所属学会党建工作会议，部署在学会、
研究会建立"党的工作联络小组"的工作。

5 月 22 日　省社科联、省委党校、中共晋江市委在晋江市举行"福建省全面建设小康
社会（晋江）调研基地"成立揭牌仪式。

7 月 4 日　省社科联、省委党校、福建农林大学、中共龙岩市委党校、中共上杭县委、
县政府在上杭县举行"福建省全面建设小康社会（上杭）调研基地"成立揭牌仪式。

10 月 14 日—11 月 24 日　省社科联举办纪念毛泽东同志诞辰 110 周年暨福建百场社
会科学专题报告会和百乡（镇）调研活动。10 月 14 日上午，举行出发仪式，省委常委、
组织部长李宏出席仪式并讲话。在为期 7 天的调研活动中，200 多位社科界专家学者分赴
全省九个设区市的有关单位举行了一百多场学术报告会，深入 135 个乡（镇），270 个村，
围绕发展县域经济、基层民主政治建设、农村社会事业建设等问题开展调研，形成一批研
究成果。

12 月 6 日　省社科联组织有关专家，在《福建省高校哲学社会科学情况调研报告》、
《福建省社科院（所）系统研究现状调研报告》、《全省党校系统哲学社会科学研究情况调
研报告》、《进一步发挥讲师团在繁荣发展我国哲学社会科学研究中的作用》、《全省社科联
系统基本情况调研报告》、《积极扶持学会建设发展、全面繁荣我省哲学社会科学——省级
哲学社会科学学会调查报告》、《关于进一步发挥我省社会科学季谈会作用的调研报告》等
七份报告基础上，完成《发展繁荣哲学社会科学事业，推进我省全面建设小康社会进
程——福建省哲学社会科学事业发展情况调研报告》，并呈送省委、省政府。

2003 年　厦门大学设立教育学博士后流动站，依托于该校教育研究院；设立法学博士
后流动站，依托于该校法学院；设立历史学博士后科研流动站，依托于该校人文学院。福
建师范大学设立历史学博士后科研流动站，依托于该校社会历史学院；设立地理学博士后
科研流动站，依托于该校地理科学学院。

2004 年

3 月 24 日　省社科联召开"福建省社科界学习《中共中央关于进一步繁荣发展哲学社

会科学的意见》座谈会"。与会 20 多位专家学者就哲学社会科学的重要地位等畅谈学习体会。

6 月 16 日 省社科联、漳州师范学院和漳浦县委、县政府在漳浦县举行"福建省全面建设小康社会（漳浦）调研基地"成立揭牌仪式。

7 月 19—20 日 由省委宣传部、省社科联联合举办的福建省百场社会科学专题报告会和百家民营企业调查活动在福州举行出发仪式。100 多位专家学者，分组赴全省 9 个设区市开展为期一周的宣传和调查活动。省政协副主席李祖可参加出发仪式。

8 月 20 日 为纪念邓小平诞辰 100 周年，省委宣传部、省委党校、省委党史研究室、省教育厅、福建社科院、省社科联、省委讲师团、省军区政治部等单位，在福州联合举办"邓小平生平和思想研讨会"。省委副书记黄瑞霖到会并讲话。

10 月 26—27 日 省社科联主办的第二次"泛珠三角"区域九省区社科联负责人暨港澳社科界代表联席会议在福州举行。会议以党的十六届四中全会精神为指导，以携手合作，互利共赢为宗旨，交流探讨哲学社会科学如何更好为"泛珠三角"改革开放和经济社会发展服务等问题。

11 月 26—27 日 福建社科界首届学术年会在福州举行。社科界专家学者共 400 多人参与年会。学术年会分主会场和 15 个分会场，围绕"繁荣发展哲学社会科学和建设海峡西岸经济区"这一主题进行讨论。

12 月 16 日 由省政府主办，福州市政府、省交通厅承办，省委宣传部、厦门市政府、泉州市政府、省财政厅、省文化厅、福建社科院、省社科联、省外办、长乐市政府等协办的纪念郑和下西洋 600 周年学术交流大会之"港口·航运发展"论坛在福州举行。

2005 年

1 月 11—18 日 省社科联授予省人口学会等 11 个学会为第二批标准化学会称号。

5 月 23 日 由省社科联等 6 家单位共同主办的"海峡经济区发展论坛"在福州举行。京、沪、粤、赣、浙、闽及台湾地区的 100 多位专家学者，就两岸经济整合，海峡经济区优势与战略地位等问题进行交流研讨。

7 月 12 日 由省社科联主办的"两岸共同市场高端论坛"在福州举行。原中共中央委员、中国社会科学院常务副院长王洛林，以及商务部、信息产业部和两岸的海峡专家学者 70 多人，就建立"两岸共同市场"有关问题进行探讨和交流。

8 月 30 日至 9 月 1 日 纪念林则徐诞辰 220 周年学术讨论会在北京召开。此次会议是由中国史学会、中国国际文化交流中心、省社科联、省文化经济交流中心、省林则徐研究会联合举办。

9月2日　由省社科联等5家单位联办的"福建省纪念中国人民抗日战争暨世界反法西斯战争胜利60周年学术研讨会"在福州召开。

11月30日　由省社科联主办的以"科学发展·和谐社会·海峡西岸"为主题的省社科界第二届学术年会在福州开幕。副省长汪毅夫等领导出席开幕式，并为省第六届社会科学优秀成果奖获得者颁奖。年会共收到学术论文800多篇，近千名专家学者分别参加28个分论坛的学术研讨与交流。

2005年　厦门大学宏观经济研究中心被教育部批准为普通高等学校人文社会科学重点研究基地。

二、重要文件选录

福建省社会科学优秀成果奖励办法

闽政发〔1998〕50号

第一条　为繁荣和发展我省社会科学事业，奖励在社会科学方面做出贡献的集体和个人，制定本办法。

第二条　奖励名称定为《福建省社会科学优秀成果奖》。下列三类社会科学作品，每类均设一等奖、二等奖和三等奖：

（一）专著类；

（二）译著、教材、古籍整理、工具书、科普读物类；

（三）论文、调研报告、决策咨询研究报告类。

第三条　福建省社会科学优秀成果奖，以福建省人民政府名义颁发。评奖活动每三年举行一次。

福建省人民政府委托福建省社会科学界联合会具体负责评奖活动的管理、组织和实施。

第四条　在当届评奖年度内正式出版或发表的本办法第二条规定的社会科学作品，符合下列标准的，其作者可以个人或者集体名义申请《福建省社会科学优秀成果奖》：

（一）符合党的基本路线，坚持四项基本原则，坚持改革开放的方针；

（二）在学术上有科学创新、有较高的学术水平；

（三）体现为社会主义现代化建设服务的精神。

第五条　申请人应当在规定的期限内向省社会科学联合会提交下列文件：

（一）《福建省社会科学优秀成果奖申报表》；

（二）作品原件及其复印件；

（三）有关单位或组织推荐意见书。

第六条　凡已在相当或高于本奖励的评奖中获奖的成果不再申报参评。

第七条　福建省社会科学优秀成果奖，由当届福建省社会科学优秀成果奖励评审委员会（以下简称省评委会）评审。

省评委会由省社会科学界联合会会同有关部门组织设立，并报省人民政府批准。省评委会成员，由从事社会科学工作专家、学者和有关主管部门领导担任，其中具有高级职称人员不少于三分之二。

第八条　社会科学各类作品优秀成果奖具体标准是：

（一）专著：在研究现实和历史的重大问题上有创见；

（二）译著：译文准确畅达，译作内容对研究和解决理论问题或实际问题有重要参考价值；

（三）教材：在内容上有新意，结构上有突破，对科研、教学有重要应用价值；

（四）古籍整理：切合原意，注释准确，对历史考证有所发现或有重要价值；

（五）科普读物：适应时代需要，并有较强的科学性、知识性，在传播和普及社会科学知识方面有重要作用和效益；

（六）工具书：体例科学，资料可靠，知识性强，能反映国内外最新科研成果，并有实用价值或学术价值；

（七）论文：在学术上有创见，或能正确阐明重大理论问题或有助于解决实际问题；

（八）调查报告、咨询报告：紧密联系改革开放和经济社会发展的实际进行研究，具有较高应用价值和明显的社会效益，或具有较高的决策参考价值。

第九条　福建省社会优秀成果奖评审工作应当遵循下列原则：

（一）坚持科学、民主、客观、公正的原则；

（二）坚持标准，注重质量的原则；

（三）在同等条件下，青年作者作品优先入选原则。

第十条　省评委会的评审工作按下列程序进行：

（一）初评：组织学科评审组按照评审标准，负责成果的初评、初选工作；

（二）复评：组建若干复评组，对初评结果进行复评，按评审标准和所下达的入选成果比例（或数量）向省评委会推荐各等级获奖候选项目；

（三）终评：省评委会对各复评组所推荐的各项候选成果进行最后评定。

第十一条　省评委会的评审结果应在一定范围内予以公布，自公布之日起 30 日内为异议期。

第十二条　经公布无异议的评审结果报省人民政府批准后，对获奖人授予奖励证书和奖金。

福建省社会科学优秀成果奖的各类各等级奖金数额和评奖工作费用由省社会科学联合会会同省财政主管部门提出具体意见，报省人民政府批准后执行。

第十三条　社会科学优秀成果获奖者与自然科学优秀成果获奖者享受同等待遇，其获奖结果记入人事和学术档案，作为考核、晋升、评定专业技术职务和享受有关津贴的依据。

第十四条　参加评选的作品有弄虚作假或抄袭剽窃他人成果的，由省社会科学界联合会取消其参评资格；已获奖的，经省人民政府批准后撤销其奖励，并追回奖金和奖励证书；有关主管部门应视其情节轻重依法予以行政处分；构成侵权行为的，应依法承担相应的法律责任。

第十五条　评审成员利用职务便利徇私舞弊的，由省社会科学界联合会取消评审资格，并由有关主管部门视其情节轻重予以批评教育或者行政处分。

第十六条　本办法自公布之日施行。

中共福建省委办公厅　省人民政府办公厅
关于进一步重视和办好科技月谈会、社科季谈会的通知

闽委办〔1998〕34 号

省直各单位：

举办科技月谈会和社科季谈会，是改革开放以来省委、省政府为实行科学决策而建立的一项重要制度。这项制度不仅为广大科技、社科工作者参政议政提供了直接的场合，而且为省领导进一步发扬民主、听取各方面意见，开辟了一条有效途径，为推动我省改革开放和现代化建设发挥了很好的作用。为了进一步办好科技月谈会、社科季谈会，根据省委、省政府领导的指示精神，现就有关事项通知如下：

一、进一步提高月谈会、季谈会的层次和质量

举办科技月谈会、社科季谈会，要以党的十五大精神为指导，坚持解放思想、实事求是的思想路线，坚持"百花齐放、百家争鸣"的方针，发扬民主，鼓励创新，鼓励自然科学与社会科学紧密结合，形成良好的咨询研讨氛围。要以省委、省政府的重点工作为中心，着眼于马克思主义的运用，着眼于对实际问题的理论思考，着眼于新的实践和新的发展，进一步优化专家组合，优选座谈议题，拓展议题深度，提高咨询研讨的质量和效益。省直有关部门要密切配合，与议题有关的部门主要领导要到会听取意见和建议，对会议的建议和省领导的讲话要求，要及时办理，做好反馈，推进我省民主集智、科学决策的进程。

二、认真选好议题，充分发挥月谈会、季谈会的作用

月谈会、季谈会要围绕我省经济社会发展的重大问题，充分发挥我省科技界、社科界人才荟萃的优势，深入研究建设有中国特色社会主义经济、政治、文化的基本特点和基本政策，深入研究我省经济社会实践的新发展、新变化，在科学工作和经济社会发展之间架设桥梁，推动科学研究与决策咨询的结合，推动科教兴省和可持续发展战略的实施。要精心安排议题，搞好双向选题，可以把议题与全省性调研咨询活动相结合，与现场办公相结

合，还可以把应反馈跟踪研究的成果作为进一步咨询的议题。通过多层次、多形式地组织决策咨询活动，把广大知识分子，特别是有较高造诣、工作在第一线并且有丰富实践经验、年轻有为的科技、社科工作者，进一步吸引到为科学决策服务，实现新一轮创业的宏伟目标上来。

三、精心组织，推动月谈会、季谈会规范化和制度化

科技月谈会、社科季谈会由省委、省政府办公厅分别委托省科协和省社科联组织承办。在每年十二月份，省科协、省社科联要及时总结一年来月谈会、季谈会的工作情况，着手下一年议题的酝酿和规划，及时向省领导、省直有关部门及有关地市征询意见，提出初步方案供省领导参考。在每个季度末，要及时通报下一季度具体的座谈专题内容，便于领导、有关部门以及专家学者安排时间。新闻媒体在报道月谈会、季谈会的同时，可选登专家学者及省领导的精辟观点与见解，引起社会各方面的重视。月谈会、季谈会的会务组织工作要充分体现俭朴、高效的原则。有关座谈议程经省委、省政府领导审定后，由省委办公厅、省政府办公厅委托省科协、省社科联发会议通知，筹办有关会务，搞好会议的资料整理和积累。对座谈发言对象及发言内容要认真选择安排，做到解放思想、实事求是、开门见山、观点鲜明，言之有物、掌握时间，让与会的专家学者都能发言。对省领导提出的办理事项，有关部门要及时落实。省科协、省社科联要努力适应形势发展的需要，积极总结经验，探索规律，健全制度，突出特色，不断提高月谈会、季谈会的质量和组织协调水平。

中共福建省委办公厅

福建省人民政府办公厅

1998 年 6 月 24 日

福建省人民政府关于修改
《福建省社会科学优秀成果奖励办法》的决定

闽政发〔2004〕88 号

现将《福建省人民政府关于修改〈福建省社会科学优秀成果奖励办法〉的决定》予以公布，自公布之日起施行。

省长　卢展工

二〇〇四年五月二十七日

福建省人民政府决定对《福建省社会科学优秀成果奖励办法》作如下修改：

将第三条第一款修改为："福建省社会科学优秀成果奖，以福建省人民政府名义颁发。评奖活动每两年举行一次。"

本决定自公布之日起施行。

《福建省社会科学优秀成果奖励办法》根据本决定作相应修改，重新公布。

编　后　记

本志编纂工作始于2009年5月。其时，福建省社科联根据省政府和省方志委有关文件精神成立《福建省志·社会科学志》编纂工作办公室，并于6月26日召开第一次编委会议，讨论研究本志的章节结构、编写体例、入志标准等，并确定本志以记述学科建设、学术研究、学术成果为主要内容，兼及科研机构和科研管理工作。会议决定设立各章节分主编，并由分主编推荐节作者。9月底，分别在福州、厦门举办修志业务培训班，邀请省方志委辅导处专家，就方志特点、编辑原则、体例规范、注意事项等进行授课辅导。之后，各章节的编写工作陆续开始。

2010年6月，从各章提交的12节试写稿中，挑选2节作为范文，分发各节作者参考。2010年底，大部分章节形成初稿，编纂工作办公室认真审读，并分别提出修改意见。2011年6月，本志第二稿基本完成。编纂工作办公室再次对各节志稿提出修改意见，作者重新修改补充。2011年12月形成第三稿。在方志委辅导处的指导下，将志稿分为A、B、C三类，并于2012年2月，召开志稿精修改座谈会，聘请专家对志稿进行精修改，并对需由作者补充或修改的内容提出针对性意见，有的还与节作者进行面对面的交流和指导。6月，分别在福州、厦门召开第二次编委会议，通报志书编纂情况，并要求各章分主编对本章各节志稿进行初审，认真审阅和修改，主要是对各节记述的全面性和科学性严格把关，对本章有关节之间的交叉重复进行调整归并。2012年底，本志的编写工作基本完成。

2013年1—4月，本志进入统稿阶段，对各章之间交叉重复内容进行调整归并，对各节记述风格进行统一，对一些技术性问题予以规范。5月，召开统稿情况座谈会，对统稿中发现的问题进行研究、讨论，提出处理意见。6月初至8月中旬，聘请有关领导和专家，对志稿进行二审；8月下旬，召开二审会议，听取二审意见。9月初至11月底，编纂工作办公室根据二审意见，对志稿再次修改、补充、核实。12月初，省方志委对本志进行验收。

省社科联党组对本志编纂工作始终十分重视，不仅将其列入省社会科学规划特别委托项目，党组主要领导和分管领导还多次听取工作汇报，及时帮助解决各种困难；省方志委辅导处领导全程跟踪、悉心给予业务指导；厦门大学、福建师范大学、闽江学院和福建社会科学院等有关单位一百多位专家、学者积极承担各章节撰写任务，认真负责，不厌其烦，多次修改，数易其稿，精益求精。特别是各章分主编尽职尽责，具体组织指导本章各节的撰写和质量把关。各章分主编分别是：第一章郑又贤，第二章徐梦秋，第三章李建建，第四章庄宗明，第五章陈振明，第六章徐崇利，第七章刘海峰，第八章汪文顶，第九章马重奇，第十章陈支平、林国平，第十一章赵麟斌，第十二章方宝川，第十三章吴能远，第十四章刘传标。在各方通力配合协作下，历经四年半，终于众手成志，顺利完成了编纂任务。

本志充分考虑社会科学研究的特点和方志编纂的规范要求，遵循如下一些原则：一是每个学科均分学科建设、学术研究、学术会议、学术成果四个部分，各学科虽有强弱，但体例统一；二是入志成果只记载公开发表出版的论著，部分获省部级以上奖励的或在本学科领域有一定影响的成果予以简要介绍，但对学术上不同流派、不同观点不做点评，述而不论；三是有关人物不做专记，采取以事系人、以成果系人的方法记述。

本志努力体现学术性、地方性和时代性相统一的特点，一些优长学科、新兴新建学科和富有地方特色的研究，如财政学、会计学、公共管理学、华人华侨研究、海洋海疆研究、台湾与两岸关系研究等均列专章或专节记述。

《福建省志·社会科学志（1992—2005）》编纂工作办公室

2014年10月